2018中国省市经济发展年鉴

CHINA PROVINCES AND CITIES ECONOMIC DEVELOPMENT YEARBOOK

《中国省市经济发展年鉴》编委会 编

上册

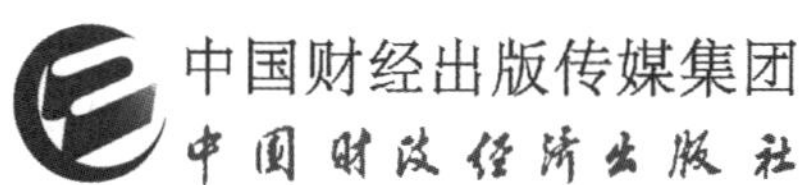

图书在版编目（C I P）数据

中国省市经济发展年鉴. 2018 : 全 2 册 / 《中国省市经济发展年鉴》编委会编. --北京 : 中国财经出版传媒集团，2019.7

ISBN 978-7-5095-9119-2

Ⅰ. ①中… Ⅱ. ①中… Ⅲ. ①区域经济发展－中国－2018－年鉴 Ⅳ. ①F127-54

中国版本图书馆 CIP 数据核字（2019）第 150565 号

责任编辑：罗亚洪

装帧设计：刘志鹏

中国财经出版传媒集团 出版

URL：http: //www.cfeph.cn

E - mail：cfeph@cfeph.cn

地址：北京市海淀区阜成路甲 28 号　邮政编码：100142

北京时捷印刷有限公司印刷　　各地新华书店经销

880×1230 毫米　1/16 开　125 印张　280 万字

2019 年 7 月第 1 版　2019 年 7 月北京第 1 次印刷

定价：880.00 元（上、下）

ISBN 978-7-5095-9119-2 / F · 5411

（图书出现印装问题，本社负责调换）

打击盗版举报热线：010-88190492

《2018 中国省市经济发展年鉴（上、下）》

编委会

编 者 说 明

一、《2018 中国省市经济发展年鉴（上册、下册）》是一部全面反映、系统比较中国区域经济和城市经济发展状况的大型统计资料性年刊。本书分为上下册，上册收集整理了 31 个省级行政单位的数据，下册收集整理了 279 个地级及以上城市的数据。

二、本书信息量大、特别突出数据的发展性和比较性，包括连续三年的统计数据以及最后一年数据的位次排列，为讲述全国地区发展和城市发展提供了重要的参考依据。《2018 中国省市经济发展年鉴（上册）》主要内容涵盖：行政区划和人口、就业和工资、国民经济核算、固定资产投资、财政和税收、价格指数、居民生活、城市建设、资源、能源和环境、农业、工业、建筑业、运输和邮电、贸易和旅游、金融业、房地产业、科学技术、教育、卫生、文化和体育、社会服务和社会保障等社会经济发展的各个方面。《2018 中国省市经济发展年鉴（下册）》主要内容涵盖：行政区划和人口、就业和工资、国民经济核算、固定资产投资和房地产、财政、居民生活和社会保障、土地资源管理、城市建设、能源和环境、农业、工业、建筑业、运输和邮电、贸易和旅游、金融业、教育、卫生和文化。附录为主要统计指标解释。本书未包括香港特别行政区、澳门特别行政区和台湾省的数据。

三、本书所涉及东部、中部、西部和东北地区的具体划分为：

东部 10 省（市）包括北京、天津、河北、上海、江苏、浙江、福建、山东、广东和海南；

中部 6 省包括山西、安徽、江西、河南、湖北和湖南；

西部 12 省（区、市）包括内蒙古、广西、重庆、四川、贵州、云南、西藏、陕西、甘肃、青海、宁夏和新疆；

东北 3 省包括辽宁、吉林和黑龙江。

四、由于数据单位取舍不同，本书中部分数据合计数或相对数可能有计算误差，我们均未做调整。书中数据由政府机构、行业协会等公开发布的数据整理而成，数据准确权威。

Editor's Notes

I. "China Provinces and Cities Economic Development Yearbook – 2018 (Volumes 1 and 2)" is a large statistical annual book which fully reflects and compares Chinese regional and urban economic development systematically. This book is divided into two volumes: Volume1 collects data of 31 provincial administrative units, and Volume 2 includes the data of more than 279 prefecture-level cities in China. To facilitate readers, the book contains brief explanation to the major statistical indicators.

II. The yearbook is informative and particularly prominent on its developmental and comparative data which includes the statistical data of three consecutive years and the ranking on data of the last year. It provides an important reference for comparing the national regional development and city development. In volume 1, the main contents include: Population and Land, Employment and Wages, National Economic Accounting, Fixed Asset Investment, National Finances and Taxes, Price Index, Resident Life, City Construction, Resources, Energy and Environment, Agriculture, Industry, Construction, Transportation and Post and Telecommunications, Trade and Tourism, Finance, Real Estate Industry, Science and Technology, Education, Health, Culture and Sports, Social Service and Social Security and other aspects of the social and economic development. In volume 2, the main contents include: Population and Land, Employment and Wages, National Economic Accounting, Fixed Asset Investment and Real Estate Industry, National Finances, People's Living Conditions and Social Security, Land Resources Management, City Construction, Resources, Energy and Environment, Agriculture, Industry, Construction, Transportation and Post and Telecommunications, Trade and Tourism, Finance, Education, and Public Health and Culture. The data of this book does not include Hong Kong special administrative region, Macao special administrative region or Taiwan Province.

III. The regions involved in the book are divided as follows:

Eastern region including Beijing, Shanghai, Tianjin, Hebei, Jiangsu, Zhejiang, Fujian, Shandong, Guangdong and Hainan Provinces (municipalities);

Central region including Shanxi, Anhui, Jiangxi, Henan, Hubei and Hunan Provinces;

Western region including Inner Mongolia, Guangxi, Chongqing, Sichuan, Guizhou, Yunnan, Tibet, Shaanxi, Gansu, Qinghai, Ningxia and Xinjiang Provinces (autonomous regions and municipalities);

Northeastern region including Liaoning, Jilin and Heilongjiang Provinces.

IV. Some total numbers or relative numbers in the yearbook may have a few calculation errors due to certain units; We did not make any mechanical adjustment. The data is collected by the government agencies and professional associations; All data is accurate and authoritative.

省级目录

PROVINCES CONTENTS

一、行政区划和人口
Administrative Division and Population

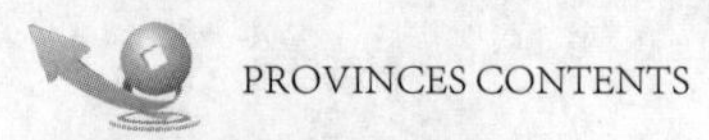

二、就业和工资
Employment and Wages

三、国民经济核算
National Accounts

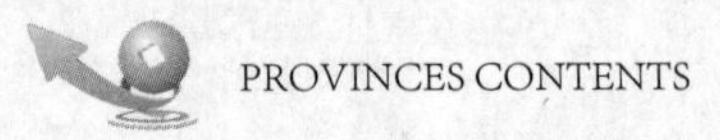

四、固定资产投资
Investment in Fixed Assets

五、财政和税收
Government Finance and Tax Revenue

六、价格指数
Price Indices

七、居民生活
People's Living Conditions

八、城市建设
Urban Construction

九、资源、能源和环境
Resources, Energy and Environment

十、农业
Agriculture

十一、工业
Industry

十二、建筑业
Construction

十三、运输和邮电
Transport, Postal and Telecommunication Services

十四、贸易和旅游
Trade and Tourism

十五、金融业
Financial Intermediation

十六、房地产业
Real Estate

十七、科学技术
Science and Technology

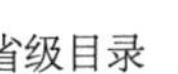

Education

十九、卫生
Public Health

二十、文化和体育
Culture and Sports

二十一、社会服务和社会保障
Social Services and Social Security

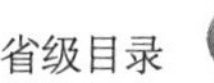

附录：

1

行政区划和人口

Administrative Division and Population

1-1 全国行政区划数
Divisions of Administrative Areas in China

单位：个 (unit)

地区	Region	地级行政区划 Number of Regions at Prefecture Level				其中：地级市 Cities at Prefecture Level			
		2010	2016	2017	2017排名 Ranking	2010	2016	2017	2017排名 Ranking
全 国	**National Total**	**333**	**334**	**334**		**283**	**293**	**294**	
北 京	Beijing								
天 津	Tianjin								
河 北	Hebei	11	11	11	16	11	11	11	13
山 西	Shanxi	11	11	11	16	11	11	11	13
内蒙古	Inner Mongolia	12	12	12	15	9	9	9	18
辽 宁	Liaoning	14	14	14	7	14	14	14	6
吉 林	Jilin	9	9	9	21	8	8	8	20
黑龙江	Heilongjiang	13	13	13	12	12	12	12	10
上 海	Shanghai								
江 苏	Jiangsu	13	13	13	12	13	13	13	8
浙 江	Zhejiang	11	11	11	16	11	11	11	13
安 徽	Anhui	17	16	16	5	17	16	16	5
福 建	Fujian	9	9	9	21	9	9	9	18
江 西	Jiangxi	11	11	11	16	11	11	11	13
山 东	Shandong	17	17	17	3	17	17	17	3
河 南	Henan	17	17	17	3	17	17	17	3
湖 北	Hubei	13	13	13	12	12	12	12	10
湖 南	Hunan	14	14	14	7	13	13	13	8
广 东	Guangdong	21	21	21	1	21	21	21	1
广 西	Guangxi	14	14	14	7	14	14	14	6
海 南	Hainan	2	4	4	27	2	4	4	25
重 庆	Chongqing								
四 川	Sichuan	21	21	21	1	18	18	18	2
贵 州	Guizhou	9	9	9	21	4	6	6	22
云 南	Yunnan	16	16	16	5	8	8	8	20
西 藏	Tibet	7	7	7	25	1	5	6	22
陕 西	Shaanxi	10	10	10	20	10	10	10	17
甘 肃	Gansu	14	14	14	7	12	12	12	10
青 海	Qinghai	8	8	8	24	1	2	2	27
宁 夏	Ningxia	5	5	5	26	5	5	5	24
新 疆	Xinjiang	14	14	14	7	2	4	4	25

1-2 国土面积和土地利用情况
Land Area and Land Utilization

地区	Region	国土面积（万平方公里）Land Area (10 000 sq.km)	土地调查面积（万公顷）Area under Land Survey (10 000 hectares)	农用地面积（万公顷）Land for Agriculture Use (10 000 hectares)	#园林 Garden (10 000 hectares)	#林地 Woodland (10 000 hectares)	#牧草地 Grass Land (10 000 hectares)	建设用地面积（万公顷）Construction Land Area (10 000 hectares)	农用地排名 Land for Agriculture Ranking
全国	**National Total**	**960.00**	**96000.00**	**64486.36**	**1421.42**	**25280.19**	**21932.03**	**3957.41**	
北京	Beijing	1.68	164.11	114.67	13.28	74.45	0.02	36.02	29
天津	Tianjin	1.10	119.17	69.21	2.96	5.47		41.73	30
河北	Hebei	19.00	1884.34	1306.44	83.23	459.64	40.10	224.16	17
山西	Shanxi	15.00	1567.11	1002.62	40.58	485.46	3.37	104.00	23
内蒙古	Inner Mongolia	110.00	11451.21	8288.06	5.64	2322.19	4950.70	167.34	2
辽宁	Liaoning	15.00	1480.64	1153.31	46.78	561.46	0.32	164.42	19
吉林	Jilin	18.00	1911.24	1659.26	6.58	885.20	23.60	110.59	12
黑龙江	Heilongjiang	46.00	4526.45	3991.27	4.46	2182.01	109.49	163.69	6
上海	Shanghai	0.58	82.39	31.34	1.65	4.60		30.88	31
江苏	Jiangsu	10.00	1067.42	647.04	29.72	25.62	0.01	231.10	26
浙江	Zhejiang	10.00	1053.97	858.89	57.43	563.78	0.03	131.82	24
安徽	Anhui	13.00	1401.26	1112.19	34.65	373.55	0.05	201.49	21
福建	Fujian	12.00	1240.16	1086.24	76.65	832.76	0.03	84.42	22
江西	Jiangxi	16.00	1668.94	1441.15	32.07	1031.10	0.07	130.62	16
山东	Shandong	15.00	1571.26	1148.61	71.43	147.76	0.58	288.37	20
河南	Henan	16.00	1655.36	1265.57	21.33	344.58	0.03	264.43	18
湖北	Hubei	18.00	1858.88	1572.96	48.02	858.99	0.20	173.72	13
湖南	Hunan	21.00	2118.55	1816.66	65.31	1219.93	1.36	165.33	11
广东	Guangdong	18.00	1798.13	1491.65	126.07	1001.79	0.31	207.23	14
广西	Guangxi	23.00	2375.58	1952.68	108.05	1329.94	0.52	125.28	8
海南	Hainan	3.40	353.54	296.74	91.70	119.92	1.92	34.83	28
重庆	Chongqing	8.23	822.69	705.68	27.09	386.85	4.55	68.46	25
四川	Sichuan	48.00	4840.56	4213.32	72.69	2214.78	1095.66	187.00	5
贵州	Guizhou	17.00	1761.52	1472.59	16.21	892.61	7.22	72.82	15
云南	Yunnan	38.00	3831.94	3292.79	162.82	2300.62	14.70	110.52	7
西藏	Tibet	120.00	12020.72	8723.02	0.15	1602.42	7068.30	15.72	1
陕西	Shaanxi	19.00	2057.95	1856.26	81.64	1116.68	216.94	96.80	9
甘肃	Gansu	39.00	4040.91	1854.79	25.58	609.63	591.86	92.23	10
青海	Qinghai	72.00	7174.81	4508.80	0.60	353.96	4079.46	35.90	4
宁夏	Ningxia	6.60	519.54	380.69	5.00	76.62	149.17	32.37	27
新疆	Xinjiang	160.00	16648.97	5171.87	62.07	895.83	3571.48	164.11	3

注：土地调查面积为2008年年底数。

Note: Land survey area is for the end of 2008.

1-3 建设用地面积 (2017)
Area of Land for Construction (2017)

单位：万公顷 (10 000 hectares)

地区	Region	建设用地面积 Land for Construction	居民点及工矿用地 Land for Living Quarters, Mining and Manufacturing Sites	交通运输用地 Land for Transport Facilities	水利设施用地 Land for Water Conservancy Facilities	建设用地排名 Land for Construction Ranking
全国	**National Total**	**3957.41**	**3213.10**	**383.35**	**360.95**	
北京	Beijing	36.02	30.68	3.28	2.06	26
天津	Tianjin	41.73	33.33	3.03	5.37	25
河北	Hebei	224.16	193.80	19.48	10.89	4
山西	Shanxi	104.00	89.41	10.82	3.77	19
内蒙古	Inner Mongolia	167.34	136.97	23.39	6.97	9
辽宁	Liaoning	164.42	134.29	16.36	13.77	11
吉林	Jilin	110.59	87.09	9.66	13.85	17
黑龙江	Heilongjiang	163.69	123.33	15.82	24.54	13
上海	Shanghai	30.88	27.49	3.07	0.32	30
江苏	Jiangsu	231.10	191.46	23.28	16.36	3
浙江	Zhejiang	131.82	102.41	15.17	14.25	14
安徽	Anhui	201.49	166.05	14.94	20.50	6
福建	Fujian	84.42	64.09	13.08	7.25	22
江西	Jiangxi	130.62	98.80	11.58	20.24	15
山东	Shandong	288.37	242.58	22.41	23.38	1
河南	Henan	264.43	226.78	18.95	18.70	2
湖北	Hubei	173.72	133.22	13.17	27.33	8
湖南	Hunan	165.33	135.24	14.83	15.25	10
广东	Guangdong	207.23	168.15	19.58	19.51	5
广西	Guangxi	125.28	92.91	14.25	18.12	16
海南	Hainan	34.83	26.26	2.76	5.81	28
重庆	Chongqing	68.46	58.03	6.55	3.88	24
四川	Sichuan	187.00	158.13	15.72	13.15	7
贵州	Guizhou	72.82	57.95	10.70	4.18	23
云南	Yunnan	110.52	86.61	12.06	11.84	18
西藏	Tibet	15.72	10.67	4.22	0.83	31
陕西	Shaanxi	96.80	82.22	10.93	3.65	20
甘肃	Gansu	92.23	79.42	8.88	3.93	21
青海	Qinghai	35.90	24.22	5.33	6.34	27
宁夏	Ningxia	32.37	27.37	4.07	0.94	29
新疆	Xinjiang	164.11	124.12	15.98	24.01	12

1-4 年末常住总人口数和常住人口密度
Permanent Population at Year-end and Permanent Population Density

地 区	Region	常住总人口年末数(万人) Permanent Population at Year-end (10 000 persons)				常住人口密度(人/平方公里) Permanent Population Density (person/sq.km)			
		2010	2016	2017	2017排名 Ranking	2010	2016	2017	2017排名 Ranking
全 国	**National Total**	**134091**	**138271**	**139008**		**139.68**	**144.03**	**144.80**	
北 京	Beijing	1962	2173	2171	26	1195.51	1324.15	1322.93	2
天 津	Tianjin	1299	1562	1557	27	1090.25	1310.70	1306.50	3
河 北	Hebei	7194	7470	7520	6	381.76	396.43	399.08	10
山 西	Shanxi	3574	3682	3702	18	228.07	234.95	236.23	18
内蒙古	Inner Mongolia	2472	2520	2529	23	21.59	22.01	22.08	28
辽 宁	Liaoning	4375	4378	4369	14	295.47	295.68	295.08	15
吉 林	Jilin	2747	2733	2717	21	143.71	143.00	142.16	23
黑龙江	Heilongjiang	3833	3799	3789	17	84.69	83.93	83.71	26
上 海	Shanghai	2303	2420	2418	25	2794.83	2937.25	2934.82	1
江 苏	Jiangsu	7869	7999	8029	5	737.23	749.38	752.19	4
浙 江	Zhejiang	5447	5590	5657	10	516.76	530.37	536.73	8
安 徽	Anhui	5957	6196	6255	8	425.10	442.17	446.38	9
福 建	Fujian	3693	3874	3911	15	297.79	312.38	315.36	14
江 西	Jiangxi	4462	4592	4622	13	267.37	275.14	276.94	16
山 东	Shandong	9588	9947	10006	2	610.20	633.06	636.81	5
河 南	Henan	9405	9532	9559	3	568.18	575.82	577.46	7
湖 北	Hubei	5728	5885	5902	9	308.14	316.59	317.50	13
湖 南	Hunan	6570	6822	6860	7	310.12	322.01	323.81	12
广 东	Guangdong	10441	10999	11169	1	580.66	611.69	621.15	6
广 西	Guangxi	4610	4838	4885	11	194.06	203.66	205.63	19
海 南	Hainan	869	917	926	28	245.67	259.38	261.92	17
重 庆	Chongqing	2885	3048	3075	20	350.63	370.49	373.78	11
四 川	Sichuan	8045	8262	8302	4	166.20	170.68	171.51	22
贵 州	Guizhou	3479	3555	3580	19	197.50	201.81	203.23	20
云 南	Yunnan	4602	4771	4801	12	120.09	124.51	125.29	25
西 藏	Tibet	301	331	337	31	2.50	2.75	2.80	31
陕 西	Shaanxi	3735	3813	3835	16	181.50	185.28	186.35	21
甘 肃	Gansu	2560	2610	2626	22	63.35	64.59	64.99	27
青 海	Qinghai	563	593	598	30	7.85	8.27	8.33	30
宁 夏	Ningxia	633	675	682	29	121.83	129.92	131.27	24
新 疆	Xinjiang	2185	2398	2445	24	13.12	14.40	14.69	29

注：1.2010年数据为当年人口普查数据推算数；其余年份数据为年度人口抽样调查推算数据。2005年起各地区数据为常住人口口径。

2.常住人口密度为常住人口与土地调查面积之比。

Notes: 1. The data for 2010 are estimated from the census data, and for the remaining years, the data are calculated from the annual sample survey of population. Since 2005, the regional data have keen of the permanent residents.

2. Permanent population density refers to the ratio of residents with area to land survey area.

1-5 按城乡分年末人口数

Population at Year-end by Urban and Rural Residence

单位：万人 (10 000 persons)

地区	Region	城镇人口 Urban Residence at Year-end				乡村人口 Rural Residence at Year-end			
		2010	2016	2017	2017排名 Ranking	2010	2016	2017	2017排名 Ranking
全　国	**National Total**	**66978**	**79298**	**81347**		**67113**	**58973**	**57661**	
北　京	Beijing	1686	1880	1878	21	275	293	293	27
天　津	Tianjin	1034	1295	1291	25	266	267	266	30
河　北	Hebei	3201	3983	4136	6	3992	3487	3383	4
山　西	Shanxi	1717	2070	2123	18	1857	1612	1579	16
内蒙古	Inner Mongolia	1372	1542	1568	23	1100	978	961	24
辽　宁	Liaoning	2717	2949	2949	11	1658	1429	1420	18
吉　林	Jilin	1464	1530	1539	24	1282	1203	1178	22
黑龙江	Heilongjiang	2134	2249	2250	15	1700	1550	1538	17
上　海	Shanghai	2056	2127	2121	19	246	293	297	26
江　苏	Jiangsu	4767	5417	5521	3	3102	2582	2508	9
浙　江	Zhejiang	3356	3745	3847	7	2090	1845	1810	14
安　徽	Anhui	2562	3221	3346	10	3395	2975	2909	7
福　建	Fujian	2109	2464	2534	12	1584	1410	1377	20
江　西	Jiangxi	1966	2438	2524	13	2496	2154	2098	12
山　东	Shandong	4765	5871	6062	2	4823	4076	3944	3
河　南	Henan	3621	4623	4795	4	5784	4909	4764	1
湖　北	Hubei	2847	3419	3500	9	2881	2466	2402	11
湖　南	A	2845	3599	3747	8	3725	3223	3113	6
广　东	Guangdong	6910	7611	7802	1	3531	3388	3367	5
广　西	Guangxi	1844	2326	2404	14	2766	2512	2481	10
海　南	Hainan	433	521	537	28	436	396	389	25
重　庆	Chongqing	1529	1908	1971	20	1355	1140	1105	23
四　川	Sichuan	3232	4066	4217	5	4812	4196	4085	2
贵　州	Guizhou	1176	1570	1648	22	2303	1985	1932	13
云　南	Yunnan	1597	2148	2241	16	3005	2623	2559	8
西　藏	Tibet	68	98	104	31	233	233	233	31
陕　西	Shaanxi	1709	2110	2178	17	2026	1703	1657	15
甘　肃	Gansu	925	1166	1218	26	1635	1444	1408	19
青　海	Qinghai	252	306	317	30	311	287	281	29
宁　夏	Ningxia	303	380	395	29	330	295	287	28
新　疆	Xinjiang	940	1159	1207	27	1245	1239	1238	21

注：1.本表数据根据当年人口变动情况抽样调查数据推算。全国总人口根据抽样误差和调查误差进行了修正，分地区人口未作修正。

2.全国总人口包括现役军人数，分地区数字中未包括。

Notes: 1.The data in the table are estimated from the sample survey date of population changes of the year. The national total population has been modified on the basis of sampling errors and survey errors, but samilar adjustment has not been made to regional figures.

2.The military personnel are included in the national total population, but are not included in the population by region.

1-6 人口出生率和死亡率
Birth Rate and Death Rate

单位：‰ （‰）

地区	Region	出生率 Birth Rate 2010	2016	2017	2017排名 Ranking	死亡率 Death Rate 2010	2016	2017	2017排名 Ranking
全 国	**National Total**	**11.90**	**12.95**	**12.43**		**7.11**	**7.09**	**7.11**	
北 京	Beijing	7.48	9.32	9.06	26	4.41	5.20	5.30	25
天 津	Tianjin	8.18	7.37	7.65	28	5.58	5.54	5.05	27
河 北	Hebei	13.22	12.42	13.20	15	6.41	6.36	6.60	12
山 西	Shanxi	10.68	10.29	11.06	23	5.38	5.52	5.45	24
内蒙古	Inner Mongolia	9.30	9.03	9.47	25	5.54	5.69	5.74	22
辽 宁	Liaoning	6.68	6.60	6.49	30	6.26	6.78	6.93	8
吉 林	Jilin	7.91	5.55	6.76	29	5.88	5.60	6.50	14
黑龙江	Heilongjiang	7.35	6.12	6.22	31	5.03	6.61	6.63	11
上 海	Shanghai	7.05	9.00	8.10	27	5.07	5.00	5.30	25
江 苏	Jiangsu	9.73	9.76	9.71	24	6.88	7.03	7.03	4
浙 江	Zhejiang	10.27	11.22	11.92	19	5.54	5.52	5.56	23
安 徽	Anhui	12.70	13.02	14.07	8	5.95	5.96	5.90	21
福 建	Fujian	11.27	14.50	15.00	5	5.16	6.20	6.20	17
江 西	Jiangxi	13.72	13.45	13.79	10	6.06	6.16	6.08	19
山 东	Shandong	11.65	17.89	17.54	1	6.26	7.05	7.40	1
河 南	Henan	11.52	13.26	12.95	16	6.57	7.11	6.97	7
湖 北	Hubei	10.36	12.04	12.60	17	6.02	6.97	7.01	6
湖 南	Hunan	13.10	13.57	13.27	14	6.70	7.01	7.08	3
广 东	Guangdong	11.18	11.85	13.68	11	4.21	4.41	4.52	30
广 西	Guangxi	14.13	13.82	15.14	4	5.48	5.95	6.22	16
海 南	Hainan	14.71	14.57	14.73	6	5.73	6.00	6.01	20
重 庆	Chongqing	9.17	11.77	11.18	21	6.40	7.24	7.27	2
四 川	Sichuan	8.93	10.48	11.26	20	6.62	6.99	7.03	4
贵 州	Guizhou	13.96	13.43	13.98	9	6.55	6.93	6.88	9
云 南	Yunnan	13.10	13.16	13.53	12	6.56	6.55	6.68	10
西 藏	Tibet	15.80	15.79	16.00	2	5.55	5.11	4.95	28
陕 西	Shaanxi	9.73	10.64	11.11	22	6.01	6.23	6.24	15
甘 肃	Gansu	12.05	12.18	12.54	18	6.02	6.18	6.52	13
青 海	Qinghai	14.94	14.70	14.42	7	6.31	6.18	6.17	18
宁 夏	Ningxia	14.14	13.69	13.44	13	5.10	4.72	4.75	29
新 疆	Xinjiang	15.99	15.34	15.88	3	5.43	4.26	4.48	31

注：本表数据根据当年人口数据推算。全国总人口根据抽样误差和调查误差进行了修正，分地区人口未作修正。

Note: The data in the table are estimated from the population data of the year. The national total population has been modified on the basis of sampling errors and survey errors, but similar adjustment has not been made to regional figures.

1-7 人口自然增长率和城镇化率
Natural Growth Rate and Urbanization Rate

地区	Region	自然增长率（‰）Natural Growth Rate（‰）				城镇化率（%）Urbanization Rate（%）			
		2010	2016	2017	2017排名 Ranking	2010	2016	2017	2017排名 Ranking
全　国	**National Total**	**4.79**	**5.86**	**5.32**		**49.95**	**57.35**	**58.52**	
北　京	Beijing	3.07	4.12	3.76	24	85.96	86.50	86.50	2
天　津	Tianjin	2.60	1.83	2.60	28	79.55	82.93	82.93	3
河　北	Hebei	6.81	6.06	6.60	14	44.50	53.32	55.01	19
山　西	Shanxi	5.30	4.77	5.61	19	48.05	56.21	57.34	16
内蒙古	Inner Mongolia	3.76	3.34	3.73	25	55.50	61.19	62.02	10
辽　宁	Liaoning	0.42	-0.18	-0.44	31	62.10	67.37	67.49	7
吉　林	Jilin	2.03	-0.05	0.26	29	53.32	55.97	56.65	18
黑龙江	Heilongjiang	2.32	-0.49	-0.41	30	55.66	59.20	59.40	12
上　海	Shanghai	1.98	4.00	2.80	26	89.30	87.90	87.70	1
江　苏	Jiangsu	2.85	2.73	2.68	27	60.58	67.72	68.76	5
浙　江	Zhejiang	4.73	5.70	6.36	15	61.62	67.00	68.00	6
安　徽	Anhui	6.75	7.06	8.17	10	43.01	51.99	53.49	22
福　建	Fujian	6.11	8.30	8.80	6	57.10	63.60	64.80	8
江　西	Jiangxi	7.66	7.29	7.71	11	44.06	53.10	54.60	21
山　东	Shandong	5.39	10.84	10.14	3	49.70	59.02	60.58	11
河　南	Henan	4.95	6.15	5.98	18	38.50	48.50	50.16	25
湖　北	Hubei	4.34	5.07	5.59	20	49.70	58.10	59.30	13
湖　南	Hunan	6.40	6.56	6.19	16	43.30	52.75	54.62	20
广　东	Guangdong	6.97	7.44	9.16	4	66.18	69.20	69.85	4
广　西	Guangxi	8.65	7.87	8.92	5	40.00	48.08	49.21	27
海　南	Hainan	8.98	8.57	8.72	7	49.80	56.78	58.04	14
重　庆	Chongqing	2.77	4.53	3.91	23	53.02	62.60	64.08	9
四　川	Sichuan	2.31	3.49	4.23	22	40.18	49.21	50.79	24
贵　州	Guizhou	7.41	6.50	7.10	12	33.81	44.15	46.02	30
云　南	Yunnan	6.54	6.61	6.85	13	34.70	45.03	46.69	28
西　藏	Tibet	10.25	10.68	11.05	2	22.67	29.56	30.89	31
陕　西	Shaanxi	3.72	4.41	4.87	21	45.76	55.34	56.79	17
甘　肃	Gansu	6.03	6.00	6.02	17	36.12	44.69	46.39	29
青　海	Qinghai	8.63	8.52	8.25	9	44.72	51.63	53.07	23
宁　夏	Ningxia	9.04	8.97	8.69	8	47.90	56.29	57.98	15
新　疆	Xinjiang	10.56	11.08	11.40	1	43.01	48.35	49.38	26

注：本表数据根据当年人口数据推算。全国总人口根据抽样误差和调查误差进行了修正，分地区人口未作修正。

Note: The data in the table are estimated from the population data of the year. The national total population has been modified on the basis of sampling errors and survey errors, but similar adjustment has not been made to regional figures.

1-8 年末户籍总人口数和户籍人口密度
Household Registered Population at Year-end and Its Density

地区	Region	户籍总人口年末数(万人) Total Household Registered Population at Year-end (10 000 persons)				户籍人口密度（人/平方公里） Household Census Registered Population Density (person/sq.km)			
		2010	2016	2017	2017排名 Ranking	2010	2016	2017	2017排名 Ranking
全　国	**National Total**	**134531.39**	**139213.34**	**139516.31**		**140.14**	**144.44**	**145.17**	
北　京	Beijing	1261.70	1359.51	1360.50	26	751.01	804.99	809.53	3
天　津	Tianjin	989.56	1044.40	1049.99	27	899.60	941.50	952.00	2
河　北	Hebei	7298.05	7702.27	7682.17	6	384.11	404.00	404.85	11
山　西	Shanxi	3473.62	3522.13	3519.30	19	231.57	234.01	234.71	20
内蒙古	Inner Mongolia	2453.20	2445.46	2438.52	23	22.30	22.21	22.20	28
辽　宁	Liaoning	4251.68	4231.98	4196.51	15	283.45	282.05	280.95	16
吉　林	Jilin	2723.81	2645.49	2615.79	22	151.32	147.43	146.15	23
黑龙江	Heilongjiang	3842.79	3659.01	3600.62	18	83.54	79.88	78.91	26
上　海	Shanghai	1412.32	1448.31	1455.13	25	2435.03	2492.48	2502.97	1
江　苏	Jiangsu	7466.59	7775.66	7794.19	5	746.66	774.66	778.49	4
浙　江	Zhejiang	4747.95	4910.85	4957.63	12	474.80	489.21	493.42	9
安　徽	Anhui	6825.10	7026.98	7059.15	8	525.01	537.54	541.77	7
福　建	Fujian	3529.69	3769.98	3807.58	17	294.14	312.11	315.73	14
江　西	Jiangxi	4693.55	4985.58	4992.44	11	293.35	310.21	311.81	15
山　东	Shandong	9536.19	9921.44	10008.68	2	635.75	658.11	664.34	6
河　南	Henan	10799.63	11370.42	11376.61	1	674.98	705.86	710.84	5
湖　北	Hubei	6148.95	6156.76	6141.80	9	341.61	341.55	341.63	13
湖　南	Hunan	7069.04	7318.81	7296.26	7	336.62	346.69	347.98	12
广　东	Guangdong	8521.55	9164.90	9316.91	3	473.42	504.81	513.38	8
广　西	Guangxi	5331.43	5579.12	5599.65	10	231.80	241.25	243.02	19
海　南	Hainan	896.09	902.18	910.41	28	263.56	266.15	266.56	17
重　庆	Chongqing	3303.45	3392.11	3389.82	20	401.39	410.93	412.02	10
四　川	Sichuan	9001.27	9137.03	9113.38	4	187.53	189.99	190.11	22
贵　州	Guizhou	4189.00	4452.80	4474.94	14	246.41	260.24	262.58	18
云　南	Yunnan	4528.22	4688.25	4734.80	13	119.16	122.84	123.99	24
西　藏	Tibet	293.95	320.96	326.26	31	2.45	2.65	2.70	31
陕　西	Shaanxi	3873.87	3959.07	3976.05	16	203.89	207.90	208.82	21
甘　肃	Gansu	2712.12	2767.40	2770.70	21	69.54	70.63	71.00	27
青　海	Qinghai	549.97	579.66	584.69	30	7.64	8.01	8.09	30
宁　夏	Ningxia	642.61	672.51	679.14	29	97.36	101.26	102.40	25
新　疆	Xinjiang	2164.44	2302.32	2286.72	24	13.53	14.45	14.34	29

注：全国户籍统计人口数据的方法和口径与全国人口变动情况抽样调查的不同，请用户在使用时加以注意。

Note: The statistical method and calibre concerning the national household registered poplulation are different from those concerning the sample survey of the national population changes. Please pay attention to it.

1-9 按性别分年末户籍人口数
Registered Population by Gender at Year-end

单位：万人 (10 000 persons)

地区	Region	男性人口 Male 2010	2016	2017	2017排名 Ranking	女性人口 Female 2010	2016	2017	2017排名 Ranking
全　国	**National Total**	**69128.95**	**71477.13**	**71550.48**		**65402.43**	**67736.21**	**67965.84**	
北　京	Beijing	634.68	680.10	678.03	26	627.02	679.41	682.47	26
天　津	Tianjin	497.59	523.51	523.86	27	491.98	520.89	526.13	27
河　北	Hebei	3718.27	3923.12	3907.53	6	3579.78	3779.16	3774.63	6
山　西	Shanxi	1780.49	1795.80	1792.74	19	1693.14	1726.32	1726.56	19
内蒙古	Inner Mongolia	1252.57	1243.30	1237.90	23	1200.62	1202.16	1200.62	23
辽　宁	Liaoning	2144.71	2121.72	2100.11	15	2106.97	2110.26	2096.40	15
吉　林	Jilin	1377.66	1332.74	1315.33	22	1346.16	1312.74	1300.46	22
黑龙江	Heilongjiang	1943.62	1844.53	1809.51	18	1899.17	1814.48	1791.11	18
上　海	Shanghai	703.57	718.57	721.29	25	708.75	729.75	733.84	25
江　苏	Jiangsu	3787.73	3934.87	3940.90	5	3678.86	3840.79	3853.29	5
浙　江	Zhejiang	2413.13	2479.23	2499.50	12	2334.83	2431.62	2458.13	11
安　徽	Anhui	3542.42	3652.50	3665.92	8	3282.68	3374.48	3393.23	8
福　建	Fujian	1816.66	1942.86	1960.10	17	1713.03	1827.12	1847.49	17
江　西	Jiangxi	2459.10	2611.10	2613.03	11	2234.44	2374.48	2379.40	12
山　东	Shandong	4838.91	5049.62	5089.42	2	4697.28	4871.82	4919.26	2
河　南	Henan	5576.08	5877.30	5877.54	1	5223.55	5493.11	5499.07	1
湖　北	Hubei	3183.66	3200.42	3191.12	9	2965.29	2956.34	2950.67	9
湖　南	Hunan	3668.52	3797.57	3781.75	7	3400.52	3521.25	3514.51	7
广　东	Guangdong	4388.61	4717.29	4788.55	3	4132.94	4447.61	4528.36	3
广　西	Guangxi	2804.05	2942.64	2950.51	10	2527.38	2636.47	2649.14	10
海　南	Hainan	467.72	472.21	475.91	28	428.37	429.96	434.50	28
重　庆	Chongqing	1709.03	1745.24	1741.13	20	1594.42	1646.87	1648.69	20
四　川	Sichuan	4640.36	4696.24	4677.77	4	4360.91	4440.79	4435.61	4
贵　州	Guizhou	2180.37	2324.79	2338.64	14	2008.63	2128.02	2136.30	14
云　南	Yunnan	2332.35	2419.36	2440.69	13	2195.87	2268.90	2294.11	13
西　藏	Tibet	148.26	160.78	163.61	31	145.70	160.18	162.65	31
陕　西	Shaanxi	2007.96	2044.73	2050.01	16	1865.91	1914.34	1926.04	16
甘　肃	Gansu	1399.84	1426.24	1426.90	21	1312.28	1341.16	1343.80	21
青　海	Qinghai	279.80	293.62	295.89	30	270.17	286.04	288.80	30
宁　夏	Ningxia	326.95	340.64	343.58	29	315.66	331.87	335.56	29
新　疆	Xinjiang	1104.29	1164.51	1151.71	24	1060.15	1137.81	1135.00	24

1-10 家庭户户数和户均人口数
Households and Average Family Size

地区	Region	家庭户户数（户） Number of Households (household)				家庭户户均人口（人/户） Average Family Size (person/household)			
		2010	2016	2017	2017排名 Ranking	2010	2016	2017	2017排名 Ranking
全　国	National Total	401934	364431	367273		3.09	3.11	3.03	
北　京	Beijing	6681	6372	6151	26	2.45	2.62	2.62	28
天　津	Tianjin	3662	4145	4162	27	2.80	2.77	2.74	24
河　北	Hebei	20395	19130	19092	6	3.36	3.26	3.21	10
山　西	Shanxi	10330	9768	10104	17	3.24	3.11	2.97	20
内蒙古	Inner Mongolia	8205	7467	7644	23	2.81	2.73	2.67	25
辽　宁	Liaoning	14994	13344	13382	11	2.78	2.74	2.65	27
吉　林	Jilin	8998	8016	8426	21	2.94	2.85	2.66	26
黑龙江	Heilongjiang	13000	11460	11872	12	2.84	2.75	2.61	30
上　海	Shanghai	8253	7801	7729	22	2.50	2.47	2.49	31
江　苏	Jiangsu	24382	20355	20575	5	2.94	3.18	3.09	15
浙　江	Zhejiang	18854	16889	17238	7	2.62	2.68	2.62	28
安　徽	Anhui	18862	15635	16110	9	3.00	3.32	3.18	12
福　建	Fujian	11206	10310	10142	16	2.98	3.05	3.03	18
江　西	Jiangxi	11543	10482	10658	15	3.65	3.64	3.56	3
山　东	Shandong	30105	28783	28862	1	2.98	2.87	2.82	22
河　南	Henan	25929	22834	23474	3	3.47	3.48	3.34	9
湖　北	Hubei	16695	15304	15270	10	3.16	3.11	3.02	19
湖　南	Hunan	18626	17414	17011	8	3.32	3.24	3.21	10
广　东	Guangdong	28631	27857	28166	2	3.11	3.1	3.05	17
广　西	Guangxi	13151	11410	11399	13	3.34	3.55	3.51	5
海　南	Hainan	2331	2020	2065	28	3.46	3.78	3.58	2
重　庆	Chongqing	10001	9132	9044	19	2.70	2.75	2.78	23
四　川	Sichuan	25794	22751	22756	4	2.95	3.02	2.95	21
贵　州	Guizhou	10558	8940	8630	20	3.18	3.33	3.4	6
云　南	Yunnan	12340	11002	10831	14	3.54	3.55	3.53	4
西　藏	Tibet	671	675	686	31	4.23	4.03	3.98	1
陕　西	Shaanxi	10719	9510	9813	18	3.22	3.23	3.09	15
甘　肃	Gansu	6900	6353	6449	24	3.49	3.45	3.35	8
青　海	Qinghai	1529	1471	1459	30	3.46	3.36	3.36	7
宁　夏	Ningxia	1882	1776	1731	29	3.17	3.17	3.11	14
新　疆	Xinjiang	6706	6025	6339	25	3.10	3.33	3.17	13

注：1.2010年数据为第六次人口普查数据，2016年和2017年数据为抽样调查数据。
2.数据为2016年全国人口变动情况抽样调查样本数据，抽样比为0.822(‰)(以下有关各表同)。
3.数据为2017年全国人口变动情况抽样调查样本数据，抽样比为1.55(‰)(以下有关各表同)。

Notes: 1. The data for 2010 are the data of the Sixth National Cencus, and the data for 2016 and 2017 are the sample survey data.
2. The data in this table are obtained from the 2016 National Sample Survey on Changes. The sampling fraction is 0.822‰.The same applies to the relevant tables followed.
3. The data in this table are obtained from the 2017 National Sample Survey on Changes. The sampling fraction is1.55‰. The same applies to the relevant tables followed.

1-11 家庭户人口数和集体户人口数
Family and Collective Household Population

单位：人 (person)

地区	Region	家庭户人口数 Family Household Population				集体户人口数 Collective Household Population			
		2010	2016	2017	2017排名 Ranking	2010	2016	2017	2017排名 Ranking
全 国	**National Total**	**1239981**	**1132138**	**1114610**		**92830**	**25881**	**30636**	
北 京	Beijing	16390	16695	16134	26	3223	1437	1667	5
天 津	Tianjin	10262	11472	11423	27	2677	1574	1355	10
河 北	Hebei	68539	62372	61239	6	3316	378	847	13
山 西	Shanxi	33484	30383	29971	18	2228	528	579	14
内蒙古	Inner Mongolia	23072	20376	20430	23	1635	760	419	19
辽 宁	Liaoning	41756	36513	35451	14	1990	155	518	17
吉 林	Jilin	26458	22881	22374	21	995	64	50	30
黑龙江	Heilongjiang	36884	31496	31020	15	1430	378	232	24
上 海	Shanghai	20593	19303	19269	25	2426	885	557	16
江 苏	Jiangsu	71686	64769	63536	5	6975	2229	2564	3
浙 江	Zhejiang	49426	45228	45157	10	5001	1603	1416	9
安 徽	Anhui	56494	51868	51204	8	3007	188	454	18
福 建	Fujian	33398	31399	30746	16	3497	1075	1475	7
江 西	Jiangxi	42181	38169	37992	13	2386	406	171	26
山 东	Shandong	89856	82708	81408	2	5937	757	1094	12
河 南	Henan	90028	79392	78444	3	4002	748	561	15
湖 北	Hubei	52746	47625	46089	9	4492	1759	2595	2
湖 南	Hunan	61911	56440	54555	7	3789	870	2092	4
广 东	Guangdong	88979	86392	85851	1	15341	5715	6071	1
广 西	Guangxi	43970	40474	39992	11	2053	203	393	20
海 南	Hainan	8061	7626	7398	28	611	72	242	22
重 庆	Chongqing	26994	25129	25142	20	1852	430	196	25
四 川	Sichuan	76207	68636	67106	4	4210	821	1504	6
贵 州	Guizhou	33571	29753	29372	19	1177	161	240	23
云 南	Yunnan	43627	39058	38260	12	2340	1082	1449	8
西 藏	Tibet	2838	2721	2735	31	164	69	62	29
陕 西	Shaanxi	34462	30710	30310	17	2865	1304	1339	11
甘 肃	Gansu	24053	21887	21636	22	1523	73	84	28
青 海	Qinghai	5285	4945	4908	30	342	42	31	31
宁 夏	Ningxia	5970	5634	5380	29	331	32	247	21
新 疆	Xinjiang	20802	20082	20078	24	1014	83	133	27

1-12 城市家庭户户数和户均人口数
Urban Households and Average Family Size

地区	Region	城市家庭户户数（户） Number of Households (household)				城市家庭户户均人口（人/户） Average Family Size (person/household)			
		2010	2016	2017	2017排名 Ranking	2010	2016	2017	2017排名 Ranking
全　国	**National Total**	**128661**	**136579**	**136457**		**2.71**	**2.79**	**2.74**	
北　京	Beijing	5376	5281	5071	11	2.40	2.58	2.56	27
天　津	Tianjin	2501	3226	3215	19	2.65	2.65	2.59	24
河　北	Hebei	4295	5002	5104	10	2.95	3.06	2.88	10
山　西	Shanxi	2902	2896	3574	18	2.88	2.90	2.73	17
内蒙古	Inner Mongolia	2738	2697	2756	21	2.67	2.63	2.59	24
辽　宁	Liaoning	7953	8110	8177	4	2.57	2.53	2.46	29
吉　林	Jilin	3598	3519	3884	16	2.62	2.48	2.38	30
黑龙江	Heilongjiang	5047	5174	5790	7	2.58	2.45	2.35	31
上　海	Shanghai	6244	6067	5927	6	2.52	2.51	2.58	26
江　苏	Jiangsu	9162	9036	8761	3	2.81	3.01	2.87	12
浙　江	Zhejiang	6873	7617	7945	5	2.54	2.60	2.54	28
安　徽	Anhui	3943	4034	4046	15	2.71	2.95	2.88	10
福　建	Fujian	3929	4661	4328	13	2.70	2.88	2.83	13
江　西	Jiangxi	2125	2438	2308	23	3.19	3.37	3.52	1
山　东	Shandong	8818	9020	9234	2	2.80	2.72	2.70	20
河　南	Henan	5350	5768	5291	9	3.05	3.20	3.12	4
湖　北	Hubei	5468	5539	4869	12	2.82	2.93	2.90	8
湖　南	Hunan	3784	4575	4305	14	2.89	2.85	2.93	7
广　东	Guangdong	15578	17348	17172	1	2.63	2.71	2.69	22
广　西	Guangxi	2480	3049	2904	20	2.93	3.16	3.41	2
海　南	Hainan	618	709	708	29	3.17	3.51	3.17	3
重　庆	Chongqing	2862	3447	3811	17	2.65	2.66	2.73	17
四　川	Sichuan	5265	5108	5415	8	2.67	2.80	2.72	19
贵　州	Guizhou	1778	1989	1818	26	2.82	3.13	3.07	5
云　南	Yunnan	2106	2424	2123	25	2.59	2.99	2.94	6
西　藏	Tibet	94	118	135	31	2.45	2.94	2.76	16
陕　西	Shaanxi	2788	2494	2753	22	2.70	3.01	2.89	9
甘　肃	Gansu	1687	1798	1563	27	2.68	2.80	2.80	15
青　海	Qinghai	448	508	469	30	2.74	2.54	2.81	14
宁　夏	Ningxia	697	744	728	28	2.71	2.78	2.70	20
新　疆	Xinjiang	2155	2184	2272	24	2.56	2.81	2.60	23

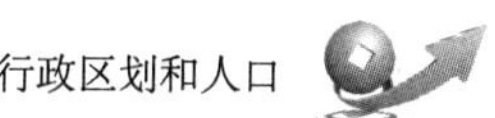

1-13 城市家庭户人口数和集体户人口数
Family Household and Collective Household of Cities

单位：人 (person)

地区	Region	城市家庭户人口数 Family Household of Cities 2010	2016	2017	2017排名 Ranking	城市集体户人口数 Collective Household of Cities 2010	2016	2017	2017排名 Ranking
全　国	**National Total**	**348461**	**381323**	**373855**		**55299**	**17421**	**19926**	
北　京	Beijing	12889	13638	12966	12	2674	1326	1571	4
天　津	Tianjin	6625	8547	8319	20	2233	1382	1233	6
河　北	Hebei	12689	15284	14725	8	1699	288	335	14
山　西	Shanxi	8345	8414	9742	18	1069	240	38	27
内蒙古	Inner Mongolia	7298	7092	7134	23	714	262	66	24
辽　宁	Liaoning	20448	20500	20145	5	1574	114	68	23
吉　林	Jilin	9428	8722	9246	19	769	39	23	28
黑龙江	Heilongjiang	13031	12663	13606	11	1092	262	194	17
上　海	Shanghai	15752	15207	15285	7	1888	724	486	12
江　苏	Jiangsu	25736	27222	25150	2	4430	1519	1791	3
浙　江	Zhejiang	17472	19823	20187	4	2914	948	639	10
安　徽	Anhui	10696	11888	11636	15	1486	92	285	15
福　建	Fujian	10593	13402	12266	14	1955	711	1173	7
江　西	Jiangxi	6776	8226	8121	21	728	319	18	30
山　东	Shandong	24695	24557	24916	3	3670	162	188	18
河　南	Henan	16319	18447	16491	6	2013	500	354	13
湖　北	Hubei	15399	16231	14100	10	2530	1172	2261	2
湖　南	Hunan	10930	13026	12628	13	1808	163	1134	8
广　东	Guangdong	41042	46963	46172	1	11346	4332	4469	1
广　西	Guangxi	7268	9646	9909	17	1085	129	214	16
海　南	Hainan	1959	2489	2249	28	365	60	86	22
重　庆	Chongqing	7581	9178	10414	16	1100	160	103	20
四　川	Sichuan	14082	14298	14708	9	1833	621	1273	5
贵　州	Guizhou	5013	6223	5588	26	525	93	92	21
云　南	Yunnan	5462	7248	6247	24	863	738	576	11
西　藏	Tibet	230	347	374	31	42	57	20	29
陕　西	Shaanxi	7535	7499	7963	22	1302	889	963	9
甘　肃	Gansu	4526	5043	4376	27	733	38	43	26
青　海	Qinghai	1230	1291	1318	30	138	22	7	31
宁　夏	Ningxia	1885	2065	1969	29	174	6	159	19
新　疆	Xinjiang	5524	6144	5903	25	548	53	66	24

1-14 乡村家庭户户数和户均人口数
Rural Households and Average Family

地区	Region	乡村家庭户户数（户） Number of Households (household)				乡村家庭户户均人口（人/户） Average Family Size (person/household)			
		2010	2016	2017	2017排名 Ranking	2010	2016	2017	2017排名 Ranking
全　国	**National Total**	**194745**	**147568**	**144811**		**3.34**	**3.33**	**3.26**	
北　京	Beijing	877	838	787	27	2.76	2.86	3.07	24
天　津	Tianjin	786	697	673	29	3.21	3.24	3.30	15
河　北	Hebei	11422	8795	8479	4	3.50	3.36	3.32	14
山　西	Shanxi	5232	4279	4264	16	3.44	3.19	3.09	22
内蒙古	Inner Mongolia	3552	2825	2774	23	2.97	2.85	2.79	28
辽　宁	Liaoning	5253	3903	3804	18	3.12	3.10	3.01	26
吉　林	Jilin	3800	3042	3206	22	3.35	3.35	3.06	25
黑龙江	Heilongjiang	5297	4022	4169	17	3.19	3.25	3.08	23
上　海	Shanghai	951	1108	1153	25	2.37	2.22	2.10	31
江　苏	Jiangsu	9939	6499	6416	8	3.03	3.33	3.23	17
浙　江	Zhejiang	7457	5674	5495	12	2.67	2.74	2.70	29
安　徽	Anhui	10752	7175	7269	6	3.12	3.51	3.33	13
福　建	Fujian	4795	3828	3531	19	3.16	3.05	3.23	17
江　西	Jiangxi	6393	4900	4773	13	3.86	3.72	3.66	7
山　东	Shandong	15556	11665	11476	2	3.07	2.96	2.87	27
河　南	Henan	16028	11995	12044	1	3.58	3.47	3.30	15
湖　北	Hubei	8268	6463	6414	9	3.40	3.22	3.12	20
湖　南	Hunan	10384	7995	7726	5	3.54	3.42	3.35	12
广　东	Guangdong	8988	7439	7255	7	3.74	3.84	3.81	3
广　西	Guangxi	7870	5703	5781	10	3.47	3.73	3.58	9
海　南	Hainan	1178	850	806	26	3.63	3.95	3.89	2
重　庆	Chongqing	4915	3575	3404	20	2.72	2.69	2.70	29
四　川	Sichuan	15286	11515	10968	3	3.10	3.08	3.10	21
贵　州	Guizhou	6904	4917	4527	14	3.29	3.42	3.55	10
云　南	Yunnan	7565	5903	5636	11	3.89	3.77	3.77	5
西　藏	Tibet	456	421	410	31	4.95	4.67	4.73	1
陕　西	Shaanxi	5597	4298	4314	15	3.54	3.36	3.19	19
甘　肃	Gansu	4143	3213	3207	21	3.89	3.81	3.66	7
青　海	Qinghai	748	611	613	30	4.06	3.98	3.81	3
宁　夏	Ningxia	903	677	678	28	3.54	3.67	3.51	11
新　疆	Xinjiang	3450	2743	2757	24	3.55	3.82	3.74	6

1-15 乡村家庭户人口数和集体户人口数
Family Household and Collective Household of Rural Area

单位：人 (person)

地区	Region	乡村家庭户人口数 Family Household				乡村集体户人口数 Collective Household			
		2010	2016	2017	2017排名 Ranking	2010	2016	2017	2017排名 Ranking
全　国	**National Total**	**649858**	**491812**	**471864**		**12948**	**2095**	**3176**	
北　京	Beijing	2424	2398	2417	27	330	92	31	23
天　津	Tianjin	2520	2262	2219	30	141	1	1	31
河　北	Hebei	39934	29543	28124	4	345	53	140	6
山　西	Shanxi	18017	13663	13171	16	535	22	23	25
内蒙古	Inner Mongolia	10536	8057	7751	24	450	244	274	4
辽　宁	Liaoning	16384	12083	11459	19	175	41	406	2
吉　林	Jilin	12713	10194	9817	22	92	20	23	25
黑龙江	Heilongjiang	16875	13052	12829	17	115	105	20	27
上　海	Shanghai	2251	2462	2424	26	213	23	61	16
江　苏	Jiangsu	30113	21653	20750	9	1177	261	205	5
浙　江	Zhejiang	19910	15573	14845	14	967	84	275	3
安　徽	Anhui	33516	25186	24176	7	407	60	124	7
福　建	Fujian	15143	11682	11394	20	689	288	107	11
江　西	Jiangxi	24702	18250	17491	12	366	29	39	18
山　东	Shandong	47810	34519	32919	3	362	81	32	21
河　南	Henan	57320	41644	39720	1	490	20	82	13
湖　北	Hubei	28101	20822	20002	11	692	106	66	15
湖　南	Hunan	36788	27316	25889	6	460	41	121	8
广　东	Guangdong	33631	28573	27610	5	1659	180	522	1
广　西	Guangxi	27345	21295	20695	10	261	23	32	21
海　南	Hainan	4270	3355	3134	25	93	9	112	9
重　庆	Chongqing	13348	9612	9187	23	202	64	39	18
四　川	Sichuan	47427	35507	34027	2	646	113	103	12
贵　州	Guizhou	22713	16826	16066	13	298	26	76	14
云　南	Yunnan	29394	22235	21272	8	614	26	109	10
西　藏	Tibet	2257	1967	1940	31	64	9	5	30
陕　西	Shaanxi	19807	14451	13784	15	461	2	60	17
甘　肃	Gansu	16129	12232	11732	18	255	20	29	24
青　海	Qinghai	3035	2429	2336	29	76	7	8	29
宁　夏	Ningxia	3198	2483	2380	28	81	21	14	28
新　疆	Xinjiang	12248	10489	10306	21	232	25	34	20

1-16 全国人口总抚养比和城市人口总抚养比
Gross Dependency Ratio and Gross Dependency Ratio of City Population

单位：%　　(%)

地区	Region	全国人口总抚养比 Gross Dependency Ratio				城市人口总抚养比 Gross Dependency Ratio of City Population			
		2010	2016	2017	2017排名 Ranking	2010	2016	2017	2017排名 Ranking
全　国	**National Total**	**34.28**	**37.91**	**39.25**		**24.86**	**29.34**	**30.33**	
北　京	Beijing	20.94	29.23	30.57	29	20.61	29.03	30.43	16
天　津	Tianjin	22.42	28.63	29.16	30	19.72	26.46	26.80	28
河　北	Hebei	33.46	41.58	42.37	10	26.43	34.56	33.55	10
山　西	Shanxi	32.75	31.67	32.61	24	27.42	27.64	27.83	25
内蒙古	Inner Mongolia	27.60	28.60	32.25	26	25.95	27.25	30.02	18
辽　宁	Liaoning	27.76	31.34	31.96	27	25.02	28.53	29.43	20
吉　林	Jilin	25.59	30.72	32.69	23	23.55	27.89	27.96	24
黑龙江	Heilongjiang	25.35	28.19	28.34	31	23.51	26.28	26.09	29
上　海	Shanghai	23.06	29.26	31.94	28	22.87	28.79	32.19	12
江　苏	Jiangsu	31.39	37.43	37.70	18	24.42	31.11	30.32	17
浙　江	Zhejiang	29.11	32.59	32.72	22	22.90	27.16	27.35	27
安　徽	Anhui	38.89	40.85	47.26	1	27.09	31.14	36.43	2
福　建	Fujian	30.48	39.36	38.91	14	23.62	31.39	30.97	14
江　西	Jiangxi	41.86	44.55	45.69	4	32.18	34.56	38.39	1
山　东	Shandong	34.37	40.04	44.13	7	27.43	31.41	35.64	3
河　南	Henan	41.56	44.64	46.41	3	29.37	33.39	34.40	8
湖　北	Hubei	29.87	37.09	38.99	13	24.01	30.54	28.27	23
湖　南	Hunan	37.72	43.04	44.05	8	26.96	33.37	34.43	7
广　东	Guangdong	31.01	32.33	32.59	25	20.84	24.11	25.47	30
广　西	Guangxi	44.82	45.03	47.06	2	27.80	33.67	34.65	6
海　南	Hainan	38.60	38.88	38.90	15	28.01	32.95	34.12	9
重　庆	Chongqing	40.29	41.68	44.24	6	25.55	28.17	29.99	19
四　川	Sichuan	38.73	42.16	42.37	10	26.35	26.91	27.42	26
贵　州	Guizhou	51.45	46.83	45.43	5	32.34	32.30	35.51	4
云　南	Yunnan	39.57	38.71	37.62	19	27.02	30.74	30.65	15
西　藏	Tibet	41.77	40.88	42.36	12	18.09	21.25	23.13	31
陕　西	Shaanxi	30.27	34.37	36.48	21	25.63	27.87	29.18	21
甘　肃	Gansu	35.85	36.83	38.65	17	27.29	29.67	31.77	13
青　海	Qinghai	37.41	36.87	38.76	16	29.41	25.53	32.41	11
宁　夏	Ningxia	38.47	36.85	36.67	20	29.80	28.57	28.3	22
新　疆	Xinjiang	36.86	42.35	43.19	9	29.68	35.97	35.01	5

注：1.2010年数据为第六次人口普查数据，2016年和2017年数据为抽样调查数据。

2.数据为2016年全国人口变动情况抽样调查样本数据，抽样比为0.822(‰)(以下有关各表同)。

3.数据为2017年全国人口变动情况抽样调查样本数据，抽样比为1.55(‰)(以下有关各表同)。

Notes: 1. The data for the the year 2010 are the data of the Sixth National Census, and the data for 2016 and 2017 are the sampling survey data.

2. The data in this table are obtained from the 2016 National Sample Survey on Changes. The sampling fraction is 0.822‰.The same applies to the relevant tables followed.

3. The data in this table are obtained from the 2017 National Sample Survey on Changes. The sampling fraction is 1.55‰.The same applies to the relevant tables followed.

1-17 镇人口总抚养比和乡村人口总抚养比
Dependency Ratio of Town Population and Rural Population

单位：% (%)

地区	Region	镇人口总抚养比 Dependency Ratio of Town Population				乡村人口总抚养比 Dependency Ratio of Rural Population			
		2010	2016	2017	2017排名 Ranking	2010	2016	2017	2017排名 Ranking
全 国	**National Total**	**33.07**	**36.38**	**38.08**		**41.29**	**46.65**	**48.39**	
北 京	Beijing	20.17	26.80	20.62	31	23.25	31.17	35.18	29
天 津	Tianjin	22.81	30.09	29.58	28	32.15	38.46	40.17	24
河 北	Hebei	32.21	40.61	42.05	5	36.72	46.19	47.81	16
山 西	Shanxi	33.10	30.91	32.28	24	35.49	34.86	36.6	26
内蒙古	Inner Mongolia	28.26	24.44	29.66	27	28.49	32.77	36.24	27
辽 宁	Liaoning	27.63	31.79	34.34	21	31.64	36.26	35.7	28
吉 林	Jilin	25.78	29.78	31.38	26	27.19	33.64	37.95	25
黑龙江	Heilongjiang	26.14	26.80	26.61	29	26.58	30.76	31.5	31
上 海	Shanghai	21.58	27.78	25.09	30	26.29	33.5	35.01	30
江 苏	Jiangsu	32.30	36.50	37.76	13	38.34	47.50	48.46	14
浙 江	Zhejiang	27.94	29.87	32.87	23	36.63	42.67	40.77	23
安 徽	Anhui	35.60	36.32	41.81	6	45.12	48.99	57.24	2
福 建	Fujian	30.33	41.42	37.46	14	36.56	48.84	50.56	10
江 西	Jiangxi	37.93	42.55	44.22	3	47.09	51.16	50.46	11
山 东	Shandong	33.83	39.47	42.26	4	39.06	47.38	52.92	6
河 南	Henan	37.12	39.20	40.08	7	47.45	53.33	56.29	3
湖 北	Hubei	28.87	33.91	38.06	12	34.21	44.96	49.80	12
湖 南	Hunan	34.99	37.21	38.17	11	43.09	52.34	54.14	5
广 东	Guangdong	34.68	34.14	31.95	25	47.53	49.11	48.03	15
广 西	Guangxi	39.74	40.64	45.47	1	53.01	53.14	54.82	4
海 南	Hainan	37.49	38.08	39.10	10	45.55	44.2	42.43	21
重 庆	Chongqing	37.87	40.28	44.88	2	53.13	58.91	64.35	1
四 川	Sichuan	33.29	37.73	40.00	8	45.49	52.44	52.11	8
贵 州	Guizhou	43.74	42.31	39.64	9	59.28	55.2	52.41	7
云 南	Yunnan	35.41	34.93	34.47	20	43.99	43.63	41.82	22
西 藏	Tibet	27.47	35.07	36.48	17	48.19	47.06	48.56	13
陕 西	Shaanxi	29.03	31.95	33.64	22	32.93	40.13	43.67	18
甘 肃	Gansu	31.00	33.75	35.59	18	40.13	41.30	42.97	20
青 海	Qinghai	33.03	35.46	37.42	16	43.03	44.68	43.41	19
宁 夏	Ningxia	37.50	36.17	34.68	19	44.85	44.89	46.14	17
新 疆	Xinjiang	34.10	38.23	37.43	15	41.43	47.89	50.86	9

1-18 全国人口少年抚养比和城市人口少年抚养比

Children Dependency Ratio of National Population and City Population

单位：% (%)

地区	Region	全国人口少年抚养比 Children Dependency Ratio of National Population				城市人口少年抚养比 Children Dependency Ratio of City Population			
		2010	2016	2017	2017排名 Ranking	2010	2016	2017	2017排名 Ranking
全　国	**National Total**	**22.30**	**22.95**	**23.39**		**15.27**	**16.93**	**17.36**	
北　京	Beijing	10.41	14.06	14.25	28	10.16	14.10	14.08	26
天　津	Tianjin	11.99	14.01	14.59	27	9.27	12.25	12.69	29
河　北	Hebei	22.46	26.14	25.57	13	16.49	19.52	18.67	13
山　西	Shanxi	22.70	20.22	20.69	22	18.70	17.90	18.91	12
内蒙古	Inner Mongolia	17.96	16.46	17.91	24	16.65	16.85	18.03	17
辽　宁	Liaoning	14.59	13.97	13.39	29	11.90	12.35	12.43	30
吉　林	Jilin	15.06	16.54	16.51	25	12.37	13.47	13.54	28
黑龙江	Heilongjiang	14.97	12.89	12.76	31	11.89	10.73	11.04	31
上　海	Shanghai	10.60	12.50	13.12	30	10.33	12.45	13.96	27
江　苏	Jiangsu	17.09	18.87	18.52	23	13.98	15.99	15.62	22
浙　江	Zhejiang	17.05	17.17	16.15	26	14.77	16.34	15.73	21
安　徽	Anhui	24.69	24.70	28.13	7	16.87	17.42	19.66	9
福　建	Fujian	20.18	25.49	25.67	12	16.43	21.61	21.80	5
江　西	Jiangxi	31.07	30.68	31.47	4	22.36	20.76	24.75	2
山　东	Shandong	21.15	23.72	25.49	14	17.69	19.22	21.15	7
河　南	Henan	29.73	30.07	30.53	6	20.09	21.98	21.41	6
湖　北	Hubei	18.07	21.22	21.99	20	14.68	16.55	14.68	25
湖　南	Hunan	24.27	26.03	26.51	10	17.39	18.61	19.42	11
广　东	Guangdong	22.11	22.15	22.32	19	14.96	16.66	17.84	18
广　西	Guangxi	31.44	30.97	32.73	3	18.98	22.22	23.76	3
海　南	Hainan	27.42	27.43	27.52	9	20.44	24.35	25.13	1
重　庆	Chongqing	23.85	21.89	23.65	17	14.53	14.86	16.56	20
四　川	Sichuan	23.54	22.69	22.53	18	15.01	14.96	15.35	23
贵　州	Guizhou	38.26	32.70	30.97	5	22.65	21.86	22.72	4
云　南	Yunnan	28.93	27.09	26.06	11	17.58	22.00	18.19	16
西　藏	Tibet	34.55	33.87	34.14	1	13.74	15.52	14.80	24
陕　西	Shaanxi	19.16	19.93	21.34	21	15.29	16.30	18.58	14
甘　肃	Gansu	24.67	23.21	24.33	16	16.99	15.15	16.77	19
青　海	Qinghai	28.75	26.98	27.80	8	18.99	16.30	19.59	10
宁　夏	Ningxia	29.62	26.20	25.11	15	20.83	19.09	18.22	15
新　疆	Xinjiang	27.99	32.06	32.76	2	19.41	22.29	21.07	8

1-19 镇人口少年抚养比和乡村人口少年抚养比
Children Dependency Ratio of Town Population and Rural Population

单位：%　　(%)

地区	Region	镇人口少年抚养比 Children Dependency Ratio of Town Population				乡村人口少年抚养比 Children Dependency Ratio of Rural Population			
		2010	2016	2017	2017排名 Ranking	2010	2016	2017	2017排名 Ranking
全　国	**National Total**	**22.45**	**23.28**	**23.87**		**27.07**	**28.27**	**28.77**	
北　京	Beijing	11.49	15.03	12.08	29	11.29	13.52	16.09	28
天　津	Tianjin	15.40	16.02	18.12	25	20.06	21.67	21.86	22
河　北	Hebei	22.63	26.68	25.80	11	24.69	29.58	29.49	16
山　西	Shanxi	25.13	22.07	22.70	18	23.82	20.58	20.92	24
内蒙古	Inner Mongolia	19.80	15.31	18.71	24	17.96	16.91	17.2	26
辽　宁	Liaoning	15.59	15.91	14.41	28	18.05	16.24	14.77	30
吉　林	Jilin	14.92	16.33	17.17	26	17.31	19.37	19.28	25
黑龙江	Heilongjiang	15.23	11.56	11.73	30	17.47	15.68	15.08	29
上　海	Shanghai	11.90	13.04	10.75	31	10.96	12.46	9.33	31
江　苏	Jiangsu	18.62	20.35	19.94	23	19.55	21.94	21.44	23
浙　江	Zhejiang	17.99	16.10	15.93	27	18.91	19.17	16.97	27
安　徽	Anhui	23.45	22.05	24.95	14	28.41	30.33	35.16	6
福　建	Fujian	21.08	29.52	26.41	10	22.95	28.41	30.37	14
江　西	Jiangxi	28.87	30.96	31.22	2	35.10	35.69	35.05	7
山　东	Shandong	21.72	25.20	26.81	8	23.13	26.24	28.16	18
河　南	Henan	27.28	27.67	27.03	7	34.03	35.53	37.22	4
湖　北	Hubei	18.58	20.26	22.17	19	20.16	26.09	28.83	17
湖　南	Hunan	23.32	23.51	24.43	17	27.34	31.84	32.33	9
广　东	Guangdong	24.63	23.51	21.47	21	33.76	33.28	32.26	10
广　西	Guangxi	28.52	28.67	32.25	1	37.11	36.69	38.01	3
海　南	Hainan	26.56	25.54	25.75	12	32.06	31.01	30.5	13
重　庆	Chongqing	24.26	23.90	26.68	9	30.91	28.75	31.78	12
四　川	Sichuan	21.25	22.17	22.13	20	27.65	26.89	26.79	20
贵　州	Guizhou	33.62	30.10	28.57	5	44.16	38.61	35.49	5
云　南	Yunnan	25.97	23.81	24.51	16	32.65	30.65	29.66	15
西　藏	Tibet	23.26	30.04	31.02	3	39.93	39.29	39.66	2
陕　西	Shaanxi	20.19	19.38	20.35	22	20.51	22.62	23.99	21
甘　肃	Gansu	22.54	23.27	24.70	15	27.93	26.83	27.23	19
青　海	Qinghai	26.25	26.77	28.40	6	34.48	33.73	32.49	8
宁　夏	Ningxia	30.27	27.27	25.14	13	35.59	32.33	32.07	11
新　疆	Xinjiang	24.31	29.27	28.96	4	33.56	39.30	41.89	1

1-20 全国人口老年抚养比和城市人口老年抚养比

Elder Dependency Ratio of National Population and City Population

单位：%　　　　(%)

地区	Region	全国人口老年抚养比 Elder Dependency Ratio of National Population				城市人口老年抚养比 Elder Dependency Ratio of City Population			
		2010	2016	2017	2017排名 Ranking	2010	2016	2017	2017排名 Ranking
全　国	**National Total**	**11.98**	**14.96**	**15.86**		**9.59**	**12.41**	**12.97**	
北　京	Beijing	10.54	15.17	16.32	12	10.45	14.92	16.35	4
天　津	Tianjin	10.43	14.62	14.57	17	10.45	14.21	14.11	12
河　北	Hebei	10.99	15.44	16.80	10	9.94	15.04	14.88	8
山　西	Shanxi	10.06	11.45	11.92	24	8.72	9.74	8.93	29
内蒙古	Inner Mongolia	9.65	12.14	14.33	19	9.29	10.39	11.99	22
辽　宁	Liaoning	13.17	17.37	18.57	7	13.13	16.18	17.00	2
吉　林	Jilin	10.53	14.19	16.18	13	11.18	14.42	14.42	11
黑龙江	Heilongjiang	10.38	15.30	15.58	15	11.61	15.55	15.05	5
上　海	Shanghai	12.46	16.76	18.82	5	12.54	16.34	18.23	1
江　苏	Jiangsu	14.30	18.56	19.19	3	10.43	15.13	14.71	9
浙　江	Zhejiang	12.05	15.43	16.56	11	8.14	10.82	11.63	23
安　徽	Anhui	14.20	16.15	19.14	4	10.22	13.73	16.77	3
福　建	Fujian	10.30	13.87	13.23	23	7.19	9.78	9.18	27
江　西	Jiangxi	10.78	13.87	14.21	22	9.82	13.80	13.65	14
山　东	Shandong	13.23	16.32	18.64	6	9.75	12.19	14.49	10
河　南	Henan	11.83	14.57	15.88	14	9.28	11.40	12.99	17
湖　北	Hubei	11.80	15.87	17.00	9	9.32	13.99	13.59	15
湖　南	Hunan	13.46	17.01	17.53	8	9.57	14.76	15.01	6
广　东	Guangdong	8.90	10.18	10.27	30	5.88	7.45	7.63	31
广　西	Guangxi	13.38	14.06	14.33	19	8.82	11.45	10.89	24
海　南	Hainan	11.18	11.45	11.38	27	7.57	8.60	8.99	28
重　庆	Chongqing	16.45	19.79	20.60	1	11.02	13.30	13.44	16
四　川	Sichuan	15.19	19.47	19.83	2	11.33	11.96	12.07	21
贵　州	Guizhou	13.19	14.13	14.47	18	9.69	10.45	12.79	19
云　南	Yunnan	10.64	11.62	11.56	25	9.45	8.74	12.46	20
西　藏	Tibet	7.22	7.01	8.22	31	4.35	5.73	8.33	30
陕　西	Shaanxi	11.11	14.43	15.14	16	10.35	11.57	10.60	25
甘　肃	Gansu	11.18	13.62	14.32	21	10.30	14.52	15.00	7
青　海	Qinghai	8.66	9.89	10.96	28	10.42	9.22	12.82	18
宁　夏	Ningxia	8.85	10.65	11.56	25	8.97	9.48	10.08	26
新　疆	Xinjiang	8.87	10.30	10.43	29	10.27	13.68	13.95	13

1-21 镇人口老年抚养比和乡村人口老年抚养比

Elder Dependency Ratio of Town Population and Rural Population

单位：%　　(%)

地区	Region	镇人口老年抚养比 Elder Dependency Ratio of Town Population				乡村人口老年抚养比 Elder Dependency Ratio of Rural Population			
		2010	2016	2017	2017排名 Ranking	2010	2016	2017	2017排名 Ranking
全　国	**National Total**	**10.62**	**13.10**	**14.21**		**14.21**	**18.38**	**19.62**	
北　京	Beijing	8.68	11.76	8.54	29	11.96	17.65	19.09	13
天　津	Tianjin	7.41	14.07	11.46	19	12.10	16.79	18.31	17
河　北	Hebei	9.58	13.93	16.25	7	12.03	16.61	18.31	17
山　西	Shanxi	7.97	8.84	9.58	26	11.67	14.28	15.68	24
内蒙古	Inner Mongolia	8.46	9.14	10.95	22	10.53	15.86	19.04	15
辽　宁	Liaoning	12.03	15.88	19.93	1	13.60	20.01	20.93	10
吉　林	Jilin	10.86	13.46	14.22	12	9.88	14.27	18.67	16
黑龙江	Heilongjiang	10.92	15.24	14.89	10	9.11	15.08	16.43	21
上　海	Shanghai	9.68	14.74	14.35	11	15.33	21.04	25.68	3
江　苏	Jiangsu	13.68	16.16	17.82	4	18.79	25.56	27.02	2
浙　江	Zhejiang	9.95	13.77	16.94	5	17.73	23.5	23.8	6
安　徽	Anhui	12.15	14.27	16.86	6	16.70	18.66	22.08	7
福　建	Fujian	9.25	11.90	11.05	21	13.61	20.43	20.19	11
江　西	Jiangxi	9.06	11.59	12.99	18	11.99	15.47	15.41	25
山　东	Shandong	12.11	14.27	15.45	9	15.93	21.13	24.76	5
河　南	Henan	9.83	11.54	13.04	17	13.42	17.80	19.07	14
湖　北	Hubei	10.29	13.65	15.90	8	14.05	18.87	20.98	9
湖　南	Hunan	11.67	13.70	13.73	13	15.75	20.5	21.81	8
广　东	Guangdong	10.05	10.63	10.48	24	13.78	15.83	15.77	22
广　西	Guangxi	11.22	11.97	13.22	16	15.90	16.45	16.81	20
海　南	Hainan	10.93	12.54	13.35	14	13.49	13.2	11.92	28
重　庆	Chongqing	13.61	16.38	18.20	2	22.22	30.16	32.57	1
四　川	Sichuan	12.03	15.56	17.88	3	17.84	25.55	25.32	4
贵　州	Guizhou	10.11	12.22	11.07	20	15.12	16.59	16.92	19
云　南	Yunnan	9.44	11.13	9.96	25	11.34	12.98	12.16	27
西　藏	Tibet	4.21	5.03	5.46	31	8.26	7.77	8.9	31
陕　西	Shaanxi	8.84	12.57	13.29	15	12.41	17.51	19.68	12
甘　肃	Gansu	8.45	10.48	10.89	23	12.20	14.47	15.74	23
青　海	Qinghai	6.78	8.69	9.02	28	8.55	10.95	10.92	29
宁　夏	Ningxia	7.23	8.89	9.54	27	9.27	12.56	14.07	26
新　疆	Xinjiang	9.79	8.96	8.47	30	7.88	8.6	8.97	30

2

就业和工资

Employment and Wages

2-1 就业人员性别构成

Employed Persons by Gender

单位：%　　(%)

地区	Region	男性 Male 2010	2016	2017	2017排名 Ranking	女性 Female 2010	2016	2017	2017排名 Ranking
全　国	**National Total**	**55.34**	**56.86**	**56.50**		**44.66**	**43.14**	**43.50**	
北　京	Beijing	58.01	60.00	58.80	6	41.99	40.00	41.20	26
天　津	Tianjin	61.38	58.29	57.60	11	38.62	41.71	42.40	21
河　北	Hebei	56.36	58.28	59.30	4	43.64	41.72	40.70	28
山　西	Shanxi	61.05	61.47	62.10	1	38.95	38.53	37.90	31
内蒙古	Inner Mongolia	58.96	59.62	59.40	3	41.04	40.38	40.60	29
辽　宁	Liaoning	57.15	57.43	55.90	22	42.85	42.57	44.10	10
吉　林	Jilin	56.43	55.55	56.10	21	43.57	44.45	43.90	11
黑龙江	Heilongjiang	58.02	58.70	57.20	12	41.98	41.30	42.80	20
上　海	Shanghai	58.63	58.34	57.70	10	41.37	41.66	42.30	22
江　苏	Jiangsu	53.66	55.51	54.80	27	46.34	44.49	45.20	4
浙　江	Zhejiang	57.12	57.23	57.00	13	42.88	42.77	43.00	18
安　徽	Anhui	54.51	56.94	55.10	26	45.49	43.06	44.90	6
福　建	Fujian	57.43	59.29	59.10	5	42.57	40.71	40.90	27
江　西	Jiangxi	55.43	56.87	56.40	18	44.57	43.13	43.60	12
山　东	Shandong	53.74	56.87	56.40	18	46.26	43.13	43.60	12
河　南	Henan	53.21	55.06	55.50	25	46.79	44.94	44.50	7
湖　北	Hubei	54.44	55.31	54.80	27	45.56	44.69	45.20	4
湖　南	Hunan	55.82	58.64	58.40	7	44.18	41.36	41.60	25
广　东	Guangdong	56.03	57.71	56.90	15	43.97	42.29	43.10	17
广　西	Guangxi	53.32	55.47	55.80	23	46.68	44.53	44.20	8
海　南	Hainan	55.39	55.98	56.50	17	44.61	44.02	43.50	15
重　庆	Chongqing	54.16	55.61	56.40	18	45.84	44.39	43.60	12
四　川	Sichuan	53.35	54.71	54.30	30	46.65	45.29	45.70	2
贵　州	Guizhou	54.29	53.86	53.90	31	45.71	46.14	46.10	1
云　南	Yunnan	53.73	54.36	54.50	29	46.27	45.64	45.50	3
西　藏	Tibet	53.80	59.49	61.50	2	46.20	40.51	38.50	30
陕　西	Shaanxi	55.86	58.53	58.10	8	44.14	41.47	41.90	23
甘　肃	Gansu	53.62	56.02	55.80	23	46.38	43.98	44.20	8
青　海	Qinghai	55.80	56.71	56.60	16	44.20	43.29	43.40	16
宁　夏	Ningxia	56.08	57.71	58.10	8	43.92	42.29	41.90	23
新　疆	Xinjiang	56.09	56.70	57.00	13	43.91	43.30	43.00	18

注：劳动力调查自2015年开始使用新的受教育程度分类（以下有关各表同）。

Note: The new classification of educational attainment has been used since 2015 in the Labour Force Survey. The same applies to the tables followed.

2-2 就业人员小学和初中受教育程度构成

Employed Persons by Education from Primary to Junior Secondary School

单位：%　　　　(%)

地区	Region	小学 Primary School				初中 Junior Secondary School			
		2010	2016	2017	2017排名 Ranking	2010	2016	2017	2017排名 Ranking
全　国	**National Total**	**23.86**	**17.52**	**16.90**		**48.80**	**43.27**	**43.40**	
北　京	Beijing	4.82	2.40	2.30	31	34.20	22.01	20.70	30
天　津	Tianjin	12.15	8.52	7.10	29	44.85	33.73	34.50	27
河　北	Hebei	19.50	12.90	12.30	25	58.71	50.43	49.80	6
山　西	Shanxi	16.18	11.64	11.70	26	56.62	46.17	45.20	11
内蒙古	Inner Mongolia	22.90	15.96	16.00	16	46.63	45.75	43.70	13
辽　宁	Liaoning	17.50	12.60	11.20	27	53.93	49.74	51.30	4
吉　林	Jilin	22.56	17.72	16.40	14	50.35	46.65	46.90	8
黑龙江	Heilongjiang	20.68	15.16	15.20	18	53.37	50.07	51.10	5
上　海	Shanghai	9.03	4.70	4.40	30	40.17	29.44	28.80	29
江　苏	Jiangsu	20.15	13.09	13.40	22	48.80	38.38	37.80	24
浙　江	Zhejiang	25.34	15.97	15.00	19	44.70	38.22	37.20	25
安　徽	Anhui	26.68	20.30	20.00	8	48.08	45.78	46.70	9
福　建	Fujian	27.00	21.55	19.30	10	47.14	38.80	40.10	20
江　西	Jiangxi	26.57	20.50	19.90	9	51.35	46.29	47.70	7
山　东	Shandong	21.17	14.29	14.60	20	52.35	48.14	46.50	10
河　南	Henan	19.09	15.33	14.20	21	57.30	50.11	51.60	1
湖　北	Hubei	22.48	17.83	17.10	12	49.31	42.29	43.30	15
湖　南	Hunan	22.74	16.87	15.50	17	51.32	44.22	43.60	14
广　东	Guangdong	15.69	11.10	10.70	28	53.12	42.86	41.90	17
广　西	Guangxi	28.62	19.77	18.00	11	50.56	49.93	51.60	1
海　南	Hainan	17.60	12.97	12.90	24	54.49	51.38	51.40	3
重　庆	Chongqing	34.56	27.45	27.20	5	38.74	33.47	33.30	28
四　川	Sichuan	35.17	29.38	29.40	4	42.68	39.10	39.20	22
贵　州	Guizhou	39.64	32.51	32.20	3	35.85	37.84	39.10	23
云　南	Yunnan	46.49	34.04	32.60	2	32.86	41.32	42.80	16
西　藏	Tibet	38.57	46.52	46.40	1	13.58	12.78	12.80	31
陕　西	Shaanxi	21.55	13.45	13.00	23	50.28	45.06	44.20	12
甘　肃	Gansu	33.82	26.70	24.60	7	37.12	38.09	40.60	19
青　海	Qinghai	34.45	25.98	25.10	6	30.60	35.00	35.70	26
宁　夏	Ningxia	26.54	17.01	16.50	13	41.56	40.35	39.70	21
新　疆	Xinjiang	26.51	17.49	16.30	15	46.07	41.46	40.70	18

2-3 就业人员高中和大学专科受教育程度构成
Employed Persons by Education from Senior Secondary School to College

单位：% (%)

地区	Region	高中 Senior Secondary School 2010	2016	2017	2017排名 Ranking	大学专科 College 2010	2016	2017	2017排名 Ranking
全　国	**National Total**	**13.87**	**12.32**	**12.80**		**5.96**	**9.59**	**9.40**	
北　京	Beijing	21.52	12.11	12.50	14	14.73	19.70	18.20	1
天　津	Tianjin	20.67	11.29	11.80	19	10.27	14.49	13.60	3
河　北	Hebei	12.50	12.84	13.50	10	4.95	9.55	9.80	15
山　西	Shanxi	15.22	13.19	14.00	6	7.05	11.44	11.60	9
内蒙古	Inner Mongolia	14.58	11.76	12.60	13	7.86	11.54	11.90	7
辽　宁	Liaoning	14.29	9.59	9.90	25	7.62	10.37	10.00	14
吉　林	Jilin	15.55	13.99	13.70	9	5.99	7.69	8.40	19
黑龙江	Heilongjiang	14.77	12.07	11.80	19	6.34	8.84	8.30	20
上　海	Shanghai	21.46	12.45	12.20	17	12.63	16.51	16.40	2
江　苏	Jiangsu	16.75	13.51	13.10	11	7.10	13.31	13.50	4
浙　江	Zhejiang	14.86	13.40	14.10	4	6.53	12.42	12.60	5
安　徽	Anhui	9.55	8.68	9.30	28	4.74	7.65	7.00	27
福　建	Fujian	14.33	11.34	12.00	18	5.69	9.41	9.00	17
江　西	Jiangxi	12.79	13.66	14.00	6	4.68	7.14	6.40	28
山　东	Shandong	14.05	12.17	12.50	14	5.36	8.43	8.50	18
河　南	Henan	13.01	13.85	14.40	3	4.65	8.12	7.60	23
湖　北	Hubei	15.11	13.43	13.80	8	5.63	8.97	8.20	21
湖　南	Hunan	16.31	16.28	17.50	2	5.23	8.61	9.10	16
广　东	Guangdong	19.59	17.74	18.90	1	6.46	10.96	10.80	11
广　西	Guangxi	11.37	9.54	9.60	27	4.68	7.80	7.30	25
海　南	Hainan	15.70	12.39	12.70	12	5.66	8.00	7.90	22
重　庆	Chongqing	12.33	11.82	12.50	14	6.13	10.87	10.70	12
四　川	Sichuan	9.74	9.60	9.80	26	4.45	7.82	7.60	23
贵　州	Guizhou	6.45	6.21	6.70	29	4.46	5.21	4.80	30
云　南	Yunnan	7.21	5.71	6.10	30	3.86	4.68	4.60	31
西　藏	Tibet	4.12	3.16	3.30	31	4.04	6.31	6.00	29
陕　西	Shaanxi	14.36	14.67	14.10	4	6.65	10.57	11.40	10
甘　肃	Gansu	10.91	11.38	11.80	19	5.15	7.35	7.20	26
青　海	Qinghai	9.79	9.06	10.10	24	6.89	10.54	10.50	13
宁　夏	Ningxia	12.36	10.34	11.20	22	7.91	10.97	11.70	8
新　疆	Xinjiang	11.56	10.02	10.60	23	9.17	11.80	12.40	6

2-4 就业人员大学本科和研究生及以上受教育程度构成
Employed Persons by Education from University to Graduate and Higher Level

单位：%　　(%)

地区	Region	大学本科 University				研究生及以上 Graduate and Higher Level			
		2010	2016	2017	2017排名 Ranking	2010	2016	2017	2017排名 Ranking
全　国	**National Total**	**3.71**	**7.72**	**8.00**		**0.39**	**0.78**	**0.80**	
北　京	Beijing	19.17	27.57	30.40	1	5.08	6.79	7.20	1
天　津	Tianjin	10.19	17.62	18.70	3	1.06	2.16	2.30	3
河　北	Hebei	2.56	6.24	6.20	23	0.17	0.51	0.50	16
山　西	Shanxi	3.55	9.18	8.90	10	0.21	0.65	0.80	9
内蒙古	Inner Mongolia	4.31	8.04	8.90	10	0.24	0.50	0.50	16
辽　宁	Liaoning	5.48	9.52	9.90	7	0.47	0.77	0.90	6
吉　林	Jilin	4.31	7.51	8.30	13	0.34	0.54	0.50	16
黑龙江	Heilongjiang	3.65	8.22	8.00	15	0.27	0.73	0.60	12
上　海	Shanghai	13.13	23.37	25.00	2	2.55	4.67	4.80	2
江　苏	Jiangsu	4.39	10.32	10.80	5	0.46	1.00	0.90	6
浙　江	Zhejiang	4.64	11.76	12.90	4	0.39	0.98	1.00	5
安　徽	Anhui	2.57	5.62	5.20	25	0.22	0.48	0.40	21
福　建	Fujian	4.00	8.75	9.20	9	0.28	0.65	0.60	12
江　西	Jiangxi	2.32	4.51	4.70	29	0.17	0.32	0.30	25
山　东	Shandong	3.23	6.17	6.50	19	0.26	0.59	0.60	12
河　南	Henan	2.00	4.72	4.60	30	0.16	0.36	0.30	25
湖　北	Hubei	3.21	6.47	6.50	19	0.36	1.00	1.10	4
湖　南	Hunan	2.46	6.42	6.50	19	0.20	0.56	0.60	12
广　东	Guangdong	3.86	7.08	7.30	17	0.41	0.53	0.50	16
广　西	Guangxi	2.49	4.85	5.20	25	0.18	0.46	0.40	21
海　南	Hainan	3.15	6.23	6.50	19	0.23	0.23	0.30	25
重　庆	Chongqing	3.90	7.79	7.80	16	0.34	0.77	0.90	6
四　川	Sichuan	2.35	5.08	5.10	28	0.21	0.36	0.40	21
贵　州	Guizhou	2.49	4.83	5.20	25	0.12	0.20	0.20	29
云　南	Yunnan	2.47	4.29	4.50	31	0.16	0.38	0.40	21
西　藏	Tibet	2.87	5.56	5.50	24	0.19	0.23	0.20	29
陕　西	Shaanxi	3.46	7.59	8.20	14	0.38	0.74	0.70	10
甘　肃	Gansu	2.77	6.38	6.80	18	0.20	0.39	0.30	25
青　海	Qinghai	4.40	8.42	8.90	10	0.22	0.21	0.20	29
宁　夏	Ningxia	4.60	9.71	9.70	8	0.23	0.56	0.50	16
新　疆	Xinjiang	4.43	10.36	10.80	5	0.26	0.87	0.70	10

2-5 城镇单位就业人员年底数

Number of Employed Persons in Urban Units at Year-end

单位：万人 (10 000 persons)

地区	Region	城镇单位就业人员 Number of Employed Persons in Urban Units				农林牧渔业 Agriculture, Forestry, Animal Husbandry and Fishery			
		2010	2016	2017	2017排名 Ranking	2010	2016	2017	2017排名 Ranking
全　国	**National Total**	**13051.5**	**17888.1**	**17643.8**		**375.7**	**263.2**	**255.4**	
北　京	Beijing	646.6	791.5	812.9	6	3.2	3.7	3.4	17
天　津	Tianjin	205.7	286.0	269.5	26	0.7	0.8	0.6	29
河　北	Hebei	519.6	639.6	535.3	12	6.6	3.9	3.5	16
山　西	Shanxi	394.4	430.6	428.7	17	3.2	1.7	1.6	23
内蒙古	Inner Mongolia	249.2	293.2	280.6	25	26.7	22.9	22.0	3
辽　宁	Liaoning	518.1	560.4	519.5	13	27.9	22.7	21.5	4
吉　林	Jilin	267.6	322.1	307.1	24	16.7	12.5	11.4	5
黑龙江	Heilongjiang	460.0	424.9	413.0	19	92.9	66.8	67.7	1
上　海	Shanghai	392.9	627.8	632.3	10	1.5	2.5	2.8	18
江　苏	Jiangsu	763.8	1497.3	1484.6	2	9.9	5.6	5.1	10
浙　江	Zhejiang	883.6	1060.9	1054.5	5	1.4	0.4	0.5	30
安　徽	Anhui	372.9	517.1	516.2	14	6.1	4.2	3.8	15
福　建	Fujian	507.1	668.8	672.5	9	6.7	4.3	4.2	13
江　西	Jiangxi	297.4	471.5	463.5	16	12.1	4.5	4.3	12
山　东	Shandong	956.2	1215.5	1192.9	3	5.1	1.6	1.4	24
河　南	Henan	751.7	1145.0	1129.3	4	7.1	2.1	1.8	22
湖　北	Hubei	510.3	719.3	695.0	8	13.8	10.3	10.3	6
湖　南	Hunan	505.7	568.4	565.7	11	5.3	2.1	2.5	19
广　东	Guangdong	1118.5	1957.6	1963.1	1	8.8	4.8	4.6	11
广　西	Guangxi	316.7	401.4	398.0	21	10.8	7.8	7.3	7
海　南	Hainan	81.3	101.2	100.9	28	12.3	7.6	5.6	9
重　庆	Chongqing	266.4	412.9	406.4	20	1.9	1.1	1.2	26
四　川	Sichuan	570.6	787.5	792.2	7	5.0	2.8	2.5	19
贵　州	Guizhou	224.3	310.5	315.2	23	2.1	1.1	1.0	28
云　南	Yunnan	322.8	419.0	422.4	18	14.5	6.3	5.8	8
西　藏	Tibet	22.2	31.5	33.3	31	0.9	0.3	0.3	31
陕　西	Shaanxi	364.8	511.4	510.4	15	4.4	2.4	2.2	21
甘　肃	Gansu	194.3	261.0	259.2	27	5.3	5.0	4.2	13
青　海	Qinghai	52.6	63.1	63.3	30	1.7	1.4	1.4	24
宁　夏	Ningxia	59.3	70.7	71.1	29	2.6	1.3	1.2	26
新　疆	Xinjiang	255.0	320.5	335.0	22	58.3	48.8	49.7	2

注：本表城镇单位数据不含私营单位(以下相关表同)。

Note: The data of employed persons in urban units do not include those of private enterprises. The same applies to the tables followed.

2-6 城镇单位采矿业和制造业就业人员

Number of Employed Persons of Mining and Manufacturing in Urban Units

单位：万人 (10 000 persons)

地区	Region	采矿业 Mining 2010	2016	2017	2017排名 Ranking	制造业 Manufacturing 2010	2016	2017	2017排名 Ranking
全　国	**National Total**	**562.0**	**490.9**	**455.4**		**3637.2**	**4893.8**	**4635.5**	
北　京	Beijing	4.5	4.5	4.1	22	100.6	86.9	82.4	17
天　津	Tianjin	9.0	4.4	6.6	18	75.3	99.4	78.2	18
河　北	Hebei	27.8	22.8	19.8	8	119.7	136.3	102.6	14
山　西	Shanxi	79.6	91.1	89.3	1	71.7	63.8	64.0	22
内蒙古	Inner Mongolia	18.5	16.6	14.1	11	37.2	43.9	36.3	25
辽　宁	Liaoning	35.2	24.7	23.7	6	144.8	131.7	117.8	12
吉　林	Jilin	15.6	13.1	12.2	14	60.8	81.9	70.9	19
黑龙江	Heilongjiang	42.2	27.9	25.6	5	66.8	52.0	45.7	23
上　海	Shanghai	0.1	0.1	0.1	31	141.3	181.0	172.1	7
江　苏	Jiangsu	12.6	8.5	7.3	16	335.5	567.4	543.2	2
浙　江	Zhejiang	1.7	0.6	0.5	28	351.7	315.9	315.0	5
安　徽	Anhui	32.1	23.1	20.3	7	76.0	122.4	119.8	11
福　建	Fujian	4.8	2.1	2.0	27	241.2	228.3	213.1	6
江　西	Jiangxi	9.0	5.8	4.6	21	71.6	141.8	131.0	10
山　东	Shandong	66.8	57.4	51.3	2	346.4	403.2	383.2	3
河　南	Henan	52.6	45.2	40.3	3	158.8	363.3	353.2	4
湖　北	Hubei	9.9	6.5	5.5	19	138.5	186.1	168.4	8
湖　南	Hunan	15.4	8.1	7.1	17	106.2	109.3	109.0	13
广　东	Guangdong	3.4	2.8	2.5	26	476.7	959.7	929.4	1
广　西	Guangxi	4.4	3.1	3.4	24	62.5	72.4	66.9	20
海　南	Hainan	0.9	0.5	0.5	28	8.0	8.1	7.8	30
重　庆	Chongqing	9.4	5.6	4.1	22	62.5	89.3	83.8	16
四　川	Sichuan	20.4	18.6	17.0	9	124.2	148.3	147.3	9
贵　州	Guizhou	11.8	13.4	13.0	12	36.9	40.2	39.1	24
云　南	Yunnan	15.2	13.6	12.3	13	58.8	66.3	64.5	21
西　藏	Tibet	0.2	0.5	0.5	28	0.8	0.9	0.9	31
陕　西	Shaanxi	24.7	34.9	34.7	4	81.0	102.0	100.2	15
甘　肃	Gansu	9.1	10.7	9.2	15	35.3	33.6	31.5	27
青　海	Qinghai	2.0	3.5	3.1	25	9.8	10.6	10.1	29
宁　夏	Ningxia	5.8	5.3	5.0	20	10.6	12.2	12.5	28
新　疆	Xinjiang	17.5	16.0	15.7	10	26.0	35.8	35.6	26

2-7 城镇单位电力、热力、燃气、水业和建筑业就业人员

Number of Employed Persons of Production and Supply of Electricity, Heat, Gas and Water, and Construction in Urban Units

单位：万人 (10 000 persons)

地区	Region	电力、热力、燃气及水业 Production and Supply of Electricity, Heat, Gas and Water, Units				建筑业 Construction			
		2010	2016	2017	2017排名 Ranking	2010	2016	2017	2017排名 Ranking
全　国	**National Total**	**310.5**	**387.6**	**377.0**		**1267.5**	**2724.7**	**2643.2**	
北　京	Beijing	6.8	9.1	9.0	23	39.4	45.9	46.6	17
天　津	Tianjin	3.3	4.3	4.1	26	10.2	28.2	28.1	23
河　北	Hebei	19.9	18.8	17.9	5	36.5	81.8	38.3	20
山　西	Shanxi	9.9	12.5	12.9	12	22.5	29.4	29.2	22
内蒙古	Inner Mongolia	10.1	14.5	13.6	11	13.6	18.9	16.4	27
辽　宁	Liaoning	16.6	14.7	14.0	10	31.2	64.6	50.2	16
吉　林	Jilin	8.2	12.3	11.9	16	13.4	27.3	23.7	26
黑龙江	Heilongjiang	14.3	17.6	16.8	6	27.0	28.4	24.7	25
上　海	Shanghai	5.4	4.4	4.1	26	11.3	32.9	31.3	21
江　苏	Jiangsu	12.9	14.5	14.8	9	52.3	396.8	407.0	1
浙　江	Zhejiang	12.6	12.0	12.3	15	180.2	310.1	288.3	2
安　徽	Anhui	9.6	10.4	10.2	19	42.1	91.8	93.3	11
福　建	Fujian	9.2	9.1	8.7	24	62.4	168.5	176.7	3
江　西	Jiangxi	9.5	9.3	9.2	21	29.4	90.4	87.7	12
山　东	Shandong	20.4	23.1	26.1	2	80.3	160.3	159.9	5
河　南	Henan	21.1	26.2	25.7	3	93.7	173.4	170.3	4
湖　北	Hubei	11.9	16.4	15.7	7	72.5	140.4	133.8	8
湖　南	Hunan	12.2	16.6	15.7	7	75.6	108.7	110.2	9
广　东	Guangdong	18.8	31.3	29.9	1	64.4	143.3	154.2	6
广　西	Guangxi	9.0	13.7	11.8	17	30.5	64.9	65.1	14
海　南	Hainan	2.0	2.3	2.1	30	6.8	7.1	6.3	29
重　庆	Chongqing	6.6	6.4	6.5	25	48.0	100.2	97.7	10
四　川	Sichuan	15.3	23.2	22.1	4	99.9	151.5	145.5	7
贵　州	Guizhou	7.0	12.2	9.1	22	23.3	45.7	45.2	18
云　南	Yunnan	8.5	10.7	10.3	18	37.6	71.7	73.7	13
西　藏	Tibet	0.8	0.7	1.2	31	0.8	1.5	1.8	31
陕　西	Shaanxi	11.0	13.7	12.8	13	25.2	61.1	60.4	15
甘　肃	Gansu	6.8	12.2	12.6	14	15.4	43.7	40.5	19
青　海	Qinghai	1.2	2.2	2.4	29	4.1	6.7	6.5	28
宁　夏	Ningxia	3.7	3.5	3.4	28	3.0	4.4	4.1	30
新　疆	Xinjiang	6.1	9.6	9.9	20	15.0	25.0	26.4	24

2-8 城镇单位交通运输、仓储、邮政业和批发零售业就业人员

Number of Employed Persons of Transport, Storage and Post and Wholesale and Retail Trades in Urban Units

单位：万人 (10 000 persons)

地区	Region	交通运输、仓储和邮政业 Transport, Storage and Post				批发和零售业 Wholesale and Retail Trades			
		2010	2016	2017	2017排名 Ranking	2010	2016	2017	2017排名 Ranking
全　国	**National Total**	**631.1**	**849.5**	**843.9**		**535.1**	**875.0**	**842.8**	
北　京	Beijing	51.0	58.2	57.7	2	55.4	78.4	76.8	3
天　津	Tianjin	12.5	14.7	14.5	25	12.4	18.2	15.3	20
河　北	Hebei	25.1	28.7	24.3	14	22.5	26.9	17.8	17
山　西	Shanxi	20.4	23.4	23.5	17	17.6	17.1	14.8	21
内蒙古	Inner Mongolia	16.3	22.8	21.1	19	6.7	8.9	8.7	26
辽　宁	Liaoning	30.2	35.2	35.6	8	16.9	22.6	20.4	14
吉　林	Jilin	14.5	16.1	16.2	24	8.9	11.6	11.4	24
黑龙江	Heilongjiang	25.2	27.1	27.0	12	17.7	18.6	17.8	17
上　海	Shanghai	36.3	51.1	51.1	3	26.4	78.4	80.1	2
江　苏	Jiangsu	31.2	49.6	48.1	4	29.0	56.1	53.9	4
浙　江	Zhejiang	25.2	31.5	31.8	10	31.0	37.6	38.3	8
安　徽	Anhui	15.1	22.9	24.2	15	14.0	23.2	22.7	13
福　建	Fujian	16.7	23.4	23.9	16	13.9	27.8	28.7	10
江　西	Jiangxi	15.3	20.3	20.5	20	7.9	17.3	17.8	17
山　东	Shandong	34.7	49.4	47.7	5	38.2	57.1	52.7	5
河　南	Henan	29.1	45.8	45.2	6	38.2	56.1	51.4	6
湖　北	Hubei	25.4	35.0	35.4	9	21.5	39.7	39.1	7
湖　南	Hunan	21.0	24.0	23.4	18	16.3	20.2	19.3	16
广　东	Guangdong	56.1	81.1	83.3	1	42.6	102.8	102.7	1
广　西	Guangxi	18.0	19.4	19.0	21	11.9	13.5	12.7	22
海　南	Hainan	4.3	7.0	7.1	28	3.5	5.8	5.7	28
重　庆	Chongqing	14.3	26.5	27.0	12	11.1	20.7	19.5	15
四　川	Sichuan	23.1	40.4	38.9	7	17.1	30.5	30.2	9
贵　州	Guizhou	9.5	12.0	12.2	27	10.3	12.4	12.7	22
云　南	Yunnan	13.4	17.3	17.9	22	15.6	24.8	23.4	12
西　藏	Tibet	0.7	0.9	0.9	31	0.6	1.0	0.9	31
陕　西	Shaanxi	19.1	28.3	28.0	11	12.4	25.8	26.6	11
甘　肃	Gansu	10.1	12.8	13.3	26	5.7	8.1	7.7	27
青　海	Qinghai	3.3	4.3	4.7	29	1.7	2.3	2.2	30
宁　夏	Ningxia	2.9	3.7	3.7	30	1.5	2.4	2.4	29
新　疆	Xinjiang	11.1	16.6	16.7	23	6.4	8.9	9.0	25

2-9 城镇单位信息传输、软件、信息技术服务业和住宿餐饮业就业人员

Number of Employed Persons of Information Transmission, Software and Information Technology, Hotels and Catering Services in Urban Units

单位：万人 (10 000 persons)

地区	Region	信息传输、软件信息技术服务业 Information Transmission, Software and Information Technology				住宿餐饮业 Hotels and Catering Services			
		2010	2016	2017	2017排名 Ranking	2010	2016	2017	2017排名 Ranking
全　国	**National Total**	**185.8**	**364.1**	**395.4**		**209.2**	**269.7**	**265.9**	
北　京	Beijing	41.7	69.2	77.4	1	28.0	29.4	31.1	2
天　津	Tianjin	2.2	4.8	5.3	19	4.8	5.1	4.9	18
河　北	Hebei	6.3	8.4	7.5	15	4.5	5.4	3.4	24
山　西	Shanxi	4.1	5.0	4.9	21	4.2	3.9	3.7	21
内蒙古	Inner Mongolia	3.9	4.8	4.8	22	2.4	3.7	3.6	23
辽　宁	Liaoning	7.0	12.6	12.9	9	6.4	6.2	5.8	16
吉　林	Jilin	5.2	6.4	6.3	17	3.0	2.8	2.8	27
黑龙江	Heilongjiang	5.6	7.3	8.2	13	3.7	4.0	3.7	21
上　海	Shanghai	6.7	26.8	30.7	3	11.7	24.3	25.5	3
江　苏	Jiangsu	8.7	27.3	27.9	4	10.6	16.9	16.6	4
浙　江	Zhejiang	11.2	18.6	23.0	5	15.6	13.5	14.0	6
安　徽	Anhui	3.8	8.0	8.2	13	3.7	5.9	5.4	17
福　建	Fujian	4.6	9.1	10.8	12	7.6	9.8	10.0	9
江　西	Jiangxi	3.3	5.6	6.3	17	1.6	4.3	4.2	20
山　东	Shandong	6.6	18.2	18.9	7	11.0	14.2	14.1	5
河　南	Henan	4.9	12.2	13.2	8	9.9	11.0	10.4	7
湖　北	Hubei	4.5	12.3	12.7	10	7.7	9.4	9.4	10
湖　南	Hunan	5.7	7.4	6.9	16	9.0	7.4	6.8	13
广　东	Guangdong	17.6	43.5	49.9	2	25.2	37.0	36.5	1
广　西	Guangxi	3.6	4.2	4.0	24	4.3	4.6	4.4	19
海　南	Hainan	0.7	1.6	1.9	28	4.4	6.0	5.9	15
重　庆	Chongqing	2.9	4.6	4.8	22	4.3	6.4	6.1	14
四　川	Sichuan	6.3	18.4	20.1	6	5.5	9.7	9.3	11
贵　州	Guizhou	2.7	3.6	3.8	25	2.6	2.8	2.9	26
云　南	Yunnan	3.5	5.0	5.2	20	5.8	8.2	8.1	12
西　藏	Tibet	0.4	0.5	0.5	31	0.3	0.5	0.5	31
陕　西	Shaanxi	7.1	11.2	11.6	11	6.3	10.6	10.1	8
甘　肃	Gansu	1.8	2.7	2.9	26	1.9	3.2	3.2	25
青　海	Qinghai	0.8	0.9	0.9	29	0.5	0.6	0.6	29
宁　夏	Ningxia	0.6	0.8	0.8	30	0.4	0.6	0.6	29
新　疆	Xinjiang	1.8	2.9	2.8	27	2.3	2.3	2.2	28

2-10 城镇单位金融业和房地产业就业人员

Number of Employed Persons of Financial Intermediation and Real Estate in Urban Units

单位：万人 (10 000 persons)

地区	Region	金融业 Financial Intermediation 2010	2016	2017	2017排名 Ranking	房地产业 Real Estate 2010	2016	2017	2017排名 Ranking
全 国	**National Total**	**470.1**	**665.2**	**688.8**		**211.6**	**431.7**	**444.8**	
北 京	Beijing	27.2	51.4	54.4	1	31.5	43.9	44.3	2
天 津	Tianjin	7.0	16.0	19.2	17	3.6	8.0	8.2	19
河 北	Hebei	24.2	32.2	34.6	6	4.2	12.1	6.3	23
山 西	Shanxi	13.8	17.9	18.6	18	2.6	3.5	3.8	28
内蒙古	Inner Mongolia	10.1	11.8	11.7	23	1.5	5.5	5.6	25
辽 宁	Liaoning	20.7	27.0	28.3	10	8.8	12.0	10.4	16
吉 林	Jilin	10.2	12.1	12.2	22	3.6	6.8	6.9	22
黑龙江	Heilongjiang	14.2	21.3	22.7	13	4.9	6.1	6.3	23
上 海	Shanghai	23.6	35.5	34.2	7	11.2	25.4	26.7	4
江 苏	Jiangsu	26.9	38.1	40.3	5	7.3	22.2	23.0	6
浙 江	Zhejiang	29.4	46.4	48.5	3	13.6	20.9	21.6	7
安 徽	Anhui	14.7	22.3	23.7	12	4.9	10.5	11.2	15
福 建	Fujian	12.9	19.6	20.8	16	9.0	15.6	15.6	10
江 西	Jiangxi	10.5	13.0	13.3	21	2.1	6.7	7.1	21
山 东	Shandong	33.2	45.4	46.1	4	11.4	26.8	26.1	5
河 南	Henan	22.6	30.0	29.7	9	9.0	23.1	26.8	3
湖 北	Hubei	16.1	21.0	21.5	15	6.6	14.9	16.2	9
湖 南	Hunan	18.6	25.3	26.7	11	9.7	12.2	12.7	12
广 东	Guangdong	41.2	51.8	48.9	2	29.0	61.8	66.3	1
广 西	Guangxi	9.8	14.3	14.7	19	4.3	8.0	7.9	20
海 南	Hainan	2.1	4.3	4.8	28	3.2	8.4	9.2	18
重 庆	Chongqing	10.7	14.0	14.4	20	5.6	13.0	13.9	11
四 川	Sichuan	21.3	30.4	31.7	8	5.4	19.8	21.5	8
贵 州	Guizhou	6.4	9.0	9.2	26	3.9	8.8	9.6	17
云 南	Yunnan	9.0	10.4	10.5	24	4.1	11.2	12.4	13
西 藏	Tibet	0.8	0.9	1.3	31		0.2	0.2	31
陕 西	Shaanxi	14.1	20.3	22.4	14	5.1	11.5	11.8	14
甘 肃	Gansu	6.8	7.6	8.4	27	1.7	5.2	5.3	27
青 海	Qinghai	2.0	2.4	2.3	30	0.6	0.9	1.0	30
宁 夏	Ningxia	2.7	4.0	4.0	29	0.8	1.5	1.5	29
新 疆	Xinjiang	7.1	9.4	9.8	25	2.3	5.4	5.6	25

2-11 城镇单位租赁、商务服务业和科学研究、技术服务业就业人员

Number of Employed Persons of Leasing and Business Services and Scientific Research and Technical Services in Urban Units

单位：万人 (10 000 persons)

地区	Region	租赁和商务服务业 Leasing and Business Services				科学研究和技术服务业 Scientific Research and Technical Services			
		2010	2016	2017	2017排名 Ranking	2010	2016	2017	2017排名 Ranking
全　国	**National Total**	**310.1**	**488.4**	**522.6**		**292.3**	**419.6**	**420.4**	
北　京	Beijing	77.8	80.1	88.3	1	45.7	69.0	71.2	1
天　津	Tianjin	6.9	9.3	12.7	11	6.5	11.5	11.9	13
河　北	Hebei	4.9	12.6	9.8	17	8.9	16.4	14.1	11
山　西	Shanxi	6.4	9.1	8.2	20	6.0	7.2	7.1	23
内蒙古	Inner Mongolia	2.8	4.2	5.3	26	4.3	5.9	6.0	27
辽　宁	Liaoning	12.2	11.9	11.5	12	12.0	13.8	12.1	12
吉　林	Jilin	4.5	5.8	6.8	24	6.7	7.6	7.7	21
黑龙江	Heilongjiang	5.9	6.9	8.0	21	12.0	11.1	10.7	15
上　海	Shanghai	18.6	52.2	55.4	3	23.2	23.2	24.6	3
江　苏	Jiangsu	12.0	29.4	30.2	4	10.9	21.8	22.0	4
浙　江	Zhejiang	26.0	29.0	30.2	4	14.0	18.6	19.0	6
安　徽	Anhui	4.6	6.6	7.4	22	6.7	9.1	8.9	17
福　建	Fujian	12.3	14.5	16.3	9	5.4	8.7	7.8	20
江　西	Jiangxi	2.9	5.4	6.5	25	5.1	6.2	6.2	26
山　东	Shandong	11.9	20.7	21.8	6	11.0	17.8	18.3	8
河　南	Henan	11.3	18.1	19.6	7	11.5	17.8	17.1	9
湖　北	Hubei	5.1	10.5	11.0	14	10.8	15.8	15.4	10
湖　南	Hunan	8.4	9.9	10.3	16	8.3	11.7	11.4	14
广　东	Guangdong	30.1	71.2	76.1	2	18.1	32.3	33.9	2
广　西	Guangxi	8.9	10.0	10.8	15	7.0	8.9	8.3	18
海　南	Hainan	2.2	1.9	2.0	28	1.7	2.1	2.0	29
重　庆	Chongqing	5.3	12.6	13.3	10	5.5	8.1	8.2	19
四　川	Sichuan	5.9	15.6	16.8	8	13.6	21.1	21.9	5
贵　州	Guizhou	3.3	5.0	7.2	23	4.3	7.3	7.2	22
云　南	Yunnan	7.2	10.4	11.2	13	6.2	10.1	10.4	16
西　藏	Tibet	0.1	0.4	0.5	31	0.7	1.2	1.0	31
陕　西	Shaanxi	3.5	10.9	9.0	18	12.8	18.2	18.7	7
甘　肃	Gansu	1.9	3.6	5.3	26	5.2	6.9	7.1	23
青　海	Qinghai	0.8	0.9	0.8	30	2.3	2.2	2.3	28
宁　夏	Ningxia	1.4	1.8	1.8	29	1.2	1.6	1.5	30
新　疆	Xinjiang	4.8	8.0	8.6	19	4.8	6.4	6.3	25

2-12 城镇单位水利、环境、公共设施管理业和居民服务、修理、其他服务业就业人员

Number of Employed Persons of Management of Water Conservancy, Environment and Public Facilities and Services to Households, Repair and Other Services in Urban Units

单位：万人 (10 000 persons)

地区	Region	水利、环境和公共设施管理业 Management of Water Conservancy, Environment and Public Facilities				居民服务、修理和其他服务业 Services to Households, Repair and Other Services			
		2010	2016	2017	2017排名 Ranking	2010	2016	2017	2017排名 Ranking
全　国	**National Total**	**218.9**	**269.6**	**268.5**		**60.2**	**75.4**	**78.2**	
北　京	Beijing	8.8	10.3	10.7	10	7.4	8.6	8.6	2
天　津	Tianjin	3.5	4.4	4.1	27	6.9	9.4	6.5	4
河　北	Hebei	10.1	11.9	12.2	7	2.0	2.5	2.2	14
山　西	Shanxi	6.4	9.8	10.1	12	0.7	0.6	1.0	22
内蒙古	Inner Mongolia	7.3	8.3	8.4	16	2.0	0.8	0.9	25
辽　宁	Liaoning	12.8	14.4	13.2	5	2.9	2.4	2.3	13
吉　林	Jilin	8.1	8.5	8.5	15	1.1	2.5	2.6	11
黑龙江	Heilongjiang	9.7	11.1	11.0	9	6.5	4.0	3.9	5
上　海	Shanghai	5.9	8.6	8.7	14	3.3	6.3	7.5	3
江　苏	Jiangsu	12.3	15.4	14.9	3	1.0	3.2	3.5	7
浙　江	Zhejiang	10.9	10.6	10.3	11	1.6	2.3	2.6	11
安　徽	Anhui	6.4	7.8	7.0	20	0.5	1.0	1.0	22
福　建	Fujian	4.4	5.6	5.8	24	1.4	2.7	3.8	6
江　西	Jiangxi	5.6	7.1	7.7	18	0.5	1.0	1.1	21
山　东	Shandong	11.6	17.6	18.1	1	3.5	3.2	3.1	9
河　南	Henan	12.2	13.0	13.6	4	1.9	3.1	3.4	8
湖　北	Hubei	8.9	11.4	11.2	8	1.2	1.4	1.5	17
湖　南	Hunan	8.7	8.2	7.3	19	1.5	1.7	1.5	17
广　东	Guangdong	14.0	16.9	17.2	2	6.4	7.7	9.0	1
广　西	Guangxi	7.4	8.5	7.9	17	0.8	0.7	0.7	26
海　南	Hainan	2.2	3.1	3.4	28	0.3	0.4	0.5	27
重　庆	Chongqing	3.7	6.5	6.8	22	0.9	1.5	1.4	20
四　川	Sichuan	9.8	13.0	12.7	6	1.0	2.2	2.7	10
贵　州	Guizhou	3.3	5.2	5.3	26	1.0	1.4	1.7	16
云　南	Yunnan	5.3	7.5	7.0	20	0.8	1.6	2.2	14
西　藏	Tibet	0.2	0.2	0.2	31		0.2	0.2	29
陕　西	Shaanxi	7.9	9.6	9.9	13	1.7	1.6	1.5	17
甘　肃	Gansu	3.4	5.9	6.4	23	0.2	0.3	0.3	28
青　海	Qinghai	1.1	1.1	1.2	30	0.3	0.1	0.1	30
宁　夏	Ningxia	1.8	2.3	2.3	29		0.1	0.1	30
新　疆	Xinjiang	5.1	5.7	5.7	25	0.6	0.7	1.0	22

2-13 城镇单位教育和卫生、社会工作就业人员

Number of Employed Persons of Education, Health and Social Service in Urban Units

单位：万人 (10 000 persons)

地区	Region	教育 Education 2010	2016	2017	2017排名 Ranking	卫生和社会工作 Health and Social Service 2010	2016	2017	2017排名 Ranking
全 国	**National Total**	**1581.8**	**1729.2**	**1730.4**		**632.5**	**867.0**	**897.9**	
北 京	Beijing	40.6	48.6	50.6	18	20.7	28.6	29.3	13
天 津	Tianjin	16.4	18.0	18.0	27	9.0	10.1	11.1	27
河 北	Hebei	86.3	88.1	88.2	6	27.8	37.7	39.2	9
山 西	Shanxi	48.6	51.3	51.3	17	16.1	20.5	21.1	20
内蒙古	Inner Mongolia	34.7	35.1	35.2	25	12.3	15.7	16.3	25
辽 宁	Liaoning	52.3	53.7	50.3	19	25.6	31.3	30.7	12
吉 林	Jilin	36.7	36.2	36.1	24	15.3	18.7	19.6	22
黑龙江	Heilongjiang	46.1	43.0	41.8	20	19.7	22.9	23.1	18
上 海	Shanghai	26.1	29.7	30.8	26	16.7	18.9	19.1	23
江 苏	Jiangsu	85.5	95.0	94.0	5	36.3	49.5	51.2	5
浙 江	Zhejiang	61.1	71.4	74.3	7	32.4	44.3	46.0	6
安 徽	Anhui	60.5	64.6	63.6	10	22.0	30.5	31.5	11
福 建	Fujian	44.7	52.1	53.1	16	15.7	22.8	24.0	17
江 西	Jiangxi	47.6	52.0	53.4	15	16.8	24.8	25.9	16
山 东	Shandong	109.1	117.2	116.6	3	43.5	62.5	64.2	2
河 南	Henan	114.1	124.6	124.5	2	40.8	58.4	59.9	3
湖 北	Hubei	65.7	72.9	71.4	8	30.1	43.5	44.3	7
湖 南	Hunan	70.2	67.7	66.9	9	31.1	39.4	40.3	8
广 东	Guangdong	112.3	125.6	127.5	1	50.3	63.5	65.8	1
广 西	Guangxi	58.1	61.8	62.4	11	22.9	31.7	33.3	10
海 南	Hainan	11.8	13.1	13.2	28	4.1	6.3	6.7	28
重 庆	Chongqing	35.0	41.8	41.7	21	11.6	19.7	20.3	21
四 川	Sichuan	82.0	94.4	96.0	4	33.0	48.5	51.4	4
贵 州	Guizhou	41.9	54.3	54.4	14	11.9	20.5	22.7	19
云 南	Yunnan	51.8	59.8	59.4	12	15.8	26.3	27.3	15
西 藏	Tibet	4.0	4.9	5.1	31	1.5	1.9	2.0	31
陕 西	Shaanxi	55.1	58.1	55.6	13	19.2	26.7	28.1	14
甘 肃	Gansu	34.2	38.7	38.2	23	10.0	14.5	15.4	26
青 海	Qinghai	7.5	7.7	7.6	30	3.2	4.1	4.3	30
宁 夏	Ningxia	7.9	8.9	8.9	29	3.3	4.6	4.9	29
新 疆	Xinjiang	33.9	39.1	40.0	22	13.8	18.6	18.9	24

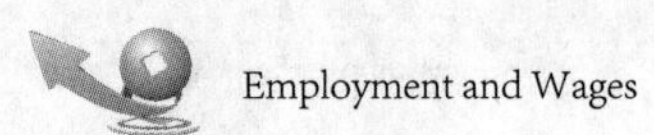

2-14 城镇单位文化、体育、娱乐业和公共管理、社会保障、社会组织就业人员

Number of Employed Persons of Culture, Sports and Entertainment and Public Management, Social Security and Social Organization in Urban Units

单位：万人 (10 000 persons)

地区	Region	文化、体育和娱乐业 Culture, Sports and Entertainment				公共管理、社会保障和社会组织 Public Management, Social Security and Social Organization			
		2010	2016	2017	2017排名 Ranking	2010	2016	2017	2017排名 Ranking
全　国	**National Total**	**131.4**	**150.8**	**152.2**		**1428.5**	**1672.6**	**1725.6**	
北　京	Beijing	15.3	18.7	19.0	1	41.1	47.0	47.8	19
天　津	Tianjin	1.8	2.1	2.5	26	13.7	17.4	17.5	27
河　北	Hebei	5.0	5.5	5.0	12	77.2	87.6	88.7	5
山　西	Shanxi	4.6	4.6	4.4	14	55.9	58.2	59.3	12
内蒙古	Inner Mongolia	3.3	3.5	3.7	17	35.3	45.4	46.7	20
辽　宁	Liaoning	5.1	5.0	4.7	13	49.5	53.8	54.3	15
吉　林	Jilin	3.7	3.5	3.7	17	31.4	36.3	36.2	24
黑龙江	Heilongjiang	3.9	3.9	3.8	16	41.6	44.6	44.7	22
上　海	Shanghai	4.7	6.0	6.4	8	18.7	20.5	21.2	26
江　苏	Jiangsu	5.7	7.9	8.0	3	63.1	72.0	73.6	7
浙　江	Zhejiang	6.2	6.8	6.7	7	57.5	70.5	71.7	8
安　徽	Anhui	3.4	3.4	3.2	22	46.7	49.4	51.0	18
福　建	Fujian	3.7	4.2	4.3	15	30.4	40.5	42.7	23
江　西	Jiangxi	3.2	4.2	3.4	20	43.5	52.0	53.4	17
山　东	Shandong	6.7	7.0	7.1	6	105.0	112.8	116.2	1
河　南	Henan	7.0	7.8	7.7	4	105.7	113.8	115.5	2
湖　北	Hubei	5.1	6.5	7.2	5	55.0	65.4	65.1	10
湖　南	Hunan	4.6	5.7	5.7	10	78.0	82.7	81.7	6
广　东	Guangdong	9.4	11.8	11.5	2	94.2	108.7	114.1	3
广　西	Guangxi	3.2	3.2	3.3	21	39.4	50.5	54.0	16
海　南	Hainan	1.2	1.3	1.3	28	9.7	14.3	15.0	28
重　庆	Chongqing	2.6	2.9	3.2	22	24.6	32.0	32.6	25
四　川	Sichuan	4.4	6.1	6.3	9	77.4	93.1	98.2	4
贵　州	Guizhou	1.8	2.3	2.4	27	40.3	53.3	56.5	14
云　南	Yunnan	3.6	3.6	3.7	17	46.1	54.3	57.3	13
西　藏	Tibet	0.6	0.7	0.8	31	8.8	14.0	14.4	29
陕　西	Shaanxi	4.6	5.0	5.6	11	49.4	59.6	61.2	11
甘　肃	Gansu	2.8	2.7	2.8	25	36.8	43.5	44.8	21
青　海	Qinghai	0.7	0.8	0.9	30	8.9	10.6	11.0	31
宁　夏	Ningxia	0.8	1.0	1.0	29	8.3	10.8	11.4	30
新　疆	Xinjiang	2.7	3.0	2.9	24	35.3	58.1	68.0	9

2-15 城镇单位就业人员年平均工资
Average Wage of Employed Persons in Urban Units

单位：元 (yuan)

地区	Region	城镇单位就业人员年平均工资 Employed Persons				城镇国有单位年平均工资 State-owned Units			
		2010	2016	2017	2017排名 Ranking	2010	2016	2017	2017排名 Ranking
全　国	**National Total**	**36539**	**67569**	**74318**		**38359**	**72538**	**81114**	
北　京	Beijing	65158	119928	131700	1	67403	125419	146019	1
天　津	Tianjin	51489	86305	94534	4	56635	107720	122417	3
河　北	Hebei	31451	55334	63036	25	31977	58761	64522	28
山　西	Shanxi	33057	53705	60061	29	32664	57170	63133	29
内蒙古	Inner Mongolia	35211	61067	66679	18	37255	66033	70361	23
辽　宁	Liaoning	34437	56015	61153	28	35522	57247	61998	30
吉　林	Jilin	29003	56098	61451	26	30082	62007	68132	24
黑龙江	Heilongjiang	27735	52435	56067	30	28373	52847	55789	31
上　海	Shanghai	66115	119935	129795	2	71885	113370	123411	2
江　苏	Jiangsu	39772	71574	78267	7	49553	89222	102328	6
浙　江	Zhejiang	40640	73326	80750	5	62367	109064	122415	4
安　徽	Anhui	33341	59102	65150	21	33793	66210	75733	16
福　建	Fujian	32340	61973	67420	17	40090	76996	86616	10
江　西	Jiangxi	28363	56136	61429	27	30031	64875	72845	20
山　东	Shandong	33321	62539	68081	14	38490	76903	83845	12
河　南	Henan	29819	49505	55495	31	31470	56609	65958	27
湖　北	Hubei	31811	59831	65912	19	35044	66398	75299	17
湖　南	Hunan	29670	58241	63690	23	31900	64384	73061	19
广　东	Guangdong	40432	72326	79183	6	49027	86159	98074	7
广　西	Guangxi	30673	57878	63821	22	32587	63751	70407	22
海　南	Hainan	30775	61663	67727	16	31582	67847	73759	18
重　庆	Chongqing	34727	65545	70889	10	37195	79565	90342	8
四　川	Sichuan	32567	63926	69419	12	36729	72980	80321	13
贵　州	Guizhou	30433	66279	71795	9	31469	72237	79177	14
云　南	Yunnan	29195	60450	69106	13	33140	74562	89448	9
西　藏	Tibet	49898	103232	108817	3	51420	109839	116581	5
陕　西	Shaanxi	33384	59637	65181	20	34528	60749	67001	25
甘　肃	Gansu	29096	57575	63374	24	29889	63930	70549	21
青　海	Qinghai	36121	66589	75701	8	41417	73971	84938	11
宁　夏	Ningxia	37166	65570	70298	11	35330	69627	76043	15
新　疆	Xinjiang	32003	63739	67932	15	31006	63308	66561	26

2-16 城镇单位就业人员年平均工资指数
Indices of Average Wage of Employed Persons in Urban Units

（上年=100） (preceding year=100)

地区	Region	平均货币工资指数 Indices of Average Wage				平均实际工资指数 Indices of Average Real Wage			
		2010	2016	2017	2017排名 Ranking	2010	2016	2017	2017排名 Ranking
全 国	**National Total**	**113.3**	**108.9**	**110.0**		**109.8**	**106.7**	**108.2**	
北 京	Beijing	112.8	107.7	109.8	11	110.2	105.5	108.0	11
天 津	Tianjin	117.2	107.8	109.5	13	113.2	105.5	107.7	13
河 北	Hebei	113.2	108.7	113.9	2	110.1	106.4	112.0	2
山 西	Shanxi	117.8	103.7	111.8	5	114.3	101.5	110.0	5
内蒙古	Inner Mongolia	115.5	106.9	109.2	20	112.2	104.7	107.4	20
辽 宁	Liaoning	112.8	107.0	109.2	20	109.7	104.8	107.3	21
吉 林	Jilin	111.8	108.8	109.5	13	108.1	106.6	107.7	13
黑龙江	Heilongjiang	111.8	107.3	106.9	29	108.0	105.1	105.1	29
上 海	Shanghai	113.3	109.9	108.2	26	109.9	107.6	106.4	26
江 苏	Jiangsu	112.9	108.1	109.4	16	109.0	105.9	107.5	17
浙 江	Zhejiang	111.2	110.0	110.1	9	107.0	107.7	108.3	8
安 徽	Anhui	116.1	107.2	110.2	7	112.7	105.0	108.4	6
福 建	Fujian	114.0	107.5	108.8	23	110.5	105.3	107.0	22
江 西	Jiangxi	117.4	110.2	109.4	16	114.1	108.0	107.6	16
山 东	Shandong	113.3	109.2	108.9	22	110.5	107.0	107.0	22
河 南	Henan	110.8	109.0	112.1	4	107.1	106.8	110.2	4
湖 北	Hubei	119.8	110.1	110.2	7	116.6	107.8	108.3	8
湖 南	Hunan	111.8	111.2	109.4	16	108.5	109.0	107.5	17
广 东	Guangdong	110.9	109.9	109.5	13	107.6	107.7	107.7	13
广 西	Guangxi	112.3	109.2	110.3	6	109.1	107.0	108.4	6
海 南	Hainan	124.1	107.1	109.8	11	118.8	104.9	108.0	11
重 庆	Chongqing	113.9	108.3	108.2	26	110.3	106.0	106.3	27
四 川	Sichuan	115.7	108.5	108.6	24	112.0	106.3	106.8	24
贵 州	Guizhou	110.9	111.0	108.3	25	107.6	108.7	106.5	25
云 南	Yunnan	111.6	115.0	114.3	1	107.5	112.6	112.4	1
西 藏	Tibet	110.0	105.5	105.4	31	107.6	103.3	103.6	31
陕 西	Shaanxi	112.9	108.4	109.3	19	108.9	106.2	107.5	17
甘 肃	Gansu	108.8	108.8	110.1	9	104.3	106.5	108.2	10
青 海	Qinghai	111.2	109.0	113.7	3	105.8	106.8	111.8	3
宁 夏	Ningxia	112.9	108.6	107.2	28	108.8	106.4	105.4	28
新 疆	Xinjiang	115.9	106.0	106.6	30	111.8	103.8	104.8	30

2-17 城镇单位农、林、牧、渔业和采矿业就业人员年平均工资

Average Wage of Employed Persons of Agriculture, Forestry, Animal Husbandry and Fishery and Mining in Urban Units

单位：元 (yuan)

地区	Region	农、林、牧、渔业 Agriculture, Forestry, Animal Husbandry and Fishery				采矿业 Mining			
		2010	2016	2017	2017排名 Ranking	2010	2016	2017	2017排名 Ranking
全　国	**National Total**	**16717**	**33612**	**365[illegible]4**		**44196**	**60544**	**69500**	
北　京	Beijing	29889	51941	55218	7	68514	91017	101975	4
天　津	Tianjin	40221	68864	74975	1	59897	94379	101665	5
河　北	Hebei	12423	21876	23327	30	49514	55184	60268	19
山　西	Shanxi	20570	45871	51930	9	52252	55921	65334	17
内蒙古	Inner Mongolia	18292	37569	40422	20	42248	72654	85135	9
辽　宁	Liaoning	10040	15497	17027	31	41238	55363	63317	18
吉　林	Jilin	15220	33042	36826	25	33584	51883	56079	27
黑龙江	Heilongjiang	12916	28782	30638	29	39793	59875	68926	16
上　海	Shanghai	39575	67322	69903	2	62356	142716	144454	1
江　苏	Jiangsu	20736	37953	39463	21	41573	62330	74833	13
浙　江	Zhejiang	34088	61992	65914	3	28330	48428	57590	23
安　徽	Anhui	16945	34264	36132	26	57314	57981	73210	14
福　建	Fujian	18041	35577	40543	19	29328	44222	48460	30
江　西	Jiangxi	16265	35473	37769	23	27978	42902	49041	29
山　东	Shandong	24143	56617	63564	4	46560	65309	72651	15
河　南	Henan	17433	36785	40990	17	46887	46833	56661	24
湖　北	Hubei	19541	31548	35266	27	31989	52788	57643	22
湖　南	Hunan	15435	33221	37936	22	24867	45059	47119	31
广　东	Guangdong	15270	36431	40926	18	47254	91276	104687	3
广　西	Guangxi	17023	33131	36875	24	28708	50397	56445	26
海　南	Hainan	18042	28016	34665	28	30151	60886	58005	21
重　庆	Chongqing	20544	47529	54385	8	31491	55396	60198	20
四　川	Sichuan	19980	52813	59159	5	37984	64895	76135	11
贵　州	Guizhou	18175	53874	58198	6	32779	49909	56586	25
云　南	Yunnan	15922	36939	45363	13	27175	45182	50066	28
西　藏	Tibet	20238	34943	41370	16	26315	84518	96785	7
陕　西	Shaanxi	23934	48185	50301	11	42417	73995	78103	10
甘　肃	Gansu	19735	40179	47073	12	43258	64807	76002	12
青　海	Qinghai	26020	43796	51711	10	40320	85469	100823	6
宁　夏	Ningxia	20940	41981	44844	14	71685	94718	96498	8
新　疆	Xinjiang	20022	38469	41571	15	47805	90442	105881	2

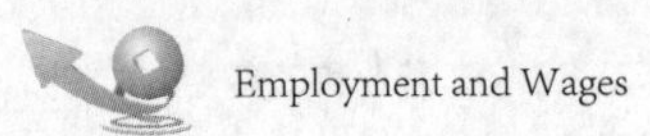

2-18 城镇单位制造业和电力、热力、燃气、水业就业人员年平均工资

Average Wage of Employed Persons of Manufacturing and Production and Supply of Electricity, Heat, Gas and Water in Urban Units

单位：元 (yuan)

地区	Region	制造业 Manufacturing				电力、热力、燃气及水业 Production and Supply of Electricity, Heat, Gas and Water			
		2010	2016	2017	2017排名 Ranking	2010	2016	2017	2017排名 Ranking
全　国	**National Total**	**30916**	**59470**	**64452**		**47309**	**83863**	**90348**	
北　京	Beijing	48298	97600	106835	1	85178	134474	148142	2
天　津	Tianjin	42482	73550	79191	3	82607	125996	133633	3
河　北	Hebei	27894	50970	58479	22	45478	77162	84590	17
山　西	Shanxi	25350	42314	48800	30	43023	73827	77582	24
内蒙古	Inner Mongolia	30024	53670	60655	13	48860	78757	83080	18
辽　宁	Liaoning	32126	56546	61816	11	42658	69357	69704	28
吉　林	Jilin	31153	58250	65067	10	33044	70925	75680	25
黑龙江	Heilongjiang	26764	49775	55497	26	36613	64919	68215	30
上　海	Shanghai	52163	96813	105733	2	93049	163212	174252	1
江　苏	Jiangsu	32209	66994	72235	5	66131	116629	123450	5
浙　江	Zhejiang	29671	60390	65173	9	77180	122323	127722	4
安　徽	Anhui	29238	54614	59089	20	40467	89223	98235	8
福　建	Fujian	26627	54439	59131	19	50529	88471	93073	10
江　西	Jiangxi	25579	49564	53417	29	37312	62157	70226	26
山　东	Shandong	27773	52255	57339	24	42025	74333	88179	13
河　南	Henan	25864	43783	46854	31	37196	66658	69799	27
湖　北	Hubei	30689	54033	58212	23	39067	84106	91195	11
湖　南	Hunan	28691	54423	58552	21	36134	65241	69371	29
广　东	Guangdong	31277	62383	66823	6	58158	110242	119094	6
广　西	Guangxi	26179	49835	54653	27	39264	73851	78609	22
海　南	Hainan	26772	55265	59599	16	40553	74214	81116	21
重　庆	Chongqing	31894	62584	65745	8	50326	79388	83021	19
四　川	Sichuan	28577	56439	60149	14	39844	86951	90113	12
贵　州	Guizhou	29381	58288	61456	12	47822	81297	93136	9
云　南	Yunnan	28550	49643	54032	28	44110	78234	86354	15
西　藏	Tibet	26984	69983	77209	4	41225	71709	82800	20
陕　西	Shaanxi	26015	54348	59941	15	39677	71640	77998	23
甘　肃	Gansu	28173	53130	59132	18	37624	64084	67961	31
青　海	Qinghai	28459	54846	59386	17	44721	72928	84618	16
宁　夏	Ningxia	29560	52660	56273	25	55543	96132	103768	7
新　疆	Xinjiang	31588	60313	66523	7	43855	81908	88028	14

2-19 城镇单位建筑业和批发零售业就业人员年平均工资

Average Wage of Employed Persons of Construction, Wholesale and Retail Trades in Urban Units

单位：元 (yuan)

地区	Region	建筑业 Construction				批发和零售业 Wholesale and Retail Trades			
		2010	2016	2017	2017排名 Ranking	2010	2016	2017	2017排名 Ranking
全 国	**National Total**	**27529**	**52082**	**55568**		**33635**	**65061**	**71201**	
北 京	Beijing	46421	89464	99718	1	64150	98863	107731	2
天 津	Tianjin	53686	67943	70649	3	44710	75098	76632	5
河 北	Hebei	23159	42662	51771	18	19780	40256	46280	29
山 西	Shanxi	25936	46632	50384	20	18890	38854	43710	31
内蒙古	Inner Mongolia	24946	42968	49456	22	24342	48831	52288	19
辽 宁	Liaoning	27535	43585	46908	27	28616	47382	50767	25
吉 林	Jilin	21165	44968	46222	28	22999	43419	47867	27
黑龙江	Heilongjiang	22904	39922	42200	31	25702	48576	50907	23
上 海	Shanghai	69051	88034	96580	2	61509	127489	139627	1
江 苏	Jiangsu	29679	58172	62668	4	31451	67127	72843	6
浙 江	Zhejiang	28595	50350	51879	17	39901	71347	77636	4
安 徽	Anhui	28046	51399	52814	16	26935	49999	53081	17
福 建	Fujian	30138	53557	56160	10	32850	57937	61504	10
江 西	Jiangxi	25293	50108	52990	15	24868	47104	50814	24
山 东	Shandong	25807	52421	56011	11	23845	47572	51944	20
河 南	Henan	24151	44753	48836	23	22403	43592	46683	28
湖 北	Hubei	27661	54636	56971	8	25081	47355	50961	22
湖 南	Hunan	23674	45492	47439	26	27604	50545	54770	15
广 东	Guangdong	29019	55263	57839	6	38378	67451	71209	7
广 西	Guangxi	27688	47079	50900	19	26093	49369	54245	16
海 南	Hainan	25237	45557	44056	29	23955	51227	58403	12
重 庆	Chongqing	27730	51537	54221	13	29667	56048	59596	11
四 川	Sichuan	24036	48088	49461	21	29046	51824	56788	13
贵 州	Guizhou	25437	53487	56266	9	27776	60617	63243	9
云 南	Yunnan	21002	41945	43966	30	26268	49611	56150	14
西 藏	Tibet	27908	59075	53611	14	39462	75070	80354	3
陕 西	Shaanxi	25357	50797	54833	12	23836	43208	48791	26
甘 肃	Gansu	20836	43683	47590	24	20563	41464	44523	30
青 海	Qinghai	26423	50431	57674	7	24898	49271	52477	18
宁 夏	Ningxia	25284	46832	47483	25	29497	48648	51265	21
新 疆	Xinjiang	28908	58576	59844	5	32343	59570	66008	8

2-20 城镇单位交通运输、仓储、邮政业和住宿餐饮业就业人员年平均工资

Average Wage of Employed Persons of Transport, Storage and Post and Hotels and Catering Services in Urban Units

单位：元 (yuan)

地区	Region	交通运输、仓储和邮政业 Transport, Storage and Post				住宿和餐饮业 Hotels and Catering Services			
		2010	2016	2017	2017排名 Ranking	2010	2016	2017	2017排名 Ranking
全　国	**National Total**	**40466**	**73650**	**80225**		**23382**	**43382**	**45751**	
北　京	Beijing	51342	90682	97567	2	31978	54814	56325	3
天　津	Tianjin	55912	91615	96663	3	22742	43403	46391	10
河　北	Hebei	33141	59527	67700	29	17314	34357	38465	23
山　西	Shanxi	37888	68837	76471	15	15064	28630	31030	31
内蒙古	Inner Mongolia	39991	67389	74613	17	21335	37499	39620	19
辽　宁	Liaoning	38451	66657	71405	22	21613	38871	43026	12
吉　林	Jilin	30422	62053	67910	28	17594	34173	38370	24
黑龙江	Heilongjiang	31501	62977	68747	27	20804	44807	48778	4
上　海	Shanghai	58405	108905	116763	1	32815	56933	60153	2
江　苏	Jiangsu	38584	71773	77476	12	24029	45013	47395	5
浙　江	Zhejiang	48359	83408	87811	6	24679	45713	47339	6
安　徽	Anhui	29408	61038	65444	30	18188	34897	36966	27
福　建	Fujian	39741	71181	77536	11	22268	39434	41429	14
江　西	Jiangxi	38628	66594	70558	24	18268	35880	37123	25
山　东	Shandong	39435	70509	76723	14	21810	42496	44824	11
河　南	Henan	31748	55485	61455	31	20201	36591	38932	22
湖　北	Hubei	34668	64690	72067	21	20601	38323	39720	18
湖　南	Hunan	32921	65487	71387	23	19963	36919	39158	20
广　东	Guangdong	49623	84444	91022	5	24781	46149	46454	9
广　西	Guangxi	33697	65433	74059	18	17211	31884	34155	30
海　南	Hainan	42036	74464	81288	9	18875	42978	46769	8
重　庆	Chongqing	33613	63717	70036	26	21389	37457	38974	21
四　川	Sichuan	36496	69490	76738	13	22262	38381	40539	15
贵　州	Guizhou	32106	70936	75439	16	18935	40505	40267	16
云　南	Yunnan	35897	72296	80853	10	16030	33832	36430	29
西　藏	Tibet	39032	77502	84798	8	22090	53798	61095	1
陕　西	Shaanxi	35846	65955	72962	20	18171	34293	36703	28
甘　肃	Gansu	30928	64177	70222	25	17588	34914	37114	26
青　海	Qinghai	43523	78862	86082	7	18574	41809	42829	13
宁　夏	Ningxia	36498	68313	73175	19	17799	37149	40170	17
新　疆	Xinjiang	45572	83898	91702	4	21954	45899	46880	7

2-21 城镇单位信息传输、软件、信息技术服务业和金融业就业人员年平均工资

Average Wage of Employed Persons of Information Transmission, Software and Information Technology Service and Financial Intermediation in Urban Units

单位：元 (yuan)

地区	Region	信息传输、软件和信息技术服务业 Information Transmission, Software and Information Technology Service				金融业 Financial Intermediation			
		2010	2016	2017	2017排名 Ranking	2010	2016	2017	2017排名 Ranking
全　国	**National Total**	**64436**	**122478**	**133150**		**70146**	**117418**	**122851**	
北　京	Beijing	105560	170531	183183	2	164643	239085	253637	1
天　津	Tianjin	73276	137440	151778	4	89166	117489	113813	11
河　北	Hebei	38840	109196	84317	20	45176	75708	77845	29
山　西	Shanxi	33916	64686	77870	24	47037	75683	80556	27
内蒙古	Inner Mongolia	37530	67444	74162	26	45588	78570	81065	26
辽　宁	Liaoning	56013	88995	91990	15	53676	80323	85433	24
吉　林	Jilin	33772	64923	72064	29	43174	81958	87154	21
黑龙江	Heilongjiang	40416	62707	65370	31	42537	64737	66790	30
上　海	Shanghai	115524	200657	212063	1	155763	226500	247568	2
江　苏	Jiangsu	58902	130501	143002	6	71115	122648	126541	8
浙　江	Zhejiang	77125	145657	165532	3	98135	130813	132411	6
安　徽	Anhui	36316	72390	77304	25	46561	76724	79039	28
福　建	Fujian	59117	93774	98427	10	70532	108377	109757	12
江　西	Jiangxi	32566	71535	73333	27	38926	83974	84304	25
山　东	Shandong	50315	84346	89063	18	53148	93405	94704	19
河　南	Henan	35042	62467	72373	28	41871	91212	103314	13
湖　北	Hubei	39222	86398	88774	19	49830	93701	101551	14
湖　南	Hunan	39592	76123	81785	21	44428	97704	99320	15
广　东	Guangdong	68204	135859	147039	5	90519	135412	149936	4
广　西	Guangxi	42633	84064	93936	14	60153	89936	96818	17
海　南	Hainan	60215	105687	124017	8	62984	102747	117551	10
重　庆	Chongqing	62634	100517	112043	9	58751	126739	123836	9
四　川	Sichuan	42615	88800	95805	13	52854	87119	91529	20
贵　州	Guizhou	37097	79355	91063	16	61474	132964	141959	5
云　南	Yunnan	37346	75240	80497	22	60775	121529	130774	7
西　藏	Tibet	51682	103647	98423	11	98092	184146	186085	3
陕　西	Shaanxi	42498	121311	130891	7	48138	82626	86024	22
甘　肃	Gansu	24896	60292	67912	30	35311	60252	63050	31
青　海	Qinghai	41668	71273	79183	23	41641	88957	98911	16
宁　夏	Ningxia	42469	80617	90085	17	53674	83872	85861	23
新　疆	Xinjiang	43124	84086	98251	12	53127	92422	95374	18

2-22 城镇单位房地产业和租赁商务服务业就业人员年平均工资
Average Wage of Employed Persons of Real Estate, Leasing and Business Services in Urban Units

单位：元 (yuan)

地区	Region	房地产业 Real Estate 2010	2016	2017	2017排名 Ranking	租赁和商务服务业 Leasing and Business Services 2010	2016	2017	2017排名 Ranking
全　国	**National Total**	**35870**	**65497**	**69277**		**39566**	**76782**	**81393**	
北　京	Beijing	50814	92832	97369	2	63794	119151	123966	2
天　津	Tianjin	47385	84337	89207	3	28880	83380	75179	5
河　北	Hebei	27894	46867	57196	15	21159	39232	45988	28
山　西	Shanxi	17847	42950	47814	27	19819	37776	42939	30
内蒙古	Inner Mongolia	26475	43850	45374	30	31840	45155	48914	22
辽　宁	Liaoning	28147	53808	56945	17	24598	43422	47523	24
吉　林	Jilin	23153	44670	45979	29	23918	45219	46975	26
黑龙江	Heilongjiang	21881	45376	46693	28	28238	48066	56493	12
上　海	Shanghai	48306	91814	98474	1	60905	151937	156621	1
江　苏	Jiangsu	43305	72680	75084	5	29776	60258	62893	8
浙　江	Zhejiang	42290	71088	74546	6	32450	65365	69885	6
安　徽	Anhui	27250	60543	61085	11	28122	47667	51665	16
福　建	Fujian	36917	65110	69166	8	24511	56934	62848	9
江　西	Jiangxi	25857	53632	56954	16	21725	45854	49468	20
山　东	Shandong	29793	57331	59816	13	28987	59852	62958	7
河　南	Henan	28913	48503	53501	21	24560	40417	46979	25
湖　北	Hubei	30760	55550	58788	14	26647	49220	52106	14
湖　南	Hunan	27550	53344	55748	18	25086	46985	49580	19
广　东	Guangdong	37590	74014	79479	4	41195	69755	77407	4
广　西	Guangxi	27597	52588	55688	19	25994	48058	51375	17
海　南	Hainan	26157	57788	62248	10	20703	53663	60784	10
重　庆	Chongqing	32396	63852	66969	9	25440	48141	48456	23
四　川	Sichuan	29995	59135	59954	12	34221	55754	60467	11
贵　州	Guizhou	22997	53467	54318	20	22036	50522	52910	13
云　南	Yunnan	22236	49441	50873	24	23969	43305	45247	29
西　藏	Tibet	43451	74456	71250	7	27828	65094	79745	3
陕　西	Shaanxi	37842	51205	51772	23	28327	50797	48969	21
甘　肃	Gansu	22936	46724	48071	26	21608	47145	46416	27
青　海	Qinghai	21948	40880	44863	31	42784	46666	49908	18
宁　夏	Ningxia	28610	49217	53023	22	26137	42957	42301	31
新　疆	Xinjiang	23005	49214	49079	25	22517	48110	51948	15

2-23 城镇单位科学研究技术服务业和水利、环境、公共设施管理业就业人员年平均工资

Average Wage of Employed Persons of Scientific Research and Technical Services, and Management of Water Conservancy, Environment and Public Facilities in Urban Units

单位：元 (yuan)

地区	Region	科学研究和技术服务业 Scientific Research and Technical Services				水利、环境和公共设施管理业 Management of Water Conservancy, Environment and Public Facilities			
		2010	2016	2017	2017排名 Ranking	2010	2016	2017	2017排名 Ranking
全　国	**National Total**	**56376**	**96638**	**107815**		**25544**	**47750**	**52229**	
北　京	Beijing	88018	139990	150611	2	41376	76948	87538	2
天　津	Tianjin	80485	128067	137969	3	44067	82499	95341	1
河　北	Hebei	49179	74020	81947	18	21663	40292	42366	27
山　西	Shanxi	33847	60446	67918	30	16657	29411	30961	31
内蒙古	Inner Mongolia	40047	65192	71086	28	27729	41715	44472	24
辽　宁	Liaoning	48030	70180	74469	25	24753	34416	36594	29
吉　林	Jilin	38732	62900	66857	31	18375	33912	37110	28
黑龙江	Heilongjiang	39938	68514	73978	26	18663	35519	36282	30
上　海	Shanghai	83338	163297	176383	1	44376	78432	86441	3
江　苏	Jiangsu	60437	100375	112285	7	30940	60723	66997	5
浙　江	Zhejiang	56621	99537	120521	5	32462	61104	66032	6
安　徽	Anhui	36068	73035	83571	17	20949	46332	53681	10
福　建	Fujian	41592	79317	91712	11	26824	51083	59204	8
江　西	Jiangxi	30430	74844	80120	19	19757	42849	46782	20
山　东	Shandong	45803	78755	85976	13	25387	45799	48135	18
河　南	Henan	36436	59171	68353	29	24648	41903	46699	22
湖　北	Hubei	45518	81015	93369	10	21730	45147	51270	15
湖　南	Hunan	36381	62232	71425	27	22133	41319	47341	19
广　东	Guangdong	69434	111233	125634	4	31351	53716	58945	9
广　西	Guangxi	36182	68957	79025	22	20150	40320	44261	25
海　南	Hainan	30680	68888	78517	23	20652	45453	46733	21
重　庆	Chongqing	55381	92787	102239	8	21818	48241	51684	13
四　川	Sichuan	53854	91309	101514	9	20555	44041	48945	17
贵　州	Guizhou	29670	72107	79826	20	20737	40230	46697	23
云　南	Yunnan	34588	73883	84202	16	17788	46529	53368	11
西　藏	Tibet	63810	103906	116031	6	32464	66943	71688	4
陕　西	Shaanxi	48734	72786	79714	21	23514	41151	43375	26
甘　肃	Gansu	34730	75114	85197	15	23186	50595	52385	12
青　海	Qinghai	48822	78808	87248	12	25591	55415	63194	7
宁　夏	Ningxia	36666	76339	78182	24	25155	48789	51446	14
新　疆	Xinjiang	38593	79944	85516	14	25575	48099	49242	16

2-24 城镇单位居民服务、修理、其他服务业和教育就业人员年平均工资

Average Wage of Employed Persons of Services to Households, Repair and Other Services and Education in Urban Units

单位：元 (yuan)

地区	Region	居民服务、修理和其他服务业 Services to Households, Repair and Other Services				教育 Education			
		2010	2016	2017	2017排名 Ranking	2010	2016	2017	2017排名 Ranking
全　国	**National Total**	**28206**	**47577**	**50552**		**38968**	**74498**	**83412**	
北　京	Beijing	27625	52025	55509	5	65150	120573	143215	1
天　津	Tianjin	23529	41777	44928	18	66285	115539	127961	2
河　北	Hebei	34932	35634	36813	29	33588	63967	70456	26
山　西	Shanxi	20623	36307	38547	26	30620	62548	67798	30
内蒙古	Inner Mongolia	39550	38082	38380	27	43397	77184	81643	13
辽　宁	Liaoning	25101	39022	41686	22	41656	66890	73080	22
吉　林	Jilin	17511	32797	36572	30	31548	65436	71526	25
黑龙江	Heilongjiang	29803	55411	58569	4	34630	68288	72656	24
上　海	Shanghai	35226	66280	67013	1	69738	106941	111090	5
江　苏	Jiangsu	34349	57905	63066	3	49340	88282	101430	6
浙　江	Zhejiang	35127	58157	63285	2	63693	102888	114415	4
安　徽	Anhui	23258	44353	48500	10	32445	64322	72792	23
福　建	Fujian	33977	48040	49646	9	40550	75773	84471	12
江　西	Jiangxi	22375	51631	51848	7	29980	63924	70448	27
山　东	Shandong	32461	44511	46560	16	38621	81165	87647	11
河　南	Henan	23650	36848	39522	24	33090	55087	62807	31
湖　北	Hubei	26086	43921	45103	17	34230	65298	75350	20
湖　南	Hunan	23740	45946	47600	13	31825	64965	73527	21
广　东	Guangdong	29956	49297	53418	6	42928	83234	95136	7
广　西	Guangxi	21791	45729	48314	11	32182	60395	67993	29
海　南	Hainan	20526	39352	36522	31	40791	75219	79753	15
重　庆	Chongqing	26049	46015	47979	12	37497	76236	89251	10
四　川	Sichuan	24029	47806	47591	14	34408	69737	75988	19
贵　州	Guizhou	21966	38246	38568	25	30466	72580	79815	14
云　南	Yunnan	18340	38581	39920	23	32301	76918	93600	8
西　藏	Tibet	44509	48985	51336	8	52781	116605	125624	3
陕　西	Shaanxi	26147	38405	38342	28	39785	62813	69575	28
甘　肃	Gansu	21384	38823	44184	19	29725	69690	76850	17
青　海	Qinghai	32969	37917	41990	21	42447	79151	91790	9
宁　夏	Ningxia	23356	41492	46712	15	35785	70801	77505	16
新　疆	Xinjiang	18330	42785	43116	20	35016	75080	76438	18

2-25 城镇单位卫生、社会工作和文化、体育娱乐业就业人员年平均工资

Average Wage of Employed Persons of Health and Social Service, and Culture, Sports and Entertainment in Urban Units

单位：元 (yuan)

地区	Region	卫生和社会工作 Health and Social Service				文化、体育和娱乐业 Culture, Sports and Entertainment			
		2010	2016	2017	2017排名 Ranking	2010	2016	2017	2017排名 Ranking
全　国	**National Total**	**40232**	**80026**	**89648**		**41428**	**79875**	**87803**	
北　京	Beijing	70182	147903	169191	1	76415	139087	150810	1
天　津	Tianjin	60149	115367	128833	4	54182	111368	116655	3
河　北	Hebei	30645	58566	64190	30	26208	51507	58934	25
山　西	Shanxi	24049	51145	56466	31	24927	49041	53992	31
内蒙古	Inner Mongolia	38375	68009	72473	24	37805	65311	69346	18
辽　宁	Liaoning	36638	62230	68716	25	36478	52202	55137	30
吉　林	Jilin	28476	63307	67048	27	26684	55335	57349	29
黑龙江	Heilongjiang	32095	62122	66627	29	29827	55056	58391	26
上　海	Shanghai	73470	125181	138074	2	68533	129644	145257	2
江　苏	Jiangsu	46337	92202	104414	7	48360	84242	91968	7
浙　江	Zhejiang	62508	117116	131742	3	56313	97257	109932	5
安　徽	Anhui	31811	71104	83435	14	28435	55773	62014	24
福　建	Fujian	40844	87997	96333	8	35654	67018	73532	14
江　西	Jiangxi	31494	70701	78366	20	30555	61272	64370	22
山　东	Shandong	38044	78411	84745	12	41008	77462	81074	8
河　南	Henan	31177	61045	74914	23	28511	51908	58161	27
湖　北	Hubei	33751	69692	79354	17	32390	61018	69129	19
湖　南	Hunan	36476	77796	87879	11	32908	69158	76383	11
广　东	Guangdong	52308	94663	107710	6	47213	93300	104446	6
广　西	Guangxi	33100	71529	79005	19	32141	62365	70016	16
海　南	Hainan	35308	74765	79350	18	29492	63699	67235	21
重　庆	Chongqing	44249	87162	96197	9	34163	65146	69873	17
四　川	Sichuan	39209	82150	89706	10	32101	64885	71769	15
贵　州	Guizhou	29993	73553	82248	15	24531	67427	75629	13
云　南	Yunnan	28988	71550	82232	16	24834	63017	76032	12
西　藏	Tibet	48293	109091	108099	5	50858	117844	112333	4
陕　西	Shaanxi	34809	61509	66995	28	29724	55946	57597	28
甘　肃	Gansu	28881	61593	68487	26	28769	58837	63705	23
青　海	Qinghai	37126	65582	75747	22	38694	67319	78577	10
宁　夏	Ningxia	31896	71110	83680	13	34118	66563	67913	20
新　疆	Xinjiang	32323	70796	76240	21	32609	71168	80821	9

2-26 城镇单位公共管理、社会保障、社会组织和城镇集体单位就业人员年平均工资

Average Wage of Employed Persons of Public Management, Social Security and Social Organization and Urban Collective-owned Units

单位：元 (yuan)

地区	Region	公共管理、社会保障和社会组织 Public Management,Social Security and Social Organization				城镇集体单位年平均工资 Urban Collective-owned Units			
		2010	2016	2017	2017排名 Ranking	2010	2016	2017	2017排名 Ranking
全　国	**National Total**	**38242**	**70959**	**80372**		**24010**	**50527**	**55243**	
北　京	Beijing	55680	101999	124864	2	26677	59150	58177	11
天　津	Tianjin	67714	110749	128855	1	37686	48344	50215	23
河　北	Hebei	29923	56101	61994	28	21825	43767	46587	26
山　西	Shanxi	27751	54484	59443	31	21579	44540	48337	24
内蒙古	Inner Mongolia	40338	67867	72167	18	29287	61533	67837	6
辽　宁	Liaoning	36941	55348	59802	29	19904	37530	38397	31
吉　林	Jilin	29247	54321	62216	27	16877	44026	51487	22
黑龙江	Heilongjiang	31568	59837	63684	25	19596	41618	45814	28
上　海	Shanghai	73073	107325	118964	4	41106	67380	74669	2
江　苏	Jiangsu	58861	96402	111840	6	30263	63175	71426	4
浙　江	Zhejiang	64667	108789	124495	3	35665	57061	59286	10
安　徽	Anhui	33622	63744	74487	17	23869	50976	56758	13
福　建	Fujian	42000	76926	89047	9	26652	56550	62947	9
江　西	Jiangxi	29395	64568	75324	16	17898	50326	51556	21
山　东	Shandong	35726	74552	80835	12	25626	53790	58002	12
河　南	Henan	28474	50552	59783	30	20385	45608	51882	19
湖　北	Hubei	34198	66400	77672	14	23954	42845	47563	25
湖　南	Hunan	30156	56054	64263	24	21595	41624	44047	29
广　东	Guangdong	53350	89550	103752	7	22453	49357	55013	16
广　西	Guangxi	33864	65218	70371	20	21533	43064	46457	27
海　南	Hainan	39376	66612	69342	21	20434	49896	55960	14
重　庆	Chongqing	36936	75554	85604	10	23817	49748	53701	17
四　川	Sichuan	35015	71074	79636	13	23441	52180	55115	15
贵　州	Guizhou	29537	70060	77318	15	24065	69802	79044	1
云　南	Yunnan	31650	74017	90916	8	24213	61947	70108	5
西　藏	Tibet	54848	110877	117030	5	16206	48179	51658	20
陕　西	Shaanxi	33224	55589	62485	26	20400	48246	53547	18
甘　肃	Gansu	30227	63535	69136	22	22084	38772	43138	30
青　海	Qinghai	40648	72434	85500	11	20289	54780	62994	8
宁　夏	Ningxia	33119	67088	71658	19	38127	52678	64359	7
新　疆	Xinjiang	35950	63948	66710	23	31249	65498	73143	3

2-27 私营企业就业人员和个体就业人员年底数

Number of Employed Persons in Private Enterprises and Self-employed Individuals at Year-end

单位：万人 (10 000 persons)

地区	Region	私营企业就业人员 Number of Employed Persons in Private Enterprises				个体就业人员 Number of Self-employed Individuals			
		2010	2016	2017	2017排名 Ranking	2010	2016	2017	2017排名 Ranking
全　国	**National Total**	**9417.6**	**17997.1**	**19881.7**		**7007.6**	**12862.0**	**14225.3**	
北　京	Beijing	411.9	951.3	1054.7	6	114.1	95.4	86.7	26
天　津	Tianjin	101.0	133.8	143.0	26	39.6	75.9	94.4	25
河　北	Hebei	214.3	300.8	343.3	19	328.2	680.9	776.8	6
山　西	Shanxi	118.8	247.4	262.8	23	171.6	306.0	329.2	19
内蒙古	Inner Mongolia	121.5	220.8	264.2	22	137.3	304.5	324.4	20
辽　宁	Liaoning	371.1	355.5	443.0	13	346.2	471.9	471.6	10
吉　林	Jilin	140.1	239.8	266.2	21	169.1	375.3	460.7	12
黑龙江	Heilongjiang	190.5	58.5	68.0	29	203.4	304.0	335.0	18
上　海	Shanghai	572.5	1139.0	1284.9	5	43.7	55.2	59.4	30
江　苏	Jiangsu	1528.6	2312.2	2460.7	2	475.7	801.9	933.4	4
浙　江	Zhejiang	870.6	1765.4	1859.9	3	468.5	800.3	835.9	5
安　徽	Anhui	239.2	496.7	588.8	11	331.6	559.5	643.9	9
福　建	Fujian	301.5	713.6	835.0	8	183.3	435.7	463.5	11
江　西	Jiangxi	260.7	490.9	514.1	12	274.4	407.8	416.7	14
山　东	Shandong	647.7	1298.2	1499.6	4	537.3	1074.4	1219.6	2
河　南	Henan	315.1	529.4	662.6	10	385.2	645.4	758.8	7
湖　北	Hubei	267.3	620.8	707.8	9	364.9	944.4	985.5	3
湖　南	Hunan	296.1	304.7	374.6	17	266.2	430.3	425.3	13
广　东	Guangdong	851.9	2356.6	2753.5	1	688.9	1281.2	1426.1	1
广　西	Guangxi	189.4	360.1	404.0	16	223.1	343.3	383.4	16
海　南	Hainan	52.9	104.4	107.7	27	38.6	73.5	83.8	27
重　庆	Chongqing	201.4	786.1	864.4	7	126.5	273.4	304.2	22
四　川	Sichuan	372.2	817.0	307.2	20	392.8	588.9	658.6	8
贵　州	Guizhou	73.1	295.6	345.2	18	95.5	288.7	324.2	21
云　南	Yunnan	227.6	379.7	405.5	15	214.0	369.0	390.8	15
西　藏	Tibet	15.1	49.1	55.3	30	21.7	42.2	44.9	31
陕　西	Shaanxi	229.2	183.6	206.3	25	109.0	334.8	360.8	17
甘　肃	Gansu	81.4	207.2	235.5	24	96.1	208.2	295.3	23
青　海	Qinghai	34.2	29.7	36.3	31	26.2	52.1	62.1	29
宁　夏	Ningxia	36.8	86.1	97.2	28	44.2	66.6	74.9	28
新　疆	Xinjiang	84.1	163.1	430.7	14	90.5	171.5	195.3	24

2-28 城乡私营企业就业人员年底数

Number of Employed Persons in Private Enterprises in Urban and Rural Areas at Year-end

单位：万人 (10 000 persons)

地区	Region	城镇私营企业就业人员 Number of Employed Persons in Private Enterprises in Urban Area				乡村私营企业就业人员 Number of Employed Persons in Private Enterprises in Rural Area			
		2010	2016	2017	2017排名 Ranking	2010	2016	2017	2017排名 Ranking
全　国	**National Total**	**6070.9**	**12083.4**	**13327.2**		**3346.7**	**5913.7**	**6554.5**	
北　京	Beijing	258.0	633.8	688.6	4	153.9	317.5	366.1	5
天　津	Tianjin	93.0	119.1	126.2	23	8.0	14.7	16.8	27
河　北	Hebei	133.4	184.6	206.2	19	80.9	116.2	137.1	18
山　西	Shanxi	67.0	136.4	134.5	22	51.7	111.0	128.3	19
内蒙古	Inner Mongolia	103.1	176.8	220.8	18	18.4	44.0	43.4	24
辽　宁	Liaoning	271.6	220.6	265.1	14	99.5	134.8	177.8	14
吉　林	Jilin	118.9	182.0	180.2	20	21.2	57.8	85.9	21
黑龙江	Heilongjiang	147.7	50.3	59.4	29	42.8	8.2	8.7	30
上　海	Shanghai	314.1	604.0	674.4	6	258.4	535.0	610.5	4
江　苏	Jiangsu	958.9	1680.2	1828.1	2	569.8	632.0	632.6	3
浙　江	Zhejiang	472.3	1086.3	1207.7	3	398.3	679.1	652.2	2
安　徽	Anhui	133.3	386.7	449.6	10	105.9	110.0	139.2	17
福　建	Fujian	188.4	565.0	653.8	7	113.1	148.6	181.1	13
江　西	Jiangxi	87.5	279.7	296.4	13	173.2	211.1	217.7	10
山　东	Shandong	374.1	481.7	494.0	8	273.6	816.5	1005.6	1
河　南	Henan	177.4	356.8	488.2	9	137.7	172.6	174.3	15
湖　北	Hubei	200.8	313.1	345.9	12	66.4	307.6	361.9	6
湖　南	Hunan	191.6	105.5	124.5	25	104.5	199.1	250.1	8
广　东	Guangdong	727.5	2084.8	2449.6	1	124.4	271.8	303.9	7
广　西	Guangxi	100.5	247.4	248.7	16	89.0	112.8	155.3	16
海　南	Hainan	47.6	83.4	88.4	27	5.3	21.0	19.3	26
重　庆	Chongqing	164.6	603.4	674.9	5	36.8	182.7	189.5	11
四　川	Sichuan	232.0	725.2	257.9	15	140.3	91.8	49.4	22
贵　州	Guizhou	47.6	80.5	98.2	26	25.4	215.0	247.1	9
云　南	Yunnan	186.3	163.6	221.4	17	41.3	216.1	184.1	12
西　藏	Tibet	13.3	45.1	48.1	30	1.7	4.0	7.2	31
陕　西	Shaanxi	92.7	144.8	162.7	21	136.5	38.8	43.6	23
甘　肃	Gansu	59.4	109.6	124.8	24	22.0	97.6	110.7	20
青　海	Qinghai	22.8	18.3	25.5	31	11.4	11.4	10.8	29
宁　夏	Ningxia	20.0	66.2	67.9	28	16.7	20.0	29.3	25
新　疆	Xinjiang	65.4	148.4	415.5	11	18.7	14.8	15.2	28

2-29 城乡个体就业人员年底数

Number of Self-employed Individuals in Urban Area and Rural Area at Year-end

单位：万人 (10 000 persons)

地区	Region	城镇个体就业人员 Number of Self-employed Individuals in Urban Area				乡村个体就业人员 Number of Self-employed Individuals in Rural Area			
		2010	2016	2017	2017排名 Ranking	2010	2016	2017	2017排名 Ranking
全　国	**National Total**	**4467.5**	**8627.0**	**9347.5**		**2540.1**	**4235.0**	**4877.8**	
北　京	Beijing	65.3	51.4	45.6	29	48.8	44.1	41.0	21
天　津	Tianjin	30.3	60.0	75.1	25	9.3	15.9	19.2	28
河　北	Hebei	160.6	326.1	366.2	9	167.5	354.8	410.7	3
山　西	Shanxi	103.6	186.7	222.2	20	68.0	119.3	107.0	17
内蒙古	Inner Mongolia	113.0	250.6	278.6	16	24.4	53.8	45.8	20
辽　宁	Liaoning	239.9	301.6	286.6	13	106.3	170.4	185.0	11
吉　林	Jilin	128.4	257.9	252.9	18	40.7	117.5	207.8	8
黑龙江	Heilongjiang	146.2	263.1	295.9	12	57.2	40.9	39.1	22
上　海	Shanghai	29.0	37.2	39.9	31	14.7	18.0	19.5	27
江　苏	Jiangsu	338.4	616.3	725.8	2	137.3	185.6	207.5	9
浙　江	Zhejiang	286.5	519.6	545.9	5	182.0	280.7	290.0	6
安　徽	Anhui	264.1	493.1	564.0	4	67.5	66.4	79.9	18
福　建	Fujian	89.9	281.6	284.3	14	93.3	154.1	179.3	12
江　西	Jiangxi	160.0	267.8	284.3	14	114.4	140.0	132.5	15
山　东	Shandong	262.5	433.7	460.8	7	274.9	640.7	758.9	1
河　南	Henan	197.8	523.6	625.8	3	187.5	121.8	133.0	14
湖　北	Hubei	251.0	516.5	525.2	6	113.9	428.0	460.3	2
湖　南	Hunan	181.0	362.9	400.1	8	85.2	67.4	25.2	25
广　东	Guangdong	505.6	986.5	1101.5	1	183.3	294.7	324.6	5
广　西	Guangxi	141.0	252.4	270.3	17	82.1	90.8	113.1	16
海　南	Hainan	32.2	55.9	67.5	26	6.4	17.6	16.3	29
重　庆	Chongqing	101.8	221.4	247.0	19	24.6	52.0	57.2	19
四　川	Sichuan	226.9	409.9	303.4	11	165.9	178.9	355.1	4
贵　州	Guizhou	51.6	113.3	133.1	23	43.9	175.4	191.1	10
云　南	Yunnan	138.2	147.6	181.6	21	75.8	221.4	209.2	7
西　藏	Tibet	17.5	39.8	42.8	30	4.2	2.3	2.1	31
陕　西	Shaanxi	24.8	295.9	323.2	10	84.2	38.8	37.6	23
甘　肃	Gansu	64.2	115.4	119.5	24	31.9	92.8	175.8	13
青　海	Qinghai	20.3	49.4	58.7	27	5.8	2.7	3.4	30
宁　夏	Ningxia	28.6	40.9	48.8	28	15.6	25.7	26.1	24
新　疆	Xinjiang	67.0	149.0	170.8	22	23.5	22.6	24.5	26

2-30 城镇私营单位就业人员年平均工资
Average Wage of Employed Persons in Private Urban Units

单位：元 (yuan)

地区	Region	城镇私营单位就业人员年平均工资 Private Urban Units				其中：制造业年平均工资 Private Urban Units in Manufacturing			
		2010	2016	2017	2017排名 Ranking	2010	2016	2017	2017排名 Ranking
全　国	**National Total**	**20759**	**42833**	**45761**		**20090**	**42115**	**44991**	
北　京	Beijing	27431	65881	70738	1	24833	58042	62889	1
天　津	Tianjin	24023	57216	59740	2	21818	61667	62357	2
河　北	Hebei	17914	36507	38136	19	17782	37333	39040	19
山　西	Shanxi	15640	30501	31745	30	14842	30736	32196	29
内蒙古	Inner Mongolia	21732	36114	36626	25	20510	38296	38350	20
辽　宁	Liaoning	19280	34615	35654	27	18870	33884	34418	27
吉　林	Jilin	16929	30184	33209	28	15950	29395	33195	28
黑龙江	Heilongjiang	16924	30533	32422	29	15741	29592	31469	30
上　海	Shanghai	23305	47177	52038	4	22755	43129	48897	7
江　苏	Jiangsu	23402	47156	49345	7	22945	48133	50648	5
浙　江	Zhejiang	23409	45005	48289	9	22256	43381	46046	9
安　徽	Anhui	18493	39110	41199	12	17928	40685	42599	13
福　建	Fujian	21039	46326	48830	8	20082	44424	47228	8
江　西	Jiangxi	18002	36868	40310	14	17594	37471	41837	15
山　东	Shandong	20747	48156	51992	5	20458	48488	52004	4
河　南	Henan	15915	33312	36730	24	15495	33157	36479	24
湖　北	Hubei	18626	34167	37142	22	17479	34037	37348	23
湖　南	Hunan	17229	34582	36978	23	16391	33191	36170	25
广　东	Guangdong	22633	48236	53347	3	21644	45859	50192	6
广　西	Guangxi	17931	36089	38227	18	17026	37741	39910	18
海　南	Hainan	18058	40675	45640	10	16408	38497	44316	10
重　庆	Chongqing	20790	47345	50450	6	19955	49116	52673	3
四　川	Sichuan	18316	37763	40087	15	17835	37777	40128	17
贵　州	Guizhou	20307	39058	41796	11	17456	39977	42629	12
云　南	Yunnan	18562	38183	40656	13	17007	36343	41906	14
西　藏	Tibet								
陕　西	Shaanxi	16052	35676	37472	21	14809	37044	38280	21
甘　肃	Gansu	14318	35685	37704	20	13517	36771	37642	22
青　海	Qinghai	17444	34908	36588	26	17295	33161	35406	26
宁　夏	Ningxia	19775	37926	38982	17	20176	40419	42797	11
新　疆	Xinjiang	20017	38776	39958	16	19534	40663	40984	16

3

国民经济核算

National Accounts

3-1 地区生产总值和指数
Gross Regional Product and Indices by Region

地区	Region	地区生产总值（亿元）Gross Regional Product (100 million yuan)				指数（上年=100）Indices (preceding year=100)			
		2010	2016	2017	2017排名 Ranking	2010	2016	2017	2017排名 Ranking
全 国	**National Total**	**401512.80**	**741140.40**			**110.4**	**106.7**		
北 京	Beijing	14113.58	25669.13	28014.94	12	110.3	106.8	106.7	24
天 津	Tianjin	9224.46	17885.39	18549.19	18	117.4	109.1	103.6	30
河 北	Hebei	20394.26	32070.45	34016.32	8	112.2	106.8	106.6	25
山 西	Shanxi	9200.86	13050.41	15528.42	23	113.9	104.5	107.1	20
内蒙古	Inner Mongolia	11672.00	18128.10	16096.21	21	115.0	107.2	104.0	29
辽 宁	Liaoning	18457.27	22246.90	23409.24	14	114.2	97.5	104.2	28
吉 林	Jilin	8667.58	14776.80	14944.53	24	113.8	106.9	105.3	27
黑龙江	Heilongjiang	10368.60	15386.09	15902.68	22	112.7	106.1	106.4	26
上 海	Shanghai	17165.98	28178.65	30632.99	11	110.3	106.9	106.9	23
江 苏	Jiangsu	41425.48	77388.28	85869.76	2	112.7	107.8	107.2	19
浙 江	Zhejiang	27722.31	47251.36	51768.26	4	111.9	107.6	107.8	11
安 徽	Anhui	12359.33	24407.62	27018.00	13	114.6	108.7	108.5	6
福 建	Fujian	14737.12	28810.58	32182.09	10	113.9	108.4	108.1	7
江 西	Jiangxi	9451.26	18499.00	20006.31	16	114.0	109.0	108.8	5
山 东	Shandong	39169.92	68024.49	72634.15	3	112.3	107.6	107.4	17
河 南	Henan	23092.36	40471.79	44552.83	5	112.5	108.1	107.8	11
湖 北	Hubei	15967.61	32665.38	35478.09	7	114.8	108.1	107.8	11
湖 南	Hunan	16037.96	31551.37	33902.96	9	114.6	108.0	108.0	9
广 东	Guangdong	46013.06	80854.91	89705.23	1	112.4	107.5	107.5	16
广 西	Guangxi	9569.85	18317.64	18523.26	19	114.2	107.3	107.1	20
海 南	Hainan	2064.50	4053.20	4462.54	28	116.0	107.5	107.0	22
重 庆	Chongqing	7925.58	17740.59	19424.73	17	117.1	110.7	109.3	4
四 川	Sichuan	17185.48	32934.54	36980.22	6	115.1	107.8	108.1	7
贵 州	Guizhou	4602.16	11776.73	13540.83	25	112.8	110.5	110.2	1
云 南	Yunnan	7224.18	14788.42	16376.34	20	112.3	108.7	109.5	3
西 藏	Tibet	507.46	1151.41	1310.92	31	112.3	110.1	110.0	2
陕 西	Shaanxi	10123.48	19399.59	21898.81	15	114.6	107.6	108.0	9
甘 肃	Gansu	4120.75	7200.37	7459.90	27	111.8	107.6	103.6	30
青 海	Qinghai	1350.43	2572.49	2624.83	30	115.3	108.0	107.3	18
宁 夏	Ningxia	1689.65	3168.59	3443.56	29	113.5	108.1	107.8	11
新 疆	Xinjiang	5437.47	9649.70	10881.96	26	110.6	107.6	107.6	15

注：本表绝对数按当年价格计算，指数按不变价格计算。

Note: The absolute data in this table are calculated at current prices while indices are calculated at constant prices.

3-2 第一产业生产总值和指数
Gross Regional Product and Indices by Primary Industry

地区	Region	第一产业生产总值（亿元）Gross Regional Product by Primary Industry (100 million yuan)				指数（上年=100）Indices (preceding year=100)			
		2010	2016	2017	2017排名 Ranking	2010	2016	2017	2017排名 Ranking
全　国	**National Total**	**39362.60**	**63670.70**			**104.3**	**103.3**		
北　京	Beijing	124.36	129.79	120.42	30	98.4	91.3	94.1	31
天　津	Tianjin	145.58	220.22	168.96	28	103.3	103.0	102.8	27
河　北	Hebei	2562.81	3492.81	3129.98	7	103.5	103.5	103.9	15
山　西	Shanxi	554.48	784.78	719.16	25	106.1	102.8	103.1	26
内蒙古	Inner Mongolia	1095.28	1637.39	1649.77	19	106.1	103.0	103.3	24
辽　宁	Liaoning	1631.08	2173.06	1902.28	16	105.8	95.4	103.6	19
吉　林	Jilin	1050.15	1498.52	1095.36	22	103.7	103.9	103.3	24
黑龙江	Heilongjiang	1302.90	2670.46	2965.25	9	106.2	105.3	105.4	3
上　海	Shanghai	114.15	109.47	110.78	31	93.4	93.4	99.2	30
江　苏	Jiangsu	2540.10	4077.18	4045.16	4	104.9	100.7	100.4	29
浙　江	Zhejiang	1360.56	1965.18	1933.92	15	103.2	102.7	102.7	28
安　徽	Anhui	1729.02	2567.72	2582.27	11	104.6	102.7	104.1	12
福　建	Fujian	1363.67	2363.22	2215.13	13	103.3	103.6	103.7	17
江　西	Jiangxi	1206.98	1904.53	1835.26	17	104.0	104.2	104.4	8
山　东	Shandong	3588.28	4929.13	4832.71	1	103.6	103.9	103.6	19
河　南	Henan	3258.09	4286.21	4139.29	3	104.5	104.2	104.3	10
湖　北	Hubei	2147.00	3659.33	3528.96	6	104.6	103.9	103.7	17
湖　南	Hunan	2325.50	3578.37	2998.40	8	104.3	103.3	103.6	19
广　东	Guangdong	2286.98	3694.37	3611.44	5	104.5	103.1	103.6	19
广　西	Guangxi	1675.06	2796.80	2878.30	10	104.6	103.4	104.2	11
海　南	Hainan	539.83	948.35	962.84	23	106.3	104.0	103.6	19
重　庆	Chongqing	685.38	1303.24	1276.09	21	106.1	104.6	104.0	14
四　川	Sichuan	2482.89	3929.33	4262.35	2	104.4	103.8	103.8	16
贵　州	Guizhou	625.03	1846.19	2032.27	14	104.7	106.0	106.3	1
云　南	Yunnan	1108.38	2195.11	2338.37	12	104.2	105.6	106.1	2
西　藏	Tibet	68.72	115.78	122.72	29	103.2	104.5	104.1	12
陕　西	Shaanxi	988.45	1693.85	1741.45	18	105.8	104.0	104.6	7
甘　肃	Gansu	599.28	983.39	859.75	24	105.5	105.5	105.4	3
青　海	Qinghai	134.92	221.19	238.41	27	105.9	105.4	104.9	5
宁　夏	Ningxia	159.29	241.60	250.62	26	107.4	104.5	104.4	8
新　疆	Xinjiang	1078.63	1648.97	1551.84	20	104.5	105.8	104.8	6

注：本表绝对数按当年价格计算，指数按不变价格计算。

Note: The absolute data in this table are calculated at current prices while indices are calculated at constant prices.

3-3 第二产业生产总值和指数
Gross Regional Product and Indices by Secondary Industry

地区	Region	第二产业生产总值（亿元） Gross Regional Product by Secondary Industry (100 million yuan)				指数（上年=100） Indices (preceding year=100)			
		2010	2016	2017	2017排名 Ranking	2010	2016	2017	2017排名 Ranking
全　国	**National Total**	**191629.80**	**296236.00**			**112.3**	**106.1**		
北　京	Beijing	3388.38	4944.44	5326.76	24	113.7	106.3	104.7	23
天　津	Tianjin	4840.23	7571.35	7593.59	17	120.2	108.4	101.1	30
河　北	Hebei	10707.68	15256.93	15846.21	6	113.4	104.9	103.0	26
山　西	Shanxi	5234.00	5028.99	6778.89	20	118.3	101.5	106.7	14
内蒙古	Inner Mongolia	6367.69	8553.63	6399.68	21	118.2	106.9	101.5	29
辽　宁	Liaoning	9976.82	8606.54	9199.80	15	116.8	92.3	103.2	25
吉　林	Jilin	4506.31	7004.95	6998.51	19	118.8	106.2	103.8	24
黑龙江	Heilongjiang	5204.11	4400.69	4060.60	26	114.5	102.6	102.8	27
上　海	Shanghai	7218.32	8406.28	9330.67	14	116.8	101.2	105.8	21
江　苏	Jiangsu	21753.93	34619.50	38654.87	1	113.1	106.6	106.5	17
浙　江	Zhejiang	14297.93	21194.61	22232.08	4	112.4	105.7	106.6	16
安　徽	Anhui	6436.62	11821.58	12838.28	11	120.7	108.1	108.2	5
福　建	Fujian	7522.83	14093.47	15354.29	8	118.1	106.8	106.8	13
江　西	Jiangxi	5122.88	8829.54	9627.98	13	118.2	108.5	108.2	5
山　东	Shandong	21238.49	31343.67	32942.84	3	112.8	106.6	106.3	20
河　南	Henan	13226.38	19275.82	21105.52	5	114.8	107.3	107.2	9
湖　北	Hubei	7767.24	14654.38	15441.75	7	120.2	107.8	107.1	11
湖　南	Hunan	7343.19	13341.17	14145.49	10	120.2	106.5	106.7	14
广　东	Guangdong	23014.53	35109.66	38008.06	2	114.7	106.1	106.5	17
广　西	Guangxi	4511.68	8273.66	7450.85	18	120.5	107.4	105.5	22
海　南	Hainan	571.00	905.95	996.35	30	119.2	104.7	102.7	28
重　庆	Chongqing	4359.12	7898.92	8584.61	16	122.7	111.3	109.3	4
四　川	Sichuan	8672.18	13448.92	14328.13	9	122.0	107.6	107.5	8
贵　州	Guizhou	1800.06	4669.53	5428.14	23	116.6	111.3	110.1	3
云　南	Yunnan	3223.49	5690.16	6204.97	22	115.8	108.9	110.7	2
西　藏	Tibet	163.92	429.17	513.65	31	114.1	112.2	111.7	1
陕　西	Shaanxi	5446.10	9490.72	10882.88	12	118.0	107.3	107.8	7
甘　肃	Gansu	1984.97	2515.56	2561.79	27	115.3	106.8	99.0	31
青　海	Qinghai	744.63	1249.98	1162.41	29	119.3	108.5	107.2	9
宁　夏	Ningxia	827.91	1488.44	1580.57	28	116.0	107.9	107.0	12
新　疆	Xinjiang	2592.15	3647.01	4330.89	25	112.6	106.2	106.4	19

注：本表绝对数按当年价格计算，指数按不变价格计算。

Note: The absolute data in this table are calculated at current prices while indices are calculated at constant prices.

3-4 第三产业生产总值和指数
Gross Regional Product and Indices by Tertiary Industry

地区	Region	第三产业生产总值（亿元） Gross Regional Product by Tertiary Industry (100 million yuan)				指数（上年=100） Indices (preceding year=100)			
		2010	2016	2017	2017排名 Ranking	2010	2016	2017	2017排名 Ranking
全　国	**National Total**	**182038.00**	**384220.50**			**109.8**	**107.8**		
北　京	Beijing	10600.84	20594.90	22567.76	5	109.3	107.0	107.3	27
天　津	Tianjin	4238.65	10093.82	10786.64	15	114.2	110.0	106.0	30
河　北	Hebei	7123.77	13320.71	15040.13	11	113.1	109.9	111.3	2
山　西	Shanxi	3412.38	7236.64	8030.37	22	109.4	106.9	107.8	24
内蒙古	Inner Mongolia	4209.02	7937.08	8046.76	21	112.4	108.3	106.2	29
辽　宁	Liaoning	6849.37	11467.30	12307.16	13	112.5	102.5	105.0	31
吉　林	Jilin	3111.12	6273.33	6850.66	24	110.7	108.8	107.6	25
黑龙江	Heilongjiang	3861.59	8314.94	8876.83	18	111.8	108.5	108.8	20
上　海	Shanghai	9833.51	19662.90	21191.54	6	105.7	109.6	107.5	26
江　苏	Jiangsu	17131.45	38691.60	43169.73	2	113.3	109.8	108.5	22
浙　江	Zhejiang	12063.82	24091.57	27602.26	4	112.3	109.7	109.2	16
安　徽	Anhui	4193.68	10018.32	11597.45	14	110.1	111.1	109.9	7
福　建	Fujian	5850.62	12353.89	14612.67	12	110.6	111.4	110.2	6
江　西	Jiangxi	3121.40	7764.93	8543.07	19	111.2	111.1	110.5	3
山　东	Shandong	14343.14	31751.69	34858.60	3	113.5	109.3	109.1	18
河　南	Henan	6607.89	16909.76	19308.02	7	111.4	110.3	109.4	15
湖　北	Hubei	6053.37	14351.67	16507.38	10	111.3	109.5	109.5	12
湖　南	Hunan	6369.27	14631.83	16759.07	9	111.7	110.6	110.3	4
广　东	Guangdong	20711.55	42050.88	48085.73	1	110.6	109.2	108.7	21
广　西	Guangxi	3383.11	7247.18	8194.11	20	111.1	108.6	109.6	11
海　南	Hainan	953.67	2198.90	2503.35	28	120.1	110.2	110.3	4
重　庆	Chongqing	2881.08	8538.43	9564.03	16	112.4	111.0	109.9	7
四　川	Sichuan	6030.41	15556.29	18389.74	8	110.2	109.2	109.8	10
贵　州	Guizhou	2177.07	5261.01	6080.42	25	112.1	111.4	111.5	1
云　南	Yunnan	2892.31	6903.15	7833.00	23	111.5	109.5	109.5	12
西　藏	Tibet	274.82	606.46	674.55	31	113.7	109.6	109.9	7
陕　西	Shaanxi	3688.93	8215.02	9274.48	17	112.1	108.8	108.9	19
甘　肃	Gansu	1536.50	3701.42	4038.36	27	109.9	108.9	106.5	28
青　海	Qinghai	470.88	1101.32	1224.01	30	112.1	108.0	107.9	23
宁　夏	Ningxia	702.45	1438.55	1612.37	29	111.6	109.0	109.2	16
新　疆	Xinjiang	1766.69	4353.72	4999.23	26	110.8	109.4	109.5	12

注：本表绝对数按当年价格计算，指数按不变价格计算。

Note: The absolute in this table are calculated at current prices while indices are calculated at constant prices.

3-5 地区生产总值构成（地区生产总值=100）
Composition of Gross Regional Product (GRP=100)

单位：% （%）

地区	Region	2010			2016			2017		
		第一产业 Primary Industry	第二产业 Secondary Industry	第三产业 Tertiary Industry	第一产业 Primary Industry	第二产业 Secondary Industry	第三产业 Tertiary Industry	第一产业 Primary Industry	第二产业 Secondary Industry	第三产业 Tertiary Industry
全　国	**National Total**	**10.1**	**46.7**	**43.2**						
北　京	Beijing	0.9	24.0	75.1	0.5	19.3	80.2	0.4	19.0	80.6
天　津	Tianjin	1.6	52.5	46.0	1.2	42.3	56.4	0.9	40.9	58.2
河　北	Hebei	12.6	52.5	34.9	10.9	47.6	41.5	9.2	46.6	44.2
山　西	Shanxi	6.0	56.9	37.1	6.0	38.5	55.5	4.6	43.7	51.7
内蒙古	Inner Mongolia	9.4	54.6	36.1	9.0	47.2	43.8	10.2	39.8	50.0
辽　宁	Liaoning	8.8	54.1	37.1	9.8	38.7	51.5	8.1	39.3	52.6
吉　林	Jilin	12.1	52.0	35.9	10.1	47.4	42.5	7.3	46.8	45.8
黑龙江	Heilongjiang	12.6	50.2	37.2	17.4	28.6	54.0	18.6	25.5	55.8
上　海	Shanghai	0.7	42.1	57.3	0.4	29.8	69.8	0.4	30.5	69.2
江　苏	Jiangsu	6.1	52.5	41.4	5.3	44.7	50.0	4.7	45.0	50.3
浙　江	Zhejiang	4.9	51.6	43.5	4.2	44.9	51.0	3.7	42.9	53.3
安　徽	Anhui	14.0	52.1	33.9	10.5	48.4	41.0	9.6	47.5	42.9
福　建	Fujian	9.3	51.0	39.7	8.2	48.9	42.9	6.9	47.7	45.4
江　西	Jiangxi	12.8	54.2	33.0	10.3	47.7	42.0	9.2	48.1	42.7
山　东	Shandong	9.2	54.2	36.6	7.2	46.1	46.7	6.7	45.4	48.0
河　南	Henan	14.1	57.3	28.6	10.6	47.6	41.8	9.3	47.4	43.3
湖　北	Hubei	13.4	48.6	37.9	11.2	44.9	43.9	9.9	43.5	46.5
湖　南	Hunan	14.5	45.8	39.7	11.3	42.3	46.4	8.8	41.7	49.4
广　东	Guangdong	5.0	50.0	45.0	4.6	43.4	52.0	4.0	42.4	53.6
广　西	Guangxi	17.5	47.1	35.4	15.3	45.2	39.6	15.5	40.2	44.2
海　南	Hainan	26.1	27.7	46.2	23.4	22.4	54.3	21.6	22.3	56.1
重　庆	Chongqing	8.6	55.0	36.4	7.3	44.5	48.1	6.6	44.2	49.2
四　川	Sichuan	14.4	50.5	35.1	11.9	40.8	47.2	11.5	38.7	49.7
贵　州	Guizhou	13.6	39.1	47.3	15.7	39.7	44.7	15.0	40.1	44.9
云　南	Yunnan	15.3	44.6	40.0	14.8	38.5	46.7	14.3	37.9	47.8
西　藏	Tibet	13.5	32.3	54.2	10.1	37.3	52.7	9.4	39.2	51.5
陕　西	Shaanxi	9.8	53.8	36.4	8.7	48.9	42.3	8.0	49.7	42.4
甘　肃	Gansu	14.5	48.2	37.3	13.7	34.9	51.4	11.5	34.3	54.1
青　海	Qinghai	10.0	55.1	34.9	8.6	48.6	42.8	9.1	44.3	46.6
宁　夏	Ningxia	9.4	49.0	41.6	7.6	47.0	45.4	7.3	45.9	46.8
新　疆	Xinjiang	19.8	47.7	32.5	17.1	37.8	45.1	14.3	39.8	45.9

注：本表按当年价格计算。

Note: The data in this table are calculated at current prices.

3-6 工业和建筑业生产总值
Gross Regional Product by Industry and Construction

单位：亿元 (100 million yuan)

地区	Region	工业 Industry 2010	2016	2017	2017排名 Ranking	建筑业 Construction 2010	2016	2017	2017排名 Ranking
全　国	**National Total**	**165126.40**	**247860.10**			**27259.30**	**49522.20**		
北　京	Beijing	2763.99	4026.68	4274.00	22	624.39	1025.50	1140.76	21
天　津	Tianjin	4410.85	6805.13	6863.98	16	429.38	786.89	745.66	27
河　北	Hebei	9554.03	13387.46	13757.84	6	1153.65	1885.27	2109.03	12
山　西	Shanxi	4657.97	4148.91	5771.22	20	576.03	895.63	1019.84	22
内蒙古	Inner Mongolia	5618.40	7233.00	5109.00	21	749.29	1322.50	1291.45	18
辽　宁	Liaoning	8789.27	6818.32	7302.41	15	1187.55	1880.85	1999.28	13
吉　林	Jilin	3929.31	6070.07	6057.29	18	577.00	960.87	964.14	24
黑龙江	Heilongjiang	4608.27	3647.14	3332.59	25	595.84	874.23	852.78	25
上　海	Shanghai	6536.21	7555.34	8392.84	13	682.11	879.81	970.79	23
江　苏	Jiangsu	19277.65	30455.15	34013.60	2	2476.28	4173.66	4651.75	1
浙　江	Zhejiang	12657.78	18655.12	19474.48	4	1640.15	2610.72	2845.48	3
安　徽	Anhui	5407.40	10076.94	10916.31	11	1029.22	1763.53	1943.56	15
福　建	Fujian	6397.71	11698.36	12674.89	8	1125.12	2421.34	2707.82	6
江　西	Jiangxi	4286.76	7219.11	7789.59	14	836.12	1610.91	1838.95	16
山　东	Shandong	18861.45	27588.70	28705.69	3	2377.04	3806.31	4276.97	2
河　南	Henan	11950.88	17042.72	18452.06	5	1275.50	2292.04	2694.11	7
湖　北	Hubei	6726.53	12536.39	13060.08	7	1040.71	2192.97	2459.68	8
湖　南	Hunan	6305.11	11337.28	11879.94	9	1038.08	2016.59	2278.65	9
广　东	Guangdong	21462.72	32650.89	35291.83	1	1551.81	2551.82	2818.82	5
广　西	Guangxi	3860.46	6816.64	5822.93	19	651.22	1458.41	1635.69	17
海　南	Hainan	385.21	482.50	528.28	30	185.79	424.50	470.01	29
重　庆	Chongqing	3697.83	6183.80	6587.08	17	661.29	1715.12	1997.53	14
四　川	Sichuan	7431.45	11058.79	11576.16	10	1240.73	2472.96	2838.35	4
贵　州	Guizhou	1516.87	3715.64	4260.48	23	283.19	955.44	1169.47	19
云　南	Yunnan	2604.07	3891.20	4089.37	24	619.42	1806.22	2123.68	11
西　藏	Tibet	39.73	86.44	102.16	31	124.19	342.73	411.49	30
陕　西	Shaanxi	4558.97	7598.00	8691.79	12	887.13	1943.20	2217.97	10
甘　肃	Gansu	1602.87	1757.53	1763.44	27	382.10	776.35	811.41	26
青　海	Qinghai	613.65	901.68	777.56	29	130.98	348.67	384.85	31
宁　夏	Ningxia	643.05	1054.34	1096.30	28	184.86	434.20	484.36	28
新　疆	Xinjiang	2161.39	2677.63	3254.18	26	430.76	1049.93	1159.51	20

注：本表按当年价格计算。

Note: The data in this table are calculated at current prices.

3-7 交通运输、仓储、邮政业和批发零售业生产总值
Gross Regional Product by Transport, Storage and Post and Wholesale and Retail Trades

单位：亿元 (100 million yuan)

地区	Region	交通运输、仓储和邮政业 Transport, Storage and Post				批发和零售业 Wholesale and Retail Trades			
		2010	2016	2017	2017排名 Ranking	2010	2016	2017	2017排名 Ranking
全　国	**National Total**	**18783.60**	**33355.30**			**35904.40**	**71113.40**		
北　京	Beijing	712.01	1060.97	1208.40	13	1888.51	2372.89	2486.80	12
天　津	Tianjin	585.37	725.31	780.40	23	1090.68	2256.54	2306.98	14
河　北	Hebei	1745.91	2369.27	2497.88	4	1529.26	2536.85	2833.01	8
山　西	Shanxi	654.08	930.75	1052.14	15	695.51	1058.12	1078.54	24
内蒙古	Inner Mongolia	875.61	1141.97	1050.02	16	1051.96	1841.71	1815.47	17
辽　宁	Liaoning	926.81	1245.27	1310.02	12	1651.66	2822.87	3002.13	7
吉　林	Jilin	373.93	558.38	603.12	25	753.37	1203.14	1208.30	23
黑龙江	Heilongjiang	469.31	758.01	801.33	22	880.83	1795.83	1857.41	16
上　海	Shanghai	834.40	1237.32	1344.54	11	2594.34	4119.59	4393.36	5
江　苏	Jiangsu	1768.30	2837.16	3097.67	3	4447.50	7470.27	8070.23	3
浙　江	Zhejiang	1076.67	1774.37	1938.17	6	2646.14	5754.19	6217.29	4
安　徽	Anhui	527.02	826.90	875.38	19	887.66	1775.87	1910.47	15
福　建	Fujian	871.16	1689.82	1889.69	7	1310.94	2204.60	2392.78	13
江　西	Jiangxi	446.22	796.47	866.30	20	666.89	1264.66	1415.12	21
山　东	Shandong	1971.00	2725.41	3268.01	2	4257.40	9044.95	9283.73	1
河　南	Henan	873.30	1938.06	2162.85	5	1293.50	2987.25	3263.06	6
湖　北	Hubei	753.61	1297.48	1420.01	10	1291.68	2485.05	2682.21	9
湖　南	Hunan	832.28	1356.56	1496.01	9	1434.68	2487.80	2666.71	10
广　东	Guangdong	1825.29	3209.72	3580.94	1	4647.76	8382.48	8976.59	2
广　西	Guangxi	480.17	855.67	955.70	17	656.83	1215.06	1326.17	22
海　南	Hainan	101.90	199.89	248.94	28	220.65	467.80	496.72	28
重　庆	Chongqing	389.55	848.22	939.46	18	624.33	1470.85	1595.88	19
四　川	Sichuan	573.75	1472.57	1595.80	8	1016.03	2138.45	2574.15	11
贵　州	Guizhou	480.32	987.47	1070.22	14	367.52	732.71	812.74	25
云　南	Yunnan	193.26	328.41	366.59	26	685.38	1441.95	1567.79	20
西　藏	Tibet	22.12	31.26	34.08	31	31.43	70.35	75.10	31
陕　西	Shaanxi	474.60	771.77	832.62	21	856.65	1604.40	1762.33	18
甘　肃	Gansu	227.18	271.25	293.50	27	272.13	536.70	563.23	27
青　海	Qinghai	61.26	94.99	103.69	30	81.44	163.04	169.15	29
宁　夏	Ningxia	145.17	205.75	199.31	29	89.50	145.41	160.92	30
新　疆	Xinjiang	222.47	567.54	668.15	24	276.28	586.32	702.18	26

注：本表按当年价格计算。

Note: The data in this table are calculated at current prices.

3-8 住宿餐饮业和金融业生产总值
Gross Regional Product by Hotels, Catering Services and Financial Intermediation

单位：亿元 (100 million yuan)

地区	Region	住宿和餐饮业 Hotels and Catering Services				金融业 Financial Intermediation			
		2010	2016	2017	2017排名 Ranking	2010	2016	2017	2017排名 Ranking
全　国	**National Total**	**7712.00**	**13280.80**			**25680.40**	**62132.40**		
北　京	Beijing	317.34	399.35	413.81	21	1863.61	4270.82	4655.37	4
天　津	Tianjin	157.66	292.11	309.10	25	572.99	1793.57	1951.75	13
河　北	Hebei	265.02	440.39	492.66	14	615.42	1731.23	2053.44	11
山　西	Shanxi	231.62	375.75	401.77	23	448.30	1207.35	1320.05	17
内蒙古	Inner Mongolia	332.24	682.12	732.29	8	346.44	992.14	1099.85	22
辽　宁	Liaoning	369.61	457.00	476.87	15	639.27	1829.22	1964.58	12
吉　林	Jilin	180.01	368.76	374.84	24	190.12	659.55	709.64	25
黑龙江	Heilongjiang	240.13	522.56	566.81	10	288.19	900.84	932.35	23
上　海	Shanghai	266.45	388.98	412.33	22	1950.96	4765.83	5330.54	3
江　苏	Jiangsu	710.98	1291.32	1406.82	3	2105.92	6011.13	6783.87	2
浙　江	Zhejiang	523.67	1119.00	1218.51	5	2326.58	3050.61	3533.05	6
安　徽	Anhui	193.78	458.02	500.57	12	396.17	1447.02	1663.59	15
福　建	Fujian	266.47	421.51	465.07	17	767.58	1866.17	2055.53	10
江　西	Jiangxi	200.71	425.34	465.58	16	241.49	1056.30	1107.12	21
山　东	Shandong	670.97	1440.16	1665.39	1	1361.45	3364.56	3651.56	5
河　南	Henan	605.23	1110.87	1314.65	4	697.68	2256.61	2509.19	9
湖　北	Hubei	385.11	748.61	814.18	7	561.27	2318.87	2640.86	8
湖　南	Hunan	354.91	666.12	705.38	9	463.16	1272.71	1610.31	16
广　东	Guangdong	1074.85	1569.37	1646.85	2	2658.76	6127.05	6853.01	1
广　西	Guangxi	241.34	398.17	436.13	19	384.53	1136.85	1273.40	19
海　南	Hainan	69.45	191.96	221.44	27	78.12	281.90	308.94	29
重　庆	Chongqing	142.11	391.19	424.78	20	496.56	1642.59	1813.73	14
四　川	Sichuan	478.42	941.28	1023.46	6	654.70	2729.45	3203.27	7
贵　州	Guizhou	180.73	400.93	439.19	18	231.51	689.40	787.88	24
云　南	Yunnan	190.34	478.34	523.58	11	375.08	1092.60	1194.67	20
西　藏	Tibet	15.75	33.07	35.27	31	27.08	93.05	110.20	31
陕　西	Shaanxi	218.16	457.63	497.62	13	384.75	1181.54	1300.10	18
甘　肃	Gansu	97.40	213.70	229.91	26	100.54	507.02	553.59	27
青　海	Qinghai	16.30	46.17	48.96	30	54.53	245.81	274.60	30
宁　夏	Ningxia	31.00	54.98	58.66	29	97.87	284.11	314.69	28
新　疆	Xinjiang	68.06	160.40	180.03	28	225.20	573.70	623.53	26

注：本表按当年价格计算。

Note: The data in this table are calculated at current prices.

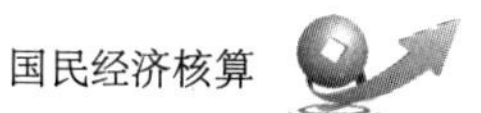

3-9 房地产业和其他行业生产总值
Gross Regional Product by Real Estate and Others

单位：亿元 (100 million yuan)

地区	Region	房地产业 Real Estate 2010	2016	2017	2017排名 Ranking	其他行业 Others 2010	2016	2017	2017排名 Ranking
全　国	**National Total**	**23569.90**	**48132.80**			**68464.30**	**152765.80**		
北　京	Beijing	1006.52	1672.68	1766.20	9	4812.85	10708.04	11946.78	4
天　津	Tianjin	377.59	805.92	783.27	20	1454.36	4197.87	4634.05	14
河　北	Hebei	697.79	1488.42	1690.31	10	2270.37	4586.74	5284.39	12
山　西	Shanxi	192.00	698.53	798.73	19	1190.87	2908.05	3322.07	22
内蒙古	Inner Mongolia	309.25	453.80	458.59	23	1293.52	2796.99	2861.83	24
辽　宁	Liaoning	733.37	1037.33	1132.18	13	2528.65	3859.49	4221.37	15
吉　林	Jilin	212.32	476.58	525.58	22	1401.37	2930.19	3363.91	21
黑龙江	Heilongjiang	370.79	616.90	656.34	21	1612.34	3538.93	3866.19	17
上　海	Shanghai	1002.50	2125.62	1873.05	7	3184.86	6992.69	7800.44	7
江　苏	Jiangsu	2600.95	4292.79	5016.54	2	5497.80	16533.28	18514.75	2
浙　江	Zhejiang	1618.17	2607.00	3222.54	3	3872.59	9680.12	11345.90	5
安　徽	Anhui	532.17	1124.07	1390.48	12	1656.88	4242.09	5110.90	13
福　建	Fujian	679.03	1269.67	1768.48	8	1955.44	4794.30	5933.40	11
江　西	Jiangxi	340.56	745.89	890.55	16	1225.53	3417.97	3734.61	19
山　东	Shandong	1622.15	2773.29	3091.37	4	4460.17	12109.97	13576.73	3
河　南	Henan	773.23	1890.01	2222.21	5	2364.95	6514.27	7624.15	9
湖　北	Hubei	564.41	1291.35	1642.98	11	2497.29	6013.85	7067.79	10
湖　南	Hunan	464.21	879.62	1019.35	15	2820.03	7808.79	9081.33	6
广　东	Guangdong	2813.95	6229.50	7635.96	1	7690.94	16352.25	19188.52	1
广　西	Guangxi	405.79	749.04	885.48	17	1214.46	2814.33	3223.11	23
海　南	Hainan	188.33	349.95	434.90	24	295.22	677.07	760.06	28
重　庆	Chongqing	266.38	926.19	1048.25	14	962.15	3237.97	3717.69	20
四　川	Sichuan	558.56	1516.61	2039.83	6	2748.95	6599.01	7764.09	8
贵　州	Guizhou	139.64	249.20	283.05	27	777.35	2101.63	2577.83	25
云　南	Yunnan	223.45	303.96	345.50	25	1224.80	3203.52	3776.61	18
西　藏	Tibet	14.54	33.47	33.49	31	163.90	342.28	383.23	31
陕　西	Shaanxi	315.95	747.17	861.53	18	1438.82	3319.59	3904.23	16
甘　肃	Gansu	110.02	259.89	274.30	28	729.23	1850.21	2074.52	27
青　海	Qinghai	25.41	56.13	60.89	30	231.94	491.31	563.09	30
宁　夏	Ningxia	60.53	102.57	120.84	29	278.38	630.96	742.21	29
新　疆	Xinjiang	143.44	298.62	323.16	26	831.24	2043.76	2330.89	26

注：本表按当年价格计算。

Note: The data in this table are calculated at current prices.

3-10 人均地区生产总值和指数
Per Capita Gross Regional Product and Indices

地区	Region	人均地区生产总值（元） Per Capita GRP (yuan) 2010	2016	2017	2017排名 Ranking	指数（上年=100） Indices (preceding year=100) 2010	2016	2017	2017排名 Ranking
全　国	**National Total**	**30876**	**53980**			**110.1**	**106.1**		
北　京	Beijing	73856	118198	128994	1	104.8	106.3	106.7	15
天　津	Tianjin	72994	115053	118944	3	111.7	107.5	103.3	30
河　北	Hebei	28668	43062	45387	19	110.6	106.1	105.9	26
山　西	Shanxi	26283	35532	42060	25	111.2	104.0	106.5	19
内蒙古	Inner Mongolia	47347	72064	63764	9	114.4	106.8	103.6	29
辽　宁	Liaoning	42355	50791	53527	14	113.4	97.7	104.3	28
吉　林	Jilin	31599	53868	54838	13	113.6	107.3	106.0	24
黑龙江	Heilongjiang	27076	40432	41916	26	112.6	106.5	106.7	15
上　海	Shanghai	76074	116562	126634	2	106.4	107.0	106.8	13
江　苏	Jiangsu	52840	96887	107150	4	112.0	107.5	106.8	13
浙　江	Zhejiang	51711	84916	92057	5	109.5	106.8	106.6	18
安　徽	Anhui	20888	39561	43401	24	118.8	107.7	107.5	6
福　建	Fujian	40025	74707	82677	6	113.2	107.5	107.1	12
江　西	Jiangxi	21253	40400	43424	23	113.2	108.4	108.1	4
山　东	Shandong	41106	68733	72807	8	111.3	106.7	106.5	19
河　南	Henan	24446	42575	46674	18	112.6	107.6	107.4	8
湖　北	Hubei	27906	55665	60199	11	114.7	107.5	107.3	10
湖　南	Hunan	24719	46382	49558	16	112.9	107.3	107.4	8
广　东	Guangdong	44736	74016	80932	7	109.5	106.2	106.0	24
广　西	Guangxi	20219	38027	38102	28	113.9	106.3	106.3	22
海　南	Hainan	23831	44347	48430	17	115.0	106.7	106.2	23
重　庆	Chongqing	27596	58502	63442	10	116.2	109.6	108.2	3
四　川	Sichuan	21182	40003	44651	21	115.7	107.0	107.5	6
贵　州	Guizhou	13119	33246	37956	29	114.7	109.8	109.4	1
云　南	Yunnan	15752	31093	34221	30	111.6	108.0	108.8	2
西　藏	Tibet	17319	35184	39267	27	111.2	107.9	107.9	5
陕　西	Shaanxi	27133	51015	57266	12	114.4	107.1	107.3	10
甘　肃	Gansu	16113	27643	28497	31	111.6	107.2	103.0	31
青　海	Qinghai	24115	43531	44047	22	114.5	107.1	106.4	21
宁　夏	Ningxia	26860	47194	50765	15	112.2	107.0	106.7	15
新　疆	Xinjiang	25034	40564	44941	20	109.3	105.3	105.7	27

注：本表绝对数按当年价格计算，指数按不变价格计算。

Note: The absolute data in this table are calculated at current prices while indices are calculated at constant prices.

3-11　支出法地区生产总值和最终消费支出构成

Composition by Gross Regional Product by Expenditure Approach and Final Consumption Expenditures

单位：亿元　　(100 million yuan)

地区	Region	支出法地区生产总值 Gross Regional Product by Expenditure Approach				其中：最终消费支出 Final Consumption Expenditures			
		2010	2016	2017	2017排名 Ranking	2010	2016	2017	2017排名 Ranking
全　国	**National Total**	**410708.0**	**746315.0**	**812038.0**		**198998.0**	**399910.0**	**435453.0**	
北　京	Beijing	14113.6	25669.1	28014.9	12	7907.1	15406.5	16842.1	10
天　津	Tianjin	9224.5	17885.4	18549.2	18	3529.7	8012.0	8424.2	23
河　北	Hebei	20394.3	32070.5	34016.3	8	8326.0	14536.1	16055.7	11
山　西	Shanxi	9200.9	13055.6	15528.4	23	4030.0	7451.5	8756.4	21
内蒙古	Inner Mongolia	11672.0	18128.1	16096.2	21	4605.4	8030.9	8463.4	22
辽　宁	Liaoning	18457.3	22246.9	23409.2	14	7473.9	13149.5	13777.3	12
吉　林	Jilin	9128.6	14776.8	14944.5	24	3754.5	5567.1	5799.9	26
黑龙江	Heilongjiang	10368.6	15386.1	15902.7	22	5502.4	9580.0	10122.5	18
上　海	Shanghai	17166.0	28178.7	30633.0	11	9424.3	16177.0	17551.0	8
江　苏	Jiangsu	41425.5	77388.3	85869.8	2	17238.1	39499.9	43020.8	2
浙　江	Zhejiang	27722.3	47251.4	51768.3	4	12670.7	22751.7	25479.0	4
安　徽	Anhui	12359.3	24407.6	27018.0	13	6213.2	12112.8	13498.9	13
福　建	Fujian	14790.4	28810.6	32182.1	10	6299.0	11614.4	13150.9	14
江　西	Jiangxi	9451.3	18499.0	20006.3	16	4489.2	9362.7	10223.2	17
山　东	Shandong	39169.9	68024.5	72634.2	3	15331.2	32149.7	35185.9	3
河　南	Henan	23092.4	40471.8	44552.8	5	10209.8	20777.0	23129.6	5
湖　北	Hubei	16182.3	32665.4	35478.1	7	7389.8	15255.0	17171.8	9
湖　南	Hunan	16038.0	31551.4	33902.7	9	7603.5	16122.6	18076.0	7
广　东	Guangdong	46013.1	80854.9	89705.2	1	21500.9	40885.9	45129.0	1
广　西	Guangxi	9569.9	18317.6	18523.3	19	4853.5	9834.5	10505.4	16
海　南	Hainan	2064.5	4053.2	4462.5	28	953.2	2489.6	2781.8	28
重　庆	Chongqing	7925.6	17740.6	19424.7	17	3811.9	8444.5	9290.6	20
四　川	Sichuan	17185.5	32934.5	36980.2	6	8609.6	17237.9	19365.7	6
贵　州	Guizhou	4602.2	11776.7	13540.8	25	2887.1	6746.0	7506.4	24
云　南	Yunnan	7224.2	14788.4	16376.3	20	4291.1	9592.7	10506.1	15
西　藏	Tibet	507.5	1151.4	1310.9	31	326.5	901.0	1045.1	31
陕　西	Shaanxi	10123.5	19399.6	21898.8	15	4584.5	8790.9	9675.3	19
甘　肃	Gansu	4120.8	7200.4	7459.9	27	2435.4	4751.4	5148.3	27
青　海	Qinghai	1350.4	2572.5	2624.8	30	715.4	1676.4	1815.4	30
宁　夏	Ningxia	1689.7	3168.6	3443.6	29	824.9	1891.6	2113.2	29
新　疆	Xinjiang	5437.5	9649.7	10882.0	26	2865.6	6155.3	7272.1	25

注：本表按当年价格计算。

Note: The data in this table are calculated at current prices.

3-12 支出法地区资本形成额总额和货物和服务净流出构成
Composition by Gross Capital Formation and Net Outflow of Goods and Services

单位：亿元 (100 million yuan)

地区	Region	其中：资本形成额总额 Gross Capital Formation				其中：货物和服务净流出 Net Outflow of Goods and Services			
		2010	2016	2017	2017排名 Ranking	2010	2016	2017	2017排名 Ranking
全　国	**National Total**	**196653.0**	**329138.0**	**360627.0**		**15057**	**16585.0**	**15958.0**	
北　京	Beijing	6097.1	10074.1	10946.3	15	109.4	188.5	226.5	7
天　津	Tianjin	6926.4	10584.1	10467.2	17	-1231.6	-710.78	-342.20	11
河　北	Hebei	11037.4	18636.5	19083.2	7	1030.9	-1102.20	-1122.50	17
山　西	Shanxi	6341.3	9464.3	7154.7	26	-1170.4	-3860.2	-382.7	12
内蒙古	Inner Mongolia	9020.4	12617.8	10298.3	19	-1953.8	-2520.6	-2665.5	25
辽　宁	Liaoning	11436.8	9682.0	10127.5	20	-453.4	-584.6	-495.5	14
吉　林	Jilin	7192.1	10152.9	9980.1	22	-1818.0	-943.1	-835.5	15
黑龙江	Heilongjiang	5630.8	9360.3	9735.0	23	-764.6	-3554.2	-3954.9	28
上　海	Shanghai	7407.8	11321.2	12193.1	14	333.9	680.4	888.9	5
江　苏	Jiangsu	21173.3	33123.3	37353.4	2	3014.1	4765.1	5495.7	1
浙　江	Zhejiang	12950.5	21393.8	22764.5	5	2101.1	3105.9	3524.8	3
安　徽	Anhui	6171.5	12507.8	13723.4	13	-25.4	-212.9	-204.3	8
福　建	Fujian	8023.0	16633.8	18509.3	8	468.4	562.4	521.9	6
江　西	Jiangxi	4854.7	9303.6	10025.1	21	107.4	-167.4	-242.1	9
山　东	Shandong	21499.3	34637.3	36412.6	3	2339.4	1237.6	1035.7	4
河　南	Henan	15977.4	29560.1	31047.7	4	-3094.8	-9865.3	-9624.5	31
湖　北	Hubei	8511.2	18786.3	20853.6	6	281.3	-1375.9	-2547.3	24
湖　南	Hunan	8780.8	16737.3	17585.4	10	-346.3	-1308.5	-1758.8	21
广　东	Guangdong	18041.3	34647.1	39657.5	1	6470.9	5321.9	4918.8	2
广　西	Guangxi	7883.4	12363.9	9364.5	24	-3167.0	-3880.7	-1346.6	19
海　南	Hainan	1185.4	2577.1	2815.7	30	-74.1	-1013.5	-1135.0	18
重　庆	Chongqing	4576.6	9551.6	10380.7	18	-462.9	-255.5	-246.6	10
四　川	Sichuan	9219.9	16165.3	18021.2	9	-644.0	-468.7	-406.7	13
贵　州	Guizhou	2575.3	8195.0	9356.5	25	-860.2	-3164.3	-3322.0	27
云　南	Yunnan	5578.6	13903.3	15487.0	11	-2645.5	-8707.6	-9616.7	30
西　藏	Tibet	565.5	1162.8	1376.1	31	-384.5	-912.4	-1110.4	16
陕　西	Shaanxi	6834.3	12907.7	14414.8	12	-1295.3	-2299.0	-2191.3	22
甘　肃	Gansu	2343.5	4875.1	3804.6	29	-658.1	-2426.1	-1493.0	20
青　海	Qinghai	1087.0	3565.5	3897.0	27	-452.0	-2669.4	-3087.6	26
宁　夏	Ningxia	1563.3	3827.9	3806.9	28	-698.5	-2550.9	-2476.5	23
新　疆	Xinjiang	3371.2	8670.1	10852.1	16	-799.3	-5175.7	-7242.2	29

注：本表按当年价格计算。

Note: The data in this table are calculated at current prices.

3-13 最终消费支出构成
Final Consumption Expenditure and Its Composition

单位：亿元 (100 million yuan)

地区	Region	居民消费支出 Household Consumption				政府消费支出 Government Comsuption			
		2010	2016	2017	2017排名 Ranking	2010	2016	2017	2017排名 Ranking
全　国	**National Total**	**146058.0**	**293443.0**	**317510.0**		**52940.0**	**106467.0**	**117944.0**	
北　京	Beijing	4648.2	10621.7	11491.5	11	3258.9	4784.8	5350.6	6
天　津	Tianjin	2247.5	5636.3	6078.2	22	1282.2	2375.8	2346.0	21
河　北	Hebei	5731.4	10670.8	11911.3	10	2594.6	3865.4	4144.4	11
山　西	Shanxi	2855.2	5533.3	6694.4	21	1174.8	1918.2	2062.0	24
内蒙古	Inner Mongolia	2710.6	5608.0	6035.7	23	1894.8	2422.9	2427.8	20
辽　宁	Liaoning	5622.1	10367.6	10874.8	12	1851.8	2781.9	2902.5	16
吉　林	Jilin	2510.6	3802.5	4098.8	25	1243.9	1764.5	1701.1	25
黑龙江	Heilongjiang	3409.6	6619.1	7155.1	18	2092.8	2960.9	2967.4	14
上　海	Shanghai	7281.9	11994.8	12970.1	8	2142.4	4182.3	4580.9	8
江　苏	Jiangsu	10942.8	28654.7	31892.4	2	6295.3	10845.2	11128.4	1
浙　江	Zhejiang	9701.8	17106.7	19036.3	4	2968.9	5645.0	6442.7	4
安　徽	Anhui	4873.4	9541.6	10670.4	13	1339.8	2571.2	2828.5	17
福　建	Fujian	4710.8	9006.8	10108.4	14	1588.2	2607.6	3042.5	13
江　西	Jiangxi	3545.5	7344.9	7965.7	15	943.7	2017.9	2257.5	23
山　东	Shandong	11059.0	25593.4	28285.5	3	4272.2	6556.3	6900.5	3
河　南	Henan	7402.6	15250.8	17029.7	5	2807.2	5526.2	6099.9	5
湖　北	Hubei	5136.8	11379.2	12754.5	9	2253.0	3875.8	4417.3	10
湖　南	Hunan	5788.9	11897.7	13283.9	7	1814.6	4224.9	4792.1	7
广　东	Guangdong	16722.3	31127.6	34097.1	1	4778.6	9758.3	11031.9	2
广　西	Guangxi	3657.1	7231.8	7847.1	16	1196.4	2602.7	2658.4	18
海　南	Hainan	654.3	1684.5	1929.4	28	298.9	805.0	852.4	28
重　庆	Chongqing	2792.3	6378.1	7019.7	20	1019.6	2066.4	2270.9	22
四　川	Sichuan	6638.5	13183.4	14841.2	6	1971.0	4054.5	4524.5	9
贵　州	Guizhou	2137.4	5195.2	5832.6	24	749.7	1550.8	1673.8	26
云　南	Yunnan	3082.1	6912.8	7599.8	17	1209.0	2680.0	2906.3	15
西　藏	Tibet	133.2	322.0	370.5	31	193.3	578.9	674.6	31
陕　西	Shaanxi	3105.8	6334.7	7068.7	19	1478.6	2456.2	2606.6	19
甘　肃	Gansu	1567.7	3408.5	3718.2	27	867.7	1342.9	1430.1	27
青　海	Qinghai	405.1	989.9	1073.9	30	310.3	686.5	741.6	29
宁　夏	Ningxia	565.7	1246.8	1428.5	29	259.2	644.8	684.7	30
新　疆	Xinjiang	1578.9	3627.2	4052.4	26	1286.7	2528.1	3219.7	12

注：本表按当年价格计算。

Note: The data in this table are calculated at current prices.

3-14 资本形成总额构成
Gross Capital Formation and Its Composition

单位：亿元 (100 million yuan)

地区	Region	固定资本形成总额 Gross Fixed Capital Formation 2010	2016	2017	2017排名 Ranking	存货变动 Change in Inventories 2010	2016	2017	2017排名 Ranking
全　国	**National Total**	**185827.0**	**318084.0**	**346441.0**		**10826**	**11054.0**	**14186.0**	
北　京	Beijing	5342.4	9716.1	10375.3	17	754.7	358.0	571.0	9
天　津	Tianjin	6468.5	10113.9	10137.5	18	457.9	470.2	329.7	16
河　北	Hebei	10791.6	18595.7	19035.4	7	245.8	40.8	47.7	25
山　西	Shanxi	5973.1	8369.4	6700.1	26	368.2	1095.0	454.6	12
内蒙古	Inner Mongolia	8938.7	12489.5	10391.9	16	81.7	128.3	-93.6	31
辽　宁	Liaoning	11024.6	9171.7	9639.0	23	412.2	510.3	488.5	10
吉　林	Jilin	7618.1	10185.7	10013.9	19	-426.0	-32.9	-33.8	30
黑龙江	Heilongjiang	5410.5	9151.4	9651.4	22	220.3	208.9	83.7	24
上　海	Shanghai	6380.3	10631.4	11507.2	14	1027.5	689.8	685.9	6
江　苏	Jiangsu	20709.1	32254.6	36416.8	2	464.2	868.7	936.6	3
浙　江	Zhejiang	12101.3	20677.8	21861.5	5	849.2	716.0	903.0	4
安　徽	Anhui	6061.1	12345.1	13569.2	13	110.4	162.6	154.3	23
福　建	Fujian	7341.6	15576.1	17637.9	9	681.4	1057.7	871.4	5
江　西	Jiangxi	4740.3	9029.5	9738.4	21	114.4	274.1	286.7	17
山　东	Shandong	20800.6	33548.7	34704.0	3	698.7	1088.6	1708.6	1
河　南	Henan	15704.1	29595.1	30415.3	4	273.3	-35.0	632.5	8
湖　北	Hubei	8200.4	18515.8	20586.5	6	310.8	270.4	267.1	20
湖　南	Hunan	8568.8	16477.4	17159.5	10	212.0	259.9	425.9	13
广　东	Guangdong	16812.7	33279.7	38390.9	1	1228.6	1367.4	1266.7	2
广　西	Guangxi	7785.5	12114.1	9034.5	25	97.9	249.8	329.9	15
海　南	Hainan	1179.4	2519.1	2808.5	30	6.0	58.1	7.1	26
重　庆	Chongqing	4379.3	9114.9	9907.3	20	197.3	436.8	473.4	11
四　川	Sichuan	8911.1	15800.5	17689.3	8	308.8	364.8	331.8	14
贵　州	Guizhou	2510.4	7975.5	9085.8	24	64.9	219.6	270.6	19
云　南	Yunnan	5213.1	13321.1	14825.5	11	365.5	582.2	661.5	7
西　藏	Tibet	561.4	1151.9	1372.9	31	4.1	10.9	3.3	27
陕　西	Shaanxi	6851.5	12584.8	14144.1	12	-17.2	322.9	270.8	18
甘　肃	Gansu	2177.9	4894.0	3557.1	29	165.6	-18.9	247.5	21
青　海	Qinghai	1057.9	3551.9	3918.3	27	29.1	13.6	-21.3	28
宁　夏	Ningxia	1490.0	3757.1	3835.7	28	73.3	70.8	-28.8	29
新　疆	Xinjiang	3233.0	8655.1	10695.3	15	138.2	15.0	156.8	22

注：本表按当年价格计算。

Note: The data in this table are calculated at current prices.

3-15 全体居民消费水平和指数
All Household Consumption Expenditure and Indices

地区	Region	全体居民消费水平（元） All Households Consumption Expenditure (yuan)				指数（上年=100） Indices (preceding year=100)			
		2010	2016	2017	2017排名 Ranking	2010	2016	2017	2017排名 Ranking
全 国	**National Total**	**10919.0**	**21285.0**	**22902.0**		**109.6**	**107.6**	**105.9**	
北 京	Beijing	25015.0	48883.0	52912.0	2	109.2	106.2	105.7	28
天 津	Tianjin	17784.0	36257.0	38975.0	4	113.9	106.9	106.4	26
河 北	Hebei	8057.0	14328.0	15893.0	27	110.6	110.7	109.5	4
山 西	Shanxi	8159.0	15065.0	18132.0	18	108.8	103.7	118.8	1
内蒙古	Inner Mongolia	11080.0	22293.0	23909.0	10	111.1	105.5	104.3	30
辽 宁	Liaoning	12934.0	23670.0	24866.0	9	113.2	110.1	103.4	31
吉 林	Jilin	9141.0	13786.0	15083.0	29	103.9	103.4	106.2	27
黑龙江	Heilongjiang	8906.0	17393.0	18859.0	16	112.4	105.6	107.3	20
上 海	Shanghai	32271.0	49617.0	53617.0	1	109.9	106.7	107.3	20
江 苏	Jiangsu	14035.0	35875.0	39796.0	3	111.4	109.1	109.3	8
浙 江	Zhejiang	18097.0	30743.0	33851.0	5	108.0	105.4	107.2	22
安 徽	Anhui	8237.0	15466.0	17141.0	23	114.5	108.1	108.1	14
福 建	Fujian	12871.0	23355.0	25969.0	8	108.0	110.9	109.4	6
江 西	Jiangxi	7972.0	16040.0	17290.0	22	111.1	108.9	108.2	13
山 东	Shandong	11611.0	25860.0	28353.0	7	110.4	108.5	108.6	10
河 南	Henan	7837.0	16043.0	17842.0	21	114.1	109.0	109.0	9
湖 北	Hubei	8977.0	19391.0	21642.0	12	111.4	109.7	109.4	6
湖 南	Hunan	8922.0	17490.0	19418.0	15	109.1	108.0	108.0	16
广 东	Guangdong	17218.0	28495.0	30762.0	6	109.0	105.7	105.2	29
广 西	Guangxi	7732.0	15013.0	16064.0	26	110.1	106.3	106.5	25
海 南	Hainan	7553.0	18431.0	20939.0	14	111.8	106.6	109.5	4
重 庆	Chongqing	9723.0	21032.0	22927.0	11	114.1	110.0	108.6	10
四 川	Sichuan	8182.0	16013.0	17920.0	20	113.7	107.3	108.6	10
贵 州	Guizhou	5879.0	14666.0	16349.0	25	113.7	112.6	112.2	2
云 南	Yunnan	6724.0	14534.0	15831.0	28	112.3	106.8	106.8	23
西 藏	Tibet	4513.0	9743.0	10990.0	31	107.5	108.0	110.6	3
陕 西	Shaanxi	8273.0	16657.0	18485.0	17	111.4	107.3	108.1	14
甘 肃	Gansu	6035.0	13086.0	14203.0	30	109.3	108.8	107.8	18
青 海	Qinghai	7234.0	16751.0	18020.0	19	105.8	109.2	106.6	24
宁 夏	Ningxia	8992.0	18570.0	21058.0	13	108.6	107.2	108.0	16
新 疆	Xinjiang	7276.0	15247.0	16736.0	24	115.4	110.4	107.7	19

注：本表绝对数按当年价格计算，指数按不变价格计算。

Note: The absolute data in this table are calculated at current prices while indices are calculated at constant prices.

3-16 城乡居民消费水平构成

Rural and Urban Households Consumption

单位：元 (yuan)

地区	Region	城镇居民消费水平 Urban Households Consumption				农村居民消费水平 Rural Households Consumption			
		2010	2016	2017	2017排名 Ranking	2010	2016	2017	2017排名 Ranking
全　国	**National Total**	**17104.0**	**29295.0**	**31032.0**		**4941.0**	**10783.0**	**11704.0**	
北　京	Beijing	27071.0	52721.0	57100.0	2	12886.0	24285.0	26132.0	2
天　津	Tianjin	20466.0	39181.0	42067.0	4	7814.0	22194.0	23952.0	4
河　北	Hebei	13619.0	19276.0	20753.0	29	3867.0	8897.0	10149.0	22
山　西	Shanxi	12279.0	19724.0	23345.0	24	4500.0	9226.0	11284.0	19
内蒙古	Inner Mongolia	16728.0	28289.0	29971.0	11	4486.0	13013.0	14184.0	9
辽　宁	Liaoning	17489.0	29254.0	30342.0	9	5739.0	12145.0	13528.0	10
吉　林	Jilin	13032.0	18144.0	19552.0	31	4663.0	8390.0	9244.0	28
黑龙江	Heilongjiang	12402.0	22318.0	24012.0	20	4536.0	10305.0	11352.0	18
上　海	Shanghai	34588.0	53240.0	57507.0	1	13609.0	23660.0	25622.0	3
江　苏	Jiangsu	18243.0	41957.0	45865.0	3	8196.0	23459.0	26755.0	1
浙　江	Zhejiang	23624.0	35152.0	38730.0	5	9878.0	22028.0	23717.0	5
安　徽	Anhui	13259.0	22030.0	23888.0	21	4447.0	8565.0	9610.0	25
福　建	Fujian	17920.0	27859.0	30474.0	8	6879.0	15653.0	17885.0	7
江　西	Jiangxi	12593.0	20335.0	21815.0	28	4397.0	11320.0	12009.0	13
山　东	Shandong	17726.0	33016.0	34955.0	7	5733.0	15970.0	18530.0	6
河　南	Henan	13958.0	23454.0	25593.0	16	4061.0	9291.0	10294.0	21
湖　北	Hubei	13576.0	25703.0	28121.0	12	4758.0	10860.0	12432.0	12
湖　南	Hunan	14707.0	24025.0	26244.0	15	4513.0	10461.0	11504.0	17
广　东	Guangdong	23511.0	34667.0	37257.0	6	5880.0	14784.0	15943.0	8
广　西	Guangxi	13969.0	22491.0	22970.0	26	3561.0	8225.0	9371.0	27
海　南	Hainan	11365.0	24664.0	27683.0	14	3846.0	10512.0	11848.0	16
重　庆	Chongqing	15260.0	28209.0	30101.0	10	3652.0	9433.0	10527.0	20
四　川	Sichuan	13457.0	21246.0	22983.0	25	4748.0	11094.0	12856.0	11
贵　州	Guizhou	12221.0	22301.0	24230.0	18	2926.0	8887.0	9879.0	23
云　南	Yunnan	12624.0	22365.0	23490.0	23	3603.0	8336.0	9123.0	29
西　藏	Tibet	10523.0	18775.0	20643.0	30	2635.0	5952.0	6676.0	31
陕　西	Shaanxi	13977.0	23206.0	25276.0	17	3683.0	8768.0	9819.0	24
甘　肃	Gansu	11881.0	21128.0	22344.0	27	2975.0	6781.0	7395.0	30
青　海	Qinghai	11878.0	22761.0	23621.0	22	3684.0	10505.0	11868.0	15
宁　夏	Ningxia	14739.0	25384.0	27887.0	13	3894.0	9980.0	11956.0	14
新　疆	Xinjiang	12486.0	22272.0	24230.0	18	3590.0	8816.0	9573.0	26

注：本表按当年价格计算。

Note: The data in this table are calculated at current prices.

3-17 城乡居民消费水平指数

Indices of Urban and Rural Households Consumption

（上年=100） (preceding year=100)

地区	Region	城镇居民消费水平指数 Index of Urban Households				农村居民消费水平指数 Index of Rural Households			
		2010	2016	2017	2017排名 Ranking	2010	2016	2017	2017排名 Ranking
全　国	**National Total**	**107.9**	**105.5**	**104.2**		**107.4**	**109.3**	**107.2**	
北　京	Beijing	108.8	106.1	105.8	18	108.6	107.4	105.5	30
天　津	Tianjin	113.6	106.4	106.3	15	107.0	109.3	106.5	28
河　北	Hebei	110.5	106.8	106.6	12	105.3	114.5	112.0	8
山　西	Shanxi	105.7	102.5	116.5	1	111.0	103.7	121.4	1
内蒙古	Inner Mongolia	109.9	104.2	102.7	28	108.4	107.2	106.9	25
辽　宁	Liaoning	112.3	110.4	102.6	29	111.1	107.8	106.9	25
吉　林	Jilin	104.2	102.6	105.6	20	102.2	104.8	105.9	29
黑龙江	Heilongjiang	114.8	104.2	106.6	12	104.2	108.5	108.8	20
上　海	Shanghai	109.8	107.6	107.2	8	107.4	101.4	107.6	22
江　苏	Jiangsu	108.9	107.7	107.7	4	109.3	110.6	112.2	7
浙　江	Zhejiang	104.7	103.7	107.3	6	112.1	108.8	104.8	31
安　徽	Anhui	111.3	105.8	105.6	20	114.9	109.3	109.7	16
福　建	Fujian	103.5	109.3	107.3	6	107.8	113.8	113.5	4
江　西	Jiangxi	107.4	105.8	105.2	22	114.1	112.3	111.8	10
山　东	Shandong	108.4	104.6	105.2	22	111.6	114.2	113.9	3
河　南	Henan	113.1	105.9	106.8	10	110.3	110.6	109.1	19
湖　北	Hubei	108.8	107.7	107.0	9	110.9	111.7	113.2	6
湖　南	Hunan	109.7	106.5	106.2	16	105.3	106.7	107.0	24
广　东	Guangdong	107.8	104.9	104.3	25	109.5	107.0	107.6	22
广　西	Guangxi	109.2	103.7	102.4	31	104.6	109.1	113.4	5
海　南	Hainan	110.6	103.1	107.7	4	109.7	112.3	110.2	14
重　庆	Chongqing	111.8	107.9	106.4	14	113.1	111.5	110.9	12
四　川	Sichuan	109.6	104.2	105.8	18	116.5	110.2	110.9	12
贵　州	Guizhou	106.9	109.6	109.4	2	114.7	112.0	111.9	9
云　南	Yunnan	109.6	104.3	102.5	30	112.5	106.7	108.3	21
西　藏	Tibet	105.2	104.1	108.0	3	107.7	107.1	109.7	16
陕　西	Shaanxi	109.0	104.9	105.9	17	108.9	109.4	109.8	15
甘　肃	Gansu	103.6	107.3	104.7	24	108.5	106.4	109.2	18
青　海	Qinghai	103.4	106.3	102.9	27	103.5	113.6	111.6	11
宁　夏	Ningxia	107.2	104.9	103.3	26	104.6	109.6	118.5	2
新　疆	Xinjiang	111.9	107.6	106.7	11	115.4	113.2	106.6	27

注：本表按不变价格计算。

Note: The data in this table are calculated at constant prices.

3-18 地区生产总值劳动者报酬和生产税净额收入法构成项目
Composition by Total Compensation of Employees and Net Taxes on Production

单位：亿元 (100 million yuan)

地区	Region	劳动者报酬 Compensation of Employees				生产税净额 Net Taxes on Production			
		2010	2016	2017	2017排名 Ranking	2010	2016	2017	2017排名 Ranking
北　京	Beijing	6919.99	13483.69	14766.03	11	2197.19	3480.93	3655.49	14
天　津	Tianjin	3556.17	7190.75	7602.43	22	1402.91	2926.94	3502.74	15
河　北	Hebei	11280.60	16293.31	17399.38	7	2487.22	3834.61	4060.82	11
山　西	Shanxi	3638.33	6209.79	7415.66	23	1502.52	2095.00	2597.29	21
内蒙古	Inner Mongolia	5086.28	8975.88	7734.11	20	1560.30	2137.23	2725.66	20
辽　宁	Liaoning	8982.04	9894.18	9970.26	15	3096.30	3426.50	3358.30	16
吉　林	Jilin	3370.41	6423.39	6377.64	25	1337.77	2173.18	2248.01	23
黑龙江	Heilongjiang	3823.13	7402.69	7720.98	21	1665.41	1650.75	1712.11	25
上　海	Shanghai	6742.05	12238.15	13605.85	12	3298.73	5343.40	5315.82	7
江　苏	Jiangsu	17141.63	33697.24	37417.75	2	6278.34	10050.36	11070.47	2
浙　江	Zhejiang	10788.87	22181.68	24229.44	4	4274.03	6662.24	7472.86	4
安　徽	Anhui	6058.54	11201.84	12496.49	13	1779.83	3607.70	4071.54	10
福　建	Fujian	7400.03	15349.29	16829.53	10	1867.67	3867.56	3996.58	12
江　西	Jiangxi	4258.71	7754.28	8413.62	18	1616.83	2824.50	3186.67	18
山　东	Shandong	15457.01	29536.33	33179.73	3	6274.22	8819.99	9579.87	3
河　南	Henan	11503.22	20521.39	22143.76	5	3071.13	4290.52	4707.42	9
湖　北	Hubei	6827.85	15871.94	16970.06	8	2284.90	4790.55	5744.19	5
湖　南	Hunan	8040.19	15978.70	16911.81	9	2553.68	4882.67	5311.98	8
广　东	Guangdong	20452.36	39116.40	43620.15	1	6841.07	10977.35	12130.58	1
广　西	Guangxi	5682.23	9789.61	10040.36	14	1237.65	3154.60	1721.56	24
海　南	Hainan	1039.62	2247.01	2431.76	28	341.65	529.38	588.75	28
重　庆	Chongqing	3901.69	7361.56	8093.42	19	1183.97	2918.85	3110.45	19
四　川	Sichuan	8089.35	15822.97	17705.67	6	2684.50	5025.17	5667.70	6
贵　州	Guizhou	2444.38	6546.55	7407.94	24	698.54	2070.38	2270.42	22
云　南	Yunnan	3344.07	7603.96	8510.64	17	1499.72	2918.06	3282.58	17
西　藏	Tibet	325.38	727.68	822.86	31	37.64	100.03	103.56	31
陕　西	Shaanxi	4028.24	8471.56	9310.59	16	1695.80	3329.93	3690.64	13
甘　肃	Gansu	2145.94	3698.07	3950.69	27	666.78	1055.41	1193.68	27
青　海	Qinghai	635.34	1254.75	1329.37	30	197.71	277.66	345.92	30
宁　夏	Ningxia	921.35	1662.14	1782.46	29	183.49	405.28	434.14	29
新　疆	Xinjiang	2829.07	5717.55	6248.44	26	791.23	1135.73	1358.87	26

注：本表按当年价格计算。

Note: The data in this table are calculated at current prices.

3-19 地区生产总值固定资产折旧和营业盈余收入法构成项目
Composition by Total Depreciation of Fixed Assets and Operating Surplus

单位：亿元 (100 million yuan)

地区	Region	固定资产折旧 Depreciation of Fixed Assets				营业盈余 Operating Surplus			
		2010	2016	2017	2017排名 Ranking	2010	2016	2017	2017排名 Ranking
北 京	Beijing	1925.96	3400.58	3720.81	10	3070.44	5303.93	5872.61	14
天 津	Tianjin	1155.18	2137.97	2847.80	17	3110.20	5629.73	4596.22	18
河 北	Hebei	2342.65	4634.40	4898.07	7	4283.79	7308.13	7658.05	11
山 西	Shanxi	1245.86	2338.21	2663.07	19	2814.15	2407.41	2852.40	23
内蒙古	Inner Mongolia	1416.21	2581.31	2148.89	23	3574.21	4433.68	3487.55	22
辽 宁	Liaoning	2685.24	3791.32	3764.02	9	3693.69	5134.90	6316.66	13
吉 林	Jilin	1467.62	2484.42	2575.66	21	2491.78	3695.81	3743.22	21
黑龙江	Heilongjiang	1274.49	2309.01	2167.89	22	3605.57	4023.64	4301.70	19
上 海	Shanghai	2275.95	3365.19	3468.32	14	4849.25	7231.91	8243.00	6
江 苏	Jiangsu	5483.65	10479.32	11697.52	2	12521.86	23161.36	25684.02	1
浙 江	Zhejiang	3316.63	6038.94	6492.66	4	9342.78	12368.50	13573.30	4
安 徽	Anhui	1405.25	3515.15	3634.32	11	3115.70	6082.93	6815.65	12
福 建	Fujian	1562.99	3154.26	3552.94	12	3906.43	6439.47	7803.04	10
江 西	Jiangxi	1183.45	2557.00	2706.58	18	2392.27	5363.22	5699.44	15
山 东	Shandong	5384.36	10311.22	10326.87	3	12054.33	19356.95	19547.68	3
河 南	Henan	2867.95	4976.14	5317.36	6	5650.06	10683.74	12384.29	5
湖 北	Hubei	2237.63	4058.20	4642.54	8	4617.23	7944.68	8121.30	9
湖 南	Hunan	1701.50	3253.13	3521.40	13	3742.59	7436.87	8157.77	8
广 东	Guangdong	6159.34	11220.03	11989.32	1	12560.29	19541.13	21965.18	2
广 西	Guangxi	1248.21	2029.37	2976.27	16	1401.76	3344.06	3785.07	20
海 南	Hainan	331.81	646.60	727.67	28	351.42	630.21	714.36	28
重 庆	Chongqing	850.58	2431.73	2635.83	20	1989.34	5028.45	5585.03	16
四 川	Sichuan	2212.51	4783.46	5385.06	5	4199.12	7302.94	8221.79	7
贵 州	Guizhou	655.93	1467.76	1751.50	25	803.32	1692.04	2110.97	25
云 南	Yunnan	907.75	1570.57	1752.20	24	1472.64	2695.83	2830.92	24
西 藏	Tibet	73.13	143.22	168.53	31	71.31	180.48	215.97	31
陕 西	Shaanxi	1125.97	3266.24	3442.14	15	3273.47	4331.86	5455.44	17
甘 肃	Gansu	622.36	1198.14	1036.85	27	685.67	1248.75	1278.68	27
青 海	Qinghai	199.80	682.69	570.58	29	317.58	357.39	378.96	30
宁 夏	Ningxia	231.41	534.61	566.02	30	353.40	566.56	660.94	29
新 疆	Xinjiang	676.21	1641.01	1747.14	26	1140.96	1155.41	1527.51	26

注：本表按当年价格计算。

Note: The data in this table are calculated at current prices.

固定资产投资

Investment in Fixed Assets

4-1 全社会固定资产投资和全社会住宅投资

Total Investment in Fixed Assets in the Whole Country and Total Investment in Residential Buildings in the Whole Country

单位：亿元 (100 million yuan)

地区	Region	全社会固定资产投资 Total Investment in Fixed Assets				全社会住宅投资 Total Investment in Residential Buildings			
		2010	2016	2017	2017排名 Ranking	2010	2016	2017	2017排名 Ranking
全 国	**National Total**	**278121.9**	**606465.7**	**641238.4**		**45936.1**	**83660.2**	**86985.3**	
北 京	Beijing	5403.0	7943.9	8370.4	23	1662.2	2124.3	1820.3	18
天 津	Tianjin	6278.1	12779.4	11288.9	22	700.5	1725.8	1647.9	20
河 北	Hebei	15083.4	31750.0	33406.8	5	2614.8	3965.0	4131.9	7
山 西	Shanxi	6063.2	14198.0	6040.5	26	900.3	1882.8	1143.2	23
内蒙古	Inner Mongolia	8926.5	15080.0	14013.2	18	961.8	1132.1	837.1	25
辽 宁	Liaoning	16043.0	6692.2	6676.7	25	2724.1	1625.1	1783.4	19
吉 林	Jilin	7870.4	13923.2	13283.9	19	872.0	788.3	710.0	27
黑龙江	Heilongjiang	6812.6	10648.3	11292.0	21	1066.2	709.2	628.6	28
上 海	Shanghai	5108.9	6755.9	7246.6	24	1233.0	1979.8	2159.1	16
江 苏	Jiangsu	23184.3	49663.2	53277.0	2	3665.2	7161.4	7777.8	2
浙 江	Zhejiang	12376.0	30276.1	31696.0	9	2785.5	5945.3	6510.2	3
安 徽	Anhui	11542.9	27033.4	29275.1	10	2248.7	3718.9	4590.1	6
福 建	Fujian	8199.1	23237.4	26416.3	11	1254.1	3424.8	3625.3	10
江 西	Jiangxi	8772.3	19694.2	22085.3	13	876.7	1752.9	1891.6	17
山 东	Shandong	23280.5	53322.9	55202.7	1	3706.9	5806.8	5870.6	5
河 南	Henan	16585.9	40415.1	44496.9	3	2721.5	5629.4	6098.0	4
湖 北	Hubei	10262.7	30011.7	32282.4	6	1400.1	3817.5	3865.3	9
湖 南	Hunan	9663.6	28353.3	31959.2	7	1505.9	2661.5	2851.0	11
广 东	Guangdong	15623.7	33303.6	37761.7	4	3161.7	7472.8	8536.7	1
广 西	Guangxi	7057.6	18236.8	20499.1	14	1218.6	2239.1	2504.4	15
海 南	Hainan	1317.0	3890.4	4244.4	28	495.3	1476.6	1612.9	22
重 庆	Chongqing	6688.9	16048.1	17537.0	16	1325.9	2567.0	2829.8	12
四 川	Sichuan	13116.7	28812.0	31902.1	8	2354.1	4194.3	4024.9	8
贵 州	Guizhou	3104.9	13204.0	15503.9	17	530.4	1535.5	1616.8	21
云 南	Yunnan	5528.7	16119.4	18936.0	15	920.5	2871.5	2610.4	14
西 藏	Tibet	462.7	1596.0	1975.6	31	42.1	71.0	71.1	31
陕 西	Shaanxi	7963.7	20825.3	23819.4	12	1486.6	2647.4	2719.2	13
甘 肃	Gansu	3158.3	9664.0	5827.8	27	486.5	788.8	744.6	26
青 海	Qinghai	1016.9	3528.1	3883.6	29	177.9	383.7	335.2	30
宁 夏	Ningxia	1444.2	3794.2	3728.4	30	238.8	524.9	469.6	29
新 疆	Xinjiang	3423.2	10287.5	12089.1	20	561.3	1036.9	968.4	24

注：2010年固定资产投资的统计起点为50万元；自2011年起，投资的统计起点由50万元提高到500万元(以下有关各表同)。

Note: The starting point for the fixed assets investment was 500000 yuan in 2010; since 2011, the starting point of investment statistics has increased from 500000 yuan to 5 million yuan. The same applies to the relevant tables followed.

4-2 城镇固定资产投资（不含农户）和房地产开发投资
Total Investment in Urban Area and Real Estate Development

单位：亿元 (100 million yuan)

地区	Region	城镇固定资产投资（不含农户） Investment in Fixed Assets in Urban Area				其中：房地产开发投资 Investment in Real Estate Development			
		2010	2016	2017	2017排名 Ranking	2010	2016	2017	2017排名 Ranking
全　国	**National Total**	**241430.9**	**596500.8**	**631684.0**		**48259.4**	**102580.6**	**109798.5**	
北　京	Beijing	4916.5	7888.7	8307.3	23	2901.1	4000.6	3692.5	13
天　津	Tianjin	5896.5	12756.4	11274.7	21	866.6	2300.0	2233.4	19
河　北	Hebei	12922.7	31340.1	33012.2	5	2264.9	4695.6	4823.9	8
山　西	Shanxi	5526.6	13859.4	5722.2	26	592.2	1597.4	1166.3	23
内蒙古	Inner Mongolia	8688.0	14894.0	13827.9	18	1120.0	1133.5	889.7	27
辽　宁	Liaoning	15106.3	6436.3	6444.7	25	3465.8	2094.8	2289.7	18
吉　林	Jilin	7395.2	13773.2	13130.9	19	921.0	1016.8	910.1	26
黑龙江	Heilongjiang	6292.7	10432.6	11079.7	22	843.1	864.8	815.6	28
上　海	Shanghai	4630.5	6751.7	7240.9	24	1980.7	3709.0	3856.5	12
江　苏	Jiangsu	17416.5	49370.9	53000.2	2	4299.4	8956.4	9629.1	2
浙　江	Zhejiang	8438.1	29571.0	31126.0	9	3025.4	7469.4	8226.8	3
安　徽	Anhui	10281.3	26577.4	28816.4	10	2251.8	4603.6	5612.5	6
福　建	Fujian	7385.8	22928.0	26110.3	11	1818.9	4588.8	4794.2	9
江　西	Jiangxi	7856.9	19378.7	21770.4	13	706.8	1770.9	2014.0	22
山　东	Shandong	18844.4	52364.5	54236.0	1	3249.4	6323.4	6637.2	5
河　南	Henan	13934.8	39753.9	43890.4	3	2114.1	6179.1	7090.2	4
湖　北	Hubei	9405.6	29503.9	31872.6	6	1618.2	4296.4	4574.9	10
湖　南	Hunan	8618.0	27688.4	31328.1	7	1469.1	2957.0	3426.1	14
广　东	Guangdong	12599.3	32947.3	37403.9	4	3659.7	10307.8	12075.7	1
广　西	Guangxi	6383.3	17652.9	19908.3	14	1206.2	2398.0	2683.5	17
海　南	Hainan	1257.5	3747.0	4125.4	28	467.9	1787.6	2053.1	21
重　庆	Chongqing	6170.6	15931.8	17440.6	16	1620.3	3725.9	3980.1	11
四　川	Sichuan	11061.4	28229.8	31235.9	8	2194.6	5282.6	5149.9	7
贵　州	Guizhou	2609.4	12929.2	15288.0	17	556.7	2149.0	2201.0	20
云　南	Yunnan	5052.6	15662.5	18474.9	15	900.4	2688.3	2786.3	16
西　藏	Tibet	405.0	1596.0	1975.6	31	9.0	48.5	40.4	31
陕　西	Shaanxi	7569.9	20474.9	23468.2	12	1159.5	2736.8	3102.0	15
甘　肃	Gansu	2808.6	9534.1	5696.3	27	266.4	850.0	944.5	25
青　海	Qinghai	840.0	3455.5	3819.9	29	108.2	396.9	408.6	30
宁　夏	Ningxia	1292.8	3709.0	3640.1	30	254.4	728.2	652.8	29
新　疆	Xinjiang	3065.1	9983.9	11795.6	20	347.7	923.4	1037.9	24

注：2010年统计口径为城镇固定资产投资；自2011年起，城镇固定资产投资数据发布口径改为固定资产投资(不含农户)。固定资产投资(不含农户)等于原口径的城镇固定资产投资加上农村企事业组织的项目投资(以下有关各表同)。

Note: In 2010, the statistical caliber was fixed assets investment in cities and towns, Since 2011, the published coverage of fixed assets investment in cities and towns has been changed into fixed assets investment (excluding rural households), which is equal to the original fixed assets investment in cities and towns plus the project investment of rural enterprises and institutions.The same applies to the relevant tables followed.

4

固定资产投资

Investment in Fixed Assets

4-3 城镇住宅投资和房地产开发投资
Urban Area Investment in Residential Buildings and Real Estate Development

单位：亿元 (100 million yuan)

地区	Region	城镇住宅投资 Investment in Residential Buildings in Urban Area				其中：房地产开发投资 Investment in Real Estate Development			
		2010	2016	2017	2017排名 Ranking	2010	2016	2017	2017排名 Ranking
全　国	**National Total**	**39473.7**	**76649.9**	**80561.0**		**34026.2**	**68703.9**	**75147.9**	
北　京	Beijing	1569.1	2073.2	1764.1	17	1509.0	1925.9	1694.7	17
天　津	Tianjin	652.2	1716.1	1642.4	20	565.4	1598.3	1559.7	19
河　北	Hebei	2173.1	3669.8	3847.5	7	1785.8	3475.5	3657.0	7
山　西	Shanxi	731.6	1665.5	946.0	23	457.4	1141.1	846.4	23
内蒙古	Inner Mongolia	928.6	1034.6	746.4	25	782.8	793.7	645.9	24
辽　宁	Liaoning	2562.1	1512.4	1681.9	18	2481.3	1505.4	1673.9	18
吉　林	Jilin	800.3	747.5	667.9	27	731.7	710.7	633.5	25
黑龙江	Heilongjiang	939.7	669.9	592.8	28	657.5	598.0	554.7	28
上　海	Shanghai	1230.8	1975.8	2153.9	15	1229.8	1965.4	2152.4	13
江　苏	Jiangsu	3380.7	6971.1	7611.7	2	3158.5	6628.9	7315.3	2
浙　江	Zhejiang	2271.8	5347.6	6020.0	3	2058.2	4806.6	5646.0	3
安　徽	Anhui	1836.3	3414.8	4278.9	6	1595.5	3069.4	4007.0	6
福　建	Fujian	1077.8	3204.7	3387.6	10	975.1	2999.3	3236.5	8
江　西	Jiangxi	640.1	1499.5	1646.6	19	544.8	1247.6	1391.8	21
山　东	Shandong	3140.0	5343.7	5416.5	5	2511.2	4690.2	4929.5	5
河　南	Henan	1992.0	5094.4	5634.2	4	1685.2	4558.1	5330.8	4
湖　北	Hubei	1190.1	3434.8	3555.2	9	1040.2	3012.3	3235.4	9
湖　南	Hunan	1207.5	2125.1	2345.3	13	1134.6	1871.3	2194.4	12
广　东	Guangdong	2824.3	7147.4	8232.5	1	2539.0	6977.7	8100.9	1
广　西	Guangxi	969.8	1822.8	2083.5	16	878.9	1725.3	1983.5	15
海　南	Hainan	469.1	1353.7	1503.0	21	417.1	1317.7	1477.5	20
重　庆	Chongqing	1245.8	2482.0	2759.1	11	1091.5	2320.0	2632.9	11
四　川	Sichuan	1898.0	3760.0	3568.7	8	1535.3	3185.6	3182.3	10
贵　州	Guizhou	393.1	1349.9	1478.5	22	328.6	1243.6	1365.3	22
云　南	Yunnan	761.5	2515.1	2329.3	14	654.7	1635.4	1743.9	16
西　藏	Tibet	7.0	71.0	71.1	31	7.0	39.1	20.1	31
陕　西	Shaanxi	1334.8	2344.6	2452.9	12	938.2	1916.1	2145.6	14
甘　肃	Gansu	389.1	720.9	676.2	26	187.9	563.8	601.3	26
青　海	Qinghai	114.2	322.7	287.5	30	75.2	227.8	213.7	30
宁　夏	Ningxia	209.3	468.5	408.1	29	187.3	435.4	387.8	29
新　疆	Xinjiang	481.9	790.8	771.4	24	281.6	518.8	588.2	27

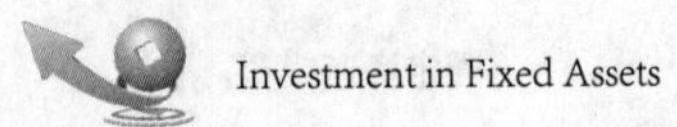

4-4 按登记注册类型分全社会固定资产投资和国有投资额

Registration Category by Domestic Investment in Fixed Assets and State-owned Investment

单位：亿元 (100 million yuan)

地区	Region	全社会内资投资额 Domestic Investment in Fixed Assets 2010	2016	2017	2017排名 Ranking	国有投资额 State-owned Investment 2010	2016	2017	2017排名 Ranking
全　国	**National Total**	**260914.4**	**606465.7**	**641238.4**		**83316.5**	**129038.5**	**139073.3**	
北　京	Beijing	5009.6	7943.9	8370.4	23	1253.4	1422.1	1494.2	24
天　津	Tianjin	5827.0	12779.4	11288.9	22	2455.5	1505.6	1140.1	28
河　北	Hebei	14691.0	31750.0	33406.8	5	3478.2	4286.2	4117.5	17
山　西	Shanxi	5953.5	14198.0	6040.5	26	2726.0	2849.4	1169.2	27
内蒙古	Inner Mongolia	8764.4	15080.0	14013.2	18	3345.9	6417.6	5713.9	11
辽　宁	Liaoning	14329.4	6692.2	6676.7	25	3463.2	895.9	955.5	30
吉　林	Jilin	7609.5	13923.2	13283.9	19	2214.0	2422.9	2249.6	21
黑龙江	Heilongjiang	6648.5	10648.3	11292.0	21	2736.9	2506.0	2284.4	20
上　海	Shanghai	4370.4	6755.9	7246.6	24	1830.4	1197.5	1409.5	26
江　苏	Jiangsu	20169.9	49663.2	53277.0	2	4054.1	6455.0	6943.3	7
浙　江	Zhejiang	11233.9	30276.1	31696.0	9	2801.6	5334.6	5330.1	13
安　徽	Anhui	11091.5	27033.4	29275.1	10	2809.8	5251.3	6058.6	9
福　建	Fujian	7103.0	23237.4	26416.3	11	2496.8	4174.2	4780.5	15
江　西	Jiangxi	8314.9	19694.2	22085.3	13	2096.1	3254.9	3708.7	18
山　东	Shandong	21975.5	53322.9	55202.7	1	3394.0	6385.0	7781.4	4
河　南	Henan	16181.6	40415.1	44496.9	3	2692.6	4620.4	5807.5	10
湖　北	Hubei	9809.6	30011.7	32282.4	6	3187.7	6447.3	6987.2	5
湖　南	Hunan	9440.7	28353.3	31959.2	7	3258.5	6491.5	6958.2	6
广　东	Guangdong	13309.7	33303.6	37761.7	4	4399.1	4474.5	5642.5	12
广　西	Guangxi	6712.7	18236.8	20499.1	14	2164.8	3846.1	4218.7	16
海　南	Hainan	1149.1	3890.4	4244.4	28	345.9	532.7	616.2	31
重　庆	Chongqing	6276.9	16048.1	17537.0	16	2434.8	2648.4	3179.2	19
四　川	Sichuan	12579.8	28812.0	31902.1	8	4998.8	8546.8	8893.8	3
贵　州	Guizhou	3033.6	13204.0	15503.9	17	1350.9	3379.3	4935.2	14
云　南	Yunnan	5422.1	16119.4	18936.0	15	2559.7	7235.6	9181.4	2
西　藏	Tibet	460.0	1596.0	1975.6	31	333.1	1239.6	1486.5	25
陕　西	Shaanxi	7777.8	20825.3	23819.4	12	3639.2	8277.5	9602.1	1
甘　肃	Gansu	3104.1	9664.0	5827.8	27	1684.4	4235.9	2169.9	22
青　海	Qinghai	993.6	3528.1	3883.6	29	465.9	1713.0	1855.1	23
宁　夏	Ningxia	1426.2	3794.2	3728.4	30	464.7	996.3	1042.4	29
新　疆	Xinjiang	3385.6	10287.5	12089.1	20	1421.4	4697.5	6251.6	8

4-5　按登记注册类型分集体投资额和股份合作投资额
Registration Category by Collective-owned Investment and Cooperative Investment

单位：亿元　　　　　　　　　　　　　　　　　　　　　　　　　　(100 million yuan)

地区	Region	集体投资额 Collective-owned Investment				股份合作投资额 Cooperative Investment			
		2010	2016	2017	2017排名 Ranking	2010	2016	2017	2017排名 Ranking
全　国	**National Total**	**10041.9**	**8928.5**	**7678.5**		**1445.6**	**1121.7**	**910.4**	
北　京	Beijing	105.9	61.7	30.4	24	6.5	1.7	84.0	2
天　津	Tianjin	346.4	487.0	393.5	7	24.5	12.9	8.2	21
河　北	Hebei	1072.2	174.7	111.7	15	67.0	46.5	42.1	7
山　西	Shanxi	308.0	442.7	57.2	19	35.7	6.6	2.7	28
内蒙古	Inner Mongolia	108.7	162.2	66.9	18	61.2	48.6	19.2	16
辽　宁	Liaoning	418.2	19.2	9.8	26	84.2	6.5	8.0	22
吉　林	Jilin	65.2	78.3	45.2	23	24.5	11.2	7.3	24
黑龙江	Heilongjiang	46.6	66.3	91.4	16	19.6	46.7	49.3	5
上　海	Shanghai	99.1	20.2	21.5	25	8.5	5.2	2.0	29
江　苏	Jiangsu	850.5	752.1	694.8	4	91.3	37.9	29.7	13
浙　江	Zhejiang	311.9	599.8	508.7	5	37.0	35.7	41.0	9
安　徽	Anhui	283.5	185.3	131.2	12	44.9	19.9	35.8	12
福　建	Fujian	227.8	945.3	912.1	3	39.0	10.4	12.3	19
江　西	Jiangxi	122.8	84.1	53.8	21	96.5	48.6	49.3	4
山　东	Shandong	2335.1	1470.2	1449.2	1	149.4	70.3	39.8	10
河　南	Henan	1072.1	361.7	442.5	6	160.1	69.4	41.6	8
湖　北	Hubei	451.7	358.3	339.7	9	81.5	299.7	178.9	1
湖　南	Hunan	189.0	301.8	344.5	8	154.8	64.0	46.9	6
广　东	Guangdong	724.7	971.1	916.2	2	49.8	55.8	52.7	3
广　西	Guangxi	145.5	162.4	125.0	13	39.2	52.3	18.7	17
海　南	Hainan	2.0	1.8	2.5	31	16.9	6.0	7.2	25
重　庆	Chongqing	49.0	93.0	90.1	17	13.8	41.2	28.8	14
四　川	Sichuan	123.5	110.4	117.6	14	41.0	32.1	25.5	15
贵　州	Guizhou	9.4	49.2	54.0	20	18.5	16.6	13.1	18
云　南	Yunnan	88.2	444.5	300.6	10	18.5	5.4	3.8	27
西　藏	Tibet	3.0	1.9	7.9	27	2.3	4.4	0.8	31
陕　西	Shaanxi	399.4	330.8	296.3	11	37.8	28.7	37.0	11
甘　肃	Gansu	58.3	159.9	46.2	22	11.2	6.7	4.8	26
青　海	Qinghai	10.5	6.3	7.2	28	5.6	4.3	7.4	23
宁　夏	Ningxia	2.8	0.1	5.2	30	0.5	0.7	1.0	30
新　疆	Xinjiang	10.8	26.1	5.6	29	4.2	25.8	11.6	20

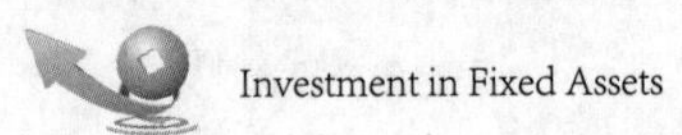

4-6 按登记注册类型分联营投资额和有限责任公司投资额
Registration Category by Joint Investment and Limited Liability Investment

单位：亿元　　　　(100 million yuan)

地区	Region	联营投资额 Joint Investment				有限责任公司投资额 Limited Liability Investment			
		2010	2016	2017	2017排名 Ranking	2010	2016	2017	2017排名 Ranking
全　国	**National Total**	**831.0**	**832.0**	**664.1**		**70321.5**	**201075.8**	**211642.8**	
北　京	Beijing	1.8	0.1	0.1	30	2919.3	5117.9	5193.7	17
天　津	Tianjin	20.2	37.6	51.9	3	1921.9	5307.1	4573.5	19
河　北	Hebei	50.2	12.1	7.1	22	3688.3	10154.9	9628.8	8
山　西	Shanxi	35.1	14.0	3.0	25	1522.3	2965.7	1686.4	28
内蒙古	Inner Mongolia	20.0	19.1	16.3	12	3178.1	4537.8	4397.7	20
辽　宁	Liaoning	32.8	7.6	0.3	29	3730.1	2126.9	2254.5	26
吉　林	Jilin	8.4	22.3	9.2	19	2895.4	4536.6	4277.4	21
黑龙江	Heilongjiang	5.9	5.8	2.9	27	1759.2	3179.2	3761.5	22
上　海	Shanghai	59.5	4.6	0.7	28	1298.6	3063.8	3475.7	23
江　苏	Jiangsu	28.6	156.3	105.6	1	4846.2	12195.0	12147.4	5
浙　江	Zhejiang	50.5	35.6	31.7	8	3729.4	10822.4	10797.1	7
安　徽	Anhui	27.7	24.9	18.8	11	3166.6	8002.1	8792.6	11
福　建	Fujian	57.2	43.0	47.9	5	1609.4	8583.5	8827.7	10
江　西	Jiangxi	19.8	34.3	31.2	9	2437.4	7289.0	7815.8	12
山　东	Shandong	48.1	20.6	15.7	13	6151.8	14516.9	15031.0	3
河　南	Henan	43.8	23.7	46.6	7	3760.9	19202.5	19630.5	1
湖　北	Hubei	51.4	80.3	47.0	6	2321.2	10230.3	10908.4	6
湖　南	Hunan	43.2	39.6	51.6	4	1903.0	8239.4	9424.0	9
广　东	Guangdong	75.1	53.7	63.5	2	3804.4	13144.1	15043.8	2
广　西	Guangxi	27.3	45.1	11.6	16	1605.9	5012.8	6404.4	16
海　南	Hainan	2.1	7.1	7.6	21	451.2	2062.9	2382.5	25
重　庆	Chongqing	25.8	6.1	10.7	17	1701.3	6151.6	6407.2	15
四　川	Sichuan	41.5	24.7	19.2	10	3850.2	10729.3	12500.1	4
贵　州	Guizhou	16.2	21.0	9.9	18	806.9	6019.3	6850.1	14
云　南	Yunnan	5.4	10.0	2.9	26	1194.3	4757.0	4931.5	18
西　藏	Tibet	0.1	4.5	6.0	23	13.7	144.8	320.7	31
陕　西	Shaanxi	20.3	12.1	15.1	15	1973.6	6164.0	7544.6	13
甘　肃	Gansu	9.0	30.1	8.4	20	624.8	2163.2	1849.1	27
青　海	Qinghai	0.5	0.4			249.4	810.1	946.6	29
宁　夏	Ningxia	0.5	29.4	15.7	14	471.3	1079.0	928.4	30
新　疆	Xinjiang	3.0	6.4	5.9	24	735.7	2686.6	2799.2	24

4-7 按登记注册类型分股份有限公司投资额和私营投资额
Registration Category by Share-holding Invcstment and Private Investment

单位：亿元 (100 million yuan)

地区	Region	股份有限公司投资额 Share-holding Investment 2010	2016	2017	2017排名 Ranking	私营投资额 Private Investment 2010	2016	2017	2017排名 Ranking
全　国	**National Total**	**17203.0**	**17820.3**	**17304.4**		**60572.3**	**187214.1**	**203474.9**	
北　京	Beijing	388.9	251.6	236.4	23	255.1	370.8	341.5	30
天　津	Tianjin	477.0	469.0	330.4	19	485.8	3665.4	3639.3	17
河　北	Hebei	969.6	1074.7	942.8	6	4439.9	13446.6	15910.8	3
山　西	Shanxi	306.7	215.9	90.4	29	692.2	5248.2	2168.7	22
内蒙古	Inner Mongolia	703.7	351.8	312.6	22	1123.0	2875.7	2830.1	20
辽　宁	Liaoning	940.1	232.6	328.0	20	5158.3	2338.3	2041.4	23
吉　林	Jilin	433.7	664.1	459.3	16	1584.3	5175.0	4940.8	15
黑龙江	Heilongjiang	573.0	199.7	165.7	27	929.8	3113.8	3327.9	18
上　海	Shanghai	173.4	227.4	235.1	24	882.9	1052.9	1054.1	27
江　苏	Jiangsu	979.1	1203.0	1197.9	3	8387.2	23318.1	26674.0	1
浙　江	Zhejiang	421.8	706.8	795.4	8	3109.1	9080.0	11140.4	7
安　徽	Anhui	693.4	825.7	722.2	10	3203.5	10769.9	11493.3	6
福　建	Fujian	256.8	552.9	616.5	12	2015.2	6367.7	7957.2	11
江　西	Jiangxi	612.0	536.3	559.0	13	2377.8	6974.1	8408.1	10
山　东	Shandong	1556.8	1748.7	1693.4	1	6114.6	22096.4	22235.1	2
河　南	Henan	1313.0	1494.1	1439.0	2	5027.5	10616.9	12740.7	4
湖　北	Hubei	901.1	984.8	930.5	7	2134.8	9322.1	10108.1	8
湖　南	Hunan	788.6	736.3	724.3	9	2280.2	10254.7	11879.3	5
广　东	Guangdong	974.5	1017.8	1179.8	4	2203.1	7632.2	8558.9	9
广　西	Guangxi	492.5	409.9	337.2	18	1485.7	6233.4	7205.8	13
海　南	Hainan	164.8	297.5	324.4	21	109.6	507.2	465.4	29
重　庆	Chongqing	364.5	521.7	525.2	15	1417.3	4821.0	5540.4	14
四　川	Sichuan	865.8	893.0	972.7	5	1746.3	6468.0	7360.1	12
贵　州	Guizhou	130.9	144.2	194.5	26	486.4	2973.5	2770.9	21
云　南	Yunnan	342.0	335.3	355.2	17	864.6	2542.1	3260.7	19
西　藏	Tibet	11.5	22.2	15.2	31	18.4	93.1	105.0	31
陕　西	Shaanxi	453.2	698.2	619.6	11	807.1	3799.5	4157.7	16
甘　肃	Gansu	168.1	279.1	150.4	28	322.4	2256.2	1228.9	26
青　海	Qinghai	99.9	190.8	227.2	25	96.2	565.5	667.8	28
宁　夏	Ningxia	61.2	77.2	67.1	30	372.3	1347.6	1429.2	25
新　疆	Xinjiang	585.6	458.2	557.4	14	441.9	1888.1	1833.2	24

4-8 按登记注册类型分个体投资额和其他投资额
Registration Category by Self-employed Individual Investment and Other Investments

单位：亿元 (100 million yuan)

地区	Region	个体投资额 Self-employed Individual Investment 2010	2016	2017	2017排名 Ranking	其他投资额 Other Investments 2010	2016	2017	2017排名 Ranking
全　国	**National Total**	**9506.7**	**12110.5**	**11804.0**		**7676.0**	**22254.7**	**23769.7**	
北　京	Beijing	53.1	55.2	63.1	28	25.6	22.1	19.3	30
天　津	Tianjin	26.4	54.9	47.7	29	69.4	463.2	414.4	18
河　北	Hebei	491.3	509.9	487.8	10	434.3	1215.6	1287.8	6
山　西	Shanxi	232.4	487.2	379.6	15	95.2	1686.2	359.3	19
内蒙古	Inner Mongolia	105.4	251.5	225.5	22	118.3	279.3	331.0	20
辽　宁	Liaoning	279.2	260.7	237.3	20	223.5	68.5	92.5	25
吉　林	Jilin	227.2	259.5	422.3	13	156.7	496.7	710.1	13
黑龙江	Heilongjiang	454.7	344.1	400.0	14	122.7	1059.9	1098.5	8
上　海	Shanghai	2.0	4.2	5.7	31	16.0	5.8	3.2	31
江　苏	Jiangsu	409.4	352.5	333.8	19	523.5	505.9	667.7	15
浙　江	Zhejiang	564.0	783.5	639.6	7	208.6	813.9	676.7	14
安　徽	Anhui	498.6	499.4	480.4	11	363.4	883.5	886.0	10
福　建	Fujian	222.6	424.5	522.9	9	178.3	909.7	1482.6	4
江　西	Jiangxi	367.2	378.0	351.3	17	185.3	475.0	607.9	17
山　东	Shandong	745.6	1021.3	1039.4	1	1480.2	3579.1	3708.6	1
河　南	Henan	987.3	765.4	670.7	6	1124.3	2516.0	3044.2	2
湖　北	Hubei	377.7	534.6	450.3	12	302.5	966.8	1359.3	5
湖　南	Hunan	443.7	774.7	772.3	3	379.8	967.5	1285.8	7
广　东	Guangdong	679.7	772.2	700.5	5	399.2	1152.9	1499.6	3
广　西	Guangxi	472.5	738.1	791.0	2	279.3	1227.5	897.5	9
海　南	Hainan	44.6	143.7	120.4	24	11.9	27.8	39.1	28
重　庆	Chongqing	148.4	127.6	114.8	25	122.0	719.5	863.3	11
四　川	Sichuan	622.0	652.4	736.8	4	290.9	663.3	638.6	16
贵　州	Guizhou	176.3	299.9	229.6	21	38.2	151.4	274.0	21
云　南	Yunnan	244.4	532.1	562.0	8	104.9	129.4	165.4	24
西　藏	Tibet	20.9	19.8	9.1	30	57.0	58.6	20.8	29
陕　西	Shaanxi	261.1	379.6	369.8	16	186.3	592.7	761.3	12
甘　肃	Gansu	110.9	154.3	140.1	23	115.0	346.4	221.9	23
青　海	Qinghai	49.8	123.5	73.4	27	15.9	80.5	67.8	26
宁　夏	Ningxia	47.4	86.5	92.0	26	5.6	70.0	51.1	27
新　疆	Xinjiang	141.0	319.4	334.9	18	42.1	120.0	234.5	22

4-9 按登记注册类型分港、澳、台商投资额和外商投资额

Registration Category by Hong Kong, Macao and Taiwan Investment and Foreign Investment

单位：亿元 (100 million yuan)

地区	Region	港、澳、台商投资额 Hong Kong, Macao and Taiwan Investment				外商投资额 Foreign Investment			
		2010	2016	2017	2017排名 Ranking	2010	2016	2017	2017排名 Ranking
全　国	**National Total**	**8295.1**	**14223.2**	**13604.0**		**8912.4**	**11846.3**	**11312.2**	
北　京	Beijing	155.6	337.7	649.0	7	237.8	303.1	258.6	14
天　津	Tianjin	166.6	355.1	241.6	18	284.4	421.5	448.4	8
河　北	Hebei	137.6	373.1	438.6	11	254.7	455.7	431.8	9
山　西	Shanxi	46.4	172.3	80.6	25	63.3	109.8	43.4	25
内蒙古	Inner Mongolia	45.0	28.7	40.7	27	117.0	107.6	59.3	24
辽　宁	Liaoning	795.0	332.6	273.1	16	918.6	403.6	476.4	6
吉　林	Jilin	106.9	95.3	83.3	24	154.0	161.2	79.4	21
黑龙江	Heilongjiang	43.8	53.4	42.1	26	120.3	73.4	68.2	22
上　海	Shanghai	253.6	679.3	651.0	6	484.9	495.1	388.2	10
江　苏	Jiangsu	1283.5	2309.5	2248.7	2	1730.9	2378.0	2234.1	1
浙　江	Zhejiang	584.7	1339.7	1131.4	3	557.4	724.1	603.9	4
安　徽	Anhui	242.1	344.6	368.9	12	209.4	226.7	287.3	13
福　建	Fujian	652.8	885.2	768.3	5	443.3	340.8	488.4	5
江　西	Jiangxi	231.5	389.9	341.2	13	225.9	229.9	159.0	19
山　东	Shandong	488.6	884.3	786.5	4	816.4	1530.2	1422.4	3
河　南	Henan	239.9	507.6	447.2	10	164.3	237.3	186.4	17
湖　北	Hubei	208.3	443.7	496.9	8	244.8	343.8	476.2	7
湖　南	Hunan	121.1	279.9	311.6	14	101.7	203.8	160.8	18
广　东	Guangdong	1464.8	2486.6	2457.8	1	849.3	1542.8	1646.4	2
广　西	Guangxi	193.8	295.7	255.8	17	151.1	213.4	233.5	16
海　南	Hainan	108.7	206.0	174.1	19	59.3	97.8	104.9	20
重　庆	Chongqing	257.4	563.7	452.8	9	154.7	354.2	324.7	12
四　川	Sichuan	218.8	347.0	293.1	15	318.1	345.1	344.6	11
贵　州	Guizhou	39.9	122.3	146.4	21	31.4	27.2	26.3	26
云　南	Yunnan	58.7	70.0	111.4	22	48.0	58.1	61.0	23
西　藏	Tibet	1.8	3.3	3.5	31	0.8	3.99	0.24	31
陕　西	Shaanxi	92.2	159.2	165.5	20	93.7	383.0	250.4	15
甘　肃	Gansu	36.3	18.7	3.5	30	18.0	13.6	4.8	30
青　海	Qinghai	1.3	12.3	16.4	29	22.0	21.4	14.7	28
宁　夏	Ningxia	2.1	96.7	86.0	23	15.8	10.8	10.3	29
新　疆	Xinjiang	16.3	29.9	37.1	28	21.3	29.4	18.2	27

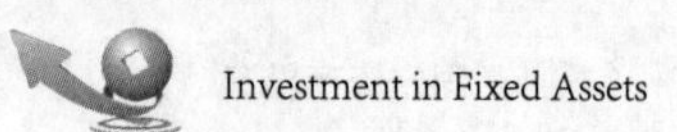

4-10 全社会固定资产投资实际到位资金和国家预算资金
Capital Assets of Subtotal of Actual Funds for Investment and State Budget

单位：亿元 (100 million yuan)

地区	Region	实际到位资金小计 Subtotal of Actual Funds for Investment				国家预算资金 State Budget			
		2010	2016	2017	2017排名 Ranking	2010	2016	2017	2017排名 Ranking
全 国	**National Total**	**310964.2**	**616933.5**	**639369.4**		**14677.8**	**36211.7**	**38741.7**	
北 京	Beijing	8316.9	11656.0	10918.5	22	91.2	1080.8	1092.1	17
天 津	Tianjin	6887.3	14211.9	12826.1	20	53.0	232.2	187.5	31
河 北	Hebei	16550.0	30938.9	31947.2	7	373.5	1260.4	1185.1	14
山 西	Shanxi	6147.8	11938.5	5507.9	26	456.8	707.8	337.8	28
内蒙古	Inner Mongolia	9069.1	14134.3	12887.5	19	378.7	1094.3	1176.9	15
辽 宁	Liaoning	18626.3	7606.4	7154.1	25	603.2	276.4	305.6	29
吉 林	Jilin	7850.8	13622.9	12989.8	18	292.4	555.8	432.5	26
黑龙江	Heilongjiang	7295.4	10686.0	11399.4	21	381.0	499.0	533.6	25
上 海	Shanghai	6383.3	9198.9	8182.3	24	116.2	564.7	811.6	22
江 苏	Jiangsu	27246.2	54758.3	57282.8	1	282.1	990.4	1044.6	19
浙 江	Zhejiang	14981.7	32110.2	34737.5	5	468.0	1702.2	2736.3	1
安 徽	Anhui	12266.7	27107.1	28847.1	10	715.4	1384.0	1783.9	8
福 建	Fujian	8922.2	22994.9	25790.6	11	641.4	1901.7	1819.0	7
江 西	Jiangxi	9933.1	19716.7	21511.0	13	472.4	1160.6	1151.3	16
山 东	Shandong	25399.2	53920.9	54944.8	2	528.6	1073.3	1316.9	13
河 南	Henan	16943.2	39774.4	43208.9	3	363.5	1295.8	1616.7	10
湖 北	Hubei	11274.8	29484.8	31376.0	9	794.3	1804.5	2260.2	3
湖 南	Hunan	10289.9	28991.1	31836.7	8	687.3	1452.2	1611.7	12
广 东	Guangdong	18264.5	39864.8	42836.9	4	361.6	1980.0	2482.0	2
广 西	Guangxi	7453.2	18478.1	20315.2	14	331.1	1669.3	1954.5	5
海 南	Hainan	1747.7	4354.1	4915.1	28	114.3	351.0	359.8	27
重 庆	Chongqing	8304.7	17018.5	18326.1	15	606.8	942.1	1011.8	21
四 川	Sichuan	14941.5	28770.0	32106.8	6	1398.4	2110.8	2250.0	4
贵 州	Guizhou	3644.1	11415.9	13455.1	17	292.1	682.6	1085.2	18
云 南	Yunnan	6375.6	13074.6	13940.4	16	526.8	1772.9	1782.2	9
西 藏	Tibet	518.0	1675.1	1599.0	31	321.5	1153.8	1037.3	20
陕 西	Shaanxi	9302.4	19557.0	22294.0	12	819.0	1632.5	1614.5	11
甘 肃	Gansu	3240.6	9057.4	5245.5	27	555.7	1226.3	791.3	23
青 海	Qinghai	1040.3	3462.7	3410.1	29	141.5	837.8	639.7	24
宁 夏	Ningxia	1446.0	2960.7	2914.8	30	89.0	244.3	254.7	30
新 疆	Xinjiang	3667.4	9692.6	10606.6	23	578.8	1818.6	1831.9	6

4-11 全社会固定资产投资国内贷款和利用外资
Capital Assets of Domestic Loans and Foreign Investment

单位：亿元 (100 million yuan)

地区	Region	国内贷款 Domestic Loans 2010	2016	2017	2017排名 Ranking	利用外资 Foreign Investment 2010	2016	2017	2017排名 Ranking
全　国	**National Total**	**47258.0**	**67200.3**	**72435.1**		**4986.8**	**2270.3**	**2146.3**	
北　京	Beijing	2189.3	2656.0	2595.4	10	43.8	13.0	21.5	20
天　津	Tianjin	1678.2	2415.7	2016.7	17	125.0	122.1	32.0	15
河　北	Hebei	2161.5	1797.9	1951.8	19	87.8	31.6	74.7	8
山　西	Shanxi	918.5	701.2	536.9	29	32.7	5.6	9.2	24
内蒙古	Inner Mongolia	1090.3	1753.2	1399.0	22	7.5	1.5	3.5	29
辽　宁	Liaoning	2768.7	1031.2	845.7	24	440.8	113.8	191.9	4
吉　林	Jilin	470.6	654.0	651.2	27	53.9	17.9	21.2	21
黑龙江	Heilongjiang	542.1	404.3	434.1	30	35.9	4.4	28.4	17
上　海	Shanghai	1493.3	2104.1	2013.0	18	236.2	18.7	18.8	22
江　苏	Jiangsu	3343.5	5787.9	6397.8	2	1154.9	599.9	376.1	1
浙　江	Zhejiang	2466.1	3580.0	4173.7	4	241.8	172.1	73.8	9
安　徽	Anhui	1193.1	1714.7	2122.7	16	111.9	82.4	92.8	6
福　建	Fujian	1512.8	2285.3	2370.1	12	289.2	55.5	71.5	10
江　西	Jiangxi	1059.3	1522.4	1641.9	21	191.6	43.0	62.2	13
山　东	Shandong	2865.3	5187.6	5658.6	3	545.3	234.9	274.3	2
河　南	Henan	1574.3	4083.0	4095.4	5	46.0	59.3	83.6	7
湖　北	Hubei	1699.4	3071.0	2998.5	6	156.2	44.1	63.7	12
湖　南	Hunan	1392.8	2634.6	2863.2	7	86.3	47.0	118.6	5
广　东	Guangdong	3066.3	5026.4	6832.7	1	623.4	263.7	259.7	3
广　西	Guangxi	1050.3	2196.2	2675.6	9	68.6	20.5	17.5	23
海　南	Hainan	479.9	694.3	745.3	26	23.2	2.2	3.5	30
重　庆	Chongqing	1683.3	2310.7	2563.3	11	149.1	57.8	68.7	11
四　川	Sichuan	2411.4	2499.3	2739.2	8	99.9	23.9	22.7	18
贵　州	Guizhou	897.3	2132.7	2324.6	13	11.4	43.9	29.5	16
云　南	Yunnan	1399.3	2306.6	2185.3	15	11.3	5.5	8.7	25
西　藏	Tibet	9.9	78.5	80.6	31	1.4		3.5	31
陕　西	Shaanxi	1075.8	1876.5	2201.5	14	29.5	137.9	61.8	14
甘　肃	Gansu	510.1	1047.5	770.5	25	18.8	7.5	4.8	26
青　海	Qinghai	178.6	738.9	903.5	23	5.2	19.0	4.0	28
宁　夏	Ningxia	410.9	754.3	601.2	28	4.1	4.1	4.6	27
新　疆	Xinjiang	532.7	825.1	1769.7	20	12.0	4.0	21.7	19

4-12 全社会固定资产投资自筹资金和其他资金
Capital Assets of Self-raised Funds and Other Funds

单位：亿元 (100 million yuan)

地区	Region	自筹资金 Self-raised Funds 2010	2016	2017	2017排名 Ranking	其他资金 Others 2010	2016	2017	2017排名 Ranking
全 国	**National Total**	**197099.2**	**413828.6**	**417700.0**		**46942.4**	**97422.6**	**108346.2**	
北 京	Beijing	3240.2	3695.7	3600.9	24	2752.4	4210.5	3608.5	11
天 津	Tianjin	3998.9	8701.1	7803.2	19	1032.1	2740.9	2786.7	17
河 北	Hebei	12331.8	25518.2	25815.2	4	1595.3	2330.7	2920.5	15
山 西	Shanxi	3974.8	9506.8	3516.1	25	765.0	1017.1	1108.0	24
内蒙古	Inner Mongolia	7188.5	10309.8	9830.3	17	404.0	975.4	477.8	29
辽 宁	Liaoning	12998.8	4793.3	3925.0	23	1814.7	1391.6	1885.9	22
吉 林	Jilin	6501.6	11602.8	11037.9	15	532.2	792.3	847.0	27
黑龙江	Heilongjiang	5569.5	9009.8	9350.6	18	766.8	768.6	1052.8	25
上 海	Shanghai	3180.4	2993.3	2834.9	26	1357.2	3518.1	2504.1	18
江 苏	Jiangsu	17552.9	36534.5	37932.4	2	4912.8	10845.6	11532.0	1
浙 江	Zhejiang	8299.4	18965.2	19180.4	10	3506.4	7690.8	8573.4	3
安 徽	Anhui	8541.5	19357.4	19693.0	9	1704.9	4568.8	5154.7	6
福 建	Fujian	5039.9	14831.1	17013.7	11	1439.1	3921.2	4516.3	8
江 西	Jiangxi	7212.4	14839.4	15816.6	13	997.4	2151.3	2838.9	16
山 东	Shandong	18466.2	41751.9	40696.3	1	2993.9	5673.3	6998.6	4
河 南	Henan	13247.9	31513.8	34422.5	3	1711.5	2822.5	2990.8	13
湖 北	Hubei	7263.2	20711.0	21198.6	7	1361.8	3854.2	4855.0	7
湖 南	Hunan	6726.8	21212.6	22899.9	5	1396.7	3644.8	4343.3	9
广 东	Guangdong	10450.7	21029.6	22038.1	6	3762.6	11565.2	11224.4	2
广 西	Guangxi	4784.0	11967.8	12484.2	14	1219.2	2624.2	3183.3	12
海 南	Hainan	571.4	2188.4	1828.9	28	558.9	1118.2	1977.5	21
重 庆	Chongqing	3833.1	10313.9	10610.0	16	2032.4	3394.0	4072.4	10
四 川	Sichuan	8470.5	18725.4	20550.7	8	2561.4	5410.6	6544.2	5
贵 州	Guizhou	1822.6	6778.3	7607.8	20	620.7	1778.4	2408.0	19
云 南	Yunnan	3327.6	6539.1	7025.8	21	1110.6	2450.5	2938.5	14
西 藏	Tibet	158.7	366.0	371.0	31	26.4	76.9	106.7	31
陕 西	Shaanxi	6100.7	14183.9	16137.5	12	1277.4	1726.2	2278.6	20
甘 肃	Gansu	1788.0	5808.4	2777.8	27	368.0	967.8	901.2	26
青 海	Qinghai	540.3	1493.5	1597.4	29	174.7	373.5	265.5	30
宁 夏	Ningxia	702.0	1567.9	1514.5	30	240.0	390.0	539.8	28
新 疆	Xinjiang	1959.4	5828.5	5455.7	22	584.6	1216.3	1527.6	23

4-13 全社会农、林、牧、渔业和采矿业固定资产投资
Total Investment in Agriculture, Forestry, Animal Husbandry and Fishery, and Mining

单位：亿元 (100 million yuan)

地区	Region	农、林、牧、渔业 Agriculture, Forestry, Animal Husbandry and Fishery 2010	2016	2017	2017排名 Ranking	采矿业 Mining 2010	2016	2017	2017排名 Ranking
全　国	**National Total**	**7923.1**	**24853.1**	**26708.0**		**11000.9**	**10320.3**	**9210.1**	
北　京	Beijing	43.2	104.7	99.0	29	9.3	2.9	3.1	30
天　津	Tianjin	91.9	324.9	293.0	24	308.6	109.6	173.9	18
河　北	Hebei	565.2	1775.3	1873.2	2	439.7	442.4	381.1	10
山　西	Shanxi	281.3	1978.8	607.3	18	1068.9	1054.6	470.0	6
内蒙古	Inner Mongolia	446.2	1011.3	1152.9	10	992.9	904.1	924.2	1
辽　宁	Liaoning	358.3	245.2	231.2	26	634.3	124.3	145.3	23
吉　林	Jilin	243.5	807.0	955.3	13	488.6	450.0	319.7	13
黑龙江	Heilongjiang	479.5	1178.2	1429.7	7	587.5	366.0	389.3	9
上　海	Shanghai	16.4	4.1	1.6	31	0.4	0.3	0.9	31
江　苏	Jiangsu	221.9	481.3	547.6	19	83.1	72.9	108.8	24
浙　江	Zhejiang	99.6	433.0	368.9	23	20.7	58.6	32.5	27
安　徽	Anhui	221.8	938.2	896.1	15	389.2	232.9	231.8	16
福　建	Fujian	155.0	892.2	1112.6	12	114.1	220.0	172.7	19
江　西	Jiangxi	250.7	538.0	662.7	16	265.4	302.0	226.2	17
山　东	Shandong	628.3	1577.3	1609.6	4	532.6	499.4	517.7	4
河　南	Henan	824.1	2250.4	2675.9	1	737.1	567.6	506.9	5
湖　北	Hubei	330.4	1157.8	1118.5	11	192.1	329.4	260.1	15
湖　南	Hunan	353.9	1330.0	1579.4	5	411.2	499.4	437.0	7
广　东	Guangdong	219.0	541.3	527.8	20	79.1	163.6	145.3	22
广　西	Guangxi	242.4	1065.1	1328.7	8	191.9	276.4	269.1	14
海　南	Hainan	21.4	56.9	60.6	30	4.5	9.7	6.9	29
重　庆	Chongqing	276.1	455.3	510.8	21	137.1	200.9	158.8	20
四　川	Sichuan	473.4	1190.0	1491.9	6	437.0	419.5	423.8	8
贵　州	Guizhou	71.3	457.3	928.7	14	389.1	525.6	336.6	12
云　南	Yunnan	225.9	951.5	1268.0	9	251.4	378.8	376.9	11
西　藏	Tibet	23.6	88.0	111.6	28	20.3	48.2	20.6	28
陕　西	Shaanxi	290.2	1421.7	1831.4	3	691.5	673.4	685.0	2
甘　肃	Gansu	139.4	702.0	406.5	22	135.9	178.9	87.3	26
青　海	Qinghai	76.4	147.5	128.0	27	73.8	97.0	98.2	25
宁　夏	Ningxia	41.2	196.8	260.7	25	117.0	47.4	149.0	21
新　疆	Xinjiang	211.4	552.0	638.9	17	610.5	579.3	545.1	3

4-14 全社会制造业和电力、热力、燃气、水业固定资产投资
Total Investment in Manufacturing, Production and Supply of Electricity, Heat, Gas and Water

单位：亿元 (100 million yuan)

地区	Region	制造业 Manufacturing				电力、热力、燃气及水业 Production and Supply of Electricity, Heat,Gas and Water			
		2010	2016	2017	2017排名 Ranking	2010	2016	2017	2017排名 Ranking
全　国	**National Total**	**88619.2**	**187962.1**	**193710.0**		**15679.7**	**29747.7**	**29805.6**	
北　京	Beijing	355.3	384.8	381.9	29	150.1	323.3	476.5	22
天　津	Tianjin	2263.0	3230.9	2830.2	19	243.4	328.3	349.2	28
河　北	Hebei	5462.6	13450.8	13875.9	4	669.0	1889.8	1919.9	3
山　西	Shanxi	1016.3	2643.4	885.0	24	525.7	1264.0	757.5	17
内蒙古	Inner Mongolia	1931.2	3562.4	3234.7	17	1375.6	1903.5	1380.3	7
辽　宁	Liaoning	5839.6	1765.2	1529.2	23	828.7	296.6	543.6	20
吉　林	Jilin	3427.3	6012.9	5254.2	15	547.4	546.9	544.7	19
黑龙江	Heilongjiang	1755.9	3024.0	3133.3	18	438.9	374.1	437.3	24
上　海	Shanghai	1150.9	761.3	793.3	26	235.6	218.0	237.4	30
江　苏	Jiangsu	11656.4	22882.9	24433.6	1	633.3	1619.7	1674.4	5
浙　江	Zhejiang	4357.2	7860.4	7993.1	10	590.7	1217.1	1280.9	8
安　徽	Anhui	4222.5	10388.3	11434.2	5	400.4	993.7	1278.4	9
福　建	Fujian	2313.2	6455.4	7566.9	11	505.5	1143.9	1063.6	13
江　西	Jiangxi	4433.7	9190.8	10791.3	7	303.9	792.2	765.4	16
山　东	Shandong	9459.0	23444.3	22704.1	2	640.8	2499.6	2886.9	1
河　南	Henan	6967.9	16241.4	16742.1	3	523.1	1731.8	1942.7	2
湖　北	Hubei	3406.8	10522.4	11257.7	6	489.4	939.0	1194.8	11
湖　南	Hunan	3114.2	8824.5	9472.2	9	429.8	950.8	1131.1	12
广　东	Guangdong	3772.5	9600.6	10311.2	8	1329.3	1297.0	1616.9	6
广　西	Guangxi	1944.9	5181.7	5582.3	13	404.0	938.4	973.9	14
海　南	Hainan	88.6	100.7	134.7	30	84.6	111.8	107.2	31
重　庆	Chongqing	1754.4	4720.5	5257.2	14	287.1	480.1	465.5	23
四　川	Sichuan	3368.7	5910.9	6916.5	12	1000.4	1773.4	1707.1	4
贵　州	Guizhou	438.6	1723.1	1713.2	21	296.8	484.7	488.5	21
云　南	Yunnan	758.1	1616.3	1840.7	20	756.8	855.1	631.3	18
西　藏	Tibet	35.5	38.3	79.1	31	56.0	200.9	299.3	29
陕　西	Shaanxi	1543.2	3659.0	3782.9	16	378.4	1253.1	1220.5	10
甘　肃	Gansu	521.7	1315.2	540.8	28	554.7	722.9	371.3	26
青　海	Qinghai	278.3	647.0	731.1	27	92.9	443.0	369.2	27
宁　夏	Ningxia	361.6	946.3	815.8	25	236.0	635.9	392.5	25
新　疆	Xinjiang	620.2	1856.3	1691.4	22	395.1	1302.9	958.6	15

4-15 全社会建筑业和交通运输、仓储、邮政业固定资产投资
Total Investment in Construction and Transport, Storage and Post

单位：亿元 (100 million yuan)

地区	Region	建筑业 Construction				交通运输、仓储和邮政业 Transport, Storage and Post			
		2010	2016	2017	2017排名 Ranking	2010	2016	2017	2017排名 Ranking
全　国	**National Total**	**2802.2**	**4614.9**	**3838.9**		**30074.5**	**53890.4**	**61449.9**	
北　京	Beijing	5.7	6.6	6.5	29	694.4	761.6	1129.1	21
天　津	Tianjin	26.6	96.9	138.2	9	539.3	735.1	537.0	28
河　北	Hebei	53.8	9.5	4.5	30	1521.2	2095.3	2135.5	11
山　西	Shanxi	17.2	14.2	9.5	27	895.8	912.6	425.5	30
内蒙古	Inner Mongolia	111.7	151.1	20.6	24	1043.0	1427.7	1180.2	20
辽　宁	Liaoning	195.5	15.1	26.4	23	1080.8	661.2	602.0	26
吉　林	Jilin	88.6	177.9	232.8	6	580.9	1170.0	1211.7	18
黑龙江	Heilongjiang	98.2	205.9	159.2	8	794.9	1134.6	1200.5	19
上　海	Shanghai	13.3	3.1	1.9	31	655.2	944.9	960.3	22
江　苏	Jiangsu	90.3	130.8	235.2	5	1162.1	2551.0	2891.0	7
浙　江	Zhejiang	44.8	12.0	37.6	18	1068.7	2581.9	2967.5	5
安　徽	Anhui	346.5	156.2	92.7	12	477.9	1628.5	1667.8	17
福　建	Fujian	25.5	81.4	64.9	14	1189.0	2505.4	2808.9	8
江　西	Jiangxi	43.6	52.8	43.7	15	488.4	965.4	734.6	24
山　东	Shandong	351.0	1072.1	857.7	1	1362.3	2982.2	3955.0	2
河　南	Henan	14.7	3.6	42.1	17	791.4	1954.5	2498.5	9
湖　北	Hubei	43.2	475.9	562.0	2	935.3	2833.0	2939.9	6
湖　南	Hunan	163.9	326.4	362.8	3	1178.6	1944.4	2104.3	12
广　东	Guangdong	73.7	38.7	35.6	20	1820.0	3032.3	3759.6	3
广　西	Guangxi	22.3	185.0	267.3	4	842.5	1849.8	2005.6	13
海　南	Hainan	13.9	67.2	34.4	21	164.1	467.1	486.0	29
重　庆	Chongqing	186.2	4.4	6.8	28	645.3	1630.7	1954.8	15
四　川	Sichuan	138.8	23.9	75.8	13	1576.2	3738.0	4492.6	1
贵　州	Guizhou	11.2	17.1	36.8	19	518.5	1779.9	2334.3	10
云　南	Yunnan	6.8	2.1	93.8	11	977.6	2577.5	3741.7	4
西　藏	Tibet	22.4	4.0	11.2	26	115.5	542.3	581.7	27
陕　西	Shaanxi	203.0	29.9	30.8	22	739.6	1584.6	1891.2	16
甘　肃	Gansu	325.2	1007.6	192.5	7	208.6	1100.0	956.6	23
青　海	Qinghai	20.2	101.5	97.4	10	146.4	589.9	730.5	25
宁　夏	Ningxia	9.6	0.6	15.5	25	120.9	367.7	330.1	31
新　疆	Xinjiang	34.8	141.3	42.7	16	415.6	836.1	1978.5	14

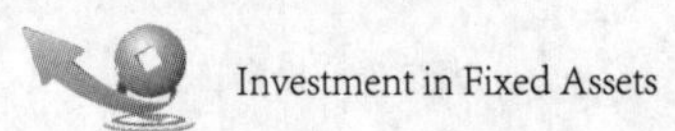

4-16 全社会信息传输、软件、信息技术服务业和批发零售业固定资产投资
Total Investment in Information Transmission, Software and Information Technology Services and Wholesale and Retail Trades

单位：亿元 (100 million yuan)

地区	Region	信息传输、软件和信息技术服务业 Information Transmission, Software and Information Technology Services				批发和零售业 Wholesale and Retail Trades			
		2010	2016	2017	2017排名 Ranking	2010	2016	2017	2017排名 Ranking
全　国	**National Total**	**2454.5**	**6325.5**	**6997.4**		**6032.2**	**18166.9**	**16779.9**	
北　京	Beijing	143.3	198.9	282.0	11	30.8	30.0	30.7	30
天　津	Tianjin	47.7	165.3	209.4	16	91.2	847.0	740.7	8
河　北	Hebei	41.2	239.1	327.4	7	464.4	857.8	798.2	7
山　西	Shanxi	41.7	100.9	28.0	30	83.8	369.8	104.0	25
内蒙古	Inner Mongolia	60.2	126.8	190.9	18	254.3	387.0	374.1	18
辽　宁	Liaoning	146.5	63.1	55.9	28	323.9	217.1	113.4	24
吉　林	Jilin	49.6	226.2	396.0	3	252.3	748.1	554.7	15
黑龙江	Heilongjiang	64.5	229.2	252.6	13	175.4	638.1	838.2	6
上　海	Shanghai	116.6	136.9	123.5	23	73.1	37.2	19.8	31
江　苏	Jiangsu	169.8	635.5	611.2	1	578.3	1648.5	1652.4	2
浙　江	Zhejiang	158.7	318.8	336.9	6	209.5	374.7	276.1	20
安　徽	Anhui	85.4	301.7	274.0	12	252.5	935.9	605.6	14
福　建	Fujian	141.4	311.1	364.5	5	157.9	416.6	713.5	9
江　西	Jiangxi	66.4	171.2	204.8	17	206.7	941.5	877.4	5
山　东	Shandong	58.4	294.4	321.7	8	881.4	2361.7	1899.9	1
河　南	Henan	58.9	238.9	310.0	9	465.9	1236.1	1267.8	4
湖　北	Hubei	75.6	150.7	149.3	20	304.2	726.6	632.8	13
湖　南	Hunan	111.5	298.3	392.2	4	141.6	1118.4	1341.1	3
广　东	Guangdong	254.6	506.7	541.9	2	273.6	795.3	709.2	10
广　西	Guangxi	84.0	223.2	245.8	14	139.7	759.0	663.7	11
海　南	Hainan	17.6	88.4	108.2	24	5.8	53.2	47.3	26
重　庆	Chongqing	76.7	90.9	106.2	25	91.5	224.2	218.4	21
四　川	Sichuan	111.8	292.9	286.7	10	163.0	508.2	463.6	16
贵　州	Guizhou	46.7	67.0	139.5	21	17.3	273.8	317.5	19
云　南	Yunnan	51.8	228.5	136.0	22	123.1	274.5	382.8	17
西　藏	Tibet	11.1	11.4	9.0	31	6.5	14.0	32.8	29
陕　西	Shaanxi	79.4	225.5	225.0	15	139.9	643.5	655.7	12
甘　肃	Gansu	23.1	105.3	53.1	29	64.3	488.6	184.6	22
青　海	Qinghai	2.5	76.0	88.9	26	7.4	32.2	41.0	28
宁　夏	Ningxia	15.5	66.5	72.6	27	24.3	47.3	42.0	27
新　疆	Xinjiang	42.0	136.2	154.2	19	28.4	161.3	181.0	23

4-15 全社会建筑业和交通运输、仓储、邮政业固定资产投资
Total Investment in Construction and Transport, Storage and Post

单位：亿元 (100 million yuan)

地区	Region	建筑业 Construction				交通运输、仓储和邮政业 Transport, Storage and Post			
		2010	2016	2017	2017排名 Ranking	2010	2016	2017	2017排名 Ranking
全　国	**National Total**	**2802.2**	**4614.9**	**3838.9**		**30074.5**	**53890.4**	**61449.9**	
北　京	Beijing	5.7	6.6	6.5	29	694.4	761.6	1129.1	21
天　津	Tianjin	26.6	96.9	138.2	9	539.3	735.1	537.0	28
河　北	Hebei	53.8	9.5	4.5	30	1521.2	2095.3	2135.5	11
山　西	Shanxi	17.2	14.2	9.5	27	895.8	912.6	425.5	30
内蒙古	Inner Mongolia	111.7	151.1	20.6	24	1043.0	1427.7	1180.2	20
辽　宁	Liaoning	195.5	15.1	26.4	23	1080.8	661.2	602.0	26
吉　林	Jilin	88.6	177.9	232.8	6	580.9	1170.0	1211.7	18
黑龙江	Heilongjiang	98.2	205.9	159.2	8	794.9	1134.6	1200.5	19
上　海	Shanghai	13.3	3.1	1.9	31	655.2	944.9	960.3	22
江　苏	Jiangsu	90.3	130.8	235.2	5	1162.1	2551.0	2891.0	7
浙　江	Zhejiang	44.8	12.0	37.6	18	1068.7	2581.9	2967.5	5
安　徽	Anhui	346.5	156.2	92.7	12	477.9	1628.5	1667.8	17
福　建	Fujian	25.5	81.4	64.9	14	1189.0	2505.4	2808.9	8
江　西	Jiangxi	43.6	52.8	43.7	15	488.4	965.4	734.6	24
山　东	Shandong	351.0	1072.1	857.7	1	1362.3	2982.2	3955.0	2
河　南	Henan	14.7	3.6	42.1	17	791.4	1954.5	2498.5	9
湖　北	Hubei	43.2	475.9	562.0	2	935.3	2833.0	2939.9	6
湖　南	Hunan	163.9	326.4	362.8	3	1178.6	1944.4	2104.3	12
广　东	Guangdong	73.7	38.7	35.6	20	1820.0	3032.3	3759.6	3
广　西	Guangxi	22.3	185.0	267.3	4	842.5	1849.8	2005.6	13
海　南	Hainan	13.9	67.2	34.4	21	164.1	467.1	486.0	29
重　庆	Chongqing	186.2	4.4	6.8	28	645.3	1630.7	1954.8	15
四　川	Sichuan	138.8	23.9	75.8	13	1576.2	3738.0	4492.6	1
贵　州	Guizhou	11.2	17.1	36.8	19	518.5	1779.9	2334.3	10
云　南	Yunnan	6.8	2.1	93.8	11	977.6	2577.5	3741.7	4
西　藏	Tibet	22.4	4.0	11.2	26	115.5	542.3	581.7	27
陕　西	Shaanxi	203.0	29.9	30.8	22	739.6	1584.6	1891.2	16
甘　肃	Gansu	325.2	1007.6	192.5	7	208.6	1100.0	956.6	23
青　海	Qinghai	20.2	101.5	97.4	10	146.4	589.9	730.5	25
宁　夏	Ningxia	9.6	0.6	15.5	25	120.9	367.7	330.1	31
新　疆	Xinjiang	34.8	141.3	42.7	16	415.6	836.1	1978.5	14

4-16 全社会信息传输、软件、信息技术服务业和批发零售业固定资产投资

Total Investment in Information Transmission, Software and Information Technology Services and Wholesale and Retail Trades

单位：亿元 (100 million yuan)

地区	Region	信息传输、软件和信息技术服务业 Information Transmission, Software and Information Technology Services				批发和零售业 Wholesale and Retail Trades			
		2010	2016	2017	2017排名 Ranking	2010	2016	2017	2017排名 Ranking
全　国	**National Total**	**2454.5**	**6325.5**	**6997.4**		**6032.2**	**18166.9**	**16779.9**	
北　京	Beijing	143.3	198.9	282.0	11	30.8	30.0	30.7	30
天　津	Tianjin	47.7	165.3	209.4	16	91.2	847.0	740.7	8
河　北	Hebei	41.2	239.1	327.4	7	464.4	857.8	798.2	7
山　西	Shanxi	41.7	100.9	28.0	30	83.8	369.8	104.0	25
内蒙古	Inner Mongolia	60.2	126.8	190.9	18	254.3	387.0	374.1	18
辽　宁	Liaoning	146.5	63.1	55.9	28	323.9	217.1	113.4	24
吉　林	Jilin	49.6	226.2	396.0	3	252.3	748.1	554.7	15
黑龙江	Heilongjiang	64.5	229.2	252.6	13	175.4	638.1	838.2	6
上　海	Shanghai	116.6	136.9	123.5	23	73.1	37.2	19.8	31
江　苏	Jiangsu	169.8	635.5	611.2	1	578.3	1648.5	1652.4	2
浙　江	Zhejiang	158.7	318.8	336.9	6	209.5	374.7	276.1	20
安　徽	Anhui	85.4	301.7	274.0	12	252.5	935.9	605.6	14
福　建	Fujian	141.4	311.1	364.5	5	157.9	416.6	713.5	9
江　西	Jiangxi	66.4	171.2	204.8	17	206.7	941.5	877.4	5
山　东	Shandong	58.4	294.4	321.7	8	881.4	2361.7	1899.9	1
河　南	Henan	58.9	238.9	310.0	9	465.9	1236.1	1267.8	4
湖　北	Hubei	75.6	150.7	149.3	20	304.2	726.6	632.8	13
湖　南	Hunan	111.5	298.3	392.2	4	141.6	1118.4	1341.1	3
广　东	Guangdong	254.6	506.7	541.9	2	273.6	795.3	709.2	10
广　西	Guangxi	84.0	223.2	245.8	14	139.7	759.0	663.7	11
海　南	Hainan	17.6	88.4	108.2	24	5.8	53.2	47.3	26
重　庆	Chongqing	76.7	90.9	106.2	25	91.5	224.2	218.4	21
四　川	Sichuan	111.8	292.9	286.7	10	163.0	508.2	463.6	16
贵　州	Guizhou	46.7	67.0	139.5	21	17.3	273.8	317.5	19
云　南	Yunnan	51.8	228.5	136.0	22	123.1	274.5	382.8	17
西　藏	Tibet	11.1	11.4	9.0	31	6.5	14.0	32.8	29
陕　西	Shaanxi	79.4	225.5	225.0	15	139.9	643.5	655.7	12
甘　肃	Gansu	23.1	105.3	53.1	29	64.3	488.6	184.6	22
青　海	Qinghai	2.5	76.0	88.9	26	7.4	32.2	41.0	28
宁　夏	Ningxia	15.5	66.5	72.6	27	24.3	47.3	42.0	27
新　疆	Xinjiang	42.0	136.2	154.2	19	28.4	161.3	181.0	23

4-17 全社会住宿餐饮业和金融业固定资产投资

Total Investment in Hotels and Catering Services and Financial Intermediation

单位：亿元 (100 million yuan)

地区	Region	住宿和餐饮业 Hotels and Catering Services				金融业 Financial Intermediation			
		2010	2016	2017	2017排名 Ranking	2010	2016	2017	2017排名 Ranking
全　国	**National Total**	**3366.8**	**5976.2**	**6145.0**		**489.4**	**1310.2**	**1121.5**	
北　京	Beijing	36.1	45.8	10.8	31	30.3	50.6	28.4	14
天　津	Tianjin	64.5	66.8	74.0	24	2.9	20.4	14.1	22
河　北	Hebei	147.7	186.1	209.0	16	12.8	93.1	58.8	8
山　西	Shanxi	39.4	75.6	27.6	27	2.6	9.2	1.5	28
内蒙古	Inner Mongolia	77.0	68.2	98.8	21	38.1	16.8	21.8	17
辽　宁	Liaoning	210.2	74.2	72.9	25	32.5	12.9	12.9	23
吉　林	Jilin	67.7	154.3	183.6	18	11.4	68.5	70.1	3
黑龙江	Heilongjiang	53.8	232.5	248.4	12	9.5	64.8	40.3	13
上　海	Shanghai	45.5	20.6	13.8	30	30.1	18.5	16.8	21
江　苏	Jiangsu	282.4	455.9	418.9	3	42.0	141.6	121.7	2
浙　江	Zhejiang	145.1	296.8	331.8	7	36.3	88.9	57.7	9
安　徽	Anhui	158.7	275.9	193.5	17	22.2	92.4	62.1	6
福　建	Fujian	101.9	192.5	214.1	15	27.0	50.6	17.6	20
江　西	Jiangxi	212.1	275.5	215.3	14	26.4	48.9	62.5	5
山　东	Shandong	343.1	375.2	425.5	2	23.1	101.8	136.9	1
河　南	Henan	213.4	358.0	435.1	1	15.1	30.8	43.0	12
湖　北	Hubei	191.3	292.1	257.4	10	18.7	33.0	49.0	11
湖　南	Hunan	114.4	296.6	355.9	6	5.6	78.6	60.9	7
广　东	Guangdong	246.2	352.4	312.1	8	36.0	94.1	70.0	4
广　西	Guangxi	85.6	201.8	248.8	11	19.7	72.1	54.3	10
海　南	Hainan	109.3	135.5	84.1	23	5.4		0.7	31
重　庆	Chongqing	36.1	160.3	153.6	19	3.7	12.2	8.3	25
四　川	Sichuan	121.1	354.5	410.3	4	10.6	21.3	27.7	15
贵　州	Guizhou	21.8	227.8	221.0	13	6.2	13.6	17.9	19
云　南	Yunnan	82.1	232.4	358.6	5	4.9	10.2	8.8	24
西　藏	Tibet	14.7	22.0	26.2	28	0.8	4.9	1.5	29
陕　西	Shaanxi	91.8	250.0	286.7	9	3.3	22.9	19.6	18
甘　肃	Gansu	26.8	195.6	102.8	20	3.3	22.5	6.2	26
青　海	Qinghai	7.3	30.1	40.5	26	1.2	4.8	1.0	30
宁　夏	Ningxia	5.7	20.5	16.6	29	0.3	1.0	3.0	27
新　疆	Xinjiang	13.9	50.5	97.4	22	7.2	9.2	26.6	16

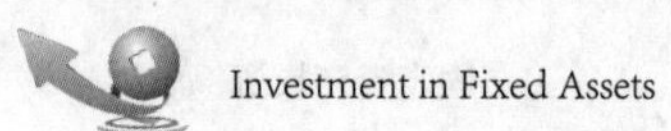

4-18 全社会房地产业和租赁、商务服务业固定资产投资
Total Investment in Real Estate and Leasing and Business Services

单位：亿元 (100 million yuan)

地区	Region	房地产业 Real Estate 2010	2016	2017	2017排名 Ranking	租赁和商务服务业 Leasing and Business Services 2010	2016	2017	2017排名 Ranking
全　国	National Total	**64877.3**	**142359.4**	**146225.5**		**2692.6**	**12341.9**	**13357.1**	
北　京	Beijing	3196.2	4726.7	4482.1	14	27.7	129.2	284.0	19
天　津	Tianjin	1143.2	3290.6	2826.9	20	294.9	1122.4	763.7	6
河　北	Hebei	3549.6	5764.9	5810.7	10	109.8	501.1	557.0	11
山　西	Shanxi	1136.5	2940.8	1618.3	24	34.2	164.8	55.8	28
内蒙古	Inner Mongolia	1316.8	1829.4	1578.2	25	43.4	141.6	117.9	23
辽　宁	Liaoning	3755.5	2255.7	2421.7	21	340.8	93.1	95.1	24
吉　林	Jilin	1131.3	1251.2	1184.7	27	38.6	266.9	293.4	17
黑龙江	Heilongjiang	1279.3	1190.1	1061.0	28	57.6	258.7	290.3	18
上　海	Shanghai	2080.3	3720.7	3863.5	17	53.7	119.9	145.7	22
江　苏	Jiangsu	5182.9	10467.4	10977.0	2	325.2	1545.7	1596.8	1
浙　江	Zhejiang	4005.6	10281.5	10959.2	3	131.2	645.9	704.4	7
安　徽	Anhui	3199.9	6068.3	6863.0	7	71.8	655.5	612.8	8
福　建	Fujian	2246.2	5682.5	5815.6	9	97.1	337.2	335.0	15
江　西	Jiangxi	1094.7	2775.6	2933.3	19	83.1	494.7	579.3	10
山　东	Shandong	5260.3	9405.0	10077.4	4	222.0	1184.0	1381.1	2
河　南	Henan	3775.0	9484.1	9971.4	5	56.1	455.4	428.7	13
湖　北	Hubei	2134.3	6446.4	6794.0	8	117.5	806.4	788.4	5
湖　南	Hunan	1965.0	4906.0	5355.4	11	51.5	723.5	897.8	3
广　东	Guangdong	4574.1	12087.4	13928.2	1	160.0	437.2	610.9	9
广　西	Guangxi	1676.6	3400.5	3875.7	16	57.7	560.5	802.3	4
海　南	Hainan	530.6	2118.0	2285.2	22	14.1	33.0	27.9	29
重　庆	Chongqing	1962.6	4346.1	4412.1	15	60.4	244.8	239.7	20
四　川	Sichuan	3157.5	8543.1	8366.9	6	111.3	401.2	535.5	12
贵　州	Guizhou	782.1	3479.4	3644.8	18	5.8	324.0	420.5	14
云　南	Yunnan	1222.5	5484.1	4764.6	13	14.5	60.0	70.3	27
西　藏	Tibet	45.8	176.6	224.2	31	1.8	17.3	20.1	31
陕　西	Shaanxi	1827.7	5127.4	5342.7	12	67.9	259.4	328.2	16
甘　肃	Gansu	505.0	1433.7	1366.5	26	25.9	145.0	94.1	25
青　海	Qinghai	175.4	638.8	709.4	30	2.5	42.5	71.9	26
宁　夏	Ningxia	333.2	874.3	816.4	29	3.2	22.7	27.5	30
新　疆	Xinjiang	631.6	2163.4	1895.4	23	11.4	148.3	181.1	21

4-19 全社会科学研究、技术服务业和水利、环境、公共设施管理业固定资产投资

Total Investment in Scientific Research, Technical Services, and Management of Water Conservancy, Environment and Public Facilities

单位：亿元 (100 million yuan)

地区	Region	科学研究和技术服务业 Scientific Research and Technical Services				水利、环境和公共设施管理业 Management of Water Conservancy, Environment and Public Facilities			
		2010	2016	2017	2017排名 Ranking	2010	2016	2017	2017排名 Ranking
全 国	**National Total**	**1379.3**	**5567.8**	**5932.5**		**24827.6**	**68647.6**	**82106.1**	
北 京	Beijing	85.3	70.6	73.4	19	352.7	722.2	758.9	25
天 津	Tianjin	20.7	301.4	458.9	3	826.3	1629.1	1385.2	20
河 北	Hebei	60.9	351.8	426.8	5	1396.5	2705.9	3554.2	11
山 西	Shanxi	27.0	104.6	31.5	26	489.5	1873.6	738.6	26
内蒙古	Inner Mongolia	43.7	87.8	104.9	17	664.4	2645.3	2818.1	16
辽 宁	Liaoning	122.3	44.0	30.2	27	1377.5	505.2	449.5	30
吉 林	Jilin	48.6	150.8	138.3	13	529.3	1161.3	1268.6	21
黑龙江	Heilongjiang	35.5	194.3	241.7	10	591.9	864.5	845.4	22
上 海	Shanghai	32.6	40.4	58.6	21	450.0	474.4	785.4	23
江 苏	Jiangsu	138.7	639.2	768.5	2	1755.3	3965.4	4692.8	6
浙 江	Zhejiang	38.2	141.3	131.8	15	1047.8	4361.4	4702.5	5
安 徽	Anhui	65.0	345.3	280.6	7	975.4	2597.1	3299.1	13
福 建	Fujian	18.0	116.0	115.6	16	707.9	3588.5	4486.7	7
江 西	Jiangxi	43.9	153.3	135.9	14	839.6	2004.4	2544.7	17
山 东	Shandong	156.0	1055.7	953.0	1	1287.5	2959.7	3753.9	9
河 南	Henan	52.7	252.2	295.2	6	1303.8	3698.3	4982.0	3
湖 北	Hubei	47.6	151.9	242.3	9	1084.2	3735.2	4371.6	8
湖 南	Hunan	29.2	358.2	434.4	4	1045.0	4526.2	5421.3	2
广 东	Guangdong	100.2	223.5	266.8	8	1908.5	2843.2	3548.9	12
广 西	Guangxi	19.1	152.5	146.0	12	878.2	2076.5	2515.8	18
海 南	Hainan	1.8	38.3	32.3	25	113.9	399.3	472.6	28
重 庆	Chongqing	11.0	30.8	45.4	22	776.0	2839.8	3295.6	14
四 川	Sichuan	25.9	96.2	92.5	18	1548.8	3977.1	4784.2	4
贵 州	Guizhou	7.8	32.4	44.1	23	350.5	2960.4	3653.3	10
云 南	Yunnan	7.8	18.1	27.7	29	632.3	2022.1	3035.4	15
西 藏	Tibet	1.8	7.3	5.5	31	25.3	193.5	276.0	31
陕 西	Shaanxi	81.2	215.5	203.5	11	982.9	4026.5	5705.5	1
甘 肃	Gansu	24.8	79.0	38.7	24	140.6	1073.6	777.3	24
青 海	Qinghai	4.9	39.5	11.6	30	53.1	327.4	475.4	27
宁 夏	Ningxia	1.4	17.2	28.4	28	85.2	348.3	467.2	29
新 疆	Xinjiang	17.2	58.8	68.3	20	195.8	1539.8	2222.7	19

4-20 全社会居民服务、修理、其他服务业和教育固定资产投资

Total Investment in Services to Households, Repair and Other Services and Education

单位：亿元 (100 million yuan)

地区	Region	居民服务、修理和其他服务业 Services to Households, Repair and Other Services				教育 Education			
		2010	2016	2017	2017排名 Ranking	2010	2016	2017	2017排名 Ranking
全　国	**National Total**	**1114.1**	**2750.9**	**2752.6**		**4033.6**	**9326.7**	**11104.3**	
北　京	Beijing	6.8	16.3	0.2	31	88.8	139.9	129.3	23
天　津	Tianjin	96.5	167.4	188.8	3	59.7	140.4	118.0	24
河　北	Hebei	51.3	95.0	100.2	11	149.1	325.3	317.8	16
山　西	Shanxi	8.3	45.2	11.5	26	241.5	188.5	76.5	28
内蒙古	Inner Mongolia	19.8	35.2	53.3	20	151.3	149.2	163.1	20
辽　宁	Liaoning	89.9	49.0	29.8	24	132.7	57.9	79.9	27
吉　林	Jilin	30.8	106.0	108.9	9	87.5	123.9	168.1	19
黑龙江	Heilongjiang	15.4	102.4	134.2	8	71.3	164.2	159.5	21
上　海	Shanghai	2.4	2.6	1.4	30	50.1	79.1	96.4	25
江　苏	Jiangsu	125.4	260.9	311.2	1	214.9	590.1	677.4	5
浙　江	Zhejiang	14.7	130.7	88.1	14	128.8	506.8	517.5	10
安　徽	Anhui	29.2	109.8	108.8	10	194.0	375.4	443.4	12
福　建	Fujian	14.9	51.7	99.1	13	116.5	328.2	387.3	14
江　西	Jiangxi	54.9	120.4	84.3	15	112.2	218.3	234.9	18
山　东	Shandong	226.7	315.4	248.5	2	251.3	745.4	1168.1	1
河　南	Henan	72.2	153.8	153.3	5	265.1	533.7	763.4	2
湖　北	Hubei	39.5	142.0	149.4	6	160.3	366.7	363.6	15
湖　南	Hunan	37.4	137.0	163.9	4	115.1	568.1	692.7	4
广　东	Guangdong	18.3	40.1	47.2	21	255.7	514.7	528.5	8
广　西	Guangxi	22.0	112.3	99.8	12	175.4	478.4	517.7	9
海　南	Hainan	1.5	10.1	8.8	27	25.5	62.5	81.9	26
重　庆	Chongqing	11.4	44.7	38.7	23	121.2	243.5	292.7	17
四　川	Sichuan	63.1	60.9	69.5	19	264.4	579.3	711.2	3
贵　州	Guizhou	5.6	49.2	71.4	17	48.7	326.2	507.6	11
云　南	Yunnan	8.0	59.2	71.1	18	181.2	438.8	584.9	6
西　藏	Tibet	1.3	8.0	18.8	25	11.7	39.5	48.2	31
陕　西	Shaanxi	26.0	125.8	148.6	7	179.2	424.7	584.8	7
甘　肃	Gansu	14.1	147.5	81.5	16	68.4	294.3	151.7	22
青　海	Qinghai	1.6	6.1	8.2	28	22.0	64.4	56.2	30
宁　夏	Ningxia	1.3	20.2	7.6	29	33.0	56.9	68.1	29
新　疆	Xinjiang	3.8	26.6	46.5	22	56.8	202.4	413.9	13

4-21 全社会卫生、社会工作和文化、体育、娱乐业固定资产投资
Total Investment in Health and Social Service, Culture, and Sports and Entertainment

单位：亿元 (100 million yuan)

地区	Region	卫生和社会工作 Healt and Social Service				文化、体育和娱乐业 Culture, and Sports and Entertainment			
		2010	2016	2017	2017排名 Ranking	2010	2016	2017	2017排名 Ranking
全 国	**National Total**	**2119.0**	**6282.1**	**7327.9**		**2959.4**	**7834.2**	**8734.8**	
北 京	Beijing	39.1	56.9	66.2	27	71.9	153.2	108.5	24
天 津	Tianjin	19.7	55.7	45.4	29	60.6	119.7	92.3	26
河 北	Hebei	112.2	316.4	334.9	8	128.9	461.7	511.2	5
山 西	Shanxi	56.0	167.3	70.0	26	66.0	192.9	61.6	28
内蒙古	Inner Mongolia	53.4	127.6	154.1	19	117.6	210.5	231.2	16
辽 宁	Liaoning	86.3	66.0	91.7	23	186.6	83.6	96.0	25
吉 林	Jilin	57.5	145.4	144.3	20	83.1	107.8	156.1	19
黑龙江	Heilongjiang	64.8	156.9	175.6	17	41.0	146.7	142.0	21
上 海	Shanghai	38.0	52.8	51.1	28	45.5	107.1	56.9	29
江 苏	Jiangsu	111.6	446.4	534.4	3	187.6	642.2	546.8	4
浙 江	Zhejiang	83.3	273.1	275.8	11	75.3	390.2	484.9	6
安 徽	Anhui	103.0	231.4	255.5	13	108.8	242.7	254.3	15
福 建	Fujian	60.1	198.7	265.3	12	79.5	324.0	432.4	7
江 西	Jiangxi	58.4	145.6	202.4	16	84.4	176.0	198.5	17
山 东	Shandong	157.2	545.9	651.4	1	510.4	829.0	976.0	1
河 南	Henan	139.2	555.9	594.5	2	165.6	547.7	657.4	2
湖 北	Hubei	92.8	269.5	344.2	7	115.1	324.1	390.4	9
湖 南	Hunan	101.2	414.3	483.9	4	98.1	512.8	650.2	3
广 东	Guangdong	129.6	215.3	333.6	9	231.7	319.2	304.0	14
广 西	Guangxi	74.1	218.5	237.8	15	63.5	223.0	310.4	12
海 南	Hainan	18.7	57.3	84.8	25	41.6	63.0	150.4	20
重 庆	Chongqing	44.9	131.7	138.9	21	53.1	112.7	135.6	22
四 川	Sichuan	150.2	402.1	479.3	5	157.0	234.7	319.1	11
贵 州	Guizhou	17.8	171.7	253.4	14	21.3	262.0	319.8	10
云 南	Yunnan	67.1	215.5	288.1	10	50.8	186.1	310.1	13
西 藏	Tibet	3.7	17.4	28.0	31	6.9	26.2	33.1	31
陕 西	Shaanxi	83.3	307.3	347.4	6	41.6	348.8	391.8	8
甘 肃	Gansu	42.5	155.1	105.3	22	27.0	292.1	130.9	23
青 海	Qinghai	7.7	26.1	39.8	30	10.4	44.7	63.0	27
宁 夏	Ningxia	14.5	45.6	86.4	24	10.9	45.3	55.7	30
新 疆	Xinjiang	31.4	92.6	164.5	18	17.2	104.4	164.1	18

4-22 全社会房屋施工面积
Floor Space of Buildings under Construction

单位：万平方米 (10 000 sq.m)

地区	Region	房屋施工面积 Floor Space of Buildings under Construction 2010	2016	2017	2017排名 Ranking	其中：住宅施工面积 Floor Space of Residential Buildings under Construction 2010	2016	2017	2017排名 Ranking
全 国	**National Total**	**885173.4**	**1264395.3**	**1175248.8**		**492763.6**	**660662.1**	**652234.3**	
北 京	Beijing	15572.1	22221.4	21117.5	21	7932.9	7596.0	7155.6	27
天 津	Tianjin	13166.2	19422.8	16809.2	24	5821.8	7335.9	6481.2	28
河 北	Hebei	48769.2	49121.1	45080.0	10	26410.4	28155.9	26312.8	10
山 西	Shanxi	17138.3	28565.8	22792.4	19	11700.1	18239.9	15661.7	18
内蒙古	Inner Mongolia	19808.3	22167.1	20204.3	22	11398.5	13577.4	11924.0	20
辽 宁	Liaoning	49050.3	31661.7	29688.8	17	24867.6	20117.4	19728.2	15
吉 林	Jilin	14624.4	18735.6	16466.2	26	7748.1	8861.1	8920.3	22
黑龙江	Heilongjiang	17575.3	15579.8	16549.3	25	10719.4	8740.1	8243.9	23
上 海	Shanghai	15015.9	17733.2	18587.7	23	7343.3	8157.2	8083.2	25
江 苏	Jiangsu	72050.7	95997.6	92265.5	3	31278.7	47280.5	47208.4	3
浙 江	Zhejiang	61194.5	77382.5	80553.1	4	25960.2	33271.0	32387.9	7
安 徽	Anhui	38478.6	59490.6	61598.9	7	22293.2	31404.9	32862.6	6
福 建	Fujian	30772.7	46858.1	52021.6	8	15359.3	22528.2	23695.6	11
江 西	Jiangxi	23932.7	31758.7	32073.8	15	13578.8	17061.7	18034.2	17
山 东	Shandong	71397.4	96821.1	99369.7	1	37278.3	56134.2	58285.9	1
河 南	Henan	68129.6	75452.1	71544.3	5	38514.9	45175.5	44974.4	4
湖 北	Hubei	25074.4	48504.2	45511.6	9	14964.1	28187.3	26866.7	9
湖 南	Hunan	32554.5	100295.6	42442.7	11	21563.1	28186.7	28300.4	8
广 东	Guangdong	55201.2	87713.1	96403.5	2	30156.5	48071.7	54455.8	2
广 西	Guangxi	24365.0	35031.9	36269.7	13	16273.6	22349.4	23321.0	13
海 南	Hainan	4488.6	11312.9	11371.4	28	3204.3	8111.7	8089.2	24
重 庆	Chongqing	24821.8	34143.2	31705.3	16	17596.3	19954.8	18415.7	16
四 川	Sichuan	50696.3	65603.2	62152.5	6	31364.1	35977.2	35022.0	5
贵 州	Guizhou	14335.9	35015.9	29036.5	18	10184.3	16694.4	15389.5	19
云 南	Yunnan	20903.3	43473.1	39106.2	12	13302.6	27343.5	23416.0	12
西 藏	Tibet	1296.7	3050.7	885.2	31	701.5	380.6	379.7	31
陕 西	Shaanxi	23643.4	37180.9	33768.0	14	15394.1	21943.9	21424.3	14
甘 肃	Gansu	10463.1	16249.9	13741.5	27	6353.6	8435.6	8003.6	26
青 海	Qinghai	4198.2	5685.1	5244.4	30	2985.1	3058.1	2555.0	30
宁 夏	Ningxia	4800.2	9386.0	9111.6	29	2874.3	5161.3	4950.9	29
新 疆	Xinjiang	11362.0	22616.7	21586.6	20	7640.6	13169.0	11684.6	21

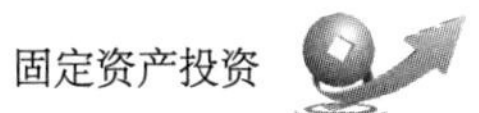

4-23 全社会房屋竣工面积
Floor Space of Buildings Completed

单位：万平方米 (10 000 sq.m)

地区	Region	房屋竣工面积 Floor Space of Buildings Completed				其中：住宅竣工面积 Floor Space of Residential Buildings Completed			
		2010	2016	2017	2017排名 Ranking	2010	2016	2017	2017排名 Ranking
全 国	**National Total**	**304306.1**	**312119.0**	**286336.0**		**183172.3**	**171471.3**	**155112.8**	
北 京	Beijing	3908.4	3442.7	2620.2	27	2263.5	1728.3	1134.5	29
天 津	Tianjin	3271.6	5368.0	3972.9	22	1872.4	2317.7	1532.9	26
河 北	Hebei	15945.2	16221.3	12105.7	10	9156.4	7024.8	5111.4	12
山 西	Shanxi	6139.9	9348.4	5184.4	18	3980.7	6265.6	4199.9	18
内蒙古	Inner Mongolia	5823.4	5446.4	3959.4	23	3415.1	2969.6	2376.0	21
辽 宁	Liaoning	13603.7	4819.9	4527.9	20	7504.3	3141.4	3103.1	19
吉 林	Jilin	5967.6	4997.5	3647.3	25	3052.3	1504.1	1476.3	27
黑龙江	Heilongjiang	8582.4	4535.7	4340.4	21	5205.6	2344.1	1713.4	25
上 海	Shanghai	2776.2	2840.2	3832.4	24	1414.6	1558.0	1895.7	23
江 苏	Jiangsu	28291.2	26655.3	24717.4	2	10087.4	10209.5	9707.5	4
浙 江	Zhejiang	19681.5	20763.8	24161.3	3	9177.1	9402.9	8852.5	6
安 徽	Anhui	13365.6	14502.6	13056.4	9	8528.3	8359.2	7627.2	8
福 建	Fujian	7176.3	11749.9	13692.4	8	3624.9	4330.5	5036.1	13
江 西	Jiangxi	9609.9	8120.8	8132.1	14	6016.1	4588.7	4256.1	17
山 东	Shandong	22560.9	29205.4	27724.3	1	13439.8	16756.2	16400.3	1
河 南	Henan	30198.4	18614.1	15937.3	6	20077.4	11952.0	9852.4	3
湖 北	Hubei	11434.4	12678.0	10270.6	11	6996.4	7138.4	6111.6	11
湖 南	Hunan	11522.3	12092.3	10132.1	12	9286.5	8300.8	7284.9	10
广 东	Guangdong	18359.6	16436.4	17281.6	5	10377.1	7496.8	8261.1	7
广 西	Guangxi	8437.6	9829.8	9496.0	13	6750.3	7428.0	7449.2	9
海 南	Hainan	1037.6	2681.3	2137.8	29	873.9	2280.5	1753.4	24
重 庆	Chongqing	6409.3	7643.3	7544.4	15	4905.9	4570.0	4506.5	15
四 川	Sichuan	20904.1	17524.4	18080.1	4	13260.1	10509.2	9903.6	2
贵 州	Guizhou	5205.6	9223.4	4941.7	19	4130.7	3683.4	2682.0	20
云 南	Yunnan	7791.1	15568.1	14749.4	7	5938.0	10776.4	9373.2	5
西 藏	Tibet	517.5	106.3	294.4	31	408.0	73.0	122.3	31
陕 西	Shaanxi	4625.9	6782.3	7057.7	16	3451.2	5043.6	4737.9	14
甘 肃	Gansu	3625.2	4137.8	2885.6	26	2368.0	2170.2	1923.0	22
青 海	Qinghai	1368.7	1590.7	1318.6	30	1192.3	1204.2	923.1	30
宁 夏	Ningxia	1494.3	2113.2	2192.2	28	1126.2	1421.2	1361.0	28
新 疆	Xinjiang	4649.9	7079.4	6342.0	17	3291.9	4923.0	4444.9	16

4-24 全社会商品住宅施工和竣工面积

Floor Space of Commercial Residential Buildings under Construction and Completed

单位：万平方米 (10 000 sq.m)

地区	Region	商品住宅施工面积 Floor Space of Commercial Buildings under Construction				商品住宅竣工面积 Floor Space of Commercialized Buildings Completed			
		2010	2015	2016	2016排名 Ranking	2010	2015	2016	2016排名 Ranking
全　国	**National Total**	**314760.1**	**511569.5**	**521310.2**		**63443.1**	**73777.4**	**77185.2**	
北　京	Beijing	6176.0	6261.2	5857.6	28	1498.5	1378.2	1267.1	24
天　津	Tianjin	5117.7	6968.7	6311.7	26	1603.6	2183.0	2189.1	14
河　北	Hebei	17159.6	23674.4	23407.2	8	3130.1	3226.9	3352.6	9
山　西	Shanxi	6254.4	11450.0	12222.3	18	991.3	1574.7	2042.2	15
内蒙古	Inner Mongolia	8272.9	11554.2	11141.4	20	1868.5	1281.4	1203.3	25
辽　宁	Liaoning	20677.3	21406.8	19104.6	12	3691.4	2529.3	2210.1	13
吉　林	Jilin	5758.9	8282.7	8306.0	21	1695.0	1000.8	1008.4	27
黑龙江	Heilongjiang	6107.4	8785.0	7746.0	23	2199.0	2126.8	1757.1	17
上　海	Shanghai	7313.8	8372.1	8073.9	22	1396.1	1589.0	1532.9	18
江　苏	Jiangsu	26347.1	42316.0	43002.9	3	6553.5	7930.2	7602.7	1
浙　江	Zhejiang	16138.4	25117.2	24709.4	6	2798.4	3938.0	5092.0	3
安　徽	Anhui	13838.5	23233.4	24115.1	7	2408.3	4099.2	4047.7	7
福　建	Fujian	10572.5	19558.9	19436.5	11	1715.9	2399.0	2420.5	11
江　西	Jiangxi	6064.6	11157.7	12000.5	19	1550.5	1531.4	1316.3	22
山　东	Shandong	22728.1	42276.5	44158.1	2	4270.8	6185.6	6358.2	2
河　南	Henan	16902.0	31210.6	35579.0	4	3852.6	4237.9	5015.2	4
湖　北	Hubei	9172.4	20906.6	21803.0	9	2129.3	2193.4	2348.4	12
湖　南	Hunan	13772.6	20807.9	21617.2	10	2828.8	3087.4	3358.5	8
广　东	Guangdong	22253.8	40388.8	44171.0	1	4589.2	4435.4	4773.0	5
广　西	Guangxi	9767.6	13750.5	15339.3	15	1342.9	1310.5	1373.3	21
海　南	Hainan	2323.4	6463.1	6686.0	25	515.1	918.9	1444.5	19
重　庆	Chongqing	13744.8	19390.3	17932.7	13	2179.8	3185.9	3084.0	10
四　川	Sichuan	17289.7	25300.5	26425.5	5	3390.0	3149.2	4677.4	6
贵　州	Guizhou	5970.8	13592.6	12847.1	17	826.1	1927.4	1283.2	23
云　南	Yunnan	7046.4	13867.0	13324.6	16	1258.4	1896.6	1433.9	20
西　藏	Tibet	68.4	259.9	232.6	31	11.5	70.5	25.2	31
陕　西	Shaanxi	8580.5	15558.1	16164.3	14	799.1	1351.6	1922.8	16
甘　肃	Gansu	2557.7	6087.7	6191.7	27	501.0	765.1	730.3	29
青　海	Qinghai	1179.4	1650.3	1753.4	30	242.1	320.8	231.2	30
宁　夏	Ningxia	2285.6	4550.4	4555.3	29	746.3	746.8	931.2	28
新　疆	Xinjiang	3317.7	7370.4	7094.2	24	859.9	1206.4	1153.0	26

4-25 农、林、牧、渔业和采矿业固定资产投资（不含农户）

Investment in Fixed Assets (Excluding Rural Households) in Agriculture, Forestry, Animal Husbandry and Fishery and Mining

单位：亿元 (100 million yuan)

地区	Region	农、林、牧、渔业 Agriculture, Forestry, Animal Husbandry and Fishery				采矿业 Mining			
		2010	2016	2017	2017排名 Ranking	2010	2016	2017	2017排名 Ranking
全　国	**National Total**	**3926.2**	**22773.9**	**24638.3**		**9694.7**	**10319.7**	**9208.9**	
北　京	Beijing	4.2	103.0	96.6	29	8.3	2.9	3.1	30
天　津	Tianjin	41.0	321.6	290.6	24	308.4	109.6	173.9	18
河　北	Hebei	310.4	1686.6	1796.2	2	357.9	442.4	381.1	10
山　西	Shanxi	160.9	1905.9	536.3	18	1027.3	1054.6	470.0	6
内蒙古	Inner Mongolia	309.6	931.5	1074.0	11	979.9	904.1	924.2	1
辽　宁	Liaoning	216.4	131.4	125.3	26	562.9	124.3	145.3	23
吉　林	Jilin	140.8	708.5	852.9	14	439.4	450.0	319.7	13
黑龙江	Heilongjiang	229.1	1008.6	1262.9	7	583.5	366.0	389.3	9
上　海	Shanghai	5.5	4.0	1.1	31	0.3	0.3	0.9	31
江　苏	Jiangsu	55.2	410.5	471.8	21	63.8	72.9	108.8	24
浙　江	Zhejiang	22.1	386.2	353.9	23	2.1	58.6	32.5	27
安　徽	Anhui	100.3	817.9	777.0	15	336.4	232.9	231.8	16
福　建	Fujian	64.7	818.3	1079.6	10	63.2	219.5	172.5	19
江　西	Jiangxi	116.9	491.2	607.2	16	192.3	302.0	226.2	17
山　东	Shandong	207.0	1268.7	1294.2	6	418.9	499.4	517.7	4
河　南	Henan	311.5	2159.8	2574.1	1	658.3	567.6	506.9	5
湖　北	Hubei	192.6	1086.5	1071.0	12	151.9	329.4	260.1	15
湖　南	Hunan	222.2	1231.7	1496.1	4	326.7	499.4	437.0	7
广　东	Guangdong	65.5	519.8	477.2	20	43.4	163.6	145.3	22
广　西	Guangxi	148.4	948.9	1203.0	9	164.7	276.4	269.1	14
海　南	Hainan	7.2	40.7	53.3	30	4.5	9.7	6.9	29
重　庆	Chongqing	169.9	436.4	492.8	19	108.8	200.9	158.1	20
四　川	Sichuan	228.7	1090.2	1350.8	5	271.7	419.5	423.8	8
贵　州	Guizhou	17.3	412.0	897.0	13	200.1	525.6	336.6	12
云　南	Yunnan	118.2	874.6	1209.0	8	230.7	378.8	376.6	11
西　藏	Tibet	18.3	88.0	111.6	28	18.0	48.2	20.6	28
陕　西	Shaanxi	212.8	1392.5	1777.2	3	682.4	673.4	685.0	2
甘　肃	Gansu	84.0	678.3	382.0	22	130.8	178.8	87.3	26
青　海	Qinghai	26.7	142.3	124.0	27	62.8	97.0	98.2	25
宁　夏	Ningxia	19.5	180.3	247.4	25	113.4	47.4	149.0	21
新　疆	Xinjiang	99.3	498.0	552.3	17	595.7	579.3	545.1	3

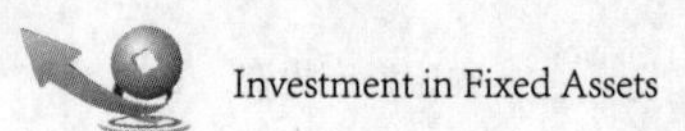

4-26 制造业和电力、热力、燃气及水业固定资产投资（不含农户）

Investment in Fixed Assets (Excluding Rural Households) in Manufacturing, and Production and Supply of Electricity, Heat, Gas and Water

单位：亿元 (100 million yuan)

地区	Region	制造业 Manufacturing				电力、热力、燃气及水业 Production and Supply of Electricity, Heat, Gas and Water			
		2010	2016	2017	2017排名 Ranking	2010	2016	2017	2017排名 Ranking
全　国	**National Total**	**74485.2**	**187836.0**	**193615.7**		**14591.3**	**29736.0**	**29794.1**	
北　京	Beijing	296.6	383.6	380.6	29	136.6	323.3	475.1	22
天　津	Tianjin	2059.3	3229.6	2829.7	19	241.8	328.3	348.7	28
河　北	Hebei	4513.3	13448.9	13871.3	4	637.7	1889.8	1914.3	3
山　西	Shanxi	973.1	2643.0	884.7	24	519.7	1264.0	757.5	17
内蒙古	Inner Mongolia	1926.2	3562.4	3234.7	17	1373.3	1903.5	1380.3	7
辽　宁	Liaoning	5504.7	1765.2	1529.2	23	787.1	296.6	543.6	20
吉　林	Jilin	3324.8	6011.6	5254.1	15	497.6	546.9	544.7	19
黑龙江	Heilongjiang	1724.6	3024.0	3133.3	18	436.4	374.1	437.3	24
上　海	Shanghai	862.7	761.3	793.3	26	234.4	218.0	237.4	30
江　苏	Jiangsu	7648.5	22869.7	24418.1	1	485.2	1619.7	1674.4	5
浙　江	Zhejiang	1821.0	7822.1	7988.8	10	486.5	1216.4	1280.7	8
安　徽	Anhui	3883.6	10380.8	11433.2	5	367.8	993.7	1277.4	9
福　建	Fujian	2078.2	6454.6	7565.7	11	486.0	1143.9	1062.5	13
江　西	Jiangxi	4265.7	9190.7	10791.3	7	281.2	792.2	765.4	16
山　东	Shandong	7606.5	23399.9	22658.7	2	529.9	2499.0	2886.3	1
河　南	Henan	6402.8	16237.2	16738.8	3	485.4	1731.8	1942.0	2
湖　北	Hubei	3242.4	10522.4	11257.5	6	474.4	934.7	1194.8	11
湖　南	Hunan	2910.5	8824.5	9469.9	9	392.0	950.8	1131.1	12
广　东	Guangdong	2346.8	9600.6	10311.2	8	1132.0	1294.6	1616.9	6
广　西	Guangxi	1857.7	5178.9	5579.9	13	374.1	938.4	973.9	14
海　南	Hainan	87.8	100.7	134.7	30	81.8	111.8	107.2	31
重　庆	Chongqing	1670.6	4720.5	5257.2	14	266.5	480.0	465.4	23
四　川	Sichuan	3076.2	5904.3	6907.8	12	921.9	1769.9	1707.1	4
贵　州	Guizhou	415.8	1722.4	1712.4	21	284.9	484.7	488.5	21
云　南	Yunnan	735.3	1616.3	1838.5	20	749.2	855.1	631.3	18
西　藏	Tibet	34.8	38.3	79.1	31	55.1	200.9	299.3	29
陕　西	Shaanxi	1530.5	3659.0	3782.9	16	374.1	1253.1	1220.5	10
甘　肃	Gansu	496.6	1315.2	540.8	28	529.2	722.9	371.3	26
青　海	Qinghai	263.4	647.0	731.1	27	89.6	443.0	369.2	27
宁　夏	Ningxia	342.9	944.8	815.8	25	225.0	635.9	392.5	25
新　疆	Xinjiang	582.3	1856.3	1691.4	22	378.5	1302.9	958.6	15

4-27 建筑业和交通运输、仓储、邮政业固定资产投资（不含农户）

Investment in Fixed Assets (Excluding Rural Households) in Construction and Transport Storage and Post

单位：亿元 (100 million yuan)

地区	Region	建筑业 Construction 2010	2016	2017	2017排名 Ranking	交通运输、仓储和邮政业 Transport Storage and Post 2010	2016	2017	2017排名 Ranking
全　国	**National Total**	**2241.7**	**4577.4**	**3647.9**		**27883.1**	**53628.5**	**61185.8**	
北　京	Beijing	4.2	6.3	5.8	28	645.6	761.4	1128.4	21
天　津	Tianjin	21.4	96.5	138.0	9	518.5	727.5	532.0	28
河　北	Hebei	47.8	7.0	4.5	29	1388.1	2081.3	2116.3	11
山　西	Shanxi	16.6	13.4	8.7	26	859.5	881.7	393.8	30
内蒙古	Inner Mongolia	107.4	151.1	20.6	21	1032.5	1427.7	1180.2	20
辽　宁	Liaoning	171.7	15.1	26.4	20	1048.2	652.7	595.9	26
吉　林	Jilin	81.5	177.9	232.8	5	525.8	1162.7	1205.0	18
黑龙江	Heilongjiang	91.7	205.9	153.4	8	747.4	1127.9	1198.3	19
上　海	Shanghai	10.7	3.1	1.9	30	640.4	944.9	960.3	22
江　苏	Jiangsu	59.7	129.4	231.6	6	991.8	2542.3	2883.2	7
浙　江	Zhejiang	31.3	12.0	18.7	22	908.6	2577.4	2966.0	5
安　徽	Anhui	284.2	155.6	72.9	11	414.0	1614.2	1664.6	17
福　建	Fujian	19.1	80.6	64.1	13	1123.8	2498.6	2805.5	8
江　西	Jiangxi	34.8	46.3	41.9	15	420.7	958.3	723.8	25
山　东	Shandong	266.2	1070.3	855.9	1	1133.5	2982.2	3955.0	2
河　南	Henan	12.0	3.6	41.5	16	661.9	1944.6	2487.5	9
湖　北	Hubei	34.2	475.5	561.8	2	871.6	2794.2	2892.7	6
湖　南	Hunan	139.0	318.7	355.6	3	1103.9	1944.4	2104.3	12
广　东	Guangdong	38.3	37.5	33.9	18	1636.9	3032.3	3759.6	3
广　西	Guangxi	21.2	184.3	266.5	4	759.9	1824.0	1981.6	13
海　南	Hainan	13.6	67.2	34.4	17	161.8	467.1	486.0	29
重　庆	Chongqing	148.4	2.4	6.6	27	604.3	1628.9	1954.6	15
四　川	Sichuan	25.4	23.8	68.6	12	1358.9	3704.3	4467.0	1
贵　州	Guizhou	7.6	12.6	16.6	23	489.2	1779.9	2334.3	10
云　南	Yunnan	6.8	0.7	1.7	31	933.6	2560.5	3718.2	4
西　藏	Tibet	22.1	4.0	11.2	25	110.4	542.3	581.7	27
陕　西	Shaanxi	192.8	29.5	27.9	19	696.0	1576.6	1869.4	16
甘　肃	Gansu	284.8	1004.2	189.0	7	192.0	1100.0	956.6	23
青　海	Qinghai	14.9	101.2	97.2	10	126.6	589.9	730.5	24
宁　夏	Ningxia	5.5	0.6	15.5	24	83.9	357.4	317.7	31
新　疆	Xinjiang	26.9	141.2	42.7	14	368.9	836.1	1978.5	14

4-28 信息传输、软件、信息技术服务业和批发零售业固定资产投资（不含农户）

Investment in Fixed Assets (Excluding Rural Households) in Information Transmission, Software and Information Technology of Wholesale and Retail Trades

单位：亿元 (100 million yuan)

地区	Region	信息传输、软件和信息技术服务业 Information Transmission, Software and Information Technology				批发和零售业 Wholesale and Retail Trades			
		2010	2016	2017	2017排名 Ranking	2010	2016	2017	2017排名 Ranking
全　国	**National Total**	**2392.9**	**6318.7**	**6987.4**		**5233.4**	**17939.1**	**16541.8**	
北　京	Beijing	142.4	198.9	282.0	11	22.8	29.6	30.7	30
天　津	Tianjin	47.7	165.3	209.4	16	86.7	846.6	740.4	8
河　北	Hebei	40.8	239.1	327.4	7	409.2	851.7	795.3	7
山　西	Shanxi	40.9	100.9	28.0	30	75.8	363.7	97.5	24
内蒙古	Inner Mongolia	60.2	126.0	189.8	18	251.4	385.3	372.0	18
辽　宁	Liaoning	146.5	63.1	55.9	28	309.9	196.6	95.2	25
吉　林	Jilin	48.1	226.2	396.0	3	248.1	746.8	554.6	15
黑龙江	Heilongjiang	64.5	229.2	252.6	13	172.6	637.9	837.7	6
上　海	Shanghai	115.6	136.9	123.5	23	28.1	37.2	19.8	31
江　苏	Jiangsu	152.6	635.5	611.2	1	442.5	1640.5	1649.5	2
浙　江	Zhejiang	155.8	318.8	336.9	6	155.5	370.3	276.1	20
安　徽	Anhui	83.5	301.7	274.0	12	231.2	930.9	602.8	14
福　建	Fujian	140.3	311.1	364.5	5	145.6	413.8	706.3	10
江　西	Jiangxi	62.8	171.2	204.8	17	194.3	940.1	876.0	5
山　东	Shandong	54.1	290.7	317.7	8	730.2	2276.0	1804.6	1
河　南	Henan	56.3	238.9	310.0	9	385.1	1221.8	1252.4	4
湖　北	Hubei	74.6	150.7	149.3	20	291.0	725.3	630.2	13
湖　南	Hunan	108.7	298.3	388.7	4	127.7	1104.8	1320.3	3
广　东	Guangdong	253.0	506.5	541.9	2	170.2	795.1	708.8	9
广　西	Guangxi	78.1	223.2	245.8	14	135.7	756.2	660.8	11
海　南	Hainan	17.6	88.4	108.2	24	5.3	49.0	45.7	26
重　庆	Chongqing	76.7	90.9	106.2	25	90.4	219.0	218.1	21
四　川	Sichuan	107.0	292.9	286.7	10	137.3	507.4	457.8	16
贵　州	Guizhou	45.3	66.4	138.6	21	15.6	254.1	299.6	19
云　南	Yunnan	51.2	228.5	136.0	22	118.4	273.9	380.5	17
西　藏	Tibet	9.8	11.4	9.0	31	6.3	14.0	32.8	28
陕　西	Shaanxi	77.8	225.5	225.0	15	134.5	633.8	652.2	12
甘　肃	Gansu	22.1	105.0	52.8	29	56.4	481.1	177.1	22
青　海	Qinghai	2.2	75.3	88.9	26	6.9	28.8	30.8	29
宁　夏	Ningxia	15.5	66.5	72.6	27	22.4	46.7	41.1	27
新　疆	Xinjiang	41.4	135.9	154.1	19	26.0	161.2	175.2	23

4-29 住宿、餐饮业和金融业固定资产投资（不含农户）

Investment in Fixed Assets (Excluding Rural Households) in Hotels and Catering Services and Financial Intermediation

单位：亿元 (100 million yuan)

地区	Region	住宿和餐饮业 Hotels and Catering Services 2010	2016	2017	2017排名 Ranking	金融业 Financial Intermediation 2010	2016	2017	2017排名 Ranking
全　国	**National Total**	**2980.2**	**5947.4**	**6106.6**		**477.7**	**1310.2**	**1121.5**	
北　京	Beijing	19.2	45.7	10.6	31	30.3	50.6	28.4	14
天　津	Tianjin	60.9	66.8	74.0	24	2.9	20.4	14.1	22
河　北	Hebei	139.6	185.6	208.9	16	12.7	93.1	58.8	8
山　西	Shanxi	37.2	73.3	25.2	28	2.6	9.2	1.5	28
内蒙古	Inner Mongolia	69.3	67.3	97.7	21	38.1	16.8	21.8	17
辽　宁	Liaoning	196.6	73.9	72.5	25	32.5	12.9	12.9	23
吉　林	Jilin	65.8	154.3	182.1	18	10.9	68.5	70.1	3
黑龙江	Heilongjiang	52.3	232.5	248.4	12	9.3	64.8	40.3	13
上　海	Shanghai	32.3	20.6	13.8	30	29.0	18.5	16.8	21
江　苏	Jiangsu	223.3	455.9	418.8	3	38.8	141.6	121.7	2
浙　江	Zhejiang	111.4	295.1	331.4	7	34.7	88.9	57.7	9
安　徽	Anhui	150.1	275.7	193.5	17	22.1	92.4	62.1	6
福　建	Fujian	96.0	191.5	213.1	15	26.7	50.6	17.6	20
江　西	Jiangxi	201.5	275.4	215.2	14	25.8	48.9	62.5	5
山　东	Shandong	298.5	369.9	419.5	2	22.7	101.8	136.9	1
河　南	Henan	195.1	358.0	434.1	1	14.3	30.8	43.0	12
湖　北	Hubei	180.9	286.0	256.4	10	18.2	33.0	49.0	11
湖　南	Hunan	99.3	293.9	353.3	6	5.5	78.6	60.9	7
广　东	Guangdong	185.6	350.6	311.6	8	35.3	94.1	70.0	4
广　西	Guangxi	82.2	201.6	248.5	11	19.7	72.1	54.3	10
海　南	Hainan	108.8	135.3	84.1	23	5.4		0.7	31
重　庆	Chongqing	34.1	159.7	147.9	19	3.7	12.2	8.3	25
四　川	Sichuan	107.6	354.3	401.9	4	9.6	21.3	27.7	15
贵　州	Guizhou	21.2	225.7	218.0	13	6.0	13.6	17.9	19
云　南	Yunnan	63.4	232.0	358.3	5	4.8	10.2	8.8	24
西　藏	Tibet	14.7	22.0	26.2	27	0.8	4.9	1.5	29
陕　西	Shaanxi	84.5	249.9	285.7	9	3.3	22.9	19.6	18
甘　肃	Gansu	23.6	195.6	102.7	20	3.3	22.5	6.2	26
青　海	Qinghai	6.6	30.0	40.5	26	1.2	4.8	1.0	30
宁　夏	Ningxia	5.4	20.5	16.6	29	0.3	1.0	3.0	27
新　疆	Xinjiang	13.3	48.6	96.1	22	7.1	9.2	26.6	16

4-30 房地产业和租赁、商务服务业固定资产投资（不含农户）
Investment in Fixed Assets (Excluding Rural Households) in Real Estate and Leasing Services

单位：亿元 (100 million yuan)

地区	Region	房地产业 Real Estate				租赁和商务服务业 Leasing and Business Services			
		2010	2016	2017	2017排名 Ranking	2010	2016	2017	2017排名 Ranking
全　国	**National Total**	**57633.1**	**135283.7**	**139733.5**		**2486.4**	**12315.7**	**13304.2**	
北　京	Beijing	3039.0	4675.7	4425.9	14	22.4	129.2	283.8	19
天　津	Tianjin	1129.6	3280.9	2821.4	19	281.3	1122.4	763.7	6
河　北	Hebei	3044.1	5469.7	5526.4	10	104.7	501.0	556.8	11
山　西	Shanxi	943.6	2723.5	1421.1	25	34.2	162.6	53.3	28
内蒙古	Inner Mongolia	1282.4	1727.9	1477.5	24	43.4	141.6	117.9	23
辽　宁	Liaoning	3599.6	2143.0	2320.3	21	333.6	93.1	95.1	24
吉　林	Jilin	1048.6	1210.3	1142.6	27	38.6	266.7	293.2	17
黑龙江	Heilongjiang	1132.7	1150.9	1025.2	28	57.3	258.7	290.3	18
上　海	Shanghai	2050.8	3716.6	3858.3	16	39.0	119.9	145.7	22
江　苏	Jiangsu	4751.6	10277.1	10810.8	2	269.0	1545.7	1595.9	1
浙　江	Zhejiang	3389.4	9683.8	10468.6	3	112.8	645.9	668.3	7
安　徽	Anhui	2785.5	5764.1	6551.6	7	64.6	655.5	612.8	8
福　建	Fujian	2065.8	5462.4	5577.9	9	95.5	336.0	333.6	15
江　西	Jiangxi	866.4	2522.2	2688.3	20	76.3	494.7	579.3	10
山　东	Shandong	4520.4	8910.0	9592.0	4	201.7	1183.1	1380.2	2
河　南	Henan	2907.0	8949.1	9507.2	5	52.2	450.2	422.5	13
湖　北	Hubei	1871.8	6063.7	6483.9	8	115.6	806.4	788.2	5
湖　南	Hunan	1670.6	4369.5	4849.7	12	49.9	723.4	897.7	3
广　东	Guangdong	4223.9	11762.1	13623.6	1	134.4	433.7	610.9	9
广　西	Guangxi	1410.5	2984.2	3454.8	18	55.4	560.1	801.9	4
海　南	Hainan	503.3	1995.2	2175.3	22	14.1	33.0	27.9	29
重　庆	Chongqing	1871.8	4259.3	4341.5	15	59.3	244.6	239.3	20
四　川	Sichuan	2717.3	8108.8	7910.8	6	103.5	400.4	532.9	12
贵　州	Guizhou	646.7	3289.0	3504.5	17	5.4	313.3	420.0	14
云　南	Yunnan	1060.5	5127.7	4483.3	13	13.4	59.4	70.3	27
西　藏	Tibet	25.8	176.6	224.2	31	1.8	17.3	20.1	31
陕　西	Shaanxi	1674.2	4824.5	5076.4	11	67.2	259.4	328.1	16
甘　肃	Gansu	416.3	1344.7	1277.1	26	25.3	145.0	94.1	25
青　海	Qinghai	125.3	576.3	660.3	30	2.4	42.4	71.9	26
宁　夏	Ningxia	305.1	817.9	754.9	29	1.9	22.7	27.5	30
新　疆	Xinjiang	553.6	1917.1	1698.0	23	10.2	148.3	181.1	21

4-31　科学研究、服务技术业和水利环境、公共设施管理业固定资产投资（不含农户）

Investment in Fixed Assets (Excluding Rural Households) in Scientific Research, Technical Services, and Management of Water Conservancy, Environment and Public Facilities

单位：亿元　　(100 million yuan)

地区	Region	科学研究和技术服务业 Scientific Research and Technical Services				水利环境和公共设施管理业 Management of Water Conservancy, Environment and Public Facilities			
		2010	2016	2017	2017排名 Ranking	2010	2016	2017	2017排名 Ranking
全　国	**National Total**	**1269.2**	**5567.8**	**5932.5**		**22333.7**	**68647.2**	**82105.3**	
北　京	Beijing	81.9	70.6	73.4	19	263.9	722.2	758.9	25
天　津	Tianjin	20.7	301.4	458.9	3	813.4	1629.1	1385.2	20
河　北	Hebei	58.2	351.8	426.8	5	1337.9	2705.9	3554.2	11
山　西	Shanxi	25.2	104.6	31.5	26	426.6	1873.6	738.6	26
内蒙古	Inner Mongolia	42.8	87.8	104.9	17	651.6	2645.3	2818.1	16
辽　宁	Liaoning	122.0	44.0	30.2	27	1313.9	505.2	449.5	30
吉　林	Jilin	47.3	150.8	138.3	13	521.4	1161.3	1268.6	21
黑龙江	Heilongjiang	35.4	194.3	241.7	10	575.9	864.5	845.4	22
上　海	Shanghai	25.4	40.4	58.6	21	422.2	474.4	785.4	23
江　苏	Jiangsu	114.3	639.2	768.5	2	1442.8	3965.4	4692.8	6
浙　江	Zhejiang	31.1	141.3	131.8	15	846.7	4361.4	4702.5	5
安　徽	Anhui	63.2	345.3	280.6	7	911.2	2597.1	3299.1	13
福　建	Fujian	17.4	116.0	115.6	16	626.0	3588.5	4486.7	7
江　西	Jiangxi	43.9	153.3	135.9	14	724.2	2004.4	2544.7	17
山　东	Shandong	140.8	1055.7	953.0	1	1067.2	2959.7	3753.9	9
河　南	Henan	41.7	252.2	295.2	6	1108.9	3697.9	4981.2	3
湖　北	Hubei	46.3	151.9	242.3	9	1015.8	3735.2	4371.6	8
湖　南	Hunan	25.0	358.2	434.4	4	968.2	4526.2	5421.3	2
广　东	Guangdong	84.8	223.5	266.8	8	1602.3	2843.2	3548.9	12
广　西	Guangxi	18.3	152.5	146.0	12	844.3	2076.5	2515.8	18
海　南	Hainan	1.1	38.3	32.3	25	111.6	399.3	472.6	28
重　庆	Chongqing	10.5	30.8	45.4	22	716.5	2839.8	3295.6	14
四　川	Sichuan	23.4	96.2	92.5	18	1307.6	3977.1	4784.2	4
贵　州	Guizhou	7.3	32.4	44.1	23	326.4	2960.4	3653.3	10
云　南	Yunnan	6.8	18.1	27.7	29	584.7	2022.1	3035.4	15
西　藏	Tibet	0.9	7.3	5.5	31	23.7	193.5	276.0	31
陕　西	Shaanxi	80.8	215.5	203.5	11	947.8	4026.5	5705.5	1
甘　肃	Gansu	23.5	79.0	38.7	24	128.9	1073.6	777.3	24
青　海	Qinghai	2.9	39.5	11.6	30	43.6	327.4	475.4	27
宁　夏	Ningxia	1.1	17.2	28.4	28	70.5	348.3	467.2	29
新　疆	Xinjiang	16.4	58.8	68.3	20	176.2	1539.8	2222.7	19

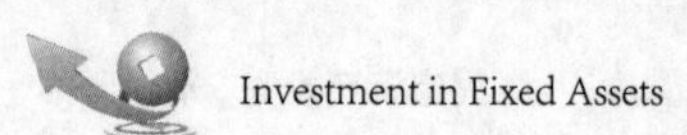

4-32 居民服务、修理、其他服务业和教育固定资产投资（不含农户）

Investment in Fixed Assets (Excluding Rural Households) in Services to Households, Repair and Other Services and Education

单位：亿元 (100 million yuan)

地区	Region	居民服务、修理和其他服务业 Services to Households, Repair and Other Services				教育 Education			
		2010	2016	2017	2017排名 Ranking	2010	2016	2017	2017排名 Ranking
全 国	**National Total**	**757.1**	**2676.6**	**2686.2**		**3718.1**	**9323.7**	**11083.5**	
北 京	Beijing	3.8	16.1	0.1	31	72.4	139.9	129.3	23
天 津	Tianjin	93.1	167.1	188.8	3	58.8	140.4	118.0	24
河 北	Hebei	39.5	93.9	99.6	11	144.0	325.3	317.8	16
山 西	Shanxi	7.4	42.1	8.2	27	236.8	186.8	74.7	28
内蒙古	Inner Mongolia	18.1	33.9	52.0	20	149.9	149.2	163.1	20
辽 宁	Liaoning	82.7	48.9	29.7	24	131.9	57.9	79.9	27
吉 林	Jilin	30.6	105.4	108.9	9	87.5	123.9	168.1	19
黑龙江	Heilongjiang	14.6	102.4	133.3	8	71.3	164.2	159.3	21
上 海	Shanghai	1.9	2.6	1.4	30	45.1	79.1	96.4	25
江 苏	Jiangsu	58.5	260.9	307.1	1	185.9	590.1	677.4	5
浙 江	Zhejiang	5.6	119.8	85.5	14	103.5	506.8	517.5	10
安 徽	Anhui	24.2	105.7	108.3	10	175.2	375.4	443.4	12
福 建	Fujian	10.3	50.4	97.7	12	100.8	328.2	369.6	14
江 西	Jiangxi	28.6	120.2	84.0	15	107.7	218.3	234.9	18
山 东	Shandong	157.6	305.7	239.0	2	229.2	744.2	1167.2	1
河 南	Henan	43.2	152.2	151.6	5	237.1	533.7	763.4	2
湖 北	Hubei	35.9	139.2	148.7	6	156.1	366.7	363.6	15
湖 南	Hunan	19.6	131.0	158.3	4	106.0	568.1	692.6	4
广 东	Guangdong	12.5	39.9	47.2	21	199.5	514.7	528.5	8
广 西	Guangxi	9.1	93.8	86.3	13	171.9	478.4	517.7	9
海 南	Hainan	0.5	10.0	8.7	26	25.1	62.5	81.9	26
重 庆	Chongqing	8.5	44.3	38.6	23	117.0	243.4	292.7	17
四 川	Sichuan	7.7	59.9	59.3	19	229.0	579.3	711.2	3
贵 州	Guizhou	3.6	48.5	71.0	17	46.7	326.2	507.6	11
云 南	Yunnan	4.4	55.5	70.9	18	168.5	438.8	584.9	6
西 藏	Tibet	0.7	8.0	18.8	25	11.3	39.5	48.2	31
陕 西	Shaanxi	21.6	125.8	147.0	7	178.7	424.7	584.8	7
甘 肃	Gansu	7.4	142.0	76.0	16	64.3	294.3	151.7	22
青 海	Qinghai	1.2	5.9	8.2	28	20.8	64.4	56.2	30
宁 夏	Ningxia	1.0	20.1	7.5	29	32.4	56.9	68.1	29
新 疆	Xinjiang	3.6	25.6	44.3	22	53.7	202.4	413.9	13

4-33 卫生、社会工作和文化体育娱乐业固定资产投资（不含农户）

Investment in Fixed Assets (Excluding Rural Households) in Health and Social Service and Culture, Sports and Entertainment

单位：亿元 (100 million yuan)

地区	Region	卫生和社会工作 Health and Social Service				文化、体育和娱乐业 Culture, Sports and Entertainment			
		2010	2016	2017	2017排名 Ranking	2010	2016	2017	2017排名 Ranking
全　国	**National Total**	**1959.5**	**6281.6**	**7327.4**		**2605.9**	**7830.1**	**8731.9**	
北　京	Beijing	36.1	56.9	66.2	27	59.5	153.2	108.5	24
天　津	Tianjin	19.4	55.7	45.4	29	49.9	119.7	92.3	26
河　北	Hebei	106.6	316.4	334.9	8	119.9	461.7	511.2	5
山　西	Shanxi	54.2	166.8	69.5	26	60.4	192.8	61.4	28
内蒙古	Inner Mongolia	53.2	127.6	154.1	19	117.1	210.5	231.2	16
辽　宁	Liaoning	84.4	66.0	91.7	23	181.3	83.6	96.0	25
吉　林	Jilin	56.1	145.4	144.3	20	82.0	107.8	156.1	19
黑龙江	Heilongjiang	64.5	156.9	175.6	17	38.1	146.7	142.0	21
上　海	Shanghai	36.1	52.8	51.1	28	35.3	107.1	56.9	29
江　苏	Jiangsu	96.2	446.4	534.4	3	158.9	642.2	546.8	4
浙　江	Zhejiang	74.9	273.1	275.8	11	60.6	390.0	484.6	6
安　徽	Anhui	97.1	231.4	255.5	13	101.2	242.7	254.3	15
福　建	Fujian	54.1	198.7	265.3	12	71.2	324.0	432.4	7
江　西	Jiangxi	51.3	145.6	202.4	16	77.8	176.0	198.5	17
山　东	Shandong	141.4	545.9	651.4	1	392.5	827.4	974.6	1
河　南	Henan	122.1	555.9	594.5	2	141.4	547.7	657.4	2
湖　北	Hubei	90.1	269.5	344.2	7	106.8	323.9	390.2	9
湖　南	Hunan	94.9	414.3	483.9	4	85.0	512.8	650.2	3
广　东	Guangdong	119.3	215.3	333.6	9	204.7	319.2	304.0	14
广　西	Guangxi	71.6	218.5	237.8	15	58.3	223.0	310.4	12
海　南	Hainan	18.7	57.3	84.8	25	41.5	63.0	150.4	20
重　庆	Chongqing	38.2	131.7	138.8	21	52.1	112.7	135.6	22
四　川	Sichuan	126.8	402.1	479.3	5	135.6	233.3	318.8	11
贵　州	Guizhou	15.9	171.7	253.4	14	18.9	262.0	319.8	10
云　南	Yunnan	63.0	215.5	288.1	10	49.5	186.1	310.1	13
西　藏	Tibet	3.4	17.4	28.0	31	6.7	26.2	33.1	31
陕　西	Shaanxi	82.1	307.3	347.4	6	40.1	348.8	391.8	8
甘　肃	Gansu	39.4	155.1	105.3	22	23.8	291.7	130.4	23
青　海	Qinghai	6.8	26.1	39.8	30	9.5	44.7	63.0	27
宁　夏	Ningxia	12.5	45.6	86.4	24	10.6	45.3	55.7	30
新　疆	Xinjiang	28.8	92.6	164.5	18	16.1	104.4	164.1	18

4-34 全社会公共管理、社会保障投资
Total Investment in Public Management and Social Security

单位：亿元 (100 million yuan)

地区	Region	公共管理、社会保障和社会组织 Public Management，Social Security and Social Organization				公共管理、社会保障和社会组织（不含农户） Public Management，Social Security and Social Organization			
		2010	2016	2017	2017排名 Ranking	2010	2016	2017	2017排名 Ranking
全　国	**National Total**	**5676.6**	**8187.7**	**7931.5**		**4761.6**	**8187.5**	**7931.3**	
北　京	Beijing	36.0	19.7	20.1	30	27.3	19.7	20.1	30
天　津	Tianjin	77.3	27.6	50.1	27	41.6	27.6	50.1	27
河　北	Hebei	147.4	188.9	210.5	13	110.3	188.9	210.5	13
山　西	Shanxi	31.5	97.1	60.7	25	24.6	96.9	60.6	25
内蒙古	Inner Mongolia	185.8	294.5	213.6	12	181.5	294.5	213.6	12
辽　宁	Liaoning	301.0	62.8	50.0	28	280.4	62.8	50.0	28
吉　林	Jilin	106.3	248.1	98.7	22	100.3	248.1	98.7	22
黑龙江	Heilongjiang	197.8	122.9	113.4	21	191.6	122.9	113.4	21
上　海	Shanghai	19.2	14.1	18.4	31	15.7	14.1	18.4	31
江　苏	Jiangsu	223.0	485.8	477.5	6	177.8	485.8	477.5	6
浙　江	Zhejiang	119.6	302.9	148.8	17	84.4	302.9	148.8	17
安　徽	Anhui	218.7	464.2	421.4	7	186.0	464.2	421.4	7
福　建	Fujian	128.7	341.5	380.1	9	101.0	341.5	380.1	9
江　西	Jiangxi	103.9	327.6	588.2	5	84.7	327.6	588.2	5
山　东	Shandong	929.2	1074.9	678.3	2	726.4	1074.9	678.3	2
河　南	Henan	144.3	121.0	187.1	14	98.6	121.0	187.1	14
湖　北	Hubei	484.5	309.8	417.0	8	435.4	309.8	417.0	8
湖　南	Hunan	196.3	539.9	622.6	3	163.3	539.9	622.6	3
广　东	Guangdong	141.7	201.1	163.8	16	110.8	201.1	163.8	16
广　西	Guangxi	113.8	261.9	354.2	10	102.4	261.9	354.2	10
海　南	Hainan	54.2	18.6	30.3	29	47.8	18.6	30.3	29
重　庆	Chongqing	154.2	74.7	97.9	23	123.3	74.6	97.9	23
四　川	Sichuan	237.5	284.9	247.6	11	166.1	284.9	247.6	11
贵　州	Guizhou	47.9	28.6	54.8	26	35.5	28.6	54.8	26
云　南	Yunnan	106.0	508.6	945.3	1	90.1	508.6	945.3	1
西　藏	Tibet	58.0	136.4	148.6	18	40.5	136.4	148.6	18
陕　西	Shaanxi	513.5	226.2	138.4	19	488.6	226.2	138.4	19
甘　肃	Gansu	307.0	205.2	180.0	15	256.9	205.2	180.0	15
青　海	Qinghai	32.8	169.3	122.3	20	26.5	169.3	122.3	20
宁　夏	Ningxia	29.5	33.9	73.3	24	23.9	33.9	73.3	24
新　疆	Xinjiang	78.9	326.0	618.2	4	67.1	326.0	618.2	4

4-35　固定资产投资（不含农户）房屋施工面积

Floor Space of Buildings under Construction (Excluding Rural Households)

单位：万平方米　　　　(10 000 sq.m)

地区	Region	房屋施工面积 Floor Space of Buildings under Construction 2010	2016	2017	2017排名 Ranking	其中：住宅施工面积 Floor Space of Residential Buildings 2010	2016	2017	2017排名 Ranking
全　国	**National Total**	**706379.2**	**1172355.5**	**1090854.0**		**376588.5**	**577521.9**	**576134.0**	
北　京	Beijing	13558.7	21777.9	20667.0	19	6649.8	7165.4	6716.0	27
天　津	Tianjin	12294.7	19318.6	16736.0	24	5525.5	7247.7	6412.0	28
河　北	Hebei	39543.2	44758.2	42263.0	9	20460.5	24508.5	23900.0	8
山　西	Shanxi	13940.3	25557.8	20034.0	20	9156.6	15342.9	12935.0	19
内蒙古	Inner Mongolia	18060.6	21071.1	19183.0	21	9892.4	12630.3	11099.0	20
辽　宁	Liaoning	44138.5	30258.3	28432.0	17	21222.0	19145.6	18829.0	13
吉　林	Jilin	13381.0	18256.7	16038.0	26	6746.1	8427.1	8507.0	22
黑龙江	Heilongjiang	15587.8	15082.2	16135.0	25	9204.2	8341.6	7863.0	24
上　海	Shanghai	13688.6	17698.2	18547.0	23	7325.0	8123.6	8044.0	23
江　苏	Jiangsu	57837.1	93782.5	90333.0	2	28004.9	45255.0	45487.0	3
浙　江	Zhejiang	41954.3	73050.2	76593.0	4	18768.6	29043.1	28595.0	6
安　徽	Anhui	31567.2	54531.0	56652.0	6	16696.8	27000.6	28292.0	7
福　建	Fujian	26140.0	44558.5	49708.0	8	12006.4	20265.7	21400.0	11
江　西	Jiangxi	16318.7	28037.1	29061.0	16	7290.6	13509.6	15190.0	17
山　东	Shandong	55009.9	86011.1	88467.0	3	28034.8	47141.2	49521.0	2
河　南	Henan	46409.9	68765.6	66145.0	5	21286.9	39092.6	40017.0	4
湖　北	Hubei	20410.7	44198.7	42088.0	10	10920.9	24286.6	23850.0	9
湖　南	Hunan	23685.8	94888.7	37434.0	11	14881.0	23189.9	23733.0	10
广　东	Guangdong	44695.4	84639.9	92209.0	1	25200.1	45076.1	50261.0	1
广　西	Guangxi	18972.6	28479.4	29632.0	15	11243.9	16276.0	17180.0	16
海　南	Hainan	4121.6	10040.6	10377.0	28	2875.7	6993.2	7140.0	25
重　庆	Chongqing	22359.1	33004.1	30673.0	14	15628.6	18932.9	17518.0	15
四　川	Sichuan	38585.2	60347.6	56382.0	7	22558.6	31310.4	29948.0	5
贵　州	Guizhou	11183.3	32600.9	27297.0	18	7304.2	14355.8	13692.0	18
云　南	Yunnan	15875.8	36150.4	33151.0	12	8949.8	20977.1	18311.0	14
西　藏	Tibet	936.4	3050.7	885.0	31	354.3	380.6	380.0	31
陕　西	Shaanxi	21067.0	34141.7	31204.0	13	13085.6	18942.0	18926.0	12
甘　肃	Gansu	8066.4	14900.9	12374.0	27	4880.7	7202.6	6765.0	26
青　海	Qinghai	2929.7	4968.0	4620.0	30	1828.4	2387.2	1965.0	30
宁　夏	Ningxia	4386.3	8930.0	8574.0	29	2570.6	4762.3	4500.0	29
新　疆	Xinjiang	9381.0	19334.9	18770.0	22	6035.0	10208.8	9159.0	21

4-36 固定资产投资（不含农户）房屋竣工面积
Investment in Fixed Assets (Excluding Rural Households) Floor Space of Buildings and Residential Buildings Completed

单位：万平方米 (10 000 sq.m)

地区	Region	房屋竣工面积 Floor Space of Buildings Completed 2010	2016	2017	2017排名 Ranking	其中：住宅竣工面积 Floor Space of Residential Buildings Completed 2010	2016	2017	2017排名 Ranking
全　国	**National Total**	**175429.6**	**232469.9**	**213609.0**		**86879.8**	**98419.8**	**88242.0**	
北　京	Beijing	2935.3	3025.3	2199.0	26	1566.4	1324.6	722.0	29
天　津	Tianjin	2917.2	5287.9	3908.0	18	1702.8	2245.6	1472.0	22
河　北	Hebei	9194.2	12469.5	9545.0	9	4129.2	3745.2	2878.0	13
山　西	Shanxi	3802.2	6496.7	2616.0	25	2056.8	3579.8	1737.0	19
内蒙古	Inner Mongolia	4814.5	4343.4	2947.0	24	2582.3	2010.2	1557.0	21
辽　宁	Liaoning	9245.7	3510.4	3328.0	21	3865.9	2215.8	2247.0	15
吉　林	Jilin	4830.1	4533.6	3234.0	23	2054.6	1070.0	1078.0	25
黑龙江	Heilongjiang	6758.7	4080.3	3947.0	17	3760.2	1979.1	1345.0	23
上　海	Shanghai	2402.4	2814.3	3798.0	19	1397.2	1532.9	1863.0	18
江　苏	Jiangsu	18825.0	24665.2	22988.0	1	7264.3	8335.5	8062.0	1
浙　江	Zhejiang	8522.1	17652.0	21035.0	2	3266.5	6380.6	5774.0	4
安　徽	Anhui	7842.2	10595.1	9188.0	10	3822.4	4762.4	3913.0	8
福　建	Fujian	4693.3	10228.2	12007.0	6	1952.7	2836.3	3362.0	11
江　西	Jiangxi	5029.0	4890.7	5656.0	14	1912.4	1656.3	1912.0	17
山　东	Shandong	11665.3	18744.4	17156.0	3	5577.5	7558.2	7517.0	2
河　南	Henan	12808.7	12596.2	10964.0	7	5617.8	6381.9	5221.0	6
湖　北	Hubei	7238.3	8878.6	7173.0	11	3250.1	3582.2	3095.0	12
湖　南	Hunan	5031.4	7342.7	6155.0	13	3201.4	3866.0	3541.0	10
广　东	Guangdong	11694.5	13983.2	14682.0	4	6657.8	5091.6	5954.0	3
广　西	Guangxi	3360.5	3852.3	3444.0	20	1861.3	1658.6	1610.0	20
海　南	Hainan	746.1	1819.9	1391.0	29	601.2	1496.7	1006.0	26
重　庆	Chongqing	4301.5	6686.0	6688.0	12	3120.4	3698.0	3716.0	9
四　川	Sichuan	11449.6	12955.1	13385.0	5	6269.7	6375.5	5594.0	5
贵　州	Guizhou	2398.2	6987.6	3304.0	22	1506.0	1518.6	1083.0	24
云　南	Yunnan	3433.7	9790.8	9974.0	8	2024.3	5581.0	5148.0	7
西　藏	Tibet	219.1	106.3	294.0	31	119.3	73.0	122.0	31
陕　西	Shaanxi	2353.2	4194.3	4660.0	15	1276.1	2595.1	2479.0	14
甘　肃	Gansu	2023.0	2867.8	1598.0	28	1173.7	1047.2	788.0	28
青　海	Qinghai	548.0	926.8	721.0	30	423.0	568.3	353.0	30
宁　夏	Ningxia	1164.8	1657.2	1654.0	27	838.1	1022.2	910.0	27
新　疆	Xinjiang	3160.7	4487.8	3967.0	16	2028.3	2631.3	2181.0	16

4-37 农村农户固定资产投资额
Investment in Fixed Assets by Rural Households

单位：亿元 (100 million yuan)

地区	Region	农村农户投资额 Total Investment by Rural Households				其中：竣工房屋投资额 Investment in Buildings Completed by Rural Households			
		2010	2016	2017	2017排名 Ranking	2010	2016	2017	2017排名 Ranking
全　国	**National Total**	**7886.0**	**9964.9**	**9554.4**		**5247.0**	**6812.6**	**6446.3**	
北　京	Beijing	52.1	55.2	63.1	28	42.7	50.0	54.1	24
天　津	Tianjin	26.4	23.0	14.2	29	12.0	9.5	7.3	29
河　北	Hebei	460.8	409.9	394.6	10	324.5	323.4	295.4	9
山　西	Shanxi	217.9	338.6	318.4	13	110.8	209.0	181.2	16
内蒙古	Inner Mongolia	91.2	186.1	185.3	21	38.6	104.2	110.1	20
辽　宁	Liaoning	249.4	255.9	232.0	18	187.8	121.4	110.9	19
吉　林	Jilin	174.8	150.0	153.0	22	63.3	42.4	42.1	26
黑龙江	Heilongjiang	316.7	215.8	212.3	20	89.3	40.0	36.3	28
上　海	Shanghai	2.0	4.2	5.7	30	2.0	3.4	4.6	30
江　苏	Jiangsu	377.7	292.4	276.8	17	229.4	174.4	148.7	17
浙　江	Zhejiang	507.8	705.1	570.0	6	436.4	440.8	457.5	5
安　徽	Anhui	439.1	456.0	458.7	8	281.7	276.6	332.3	8
福　建	Fujian	206.1	309.4	305.9	15	101.2	174.0	193.9	14
江　西	Jiangxi	305.3	315.5	314.9	14	194.1	237.0	195.3	13
山　东	Shandong	697.8	958.4	966.7	1	421.1	541.4	552.9	1
河　南	Henan	786.6	661.2	606.6	4	648.0	526.2	493.1	2
湖　北	Hubei	302.8	507.8	409.8	9	234.9	372.0	287.3	10
湖　南	Hunan	362.5	664.9	631.1	3	293.5	534.8	474.2	4
广　东	Guangdong	353.3	356.3	357.8	11	251.7	303.7	273.1	11
广　西	Guangxi	338.3	583.8	590.8	5	239.8	359.9	365.7	7
海　南	Hainan	38.4	143.4	119.0	24	24.7	110.4	106.4	21
重　庆	Chongqing	94.6	116.3	96.5	25	63.1	87.1	67.6	23
四　川	Sichuan	566.9	582.2	666.2	2	374.9	461.5	423.7	6
贵　州	Guizhou	159.1	274.8	215.8	19	112.2	182.0	134.6	18
云　南	Yunnan	219.8	456.9	461.1	7	139.7	492.7	488.5	3
西　藏	Tibet								
陕　西	Shaanxi	220.3	350.4	351.2	12	137.9	261.2	260.1	12
甘　肃	Gansu	103.6	129.9	131.4	23	77.1	76.0	76.9	22
青　海	Qinghai	49.4	72.5	63.7	27	39.6	60.3	48.0	25
宁　夏	Ningxia	46.6	85.2	88.3	26	26.7	34.5	36.7	27
新　疆	Xinjiang	118.5	303.7	293.5	16	48.6	202.7	187.6	15

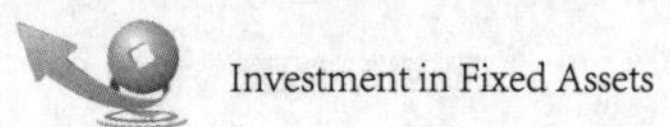

4-38 农村农户房屋施工和竣工面积

Floor Space of Buildings under Construction and Completed in Rural Areas

单位：万平方米 (10 000 sq.m)

地区	Region	农村农户房屋施工面积 Floor Space of Buildings under Construction in Rural Area				农村农户房屋竣工面积 Floor Space of Buildings Completed in Rural Area			
		2010	2016	2017	2017排名 Ranking	2010	2016	2017	2017排名 Ranking
全 国	**National Total**	**106679.8**	**92039.7**	**84395.0**		**94114.8**	**79649.1**	**72727.0**	
北 京	Beijing	948.1	443.5	450.0	26	630.5	417.3	421.0	26
天 津	Tianjin	134.6	104.2	73.0	29	104.6	80.2	65.0	29
河 北	Hebei	5630.6	4362.9	2817.0	12	4815.0	3751.9	2561.0	12
山 西	Shanxi	2486.0	3007.9	2758.0	14	1899.0	2851.7	2568.0	11
内蒙古	Inner Mongolia	507.0	1096.0	1021.0	22	469.0	1103.0	1012.0	21
辽 宁	Liaoning	4068.1	1403.4	1257.0	20	4068.1	1309.5	1200.0	20
吉 林	Jilin	949.6	478.9	428.0	27	949.6	463.9	413.0	27
黑龙江	Heilongjiang	1156.2	497.6	414.0	28	1086.0	455.4	393.0	28
上 海	Shanghai	17.6	35.0	41.0	30	17.6	25.9	34.0	30
江 苏	Jiangsu	2544.0	2215.0	1933.0	17	2469.0	1990.1	1729.0	16
浙 江	Zhejiang	5978.0	4332.3	3960.0	9	5626.0	3111.8	3126.0	8
安 徽	Anhui	4968.0	4959.6	4947.0	7	4511.0	3907.5	3868.0	7
福 建	Fujian	3367.9	2299.6	2314.0	16	1724.9	1521.7	1685.0	17
江 西	Jiangxi	6686.6	3721.6	3013.0	11	4069.8	3230.1	2476.0	13
山 东	Shandong	8362.1	10810.0	10903.0	1	8278.1	10461.0	10568.0	1
河 南	Henan	16653.0	6686.4	5399.0	5	15077.0	6017.9	4973.0	3
湖 北	Hubei	4086.9	4305.5	3424.0	10	3755.7	3799.3	3098.0	9
湖 南	Hunan	6810.0	5406.9	5009.0	6	6299.0	4749.6	3977.0	6
广 东	Guangdong	4484.0	3073.2	4195.0	8	3437.0	2453.2	2600.0	10
广 西	Guangxi	4959.9	6552.5	6638.0	2	4850.5	5977.5	6052.0	2
海 南	Hainan	341.8	1272.3	994.0	23	279.5	861.4	747.0	23
重 庆	Chongqing	1353.7	1139.1	1032.0	21	1389.2	957.3	856.0	22
四 川	Sichuan	8020.9	5255.6	5771.0	4	6862.1	4569.3	4695.0	5
贵 州	Guizhou	2397.0	2414.9	1739.0	18	2193.0	2235.8	1638.0	18
云 南	Yunnan	3883.0	7322.6	5955.0	3	3716.0	5777.3	4775.0	4
西 藏	Tibet								
陕 西	Shaanxi	2306.7	3039.1	2564.0	15	2201.6	2588.1	2398.0	14
甘 肃	Gansu	1480.0	1349.0	1367.0	19	1326.0	1270.0	1288.0	19
青 海	Qinghai	710.4	717.1	624.0	24	707.5	663.9	598.0	24
宁 夏	Ningxia	264.0	456.0	538.0	25	264.0	456.0	538.0	25
新 疆	Xinjiang	1124.4	3281.8	2817.0	12	1038.6	2591.6	2375.0	15

4-39 农村农户住宅投资额和竣工面积

Investment by Rural Households and Floor Space of Residential Buildings Completed in Rural Areas

地区	Region	农村农户住宅投资额（亿元） Farm Households Investment in Residential Buildings (100 million yuan)				农村农户住宅竣工面积（万平方米） Floor Space of Residential Buildings Completed in Rural Area (10 000 sq.m)			
		2010	2016	2017	2017排名 Ranking	2010	2016	2017	2017排名 Ranking
全　国	**National Total**	**4931.7**	**6331.3**	**5899.3**		**87947.1**	**73051.4**	**66870.0**	
北　京	Beijing	41.6	48.9	53.0	24	611.0	403.7	413.0	26
天　津	Tianjin	11.9	8.7	6.8	29	98.7	72.1	61.0	29
河　北	Hebei	300.2	281.0	264.9	10	4702.7	3279.6	2233.0	15
山　西	Shanxi	102.2	205.5	179.4	15	1714.0	2685.8	2463.0	10
内蒙古	Inner Mongolia	35.2	94.8	88.4	21	360.0	959.4	819.0	21
辽　宁	Liaoning	171.2	105.7	98.0	19	3638.1	925.6	856.0	20
吉　林	Jilin	61.9	40.7	40.8	26	922.6	434.0	398.0	27
黑龙江	Heilongjiang	81.8	35.5	34.3	27	969.6	365.0	368.0	28
上　海	Shanghai	1.9	3.3	4.0	30	16.8	25.1	33.0	30
江　苏	Jiangsu	193.4	168.2	138.4	17	2409.0	1874.0	1645.0	17
浙　江	Zhejiang	424.9	432.9	450.8	1	5457.0	3022.3	3078.0	8
安　徽	Anhui	274.1	257.3	267.3	9	4344.0	3596.8	3714.0	7
福　建	Fujian	97.6	166.5	187.6	13	1601.7	1494.2	1674.0	16
江　西	Jiangxi	183.9	227.9	183.8	14	3974.3	2932.4	2344.0	11
山　东	Shandong	386.0	455.6	432.3	4	7228.9	9198.0	8883.0	1
河　南	Henan	632.6	494.0	437.2	3	14002.0	5570.1	4631.0	3
湖　北	Hubei	193.0	349.9	272.7	8	3604.9	3556.2	3017.0	9
湖　南	Hunan	284.3	503.6	442.5	2	6041.0	4434.7	3744.0	6
广　东	Guangdong	247.8	297.1	263.9	11	3378.0	2405.2	2307.0	12
广　西	Guangxi	238.0	353.3	357.7	7	4801.0	5769.3	5839.0	2
海　南	Hainan	24.1	104.4	91.5	20	271.8	783.7	747.0	23
重　庆	Chongqing	55.1	83.6	64.0	23	1373.2	872.0	791.0	22
四　川	Sichuan	331.8	397.0	399.7	6	5697.4	4133.7	4310.0	4
贵　州	Guizhou	111.1	177.3	132.6	18	2159.0	2164.9	1599.0	18
云　南	Yunnan	123.6	450.7	430.6	5	3458.0	5195.4	4225.0	5
西　藏	Tibet								
陕　西	Shaanxi	136.5	244.5	255.4	12	2155.2	2448.5	2259.0	14
甘　肃	Gansu	74.5	67.9	68.4	22	1057.0	1123.0	1135.0	19
青　海	Qinghai	38.3	58.5	45.4	25	661.7	635.9	570.0	24
宁　夏	Ningxia	26.3	26.5	29.0	28	244.0	399.0	451.0	25
新　疆	Xinjiang	46.7	190.5	178.8	16	994.4	2291.7	2264.0	13

4-40 农村农户竣工房屋造价
Cost of Residential Buildings Completed in Rural Areas

单位：元/平方米 (yuan/sq.m)

地区	Region	农村农户竣工房屋造价 Cost of Buildings Completed in Rural Areas				其中：住宅造价 Residential Buildings			
		2010	2016	2017	2017排名 Ranking	2010	2016	2017	2017排名 Ranking
全 国	**National Total**	**557.5**	**855.3**	**886.4**		**560.8**	**866.7**	**882.2**	
北 京	Beijing	677.6	1198.6	1286.0	4	680.7	1210.6	1282.8	2
天 津	Tianjin	1147.3	1191.1	1119.9	8	1203.4	1211.7	1108.7	11
河 北	Hebei	673.9	861.9	1153.4	6	638.4	856.9	1186.2	5
山 西	Shanxi	583.4	732.9	705.5	26	596.5	765.2	728.2	25
内蒙古	Inner Mongolia	822.4	945.1	1088.2	9	978.8	988.4	1078.9	12
辽 宁	Liaoning	461.7	927.3	924.6	16	470.6	1141.7	1144.7	7
吉 林	Jilin	666.4	914.2	1020.6	13	671.1	938.0	1026.3	13
黑龙江	Heilongjiang	822.3	878.5	922.5	17	844.1	971.8	932.2	16
上 海	Shanghai	1127.5	1322.9	1353.9	3	1127.5	1325.1	1213.8	4
江 苏	Jiangsu	929.2	876.1	859.9	19	802.9	897.3	841.6	19
浙 江	Zhejiang	775.7	1416.6	1463.6	1	778.6	1432.3	1464.5	1
安 徽	Anhui	624.4	707.8	859.1	20	631.0	715.3	719.8	26
福 建	Fujian	586.6	1143.7	1151.0	7	609.2	1114.5	1120.8	10
江 西	Jiangxi	476.8	733.6	788.7	25	462.8	777.3	784.2	24
山 东	Shandong	508.7	517.5	523.2	30	534.0	495.3	486.6	30
河 南	Henan	429.8	874.4	991.5	14	451.8	886.8	944.0	15
湖 北	Hubei	625.4	979.3	927.2	15	535.4	984.0	904.0	18
湖 南	Hunan	465.9	1126.0	1192.4	5	470.6	1135.6	1182.0	6
广 东	Guangdong	732.2	1237.9	1050.4	11	733.6	1235.3	1143.8	8
广 西	Guangxi	494.3	602.1	604.2	28	495.7	612.3	612.7	28
海 南	Hainan	883.2	1282.1	1424.9	2	888.5	1332.3	1224.4	3
重 庆	Chongqing	454.0	910.2	789.6	24	401.5	959.3	809.6	21
四 川	Sichuan	546.4	1009.9	902.5	18	582.5	960.4	927.5	17
贵 州	Guizhou	511.4	813.9	821.8	21	514.8	819.0	829.4	20
云 南	Yunnan	376.0	852.9	1023.0	12	357.4	867.4	1019.2	14
西 藏	Tibet								
陕 西	Shaanxi	626.4	1009.2	1084.5	10	633.3	998.5	1130.4	9
甘 肃	Gansu	581.3	598.5	597.3	29	704.5	604.2	602.7	29
青 海	Qinghai	560.0	908.1	803.1	22	578.3	919.9	796.7	22
宁 夏	Ningxia	1013.2	756.2	682.1	27	1078.6	663.4	642.9	27
新 疆	Xinjiang	467.8	782.2	790.1	23	469.4	831.5	789.9	23

5

财政和税收

Government Finance and Tax Revenue

5-1 公共财政预算收入和税收收入

Public Budgetary Revenue and Tax Revenue

单位：亿元 (100 million yuan)

地区	Region	地方公共财政预算收入 Public Budgetary Revenue				税收收入 Tax Revenue			
		2010	2016	2017	2017排名 Ranking	2010	2016	2017	2017排名 Ranking
地方合计	**Region Total**	**40613.04**	**87239.35**	**91469.41**		**32701.49**	**64691.69**	**68672.72**	
北　京	Beijing	2353.93	5081.26	5430.79	6	2251.59	4452.97	4676.68	5
天　津	Tianjin	1068.81	2723.50	2310.36	15	776.65	1624.22	1611.96	15
河　北	Hebei	1331.85	2849.87	3233.83	10	1074.04	1996.12	2199.35	10
山　西	Shanxi	969.67	1557.00	1867.00	20	692.71	1036.67	1397.43	19
内蒙古	Inner Mongolia	1069.98	2016.43	1703.21	21	752.81	1335.88	1286.91	20
辽　宁	Liaoning	2004.84	2200.49	2392.77	14	1516.65	1687.45	1812.42	13
吉　林	Jilin	602.41	1263.78	1210.91	26	439.31	872.97	854.03	26
黑龙江	Heilongjiang	755.58	1148.41	1243.31	25	556.97	827.85	901.91	25
上　海	Shanghai	2873.58	6406.13	6642.26	3	2707.80	5625.90	5865.51	3
江　苏	Jiangsu	4079.86	8121.23	8171.53	2	.	6531.83	6484.33	2
浙　江	Zhejiang	2608.47	5301.98	5804.38	5	2464.96	4540.09	4940.74	4
安　徽	Anhui	1149.40	2672.79	2812.45	11	866.55	1857.53	1970.68	12
福　建	Fujian	1151.49	2654.83	2809.03	12	966.09	1962.72	2052.64	11
江　西	Jiangxi	778.09	2151.47	2247.06	17	585.11	1471.10	1515.01	16
山　东	Shandong	2749.38	5860.18	6098.63	4	2149.90	4212.59	4419.40	6
河　南	Henan	1381.32	3153.47	3407.22	8	1016.55	2158.44	2329.31	8
湖　北	Hubei	1011.23	3102.06	3248.32	9	777.96	2122.93	2247.82	9
湖　南	Hunan	1081.69	2697.88	2757.82	13	730.84	1551.33	1759.13	14
广　东	Guangdong	4517.04	10390.35	11320.35	1	3803.47	8098.63	8871.89	1
广　西	Guangxi	771.99	1556.27	1615.13	22	533.87	1036.22	1057.69	23
海　南	Hainan	270.99	637.51	674.11	28	237.10	504.96	543.56	28
重　庆	Chongqing	952.07	2227.91	2252.38	16	621.56	1438.45	1476.33	18
四　川	Sichuan	1561.67	3388.85	3577.99	7	1180.58	2329.23	2430.32	7
贵　州	Guizhou	533.73	1561.34	1613.84	23	395.57	1120.44	1179.73	22
云　南	Yunnan	871.19	1812.29	1886.17	19	702.16	1173.52	1233.85	21
西　藏	Tibet	36.65	155.99	185.83	31	25.28	99.05	122.70	31
陕　西	Shaanxi	958.21	1833.99	2006.69	18	710.57	1204.39	1485.58	17
甘　肃	Gansu	353.58	786.97	815.73	27	220.29	526.00	547.14	27
青　海	Qinghai	110.22	238.51	246.20	30	88.94	176.48	183.96	30
宁　夏	Ningxia	153.55	387.66	417.59	29	126.79	246.55	270.30	29
新　疆	Xinjiang	500.58	1298.95	1466.52	24	416.23	869.18	944.38	24

5-2 国内增值税和营业税收入
Domestic Value-added Tax and Business Tax

单位：亿元 (100 million yuan)

地区	Region	国内增值税收入 Domestic Value-added Tax				营业税收入 Business Tax			
		2010	2016	2017	2017排名 Ranking	2010	2015	2016	2016排名 Ranking
地方合计	**Region Total**	**5196.27**	**18762.61**	**28212.16**		**11004.57**	**19162.11**	**10168.80**	
北　京	Beijing	210.01	1214.34	1671.90	6	855.40	1186.13	584.41	6
天　津	Tianjin	119.20	455.80	654.54	16	283.87	501.41	252.34	15
河　北	Hebei	203.84	595.20	913.73	8	362.65	651.54	342.41	10
山　西	Shanxi	198.26	349.45	623.11	17	191.91	299.81	161.56	21
内蒙古	Inner Mongolia	135.95	300.30	513.76	21	234.57	317.89	155.42	23
辽　宁	Liaoning	188.84	534.57	785.76	12	453.75	471.30	238.91	16
吉　林	Jilin	78.15	267.88	371.40	25	145.97	242.05	111.44	26
黑龙江	Heilongjiang	123.52	226.73	357.74	26	165.80	256.98	135.31	24
上　海	Shanghai	388.62	1614.48	2460.39	3	933.91	1215.49	845.96	3
江　苏	Jiangsu	562.60	1974.58	2864.23	2	1023.92	2442.82	1325.14	1
浙　江	Zhejiang	398.82	1472.21	2201.37	4	816.68	1201.33	678.78	4
安　徽	Anhui	129.48	530.34	803.36	11	291.93	586.80	309.99	11
福　建	Fujian	141.10	545.68	754.39	13	319.70	608.24	298.27	12
江　西	Jiangxi	84.79	378.81	615.72	18	204.38	498.44	282.88	13
山　东	Shandong	378.23	1129.75	1705.96	5	631.51	1252.40	650.45	5
河　南	Henan	155.79	550.61	888.93	9	319.34	659.16	345.54	9
湖　北	Hubei	125.57	563.33	860.67	10	249.49	678.30	374.23	8
湖　南	Hunan	112.57	432.61	702.15	14	256.80	475.18	252.71	14
广　东	Guangdong	657.82	2579.49	3675.43	1	1244.26	2054.00	1036.42	2
广　西	Guangxi	77.48	285.46	428.99	22	207.44	321.90	156.00	22
海　南	Hainan	18.53	121.55	201.27	28	112.35	169.35	91.08	28
重　庆	Chongqing	77.72	367.76	537.05	19	242.45	468.82	215.75	17
四　川	Sichuan	149.65	638.30	1010.19	7	475.80	780.26	436.30	7
贵　州	Guizhou	66.00	256.28	417.73	23	136.73	353.08	179.92	19
云　南	Yunnan	112.78	369.93	527.91	20	237.26	367.68	167.23	20
西　藏	Tibet	3.50	48.77	78.94	31	11.96	41.61	15.74	31
陕　西	Shaanxi	140.27	394.14	690.85	15	265.94	398.44	202.92	18
甘　肃	Gansu	44.09	173.16	270.76	27	86.84	207.15	110.64	27
青　海	Qinghai	17.52	46.82	89.36	30		89.61	50.30	29
宁　夏	Ningxia	20.25	84.04	125.42	29		99.83	45.28	30
新　疆	Xinjiang	75.31	260.24	409.15	24	151.27	265.12	115.47	25

5-3 企业所得税和个人所得税收入
Corporate Income Tax and Individual Income Tax

单位：亿元 (100 million yuan)

地区	Region	企业所得税收入 Corporate Income Tax				个人所得税收入 Individual Income Tax			
		2010	2016	2017	2017排名 Ranking	2010	2016	2017	2017排名 Ranking
地方合计	**Region Total**	**5048.37**	**10135.58**	**11694.50**		**1934.30**	**4034.92**	**4785.64**	
北 京	Beijing	513.09	1095.23	1229.80	3	215.33	571.26	643.20	3
天 津	Tianjin	125.89	278.46	310.14	12	42.96	96.78	116.51	10
河 北	Hebei	145.93	272.99	351.75	9	47.05	71.52	92.29	11
山 西	Shanxi	117.75	116.55	174.42	19	31.95	35.18	47.90	24
内蒙古	Inner Mongolia	101.27	96.93	128.82	23	39.34	52.69	56.22	21
辽 宁	Liaoning	174.06	238.68	278.41	13	64.20	76.68	90.41	12
吉 林	Jilin	60.82	134.01	144.61	22	23.39	41.72	46.35	25
黑龙江	Heilongjiang	61.60	94.60	102.38	26	25.07	37.28	41.46	26
上 海	Shanghai	606.05	1336.89	1402.30	2	261.20	593.08	692.46	2
江 苏	Jiangsu	554.43	978.81	1145.19	4	180.94	382.37	386.82	5
浙 江	Zhejiang	374.13	704.86	822.19	5	151.08	317.10	395.24	4
安 徽	Anhui	106.59	233.24	274.73	14	31.97	59.28	79.41	15
福 建	Fujian	156.91	350.02	381.82	7	56.34	123.50	150.55	8
江 西	Jiangxi	63.72	166.26	182.23	17	20.27	49.79	69.64	18
山 东	Shandong	293.22	503.24	620.30	6	81.01	143.15	186.73	6
河 南	Henan	136.63	297.31	332.02	11	40.29	71.75	86.31	14
湖 北	Hubei	106.91	299.12	349.62	10	34.41	92.98	121.94	9
湖 南	Hunan	60.28	172.31	201.94	16	37.62	74.62	90.21	13
广 东	Guangdong	678.75	1492.07	1767.83	1	287.26	638.11	755.91	1
广 西	Guangxi	58.92	117.03	127.75	24	25.84	40.16	50.19	22
海 南	Hainan	28.04	65.16	83.48	27	8.05	21.47	28.95	27
重 庆	Chongqing	74.25	187.71	203.34	15	26.24	58.54	72.73	17
四 川	Sichuan	141.49	299.48	359.38	8	57.76	128.40	152.74	7
贵 州	Guizhou	51.02	127.12	146.67	21	27.42	35.08	48.55	23
云 南	Yunnan	82.28	148.76	161.19	20	32.23	52.54	69.15	19
西 藏	Tibet	4.53	4.64	4.74	31	1.98	13.00	18.62	29
陕 西	Shaanxi	84.78	130.74	176.54	18	35.54	58.85	79.05	16
甘 肃	Gansu	19.98	54.95	67.24	28	11.13	20.55	27.33	28
青 海	Qinghai	10.98	17.07	23.25	30	3.46	6.41	8.96	31
宁 夏	Ningxia	14.08	24.47	26.14	29	5.57	9.85	15.05	30
新 疆	Xinjiang	40.02	96.87	114.27	25	27.38	61.23	64.78	20

5-4 资源税和城市维护建设税收入

Resource Tax and City Maintenance and Construction Tax

单位：亿元 (100 million yuan)

地区	Region	资源税收入 Resource Tax				城市维护建设税收入 City Maintenance and Construction Tax			
		2010	2016	2017	2017排名 Ranking	2010	2016	2017	2017排名 Ranking
地方合计	**Region Total**	**417.57**	**919.40**	**1310.54**		**1736.27**	**3880.32**	**4204.12**	
北　京	Beijing	0.37	0.75	1.08	30	80.00	221.64	225.41	6
天　津	Tianjin	0.56	1.69	2.56	28	37.40	98.19	97.26	17
河　北	Hebei	25.77	30.20	44.98	8	64.30	115.21	129.00	12
山　西	Shanxi	32.65	140.35	272.69	1	47.39	56.39	69.76	20
内蒙古	Inner Mongolia	36.82	118.16	204.03	2	44.59	57.20	66.89	23
辽　宁	Liaoning	46.45	29.84	42.28	9	71.62	124.28	129.77	11
吉　林	Jilin	4.80	7.31	8.48	26	26.30	67.66	66.62	24
黑龙江	Heilongjiang	15.34	40.74	53.59	7	43.89	52.24	58.08	26
上　海	Shanghai		0.01	0.01	31	87.66	239.49	271.56	4
江　苏	Jiangsu	10.06	17.56	14.00	22	164.81	433.98	431.82	2
浙　江	Zhejiang	6.36	11.76	12.58	23	143.06	300.65	329.09	3
安　徽	Anhui	12.65	17.82	21.45	14	54.40	113.39	121.21	13
福　建	Fujian	6.46	9.25	9.89	24	43.11	112.04	112.28	15
江　西	Jiangxi	12.91	56.62	59.64	6	30.75	76.86	89.34	18
山　东	Shandong	33.29	95.18	99.56	4	130.74	250.83	261.82	5
河　南	Henan	26.08	28.07	35.57	10	61.35	117.09	131.43	10
湖　北	Hubei	8.40	15.56	14.15	21	50.49	143.48	162.73	7
湖　南	Hunan	6.14	8.86	9.59	25	62.01	119.18	157.30	8
广　东	Guangdong	9.35	16.70	14.18	20	135.97	491.74	534.97	1
广　西	Guangxi	6.97	17.22	16.78	17	29.67	61.15	68.28	21
海　南	Hainan	1.24	3.16	3.41	27	9.42	25.04	29.23	28
重　庆	Chongqing	5.02	11.34	14.78	19	34.94	81.49	83.55	19
四　川	Sichuan	12.83	26.18	30.41	12	66.61	137.55	150.59	9
贵　州	Guizhou	11.01	23.15	30.77	11	29.18	61.93	67.26	22
云　南	Yunnan	12.92	17.24	24.56	13	67.66	103.65	112.32	14
西　藏	Tibet	0.66	1.04	1.93	29	1.87	8.62	11.02	31
陕　西	Shaanxi	22.30	82.67	144.66	3	50.22	85.71	100.36	16
甘　肃	Gansu	6.18	13.02	16.73	18	21.22	43.07	45.59	27
青　海	Qinghai	9.58	14.84	18.57	15	5.69	11.59	12.19	30
宁　夏	Ningxia	1.92	10.49	18.57	15	8.10	17.25	17.52	29
新　疆	Xinjiang	32.47	52.62	69.06	5	31.84	51.73	59.88	25

5-5 房产税和印花税收入
House Property Tax and Stamp Tax

单位：亿元 (100 million yuan)

地区	Region	房产税收入 House Property Tax				印花税收入 Stamp Tax			
		2010	2016	2017	2017排名 Ranking	2010	2016	2017	2017排名 Ranking
地方合计	**Region Total**	**894.07**	**2220.91**	**2604.33**		**512.52**	**958.82**	**1137.89**	
北　京	Beijing	83.83	198.22	273.11	3	32.14	80.52	90.00	4
天　津	Tianjin	25.28	72.18	76.45	11	17.80	35.31	36.34	9
河　北	Hebei	21.27	54.63	62.21	14	18.81	33.18	43.02	7
山　西	Shanxi	13.50	33.31	34.39	24	11.20	17.42	24.07	17
内蒙古	Inner Mongolia	18.47	49.20	51.64	17	10.82	15.89	19.02	22
辽　宁	Liaoning	45.91	84.10	95.22	7	22.81	27.51	31.44	14
吉　林	Jilin	13.60	27.31	33.33	25	6.94	10.76	13.86	25
黑龙江	Heilongjiang	18.03	31.92	38.27	22	7.19	10.38	11.75	26
上　海	Shanghai	62.30	170.96	203.69	4	48.17	77.70	94.90	3
江　苏	Jiangsu	92.11	256.60	291.19	2	49.28	87.94	95.90	2
浙　江	Zhejiang	71.97	184.30	195.35	5	40.37	67.58	81.57	5
安　徽	Anhui	17.62	51.58	59.33	15	11.15	23.22	28.51	15
福　建	Fujian	31.74	63.74	79.01	10	17.12	31.32	36.18	10
江　西	Jiangxi	9.13	34.37	40.24	20	6.23	17.96	21.95	19
山　东	Shandong	64.65	143.36	157.81	6	33.74	61.26	74.78	6
河　南	Henan	22.77	53.78	65.12	12	14.23	29.94	36.04	11
湖　北	Hubei	18.83	59.70	82.67	9	12.28	29.73	33.95	12
湖　南	Hunan	17.92	46.07	58.04	16	9.48	19.32	24.56	16
广　东	Guangdong	122.44	243.97	299.46	1	69.93	119.47	142.29	1
广　西	Guangxi	11.65	30.71	32.67	26	7.03	14.20	19.11	21
海　南	Hainan	5.39	15.62	19.45	28	2.83	7.18	9.13	27
重　庆	Chongqing	14.02	56.88	64.90	13	9.63	23.80	31.95	13
四　川	Sichuan	26.05	79.79	88.66	8	16.52	32.14	38.25	8
贵　州	Guizhou	8.41	30.51	38.61	21	4.34	17.88	17.31	23
云　南	Yunnan	17.18	37.92	41.96	19	9.00	16.56	19.55	20
西　藏	Tibet					0.31	2.71	3.57	30
陕　西	Shaanxi	15.35	42.84	44.72	18	10.01	18.42	23.91	18
甘　肃	Gansu	8.36	19.54	21.04	27	4.42	8.44	8.75	28
青　海	Qinghai	1.58	5.67	6.53	30	1.09	2.97	3.57	30
宁　夏	Ningxia	2.35	10.02	12.15	29	2.10	4.90	6.15	29
新　疆	Xinjiang	12.35	32.11	37.12	23	5.55	13.21	16.51	24

5-6 城镇土地使用税和土地增值税收入
Urban Land Use Tax and Land Appreciation Tax

单位：亿元 (100 million yuan)

地区	Region	城镇土地使用税收入 Urban Land Use Tax				土地增值税收入 Land Appreciation Tax			
		2010	2016	2017	2017排名 Ranking	2010	2016	2017	2017排名 Ranking
地方合计	**Region Total**	**1004.01**	**2255.74**	**2360.55**		**1278.29**	**4212.19**	**4911.28**	
北京	Beijing	16.13	19.18	19.92	26	85.86	177.34	288.99	5
天津	Tianjin	11.71	23.47	18.59	28	24.39	120.41	126.60	13
河北	Hebei	34.49	101.65	112.14	8	32.47	138.74	168.70	11
山西	Shanxi	21.97	34.18	35.59	22	4.65	31.62	43.63	24
内蒙古	Inner Mongolia	44.58	122.03	81.19	10	20.56	40.06	22.42	28
辽宁	Liaoning	108.05	125.21	139.10	5	77.59	60.08	65.74	20
吉林	Jilin	19.45	28.69	31.03	24	11.25	34.15	31.03	26
黑龙江	Heilongjiang	28.91	57.94	75.21	11	8.64	53.31	63.41	21
上海	Shanghai	27.28	42.97	47.58	16	96.96	334.25	387.73	3
江苏	Jiangsu	104.57	185.12	202.72	2	170.36	480.58	458.93	2
浙江	Zhejiang	67.54	134.13	116.29	6	106.70	234.55	288.90	6
安徽	Anhui	32.52	141.87	143.62	4	30.22	104.83	120.85	14
福建	Fujian	26.33	36.13	44.41	17	62.81	215.87	274.25	7
江西	Jiangxi	15.67	46.26	55.48	15	25.72	118.75	118.05	15
山东	Shandong	137.69	393.74	398.18	1	66.19	293.15	367.18	4
河南	Henan	49.80	104.77	116.22	7	37.96	144.83	192.24	9
湖北	Hubei	21.38	52.53	67.66	14	30.54	201.55	215.80	8
湖南	Hunan	17.14	58.89	73.62	12	19.54	96.48	129.44	12
广东	Guangdong	87.78	133.60	111.98	9	189.79	681.58	839.11	1
广西	Guangxi	9.57	26.14	31.11	23	22.27	62.58	72.79	19
海南	Hainan	7.95	21.52	28.20	25	21.23	90.29	98.66	17
重庆	Chongqing	18.50	139.14	147.00	3	29.80	102.77	83.95	18
四川	Sichuan	34.08	65.10	72.05	13	47.78	143.98	172.19	10
贵州	Guizhou	10.83	30.12	37.90	19	11.98	95.01	108.66	16
云南	Yunnan	13.99	30.39	37.11	20	14.36	42.63	50.53	22
西藏	Tibet		0.20	0.21	31	0.13	1.62	1.41	31
陕西	Shaanxi	15.73	27.69	36.71	21	15.43	34.89	44.82	23
甘肃	Gansu	4.42	19.20	19.40	27	3.02	23.58	28.84	27
青海	Qinghai	1.83	5.70	4.58	30	0.45	3.26	4.60	30
宁夏	Ningxia	4.40	8.68	12.34	29	1.67	7.76	8.59	29
新疆	Xinjiang	9.73	39.50	43.39	18	7.99	41.69	33.26	25

5-7 车船税和耕地占用税收入

Tax on Vehicles and Boat Operation and Farm Land Occupancy Tax

单位：亿元 (100 million yuan)

地区	Region	车船税收入 Tax on Vehicles and Boat Operation				耕地占用税收入 Farm Land Occupancy Tax			
		2010	2016	2017	2017排名 Ranking	2010	2016	2017	2017排名 Ranking
地方合计	**Region Total**	**241.62**	**682.68**	**773.59**		**888.64**	**2028.89**	**1651.89**	
北京	Beijing	14.92	32.44	33.10	8	10.19	3.34	2.72	29
天津	Tianjin	4.39	10.47	11.15	27	12.33	8.02	10.82	24
河北	Hebei	15.93	36.12	41.86	5	21.44	67.24	58.50	12
山西	Shanxi	6.96	18.56	20.84	13	3.87	11.75	12.08	23
内蒙古	Inner Mongolia	6.21	17.36	19.11	18	31.53	262.01	88.81	7
辽宁	Liaoning	12.28	31.28	34.31	7	96.43	14.97	13.27	22
吉林	Jilin	4.72	14.73	16.09	21	11.58	61.11	19.83	20
黑龙江	Heilongjiang	6.60	17.36	19.40	16	15.76	21.50	20.92	19
上海	Shanghai	9.93	19.66	27.46	10	12.14	4.62	5.89	27
江苏	Jiangsu	15.82	47.11	52.24	3	58.98	26.63	53.00	13
浙江	Zhejiang	16.20	46.71	51.59	4	44.05	82.65	64.97	10
安徽	Anhui	5.95	16.83	20.77	14	45.57	68.38	52.12	15
福建	Fujian	5.99	17.59	19.38	17	18.11	16.43	15.96	21
江西	Jiangxi	4.15	13.23	13.93	23	35.74	86.04	78.01	8
山东	Shandong	23.27	61.00	69.37	2	81.31	217.30	163.24	2
河南	Henan	9.79	33.51	39.63	6	48.96	184.34	189.15	1
湖北	Hubei	5.50	21.31	24.50	11	56.25	115.60	106.37	4
湖南	Hunan	5.18	18.98	22.01	12	53.21	63.36	60.96	11
广东	Guangdong	27.38	73.59	84.35	1	56.03	76.67	66.26	9
广西	Guangxi	4.33	14.62	17.22	20	30.95	122.07	90.43	6
海南	Hainan	1.04	3.36	3.88	29	4.25	12.23	0.95	31
重庆	Chongqing	1.71	11.00	12.70	24	30.31	48.67	43.41	18
四川	Sichuan	10.73	29.82	32.88	9	36.17	118.36	105.12	5
贵州	Guizhou	2.84	9.91	11.84	26	10.72	146.15	153.10	3
云南	Yunnan	5.66	17.54	20.07	15	33.73	61.28	52.99	14
西藏	Tibet	0.23	0.99	1.17	31	0.12	1.72	1.09	30
陕西	Shaanxi	6.93	17.72	19.01	19	22.32	54.75	51.15	16
甘肃	Gansu	2.58	10.66	11.99	25	1.95	5.52	6.81	26
青海	Qinghai	0.40	2.53	2.73	30	0.48	5.64	5.03	28
宁夏	Ningxia	0.91	3.59	4.24	28	0.24	7.33	10.63	25
新疆	Xinjiang	3.11	13.10	14.79	22	3.93	53.21	48.28	17

5-8 契税、烟叶税和其他税收入
Deed Tax, Tobacco Leaf Tax and Other Tax Revenue

单位：亿元 (100 million yuan)

地区	Region	契税收入 Deed Tax 2010	2016	2017	2017排名 Ranking	烟叶税和其他税收入 Tobacco Leaf Tax and Other Tax Revenue 2010	2016	2017	2017排名 Ranking
地方合计	**Region Total**	**2464.85**	**4300.00**	**4910.42**		**80.13**	**130.83**	**115.81**	
北京	Beijing	134.27	254.29	197.46	11	0.06	0.01		
天津	Tianjin	70.87	171.10	151.00	16				
河北	Hebei	79.65	136.74	181.08	12	0.46	0.29	0.09	22
山西	Shanxi	10.50	30.06	38.68	24	0.15	0.29	0.26	18
内蒙古	Inner Mongolia	27.91	48.44	34.88	26	0.21	0.19	0.11	20
辽宁	Liaoning	152.94	100.25	105.42	17	1.73	1.09	1.28	13
吉林	Jilin	31.53	65.36	70.62	21	0.79	0.84	0.77	17
黑龙江	Heilongjiang	34.46	46.67	58.23	23	2.16	1.87	1.48	11
上海	Shanghai	173.58	345.83	271.55	5				
江苏	Jiangsu	324.72	335.41	488.20	2	0.02		0.09	21
浙江	Zhejiang	227.94	304.79	381.59	3	0.07	0.02	0.02	23
安徽	Anhui	95.91	185.40	244.30	6	0.57	1.36	1.03	15
福建	Fujian	77.09	136.32	167.57	15	3.29	6.56	6.96	6
江西	Jiangxi	70.59	140.29	168.18	14	1.05	2.98	2.60	8
山东	Shandong	193.51	267.63	312.52	4	1.51	2.55	1.96	10
河南	Henan	88.98	186.95	208.54	9	4.58	9.95	8.12	4
湖北	Hubei	54.61	149.64	204.87	10	3.30	4.17	2.91	7
湖南	Hunan	67.47	178.58	220.42	7	5.48	9.36	8.88	3
广东	Guangdong	235.51	513.67	578.75	1	1.20	1.55	1.38	12
广西	Guangxi	41.18	88.03	101.35	18	0.57	0.85	1.02	16
海南	Hainan	16.78	27.30	36.95	25				
重庆	Chongqing	54.65	129.84	178.57	13	2.32	3.76	2.39	9
四川	Sichuan	97.94	184.14	209.95	8	7.17	9.69	7.90	5
贵州	Guizhou	13.98	91.92	89.29	19	11.11	15.46	12.04	2
云南	Yunnan	32.53	52.35	63.36	22	30.57	55.50	53.16	1
西藏	Tibet								
陕西	Shaanxi	24.13	50.81	72.56	20	1.60	2.24	1.24	14
甘肃	Gansu	5.98	23.47	22.55	28	0.12	0.20	0.12	19
青海	Qinghai	1.44	3.68	4.60	30				
宁夏	Ningxia	8.94	12.84	13.50	29	0.01	0.05	0.01	24
新疆	Xinjiang	15.26	38.20	33.89	27	0.02			

5-9 公共财政非税收入和专项收入
Non-Tax Revenues from Public Finance and Special Program Revenue

单位：亿元 (100 million yuan)

地区	Region	非税收入 Non-Tax Revenue 2010	2016	2017	2017排名 Ranking	专项收入 Special Program Receipts 2010	2016	2017	2017排名 Ranking
地方合计	**Region Total**	**7911.56**	**22547.66**	**22796.69**		**1742.71**	**6186.88**	**6520.16**	
北　京	Beijing	102.34	628.29	754.11	14	48.16	375.16	462.30	4
天　津	Tianjin	292.16	1099.28	698.40	16	20.73	204.54	293.77	7
河　北	Hebei	257.81	853.75	1034.48	6	75.98	187.80	248.61	10
山　西	Shanxi	276.96	520.33	469.57	22	153.60	149.46	115.86	21
内蒙古	Inner Mongolia	317.16	680.55	416.30	24	124.50	122.04	113.98	22
辽　宁	Liaoning	488.18	513.04	580.35	18	55.02	152.91	149.18	17
吉　林	Jilin	163.10	390.81	356.88	25	20.11	92.92	95.95	23
黑龙江	Heilongjiang	198.61	320.56	341.41	26	36.49	66.01	65.74	27
上　海	Shanghai	165.78	780.23	776.75	11	49.94	377.64	344.29	5
江　苏	Jiangsu	767.25	1589.40	1687.21	2	107.37	484.42	493.05	2
浙　江	Zhejiang	143.51	761.89	863.64	9	83.75	474.02	467.56	3
安　徽	Anhui	282.84	815.26	841.77	10	73.79	209.10	239.05	11
福　建	Fujian	185.40	692.11	756.39	13	35.23	214.62	249.17	9
江　西	Jiangxi	192.98	680.37	732.05	15	35.45	120.78	122.88	20
山　东	Shandong	599.48	1647.59	1679.23	3	103.90	322.24	310.39	6
河　南	Henan	364.77	995.03	1077.91	5	89.04	241.07	283.27	8
湖　北	Hubei	233.27	979.13	1000.49	7	34.45	195.31	196.38	14
湖　南	Hunan	350.85	1146.55	998.69	8	52.48	171.84	175.44	15
广　东	Guangdong	713.57	2291.72	2448.46	1	97.35	863.02	873.93	1
广　西	Guangxi	238.13	520.05	557.44	19	22.67	120.17	134.80	18
海　南	Hainan	33.89	132.55	130.54	29	7.93	43.30	53.41	28
重　庆	Chongqing	330.52	789.46	776.05	12	38.50	96.30	92.47	24
四　川	Sichuan	381.09	1059.62	1147.66	4	61.16	209.90	222.75	12
贵　州	Guizhou	138.16	440.90	434.11	23	59.07	88.45	91.25	25
云　南	Yunnan	169.02	638.77	652.32	17	52.80	225.45	202.84	13
西　藏	Tibet	11.37	56.94	63.13	30	1.18	7.87	15.59	30
陕　西	Shaanxi	247.64	629.60	521.11	21	88.40	156.66	159.59	16
甘　肃	Gansu	133.30	260.97	268.59	27	59.02	67.25	76.11	26
青　海	Qinghai	21.27	62.03	62.23	31	13.30	19.92	15.58	31
宁　夏	Ningxia	26.77	141.11	147.29	28	8.92	33.06	31.66	29
新　疆	Xinjiang	84.34	429.77	522.14	20	32.44	93.65	123.32	19

5-10 行政事业性收费和罚没收入
Administrative Charges and Incomes from Fines and Confiscations

单位：亿元 (100 million yuan)

地区	Region	行政事业性收费收入 Charge of Administrative and Institutional Units				罚没收入 Penalty Receipts			
		2010	2016	2017	2017排名 Ranking	2010	2016	2017	2017排名 Ranking
地方合计	**Region Total**	**2600.37**	**4416.50**	**4305.20**		**1042.85**	**1851.51**	**2162.10**	
北　京	Beijing	39.84	55.37	65.68	25	22.93	45.66	49.19	17
天　津	Tianjin	141.29	170.90	181.02	9	8.80	31.78	35.78	25
河　北	Hebei	66.09	208.65	189.16	8	61.61	113.47	148.75	3
山　西	Shanxi	54.54	75.72	78.92	21	43.23	48.17	43.28	22
内蒙古	Inner Mongolia	62.09	133.59	131.96	13	25.86	41.11	44.39	20
辽　宁	Liaoning	131.92	131.80	120.67	14	60.10	77.94	106.76	7
吉　林	Jilin	54.70	83.77	85.73	20	28.76	28.70	33.85	26
黑龙江	Heilongjiang	68.84	66.17	62.37	26	25.71	42.19	45.99	18
上　海	Shanghai	97.04	128.38	100.81	17	17.34	43.66	61.51	13
江　苏	Jiangsu	224.57	410.47	420.51	1	89.31	132.52	136.46	4
浙　江	Zhejiang	44.59	49.00	68.99	24	70.60	123.40	123.66	5
安　徽	Anhui	94.46	160.16	152.33	11	26.77	52.74	60.05	14
福　建	Fujian	48.18	97.14	101.72	16	29.22	55.84	64.07	12
江　西	Jiangxi	70.91	181.65	175.98	10	30.48	66.34	97.22	8
山　东	Shandong	203.02	328.25	320.28	3	77.62	156.12	180.23	2
河　南	Henan	122.42	238.63	250.60	6	50.83	90.56	115.76	6
湖　北	Hubei	93.63	321.96	348.30	2	39.54	89.70	82.16	10
湖　南	Hunan	127.05	150.26	133.38	12	45.54	80.70	96.81	9
广　东	Guangdong	293.43	328.29	285.37	4	95.62	152.67	224.67	1
广　西	Guangxi	65.07	105.12	97.14	19	31.29	41.00	45.08	19
海　南	Hainan	8.58	19.65	17.56	29	4.74	10.24	10.87	28
重　庆	Chongqing	214.01	309.26	263.08	5	21.41	41.06	44.02	21
四　川	Sichuan	118.82	207.98	211.32	7	35.25	69.77	78.41	11
贵　州	Guizhou	30.06	72.48	73.81	23	16.66	38.85	50.00	16
云　南	Yunnan	33.49	103.54	100.71	18	33.92	67.14	58.79	15
西　藏	Tibet	1.59	4.89	6.83	31	0.83	3.44	4.37	31
陕　西	Shaanxi	39.02	117.98	103.17	15	22.06	39.48	41.60	23
甘　肃	Gansu	19.02	57.66	55.26	27	8.12	29.19	27.49	27
青　海	Qinghai	3.05	8.53	9.23	30	2.16	5.17	6.41	30
宁　夏	Ningxia	9.44	20.91	18.56	28	4.16	8.52	8.63	29
新　疆	Xinjiang	19.61	68.34	74.76	22	12.38	24.38	35.85	24

5-11 国有资本经营和国有资源有偿使用收入

Operation Income of State-owned Assets and Income from Use of State-owned Resources

单位：亿元 (100 million yuan)

地区	Region	国有资本经营收入 Operation Income of State-owned Assets				国有资源(资产)有偿使用收入 Income from Use of State-owned Resources (Assets)			
		2010	2016	2017	2017排名 Ranking	2010	2016	2017	2017排名 Ranking
地方合计	**Region Total**	**1012.74**	**857.65**	**567.06**		**1073.96**	**6652.43**	**6922.29**	
北 京	Beijing	-27.79				14.39	103.32	120.42	22
天 津	Tianjin	7.08	32.76	7.64	18	83.37	404.95	82.05	26
河 北	Hebei	29.07	31.60	28.00	11	17.60	224.37	343.78	6
山 西	Shanxi	3.36	3.92	3.63	20	10.35	201.51	176.60	17
内蒙古	Inner Mongolia	58.92	87.35	11.12	16	33.62	268.07	94.38	24
辽 宁	Liaoning	131.19	19.03	5.10	19	97.84	85.18	153.51	19
吉 林	Jilin	24.48	35.83	18.28	14	26.57	131.64	86.88	25
黑龙江	Heilongjiang	38.42	18.22	28.01	10	24.81	96.13	113.78	23
上 海	Shanghai	-11.25				8.76	216.98	234.21	13
江 苏	Jiangsu	257.53				79.75	440.71	465.89	3
浙 江	Zhejiang	-72.91	-61.95	-43.96	27	16.77	133.35	211.04	16
安 徽	Anhui	20.05	41.39	63.33	3	59.80	300.29	271.37	8
福 建	Fujian	21.95	53.79	49.12	4	41.47	209.84	243.74	11
江 西	Jiangxi	24.08	4.19	3.12	21	20.09	256.41	261.56	9
山 东	Shandong	79.82	57.61	30.66	9	93.06	663.29	755.61	1
河 南	Henan	60.36	92.53	77.55	1	23.98	219.17	240.51	12
湖 北	Hubei	29.39	39.21	31.60	8	22.17	237.70	258.23	10
湖 南	Hunan	8.58	18.98	9.27	17	74.10	469.00	388.40	5
广 东	Guangdong	90.00	54.23	39.16	5	81.88	401.25	554.39	2
广 西	Guangxi	66.16	85.76	69.06	2	35.87	115.03	161.69	18
海 南	Hainan	7.73	7.13	2.87	22	3.95	35.67	36.94	29
重 庆	Chongqing	-0.01				42.53	281.73	332.01	7
四 川	Sichuan	41.67	42.37	38.85	6	90.67	362.23	422.45	4
贵 州	Guizhou	4.88	43.12	25.32	12	16.23	139.69	133.71	21
云 南	Yunnan	10.94	25.25	1.98	23	14.28	149.98	231.19	15
西 藏	Tibet	-0.43	1.34	-0.28	26	3.09	27.40	20.16	31
陕 西	Shaanxi	76.35	95.64	32.57	7	14.97	159.14	136.18	20
甘 肃	Gansu	23.38	2.15	1.57	24	9.10	58.61	72.67	27
青 海	Qinghai	0.56	0.23	0.73	25	1.69	22.79	25.15	30
宁 夏	Ningxia	0.57	1.36	14.31	15	2.71	63.62	61.14	28
新 疆	Xinjiang	8.59	24.61	18.46	13	8.50	173.38	232.69	14

5-12 捐款收入和政府住房基金收入
Donation Income and Revenue of Government Housing Funds

单位：亿元 (100 million yuan)

地区 Region	捐款收入 Donation Income 2016	2016排名 Ranking	政府住房基金收入 Revenue of Government Housing Funds 2016	2016排名 Ranking
地方合计 Region Total	**127.33**		**747.85**	
北京 Beijing	0.83	25	32.68	8
天津 Tianjin	0.35	28	28.17	13
河北 Hebei	4.91	8	40.40	3
山西 Shanxi	2.83	16	21.41	18
内蒙古 Inner Mongolia	2.43	18	17.42	22
辽宁 Liaoning	1.46	22	28.66	12
吉林 Jilin	2.42	19	7.11	26
黑龙江 Heilongjiang	1.17	23	24.42	16
上海 Shanghai	0.14	30	1.44	30
江苏 Jiangsu	2.91	15	36.35	5
浙江 Zhejiang	0.82	26	34.21	6
安徽 Anhui	4.38	10	23.97	17
福建 Fujian	8.48	5	24.51	15
江西 Jiangxi	0.94	24	7.44	25
山东 Shandong	16.15	1	43.24	2
河南 Henan	3.58	13	33.38	7
湖北 Hubei	4.21	11	29.55	11
湖南 Hunan	2.53	17	30.00	10
广东 Guangdong	7.65	6	94.18	1
广西 Guangxi	2.14	20	17.77	20
海南 Hainan	3.19	14	5.95	27
重庆 Chongqing	6.74	7	24.98	14
四川 Sichuan	15.91	2	36.81	4
贵州 Guizhou	10.74	3	17.44	21
云南 Yunnan	9.51	4	32.08	9
西藏 Tibet	0.01	31	0.30	31
陕西 Shaanxi	1.90	21	14.74	23
甘肃 Gansu	3.66	12	17.94	19
青海 Qinghai	0.31	29	2.10	29
宁夏 Ningxia	0.38	27	5.23	28
新疆 Xinjiang	4.65	9	13.97	24

5-13 公共财政非税其他收入与地方财政收入占地区生产总值的比重
Other Non-Tax Receipts and Proportion of Budgetary Revenue over GDP

地区	Region	非税其他收入（亿元） Other Non-Tax Receipts (100 million yuan)				地方财政收入占地区生产总值的比重（%） Proportion of Budgetary Revenue Over GDP (%)			
		2010	2016	2017	2017排名 Ranking	2010	2016	2017	2017排名 Ranking
地方合计	**Region Total**	**438.92**	**1707.51**	**2319.88**					
北京	Beijing	4.82	15.27	56.51	13	22.77	26.50	26.10	2
天津	Tianjin	30.89	225.83	98.14	6	17.35	19.10	16.80	12
河北	Hebei	7.46	42.55	76.18	9	10.49	12.00	12.30	24
山西	Shanxi	11.88	17.31	51.28	15	17.53	15.70	17.10	10
内蒙古	Inner Mongolia	12.17	8.54	20.48	27	13.11	13.50	14.60	17
辽宁	Liaoning	12.10	16.06	45.13	19	16.76	15.30	15.20	14
吉林	Jilin	8.48	8.42	36.19	23	12.05	12.60	12.10	25
黑龙江	Heilongjiang	4.33	6.25	25.52	26	12.77	10.60	11.30	30
上海	Shanghai	3.94	11.99	35.93	24	26.99	32.70	32.50	1
江苏	Jiangsu	8.72	82.02	171.29	4	15.03	14.80	13.70	20
浙江	Zhejiang	0.70	9.04	36.35	22	15.20	16.40	16.40	13
安徽	Anhui	7.97	23.23	55.64	14	13.97	14.90	14.30	18
福建	Fujian	9.36	27.89	48.59	17	12.12	12.50	11.80	27
江西	Jiangxi	11.98	42.62	71.30	10	11.99	15.10	14.70	16
山东	Shandong	42.07	60.69	82.06	8	10.81	11.60	11.50	28
河南	Henan	18.14	76.11	110.23	5	8.84	10.30	10.30	31
湖北	Hubei	14.10	61.49	83.83	7	10.87	13.40	13.00	23
湖南	Hunan	43.11	223.24	195.39	2	10.87	12.30	11.90	26
广东	Guangdong	55.29	390.43	470.94	1	15.51	17.80	17.60	8
广西	Guangxi	17.06	33.06	49.68	16	11.53	12.00	11.40	29
海南	Hainan	0.96	7.42	8.90	30	19.60	21.60	21.50	3
重庆	Chongqing	14.08	29.39	44.47	20	16.10	16.00	15.00	15
四川	Sichuan	33.53	114.65	173.89	3	12.76	13.60	13.30	22
贵州	Guizhou	11.27	30.13	60.02	11	18.08	17.90	16.90	11
云南	Yunnan	23.59	25.82	56.82	12	22.68	19.20	18.40	6
西藏	Tibet	5.11	11.69	16.46	28	9.46	18.60	20.60	4
陕西	Shaanxi	6.85	44.06	48.00	18	16.17	13.70	13.90	19
甘肃	Gansu	14.66	24.51	35.49	25	15.44	17.60	17.50	9
青海	Qinghai	0.52	2.98	5.14	31	13.22	12.40	13.70	20
宁夏	Ningxia	0.96	8.03	12.99	29	14.49	17.80	18.00	7
新疆	Xinjiang	2.83	26.79	37.06	21	16.55	19.30	19.50	5

5-14 公共财政支出和一般公共服务支出

Public Budgetary Expenditure and Expenditure for General Public Services

单位：亿元 (100 million yuan)

地区	Region	公共财政支出 Public Budgetary Expenditure 2010	2016	2017	2017排名 Ranking	一般公共服务支出 Expenditure for General Public Services 2010	2016	2017	2017排名 Ranking
地方合计	**Region Total**	**73884.43**	**160351.36**	**173228.34**		**8499.74**	**13581.37**	**15238.90**	
北京	Beijing	2717.32	6406.77	6824.53	9	239.57	367.20	493.24	11
天津	Tianjin	1376.84	3699.43	3282.54	27	98.07	192.20	209.02	28
河北	Hebei	2820.24	6049.53	6639.18	11	358.13	551.81	633.18	9
山西	Shanxi	1931.36	3428.86	3756.42	24	215.83	266.28	314.07	22
内蒙古	Inner Mongolia	2273.50	4512.71	4529.93	22	254.53	324.69	349.10	20
辽宁	Liaoning	3195.82	4577.47	4879.42	16	352.40	370.92	386.04	18
吉林	Jilin	1787.25	3586.09	3725.72	25	198.04	260.91	294.50	25
黑龙江	Heilongjiang	2253.27	4227.34	4641.08	19	222.57	266.70	279.08	26
上海	Shanghai	3302.89	6918.94	7547.62	6	226.02	302.09	320.70	21
江苏	Jiangsu	4914.06	9981.96	10621.03	2	631.24	920.93	1022.75	2
浙江	Zhejiang	3207.88	6974.26	7530.32	7	434.29	660.26	765.03	6
安徽	Anhui	2587.61	5522.95	6203.81	12	273.72	404.09	453.28	15
福建	Fujian	1695.09	4275.40	4684.15	18	211.91	338.21	380.84	19
江西	Jiangxi	1923.26	4617.40	5111.47	14	218.75	416.59	477.17	12
山东	Shandong	4145.03	8755.21	9258.40	3	544.31	783.56	857.51	3
河南	Henan	3416.14	7453.74	8215.52	5	478.69	750.94	850.29	4
湖北	Hubei	2501.40	6422.98	6801.26	10	314.93	639.60	688.85	8
湖南	Hunan	2702.48	6339.16	6869.39	8	367.20	675.95	747.05	7
广东	Guangdong	5421.54	13446.09	15037.48	1	685.39	1147.35	1355.60	1
广西	Guangxi	2007.59	4441.70	4908.55	15	268.76	450.78	455.35	14
海南	Hainan	581.34	1376.48	1443.97	30	62.44	129.48	122.13	30
重庆	Chongqing	1709.04	4001.81	4336.28	23	168.49	285.54	304.55	24
四川	Sichuan	4257.98	8008.89	8694.76	4	407.31	682.78	793.30	5
贵州	Guizhou	1631.48	4262.36	4612.52	21	212.69	446.11	464.83	13
云南	Yunnan	2285.72	5018.86	5712.97	13	246.50	476.98	609.83	10
西藏	Tibet	551.04	1587.98	1681.94	28	72.35	228.03	243.55	27
陕西	Shaanxi	2218.83	4389.37	4833.19	17	287.29	364.86	417.34	17
甘肃	Gansu	1468.58	3150.03	3304.44	26	145.75	290.79	307.23	23
青海	Qinghai	743.40	1524.80	1530.44	29	55.20	121.42	123.85	29
宁夏	Ningxia	557.53	1254.54	1372.78	31	51.77	75.79	86.15	31
新疆	Xinjiang	1698.91	4138.25	4637.24	20	195.57	388.53	433.47	16

5-15 国防支出和公共安全支出
Expenditure for National Defense and Public Security

单位：亿元 (100 million yuan)

地区	Region	国防支出 Expenditure for National Defense				公共安全支出 Expenditure for Public Security			
		2010	2016	2017	2017排名 Ranking	2010	2016	2017	2017排名 Ranking
地方合计	**Region Total**	**157.02**	**219.87**	**206.02**		**4642.50**	**9290.07**	**10612.33**	
北　京	Beijing	4.70	8.51	9.96	6	180.94	358.79	467.99	7
天　津	Tianjin	0.88	3.66	3.59	26	84.92	177.40	207.42	26
河　北	Hebei	7.08	10.00	8.81	8	176.08	336.57	367.55	11
山　西	Shanxi	3.30	4.84	3.67	25	121.84	203.52	216.00	24
内蒙古	Inner Mongolia	3.88	4.04	4.34	24	120.45	222.17	250.09	20
辽　宁	Liaoning	7.58	8.17	6.14	12	191.29	297.15	301.66	15
吉　林	Jilin	3.70	4.35	5.06	20	109.30	205.08	212.44	25
黑龙江	Heilongjiang	4.92	4.88	5.34	17	134.85	210.30	223.39	23
上　海	Shanghai	7.25	9.38	9.75	7	187.25	337.17	356.12	12
江　苏	Jiangsu	12.93	14.61	17.10	1	326.80	634.76	717.07	2
浙　江	Zhejiang	6.43	8.52	8.15	10	260.67	518.58	548.44	5
安　徽	Anhui	4.63	6.09	5.55	16	119.48	221.17	258.39	18
福　建	Fujian	3.27	6.34	5.14	18	120.60	257.32	330.02	14
江　西	Jiangxi	4.09	5.87	5.68	15	107.49	229.14	255.74	19
山　东	Shandong	10.41	13.13	15.99	2	244.03	521.52	566.05	4
河　南	Henan	4.16	9.52	5.98	14	189.72	358.41	417.11	8
湖　北	Hubei	2.00	3.55	3.56	27	166.87	352.73	397.54	9
湖　南	Hunan	7.49	11.01	12.93	3	159.14	333.45	371.77	10
广　东	Guangdong	11.09	12.46	11.85	4	495.80	1066.08	1214.04	1
广　西	Guangxi	7.26	9.02	8.78	9	125.14	263.28	283.17	16
海　南	Hainan	1.91	10.98	5.14	18	43.94	85.09	85.72	30
重　庆	Chongqing	6.18	6.25	4.84	21	91.84	226.17	235.91	22
四　川	Sichuan	8.53	16.85	11.43	5	218.38	429.39	471.42	6
贵　州	Guizhou	3.66	4.55	4.40	23	101.46	249.96	268.09	17
云　南	Yunnan	6.53	7.20	5.99	13	145.42	293.61	343.26	13
西　藏	Tibet	3.06	2.30	1.94	29	41.33	95.66	102.71	28
陕　西	Shaanxi	2.90	3.66	4.45	22	111.50	215.79	241.82	21
甘　肃	Gansu	1.77	2.74	2.46	28	70.45	156.52	170.38	27
青　海	Qinghai	0.79	0.88	0.99	30	35.48	70.98	90.04	29
宁　夏	Ningxia	0.63	1.29	0.66	31	31.49	61.43	64.59	31
新　疆	Xinjiang	4.03	5.22	6.38	11	128.56	300.88	576.39	3

5-16 教育支出和科学技术支出
Expenditure for Education and Science and Technology

单位：亿元 (100 million yuan)

地区	Region	教育支出 Expenditure for Education				科学技术支出 Expenditure for Science and Technology			
		2010	2016	2017	2017排名 Ranking	2010	2016	2017	2017排名 Ranking
地方合计	**Region Total**	**11829.06**	**26625.06**	**28604.79**		**1588.88**	**3877.86**	**4440.02**	
北　京	Beijing	450.22	887.37	964.62	12	178.92	285.78	361.76	4
天　津	Tianjin	229.56	502.49	434.59	27	43.25	125.18	115.99	11
河　北	Hebei	514.30	1134.90	1276.55	7	29.65	73.18	69.08	17
山　西	Shanxi	328.58	606.97	620.67	22	20.12	34.56	50.25	22
内蒙古	Inner Mongolia	322.11	554.97	561.85	25	21.39	32.38	33.67	26
辽　宁	Liaoning	405.39	633.96	648.06	20	68.90	61.61	57.38	20
吉　林	Jilin	250.20	499.70	508.09	26	19.12	41.01	46.84	24
黑龙江	Heilongjiang	299.14	558.87	573.11	23	27.69	44.92	46.91	23
上　海	Shanghai	417.28	840.97	874.10	16	202.03	341.71	389.90	3
江　苏	Jiangsu	865.36	1842.94	1979.57	2	150.35	381.02	428.01	2
浙　江	Zhejiang	606.54	1300.03	1430.15	5	121.40	269.04	303.50	5
安　徽	Anhui	386.31	910.87	1014.91	10	57.98	259.50	260.41	6
福　建	Fujian	327.77	789.11	842.21	17	32.31	80.28	99.44	13
江　西	Jiangxi	297.50	848.88	940.57	13	18.26	83.12	120.09	10
山　东	Shandong	770.45	1825.99	1890.00	3	84.36	167.00	195.77	8
河　南	Henan	609.37	1343.76	1493.11	4	44.67	96.10	137.94	9
湖　北	Hubei	366.57	1047.37	1101.35	9	30.09	190.11	234.27	7
湖　南	Hunan	403.10	1032.37	1115.33	8	35.04	71.44	91.42	14
广　东	Guangdong	921.48	2318.47	2575.52	1	214.44	742.97	823.89	1
广　西	Guangxi	366.84	854.55	920.20	14	21.66	45.20	60.04	18
海　南	Hainan	98.33	214.24	220.87	29	7.47	15.69	12.47	29
重　庆	Chongqing	240.46	575.18	626.30	21	17.90	51.62	59.31	19
四　川	Sichuan	540.65	1301.85	1389.20	6	34.71	101.09	106.57	12
贵　州	Guizhou	292.06	843.54	901.96	15	16.66	69.30	87.72	15
云　南	Yunnan	374.79	871.14	998.33	11	21.43	46.86	53.42	21
西　藏	Tibet	60.80	169.64	227.20	28	2.71	4.81	8.49	31
陕　西	Shaanxi	377.79	777.53	828.25	18	25.25	62.01	79.34	16
甘　肃	Gansu	228.23	548.95	567.35	24	10.89	26.23	25.83	27
青　海	Qinghai	82.47	171.36	187.51	30	4.08	10.90	11.94	30
宁　夏	Ningxia	81.59	152.57	170.65	31	5.97	18.26	25.55	28
新　疆	Xinjiang	313.84	664.52	722.59	19	20.19	44.98	42.81	25

5-17 文化体育、传媒支出和社会保障、就业支出

Expenditure for Culture, Sports and Media and Social Safety Net and Employment Effort

单位：亿元 (100 million yuan)

地区	Region	文化体育与传媒支出 Expenditure for Culture, Sport and Media				社会保障和就业支出 Expenditure for Social Safety Net and Employment Effort			
		2010	2016	2017	2017排名 Ranking	2010	2016	2017	2017排名 Ranking
地方合计	**Region Total**	**1392.57**	**2915.13**	**3121.01**		**8680.32**	**20700.87**	**23610.57**	
北　京	Beijing	79.36	198.35	208.96	2	275.90	716.20	795.38	14
天　津	Tianjin	24.28	57.16	57.94	25	137.74	377.92	459.58	26
河　北	Hebei	37.09	87.54	103.19	11	358.78	839.27	976.88	10
山　西	Shanxi	31.24	72.64	71.92	19	274.46	542.28	646.63	21
内蒙古	Inner Mongolia	52.96	89.25	116.79	10	292.44	642.54	704.14	17
辽　宁	Liaoning	56.76	84.70	86.44	15	579.84	1145.49	1340.54	3
吉　林	Jilin	32.93	72.03	70.69	21	253.36	497.59	550.80	22
黑龙江	Heilongjiang	39.50	53.21	53.56	26	306.06	732.41	928.55	11
上　海	Shanghai	54.95	113.34	191.32	4	362.56	988.81	1061.03	7
江　苏	Jiangsu	88.67	193.28	194.37	3	364.48	897.93	1043.40	8
浙　江	Zhejiang	77.15	158.72	159.66	5	206.39	631.19	801.78	13
安　徽	Anhui	51.68	84.23	80.94	16	334.15	761.59	862.53	12
福　建	Fujian	27.10	81.26	87.34	14	148.24	348.99	394.56	27
江　西	Jiangxi	28.38	70.49	74.65	18	233.02	582.23	663.93	20
山　东	Shandong	74.03	137.47	141.90	8	416.77	992.66	1131.96	5
河　南	Henan	54.99	97.33	97.52	12	461.22	1067.40	1160.23	4
湖　北	Hubei	36.67	96.61	95.26	13	368.42	978.82	1092.30	6
湖　南	Hunan	39.66	140.68	148.83	6	396.40	874.41	1017.90	9
广　东	Guangdong	166.16	229.71	285.87	1	469.58	1146.31	1423.33	2
广　西	Guangxi	32.77	71.08	64.36	24	217.07	538.95	678.65	19
海　南	Hainan	11.61	26.90	29.86	30	73.80	184.01	183.08	29
重　庆	Chongqing	24.04	47.98	48.89	27	236.98	640.55	702.82	18
四　川	Sichuan	59.37	145.20	142.46	7	513.65	1320.17	1501.35	1
贵　州	Guizhou	23.98	67.34	64.73	22	140.76	367.23	498.74	24
云　南	Yunnan	35.53	77.93	71.30	20	304.69	692.38	750.33	15
西　藏	Tibet	12.48	34.85	44.93	28	31.91	208.47	155.86	31
陕　西	Shaanxi	47.86	125.85	121.95	9	315.61	655.48	718.22	16
甘　肃	Gansu	29.78	63.84	64.59	23	215.09	464.81	468.16	25
青　海	Qinghai	11.57	33.32	37.58	29	189.50	196.17	209.57	28
宁　夏	Ningxia	16.09	25.23	22.82	31	35.03	164.24	162.32	30
新　疆	Xinjiang	33.92	77.61	80.40	17	166.40	504.37	526.00	23

5-18 医疗卫生与计划生育支出和节能环保支出

Expenditure for Medical and Health Care, Family Planning and Environment Protection

单位：亿元 (100 million yuan)

地区	Region	医疗卫生与计划生育支出 Expenditure for Medical and Health Care, Family Planning				节能环保支出 Expenditure for Environment Protection			
		2010	2016	2017	2017排名 Ranking	2010	2016	2017	2017排名 Ranking
地方合计	**Region Total**	**4730.62**	**13067.61**	**14343.03**		**2372.50**	**4439.33**	**5266.77**	
北　京	Beijing	186.82	397.95	427.87	15	60.85	363.38	458.44	1
天　津	Tianjin	70.07	203.23	182.10	27	27.10	65.63	110.22	23
河　北	Hebei	235.48	547.86	605.10	7	115.16	262.80	353.45	3
山　西	Shanxi	113.86	300.86	321.34	22	82.37	115.54	128.87	19
内蒙古	Inner Mongolia	120.72	284.63	323.48	21	107.99	159.39	143.67	16
辽　宁	Liaoning	151.36	307.31	336.63	20	77.44	87.24	106.53	24
吉　林	Jilin	110.91	273.62	279.22	25	71.55	122.14	115.12	22
黑龙江	Heilongjiang	135.18	280.56	297.17	23	89.00	113.44	193.20	10
上　海	Shanghai	160.07	383.10	412.18	18	47.31	134.41	224.66	7
江　苏	Jiangsu	249.69	712.77	789.52	5	139.89	285.11	292.10	4
浙　江	Zhejiang	224.53	542.44	584.17	10	82.07	161.40	190.15	11
安　徽	Anhui	184.22	480.12	597.74	8	64.72	133.64	198.64	8
福　建	Fujian	117.58	377.58	420.44	16	39.79	130.35	120.65	21
江　西	Jiangxi	150.02	438.72	492.59	13	49.14	117.88	143.40	17
山　东	Shandong	250.77	790.19	829.27	4	112.93	239.28	236.84	6
河　南	Henan	270.21	778.01	836.66	2	96.38	195.72	241.65	5
湖　北	Hubei	179.13	588.90	614.69	6	96.31	145.64	139.71	18
湖　南	Hunan	180.44	546.27	585.98	9	90.82	170.85	173.28	13
广　东	Guangdong	304.04	1121.83	1307.56	1	239.16	297.45	433.23	2
广　西	Guangxi	165.49	468.18	512.31	12	63.99	90.70	85.11	26
海　南	Hainan	34.82	114.17	127.37	28	14.89	37.31	35.72	31
重　庆	Chongqing	94.87	331.18	353.79	19	69.01	136.20	154.95	15
四　川	Sichuan	263.34	772.24	831.46	3	112.99	166.35	197.75	9
贵　州	Guizhou	127.68	392.51	436.21	14	54.32	127.09	125.39	20
云　南	Yunnan	183.70	466.98	546.99	11	86.41	150.13	179.48	12
西　藏	Tibet	32.04	69.97	93.80	31	11.77	33.05	46.64	30
陕　西	Shaanxi	156.66	381.66	418.27	17	82.88	126.79	162.52	14
甘　肃	Gansu	100.40	273.25	289.24	24	68.31	95.25	102.20	25
青　海	Qinghai	38.94	103.06	125.21	29	36.15	73.41	60.93	27
宁　夏	Ningxia	34.02	82.03	97.98	30	30.79	36.69	57.61	28
新　疆	Xinjiang	103.56	256.43	266.71	26	51.02	65.07	54.66	29

5-19 城乡社区事务支出和农林水事务支出
Expenditure for Urban and Rural Community Affairs and Agriculture, Forestry and Water Conservancy

单位：亿元 (100 million yuan)

地区	Region	城乡社区事务支出 Expenditure for Urban and Rural Community Affairs				农林水事务支出 Expenditure for Agriculture, Forestry and Water Conservancy			
		2010	2016	2017	2017排名 Ranking	2010	2016	2017	2017排名 Ranking
地方合计	**Region Total**	**5977.29**	**18374.86**	**20561.55**		**7741.69**	**17808.29**	**18380.25**	
北京	Beijing	294.30	1120.37	1034.14	6	158.64	443.55	518.35	21
天津	Tianjin	355.29	1146.48	882.35	9	67.14	161.02	158.36	31
河北	Hebei	178.75	555.70	455.35	20	312.66	800.79	782.91	7
山西	Shanxi	111.57	256.70	281.91	25	201.71	432.02	477.91	22
内蒙古	Inner Mongolia	237.75	592.33	340.12	23	281.00	729.02	807.71	6
辽宁	Liaoning	360.31	392.74	409.64	21	289.00	480.73	459.23	23
吉林	Jilin	108.90	383.35	394.45	22	238.94	550.50	554.77	18
黑龙江	Heilongjiang	141.13	387.08	456.70	19	338.06	801.77	815.16	5
上海	Shanghai	475.47	1588.04	1531.42	2	151.93	327.41	456.53	24
江苏	Jiangsu	624.53	1440.12	1500.54	3	489.16	985.62	918.22	3
浙江	Zhejiang	272.30	788.93	910.17	8	290.37	722.41	696.69	11
安徽	Anhui	236.18	669.06	1013.80	7	292.52	624.83	681.91	12
福建	Fujian	107.68	572.24	728.08	11	160.34	410.58	447.70	25
江西	Jiangxi	102.47	380.12	516.06	16	232.34	580.90	607.71	17
山东	Shandong	388.40	1012.46	1075.92	5	465.98	943.44	953.59	2
河南	Henan	165.30	879.33	1122.67	4	399.19	807.06	916.81	4
湖北	Hubei	119.63	588.48	693.61	14	305.44	704.59	714.73	10
湖南	Hunan	186.98	640.66	716.54	13	322.65	729.75	782.42	8
广东	Guangdong	407.64	1515.29	2180.53	1	325.02	715.44	754.40	9
广西	Guangxi	103.87	364.99	529.69	15	260.26	573.48	646.87	14
海南	Hainan	36.81	116.38	119.92	31	87.68	179.04	198.42	30
重庆	Chongqing	251.26	684.56	815.64	10	159.18	347.99	347.57	26
四川	Sichuan	179.19	550.93	724.79	12	401.76	988.71	1023.13	1
贵州	Guizhou	53.00	131.91	198.82	26	246.76	629.38	612.05	16
云南	Yunnan	86.66	216.49	464.75	18	327.21	712.92	674.82	13
西藏	Tibet	20.51	142.07	165.99	29	89.11	243.28	238.09	27
陕西	Shaanxi	126.84	433.15	477.73	17	267.16	543.30	545.40	19
甘肃	Gansu	56.82	196.45	166.90	28	196.27	488.10	520.79	20
青海	Qinghai	30.60	119.74	137.00	30	69.50	232.35	233.12	28
宁夏	Ningxia	61.89	182.14	187.00	27	94.23	201.29	222.39	29
新疆	Xinjiang	95.28	326.57	329.30	24	220.50	717.02	612.49	15

5-20 交通运输支出和资源勘探信息支出
Expenditure for Transportation and Affairs of Exploration

单位：亿元 (100 million yuan)

地区	Region	交通运输支出 Expenditure for Transportation				资源勘探信息等事务支出 Expenditure for Resource Exploration, and Information			
		2010	2016	2017	2017排名 Ranking	2010	2016	2017	2017排名 Ranking
地方合计	**Region Total**	**3998.89**	**9686.59**	**9517.56**		**2996.65**	**5465.41**	**4660.21**	
北京	Beijing	154.99	353.48	446.48	5	138.95	194.67	155.24	12
天津	Tianjin	46.95	111.52	87.69	31	79.13	220.80	123.50	13
河北	Hebei	155.72	251.80	352.42	8	58.70	125.35	114.05	14
山西	Shanxi	131.65	193.17	164.79	27	36.07	60.55	73.01	24
内蒙古	Inner Mongolia	121.05	299.43	344.38	9	57.37	94.92	94.24	19
辽宁	Liaoning	140.29	188.37	215.16	25	208.94	94.34	105.90	16
吉林	Jilin	89.78	202.05	257.33	20	53.15	125.81	88.50	22
黑龙江	Heilongjiang	147.72	250.40	252.56	21	73.34	81.99	70.35	25
上海	Shanghai	80.43	403.88	428.84	6	357.85	558.64	566.79	1
江苏	Jiangsu	276.00	511.81	482.13	4	262.96	437.26	347.58	3
浙江	Zhejiang	233.37	463.75	320.53	12	125.67	191.01	193.54	8
安徽	Anhui	124.86	341.37	230.37	23	124.94	157.36	106.11	15
福建	Fujian	125.21	287.66	263.68	18	64.07	175.39	172.88	10
江西	Jiangxi	107.31	223.49	228.91	24	117.53	258.33	215.80	6
山东	Shandong	230.50	372.84	367.31	7	161.12	239.05	198.65	7
河南	Henan	173.84	347.97	296.17	15	89.81	120.86	104.08	17
湖北	Hubei	124.03	391.80	306.31	13	109.84	209.94	174.28	9
湖南	Hunan	153.03	325.01	332.08	11	96.99	188.45	168.29	11
广东	Guangdong	318.17	1014.52	848.40	1	163.98	772.96	402.60	2
广西	Guangxi	93.71	217.12	244.09	22	69.86	113.55	82.82	23
海南	Hainan	26.23	114.24	136.90	28	14.60	24.77	26.20	31
重庆	Chongqing	81.85	268.00	287.97	16	83.28	143.64	92.25	21
四川	Sichuan	192.98	569.11	526.68	2	153.73	263.80	300.43	4
贵州	Guizhou	109.61	289.97	336.91	10	48.34	123.76	97.96	18
云南	Yunnan	139.88	487.06	511.24	3	46.22	87.16	62.47	26
西藏	Tibet	64.06	210.47	200.34	26	17.24	45.63	62.07	27
陕西	Shaanxi	129.06	256.15	304.03	14	71.63	107.44	93.46	20
甘肃	Gansu	66.58	219.24	285.75	17	27.89	69.98	49.09	28
青海	Qinghai	46.68	178.72	95.38	30	23.27	49.58	36.35	30
宁夏	Ningxia	21.80	73.03	100.82	29	21.66	33.96	45.17	29
新疆	Xinjiang	91.54	269.16	261.90	19	38.53	94.46	236.52	5

5-21　商业服务支出和金融支出
Expenditure for Commercial Services and Financial

单位：亿元　(100 million yuan)

地区	Region	商业服务业等支出 Expenditure for Affairs of Commerce and Services				金融支出 Expenditure for Financial Affairs			
		2010	2016	2017	2017排名 Ranking	2010	2016	2017	2017排名 Ranking
地方合计	**Region Total**	**1273.35**	**1688.14**	**1519.66**		**148.88**	**550.33**	**294.83**	
北　京	Beijing	26.65	56.15	53.73	10	2.01	11.30	12.93	12
天　津	Tianjin	17.77	40.91	53.44	11	1.50	3.05	5.52	18
河　北	Hebei	44.84	35.80	39.20	14	0.97	7.50	4.09	22
山　西	Shanxi	26.98	15.91	19.52	26	8.80	7.95	7.19	15
内蒙古	Inner Mongolia	21.45	37.04	41.84	13	2.44	4.44	19.43	4
辽　宁	Liaoning	43.23	33.24	31.77	21	4.18	28.10	2.18	27
吉　林	Jilin	24.75	30.01	31.14	22	5.50	34.25	6.94	17
黑龙江	Heilongjiang	35.70	17.47	18.28	27	12.65	5.90	2.92	25
上　海	Shanghai	46.85	129.25	141.27	1	16.81	20.40	26.37	1
江　苏	Jiangsu	106.18	123.74	112.56	3	9.74	26.95	13.59	10
浙　江	Zhejiang	85.58	133.51	140.38	2	4.22	10.33	10.47	14
安　徽	Anhui	45.84	59.47	34.71	17	5.17	33.04	13.55	11
福　建	Fujian	40.28	83.11	67.81	7	0.14	6.28	13.80	9
江　西	Jiangxi	35.43	41.22	34.60	18	1.06	4.07	7.12	16
山　东	Shandong	99.49	113.79	83.96	5	2.96	43.17	22.75	2
河　南	Henan	73.88	42.97	34.57	19	11.99	34.95	18.99	5
湖　北	Hubei	60.25	37.28	33.71	20	3.41	4.13	4.26	21
湖　南	Hunan	46.52	57.75	56.56	9	8.96	4.47	12.47	13
广　东	Guangdong	99.33	203.33	91.73	4	12.71	159.47	20.65	3
广　西	Guangxi	29.48	40.71	38.69	15	1.07	5.29	3.48	23
海　南	Hainan	7.82	11.37	12.36	30	0.01	1.26	0.88	29
重　庆	Chongqing	30.66	48.13	60.66	8	4.62	4.52	1.67	28
四　川	Sichuan	69.29	73.41	81.21	6	4.79	21.79	14.13	8
贵　州	Guizhou	21.52	31.05	30.16	23	0.06	4.32	0.74	30
云　南	Yunnan	35.30	31.55	28.69	24	7.79	1.26	4.38	20
西　藏	Tibet	5.84	6.87	8.56	31	0.35	7.86	15.51	7
陕　西	Shaanxi	34.96	49.03	42.78	12	2.22	4.68	17.67	6
甘　肃	Gansu	17.66	24.27	25.14	25	7.24	3.16	0.37	31
青　海	Qinghai	7.85	14.60	17.70	28	0.55	6.92	2.88	26
宁　夏	Ningxia	10.33	21.98	16.62	29	0.93	18.16	3.48	23
新　疆	Xinjiang	21.64	43.22	36.32	16	4.00	21.36	4.43	19

5-22 援助其他地区和国土海洋气象等支出
Expenditure for Other Regional Assistance and for Affairs of Land, Ocean and Weather

单位：亿元 (100 million yuan)

地区	Region	援助其他地区支出 Expenditure for Other Regional Assistance				国土海洋气象等支出 Expenditure for Affairs of Land, Ocean and Weather			
		2010	2016	2017	2017排名 Ranking	2010	2016	2017	2017排名 Ranking
地方合计	**Region Total**	**1094.64**	**303.17**	**398.99**		**1153.99**	**1473.93**	**2005.80**	
北京	Beijing	14.22	41.21	69.22	2	9.66	19.51	24.11	28
天津	Tianjin	8.14	11.44	15.96	7	24.39	57.40	21.92	29
河北	Hebei		7.47	7.64	9	56.48	73.65	118.39	4
山西	Shanxi	5.61	2.54	2.67	18	114.49	91.18	119.96	3
内蒙古	Inner Mongolia		0.35			72.64	58.34	51.98	19
辽宁	Liaoning	0.05	10.53	11.41	8	54.26	38.78	45.78	24
吉林	Jilin	4.33	2.43	2.49	19	20.52	45.61	67.88	11
黑龙江	Heilongjiang	0.58	2.98	2.85	17	30.60	35.73	47.83	22
上海	Shanghai	22.10	34.86	45.02	3	14.16	52.19	81.99	8
江苏	Jiangsu	21.23	33.59	39.93	4	33.38	73.49	117.18	5
浙江	Zhejiang	18.68	22.80	24.15	5	20.96	45.88	67.95	10
安徽	Anhui		4.42	4.78	14	61.69	40.36	56.09	16
福建	Fujian	4.06	2.93	5.28	11	27.50	40.04	48.60	21
江西	Jiangxi	0.18	3.00	3.10	16	25.43	28.39	40.09	25
山东	Shandong	26.14	18.04	22.20	6	65.90	107.39	144.63	2
河南	Henan	3.10	2.89	3.18	15	75.36	54.37	65.86	12
湖北	Hubei	4.93	5.73	6.84	10	36.52	48.77	90.68	7
湖南	Hunan		4.13	4.92	13	40.39	64.56	96.01	6
广东	Guangdong	24.99	83.74	118.68	1	45.89	77.80	156.54	1
广西	Guangxi					38.90	44.10	57.03	15
海南	Hainan					9.10	10.26	25.56	27
重庆	Chongqing	4.52	1.56	2.20	20	31.99	45.15	54.14	17
四川	Sichuan	808.82	5.49	5.06	12	48.37	67.65	80.35	9
贵州	Guizhou					24.51	28.42	46.38	23
云南	Yunnan	0.04				31.93	67.51	60.30	13
西藏	Tibet			0.02	23	6.92	12.33	8.36	31
陕西	Shaanxi	17.78	0.99	1.34	21	32.12	35.80	53.15	18
甘肃	Gansu	94.15				36.77	37.06	57.69	14
青海	Qinghai	0.12	0.05			22.39	16.89	39.10	26
宁夏	Ningxia					7.15	8.68	10.66	30
新疆	Xinjiang	10.86		0.03	22	33.65	46.64	49.59	20

5-23 住房保障支出和粮油物资储备支出

Expenditure for Affairs of Housing Security and Management of Grain & Oil Reserves

单位：亿元 (100 million yuan)

地区	Region	住房保障支出 Expenditure for Affairs of Housing Security				粮油物资储备支出 Expenditure for Affairs of Management of Grain & Oil Reserves			
		2010	2016	2017	2017排名 Ranking	2010	2016	2017	2017排名 Ranking
地方合计	**Region Total**	**1990.40**	**6338.77**	**6131.82**		**676.84**	**738.03**	**653.30**	
北京	Beijing	45.81	322.09	148.00	19	6.14	11.07	12.04	23
天津	Tianjin	6.32	116.23	64.08	28	4.59	7.11	5.82	27
河北	Hebei	52.00	182.01	175.12	15	23.71	25.65	18.97	15
山西	Shanxi	53.30	148.70	138.19	21	12.15	17.88	16.83	19
内蒙古	Inner Mongolia	83.72	210.71	164.31	17	60.41	20.60	19.91	13
辽宁	Liaoning	83.79	154.40	124.77	24	25.42	23.97	21.89	12
吉林	Jilin	86.84	136.45	128.04	23	60.52	49.47	48.73	2
黑龙江	Heilongjiang	108.94	271.95	265.15	6	63.93	62.32	48.32	3
上海	Shanghai	52.45	230.67	286.01	5	13.53	18.07	18.15	17
江苏	Jiangsu	72.77	269.43	351.81	2	27.70	31.51	30.98	7
浙江	Zhejiang	29.60	160.86	169.78	16	11.75	18.71	16.77	20
安徽	Anhui	93.36	229.29	222.52	12	30.71	31.56	25.69	10
福建	Fujian	28.13	105.85	91.59	26	13.86	23.59	25.01	11
江西	Jiangxi	68.08	171.65	151.04	18	45.21	22.18	17.11	18
山东	Shandong	35.25	248.74	309.89	4	30.81	33.74	27.77	9
河南	Henan	77.25	268.58	248.12	10	45.35	37.24	35.19	4
湖北	Hubei	56.59	240.64	249.55	8	24.58	40.60	34.36	5
湖南	Hunan	81.75	305.21	248.97	9	28.20	41.87	28.96	8
广东	Guangdong	88.57	662.85	762.03	1	39.32	56.44	58.51	1
广西	Guangxi	58.93	185.55	140.38	20	11.98	20.95	19.50	14
海南	Hainan	23.83	56.25	55.36	30	1.64	3.24	4.18	29
重庆	Chongqing	79.91	108.20	112.78	25	9.91	10.61	12.57	22
四川	Sichuan	107.03	312.28	325.16	3	26.80	33.43	32.41	6
贵州	Guizhou	87.62	291.73	251.86	7	5.72	10.35	9.02	26
云南	Yunnan	112.12	242.30	213.62	13	6.35	14.45	15.02	21
西藏	Tibet	10.46	51.14	38.38	31	1.89	2.30	2.38	31
陕西	Shaanxi	68.72	215.98	199.36	14	15.92	18.88	18.30	16
甘肃	Gansu	58.10	124.50	133.84	22	9.81	13.14	9.49	25
青海	Qinghai	61.09	69.93	67.32	27	4.43	5.60	5.41	28
宁夏	Ningxia	28.05	63.58	60.32	29	2.29	2.91	3.51	30
新疆	Xinjiang	90.02	181.02	234.48	11	12.20	28.59	10.48	24

5-24 国债还本付息支出和财政其他支出
Interest Payment for Domestic and Foreign Debts and Other Expenditures

单位：亿元　　(100 million yuan)

地区	Region	国债还本付息支出 Interest Payment for Domestic and Foreign Debts 2010	2016	2017	2017排名 Ranking	其他支出 Other Expenditures 2010	2016	2017	2017排名 Ranking
地方合计	**Region Total**	**335.36**	**1700.49**	**2495.38**		**2602.06**	**1467.16**	**1139.19**	
北　京	Beijing		36.33	49.73	24	208.64	212.72	111.89	1
天　津	Tianjin		18.59	30.02	30	49.74	99.34	53.20	10
河　北	Hebei	3.06	80.32	115.36	8	101.62	58.14	60.96	6
山　西	Shanxi	2.98	30.24	42.41	26	34.44	23.94	38.18	14
内蒙古	Inner Mongolia	4.14	66.15	119.14	6	35.03	83.27	38.70	12
辽　宁	Liaoning	22.01	100.23	152.18	3	73.38	33.26	28.73	18
吉　林	Jilin	31.88	41.58	55.36	21	13.01	7.45	6.52	26
黑龙江	Heilongjiang	1.28	35.52	55.18	22	40.38	8.12	4.82	29
上　海	Shanghai	26.51	44.15	69.15	17	380.09	59.37	56.02	9
江　苏	Jiangsu	3.04	95.38	157.02	1	157.94	67.15	64.31	5
浙　江	Zhejiang	2.65	86.81	143.70	4	93.19	76.79	44.24	11
安　徽	Anhui	7.62	56.53	74.77	15	87.83	13.42	6.50	27
福　建	Fujian	0.93	38.64	63.64	19	94.34	118.32	74.48	3
江　西	Jiangxi	6.63	48.66	57.57	20	74.95	61.57	57.87	8
山　东	Shandong	31.58	101.43	152.72	2	98.85	48.20	32.52	16
河　南	Henan	10.67	101.43	99.78	11	80.97	56.84	28.52	19
湖　北	Hubei	9.45	65.42	101.49	10	85.75	40.84	23.38	20
湖　南	Hunan	9.33	73.79	127.76	5	48.36	45.21	28.76	17
广　东	Guangdong	57.18	81.64	115.25	9	331.54	18.26	96.18	2
广　西	Guangxi	6.47	56.69	68.55	18	64.07	26.57	8.49	25
海　南	Hainan	2.53	24.23	30.29	29	21.51	16.32	10.27	24
重　庆	Chongqing	1.18	34.30	52.64	23	20.90	3.51	4.10	30
四　川	Sichuan	11.83	61.47	96.89	12	94.45	123.35	38.20	13
贵　州	Guizhou	9.49	76.05	116.16	7	51.57	76.18	59.30	7
云　南	Yunnan	34.23	35.90	81.10	14	52.93	37.76	36.18	15
西　藏	Tibet	0.01	1.22	1.37	31	66.15	17.74	15.47	22
陕　西	Shaanxi	13.99	47.49	72.40	16	30.70	-38.28	14.63	23
甘　肃	Gansu	5.53	28.57	35.84	27	21.10	22.75	21.72	21
青　海	Qinghai	5.34	40.75	42.43	25	17.38	7.35	5.38	28
宁　夏	Ningxia	8.21	23.01	30.38	28	13.62	8.01	3.75	31
新　疆	Xinjiang	5.61	67.97	85.09	13	57.62	33.69	65.94	4

5-25 人均财政收入和人均财政支出
Per Capita Revenue and Expenditure

单位：元/人 （yuan/person）

地区	Region	人均财政收入 Per Capita Revenue				人均财政支出 Per Capita Expenditure			
		2010	2016	2017	2017排名 Ranking	2010	2016	2017	2017排名 Ranking
地方合计	**Region Total**								
北　京	Beijing	12668.35	23394.00	25004.00	2	14624.03	29497.00	31420.00	2
天　津	Tianjin	8476.48	17520.00	14815.00	3	10919.40	23798.00	21049.00	5
河　北	Hebei	1873.29	3827.00	4315.00	24	3966.75	8123.00	8858.00	30
山　西	Shanxi	2771.18	4239.00	5057.00	18	5519.59	9335.00	10174.00	25
内蒙古	Inner Mongolia	4373.83	8016.00	6747.00	10	9293.58	17940.00	17944.00	8
辽　宁	Liaoning	4612.19	5024.00	5471.00	16	7352.08	10451.00	11157.00	22
吉　林	Jilin	2196.08	4607.00	4444.00	22	6515.40	13074.00	13672.00	11
黑龙江	Heilongjiang	1973.51	3018.00	3277.00	30	5885.34	11109.00	12233.00	18
上　海	Shanghai	13609.48	26499.00	27459.00	1	15642.68	28620.00	31201.00	3
江　苏	Jiangsu	5233.61	10167.00	10197.00	6	6303.72	12497.00	13253.00	14
浙　江	Zhejiang	4911.12	9528.00	10322.00	4	6039.68	12533.00	13391.00	13
安　徽	Anhui	1902.81	4332.00	4518.00	21	4283.76	8951.00	9965.00	28
福　建	Fujian	3147.69	6884.00	7217.00	9	4633.66	11086.00	12034.00	19
江　西	Jiangxi	1750.74	4699.00	4877.00	19	4327.41	10084.00	11095.00	23
山　东	Shandong	2886.60	5921.00	6113.00	12	4351.90	8846.00	9280.00	29
河　南	Henan	1462.54	3317.00	3569.00	28	3617.00	7841.00	8607.00	31
湖　北	Hubei	1767.30	5286.00	5512.00	15	4371.64	10945.00	11540.00	21
湖　南	Hunan	1667.43	3966.00	4031.00	26	4165.87	9319.00	10041.00	27
广　东	Guangdong	4501.67	9511.00	10213.00	5	5403.09	12309.00	13567.00	12
广　西	Guangxi	1632.35	3231.00	3322.00	29	4244.98	9221.00	10097.00	26
海　南	Hainan	3130.77	6975.00	7315.00	8	6716.20	15060.00	15670.00	9
重　庆	Chongqing	3315.24	7347.00	7357.00	7	5951.08	13196.00	14164.00	10
四　川	Sichuan	1924.80	4116.00	4320.00	23	5248.08	9728.00	10498.00	24
贵　州	Guizhou	1467.78	4407.00	4524.00	20	4486.62	12032.00	12929.00	15
云　南	Yunnan	1900.57	3810.00	3941.00	27	4986.51	10552.00	11937.00	20
西　藏	Tibet	1241.83	4763.00	5564.00	14	18672.34	48488.00	50358.00	1
陕　西	Shaanxi	2553.60	4822.00	5248.00	17	5913.14	11542.00	12639.00	16
甘　肃	Gansu	1361.89	3021.00	3116.00	31	5656.52	12092.00	12622.00	17
青　海	Qinghai	1968.71	4039.00	4134.00	25	13278.95	25822.00	25700.00	4
宁　夏	Ningxia	2446.76	5773.00	6155.00	11	8883.96	18683.00	20233.00	6
新　疆	Xinjiang	2306.62	5460.00	6056.00	13	7828.49	17395.00	19150.00	7

5-26 全国税收总收入和第一产业税收收入
Total Tax Revenue and Primary Industry Tax Revenue

单位：亿元 (100 million yuan)

地区	Region	全国税收总收入 Total Tax Revenue 2010	2016	2017	2017排名 Ranking	第一产业税收收入 The Primary Industry 2010	2016	2017	2017排名 Ranking
地方合计	**Region Total**	**77394**	**140504**	**155739**		**78.21**	**234.91**	**179.71**	
北　京	Beijing	6230	12966	12970	4	8.89	12.67	11.74	4
天　津	Tianjin	2730	4043	4470	11	0.44	6.05	1.14	27
河　北	Hebei	2377	3952	4606	9	0.87	4.43	4.72	17
山　西	Shanxi	1635	1802	2487	20	0.72	1.64	1.86	26
内蒙古	Inner Mongolia	1556	2211	2396	21	2.29	4.37	3.88	19
辽　宁	Liaoning	3314	2639	2933	16	4.91	2.40	2.47	24
吉　林	Jilin	1072	1934	1971	25	0.95	1.86	2.28	25
黑龙江	Heilongjiang	1302	1665	1895	26	0.39	3.56	3.13	21
上　海	Shanghai	8003	14667	16214	1	0.98	3.47	3.47	20
江　苏	Jiangsu	7234	13276	14047	3	13.12	49.86	12.96	3
浙　江	Zhejiang	5635	6976	7833	5	4.59	27.73	6.17	10
安　徽	Anhui	1655	3481	3929	12	0.64	3.68	5.62	13
福　建	Fujian	2155	2897	3160	14	1.77	7.96	4.70	18
江　西	Jiangxi	1121	2592	2881	17	1.04	12.59	7.86	5
山　东	Shandong	5135	6495	7386	6	9.01	20.85	20.31	1
河　南	Henan	1923	4021	4600	10	1.34	3.94	6.42	8
湖　北	Hubei	1779	4232	4722	8	0.26	4.32	7.00	6
湖　南	Hunan	1515	3255	3754	13	1.42	2.56	5.44	14
广　东	Guangdong	10051	12536	14375	2	5.85	10.31	15.43	2
广　西	Guangxi	1065	2135	2327	22	0.19	1.42	2.75	22
海　南	Hainan	476	950	1085	28	1.40	4.86	6.80	7
重　庆	Chongqing	1085	2609	2786	19	0.72	6.59	4.74	16
四　川	Sichuan	2073	4307	4834	7	7.68	6.30	5.98	11
贵　州	Guizhou	811	1968	2220	23	1.26	3.68	5.32	15
云　南	Yunnan	1637	2628	2867	18	2.07	4.77	5.86	12
西　藏	Tibet	50	254	334	31	0.03	0.17	0.20	31
陕　西	Shaanxi	1622	2386	3033	15	3.65	7.34	2.55	23
甘　肃	Gansu	605	1173	1269	27	0.22	1.28	0.76	29
青　海	Qinghai	201	313	362	30	0.11	0.22	0.44	30
宁　夏	Ningxia	254	506	571	29	0.20	0.69	0.86	28
新　疆	Xinjiang	1093	1844	2087	24	1.20	3.75	6.26	9

5-27 第二产业税收收入和第三产业税收收入
Secondary Industry Tax Revenue and Tertiary Industry Tax Revenue

单位：亿元 (100 million yuan)

地区	Region	第二产业税收收入 The Second Industry 2010	2016	2017	2017排名 Ranking	第三产业税收收入 The Tertiary Industry 2010	2016	2017	2017排名 Ranking
地方合计	**Region Total**	**40615**	**60854**	**67877**		**36701**	**79415**	**87683**	
北京	Beijing	994	1563	1662	14	5226	11390	11296	1
天津	Tianjin	2025	2211	2459	6	705	1826	2010	12
河北	Hebei	1526	1993	2269	7	851	1955	2333	10
山西	Shanxi	1145	1002	1538	16	489	798	947	25
内蒙古	Inner Mongolia	876	1118	1393	19	677	1088	999	24
辽宁	Liaoning	1947	1477	1616	15	1362	1159	1315	18
吉林	Jilin	714	1123	1102	21	357	809	866	26
黑龙江	Heilongjiang	860	816	892	26	441	846	999	23
上海	Shanghai	3875	5372	6315	3	4127	9291	9896	2
江苏	Jiangsu	4263	6931	7508	1	2958	6295	6526	4
浙江	Zhejiang	2755	3103	3391	5	2875	3845	4437	5
安徽	Anhui	922	1622	1827	9	733	1855	2096	11
福建	Fujian	1206	1365	1451	18	947	1523	1704	14
江西	Jiangxi	566	1181	1263	20	553	1398	1609	16
山东	Shandong	3244	3566	4113	4	1882	2908	3252	6
河南	Henan	1077	1591	1750	12	845	2425	2843	8
湖北	Hubei	1073	2022	2173	8	706	2207	2542	9
湖南	Hunan	918	1657	1815	10	595	1595	1933	13
广东	Guangdong	4361	6410	7275	2	5685	6116	7084	3
广西	Guangxi	550	985	1045	24	515	1149	1279	20
海南	Hainan	236	346	319	29	238	599	759	27
重庆	Chongqing	560	1129	1101	22	524	1473	1681	15
四川	Sichuan	951	1646	1773	11	1114	2655	3055	7
贵州	Guizhou	449	861	961	25	361	1103	1253	21
云南	Yunnan	1023	1412	1495	17	611	1210	1367	17
西藏	Tibet	18	57	76	31	32	197	258	29
陕西	Shaanxi	1082	1318	1717	13	537	1061	1313	19
甘肃	Gansu	430	681	713	27	175	491	555	28
青海	Qinghai	144	169	191	30	56	144	170	31
宁夏	Ningxia	151	300	326	28	103	206	244	30
新疆	Xinjiang	672	932	1062	23	420	909	1019	22

5-28 采矿业和制造业税收收入
Tax Revenues from Mining and Manufacturing

单位：亿元 (100 million yuan)

地区	Region	采矿业 Mining 2010	2016	2017	2017排名 Ranking	制造业 Manufacturing 2010	2016	2017	2017排名 Ranking
地方合计	**Region Total**	**4826**	**2905**	**4917**		**29511**	**44961**	**51775**	
北京	Beijing	28	-96	-103	31	713	1147	1179	12
天津	Tianjin	254	146	273	5	1636	1828	2023	6
河北	Hebei	254	88	133	11	1012	1402	1726	7
山西	Shanxi	707	460	967	1	287	274	363	27
内蒙古	Inner Mongolia	425	339	679	2	236	411	446	26
辽宁	Liaoning	283	111	162	9	1413	1090	1239	11
吉林	Jilin	79	28	33	24	540	909	903	18
黑龙江	Heilongjiang	356	153	252	6	397	461	511	23
上海	Shanghai	2	4	5	30	3612	4919	5884	3
江苏	Jiangsu	55	34	37	22	3567	5558	6521	1
浙江	Zhejiang	16	15	15	27	2281	2458	2771	5
安徽	Anhui	142	83	133	10	621	1133	1343	10
福建	Fujian	38	23	29	26	951	995	1129	13
江西	Jiangxi	58	58	68	18	362	743	926	17
山东	Shandong	471	273	402	4	2437	2537	3187	4
河南	Henan	258	130	191	8	611	915	1080	14
湖北	Hubei	37	43	40	20	815	1421	1633	8
湖南	Hunan	59	27	36	23	687	1227	1411	9
广东	Guangdong	104	82	117	14	3526	5365	6282	2
广西	Guangxi	32	30	40	21	361	686	757	21
海南	Hainan	11	6	7	29	178	224	205	28
重庆	Chongqing	34	31	30	25	399	782	770	20
四川	Sichuan	113	86	120	13	554	931	1064	15
贵州	Guizhou	118	69	124	12	226	400	480	25
云南	Yunnan	101	67	83	15	773	997	1059	16
西藏	Tibet	4	6	9	28	5	10	16	31
陕西	Shaanxi	392	292	579	3	555	704	829	19
甘肃	Gansu	60	54	77	16	303	450	484	24
青海	Qinghai	47	33	44	19	64	63	85	30
宁夏	Ningxia	31	37	74	17	75	162	174	29
新疆	Xinjiang	255	183	251	7	313	520	588	22

5-29 电力、热力、燃气及水业和建筑业税收收入
Tax Revenues in Production and Supply of Electricity, Heat, Gas and Water and Construction

单位：亿元 (100 million yuan)

地区	Region	电力、热力、燃气及水业 Production and Supply of Electricity, Heat,Gas and Water				建筑业 Construction			
		2010	2016	2017	2017排名 Ranking	2010	2016	2017	2017排名 Ranking
地方合计	**Region Total**	**2477**	**4351**	**3774**		**3801**	**8637**	**7686**	
北　京	Beijing	119	205	236	4	134	308	354	7
天　津	Tianjin	33	70	63	22	102	166	137	22
河　北	Hebei	109	187	154	8	150	316	265	13
山　西	Shanxi	68	111	82	19	83	157	130	23
内蒙古	Inner Mongolia	110	142	130	9	105	226	143	21
辽　宁	Liaoning	84	116	97	15	167	160	125	24
吉　林	Jilin	33	49	47	26	61	137	121	25
黑龙江	Heilongjiang	31	56	55	25	77	146	106	27
上　海	Shanghai	65	130	125	11	197	319	311	9
江　苏	Jiangsu	203	481	331	2	439	859	630	1
浙　江	Zhejiang	203	253	241	3	254	378	365	6
安　徽	Anhui	51	119	86	17	107	287	267	12
福　建	Fujian	89	136	127	10	129	212	203	17
江　西	Jiangxi	36	78	63	23	110	302	207	16
山　东	Shandong	155	298	208	5	181	458	378	4
河　南	Henan	76	159	114	13	132	388	370	5
湖　北	Hubei	117	171	158	7	104	385	346	8
湖　南	Hunan	57	106	91	16	116	298	279	11
广　东	Guangdong	341	420	348	1	391	544	538	2
广　西	Guangxi	61	85	73	20	96	184	176	19
海　南	Hainan	8	23	17	30	38	93	92	28
重　庆	Chongqing	48	82	83	18	78	234	219	15
四　川	Sichuan	111	204	208	6	173	425	389	3
贵　州	Guizhou	61	87	72	21	44	305	286	10
云　南	Yunnan	67	125	125	12	82	223	230	14
西　藏	Tibet	1	2	3	31	8	38	48	30
陕　西	Shaanxi	50	108	110	14	84	214	201	18
甘　肃	Gansu	25	39	38	27	42	137	116	26
青　海	Qinghai	14	11	21	29	18	62	41	31
宁　夏	Ningxia	24	35	24	28	21	66	54	29
新　疆	Xinjiang	28	53	58	24	75	175	173	20

5-30 交通运输、仓储、邮政业和信息传输、软件、信息技术服务业税收收入

Tax Revenues from Transport, Storage and Post and Information Transmission, Software and Information Technology Service

单位：亿元 (100 million yuan)

地区	Region	交通运输、仓储和邮政业 Transport, Storage and Post				信息传输、软件和信息技术服务业 Information Transmission, Software and Information Technology Service			
		2010	2016	2017	2017排名 Ranking	2010	2016	2017	2017排名 Ranking
地方合计	**Region Total**	**1763**	**2762**	**3080**		**1132**	**2610**	**3121**	
北　京	Beijing	208	234	286	2	125	467	550	1
天　津	Tianjin	49	70	70	15	19	70	98	6
河　北	Hebei	76	115	136	7	33	36	32	18
山　西	Shanxi	74	65	76	14	17	12	14	25
内蒙古	Inner Mongolia	47	45	55	19	10	14	11	29
辽　宁	Liaoning	61	41	53	20	37	22	24	20
吉　林	Jilin	19	27	30	26	12	9	12	27
黑龙江	Heilongjiang	24	26	35	25	19	15	19	23
上　海	Shanghai	192	442	440	1	123	359	470	2
江　苏	Jiangsu	97	184	235	3	80	162	211	5
浙　江	Zhejiang	97	99	125	8	74	284	392	3
安　徽	Anhui	48	109	112	9	27	48	41	14
福　建	Fujian	45	38	46	22	45	49	44	12
江　西	Jiangxi	47	100	96	10	13	29	34	17
山　东	Shandong	110	124	148	6	58	62	57	8
河　南	Henan	60	63	81	12	33	51	47	10
湖　北	Hubei	31	55	81	13	25	50	49	9
湖　南	Hunan	27	36	42	24	25	40	44	11
广　东	Guangdong	189	233	206	4	201	209	212	4
广　西	Guangxi	27	36	176	5	20	16	25	19
海　南	Hainan	19	36	44	23	7	18	20	22
重　庆	Chongqing	25	48	56	17	14	33	40	15
四　川	Sichuan	51	84	94	11	30	67	98	7
贵　州	Guizhou	16	27	27	27	12	19	18	24
云　南	Yunnan	32	45	53	21	20	40	35	16
西　藏	Tibet	1	6	6	31	1	4	11	28
陕　西	Shaanxi	35	40	55	18	24	46	41	13
甘　肃	Gansu	15	15	19	28	9	13	13	26
青　海	Qinghai	4	5	7	30	2	2	2	31
宁　夏	Ningxia	8	7	10	29	4	5	3	30
新　疆	Xinjiang	30	56	67	16	9	14	22	21

5-31 批发、零售业和住宿、餐饮业税收收入

Tax Revenues from Wholesale and Retail Trades and Hotels and Catering Services

单位：亿元 (100 million yuan)

地区	Region	批发和零售业 Wholesale and Retail Trades				住宿和餐饮业 Hotels and Catering Services			
		2010	2016	2017	2017排名 Ranking	2010	2016	2017	2017排名 Ranking
地方合计	**Region Total**	**9910**	**17938**	**21176**		**655**	**662**	**582**	
北 京	Beijing	1181	1692	1891	2	65	77	70	1
天 津	Tianjin	217	322	402	14	10	10	8	25
河 北	Hebei	240	343	422	13	18	14	15	10
山 西	Shanxi	172	207	265	26	10	6	6	26
内蒙古	Inner Mongolia	312	269	354	18	10	9	8	22
辽 宁	Liaoning	222	329	398	15	25	12	10	18
吉 林	Jilin	111	215	280	24	8	7	5	28
黑龙江	Heilongjiang	143	241	293	23	12	8	8	24
上 海	Shanghai	1473	2312	2776	1	59	76	63	2
江 苏	Jiangsu	1123	1570	1862	3	49	58	47	4
浙 江	Zhejiang	484	905	989	5	47	38	32	5
安 徽	Anhui	234	345	427	12	14	15	13	13
福 建	Fujian	189	234	274	25	20	12	11	16
江 西	Jiangxi	253	282	350	19	10	10	8	21
山 东	Shandong	536	534	620	8	34	22	18	8
河 南	Henan	281	600	784	6	18	16	14	11
湖 北	Hubei	268	512	607	9	16	19	19	7
湖 南	Hunan	212	352	428	11	19	18	18	9
广 东	Guangdong	767	1239	1483	4	90	61	56	3
广 西	Guangxi	188	279	342	20	12	10	9	20
海 南	Hainan	45	103	119	28	10	16	14	12
重 庆	Chongqing	132	275	303	22	11	11	10	17
四 川	Sichuan	310	563	677	7	29	29	25	6
贵 州	Guizhou	136	335	363	16	7	7	9	19
云 南	Yunnan	237	425	490	10	16	13	12	14
西 藏	Tibet	16	81	103	29	1	2	1	31
陕 西	Shaanxi	131	310	362	17	16	14	12	15
甘 肃	Gansu	56	110	127	27	6	6	6	27
青 海	Qinghai	18	34	43	31	1	2	2	30
宁 夏	Ningxia	26	46	54	30	2	2	2	29
新 疆	Xinjiang	196	277	330	21	8	9	8	23

5-32 金融业和房地产业税收收入
Tax Revenues from Financial Industry and Real Estate Industry

单位：亿元 (100 million yuan)

地区 Region	金融业 Financial Industry 2010	2016	2017	2017排名 Ranking	房地产业 Real Estate Industry 2010	2016	2017	2017排名 Ranking
地方合计 Region Total	**6221**	**17863**	**17050**		**6855**	**18753**	**20878**	
北京 Beijing	2101	5405	4515	1	503	1101	1302	4
天津 Tianjin	84	355	381	9	158	562	571	15
河北 Hebei	113	329	365	11	199	659	778	11
山西 Shanxi	57	169	166	22	46	173	216	24
内蒙古 Inner Mongolia	61	163	163	24	102	151	148	27
辽宁 Liaoning	135	268	273	16	341	252	303	19
吉林 Jilin	48	162	165	23	80	164	162	25
黑龙江 Heilongjiang	49	163	168	21	93	227	249	21
上海 Shanghai	835	2087	2048	2	657	1877	1810	3
江苏 Jiangsu	293	930	803	4	788	2075	2011	1
浙江 Zhejiang	338	664	638	5	564	1048	1007	5
安徽 Anhui	79	279	301	13	200	691	798	10
福建 Fujian	135	402	369	10	240	533	581	14
江西 Jiangxi	50	193	206	18	113	441	477	16
山东 Shandong	234	530	525	6	370	833	951	6
河南 Henan	104	379	416	8	189	854	938	7
湖北 Hubei	73	293	320	12	156	738	806	9
湖南 Hunan	70	260	286	14	111	457	624	12
广东 Guangdong	847	780	853	3	855	1652	1964	2
广西 Guangxi	48	153	157	25	123	302	362	18
海南 Hainan	12	55	59	28	97	273	405	17
重庆 Chongqing	75	278	276	15	165	460	610	13
四川 Sichuan	123	435	435	7	298	761	838	8
贵州 Guizhou	39	152	173	20	70	194	245	22
云南 Yunnan	65	176	175	19	110	195	229	23
西藏 Tibet	3	14	16	31	1	9	9	31
陕西 Shaanxi	64	202	207	17	113	222	282	20
甘肃 Gansu	22	115	140	27	25	129	135	28
青海 Qinghai	8	37	42	30	8	27	30	30
宁夏 Ningxia	16	45	51	29	26	48	55	29
新疆 Xinjiang	40	158	152	26	55	148	151	26

5-33 租赁、商务服务业和居民服务、修理、其他服务业税收收入

Tax Revenues from Leasing and Business Service and Service to Households, Repair and Other Services

单位：亿元 (100 million yuan)

地区	Region	租赁和商务服务业 Leasing and Business Services				居民服务、修理和其他服务业 Service to Households, Repair and Other Services			
		2010	2016	2017	2017排名 Ranking	2010	2016	2017	2017排名 Ranking
地方合计	**Region Total**	**1998**	**6736**	**7600**		**1713**	**2956**	**2366**	
北　京	Beijing	303	885	1141	2	207	577	447	1
天　津	Tianjin	49	164	191	9	27	81	49	13
河　北	Hebei	20	75	124	15	29	53	59	11
山　西	Shanxi	16	25	36	27	30	45	44	16
内蒙古	Inner Mongolia	10	58	33	28	50	75	42	17
辽　宁	Liaoning	57	41	51	24	32	38	29	22
吉　林	Jilin	18	39	42	25	13	48	20	25
黑龙江	Heilongjiang	28	39	41	26	10	15	14	28
上　海	Shanghai	481	1423	1512	1	62	193	114	5
江　苏	Jiangsu	203	621	507	3	146	334	194	3
浙　江	Zhejiang	109	357	424	5	95	118	137	4
安　徽	Anhui	30	125	137	14	15	35	41	18
福　建	Fujian	30	78	86	20	37	47	28	23
江　西	Jiangxi	11	128	137	13	16	58	46	15
山　东	Shandong	76	248	229	8	49	96	107	6
河　南	Henan	51	93	112	17	28	94	80	7
湖　北	Hubei	46	218	243	6	23	72	64	10
湖　南	Hunan	26	122	137	12	37	55	52	12
广　东	Guangdong	225	380	487	4	530	202	243	2
广　西	Guangxi	26	120	119	16	17	21	27	24
海　南	Hainan	12	35	52	23	15	18	18	26
重　庆	Chongqing	19	154	150	10	37	76	70	9
四　川	Sichuan	47	179	239	7	55	110	72	8
贵　州	Guizhou	18	142	143	11	10	40	47	14
云　南	Yunnan	30	68	80	21	37	38	29	21
西　藏	Tibet	3	68	93	19	1	2	3	31
陕　西	Shaanxi	19	48	73	22	67	43	40	19
甘　肃	Gansu	15	21	24	29	10	16	17	27
青　海	Qinghai	3	8	11	31	5	10	6	30
宁　夏	Ningxia	2	12	16	30	6	6	13	29
新　疆	Xinjiang	14	83	102	18	19	43	36	20

5-34 教育和卫生、社会工作税收收入

Tax Revenues from Education, Health and Social Service

单位：亿元 (100 million yuan)

地区	Region	教育 Education 2010	2016	2017	2017排名 Ranking	卫生和社会工作 Health and Social Service 2010	2016	2017	2017排名 Ranking
地方合计	**Region Total**	**158.72**	**382.24**	**494.81**		**98.33**	**325.92**	**444.04**	
北京	Beijing	25.30	65.80	84.96	1	11.23	38.31	50.85	1
天津	Tianjin	5.49	8.99	11.20	12	2.67	7.55	8.97	15
河北	Hebei	2.67	5.68	7.58	17	3.01	5.80	9.44	14
山西	Shanxi	0.85	3.83	5.24	26	0.91	2.72	4.02	26
内蒙古	Inner Mongolia	1.73	3.89	5.66	23	1.21	4.09	5.72	24
辽宁	Liaoning	6.28	5.13	6.36	20	4.05	6.39	8.63	16
吉林	Jilin	2.84	4.20	5.64	24	1.42	5.47	7.22	22
黑龙江	Heilongjiang	2.52	5.06	7.27	19	2.26	4.56	5.57	25
上海	Shanghai	19.19	39.33	51.31	2	7.76	23.99	32.33	3
江苏	Jiangsu	11.25	30.46	31.77	4	6.69	15.92	22.96	6
浙江	Zhejiang	12.62	20.40	26.17	5	6.29	17.83	24.58	5
安徽	Anhui	2.08	6.01	7.92	16	2.11	4.96	7.55	21
福建	Fujian	4.25	4.75	6.26	21	3.03	6.46	8.26	17
江西	Jiangxi	2.10	5.98	7.28	18	0.97	4.60	6.82	23
山东	Shandong	6.00	11.20	14.02	9	5.19	12.84	19.32	7
河南	Henan	2.80	6.91	10.89	13	2.50	9.13	12.36	12
湖北	Hubei	4.10	15.60	20.88	7	2.09	14.53	15.11	9
湖南	Hunan	2.91	8.04	12.28	11	2.48	12.08	17.62	8
广东	Guangdong	22.75	34.55	43.44	3	16.12	31.38	41.76	2
广西	Guangxi	2.48	6.47	9.01	15	1.88	8.49	12.46	11
海南	Hainan	0.50	1.26	1.59	28	0.41	2.40	2.83	28
重庆	Chongqing	3.12	7.11	10.39	14	2.59	8.29	10.77	13
四川	Sichuan	4.74	15.69	22.05	6	3.69	18.26	26.98	4
贵州	Guizhou	1.14	3.86	5.51	25	1.61	5.68	8.09	18
云南	Yunnan	3.02	10.24	15.75	8	2.19	9.23	13.89	10
西藏	Tibet	0.01	0.08	0.12	31	0.07	0.14	0.30	31
陕西	Shaanxi	2.91	9.20	12.47	10	0.97	5.28	7.82	20
甘肃	Gansu	0.85	2.63	3.62	27	0.53	2.28	3.72	27
青海	Qinghai	0.13	0.61	1.13	29	0.26	0.20	0.61	30
宁夏	Ningxia	0.26	0.63	1.07	30	0.25	0.87	1.51	29
新疆	Xinjiang	1.84	4.64	5.94	22	1.89	6.62	7.97	19

5-35 文化、体育、娱乐业和公共管理、社会保障税收收入

Tax Revenues from Culture, Sports and Entertainment and Public Management, Social Security

单位：亿元 (100 million yuan)

地区	Region	文化、体育和娱乐业 Culture, Sports and Entertainment				公共管理、社会保障和社会组织 Public Management, Social Security and Social Organization			
		2010	2016	2017	2017排名 Ranking	2010	2016	2017	2017排名 Ranking
地方合计	**Region Total**	**261.6**	**486.0**	**540.0**		**837.1**	**3448.0**	**3293.2**	
北　京	Beijing	81.3	136.6	147.3	1	38.8	95.9	50.3	19
天　津	Tianjin	3.2	10.6	13.0	8	5.8	33.7	37.2	23
河　北	Hebei	4.1	8.8	12.7	10	7.3	146.4	164.8	4
山　西	Shanxi	1.3	2.6	3.0	26	1.2	54.7	31.6	25
内蒙古	Inner Mongolia	1.6	2.2	2.5	28	10.4	242.6	90.2	14
辽　宁	Liaoning	7.3	4.2	4.5	24	21.1	62.7	45.4	21
吉　林	Jilin	2.2	2.8	4.0	25	3.5	84.8	68.7	17
黑龙江	Heilongjiang	2.1	4.2	5.9	21	5.9	25.0	40.0	22
上　海	Shanghai	18.0	51.7	63.9	2	16.8	72.8	21.6	26
江　苏	Jiangsu	12.5	27.2	33.2	5	27.7	67.5	104.4	11
浙　江	Zhejiang	15.6	44.7	45.5	3	25.3	131.2	312.7	2
安　徽	Anhui	5.2	7.1	6.9	16	7.0	73.1	58.4	18
福　建	Fujian	8.0	5.4	5.5	22	10.9	67.1	114.0	9
江　西	Jiangxi	3.4	5.3	5.9	19	4.7	88.0	140.2	6
山　东	Shandong	9.7	22.1	14.1	7	32.2	134.4	160.4	5
河　南	Henan	8.0	10.1	12.3	11	5.2	181.2	136.4	7
湖　北	Hubei	5.2	8.1	8.2	13	7.9	76.7	116.9	8
湖　南	Hunan	4.5	21.5	14.3	6	10.6	141.6	95.4	13
广　东	Guangdong	31.5	28.9	36.0	4	536.4	635.2	548.1	1
广　西	Guangxi	3.8	4.8	5.9	20	7.0	138.7	77.4	15
海　南	Hainan	3.9	4.0	6.1	18	1.8	24.1	4.2	30
重　庆	Chongqing	3.1	5.9	8.0	14	4.7	68.1	36.4	24
四　川	Sichuan	9.7	11.4	10.9	12	19.3	272.8	283.0	3
贵　州	Guizhou	2.4	3.5	4.9	23	6.4	93.9	103.3	12
云　南	Yunnan	5.7	7.0	8.0	15	7.6	133.9	112.6	10
西　藏	Tibet	0.3	0.8	1.1	29	0.2	5.4	0.9	31
陕　西	Shaanxi	5.0	5.7	6.3	17	1.2	36.7	75.1	16
甘　肃	Gansu	1.2	2.8	2.6	27	1.3	35.2	21.5	27
青　海	Qinghai	0.2	0.6	0.5	31	0.4	11.4	7.4	29
宁　夏	Ningxia	0.4	0.5	0.6	30	1.2	22.0	13.6	28
新　疆	Xinjiang	1.4	4.8	12.9	9	7.2	68.9	47.9	20

5-36 国家税务局和地方税务局税收收入
Tax Revenues of National Taxation Bureau and Local Taxation Bureau

单位：亿元 (100 million yuan)

地区	Region	国家税务局 National Taxation Bureau				地方税务局 Local Taxation Bureau			
		2010	2016	2017	2017排名 Ranking	2010	2016	2017	2017排名 Ranking
地方合计	**Region Total**	**51504**	**89448**	**110099**		**25890**	**51056**	**45640**	
北　京	Beijing	4347	9378	9606	4	1883	3588	3364	4
天　津	Tianjin	2159	2804	3450	7	571	1239	1020	15
河　北	Hebei	1538	2405	3164	9	839	1547	1442	10
山　西	Shanxi	1052	1059	1615	21	583	743	872	17
内蒙古	Inner Mongolia	941	1063	1539	22	615	1148	857	19
辽　宁	Liaoning	2157	1792	2177	14	1156	846	756	22
吉　林	Jilin	736	1290	1459	24	336	643	512	26
黑龙江	Heilongjiang	866	983	1272	26	436	682	623	24
上　海	Shanghai	5773	10219	12334	1	2231	4448	3880	2
江　苏	Jiangsu	4784	8290	10172	3	2450	4986	3875	3
浙　江	Zhejiang	3669	4105	5193	5	1966	2872	2640	5
安　徽	Anhui	1030	2005	2607	13	625	1477	1322	11
福　建	Fujian	1393	1748	2113	16	763	1149	1047	14
江　西	Jiangxi	686	1338	1832	18	435	1254	1049	13
山　东	Shandong	3552	3817	4999	6	1583	2678	2388	6
河　南	Henan	1136	2286	3051	11	787	1735	1549	9
湖　北	Hubei	1221	2512	3141	10	558	1720	1582	8
湖　南	Hunan	978	2027	2610	12	537	1229	1145	12
广　东	Guangdong	6796	8435	10333	2	3255	4101	4042	1
广　西	Guangxi	647	1306	1634	20	418	829	693	23
海　南	Hainan	271	527	703	28	205	423	382	27
重　庆	Chongqing	608	1485	1780	19	476	1124	1006	16
四　川	Sichuan	1093	2376	3194	8	980	1931	1639	7
贵　州	Guizhou	462	1032	1384	25	349	936	835	20
云　南	Yunnan	1086	1741	2087	17	551	886	780	21
西　藏	Tibet	50	254	334	30				
陕　西	Shaanxi	1050	1520	2162	15	573	867	870	18
甘　肃	Gansu	414	766	952	27	191	407	316	28
青　海	Qinghai	126	160	249	31	74	153	113	30
宁　夏	Ningxia	160	341	424	29	94	165	147	29
新　疆	Xinjiang	723	1133	1470	23	370	711	616	25

5-37 国家税务局和地方税务局第一产业税收收入

Tax Revenues of National Taxation Bureau and Local Taxation Bureau from Primary Industry

单位：亿元 (100 million yuan)

地区	Region	国家税务局第一产业 Primary Industry in National Taxation Bureau				地方税务局第一产业 Primary Industry in Local Taxation Bureau			
		2010	2016	2017	2017排名 Ranking	2010	2016	2017	2017排名 Ranking
地方合计	**Region Total**	**42.92**	**132.62**	**63.67**		**35.28**	**102.29**	**116.04**	
北京	Beijing	5.80	4.32	4.47	3	3.10	8.35	7.26	3
天津	Tianjin	0.18	4.89	0.38	25	0.26	1.16	0.77	27
河北	Hebei		1.42	2.53	8	0.87	3.01	2.19	20
山西	Shanxi	0.43	0.49	0.96	21	0.29	1.16	0.90	26
内蒙古	Inner Mongolia	1.22	0.13	0.57	22	1.07	4.25	3.31	14
辽宁	Liaoning	0.53	0.69	0.16	30	4.39	1.71	2.31	19
吉林	Jilin	0.15	0.06	0.55	23	0.80	1.80	1.73	23
黑龙江	Heilongjiang	0.12	2.45	1.05	18	0.27	1.11	2.07	22
上海	Shanghai	0.29	1.78	2.18	10	0.69	1.69	1.29	24
江苏	Jiangsu	11.95	46.02	6.61	2	1.17	3.84	6.36	6
浙江	Zhejiang	3.31	24.21	3.43	5	1.28	3.51	2.74	15
安徽	Anhui	0.46	1.36	1.71	13	0.18	2.32	3.91	11
福建	Fujian	0.64	5.34	2.33	9	1.13	2.62	2.38	18
江西	Jiangxi	0.29	5.79	1.36	16	0.75	6.80	6.50	5
山东	Shandong	5.23	4.52	2.85	7	3.77	16.33	17.46	1
河南	Henan	1.34	3.24	4.25	4		0.71	2.17	21
湖北	Hubei	0.15	1.68	0.17	29	0.11	2.64	6.83	4
湖南	Hunan	0.62	0.70	1.27	17	0.80	1.86	4.17	10
广东	Guangdong	2.04	3.46	7.78	1	3.81	6.85	7.65	2
广西	Guangxi	0.05	0.01	0.02	31	0.14	1.41	2.73	16
海南	Hainan	0.55	0.94	1.77	12	0.84	3.92	5.03	7
重庆	Chongqing	0.35	0.89	1.01	19	0.38	5.70	3.72	13
四川	Sichuan	0.42	2.07	2.15	11	7.26	4.22	3.83	12
贵州	Guizhou	1.16	0.84	0.99	20	0.10	2.84	4.33	9
云南	Yunnan	1.40	2.31	3.19	6	0.67	2.45	2.66	17
西藏	Tibet	0.03	0.17	0.20	28				
陕西	Shaanxi	3.60	6.26	1.47	15	0.05	1.08	1.08	25
甘肃	Gansu	0.22	1.28	0.42	24	0.07		0.34	29
青海	Qinghai	0.04	0.11	0.25	27		0.11	0.19	30
宁夏	Ningxia	0.12	0.38	0.30	26	0.07	0.31	0.56	28
新疆	Xinjiang	0.23	0.07	1.64	14	0.97	3.68	4.62	8

5-38 国家税务局和地方税务局第二产业税收收入

Tax Revenues of National Taxation Bureau and Local Taxation Bureau from Secondary Industry

单位：亿元 (100 million yuan)

地区	Region	国家税务局第二产业 Secondary Industry in National Taxation Bureau				地方税务局第二产业 Secondary Industry in Local Taxation Bureau			
		2010	2016	2017	2017排名 Ranking	2010	2016	2017	2017排名 Ranking
地方合计	**Region Total**	**31555**	**46317**	**55638**		**9060**	**14537**	**12239**	
北　京	Beijing	779	1198	1337	13	215	365	325	14
天　津	Tianjin	1856	1951	2271	6	169	260	187	24
河　北	Hebei	1169	1490	1846	7	357	503	423	8
山　西	Shanxi	802	624	1011	18	344	378	527	6
内蒙古	Inner Mongolia	566	625	922	20	310	494	472	7
辽　宁	Liaoning	1488	1140	1306	15	458	337	310	15
吉　林	Jilin	576	890	916	21	138	233	186	25
黑龙江	Heilongjiang	663	548	692	26	198	268	201	23
上　海	Shanghai	3430	4732	5760	3	445	640	555	5
江　苏	Jiangsu	3318	5348	6270	1	946	1583	1238	1
浙　江	Zhejiang	2076	2277	2659	5	679	826	732	4
安　徽	Anhui	677	1173	1457	10	245	449	370	13
福　建	Fujian	950	1063	1197	17	256	303	254	18
江　西	Jiangxi	388	750	962	19	178	431	301	16
山　东	Shandong	2570	2530	3278	4	674	1036	835	3
河　南	Henan	731	1081	1352	12	346	510	398	10
湖　北	Hubei	870	1505	1768	8	203	517	405	9
湖　南	Hunan	701	1277	1530	9	217	380	285	17
广　东	Guangdong	3310	5300	6230	2	1050	1110	1045	2
广　西	Guangxi	394	774	893	22	156	211	152	26
海　南	Hainan	187	255	261	29	49	91	58	29
重　庆	Chongqing	410	814	861	23	150	314	240	22
四　川	Sichuan	632	1097	1378	11	319	549	394	11
贵　州	Guizhou	313	527	708	25	136	334	253	19
云　南	Yunnan	818	1101	1252	16	205	311	243	21
西　藏	Tibet	18	57	76	31				
陕　西	Shaanxi	830	941	1335	14	252	377	382	12
甘　肃	Gansu	335	512	593	27	95	169	120	27
青　海	Qinghai	101	86	139	30	43	82	52	30
宁　夏	Ningxia	113	224	264	28	38	76	62	28
新　疆	Xinjiang	484	654	812	24	187	278	250	20

5-39 国家税务局和地方税务局第三产业税收收入

Tax Revenues of National Taxation Bureau and Local Taxation Bureau from Tertiary Industry

单位：亿元 (100 million yuan)

地区	Region	国家税务局税第三产业 Tertiary Industry in National Taxation Bureau				地方税务局第三产业 Tertiary Industry in Local Taxation Bureau			
		2010	2016	2017	2017排名 Ranking	2010	2016	2017	2017排名 Ranking
地方合计	**Region Total**	**19906**	**42999**	**54398**		**16795**	**36416**	**33285**	
北京	Beijing	3562	8176	8264	1	1665	3214	3032	2
天津	Tianjin	303	848	1178	11	402	978	832	13
河北	Hebei	369	914	1315	10	482	1041	1017	10
山西	Shanxi	250	434	603	24	239	364	343	25
内蒙古	Inner Mongolia	373	438	617	23	304	655	382	23
辽宁	Liaoning	669	652	871	16	694	508	444	21
吉林	Jilin	160	400	542	26	198	408	324	26
黑龙江	Heilongjiang	203	433	579	25	238	413	420	22
上海	Shanghai	2343	5485	6572	2	1785	3806	3324	1
江苏	Jiangsu	1455	2896	3896	4	1503	3399	2631	4
浙江	Zhejiang	1590	1803	2531	5	1286	2042	1906	5
安徽	Anhui	353	830	1148	12	380	1025	948	11
福建	Fujian	442	680	914	15	505	844	790	14
江西	Jiangxi	297	582	868	17	256	816	741	16
山东	Shandong	977	1283	1717	7	905	1625	1535	6
河南	Henan	404	1202	1694	8	441	1224	1149	9
湖北	Hubei	351	1006	1372	9	355	1201	1170	8
湖南	Hunan	276	748	1078	13	319	847	855	12
广东	Guangdong	3484	3132	4095	3	2201	2984	2989	3
广西	Guangxi	252	532	741	20	262	617	538	18
海南	Hainan	83	271	440	27	155	328	319	27
重庆	Chongqing	198	669	918	14	326	804	763	15
四川	Sichuan	460	1277	1814	6	654	1378	1241	7
贵州	Guizhou	148	504	676	21	213	599	578	17
云南	Yunnan	267	638	832	18	344	573	534	19
西藏	Tibet	32	197	258	29				
陕西	Shaanxi	216	572	826	19	321	488	487	20
甘肃	Gansu	79	253	359	28	96	238	196	28
青海	Qinghai	25	73	109	31	31	71	61	30
宁夏	Ningxia	47	116	159	30	57	89	84	29
新疆	Xinjiang	239	480	657	22	181	429	362	24

5-40 国家税务局和地方税务局采矿业税收收入

Tax Revenues of National Taxation Bureau and Local Taxation Bureau from Mining

单位：亿元 (100 million yuan)

地区	Region	国家税务局采矿业 Mining in National Taxation Bureau				地方税务局采矿业 Mining in Local Taxation Bureau			
		2010	2016	2017	2017排名 Ranking	2010	2016	2017	2017排名 Ranking
地方合计	**Region Total**	**3511**	**1626**	**3008**		**1315**	**1279**	**1909**	
北京	Beijing	21	-102	-109	31	7	6	6	27
天津	Tianjin	251	141	268	4	3	5	6	28
河北	Hebei	187	51	88	12	67	37	45	10
山西	Shanxi	495	258	550	1	212	202	417	1
内蒙古	Inner Mongolia	295	166	384	2	130	173	295	2
辽宁	Liaoning	195	74	106	9	88	37	56	8
吉林	Jilin	62	16	20	22	17	12	13	21
黑龙江	Heilongjiang	295	78	149	6	61	75	102	6
上海	Shanghai	2	3	5	29				
江苏	Jiangsu	39	13	23	19	16	20	14	20
浙江	Zhejiang	8	6	7	28	9	9	8	26
安徽	Anhui	102	56	101	11	39	27	32	14
福建	Fujian	23	12	19	25	14	11	10	25
江西	Jiangxi	40	23	32	18	18	35	36	12
山东	Shandong	318	128	209	5	154	144	194	4
河南	Henan	162	76	116	8	96	54	74	7
湖北	Hubei	24	20	19	23	13	23	21	18
湖南	Hunan	44	16	23	21	15	10	13	22
广东	Guangdong	93	71	105	10	11	11	12	23
广西	Guangxi	25	17	23	20	8	12	17	19
海南	Hainan	7	3	3	30	5	3	3	29
重庆	Chongqing	25	20	19	24	9	11	11	24
四川	Sichuan	75	49	78	13	37	37	42	11
贵州	Guizhou	70	39	70	14	48	29	54	9
云南	Yunnan	66	36	49	16	35	31	34	13
西藏	Tibet	4	6	9	27				
陕西	Shaanxi	298	181	381	3	94	110	199	3
甘肃	Gansu	41	31	47	17	20	23	30	15
青海	Qinghai	26	8	14	26	21	25	30	16
宁夏	Ningxia	26	23	51	15	5	14	23	17
新疆	Xinjiang	192	99	143	7	63	84	107	5

5-41 国家税务局和地方税务局制造业税收收入

Tax Revenues of National Taxation Bureau and Local Taxation Bureau from Manufacturing

单位：亿元 (100 million yuan)

地区	Region	国家税务局制造业 Manufacturing in National Taxation Bureau 2010	2016	2017	2017排名 Ranking	地方税务局制造业 Manufacturing in Local Taxation Bureau 2010	2016	2017	2017排名 Ranking
地方合计	**Region Total**	**25859.0**	**38632.0**	**44709.9**		**3652.5**	**6328.9**	**7065.2**	
北京	Beijing	623.2	960.7	985.3	12	89.8	186.0	193.7	9
天津	Tianjin	1570.3	1692.7	1897.0	6	66.0	135.6	126.5	16
河北	Hebei	888.7	1192.0	1464.7	7	123.0	209.6	261.2	6
山西	Shanxi	248.5	221.8	298.8	27	38.7	52.1	63.9	26
内蒙古	Inner Mongolia	185.4	300.5	351.9	26	50.4	110.6	94.3	21
辽宁	Liaoning	1224.9	923.5	1045.9	11	188.4	166.3	193.1	10
吉林	Jilin	485.9	799.3	786.4	17	54.1	109.8	116.6	18
黑龙江	Heilongjiang	344.0	388.7	435.3	23	53.1	72.5	75.3	22
上海	Shanghai	3339.7	4508.1	5428.0	3	271.9	411.2	455.7	5
江苏	Jiangsu	3089.4	4741.0	5589.7	1	477.8	817.1	931.6	1
浙江	Zhejiang	1889.4	1957.2	2210.3	5	391.9	500.4	560.9	3
安徽	Anhui	529.1	936.1	1110.3	10	92.4	197.3	232.5	7
福建	Fujian	847.2	866.5	982.7	13	103.7	128.2	145.9	15
江西	Jiangxi	317.3	614.5	769.0	18	45.2	128.6	157.3	14
山东	Shandong	2125.9	2053.6	2671.3	4	311.4	483.8	516.1	4
河南	Henan	505.3	757.9	899.0	15	105.9	156.6	180.7	11
湖北	Hubei	737.4	1244.8	1414.4	8	77.3	176.7	218.2	8
湖南	Hunan	606.9	1091.5	1253.1	9	79.7	135.9	157.8	13
广东	Guangdong	2960.5	4737.9	5522.4	2	565.4	626.7	759.3	2
广西	Guangxi	315.6	619.4	684.9	20	45.3	67.1	72.2	24
海南	Hainan	172.0	203.4	182.7	28	6.3	20.7	22.0	28
重庆	Chongqing	345.9	666.8	651.8	21	53.4	115.3	118.2	17
四川	Sichuan	461.9	770.1	885.7	16	92.2	161.3	178.3	12
贵州	Guizhou	189.9	338.7	406.9	25	36.2	61.7	72.9	23
云南	Yunnan	695.0	893.9	943.8	14	78.0	103.4	114.8	19
西藏	Tibet	4.8	10.2	15.9	31				
陕西	Shaanxi	486.7	612.6	723.5	19	68.4	91.7	105.4	20
甘肃	Gansu	274.2	404.3	432.6	24	28.7	46.1	50.9	27
青海	Qinghai	61.4	55.5	76.3	30	2.7	7.4	8.8	30
宁夏	Ningxia	63.9	141.9	154.2	29	11.1	20.2	20.2	29
新疆	Xinjiang	268.6	452.2	516.9	22	44.0	68.1	71.0	25

5-42 国家税务局和地方税务局电力、热力、燃气及水业税收收入

Tax Revenues of National Taxation Bureau and Local Taxation Bureau from Production and Supply of Electricity, Heat, Gas and Water

单位：亿元 (100 million yuan)

地区	Region	国家税务局电力、热力、燃气及水业 Electricity,Heat,Gas and Water in National Taxation Bureau				地方税务局电力、热力、燃气及水业 Electricity,Heat,Gas and Water in Local Taxation Bureau			
		2010	2016	2017	2017排名 Ranking	2010	2016	2017	2017排名 Ranking
地方合计	**Region Total**	**1972.8**	**3449.6**	**2920.3**		**503.8**	**901.2**	**853.4**	
北京	Beijing	105.2	169.2	203.2	3	14.2	35.5	32.7	9
天津	Tianjin	26.3	54.9	50.3	22	6.5	15.0	12.6	25
河北	Hebei	87.0	154.0	117.6	8	22.4	33.3	36.1	7
山西	Shanxi	56.7	91.7	63.3	19	11.6	19.3	18.4	19
内蒙古	Inner Mongolia	83.7	98.2	86.4	13	25.9	43.9	43.9	6
辽宁	Liaoning	61.1	93.0	73.0	15	22.5	23.1	23.7	14
吉林	Jilin	25.1	36.1	32.6	26	8.3	12.9	14.5	23
黑龙江	Heilongjiang	23.3	43.6	42.0	24	7.6	12.1	12.5	26
上海	Shanghai	51.3	93.5	96.5	11	13.6	36.9	28.9	10
江苏	Jiangsu	169.7	420.7	278.5	1	33.1	59.9	52.9	2
浙江	Zhejiang	169.1	205.5	197.2	4	34.1	47.8	44.3	5
安徽	Anhui	41.7	94.8	65.8	17	9.2	24.3	20.1	17
福建	Fujian	72.1	114.4	105.2	9	16.5	21.5	22.1	15
江西	Jiangxi	29.9	64.0	50.1	23	6.2	13.9	12.7	24
山东	Shandong	117.3	233.4	159.1	6	37.2	64.6	49.2	3
河南	Henan	59.6	133.8	87.0	12	16.0	25.1	26.9	12
湖北	Hubei	102.8	145.3	124.0	7	14.4	26.0	33.5	8
湖南	Hunan	47.5	85.7	71.2	16	9.5	19.9	20.1	16
广东	Guangdong	241.3	312.4	252.6	2	99.4	107.5	95.1	1
广西	Guangxi	50.9	69.4	56.7	20	10.1	15.3	16.5	21
海南	Hainan	6.4	15.0	11.4	30	1.5	8.5	5.4	30
重庆	Chongqing	36.4	63.5	65.7	18	11.2	18.1	17.5	20
四川	Sichuan	86.9	153.5	160.4	5	24.2	50.5	47.9	4
贵州	Guizhou	50.7	74.2	56.2	21	10.0	12.8	15.8	22
云南	Yunnan	53.8	93.1	99.5	10	13.2	31.9	25.3	13
西藏	Tibet	0.7	2.1	2.6	31				
陕西	Shaanxi	42.5	84.4	82.2	14	7.5	23.5	27.7	11
甘肃	Gansu	20.0	28.7	27.3	27	5.0	10.2	10.5	27
青海	Qinghai	12.8	3.7	14.0	29	1.6	6.9	6.7	29
宁夏	Ningxia	19.5	27.7	17.1	28	4.6	7.4	7.3	28
新疆	Xinjiang	21.4	32.7	38.4	25	6.7	19.9	20.0	18

5-43 国家税务局和地方税务局建筑业税收收入

Tax Revenues of National Taxation Bureau and Local Taxation Bureau from Construction

单位：亿元 (100 million yuan)

地区	Region	国家税务局建筑业 Construction in National Taxation Bureau				地方税务局建筑业 Construction in Lcoal Taxation Bureau			
		2010	2016	2017	2017排名 Ranking	2010	2016	2017	2017排名 Ranking
地方合计	**Region Total**	**212.5**	**2609.3**	**5153.7**		**3588.8**	**6028.0**	**2532.8**	
北 京	Beijing	30.1	170.2	260.3	4	104.0	137.8	93.6	11
天 津	Tianjin	8.3	62.2	92.8	23	94.2	104.1	43.9	21
河 北	Hebei	5.8	93.2	179.7	12	144.2	222.5	85.2	14
山 西	Shanxi	1.5	52.5	100.0	22	81.7	104.7	29.5	27
内蒙古	Inner Mongolia	1.8	59.5	102.9	21	103.5	166.1	40.0	25
辽 宁	Liaoning	7.3	49.6	82.9	25	159.2	110.8	42.3	22
吉 林	Jilin	2.8	38.7	78.9	26	58.2	98.2	41.7	23
黑龙江	Heilongjiang	0.9	37.5	65.6	27	75.9	108.2	40.8	24
上 海	Shanghai	37.5	126.8	238.3	8	159.9	191.8	72.8	16
江 苏	Jiangsu	20.0	172.9	387.2	1	418.8	685.6	242.3	1
浙 江	Zhejiang	9.5	108.5	246.2	7	244.8	269.1	118.8	6
安 徽	Anhui	4.1	86.5	181.8	11	103.4	200.7	85.7	13
福 建	Fujian	7.2	69.5	127.5	17	121.6	142.1	75.8	15
江 西	Jiangxi	1.3	49.0	111.8	20	108.8	253.4	95.4	9
山 东	Shandong	8.9	114.6	246.2	6	171.8	343.8	131.6	4
河 南	Henan	4.2	113.6	253.0	5	128.1	274.2	117.2	7
湖 北	Hubei	5.8	94.7	211.5	9	98.1	290.8	134.0	3
湖 南	Hunan	2.2	83.7	184.3	10	113.6	213.8	94.4	10
广 东	Guangdong	15.6	178.3	356.9	2	375.0	365.6	181.0	2
广 西	Guangxi	3.0	68.2	128.7	16	92.8	115.9	47.2	20
海 南	Hainan	1.6	34.2	63.7	28	36.8	58.5	28.0	28
重 庆	Chongqing	2.5	64.0	125.5	18	76.0	170.1	93.1	12
四 川	Sichuan	8.2	124.4	261.4	3	164.8	300.4	127.5	5
贵 州	Guizhou	1.7	74.6	175.1	13	42.4	230.3	111.1	8
云 南	Yunnan	2.5	77.8	160.6	14	79.6	145.1	69.9	17
西 藏	Tibet	8.2	38.4	48.0	29				
陕 西	Shaanxi	2.7	62.6	150.2	15	81.7	151.9	50.8	19
甘 肃	Gansu	0.3	47.6	86.5	24	41.7	89.5	29.9	26
青 海	Qinghai	0.5	19.1	34.7	31	17.9	43.1	6.7	30
宁 夏	Ningxia	4.1	31.5	42.3	30	17.4	34.1	11.9	29
新 疆	Xinjiang	2.3	69.6	119.6	19	73.2	105.8	53.1	18

5-44 国家税务局和地方税务局交通运输、仓储、邮政业税收收入

Tax Revenues of National Taxation Bureau and Local Taxation Bureau from Transport

单位：亿元 (100 million yuan)

地区	Region	国家税务局交通运输、仓储和邮政业 Transport, Storage and Post in National Taxation Bureau				地方税务局交通运输、仓储和邮政业 Transport, Storage and Post in Local Taxation Bureau			
		2010	2016	2017	2017排名 Ranking	2010	2016	2017	2017排名 Ranking
地方合计	**Region Total**	**529.8**	**1919.0**	**2186.3**		**1233.6**	**842.8**	**893.9**	
北　京	Beijing	157.9	189.4	239.3	2	49.7	44.5	46.8	5
天　津	Tianjin	5.9	38.5	44.9	15	43.5	31.9	25.1	10
河　北	Hebei	27.0	85.3	103.2	6	48.7	29.8	32.4	7
山　西	Shanxi	26.5	48.8	55.3	12	47.9	16.3	21.1	12
内蒙古	Inner Mongolia	7.1	25.1	37.7	17	40.1	19.7	17.4	16
辽　宁	Liaoning	12.9	24.8	33.6	20	48.2	16.7	19.4	14
吉　林	Jilin	3.4	15.9	20.2	24	15.7	10.9	9.4	26
黑龙江	Heilongjiang	4.2	13.4	19.7	25	19.7	12.7	15.5	20
上　海	Shanghai	81.9	338.3	324.9	1	110.0	103.8	114.9	1
江　苏	Jiangsu	16.3	134.8	174.4	3	80.5	49.7	60.9	3
浙　江	Zhejiang	17.0	58.4	74.0	9	79.5	40.5	50.7	4
安　徽	Anhui	13.9	87.6	91.5	7	34.1	21.1	20.8	13
福　建	Fujian	8.1	24.0	29.1	23	36.6	14.0	16.5	18
江　西	Jiangxi	6.7	76.4	78.8	8	40.2	23.3	17.3	17
山　东	Shandong	23.6	86.7	105.3	5	86.4	37.5	43.1	6
河　南	Henan	19.3	43.0	59.1	11	41.1	20.2	22.0	11
湖　北	Hubei	4.5	38.2	51.6	14	26.1	17.1	29.4	9
湖　南	Hunan	4.4	22.4	29.3	21	22.6	13.8	13.0	24
广　东	Guangdong	37.9	168.3	142.2	4	151.5	64.2	63.5	2
广　西	Guangxi	6.1	21.4	29.3	22	21.1	15.0	14.9	22
海　南	Hainan	4.5	28.5	18.1	26	14.1	7.4	9.3	27
重　庆	Chongqing	4.3	28.5	37.2	18	20.4	19.6	18.5	15
四　川	Sichuan	9.1	51.1	62.9	10	42.3	32.4	30.6	8
贵　州	Guizhou	2.5	13.1	17.0	27	13.6	14.1	10.4	25
云　南	Yunnan	4.9	28.6	36.8	19	26.9	16.3	16.1	19
西　藏	Tibet	1.1	5.7	5.9	30				
陕　西	Shaanxi	7.4	26.4	39.8	16	27.3	13.8	15.4	21
甘　肃	Gansu	2.5	9.2	11.5	28	12.4	5.9	7.0	28
青　海	Qinghai	0.9	3.7	5.0	31	3.5	1.4	1.7	30
宁　夏	Ningxia	1.8	5.5	7.9	29	6.3	1.7	1.9	29
新　疆	Xinjiang	6.3	43.4	54.1	13	23.5	12.6	13.4	23

5-45 国家税务局和地方税务局信息传输、软件信息技术服务业税收收入

Tax Revenues of National Taxation Bureau and Local Taxation Bureau from Information Transmission, Software and Information Technology Services

单位：亿元 (100 million yuan)

地区	Region	国家税务局信息传输、软件信息技术服务业 Information Transmission, Software and Information Technology Services in National Taxation Bureau				地方税务局信息传输、软件信息技术服务业 Information Transmission, Software and Information Technology Services in Local Taxation Bureau			
		2010	2016	2017	2017排名 Ranking	2010	2016	2017	2017排名 Ranking
地方合计	**Region Total**	**518.4**	**1703.1**	**2051.0**		**613.6**	**906.6**	**1070.4**	
北京	Beijing	30.8	306.3	371.4	1	94.6	161.1	179.0	2
天津	Tianjin	9.6	52.4	74.2	6	9.8	17.7	23.4	7
河北	Hebei	17.9	28.5	24.9	17	15.6	7.1	7.3	17
山西	Shanxi	9.4	8.3	10.3	25	7.8	3.6	4.0	26
内蒙古	Inner Mongolia	3.1	10.5	6.9	29	6.9	3.8	4.3	25
辽宁	Liaoning	15.4	15.7	17.7	20	21.3	6.1	6.6	19
吉林	Jilin	5.9	6.0	8.5	28	6.2	3.5	3.6	27
黑龙江	Heilongjiang	8.7	10.0	14.0	22	9.8	4.5	4.5	23
上海	Shanghai	44.5	192.4	265.8	3	79.0	166.9	204.7	1
江苏	Jiangsu	47.7	113.0	150.6	4	32.7	49.1	60.4	5
浙江	Zhejiang	34.7	202.7	280.6	2	39.8	81.7	111.3	3
安徽	Anhui	14.7	37.5	31.5	13	11.9	10.3	9.8	15
福建	Fujian	23.6	38.2	31.7	12	21.5	10.9	12.2	12
江西	Jiangxi	5.8	20.4	26.2	15	7.6	9.0	7.3	18
山东	Shandong	33.3	47.9	41.9	8	25.2	14.4	15.2	9
河南	Henan	17.2	42.9	38.5	9	15.4	7.9	8.4	16
湖北	Hubei	13.0	39.8	34.7	10	12.0	10.4	14.5	10
湖南	Hunan	11.9	30.5	32.9	11	12.9	9.7	11.0	13
广东	Guangdong	99.8	137.5	144.1	5	101.0	71.3	68.1	4
广西	Guangxi	11.5	12.3	20.0	19	8.5	3.9	4.7	22
海南	Hainan	3.6	8.9	10.2	26	3.1	9.2	10.2	14
重庆	Chongqing	6.9	22.3	25.9	16	7.5	10.7	14.1	11
四川	Sichuan	6.1	40.0	65.2	7	23.7	26.8	32.4	6
贵州	Guizhou	6.2	13.4	13.5	23	6.0	5.3	4.5	24
云南	Yunnan	11.3	33.4	29.0	14	9.1	7.0	5.9	20
西藏	Tibet	1.3	4.1	11.2	24				
陕西	Shaanxi	12.8	29.1	20.5	18	11.4	17.2	20.9	8
甘肃	Gansu	5.0	10.0	9.5	27	4.4	3.3	3.0	28
青海	Qinghai	1.2	0.9	1.5	31	1.3	0.8	0.7	30
宁夏	Ningxia	2.5	3.2	2.0	30	1.7	1.3	1.1	29
新疆	Xinjiang	3.2	9.8	16.8	21	6.1	4.6	5.0	21

5-46 国家税务局和地方税务局批发、零售业税收收入

Tax Revenues of National Taxation Bureau and Local Taxation Bureau from Wholesale and Retail Industry

单位：亿元 (100 million yuan)

地区	Region	国家税务局批发和零售业 Wholesale and Retail Industry in National Taxation Bureau				地方税务局批发和零售业 Wholesale and Retail Industry in Local Taxation Bureau			
		2010	2016	2017	2017排名 Ranking	2010	2016	2017	2017排名 Ranking
地方合计	**Region Total**	**10000.4**	**15148.8**	**18161.2**		**1577.1**	**2789.2**	**3015.2**	
北　京	Beijing	1081.6	1468.5	1645.7	2	99.2	223.4	245.0	4
天　津	Tianjin	187.2	251.8	338.3	15	30.2	70.0	63.4	16
河　北	Hebei	205.6	280.3	348.8	14	33.9	62.3	73.6	11
山　西	Shanxi	147.0	172.3	220.6	26	24.8	34.7	44.2	22
内蒙古	Inner Mongolia	284.2	230.8	307.6	18	28.1	38.2	46.5	19
辽　宁	Liaoning	476.3	288.8	352.5	13	49.7	40.5	45.8	20
吉　林	Jilin	96.2	183.9	242.8	24	14.7	31.6	36.9	24
黑龙江	Heilongjiang	122.3	210.4	256.4	22	20.6	30.4	37.1	23
上　海	Shanghai	1240.5	1932.7	2371.3	1	232.8	379.2	404.6	1
江　苏	Jiangsu	1007.5	1326.6	1592.2	3	115.6	243.4	270.2	2
浙　江	Zhejiang	591.6	733.0	811.1	5	151.6	171.6	178.4	5
安　徽	Anhui	205.5	285.1	362.0	11	28.1	60.1	64.6	15
福　建	Fujian	239.4	189.7	229.3	25	50.2	44.7	45.2	21
江　西	Jiangxi	232.8	227.6	281.2	21	20.7	54.6	68.7	13
山　东	Shandong	532.5	407.4	492.8	9	82.2	126.8	127.5	6
河　南	Henan	244.7	530.1	705.1	6	36.2	69.6	78.9	10
湖　北	Hubei	241.2	445.4	527.9	8	26.4	66.6	79.3	9
湖　南	Hunan	185.9	293.8	361.9	12	26.2	58.6	66.1	14
广　东	Guangdong	1448.3	1029.6	1237.4	4	243.6	209.2	246.1	3
广　西	Guangxi	172.9	249.6	309.5	17	15.3	29.7	32.5	26
海　南	Hainan	37.9	90.6	103.6	28	7.5	12.3	14.9	28
重　庆	Chongqing	109.0	227.0	252.5	23	22.8	48.1	51.0	17
四　川	Sichuan	253.3	463.3	562.0	7	57.0	99.2	115.3	7
贵　州	Guizhou	92.9	261.7	291.6	20	42.9	73.5	71.5	12
云　南	Yunnan	174.4	321.2	384.7	10	62.9	104.2	105.1	8
西　藏	Tibet	15.8	81.5	103.1	29				
陕　西	Shaanxi	109.9	268.7	313.1	16	21.5	41.0	48.6	18
甘　肃	Gansu	48.7	94.0	108.3	27	7.6	16.3	18.5	27
青　海	Qinghai	15.3	29.4	37.3	31	2.5	4.3	5.9	30
宁　夏	Ningxia	21.4	39.2	46.4	30	4.3	6.9	8.0	29
新　疆	Xinjiang	178.6	236.5	293.5	19	17.6	40.1	36.2	25

5-47 国家税务局和地方税务局住宿、餐饮业税收收入

Tax Revenues of National Taxation Bureau and Local Taxation Bureau from Hotels and Catering Services

单位：亿元 (100 million yuan)

地区	Region	国家税务局住宿和餐饮业 Hotels and Catering Services in National Taxation Bureau				地方税务局住宿和餐饮业 Hotels and Catering Services in Lcoal Taxation Bureau			
		2010	2016	2017	2017排名 Ranking	2010	2016	2017	2017排名 Ranking
地方合计	**Region Total**	**50.5**	**222.9**	**331.5**		**604.6**	**438.9**	**250.2**	
北京	Beijing	9.6	30.5	39.6	2	55.8	46.4	29.9	1
天津	Tianjin	1.7	4.2	4.3	21	8.2	6.2	3.4	23
河北	Hebei	0.5	3.4	6.7	16	17.2	10.5	8.2	8
山西	Shanxi	0.6	2.1	3.6	25	9.7	4.3	2.7	26
内蒙古	Inner Mongolia	0.3	2.1	3.6	24	10.1	6.5	4.6	18
辽宁	Liaoning	2.0	3.7	4.8	19	23.4	8.7	5.1	16
吉林	Jilin	0.5	1.8	2.6	28	7.7	5.3	2.4	28
黑龙江	Heilongjiang	0.4	1.9	3.5	27	11.8	6.2	4.2	20
上海	Shanghai	8.6	32.3	41.4	1	50.2	43.2	22.0	3
江苏	Jiangsu	3.8	20.6	25.0	4	44.9	37.5	22.5	2
浙江	Zhejiang	3.1	12.1	19.1	5	44.4	26.0	13.0	5
安徽	Anhui	0.8	4.4	6.7	15	13.6	10.2	5.8	13
福建	Fujian	1.5	3.4	5.5	17	18.8	8.8	5.4	14
江西	Jiangxi	0.2	2.7	4.5	20	9.9	6.8	3.9	22
山东	Shandong	1.7	5.6	9.5	9	32.7	16.0	8.8	7
河南	Henan	0.5	3.9	8.2	10	17.7	11.9	5.9	12
湖北	Hubei	0.9	6.5	10.7	7	15.0	12.5	8.0	9
湖南	Hunan	0.8	5.2	10.0	8	17.8	12.6	7.6	10
广东	Guangdong	6.6	20.7	33.6	3	83.5	40.3	21.9	4
广西	Guangxi	0.3	3.1	5.3	18	11.6	6.4	3.2	25
海南	Hainan	1.2	4.4	7.1	11	9.1	11.6	6.8	11
重庆	Chongqing	0.7	4.0	6.8	14	9.8	7.2	3.3	24
四川	Sichuan	1.1	9.2	15.3	6	27.8	19.8	10.0	6
贵州	Guizhou	0.1	2.2	4.1	22	7.1	4.7	4.5	19
云南	Yunnan	0.5	4.1	6.9	13	15.1	8.9	5.2	15
西藏	Tibet	1.0	1.8	1.5	29				
陕西	Shaanxi	0.7	4.2	7.0	12	15.3	9.6	4.8	17
甘肃	Gansu	0.1	1.9	3.5	26	5.5	4.4	2.6	27
青海	Qinghai		0.6	1.0	31	1.4	1.2	0.9	30
宁夏	Ningxia	0.3	0.7	1.2	30	2.1	1.4	0.9	29
新疆	Xinjiang	0.2	2.3	3.9	23	7.4	7.1	4.1	21

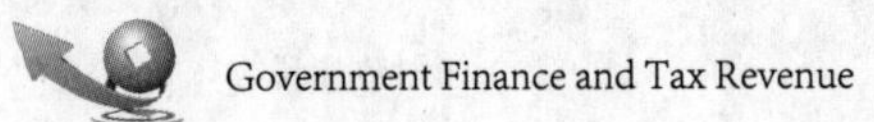

5-48 国家税务局和地方税务局金融业税收收入

Tax Revenues of National Taxation Bureau and Local Taxation Bureau from Financial

单位：亿元 (100 million yuan)

地区	Region	国家税务局金融业 Financial in National Taxation Bureau				地方税务局金融业 Financial in Local Taxation Bureau			
		2010	2016	2017	2017排名 Ranking	2010	2016	2017	2017排名 Ranking
地方合计	**Region Total**	**3521.5**	**11866.0**	**13098.1**		**2699.8**	**5997.2**	**3951.9**	
北　京	Beijing	1831.2	4828.6	4115.7	1	269.4	576.5	399.7	2
天　津	Tianjin	24.5	212.2	290.4	9	59.1	142.6	90.1	13
河　北	Hebei	24.8	161.2	253.3	10	88.0	167.9	111.2	10
山　西	Shanxi	13.8	90.3	118.5	19	42.8	78.3	47.9	26
内蒙古	Inner Mongolia	17.1	73.8	102.9	26	44.2	89.3	60.4	18
辽　宁	Liaoning	37.8	148.2	196.6	15	97.2	119.4	76.6	16
吉　林	Jilin	13.2	78.0	107.4	23	34.8	84.3	57.4	21
黑龙江	Heilongjiang	11.7	81.1	111.9	22	36.8	81.7	56.0	23
上　海	Shanghai	502.5	1308.7	1488.3	2	332.2	778.5	559.3	1
江　苏	Jiangsu	84.2	426.5	586.9	3	208.6	503.3	216.2	4
浙　江	Zhejiang	105.4	328.1	424.2	5	232.2	336.4	214.0	5
安　徽	Anhui	23.6	136.0	206.5	13	55.6	142.8	94.6	12
福　建	Fujian	52.5	213.7	240.3	11	82.9	188.1	128.6	8
江　西	Jiangxi	12.1	99.3	148.8	17	38.3	93.9	57.2	22
山　东	Shandong	67.0	257.7	344.0	6	167.2	272.6	181.3	6
河　南	Henan	27.0	209.0	290.6	8	76.9	170.0	125.6	9
湖　北	Hubei	17.2	150.1	221.7	12	55.5	143.2	98.0	11
湖　南	Hunan	15.1	132.3	198.4	14	55.0	127.5	87.5	14
广　东	Guangdong	504.5	386.3	572.2	4	342.7	393.5	280.9	3
广　西	Guangxi	12.6	72.2	105.7	24	35.9	80.8	51.3	25
海　南	Hainan	1.7	26.6	42.0	28	10.5	28.4	17.3	28
重　庆	Chongqing	25.0	151.8	195.7	16	50.2	125.7	80.1	15
四　川	Sichuan	28.4	213.7	302.5	7	94.4	221.2	132.1	7
贵　州	Guizhou	11.4	79.3	117.4	20	27.7	73.0	55.2	24
云　南	Yunnan	13.4	85.2	117.1	21	51.6	91.1	57.8	20
西　藏	Tibet	3.2	13.7	15.9	31				
陕　西	Shaanxi	16.0	100.2	142.2	18	48.4	102.2	65.2	17
甘　肃	Gansu	4.2	61.3	105.0	25	17.7	53.3	34.8	27
青　海	Qinghai	1.6	14.1	25.5	30	6.6	23.3	17.0	29
宁　夏	Ningxia	6.0	24.0	35.0	29	10.3	21.0	16.2	30
新　疆	Xinjiang	12.7	68.3	93.9	27	27.5	89.8	58.4	19

5-49 国家税务局和地方税务局房地产业税收收入

Tax Revenues of National Taxation Bureau and Local Taxation Bureau from Real Estate Industry

单位：亿元 (100 million yuan)

地区	Region	国家税务局房地产业 Real Estate Industry in National Taxation Bureau				地方税务局房地产业 Real Estate Industry in Local Taxation Bureau			
		2010	2016	2017	2017排名 Ranking	2010	2016	2017	2017排名 Ranking
地方合计	**Region Total**	**1144.0**	**4299.2**	**7824.5**		**5711.5**	**14453.6**	**13054.0**	
北京	Beijing	107.6	274.9	381.0	5	394.9	826.3	921.2	4
天津	Tianjin	29.9	119.1	180.0	16	128.3	443.1	390.6	13
河北	Hebei	16.8	161.8	302.0	9	182.0	497.0	476.3	11
山西	Shanxi	5.2	34.7	83.8	23	40.7	138.0	131.8	23
内蒙古	Inner Mongolia	7.8	22.3	56.5	28	93.8	129.1	91.2	25
辽宁	Liaoning	57.1	67.9	136.6	19	283.5	184.6	166.2	20
吉林	Jilin	10.6	42.1	73.0	24	69.0	121.6	89.2	27
黑龙江	Heilongjiang	4.5	27.4	70.3	25	88.2	199.9	178.6	19
上海	Shanghai	181.9	472.6	781.4	2	474.8	1404.1	1029.0	3
江苏	Jiangsu	130.6	434.3	712.0	3	657.8	1641.0	1298.9	1
浙江	Zhejiang	96.4	224.0	453.3	4	468.0	824.2	554.1	7
安徽	Anhui	39.1	132.2	243.7	11	161.1	558.7	554.1	8
福建	Fujian	50.9	122.8	210.6	14	189.5	410.3	370.0	15
江西	Jiangxi	12.1	72.2	169.6	17	101.0	368.9	307.7	16
山东	Shandong	43.4	155.9	347.4	6	326.6	676.7	603.9	6
河南	Henan	27.4	181.5	327.5	8	161.9	672.4	610.8	5
湖北	Hubei	26.5	143.9	264.6	10	129.6	594.3	541.9	9
湖南	Hunan	11.8	110.1	233.3	12	98.8	347.0	390.8	12
广东	Guangdong	138.7	483.1	813.1	1	716.2	1168.5	1151.3	2
广西	Guangxi	18.1	78.0	141.0	18	104.6	223.7	221.2	17
海南	Hainan	17.3	72.0	188.3	15	79.5	201.5	217.0	18
重庆	Chongqing	21.3	103.5	228.7	13	143.6	356.5	381.8	14
四川	Sichuan	38.6	175.6	345.4	7	259.7	585.6	493.0	10
贵州	Guizhou	10.7	43.4	94.9	22	59.2	150.8	149.7	21
云南	Yunnan	14.0	52.0	104.6	21	96.0	142.9	124.1	24
西藏	Tibet	1.3	9.0	9.1	31				
陕西	Shaanxi	11.0	50.6	133.5	20	101.8	171.4	148.6	22
甘肃	Gansu	2.2	26.7	59.8	27	22.7	102.1	75.0	28
青海	Qinghai	0.4	5.4	14.6	30	8.0	21.3	15.7	30
宁夏	Ningxia	3.2	17.8	29.4	29	22.7	30.5	25.9	29
新疆	Xinjiang	7.6	35.0	62.0	26	47.8	113.1	89.3	26

5-50 国家税务局和地方税务局租赁、商务服务业税收收入

Tax Revenues of National Taxation Bureau and Local Taxation Bureau from Leasing and Business Services

单位：亿元 (100 million yuan)

地区	Region	国家税务局租赁和商务服务业 Leasing and Business Services in National Taxation Bureau				地方税务局租赁和商务服务业 Leasing and Business Services in Local Taxation Bureau			
		2010	2016	2017	2017排名 Ranking	2010	2016	2017	2017排名 Ranking
地方合计	**Region Total**	**391.1**	**2630.0**	**3827.0**		**1607.1**	**4106.4**	**3772.9**	
北 京	Beijing	101.3	491.6	727.8	2	202.0	393.5	413.0	2
天 津	Tianjin	7.1	74.7	117.5	7	41.8	89.6	74.0	14
河 北	Hebei	1.5	35.2	69.2	12	18.3	39.6	55.0	16
山 西	Shanxi	1.4	14.1	26.7	25	14.2	10.9	9.2	26
内蒙古	Inner Mongolia	1.3	19.6	25.1	26	8.7	38.7	8.1	27
辽 宁	Liaoning	4.5	17.4	27.6	24	52.7	23.4	23.9	22
吉 林	Jilin	0.8	14.8	22.3	27	17.3	24.3	19.9	23
黑龙江	Heilongjiang	2.4	13.2	22.1	28	25.9	25.8	19.1	24
上 海	Shanghai	146.0	769.5	862.5	1	335.4	653.5	649.3	1
江 苏	Jiangsu	14.6	122.8	207.5	4	188.3	498.5	299.9	3
浙 江	Zhejiang	14.9	96.6	157.9	5	94.0	260.6	266.1	4
安 徽	Anhui	3.0	36.7	60.9	14	27.1	88.8	76.1	13
福 建	Fujian	3.9	19.5	36.3	22	26.5	58.5	49.8	19
江 西	Jiangxi	0.3	37.6	65.0	13	10.4	90.6	72.1	15
山 东	Shandong	8.3	63.5	77.4	10	67.9	184.0	151.6	6
河 南	Henan	2.7	34.3	58.5	15	48.3	59.1	53.1	18
湖 北	Hubei	3.0	63.8	105.0	8	42.8	153.9	138.3	7
湖 南	Hunan	2.0	30.8	49.1	16	23.8	91.1	88.3	10
广 东	Guangdong	35.3	149.0	225.5	3	190.0	230.7	261.0	5
广 西	Guangxi	3.0	31.2	40.1	20	22.9	89.1	79.3	12
海 南	Hainan	3.3	15.9	34.1	23	8.3	19.2	17.6	25
重 庆	Chongqing	2.5	49.1	70.5	11	16.3	104.5	79.9	11
四 川	Sichuan	13.0	71.7	119.0	6	33.9	107.0	119.5	8
贵 州	Guizhou	1.9	20.4	37.7	21	15.7	121.2	105.5	9
云 南	Yunnan	4.3	28.0	43.8	18	26.2	39.9	36.0	20
西 藏	Tibet	3.2	68.1	92.6	9				
陕 西	Shaanxi	0.8	21.6	41.2	19	18.5	26.2	31.9	21
甘 肃	Gansu	1.2	10.2	16.6	29	13.8	11.0	7.8	28
青 海	Qinghai	0.3	4.7	8.0	31	2.7	2.9	3.2	30
宁 夏	Ningxia	0.6	6.1	10.7	30	1.9	5.9	5.3	29
新 疆	Xinjiang	2.6	26.3	47.6	17	11.6	56.4	54.3	17

5-51 国家税务局和地方税务局居民服务、修理、其他服务业税收收入

Tax Revenues of National Taxation Bureau and Local Taxation Bureau from Service to Households, Repair and Other Services

单位：亿元 (100 million yuan)

地区	Region	国家税务局居民服务、修理和其他服务业 Service to Househoeles, Repair and Other Services in National Taxation Bureau				地方税务局居民服务、修理和其他服务业 Service to Househoeles, Repair and Other Services in Local Taxation Bureau			
		2010	2016	2017	2017排名 Ranking	2010	2016	2017	2017排名 Ranking
地方合计	**Region Total**	**555.7**	**922.9**	**856.9**		**1157.4**	**2033.2**	**1508.8**	
北京	Beijing	31.9	176.8	215.8	1	175.1	400.6	231.3	1
天津	Tianjin	6.4	18.5	10.9	19	20.6	62.1	38.0	11
河北	Hebei	4.5	10.7	27.2	6	24.3	42.2	31.6	15
山西	Shanxi	0.7	8.3	14.0	14	29.4	36.3	29.8	17
内蒙古	Inner Mongolia	10.6	5.7	11.2	18	39.6	69.0	30.7	16
辽宁	Liaoning	3.6	15.4	8.6	24	28.2	22.6	20.1	20
吉林	Jilin	0.5	25.4	6.0	26	12.0	22.6	13.7	25
黑龙江	Heilongjiang	2.9	6.6	5.7	28	6.9	8.2	8.6	29
上海	Shanghai	21.9	146.2	57.0	4	39.9	46.6	56.8	8
江苏	Jiangsu	21.1	161.7	69.0	3	124.6	172.2	124.7	3
浙江	Zhejiang	9.2	25.2	45.0	5	86.0	92.6	91.7	4
安徽	Anhui	2.3	8.7	12.3	16	13.1	26.8	29.1	18
福建	Fujian	5.7	23.0	9.5	22	31.7	23.5	18.9	23
江西	Jiangxi	2.9	8.4	10.1	20	12.9	49.4	36.2	12
山东	Shandong	6.4	14.7	27.2	7	42.1	81.2	79.7	5
河南	Henan	3.9	12.9	22.5	8	23.8	81.3	57.2	7
湖北	Hubei	5.1	8.7	13.6	15	17.5	63.7	50.0	10
湖南	Hunan	1.9	7.6	15.7	12	34.8	47.6	36.1	13
广东	Guangdong	391.7	61.3	85.8	2	138.8	141.1	157.5	2
广西	Guangxi	1.1	5.0	9.0	23	16.1	16.0	18.3	24
海南	Hainan	1.5	3.3	5.8	27	13.1	14.9	12.6	26
重庆	Chongqing	2.0	7.3	11.4	17	35.3	68.2	58.9	6
四川	Sichuan	5.6	55.0	21.2	9	49.3	55.5	50.9	9
贵州	Guizhou	0.8	8.0	14.8	13	9.7	32.1	31.8	14
云南	Yunnan	2.6	6.6	10.0	21	33.9	31.0	19.0	22
西藏	Tibet	0.7	2.0	2.6	30				
陕西	Shaanxi	3.0	15.4	18.9	10	64.1	28.1	21.2	19
甘肃	Gansu	1.4	3.9	6.6	25	8.3	12.1	10.3	27
青海	Qinghai	0.5	2.2	2.0	31	4.3	7.5	4.3	30
宁夏	Ningxia	1.7	1.6	3.8	29	4.5	4.3	9.6	28
新疆	Xinjiang	1.5	18.4	16.1	11	17.4	24.8	19.5	21

5-52 国家税务局和地方税务局教育税收收入

Tax Revenues of National Taxation Bureau and Local Taxation Bureau from Education

单位：亿元 (100 million yuan)

地区	Region	国家税务局教育 Education in National Taxation Bureau				地方税务局教育 Education in Local Taxation Bureau			
		2010	2016	2017	2017排名 Ranking	2010	2016	2017	2017排名 Ranking
地方合计	**Region Total**	**7.79**	**57.15**	**95.24**		**150.93**	**325.09**	**399.57**	
北　京	Beijing	1.41	14.77	20.44	1	23.88	51.03	64.51	1
天　津	Tianjin	0.17	0.68	1.25	18	5.33	8.31	9.95	12
河　北	Hebei	0.19	0.65	1.16	20	2.48	5.03	6.42	17
山　西	Shanxi	0.04	0.51	1.07	22	0.81	3.32	4.17	25
内蒙古	Inner Mongolia	0.06	0.21	0.51	28	1.67	3.68	5.15	21
辽　宁	Liaoning	0.27	0.44	0.90	23	6.00	4.69	5.46	20
吉　林	Jilin	0.12	0.42	0.74	25	2.72	3.78	4.90	22
黑龙江	Heilongjiang	0.08	0.31	0.60	27	2.44	4.75	6.67	16
上　海	Shanghai	1.40	7.93	11.67	2	17.80	31.40	39.65	2
江　苏	Jiangsu	0.40	3.13	5.69	4	10.85	27.33	26.09	4
浙　江	Zhejiang	0.34	2.56	4.49	6	12.28	17.84	21.68	5
安　徽	Anhui	0.20	1.14	1.87	12	1.87	4.87	6.05	19
福　建	Fujian	0.20	0.79	1.54	14	4.05	3.95	4.72	23
江　西	Jiangxi	0.11	0.61	1.11	21	1.99	5.37	6.17	18
山　东	Shandong	0.34	1.50	2.91	8	5.66	9.70	11.11	9
河　南	Henan	0.17	1.30	3.20	7	2.63	5.61	7.69	15
湖　北	Hubei	0.15	2.84	1.82	13	3.96	12.76	19.07	6
湖　南	Hunan	0.21	1.09	2.15	10	2.69	6.95	10.14	11
广　东	Guangdong	0.79	5.03	8.36	3	21.96	29.52	35.08	3
广　西	Guangxi	0.10	0.62	1.30	17	2.38	5.85	7.71	14
海　南	Hainan	0.05	0.40	0.60	26	0.45	0.86	0.98	28
重　庆	Chongqing	0.12	0.95	2.04	11	2.99	6.16	8.35	13
四　川	Sichuan	0.15	1.85	4.84	5	4.60	13.84	17.22	7
贵　州	Guizhou	0.09	0.72	1.46	16	1.05	3.13	4.05	26
云　南	Yunnan	0.11	1.06	2.19	9	2.91	9.19	13.56	8
西　藏	Tibet	0.01	0.08	0.12	31				
陕　西	Shaanxi	0.28	0.88	1.52	15	2.62	8.32	10.95	10
甘　肃	Gansu	0.07	0.26	0.74	24	0.79	2.37	2.87	27
青　海	Qinghai	0.02	0.08	0.17	30	0.11	0.54	0.96	29
宁　夏	Ningxia	0.04	0.15	0.29	29	0.22	0.49	0.78	30
新　疆	Xinjiang	0.10	0.60	1.23	19	1.74	4.04	4.71	24

5-53 国家税务局和地方税务局卫生、社会工作税收收入

Tax Revenues of National Taxation Bureau and Local Taxation Bureau from Health and Social Work

单位：亿元 (100 million yuan)

地区	Region	国家税务局卫生社会工作 Health and Social Work Tax Revenues in National Taxation Bureau				地方税务局卫生社会工作 Health and Social Work Tax Revenues in Local Taxation Bureau			
		2010	2016	2017	2017排名 Ranking	2010	2016	2017	2017排名 Ranking
地方合计	**Region Total**	**6.66**	**16.78**	**25.25**		**91.67**	**309.14**	**418.79**	
北　京	Beijing	1.57	3.25	4.21	1	9.66	35.06	46.64	1
天　津	Tianjin	0.06	0.18	0.39	12	2.61	7.37	8.58	15
河　北	Hebei	0.13	0.14	0.27	20	2.88	5.66	9.18	14
山　西	Shanxi	0.14	0.09	0.17	27	0.77	2.63	3.85	26
内蒙古	Inner Mongolia	0.05	0.07	0.14	28	1.16	4.03	5.59	24
辽　宁	Liaoning	0.13	0.21	0.36	13	3.92	6.19	8.27	16
吉　林	Jilin	0.07	0.09	0.19	25	1.35	5.38	7.03	22
黑龙江	Heilongjiang	0.09	0.07	0.34	15	2.17	4.49	5.23	25
上　海	Shanghai	0.83	2.88	3.62	2	6.93	21.12	28.71	3
江　苏	Jiangsu	0.26	1.08	2.00	4	6.43	14.84	20.96	6
浙　江	Zhejiang	0.28	0.74	1.21	6	6.00	17.08	23.37	5
安　徽	Anhui	0.15	0.17	0.43	10	1.96	4.79	7.11	21
福　建	Fujian	0.10	0.13	0.19	26	2.92	6.33	8.07	17
江　西	Jiangxi	0.07	0.12	0.23	22	0.90	4.48	6.59	23
山　东	Shandong	0.22	0.20	0.50	9	4.97	12.64	18.82	7
河　南	Henan	0.12	0.27	0.61	8	2.38	8.85	11.75	12
湖　北	Hubei	0.12	0.49	0.31	17	1.97	14.04	14.80	9
湖　南	Hunan	0.47	1.34	1.87	5	2.01	10.73	15.75	8
广　东	Guangdong	0.62	1.66	2.49	3	15.49	29.72	39.27	2
广　西	Guangxi	0.10	0.07	0.22	23	1.78	8.42	12.24	11
海　南	Hainan	0.01	0.05	0.09	29	0.39	2.35	2.74	28
重　庆	Chongqing	0.13	0.15	0.30	19	2.46	8.14	10.47	13
四　川	Sichuan	0.25	0.62	1.14	7	3.44	17.64	25.84	4
贵　州	Guizhou	0.10	0.23	0.31	16	1.51	5.45	7.78	18
云　南	Yunnan	0.19	0.23	0.42	11	2.00	9.00	13.47	10
西　藏	Tibet	0.07	0.14	0.30	18				
陕　西	Shaanxi	0.02	0.20	0.34	14	0.95	5.08	7.48	20
甘　肃	Gansu	0.14	0.05	0.08	30	0.39	2.23	3.64	27
青　海	Qinghai	0.03	0.02	0.05	31	0.22	0.18	0.56	30
宁　夏	Ningxia	0.03	0.14	0.20	24	0.22	0.72	1.31	29
新　疆	Xinjiang	0.09	0.15	0.24	21	1.80	6.47	7.74	19

5-54 国家税务局和地方税务局文化、体育、娱乐业税收收入

Tax Revenues of National Taxation Bureau and Local Taxation Bureau from Culture, Sports and Entertainment

单位：亿元 (100 million yuan)

地区	Region	国家税务局文化、体育和娱乐业 Culture, Sports and Entertainment in National Taxation Bureau				地方税务局文化、体育和娱乐业 Culture, Sports and Entertainment in Local Taxation Bureau			
		2010	2016	2017	2017排名 Ranking	2010	2016	2017	2017排名 Ranking
地方合计	**Region Total**	**47.22**	**212.76**	**248.25**		**214.42**	**273.20**	**291.75**	
北　京	Beijing	27.37	75.99	81.21	1	53.93	60.65	66.07	1
天　津	Tianjin	0.15	3.39	5.20	8	3.03	7.25	7.80	10
河　北	Hebei	0.54	2.00	2.31	17	3.60	6.80	10.35	6
山　西	Shanxi	0.15	1.05	1.42	23	1.17	1.54	1.54	28
内蒙古	Inner Mongolia	0.04	0.72	0.85	28	1.53	1.47	1.64	27
辽　宁	Liaoning	0.78	1.50	1.36	24	6.55	2.69	3.09	23
吉　林	Jilin	0.18	1.12	1.09	27	2.02	1.65	2.91	25
黑龙江	Heilongjiang	0.11	1.28	1.26	25	1.95	2.87	4.64	15
上　海	Shanghai	3.42	24.97	34.13	2	14.59	26.77	29.77	2
江　苏	Jiangsu	2.30	11.51	16.26	4	10.20	15.71	16.90	5
浙　江	Zhejiang	2.34	25.99	27.16	3	13.27	18.74	18.34	4
安　徽	Anhui	0.73	1.98	2.50	15	4.45	5.10	4.45	16
福　建	Fujian	1.15	1.84	2.07	18	6.84	3.56	3.42	20
江　西	Jiangxi	0.43	1.72	1.77	21	3.01	3.59	4.17	18
山　东	Shandong	0.60	13.16	4.53	10	9.06	8.96	9.56	7
河　南	Henan	0.69	2.67	3.59	11	7.34	7.40	8.73	8
湖　北	Hubei	0.13	2.13	2.61	13	5.05	5.95	5.58	13
湖　南	Hunan	0.73	6.69	6.06	7	3.80	14.79	8.20	9
广　东	Guangdong	1.93	6.77	9.86	5	29.58	22.11	26.15	3
广　西	Guangxi	0.11	0.97	2.33	16	3.68	3.80	3.58	19
海　南	Hainan	0.35	1.16	3.24	12	3.54	2.82	2.91	24
重　庆	Chongqing	0.18	1.58	1.92	20	2.90	4.33	6.11	11
四　川	Sichuan	1.04	3.74	5.12	9	8.64	7.64	5.81	12
贵　州	Guizhou	0.18	1.19	1.59	22	2.18	2,27	3.29	22
云　南	Yunnan	0.61	1.77	2.61	14	5.07	5.27	5.36	14
西　藏	Tibet	0.28	0.82	1.13	26				
陕　西	Shaanxi	0.43	1.85	1.95	19	4.52	3.86	4.33	17
甘　肃	Gansu	0.08	0.58	0.77	29	1.09	2.24	1.84	26
青　海	Qinghai	0.04	0.11	0.17	31	0.21	0.46	0.30	30
宁　夏	Ningxia	0.11	0.22	0.26	30	0.25	0.32	0.35	29
新　疆	Xinjiang	0.05	2.47	9.46	6	1.36	2.31	3.42	21

5-55 国家税务局和地方税务局公共管理和社会组织税收收入

Tax Revenues of National Taxation Bureau and Local Taxation Bureau from Public Management and Social Organization

单位：亿元 (100 million yuan)

地区	Region	国家税务局公共管理、社会保障和社会组织 Public Management, Social Security and Social Organization in National Taxation Bureau				地方税务局公共管理、社会保障和社会组织 Public Management, Social Security and Social Organization in Local Taxation Bureau			
		2010	2016	2017	2017排名 Ranking	2010	2016	2017	2017排名 Ranking
地方合计	**Region Total**	**534.5**	**822.3**	**199.0**		**302.6**	**2625.7**	**3094.2**	
北　京	Beijing	3.1	19.3	9.0	4	35.7	76.5	41.3	21
天　津	Tianjin	0.5	4.2	0.1	31	5.3	29.5	37.0	23
河　北	Hebei	1.2	1.3	0.4	21	6.2	145.1	164.4	3
山　西	Shanxi	0.8	31.5	0.4	19	0.4	23.1	31.2	25
内蒙古	Inner Mongolia	0.8	25.1	0.4	23	9.7	217.4	89.9	14
辽　宁	Liaoning	1.6	5.8	1.5	11	19.5	56.9	43.9	20
吉　林	Jilin	0.7	2.8	0.2	28	2.8	82.0	68.5	17
黑龙江	Heilongjiang	0.7	0.6	0.3	26	5.2	24.4	39.7	22
上　海	Shanghai	0.6	52.6	3.3	8	16.1	20.3	18.3	27
江　苏	Jiangsu	5.4	9.2	10.3	3	22.2	58.3	94.1	12
浙　江	Zhejiang	2.3	21.0	8.3	5	23.0	110.1	304.5	2
安　徽	Anhui	1.3	0.5	1.0	14	5.7	72.6	57.4	18
福　建	Fujian	0.8	11.9	1.1	13	10.0	55.2	112.9	9
江　西	Jiangxi	1.3	0.8	0.3	24	3.5	87.2	139.9	6
山　东	Shandong	3.7	18.8	5.9	6	28.6	115.6	154.6	5
河　南	Henan	1.9	89.0	0.4	20	3.3	92.2	136.0	7
湖　北	Hubei	1.0	10.8	1.3	12	6.9	65.9	115.6	8
湖　南	Hunan	3.6	65.5	2.7	10	7.0	76.1	92.7	13
广　东	Guangdong	487.1	146.3	16.4	2	49.3	488.9	531.7	1
广　西	Guangxi	0.7	17.7	0.2	27	6.3	121.0	77.1	15
海　南	Hainan	0.1	9.84	0.20	29	1.7	14.3	4.0	30
重　庆	Chongqing	0.6	43.5	4.8	7	4.1	24.7	31.6	24
四　川	Sichuan	3.6	119.4	121.9	1	15.7	153.4	161.1	4
贵　州	Guizhou	2.1	1.6	0.8	16	4.2	92.4	102.5	11
云　南	Yunnan	3.8	44.1	0.6	18	3.8	89.7	112.0	10
西　藏	Tibet	0.2	5.4	0.9	15				
陕　西	Shaanxi	0.2	2.5	0.4	22	0.9	34.3	74.7	16
甘　肃	Gansu	0.7	20.8	0.3	25	0.6	14.3	21.1	26
青　海	Qinghai	0.4	6.9	0.1	30		4.5	7.3	29
宁　夏	Ningxia	0.6	11.1	3.2	9	0.5	10.9	10.4	28
新　疆	Xinjiang	3.0	14.5	0.7	17	4.3	54.4	47.2	19

5-56 国家税务局和地方税务局其他行业税收收入

Tax Revenues of National Taxation Bureau and Local Taxation Bureau from Other Industries

单位：亿元 (100 million yuan)

地区	Region	国家税务局其他行业 Other Industries in National Taxation Bureau 2010	2016	2017	2017排名 Ranking	地方税务局其他行业 Other Industries in Local Taxation Bureau 2010	2016	2017	2017排名 Ranking
地方合计	**Region Total**	**2598.6**	**2142.9**	**3887.3**		**830.4**	**73.2**	**38.3**	
北　京	Beijing	176.6	61.6	108.1	9	200.6	15.3	0.03	16
天　津	Tianjin	29.5	29.6	31.0	26	43.9		-0.001	25
河　北	Hebei	68.5	126.2	149.0	5	38.4	0.2	0.1	10
山　西	Shanxi	44.5	14.6	56.5	21	18.2	3.8	2.9	2
内蒙古	Inner Mongolia	40.9	14.6	51.3	22	18.5	1.6	1.1	3
辽　宁	Liaoning	56.2	52.5	74.6	13	53.5	2.9	0.1	9
吉　林	Jilin	27.3	20.0	45.6	24	11.4	0.3	0.0	15
黑龙江	Heilongjiang	44.8	38.2	47.7	23	6.3	0.01	0.002	21
上　海	Shanghai	108.5	26.6	71.5	14	74.9	0.7	0.3	7
江　苏	Jiangsu	120.4	59.4	217.6	2	0.3	27.6	31.0	1
浙　江	Zhejiang	712.1	32.4	154.8	4	35.6	0.0	0.001	22
安　徽	Anhui	47.1	81.2	101.7	11	21.6	1.7		
福　建	Fujian	54.4	16.7	58.2	19	23.6	0.0	0.03	17
江　西	Jiangxi	22.5	26.7	69.2	16	5.8	0.2	0.5	6
山　东	Shandong	256.0	189.2	216.6	3	26.2	0.8	0.01	18
河　南	Henan	58.6	34.3	147.5	6	3.7			
湖　北	Hubei	37.8	73.3	113.6	8	12.1	2.8	0.9	4
湖　南	Hunan	37.7	24.8	106.2	10	11.5	0.2	0.001	23
广　东	Guangdong	330.8	468.7	682.1	1	116.9	1.5	0.6	5
广　西	Guangxi	25.7	30.5	60.1	18	12.0	0.01	0.05	13
海　南	Hainan	12.0	4.2	20.1	28	3.7	0.0001	0.0001	24
重　庆	Chongqing	25.2	14.0	58.0	20	7.8	0.04	0.01	19
四　川	Sichuan	99.6	36.6	132.0	7	33.8	0.3	0.1	12
贵　州	Guizhou	19.2	48.5	65.5	17	21.9	0.003	0.003	20
云　南	Yunnan	36.8	17.6	75.2	12	9.0	0.6	0.2	8
西　藏	Tibet	4.1	1.2	6.1	31				
陕　西	Shaanxi	53.4	27.7	71.5	15	3.8	0.4	0.1	11
甘　肃	Gansu	12.5	8.4	28.9	27	0.5	0.3		
青　海	Qinghai	4.5	2.7	10.4	30		0.01	0.04	14
宁　夏	Ningxia	8.3	3.3	15.1	29	1.7			
新　疆	Xinjiang	22.9	12.6	37.4	25	13.2	1.1		

价格指数

Price Indices

6-1 居民消费价格指数和商品零售价格指数
Consumer Price Indices and Retail Price Indices

（上年=100） (preceding year=100)

地区	Region	居民消费价格指数 Consumer Price Index 2010	2016	2017	2017排名 Ranking	商品零售价格指数 Retail Price Index 2010	2016	2017	2017排名 Ranking
全　国	**National Total**	**103.3**	**102.0**	**101.6**		**103.1**	**100.7**	**101.1**	
北　京	Beijing	102.4	101.4	101.9	6	100.4	98.1	99.2	31
天　津	Tianjin	103.5	102.1	102.1	3	103.4	100.5	100.8	23
河　北	Hebei	103.1	101.5	101.7	7	103.1	101.2	101.4	6
山　西	Shanxi	103.0	101.1	101.1	28	102.3	100.5	101.3	11
内蒙古	Inner Mongolia	103.2	101.2	101.7	7	103.0	100.6	101.2	16
辽　宁	Liaoning	103.0	101.6	101.4	20	103.2	101.0	100.7	26
吉　林	Jilin	103.7	101.6	101.6	11	104.1	101.3	101.4	6
黑龙江	Heilongjiang	103.9	101.5	101.3	25	103.1	101.1	99.9	30
上　海	Shanghai	103.1	103.2	101.7	7	101.7	100.8	100.9	20
江　苏	Jiangsu	103.8	102.3	101.7	7	103.2	100.8	101.9	2
浙　江	Zhejiang	103.8	101.9	102.1	3	103.9	101.0	101.4	6
安　徽	Anhui	103.1	101.8	101.2	26	103.2	100.8	101.7	4
福　建	Fujian	103.2	101.7	101.2	26	103.4	100.7	100.6	27
江　西	Jiangxi	103.0	102.0	102.0	5	102.7	100.6	101.0	19
山　东	Shandong	102.9	102.1	101.5	16	102.7	101.3	100.8	23
河　南	Henan	103.5	101.9	101.4	20	103.7	100.3	101.3	11
湖　北	Hubei	102.9	102.2	101.5	16	103.1	100.8	100.3	29
湖　南	Hunan	103.1	101.9	101.4	20	103.1	101.0	101.3	11
广　东	Guangdong	103.1	102.3	101.5	16	103.3	100.8	101.6	5
广　西	Guangxi	103.0	101.6	101.6	11	103.0	100.4	101.2	16
海　南	Hainan	104.8	102.8	102.8	1	104.6	101.0	102.0	1
重　庆	Chongqing	103.2	101.8	101.0	29	101.7	101.3	100.8	23
四　川	Sichuan	103.2	101.9	101.4	20	103.0	100.8	100.5	28
贵　州	Guizhou	102.9	101.4	100.9	30	103.0	100.2	100.9	20
云　南	Yunnan	103.7	101.5	100.9	30	103.6	100.7	101.3	11
西　藏	Tibet	102.2	102.5	101.6	11	101.0	102.1	101.4	6
陕　西	Shaanxi	104.0	101.3	101.6	11	103.6	100.3	101.3	11
甘　肃	Gansu	104.1	101.3	101.4	20	104.6	100.9	101.4	6
青　海	Qinghai	105.4	101.8	101.5	16	104.3	100.4	101.2	16
宁　夏	Ningxia	104.1	101.5	101.6	11	103.2	100.7	101.8	3
新　疆	Xinjiang	104.3	101.4	102.2	2	104.6	100.5	100.9	20

6-2 居民食品烟酒及衣着消费价格分类指数
Consumer Price Indices by Food and Tobacco, Liquor and Clothing

(上年=100) (preceding year=100)

地区	Region	食品烟酒 Food, Tobacco and Liquor 2016	2017	2017排名 Ranking	衣着 Clothing 2016	2017	2017排名 Ranking
全　国	**National Total**	**103.8**	**99.6**		**101.4**	**101.3**	
北　京	Beijing	103.0	100.5	4	100.2	97.8	31
天　津	Tianjin	102.1	100.3	7	100.1	100.2	27
河　北	Hebei	102.6	99.3	21	101.8	101.4	10
山　西	Shanxi	102.8	98.9	25	101.0	100.9	20
内蒙古	Inner Mongolia	102.2	99.8	14	101.4	101.3	12
辽　宁	Liaoning	102.5	99.4	18	101.4	101.2	16
吉　林	Jilin	103.2	98.9	25	101.8	101.3	12
黑龙江	Heilongjiang	102.6	98.6	28	101.0	100.7	24
上　海	Shanghai	103.7	101.2	3	100.8	100.5	26
江　苏	Jiangsu	103.8	100.4	5	101.8	102.3	3
浙　江	Zhejiang	104.4	100.3	7	101.5	101.9	6
安　徽	Anhui	103.7	98.9	25	100.8	101.8	8
福　建	Fujian	103.9	99.0	24	100.3	100.6	25
江　西	Jiangxi	104.4	99.3	21	100.9	102.1	5
山　东	Shandong	103.6	99.6	16	101.7	101.1	18
河　南	Henan	103.2	98.4	30	100.7	101.3	12
湖　北	Hubei	104.0	99.4	18	102.3	100.8	22
湖　南	Hunan	104.3	99.3	21	101.5	101.0	19
广　东	Guangdong	104.8	100.0	11	102.7	101.5	9
广　西	Guangxi	103.4	99.7	15	101.3	101.9	6
海　南	Hainan	105.1	100.1	9	97.9	98.8	30
重　庆	Chongqing	103.6	98.2	31	102.4	102.8	1
四　川	Sichuan	104.1	98.6	28	100.6	102.5	2
贵　州	Guizhou	103.6	100.0	11	99.6	100.1	29
云　南	Yunnan	103.5	100.4	5	100.2	100.2	27
西　藏	Tibet	104.9	102.0	2	103.2	102.3	3
陕　西	Shaanxi	103.1	99.4	18	101.1	101.4	10
甘　肃	Gansu	103.2	100.1	9	101.4	100.8	22
青　海	Qinghai	102.3	99.9	13	101.2	100.9	20
宁　夏	Ningxia	102.4	99.5	17	101.7	101.2	16
新　疆	Xinjiang	101.9	102.1	1	101.3	101.3	12

6-3 居民居住、生活用品及服务消费价格分类指数
Consumer Price Indices by Residence, Articles for Daily Use and Services

(上年=100) (preceding year=100)

地区	Region	居住 Residence 2016	居住 Residence 2017	2017排名 Ranking	生活用品及服务 Articles for Daily Use and Services 2016	生活用品及服务 Articles for Daily Use and Services 2017	2017排名 Ranking
全　国	**National Total**	**101.6**	**102.6**		**100.5**	**101.1**	
北　京	Beijing	103.7	103.8	3	99.2	100.6	24
天　津	Tianjin	103.6	101.4	26	99.4	100.8	16
河　北	Hebei	100.7	103.0	7	100.5	100.8	16
山　西	Shanxi	99.9	101.4	26	100.0	100.2	30
内蒙古	Inner Mongolia	100.0	101.7	21	100.1	100.7	19
辽　宁	Liaoning	100.5	101.3	28	100.7	100.8	16
吉　林	Jilin	99.7	100.9	29	100.5	101.2	7
黑龙江	Heilongjiang	100.0	101.7	21	100.4	100.3	28
上　海	Shanghai	105.1	101.7	21	101.2	101.5	3
江　苏	Jiangsu	101.2	102.8	9	101.6	103.1	1
浙　江	Zhejiang	101.0	105.1	2	100.2	100.7	19
安　徽	Anhui	101.1	102.7	10	100.2	101.4	6
福　建	Fujian	100.7	102.4	13	99.8	101.2	7
江　西	Jiangxi	101.0	103.4	6	100.1	101.2	7
山　东	Shandong	100.9	102.6	11	100.8	100.9	13
河　南	Henan	102.2	103.6	4	100.2	101.5	3
湖　北	Hubei	102.8	102.0	19	100.4	100.6	24
湖　南	Hunan	101.2	103.5	5	100.0	100.7	19
广　东	Guangdong	101.7	102.2	17	100.2	100.9	13
广　西	Guangxi	100.3	102.4	13	99.9	100.9	13
海　南	Hainan	102.6	106.0	1	100.8	100.3	28
重　庆	Chongqing	101.1	101.9	20	100.6	100.7	19
四　川	Sichuan	101.2	102.4	13	100.3	101.2	7
贵　州	Guizhou	100.8	101.5	25	99.9	101.0	12
云　南	Yunnan	101.2	100.8	30	100.0	100.1	31
西　藏	Tibet	100.8	101.6	24	101.5	100.6	24
陕　西	Shaanxi	100.9	102.2	17	99.5	101.1	11
甘　肃	Gansu	100.8	102.5	12	100.4	100.6	24
青　海	Qinghai	105.2	102.9	8	100.4	100.7	19
宁　夏	Ningxia	100.4	102.3	16	100.3	101.9	2
新　疆	Xinjiang	101.2	100.4	31	100.6	101.5	3

6-4 居民交通和通信、教育文化和娱乐消费价格分类指数

Consumer Price Indices by Transport and Communications, Education, Culture and Recreation

(上年=100) (preceding year=100)

地区	Region	交通和通信 Transport and Communications			教育文化和娱乐 Education, Culture and Recreation		
		2016	2017	2017排名 Ranking	2016	2017	2017排名 Ranking
全 国	**National Total**	**98.7**	**101.1**		**101.6**	**102.4**	
北 京	Beijing	96.6	100.3	27	98.3	102.3	14
天 津	Tianjin	98.3	100.1	29	100.6	103.2	7
河 北	Hebei	98.3	100.4	25	101.3	101.6	24
山 西	Shanxi	98.3	101.0	18	101.3	101.8	21
内蒙古	Inner Mongolia	98.9	101.4	11	100.7	101.0	29
辽 宁	Liaoning	99.8	100.1	29	102.8	103.5	4
吉 林	Jilin	98.7	101.5	9	100.6	102.0	19
黑龙江	Heilongjiang	100.0	99.5	31	101.7	103.6	3
上 海	Shanghai	97.0	100.7	24	102.7	100.9	30
江 苏	Jiangsu	98.8	101.8	7	100.9	102.0	18
浙 江	Zhejiang	98.7	101.3	13	102.7	102.7	11
安 徽	Anhui	97.6	100.4	25	102.3	103.3	5
福 建	Fujian	99.4	100.9	21	101.2	102.3	15
江 西	Jiangxi	98.8	101.9	4	101.5	102.5	13
山 东	Shandong	99.6	101.1	16	101.9	102.8	8
河 南	Henan	98.3	100.2	28	102.4	102.7	10
湖 北	Hubei	97.2	101.0	18	102.2	101.7	22
湖 南	Hunan	98.4	101.9	4	100.8	101.5	25
广 东	Guangdong	98.5	101.3	13	101.4	102.6	12
广 西	Guangxi	98.8	102.0	2	101.6	102.1	17
海 南	Hainan	98.5	102.0	2	103.0	104.4	1
重 庆	Chongqing	100.6	101.5	9	99.5	103.3	6
四 川	Sichuan	98.6	101.6	8	102.5	104.1	2
贵 州	Guizhou	98.7	101.9	4	101.3	101.3	26
云 南	Yunnan	99.3	101.3	13	100.7	101.1	27
西 藏	Tibet	99.5	100.8	22	101.1	101.1	28
陕 西	Shaanxi	98.3	101.4	11	100.0	102.0	20
甘 肃	Gansu	99.0	101.1	16	100.0	101.7	23
青 海	Qinghai	97.3	101.0	18	100.6	100.8	31
宁 夏	Ningxia	98.6	102.7	1	102.2	102.3	16
新 疆	Xinjiang	99.3	100.8	22	101.6	102.7	9

6-5 居民医疗保健、其他用品和服务消费价格分类指数
Consumer Price Indices by Health Care, Other Articles and Services

(上年=100) (preceding year=100)

地区	Region	医疗保健 Health Care			其他用品和服务 Other Articles and Services		
		2016	2017	2017排名 Ranking	2016	2017	2017排名 Ranking
全国	**National Total**	**103.8**	**106.0**		**102.8**	**102.4**	
北京	Beijing	102.6	107.4	12	104.3	102.7	6
天津	Tianjin	108.8	115.4	1	103.8	101.5	20
河北	Hebei	104.4	106.9	13	103.3	110.1	1
山西	Shanxi	102.4	107.5	11	101.2	102.3	11
内蒙古	Inner Mongolia	104.4	110.0	6	101.8	101.2	24
辽宁	Liaoning	102.5	107.5	10	101.6	101.8	13
吉林	Jilin	106.1	110.9	3	102.2	101.6	16
黑龙江	Heilongjiang	103.7	110.4	5	102.1	101.5	22
上海	Shanghai	109.0	106.6	14	103.3	102.6	7
江苏	Jiangsu	109.1	101.5	31	102.7	102.4	9
浙江	Zhejiang	101.3	102.3	29	102.5	101.1	25
安徽	Anhui	103.6	103.9	26	102.3	101.5	21
福建	Fujian	102.9	103.0	27	102.5	107.4	2
江西	Jiangxi	102.7	109.0	8	102.6	102.6	8
山东	Shandong	104.9	105.4	19	102.9	101.8	12
河南	Henan	102.8	106.3	15	103.9	102.7	5
湖北	Hubei	101.9	110.6	4	102.8	101.6	17
湖南	Hunan	103.1	105.0	21	101.6	101.1	26
广东	Guangdong	102.8	106.2	16	102.8	101.7	14
广西	Guangxi	103.7	106.1	17	101.9	101.6	19
海南	Hainan	104.4	111.1	2	103.6	103.1	4
重庆	Chongqing	101.8	104.2	24	102.6	100.8	30
四川	Sichuan	101.6	104.2	25	102.9	103.7	3
贵州	Guizhou	101.5	101.8	30	101.0	101.0	27
云南	Yunnan	102.4	104.3	23	101.3	101.6	18
西藏	Tibet	102.1	102.7	28	103.1	100.4	31
陕西	Shaanxi	102.4	108.6	9	102.2	101.4	23
甘肃	Gansu	100.8	105.2	20	101.5	100.9	29
青海	Qinghai	102.6	105.9	18	102.4	101.7	15
宁夏	Ningxia	102.9	104.8	22	103.2	102.4	10
新疆	Xinjiang	102.7	109.6	7	103.1	101.0	28

6-6 城市和农村居民消费价格指数
Price Indices by Urban Household and Rural Household

(上年=100) (preceding year=100)

地区	Region	城市 Urban Household				农村 Rural Household			
		2010	2016	2017	2017排名 Ranking	2010	2016	2017	2017排名 Ranking
全　国	**National Total**	**103.2**	**102.1**	**101.7**		**103.6**	**101.9**	**101.3**	
北　京	Beijing	102.4	101.4	101.9	6				
天　津	Tianjin	103.5	102.1	102.1	3				
河　北	Hebei	102.8	101.5	101.9	6	103.6	101.5	101.4	10
山　西	Shanxi	103.1	101.1	101.4	23	102.8	101.1	100.5	27
内蒙古	Inner Mongolia	103.0	101.2	101.7	11	103.5	101.1	101.6	8
辽　宁	Liaoning	102.8	101.5	101.4	23	104.0	101.8	101.1	17
吉　林	Jilin	103.4	101.5	101.5	21	104.1	101.9	101.8	4
黑龙江	Heilongjiang	103.6	101.2	101.2	28	104.9	102.1	101.8	4
上　海	Shanghai	103.1	103.2	101.7	11				
江　苏	Jiangsu	103.6	102.4	101.8	9	104.3	101.8	101.5	9
浙　江	Zhejiang	104.0	102.0	102.1	3	103.7	101.8	102.0	1
安　徽	Anhui	103.0	101.8	101.3	26	103.4	101.6	101.1	17
福　建	Fujian	103.1	101.8	101.3	26	103.4	101.5	100.8	23
江　西	Jiangxi	102.9	102.0	102.0	5	103.3	101.9	101.9	2
山　东	Shandong	102.6	102.2	101.6	18	103.5	101.8	101.4	10
河　南	Henan	103.4	101.9	101.5	21	103.8	102.0	101.2	15
湖　北	Hubei	102.8	102.1	101.7	11	103.1	102.2	101.2	15
湖　南	Hunan	103.1	101.9	101.6	18	103.2	101.9	101.1	17
广　东	Guangdong	103.1	102.4	101.7	11	103.2	102.0	100.8	23
广　西	Guangxi	102.9	101.6	101.9	6	103.4	101.7	101.1	17
海　南	Hainan	104.5	102.9	103.2	1	105.8	102.5	101.9	2
重　庆	Chongqing	103.2	101.8	101.0	30				
四　川	Sichuan	103.3	102.0	101.7	11	103.1	101.7	100.8	23
贵　州	Guizhou	103.1	101.5	101.1	29	102.6	101.1	100.6	26
云　南	Yunnan	103.8	101.4	100.8	31	103.6	101.7	101.3	12
西　藏	Tibet	102.2	102.6	101.6	18	102.2	102.5	101.7	7
陕　西	Shaanxi	103.7	101.3	101.8	9	104.7	101.2	101.1	17
甘　肃	Gansu	104.4	101.2	101.4	23	103.6	101.5	101.3	12
青　海	Qinghai	105.1	101.8	101.7	11	105.8	101.8	101.1	17
宁　夏	Ningxia	103.7	101.6	101.7	11	104.6	101.2	101.3	12
新　疆	Xinjiang	103.6	101.4	102.4	2	105.8	101.3	101.8	4

6-7 城市居民食品烟酒和衣着消费价格分类指数
Price Indices by Food, Tobacco and Liquor, and Clothing

(上年=100) (preceding year=100)

地区	Region	食品烟酒 Food, Tobacco and Liquor 2016	2017	2017排名 Ranking	衣着 Clothing 2016	2017	2017排名 Ranking
全　国	**National Total**	**103.7**	**99.8**		**101.5**	**101.2**	
北　京	Beijing	103.0	100.5	5	100.2	97.8	30
天　津	Tianjin	102.1	100.3	8	100.1	100.2	28
河　北	Hebei	102.6	99.3	22	101.8	101.5	9
山　西	Shanxi	102.8	99.1	26	101.0	101.0	20
内蒙古	Inner Mongolia	102.2	100.0	12	101.7	101.5	9
辽　宁	Liaoning	102.4	99.4	20	101.4	101.2	16
吉　林	Jilin	103.2	99.2	24	101.5	101.1	18
黑龙江	Heilongjiang	102.1	98.6	30	101.2	101.0	20
上　海	Shanghai	103.7	101.2	3	100.8	100.5	25
江　苏	Jiangsu	103.6	100.5	5	101.8	102.3	5
浙　江	Zhejiang	104.4	100.4	7	101.5	101.6	8
安　徽	Anhui	103.4	99.0	28	101.0	101.8	7
福　建	Fujian	104.0	99.2	24	100.1	100.4	26
江　西	Jiangxi	104.2	99.7	16	100.8	102.1	6
山　东	Shandong	103.5	99.7	16	101.6	101.3	13
河　南	Henan	103.1	98.9	29	100.8	101.3	13
湖　北	Hubei	103.9	99.5	19	102.2	100.7	24
湖　南	Hunan	103.8	99.3	22	101.8	101.2	16
广　东	Guangdong	104.8	100.3	8	102.8	101.5	9
广　西	Guangxi	103.3	100.1	11	102.4	102.4	4
海　南	Hainan	105.5	100.6	4	96.2	97.1	31
重　庆	Chongqing	103.6	98.2	31	102.4	102.8	2
四　川	Sichuan	103.9	99.1	26	100.3	102.6	3
贵　州	Guizhou	103.4	100.0	12	100.4	100.3	27
云　南	Yunnan	103.4	100.2	10	99.8	100.1	29
西　藏	Tibet	105.0	101.8	2	103.5	103.4	1
陕　西	Shaanxi	103.1	99.7	16	101.3	101.3	13
甘　肃	Gansu	102.8	100.0	12	101.7	100.9	22
青　海	Qinghai	102.5	99.9	15	100.3	101.1	18
宁　夏	Ningxia	102.7	99.4	20	102.1	101.4	12
新　疆	Xinjiang	102.3	102.7	1	100.9	100.9	22

6-8 城市居民居住和生活用品及服务消费价格分类指数
Price Indices by Residence and Articles for Daily Use and Services

(上年=100) (preceding year=100)

地区	Region	居住 Residence			生活用品及服务 Articles for Daily Use and Services		
		2016	2017	2017排名 Ranking	2016	2017	2017排名 Ranking
全　国	**National Total**	**101.9**	**102.5**		**100.5**	**101.0**	
北　京	Beijing	103.7	103.8	4	99.2	100.6	23
天　津	Tianjin	103.6	101.4	25	99.4	100.8	13
河　北	Hebei	100.8	103.0	7	100.7	100.7	18
山　西	Shanxi	99.7	101.0	28	100.1	100.1	28
内蒙古	Inner Mongolia	100.0	102.3	14	100.2	100.7	18
辽　宁	Liaoning	100.6	101.2	27	100.7	100.8	13
吉　林	Jilin	99.8	101.0	28	100.4	101.1	9
黑龙江	Heilongjiang	100.4	101.4	25	100.3	100.3	27
上　海	Shanghai	105.1	101.7	23	101.2	101.5	5
江　苏	Jiangsu	101.5	102.9	8	101.7	103.0	1
浙　江	Zhejiang	101.1	105.1	2	100.1	100.5	25
安　徽	Anhui	101.9	102.9	8	100.4	101.7	3
福　建	Fujian	100.9	102.7	10	99.7	101.2	8
江　西	Jiangxi	101.2	102.5	11	100.0	100.8	13
山　东	Shandong	100.9	102.4	12	101.0	100.7	18
河　南	Henan	103.0	103.3	6	100.3	101.4	6
湖　北	Hubei	103.0	101.6	24	100.5	100.4	26
湖　南	Hunan	101.5	103.6	5	100.3	100.8	13
广　东	Guangdong	101.9	102.2	18	100.2	100.9	12
广　西	Guangxi	100.2	102.3	14	100.1	100.8	13
海　南	Hainan	103.4	107.2	1	100.6	99.9	31
重　庆	Chongqing	101.1	101.9	21	100.6	100.7	18
四　川	Sichuan	101.6	102.4	12	100.3	101.1	9
贵　州	Guizhou	100.7	102.3	14	100.0	101.4	6
云　南	Yunnan	101.5	100.5	30	100.0	100.1	28
西　藏	Tibet	101.1	102.2	18	101.5	100.0	30
陕　西	Shaanxi	101.1	102.0	20	99.5	101.0	11
甘　肃	Gansu	100.4	101.9	21	100.3	100.6	23
青　海	Qinghai	105.7	104.3	3	99.7	100.7	18
宁　夏	Ningxia	100.5	102.3	14	100.6	102.0	2
新　疆	Xinjiang	101.6	100.2	31	100.6	101.7	3

6-9 城市居民交通和通信、教育文化和娱乐消费价格分类指数

Price Indices by Transport and Communications and Education, Culture and Recreation

(上年=100) (preceding year=100)

地区	Region	交通和通信 Transport and Communications			教育文化和娱乐 Education, Culture and Recreation		
		2016	2017	2017排名 Ranking	2016	2017	2017排名 Ranking
全　国	**National Total**	**98.6**	**101.0**		**101.5**	**102.4**	
北　京	Beijing	96.6	100.3	25	98.3	102.3	16
天　津	Tianjin	98.3	100.1	28	100.6	103.2	7
河　北	Hebei	98.2	100.5	23	100.6	101.3	25
山　西	Shanxi	98.5	101.1	16	101.4	102.2	18
内蒙古	Inner Mongolia	98.8	101.2	14	100.8	101.1	26
辽　宁	Liaoning	99.9	100.0	29	102.6	103.5	3
吉　林	Jilin	98.9	101.3	11	100.7	102.3	16
黑龙江	Heilongjiang	99.3	99.3	31	101.7	103.3	5
上　海	Shanghai	97.0	100.7	21	102.7	100.9	28
江　苏	Jiangsu	98.7	101.8	5	100.9	102.1	20
浙　江	Zhejiang	98.8	101.1	16	102.9	102.8	9
安　徽	Anhui	97.3	100.2	26	102.2	103.0	8
福　建	Fujian	99.4	100.8	19	101.1	102.4	14
江　西	Jiangxi	99.0	102.2	2	101.5	102.4	14
山　东	Shandong	99.6	101.0	18	102.0	102.5	11
河　南	Henan	97.9	100.2	26	100.9	102.5	11
湖　北	Hubei	96.8	100.7	21	102.3	101.4	24
湖　南	Hunan	98.3	101.6	8	100.7	101.9	22
广　东	Guangdong	98.5	101.3	11	101.5	102.7	10
广　西	Guangxi	98.7	102.0	3	101.5	101.9	22
海　南	Hainan	98.4	101.9	4	103.1	104.2	2
重　庆	Chongqing	100.6	101.5	9	99.5	103.3	5
四　川	Sichuan	98.7	101.5	9	103.0	105.1	1
贵　州	Guizhou	99.1	101.8	5	101.5	101.0	27
云　南	Yunnan	99.4	101.3	11	100.5	100.7	29
西　藏	Tibet	99.5	100.0	29	100.3	100.1	31
陕　西	Shaanxi	98.2	101.8	5	100.0	102.2	18
甘　肃	Gansu	99.1	101.2	14	99.9	102.1	20
青　海	Qinghai	97.0	100.8	19	100.4	100.2	30
宁　夏	Ningxia	98.9	102.7	1	102.0	102.5	11
新　疆	Xinjiang	99.1	100.5	23	101.5	103.5	3

6-10 城市居民医疗保健和其他用品和服务消费价格分类指数
Price Indices by Health Care and Other Articles and Services

(上年=100) (preceding year=100)

地区	Region	医疗保健 Health Care 2016	2017	2017排名 Ranking	其他用品和服务 Other Articles and Services 2016	2017	2017排名 Ranking
全 国	**National Total**	**104.4**	**106.8**		**102.9**	**102.5**	
北 京	Beijing	102.6	107.4	14	104.3	102.7	6
天 津	Tianjin	108.8	115.4	1	103.8	101.5	20
河 北	Hebei	105.2	108.5	12	103.6	111.9	1
山 西	Shanxi	102.4	110.5	6	101.1	102.3	10
内蒙古	Inner Mongolia	104.6	108.8	10	101.7	101.1	23
辽 宁	Liaoning	102.3	108.7	11	101.5	101.7	18
吉 林	Jilin	105.5	109.6	9	102.6	101.4	22
黑龙江	Heilongjiang	102.9	110.1	7	102.1	101.5	20
上 海	Shanghai	109.0	106.6	18	103.3	102.6	8
江 苏	Jiangsu	111.2	101.4	31	102.8	102.4	9
浙 江	Zhejiang	101.5	102.6	29	102.5	100.8	27
安 徽	Anhui	104.6	104.2	24	102.3	101.7	18
福 建	Fujian	103.6	103.1	28	102.6	107.1	2
江 西	Jiangxi	103.6	110.7	5	102.2	102.8	5
山 东	Shandong	106.6	106.7	16	103.3	102.0	13
河 南	Henan	103.1	107.2	15	103.8	102.7	6
湖 北	Hubei	101.7	114.8	2	103.4	101.8	16
湖 南	Hunan	104.0	106.3	20	102.1	101.0	24
广 东	Guangdong	103.2	106.7	16	102.9	101.9	14
广 西	Guangxi	102.9	108.5	12	102.2	101.8	16
海 南	Hainan	103.0	112.2	3	104.5	103.2	4
重 庆	Chongqing	101.8	104.2	24	102.6	100.8	27
四 川	Sichuan	101.9	104.4	23	103.1	103.9	3
贵 州	Guizhou	102.6	102.4	30	101.4	100.8	27
云 南	Yunnan	101.8	104.0	26	101.7	101.9	14
西 藏	Tibet	102.9	103.8	27	103.2	101.0	24
陕 西	Shaanxi	102.1	109.8	8	102.1	100.9	26
甘 肃	Gansu	101.1	106.5	19	101.5	100.6	30
青 海	Qinghai	102.8	105.8	21	101.9	102.2	11
宁 夏	Ningxia	102.4	105.7	22	102.6	102.1	12
新 疆	Xinjiang	101.8	111.1	4	103.3	100.4	31

6-11 农村居民食品烟酒和衣着消费价格分类指数
Price Indices by Food, Tobacco and Liquor, and Clothing

(上年=100) (preceding year=100)

地区	Region	食品烟酒 Food, Tobacco and Liquor			衣着 Clothing		
		2016	2017	2017排名 Ranking	2016	2017	2017排名 Ranking
全　国	**National Total**	**104.0**	**98.9**		**101.3**	**101.3**	
北　京	Beijing						
天　津	Tianjin						
河　北	Hebei	102.7	99.2	12	101.8	101.2	12
山　西	Shanxi	102.8	98.5	19	101.3	100.6	19
内蒙古	Inner Mongolia	102.1	99.1	13	100.3	100.4	21
辽　宁	Liaoning	103.1	99.1	13	101.4	101.1	15
吉　林	Jilin	103.3	98.1	25	102.8	101.9	7
黑龙江	Heilongjiang	103.9	98.4	22	100.2	99.6	27
上　海	Shanghai						
江　苏	Jiangsu	104.3	99.8	7	102.0	102.2	3
浙　江	Zhejiang	104.5	100.0	5	101.5	103.1	2
安　徽	Anhui	104.4	98.6	18	100.4	101.7	9
福　建	Fujian	103.6	98.5	19	101.1	101.2	12
江　西	Jiangxi	104.9	98.5	19	101.1	102.1	6
山　东	Shandong	103.8	99.3	10	102.1	100.3	22
河　南	Henan	103.4	97.5	27	100.6	101.4	10
湖　北	Hubei	104.2	99.3	10	102.5	101.2	12
湖　南	Hunan	105.2	99.1	13	100.9	100.5	20
广　东	Guangdong	104.8	98.3	23	102.1	101.4	10
广　西	Guangxi	103.7	99.0	16	98.7	100.7	17
海　南	Hainan	104.1	98.9	17	103.0	103.6	1
重　庆	Chongqing						
四　川	Sichuan	104.4	97.8	26	101.5	102.2	3
贵　州	Guizhou	103.9	99.8	7	98.0	99.8	26
云　南	Yunnan	103.7	100.7	3	100.9	100.3	22
西　藏	Tibet	104.7	102.3	1	102.8	101.0	16
陕　西	Shaanxi	103.1	98.3	23	100.5	101.8	8
甘　肃	Gansu	103.8	100.1	4	100.9	100.7	17
青　海	Qinghai	101.9	99.9	6	103.0	100.3	22
宁　夏	Ningxia	101.6	99.5	9	100.1	100.3	22
新　疆	Xinjiang	101.3	100.9	2	102.2	102.2	3

6-12 农村居民居住和生活用品及服务消费价格分类指数
Price Indices by Residence and Articles for Daily Use and Services

(上年=100) (preceding year=100)

地区	Region	居住 Residence 2016	2017	2017排名 Ranking	生活用品及服务 Articles for Daily Use and Services 2016	2017	2017排名 Ranking
全 国	**National Total**	**100.6**	**102.7**		**100.2**	**101.2**	
北 京	Beijing						
天 津	Tianjin						
河 北	Hebei	100.5	103.2	6	100.1	100.9	15
山 西	Shanxi	100.2	102.4	14	99.7	100.3	25
内蒙古	Inner Mongolia	100.0	99.9	26	99.7	100.7	19
辽 宁	Liaoning	99.8	101.5	19	100.2	100.6	20
吉 林	Jilin	99.5	100.9	22	100.8	101.4	9
黑龙江	Heilongjiang	99.0	102.6	11	100.9	100.0	26
上 海	Shanghai						
江 苏	Jiangsu	100.3	102.8	8	101.0	103.2	1
浙 江	Zhejiang	100.8	105.1	2	100.3	101.5	6
安 徽	Anhui	99.7	102.3	17	99.8	100.9	15
福 建	Fujian	99.9	101.3	21	100.2	101.1	12
江 西	Jiangxi	100.5	105.2	1	100.2	102.0	2
山 东	Shandong	100.9	102.9	7	100.3	101.7	4
河 南	Henan	100.8	104.2	3	99.9	101.7	4
湖 北	Hubei	102.3	102.8	8	100.2	100.8	18
湖 南	Hunan	100.7	103.3	5	99.3	100.6	20
广 东	Guangdong	100.5	102.1	18	100.3	101.0	14
广 西	Guangxi	100.3	102.6	11	99.6	101.1	12
海 南	Hainan	100.2	102.5	13	101.2	101.5	6
重 庆	Chongqing						
四 川	Sichuan	100.4	102.4	14	100.1	101.4	9
贵 州	Guizhou	100.8	100.3	25	99.5	100.4	24
云 南	Yunnan	100.6	101.4	20	100.0	99.9	27
西 藏	Tibet	100.5	100.9	22	101.6	101.3	11
陕 西	Shaanxi	100.2	102.8	8	99.7	101.5	6
甘 肃	Gansu	101.5	103.4	4	100.7	100.5	23
青 海	Qinghai	104.0	99.9	26	101.7	100.6	20
宁 夏	Ningxia	100.1	102.4	14	99.7	101.8	3
新 疆	Xinjiang	100.4	100.8	24	100.7	100.9	15

6-13 农村居民交通和通信、教育文化和娱乐消费价格分类指数

Price Indices by Transport and Communications and Education, Culture and Recreation

(上年=100) (preceding year=100)

地区	Region	交通和通信 Transport and Communications			教育文化和娱乐 Education, Culture and Recreation		
		2016	2017	2017排名 Ranking	2016	2017	2017排名 Ranking
全国	**National Total**	**98.9**	**101.4**		**101.9**	**102.3**	
北京	Beijing						
天津	Tianjin						
河北	Hebei	98.4	100.3	24	102.5	102.2	12
山西	Shanxi	97.8	100.6	22	100.9	101.0	23
内蒙古	Inner Mongolia	99.2	101.9	6	100.1	100.5	27
辽宁	Liaoning	99.3	100.6	22	103.7	103.7	5
吉林	Jilin	98.4	102.2	4	100.3	101.2	22
黑龙江	Heilongjiang	102.0	100.0	27	101.9	104.7	2
上海	Shanghai						
江苏	Jiangsu	99.1	101.7	10	100.7	101.7	19
浙江	Zhejiang	98.6	101.7	10	101.7	102.2	12
安徽	Anhui	98.3	101.0	21	102.6	104.1	3
福建	Fujian	99.5	101.4	17	101.4	101.8	18
江西	Jiangxi	98.5	101.3	18	101.6	102.8	7
山东	Shandong	99.6	101.5	14	101.7	103.8	4
河南	Henan	98.9	100.3	24	105.2	103.1	6
湖北	Hubei	98.2	101.8	9	101.9	102.3	10
湖南	Hunan	98.5	102.6	2	100.9	100.7	25
广东	Guangdong	98.7	101.6	13	100.8	102.5	8
广西	Guangxi	99.2	101.9	6	101.6	102.4	9
海南	Hainan	98.9	102.4	3	102.6	105.0	1
重庆	Chongqing						
四川	Sichuan	98.2	101.7	10	101.6	102.0	15
贵州	Guizhou	98.2	102.1	5	100.9	101.9	17
云南	Yunnan	99.2	101.3	18	101.1	102.0	15
西藏	Tibet	99.4	101.9	6	102.0	102.2	12
陕西	Shaanxi	98.4	100.3	24	100.3	101.6	20
甘肃	Gansu	98.9	101.1	20	100.1	100.7	25
青海	Qinghai	97.9	101.5	14	100.9	102.3	10
宁夏	Ningxia	97.7	102.9	1	102.6	101.6	21
新疆	Xinjiang	99.7	101.5	14	101.8	100.8	24

6-14 农村居民医疗保健和其他用品和服务消费价格分类指数
Price Indices by Health Care and Other Articles and Services

(上年=100) (preceding year=100)

地区	Region	医疗保健 Health Care 2016	2017	2017排名 Ranking	其他用品和服务 Other Articles and Services 2016	2017	2017排名 Ranking
全　国	**National Total**	**102.5**	**104.2**		**102.2**	**102.4**	
北　京	Beijing						
天　津	Tianjin						
河　北	Hebei	103.0	104.4	11	102.6	106.3	2
山　西	Shanxi	102.3	101.6	24	101.6	102.2	13
内蒙古	Inner Mongolia	103.9	112.9	2	102.0	101.3	18
辽　宁	Liaoning	103.2	103.1	15	102.0	102.8	5
吉　林	Jilin	107.2	113.3	1	101.1	102.3	11
黑龙江	Heilongjiang	105.4	111.1	3	102.0	101.4	17
上　海	Shanghai						
江　苏	Jiangsu	102.6	101.8	23	102.5	102.4	10
浙　江	Zhejiang	100.7	101.5	25	102.8	102.3	11
安　徽	Anhui	102.1	103.3	14	102.3	101.0	23
福　建	Fujian	101.1	102.7	18	102.2	108.6	1
江　西	Jiangxi	101.2	106.2	6	103.6	101.9	14
山　东	Shandong	101.1	102.3	21	101.5	101.3	18
河　南	Henan	102.4	105.0	9	103.9	102.8	5
湖　北	Hubei	102.3	102.1	22	101.5	101.1	22
湖　南	Hunan	101.8	102.9	17	100.7	101.3	18
广　东	Guangdong	101.2	104.2	12	102.4	100.7	24
广　西	Guangxi	104.9	102.5	19	101.2	101.2	21
海　南	Hainan	108.0	108.5	4	101.1	102.8	5
重　庆	Chongqing						
四　川	Sichuan	101.2	103.8	13	102.2	103.2	4
贵　州	Guizhou	99.7	100.8	27	100.2	101.6	16
云　南	Yunnan	103.3	104.7	10	100.2	100.7	24
西　藏	Tibet	101.1	101.3	26	103.0	99.6	27
陕　西	Shaanxi	103.1	105.9	8	102.5	102.7	9
甘　肃	Gansu	100.4	103.0	16	101.6	101.9	14
青　海	Qinghai	102.0	106.2	6	103.4	100.6	26
宁　夏	Ningxia	104.2	102.5	19	105.2	103.3	3
新　疆	Xinjiang	104.1	107.3	5	102.6	102.8	5

6-15 食品和饮料烟酒零售价格分类指数
Price Indices by Food and Beverages, Tobacco and Liquor

(上年=100) (preceding year=100)

地区	Region	食品 Food 2010	2016	2017	2017排名 Ranking	饮料烟酒 Beverages, Tobacco and Liquor 2010	2016	2017	2017排名 Ranking
全　国	**National Total**	**107.6**	**103.9**	**99.4**		**101.7**	**101.2**	**100.9**	
北　京	Beijing	105.7	103.2	100.5	4	101.4	100.8	100.5	21
天　津	Tianjin	108.3	102.3	100.3	5	103.8	101.1	100.9	12
河　北	Hebei	108.1	102.8	99.0	21	101.1	101.7	100.0	26
山　西	Shanxi	108.6	102.9	98.8	24	102.3	101.4	100.2	23
内蒙古	Inner Mongolia	109.7	102.7	99.7	14	101.7	101.5	100.2	23
辽　宁	Liaoning	108.7	102.9	99.1	20	101.0	101.7	100.6	19
吉　林	Jilin	109.6	103.2	98.6	25	100.5	101.5	101.6	4
黑龙江	Heilongjiang	108.3	102.7	98.2	30	102.2	101.0	99.3	31
上　海	Shanghai	107.6	104.1	101.1	3	101.9	102.0	102.0	1
江　苏	Jiangsu	108.0	104.2	100.0	8	102.1	101.0	101.6	4
浙　江	Zhejiang	107.5	104.7	100.1	7	101.1	101.8	101.1	11
安　徽	Anhui	106.9	104.1	98.5	26	101.9	101.1	101.9	2
福　建	Fujian	108.2	104.4	98.4	27	101.1	101.2	100.9	12
江　西	Jiangxi	106.0	105.2	99.7	14	100.3	101.2	99.6	30
山　东	Shandong	108.9	104.0	99.2	19	101.8	101.5	100.6	19
河　南	Henan	108.7	103.4	98.3	28	101.5	100.0	101.6	4
湖　北	Hubei	106.1	104.7	98.9	22	101.9	101.3	100.8	17
湖　南	Hunan	105.4	104.4	98.9	22	100.6	100.8	101.2	9
广　东	Guangdong	106.4	104.8	100.0	8	101.7	100.9	100.9	12
广　西	Guangxi	107.2	103.9	99.4	17	101.5	100.8	100.8	17
海　南	Hainan	108.4	105.6	100.3	5	100.9	102.0	100.2	23
重　庆	Chongqing	106.5	104.0	97.9	31	104.5	99.9	101.3	8
四　川	Sichuan	106.4	104.5	98.3	28	102.3	100.8	101.4	7
贵　州	Guizhou	108.2	104.2	99.8	12	101.1	100.5	100.0	26
云　南	Yunnan	108.6	103.8	100.0	8	101.6	101.9	100.0	26
西　藏	Tibet	104.5	105.2	101.9	1	101.2	101.8	101.2	9
陕　西	Shaanxi	108.9	103.2	99.3	18	101.9	100.8	100.5	21
甘　肃	Gansu	109.7	103.0	99.8	12	103.6	100.9	100.9	12
青　海	Qinghai	108.6	102.2	100.0	8	100.8	101.1	100.9	12
宁　夏	Ningxia	108.4	102.5	99.6	16	101.4	101.1	100.0	26
新　疆	Xinjiang	110.6	102.1	101.5	2	101.7	101.6	101.8	3

6-16 服装鞋帽和纺织品零售价格分类指数
Price Indices by Garments, Shoes and Hats, and Textiles

(上年=100) (preceding year=100)

地区	Region	服装鞋帽 Garments, Shoes and Hats 2010	2016	2017	2017排名 Ranking	纺织品 Textiles 2010	2016	2017	2017排名 Ranking
全　国	**National Total**	**98.8**	**101.3**	**101.1**		**101.2**	**100.5**	**100.4**	
北　京	Beijing	98.4	100.2	97.6	31	100.5	95.5	97.8	27
天　津	Tianjin	102.7	100.0	100.1	28	108.6	101.2	101.2	7
河　北	Hebei	98.0	101.6	101.2	10	101.9	99.7	99.9	20
山　西	Shanxi	96.6	100.9	101.0	18	100.7	100.0	99.8	21
内蒙古	Inner Mongolia	98.9	101.6	101.4	9	99.7	100.3	100.4	15
辽　宁	Liaoning	95.6	101.3	101.1	13	101.7	99.9	100.3	16
吉　林	Jilin	100.8	101.3	100.9	20	101.1	99.7	100.2	19
黑龙江	Heilongjiang	98.2	101.1	100.3	27	100.1	101.7	97.7	28
上　海	Shanghai	98.4	100.7	100.4	25	103.9	102.4	100.3	16
江　苏	Jiangsu	101.0	102.0	102.2	2	103.4	101.6	101.3	6
浙　江	Zhejiang	98.8	101.5	101.8	7	102.2	99.7	100.8	10
安　徽	Anhui	97.4	100.8	101.9	6	100.5	100.4	99.7	22
福　建	Fujian	96.2	100.3	100.7	21	98.1	100.1	100.3	16
江　西	Jiangxi	99.1	100.5	102.2	2	101.9	99.3	99.2	24
山　东	Shandong	96.9	101.8	101.1	13	100.3	101.3	100.7	11
河　南	Henan	100.9	100.6	101.1	13	104.0	100.1	100.9	9
湖　北	Hubei	101.0	101.9	100.6	22	101.8	101.1	99.7	22
湖　南	Hunan	100.8	101.6	101.1	13	101.0	100.4	100.6	13
广　东	Guangdong	99.5	102.8	101.2	10	97.9	101.7	102.4	2
广　西	Guangxi	99.1	102.1	102.0	5	100.2	101.3	102.5	1
海　南	Hainan	101.1	96.8	98.0	30	101.8	99.3	89.6	31
重　庆	Chongqing	98.4	102.4	102.8	1	100.6	101.1	102.4	2
四　川	Sichuan	99.2	100.1	101.6	8	101.9	99.8	100.6	13
贵　州	Guizhou	98.3	99.8	100.4	25	99.5	99.9	100.7	11
云　南	Yunnan	96.5	100.0	100.6	22	100.3	99.8	97.3	30
西　藏	Tibet	101.8	102.1	102.2	2	102.2	102.1	101.0	8
陕　西	Shaanxi	99.5	101.3	101.1	13	99.8	98.0	98.9	25
甘　肃	Gansu	99.7	101.5	100.6	22	100.8	100.3	98.9	25
青　海	Qinghai	106.2	100.8	101.2	10	105.6	108.0	101.7	4
宁　夏	Ningxia	100.9	101.9	101.0	18	101.0	102.3	101.7	4
新　疆	Xinjiang	98.0	100.6	100.1	28	103.5	99.3	97.5	29

6-17 家用电器及音像器材和文化办公用品零售价格分类指数

Price Indices by Household Appliances, Music and Video Equipment, and Cultural and Office Appliances

(上年=100) (preceding year=100)

地区	Region	家用电器及音像器材 Household Appliances, Music and Video Equipment				文化办公用品 Cultural and Office Appliances			
		2010	2016	2017	2017排名 Ranking	2010	2016	2017	2017排名 Ranking
全　国	**National Total**	**96.1**	**98.2**	**99.8**		**97.8**	**98.9**	**99.6**	
北　京	Beijing	92.9	94.0	96.8	31	92.6	95.1	96.7	30
天　津	Tianjin	93.8	98.5	99.2	21	90.8	100.3	99.5	21
河　北	Hebei	95.7	100.1	99.7	18	97.3	100.2	99.2	23
山　西	Shanxi	93.4	98.6	98.3	28	97.7	98.9	100.1	16
内蒙古	Inner Mongolia	95.6	98.6	100.1	11	98.1	101.1	101.0	8
辽　宁	Liaoning	95.7	98.3	98.5	26	97.3	100.4	98.7	26
吉　林	Jilin	97.4	98.9	100.9	7	100.3	98.5	101.5	5
黑龙江	Heilongjiang	93.6	97.8	97.4	30	95.5	102.4	98.7	26
上　海	Shanghai	92.4	99.2	99.6	19	97.7	103.2	100.1	16
江　苏	Jiangsu	95.6	99.5	103.0	1	96.5	97.9	99.8	19
浙　江	Zhejiang	97.4	98.5	98.4	27	98.1	98.4	99.2	23
安　徽	Anhui	94.9	98.5	101.1	4	99.1	98.8	102.3	4
福　建	Fujian	96.3	96.4	100.0	13	98.3	98.8	101.0	8
江　西	Jiangxi	96.1	97.8	99.9	17	97.9	100.6	103.1	2
山　东	Shandong	98.4	99.9	99.2	21	98.5	98.8	100.6	12
河　南	Henan	97.8	95.6	101.1	4	98.7	100.7	103.2	1
湖　北	Hubei	96.1	98.0	98.8	24	97.4	99.7	98.9	25
湖　南	Hunan	98.6	100.0	100.4	9	99.9	99.8	100.7	10
广　东	Guangdong	96.6	96.2	98.0	29	98.4	97.8	98.2	29
广　西	Guangxi	96.2	98.1	100.8	8	98.9	99.8	99.9	18
海　南	Hainan	99.0	98.1	99.3	20	98.5	99.6	99.5	21
重　庆	Chongqing	88.4	97.9	101.7	3	95.0	102.4	102.6	3
四　川	Sichuan	97.4	98.9	100.1	11	98.5	96.2	94.7	31
贵　州	Guizhou	97.9	98.2	101.1	4	100.1	98.9	99.7	20
云　南	Yunnan	95.4	98.3	100.0	13	99.5	98.9	100.3	15
西　藏	Tibet	94.7	99.9	98.8	24	96.2	100.7	100.4	13
陕　西	Shaanxi	95.0	94.4	100.0	13	98.3	96.6	100.4	13
甘　肃	Gansu	98.0	98.6	100.4	9	98.6	100.0	101.5	5
青　海	Qinghai	97.3	97.1	99.0	23	96.9	99.0	100.7	10
宁　夏	Ningxia	96.2	97.9	102.4	2	94.8	99.5	101.3	7
新　疆	Xinjiang	97.8	99.7	100.0	13	99.2	99.2	98.3	28

6-18 日用品和体育娱乐用品零售价格分类指数

Price Indices by Articles for Daily use and Sports and Recreation Articles

(上年=100) (preceding year=100)

地区	Region	日用品 Articles for Daily Use				体育娱乐用品 Sports and Recreation Articles			
		2010	2016	2017	2017排名 Ranking	2010	2016	2017	2017排名 Ranking
全　国	**National Total**	**100.3**	**100.2**	**100.5**		**98.3**	**100.4**	**100.6**	
北　京	Beijing	100.5	99.1	98.5	31	92.9	100.5	99.9	26
天　津	Tianjin	100.5	99.6	100.2	21	94.9	102.1	102.8	1
河　北	Hebei	100.2	100.4	100.5	12	99.4	100.2	100.2	21
山　西	Shanxi	99.3	100.3	100.0	24	97.6	100.9	100.6	12
内蒙古	Inner Mongolia	99.9	100.0	100.5	12	99.2	99.9	100.0	24
辽　宁	Liaoning	100.4	100.2	100.4	16	97.4	100.0	100.7	10
吉　林	Jilin	100.6	100.4	100.7	8	99.2	100.6	100.9	8
黑龙江	Heilongjiang	100.5	100.6	100.5	12	98.4	100.8	100.4	17
上　海	Shanghai	100.3	100.4	101.0	5	95.9	99.5	101.2	6
江　苏	Jiangsu	100.0	101.0	102.1	1	95.6	100.7	102.7	2
浙　江	Zhejiang	100.1	99.9	100.5	12	99.0	99.7	100.1	23
安　徽	Anhui	100.4	100.3	101.1	4	99.0	101.3	100.2	21
福　建	Fujian	100.7	100.0	99.8	25	98.6	100.4	100.5	14
江　西	Jiangxi	100.3	99.9	99.4	29	98.7	100.7	100.9	8
山　东	Shandong	99.9	100.0	100.4	16	99.1	100.7	100.5	14
河　南	Henan	100.1	100.2	100.7	8	99.8	100.1	100.4	17
湖　北	Hubei	100.7	100.7	100.4	16	98.5	101.5	99.7	27
湖　南	Hunan	100.6	100.4	101.0	5	100.8	99.8	100.4	17
广　东	Guangdong	100.0	100.0	99.8	25	98.5	100.3	100.5	14
广　西	Guangxi	99.9	99.5	99.8	25	98.9	100.8	100.6	12
海　南	Hainan	100.0	100.7	100.4	16	100.2	101.4	99.5	30
重　庆	Chongqing	99.5	99.6	98.8	30	96.8	100.0	100.0	24
四　川	Sichuan	100.9	99.7	99.7	28	97.9	99.8	100.3	20
贵　州	Guizhou	100.8	100.0	100.2	21	99.2	100.3	99.7	27
云　南	Yunnan	100.4	101.4	100.2	21	99.8	99.0	101.0	7
西　藏	Tibet	98.7	100.7	100.3	20	96.3	101.2	102.0	3
陕　西	Shaanxi	101.7	100.6	101.8	2	98.1	100.4	101.6	4
甘　肃	Gansu	100.2	100.2	101.2	3	100.1	102.5	101.4	5
青　海	Qinghai	102.1	102.0	100.6	11	100.7	100.3	99.1	31
宁　夏	Ningxia	100.8	100.5	100.9	7	94.8	101.1	100.7	10
新　疆	Xinjiang	100.7	99.2	100.7	8	97.5	102.2	99.7	27

6-19 交通、通信用品和家具零售价格分类指数

Price Indices by Transportation and Communication Appliances and Furniture

(上年=100) (preceding year=100)

地区	Region	交通、通信用品 Transportation and Communication Appliances				家具 Furniture			
		2010	2016	2017	2017排名 Ranking	2010	2016	2017	2017排名 Ranking
全 国	**National Total**	**95.6**	**97.8**	**98.5**		**100.1**	**100.7**	**102.0**	
北 京	Beijing	92.4	90.9	94.3	31	99.4	101.3	104.6	1
天 津	Tianjin	96.1	99.5	98.0	23	93.4	98.2	102.3	11
河 北	Hebei	95.1	97.2	97.9	25	99.6	100.1	102.4	10
山 西	Shanxi	92.5	98.1	98.7	19	98.7	99.7	101.3	17
内蒙古	Inner Mongolia	95.7	99.3	99.5	6	98.5	100.1	100.2	28
辽 宁	Liaoning	95.2	99.3	98.0	23	100.9	101.4	101.7	14
吉 林	Jilin	95.6	99.6	99.3	10	100.5	102.2	102.8	7
黑龙江	Heilongjiang	90.7	100.5	95.9	28	99.4	100.1	98.1	31
上 海	Shanghai	94.0	97.1	98.6	20	101.1	100.1	101.2	19
江 苏	Jiangsu	96.3	99.6	99.8	3	100.1	101.3	102.6	9
浙 江	Zhejiang	97.9	97.8	98.8	15	101.3	100.2	101.3	17
安 徽	Anhui	96.6	97.2	99.6	5	100.6	100.1	101.4	16
福 建	Fujian	96.2	98.4	98.1	22	100.9	100.2	102.2	13
江 西	Jiangxi	95.3	96.6	97.3	27	99.7	100.4	104.5	2
山 东	Shandong	96.2	99.4	98.8	15	100.0	101.8	103.1	3
河 南	Henan	96.1	95.8	95.7	29	99.6	100.9	100.8	26
湖 北	Hubei	97.2	95.3	97.9	25	104.7	100.6	102.9	6
湖 南	Hunan	99.3	98.2	99.7	4	100.6	100.4	101.1	21
广 东	Guangdong	94.0	97.7	99.0	12	100.1	101.7	102.3	11
广 西	Guangxi	97.3	97.4	99.4	9	98.3	99.8	101.2	19
海 南	Hainan	93.4	95.9	99.5	6	103.5	100.8	101.6	15
重 庆	Chongqing	92.3	99.6	99.5	6	101.0	103.0	101.0	23
四 川	Sichuan	96.9	97.4	99.0	12	99.6	99.3	103.0	5
贵 州	Guizhou	97.6	97.6	98.8	15	99.8	100.0	102.8	7
云 南	Yunnan	96.1	99.2	98.8	15	99.4	99.9	100.0	29
西 藏	Tibet	92.8	99.9	99.1	11	102.9	101.6	99.3	30
陕 西	Shaanxi	96.6	97.3	102.4	1	105.0	97.8	101.1	21
甘 肃	Gansu	103.4	99.5	98.9	14	100.2	100.7	100.5	27
青 海	Qinghai	97.0	93.7	95.4	30	100.7	89.6	100.9	25
宁 夏	Ningxia	94.7	97.0	101.5	2	98.8	99.3	103.1	3
新 疆	Xinjiang	96.8	98.9	98.5	21	101.3	101.6	101.0	23

6-20 化妆品和金银珠宝零售价格分类指数
Price Indices by Cosmetics and Gold, Silver and Jewelry

(上年=100) (preceding year=100)

地区	Region	化妆品 Cosmetics				金银珠宝 Gold, Silver and Jewelry			
		2010	2016	2017	2017排名 Ranking	2010	2016	2017	2017排名 Ranking
全　国	**National Total**	**100.4**	**101.1**	**101.2**		**114.5**	**106.8**	**101.9**	
北　京	Beijing	101.1	103.4	102.1	5	120.3	111.2	102.8	5
天　津	Tianjin	102.5	100.7	101.4	11	125.4	112.8	104.2	1
河　北	Hebei	100.9	101.7	101.6	10	114.7	105.5	102.3	8
山　西	Shanxi	99.9	100.6	100.8	19	111.6	101.1	101.9	16
内蒙古	Inner Mongolia	100.5	101.1	101.0	15	116.8	105.0	100.3	28
辽　宁	Liaoning	100.1	101.4	100.0	31	114.6	103.5	101.9	16
吉　林	Jilin	100.1	100.8	100.8	19	118.1	104.3	101.2	25
黑龙江	Heilongjiang	101.4	101.3	103.5	1	115.5	106.6	102.1	12
上　海	Shanghai	101.0	99.4	100.4	24	111.7	107.4	101.7	19
江　苏	Jiangsu	100.2	102.0	102.5	3	114.4	105.9	103.0	4
浙　江	Zhejiang	99.6	100.9	100.9	16	115.6	108.4	101.5	20
安　徽	Anhui	101.1	101.4	102.0	7	117.4	105.1	102.4	7
福　建	Fujian	100.0	100.8	102.4	4	112.3	109.1	102.0	15
江　西	Jiangxi	100.9	100.5	101.3	12	116.6	101.6	102.2	11
山　东	Shandong	99.9	100.5	100.3	26	110.5	106.9	100.2	29
河　南	Henan	100.3	101.2	101.3	12	111.3	106.0	103.1	3
湖　北	Hubei	100.5	102.0	102.1	5	116.8	107.3	101.5	20
湖　南	Hunan	100.6	100.0	100.6	23	114.4	106.3	102.1	12
广　东	Guangdong	100.1	100.1	100.9	16	112.6	107.7	101.9	16
广　西	Guangxi	100.7	100.3	100.2	28	114.0	105.8	100.6	26
海　南	Hainan	98.3	102.8	101.9	8	113.7	109.6	101.3	23
重　庆	Chongqing	100.1	100.9	100.1	30	119.2	109.5	100.6	26
四　川	Sichuan	100.5	101.7	101.2	14	114.3	106.3	102.3	8
贵　州	Guizhou	99.7	100.6	100.3	26	108.9	106.6	102.1	12
云　南	Yunnan	99.6	102.5	100.8	19	117.1	102.6	100.0	30
西　藏	Tibet	99.6	101.0	100.2	28	105.1	107.0	98.9	31
陕　西	Shaanxi	101.7	102.0	102.9	2	113.8	107.9	102.3	8
甘　肃	Gansu	100.4	100.6	100.9	16	111.4	103.7	101.3	23
青　海	Qinghai	101.1	100.1	101.8	9	112.8	109.9	103.2	2
宁　夏	Ningxia	101.1	101.2	100.7	22	111.9	105.9	102.7	6
新　疆	Xinjiang	99.5	100.7	100.4	24	110.7	105.4	101.5	20

6-21 中西药品及医疗保健用品和书报杂志及电子出版物商品零售价格分类指数

Price Indices by Traditional Chinese and Western Medicines and Healthy Care Articles, and Books, Newspapers, Magazines and Electronic Publications

(上年=100) (preceding year=100)

地区	Region	中西药品及医疗保健用品 Traditional Chinese and Western Medicines and Health Care Articles				书报杂志及电子出版物 Books, Newspapers, Magazines and Electronic Publications			
		2010	2016	2017	2017排名 Ranking	2010	2016	2017	2017排名 Ranking
全　国	**National Total**	**104.3**	**104.1**	**105.4**		**101.3**	**101.3**	**101.7**	
北　京	Beijing	100.9	104.0	102.6	27	98.8	101.3	100.9	21
天　津	Tianjin	106.4	101.3	103.9	21	100.0	102.3	101.5	11
河　北	Hebei	104.0	107.2	109.0	4	105.4	102.7	105.2	1
山　西	Shanxi	103.0	104.7	104.9	16	102.8	101.0	102.6	8
内蒙古	Inner Mongolia	101.9	102.7	105.9	13	100.5	100.6	100.5	26
辽　宁	Liaoning	104.3	104.0	107.5	7	101.1	101.3	102.7	7
吉　林	Jilin	102.1	108.5	109.8	2	99.5	101.0	100.6	25
黑龙江	Heilongjiang	108.1	104.2	105.9	13	101.1	101.2	101.2	18
上　海	Shanghai	99.8	111.0	102.2	29	103.2	101.1	99.7	31
江　苏	Jiangsu	101.5	99.0	104.2	20	104.4	100.5	101.5	11
浙　江	Zhejiang	108.1	103.8	106.5	10	100.9	105.2	101.1	19
安　徽	Anhui	106.2	105.4	107.1	9	103.1	101.4	104.5	2
福　建	Fujian	104.9	104.0	104.8	18	101.2	102.0	104.1	3
江　西	Jiangxi	102.8	103.3	104.8	18	100.8	100.7	101.3	15
山　东	Shandong	102.8	103.2	104.9	16	100.5	102.2	101.5	11
河　南	Henan	104.0	106.1	109.2	3	99.4	101.8	102.0	10
湖　北	Hubei	104.8	103.4	102.9	24	100.3	99.5	100.7	23
湖　南	Hunan	102.0	103.4	103.2	23	100.8	100.2	100.1	29
广　东	Guangdong	105.7	106.3	106.4	11	99.7	99.9	101.3	15
广　西	Guangxi	101.7	103.6	103.9	21	99.5	100.4	100.9	21
海　南	Hainan	106.1	106.2	114.1	1	101.5	100.5	103.6	4
重　庆	Chongqing	104.3	104.3	105.7	15	100.6	100.0	100.4	28
四　川	Sichuan	106.4	104.2	102.6	27	101.1	102.1	101.4	14
贵　州	Guizhou	102.6	101.5	101.8	31	100.5	99.9	100.7	23
云　南	Yunnan	104.5	103.3	106.2	12	106.7	100.1	101.3	15
西　藏	Tibet	100.1	106.4	107.5	7	100.3	100.1	99.8	30
陕　西	Shaanxi	107.0	104.5	101.9	30	100.4	101.2	103.0	5
甘　肃	Gansu	103.6	102.5	107.8	6	102.3	100.4	100.5	26
青　海	Qinghai	105.3	104.9	109.0	4	103.5	100.5	102.4	9
宁　夏	Ningxia	103.6	101.2	102.7	26	101.0	102.3	102.9	6
新　疆	Xinjiang	102.6	101.7	102.8	25	103.0	100.3	101.1	19

6-22 燃料和建筑材料及五金电料零售价格分类指数
Price Indices by Fuels and Building Materials and Hardware

(上年=100) (preceding year=100)

地区	Region	燃料 Fuels				建筑材料及五金电料 Building Materials and Hardware			
		2010	2016	2017	2017排名 Ranking	2010	2016	2017	2017排名 Ranking
全　国	**National Total**	**112.3**	**97.0**	**108.4**		**103.5**	**100.3**	**102.1**	
北　京	Beijing	109.9	96.7	107.0	22	101.5	101.0	103.1	6
天　津	Tianjin	106.8	96.9	107.3	20	101.4	99.8	101.7	19
河　北	Hebei	112.5	100.6	113.0	1	102.7	100.5	100.6	30
山　西	Shanxi	111.8	97.9	112.7	2	100.9	99.5	101.2	25
内蒙古	Inner Mongolia	109.5	96.5	108.2	11	102.5	99.5	101.4	23
辽　宁	Liaoning	111.6	99.2	107.6	18	101.2	99.9	101.1	27
吉　林	Jilin	111.7	98.4	106.9	23	100.4	100.5	101.8	18
黑龙江	Heilongjiang	113.9	97.3	108.2	11	102.8	100.0	101.0	28
上　海	Shanghai	112.8	95.6	108.2	11	103.3	99.6	100.7	29
江　苏	Jiangsu	112.5	96.8	107.8	16	105.3	100.2	103.2	5
浙　江	Zhejiang	114.3	96.7	108.6	8	104.5	100.3	102.3	13
安　徽	Anhui	112.2	98.0	107.7	17	103.5	100.6	104.7	2
福　建	Fujian	116.7	96.5	107.3	20	104.5	100.1	101.5	22
江　西	Jiangxi	112.4	96.7	108.7	6	105.3	100.1	102.8	9
山　东	Shandong	110.0	98.2	106.7	24	103.2	100.4	102.4	11
河　南	Henan	110.5	96.6	111.4	3	104.3	100.5	103.0	8
湖　北	Hubei	112.2	96.4	106.2	26	103.4	101.3	101.4	23
湖　南	Hunan	113.5	96.9	108.7	6	104.0	100.2	102.5	10
广　东	Guangdong	115.4	95.7	110.0	4	103.5	100.7	101.6	20
广　西	Guangxi	115.3	92.8	108.1	14	104.8	100.3	102.4	11
海　南	Hainan	114.5	97.8	108.5	9	111.9	97.4	105.6	1
重　庆	Chongqing	109.2	98.1	105.1	30	103.1	100.3	101.2	25
四　川	Sichuan	110.9	98.5	108.1	14	102.6	99.8	102.0	15
贵　州	Guizhou	111.2	96.1	107.6	18	102.5	99.8	101.6	20
云　南	Yunnan	109.3	96.1	109.9	5	102.8	99.8	101.9	17
西　藏	Tibet	106.1	96.9	104.0	31	102.0	102.3	102.0	15
陕　西	Shaanxi	108.5	97.4	105.9	28	103.1	99.8	102.3	13
甘　肃	Gansu	111.1	97.1	106.7	24	102.3	100.0	103.8	4
青　海	Qinghai	109.6	98.1	106.1	27	101.1	102.6	103.1	6
宁　夏	Ningxia	109.9	97.9	108.4	10	102.3	100.8	104.7	2
新　疆	Xinjiang	107.7	97.4	105.9	28	103.0	99.4	99.9	31

6-23　城市和农村商品零售价格指数

Price Indices by Urban Household and Rural Household

(上年=100)　　(preceding year=100)

地区	Region	城市 Urban Household				农村 Rural Household			
		2010	2016	2017	2017排名 Ranking	2010	2016	2017	2017排名 Ranking
全　国	**National Total**	**102.8**	**100.7**	**101.1**		**103.6**	**100.9**	**101.3**	
北　京	Beijing	100.4	98.1	99.2	31				
天　津	Tianjin	103.4	100.5	100.8	23				
河　北	Hebei	102.7	101.1	101.2	14	103.5	101.3	102.2	2
山　西	Shanxi	102.5	100.5	101.4	9	102.0	100.4	100.6	25
内蒙古	Inner Mongolia	102.9	100.6	101.3	10	103.3	100.4	101.0	16
辽　宁	Liaoning	102.9	101.0	100.8	23	104.8	100.9	100.7	23
吉　林	Jilin	104.1	101.4	101.5	7	104.3	100.8	101.3	12
黑龙江	Heilongjiang	102.5	101.1	99.9	30	105.5	101.3	99.6	27
上　海	Shanghai	101.7	100.8	100.9	21				
江　苏	Jiangsu	103.0	100.7	101.9	1	103.6	101.3	102.2	2
浙　江	Zhejiang	103.9	101.0	101.3	10	103.9	101.0	101.7	5
安　徽	Anhui	102.6	100.9	101.7	3	104.0	100.8	101.3	12
福　建	Fujian	103.3	100.7	100.6	27	103.6	101.0	100.8	19
江　西	Jiangxi	102.6	100.5	101.0	19	102.9	100.8	101.0	16
山　东	Shandong	102.4	101.4	100.8	23	103.2	101.0	100.8	19
河　南	Henan	103.5	100.3	101.3	10	104.0	100.3	101.6	6
湖　北	Hubei	103.0	100.7	100.2	29	103.4	100.9	100.9	18
湖　南	Hunan	102.9	101.0	101.2	14	103.3	101.1	101.4	9
广　东	Guangdong	103.4	100.8	101.6	5	103.1	101.0	101.5	8
广　西	Guangxi	103.0	100.4	101.2	14	103.2	100.3	100.8	19
海　南	Hainan	104.0	100.8	101.8	2	106.0	102.3	103.1	1
重　庆	Chongqing	101.7	101.3	100.8	23				
四　川	Sichuan	102.7	100.8	100.4	28	103.3	100.9	100.8	19
贵　州	Guizhou	102.9	100.3	101.0	19	103.1	100.0	100.5	26
云　南	Yunnan	103.5	100.6	101.2	14	103.7	101.2	101.6	6
西　藏	Tibet	101.0	102.1	101.5	7	101.0	102.2	101.3	12
陕　西	Shaanxi	103.1	100.3	101.3	10	104.5	100.7	101.4	9
甘　肃	Gansu	105.3	100.8	101.6	5	103.2	101.0	100.7	23
青　海	Qinghai	104.0	100.2	101.2	14	105.0	101.5	101.4	9
宁　夏	Ningxia	102.7	100.7	101.7	3	104.5	100.0	102.1	4
新　疆	Xinjiang	103.9	100.5	100.9	21	106.4	100.5	101.3	12

6-24 城市食品和饮料烟酒零售价格分类指数
Price Indices by Food and Beverages, Tobacco and Liquor in Cities

(上年=100) (preceding year=100)

地区	Region	食品 Food				饮料烟酒 Beverages, Tobacco and Liquor			
		2010	2016	2017	2017排名 Ranking	2010	2016	2017	2017排名 Ranking
全　国	**National Total**	**107.5**	**103.9**	**99.5**		**101.8**	**101.2**	**101.0**	
北　京	Beijing	105.7	103.2	100.5	4	101.4	100.8	100.5	20
天　津	Tianjin	108.3	102.3	100.3	6	103.8	101.1	100.9	14
河　北	Hebei	108.0	102.9	99.0	21	101.3	101.8	100.1	26
山　西	Shanxi	108.6	102.9	98.9	22	102.5	101.5	100.3	24
内蒙古	Inner Mongolia	109.6	102.8	99.8	13	101.9	101.4	100.2	25
辽　宁	Liaoning	108.1	102.8	99.2	20	101.0	101.7	100.6	19
吉　林	Jilin	109.6	103.3	98.6	26	100.6	101.5	101.8	5
黑龙江	Heilongjiang	107.9	102.5	98.2	30	102.5	101.0	99.2	31
上　海	Shanghai	107.6	104.1	101.1	3	101.9	102.0	102.0	2
江　苏	Jiangsu	107.2	104.1	100.1	8	102.2	101.0	101.6	6
浙　江	Zhejiang	107.7	104.7	100.1	8	101.2	101.9	101.2	11
安　徽	Anhui	106.7	103.8	98.6	26	102.0	101.3	102.1	1
福　建	Fujian	108.1	104.4	98.5	28	101.2	101.2	100.9	14
江　西	Jiangxi	106.0	105.1	100.0	10	100.0	101.2	99.6	30
山　东	Shandong	108.8	103.9	99.3	19	102.5	101.4	100.4	22
河　南	Henan	108.1	103.4	98.4	29	101.6	100.2	102.0	2
湖　北	Hubei	105.8	104.7	98.9	22	101.8	101.4	100.9	14
湖　南	Hunan	105.7	104.2	98.9	22	100.9	100.8	101.3	9
广　东	Guangdong	106.5	104.8	100.2	7	101.6	100.8	100.9	14
广　西	Guangxi	107.3	103.8	99.6	16	101.5	100.8	100.8	18
海　南	Hainan	108.0	105.8	100.5	4	100.8	102.1	100.4	22
重　庆	Chongqing	106.5	104.0	97.9	31	104.5	99.9	101.3	9
四　川	Sichuan	106.7	104.4	98.7	25	102.0	100.8	101.4	8
贵　州	Guizhou	107.3	104.1	99.8	13	101.5	100.3	100.0	28
云　南	Yunnan	109.1	103.7	99.9	12	101.9	101.9	100.1	26
西　藏	Tibet	104.7	105.1	101.8	1	101.3	101.8	101.6	6
陕　西	Shaanxi	107.9	103.2	99.5	18	101.8	100.8	100.5	20
甘　肃	Gansu	111.1	102.7	99.7	15	104.5	100.6	101.1	12
青　海	Qinghai	107.9	102.2	100.0	10	100.6	101.0	101.0	13
宁　夏	Ningxia	108.1	102.6	99.6	16	101.2	101.1	100.0	28
新　疆	Xinjiang	109.4	102.2	101.5	2	101.8	101.7	101.9	4

6-25 城市服装鞋帽和纺织品零售价格分类指数
Price Indices by Garments, Shoes and Hats, and Textiles in Cities

(上年=100) (preceding year=100)

地区	Region	服装鞋帽 Garments, Shoes and Hats				纺织品 Textiles			
		2010	2016	2017	2017排名 Ranking	2010	2016	2017	2017排名 Ranking
全　国	**National Total**	**98.8**	**101.3**	**101.1**		**101.0**	**100.6**	**100.4**	
北　京	Beijing	98.4	100.2	97.6	30	100.5	95.5	97.8	27
天　津	Tianjin	102.7	100.0	100.1	28	108.6	101.2	101.2	6
河　北	Hebei	97.8	101.6	101.3	10	101.3	100.0	99.9	20
山　西	Shanxi	96.4	100.9	101.0	18	101.3	100.1	99.7	21
内蒙古	Inner Mongolia	98.9	101.7	101.5	8	99.4	100.4	100.4	14
辽　宁	Liaoning	94.9	101.3	101.1	14	101.6	99.8	100.2	18
吉　林	Jilin	101.0	101.1	100.7	21	100.7	99.5	100.2	18
黑龙江	Heilongjiang	97.7	101.3	100.5	26	99.7	101.9	97.4	28
上　海	Shanghai	98.4	100.7	100.4	27	103.9	102.4	100.3	16
江　苏	Jiangsu	101.9	102.0	102.2	3	104.2	101.6	101.2	6
浙　江	Zhejiang	98.1	101.5	101.7	7	102.8	99.7	101.1	8
安　徽	Anhui	97.8	100.9	102.0	5	98.2	100.8	99.6	23
福　建	Fujian	96.5	100.2	100.7	21	97.9	100.0	100.3	16
江　西	Jiangxi	98.8	100.3	102.2	3	102.5	98.9	98.8	24
山　东	Shandong	97.2	101.6	101.3	10	100.8	101.4	100.7	11
河　南	Henan	100.9	100.6	101.1	14	102.0	100.3	100.8	10
湖　北	Hubei	102.1	101.9	100.6	24	102.8	101.0	99.7	21
湖　南	Hunan	100.5	101.7	101.1	14	100.6	100.3	100.7	11
广　东	Guangdong	100.1	103.0	101.2	13	96.4	102.0	102.8	1
广　西	Guangxi	99.1	102.6	102.0	5	99.7	101.6	102.4	2
海　南	Hainan	99.8	95.9	97.0	31	100.6	99.2	87.8	31
重　庆	Chongqing	98.4	102.4	102.8	1	100.6	101.1	102.4	2
四　川	Sichuan	96.2	99.9	101.4	9	98.3	99.6	100.4	14
贵　州	Guizhou	98.9	100.2	100.7	21	97.0	99.8	100.7	11
云　南	Yunnan	95.5	99.8	100.6	24	100.8	99.9	97.0	30
西　藏	Tibet	101.9	102.0	102.4	2	102.7	102.4	100.9	9
陕　西	Shaanxi	99.1	101.5	101.1	14	97.4	98.0	98.4	25
甘　肃	Gansu	98.8	101.7	100.8	20	100.5	100.3	98.1	26
青　海	Qinghai	108.5	100.5	101.3	10	106.8	108.6	101.9	4
宁　夏	Ningxia	99.7	102.0	101.0	18	100.7	102.5	101.8	5
新　疆	Xinjiang	96.4	100.5	99.9	29	104.0	99.2	97.1	29

6-26 城市家用电器及音像器材和文化办公用品零售价格分类指数
Price Indices by Household Appliances, Music and Video Equipment, and Cultural and Office Appliances in Cities

(上年=100) (preceding year=100)

地区	Region	家用电器及音像器材 Households Appliances, Music and Video Equipment				文化办公用品 Cultural and Office Appliances			
		2010	2016	2017	2017排名 Ranking	2010	2016	2017	2017排名 Ranking
全 国	**National Total**	**95.5**	**98.1**	**99.7**		**97.2**	**98.9**	**99.6**	
北 京	Beijing	92.9	94.0	96.8	31	92.6	95.1	96.7	30
天 津	Tianjin	93.8	98.5	99.2	21	90.8	100.3	99.5	21
河 北	Hebei	94.7	100.2	99.6	18	96.3	100.2	99.0	23
山 西	Shanxi	93.1	98.4	97.8	28	97.7	98.7	100.0	17
内蒙古	Inner Mongolia	95.2	98.7	100.0	13	97.6	101.1	101.0	8
辽 宁	Liaoning	95.6	98.2	98.3	26	97.0	100.5	98.8	24
吉 林	Jilin	97.3	99.0	100.9	7	100.2	98.4	101.4	6
黑龙江	Heilongjiang	92.9	97.8	97.6	29	94.5	102.3	98.7	26
上 海	Shanghai	92.4	99.2	99.6	18	97.7	103.2	100.1	16
江 苏	Jiangsu	95.2	99.5	103.0	1	96.5	97.9	99.7	19
浙 江	Zhejiang	97.1	98.1	98.0	27	97.8	98.1	98.8	24
安 徽	Anhui	92.8	98.6	101.1	5	97.6	98.7	102.3	4
福 建	Fujian	96.7	96.1	100.0	13	97.8	98.7	101.0	8
江 西	Jiangxi	96.2	97.6	99.7	17	97.7	100.7	103.3	1
山 东	Shandong	97.6	100.4	99.3	20	98.0	98.8	100.9	10
河 南	Henan	97.1	95.6	100.9	7	98.2	100.7	103.0	2
湖 北	Hubei	94.3	97.7	98.6	24	96.0	99.7	98.6	27
湖 南	Hunan	99.0	100.1	100.4	10	99.3	100.0	100.7	11
广 东	Guangdong	96.6	95.9	97.5	30	98.2	97.7	98.0	29
广 西	Guangxi	96.2	98.1	101.0	6	98.9	99.9	99.9	18
海 南	Hainan	99.9	98.3	99.0	22	99.5	99.2	99.2	22
重 庆	Chongqing	88.4	97.9	101.7	3	95.0	102.4	102.6	3
四 川	Sichuan	97.1	99.0	100.1	11	97.4	96.0	94.5	31
贵 州	Guizhou	98.1	98.1	101.3	4	99.5	98.9	99.6	20
云 南	Yunnan	95.0	98.3	100.1	11	99.2	98.8	100.4	15
西 藏	Tibet	93.9	99.7	98.6	24	96.3	100.7	100.5	14
陕 西	Shaanxi	93.9	94.1	99.9	16	98.3	96.4	100.6	13
甘 肃	Gansu	97.5	98.6	100.7	9	97.4	100.0	101.7	5
青 海	Qinghai	96.6	96.7	99.0	22	96.6	98.9	100.7	11
宁 夏	Ningxia	96.5	97.9	102.4	2	94.4	99.6	101.3	7
新 疆	Xinjiang	97.0	99.7	100.0	13	98.3	99.2	98.1	28

6-27 城市日用品和体育娱乐用品零售价格分类指数
Price Indices by Articles for Daily use and Sports and Recreation Articles in Cities

(上年=100) (preceding year=100)

地区	Region	日用品 Articles for Daily Use				体育娱乐用品 Sports and Recreation Articles			
		2010	2016	2017	2017排名 Ranking	2010	2016	2017	2017排名 Ranking
全　国	**National Total**	**100.2**	**100.2**	**100.4**		**97.7**	**100.4**	**100.6**	
北　京	Beijing	100.5	99.1	98.5	31	92.9	100.5	99.9	24
天　津	Tianjin	100.5	99.6	100.2	19	94.9	102.1	102.8	1
河　北	Hebei	99.7	100.3	100.5	13	97.5	100.0	99.8	26
山　西	Shanxi	99.3	100.3	100.0	24	98.3	101.1	100.7	11
内蒙古	Inner Mongolia	99.9	99.9	100.4	15	98.9	99.7	99.8	26
辽　宁	Liaoning	100.3	100.2	100.4	15	96.8	100.0	100.8	10
吉　林	Jilin	100.9	100.4	100.7	10	99.7	100.5	100.9	9
黑龙江	Heilongjiang	100.5	100.6	100.5	13	98.1	100.8	100.4	17
上　海	Shanghai	100.3	100.4	101.0	6	95.9	99.5	101.2	6
江　苏	Jiangsu	100.2	101.0	102.1	1	94.3	100.7	102.8	1
浙　江	Zhejiang	99.9	99.9	100.3	18	98.5	99.6	100.2	20
安　徽	Anhui	99.7	100.4	101.1	4	98.3	101.3	100.2	20
福　建	Fujian	100.1	99.9	99.6	26	97.9	100.3	100.4	17
江　西	Jiangxi	100.3	99.8	99.2	29	98.4	100.6	101.0	8
山　东	Shandong	100.0	100.1	100.1	22	98.4	100.7	100.2	20
河　南	Henan	99.7	100.2	100.8	7	99.9	100.0	100.5	15
湖　北	Hubei	100.5	100.9	100.4	15	97.1	101.7	99.5	29
湖　南	Hunan	100.8	100.5	101.1	4	101.1	99.8	100.5	15
广　东	Guangdong	99.8	99.9	99.8	25	98.1	100.2	100.6	13
广　西	Guangxi	99.8	99.4	99.5	27	99.1	100.9	100.6	13
海　南	Hainan	98.9	100.6	100.6	12	99.9	101.3	99.6	28
重　庆	Chongqing	99.5	99.6	98.8	30	96.8	100.0	100.0	23
四　川	Sichuan	100.9	99.5	99.4	28	97.3	99.7	100.3	19
贵　州	Guizhou	99.6	100.1	100.2	19	99.0	100.5	99.9	24
云　南	Yunnan	100.3	101.5	100.1	22	100.3	98.9	101.2	6
西　藏	Tibet	100.0	100.7	100.2	19	97.4	101.2	102.2	3
陕　西	Shaanxi	102.0	100.6	101.9	2	97.8	100.3	101.5	5
甘　肃	Gansu	99.7	100.2	101.2	3	99.9	102.9	101.7	4
青　海	Qinghai	102.4	102.2	100.7	10	101.0	100.2	98.9	31
宁　夏	Ningxia	101.2	100.6	100.8	7	93.9	101.1	100.7	11
新　疆	Xinjiang	100.7	99.2	100.8	7	96.5	102.3	99.5	29

6-28 城市交通、通信用品和家具零售价格分类指数

Price Indices by Transportation and Communication Appliances and Furniture in Cities

(上年=100) (preceding year=100)

地区	Region	交通、通信用品 Transportation and Communication Appliances				家具 Furniture			
		2010	2016	2017	2017排名 Ranking	2010	2016	2017	2017排名 Ranking
全　国	**National Total**	**95.3**	**97.8**	**98.5**		**100.2**	**100.7**	**101.9**	
北　京	Beijing	92.4	90.9	94.3	31	99.4	101.3	104.6	1
天　津	Tianjin	96.1	99.5	98.0	22	93.4	98.2	102.3	10
河　北	Hebei	93.8	97.6	98.0	22	100.3	100.1	102.2	12
山　西	Shanxi	93.4	98.3	98.9	11	99.9	99.9	101.4	16
内蒙古	Inner Mongolia	95.1	99.2	99.3	10	98.6	100.3	100.1	28
辽　宁	Liaoning	94.9	99.3	97.9	26	101.1	101.4	101.7	14
吉　林	Jilin	94.9	99.7	99.4	9	100.6	102.2	102.7	8
黑龙江	Heilongjiang	88.6	100.5	95.9	28	99.2	100.1	98.1	31
上　海	Shanghai	94.0	97.1	98.6	19	101.1	100.1	101.2	18
江　苏	Jiangsu	96.7	99.6	99.7	4	101.5	101.3	102.4	9
浙　江	Zhejiang	97.7	97.8	98.7	18	101.7	100.2	101.4	16
安　徽	Anhui	96.5	97.2	99.9	3	100.7	100.1	101.6	15
福　建	Fujian	96.4	98.3	98.0	22	99.2	100.2	101.9	13
江　西	Jiangxi	94.7	96.5	97.4	27	99.4	100.2	104.3	2
山　东	Shandong	95.4	99.3	98.8	16	99.9	102.2	103.3	3
河　南	Henan	96.7	95.8	95.7	29	100.1	100.8	100.6	27
湖　北	Hubei	96.7	95.3	98.0	22	107.6	100.8	103.1	4
湖　南	Hunan	99.4	98.3	99.7	4	100.2	100.4	101.1	20
广　东	Guangdong	93.9	97.6	98.9	11	99.8	101.6	102.3	10
广　西	Guangxi	97.4	97.4	99.6	6	98.1	99.7	101.2	18
海　南	Hainan	93.6	95.4	99.5	7	103.1	100.5	101.1	20
重　庆	Chongqing	92.3	99.6	99.5	7	101.0	103.0	101.0	22
四　川	Sichuan	96.2	97.7	98.8	16	98.1	99.1	102.9	6
贵　州	Guizhou	97.5	97.7	98.9	11	100.1	100.1	102.8	7
云　南	Yunnan	95.7	99.1	98.6	19	100.0	99.9	100.0	29
西　藏	Tibet	91.2	99.9	98.9	11	103.6	101.2	98.7	30
陕　西	Shaanxi	97.1	97.2	102.8	1	107.3	97.5	101.0	22
甘　肃	Gansu	106.5	99.7	98.9	11	100.2	100.8	101.0	22
青　海	Qinghai	97.6	92.8	95.1	30	100.6	87.1	100.9	25
宁　夏	Ningxia	95.2	97.0	101.3	2	98.2	99.5	103.1	4
新　疆	Xinjiang	95.8	98.9	98.5	21	101.2	101.6	100.9	25

6-29 城市化妆品和金银珠宝零售价格分类指数
Price Indices by Cosmetics and Gold, Silver and Jewelry in Cities

（上年=100） (preceding year=100)

地区	Region	化妆品 Cosmetics				金银珠宝 Gold, Silver and Jewelry			
		2010	2016	2017	2017排名 Ranking	2010	2016	2017	2017排名 Ranking
全　国	**National Total**	**100.4**	**101.2**	**101.3**		**114.3**	**107.1**	**101.9**	
北　京	Beijing	101.1	103.4	102.1	7	120.3	111.2	102.8	5
天　津	Tianjin	102.5	100.7	101.4	11	125.4	112.8	104.2	1
河　北	Hebei	100.2	102.1	101.7	10	112.6	105.7	102.2	8
山　西	Shanxi	99.8	100.9	100.8	20	109.8	101.2	101.9	14
内蒙古	Inner Mongolia	100.3	101.2	101.2	13	118.4	104.9	100.1	29
辽　宁	Liaoning	100.2	101.5	100.0	30	114.2	103.1	101.9	14
吉　林	Jilin	100.1	100.8	100.9	17	118.6	104.6	101.3	23
黑龙江	Heilongjiang	101.6	101.4	104.0	1	115.2	106.5	102.2	8
上　海	Shanghai	101.0	99.4	100.4	24	111.7	107.4	101.7	19
江　苏	Jiangsu	100.6	102.0	102.5	3	115.5	106.1	103.1	4
浙　江	Zhejiang	99.6	100.9	100.8	20	114.7	108.8	100.8	25
安　徽	Anhui	100.3	101.5	102.2	5	117.8	105.0	102.4	7
福　建	Fujian	100.7	100.8	102.5	3	108.9	109.3	102.0	12
江　西	Jiangxi	101.4	100.7	101.1	15	117.1	100.7	102.0	12
山　东	Shandong	99.7	100.6	99.9	31	108.1	107.9	100.7	26
河　南	Henan	100.2	101.3	101.4	11	110.5	105.9	103.2	3
湖　北	Hubei	100.8	102.2	102.2	5	115.8	107.9	101.5	20
湖　南	Hunan	100.4	100.1	100.6	23	115.6	106.6	101.9	14
广　东	Guangdong	100.2	100.1	101.0	16	113.3	107.9	101.9	14
广　西	Guangxi	100.6	100.2	100.3	27	113.9	106.3	100.7	26
海　南	Hainan	97.2	103.0	102.0	9	111.3	110.8	101.4	21
重　庆	Chongqing	100.1	100.9	100.1	29	119.2	109.5	100.6	28
四　川	Sichuan	100.0	102.0	101.2	13	117.7	106.8	102.1	11
贵　州	Guizhou	101.3	100.8	100.4	24	109.6	107.0	101.9	14
云　南	Yunnan	99.8	102.7	100.9	17	118.8	103.0	99.9	30
西　藏	Tibet	99.5	101.2	100.2	28	105.6	107.5	99.0	31
陕　西	Shaanxi	101.8	102.2	103.2	2	112.4	108.0	102.2	8
甘　肃	Gansu	100.6	100.5	100.9	17	112.7	103.5	101.2	24
青　海	Qinghai	101.3	100.2	102.1	7	112.3	110.2	103.6	2
宁　夏	Ningxia	101.2	101.2	100.7	22	111.9	106.0	102.8	5
新　疆	Xinjiang	99.6	100.7	100.4	24	108.0	105.5	101.4	21

6-30 城市中西药品及医疗保健用品和书报杂志及电子出版物零售价格分类指数

Price Indices by Traditional Chinese and Western Medicines and Healthy Care Articles, and Books, Newspapers, Magazines and Electronic Publications in Cities

(上年=100) (preceding year=100)

地区	Region	中西药品及医疗保健用品 Traditional Chinese and Western Medicines and Health Care Articles				书报杂志及电子出版物 Books, Newspapers, Magazines and Electrionic Publications			
		2010	2016	2017	2017排名 Ranking	2010	2016	2017	2017排名 Ranking
全　国	**National Total**	**104.1**	**104.1**	**105.2**		**101.1**	**101.3**	**101.6**	
北　京	Beijing	100.9	104.0	102.6	26	98.8	101.3	100.9	21
天　津	Tianjin	106.4	101.3	103.9	21	100.0	102.3	101.5	11
河　北	Hebei	104.3	106.5	107.6	7	106.2	102.9	105.8	1
山　西	Shanxi	103.6	104.7	105.5	16	102.8	101.0	102.2	8
内蒙古	Inner Mongolia	101.2	102.9	106.3	12	100.3	100.7	100.6	24
辽　宁	Liaoning	104.4	104.2	107.4	8	101.2	101.3	102.9	6
吉　林	Jilin	101.8	108.9	109.9	2	99.3	101.1	100.7	23
黑龙江	Heilongjiang	108.7	103.6	105.9	13	101.1	101.4	101.2	16
上　海	Shanghai	99.8	111.0	102.2	27	103.2	101.1	99.7	31
江　苏	Jiangsu	100.9	98.6	104.2	20	104.5	100.4	101.3	14
浙　江	Zhejiang	108.1	104.1	106.7	10	101.2	105.4	101.0	20
安　徽	Anhui	104.3	105.4	107.1	9	102.6	101.4	104.4	2
福　建	Fujian	105.5	104.1	104.5	19	101.3	102.0	103.9	3
江　西	Jiangxi	102.9	103.5	104.8	18	100.9	100.6	101.1	18
山　东	Shandong	102.8	103.8	105.2	17	100.6	102.6	101.5	11
河　南	Henan	104.0	106.1	108.5	6	98.7	101.8	102.1	9
湖　北	Hubei	103.7	103.5	102.1	28	100.2	99.2	100.5	26
湖　南	Hunan	101.8	103.4	102.8	23	101.1	100.2	100.1	29
广　东	Guangdong	105.7	106.6	106.5	11	99.5	99.8	101.2	16
广　西	Guangxi	101.5	103.6	103.7	22	99.5	100.3	100.8	22
海　南	Hainan	106.7	104.9	112.7	1	102.2	100.0	103.4	4
重　庆	Chongqing	104.3	104.3	105.7	15	100.6	100.0	100.4	27
四　川	Sichuan	107.2	104.5	101.8	30	99.7	102.2	101.3	14
贵　州	Guizhou	102.9	102.1	101.9	29	100.3	99.8	100.6	24
云　南	Yunnan	105.9	103.1	105.8	14	105.4	100.1	101.4	13
西　藏	Tibet	99.9	106.9	108.6	5	100.3	99.8	100.0	30
陕　西	Shaanxi	107.8	104.3	101.0	31	100.6	101.2	102.8	7
甘　肃	Gansu	104.2	102.6	108.8	3	102.4	100.5	100.4	27
青　海	Qinghai	105.8	105.0	108.7	4	103.6	100.4	102.1	9
宁　夏	Ningxia	103.1	101.3	102.7	25	100.3	102.5	103.0	5
新　疆	Xinjiang	102.3	101.6	102.8	23	103.9	100.2	101.1	18

6-31 城市燃料和建筑材料及五金电料零售价格分类指数
Price Indices by Fuels and Building Materials and Hardware in Cities

(上年=100) (preceding year=100)

地区	Region	燃料 Fuels				建筑材料及五金电料 Building Materials and Hardware			
		2010	2016	2017	2017排名 Ranking	2010	2016	2017	2017排名 Ranking
全　国	**National Total**	**112.3**	**97.1**	**108.4**		**103.4**	**100.3**	**101.9**	
北　京	Beijing	109.9	96.7	107.0	23	101.5	101.0	103.1	6
天　津	Tianjin	106.8	96.9	107.3	20	101.4	99.8	101.7	17
河　北	Hebei	113.3	99.8	111.1	3	101.9	100.5	100.5	30
山　西	Shanxi	112.1	98.0	113.2	1	100.8	99.7	101.2	24
内蒙古	Inner Mongolia	109.6	96.3	108.6	8	102.9	99.5	101.6	18
辽　宁	Liaoning	112.0	99.5	107.7	17	101.1	99.9	101.2	24
吉　林	Jilin	111.4	98.6	106.8	24	100.2	100.6	102.0	15
黑龙江	Heilongjiang	111.7	97.8	108.5	9	101.9	100.1	101.1	27
上　海	Shanghai	112.8	95.6	108.2	12	103.3	99.6	100.7	29
江　苏	Jiangsu	111.6	96.9	107.8	16	105.5	100.2	102.7	7
浙　江	Zhejiang	115.1	96.8	108.9	6	104.5	100.3	102.2	12
安　徽	Anhui	111.6	98.4	107.1	21	102.7	100.9	105.1	2
福　建	Fujian	116.8	96.4	107.4	19	103.7	100.1	101.5	21
江　西	Jiangxi	112.8	97.3	108.4	10	106.0	100.2	102.6	8
山　东	Shandong	109.1	98.7	106.8	24	102.4	100.3	101.6	18
河　南	Henan	110.8	96.8	111.5	2	103.7	100.4	102.4	9
湖　北	Hubei	112.6	96.5	106.1	26	104.4	101.5	101.0	28
湖　南	Hunan	112.3	97.0	108.7	7	104.1	100.1	102.2	12
广　东	Guangdong	115.4	95.8	109.9	5	103.6	100.8	101.6	18
广　西	Guangxi	115.1	92.5	108.2	12	104.7	100.4	102.3	11
海　南	Hainan	113.6	97.9	108.0	14	108.5	96.7	106.2	1
重　庆	Chongqing	109.2	98.1	105.1	30	103.1	100.3	101.2	24
四　川	Sichuan	111.9	98.7	107.9	15	103.3	99.9	101.3	23
贵　州	Guizhou	113.7	96.0	107.7	17	102.2	100.1	101.5	21
云　南	Yunnan	109.4	95.8	110.2	4	102.9	99.7	102.2	12
西　藏	Tibet	106.9	96.5	103.8	31	102.9	102.8	102.4	9
陕　西	Shaanxi	108.0	97.4	105.7	29	102.6	99.9	101.9	16
甘　肃	Gansu	114.4	97.1	107.1	21	102.9	100.0	104.6	4
青　海	Qinghai	109.6	98.1	106.0	27	100.9	103.2	103.3	5
宁　夏	Ningxia	109.3	97.8	108.3	11	102.7	101.1	104.8	3
新　疆	Xinjiang	107.1	97.4	105.9	28	101.4	99.4	99.8	31

6-32 农业生产资料价格指数和农产品生产价格指数
Price Indices for Means of Agricultural Production and Farm Products

(上年=100) (preceding year=100)

地区 Region		农业生产资料价格指数 Price Index for Means of Agricultural Production				农产品生产价格指数 Price Index for Farm Products			
		2010	2016	2017	2017排名 Ranking	2010	2016	2017	2017排名 Ranking
全　国	**National Total**	**102.9**	**100.1**	**100.6**		**110.9**	**103.4**	**96.5**	
北　京	Beijing					106.5	99.7	96.2	22
天　津	Tianjin					110.2	103.0	95.5	26
河　北	Hebei	104.4	100.0	101.0	11	115.1	96.8	96.2	22
山　西	Shanxi	102.0	99.8	102.2	4	110.2	95.2	95.9	24
内蒙古	Inner Mongolia	102.0	96.4	100.0	21	111.4	95.1	95.6	25
辽　宁	Liaoning	103.7	100.4	100.3	20	110.6	100.7	93.6	29
吉　林	Jilin	99.1	97.4	97.9	27	111.8	93.1	89.5	30
黑龙江	Heilongjiang	105.6	100.0	100.6	17	109.2	93.6	95.1	27
上　海	Shanghai					107.1	106.6	98.4	12
江　苏	Jiangsu	104.2	99.9	102.1	5	108.8	104.0	97.9	17
浙　江	Zhejiang	102.9	99.5	101.8	7	114.8	104.5	99.1	7
安　徽	Anhui	102.0	99.4	101.3	10	110.8	101.0	98.4	12
福　建	Fujian	102.4	100.2	100.0	21	111.5	108.3	98.9	9
江　西	Jiangxi	101.9	101.3	101.0	11	107.5	104.1	97.3	19
山　东	Shandong	103.0	98.9	100.9	14	118.8	102.8	98.6	11
河　南	Henan	103.1	100.8	99.7	25	112.5	103.2	94.9	28
湖　北	Hubei	101.9	100.3	100.9	14	112.3	106.2	99.3	5
湖　南	Hunan	101.4	101.7	101.0	11	109.9	104.7	98.0	16
广　东	Guangdong	101.7	102.0	100.4	18	107.6	106.5	99.4	4
广　西	Guangxi	101.9	100.7	101.4	9	107.6	106.1	98.2	15
海　南	Hainan	107.3	100.1	99.9	23	107.9	106.7	101.9	1
重　庆	Chongqing					103.2	109.8	96.8	20
四　川	Sichuan	103.6	103.7	99.8	24	105.9	105.6	97.8	18
贵　州	Guizhou	101.1	103.0	98.8	26	106.7	108.7	96.7	21
云　南	Yunnan	101.4	102.8	100.4	18	112.5	103.9	98.7	10
西　藏	Tibet	100.6	100.4	101.6	8				
陕　西	Shaanxi	105.3	99.7	102.1	5	121.7	98.0	98.4	12
甘　肃	Gansu	101.7	99.9	103.7	1	113.8	99.2	99.1	7
青　海	Qinghai	103.5	101.5	102.4	3	124.3	104.5	101.0	2
宁　夏	Ningxia	104.4	98.3	103.1	2	117.0	98.7	99.3	5
新　疆	Xinjiang	103.1	98.2	100.8	16	131.5	107.6	100.7	3

6-33 工业生产者出厂价格指数和工业生产者购进价格指数

Producer Price Indices for Industrial Products and Purchasing Price Indices for Industrial Producers

（上年=100） (preceding year=100)

地区	Region	工业生产者出厂价格指数 Producer Price Indices for Industrial Products				工业生产者购进价格指数 Purchasing Price Indices for Industrial Producers			
		2010	2016	2017	2017排名 Ranking	2010	2016	2017	2017排名 Ranking
全　国	**National Total**	**105.5**	**98.6**	**106.3**		**109.6**	**98.0**	**108.1**	
北　京	Beijing	102.2	98.1	100.7	31	110.5	98.5	104.4	28
天　津	Tianjin	105.1	97.9	108.4	12	110.0	98.3	111.1	7
河　北	Hebei	109.0	99.9	115.0	3	110.9	98.3	114.5	3
山　西	Shanxi	109.5	96.8	119.4	1	109.0	98.1	115.2	2
内蒙古	Inner Mongolia	106.7	98.9	110.6	8	105.0	97.4	106.3	24
辽　宁	Liaoning	107.4	98.8	108.1	13	108.6	97.9	108.0	16
吉　林	Jilin	105.2	98.4	103.1	30	108.6	97.8	103.4	30
黑龙江	Heilongjiang	115.0	95.1	109.3	10	114.5	96.0	110.2	8
上　海	Shanghai	102.3	98.8	103.5	28	111.2	97.7	108.9	13
江　苏	Jiangsu	107.3	98.1	104.8	24	112.8	98.0	109.7	9
浙　江	Zhejiang	106.2	98.3	104.8	24	112.0	97.8	109.6	11
安　徽	Anhui	109.0	98.5	108.0	14	111.8	98.4	109.2	12
福　建	Fujian	103.2	99.1	104.1	26	107.7	98.0	105.3	26
江　西	Jiangxi	115.3	98.6	107.9	15	111.8	97.7	107.2	20
山　东	Shandong	107.2	98.5	105.5	22	109.3	98.0	107.3	18
河　南	Henan	107.8	99.0	106.8	18	110.2	99.2	107.3	18
湖　北	Hubei	104.9	99.0	105.6	21	110.4	98.3	108.3	14
湖　南	Hunan	106.9	98.9	105.8	20	110.0	98.0	107.2	20
广　东	Guangdong	103.2	99.4	103.3	29	107.3	98.0	105.3	26
广　西	Guangxi	112.0	99.1	107.6	16	111.2	98.3	106.5	22
海　南	Hainan	107.7	96.0	108.8	11	110.3	94.8	112.4	6
重　庆	Chongqing	103.1	98.6	104.1	26	106.9	98.4	104.4	28
四　川	Sichuan	105.0	98.9	106.5	19	106.1	98.8	108.3	14
贵　州	Guizhou	104.7	97.9	107.2	17	109.8	98.5	109.7	9
云　南	Yunnan	108.8	97.6	105.2	23	109.0	95.9	106.2	25
西　藏	Tibet	105.8	102.9	110.0	9				
陕　西	Shaanxi	108.7	97.6	110.8	7	109.7	95.9	106.4	23
甘　肃	Gansu	115.0	94.9	114.5	4	114.4	94.6	115.5	1
青　海	Qinghai	109.3	98.5	116.7	2	108.6	96.2	108.0	16
宁　夏	Ningxia	109.1	99.1	112.1	6	114.1	96.9	112.9	4
新　疆	Xinjiang	125.3	94.5	113.7	5	123.9	95.5	112.8	5

注：从2011年起工业品出厂价格指数改为工业生产者出厂价格指数，原材料、燃料、动力购进价格指数改为工业生产者购进价格指数(以下相关表同)。

Note: Since 2011, the price index of industrial products has been changed into the producer price index, and the purchasing price index for raw materials, fuel and power has been changed to the purchasing price index for industrial producers. The same applies to the tables followed.

6-34 轻工业和重工业生产者出厂价格分类指数
Category Indices by Light Industry and Heavy Industry

(上年=100) (preceding year=100)

地区	Region	轻工业 Light Industry 2010	2016	2017	2017排名 Ranking	重工业 Heavy Industry 2010	2016	2017	2017排名 Ranking
全 国	**National Total**	**102.7**	**99.6**	**101.8**		**108.0**	**98.2**	**108.1**	
北 京	Beijing	98.7	101.8	99.3	30	103.8	97.6	100.9	31
天 津	Tianjin	99.7	101.2	101.2	18	107.4	97.1	110.2	13
河 北	Hebei	104.7	98.4	101.2	18	110.9	100.3	118.5	3
山 西	Shanxi	101.8	99.8	99.9	28	110.2	96.7	120.6	1
内蒙古	Inner Mongolia	102.7	100.1	100.8	22	108.3	98.6	113.2	8
辽 宁	Liaoning	102.9	100.2	100.8	22	109.2	98.4	109.8	15
吉 林	Jilin	105.2	99.0	98.8	31	105.2	98.2	104.5	28
黑龙江	Heilongjiang	106.4	99.2	99.5	29	117.9	93.2	113.9	7
上 海	Shanghai	97.1	99.8	101.2	18	106.9	98.6	104.1	29
江 苏	Jiangsu	104.9	98.9	101.9	11	109.7	97.8	105.9	24
浙 江	Zhejiang	104.8	99.1	103.5	4	108.2	97.8	105.6	26
安 徽	Anhui	104.8	99.1	101.8	14	111.4	98.2	110.7	12
福 建	Fujian	101.5	100.3	102.2	10	106.9	98.1	105.8	25
江 西	Jiangxi	104.3	99.4	101.4	16	121.3	98.3	110.9	11
山 东	Shandong	104.7	99.0	101.4	16	109.5	98.3	107.2	21
河 南	Henan	104.3	99.1	101.9	11	110.7	99.0	108.9	17
湖 北	Hubei	103.5	99.9	102.9	5	105.6	98.5	107.0	23
湖 南	Hunan	103.6	99.9	101.7	15	109.0	98.5	107.4	20
广 东	Guangdong	101.7	100.7	101.9	11	105.7	98.7	104.1	29
广 西	Guangxi	115.0	101.8	104.8	2	110.3	98.2	108.6	18
海 南	Hainan	105.5	97.9	104.0	3	109.4	95.5	110.1	14
重 庆	Chongqing	102.5	99.5	102.3	8	103.5	98.3	104.7	27
四 川	Sichuan	103.3	99.2	102.3	8	106.3	98.8	108.3	19
贵 州	Guizhou	100.5	100.8	101.2	18	106.2	97.1	109.1	16
云 南	Yunnan	102.4	100.1	100.7	26	112.0	96.6	107.1	22
西 藏	Tibet	102.5	98.7	107.2	1	108.0	104.6	111.1	10
陕 西	Shaanxi	102.2	98.7	100.6	27	109.9	97.4	112.8	9
甘 肃	Gansu	104.0	99.4	100.8	22	116.7	94.4	116.3	4
青 海	Qinghai	104.0	100.9	102.8	6	110.1	98.2	118.6	2
宁 夏	Ningxia	107.1	98.1	100.8	22	109.8	99.3	114.3	6
新 疆	Xinjiang	108.9	101.8	102.5	7	128.7	93.4	115.4	5

6-35 生产资料和生活资料生产者出厂价格分类指数
Category Indices by Means of Production and Consumption Goods

（上年=100） (preceding year=100)

地区	Region	生产资料 Means of Production 2010	2016	2017	2017排名 Ranking	生活资料 Consumption Goods 2010	2016	2017	2017排名 Ranking
全　国	**National Total**	**106.6**	**98.2**	**108.3**		**102.0**	**100.0**	**100.7**	
北　京	Beijing	102.7	98.0	101.5	31	100.3	98.3	99.4	28
天　津	Tianjin	106.6	97.9	112.0	10	99.3	98.0	97.9	31
河　北	Hebei	109.8	100.2	117.8	3	104.2	98.8	100.9	10
山　西	Shanxi	109.7	96.7	120.9	1	104.9	99.0	101.2	7
内蒙古	Inner Mongolia	107.5	98.6	112.9	9	103.1	100.3	100.9	10
辽　宁	Liaoning	108.2	98.5	110.0	15	103.0	100.0	100.7	17
吉　林	Jilin	108.8	97.4	106.7	24	100.9	99.8	98.3	30
黑龙江	Heilongjiang	116.9	93.4	113.5	6	106.7	99.1	99.4	28
上　海	Shanghai	102.7	98.5	104.9	29	100.7	99.7	100.3	23
江　苏	Jiangsu	108.2	97.8	105.9	26	103.1	99.3	100.8	14
浙　江	Zhejiang	107.9	97.6	106.2	25	101.7	100.2	100.7	17
安　徽	Anhui	110.9	98.1	110.8	13	103.0	99.4	101.1	8
福　建	Fujian	104.1	97.9	105.5	28	101.7	101.2	101.7	4
江　西	Jiangxi	117.9	98.1	110.5	14	103.1	100.2	100.5	20
山　东	Shandong	108.4	98.0	106.9	23	103.4	100.0	100.6	19
河　南	Henan	108.8	99.2	109.7	16	103.9	98.6	99.6	27
湖　北	Hubei	105.8	98.4	107.6	20	101.9	100.2	101.3	5
湖　南	Hunan	108.1	98.4	107.3	21	102.7	100.2	101.1	8
广　东	Guangdong	104.1	98.6	104.5	30	101.4	100.8	101.3	5
广　西	Guangxi	110.3	98.1	109.1	18	118.2	102.4	103.1	2
海　南	Hainan	108.6	94.8	111.0	12	104.6	100.9	100.2	24
重　庆	Chongqing	103.9	98.0	105.6	27	100.5	99.9	100.9	10
四　川	Sichuan	105.7	98.7	108.7	19	102.8	99.5	100.8	14
贵　州	Guizhou	105.5	97.1	109.6	17	100.9	100.5	100.4	21
云　南	Yunnan	111.2	96.6	107.0	22	102.0	100.2	100.8	14
西　藏	Tibet	107.8	105.7	111.7	11	102.6	97.5	106.5	1
陕　西	Shaanxi	109.5	97.3	113.1	8	102.2	99.4	99.8	26
甘　肃	Gansu	116.1	94.3	116.3	4	102.4	100.0	100.4	21
青　海	Qinghai	109.7	98.2	118.8	2	104.2	100.5	102.4	3
宁　夏	Ningxia	109.4	99.2	113.4	7	106.6	98.1	100.9	10
新　疆	Xinjiang	127.1	94.0	115.1	5	104.1	100.5	99.9	25

6-36 燃料、动力类和黑色金属材料类生产者购进价格分类指数
Category Indices by Fuel and Power and Ferrous Metals

(上年=100) (preceding year=100)

地区	Region	燃料、动力类 Fuel and Power 2010	2016	2017	2017排名 Ranking	黑色金属材料类 Ferrous Metals 2010	2016	2017	2017排名 Ranking
全国	**National Total**	**116.3**	**95.6**	**113.0**		**106.6**	**97.7**	**115.9**	
北京	Beijing	121.3	98.0	108.4	24	115.4	99.7	111.3	22
天津	Tianjin	111.5	93.2	117.2	7	110.2	102.4	123.6	2
河北	Hebei	113.5	99.5	123.0	1	111.1	94.4	117.5	9
山西	Shanxi	104.9	100.5	119.8	4	110.1	94.4	113.1	19
内蒙古	Inner Mongolia	104.1	99.6	111.1	20	103.6	91.5	105.2	29
辽宁	Liaoning	112.4	94.2	113.8	15	106.8	98.0	116.6	12
吉林	Jilin	113.5	95.7	110.5	22	105.0	96.6	106.5	27
黑龙江	Heilongjiang	119.0	93.0	117.3	6	103.8	95.9	107.1	26
上海	Shanghai	129.0	91.3	121.5	2	113.9	101.1	117.7	7
江苏	Jiangsu	119.6	96.7	114.5	13	110.3	98.4	117.2	11
浙江	Zhejiang	113.9	96.4	114.9	12	108.7	98.6	117.8	5
安徽	Anhui	110.9	95.7	114.5	13	113.5	97.1	114.1	17
福建	Fujian	108.1	93.0	107.2	26	113.5	96.5	115.8	14
江西	Jiangxi	106.6	97.3	110.2	23	108.0	95.9	112.1	20
山东	Shandong	116.4	93.3	112.4	17	108.1	98.3	117.7	7
河南	Henan	108.9	98.1	113.1	16	108.4	96.7	117.4	10
湖北	Hubei	115.3	95.0	116.2	8	107.2	103.5	119.2	3
湖南	Hunan	113.6	94.3	112.3	18	108.0	99.2	114.9	16
广东	Guangdong	107.8	94.8	106.2	27	106.6	97.2	115.8	14
广西	Guangxi	109.3	94.8	108.2	25	103.7	96.4	109.4	23
海南	Hainan	110.1	90.8	121.0	3	111.4	93.6	102.7	30
重庆	Chongqing	108.7	97.6	105.6	29	107.1	97.1	107.6	24
四川	Sichuan	107.5	99.1	112.0	19	104.0	99.0	116.6	12
贵州	Guizhou	110.1	98.0	115.9	10	104.0	97.7	106.1	28
云南	Yunnan	106.7	96.7	103.4	30	107.4	95.8	114.0	18
西藏	Tibet								
陕西	Shaanxi	111.9	90.8	110.8	21	105.5	97.0	107.3	25
甘肃	Gansu	118.4	92.3	115.0	11	109.4	92.3	126.8	1
青海	Qinghai	105.8	95.0	105.7	28	110.3	101.5	111.6	21
宁夏	Ningxia	112.3	95.0	116.1	9	111.7	104.3	119.0	4
新疆	Xinjiang	137.6	92.5	118.1	5	105.0	99.5	117.8	5

6-37 有色金属材料类和化工原料类生产者购进价格分类指数
Category Indices by Nonferrous Metals and Chemical Raw Materials

（上年=100） (preceding year=100)

地区	Region	有色金属材料类 Nonferrous Metals				化工原料类 Chemical Raw Materials			
		2010	2016	2017	2017排名 Ranking	2010	2016	2017	2017排名 Ranking
全 国	**National Total**	**122.2**	**97.9**	**115.3**		**107.0**	**97.6**	**108.4**	
北 京	Beijing	121.6	97.2	123.4	3	111.7	96.6	102.9	30
天 津	Tianjin	134.3	98.4	119.0	6	112.6	98.0	108.7	10
河 北	Hebei	120.2	96.6	116.7	13	113.2	98.6	107.4	12
山 西	Shanxi	119.9	94.0	120.1	5	112.2	97.7	111.6	4
内蒙古	Inner Mongolia	112.5	96.1	114.4	18	103.0	101.9	109.1	8
辽 宁	Liaoning	111.1	99.9	112.2	22	108.1	97.1	106.1	19
吉 林	Jilin	113.9	98.7	105.7	29	114.1	96.9	105.3	27
黑龙江	Heilongjiang	108.4	98.6	103.4	30	121.5	99.1	107.4	12
上 海	Shanghai	129.4	99.6	111.1	25	116.0	97.2	110.9	5
江 苏	Jiangsu	118.4	95.9	115.6	15	117.0	97.3	113.1	2
浙 江	Zhejiang	125.2	97.0	117.5	10	113.2	96.5	111.9	3
安 徽	Anhui	124.9	101.6	122.2	4	111.3	96.8	109.1	8
福 建	Fujian	116.6	94.3	111.9	24	110.8	97.5	105.6	24
江 西	Jiangxi	135.0	96.7	110.4	26	111.9	97.2	105.8	22
山 东	Shandong	114.0	98.9	112.5	20	104.8	98.2	106.1	19
河 南	Henan	123.2	101.2	118.3	8	116.8	99.1	107.2	14
湖 北	Hubei	124.1	98.6	117.1	11	106.6	97.3	107.2	14
湖 南	Hunan	118.5	96.4	115.9	14	112.3	99.4	105.6	24
广 东	Guangdong	117.8	97.3	115.0	16	109.4	97.9	107.1	17
广 西	Guangxi	128.6	99.8	112.5	20	112.3	97.6	105.8	22
海 南	Hainan	124.6	95.7	118.5	7	112.1	95.8	110.3	6
重 庆	Chongqing	116.4	97.5	110.2	27	108.6	97.8	103.2	29
四 川	Sichuan	115.5	99.0	117.7	9	108.0	96.5	107.7	11
贵 州	Guizhou	122.5	101.6	126.3	2	110.2	97.6	107.2	14
云 南	Yunnan	126.4	92.8	112.1	23	105.3	90.7	106.3	18
西 藏	Tibet								
陕 西	Shaanxi	117.3	102.7	112.6	19	107.8	98.5	104.4	28
甘 肃	Gansu	118.8	96.1	126.7	1	112.0	96.8	109.4	7
青 海	Qinghai	120.5	95.4	116.9	12	101.5	97.4	106.0	21
宁 夏	Ningxia	129.9	94.3	114.9	17	109.3	98.3	114.3	1
新 疆	Xinjiang	139.6	95.4	107.9	28	106.8	99.5	105.4	26

6-38 木材及纸浆类和建筑材料及非金属类生产者购进价格分类指数
Category Indices by Timber and Paper Pulp, and Building Materials

(上年=100) (preceding year=100)

地区	Region	木材及纸浆类 Timber and Paper Pulp				建筑材料及非金属类 Building Materials			
		2010	2016	2017	2017排名 Ranking	2010	2016	2017	2017排名 Ranking
全　国	**National Total**	**103.0**	**99.7**	**106.2**		**103.8**	**97.6**	**108.6**	
北　京	Beijing	104.2	99.1	101.4	30	102.7	100.6	106.3	22
天　津	Tianjin	107.5	98.2	102.6	27	103.8	92.3	120.3	2
河　北	Hebei	105.6	101.2	103.9	23	100.3	101.5	119.3	3
山　西	Shanxi	103.5	99.7	107.8	8	98.2	98.6	104.8	24
内蒙古	Inner Mongolia	100.8	100.1	101.6	29	102.9	96.8	109.3	11
辽　宁	Liaoning	101.2	99.7	103.6	25	105.3	98.4	108.3	14
吉　林	Jilin	105.6	100.0	102.6	27	103.9	98.5	102.9	29
黑龙江	Heilongjiang	106.7	99.9	104.9	17	105.5	99.1	107.0	19
上　海	Shanghai	103.4	98.3	104.9	17	105.4	98.1	111.5	6
江　苏	Jiangsu	111.3	99.0	104.3	21	103.1	96.5	108.1	16
浙　江	Zhejiang	106.7	99.8	109.0	2	103.9	95.7	117.0	4
安　徽	Anhui	103.9	99.5	104.8	19	106.9	96.1	105.6	23
福　建	Fujian	99.4	101.2	107.9	6	102.8	98.9	103.6	28
江　西	Jiangxi	106.6	101.0	106.9	10	104.5	98.0	108.4	13
山　东	Shandong	108.3	99.3	106.9	10	105.0	98.1	111.1	7
河　南	Henan	104.7	98.1	105.4	15	103.9	97.7	106.6	21
湖　北	Hubei	105.8	98.8	108.8	3	104.2	98.1	104.7	25
湖　南	Hunan	102.7	100.4	104.8	19	104.9	100.2	104.2	27
广　东	Guangdong	107.6	99.8	108.6	4	113.6	96.0	108.2	15
广　西	Guangxi	111.2	100.6	103.8	24	114.6	98.0	107.2	17
海　南	Hainan	103.7	98.8	108.6	4	110.4	97.1	111.9	5
重　庆	Chongqing	107.3	99.3	106.8	12	103.5	98.0	104.6	26
四　川	Sichuan	101.2	101.1	107.6	9	98.7	97.2	109.3	11
贵　州	Guizhou	105.2	97.1	103.3	26	96.7	97.1	107.0	19
云　南	Yunnan	105.5	98.5	104.3	21	105.2	96.5	107.1	18
西　藏	Tibet								
陕　西	Shaanxi	103.4	99.7	105.3	16	95.3	101.3	110.1	9
甘　肃	Gansu	104.4	100.1	114.3	1	102.3	94.4	124.9	1
青　海	Qinghai	99.7	99.2	105.9	14	110.2	97.1	110.1	9
宁　夏	Ningxia	107.9	98.4	106.0	13	103.7	100.5	110.5	8
新　疆	Xinjiang	104.0	97.4	107.9	6	103.0	98.6	102.7	30

6-39 农副产品类和纺织原料类生产者购进价格分类指数
Category Indices by Agricultural Products and Textile Materials

(上年=100) (preceding year=100)

地区	Region	农副产品类 Agricultural Products				纺织原料类 Textile Materials			
		2010	2016	2017	2017排名 Ranking	2010	2016	2017	2017排名 Ranking
全 国	**National Total**	**110.4**	**100.1**	**101.5**		**106.7**	**99.7**	**104.0**	
北 京	Beijing	106.6	112.8	93.0	30	102.8	99.8	101.9	21
天 津	Tianjin	120.2	102.7	99.6	24	109.1	99.5	104.9	7
河 北	Hebei	111.9	104.5	101.0	19	110.0	101.1	99.5	30
山 西	Shanxi	118.8	98.8	101.2	17	111.4	97.7	102.2	19
内蒙古	Inner Mongolia	105.9	97.1	100.1	22	102.6	96.8	102.6	16
辽 宁	Liaoning	110.8	100.3	101.1	18	105.2	100.3	100.6	27
吉 林	Jilin	106.4	97.9	97.8	29	105.2	96.6	101.4	22
黑龙江	Heilongjiang	115.1	103.4	99.2	27	107.5	96.8	101.4	22
上 海	Shanghai	108.2	94.4	104.4	4	106.4	100.8	102.7	15
江 苏	Jiangsu	110.8	100.3	104.7	3	107.6	100.3	103.9	9
浙 江	Zhejiang	110.5	98.6	102.6	9	110.5	98.9	102.6	16
安 徽	Anhui	110.1	98.5	101.4	15	108.5	100.8	104.6	8
福 建	Fujian	117.8	100.3	99.8	23	106.9	100.6	102.5	18
江 西	Jiangxi	119.8	99.4	101.3	16	112.7	99.7	103.4	14
山 东	Shandong	116.6	100.2	100.2	21	107.6	99.6	105.5	6
河 南	Henan	108.3	100.2	99.4	25	118.1	100.0	103.9	9
湖 北	Hubei	106.9	101.2	102.1	12	109.5	99.7	106.9	4
湖 南	Hunan	109.6	98.6	100.3	20	104.6	99.3	106.3	5
广 东	Guangdong	112.9	99.6	103.6	7	109.3	98.9	103.5	13
广 西	Guangxi	116.6	102.9	105.6	1	121.4	98.2	101.4	22
海 南	Hainan	119.8	99.8	103.7	6	103.3	99.6	99.9	29
重 庆	Chongqing	112.4	99.9	102.2	11	113.5	99.4	103.8	11
四 川	Sichuan	109.8	99.3	103.4	8	113.1	100.0	109.3	1
贵 州	Guizhou	115.1	98.7	99.3	26	105.0	99.5	100.4	28
云 南	Yunnan	110.9	98.9	103.8	5	103.7	100.2	102.0	20
西 藏	Tibet								
陕 西	Shaanxi	109.4	99.1	102.1	12	109.9	100.0	101.2	25
甘 肃	Gansu	111.5	104.8	98.0	28	108.0	106.1	108.1	3
青 海	Qinghai	108.4	102.3	102.1	12	117.6	98.8	100.7	26
宁 夏	Ningxia	118.7	98.2	104.8	2	108.6	98.3	103.7	12
新 疆	Xinjiang	118.7	98.7	102.3	10	144.2	101.4	108.5	2

6-40 固定资产投资和建筑安装工程价格指数
Category Indices by Investment in Fixed Assets and Construction and Installation

(上年=100) (preceding year=100)

地区	Region	固定资产投资 Investment in Fixed Assets				建筑安装工程 Construction and Installation			
		2010	2016	2017	2017排名 Ranking	2010	2016	2017	2017排名 Ranking
全国	**National Total**	**103.6**	**99.4**	**105.8**		**104.9**	**99.4**	**108.0**	
北京	Beijing	102.5	99.7	104.7	22	104.0	98.8	110.5	5
天津	Tianjin	102.6	99.4	104.3	25	104.2	98.9	106.6	23
河北	Hebei	103.7	99.4	106.7	5	105.0	99.4	109.5	7
山西	Shanxi	103.7	100.0	106.3	7	105.5	100.5	109.4	8
内蒙古	Inner Mongolia	105.4	99.5	103.4	29	107.3	99.6	104.5	28
辽宁	Liaoning	103.3	99.2	104.0	27	104.2	99.1	105.3	26
吉林	Jilin	102.4	98.7	104.7	22	103.2	98.6	107.4	16
黑龙江	Heilongjiang	105.2	99.4	103.4	29	106.7	99.4	104.5	28
上海	Shanghai	103.8	99.6	106.7	5	106.1	99.3	110.9	3
江苏	Jiangsu	105.1	98.8	107.6	2	106.9	98.3	112.9	1
浙江	Zhejiang	104.7	99.5	105.8	14	106.7	99.3	109.3	9
安徽	Anhui	105.4	99.2	107.4	3	107.5	99.3	109.9	6
福建	Fujian	103.3	100.0	105.6	17	104.9	99.8	107.6	14
江西	Jiangxi	104.8	100.0	106.1	8	105.6	100.3	108.6	11
山东	Shandong	103.6	99.1	105.8	14	105.3	99.1	108.7	10
河南	Henan	103.5	99.2	107.4	3	104.9	99.1	110.9	3
湖北	Hubei	104.7	100.1	105.9	11	105.9	100.2	108.0	12
湖南	Hunan	104.0	100.4	105.7	16	104.8	100.7	107.7	13
广东	Guangdong	103.0	100.3	105.3	18	104.3	100.4	107.4	16
广西	Guangxi	103.0	99.5	104.4	24	103.8	99.4	106.2	24
海南	Hainan	105.2	100.1	104.1	26	105.5	100.4	105.2	27
重庆	Chongqing	102.1	98.9	105.3	18	102.7	98.5	106.9	22
四川	Sichuan	102.5	99.8	107.7	1	103.2	100.1	112.3	2
贵州	Guizhou	102.7	98.6	106.1	8	103.6	98.3	107.3	20
云南	Yunnan	102.7	100.1	104.9	21	103.5	100.1	105.8	25
西藏	Tibet								
陕西	Shaanxi	103.6	99.9	105.3	18	105.3	99.8	107.4	16
甘肃	Gansu	103.5	98.7	105.9	11	105.0	98.5	107.0	21
青海	Qinghai	103.8	99.6	106.1	8	104.5	99.6	107.4	16
宁夏	Ningxia	104.2	99.6	105.9	11	105.3	99.5	107.6	14
新疆	Xinjiang	104.6	99.9	103.5	28	105.9	99.9	104.5	28

6-41 设备工器具购置和其他费用价格指数

Category Indices by Purchase of Equipment, Tools and Instruments, and Others

(上年=100) (preceding year=100)

地区	Region	设备工器具购置 Purchase of Equipment, Tools and Instruments				其他费用 Others			
		2010	2016	2017	2017排名 Ranking	2010	2016	2017	2017排名 Ranking
全　国	**National Total**	**100.3**	**98.9**	**100.6**		**103.1**	**100.5**	**101.0**	
北　京	Beijing	99.1	99.0	100.1	28	101.9	100.7	100.0	28
天　津	Tianjin	100.2	98.8	100.5	22	100.5	101.2	100.7	17
河　北	Hebei	101.2	98.7	100.5	22	102.8	100.8	101.6	6
山　西	Shanxi	100.3	98.9	100.6	13	100.9	99.9	100.1	27
内蒙古	Inner Mongolia	100.1	98.9	100.6	13	103.0	100.6	101.4	7
辽　宁	Liaoning	100.3	98.8	100.3	25	104.8	100.9	101.1	11
吉　林	Jilin	99.9	98.7	100.6	13	104.8	100.0	100.5	23
黑龙江	Heilongjiang	100.4	99.0	100.4	24	107.6	100.7	101.2	9
上　海	Shanghai	98.6	99.7	100.2	27	102.4	100.2	100.9	14
江　苏	Jiangsu	101.7	98.7	100.6	13	105.6	102.1	102.1	3
浙　江	Zhejiang	101.3	98.9	100.7	11	102.6	100.5	101.2	9
安　徽	Anhui	101.2	98.5	100.6	13	101.5	100.2	100.8	15
福　建	Fujian	99.8	100.0	100.9	4	102.4	100.7	101.1	11
江　西	Jiangxi	102.0	98.7	100.8	6	105.4	100.5	100.7	17
山　东	Shandong	100.2	98.7	100.6	13	103.6	100.0	101.4	7
河　南	Henan	100.5	98.6	100.8	6	101.3	100.7	100.8	15
湖　北	Hubei	99.8	99.1	100.8	6	106.1	100.7	101.9	4
湖　南	Hunan	101.7	99.4	100.0	29	103.0	100.7	100.6	20
广　东	Guangdong	99.8	99.3	100.9	4	101.4	100.7	101.1	11
广　西	Guangxi	101.2	99.4	100.8	6	102.5	100.0	100.0	28
海　南	Hainan	100.3	98.9	100.6	13	109.7	99.6	101.8	5
重　庆	Chongqing	99.6	98.8	100.6	13	101.9	100.6	100.4	24
四　川	Sichuan	100.8	98.9	101.3	3	101.9	99.8	100.3	25
贵　州	Guizhou	100.1	99.2	100.7	11	102.5	100.9	100.7	17
云　南	Yunnan	100.4	98.6	101.4	1	102.0	101.0	100.6	20
西　藏	Tibet								
陕　西	Shaanxi	100.4	98.9	100.0	29	100.8	101.3	102.2	2
甘　肃	Gansu	100.8	99.4	101.4	1	103.2	100.4	100.6	20
青　海	Qinghai	101.5	99.1	100.6	13	102.3	101.0	102.7	1
宁　夏	Ningxia	100.2	99.0	100.3	25	100.0	100.8	100.0	28
新　疆	Xinjiang	100.4	99.3	100.8	6	105.2	101.7	100.3	25

6-41 设备工器具购置和其他费用价格指数

Category Indices by Purchase of Equipment, Tools and Instruments, and Others

(上年=100) (preceding year=100)

地区	Region	设备工器具购置 Purchase of Equipment, Tools and Instruments 2010	2016	2017	2017排名 Ranking	其他费用 Others 2010	2016	2017	2017排名 Ranking
全国	National Total	100.3	98.9	100.6		103.1	100.5	101.0	
北京	Beijing	99.1	99.0	100.1	28	101.9	100.7	100.0	28
天津	Tianjin	100.2	98.8	100.5	22	100.5	101.2	100.7	17
河北	Hebei	101.2	98.7	100.5	22	102.8	100.8	101.6	6
山西	Shanxi	100.3	98.9	100.6	13	100.9	99.9	100.1	27
内蒙古	Inner Mongolia	100.1	98.9	100.6	13	103.0	100.6	101.4	7
辽宁	Liaoning	100.3	98.8	100.3	25	104.8	100.9	101.1	11
吉林	Jilin	99.9	98.7	100.6	13	104.8	100.0	100.5	23
黑龙江	Heilongjiang	100.4	99.0	100.4	24	107.6	100.7	101.2	9
上海	Shanghai	98.6	99.7	100.2	27	102.4	100.2	100.9	14
江苏	Jiangsu	101.7	98.7	100.6	13	105.6	102.1	102.1	3
浙江	Zhejiang	101.3	98.9	100.7	11	102.6	100.5	101.2	9
安徽	Anhui	101.2	98.5	100.6	13	101.5	100.2	100.8	15
福建	Fujian	99.8	100.0	100.9	4	102.4	100.7	101.1	11
江西	Jiangxi	102.0	98.7	100.8	6	105.4	100.5	100.7	17
山东	Shandong	100.2	98.7	100.6	13	103.6	100.0	101.4	7
河南	Henan	100.5	98.6	100.8	6	101.3	100.7	100.8	15
湖北	Hubei	99.8	99.1	100.8	6	106.1	100.7	101.9	4
湖南	Hunan	101.7	99.4	100.0	29	103.0	100.7	100.6	20
广东	Guangdong	99.8	99.3	100.9	4	101.4	100.7	101.1	11
广西	Guangxi	101.2	99.4	100.8	6	102.5	100.0	100.0	28
海南	Hainan	100.3	98.9	100.6	13	109.7	99.6	101.8	5
重庆	Chongqing	99.6	98.8	100.6	13	101.9	100.6	100.4	24
四川	Sichuan	100.8	98.9	101.3	3	101.9	99.8	100.3	25
贵州	Guizhou	100.1	99.2	100.7	11	102.5	100.9	100.7	17
云南	Yunnan	100.4	98.6	101.4	1	102.0	101.0	100.6	20
西藏	Tibet								
陕西	Shaanxi	100.4	98.9	100.0	29	100.8	101.3	102.2	2
甘肃	Gansu	100.8	99.4	101.4	1	103.2	100.4	100.6	20
青海	Qinghai	101.5	99.1	100.6	13	102.3	101.0	102.7	1
宁夏	Ningxia	100.2	99.0	100.3	25	100.0	100.8	100.0	28
新疆	Xinjiang	100.4	99.3	100.8	6	105.2	101.7	100.3	25

Category Indices by Purchase of Equipment, Tools and Instruments and Others

7

居民生活

People's Living Conditions

7-1 全体居民人均可支配收入和消费支出

Per Capita Disposable Income and Consumption Expenses of Nationwide

单位：元 (yuan)

地区	Region	可支配收入 Disposable Income 2016	2017	2017排名 Ranking	消费支出 Consumption Expenses 2016	2017	2017排名 Ranking
全　国	**National Total**	**23820.98**	**25973.80**		**17110.75**	**18322.10**	
北　京	Beijing	52530.38	57229.80	2	35415.75	37425.30	2
天　津	Tianjin	34074.46	37022.30	4	26129.35	27841.40	3
河　北	Hebei	19725.42	21484.10	17	14247.49	15437.00	19
山　西	Shanxi	19048.88	20420.00	23	12682.85	13664.40	26
内蒙古	Inner Mongolia	24126.64	26212.20	10	18072.28	18945.50	9
辽　宁	Liaoning	26039.70	27835.40	8	19852.80	20463.40	8
吉　林	Jilin	19966.99	21368.30	18	14772.55	15631.90	16
黑龙江	Heilongjiang	19838.50	21205.80	19	14445.81	15577.50	17
上　海	Shanghai	54305.35	58988.00	1	37458.33	39791.90	1
江　苏	Jiangsu	32070.10	35024.10	5	22129.89	23468.60	6
浙　江	Zhejiang	38529.00	42045.70	3	25526.63	27079.10	4
安　徽	Anhui	19998.10	21863.30	16	14711.53	15751.70	15
福　建	Fujian	27607.93	30047.70	7	20167.48	21249.30	7
江　西	Jiangxi	20109.56	22031.40	15	13258.62	14459.00	24
山　东	Shandong	24685.27	26929.90	9	15926.36	17280.70	11
河　南	Henan	18443.08	20170.00	24	12712.34	13729.60	25
湖　北	Hubei	21786.64	23757.20	12	15888.65	16937.60	13
湖　南	Hunan	21114.79	23102.70	13	15750.46	17160.40	12
广　东	Guangdong	30295.80	33003.30	6	23448.42	24819.60	5
广　西	Guangxi	18305.08	19904.80	26	12295.18	13423.70	27
海　南	Hainan	20653.44	22553.20	14	14275.37	15402.70	20
重　庆	Chongqing	22034.14	24153.00	11	16384.83	17898.10	10
四　川	Sichuan	18808.26	20579.80	21	14838.52	16179.90	14
贵　州	Guizhou	15121.15	16703.60	29	11931.60	12969.60	29
云　南	Yunnan	16719.90	18348.30	28	11768.76	12658.10	30
西　藏	Tibet	13639.24	15457.30	31	9318.71	10320.10	31
陕　西	Shaanxi	18873.74	20635.20	20	13943.04	14899.70	23
甘　肃	Gansu	14670.31	16011.00	30	12254.25	13120.10	28
青　海	Qinghai	17301.76	19001.00	27	14774.66	15503.10	18
宁　夏	Ningxia	18832.28	20561.70	22	14965.41	15350.30	21
新　疆	Xinjiang	18354.65	19975.10	25	14066.46	15087.30	22

7-2 全体居民人均工资性收入和经营净收入
Per Capita Income from Wages and Salaries and Net Business Income of Nationwide

单位：元 (yuan)

地区	Region	工资性收入 Income from Wages and Salaries 2016	2017	2017排名 Ranking	经营净收入 Net Business Income 2016	2017	2017排名 Ranking
全 国	**National Total**	**13455.18**	**14620.30**		**4217.71**	**4501.80**	
北 京	Beijing	33114.15	35216.60	1	1396.42	1408.30	31
天 津	Tianjin	21218.55	23165.00	4	3136.65	3262.20	24
河 北	Hebei	11888.90	13003.50	12	3020.30	3210.80	25
山 西	Shanxi	11304.94	11957.10	16	2693.14	2624.10	29
内蒙古	Inner Mongolia	12939.49	13899.70	10	5776.43	6363.80	2
辽 宁	Liaoning	13787.51	14596.20	9	4526.81	4881.90	8
吉 林	Jilin	9699.30	10631.30	23	4814.93	4712.70	12
黑龙江	Heilongjiang	9673.31	10318.80	24	4263.58	4499.30	14
上 海	Shanghai	32718.64	34365.40	2	1398.85	1532.60	30
江 苏	Jiangsu	18664.41	20399.20	6	4723.67	4994.20	7
浙 江	Zhejiang	22206.74	24137.30	3	6588.57	7123.40	1
安 徽	Anhui	10931.58	11920.90	17	4512.71	4878.90	9
福 建	Fujian	16041.91	17380.10	7	5280.21	5600.10	4
江 西	Jiangxi	11309.37	12553.10	14	3579.80	3760.90	22
山 东	Shandong	14259.33	15532.30	8	5470.38	5892.60	3
河 南	Henan	9265.54	10108.10	25	4257.29	4574.50	13
湖 北	Hubei	10818.69	11830.60	19	4781.39	5157.30	5
湖 南	Hunan	10796.91	11836.60	18	4233.78	4483.50	15
广 东	Guangdong	21361.90	23052.90	5	4101.77	4420.90	17
广 西	Guangxi	8882.93	9819.30	27	4779.36	5014.10	6
海 南	Hainan	12258.11	13371.20	11	4042.12	4285.70	18
重 庆	Chongqing	11557.69	12603.80	13	3684.28	4016.70	20
四 川	Sichuan	9278.25	10013.60	26	3993.17	4263.70	19
贵 州	Guizhou	7787.27	8642.80	29	3555.43	3842.10	21
云 南	Yunnan	7659.55	8468.10	30	4433.19	4771.00	10
西 藏	Tibet	7110.99	7839.70	31	4141.08	4482.30	16
陕 西	Shaanxi	10366.10	11254.50	21	2538.32	2629.50	28
甘 肃	Gansu	7910.35	8798.40	28	2746.87	2982.20	26
青 海	Qinghai	10234.59	11351.00	20	2629.22	2861.20	27
宁 夏	Ningxia	11238.88	12270.30	15	3359.71	3628.20	23
新 疆	Xinjiang	9968.17	10907.20	22	4434.40	4743.70	11

7-3 全体居民人均财产净收入和转移净收入

Per Capita Net Income from Properties and Net Income from Transfers of Nationwide

单位：元 (yuan)

地区	Region	财产净收入 Net Income from Properties			转移净收入 Net Income from Transfers		
		2016	2017	2017排名 Ranking	2016	2017	2017排名 Ranking
全　国	**National Total**	**1888.99**	**2107.40**		**4259.09**	**4744.30**	
北　京	Beijing	8229.63	9305.90	1	9790.18	11299.00	2
天　津	Tianjin	3217.37	3504.90	5	6501.88	7090.30	3
河　北	Hebei	1335.44	1467.30	13	3480.76	3802.60	23
山　西	Shanxi	1111.83	1227.90	20	3938.97	4610.90	15
内蒙古	Inner Mongolia	1202.68	1287.60	18	4208.04	4661.20	14
辽　宁	Liaoning	1294.10	1342.70	17	6431.28	7014.60	4
吉　林	Jilin	861.32	898.70	28	4591.45	5125.60	12
黑龙江	Heilongjiang	994.59	993.00	25	4907.02	5394.80	9
上　海	Shanghai	7684.18	9030.10	2	12503.67	14059.90	1
江　苏	Jiangsu	2880.43	3238.60	6	5801.59	6392.10	5
浙　江	Zhejiang	4337.48	4741.60	3	5396.21	6043.40	6
安　徽	Anhui	1085.54	1227.70	21	3468.27	3835.80	22
福　建	Fujian	2621.87	2885.10	7	3663.95	4182.40	18
江　西	Jiangxi	1368.59	1397.00	14	3851.79	4320.40	16
山　东	Shandong	1632.83	1831.30	9	3322.73	3673.80	24
河　南	Henan	1142.34	1237.30	19	3777.91	4250.10	17
湖　北	Hubei	1322.89	1501.90	12	4863.68	5267.40	10
湖　南	Hunan	1503.45	1626.80	10	4580.66	5155.70	11
广　东	Guangdong	3096.49	3602.00	4	1735.64	1927.50	31
广　西	Guangxi	1069.11	1171.50	23	3573.68	3899.80	19
海　南	Hainan	1216.51	1365.40	15	3136.70	3530.90	26
重　庆	Chongqing	1413.74	1525.50	11	5378.43	6007.00	7
四　川	Sichuan	1198.49	1362.90	16	4338.35	4939.60	13
贵　州	Guizhou	773.34	903.30	27	3005.10	3315.50	27
云　南	Yunnan	1673.00	1850.90	8	2954.16	3258.30	28
西　藏	Tibet	527.03	753.40	30	1860.14	2381.90	30
陕　西	Shaanxi	1103.30	1179.80	22	4866.02	5571.40	8
甘　肃	Gansu	1009.45	1043.70	24	3003.64	3186.70	29
青　海	Qinghai	862.68	949.00	26	3575.28	3839.90	21
宁　夏	Ningxia	791.97	819.80	29	3441.70	3843.30	20
新　疆	Xinjiang	695.03	739.30	31	3257.05	3584.90	25

7-4 全体居民人均现金工资性收入和现金经营净收入

Per Capita Cash Income of Wages and Salaries and Cash Net Business Income of Nationwide

单位：元 (yuan)

地区	Region	现金工资性收入 Cash Income of Wages and Salaries 2016	2017	2017排名 Ranking	现金经营净收入 Cash Net Business Income 2016	2017	2017排名 Ranking
全　国	**National Total**	**13379.00**	**14537.80**		**4111.40**	**4424.10**	
北　京	Beijing	32940.40	35049.10	1	1502.60	1513.90	31
天　津	Tianjin	21004.70	22949.80	4	3365.90	3485.00	24
河　北	Hebei	11871.60	12983.70	12	3090.40	3286.50	25
山　西	Shanxi	11275.70	11914.60	16	2630.70	2557.00	29
内蒙古	Inner Mongolia	12933.40	13896.10	10	5900.30	6478.40	2
辽　宁	Liaoning	13576.40	14384.20	9	4737.10	5118.90	6
吉　林	Jilin	9616.40	10556.50	23	4549.10	4791.40	10
黑龙江	Heilongjiang	9651.90	10280.20	24	4404.10	4999.50	7
上　海	Shanghai	32489.00	34152.30	2	1464.00	1593.50	30
江　苏	Jiangsu	18573.60	20281.60	6	4763.10	5126.80	5
浙　江	Zhejiang	22025.40	23926.40	3	6912.50	7454.90	1
安　徽	Anhui	10853.90	11829.60	17	4248.80	4862.70	9
福　建	Fujian	15959.20	17281.60	7	5335.20	5695.40	4
江　西	Jiangxi	11288.60	12525.30	14	3207.30	3498.00	23
山　东	Shandong	14225.30	15490.30	8	5633.40	5799.30	3
河　南	Henan	9248.90	10089.90	25	3860.30	4103.90	17
湖　北	Hubei	10742.40	11763.80	19	4514.00	4958.60	8
湖　南	Hunan	10740.20	11775.00	18	3994.10	4160.40	16
广　东	Guangdong	21116.40	22810.20	5	4113.20	4467.30	13
广　西	Guangxi	8850.30	9773.20	27	4501.60	4779.00	11
海　南	Hainan	12234.20	13349.00	11	4044.90	4296.90	15
重　庆	Chongqing	11503.40	12537.00	13	3265.70	3546.70	22
四　川	Sichuan	9229.10	9954.20	26	3567.60	3874.50	18
贵　州	Guizhou	7772.40	8628.00	29	3344.40	3695.40	20
云　南	Yunnan	7651.50	8457.80	30	3937.30	4380.20	14
西　藏	Tibet	7110.90	7834.80	31	3255.70	3675.80	21
陕　西	Shaanxi	10327.70	11221.70	21	2376.80	2581.20	28
甘　肃	Gansu	7896.90	8779.60	28	2669.00	2888.80	26
青　海	Qinghai	10218.70	11333.60	20	2635.20	2867.10	27
宁　夏	Ningxia	11214.30	12246.70	15	3689.00	3847.80	19
新　疆	Xinjiang	9936.00	10873.40	22	4233.90	4537.80	12

7-5 全体居民人均现金财产净收入和现金转移净收入

Per Capita Cash Net Income from Properties and Cash Net Income from Transfers of Nationwide

单位：元 (yuan)

地区	Region	现金财产净收入 Cash Net Income from Properties			现金转移净收入 Cash Net Income from Transfers		
		2016	2017	2017排名 Ranking	2016	2017	2017排名 Ranking
全　国	**National Total**	**739.80**	**811.50**		**3974.30**	**4428.60**	
北　京	Beijing	1593.30	1784.10	2	9104.30	10275.80	2
天　津	Tianjin	1078.50	1107.60	6	6073.90	6583.50	4
河　北	Hebei	453.50	430.00	22	3315.70	3614.50	19
山　西	Shanxi	452.80	543.00	18	3609.30	4264.50	15
内蒙古	Inner Mongolia	565.00	613.60	15	3863.30	4439.80	14
辽　宁	Liaoning	286.50	326.10	28	6008.00	6639.70	3
吉　林	Jilin	289.20	298.60	30	4331.30	4829.90	12
黑龙江	Heilongjiang	422.60	409.80	24	4732.30	5195.90	8
上　海	Shanghai	798.10	941.50	9	11203.30	12765.00	1
江　苏	Jiangsu	1046.80	1126.70	5	5388.40	5977.50	5
浙　江	Zhejiang	2081.20	2363.00	1	5004.60	5591.00	7
安　徽	Anhui	377.40	389.70	25	3237.70	3537.50	21
福　建	Fujian	912.80	1004.90	7	3415.40	3941.90	18
江　西	Jiangxi	512.00	480.80	19	3731.00	4193.60	16
山　东	Shandong	667.80	738.80	11	3083.70	3434.50	24
河　南	Henan	545.40	568.10	17	3565.20	3992.30	17
湖　北	Hubei	348.40	371.50	26	4476.30	4835.80	11
湖　南	Hunan	869.30	945.00	8	4400.30	4927.20	10
广　东	Guangdong	1433.80	1581.30	3	1550.00	1688.10	31
广　西	Guangxi	527.80	620.20	14	3345.70	3594.50	20
海　南	Hainan	496.80	586.60	16	2821.50	3206.90	26
重　庆	Chongqing	604.90	677.50	13	5144.20	5746.90	6
四　川	Sichuan	663.60	746.40	10	4050.10	4632.70	13
贵　州	Guizhou	297.60	411.50	23	2877.90	3169.60	27
云　南	Yunnan	1084.00	1240.60	4	2747.90	3020.00	28
西　藏	Tibet	245.30	329.20	27	1808.90	2124.70	30
陕　西	Shaanxi	634.00	685.90	12	4516.80	5166.00	9
甘　肃	Gansu	440.70	458.20	21	2759.20	2908.70	29
青　海	Qinghai	410.20	465.30	20	3193.40	3476.40	22
宁　夏	Ningxia	276.60	303.30	29	3051.20	3442.70	23
新　疆	Xinjiang	207.90	210.10	31	2985.80	3332.00	25

7-6 全体居民人均食品烟酒和其他用品及服务消费支出情况

Consumption and Expenditure of Food Alcohol and Tobacco, and Miscellaneous Goods and Services

单位：元 (yuan)

地区	Region	食品烟酒 Food Alcohol and Tobacco			其他用品及服务 Miscellaneous Goods and Services		
		2016	2017	2017排名 Ranking	2016	2017	2017排名 Ranking
全　国	**National Total**	**5150.98**	**5373.60**		**406.33**	**447.00**	
北　京	Beijing	7608.54	7548.90	5	1015.24	1000.40	2
天　津	Tianjin	8020.60	8647.00	2	781.98	845.60	3
河　北	Hebei	3819.12	3912.80	26	327.84	340.10	21
山　西	Shanxi	3098.14	3324.80	31	302.56	316.10	24
内蒙古	Inner Mongolia	5169.05	5205.30	12	514.42	553.80	8
辽　宁	Liaoning	5457.81	5605.40	11	594.98	639.30	6
吉　林	Jilin	3948.97	4144.10	23	384.07	435.90	11
黑龙江	Heilongjiang	3996.95	4209.00	22	343.77	446.60	10
上　海	Shanghai	9563.95	10005.90	1	1017.59	1173.30	1
江　苏	Jiangsu	6265.66	6524.80	7	600.16	653.30	5
浙　江	Zhejiang	7414.24	7750.80	4	512.63	556.10	7
安　徽	Anhui	4880.22	5143.40	13	298.40	343.80	20
福　建	Fujian	6907.01	7212.70	6	392.81	491.00	9
江　西	Jiangxi	4400.81	4626.10	18	293.17	329.70	23
山　东	Shandong	4489.51	4715.10	17	353.14	363.60	17
河　南	Henan	3585.16	3687.00	30	298.02	335.20	22
湖　北	Hubei	4926.41	5098.40	14	349.09	418.20	12
湖　南	Hunan	4811.96	5003.60	15	309.81	316.10	24
广　东	Guangdong	8015.09	8317.00	3	681.91	714.10	4
广　西	Guangxi	4232.35	4409.90	20	190.76	237.10	29
海　南	Hainan	5745.45	5935.90	9	253.97	288.10	26
重　庆	Chongqing	5611.58	5943.50	8	318.67	398.10	14
四　川	Sichuan	5321.22	5632.20	10	367.10	396.80	15
贵　州	Guizhou	3708.86	3954.00	25	204.80	263.50	28
云　南	Yunnan	3742.40	3838.40	28	214.45	223.00	30
西　藏	Tibet	4530.38	4788.60	16	220.14	213.50	31
陕　西	Shaanxi	3857.22	4124.00	24	280.66	353.70	18
甘　肃	Gansu	3701.20	3886.90	27	262.89	282.80	27
青　海	Qinghai	4271.84	4453.00	19	404.81	405.80	13
宁　夏	Ningxia	3701.27	3796.40	29	384.11	365.10	16
新　疆	Xinjiang	4213.42	4338.50	21	320.09	353.40	19

7-7 全体居民人均衣着和居住消费支出情况
Consumption and Expenditure of Clothing and Residence

单位：元 (yuan)

地区	Region	衣着 Clothing 2016	衣着 Clothing 2017	衣着 2017排名 Ranking	居住 Residence 2016	居住 Residence 2017	居住 2017排名 Ranking
全　国	**National Total**	**1202.73**	**1237.60**		**3746.41**	**4106.90**	
北　京	Beijing	2432.97	2238.30	1	11187.73	12295.00	2
天　津	Tianjin	1931.23	1944.80	2	5654.75	5922.40	4
河　北	Hebei	1111.13	1173.50	18	3295.02	3679.40	10
山　西	Shanxi	1104.03	1206.00	16	2751.28	2933.50	20
内蒙古	Inner Mongolia	1827.13	1866.20	3	3173.61	3324.00	15
辽　宁	Liaoning	1745.34	1671.60	5	3700.69	3732.50	8
吉　林	Jilin	1266.48	1379.00	10	2794.32	2912.30	22
黑龙江	Heilongjiang	1313.67	1437.70	8	2616.85	2833.00	25
上　海	Shanghai	1733.98	1733.40	4	12263.92	13708.70	1
江　苏	Jiangsu	1453.30	1505.90	7	5107.23	5586.20	6
浙　江	Zhejiang	1564.08	1585.90	6	6133.49	6992.90	3
安　徽	Anhui	990.84	1037.50	26	3047.25	3397.60	14
福　建	Fujian	1093.11	1119.10	21	5199.85	5533.00	7
江　西	Jiangxi	944.69	1005.80	27	3089.12	3552.20	12
山　东	Shandong	1326.09	1374.60	11	3214.68	3565.80	11
河　南	Henan	1141.70	1184.50	17	2630.02	2988.30	17
湖　北	Hubei	1106.46	1131.70	20	3369.93	3699.00	9
湖　南	Hunan	1057.86	1086.10	22	3104.61	3428.90	13
广　东	Guangdong	1209.90	1230.30	15	5247.05	5790.90	5
广　西	Guangxi	532.54	564.70	31	2735.50	2909.30	23
海　南	Hainan	596.53	631.10	30	2647.09	2925.60	21
重　庆	Chongqing	1373.73	1394.80	9	2903.11	3140.90	16
四　川	Sichuan	1140.83	1152.70	19	2734.40	2946.80	19
贵　州	Guizhou	810.64	863.40	28	2518.19	2670.30	28
云　南	Yunnan	653.53	651.30	29	2346.56	2471.10	30
西　藏	Tibet	926.83	1047.60	25	1522.77	1763.20	31
陕　西	Shaanxi	1024.12	1084.00	23	2850.15	2978.60	18
甘　肃	Gansu	994.49	1071.30	24	2294.94	2475.10	29
青　海	Qinghai	1269.54	1265.90	14	2595.49	2754.50	26
宁　夏	Ningxia	1219.92	1268.90	13	2741.75	2861.50	24
新　疆	Xinjiang	1271.63	1305.50	12	2492.94	2698.50	27

7-8 全体居民人均生活用品及服务、交通和通信消费支出情况

Consumption and Expenditure of Household Facilities, Articles and Services, and Transport and Communications

单位：元 (yuan)

地区	Region	生活用品及服务 Household Facilities, Articles and Services 2016	2017	2017排名 Ranking	交通和通信 Transport and Communications 2016	2017	2017排名 Ranking
全　国	**National Total**	**1043.74**	**1120.70**		**2337.83**	**2498.90**	
北　京	Beijing	2327.22	2492.40	1	4701.74	5034.00	1
天　津	Tianjin	1561.72	1655.50	3	3752.20	3744.50	4
河　北	Hebei	957.57	1066.20	12	2062.21	2290.30	15
山　西	Shanxi	679.62	761.00	29	1709.01	1884.00	23
内蒙古	Inner Mongolia	1126.85	1199.90	9	2525.51	2914.90	8
辽　宁	Liaoning	1182.44	1191.70	10	2837.32	3088.40	7
吉　林	Jilin	773.86	795.80	25	2073.03	2218.00	16
黑龙江	Heilongjiang	750.72	776.40	26	2040.91	2185.50	18
上　海	Shanghai	1755.19	1824.90	2	4228.45	4057.70	3
江　苏	Jiangsu	1363.14	1443.50	5	3372.18	3496.40	5
浙　江	Zhejiang	1224.02	1345.80	6	4377.33	4306.50	2
安　徽	Anhui	868.80	890.80	21	1975.18	2102.30	19
福　建	Fujian	1111.22	1179.00	11	2504.23	2642.80	9
江　西	Jiangxi	765.03	859.90	22	1576.90	1600.70	30
山　东	Shandong	1124.46	1260.50	7	2324.82	2568.30	11
河　南	Henan	953.78	1056.40	14	1550.84	1698.60	29
湖　北	Hubei	938.10	1025.90	17	1930.97	1795.70	26
湖　南	Hunan	993.09	1054.00	15	1915.50	2042.60	20
广　东	Guangdong	1401.95	1447.40	4	3296.50	3380.00	6
广　西	Guangxi	710.99	762.80	28	1541.56	1878.50	24
海　南	Hainan	704.26	769.00	27	1762.16	1995.00	22
重　庆	Chongqing	1145.76	1245.50	8	1941.63	2310.30	14
四　川	Sichuan	967.24	1062.90	13	1850.32	2200.00	17
贵　州	Guizhou	751.31	802.40	24	1610.64	1781.60	27
云　南	Yunnan	682.11	742.00	30	1723.53	2033.40	21
西　藏	Tibet	500.81	617.20	31	989.95	1176.90	31
陕　西	Shaanxi	953.37	1036.20	16	1664.11	1760.70	28
甘　肃	Gansu	802.96	836.80	23	1572.96	1796.50	25
青　海	Qinghai	873.83	929.00	20	2287.01	2409.60	12
宁　夏	Ningxia	924.56	932.40	19	2748.55	2616.80	10
新　疆	Xinjiang	911.64	943.20	18	2052.38	2382.60	13

7-9 全体居民人均教育、文化娱乐和医疗保健消费支出情况
Consumption and Expenditure of Education, Culture and Recreation, and Health Care and Medical Services

单位：元 (yuan)

地区	Region	教育、文化和娱乐 Education, Culture and Recreation			医疗保健 Health Care and Medical Services		
		2016	2017	2017排名 Ranking	2016	2017	2017排名 Ranking
全　国	**National Total**	**1915.26**	**2086.20**		**1307.45**	**1451.20**	
北　京	Beijing	3686.57	3916.70	2	2455.73	2899.70	1
天　津	Tianjin	2403.97	2691.50	6	2022.90	2390.00	3
河　北	Hebei	1449.24	1578.30	26	1225.37	1396.30	18
山　西	Shanxi	1810.72	1879.30	17	1227.50	1359.70	19
内蒙古	Inner Mongolia	2165.75	2227.80	9	1569.95	1653.80	10
辽　宁	Liaoning	2422.13	2534.50	8	1912.10	1999.90	4
吉　林	Jilin	1850.12	1928.50	15	1681.70	1818.30	6
黑龙江	Heilongjiang	1688.28	1898.00	16	1694.66	1791.30	7
上　海	Shanghai	4174.55	4685.90	1	2720.69	2602.10	2
江　苏	Jiangsu	2514.53	2747.60	5	1453.70	1510.90	13
浙　江	Zhejiang	2794.30	2844.90	3	1506.54	1696.10	9
安　徽	Anhui	1558.78	1700.50	21	1092.06	1135.90	24
福　建	Fujian	1905.39	1966.40	11	1053.86	1105.30	26
江　西	Jiangxi	1424.44	1606.80	23	764.47	877.80	29
山　东	Shandong	1754.62	1948.40	13	1339.03	1484.30	14
河　南	Henan	1439.45	1559.80	28	1113.36	1219.80	23
湖　北	Hubei	1739.53	1930.40	14	1528.15	1838.30	5
湖　南	Hunan	2392.66	2805.10	4	1164.96	1424.00	17
广　东	Guangdong	2451.16	2620.40	7	1144.87	1319.50	21
广　西	Guangxi	1444.05	1585.80	25	907.44	1075.60	28
海　南	Hainan	1544.93	1756.80	20	1020.96	1101.20	27
重　庆	Chongqing	1745.89	1993.00	10	1344.45	1471.90	15
四　川	Sichuan	1284.78	1468.20	30	1172.64	1320.20	20
贵　州	Guizhou	1602.47	1783.30	19	724.70	851.20	30
云　南	Yunnan	1429.76	1573.70	27	976.43	1125.30	25
西　藏	Tibet	370.14	441.60	31	257.69	271.50	31
陕　西	Shaanxi	1785.24	1857.60	18	1528.16	1704.80	8
甘　肃	Gansu	1502.08	1537.10	29	1122.73	1233.40	22
青　海	Qinghai	1568.24	1686.60	22	1503.91	1598.70	11
宁　夏	Ningxia	1772.08	1955.60	12	1473.18	1553.60	12
新　疆	Xinjiang	1471.20	1599.30	24	1333.17	1466.30	16

7-10 全体居民人均现金和食品烟酒现金消费支出情况

Consumption and Expenditure of Cash Consumption Expenditure, and Food, Alcohol and Tobacco

单位：元 (yuan)

地区	Region	现金消费支出 Cash Consumption Expenditure			食品烟酒 Food, Alcohol and Tobacco		
		2016	2017	2017排名 Ranking	2016	2017	2017排名 Ranking
全　国	**National Total**	**14142.00**	**15122.30**		**4846.70**	**5073.00**	
北　京	Beijing	25905.10	26577.50	2	7461.40	7409.90	4
天　津	Tianjin	21904.90	23272.10	3	7852.50	8468.50	2
河　北	Hebei	12069.60	13071.30	21	3751.40	3846.80	24
山　西	Shanxi	10676.00	11599.30	26	2916.00	3140.80	31
内蒙古	Inner Mongolia	15962.30	16863.80	9	4296.30	4964.00	11
辽　宁	Liaoning	17115.60	17692.40	7	5212.40	5361.40	10
吉　林	Jilin	12712.20	13502.60	16	3747.80	3899.90	22
黑龙江	Heilongjiang	12802.50	13827.10	13	3918.20	4111.10	19
上　海	Shanghai	26344.20	27280.90	1	9344.60	9806.40	1
江　苏	Jiangsu	18049.80	19079.50	6	6049.40	6293.30	7
浙　江	Zhejiang	20439.00	21691.40	4	7089.50	7406.30	5
安　徽	Anhui	12290.00	13037.10	22	4614.80	4885.00	13
福　建	Fujian	16181.30	16951.10	8	6607.80	6878.70	6
江　西	Jiangxi	10674.70	11782.70	24	4043.40	4296.00	17
山　东	Shandong	13589.00	14774.90	11	4379.30	4608.90	15
河　南	Henan	10814.80	11691.10	25	3478.70	3586.20	28
湖　北	Hubei	12898.10	13753.40	14	4504.30	4735.30	14
湖　南	Hunan	13265.80	14507.60	12	4344.00	4514.30	16
广　东	Guangdong	19626.20	20552.60	5	7634.90	7952.70	3
广　西	Guangxi	9982.20	10895.20	28	3758.10	3888.10	23
海　南	Hainan	12105.90	13127.40	20	5527.80	5742.70	8
重　庆	Chongqing	13718.50	15068.20	10	5086.20	5380.30	9
四　川	Sichuan	12136.20	13346.40	18	4572.90	4909.70	12
贵　州	Guizhou	9886.90	10801.60	29	3265.00	3526.10	29
云　南	Yunnan	9456.40	10203.70	30	3204.60	3318.60	30
西　藏	Tibet	7327.80	8157.20	31	3553.50	3812.40	25
陕　西	Shaanxi	11949.70	12823.70	23	3717.00	4011.10	21
甘　肃	Gansu	10399.50	11174.50	27	3379.20	3589.40	27
青　海	Qinghai	12889.40	13626.30	15	3884.40	4176.10	18
宁　夏	Ningxia	13092.20	13385.40	17	3528.80	3626.20	26
新　疆	Xinjiang	12251.50	13232.40	19	3886.60	4027.80	20

7-11 全体居民人均衣着和居住现金消费支出情况
Consumption and Expenditure of Clothing and Residence

单位：元 (yuan)

地区	Region	衣着 Clothing 2016	2017	2017排名 Ranking	居住 Residence 2016	2017	2017排名 Ranking
全　国	**National Total**	**1202.20**	**1237.00**		**1359.80**	**1519.00**	
北　京	Beijing	2432.60	2237.80	1	2503.30	2602.50	2
天　津	Tianjin	1930.80	1944.50	2	2048.50	2051.10	5
河　北	Hebei	1110.30	1173.20	18	1349.00	1566.90	10
山　西	Shanxi	1103.80	1205.60	16	1209.00	1372.50	18
内蒙古	Inner Mongolia	1827.00	1866.10	3	1539.50	1698.10	8
辽　宁	Liaoning	1745.00	1671.00	5	1614.40	1595.60	9
吉　林	Jilin	1266.40	1377.30	10	1209.50	1323.20	20
黑龙江	Heilongjiang	1313.60	1437.70	8	1226.40	1374.50	17
上　海	Shanghai	1733.30	1733.60	4	2692.00	2720.00	1
江　苏	Jiangsu	1452.80	1505.50	7	1655.50	1838.20	6
浙　江	Zhejiang	1563.50	1585.00	6	1768.40	2408.80	3
安　徽	Anhui	990.10	1036.80	26	1118.10	1231.30	23
福　建	Fujian	1092.80	1118.80	21	1772.10	1825.70	7
江　西	Jiangxi	944.60	1005.70	27	984.40	1337.20	19
山　东	Shandong	1325.00	1374.30	11	1223.70	1402.80	15
河　南	Henan	1141.40	1184.30	17	1051.40	1308.40	22
湖　北	Hubei	1105.80	1130.50	20	1184.30	1308.50	21
湖　南	Hunan	1057.00	1085.70	22	1269.60	1495.30	12
广　东	Guangdong	1209.10	1229.60	15	2002.60	2131.40	4
广　西	Guangxi	532.20	563.60	31	1099.00	1183.30	24
海　南	Hainan	596.50	631.00	30	958.70	1133.70	26
重　庆	Chongqing	1373.10	1394.30	9	995.80	1138.10	25
四　川	Sichuan	1140.40	1149.70	19	1046.30	1118.30	27
贵　州	Guizhou	809.20	863.30	28	1025.30	1058.00	29
云　南	Yunnan	653.40	651.30	29	768.60	770.90	30
西　藏	Tibet	926.60	1047.00	25	560.90	640.10	31
陕　西	Shaanxi	1023.60	1083.50	23	1339.60	1410.40	14
甘　肃	Gansu	994.40	1071.00	24	980.80	1077.20	28
青　海	Qinghai	1269.50	1265.80	14	1426.90	1514.90	11
宁　夏	Ningxia	1219.80	1268.80	13	1411.50	1451.20	13
新　疆	Xinjiang	1270.00	1304.90	12	1258.40	1393.40	16

7-12 全体居民人均生活用品及服务、交通和通信现金消费支出情况

Consumption and Expenditure of Household Facilities, Articles and Services, and Transport and Communications

单位：元 (yuan)

地区	Region	生活用品及服务 Household Facilities, Articles and Services			交通和通信 Transport and Communications		
		2016	2017	2015排名 Ranking	2016	2017	2017排名 Ranking
全 国	**National Total**	**1036.10**	**1110.80**		**2332.90**	**2495.30**	
北 京	Beijing	2324.20	2490.60	1	4700.30	5032.70	1
天 津	Tianjin	1559.40	1653.80	3	3709.60	3708.70	4
河 北	Hebei	953.00	1063.60	12	2059.60	2287.00	15
山 西	Shanxi	672.10	754.80	28	1708.90	1883.20	23
内蒙古	Inner Mongolia	1126.70	1199.70	9	2525.50	2914.90	8
辽 宁	Liaoning	1174.30	1181.50	10	2824.10	3073.10	7
吉 林	Jilin	769.30	792.20	25	2059.30	2211.20	16
黑龙江	Heilongjiang	750.60	775.80	26	2040.70	2185.30	18
上 海	Shanghai	1752.70	1823.40	2	4207.90	4042.90	3
江 苏	Jiangsu	1346.80	1424.00	5	3370.10	3495.30	5
浙 江	Zhejiang	1206.30	1333.30	6	4374.40	4300.30	2
安 徽	Anhui	864.40	885.60	21	1970.90	2101.00	19
福 建	Fujian	1103.40	1169.60	11	2502.00	2638.40	9
江 西	Jiangxi	764.30	859.30	22	1576.10	1598.90	30
山 东	Shandong	1111.30	1234.70	7	2323.30	2567.00	11
河 南	Henan	952.10	1055.30	13	1550.10	1679.90	29
湖 北	Hubei	932.70	1024.00	16	1896.90	1789.40	26
湖 南	Hunan	990.40	1051.30	14	1913.90	2041.00	20
广 东	Guangdong	1383.40	1429.30	4	3289.50	3371.20	6
广 西	Guangxi	702.80	737.00	29	1533.40	1872.50	24
海 南	Hainan	697.80	765.40	27	1761.40	1994.30	22
重 庆	Chongqing	1137.50	1228.50	8	1938.80	2308.00	14
四 川	Sichuan	958.10	1051.30	14	1849.90	2199.10	17
贵 州	Guizhou	746.90	794.80	24	1609.50	1780.20	27
云 南	Yunnan	675.80	727.60	30	1723.30	2033.30	21
西 藏	Tibet	500.30	614.70	31	990.00	1176.90	31
陕 西	Shaanxi	949.90	1022.00	17	1663.40	1760.10	28
甘 肃	Gansu	797.70	827.20	23	1572.80	1796.10	25
青 海	Qinghai	871.10	926.80	19	2286.50	2408.60	12
宁 夏	Ningxia	913.60	923.30	20	2747.70	2613.90	10
新 疆	Xinjiang	909.40	942.40	18	2051.80	2381.70	13

7-13 全体居民人均教育、文化娱乐和医疗保健现金消费支出情况

Consumption and Expenditure of Education, Culture and Recreation, and Health Care and Medical Services

单位：元 (yuan)

地区	Region	教育、文化和娱乐 Education, Culture and Recreation			医疗保健 Health Care and Medical Services		
		2016	2017	2015排名 Ranking	2016	2017	2017排名 Ranking
全 国	**National Total**	**1914.30**	**2085.30**		**1048.50**	**1160.70**	
北 京	Beijing	3686.30	3916.40	2	1786.20	1888.00	2
天 津	Tianjin	2402.10	2690.20	6	1629.20	1918.80	1
河 北	Hebei	1448.60	1578.20	26	1071.50	1217.60	15
山 西	Shanxi	1810.20	1878.90	17	957.30	1052.00	21
内蒙古	Inner Mongolia	2165.80	2227.80	9	1338.20	1439.70	6
辽 宁	Liaoning	2419.20	2534.30	8	1545.40	1654.10	3
吉 林	Jilin	1849.80	1928.30	15	1426.60	1535.00	5
黑龙江	Heilongjiang	1687.80	1898.00	16	1521.40	1598.60	4
上 海	Shanghai	4173.70	4684.40	1	1427.70	1312.20	9
江 苏	Jiangsu	2514.00	2746.70	5	1064.40	1127.70	18
浙 江	Zhejiang	2791.80	2840.70	3	1141.00	1270.00	11
安 徽	Anhui	1558.70	1700.20	21	877.60	856.20	26
福 建	Fujian	1904.70	1965.20	11	809.60	867.00	25
江 西	Jiangxi	1424.40	1606.70	23	646.80	755.00	29
山 东	Shandong	1754.00	1948.30	13	1122.20	1278.90	10
河 南	Henan	1439.30	1559.70	28	904.60	965.40	23
湖 北	Hubei	1739.40	1928.70	14	1189.60	1426.20	7
湖 南	Hunan	2392.30	2804.60	4	990.80	1201.70	16
广 东	Guangdong	2446.50	2618.20	7	991.50	1111.40	19
广 西	Guangxi	1443.60	1585.20	25	727.70	841.10	27
海 南	Hainan	1544.10	1756.80	20	769.10	815.60	28
重 庆	Chongqing	1745.40	1992.50	10	1128.30	1236.50	14
四 川	Sichuan	1284.40	1467.20	30	923.70	1066.20	20
贵 州	Guizhou	1602.50	1783.30	19	627.70	739.40	30
云 南	Yunnan	1429.50	1573.60	27	790.90	913.60	24
西 藏	Tibet	370.10	440.80	31	206.60	213.10	31
陕 西	Shaanxi	1783.40	1855.40	18	1195.70	1334.20	8
甘 肃	Gansu	1501.60	1535.90	29	914.20	1002.20	22
青 海	Qinghai	1568.20	1686.60	22	1178.20	1242.20	13
宁 夏	Ningxia	1771.90	1955.60	12	1139.90	1186.70	17
新 疆	Xinjiang	1470.90	1593.10	24	1096.80	1245.90	12

7-14 城镇居民年人均可支配收入和消费支出
Per Capita Disposable Income and Consumption Expenditure of Urban Households

单位：元 (yuan)

地区	Region	可支配收入 Disposable Income 2010	2016	2017	2017排名 Ranking	消费支出 Consumption Expenditure 2016	2017	2017排名 Ranking
全　国	**National Total**	**19109.44**	**33616.25**	**36396.20**		**23078.90**	**24445.00**	
北　京	Beijing	29072.93	57275.31	62406.30	2	38255.52	40346.30	2
天　津	Tianjin	24292.60	37109.57	40277.50	6	28344.58	30283.60	4
河　北	Hebei	16263.43	28249.39	30547.80	22	19105.89	20600.30	20
山　西	Shanxi	15647.66	27352.33	29131.80	27	16992.82	18404.00	30
内蒙古	Inner Mongolia	17698.15	32974.95	35670.00	9	22744.45	23637.80	9
辽　宁	Liaoning	17712.58	32876.09	34993.40	10	24995.89	25379.40	8
吉　林	Jilin	15411.47	26530.42	28318.70	29	19166.38	20051.20	25
黑龙江	Heilongjiang	13856.51	25736.43	27446.00	31	18145.16	19269.80	28
上　海	Shanghai	31838.08	57691.67	62595.70	1	39856.76	42304.30	1
江　苏	Jiangsu	22944.26	40151.59	43621.80	4	26432.93	27726.30	6
浙　江	Zhejiang	27359.02	47237.18	51260.70	3	30067.66	31924.20	3
安　徽	Anhui	15788.17	29155.98	31640.30	14	19606.25	20740.20	18
福　建	Fujian	21781.31	36014.26	39001.40	7	25005.52	25980.50	7
江　西	Jiangxi	15481.12	28673.28	31198.10	15	17695.65	19244.50	29
山　东	Shandong	19945.83	34012.08	36789.40	8	21495.29	23072.10	11
河　南	Henan	15930.26	27232.92	29557.90	24	18087.79	19422.30	27
湖　北	Hubei	16058.37	29385.80	31889.40	13	20040.03	21275.60	16
湖　南	Hunan	16565.70	31283.89	33947.90	11	21419.99	23162.60	10
广　东	Guangdong	23897.80	37684.25	40975.10	5	28613.33	30197.90	5
广　西	Guangxi	17063.89	28324.43	30502.10	23	17268.45	18348.60	31
海　南	Hainan	15581.05	28453.47	30817.40	17	19015.47	20371.90	22
重　庆	Chongqing	17532.43	29609.96	32193.20	12	21030.94	22759.20	13
四　川	Sichuan	15461.16	28335.30	30726.90	20	20659.81	21990.60	14
贵　州	Guizhou	14142.74	26742.61	29079.80	28	19201.68	20347.80	23
云　南	Yunnan	16064.54	28610.57	30995.90	16	18622.40	19559.70	26
西　藏	Tibet	14980.47	27802.39	30671.10	21	19440.48	21087.50	17
陕　西	Shaanxi	15695.21	28440.09	30810.30	18	19368.90	20388.20	21
甘　肃	Gansu	13188.55	25693.49	27763.40	30	19539.22	20659.40	19
青　海	Qinghai	13854.99	26757.41	29168.90	26	20853.17	21473.00	15
宁　夏	Ningxia	15344.49	27153.01	29472.30	25	20364.23	20219.50	24
新　疆	Xinjiang	13643.77	28463.43	30774.80	19	21228.50	22796.90	12

7-15　城镇居民年人均工资性收入和经营净收入
Per Capita Annual Income from Wages and Salaries and Net Business Income of Urban Households

单位：元　　(yuan)

地区	Region	工资性收入 Income from Wages and Salaries				经营净收入 Net Business Income			
		2010	2016	2017	2017排名 Ranking	2010	2016	2017	2017排名 Ranking
全　国	**National Total**	**13707.68**	**20664.99**	**22200.90**		**1713.51**	**3770.10**	**4064.70**	
北　京	Beijing	23099.09	35701.13	37883.20	1	1170.65	1291.93	1293.40	30
天　津	Tianjin	16780.41	23206.82	25302.50	6	931.81	2665.57	2771.90	21
河　北	Hebei	10566.30	18031.94	19496.00	17	1043.72	1983.29	2139.20	25
山　西	Shanxi	10784.74	16954.36	17831.00	25	1044.85	2659.14	2443.40	24
内蒙古	Inner Mongolia	12614.46	20354.92	21707.40	10	2013.77	5465.90	6349.30	2
辽　宁	Liaoning	11712.68	18315.81	19256.70	18	1797.82	3950.81	4405.80	12
吉　林	Jilin	10621.43	15837.76	16917.10	28	1363.73	2518.90	2494.00	23
黑龙江	Heilongjiang	9087.59	15008.56	15782.60	31	1266.72	2670.72	2896.60	20
上　海	Shanghai	25439.97	34338.67	35995.00	2	1628.22	1400.14	1551.10	29
江　苏	Jiangsu	14816.87	24213.93	26298.30	5	2519.06	4411.12	4655.40	8
浙　江	Zhejiang	18313.60	26655.90	28817.70	4	3640.87	7126.02	7668.70	1
安　徽	Anhui	11442.43	18277.89	19756.20	15	1172.36	4420.45	4720.70	7
福　建	Fujian	15682.48	22213.41	23886.00	8	2135.92	4919.35	5159.00	4
江　西	Jiangxi	10613.83	18135.90	19794.90	14	1266.21	2384.69	2605.50	22
山　东	Shandong	15731.23	21812.27	23431.00	9	1703.72	4778.40	5193.90	3
河　南	Henan	10804.88	15829.02	16833.50	29	1478.06	3754.51	4356.80	13
湖　北	Hubei	11460.49	16517.54	17915.20	24	1391.83	4150.24	4497.70	11
湖　南	Hunan	10782.04	17274.86	18765.90	19	1880.90	4339.18	4605.80	9
广　东	Guangdong	18902.43	27965.30	30087.30	3	2666.53	4203.91	4560.80	10
广　西	Guangxi	12061.82	16492.82	17943.20	23	1474.90	4804.78	4904.20	5
海　南	Hainan	10957.92	18891.85	20395.70	13	1716.74	2914.63	3180.60	17
重　庆	Chongqing	12738.20	17043.05	18335.80	21	1263.20	3347.76	3685.30	15
四　川	Sichuan	11310.70	16219.06	17299.30	26	1198.69	3326.73	3586.20	16
贵　州	Guizhou	9627.99	15351.45	16552.60	30	1174.02	4282.05	4721.80	6
云　南	Yunnan	10845.21	15543.86	16923.20	27	1122.89	3490.46	3814.90	14
西　藏	Tibet	14707.14	22397.96	23897.60	7	395.66	723.33	763.90	31
陕　西	Shaanxi	12078.35	16876.80	18105.70	22	573.19	2013.89	2029.10	27
甘　肃	Gansu	9882.50	16751.22	18459.60	20	687.96	1960.55	2132.10	26
青　海	Qinghai	10061.58	18740.93	20568.30	12	943.96	2007.65	1899.20	28
宁　夏	Ningxia	10821.22	18032.88	19568.70	16	2238.13	2824.41	3062.30	19
新　疆	Xinjiang	11327.91	19173.37	20716.30	11	1131.78	2940.52	3179.70	18

7-16 城镇居民年人均财产净收入和转移净收入

Per Capita Net Income from Properties and Income from Transfers of Urban Households

单位：元 (yuan)

地区	Region	财产净收入 Net Income from Properties				转移净收入 Net Income from Transfers			
		2010	2016	2017	2017排名 Ranking	2010	2016	2017	2017排名 Ranking
全　国	**National Total**	**520.33**	**3271.33**	**3606.90**		**5091.90**	**5909.82**	**6523.60**	
北　京	Beijing	655.91	9309.77	10519.70	1	8434.77	10972.48	12710.00	2
天　津	Tianjin	333.17	3721.16	4037.40	8	8896.61	7516.02	8165.80	5
河　北	Hebei	323.97	2512.55	2724.10	11	5400.43	5721.61	6188.50	15
山　西	Shanxi	198.59	2003.46	2190.10	22	4864.81	5735.37	6667.30	14
内蒙古	Inner Mongolia	432.82	1732.91	1824.00	26	3953.19	5421.23	5789.30	19
辽　宁	Liaoning	249.59	1832.59	1874.10	25	6254.48	8776.87	9456.80	3
吉　林	Jilin	163.83	1388.09	1402.10	28	4645.45	6785.67	7505.50	9
黑龙江	Heilongjiang	102.05	1305.33	1314.40	30	4639.19	6751.82	7452.30	10
上　海	Shanghai	512.12	8487.04	9975.70	2	8158.20	13465.82	15074.00	1
江　苏	Jiangsu	471.04	4151.16	4625.00	5	7308.57	7375.39	8043.00	6
浙　江	Zhejiang	1470.13	6381.06	6911.30	3	6710.19	7074.19	7863.10	7
安　徽	Anhui	427.01	2079.92	2310.90	21	4584.91	4377.73	4852.50	28
福　建	Fujian	1420.84	4199.43	4579.50	6	4910.35	4682.07	5376.90	23
江　西	Jiangxi	344.77	2619.25	2630.50	12	4333.20	5533.42	6167.20	16
山　东	Shandong	490.22	2740.20	3033.50	10	3811.78	4681.22	5130.90	25
河　南	Henan	222.07	2411.84	2545.00	15	4636.80	5237.55	5822.60	18
湖　北	Hubei	378.34	2299.27	2594.50	14	4342.17	6418.75	6882.10	13
湖　南	Hunan	541.11	3009.64	3204.10	9	4453.02	6660.21	7372.20	11
广　东	Guangdong	956.60	4374.77	5077.20	4	4371.30	1140.27	1249.80	31
广　西	Guangxi	576.87	2229.18	2390.00	17	4628.62	4797.66	5264.70	24
海　南	Hainan	559.76	2170.33	2375.40	20	3695.21	4476.66	4865.70	27
重　庆	Chongqing	312.64	2221.49	2375.60	19	4676.51	6997.67	7796.60	8
四　川	Sichuan	378.08	2363.48	2626.80	13	4241.43	6426.03	7214.60	12
贵　州	Guizhou	213.83	1940.70	2184.90	23	4122.96	5168.41	5620.60	20
云　南	Yunnan	1162.12	4021.47	4346.40	7	4348.70	5554.78	5911.40	17
西　藏	Tibet	233.04	1705.99	2469.70	16	1203.14	2975.12	3540.00	30
陕　西	Shaanxi	187.39	2056.51	2155.70	24	4225.78	7492.89	8519.80	4
甘　肃	Gansu	72.23	2355.81	2378.70	18	3664.59	4625.90	4793.00	29
青　海	Qinghai	73.90	1451.03	1612.50	27	4401.37	4557.80	5088.80	26
宁　夏	Ningxia	189.52	1255.37	1269.80	31	4287.91	5040.34	5571.60	21
新　疆	Xinjiang	151.94	1279.28	1351.80	29	2809.96	5070.26	5527.00	22

7-17 城镇居民年人均食品与其他用品及服务支出

Per Capita Consumption Expenditure for Food and Miscellaneous Goods and Services of Urban Households

单位：元 (yuan)

地区	Region	食品（元） Food				其他用品及服务 Miscellaneous Goods and Services		
		2010	2016	2017	2017排名 Ranking	2016	2017	2017排名 Ranking
全 国	**National Total**	**4804.71**	**6762.41**	**7001.00**		**594.7**	**651.5**	
北 京	Beijing	6392.90	8070.38	8003.30	7	1140.6	1125.1	2
天 津	Tianjin	5940.44	8679.65	9456.20	3	892.2	962.2	3
河 北	Hebei	3335.23	4991.56	5067.10	29	460.4	478.4	27
山 西	Shanxi	3052.57	3862.79	4244.20	31	450.1	465.9	28
内蒙古	Inner Mongolia	4211.48	6445.77	6468.80	16	699.9	758.8	7
辽 宁	Liaoning	4658.00	6901.64	6988.30	12	802.8	860.6	5
吉 林	Jilin	3767.85	4975.74	5168.70	28	534.9	619.0	10
黑龙江	Heilongjiang	3784.72	5019.31	5247.00	26	468.3	606.9	13
上 海	Shanghai	7776.98	10014.76	10456.50	1	1102.1	1268.5	1
江 苏	Jiangsu	5243.14	7389.21	7616.20	8	736.6	793.6	6
浙 江	Zhejiang	6118.46	8467.28	8906.10	5	645.3	713.0	8
安 徽	Anhui	4369.63	6381.73	6665.30	13	432.9	520.1	20
福 建	Fujian	5790.72	8299.57	8551.60	6	492.8	612.1	11
江 西	Jiangxi	4195.38	5667.46	5994.00	23	449.6	497.7	24
山 东	Shandong	4205.88	5929.43	6179.60	19	526.9	540.2	17
河 南	Henan	3575.75	5067.71	5187.80	27	492.8	548.5	15
湖 北	Hubei	4429.30	6294.26	6542.50	15	435.6	513.6	22
湖 南	Hunan	4322.09	6407.71	6585.00	14	437.4	478.9	26
广 东	Guangdong	6746.62	9421.58	9711.70	2	870.1	915.1	4
广 西	Guangxi	4372.75	5937.18	6098.50	20	299.3	351.0	31
海 南	Hainan	4895.96	7419.69	7575.30	9	341.0	389.5	30
重 庆	Chongqing	5012.56	6883.85	7305.30	11	434.4	547.5	16
四 川	Sichuan	4779.60	7118.40	7329.30	10	577.1	612.1	11
贵 州	Guizhou	4013.67	6010.29	6242.60	18	374.6	491.9	25
云 南	Yunnan	4593.49	5528.20	5665.10	25	414.3	419.5	29
西 藏	Tibet	4847.58	8727.76	9253.60	4	596.5	519.0	21
陕 西	Shaanxi	4381.40	5422.04	5798.60	24	409.0	526.1	18
甘 肃	Gansu	3702.18	5777.33	6032.60	22	479.9	499.1	23
青 海	Qinghai	3784.81	5975.67	6060.80	21	614.9	557.2	14
宁 夏	Ningxia	3768.09	4889.22	4952.20	30	546.6	524.5	19
新 疆	Xinjiang	3694.81	6179.44	6359.60	17	581.5	627.1	9

7-18 城镇居民年人均衣着和居住支出
Per Capita Consumption Expenditure for Clothing and Residence of Urban Households

单位：元 (yuan)

地区	Region	衣着 Clothing				居住 Residence			
		2010	2016	2017	2017排名 Ranking	2010	2016	2017	2017排名 Ranking
全　国	**National Total**	**1444.34**	**1739.01**	**1757.90**		**1332.14**	**5113.71**	**5564.00**	
北　京	Beijing	2087.91	2643.05	2428.70	2	1577.35	12128.04	13347.40	2
天　津	Tianjin	1567.58	2113.97	2118.90	4	1615.57	6187.34	6469.90	7
河　北	Hebei	1225.94	1614.41	1688.80	20	1344.47	4483.24	5047.60	8
山　西	Shanxi	1205.89	1602.96	1774.40	17	1245.00	3633.80	3866.60	23
内蒙古	Inner Mongolia	2203.59	2543.26	2576.70	1	1384.45	4006.13	4108.00	17
辽　宁	Liaoning	1586.81	2321.27	2167.90	3	1314.79	4632.83	4510.60	12
吉　林	Jilin	1570.68	1818.96	1954.10	8	1344.41	3611.95	3800.00	28
黑龙江	Heilongjiang	1608.37	1804.37	1920.80	11	1128.14	3352.35	3644.10	31
上　海	Shanghai	1794.06	1834.79	1827.00	15	2166.22	13216.02	14749.00	1
江　苏	Jiangsu	1465.54	1809.51	1838.50	14	1234.05	6140.57	6773.50	6
浙　江	Zhejiang	1802.29	1903.94	1925.70	10	1418.00	7385.39	8413.50	3
安　徽	Anhui	1225.56	1490.99	1544.10	26	1229.64	3931.17	4234.60	14
福　建	Fujian	1281.25	1443.55	1438.00	28	1606.27	6530.52	6829.10	5
江　西	Jiangxi	1138.84	1472.19	1531.20	27	1109.82	3915.86	4588.80	11
山　东	Shandong	1745.20	1977.66	2033.60	5	1408.64	4473.10	4894.80	9
河　南	Henan	1444.63	1746.62	1779.30	16	1080.10	3753.39	4226.60	15
湖　北	Hubei	1415.68	1557.43	1544.80	25	1187.54	4176.70	4669.40	10
湖　南	Hunan	1277.47	1666.36	1682.40	21	1182.33	3918.65	4353.20	13
广　东	Guangdong	1230.72	1583.42	1587.10	23	1925.21	6410.37	7127.80	4
广　西	Guangxi	926.42	886.27	908.10	30	1166.85	3784.29	3884.60	22
海　南	Hainan	636.14	859.61	895.70	31	1103.76	3527.74	3855.90	24
重　庆	Chongqing	1697.55	1939.22	1950.90	9	1275.96	3801.14	3960.40	18
四　川	Sichuan	1259.49	1767.47	1723.30	19	1126.65	3756.46	3906.20	20
贵　州	Guizhou	1102.41	1525.45	1570.00	24	890.75	3793.14	3819.80	27
云　南	Yunnan	1158.82	1195.48	1144.20	29	835.45	3814.35	3904.80	21
西　藏	Tibet	1158.60	1812.49	1973.30	7	726.59	3614.52	4183.60	16
陕　西	Shaanxi	1428.20	1542.19	1627.00	22	1126.92	3681.52	3796.50	29
甘　肃	Gansu	1255.69	1776.94	1905.80	12	910.34	3752.60	3828.30	26
青　海	Qinghai	1185.56	1963.53	1901.10	13	923.52	3809.42	3836.80	25
宁　夏	Ningxia	1417.47	1726.72	1768.10	18	1181.71	3770.48	3680.30	30
新　疆	Xinjiang	1513.42	1966.05	2025.30	6	898.38	3543.90	3954.70	19

7-19 城镇居民年人均生活用品及服务和医疗保健支出

Per Capita Household Facilities Articles and Services and Health Care and Medical Services of Urban Households

单位：元 (yuan)

地区	Region	生活用品及服务 Household Facilities Articles and Services			医疗保健 Health Care and Medical Services			
		2016	2017	2017排名 Ranking	2010	2016	2017	2017排名 Ranking
全　国	**National Total**	**1426.81**	**1525.00**		**871.77**	**1630.79**	**1777.40**	
北　京	Beijing	2511.03	2633.00	1	1327.22	2629.82	3088.00	1
天　津	Tianjin	1663.79	1773.80	4	1275.64	2172.16	2599.50	3
河　北	Hebei	1351.11	1485.10	15	923.83	1549.85	1737.30	19
山　西	Shanxi	951.65	1093.80	29	774.89	1651.55	1741.40	17
内蒙古	Inner Mongolia	1565.15	1670.20	7	1126.03	1840.17	1907.30	12
辽　宁	Liaoning	1558.19	1536.80	12	1079.81	2313.64	2380.10	4
吉　林	Jilin	1107.08	1114.90	27	1171.25	2059.25	2164.00	6
黑龙江	Heilongjiang	1018.86	1030.80	31	948.44	2007.54	1966.70	9
上　海	Shanghai	1868.16	1927.90	2	1005.54	2839.93	2734.70	2
江　苏	Jiangsu	1616.21	1708.60	6	805.73	1624.49	1573.70	23
浙　江	Zhejiang	1420.68	1617.40	8	1033.70	1691.87	1871.80	14
安　徽	Anhui	1118.38	1215.00	23	737.05	1269.26	1274.50	26
福　建	Fujian	1393.43	1478.10	16	617.36	1178.47	1235.10	29
江　西	Jiangxi	1028.59	1196.20	24	524.22	887.45	1044.30	30
山　东	Shandong	1576.50	1736.50	5	885.79	1610.01	1780.60	16
河　南	Henan	1430.23	1572.10	11	941.32	1524.52	1611.50	21
湖　北	Hubei	1163.77	1287.20	21	709.58	1792.04	2165.50	5
湖　南	Hunan	1384.10	1492.60	13	776.85	1362.56	1693.00	20
广　东	Guangdong	1721.85	1782.80	3	929.50	1304.48	1503.60	25
广　西	Guangxi	1032.75	1093.30	30	625.45	1065.92	1254.20	27
海　南	Hainan	953.99	1102.80	28	579.89	1399.85	1505.10	24
重　庆	Chongqing	1466.00	1592.10	9	1021.48	1700.04	1882.50	13
四　川	Sichuan	1311.10	1403.80	17	661.03	1423.36	1595.60	22
贵　州	Guizhou	1270.19	1359.20	19	546.84	1050.11	1244.00	28
云　南	Yunnan	1135.15	1162.70	25	637.89	1526.73	1786.60	15
西　藏	Tibet	983.04	1161.80	26	385.63	585.28	639.70	31
陕　西	Shaanxi	1367.68	1486.60	14	935.38	2016.74	2140.80	7
甘　肃	Gansu	1329.06	1358.00	20	828.57	1583.36	1741.20	18
青　海	Qinghai	1322.06	1398.80	18	718.78	1750.38	1948.60	10
宁　夏	Ningxia	1245.07	1257.10	22	890.05	1874.00	1936.60	11
新　疆	Xinjiang	1543.79	1590.00	10	708.16	1934.80	2065.60	8

7-20 城镇居民年人均交通通信和文教娱乐支出

Per Capita Consumption Expenditure on Transportation, Communications, Education, Culture and Recreation of Urban Households

单位：元 (yuan)

地区	Region	交通通信 Transport and Communications				文教娱乐 Education, Culture and Recreation			
		2010	2016	2017	2017排名 Ranking	2010	2016	2017	2017排名 Ranking
全　国	**National Total**	**1983.70**	**3173.86**	**3321.50**		**1220.68**	**2637.63**	**2846.60**	
北　京	Beijing	3420.91	5077.90	5395.50	1	2068.79	4054.73	4325.20	2
天　津	Tianjin	2454.38	3991.90	3924.20	6	1331.92	2643.57	2979.00	8
河　北	Hebei	1398.35	2664.06	2923.30	18	732.96	1991.28	2172.70	29
山　西	Shanxi	1340.90	2401.01	2658.20	24	942.04	2438.96	2559.40	15
内蒙古	Inner Mongolia	1768.66	3045.22	3511.30	9	1185.23	2598.89	2636.70	10
辽　宁	Liaoning	1773.26	3446.97	3770.70	7	1145.78	3018.52	3164.30	7
吉　林	Jilin	1363.91	2691.01	2785.20	23	981.11	2367.54	2445.40	19
黑龙江	Heilongjiang	1191.32	2462.89	2563.90	26	771.95	2011.55	2289.50	24
上　海	Shanghai	4076.46	4447.49	4253.50	4	2307.37	4533.53	5087.20	1
江　苏	Jiangsu	1935.07	3952.43	3971.60	5	1575.36	3163.91	3450.50	5
浙　江	Zhejiang	3437.14	5100.85	4955.80	2	2055.78	3452.32	3521.10	4
安　徽	Anhui	1356.57	2748.42	2914.30	19	1158.98	2233.35	2372.20	21
福　建	Fujian	2196.88	3205.69	3353.00	11	1335.05	2461.45	2483.50	18
江　西	Jiangxi	1270.28	2310.58	2156.90	30	901.22	1963.93	2235.40	26
山　东	Shandong	2140.42	3002.48	3284.40	12	979.16	2399.25	2622.50	13
河　南	Henan	1374.76	1993.75	2269.60	29	792.67	2078.78	2226.90	27
湖　北	Hubei	1205.48	2391.87	2131.70	31	1034.22	2228.38	2420.90	20
湖　南	Hunan	1541.40	2837.11	2904.60	20	1117.69	3406.13	3972.90	3
广　东	Guangdong	3419.74	4198.09	4285.50	3	1843.19	3103.40	3284.30	6
广　西	Guangxi	1973.04	2259.80	2607.30	25	854.39	2002.96	2151.50	30
海　南	Hainan	1805.10	2582.33	2811.50	22	778.42	1931.30	2236.10	25
重　庆	Chongqing	1384.27	2573.87	2992.00	16	1064.04	2232.41	2528.50	16
四　川	Sichuan	1674.15	2697.60	3198.30	14	906.72	2008.36	2221.90	28
贵　州	Guizhou	1270.49	2684.39	2889.00	21	985.21	2493.55	2731.30	9
云　南	Yunnan	2039.66	2791.15	3113.60	15	767.63	2217.02	2363.10	22
西　藏	Tibet	1230.93	2198.45	2312.50	28	333.32	922.48	1044.00	31
陕　西	Shaanxi	1194.77	2455.73	2394.70	27	1217.45	2474.00	2617.90	14
甘　肃	Gansu	1076.62	2517.88	2952.60	17	823.33	2322.12	2341.90	23
青　海	Qinghai	1116.56	3064.31	3241.30	13	633.13	2352.94	2528.30	17
宁　夏	Ningxia	1574.57	3896.47	3470.90	10	915.04	2415.66	2629.70	11
新　疆	Xinjiang	1255.87	3074.08	3545.20	8	706.98	2404.95	2629.50	12

7-21 城市家庭户住房间数和面积
Number and Area of Rooms of Urban Household in Cities

地区	Region	城市家庭户平均每户住房间数（间/户） Number Between Urban Housing Average per Household (room/household) 2010	2010排名 Ranking	城市家庭户人均住房面积（平方米/人） Urban Family per Capita Housing Area (sq.m/person) 2010	2010排名 Ranking
全　国	**National Total**	**2.37**		**29.15**	
北　京	Beijing	2.04	25	27.81	19
天　津	Tianjin	1.88	30	25.51	26
河　北	Hebei	2.71	6	30.10	12
山　西	Shanxi	2.33	18	25.77	24
内蒙古	Inner Mongolia	1.95	27	24.86	30
辽　宁	Liaoning	1.96	26	25.76	25
吉　林	Jilin	1.93	28	25.21	28
黑龙江	Heilongjiang	1.90	29	23.72	31
上　海	Shanghai	1.86	31	25.11	29
江　苏	Jiangsu	2.55	10	33.86	2
浙　江	Zhejiang	2.26	23	30.97	8
安　徽	Anhui	2.41	14	29.42	15
福　建	Fujian	2.48	11	30.29	11
江　西	Jiangxi	2.71	6	29.76	14
山　东	Shandong	2.96	3	32.41	5
河　南	Henan	3.17	1	34.02	1
湖　北	Hubei	2.57	9	33.22	4
湖　南	Hunan	2.87	4	33.45	3
广　东	Guangdong	2.17	24	26.37	22
广　西	Guangxi	2.75	5	30.71	9
海　南	Hainan	2.40	15	25.42	27
重　庆	Chongqing	2.31	20	29.77	13
四　川	Sichuan	2.45	12	30.70	10
贵　州	Guizhou	2.34	17	25.94	23
云　南	Yunnan	2.66	8	31.27	7
西　藏	Tibet	2.97	2	31.81	6
陕　西	Shaanxi	2.40	15	28.81	16
甘　肃	Gansu	2.32	19	26.69	21
青　海	Qinghai	2.43	13	27.77	20
宁　夏	Ningxia	2.28	21	28.38	17
新　疆	Xinjiang	2.28	21	28.00	18

注：本表基于2010年全国人口普查数据。

Note: The table is based on the data from the National Population Census in 2010.

7-22 农村居民年人均可支配收入和消费支出

Per Capita Disposable Income and Consumption Expenditure of Rural Households

单位：元 (yuan)

地区	Region	可支配收入（元） Disposable Income				消费支出 Consumption Expenditure			
		2010	2016	2017	2017排名 Ranking	2010	2016	2017	2017排名 Ranking
全　国	**National Total**	**5919.01**	**12363.41**	**13432.40**		**4381.80**	**10129.78**	**10954.50**	
北　京	Beijing	13262.29	22309.52	24240.50	3	9254.80	17329.03	18810.50	1
天　津	Tianjin	10074.86	20075.64	21753.70	4	4936.70	15912.06	16385.90	4
河　北	Hebei	5957.98	11919.35	12880.90	15	3844.90	9798.28	10535.90	15
山　西	Shanxi	4736.25	10082.45	10787.50	24	3663.90	8028.77	8424.00	27
内蒙古	Inner Mongolia	5529.59	11609.00	12584.30	20	4460.80	11462.59	12184.40	8
辽　宁	Liaoning	6907.93	12880.71	13746.80	10	4489.50	9953.15	10787.30	14
吉　林	Jilin	6237.44	12122.94	12950.40	12	4147.40	9521.43	10279.40	18
黑龙江	Heilongjiang	6210.72	11831.85	12664.80	18	4391.20	9423.83	10523.90	16
上　海	Shanghai	13977.96	25520.40	27825.00	1	10210.50	17070.85	18089.80	3
江　苏	Jiangsu	9118.24	17605.64	19158.00	5	6542.90	14428.21	15611.50	5
浙　江	Zhejiang	11302.55	22866.07	24955.80	2	8928.90	17358.93	18093.40	2
安　徽	Anhui	5285.17	11720.47	12758.20	16	4013.30	10287.30	11106.10	12
福　建	Fujian	7426.86	14999.19	16334.80	6	5498.30	12910.84	14003.40	6
江　西	Jiangxi	5788.56	12137.72	13241.80	11	3911.60	9128.27	9870.40	21
山　东	Shandong	6990.28	13954.06	15117.50	8	4807.20	9518.88	10342.10	17
河　南	Henan	5523.73	11696.74	12719.20	17	3682.20	8586.59	9211.50	25
湖　北	Hubei	5832.27	12724.97	13812.10	9	4090.80	10938.30	11632.50	9
湖　南	Hunan	5621.96	11930.41	12935.80	13	4310.40	10629.94	11533.60	10
广　东	Guangdong	7890.25	14512.15	15779.70	7	5515.60	12414.84	13199.60	7
广　西	Guangxi	4543.41	10359.47	11325.50	22	3455.30	8351.25	9436.60	23
海　南	Hainan	5275.37	11842.86	12901.80	14	3446.20	8921.15	9599.40	22
重　庆	Chongqing	5276.66	11548.79	12637.90	19	3624.60	9954.36	10936.10	13
四　川	Sichuan	5086.89	11203.13	12226.90	21	3897.50	10191.58	11396.70	11
贵　州	Guizhou	3471.93	8090.28	8869.10	30	2852.50	7533.29	8299.00	28
云　南	Yunnan	3952.03	9019.81	9862.20	28	3398.30	7330.51	8027.30	30
西　藏	Tibet	4138.71	9093.85	10330.20	26	2666.90	6070.32	6691.50	31
陕　西	Shaanxi	4104.98	9396.45	10264.50	27	3793.80	8567.69	9305.60	24
甘　肃	Gansu	3424.65	7456.85	8076.10	31	2942.00	7487.03	8029.70	29
青　海	Qinghai	3862.68	8664.36	9462.30	29	3774.50	9222.15	9902.70	20
宁　夏	Ningxia	4674.89	9851.63	10737.90	25	4013.20	9138.40	9982.10	19
新　疆	Xinjiang	4642.67	10183.18	11045.30	23	3457.90	8277.00	8712.60	26

注：本表绝对数按当年价格计算，指数按可比价格计算。

Note: The absolute data Level in this table are calculated at current prices, while indices are calculated at comparable prices.

7-23 农村居民年人均工资性收入和家庭经营净收入

Per Capita Net Income of Rural Households from Wages and Salaries and Net Business Incomes

单位：元 (yuan)

地区	Region	工资性收入 Income from Wages and Salaries				经营净收入 Net Business Income			
		2010	2016	2017	2017排名 Ranking	2010	2016	2017	2017排名 Ranking
全　国	**National Total**	**2431.05**	**5021.85**	**5498.40**		**2832.80**	**4741.28**	**5027.80**	
北　京	Beijing	8229.19	16637.49	18222.80	2	1816.84	2061.92	2140.40	30
天　津	Tianjin	5261.97	12048.11	13138.70	4	3895.19	5309.44	5561.90	13
河　北	Hebei	2653.42	6263.25	6840.90	8	2729.80	3970.00	4227.90	23
山　西	Shanxi	2108.60	5204.45	5462.40	11	2028.46	2729.85	2824.00	29
内蒙古	Inner Mongolia	1036.78	2448.94	2649.30	29	3669.93	6215.74	6384.60	4
辽　宁	Liaoning	2649.97	5071.23	5423.10	12	3486.14	5635.51	5819.10	9
吉　林	Jilin	1072.14	2363.14	3018.30	24	4085.92	7558.94	7399.80	1
黑龙江	Heilongjiang	1241.59	2430.54	2840.30	25	3941.65	6425.93	6692.80	3
上　海	Shanghai	9605.73	18947.87	20289.20	1	589.74	1387.91	1372.80	31
江　苏	Jiangsu	4896.39	8731.75	9513.00	5	3215.02	5283.08	5619.40	11
浙　江	Zhejiang	5822.48	14204.26	15457.10	3	4307.13	5621.89	6112.20	6
安　徽	Anhui	2203.94	4291.40	4624.00	16	2626.42	4596.10	5026.20	16
福　建	Fujian	3094.60	6785.20	7415.90	7	3558.44	5821.46	6275.80	5
江　西	Jiangxi	2394.62	4954.66	5609.20	10	2919.42	4692.30	4868.80	17
山　东	Shandong	2958.06	5569.10	6068.90	9	3456.89	6266.55	6729.70	2
河　南	Henan	1943.86	4227.98	4770.40	15	3240.43	4643.18	4747.20	19
湖　北	Hubei	2186.11	4023.04	4389.60	18	3234.94	5534.01	5963.90	8
湖　南	Hunan	2655.59	4946.24	5340.80	13	2463.90	4138.58	4368.90	21
广　东	Guangdong	4799.52	7255.30	7854.60	6	2203.74	3883.59	4118.60	24
广　西	Guangxi	1707.18	2848.09	3242.40	23	2510.15	4759.20	5103.10	15
海　南	Hainan	1261.86	4764.92	5167.50	14	3563.31	5315.69	5576.30	12
重　庆	Chongqing	2335.23	3965.65	4394.50	17	2323.51	4150.05	4491.40	20
四　川	Sichuan	2248.18	3737.63	4016.10	21	2263.34	4525.17	4821.40	18
贵　州	Guizhou	1303.85	3211.03	3635.70	22	1706.33	3115.83	3285.20	27
云　南	Yunnan	930.00	2553.88	2794.90	27	2510.12	5043.68	5412.50	14
西　藏	Tibet	1108.84	2204.93	2428.10	30	2308.78	5237.95	5735.40	10
陕　西	Shaanxi	1734.48	3916.02	4271.50	19	1882.21	3057.87	3241.50	28
甘　肃	Gansu	1199.45	2124.96	2275.40	31	1855.99	3261.43	3556.20	26
青　海	Qinghai	1269.81	2464.34	2704.10	28	1973.12	3197.01	3763.60	25
宁　夏	Ningxia	1788.28	3906.05	4224.00	20	2421.50	3937.47	4252.00	22
新　疆	Xinjiang	556.26	2527.11	2796.50	26	3649.98	5641.98	6037.00	7

7-24 农村居民年人均财产净收入和转移净收入

Per Capita Net Income of Rural Households from Properties and Income from Transfers

单位：元 (yuan)

地区	Region	财产净收入 Net Income from Properties				转移净收入 Net Income from Transfers			
		2010	2016	2017	2017排名 Ranking	2010	2016	2017	2017排名 Ranking
全　国	**National Total**	**202.25**	**272.05**	**303.00**		**452.92**	**2328.23**	**2603.20**	
北　京	Beijing	1339.88	1350.14	1570.50	1	1876.38	2259.98	2306.80	19
天　津	Tianjin	368.41	893.73	1007.60	2	549.29	1824.35	2045.40	23
河　北	Hebei	182.45	257.47	274.20	17	392.31	1428.64	1537.90	30
山　西	Shanxi	214.17	149.02	163.90	28	385.01	1999.14	2337.20	18
内蒙古	Inner Mongolia	164.26	452.57	514.80	7	658.61	2491.75	3035.60	8
辽　宁	Liaoning	234.15	257.60	296.90	14	537.67	1916.38	2207.70	21
吉　林	Jilin	377.45	231.76	289.10	16	701.93	1969.10	2243.20	20
黑龙江	Heilongjiang	344.10	572.74	553.00	6	683.39	2402.64	2578.60	14
上　海	Shanghai	970.25	859.59	862.40	3	2812.24	4325.03	5300.70	1
江　苏	Jiangsu	398.94	606.04	680.30	5	607.89	2984.78	3345.30	4
浙　江	Zhejiang	525.38	661.81	717.80	4	647.57	2378.10	2668.60	12
安　徽	Anhui	141.95	186.74	218.90	19	312.86	2646.24	2889.10	10
福　建	Fujian	245.10	255.68	290.00	15	528.71	2136.85	2353.00	17
江　西	Jiangxi	100.21	204.37	214.20	20	374.31	2286.39	2549.60	16
山　东	Shandong	238.29	358.72	390.80	9	337.04	1759.69	1928.20	28
河　南	Henan	59.29	167.97	199.50	21	280.14	2657.61	3002.10	9
湖　北	Hubei	106.92	158.60	165.80	27	304.30	3009.32	3292.80	5
湖　南	Hunan	101.58	143.11	148.20	29	400.89	2702.48	3077.90	6
广　东	Guangdong	401.15	365.76	414.80	8	485.85	3007.50	3391.70	3
广　西	Guangxi	33.78	149.15	185.10	23	292.30	2603.03	2794.90	11
海　南	Hainan	107.77	139.11	185.90	22	342.43	1623.14	1972.00	26
重　庆	Chongqing	90.50	295.77	308.00	13	527.41	3137.33	3444.00	2
四　川	Sichuan	144.01	268.52	322.50	12	431.36	2671.82	3066.90	7
贵　州	Guizhou	117.19	67.10	92.00	31	344.56	1696.32	1856.20	29
云　南	Yunnan	176.84	152.19	176.50	25	335.07	1270.06	1478.20	31
西　藏	Tibet	169.12	148.66	175.00	26	551.97	1502.31	1991.60	24
陕　西	Shaanxi	97.02	158.96	185.10	23	391.27	2263.60	2566.30	15
甘　肃	Gansu	39.87	128.41	142.30	30	329.34	1942.04	2102.20	22
青　海	Qinghai	120.68	325.24	326.40	10	499.07	2677.79	2668.20	13
宁　夏	Ningxia	98.66	291.82	323.80	11	366.45	1716.28	1938.00	27
新　疆	Xinjiang	126.53	222.75	232.90	18	309.91	1791.33	1979.00	25

7-25 农村居民年人均食品和其他用品及服务支出

Per Capita Consumption Expenditure of Rural Households on Food and the Miscellaneous Goods and Services

单位：元 (yuan)

地区	Region	食品 Food				其他用品及服务 Miscellaneous Goods and Services			
		2010	2016	2017	2017排名 Ranking	2010	2016	2017	2017排名 Ranking
全 国	**National Total**	**1800.67**	**3266.09**	**3415.40**		**94.02**	**186.02**	**200.90**	
北 京	Beijing	2994.66	4667.06	4653.20	6	193.21	217.05	205.80	14
天 津	Tianjin	2060.83	4980.90	4851.50	5	98.50	273.54	298.90	5
河 北	Hebei	1351.41	2745.42	2817.20	22	78.87	206.47	208.90	13
山 西	Shanxi	1372.49	2272.44	2308.30	31	80.40	143.25	150.60	25
内蒙古	Inner Mongolia	1675.04	3362.88	3384.70	13	97.41	252.08	258.40	9
辽 宁	Liaoning	1714.15	2678.65	2883.40	21	112.87	194.90	203.80	15
吉 林	Jilin	1523.32	2721.87	2903.20	20	104.47	203.87	214.10	12
黑龙江	Heilongjiang	1483.95	2609.07	2788.30	23	101.86	174.72	227.20	10
上 海	Shanghai	3806.82	5731.93	6114.10	1	209.66	299.48	350.20	2
江 苏	Jiangsu	2491.51	4254.69	4510.70	7	146.87	355.96	394.40	1
浙 江	Zhejiang	3055.59	5520.21	5608.20	2	172.34	273.92	265.30	7
安 徽	Anhui	1632.96	3523.03	3726.00	11	82.11	176.79	179.50	18
福 建	Fujian	2537.15	4818.30	5162.20	4	141.23	242.78	305.40	3
江 西	Jiangxi	1812.66	3221.71	3314.40	15	75.48	147.54	168.60	21
山 东	Shandong	1804.45	2832.77	2960.40	18	84.51	153.27	152.10	24
河 南	Henan	1371.17	2447.29	2495.90	28	90.14	148.54	166.00	22
湖 北	Hubei	1763.05	3295.30	3332.40	14	116.73	245.94	301.60	4
湖 南	Hunan	2087.85	3370.74	3521.20	12	96.23	194.61	163.40	23
广 东	Guangdong	2630.05	5010.47	5303.90	3	177.27	279.81	279.70	6
广 西	Guangxi	1675.41	2880.37	3042.80	17	62.30	104.71	144.80	26
海 南	Hainan	1724.47	3854.30	4021.30	9	90.49	155.70	169.70	20
重 庆	Chongqing	1750.01	3850.69	3993.10	10	50.70	158.46	184.20	17
四 川	Sichuan	1881.18	3886.60	4235.20	8	69.59	199.48	219.60	11
贵 州	Guizhou	1319.43	2316.53	2505.20	27	44.21	102.08	118.90	29
云 南	Yunnan	1604.50	2585.96	2612.80	25	43.11	85.00	91.10	31
西 藏	Tibet	1325.71	3183.31	3283.90	16	75.77	99.37	110.60	30
陕 西	Shaanxi	1299.22	2306.97	2417.30	30	75.77	153.52	178.00	19
甘 肃	Gansu	1315.25	2342.60	2438.20	29	46.09	120.85	136.80	27
青 海	Qinghai	1442.88	2715.45	2944.70	19	62.55	212.93	263.80	8
宁 夏	Ningxia	1541.77	2419.10	2522.20	26	101.22	208.73	189.30	16
新 疆	Xinjiang	1394.38	2624.19	2667.30	24	59.94	108.78	127.10	28

7-26 农村居民年人均衣着和居住支出
Per Capita Consumption Expenditure of Rural Households on Clothing and Residence

单位：元 (yuan)

地区	Region	衣着 Clothing				居住 Residence			
		2010	2016	2017	2017排名 Ranking	2010	2016	2017	2017排名 Ranking
全　国	**National Total**	**264.03**	**575.44**	**611.60**		**835.19**	**2147.08**	**2353.50**	
北　京	Beijing	699.42	1095.00	1024.60	2	1990.21	5198.83	5587.80	1
天　津	Tianjin	365.86	1088.36	1128.20	1	888.32	3198.30	3354.40	6
河　北	Hebei	250.92	650.23	684.40	13	839.66	2206.87	2380.80	12
山　西	Shanxi	315.78	565.25	577.50	21	614.70	1798.29	1901.90	23
内蒙古	Inner Mongolia	317.71	814.02	842.30	6	751.99	1995.85	2194.30	14
辽　宁	Liaoning	369.15	636.75	694.70	12	745.03	1906.45	2200.90	13
吉　林	Jilin	309.75	606.20	682.50	15	752.79	1817.15	1837.30	25
黑龙江	Heilongjiang	387.17	647.52	776.60	7	793.80	1618.39	1722.70	27
上　海	Shanghai	554.13	877.06	925.30	4	2070.25	4170.70	4722.90	2
江　苏	Jiangsu	350.01	815.74	892.00	5	1170.88	3257.73	3395.20	5
浙　江	Zhejiang	551.53	952.81	955.80	3	2044.32	3881.76	4358.40	3
安　徽	Anhui	232.20	538.77	565.60	22	867.51	2248.30	2618.20	8
福　建	Fujian	310.14	567.48	630.80	17	865.50	3203.95	3547.90	4
江　西	Jiangxi	174.61	453.65	502.00	26	782.72	2319.52	2558.20	10
山　东	Shandong	305.56	576.41	585.20	20	832.95	1766.78	1973.50	19
河　南	Henan	261.52	677.41	712.40	10	765.18	1767.81	2005.50	18
湖　北	Hubei	217.61	568.71	626.40	18	816.42	2407.90	2512.30	11
湖　南	Hunan	209.85	508.28	527.20	24	719.20	2369.40	2562.50	9
广　东	Guangdong	215.51	411.96	459.50	27	986.70	2761.88	2902.40	7
广　西	Guangxi	110.46	252.02	286.70	31	692.51	1903.77	2119.80	17
海　南	Hainan	117.36	299.37	321.90	29	609.77	1652.35	1839.20	24
重　庆	Chongqing	224.13	591.07	598.20	19	548.00	1660.20	1967.30	20
四　川	Sichuan	226.62	640.60	682.90	14	625.28	1918.52	2157.10	15
贵　州	Guizhou	137.49	378.19	416.10	28	621.80	1746.86	1942.60	22
云　南	Yunnan	160.72	302.57	320.60	30	638.09	1396.06	1509.10	30
西　藏	Tibet	326.65	642.59	735.70	8	352.88	851.46	947.50	31
陕　西	Shaanxi	237.87	510.88	530.60	23	837.54	2026.53	2144.90	16
甘　肃	Gansu	184.23	482.47	507.90	25	551.63	1341.06	1561.50	29
青　海	Qinghai	255.19	635.61	670.00	16	944.23	1486.61	1739.10	26
宁　夏	Ningxia	302.61	672.92	718.60	9	776.44	1631.42	1958.70	21
新　疆	Xinjiang	303.66	710.28	710.30	11	695.17	1643.39	1659.80	28

7-27 农村居民年人均生活用品及服务和交通通信支出

Per Capita Consumption Expenditure of Rural Households on Household Facilities Articles and Services, Transportation and Communications

单位：元 (yuan)

地区	Region	生活用品及服务 Household Facilities Articles and Services			交通通信 Transport and Communications			
		2016	2017	2017排名 Ranking	2010	2016	2017	2017排名 Ranking
全 国	**National Total**	**595.67**	**634.00**		**461.10**	**1359.93**	**1509.10**	
北 京	Beijing	1156.50	1596.10	1	1112.44	2305.95	2729.90	3
天 津	Tianjin	1090.98	1100.50	2	467.48	2646.62	2902.00	2
河 北	Hebei	597.17	668.50	12	464.80	1511.06	1689.40	9
山 西	Shanxi	385.88	393.00	30	357.74	961.76	1028.00	29
内蒙古	Inner Mongolia	506.80	522.10	19	598.61	1790.28	2055.60	6
辽 宁	Liaoning	459.17	512.60	20	448.97	1663.86	1745.50	7
吉 林	Jilin	375.63	409.30	28	368.64	1334.49	1531.00	14
黑龙江	Heilongjiang	386.72	428.10	27	455.90	1468.07	1667.70	11
上 海	Shanghai	794.87	935.20	4	1459.45	2366.58	2365.90	5
江 苏	Jiangsu	910.19	954.30	3	785.53	2333.62	2619.50	4
浙 江	Zhejiang	870.31	842.10	5	1145.99	3075.96	3102.50	1
安 徽	Anhui	643.21	589.00	15	338.99	1276.27	1346.00	19
福 建	Fujian	687.94	721.00	9	638.07	1452.10	1555.00	13
江 西	Jiangxi	519.70	537.40	18	331.81	893.92	1067.40	27
山 东	Shandong	604.35	690.20	11	649.21	1545.12	1710.40	8
河 南	Henan	588.10	647.20	13	401.44	1210.89	1245.40	23
湖 北	Hubei	669.01	706.20	10	331.35	1381.37	1384.70	17
湖 南	Hunan	639.95	642.80	14	343.82	1083.14	1234.50	24
广 东	Guangdong	718.56	722.80	8	637.08	1370.48	1423.60	15
广 西	Guangxi	455.83	495.20	21	310.30	971.97	1288.50	22
海 南	Hainan	422.19	379.30	31	312.53	835.74	1041.50	28
重 庆	Chongqing	702.53	749.00	7	281.73	1066.57	1334.10	20
四 川	Sichuan	692.74	782.30	6	360.70	1173.96	1378.20	18
贵 州	Guizhou	437.39	449.90	25	229.66	961.04	1080.60	26
云 南	Yunnan	388.73	459.60	24	337.85	1032.17	1308.60	21
西 藏	Tibet	346.04	433.60	26	282.43	602.11	794.20	31
陕 西	Shaanxi	542.93	577.10	16	336.22	879.85	1114.40	25
甘 肃	Gansu	458.68	484.90	23	256.70	954.61	1016.00	30
青 海	Qinghai	464.39	488.30	22	369.60	1576.97	1629.30	12
宁 夏	Ningxia	578.63	574.40	17	444.02	1509.59	1675.20	10
新 疆	Xinjiang	400.63	408.50	29	382.14	1226.48	1421.40	16

7-28 农村居民年人均文教娱乐和医疗保健支出

Per Capita Consumption Expenditure of Rural Households on Education, Culture and Recreation, Health Care and Medical Services

单位：元 (yuan)

地区	Region	文教娱乐 Education, Culture and Recreation				医疗保健 Health Care and Medical Services			
		2010	2016	2017	2017排名 Ranking	2010	2016	2017	2017排名 Ranking
全　国	**National Total**	**366.72**	**1070.31**	**1171.30**		**326.04**	**929.25**	**1058.70**	
北　京	Beijing	950.61	1341.69	1313.70	8	840.61	1346.96	1699.30	1
天　津	Tianjin	462.25	1298.86	1343.20	6	360.47	1334.50	1407.20	5
河　北	Hebei	296.11	952.85	1014.10	25	344.25	928.22	1072.60	17
山　西	Shanxi	420.21	1132.31	1127.20	20	328.92	769.58	937.50	20
内蒙古	Inner Mongolia	374.19	1553.00	1638.60	2	467.97	1187.67	1288.40	9
辽　宁	Liaoning	500.28	1274.17	1295.00	10	413.83	1139.21	1251.40	12
吉　林	Jilin	454.05	1231.73	1302.50	9	462.42	1230.49	1399.60	6
黑龙江	Heilongjiang	560.71	1249.43	1362.10	5	443.16	1269.91	1551.20	2
上　海	Shanghai	997.65	1123.11	1219.80	12	584.51	1707.12	1456.40	3
江　苏	Jiangsu	908.10	1352.25	1450.50	4	362.28	1148.02	1395.00	7
浙　江	Zhejiang	839.19	1610.76	1590.90	3	709.30	1173.20	1370.20	8
安　徽	Anhui	363.92	949.06	1075.00	22	264.39	931.89	1006.80	18
福　建	Fujian	462.17	1071.34	1174.60	17	251.36	866.95	906.50	24
江　西	Jiangxi	285.23	922.24	1004.10	26	243.84	649.98	718.20	27
山　东	Shandong	421.91	1012.92	1140.90	18	383.89	1027.26	1129.30	15
河　南	Henan	250.47	948.76	1030.30	24	287.83	797.80	909.00	23
湖　北	Hubei	288.12	1156.60	1330.70	7	295.24	1213.47	1438.30	4
湖　南	Hunan	315.93	1477.32	1710.20	1	293.59	986.49	1171.80	13
广　东	Guangdong	326.53	1057.80	1186.00	15	307.43	803.88	921.70	22
广　西	Guangxi	182.55	1000.81	1127.90	19	228.99	781.76	931.00	21
海　南	Hainan	318.04	1108.51	1197.00	14	138.35	593.00	629.50	29
重　庆	Chongqing	239.03	1072.54	1226.20	11	270.31	852.31	883.90	26
四　川	Sichuan	218.62	707.17	847.70	29	276.06	972.51	1093.60	16
贵　州	Guizhou	186.19	1063.38	1183.30	16	178.07	527.83	602.50	30
云　南	Yunnan	206.45	919.95	1044.00	23	239.94	620.07	681.50	28
西　藏	Tibet	51.06	192.88	238.60	31	71.16	152.56	147.50	31
陕　西	Shaanxi	397.61	1102.88	1082.80	21	376.20	1044.13	1260.40	11
甘　肃	Gansu	238.03	965.46	993.70	27	203.13	821.29	890.60	25
青　海	Qinghai	198.53	851.43	897.10	28	307.92	1278.77	1270.40	10
宁　夏	Ningxia	241.08	1077.45	1212.40	13	417.92	1040.56	1131.20	14
新　疆	Xinjiang	170.15	716.41	747.50	30	314.73	846.84	970.70	19

7-29 每百户城镇居民拥有摩托车和家用汽车
Ownership of Motorcycle and Automobile Per 100 Urban Households

地区	Region	摩托车（辆） Motorcycle (unit)				家用汽车（台） Automobile (set)			
		2010	2016	2017	2017排名 Ranking	2010	2016	2017	2017排名 Ranking
全　国	**National Total**	**22.51**	**20.91**	**20.80**		**13.07**	**35.48**	**37.50**	
北　京	Beijing		2.39	2.50	31	33.83	48.58	49.20	3
天　津	Tianjin	1.70	3.43	2.60	30	15.96	42.52	43.10	6
河　北	Hebei	28.85	13.02	13.00	22	12.46	40.56	42.60	7
山　西	Shanxi	27.54	16.82	16.60	15	11.53	35.26	36.10	14
内蒙古	Inner Mongolia		19.29	18.80	11	11.17	38.48	41.00	9
辽　宁	Liaoning		8.86	8.80	28	9.00	27.92	29.20	24
吉　林	Jilin		14.75	15.10	16	7.11	23.05	24.80	30
黑龙江	Heilongjiang	8.00	9.48	9.30	27	3.60	15.96	16.80	31
上　海	Shanghai		3.65	3.50	29	16.81	30.22	31.50	22
江　苏	Jiangsu		14.65	14.10	19	13.83	45.84	47.50	4
浙　江	Zhejiang	25.82	11.09	11.80	24	26.37	53.29	55.50	2
安　徽	Anhui	23.00	14.8888	14.7	17	4.95	26.65	28.6	25
福　建	Fujian	51.30	45.34	44.60	1	10.97	33.18	36.30	13
江　西	Jiangxi	20.77	30.74	29.80	8	5.31	29.51	33.20	19
山　东	Shandong		18.10	17.40	14	19.82	55.58	59.20	1
河　南	Henan	19.97	19.56	18.90	10	6.75	30.30	31.60	21
湖　北	Hubei		30.50	31.50	7	5.53	23.63	25.20	29
湖　南	Hunan		34.40	35.30	4	7.69	32.02	34.30	17
广　东	Guangdong	44.90	41.38	42.60	2	26.58	34.65	36.70	12
广　西	Guangxi	48.11	43.81	41.80	3	13.26	36.06	38.50	10
海　南	Hainan	45.27	34.71	34.00	6	11.76	26.99	30.10	23
重　庆	Chongqing		16.83	17.50	12	6.60	25.43	28.10	26
四　川	Sichuan	9.78	19.90	19.80	9	8.60	30.06	33.60	18
贵　州	Guizhou	5.79	14.76	14.00	20	5.96	33.61	35.00	16
云　南	Yunnan		34.47	34.30	5	18.26	45.73	46.90	5
西　藏	Tibet	12.00	8.98	11.50	25	16.46	36.03	41.40	8
陕　西	Shaanxi		12.83	13.10	21	7.07	26.29	26.90	27
甘　肃	Gansu	7.75	18.75	17.50	12	3.53	23.62	26.90	27
青　海	Qinghai	4.00	12.50	12.70	23	5.49	30.27	31.80	20
宁　夏	Ningxia	19.19	16.23	14.50	18	7.00	35.66	37.60	11
新　疆	Xinjiang	18.53	9.74	9.70	26	8.63	31.61	35.70	15

7-30 每百户城镇居民拥有洗衣机和电冰箱
Ownership of Washing Machine and Refrigerator Per 100 Urban Households

单位：台 (set)

地区	Region	洗衣机 Washing Machine 2010	2016	2017	2017排名 Ranking	电冰箱 Refrigerator 2010	2016	2017	2017排名 Ranking
全　国	**National Total**	**96.92**	**94.21**	**95.70**		**96.61**	**96.44**	**98.00**	
北　京	Beijing		95.15	96.10	21		97.21	97.80	21
天　津	Tianjin	100.20	96.59	97.50	16	107.50	99.45	100.30	9
河　北	Hebei	97.66	98.91	99.40	8	98.28	99.13	99.10	16
山　西	Shanxi	100.73	98.94	99.90	5	90.19	95.36	96.00	27
内蒙古	Inner Mongolia		95.65	96.40	19		97.23	98.60	17
辽　宁	Liaoning		94.56	95.70	25		98.66	99.90	13
吉　林	Jilin		95.53	96.20	20		95.78	96.30	25
黑龙江	Heilongjiang	94.00	92.58	94.30	27	86.00	93.73	95.40	28
上　海	Shanghai		94.83	96.10	21		99.94	101.30	7
江　苏	Jiangsu		100.39	101.20	2		103.03	104.10	1
浙　江	Zhejiang	94.26	90.23	92.50	28	100.36	97.88	100.30	9
安　徽	Anhui	97.35	95.50	97.30	17	96.61	98.23	100.20	12
福　建	Fujian	101.46	87.57	89.70	29	105.49	97.43	98.60	17
江　西	Jiangxi	93.84	94.90	95.80	23	96.57	97.38	98.40	20
山　东	Shandong		97.12	98.00	14		100.11	101.50	6
河　南	Henan	97.43	100.23	101.60	1	90.70	98.04	99.20	15
湖　北	Hubei		94.17	95.80	23		98.10	100.30	9
湖　南	Hunan		99.18	100.80	4		101.40	102.50	3
广　东	Guangdong	97.68	75.32	78.10	31	96.62	79.17	83.20	31
广　西	Guangxi	97.77	96.51	98.80	11	97.41	97.97	99.80	14
海　南	Hainan	69.69	85.35	87.60	30	77.93	92.96	94.70	29
重　庆	Chongqing		97.18	98.20	13		101.41	102.30	5
四　川	Sichuan	96.09	97.92	98.80	11	95.36	98.77	100.40	8
贵　州	Guizhou	99.23	98.40	99.60	7	94.56	97.13	98.60	17
云　南	Yunnan		97.41	99.20	9		95.03	96.40	24
西　藏	Tibet	84.00	92.06	95.00	26	81.00	99.56	102.50	3
陕　西	Shaanxi		96.22	98.00	14		92.19	94.40	30
甘　肃	Gansu	98.09	100.05	101.20	2	85.84	96.56	97.30	22
青　海	Qinghai	97.00	96.09	96.50	18	92.00	94.68	96.20	26
宁　夏	Ningxia	94.32	98.16	99.10	10	88.65	96.58	97.00	23
新　疆	Xinjiang	93.43	98.08	99.80	6	90.20	102.28	104.00	2

7-31 每百户城镇居民拥有微波炉和助力车
Ownership of Microwave Oven and Powered Bicycle Per 100 Urban Households

地区	Region	微波炉（台） Microwave Oven (set)				助力车（辆） Powered Bicycle (unit)			
		2010	2016	2017	2017排名 Ranking	2010	2016	2017	2017排名 Ranking
全　国	**National Total**	**59.00**	**55.35**	**56.90**			**49.75**	**53.10**	
北　京	Beijing		80.50	81.20	3		19.34	20.60	23
天　津	Tianjin	88.50	73.28	74.50	4	28.50	36.51	38.30	15
河　北	Hebei	50.13	59.72	60.20	10	49.98	75.83	78.90	7
山　西	Shanxi	32.66	42.28	43.90	24		43.16	43.70	14
内蒙古	Inner Mongolia		37.12	38.30	28		49.71	51.30	13
辽　宁	Liaoning		59.47	60.00	11		15.00	16.00	26
吉　林	Jilin		45.41	45.80	23		9.01	9.30	29
黑龙江	Heilongjiang	36.00	35.64	36.10	31		8.33	9.40	28
上　海	Shanghai		89.03	90.10	2		56.48	58.60	10
江　苏	Jiangsu		89.77	91.50	1		110.70	115.30	1
浙　江	Zhejiang	71.28	60.16	61.80	9	45.73	74.31	79.30	6
安　徽	Anhui	57.77	62.73	65.90	6	31.84	70.97	77.80	8
福　建	Fujian	79.65	63.76	65.50	7	37.76	48.54	52.90	11
江　西	Jiangxi	55.86	55.48	58.10	12		59.89	64.70	9
山　东	Shandong		51.54	53.40	16		89.26	93.50	3
河　南	Henan	38.88	44.27	46.10	22	48.96	105.71	110.30	2
湖　北	Hubei		50.25	51.60	18		27.35	29.40	17
湖　南	Hunan		45.05	46.50	21		22.61	25.60	22
广　东	Guangdong	69.90	41.49	43.70	25		24.00	28.10	20
广　西	Guangxi	66.82	65.39	66.40	5		81.04	87.20	4
海　南	Hainan	31.26	36.85	38.30	28		82.49	86.00	5
重　庆	Chongqing		64.61	65.20	8		6.22	6.40	31
四　川	Sichuan	54.50	48.12	51.70	17	13.56	25.05	27.40	21
贵　州	Guizhou	45.71	46.03	46.90	20		8.02	10.10	27
云　南	Yunnan		55.53	57.60	13		33.65	37.50	16
西　藏	Tibet	27.00	43.26	42.30	26	5.00	17.47	18.60	25
陕　西	Shaanxi		36.58	38.30	28		26.13	28.60	19
甘　肃	Gansu	36.18	50.06	50.40	19	8.21	20.67	20.50	24
青　海	Qinghai	47.00	53.76	55.80	14		6.92	7.40	30
宁　夏	Ningxia	42.10	52.02	54.60	15	24.71	48.28	52.50	12
新　疆	Xinjiang	34.84	37.34	39.20	27	8.60	26.70	29.00	18

7-32 每百户城镇居民拥有热水器和空调机

Ownership of Water Heater and Air Conditioner Per 100 Urban Households

单位：台 （set）

地区	Region	热水器 Water Heater				空调机 Air Conditioner			
		2010	2016	2017	2017排名 Ranking	2010	2016	2017	2017排名 Ranking
全　国	**National Total**	**84.82**	**88.67**	**90.70**		**112.07**	**123.70**	**128.60**	
北　京	Beijing		92.71	93.50	17		166.35	169.80	6
天　津	Tianjin	96.40	92.27	93.90	15	143.00	140.63	145.30	11
河　北	Hebei	78.09	91.19	91.70	18	90.39	123.77	126.20	18
山　西	Shanxi		68.13	68.70	26	34.90	39.59	41.90	20
内蒙古	Inner Mongolia		59.65	61.00	27		12.78	13.90	25
辽　宁	Liaoning		76.87	78.90	24		35.25	39.30	21
吉　林	Jilin		56.40	58.10	28		11.64	12.70	26
黑龙江	Heilongjiang	36.00	50.12	52.00	30	9.00	10.22	11.30	28
上　海	Shanghai		94.60	96.60	8		205.23	210.20	2
江　苏	Jiangsu		105.99	107.80	1		205.96	211.10	1
浙　江	Zhejiang	101.19	94.69	98.40	5	186.62	199.01	206.00	3
安　徽	Anhui	86.78	101.78	103.90	2	120.04	156.02	164.60	8
福　建	Fujian	110.48	100.17	102.50	4	184.55	165.54	171.10	5
江　西	Jiangxi	92.28	94.73	96.90	7	107.67	134.44	141.90	12
山　东	Shandong		95.47	96.60	8		121.61	128.10	16
河　南	Henan	66.83	87.41	89.30	20	120.28	155.11	161.40	9
湖　北	Hubei		92.68	94.30	14		139.62	141.90	12
湖　南	Hunan		95.99	98.20	6		154.97	159.80	10
广　东	Guangdong		85.34	88.80	21	206.86	155.97	164.90	7
广　西	Guangxi	104.28	100.43	103.30	3	112.40	128.57	133.80	14
海　南	Hainan	86.19	93.87	95.20	13	72.26	120.38	126.50	17
重　庆	Chongqing		95.06	95.50	12		181.14	183.90	4
四　川	Sichuan	88.66	93.51	96.40	10	101.47	122.69	130.40	15
贵　州	Guizhou	72.42	87.93	90.70	19	17.00	31.12	34.50	22
云　南	Yunnan		93.61	95.90	11		3.90	4.50	30
西　藏	Tibet	26.00	41.65	41.30	31	6.00	9.43	10.10	29
陕　西	Shaanxi		78.30	80.30	23		93.15	98.10	19
甘　肃	Gansu	62.34	75.87	77.90	25	5.43	11.67	12.70	26
青　海	Qinghai	44.00	49.90	53.30	29		1.27	1.40	31
宁　夏	Ningxia	75.07	91.52	93.60	16	10.19	14.00	14.90	24
新　疆	Xinjiang	74.27	86.08	85.70	22	12.42	24.20	26.20	23

7-33 每百户城镇居民拥有彩色电视机和家用计算机
Ownership of Color TV Set and Computer Per 100 Urban Households

单位：台 （set）

地区	Region	彩色电视机 Color TV Set				家用计算机 Computer			
		2010	2016	2017	2017排名 Ranking	2010	2016	2017	2017排名 Ranking
全　国	**National Total**	**137.43**	**122.32**	**123.80**		**71.16**	**79.99**	**80.80**	
北　京	Beijing		126.77	127.80	9	103.93	103.41	104.80	2
天　津	Tianjin	130.80	110.89	111.10	15	90.68	78.00	79.20	10
河　北	Hebei	117.97	109.95	110.20	16	61.32	76.11	76.40	14
山　西	Shanxi	111.75	104.84	105.20	23	54.08	76.58	77.90	11
内蒙古	Inner Mongolia		101.48	101.70	29	46.76	61.56	62.20	28
辽　宁	Liaoning		108.48	109.20	18	67.72	71.26	72.30	19
吉　林	Jilin		103.48	104.10	25	54.18	66.18	66.70	25
黑龙江	Heilongjiang	109.00	100.46	100.90	30	47.21	59.92	59.80	30
上　海	Shanghai		184.93	187.60	1	128.19	140.53	140.20	1
江　苏	Jiangsu		173.86	176.50	3	81.36	94.22	96.80	3
浙　江	Zhejiang	185.70	173.79	179.10	2	89.84	93.01	95.60	4
安　徽	Anhui	141.50	129.22	133.80	7	63.79	71.24	71.20	20
福　建	Fujian	180.19	140.82	142.50	4	94.81	89.23	89.20	5
江　西	Jiangxi	148.00	137.07	138.30	5	59.91	75.47	77.90	11
山　东	Shandong		106.66	106.80	21	77.21	80.24	81.10	8
河　南	Henan	126.51	121.28	121.60	11	56.98	74.62	73.10	17
湖　北	Hubei		117.66	118.80	13	58.53	74.43	73.80	16
湖　南	Hunan		117.21	119.10	12	52.68	78.29	79.60	9
广　东	Guangdong	142.99	99.57	102.00	28	96.80	86.96	88.30	6
广　西	Guangxi	136.07	112.90	113.90	14	78.98	88.69	88.30	6
海　南	Hainan	119.79	105.64	107.20	20	52.88	76.03	76.80	13
重　庆	Chongqing		129.84	129.50	8	69.03	75.94	74.80	15
四　川	Sichuan	137.97	123.82	125.30	10	61.35	66.92	67.60	23
贵　州	Guizhou	121.93	107.22	108.40	19	56.79	62.72	64.40	27
云　南	Yunnan		108.57	109.30	17	53.64	66.78	67.00	24
西　藏	Tibet	129.00	134.24	135.30	6	39.08	59.93	60.50	29
陕　西	Shaanxi		103.46	105.10	24	68.06	66.83	71.00	21
甘　肃	Gansu	109.99	105.72	106.00	22	42.90	69.34	70.80	22
青　海	Qinghai	106.00	100.88	100.60	31	39.94	56.75	57.50	31
宁　夏	Ningxia	105.24	102.42	103.50	26	51.32	71.22	72.70	18
新　疆	Xinjiang	105.61	101.59	102.70	27	47.68	64.59	65.10	26

7-34 每百户城镇居民拥有照相机和移动电话

Ownership of Camera and Mobile Phone Per 100 Urban Households

地区	Region	照相机（架） Camera （unit）				移动电话（部） Mobile Phone （unit）			
		2010	2016	2017	2017排名 Ranking	2010	2016	2017	2017排名 Ranking
全　国	**National Total**	**43.70**	**28.55**	**29.10**		**188.86**	**231.35**	**235.40**	
北　京	Beijing		58.44	59.40	1		223.43	226.10	23
天　津	Tianjin	63.20	32.73	33.80	5	205.20	228.32	229.20	19
河　北	Hebei	39.28	31.15	32.00	7	173.70	223.38	226.50	22
山　西	Shanxi	29.34	22.65	22.30	20	146.61	224.92	228.60	20
内蒙古	Inner Mongolia		23.15	22.90	19		222.21	224.30	27
辽　宁	Liaoning		29.50	30.40	10		210.70	212.80	30
吉　林	Jilin		19.90	21.50	22		223.31	225.10	26
黑龙江	Heilongjiang	25.00	17.17	17.60	29	171.00	204.27	207.70	31
上　海	Shanghai		52.14	51.60	2		230.23	232.80	17
江　苏	Jiangsu		34.89	38.30	4		240.97	243.50	10
浙　江	Zhejiang	50.07	32.91	32.40	6	198.01	234.79	242.30	11
安　徽	Anhui	29.71	20.56	20.30	25	168.46	221.93	229.80	18
福　建	Fujian	46.45	23.01	23.10	18	223.74	249.07	252.00	8
江　西	Jiangxi	33.82	21.11	20.50	24	181.18	228.54	234.60	15
山　东	Shandong		38.95	41.30	3		222.38	226.00	24
河　南	Henan	33.61	21.85	20.30	25	175.12	234.39	236.50	13
湖　北	Hubei		18.80	21.80	21		233.48	234.60	15
湖　南	Hunan		24.78	24.40	16		249.52	254.00	5
广　东	Guangdong		32.15	32.00	7	222.12	228.18	234.80	14
广　西	Guangxi	43.52	24.98	23.50	17	210.37	260.09	267.70	1
海　南	Hainan	21.85	14.74	14.60	31	174.02	254.98	263.30	2
重　庆	Chongqing		27.09	26.90	13		251.89	256.70	3
四　川	Sichuan	33.05	20.06	20.60	23	191.82	241.30	245.30	9
贵　州	Guizhou	28.03	16.13	16.60	30	183.54	248.35	256.70	3
云　南	Yunnan		27.15	27.60	12		248.78	253.90	6
西　藏	Tibet	37.00	30.38	31.20	9	156.00	223.16	225.50	25
陕　西	Shaanxi		23.42	26.70	14		224.15	223.30	28
甘　肃	Gansu	26.49	26.85	26.50	15	159.58	237.16	240.10	12
青　海	Qinghai	25.00	19.77	18.20	28	153.00	220.32	222.70	29
宁　夏	Ningxia	20.31	21.27	20.00	27	185.48	248.79	253.50	7
新　疆	Xinjiang	26.83	26.77	27.70	11	159.79	215.40	226.70	21

7-35 每百户农村居民拥有摩托车和家用汽车
Ownership of Motorcycles and Automobile Per 100 Rural Households

地区	Region	摩托车（辆） Motorcycle (unit)				家用汽车（台） Automobile (set)			
		2010	2016	2017	2017排名 Ranking	2010	2016	2017	2017排名 Ranking
全　国	**National Total**	**59.02**	**65.07**	**64.10**			**17.40**	**19.30**	
北　京	Beijing	29.20	9.70	9.40	30		37.81	39.30	2
天　津	Tianjin	51.67	34.11	27.70	29	14.00	46.42	48.60	1
河　北	Hebei	61.43	58.69	57.70	19		29.39	31.30	6
山　西	Shanxi	56.57	50.86	50.30	23	1.86	13.18	13.10	26
内蒙古	Inner Mongolia	68.16	72.97	70.60	14		27.29	28.50	7
辽　宁	Liaoning	59.21	63.16	62.10	16	1.43	16.59	17.50	18
吉　林	Jilin	60.94	69.97	70.30	15	1.25	19.10	20.90	11
黑龙江	Heilongjiang	52.86	56.14	52.80	22		11.51	13.90	23
上　海	Shanghai	45.50	9.61	7.60	31		20.99	24.50	10
江　苏	Jiangsu	63.26	42.06	39.70	26	3.00	23.66	26.60	9
浙　江	Zhejiang	53.11	30.71	29.00	28	7.80	30.17	33.30	4
安　徽	Anhui	55.61	41.22	40.00	25		11.22	14.60	21
福　建	Fujian	92.58	91.78	90.40	4	3.24	16.22	17.80	15
江　西	Jiangxi	60.49	75.46	75.70	12		13.24	15.60	19
山　东	Shandong	72.62	59.74	58.10	18		29.38	32.40	5
河　南	Henan	54.88	58.12	55.30	20	1.76	18.10	19.30	13
湖　北	Hubei	64.12	78.47	80.20	8		10.15	11.30	30
湖　南	Hunan	45.76	77.80	76.40	11		11.25	12.50	27
广　东	Guangdong	107.11	122.27	123.60	1		14.63	17.60	17
广　西	Guangxi	76.04	101.77	100.50	2	0.26	9.98	12.20	28
海　南	Hainan	100.56	98.56	95.90	3	1.10	7.13	6.30	31
重　庆	Chongqing	27.06	38.28	36.50	27		11.84	12.00	29
四　川	Sichuan	37.88	49.50	49.50	24		12.46	13.40	25
贵　州	Guizhou	30.76	55.72	54.20	21		12.43	15.20	20
云　南	Yunnan	46.63	81.54	82.40	7		15.49	18.00	14
西　藏	Tibet	43.13	80.19	87.70	5		16.75	17.70	16
陕　西	Shaanxi	49.68	63.52	61.60	17		12.60	13.90	23
甘　肃	Gansu	58.00	83.76	79.70	9		13.45	14.00	22
青　海	Qinghai	79.33	86.93	85.90	6		30.70	36.20	3
宁　夏	Ningxia	85.83	79.21	72.20	13		22.36	27.80	8
新　疆	Xinjiang	62.84	79.91	78.90	10		17.89	20.10	12

7-36 每百户农村居民拥有洗衣机和电冰箱
Ownership of Washing Machine and Refrigerator Per 100 Rural Households

单位：台 （set）

地区	Region	洗衣机 Washing Machine 2010	2016	2017	2017排名 Ranking	电冰箱 Refrigerator 2010	2016	2017	2017排名 Ranking
全　国	**National Total**	**57.32**	**84.03**	**86.30**		**45.19**	**89.55**	**91.70**	
北　京	Beijing		93.92	95.40	8		100.72	101.70	5
天　津	Tianjin	101.00	102.27	102.00	1	103.00	104.33	104.90	1
河　北	Hebei	86.33	97.83	99.00	4	50.45	94.83	95.80	13
山　西	Shanxi	81.05	87.30	87.10	18	29.19	67.76	67.50	30
内蒙古	Inner Mongolia		90.65	91.40	14		97.19	98.10	8
辽　宁	Liaoning	76.24	85.89	87.90	17	58.73	97.32	99.20	7
吉　林	Jilin	77.75	92.18	93.40	10	44.88	93.70	94.50	17
黑龙江	Heilongjiang	82.60	88.97	89.70	16	54.00	91.39	93.00	20
上　海	Shanghai		81.28	82.60	20		90.93	93.20	19
江　苏	Jiangsu	91.50	96.16	97.90	5	59.30	101.53	104.10	2
浙　江	Zhejiang	68.30	79.30	82.00	22	89.40	100.72	102.70	3
安　徽	Anhui	56.52	79.09	83.50	19	63.26	94.78	97.90	9
福　建	Fujian	63.85	79.32	82.10	21	72.53	100.12	100.60	6
江　西	Jiangxi		48.36	54.20	30		89.50	91.20	21
山　东	Shandong		91.74	93.60	9		96.20	97.60	10
河　南	Henan	84.64	95.15	95.90	6	46.12	87.63	88.20	23
湖　北	Hubei	47.97	73.13	75.50	27	51.48	93.01	95.80	13
湖　南	Hunan		77.04	80.20	23		91.61	93.70	18
广　东	Guangdong	45.78	74.43	78.50	26	49.10	84.90	87.90	24
广　西	Guangxi	15.17	65.40	68.10	28	30.71	86.23	88.80	22
海　南	Hainan	8.50	31.80	34.90	31	15.00	67.23	69.50	28
重　庆	Chongqing		78.07	79.80	24		93.62	94.80	16
四　川	Sichuan	65.75	87.52	89.90	15	49.38	92.45	96.20	12
贵　州	Guizhou	55.20	89.84	92.00	13	27.20	77.61	82.30	25
云　南	Yunnan		75.36	79.80	24		62.44	67.60	29
西　藏	Tibet	10.41	61.28	61.70	29	14.73	54.37	56.90	31
陕　西	Shaanxi		92.30	93.00	11		78.52	80.20	26
甘　肃	Gansu	60.06	91.40	92.10	12	17.39	67.81	71.10	27
青　海	Qinghai	75.00	98.62	100.00	3	44.80	100.80	102.40	4
宁　夏	Ningxia		99.97	101.60	2		91.58	95.20	15
新　疆	Xinjiang	47.94	94.38	95.70	7	43.48	94.47	97.60	10

7-37 每百户农村居民拥有微波炉和抽油烟机

Ownership of Microwave Oven and Smoke Exhauster Per 100 Rural Households

单位：台 （set）

地区	Region	微波炉 Microwave Oven				抽油烟机 Smoke Exhauster			
		2010	2016	2017	2017排名 Ranking	2010	2016	2017	2017排名 Ranking
全 国	**National Total**		**16.11**	**17.30**		**11.11**	**18.36**	**20.40**	
北 京	Beijing		54.98	56.00	3		72.93	75.50	1
天 津	Tianjin	37.00	31.35	35.10	6	28.00	49.47	55.50	3
河 北	Hebei	4.48	17.00	17.90	10	8.05	21.71	24.00	9
山 西	Shanxi	3.38	5.87	6.30	25		8.94	9.60	25
内蒙古	Inner Mongolia		5.84	5.90	27		13.73	15.50	17
辽 宁	Liaoning	7.25	11.66	12.50	14	10.74	16.62	19.30	11
吉 林	Jilin	2.31	7.04	7.40	24	2.94	8.42	10.00	24
黑龙江	Heilongjiang	5.20	5.20	5.10	29	9.00	11.65	13.20	18
上 海	Shanghai		73.33	72.80	1		44.04	46.40	4
江 苏	Jiangsu		67.71	70.10	2	24.10	36.20	39.00	5
浙 江	Zhejiang	23.00	33.51	36.00	4	52.70	57.85	60.00	2
安 徽	Anhui		19.45	23.00	7	7.19	14.25	18.00	13
福 建	Fujian	26.54	35.32	35.60	5	20.38	32.94	34.40	7
江 西	Jiangxi		8.49	9.80	18		16.58	18.50	12
山 东	Shandong		13.21	17.00	12		27.07	31.70	8
河 南	Henan	5.12	8.75	8.80	20	3.02	10.45	11.60	20
湖 北	Hubei		10.13	11.00	15	10.03	14.86	17.30	15
湖 南	Hunan		7.58	7.90	22		18.69	20.90	10
广 东	Guangdong		21.14	22.90	8		34.32	37.30	6
广 西	Guangxi	3.72	16.63	18.80	9	1.34	8.62	10.40	22
海 南	Hainan	12.80	11.75	10.30	17	1.50	7.54	7.90	28
重 庆	Chongqing		17.45	17.30	11		9.60	9.50	26
四 川	Sichuan		11.28	12.60	13		9.62	11.20	21
贵 州	Guizhou		7.85	7.90	22		5.64	7.00	29
云 南	Yunnan		10.56	11.00	15		4.42	5.20	30
西 藏	Tibet		1.27	1.30	31		0.19	0.20	31
陕 西	Shaanxi		5.06	5.10	29		8.85	10.30	23
甘 肃	Gansu		5.87	6.20	26		7.94	9.00	27
青 海	Qinghai		5.32	8.40	21	2.20	14.80	17.30	15
宁 夏	Ningxia		9.19	9.70	19		14.66	17.60	14
新 疆	Xinjiang	1.81	5.43	5.60	28	2.77	12.79	13.10	19

7-38 每百户农村居民拥有热水器和空调机
Ownership of Water Heater and Air Conditioner Per 100 Rural Households

单位：台 （set）

地区	Region	热水器 Water Heater				空调机 Air Conditioner			
		2010	2016	2017	2017排名 Ranking	2010	2016	2017	2017排名 Ranking
全　国	**National Total**		**59.67**	**62.50**		**16.00**	**47.58**	**52.60**	
北　京	Beijing		98.53	100.70	1		135.43	141.40	1
天　津	Tianjin	58.00	92.41	93.00	3	77.00	99.94	109.00	5
河　北	Hebei		62.66	64.50	16		65.92	70.40	9
山　西	Shanxi		20.27	20.30	28	4.62	11.71	12.50	20
内蒙古	Inner Mongolia		21.47	23.20	26		1.30	1.40	25
辽　宁	Liaoning	10.26	21.12	23.00	27	1.01	3.51	4.60	22
吉　林	Jilin	3.44	9.18	9.80	29		0.93	1.40	25
黑龙江	Heilongjiang	5.00	7.27	8.50	30		0.39	0.70	30
上　海	Shanghai		76.31	78.60	10		128.62	136.20	2
江　苏	Jiangsu	62.60	92.69	94.70	2	47.40	125.19	134.70	3
浙　江	Zhejiang	69.90	86.87	89.30	5	78.60	113.59	118.80	4
安　徽	Anhui	43.87	74.72	79.00	9	26.16	72.35	79.80	7
福　建	Fujian	65.55	88.88	90.40	4	33.02	62.33	65.30	10
江　西	Jiangxi		63.47	66.70	14		43.97	52.00	13
山　东	Shandong		80.07	82.10	8		51.83	63.70	11
河　南	Henan	16.26	57.94	59.50	17	22.86	70.37	74.80	8
湖　北	Hubei	32.00	68.63	71.20	12	18.36	56.47	62.70	12
湖　南	Hunan		54.48	59.00	19		42.39	45.90	15
广　东	Guangdong	57.89	84.93	88.50	6	36.17	81.17	91.30	6
广　西	Guangxi	20.24	62.33	68.30	13	4.33	24.40	28.90	19
海　南	Hainan	24.40	53.28	56.20	20	3.10	34.57	37.00	17
重　庆	Chongqing		57.89	59.20	18		45.22	50.30	14
四　川	Sichuan		60.78	65.80	15		33.30	40.30	16
贵　州	Guizhou	6.20	37.39	45.40	22		4.34	5.90	21
云　南	Yunnan		66.92	71.30	11		0.57	1.30	28
西　藏	Tibet		1.73	2.30	31				
陕　西	Shaanxi		49.07	50.20	21		29.85	33.70	18
甘　肃	Gansu	8.30	24.41	26.40	25		0.83	0.90	29
青　海	Qinghai		28.24	31.50	23		1.49	1.40	25
宁　夏	Ningxia		69.98	82.80	7		1.22	1.70	24
新　疆	Xinjiang		28.80	30.10	24	0.65	1.75	1.80	23

7-39 每百户农村居民拥有彩色电视机和家用计算机

Ownership of Color TV Set and Computer Per 100 Rural Households

单位：台 （set）

地区	Region	彩色电视机 Color TV Set				家用计算机 Computer			
		2010	2016	2017	2017排名 Ranking	2010	2016	2017	2017排名 Ranking
全　国	**National Total**	**111.79**	**118.76**	**120.00**		**10.37**	**27.94**	**29.20**	
北　京	Beijing		138.23	138.10	5	59.33	73.65	74.70	1
天　津	Tianjin	131.00	125.62	128.80	7	15.17	47.02	46.10	4
河　北	Hebei	116.55	120.28	121.10	10	9.69	39.18	40.30	7
山　西	Shanxi	109.00	104.80	105.10	28	8.71	31.09	31.40	12
内蒙古	Inner Mongolia		105.88	106.20	25	3.69	22.91	24.20	17
辽　宁	Liaoning	111.69	111.98	112.40	19	9.95	34.46	36.20	9
吉　林	Jilin	108.56	108.26	107.40	23	7.81	33.73	33.20	11
黑龙江	Heilongjiang	109.40	106.02	105.50	27	11.38	25.59	27.60	15
上　海	Shanghai		166.29	169.20	2	59.83	51.41	52.60	2
江　苏	Jiangsu	142.10	154.46	158.70	3	10.97	44.99	45.40	5
浙　江	Zhejiang	161.40	170.40	176.40	1	38.41	49.31	52.20	3
	Anhui	112.13	124.59	127.40	8	7.94	20.34	22.30	20
福　建	Fujian	128.85	141.09	140.10	4	23.57	34.55	34.00	10
江　西	Jiangxi		129.10	130.50	6	5.22	20.47	22.90	19
山　东	Shandong		109.15	110.20	21	16.69	37.55	39.80	8
河　南	Henan	106.26	115.08	116.30	13	7.50	31.13	31.20	13
湖　北	Hubei	109.18	120.09	121.70	9	7.39	27.04	27.90	14
湖　南	Hunan		114.33	115.40	14	4.39	20.66	22.20	21
广　东	Guangdong	119.26	119.49	120.50	11	19.53	37.73	41.60	6
广　西	Guangxi	99.22	112.33	113.30	17	4.50	20.24	21.80	22
海　南	Hainan	102.10	106.75	107.20	24	1.94	11.85	12.30	29
重　庆	Chongqing		112.83	113.80	16	4.06	21.54	20.00	23
四　川	Sichuan	102.95	114.61	117.10	12	4.85	16.24	17.70	24
贵　州	Guizhou	91.10	103.13	104.00	29	1.65	13.04	15.70	27
云　南	Yunnan		102.83	103.70	30	2.38	7.03	7.30	30
西　藏	Tibet	73.45	108.53	110.70	20	0.21	0.27	0.20	31
陕　西	Shaanxi		114.31	114.60	15	6.69	24.75	25.20	16
甘　肃	Gansu	104.00	109.59	109.00	22	4.42	15.87	16.80	25
青　海	Qinghai	99.50	107.31	105.60	26	2.00	14.12	14.50	28
宁　夏	Ningxia		115.04	112.90	18	7.17	20.54	23.30	18
新　疆	Xinjiang	89.87	101.22	102.60	31	2.90	16.99	16.60	26

7-40 每百户农村居民拥有照相机和移动电话

Ownership of Camera and Mobile Phone Per 100 Rural Households

地区	Region	照相机（架） Camera （unit）				移动电话（部） Mobile Phone （unit）			
		2010	2016	2017	2017排名 Ranking	2010	2016	2017	2017排名 Ranking
全　国	**National Total**	**5.17**	**3.42**	**3.90**		**136.54**	**240.75**	**246.10**	
北　京	Beijing		19.58	19.50	1		243.13	245.40	14
天　津	Tianjin	25.00	4.87	6.20	6	182.00	241.04	246.00	13
河　北	Hebei	4.24	4.20	4.50	8		236.27	240.50	20
山　西	Shanxi	4.57	1.53	1.30	27	107.71	208.29	211.40	28
内蒙古	Inner Mongolia		3.75	4.10	11		231.97	236.90	22
辽　宁	Liaoning	7.30	3.88	3.70	14	117.72	208.78	213.40	26
吉　林	Jilin	2.69	2.32	3.90	12	157.63	241.62	243.80	16
黑龙江	Heilongjiang	2.50	2.70	4.80	7	140.40	212.77	213.00	27
上　海	Shanghai		12.35	13.60	2		208.32	209.60	29
江　苏	Jiangsu	12.50	8.31	10.70	3	171.00	236.22	241.80	18
浙　江	Zhejiang	12.60	6.98	6.90	4	189.10	230.05	235.20	23
安　徽	Anhui	3.71	2.76	3.90	12	136.90	221.59	230.10	24
福　建	Fujian	5.99	4.91	4.30	9	195.88	250.09	252.60	11
江　西	Jiangxi		1.65	1.70	22		240.60	248.70	12
山　东	Shandong		5.24	6.60	5		218.59	225.30	25
河　南	Henan	2.83	2.28	2.60	20	151.67	242.07	244.90	15
湖　北	Hubei	2.64	2.97	3.70	14	152.27	236.26	238.70	21
湖　南	Hunan		2.78	3.10	17		260.05	267.20	8
广　东	Guangdong		4.11	4.20	10	203.83	279.89	287.10	4
广　西	Guangxi	2.42	1.21	1.20	29	140.35	274.12	284.30	5
海　南	Hainan	0.80	1.14	1.10	30	125.10	253.99	261.20	10
重　庆	Chongqing		3.14	1.90	21		237.77	241.80	18
四　川	Sichuan		2.48	2.90	18	168.75	238.17	242.00	17
贵　州	Guizhou		1.16	1.30	27	102.10	274.26	288.90	3
云　南	Yunnan		1.27	1.50	25		257.12	264.10	9
西　藏	Tibet	0.95	0.57	0.70	31	98.04	187.23	191.90	30
陕　西	Shaanxi		3.14	3.30	16		266.58	270.10	6
甘　肃	Gansu	2.05	1.77	1.40	26	112.39	263.82	268.70	7
青　海	Qinghai	3.20	2.25	2.90	18	143.80	281.18	291.60	1
宁　夏	Ningxia		1.29	1.60	24		288.06	290.80	2
新　疆	Xinjiang	3.29	1.87	1.70	22	84.32	188.64	187.10	31

城市建设

Urban Construction

8-1 城市城区面积和城区人口
Urban Area and Population

地区	Region	城区面积（平方公里） Urban Area (sq.km) 2010	2016	2017	2017排名 Ranking	城区人口（万人） Urban Population (10 000 persons) 2010	2016	2017	2017排名 Ranking
全 国	**National Total**	**178691.73**	**198178.59**	**198357.17**		**35373.54**	**40299.17**	**40975.72**	
北 京	Beijing	12187.00	16410.00	16410.00	3	1685.90	1879.60	1876.60	8
天 津	Tianjin	2236.12	2583.28	2585.18	24	587.40	719.20	684.80	23
河 北	Hebei	6521.74	6613.44	6907.30	10	1454.60	1628.57	1695.71	10
山 西	Shanxi	3348.34	2893.26	3297.75	19	896.05	1019.40	1004.93	18
内蒙古	Inner Mongolia	8537.05	4871.72	4884.54	16	704.37	685.28	670.09	24
辽 宁	Liaoning	11655.67	15148.08	12799.79	5	1981.97	2076.05	2035.43	7
吉 林	Jilin	7376.83	5111.52	5105.63	15	989.47	1029.35	1025.47	16
黑龙江	Heilongjiang	2589.48	2735.61	2582.94	25	1293.52	1325.69	1311.54	13
上 海	Shanghai	6340.50	6340.50	6340.50	11	2301.91	2419.70	2418.33	4
江 苏	Jiangsu	12462.84	15277.57	15368.38	4	2390.58	2802.05	2861.20	3
浙 江	Zhejiang	10256.38	11311.75	11590.49	6	1408.04	1578.27	1631.01	11
安 徽	Anhui	5041.16	6100.40	6082.46	12	1108.37	1179.35	1182.17	14
福 建	Fujian	4361.84	4440.87	4473.89	18	750.41	903.96	938.10	20
江 西	Jiangxi	1719.32	2369.32	2421.59	26	762.29	972.69	1016.38	17
山 东	Shandong	19631.65	22424.21	22733.65	1	2581.23	2974.35	3055.98	2
河 南	Henan	4101.39	4822.78	5131.54	14	1798.62	2013.39	2075.19	5
湖 北	Hubei	9057.18	8334.17	8084.10	8	1618.09	1745.76	1835.41	9
湖 南	Hunan	4121.85	4373.14	4591.99	17	1151.41	1408.30	1380.56	12
广 东	Guangdong	18130.10	17086.28	16834.70	2	3478.55	3831.21	3948.42	1
广 西	Guangxi	5656.72	5752.04	5789.43	13	701.58	875.30	896.60	21
海 南	Hainan	833.03	1428.18	1444.67	29	203.37	209.14	210.71	29
重 庆	Chongqing	5695.83	7438.45	7440.00	9	831.69	1102.70	1121.62	15
四 川	Sichuan	5772.84	7872.65	8359.03	7	1500.15	1951.39	2065.83	6
贵 州	Guizhou	1658.36	3104.81	3184.43	20	483.09	577.89	624.66	25
云 南	Yunnan	1929.97	3127.68	3157.40	21	577.70	846.56	857.69	22
西 藏	Tibet	782.00	449.83	603.22	31	25.68	69.43	36.75	31
陕 西	Shaanxi	1430.60	2334.76	2620.92	23	754.86	924.93	1000.46	19
甘 肃	Gansu	1426.32	1580.08	1590.66	28	494.90	533.29	532.31	27
青 海	Qinghai	512.28	688.15	688.15	30	109.83	168.07	175.08	30
宁 夏	Ningxia	2049.72	2119.18	2159.18	27	198.79	229.76	233.50	28
新 疆	Xinjiang	1267.62	3034.88	3093.66	22	549.12	618.54	573.19	26

注：城市建设的统计范围为该市的城区(以下有关各表同)。

Note: The statistical range of urban construction is the city's urban district. The same applies to the relevant tables followed.

8-2 城市建成区面积和人口密度
Area of Built District and Population Density

地区	Region	建成区面积（平方公里） Area of Built District (sq.km) 2010	2016	2017	2017排名 Ranking	人口密度（人/平方公里） Population Density (person/sq.km) 2010	2016	2017	2017排名 Ranking
全　国	**National Total**	**40058.01**	**54331.47**	**56225.38**		**2209**	**2408**	**2477**	
北　京	Beijing		1419.66	1445.54	16	1383	1145	1144	31
天　津	Tianjin	686.71	1007.91	1087.57	24	2752	3639	3276	9
河　北	Hebei	1619.67	2056.45	2120.20	9	2354	2659	2675	16
山　西	Shanxi	864.73	1157.63	1178.32	22	2890	3908	3454	8
内蒙古	Inner Mongolia	1038.32	1241.59	1269.16	20	981	1822	1824	26
辽　宁	Liaoning	2220.53	2798.20	2643.80	7	1814	1485	1770	27
吉　林	Jilin	1237.38	1425.83	1452.15	15	1449	2231	2284	20
黑龙江	Heilongjiang	1637.98	1810.17	1819.70	11	5239	5244	5515	1
上　海	Shanghai	998.75	998.75	998.75	25	3630	3816	3814	7
江　苏	Jiangsu	3271.09	4299.26	4426.51	3	2027	2057	2092	22
浙　江	Zhejiang	2128.96	2673.33	2829.27	5	1773	2059	2109	21
安　徽	Anhui	1491.32	2001.68	2039.30	10	2469	2487	2535	17
福　建	Fujian	1059.00	1469.16	1516.88	13	2290	2758	2854	13
江　西	Jiangxi	933.78	1370.95	1454.10	14	4786	4613	4740	3
山　东	Shandong	3566.15	4795.47	4971.47	2	1389	1502	1554	28
河　南	Henan	2014.40	2544.27	2685.29	6	5178	5056	4871	2
湖　北	Hubei	1701.03	2248.94	2340.79	8	1929	2475	2746	15
湖　南	Hunan	1321.05	1625.64	1709.35	12	2992	3523	3883	6
广　东	Guangdong	4618.07	5808.12	5911.05	1	2428	3193	3253	10
广　西	Guangxi	940.47	1333.80	1413.65	18	1498	1891	1950	25
海　南	Hainan	221.32	320.98	323.82	29	2739	2050	2070	23
重　庆	Chongqing	870.23	1350.66	1423.09	17	1860	1953	2017	24
四　川	Sichuan	1629.73	2615.59	2832.25	4	2743	2901	2962	12
贵　州	Guizhou	463.96	844.56	986.35	26	3266	2182	2302	19
云　南	Yunnan	751.34	1131.34	1142.13	23	3795	2995	3000	11
西　藏	Tibet	84.88	145.18	147.56	31	575	2624	1232	30
陕　西	Shaanxi	758.48	1127.35	1287.05	19	5506	4240	4101	4
甘　肃	Gansu	632.80	870.42	868.71	27	3793	4076	4066	5
青　海	Qinghai	113.88	197.41	199.87	30	2320	2710	2777	14
宁　夏	Ningxia	343.79	441.80	458.12	28	1093	1343	1388	29
新　疆	Xinjiang	838.21	1199.37	1243.58	21	4977	2456	2436	18

8-3 城市建设用地面积和居住用地面积
Area of Urban Construction Land and Residential

单位：平方公里 (sq.km)

地区	Region	城市建设用地面积 Area of Urban Construction Land				居住用地 Residential			
		2010	2016	2017	2017排名 Ranking	2010	2016	2017	2017排名 Ranking
全　国	**National Total**	**39758.42**	**52761.30**	**55155.47**		**12404.04**	**16373.91**	**16979.27**	
北　京	Beijing		1463.79	1465.30	15		420.91	423.39	16
天　津	Tianjin	686.71	961.65	995.02	25	186.53	258.55	277.53	26
河　北	Hebei	1571.72	1944.93	2014.17	9	507.37	690.64	697.27	9
山　西	Shanxi	847.15	1129.04	1140.08	23	260.94	343.65	369.35	22
内蒙古	Inner Mongolia	1123.44	1146.87	1202.73	22	332.55	333.86	362.26	23
辽　宁	Liaoning	2171.23	2718.20	2748.49	4	729.12	839.15	870.76	4
吉　林	Jilin	1171.77	1379.46	1407.49	16	413.19	494.67	508.69	14
黑龙江	Heilongjiang	1737.50	1821.81	1813.17	12	625.94	642.40	637.45	10
上　海	Shanghai		1913.30	1910.74	11		545.51	546.49	13
江　苏	Jiangsu	3424.75	4367.41	4431.72	3	1024.54	1307.34	1307.62	3
浙　江	Zhejiang	2245.93	2573.37	2682.49	5	614.53	750.66	789.72	6
安　徽	Anhui	1539.96	1959.72	2001.94	10	488.33	619.23	625.68	11
福　建	Fujian	1019.07	1365.57	1472.75	14	316.42	457.22	492.15	15
江　西	Jiangxi	966.32	1279.29	1402.64	17	278.27	381.88	408.15	18
山　东	Shandong	3526.37	4539.96	4660.19	2	1040.88	1373.97	1411.77	2
河　南	Henan	1947.18	2424.64	2530.78	7	578.68	726.83	763.21	7
湖　北	Hubei	1968.81	2111.75	2499.44	8	580.36	655.36	756.71	8
湖　南	Hunan	1458.58	1511.06	1635.89	13	475.45	535.29	563.55	12
广　东	Guangdong	4774.76	5266.61	5577.44	1	1446.64	1573.23	1670.89	1
广　西	Guangxi	908.64	1292.58	1372.12	18	283.69	388.37	410.79	17
海　南	Hainan	260.73	302.05	256.76	29	83.03	110.46	91.57	29
重　庆	Chongqing	855.67	1179.57	1213.18	21	282.15	370.90	371.77	21
四　川	Sichuan	1610.31	2468.48	2660.07	6	526.12	769.88	817.40	5
贵　州	Guizhou	477.07	776.85	945.30	26	128.29	255.23	308.05	24
云　南	Yunnan	832.86	1027.24	1087.65	24	353.74	377.72	388.35	19
西　藏	Tibet	82.51	186.83	124.84	31	28.97	60.02	31.95	31
陕　西	Shaanxi	704.86	1096.26	1229.90	20	217.69	266.18	297.26	25
甘　肃	Gansu	594.35	805.97	861.12	27	168.15	216.87	209.60	27
青　海	Qinghai	113.45	175.97	178.70	30	43.93	76.99	60.81	30
宁　夏	Ningxia	284.37	384.07	402.58	28	104.13	125.51	128.99	28
新　疆	Xinjiang	852.35	1187.00	1230.78	19	284.41	405.43	380.09	20

注：从2012年起，城市建设用地面积按新标准进行分类。

Note: Since 2012 onwards, the urban construction land area has been classified in accordance with the new standard.

8-4 城市公共管理与公共服务设施用地面积和工业用地面积
Administration and Public Services, and Industrial, Manufacturing

单位：平方公里 (sq.km)

地区	Region	公共管理与公共服务设施用地 Administration and Public Services				工业用地 Industrial, Manufacturing			
		2010	2016	2017	2017排名 Ranking	2010	2016	2017	2017排名 Ranking
全　国	**National Total**	**4832.57**	**4975.48**	**5098.33**		**8689.49**	**10525.24**	**11083.70**	
北　京	Beijing		174.88	172.42	10		263.32	263.09	16
天　津	Tianjin	81.54	78.40	77.53	27	155.66	231.21	242.45	18
河　北	Hebei	190.41	170.95	167.40	11	314.84	314.34	273.99	15
山　西	Shanxi	98.68	129.37	125.67	18	171.35	174.67	143.33	26
内蒙古	Inner Mongolia	147.57	100.15	107.53	23	205.62	165.33	161.40	23
辽　宁	Liaoning	216.03	182.60	183.26	9	506.75	711.73	719.31	4
吉　林	Jilin	125.90	105.48	106.54	24	242.87	274.71	286.83	12
黑龙江	Heilongjiang	181.71	175.14	164.37	12	338.80	357.51	357.68	11
上　海	Shanghai		151.11	151.31	14		555.75	550.59	7
江　苏	Jiangsu	402.94	369.14	366.10	3	896.33	1009.40	1064.76	2
浙　江	Zhejiang	242.27	223.85	233.43	7	573.55	565.74	588.52	5
安　徽	Anhui	196.13	152.85	157.04	13	327.39	357.01	370.71	10
福　建	Fujian	135.19	142.40	147.93	16	219.32	237.21	276.01	14
江　西	Jiangxi	142.49	140.41	150.23	15	193.07	240.05	277.54	13
山　东	Shandong	491.44	482.62	485.42	1	775.69	997.09	1024.96	3
河　南	Henan	287.38	271.26	287.71	4	338.30	378.44	386.42	9
湖　北	Hubei	271.19	205.27	234.45	6	434.55	460.41	573.79	6
湖　南	Hunan	223.37	182.11	185.70	8	257.27	201.98	239.66	19
广　东	Guangdong	406.95	425.66	446.33	2	1364.34	1375.75	1488.04	1
广　西	Guangxi	124.11	137.48	145.13	17	171.89	204.10	220.45	20
海　南	Hainan	44.54	41.15	26.93	29	20.47	22.25	16.99	29
重　庆	Chongqing	88.63	106.80	111.60	22	200.94	246.83	244.58	17
四　川	Sichuan	218.19	240.80	256.45	5	344.84	441.83	450.81	8
贵　州	Guizhou	65.53	77.61	88.87	25	86.25	122.86	155.24	24
云　南	Yunnan	84.59	112.21	120.41	19	121.51	111.20	122.57	27
西　藏	Tibet	21.64	32.16	20.77	30	7.95	19.70	14.78	30
陕　西	Shaanxi	124.85	109.50	117.88	20	136.29	132.41	145.98	25
甘　肃	Gansu	68.73	82.21	80.09	26	99.73	129.70	171.35	22
青　海	Qinghai	6.17	14.94	14.82	31	17.94	13.18	13.23	31
宁　夏	Ningxia	43.24	50.20	52.98	28	26.21	41.08	42.58	28
新　疆	Xinjiang	101.16	106.77	112.03	21	139.77	168.45	196.06	21

注：2012年以前城市公共管理与公共服务设施用地面积的统计口径为城市公共设施用地面积。

Note: Before 2012, the statistical caliber of urban public administration and public service facilities land area is urban facilities land area.

8-5 城市物流仓储用地面积和道路交通设施用地面积
Logistics and Warehouse, and Road, Street and Transportation

单位：平方公里 (sq.km)

地区	Region	物流仓储用地 Logistics and Warehouse				道路交通设施用地 Road, Street and Transportation			
		2010	2016	2017	2017排名 Ranking	2010	2016	2017	2017排名 Ranking
全　国	**National Total**	**1186.99**	**1617.31**	**1664.99**		**4679.90**	**7785.66**	**8364.82**	
北　京	Beijing		51.51	51.32	16		270.85	271.24	11
天　津	Tianjin	23.46	66.01	60.12	12	70.00	138.03	134.63	27
河　北	Hebei	60.53	64.06	60.86	11	177.82	283.17	312.48	10
山　西	Shanxi	30.13	38.92	38.25	20	78.23	173.59	177.80	21
内蒙古	Inner Mongolia	42.73	39.91	48.26	17	164.75	221.25	227.57	15
辽　宁	Liaoning	77.03	71.90	65.52	9	215.83	379.62	393.71	8
吉　林	Jilin	40.76	45.85	47.78	18	128.79	201.39	201.18	20
黑龙江	Heilongjiang	81.83	72.41	71.43	6	176.36	269.64	267.80	12
上　海	Shanghai		58.55	57.03	13		133.71	135.90	26
江　苏	Jiangsu	95.52	116.00	121.87	3	387.86	599.21	619.69	3
浙　江	Zhejiang	47.34	61.80	65.99	8	307.88	405.95	442.11	4
安　徽	Anhui	37.29	54.15	54.63	14	192.74	307.75	320.07	9
福　建	Fujian	22.05	34.77	34.84	22	120.34	205.31	215.82	17
江　西	Jiangxi	24.23	28.81	33.66	23	129.16	197.06	217.69	16
山　东	Shandong	110.87	143.46	155.09	1	414.24	578.22	630.74	2
河　南	Henan	61.54	78.02	80.92	4	249.34	388.32	411.80	6
湖　北	Hubei	59.36	61.00	72.54	5	231.58	322.22	394.80	7
湖　南	Hunan	54.99	44.86	45.27	19	167.82	190.15	212.08	18
广　东	Guangdong	102.92	140.45	127.36	2	571.60	815.27	870.82	1
广　西	Guangxi	30.17	50.23	52.48	15	107.57	234.60	249.22	13
海　南	Hainan	3.58	6.26	2.68	31	33.79	54.07	57.66	29
重　庆	Chongqing	16.87	29.08	30.99	24	131.55	213.71	232.63	14
四　川	Sichuan	34.97	64.41	70.86	7	203.11	383.90	428.34	5
贵　州	Guizhou	17.57	25.36	27.94	26	45.74	110.39	152.26	23
云　南	Yunnan	22.34	29.99	36.51	21	66.28	136.25	149.32	24
西　藏	Tibet	2.60	4.88	4.20	30	8.75	28.61	23.41	31
陕　西	Shaanxi	22.76	24.64	27.14	27	80.09	182.00	208.51	19
甘　肃	Gansu	22.14	28.66	30.37	25	73.49	118.55	138.36	25
青　海	Qinghai	5.02	19.21	13.42	29	5.34	17.47	25.15	30
宁　夏	Ningxia	10.64	13.87	13.50	28	35.58	64.83	70.86	28
新　疆	Xinjiang	28.75	48.28	62.16	10	104.27	160.57	171.17	22

注：2012年以前城市道路交通设施用地面积的统计口径为城市道路广场用地面积。

Note: Before 2012, the statistical caliber of urban road traffic facilities land area is the area of urban road and square.

8-6 城市商业服务业设施、公用设施和绿地与广场用地面积
Commercial and Business Facilities, Municipal Utilities, and Green Space and Square

单位：平方公里 (sq.km)

地区	Region	商业服务业设施用地面积 Commercial and Business Facilities	排名 Ranking	公用设施用地面积 Municipal Utilities	排名 Ranking	绿地与广场用地面积 Green Space and Square	排名 Ranking
全　国	**National Total**	**3843.01**		**1968.65**		**6152.70**	
北　京	Beijing	136.30	9	31.71	24	115.83	23
天　津	Tianjin	76.97	24	20.95	27	104.84	27
河　北	Hebei	124.24	11	71.38	11	306.55	6
山　西	Shanxi	73.87	26	71.81	10	140.00	19
内蒙古	Inner Mongolia	105.37	14	38.63	22	151.71	17
辽　宁	Liaoning	163.43	7	61.38	14	291.12	7
吉　林	Jilin	90.15	20	57.75	16	108.57	26
黑龙江	Heilongjiang	89.66	21	62.83	12	161.95	14
上　海	Shanghai	117.55	12	212.37	1	139.50	20
江　苏	Jiangsu	314.14	3	124.38	4	513.16	1
浙　江	Zhejiang	210.76	4	75.38	9	276.58	9
安　徽	Anhui	174.63	6	61.49	13	237.69	10
福　建	Fujian	104.76	15	46.34	19	154.90	16
江　西	Jiangxi	100.10	19	51.00	18	164.27	13
山　东	Shandong	327.76	2	154.77	2	469.68	3
河　南	Henan	134.88	10	99.56	5	366.28	4
湖　北	Hubei	153.66	8	96.81	6	216.68	11
湖　南	Hunan	109.92	13	85.37	7	194.34	12
广　东	Guangdong	366.99	1	133.45	3	473.56	2
广　西	Guangxi	82.64	22	55.22	17	156.19	15
海　南	Hainan	16.16	29	9.68	29	35.09	30
重　庆	Chongqing	77.45	23	30.39	25	113.77	24
四　川	Sichuan	207.87	5	81.84	8	346.50	5
贵　州	Guizhou	75.73	25	26.94	26	110.27	25
云　南	Yunnan	102.95	16	32.92	23	134.62	21
西　藏	Tibet	15.49	30	8.99	30	5.25	31
陕　西	Shaanxi	101.34	18	42.21	21	289.58	8
甘　肃	Gansu	57.83	27	42.45	20	131.07	22
青　海	Qinghai	8.91	31	6.70	31	35.66	29
宁　夏	Ningxia	19.12	28	15.74	28	58.81	28
新　疆	Xinjiang	102.38	17	58.21	15	148.68	18

8-7 城市征用土地面积和征用耕地面积
Area of Urban Land Requisition and Farm Land Requisition

单位：平方公里 (sq.km)

地区	Region	征用土地面积 Area of Urban Land Requisition This Year				征用耕地面积 Farm Land Requisition			
		2010	2016	2017	2017排名 Ranking	2010	2016	2017	2017排名 Ranking
全 国	**National Total**	**1641.57**	**1713.62**	**1934.37**		**708.95**	**775.76**	**841.27**	
北 京	Beijing	46.48	15.72	17.55	25	17.53	8.67	4.83	28
天 津	Tianjin	43.96	20.32	14.61	27	18.65	8.79	8.15	24
河 北	Hebei	37.08	50.37	63.78	15	12.86	14.70	25.94	14
山 西	Shanxi	16.61	19.47	17.68	24	8.02	13.83	13.92	21
内蒙古	Inner Mongolia	14.12	28.38	74.41	11	1.39	11.93	22.77	16
辽 宁	Liaoning	128.20	28.18	22.56	21	60.24	16.66	10.49	22
吉 林	Jilin	59.00	68.10	64.97	14	40.73	34.34	37.81	9
黑龙江	Heilongjiang	28.30	17.71	8.87	30	3.37	5.46	5.74	26
上 海	Shanghai		24.46	23.00	20		14.65	14.00	20
江 苏	Jiangsu	195.45	155.56	165.18	1	88.21	76.38	83.57	1
浙 江	Zhejiang	107.36	100.01	133.44	4	65.94	50.18	59.12	4
安 徽	Anhui	109.30	130.18	148.25	2	61.18	67.20	73.98	2
福 建	Fujian	23.79	90.14	70.53	12	7.41	23.33	15.86	19
江 西	Jiangxi	20.97	60.56	94.02	10	4.16	26.05	26.87	12
山 东	Shandong	98.71	114.08	140.43	3	38.05	48.18	60.42	3
河 南	Henan	67.01	28.18	45.56	17	27.02	13.01	19.83	17
湖 北	Hubei	79.94	90.55	95.41	9	15.23	50.70	50.71	7
湖 南	Hunan	48.92	61.67	69.51	13	11.65	12.95	17.66	18
广 东	Guangdong	95.74	126.90	117.89	6	26.43	48.16	52.13	6
广 西	Guangxi	101.44	117.99	118.50	5	40.43	49.83	31.43	10
海 南	Hainan	0.10	3.55	21.13	22		1.26	2.12	30
重 庆	Chongqing	48.02	91.29	108.26	8	14.23	42.56	43.55	8
四 川	Sichuan	86.33	79.32	109.50	7	45.58	40.49	55.40	5
贵 州	Guizhou	5.26	33.82	18.70	23	0.28	14.84	7.00	25
云 南	Yunnan	85.23	34.65	51.13	16	43.95	15.15	26.67	13
西 藏	Tibet	2.94	5.05	11.96	29	0.71	2.50	8.93	23
陕 西	Shaanxi	41.52	44.17	37.95	18	30.59	22.59	28.84	11
甘 肃	Gansu	23.83	37.24	34.84	19	12.62	27.98	25.65	15
青 海	Qinghai	0.01	3.31	5.40	31		0.20	0.20	31
宁 夏	Ningxia	8.30	9.51	14.39	28	6.70	6.68	5.55	27
新 疆	Xinjiang	17.65	23.18	14.96	26	5.80	6.51	2.13	29

8-8 城市维护建设资金总收入
National Revenue of Urban Maintenance and Construction Funds

单位：万元 (10 000 yuan)

地区	Region	城市维护建设资金总收入 Total National Revenue				其他财政资金收入 Others			
		2010	2015	2016	2016排名 Ranking	2010	2015	2016	2016排名 Ranking
全　国	**National Total**	**85704996**	**160735509**	**180194600**		**4437068**	**9652471**	**8675715**	
北　京	Beijing	5886970	21002851	14498063	3				
天　津	Tianjin	1516602	2206103	2564052	19	158352	374384	523035	8
河　北	Hebei	3115491	3936578	4854346	13	190621	27370	69324	15
山　西	Shanxi	1890382	2431823	2485140	20	163886	31476	2404	26
内蒙古	Inner Mongolia	2016567	2081355	1671906	23	15937	371105	27460	20
辽　宁	Liaoning	4617395	4726607	3834031	16	196935	63768	26400	21
吉　林	Jilin	883223	1685380	2471417	21	70925	15672	68120	16
黑龙江	Heilongjiang	1186674	1530215	1566287	25	55217	156625	246898	9
上　海	Shanghai	1960933	3657873	3612954	17	423300	2588	4920	24
江　苏	Jiangsu	8008899	17545425	24456256	1	346908	718029	1117081	2
浙　江	Zhejiang	6108113	8761243	9799144	7	65425	1305108	725316	4
安　徽	Anhui	2902962	7915597	12834316	4	78092	171809	126962	12
福　建	Fujian	4656971	6735656	10975204	6	153802	21321	49269	18
江　西	Jiangxi	2422959	4875877	4516160	14	126116	81058	48443	19
山　东	Shandong	10377521	10534867	12532299	5	196407	431822	589341	6
河　南	Henan	2381809	2553620	2290629	22	910317	302867	2445	25
湖　北	Hubei	1561968	5886705	8385902	8	18309	608442	1014323	3
湖　南	Hunan	2004494	3468328	5852679	12	134696	105936	131319	11
广　东	Guangdong	9315084	14880108	17873815	2	45358	429737	619620	5
广　西	Guangxi	2722649	5248781	6392932	10	684385	230821	79033	14
海　南	Hainan	245421	1295332	540732	30	18604	48139	8950	23
重　庆	Chongqing	1950298	5384683	3857157	15	58961	43961	1211	27
四　川	Sichuan	1929600	7613624	7556552	9	76623	2400346	2242069	1
贵　州	Guizhou	389972	1967186	521421	31	4146	5236	626	29
云　南	Yunnan	1923960	2137330	2924784	18	22365	35686	236081	10
西　藏	Tibet	13138	608748	609348	28		638	638	28
陕　西	Shaanxi	2060164	5893677	6343524	11	192888	1534374	534941	7
甘　肃	Gansu	421293	570054	1363493	26	9884	29323	10848	22
青　海	Qinghai	154783	664297	871316	27		1600		
宁　夏	Ningxia	385876	551251	545264	29	186	13393	62316	17
新　疆	Xinjiang	692825	2384335	1593477	24	18423	89837	106322	13

8-9 城市维护建设资金中央与地方财政拨款

Financial Allocation from Central Government Budget and Provincial Government Budget

单位：万元 (10 000 yuan)

地区	Region	中央预算资金 Central Budgetary Fund				省级预算资金 Provincial Budgetary Fund			
		2010	2015	2016	2016排名 Ranking	2010	2015	2016	2016排名 Ranking
全　国	**National Total**	**1747961**	**3132417**	**2968916**		**985885**	**4616060**	**4056263**	
北　京	Beijing								
天　津	Tianjin	21370	23149	54147	17	91831	22660	238319	5
河　北	Hebei	76838	45009	194213	5	1628	141391	158585	7
山　西	Shanxi	12479	3882	11849	28	41203	3871	16428	23
内蒙古	Inner Mongolia	13990	25227	26998	24	63709	28302	35176	19
辽　宁	Liaoning	132097	131978	219171	4	30880	62948	53594	13
吉　林	Jilin	61824	71842	103731	12	34222	90587	88807	11
黑龙江	Heilongjiang	144233	113193	176563	6	14078	71628	38342	18
上　海	Shanghai	20066	19965	105015	11				
江　苏	Jiangsu	56721	113644	164696	7	46993	126915	239639	4
浙　江	Zhejiang	36762	105714	63674	15	28884	96875	102271	9
安　徽	Anhui	40377	86829	59685	16	12905	38285	39347	17
福　建	Fujian	48560	14162	8070	29	9879	24014	24436	22
江　西	Jiangxi	191414	632936	17266	27	5779	213934	12497	24
山　东	Shandong	46488	54450	328036	1	24649	30536	42439	16
河　南	Henan	24252	56126	19825	26	5163	2724	4226	28
湖　北	Hubei	62865	49680	92392	13	14744	42559	29388	21
湖　南	Hunan	52700	125882	108606	10	29279	38062	51532	14
广　东	Guangdong	18395	9046	44070	20	90933	20203	4868	27
广　西	Guangxi	46031	127605	127460	8	61881	75843	68728	12
海　南	Hainan	13549	7358	1904	30	2796	37838	9697	25
重　庆	Chongqing	20332	41849	21629	25	256541	1880642	1478885	1
四　川	Sichuan	326065	47504	31745	23	7699	637464	110265	8
贵　州	Guizhou	23103	237269	49485	19	5314	94371	8125	26
云　南	Yunnan	123495	306249	296359	3	29114	237901	459172	2
西　藏	Tibet		322401	322701	2		174452	174452	6
陕　西	Shaanxi	26728	120008	112587	9	1713	129151	97404	10
甘　肃	Gansu	37086	74072	83141	14	21114	74325	45539	15
青　海	Qinghai	24652	78834	51807	18	32376	194629	393412	3
宁　夏	Ningxia	29098	2929	31797	22	15402	15359	30360	20
新　疆	Xinjiang	16391	83625	40294	21	5176	8591	330	29

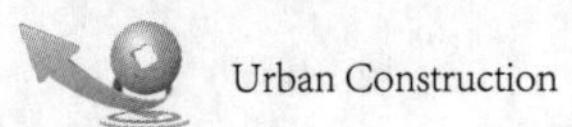

8-10 城市市级预算资金和城市维护建设税

City-level Budgetary Fund and Urban Maintenance and Construction Tax

单位：万元 (10 000 yuan)

地区	Region	市级预算资金 City-level Budgetary Fund				城市维护建设税 Urban Maintenance and Construction Tax			
		2010	2015	2016	2016排名 Ranking	2010	2015	2016	2016排名 Ranking
全　国	**National Total**	**78534082**	**143334561**	**164493706**		**9970340**	**19421884**	**22429127**	
北　京	Beijing	5886970	21002851	14498063	3	800033	2043646	2216399	3
天　津	Tianjin	1245049	1785910	1748551	22	219462	333232	304243	22
河　北	Hebei	2846404	3722808	4432224	14	650837	618111	722014	12
山　西	Shanxi	1672814	2392594	2454459	17	166345	244651	1187751	6
内蒙古	Inner Mongolia	1922931	1656721	1582272	23	464352	187652	208560	24
辽　宁	Liaoning	4257483	4467913	3534866	15	508321	947238	1014438	7
吉　林	Jilin	716252	1507279	2210759	20	201091	478579	527214	14
黑龙江	Heilongjiang	973146	1188769	1104484	26	293437	411685	397005	17
上　海	Shanghai	1517567	3635320	3503019	16				
江　苏	Jiangsu	7558277	16586837	22934840	1	946046	2453305	2603947	2
浙　江	Zhejiang	5977042	7253546	8907883	7	595049	885450	925057	8
安　徽	Anhui	2771588	7618674	12608322	4	352397	674800	832987	11
福　建	Fujian	4444730	6676159	10893429	6	293621	707889	590278	13
江　西	Jiangxi	2099650	3947949	4437954	13	151139	228932	311105	21
山　东	Shandong	10109977	10018059	11572483	5	872852	1376123	1841087	4
河　南	Henan	1442077	2191903	2264133	19	290618	450329	456767	16
湖　北	Hubei	1466050	5186024	7249799	8	312893	710345	1479890	5
湖　南	Hunan	1787819	3198448	5561222	11	540596	864522	884184	10
广　东	Guangdong	9160398	14421122	17205257	2	992008	2518498	2671707	1
广　西	Guangxi	1930352	4814512	6117711	9	185171	319638	341182	18
海　南	Hainan	210472	1201997	520181	27	22576	133461	110887	28
重　庆	Chongqing	1614464	3418231	2355432	18	185504	371117	325812	20
四　川	Sichuan	1519213	4528310	5172473	12	265853	832864	913341	9
贵　州	Guizhou	357409	1630310	463185	28	52592	303641	116675	27
云　南	Yunnan	1748986	1557494	1933172	21	155802	290618	326558	19
西　藏	Tibet	13138	111257	111557	31	522	20024	20174	30
陕　西	Shaanxi	1838835	4110144	5598592	10	176260	374949	474776	15
甘　肃	Gansu	353209	392334	1223965	25	72190	71681	165901	25
青　海	Qinghai	97755	389234	426097	29	29031	137503	141196	26
宁　夏	Ningxia	341190	519570	420791	30	38166	51224	47229	29
新　疆	Xinjiang	652835	2202282	1446531	24	135576	380177	270763	23

8-11 城市公用事业附加和城市基础设施配套费

Extra-charges for Municipal Utilities and Fees for Supporting Urban Infrastructure

单位：万元 (10 000 yuan)

地区	Region	城市公用事业附加 Extra-charges for Municipal Utilities				城市基础设施配套费 Fees for Supporting Urban Infrastructure			
		2010	2015	2016	2016排名 Ranking	2010	2015	2016	2016排名 Ranking
全 国	**National Total**	**1090649**	**2255346**	**2100389**		**4912066**	**9748759**	**9583838**	
北 京	Beijing	114083	206880	78753	11		449609	337615	11
天 津	Tianjin					224637	278175	265026	13
河 北	Hebei	55948	98247	78833	10	61658	155031	139473	18
山 西	Shanxi	19163	23348	19558	23	97285	116169	123075	21
内蒙古	Inner Mongolia	6838	17408	31432	19	16711	209517	132802	19
辽 宁	Liaoning	47117	151024	94819	5	294515	242901	348744	9
吉 林	Jilin	18483	18077	24030	21	88608	214119	181566	15
黑龙江	Heilongjiang	23961	18362	29302	20	110537	88176	89936	26
上 海	Shanghai		277074	305012	1	73040	8975	45000	27
江 苏	Jiangsu	121506	208348	211271	3	651844	837679	871142	3
浙 江	Zhejiang	27724	72718	87245	8	81205	172460	211781	14
安 徽	Anhui	22589	59538	58567	13	142277	351825	355511	8
福 建	Fujian	42294	61776	83534	9	179790	114199	106617	23
江 西	Jiangxi	8849	20433	20954	22	75209	745803	95942	25
山 东	Shandong	91045	190486	143894	4	941781	1395285	1600119	1
河 南	Henan	48536	86965	91973	6	263666	441133	486413	6
湖 北	Hubei	17800	87202	16223	24	86137	183380	346059	10
湖 南	Hunan	32262	50655	44911	15	114259	415681	274291	12
广 东	Guangdong	221774	325310	300216	2	417934	858982	1062901	2
广 西	Guangxi	55109	55827	56974	14	28064	123091	166871	16
海 南	Hainan	909	3753	8653	27	47181	170254	110729	22
重 庆	Chongqing	14655	41363	36893	18	333255	590993	759969	4
四 川	Sichuan	34963	53283	43481	16	178489	471417	631692	5
贵 州	Guizhou	17061	13723	9741	26	24374	39935	38169	29
云 南	Yunnan	256	2706	42306	17	79857	207561	129365	20
西 藏	Tibet		80	115	30	90	8998	8998	30
陕 西	Shaanxi	16574	21448	90251	7	176429	538953	380637	7
甘 肃	Gansu	1782	2009	2831	29	32924	85797	96430	24
青 海	Qinghai	4879	62160	65494	12	14158	6170	8346	31
宁 夏	Ningxia	16984	8855	7290	28	10427	21665	38901	28
新 疆	Xinjiang	7505	16288	15833	25	65725	204826	139718	17

8-12 城市国有土地使用权出让收入和市政公用设施有偿使用费
Income Generated from The Transfer of State-owned Land-use Right and Fee for Use of Municipal Utilities

单位：万元 (10 000 yuan)

地区	Region	国有土地使用权出让收入 Income Generated from The Transfer of State-owned Land-use Right				市政公用设施有偿使用费 Fee for Use of Municipal Utilities			
		2010	2015	2016	2016排名 Ranking	2010	2015	2016	2016排名 Ranking
全　国	**National Total**	**40710682**	**87057559**	**100031030**		**3049903**	**4427311**	**4463162**	
北　京	Beijing		18150065	11699540	2	80974	152651	165756	9
天　津	Tianjin	100000	885176	1040500	17	3625			
河　北	Hebei	1479224	2016625	3084107	11	52199	141390	130824	12
山　西	Shanxi	1045718	1328324	548795	22	22846	50734	46348	22
内蒙古	Inner Mongolia	1000816	269104	273698	25	11755	17896	27858	28
辽　宁	Liaoning	3054536	1965787	1458084	15	56479	72628	100088	15
吉　林	Jilin	235761	684808	1015328	18	23093	36367	57642	19
黑龙江	Heilongjiang	326007	336753	329478	24	36995	34307	32246	27
上　海	Shanghai	334500	535293	786057	20	311198	30000		
江　苏	Jiangsu	3626033	10068527	15996152	1	409667	512407	496809	3
浙　江	Zhejiang	3586522	4246882	5878748	6	412077	389077	509150	2
安　徽	Anhui	1857775	5633122	10595606	4	67770	138536	146782	11
福　建	Fujian	3308164	5417085	5402792	7	166226	144523	163437	10
江　西	Jiangxi	1490022	2304128	2762414	12	26680	65028	98418	16
山　东	Shandong	6759864	5924841	7084303	5	154169	255694	298384	4
河　南	Henan	480751	729258	531481	23	78701	111913	115370	13
湖　北	Hubei	671479	2926831	4758784	8	94853	261462	250899	7
湖　南	Hunan	700093	1481133	3632527	10	83485	107624	252409	5
广　东	Guangdong	5993365	9386411	11323602	3	497859	596129	594867	1
广　西	Guangxi	1115757	3703726	4301459	9	75742	121883	188269	8
海　南	Hainan	45910	514515	105876	30	2297	41651	54412	20
重　庆	Chongqing	587589	1841547	884916	19	35920	53118	53622	21
四　川	Sichuan	437148	1745719	2125212	13	137212	207369	251449	6
贵　州	Guizhou	44750	650468	185725	27	13272	45828	40762	23
云　南	Yunnan	1176207	805541	1077836	16	30855	96510	113929	14
西　藏	Tibet	985	17700	17815	31	310	1058	1058	29
陕　西	Shaanxi	831441	1720028	1946129	14	57670	585851	91456	17
甘　肃	Gansu	78690	145129	206696	26	18397	43378	32764	26
青　海	Qinghai	20367	117513	117098	29	8922	60491	71567	18
宁　夏	Ningxia	144706	128931	129658	28	7224	12048	36215	25
新　疆	Xinjiang	176502	1376589	730614	21	71431	39760	40372	24

8-13 城市污水处理费和垃圾处理费
Wastewater Treatment Fee and Garbage Treatment Fee

单位：万元 (10 000 yuan)

地区	Region	污水处理费 Wastewater Treatment Fee 2015	2016	2016排名 Ranking	垃圾处理费 Garbage Treatment Fee 2015	2016	2016排名 Ranking
全 国	**National Total**	**2636962**	**2937537**		**793824**	**963049**	
北 京	Beijing	152367	165510	5	284	246	29
天 津	Tianjin						
河 北	Hebei	60935	69802	16	9921	7535	21
山 西	Shanxi	18044	30679	18	18837	14458	18
内蒙古	Inner Mongolia	11751	22267	24	6065	4092	26
辽 宁	Liaoning	60935	72584	15	11342	20691	15
吉 林	Jilin	10595	35312	17	6355	3379	27
黑龙江	Heilongjiang	21534	22444	23	5217	5102	24
上 海	Shanghai						
江 苏	Jiangsu	386525	366888	3	109550	112733	2
浙 江	Zhejiang	312894	393161	1	40344	99495	3
安 徽	Anhui	102005	95868	12	30216	43035	7
福 建	Fujian	105435	103809	10	28839	44163	6
江 西	Jiangxi	48787	76582	14	6696	8717	20
山 东	Shandong	177393	245275	4	59188	39570	9
河 南	Henan	78498	87169	13	15595	16972	17
湖 北	Hubei	126726	146894	6	62338	82965	4
湖 南	Hunan	82182	126146	7	22617	26109	11
广 东	Guangdong	385724	390838	2	185444	167971	1
广 西	Guangxi	94694	113431	9	22203	72707	5
海 南	Hainan	28044	25957	19	11651	22180	14
重 庆	Chongqing	25173	22568	22	25167	28317	10
四 川	Sichuan	103586	120035	8	40319	42597	8
贵 州	Guizhou	40245	15242	26	4239	6548	22
云 南	Yunnan	86398	98972	11	8963	12892	19
西 藏	Tibet	160	160	29	446	446	28
陕 西	Shaanxi	47025	24162	21	34831	26044	12
甘 肃	Gansu	31033	25293	20	5938	6148	23
青 海	Qinghai	6958	7408	28	5159	4860	25
宁 夏	Ningxia	10355	13008	27	1692	23205	13
新 疆	Xinjiang	20961	20073	25	14368	19872	16

8-14 城市维护建设资金总支出和城乡社区规划与管理
Total Expenditure and Planning and Management of Urban and Rural Communities

单位：万元 (10 000 yuan)

地区	Region	城市维护建设资金总支出 Total Expenditure				城乡社区规划与管理 Planning and Management of Urban and Rural Communities		
		2010	2015	2016	2016排名 Ranking	2015	2016	2016排名 Ranking
全 国	**National Total**	**75080799**	**124386269**	**138326496**		**5734301**	**6975100**	
北 京	Beijing	6215691	15536209	16270965	1	113014	100887	13
天 津	Tianjin	1592922	2283693	2506578	16			
河 北	Hebei	3043449	1980683	2432049	18	56933	98782	14
山 西	Shanxi	2080377	2183414	2018859	20	97122	23312	27
内蒙古	Inner Mongolia	1755347	1729153	1504520	24	66341	157775	10
辽 宁	Liaoning	2429628	3246034	2674859	15	168993	69441	17
吉 林	Jilin	953627	1173123	1955238	21	343391	401931	4
黑龙江	Heilongjiang	1185874	1454195	1624997	22	31536	44461	21
上 海	Shanghai	3503084	1281899	1572074	23			
江 苏	Jiangsu	7679303	11364807	14541824	2	1528735	3185058	1
浙 江	Zhejiang	5732752	6525407	6448045	9	84163	90589	15
安 徽	Anhui	2677535	7138710	12531596	4	189673	168983	8
福 建	Fujian	3355289	5992877	6513434	8	295015	189028	7
江 西	Jiangxi	2405355	4094343	2941002	13	624369	635550	2
山 东	Shandong	5474926	6363538	7087718	7	169047	243119	6
河 南	Henan	2078148	2219983	2277488	19	153429	163593	9
湖 北	Hubei	1307256	5750513	7273500	5	538138	249620	5
湖 南	Hunan	2028183	3392782	2448537	17	117658	124031	12
广 东	Guangdong	6977019	11421946	14237522	3	408651	449270	3
广 西	Guangxi	2694094	5045918	5969872	10	64795	45470	20
海 南	Hainan	249151	1154630	524396	27	81594	82295	16
重 庆	Chongqing	1917066	5099675	3821347	12	65884	38159	23
四 川	Sichuan	1818786	5343109	5783915	11	198263	144822	11
贵 州	Guizhou	447265	247842	239421	30	42004	32738	25
云 南	Yunnan	1685076	1638290	2802549	14	49809	33186	24
西 藏	Tibet	11353	62845	62940	31	1135	1215	29
陕 西	Shaanxi	2239864	7108004	7226650	6	44627	66858	18
甘 肃	Gansu	442365	517791	490358	28	22463	8057	28
青 海	Qinghai	154783	650757	878715	26	20366	40165	22
宁 夏	Ningxia	305836	467400	413073	29	106546	54592	19
新 疆	Xinjiang	639395	1916699	1252455	25	50607	32113	26

8-15 城市市政公用行业市场监督和市政公用设施建设维护与管理

Market Supervision of Municipal Public Utilities Industry and Construction, Maintenance and Management of Municipal Public Utilities Facilities

单位：万元 (10 000 yuan)

地区	Region	市政公用行业市场监督 Market Supervision of Municipal Public Utilities Industry 2015	2016	2016排名 Ranking	市政公用设施建设维护与管理 Construction, Maintenance and Management of Municipal Public Utilities Facilities 2015	2016	2016排名 Ranking
全 国	**National Total**	**1598777**	**2094661**		**83245685**	**91895627**	
北 京	Beijing	3579	2416	27	9858195	10704397	2
天 津	Tianjin				2279386	2505964	12
河 北	Hebei	82930	72437	9	1637367	1433167	18
山 西	Shanxi	19426	10111	25	1976809	1963990	14
内蒙古	Inner Mongolia	11876	66103	10	1069767	735632	23
辽 宁	Liaoning	61580	75036	8	2802905	2325119	13
吉 林	Jilin	17374	16092	24	706414	775551	22
黑龙江	Heilongjiang	22414	16400	23	1074753	1301741	20
上 海	Shanghai				219581	262787	27
江 苏	Jiangsu	150392	257494	3	6961333	8040835	4
浙 江	Zhejiang	39283	32472	16	5461099	5146228	8
安 徽	Anhui	46178	50902	14	6707977	12162877	1
福 建	Fujian	30771	28186	18	2626786	2643410	11
江 西	Jiangxi	46105	57174	13	1279075	1424140	19
山 东	Shandong	121418	172364	4	5672413	6127519	6
河 南	Henan	73876	80099	7	1664707	1777653	15
湖 北	Hubei	66650	153834	5	4683436	5355900	7
湖 南	Hunan	118659	86293	6	2271051	1606300	16
广 东	Guangdong	57730	39501	15	6701361	8331671	3
广 西	Guangxi	24608	18834	21	2799061	2896713	10
海 南	Hainan	65120	22906	20	201819	240365	28
重 庆	Chongqing	9599	9221	26	4059817	3386733	9
四 川	Sichuan	182658	362830	1	1647109	1484670	17
贵 州	Guizhou	19145	18453	22	129044	99565	30
云 南	Yunnan	12012	26967	19	393786	483371	25
西 藏	Tibet	510	515	28	2775	2785	31
陕 西	Shaanxi	57397	59821	11	5971170	6653326	5
甘 肃	Gansu	65543	57510	12	250793	231313	29
青 海	Qinghai	151417	268051	2	478876	570499	24
宁 夏	Ningxia	5210	301	29	333274	285405	26
新 疆	Xinjiang	35317	32338	17	1323746	936001	21

8-16 城市风景名胜区规划与保护和其他支出
Planning and Protection of National Parks and Others

单位：万元 (10 000 yuan)

地区	Region	风景名胜区规划与保护 Planning and Protection of National Parks			其他支出 Others		
		2015	2016	2016排名 Ranking	2015	2016	2016排名 Ranking
全 国	**National Total**	**1252328**	**1583481**		**32555178**	**35777627**	
北 京	Beijing	29			5561392	5463265	1
天 津	Tianjin				4307	614	30
河 北	Hebei	9626	7928	22	193827	819735	11
山 西	Shanxi	8262	12981	18	81795	8465	29
内蒙古	Inner Mongolia	724	544	26	580445	544466	15
辽 宁	Liaoning	6668	42417	11	205888	162846	23
吉 林	Jilin	30525	63640	6	75419	698024	13
黑龙江	Heilongjiang	3468	2087	25	322024	260308	18
上 海	Shanghai				1062318	1309287	9
江 苏	Jiangsu	672352	483632	1	2051995	2574805	6
浙 江	Zhejiang	12148	53001	7	928714	1125755	10
安 徽	Anhui	33374	32908	12	161508	115926	25
福 建	Fujian	22165	7888	23	3018140	3644922	4
江 西	Jiangxi	85809	83822	5	2058985	740316	12
山 东	Shandong	73802	147896	3	326858	396820	16
河 南	Henan	14537	28501	13	313434	227642	21
湖 北	Hubei	48533	52483	8	413756	1461663	8
湖 南	Hunan	26869	25644	14	858545	606269	14
广 东	Guangdong	38474	43728	10	4215730	5373352	2
广 西	Guangxi	6978	12207	19	2150476	2996648	5
海 南	Hainan	18	22018	15	806079	156812	24
重 庆	Chongqing	9568	8240	21	954807	378994	17
四 川	Sichuan	33713	141967	4	3281366	3649626	3
贵 州	Guizhou	756	4526	24	56893	84139	26
云 南	Yunnan	23830	18611	17	1158853	2240414	7
西 藏	Tibet	49664	49664	9	8761	8761	28
陕 西	Shaanxi	11130	207893	2	1023680	238752	19
甘 肃	Gansu	10636	10270	20	168356	183208	22
青 海	Qinghai	98					
宁 夏	Ningxia	660			21710	72775	27
新 疆	Xinjiang	17912	18985	16	489117	233018	20

8-17 城市市政公用设施建设固定资产投资和新增固定资产
Fixed Assets Investment in Urban Service Facilities and Newly Added Fixed Assets

单位：万元 (10 000 yuan)

地区	Region	本年完成固定资产投资 Completed Investment of This Year				本年新增固定资产 Newly Added Fixed Assets of This Year			
		2010	2016	2017	2017排名 Ranking	2010	2016	2017	2017排名 Ranking
全 国	**National Total**	**143058687**	**174599734**	**193276146**		**88147149**	**106211811**	**134609680**	
北 京	Beijing	8541126	12010583	13717733	2	3345022	3455933	5153774	9
天 津	Tianjin	6009490	2927208	3014976	22	1901462	347085	820552	28
河 北	Hebei	8526761	3607251	3964229	20	5136977	2736588	4983791	10
山 西	Shanxi	2258567	4744357	3487857	21	1208573	4437885	2875945	18
内蒙古	Inner Mongolia	3663044	4774236	5592699	16	2683104	4135308	3827446	16
辽 宁	Liaoning	6746292	2724690	2664691	25	5310915	1646059	1336555	24
吉 林	Jilin	2152685	3486458	2682566	23	1590440	1028985	2173722	22
黑龙江	Heilongjiang	3048439	2274993	2144321	27	1872650	1497972	1896976	23
上 海	Shanghai	4769428	5538842	5760147	14	3704836	1591880	4189524	14
江 苏	Jiangsu	13299989	14627229	18059574	1	11141951	9650628	12727051	1
浙 江	Zhejiang	5339364	11040682	10811169	7	3446333	9856234	5636151	7
安 徽	Anhui	4756917	7417525	7454578	11	2577343	5820475	3214080	17
福 建	Fujian	3850761	6261545	7128613	12	2069601	2587911	4237390	12
江 西	Jiangxi	4210145	4052364	5723360	15	2843733	2464463	5507933	8
山 东	Shandong	7896810	10060204	12008962	4	4620312	5954745	9552637	5
河 南	Henan	2242336	5313308	8680683	8	1294903	3656270	9886637	4
湖 北	Hubei	6148789	12298694	13021487	3	4540902	12157018	12319666	3
湖 南	Hunan	5197309	7543709	7699626	10	3650309	3090855	2405975	19
广 东	Guangdong	20425281	7828858	11289939	6	12204434	2763129	2392262	20
广 西	Guangxi	4391407	6030884	5856089	13	2023461	6502404	4285235	11
海 南	Hainan	296222	1228866	1193224	29	102202	221322	132426	30
重 庆	Chongqing	5756056	7315367	7819593	9	2798739	4139750	12567634	2
四 川	Sichuan	3664555	10975335	11492553	5	2078176	4319673	8185362	6
贵 州	Guizhou	911371	3427637	2681140	24	758257	1681916	1128599	26
云 南	Yunnan	2908548	4083331	4893918	18	1803397	2417370	2191792	21
西 藏	Tibet	28344	261333	322519	31	20019	70371	115410	31
陕 西	Shaanxi	3457448	4459883	4310795	19	1946436	2010933	3882048	15
甘 肃	Gansu	944242	3455914	2532923	26	363108	1499190	1081873	27
青 海	Qinghai	265163	825079	1310431	28	238657	786227	1302798	25
宁 夏	Ningxia	356655	409678	767516	30	227034	208338	368084	29
新 疆	Xinjiang	995143	3593692	5188235	17	643863	3474894	4230352	13

8-18 城市市政公用设施建设固定资产投资城市供水投资和燃气投资

Fixed Assets Investment in Urban Service Facilities, and Investment in Water and Gas

单位：万元 (10 000 yuan)

地区	Region	供水投资 Water Supply 2010	2016	2017	2017排名 Ranking	燃气投资 Gas Supply 2010	2016	2017	2017排名 Ranking
全　国	**National Total**	**4268294**	**5458498**	**5801366**		**2907816**	**4089062**	**4456833**	
北　京	Beijing	259746	267709	394839	4	182583	201160	660604	2
天　津	Tianjin	83758	8834	5886	28	133368	12834	40548	25
河　北	Hebei	82966	159073	130102	17	240440	107030	181639	7
山　西	Shanxi	48653	63882	55042	26	97264	94991	128622	12
内蒙古	Inner Mongolia	116720	285536	192266	10	84233	108486	47846	22
辽　宁	Liaoning	328914	99076	116383	20	123984	58514	49654	20
吉　林	Jilin	53759	122457	153559	13	108001	66746	73864	16
黑龙江	Heilongjiang	49260	81738	118178	19	53238	90568	47737	23
上　海	Shanghai	397909	338037	102670	22	187926	152172	163587	9
江　苏	Jiangsu	635100	583393	1145641	1	209311	661849	186962	5
浙　江	Zhejiang	240451	332774	420658	3	119041	173643	186018	6
安　徽	Anhui	93108	283582	286428	5	82614	187576	166447	8
福　建	Fujian	92791	123451	263653	6	60834	44356	63770	18
江　西	Jiangxi	95408	131803	107248	21	66967	43437	102206	13
山　东	Shandong	384331	332467	456634	2	355215	241359	267318	3
河　南	Henan	40624	164687	189901	11	85960	83415	149459	10
湖　北	Hubei	49351	150719	164256	12	144094	989356	81458	14
湖　南	Hunan	116825	294984	208481	9	64237	42132	75041	15
广　东	Guangdong	569854	182619	261344	7	110079	116849	49456	21
广　西	Guangxi	79997	136308	153418	14	31474	66433	62757	19
海　南	Hainan	11967	4009	34828	27	7896	10361	3730	29
重　庆	Chongqing	100880	226840	128751	18	86081	85177	131480	11
四　川	Sichuan	88770	227127	220316	8	47388	64809	64765	17
贵　州	Guizhou	7795	39931	56571	24	6085		120	31
云　南	Yunnan	41916	47836	85686	23	11054	33160	28403	26
西　藏	Tibet		4925					2858	30
陕　西	Shaanxi	47115	116204	55232	25	34435	73716	256743	4
甘　肃	Gansu	20839	349892	132198	16	12261	36686	41263	24
青　海	Qinghai	33422	6414	5294	29	3729	12664	8933	28
宁　夏	Ningxia	40224	12543	2549	30	100133	11942	11737	27
新　疆	Xinjiang	55841	279648	153354	15	57891	217641	1121808	1

8-19 城市市政公用设施建设固定资产投资城市集中供热投资和轨道交通投资

Fixed Assets Investment in Urban Service Facilities, and Investment of Central Heating and Urban Rail Transit System

单位：万元 (10 000 yuan)

地区	Region	集中供热投资 Central Heating				轨道交通投资 Urban Rail Transit System			
		2010	2016	2017	2017排名 Ranking	2010	2016	2017	2017排名 Ranking
全　国	**National Total**	**4332455**	**4818675**	**5841997**		**18125781**	**40794785**	**50452154**	
北　京	Beijing	496568	354824	1175539	1	3914519	2728037	3427629	6
天　津	Tianjin	70439	42449	13345	16	702058	1526261	1334089	13
河　北	Hebei	768645	640138	521469	4		542296	582119	22
山　西	Shanxi	224561	196100	376524	5		32000		
内蒙古	Inner Mongolia	374920	592177	344681	6		564786	427806	25
辽　宁	Liaoning	717638	394082	286054	8	1301484	877804	580386	23
吉　林	Jilin	294835	215432	112294	12	239493	742517	842352	19
黑龙江	Heilongjiang	239959	504787	300922	7	252769	481049	594461	21
上　海	Shanghai					2296190	2872092	2994607	8
江　苏	Jiangsu	2033	1145			1317628	3221844	5337146	1
浙　江	Zhejiang	5131				928898	2809488	3632709	5
安　徽	Anhui	12092	46548	58511	15	57493	791297	1078362	16
福　建	Fujian					354200	1669656	2527427	10
江　西	Jiangxi					112894	500561	548458	24
山　东	Shandong	643338	874471	845664	3	156160	2229388	2533553	9
河　南	Henan	141445	214890	1071247	2	280000	1196446	1229948	14
湖　北	Hubei	759		1281	18	1012900	3557428	4256102	3
湖　南	Hunan		29749			183386	900918	1367791	12
广　东	Guangdong					2816178	4071694	4330176	2
广　西	Guangxi					10393	1171528	1045694	17
海　南	Hainan								
重　庆	Chongqing	16025				1169406	2503057	3069937	7
四　川	Sichuan		6000			392454	2816708	3927749	4
贵　州	Guizhou						123555	633293	20
云　南	Yunnan					176370	1236629	1548716	11
西　藏	Tibet			100000	14				
陕　西	Shaanxi	79313	82302	111463	13	450908	1019046	1219093	15
甘　肃	Gansu	66474	150431	117325	11		608700	377300	26
青　海	Qinghai	433		9809	17				
宁　夏	Ningxia	33403	96059	183407	10				
新　疆	Xinjiang	144444	377091	212462	9			1005252	18

8-20 城市市政公用设施建设固定资产投资城市道路桥梁投资和排水投资

Fixed Assets Investment in Urban Service Facilities, and Investment of Road and Bridge and Sewerage

单位：万元 (10 000 yuan)

地区	Region	道路桥梁投资 Road and Bridge 2010	2016	2017	2017排名 Ranking	排水投资 Sewerage 2010	2016	2017	2017排名 Ranking
全　国	**National Total**	**66956858**	**75643268**	**69966525**		**9015609**	**12225062**	**13436186**	
北　京	Beijing	1778292	2495652	2038338	16	172688	2802488	1451002	1
天　津	Tianjin	4120952	933712	849072	25	249114	67110	119478	26
河　北	Hebei	4671358	1268116	1103142	23	538504	348204	546844	10
山　西	Shanxi	1297255	3613988	2395456	14	201559	124172	130105	24
内蒙古	Inner Mongolia	1789918	1332945	2391943	15	398943	301177	376046	13
辽　宁	Liaoning	2447279	636112	675925	27	135585	91965	281020	18
吉　林	Jilin	1127066	599148	630892	28	113705	75106	95973	27
黑龙江	Heilongjiang	1511906	656891	688263	26	228375	131325	157138	23
上　海	Shanghai	1022470	1438768	1418858	18	342661	219363	486042	12
江　苏	Jiangsu	7862161	6379826	6647835	1	847735	1370344	1315712	3
浙　江	Zhejiang	2786719	5135535	3575421	6	343652	698714	830933	5
安　徽	Anhui	3065935	4188478	3423657	8	241288	387047	577063	8
福　建	Fujian	2394391	3433823	3049368	9	145390	313970	362759	14
江　西	Jiangxi	2539040	2270926	2397570	13	177934	325463	558863	9
山　东	Shandong	3924985	3469677	4303847	4	592851	803192	886665	4
河　南	Henan	1193887	2373259	3502484	7	200684	346845	744154	6
湖　北	Hubei	3064360	5275133	4508789	3	244247	1190260	1392157	2
湖　南	Hunan	3430888	4013792	4172541	5	195493	404501	293251	16
广　东	Guangdong	3279124	2328169	2988560	11	2123562	392110	665657	7
广　西	Guangxi	3221009	3362547	2839751	12	392515	447080	288333	17
海　南	Hainan	135874	908655	593955	29	62734	86687	168504	22
重　庆	Chongqing	3128742	3600390	3024252	10	71549	91019	307695	15
四　川	Sichuan	2373445	5395016	4890095	2	121658	429878	489807	11
贵　州	Guizhou	835059	2631582	1148807	22	25876	26156	125913	25
云　南	Yunnan	1808022	1517437	1418624	19	436480	165620	237131	19
西　藏	Tibet	15203	161957	196870	30		39069	21941	31
陕　西	Shaanxi	996486	2126911	1162145	21	150391	187401	210835	20
甘　肃	Gansu	494608	1538445	1253432	20	100885	75806	90549	28
青　海	Qinghai	147522	668454	889540	24	32691	16513	32176	29
宁　夏	Ningxia	75452	65682	185478	31	16544	24242	23822	30
新　疆	Xinjiang	417450	1822242	1601615	17	110316	242235	168618	21

8-21 城市市政公用设施建设固定资产投资城市再生水利用投资和园林绿化投资
Fixed Assets Investment in Urban Service Facilities, and Investment of Wastewater Recycled and Reused and Landscaping

单位：万元 (10 000 yuan)

地区	Region	再生水利用投资 Wastewater Recycled and Reused			园林绿化投资 Landscaping			
		2016	2017	2017排名 Ranking	2010	2016	2017	2017排名 Ranking
全　国	**National Total**	**810312**	**297157**		**22970392**	**16701452**	**17596381**	
北　京	Beijing	625659	168824	1	654687	1533299	2072816	1
天　津	Tianjin	2853	543	16	140439	243369	261422	19
河　北	Hebei	5964	800	15	1139362	404283	581950	12
山　西	Shanxi				297291	490217	198688	23
内蒙古	Inner Mongolia	4625	24435	3	784633	929130	1024478	7
辽　宁	Liaoning				288607	352034	95687	27
吉　林	Jilin		3840	12	120506	125424	206496	22
黑龙江	Heilongjiang	2300			172685	100001	75443	28
上　海	Shanghai				282119	144300	222149	20
江　苏	Jiangsu	25739	17272	4	1792150	1825643	1466442	2
浙　江	Zhejiang	990	10297	6	389492	1459554	1085202	5
安　徽	Anhui	1391	1486	13	908628	1144171	1037032	6
福　建	Fujian				360633	256728	479811	14
江　西	Jiangxi				948889	562062	743007	11
山　东	Shandong	63601	5405	8	1083450	1034175	1319198	3
河　南	Henan	3369	15982	5	252500	734343	1257818	4
湖　北	Hubei	1500			312204	748762	898021	8
湖　南	Hunan		127	17	228165	362413	466485	15
广　东	Guangdong				9805087	200669	220005	21
广　西	Guangxi				482261	672628	464434	16
海　南	Hainan	5805	4890	10	26765	141681	193563	24
重　庆	Chongqing	465			1060050	616945	794577	10
四　川	Sichuan				227904	982705	796058	9
贵　州	Guizhou	10388	4000	11	21513	300506	131420	26
云　南	Yunnan	124	5085	9	106647	119905	321841	18
西　藏	Tibet				2923	11180		
陕　西	Shaanxi	9423	1324	14	758271	710188	579784	13
甘　肃	Gansu		7922	7	152514	130596	60978	29
青　海	Qinghai				17796	7244	17323	30
宁　夏	Ningxia				43094	54881	144568	25
新　疆	Xinjiang	46116	24925	2	109127	302416	379685	17

8-22 城市市政公用设施建设固定资产投资城市市容环境卫生投资和其他投资

Fixed Assets Investment in Urban Service Facilities, and Investment of Environmental Sanitation and Others

单位：万元 (10 000 yuan)

地区	Region	市容环境卫生投资 Environmental Sanitation				其他投资 Other			
		2010	2016	2017	2017排名 Ranking	2010	2016	2017	2017排名 Ranking
全 国	**National Total**	**3015940**	**4452116**	**5081455**		**9521895**	**7469710**	**13909530**	
北 京	Beijing	223438	1613451	1040059	1	744187	1000	1298990	2
天 津	Tianjin	64495	18518	8493	28	444867	73121	382274	13
河 北	Hebei	111998	37254	74723	18	450410	99225	47214	25
山 西	Shanxi	40630	52686	25964	25	51354	63164	77915	21
内蒙古	Inner Mongolia	113277	205772	43187	24		287100	517136	11
辽 宁	Liaoning	150367	70792	506582	2	1227652	82239	52952	23
吉 林	Jilin	70564	45098	46256	23	24696	1118015	41473	26
黑龙江	Heilongjiang	33730	47346	65810	21	505052	2759	15698	28
上 海	Shanghai	58236	65828	102899	15	88800	282113	269335	17
江 苏	Jiangsu	149205	309026	320470	4	381150	209609	1061363	3
浙 江	Zhejiang	95147	130461	199609	9	218743	260378	498543	12
安 徽	Anhui	79827	231760	318316	5	162739	109091	358685	15
福 建	Fujian	213498	87892	126225	13	207110	275251	167451	19
江 西	Jiangxi	61536	58820	107805	14	33942	116707	1023633	4
山 东	Shandong	171077	279392	241732	8	439851	605286	666010	9
河 南	Henan	29467	86281	170944	12	9035	1269	60567	22
湖 北	Hubei	198154	178334	261584	6	1116426	61454	969952	5
湖 南	Hunan	133458	87810	184369	10	726633	1281012	736699	8
广 东	Guangdong	588574	263960	378921	3	979638	211922	2260436	1
广 西	Guangxi	84073	102905	94997	16	26175	728	835038	6
海 南	Hainan	18106	2287	6718	29	11970	12119	51526	24
重 庆	Chongqing	12527	55194	71883	19	60966	135185	262735	18
四 川	Sichuan	46199	64074	182868	11	346745	952744	787063	7
贵 州	Guizhou	14000	60826	58584	22	1043	8231	365364	14
云 南	Yunnan	39905	12606	67925	20	281513	622610	605096	10
西 藏	Tibet		13060	850	31	10218	31142		
陕 西	Shaanxi	68258	95939	80140	17	868941		27500	27
甘 肃	Gansu	88815	63646	18592	26	3450	298652	305698	16
青 海	Qinghai	8789	23803	13526	27		4427	700	30
宁 夏	Ningxia	7910	620	1400	30	39195	8692	7856	29
新 疆	Xinjiang	40680	86675	260024	7	59394	254465	154628	20

8-23 城市综合生产能力和供水管道长度
Integrated Production Capacity and Length of Water Supply Pipelines in Cities

地区	Region	综合生产能力（万立方米/日） Integrated Production Capacity (10 000 cu.m/day)				供水管道长度（公里） Length of Water Supply Pipelines (km)			
		2010	2016	2017	2017排名 Ranking	2010	2016	2017	2017排名 Ranking
全　国	**National Total**	**27601.5**	**30320.7**	**30475.0**		**539778.0**	**756623.5**	**797355.0**	
北　京	Beijing	1604.1	2452.5	2178.7	3	25147.0	27927.5	27490.6	9
天　津	Tianjin	405.2	454.6	468.3	21	10744.0	18249.4	18552.8	16
河　北	Hebei	888.9	814.6	885.9	13	14288.0	19025.0	18712.6	14
山　西	Shanxi	356.0	494.4	457.4	22	7414.0	11377.5	10547.8	23
内蒙古	Inner Mongolia	341.6	422.8	427.3	24	8561.0	9485.9	9303.7	26
辽　宁	Liaoning	1391.1	1238.3	1110.7	10	29123.0	39312.7	35335.2	7
吉　林	Jilin	735.5	631.0	622.9	18	8935.0	11359.5	12000.9	22
黑龙江	Heilongjiang	830.2	806.9	786.6	14	11413.0	14491.2	15885.2	19
上　海	Shanghai	1465.6	1152.0	1184.0	8	32462.0	36641.7	37643.2	6
江　苏	Jiangsu	2714.7	3369.7	3445.2	2	63807.0	83470.1	93316.9	2
浙　江	Zhejiang	1519.9	1833.5	1769.8	5	38982.0	60406.3	69182.6	3
安　徽	Anhui	1992.8	1111.6	906.3	12	14730.0	25535.4	27139.1	10
福　建	Fujian	676.4	737.0	766.2	15	14650.0	18824.4	21142.3	13
江　西	Jiangxi	459.2	494.3	550.8	20	9807.0	16916.1	18620.6	15
山　东	Shandong	1477.6	1807.8	1860.2	4	37313.0	50553.4	53964.0	4
河　南	Henan	1010.3	1180.3	1150.4	9	17299.0	22233.9	24419.0	12
湖　北	Hubei	1326.3	1467.4	1453.1	6	22827.0	33725.2	32795.7	8
湖　南	Hunan	979.4	1014.2	1024.2	11	14400.0	24376.8	25083.0	11
广　东	Guangdong	3497.4	3971.7	4071.3	1	79816.0	102717.8	103269.6	1
广　西	Guangxi	604.4	684.7	701.4	17	12843.0	17493.3	18527.7	17
海　南	Hainan	173.0	156.2	161.7	29	2525.0	4202.7	6014.8	27
重　庆	Chongqing	412.3	566.1	599.9	19	9190.0	16629.4	17789.3	18
四　川	Sichuan	804.5	1056.6	1213.0	7	20656.0	37829.7	40197.1	5
贵　州	Guizhou	241.1	290.0	313.0	27	5979.0	11214.5	14452.8	20
云　南	Yunnan	299.3	394.8	415.2	25	6559.0	12714.3	13258.1	21
西　藏	Tibet	31.2	81.4	67.5	31	753.0	1340.7	1639.7	31
陕　西	Shaanxi	371.1	445.2	447.7	23	4926.0	8552.1	9519.9	25
甘　肃	Gansu	398.2	342.2	361.0	26	4357.0	5319.3	5803.3	28
青　海	Qinghai	84.6	97.4	101.3	30	1383.0	2464.6	2708.5	30
宁　夏	Ningxia	136.4	160.8	235.6	28	2382.0	2532.3	2832.9	29
新　疆	Xinjiang	373.1	590.8	738.9	16	6507.0	9701.1	10206.1	24

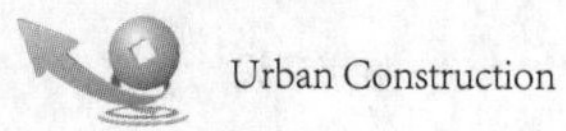

8-24 城市供水总量和生活用水
Total Quantity of Water Supply and Domestic Water Use in Cities

单位：万立方米 (10 000 cu.m)

地区	Region	供水总量 Total Quantity of Water Supply				生活用水 Domestic Water Use			
		2010	2016	2017	2017排名 Ranking	2010	2016	2017	2017排名 Ranking
全　国	**National Total**	**5078745.0**	**5806911.2**	**5937591.0**		**2387525.1**	**3031376.4**	**3153968.0**	
北　京	Beijing	155557.0	191370.8	188277.6	12	107635.2	131953.9	128780.0	8
天　津	Tianjin	68970.0	87040.5	92768.6	23	29654.7	39103.6	45105.0	24
河　北	Hebei	166430.0	168877.2	161280.5	15	68889.9	84304.6	81771.0	15
山　西	Shanxi	76772.0	89141.5	94129.3	22	36549.4	46932.8	52297.0	20
内蒙古	Inner Mongolia	62757.0	77591.7	82590.8	25	23798.9	33163.5	36894.0	26
辽　宁	Liaoning	261879.0	265147.6	250143.0	8	90968.2	118880.3	113715.0	9
吉　林	Jilin	100743.0	105306.1	104639.2	20	42308.1	48402.5	47530.0	22
黑龙江	Heilongjiang	164235.0	142260.4	142010.6	16	54236.1	59767.8	61681.0	19
上　海	Shanghai	336637.0	320384.5	310062.9	5	146891.1	177384.8	176817.0	4
江　苏	Jiangsu	482821.0	533098.1	540034.1	2	202342.6	246697.9	252530.0	2
浙　江	Zhejiang	270044.0	329034.1	357435.2	4	122840.5	159058.8	178592.0	3
安　徽	Anhui	160816.0	186543.0	189895.2	11	70183.2	98979.3	105258.0	12
福　建	Fujian	132627.0	164602.6	172957.1	14	67698.5	85224.3	94519.0	14
江　西	Jiangxi	91278.0	119864.8	124762.5	19	53948.3	66785.1	70018.0	17
山　东	Shandong	290866.0	373321.9	385519.2	3	128361.9	162958.6	163133.0	6
河　南	Henan	179122.0	203936.4	208604.2	9	76986.2	96129.5	113127.0	11
湖　北	Hubei	253421.0	293887.1	294905.8	6	131676.9	152463.1	160528.0	7
湖　南	Hunan	189223.0	215426.6	194816.9	10	94413.9	118195.3	113235.0	10
广　东	Guangdong	806144.0	870035.5	896774.2	1	395034.3	480617.4	501433.0	1
广　西	Guangxi	147291.0	176718.6	183562.7	13	73080.4	99436.1	103462.0	13
海　南	Hainan	33546.0	44211.2	48220.5	28	19703.4	26339.7	28798.0	28
重　庆	Chongqing	86926.0	128327.1	138011.8	17	49741.5	78096.5	81434.0	16
四　川	Sichuan	173858.0	246980.7	255921.4	7	103223.4	166544.0	173300.0	5
贵　州	Guizhou	44117.0	65624.0	71414.2	26	24274.7	40838.6	45800.0	23
云　南	Yunnan	66444.0	86889.6	89551.7	24	37726.2	43626.7	43267.0	25
西　藏	Tibet	7681.0	16814.7	11093.9	31	3499.0	10686.9	6690.0	31
陕　西	Shaanxi	81335.0	104173.6	137919.5	18	47350.1	55022.4	62725.0	18
甘　肃	Gansu	62713.0	48670.7	50959.7	27	28051.3	28839.6	29386.0	27
青　海	Qinghai	18572.0	25387.5	27287.4	30	7755.4	11498.0	12577.0	30
宁　夏	Ningxia	28656.0	33184.0	33486.2	29	14266.1	18481.5	18766.0	29
新　疆	Xinjiang	77263.0	93059.5	98555.5	21	34435.5	44963.7	50800.0	21

8-25 城市人均日生活用水量和用水普及率

Daily Water Consumption Per Capita and Water Coverage Rate in Cities

地区	Region	人均日生活用水量（升） Daily Water Consumption Per Capita (liter)				用水普及率（%） Water Coverage Rate (%)			
		2010	2016	2017	2017排名 Ranking	2010	2016	2017	2017排名 Ranking
全　国	**National Total**	**171.43**	**176.86**	**178.89**		**96.68**	**98.42**	**98.30**	
北　京	Beijing	174.92	173.10	188.01	12	100.00	100.00	100.00	1
天　津	Tianjin	132.04	113.96	145.91	21	100.00	100.00	100.00	1
河　北	Hebei	122.96	132.00	122.39	28	99.97	99.52	99.05	11
山　西	Shanxi	106.39	114.52	128.62	25	97.26	99.29	97.81	20
内蒙古	Inner Mongolia	88.49	103.44	114.51	31	87.97	98.98	99.10	10
辽　宁	Liaoning	120.96	146.26	139.71	22	97.44	98.96	98.45	16
吉　林	Jilin	121.03	124.51	117.75	30	89.60	93.40	94.85	30
黑龙江	Heilongjiang	123.87	117.38	120.40	29	88.43	97.25	98.53	15
上　海	Shanghai	174.83	200.85	200.32	8	100.00	100.00	100.00	1
江　苏	Jiangsu	220.37	215.39	215.20	5	99.56	99.86	99.98	5
浙　江	Zhejiang	185.43	187.17	200.21	9	99.79	99.97	100.00	1
安　徽	Anhui	160.83	180.19	188.11	11	96.06	99.20	99.43	8
福　建	Fujian	186.62	191.52	203.69	6	99.50	99.52	99.56	7
江　西	Jiangxi	184.35	171.37	170.33	18	97.43	97.69	98.11	18
山　东	Shandong	129.52	132.84	126.73	26	99.57	99.78	99.82	6
河　南	Henan	109.10	115.61	129.32	24	91.03	93.42	95.88	27
湖　北	Hubei	211.54	204.26	199.55	10	97.59	99.12	99.27	9
湖　南	Hunan	220.38	217.12	180.25	15	95.17	96.81	96.52	25
广　东	Guangdong	249.96	246.14	256.48	4	98.37	98.06	97.80	21
广　西	Guangxi	249.70	256.38	257.18	3	94.65	97.70	97.63	22
海　南	Hainan	264.50	253.06	268.18	1	89.43	97.41	98.40	17
重　庆	Chongqing	136.75	151.60	151.64	20	94.05	97.13	98.05	19
四　川	Sichuan	196.69	214.64	202.05	7	90.80	93.07	94.91	29
贵　州	Guizhou	130.47	171.98	177.28	17	94.10	96.03	96.54	24
云　南	Yunnan	146.24	131.99	129.41	23	96.50	96.66	96.71	23
西　藏	Tibet	218.86	367.04	265.71	2	97.42	67.57	92.80	31
陕　西	Shaanxi	165.70	159.27	166.63	19	99.39	95.61	95.95	26
甘　肃	Gansu	155.12	125.28	125.97	27	91.57	97.93	98.81	13
青　海	Qinghai	179.03	170.30	182.26	14	99.87	99.21	98.93	12
宁　夏	Ningxia	177.55	187.77	179.27	16	98.23	94.75	95.66	28
新　疆	Xinjiang	150.79	167.20	186.98	13	99.17	98.86	98.75	14

8-26 城市人工煤气全年供气总量和人工煤气用气户数

Total Coal Gas Supply and Number of Household with Access to Coal Gas in Cities

地区	Region	人工煤气全年供气总量（万立方米） Total Coal Gas Supply (10 000 cu.m)				人工煤气用气户数（万户） Number of Household with Access to Coal Gas (10 000 households)			
		2010	2016	2017	2017排名 Ranking	2010	2016	2017	2017排名 Ranking
全　国	**National Total**	**2799380**	**440944**	**270882**		**896.14**	**398.17**	**309.12**	
北　京	Beijing								
天　津	Tianjin								
河　北	Hebei	89834	73300	69573	1	52.96	29.49	24.26	2
山　西	Shanxi	87203	30742	59857	2	67.91	11.98	12.73	6
内蒙古	Inner Mongolia	3069	6800	4581	8	14.84	5.17	4.69	10
辽　宁	Liaoning	55177	48835	43621	3	190.48	208.08	177.18	1
吉　林	Jilin	16727	3868	3051	11	54.05	13.29	15.40	4
黑龙江	Heilongjiang	7587	6832	3235	10	16.46	19.93	13.28	5
上　海	Shanghai	142167				135.09			
江　苏	Jiangsu	1931995				29.72			
浙　江	Zhejiang	484	421	429	15	1.55	1.43	1.48	14
安　徽	Anhui								
福　建	Fujian	2673	3000	2689	12	4.22	6.40	4.36	11
江　西	Jiangxi	58208	19362	17972	5	44.39	4.79	4.12	12
山　东	Shandong	35730				49.61			
河　南	Henan	109500	40302	36405	4	44.78	1.08	0.10	15
湖　北	Hubei	12042				13.12			
湖　南	Hunan	3044	3032			7.96	8.64		
广　东	Guangdong	7037				3.90			
广　西	Guangxi	4517	4428	3495	9	12.17	11.41	10.55	8
海　南	Hainan								
重　庆	Chongqing								
四　川	Sichuan	159719	166428	17004	6	12.71	18.05	18.96	3
贵　州	Guizhou	26963	2705			52.83	12.04		
云　南	Yunnan	33818	27293	5017	7	75.83	36.81	11.31	7
西　藏	Tibet								
陕　西	Shaanxi								
甘　肃	Gansu	9438	1845	2195	13	7.59	7.09	7.71	9
青　海	Qinghai								
宁　夏	Ningxia	697				1.50			
新　疆	Xinjiang	1752	1752	1757	14	2.50	2.50	3.00	13

8-27 城市天然气全年供气总量和天然气用气户数
Total Natural Gas Supply and Number of Household with Access to Natural Gas in Cities

地区	Region	天然气全年供气总量（万立方米） Total Natural Gas Supply (10 000 cu.m)				天然气用气户数（万户） Number of Household with Access to Natural Gas (10 000 households)			
		2010	2016	2017	2017排名 Ranking	2010	2016	2017	2017排名 Ranking
全 国	**National Total**	**4875808**	**11717186**	**12637546**		**5695.47**	**12043.09**	**13616.39**	
北 京	Beijing	719740	1622393	1641696	1	458.71	604.48	659.65	6
天 津	Tianjin	169453	341705	422860	13	252.53	393.27	420.53	15
河 北	Hebei	106740	366439	485113	8	220.70	542.68	639.84	7
山 西	Shanxi	141440	261057	316260	15	119.74	310.90	365.36	16
内蒙古	Inner Mongolia	69531	152198	181191	22	65.08	201.39	200.03	22
辽 宁	Liaoning	66173	204093	308119	17	273.97	474.70	623.17	10
吉 林	Jilin	43462	130251	148205	23	92.65	297.85	323.74	20
黑龙江	Heilongjiang	72497	121539	141437	25	190.06	321.96	349.36	17
上 海	Shanghai	450032	770332	808141	5	410.04	686.50	712.07	5
江 苏	Jiangsu	472309	962542	1087514	3	461.82	1012.03	1126.18	1
浙 江	Zhejiang	118884	386397	484008	9	166.98	414.83	487.09	13
安 徽	Anhui	112190	285424	311230	16	207.71	484.85	537.49	12
福 建	Fujian	51101	159641	197249	20	69.13	146.97	182.51	23
江 西	Jiangxi	11263	90645	118153	26	41.48	179.15	239.67	21
山 东	Shandong	326931	675242	816265	4	458.36	977.18	1115.46	2
河 南	Henan	158928	366133	454874	11	234.76	551.20	638.92	8
湖 北	Hubei	152833	377102	423990	12	211.99	490.31	549.64	11
湖 南	Hunan	111757	225562	236293	18	115.07	313.62	343.68	18
广 东	Guangdong	170266	1662579	1247389	2	288.59	651.33	753.82	4
广 西	Guangxi	10320	48713	69676	28	35.60	130.36	161.10	25
海 南	Hainan	14264	23611	24611	30	24.39	57.47	67.59	29
重 庆	Chongqing	254021	384521	466511	10	328.27	562.98	626.21	9
四 川	Sichuan	525686	688686	718967	6	503.10	987.57	1078.13	3
贵 州	Guizhou	3546	39822	70939	27	3.15	117.21	149.71	27
云 南	Yunnan	119	16799	28746	29	4.29	126.68	152.03	26
西 藏	Tibet		1346	2772	31		6.50	8.03	31
陕 西	Shaanxi	164654	342797	385643	14	192.53	396.27	425.42	14
甘 肃	Gansu	72917	168571	203741	19	63.80	142.63	175.36	24
青 海	Qinghai	61557	136733	146460	24	8.70	50.06	53.54	30
宁 夏	Ningxia	108485	214980	182460	21	40.00	101.96	110.09	28
新 疆	Xinjiang	134711	489334	507035	7	152.28	308.22	340.98	19

8-28 城市液化石油气全年供气总量和液化石油气用气户数
Total LPG Supply and Number of Household with Access to LPG in Cities

地区	Region	液化石油气全年供气总量（万吨） Total LPG Supply (10 000 tons)				液化石油气用气户数（万户） Number of Household with Access to LPG (10 000 households)			
		2010	2016	2017	2017排名 Ranking	2010	2016	2017	2017排名 Ranking
全　国	**National Total**	**1268.01**	**1078.80**	**998.81**		**5344.86**	**4866.24**	**4688.24**	
北　京	Beijing	32.31	50.02	49.23	5	183.66	306.14	278.20	4
天　津	Tianjin	5.34	5.60	5.76	25	8.26	22.85	16.65	29
河　北	Hebei	20.50	17.07	24.12	11	134.10	82.84	109.50	15
山　西	Shanxi	6.33	3.36	9.08	21	45.74	27.25	25.76	25
内蒙古	Inner Mongolia	7.43	6.92	5.24	26	99.17	77.35	55.73	21
辽　宁	Liaoning	39.51	49.25	65.48	3	228.19	206.63	153.56	11
吉　林	Jilin	21.48	17.79	17.98	17	139.69	111.14	103.02	17
黑龙江	Heilongjiang	21.98	19.75	18.92	16	164.97	117.36	113.25	14
上　海	Shanghai	39.84	39.79	34.45	7	320.30	336.84	287.22	3
江　苏	Jiangsu	76.66	51.56	57.71	4	412.27	242.46	266.25	5
浙　江	Zhejiang	87.80	75.97	69.12	2	486.79	415.60	401.29	2
安　徽	Anhui	61.58	73.11	13.11	18	157.25	74.74	109.11	16
福　建	Fujian	33.38	27.74	30.81	9	227.22	188.35	171.40	8
江　西	Jiangxi	18.88	24.29	21.83	12	132.40	131.21	128.64	13
山　东	Shandong	76.03	34.37	34.75	6	376.38	213.51	184.37	7
河　南	Henan	24.16	21.51	21.48	13	163.65	148.93	143.70	12
湖　北	Hubei	42.15	34.79	33.61	8	263.86	166.76	153.76	10
湖　南	Hunan	25.29	24.39	20.30	14	189.99	171.81	157.91	9
广　东	Guangdong	505.60	390.19	363.62	1	1003.08	1205.37	1185.14	1
广　西	Guangxi	30.38	25.59	26.41	10	186.91	192.92	195.68	6
海　南	Hainan	6.40	8.26	8.21	22	27.98	56.17	76.36	20
重　庆	Chongqing	9.28	8.16	7.35	23	31.14	29.46	27.38	24
四　川	Sichuan	19.11	17.46	19.59	15	49.11	50.75	50.74	22
贵　州	Guizhou	6.38	9.49	11.41	20	54.14	70.15	84.27	19
云　南	Yunnan	16.61	20.71	12.93	19	84.13	114.53	97.42	18
西　藏	Tibet	0.55	6.67	0.61	31	10.11	6.74	5.99	31
陕　西	Shaanxi	4.34	2.44	2.79	28	40.51	20.18	25.44	26
甘　肃	Gansu	18.55	4.96	4.45	27	46.99	32.28	29.08	23
青　海	Qinghai	0.71	0.68	0.75	30	7.11	5.68	6.83	30
宁　夏	Ningxia	1.50	0.91	0.89	29	22.54	19.54	19.95	28
新　疆	Xinjiang	7.96	6.01	6.84	24	47.23	20.73	24.65	27

8-29 城市燃气普及率和城市轨道交通线路长度
Gas Coverage Rate and Total Length of Urban Rail Transit

地区	Region	燃气普及率（%） Gas Coverage Rate (%)				轨道交通线路长度（公里） Total Length of Lines (km)			
		2010	2016	2017	2017排名 Ranking	2010	2016	2017	2017排名 Ranking
全　国	**National Total**	**92.04**	**95.75**	**96.26**		**1428.87**	**3586.34**	**4594.26**	
北　京	Beijing	100.00	100.00	100.00	1	336.00	574.00	608.00	3
天　津	Tianjin	100.00	100.00	100.00	1	79.40	174.12	175.33	10
河　北	Hebei	99.07	98.88	98.78	7			30.20	18
山　西	Shanxi	89.94	97.92	98.34	9				
内蒙古	Inner Mongolia	79.26	94.90	96.01	19				
辽　宁	Liaoning	94.19	96.07	97.14	15	114.67	142.15	309.04	5
吉　林	Jilin	85.64	93.00	92.99	24	31.96	47.17	18.14	20
黑龙江	Heilongjiang	84.67	86.66	87.77	28		17.73	22.98	19
上　海	Shanghai	100.00	100.00	100.00	1	450.44	614.23	668.64	2
江　苏	Jiangsu	99.12	99.54	99.73	5	83.46	350.29	584.79	4
浙　江	Zhejiang	99.07	99.95	99.97	4		156.54	184.57	8
安　徽	Anhui	90.52	98.05	98.57	8		24.47	52.34	15
福　建	Fujian	98.92	97.21	97.45	13		24.89		
江　西	Jiangxi	92.36	95.31	97.38	14			7.90	22
山　东	Shandong	99.30	99.51	99.57	6		33.55	33.55	17
河　南	Henan	73.43	88.93	93.96	21		46.85	102.70	11
湖　北	Hubei	91.75	96.30	97.13	16	28.68	181.16	283.67	6
湖　南	Hunan	86.50	93.28	93.50	23		68.88	68.71	13
广　东	Guangdong	95.75	97.43	96.88	17	286.84	677.67	811.61	1
广　西	Guangxi	92.35	95.85	97.80	12		32.10	53.10	14
海　南	Hainan	82.44	97.34	98.32	10				
重　庆	Chongqing	92.02	96.11	96.37	18	17.42	212.86	262.56	7
四　川	Sichuan	84.39	91.78	91.22	26		108.46	179.46	9
贵　州	Guizhou	69.72	85.66	87.74	29				
云　南	Yunnan	76.40	78.78	75.93	30		60.07	88.76	12
西　藏	Tibet	79.83	52.99	56.77	31				
陕　西	Shaanxi	90.39	94.66	93.61	22		39.15	39.15	16
甘　肃	Gansu	74.29	88.15	90.56	27			9.06	21
青　海	Qinghai	90.79	87.55	94.19	20				
宁　夏	Ningxia	88.01	90.69	91.71	25				
新　疆	Xinjiang	95.80	97.89	98.32	10				

8-30 城市集中供热情况
Urban Central Heating

单位：万平方米 (10 000 sq.m)

地区	Region	集中供热面积 Heated Area 2010	2016	2017	2017排名 Ranking	住宅供热面积 Residential Heating Area 2010	2016	2017	2017排名 Ranking
全　国	**National Total**	**435668**	**738663**	**830858**		**307773**	**552170**	**613178**	
北　京	Beijing	46715	61136	65466	5	32305	41084	46173	5
天　津	Tianjin	24034	41833	47567	9	18186	31808	36421	8
河　北	Hebei	38683	68067	74462	3	27913	51089	59381	3
山　西	Shanxi	28739	57432	51586	8	17933	46455	40209	7
内蒙古	Inner Mongolia	25340	50537	54003	7	16312	30977	30638	10
辽　宁	Liaoning	74526	108760	118236	2	57297	84261	87106	2
吉　林	Jilin	31718	51864	57722	6	23774	36902	41936	6
黑龙江	Heilongjiang	37513	67781	73217	4	25924	48643	52913	4
上　海	Shanghai								
江　苏	Jiangsu	9946				1191			
浙　江	Zhejiang	3992				39			
安　徽	Anhui	2464	2891	2933	16	906	1090	1096	16
福　建	Fujian								
江　西	Jiangxi								
山　东	Shandong	54710	107113	126587	1	43779	86365	102950	1
河　南	Henan	10738	26506	38898	11	7963	22028	31863	9
湖　北	Hubei	978	1797	1433	17	824	1075	938	17
湖　南	Hunan								
广　东	Guangdong								
广　西	Guangxi								
海　南	Hainan								
重　庆	Chongqing								
四　川	Sichuan	14				5			
贵　州	Guizhou		49	107	19		19	43	19
云　南	Yunnan			125	18			75	18
西　藏	Tibet		22						
陕　西	Shaanxi	9263	27919	39579	10	7111	24277	27007	11
甘　肃	Gansu	10544	17435	20360	13	7763	12873	13310	13
青　海	Qinghai	208	462	7845	15	146	349	5859	15
宁　夏	Ningxia	6380	11011	12978	14	5107	8652	9513	14
新　疆	Xinjiang	19162	36050	37755	12	13298	24224	25746	12

8-31 城市道路长度和道路面积
Length of Roads and Surface Area of Roads in Cities

地区	Region	道路长度（公里） Length of Roads (km)				道路面积（万平方米） Surface Area of Roads (10 000 sq.m)			
		2010	2016	2017	2017排名 Ranking	2010	2016	2017	2017排名 Ranking
全　国	**National Total**	**294443**	**382454**	**397830**		**521322**	**753819**	**788853**	
北　京	Beijing	6355	8086	8437	19	9395	14316	13960	23
天　津	Tianjin	5439	7888	7942	21	9159	14466	14742	22
河　北	Hebei	11639	14418	15747	8	26639	33252	34888	6
山　西	Shanxi	5733	7671	8201	20	10312	16705	18132	18
内蒙古	Inner Mongolia	6447	9728	10035	15	12476	20808	21277	13
辽　宁	Liaoning	14238	16394	17079	6	23658	29277	30980	10
吉　林	Jilin	8543	10669	9083	17	13243	17084	16671	20
黑龙江	Heilongjiang	10091	12750	12369	11	13569	19667	19781	16
上　海	Shanghai	4713	5129	5224	25	9299	10582	10896	25
江　苏	Jiangsu	31899	44999	47112	1	53723	79733	82379	2
浙　江	Zhejiang	15550	21215	21773	4	30381	41286	42229	4
安　徽	Anhui	10157	14154	13997	9	19927	33100	34208	8
福　建	Fujian	6756	8656	11427	12	12560	17657	22238	12
江　西	Jiangxi	5742	8977	10289	14	11330	18936	20547	14
山　东	Shandong	32944	40685	43580	2	60615	83011	88799	1
河　南	Henan	9414	13140	13876	10	21768	31621	34735	7
湖　北	Hubei	14168	18622	19021	5	24599	33293	34937	5
湖　南	Hunan	8585	12292	10882	13	15972	22477	24470	11
广　东	Guangdong	40847	38930	39274	3	55869	71204	70422	3
广　西	Guangxi	6439	8585	9064	18	12118	18555	19821	15
海　南	Hainan	1435	2503	2806	28	3152	5195	5448	29
重　庆	Chongqing	5130	8498	9364	16	9931	17776	19015	17
四　川	Sichuan	9584	14835	16077	7	18743	31352	33979	9
贵　州	Guizhou	2257	4022	4345	27	3604	8208	8930	27
云　南	Yunnan	4049	5995	6062	24	7983	14768	11856	24
西　藏	Tibet	341	1134	688	31	596	1986	1093	31
陕　西	Shaanxi	4810	6783	7886	22	10537	15265	17538	19
甘　肃	Gansu	3399	4668	4890	26	6599	9933	10678	26
青　海	Qinghai	711	1019	1117	30	1357	2059	2753	30
宁　夏	Ningxia	1852	2214	2324	29	3889	6578	6545	28
新　疆	Xinjiang	5178	7791	7864	23	8323	13673	14908	21

8-32 城市人均道路面积和桥梁数
Road Surface Area Per Capita and Number of Bridges in Cities

地区	Region	人均道路面积（平方米） Road Surface Area Per Capita (sq.m)				桥梁数（座） Number of Bridges (unit)			
		2010	2016	2017	2017排名 Ranking	2010	2016	2017	2017排名 Ranking
全　国	**National Total**	**13.21**	**15.80**	**16.05**		**52548**	**67737**	**69816**	
北　京	Beijing	5.57	7.62	7.44	30	1855	2282	2276	7
天　津	Tianjin	14.89	15.39	17.41	11	530	987	1007	17
河　北	Hebei	17.35	18.91	18.88	7	1455	1470	1523	13
山　西	Shanxi	10.66	14.77	15.92	16	482	1124	1298	15
内蒙古	Inner Mongolia	14.89	23.45	23.89	3	319	382	386	27
辽　宁	Liaoning	11.19	13.01	13.68	25	1514	1862	1741	10
吉　林	Jilin	12.39	14.98	14.30	20	626	861	904	21
黑龙江	Heilongjiang	10.00	13.71	13.89	22	767	1121	1139	16
上　海	Shanghai	4.04	4.37	4.51	31	2073	2596	2688	5
江　苏	Jiangsu	21.26	25.37	25.62	1	13093	15117	15250	1
浙　江	Zhejiang	16.70	17.73	17.28	13	7761	10633	10957	2
安　徽	Anhui	16.01	21.82	22.19	4	1104	1748	1601	12
福　建	Fujian	12.58	14.41	17.41	11	1233	1841	1902	9
江　西	Jiangxi	13.77	17.33	17.90	9	565	850	918	20
山　东	Shandong	22.23	24.65	25.13	2	4316	5481	5440	4
河　南	Henan	10.25	12.97	13.90	21	1026	1421	1425	14
湖　北	Hubei	14.08	16.14	15.74	17	1697	1972	2082	8
湖　南	Hunan	12.95	14.59	13.72	23	588	894	923	19
广　东	Guangdong	12.69	13.05	12.86	26	5608	6319	7056	3
广　西	Guangxi	14.31	17.06	17.56	10	584	896	973	18
海　南	Hainan	13.81	17.75	18.22	8	148	200	205	30
重　庆	Chongqing	9.37	12.23	12.67	27	1136	1663	1720	11
四　川	Sichuan	11.84	13.73	13.72	23	1573	2355	2557	6
贵　州	Guizhou	6.65	12.11	12.18	29	385	714	705	24
云　南	Yunnan	10.90	15.76	12.52	28	549	731	756	23
西　藏	Tibet	13.25	16.82	14.70	18	38	18	34	31
陕　西	Shaanxi	13.38	15.42	16.32	15	545	764	801	22
甘　肃	Gansu	12.20	15.42	16.51	14	358	587	629	25
青　海	Qinghai	11.42	11.04	14.40	19	68	144	210	29
宁　夏	Ningxia	17.35	23.11	21.83	5	168	193	216	28
新　疆	Xinjiang	13.19	18.35	19.78	6	384	511	494	26

8-33 城市污水排放量和排水管道长度
Annual Quantity of Wastewater Discharged and Length of Drainage Piplines in Cities

地区	Region	污水排放量（万立方米）Annual Quantity of Wastewater Discharged (10 000 cu.m)				排水管道长度（公里）Length of Drainage Piplines (km)			
		2010	2016	2017	2017排名 Ranking	2010	2016	2017	2017排名 Ranking
全　国	**National Total**	**3786983**	**4803049**	**4923895**		**369553**	**576617**	**630304**	
北　京	Beijing	141651	169540	177677	11	10172	16901	16794	14
天　津	Tianjin	65235	99693	99719	19	15140	20951	21240	9
河　北	Hebei	132798	171190	165919	12	14576	17954	18332	12
山　西	Shanxi	60181	74553	73861	23	5459	8169	7645	24
内蒙古	Inner Mongolia	46543	63261	65960	25	8514	12971	12923	19
辽　宁	Liaoning	204370	256798	255291	5	14070	18275	20372	10
吉　林	Jilin	75270	86821	105963	18	7738	8445	10932	22
黑龙江	Heilongjiang	108443	121854	111139	17	7504	10722	11990	21
上　海	Shanghai	231374	236248	229526	6	11483	19508	19766	11
江　苏	Jiangsu	363096	427570	427700	2	46867	72823	76886	1
浙　江	Zhejiang	206415	277096	303802	4	26367	40550	45674	4
安　徽	Anhui	124449	159297	153008	13	13136	26388	29108	5
福　建	Fujian	95884	122965	123006	15	9686	14329	15335	17
江　西	Jiangxi	70453	88768	91989	21	7340	13326	15469	16
山　东	Shandong	244417	320102	327755	3	34301	56796	60278	3
河　南	Henan	147413	185413	191080	9	14733	21376	23624	8
湖　北	Hubei	169150	209620	221887	7	16577	23922	25857	7
湖　南	Hunan	153696	175059	189141	10	8882	13846	16479	15
广　东	Guangdong	506546	689202	712678	1	42507	56323	70242	2
广　西	Guangxi	115256	136471	135948	14	6417	11480	12305	20
海　南	Hainan	27811	32641	31260	28	2946	4192	4399	28
重　庆	Chongqing	64622	104129	112096	16	7073	15553	17335	13
四　川	Sichuan	136520	199603	213866	8	14498	26486	28502	6
贵　州	Guizhou	32533	54056	58609	26	3327	6060	7194	26
云　南	Yunnan	58711	88280	90431	22	4419	13133	13616	18
西　藏	Tibet	6770	9047	8648	31	293	1422	651	31
陕　西	Shaanxi	68104	92129	97919	20	5666	8678	9704	23
甘　肃	Gansu	41940	34688	38959	27	3092	5802	6428	27
青　海	Qinghai	12889	18484	16496	30	1014	1744	1907	29
宁　夏	Ningxia	28047	28009	24691	29	1384	1626	1904	30
新　疆	Xinjiang	46396	70462	67871	24	4372	6864	7411	25

8-34 城市污水处理总量和污水处理率

Total Quantity of Wastewater Treated and Wastewater Treatment Rate in Cities

地区	Region	污水处理总量（万立方米） Total Quantity of Wastewater Treated (10 000 cu.m)				污水处理率（%） Wastewater Treatment Rate (%)			
		2010	2016	2017	2017排名 Ranking	2010	2016	2017	2017排名 Ranking
全　国	**National Total**	**3117032**	**4487944**	**4654910**		**82.31**	**93.44**	**94.54**	
北　京	Beijing	116288	153564	173287	11	82.09	90.58	97.53	2
天　津	Tianjin	55645	91798	92324	19	85.30	92.08	92.58	22
河　北	Hebei	122567	163264	162250	12	92.30	95.37	97.79	1
山　西	Shanxi	51111	67176	68409	23	84.93	90.11	92.62	21
内蒙古	Inner Mongolia	39.5	59769	63085	24	80.55	94.48	95.64	6
辽　宁	Liaoning	153131	240381	238257	5	74.93	93.61	93.33	20
吉　林	Jilin	55641	79667	96753	18	73.92	91.76	91.31	26
黑龙江	Heilongjiang	61513	111401	99975	17	56.72	91.42	89.95	27
上　海	Shanghai	192714	222751	216911	6	83.29	94.29	94.50	16
江　苏	Jiangsu	317926	404428	407525	2	87.56	94.59	95.28	10
浙　江	Zhejiang	170781	260176	288513	4	82.74	93.89	94.97	12
安　徽	Anhui	110082	155093	148884	13	88.46	97.36	97.30	3
福　建	Fujian	80960	112226	113423	15	84.44	91.27	92.21	24
江　西	Jiangxi	56948	79612	87796	21	80.83	89.69	95.44	9
山　东	Shandong	222691	307956	317772	3	91.11	96.21	96.95	4
河　南	Henan	129134	177826	185195	9	87.60	95.91	96.92	5
湖　北	Hubei	137043	199231	209943	7	81.02	95.04	94.62	15
湖　南	Hunan	115194	165155	180682	10	74.95	94.34	95.53	7
广　东	Guangdong	436041	647773	673323	1	86.08	93.99	94.48	17
广　西	Guangxi	96160	125707	127763	14	83.43	92.11	93.98	19
海　南	Hainan	15260	25136	27129	28	54.87	77.01	86.79	30
重　庆	Chongqing	59229	100745	107031	16	91.65	96.75	95.48	8
四　川	Sichuan	102163	178962	195668	8	74.83	89.66	91.49	25
贵　州	Guizhou	28249	51133	55550	26	86.83	94.59	94.78	14
云　南	Yunnan	54829	81479	85065	22	93.39	92.30	94.07	18
西　藏	Tibet		7819	7694	31		86.43	88.97	29
陕　西	Shaanxi	50522	84168	90518	20	74.18	91.36	92.44	23
甘　肃	Gansu	26250	32544	36972	27	62.59	93.82	94.90	13
青　海	Qinghai	5611	14379	13075	30	43.53	77.79	79.26	31
宁　夏	Ningxia	21876	26242	23518	29	78.00	93.69	95.25	11
新　疆	Xinjiang	33983	60383	60620	25	73.25	85.70	89.32	28

8-35 城市绿化覆盖面积和绿地面积

Green Coverage Area and Area of Parks and Green Space in Cities

单位：公顷 (hectare)

地区	Region	绿化覆盖面积 Green Coverage Area				绿地面积 Area of Parks and Green Space			
		2010	2016	2017	2017排名 Ranking	2010	2016	2017	2017排名 Ranking
全　国	**National Total**	**2452658**	**3186157**	**3350402**		**2134339**	**2786080**	**2921346**	
北　京	Beijing	65348	87450	88844	13	62672	82113	83501	13
天　津	Tianjin	23265	37513	49945	26	19221	33398	44309	26
河　北	Hebei	81819	97669	100173	11	68958	85426	88273	11
山　西	Shanxi	34607	49595	70964	20	31061	42986	63987	20
内蒙古	Inner Mongolia	41059	69683	71491	19	38143	65552	67171	19
辽　宁	Liaoning	106020	193200	197627	4	92751	116601	122999	6
吉　林	Jilin	43820	52315	54480	24	37895	46595	48070	23
黑龙江	Heilongjiang	78727	85756	76594	17	69581	77048	69711	15
上　海	Shanghai	130160	143029	147063	6	120148	128847	136327	5
江　苏	Jiangsu	258969	316310	319594	2	227584	281855	285981	2
浙　江	Zhejiang	91111	172242	177783	5	79459	154314	159214	4
安　徽	Anhui	85281	117411	121253	8	71463	98555	102402	8
福　建	Fujian	55914	75097	77876	16	47904	67247.5	69755	14
江　西	Jiangxi	58924	61259	69027	21	42288	56768	63747	21
山　东	Shandong	179333	253328	267944	3	156243	225794	235690	3
河　南	Henan	78108	108676	115081	9	66790	95410	101171	9
湖　北	Hubei	80294	97856	100310	10	57883	82242	86713	12
湖　南	Hunan	54509	73186	78722	15	46028	61453	67669	18
广　东	Guangdong	488980	503797	519557	1	420370	452666	455838	1
广　西	Guangxi	65692	92506	97095	12	60225	84484	88789	10
海　南	Hainan	50564	16574	16666	29	49029	15265	15343	29
重　庆	Chongqing	41244	65420	67175	22	37695	59758	61575	22
四　川	Sichuan	80157	113198	121490	7	72259	100557	107505	7
贵　州	Guizhou	34190	44966	65758	23	28675	40808	47360	24
云　南	Yunnan	31903	48029	50720	25	28126	43101	45173	25
西　藏	Tibet	2778	7270	5412	31	2090	6224	5238	31
陕　西	Shaanxi	33232	70160	81391	14	26063	58679	69219	16
甘　肃	Gansu	19898	29484	30691	27	15275	26339	26851	27
青　海	Qinghai	3409	6230	6603	30	3387	6151	6426	30
宁　夏	Ningxia	19672	27220	28527	28	17387	25088	26418	28
新　疆	Xinjiang	43671	69726	74548	18	37686	64755	68921	17

8-36 城市公园绿地面积和公园面积
Area of Public Recreational Green Space and Park Area in Cities

单位：公顷 (hectare)

地区	Region	公园绿地面积 Area of Public Recreational Green Space 2010	2016	2017	2017排名 Ranking	公园面积 Park Area 2010	2016	2017	2017排名 Ranking
全　国	**National Total**	**441276**	**653555**	**688441**		**258177**	**416881**	**444622**	
北　京	Beijing	19020	30069	31019	5	9960	30069	31019	3
天　津	Tianjin	5266	9959	11982	23	1666	2211	2839	27
河　北	Hebei	21849	25160	26833	9	12164	19022	20414	5
山　西	Shanxi	9061	13411	13647	20	5698	10395	10797	17
内蒙古	Inner Mongolia	10352	17541	17511	16	7715	13821	14929	9
辽　宁	Liaoning	21593	25500	27339	8	11005	14595	16621	7
吉　林	Jilin	10974	15244	13257	22	4402	6957	9816	21
黑龙江	Heilongjiang	15284	17083	16780	17	9066	9816	11450	16
上　海	Shanghai	16053	18957	19805	13	1915	2655	2409	29
江　苏	Jiangsu	33585	46476	48060	3	12433	29076	30141	4
浙　江	Zhejiang	20090	30675	32544	4	12631	18213	19111	6
安　徽	Anhui	13630	21265	22075	12	8685	12670	14454	10
福　建	Fujian	10972	16017	18049	14	8819	12426	13957	12
江　西	Jiangxi	10733	15475	16646	18	6442	9467	10601	19
山　东	Shandong	43191	60336	63042	2	21350	36771	37721	2
河　南	Henan	18361	25429	30002	7	9296	11877	14242	11
湖　北	Hubei	16818	22681	24421	11	8078	12890	13950	13
湖　南	Hunan	10969	16292	17817	15	6763	11975	12607	15
广　东	Guangdong	58514	97514	99885	1	58341	74092	71798	1
广　西	Guangxi	8331	12799	14025	19	5842	8928	10296	20
海　南	Hainan	2561	3518	3636	29	1863	2103	2594	28
重　庆	Chongqing	14032	24505	25584	10	5532	12620	13742	14
四　川	Sichuan	16133	28479	30912	6	7900	15762	16370	8
贵　州	Guizhou	3969	10150	11182	24	3645	7963	10634	18
云　南	Yunnan	6811	10611	10895	25	5246	8179	8620	22
西　藏	Tibet	260	926	435	31	681	978	355	31
陕　西	Shaanxi	8402	12178	13586	21	2924	6116	7819	23
甘　肃	Gansu	4392	8976	9617	27	2451	5752	5002	25
青　海	Qinghai	1014	2011	2137	30	478	1365	1453	30
宁　夏	Ningxia	3626	5209	5747	28	2030	2485	3049	26
新　疆	Xinjiang	5430	9110	9972	26	3156	5633	5814	24

8-37 城市人均公园绿地面积和每万人拥有公共厕所

Public Green Areas Per Capita and Number of Public Lavatories Per 10 000 Population in Cities

地区	Region	人均公园绿地面积（平方米） Public Green Areas Per Capita (sq.m)				每万人拥有公共厕所（座） Number of Public Lavatories Per 10 000 Population (unit)			
		2010	2016	2017	2017排名 Ranking	2010	2016	2017	2017排名 Ranking
全 国	**National Total**	**11.18**	**13.70**	**14.01**		**3.02**	**2.72**	**2.77**	
北 京	Beijing	11.28	16.01	16.20	6	3.54	2.87	2.81	15
天 津	Tianjin	8.56	10.59	14.15	13	2.01	1.44	1.74	30
河 北	Hebei	14.23	14.31	14.52	10	4.22	3.15	2.95	12
山 西	Shanxi	9.36	11.86	11.98	23	3.32	3.14	2.09	24
内蒙古	Inner Mongolia	12.36	19.77	19.66	1	4.73	4.69	7.24	1
辽 宁	Liaoning	10.21	11.33	12.07	21	2.99	2.40	1.84	29
吉 林	Jilin	10.27	13.37	11.37	26	4.53	3.14	2.93	13
黑龙江	Heilongjiang	11.27	11.91	11.78	24	6.56	4.28	4.01	6
上 海	Shanghai	6.97	7.83	8.19	30	2.62	2.57	2.57	18
江 苏	Jiangsu	13.29	14.79	14.95	8	3.75	3.86	4.02	5
浙 江	Zhejiang	11.05	13.17	13.32	15	4.01	3.50	3.23	9
安 徽	Anhui	10.95	14.02	14.32	12	2.55	2.25	2.25	23
福 建	Fujian	10.99	13.08	14.13	14	2.64	2.15	3.07	10
江 西	Jiangxi	13.04	14.16	14.50	11	2.17	1.90	1.95	26
山 东	Shandong	15.84	17.91	17.84	4	2.05	2.04	1.85	28
河 南	Henan	8.65	10.43	12.00	22	3.32	3.25	3.44	8
湖 北	Hubei	9.62	10.99	11.00	28	2.91	2.64	2.33	21
湖 南	Hunan	8.89	10.57	9.99	29	2.35	2.32	2.01	25
广 东	Guangdong	13.29	17.87	18.24	3	2.06	1.95	1.93	27
广 西	Guangxi	9.83	11.77	12.42	19	1.76	1.38	1.37	31
海 南	Hainan	11.22	12.02	12.16	20	1.73	2.44	2.33	21
重 庆	Chongqing	13.24	16.86	17.05	5	1.55	2.43	2.74	16
四 川	Sichuan	10.19	12.47	12.48	18	2.93	2.18	2.38	20
贵 州	Guizhou	7.33	14.98	15.25	7	2.21	2.01	2.88	14
云 南	Yunnan	9.30	11.33	11.50	25	2.26	3.46	5.38	2
西 藏	Tibet	5.78	7.84	5.85	31	4.16	2.69	4.84	4
陕 西	Shaanxi	10.67	12.30	12.64	17	3.13	4.47	4.98	3
甘 肃	Gansu	8.12	13.94	14.87	9	2.17	2.58	2.62	17
青 海	Qinghai	8.53	10.78	11.18	27	4.65	3.74	3.65	7
宁 夏	Ningxia	16.18	18.30	19.17	2	4.18	2.62	2.53	19
新 疆	Xinjiang	8.61	12.22	13.23	16	3.23	3.28	3.04	11

8-38 城市道路清扫保洁面积和生活垃圾清运量

Surface Area of Roads Cleaned and Maintained and Consumption Wastes Collected and Transported in Cities

地区	Region	道路清扫保洁面积（万平方米） Surface Area of Roads Cleaned and Maintained (10 000 sq.m)				生活垃圾清运量（万吨） Consumption Wastes Collected and Transported (10 000 tons)			
		2010	2016	2017	2017排名 Ranking	2010	2016	2017	2017排名 Ranking
全　国	**National Total**	**485033**	**794923**	**842048**		**15804.80**	**20362.01**	**21520.86**	
北　京	Beijing	13804	14678	14861	24	632.98	872.61	924.77	7
天　津	Tianjin	7322	13124	13529	25	183.71	269.03	306.87	26
河　北	Hebei	20050	29921	30452	10	589.28	725.18	699.57	13
山　西	Shanxi	10609	16659	16581	22	361.22	469.38	479.07	18
内蒙古	Inner Mongolia	9674	21383	22901	13	333.96	345.27	369.16	24
辽　宁	Liaoning	28122	38296	39255	5	837.26	933.05	864.53	9
吉　林	Jilin	13037	18880	17741	19	499.43	534.12	494.98	17
黑龙江	Heilongjiang	14937	24843	25996	12	782.35	541.94	553.23	15
上　海	Shanghai	15879	18253	18852	17	732.00	629.37	743.07	12
江　苏	Jiangsu	44088	62827	67319	3	1017.05	1562.32	1734.65	2
浙　江	Zhejiang	27805	43224	49663	4	959.01	1433.52	1454.64	4
安　徽	Anhui	17339	30833	32514	8	435.25	539.95	612.22	14
福　建	Fujian	11433	16336	17554	20	417.30	656.96	786.35	10
江　西	Jiangxi	9911	17380	20042	15	284.00	399.48	451.53	19
山　东	Shandong	48528	72533	74631	2	992.00	1466.25	1591.31	3
河　南	Henan	20892	32248	36166	7	694.61	915.39	985.55	6
湖　北	Hubei	16941	28609	32460	9	711.12	880.10	907.95	8
湖　南	Hunan	12331	25742	27762	11	505.22	681.59	764.86	11
广　东	Guangdong	62768	101629	107035	1	1938.55	2390.95	2644.48	1
广　西	Guangxi	11005	19713	21686	14	245.06	411.15	438.32	20
海　南	Hainan	4076	7711	10794	27	97.66	188.69	213.06	28
重　庆	Chongqing	6136	17850	18249	18	256.68	494.13	529.74	16
四　川	Sichuan	15173	36723	37804	6	656.03	886.67	989.85	5
贵　州	Guizhou	3405	9773	13425	26	213.26	293.98	323.52	25
云　南	Yunnan	9726	18986	17237	21	265.47	432.05	409.13	21
西　藏	Tibet	539	5811	976	31	16.30	46.09	46.50	31
陕　西	Shaanxi	10546	15388	19232	16	388.32	532.79	379.23	22
甘　肃	Gansu	5816	9556	10368	28	278.25	257.18	254.61	27
青　海	Qinghai	1951	2944	3017	30	86.31	81.99	77.72	30
宁　夏	Ningxia	3347	8048	8920	29	91.89	112.15	119.03	29
新　疆	Xinjiang	7843	15022	15026	23	303.27	378.66	371.37	23

8-39 城市生活垃圾处理量和生活垃圾处理率

Volume of Domestic Garbage Treated and Domestic Garbage Treatment in Cities

地区	Region	生活垃圾处理量（万吨） Volume of Domestic Garbage Treated (10 000 tons)				生活垃圾处理率（%） Domestic Garbage Treatment (%)			
		2010	2016	2017	2017排名 Ranking	2010	2016	2017	2017排名 Ranking
全　国	**National Total**	**14337.98**	**20045.97**	**21305.19**		**90.72**	**98.45**	**99.00**	
北　京	Beijing	613.67	871.20	923.70	7	96.95	99.84	99.88	12
天　津	Tianjin	183.71	253.30	293.97	26	100.00	94.16	95.80	25
河　北	Hebei	571.28	710.80	698.02	13	96.95	98.02	99.78	14
山　西	Shanxi	265.77	467.65	478.07	17	73.58	99.63	99.79	13
内蒙古	Inner Mongolia	310.52	341.36	366.99	23	92.98	98.87	99.41	17
辽　宁	Liaoning	752.29	886.27	856.30	9	89.85	94.99	99.05	21
吉　林	Jilin	457.35	506.29	473.25	18	91.57	94.79	95.61	27
黑龙江	Heilongjiang	315.74	483.45	488.63	16	40.36	89.21	88.32	31
上　海	Shanghai	599.22	629.37	743.07	12	81.86	100.00	100.00	1
江　苏	Jiangsu	1016.75	1562.32	1734.65	2	99.97	100.00	100.00	1
浙　江	Zhejiang	958.41	1433.52	1454.63	4	99.94	100.00	100.00	1
安　徽	Anhui	416.07	539.64	611.85	14	95.59	99.94	99.94	8
福　建	Fujian	416.52	646.68	781.49	10	99.81	98.44	99.38	18
江　西	Jiangxi	284.00	399.46	451.53	19	100.00	100.00	100.00	1
山　东	Shandong	955.31	1466.25	1591.31	3	96.30	100.00	100.00	1
河　南	Henan	616.46	903.93	982.06	6	88.75	98.75	99.65	16
湖　北	Hubei	677.08	854.59	906.95	8	95.21	97.10	99.89	11
湖　南	Hunan	464.09	680.82	762.98	11	91.86	99.89	99.75	15
广　东	Guangdong	1764.21	2363.65	2609.59	1	91.01	98.86	98.68	23
广　西	Guangxi	227.92	406.89	437.99	20	93.01	98.96	99.92	9
海　南	Hainan	77.66	188.69	213.02	28	79.52	100.00	99.98	6
重　庆	Chongqing	254.44	494.05	529.65	15	99.13	99.98	99.98	6
四　川	Sichuan	619.84	883.92	982.39	5	94.48	99.69	99.25	19
贵　州	Guizhou	203.59	278.25	308.05	25	95.47	94.65	95.22	30
云　南	Yunnan	253.03	416.45	408.73	21	95.31	96.39	99.90	10
西　藏	Tibet	14.23	42.01	44.37	31	87.30	91.15	95.42	28
陕　西	Shaanxi	334.02	524.99	375.30	22	86.02	98.53	98.96	22
甘　肃	Gansu	272.25	255.74	250.54	27	97.84	99.44	98.40	24
青　海	Qinghai	71.07	78.94	74.35	30	82.34	96.28	95.66	26
宁　夏	Ningxia	85.03	110.23	117.93	29	92.53	98.28	99.08	20
新　疆	Xinjiang	286.45	365.26	353.83	24	94.45	96.46	95.28	29

8-40 城市年末公共交通车辆运营数和公共交通运营线路总长度

Number of Public Vehicles under Operation at Year-end and Length of Public Transportation under Operation in Cities

地区	Region	年末公共交通车辆运营数（辆） Number of Public Vehicles under Operation at Year-end (unit)				公共交通运营线路总长度（公里） Length of Public Transportation under Operation (km)			
		2010	2016	2017	2017排名 Ranking	2010	2016	2017	2017排名 Ranking
全　国	**National Total**	**383161**	**538842**	**583437**		**490283**	**729418**	**795935**	
北　京	Beijing	24011	27892	30966	5	19079	20392	19898	14
天　津	Tianjin	7413	13655	13528	17	12320	17932	19058	17
河　北	Hebei	14630	21479	24706	8	14869	26077	37390	5
山　西	Shanxi	6609	8895	9252	23	12200	13813	14291	22
内蒙古	Inner Mongolia	5771	8000	8013	25	9272	16495	11898	23
辽　宁	Liaoning	19770	22950	23675	9	19219	26222	27077	7
吉　林	Jilin	10421	11670	11823	19	10175	13267	14589	21
黑龙江	Heilongjiang	13567	16939	17741	13	11956	20256	20721	13
上　海	Shanghai	20297	20718	22214	10	23583	24787	24827	8
江　苏	Jiangsu	27561	41131	44137	3	41351	62726	69678	4
浙　江	Zhejiang	21589	32551	35373	4	39989	70040	75654	3
安　徽	Anhui	9626	14605	16477	15	8948	14785	15718	19
福　建	Fujian	10306	16238	17572	14	13555	23563	24651	9
江　西	Jiangxi	6266	8136	9908	22	9934	14311	19695	15
山　东	Shandong	27752	47419	50907	2	39470	82149	95696	2
河　南	Henan	16096	22955	26216	7	16362	20840	21856	11
湖　北	Hubei	16544	20915	21809	11	16735	18826	22871	10
湖　南	Hunan	12344	19363	21051	12	14791	17779	19320	16
广　东	Guangdong	41933	63670	68535	1	69785	102707	100961	1
广　西	Guangxi	6839	9093	10339	21	8099	13143	15484	20
海　南	Hainan	1964	3080	3717	29	3818	5866	6097	29
重　庆	Chongqing	7660	12810	13944	16	11200	14565	16428	18
四　川	Sichuan	15288	23583	28502	6	15258	24910	31216	6
贵　州	Guizhou	4584	6565	7018	26	5143	8656	10277	25
云　南	Yunnan	7135	11166	11134	20	13218	20821	21459	12
西　藏	Tibet	940	580	640	31	949	1035	1538	31
陕　西	Shaanxi	9953	12696	13309	18	8697	10542	11612	24
甘　肃	Gansu	4382	5233	5850	27	4173	6429	7392	27
青　海	Qinghai	2175	2248	2339	30	1554	3039	3177	30
宁　夏	Ningxia	2382	3357	3823	28	4325	5019	6154	28
新　疆	Xinjiang	7353	9250	8919	24	10258	8429	9254	26

8-41 城市出租汽车数和每万人拥有公共交通车辆

Number of Taxi and Number of Public Transportation Vehicles Per 10 000 Population in Cities

地区	Region	出租汽车数（辆） Number of Taxi (unit)				每万人拥有公共交通车辆（标台） Number of Public Transportation Vehicles Per 10 000 Population (unit)			
		2010	2016	2017	2017排名 Ranking	2010	2016	2017	2017排名 Ranking
全 国	**National Total**	**986190**	**1102563**	**1102823**		**9.71**	**13.84**	**14.73**	
北 京	Beijing	66646	68484	68484	2	14.24	24.31	26.55	1
天 津	Tianjin	31940	31940	31940	17	12.05	18.09	19.64	2
河 北	Hebei	46016	53034	53871	7	9.53	13.68	15.34	8
山 西	Shanxi	28848	30690	30492	18	6.83	9.42	9.74	31
内蒙古	Inner Mongolia	37131	45499	39062	12	6.89	10.26	10.65	28
辽 宁	Liaoning	79890	80743	82067	1	9.35	12.91	13.23	20
吉 林	Jilin	54933	56413	56356	6	9.75	10.26	11.15	25
黑龙江	Heilongjiang	61129	64158	63569	4	10.00	13.58	14.09	15
上 海	Shanghai	50007	47271	46397	10	8.82	12.70	13.94	16
江 苏	Jiangsu	46075	53376	53465	8	10.91	16.57	17.42	3
浙 江	Zhejiang	32532	37781	38435	13	11.87	16.27	16.93	4
安 徽	Anhui	36681	39199	39490	11	7.73	11.95	13.61	17
福 建	Fujian	16782	21727	21466	23	10.32	15.26	15.85	6
江 西	Jiangxi	10854	13712	14361	27	7.61	8.86	12.55	21
山 东	Shandong	57687	61314	61678	5	10.18	15.88	16.36	5
河 南	Henan	44525	46598	46863	9	7.58	10.88	12.28	23
湖 北	Hubei	31325	36415	36748	14	9.47	12.76	12.38	22
湖 南	Hunan	23778	26173	25768	19	10.01	15.13	14.43	13
广 东	Guangdong	59972	68504	66777	3	9.53	14.20	15.30	9
广 西	Guangxi	13566	17337	17532	26	8.07	9.77	10.74	27
海 南	Hainan	3978	6683	6979	30	8.61	11.35	13.54	19
重 庆	Chongqing	14021	21100	21871	22	7.23	10.70	11.50	24
四 川	Sichuan	27022	33394	32611	16	9.65	12.90	14.46	12
贵 州	Guizhou	9091	19021	21249	24	8.46	11.36	11.02	26
云 南	Yunnan	15164	19130	19061	25	9.74	13.17	13.60	18
西 藏	Tibet	1357	1882	2218	31	20.91	6.20	10.43	30
陕 西	Shaanxi	21288	24458	25468	20	12.64	16.01	15.63	7
甘 肃	Gansu	19309	23395	23737	21	8.10	9.16	10.52	29
青 海	Qinghai	7119	8344	8637	29	18.30	14.49	14.37	14
宁 夏	Ningxia	12978	12504	12765	28	10.63	13.47	15.26	10
新 疆	Xinjiang	24546	32284	33406	15	11.66	15.24	14.58	11

Number of Taxis and Number of Public Transportation Vehicles Per 10,000 Population in Cities

9

资源、能源和环境

Resources, Energy and Environment

9-1 石油和天然气基础储量

Basic Reserves of Petroleum and Natural Gas

地区	Region	石油（万吨） Petroleum (10 000 tons)				天然气（亿立方米） Natural Gas (100 million cu.m)			
		2010	2015	2016	2016排名 Ranking	2010	2015	2016	2016排名 Ranking
全　国	**National Total**	**317435.27**	**349610.70**	**350120.30**		**37793.20**	**51939.50**	**54365.46**	
北　京	Beijing								
天　津	Tianjin	3415.91	3005.60	3349.90	12	288.64	274.30	274.91	13
河　北	Hebei	27780.80	26422.20	26576.40	6	359.32	317.00	338.03	10
山　西	Shanxi						419.10	413.75	9
内蒙古	Inner Mongolia	7643.80	8208.50	8381.30	9	7149.44	8149.10	9630.49	3
辽　宁	Liaoning	18799.01	15052.80	14351.60	8	209.43	149.90	154.54	15
吉　林	Jilin	18861.77	17798.70	17500.60	7	681.26	685.00	731.25	8
黑龙江	Heilongjiang	54516.41	44048.70	42665.80	2	1454.98	1317.90	1302.33	7
上　海	Shanghai								
江　苏	Jiangsu	2689.35	2906.90	2729.50	13	23.66	23.20	23.31	19
浙　江	Zhejiang								
安　徽	Anhui	186.73	247.00	238.50	19	0.06	0.30	0.25	24
福　建	Fujian								
江　西	Jiangxi								
山　东	Shandong	34310.68	31123.50	29412.20	4	366.99	342.40	334.93	11
河　南	Henan	5051.21	4631.10	4427.00	11	99.21	72.20	74.77	16
湖　北	Hubei	1307.97	1241.60	1185.90	15	4.68	47.40	46.87	17
湖　南	Hunan								
广　东	Guangdong	8.16	13.70	16.40	21	0.31	0.50	0.59	22
广　西	Guangxi	146.41	128.90	154.00	20	3.39	1.40	1.58	21
海　南	Hainan	-17.27	326.60	452.30	17	0.70	3.10	24.35	18
重　庆	Chongqing	160.44	267.10	266.90	18	1921.02	2641.80	2726.90	5
四　川	Sichuan	514.74	648.40	623.40	16	6763.11	12654.50	13191.61	1
贵　州	Guizhou					10.61	6.10	6.10	20
云　南	Yunnan	12.21	12.20	12.20	22	2.41	0.50	0.47	23
西　藏	Tibet								
陕　西	Shaanxi	24947.67	38445.30	38375.60	3	5628.11	7587.10	7802.50	4
甘　肃	Gansu	16085.39	24109.80	28261.70	5	191.80	272.00	318.03	12
青　海	Qinghai	5635.18	7955.80	8252.30	10	1321.89	1396.90	1354.44	6
宁　夏	Ningxia	202.77	2370.60	2432.40	14	2.75	272.90	274.44	14
新　疆	Xinjiang	51163.47	60112.70	59576.30	1	8616.43	10202.00	10251.78	2

9-2 煤炭和铁矿石基础储量
Basic Reserves of Coal and Iron

地区	Region	煤炭（亿吨） Coal (100 million tons)				铁矿（矿石，亿吨） Iron (Ore, 100 million tons)			
		2010	2016	2017	2017排名 Ranking	2010	2016	2017	2017排名 Ranking
全　国	**National Total**	**2793.93**	**2492.26**	**2500.89**		**222.32**	**201.20**	**196.92**	
北　京	Beijing	3.79	2.66	2.63	25	0.89	1.45	1.41	19
天　津	Tianjin	2.97	2.97	2.97	23				
河　北	Hebei	60.59	43.27	43.27	12	37.49	26.59	25.89	2
山　西	Shanxi	844.01	916.19	917.30	1	12.13	16.47	16.16	5
内蒙古	Inner Mongolia	769.86	510.27	507.63	2	12.12	18.17	17.96	4
辽　宁	Liaoning	46.63	26.73	26.59	14	75.46	50.96	50.40	1
吉　林	Jilin	12.40	9.71	9.64	19	2.31	5.02	5.49	9
黑龙江	Heilongjiang	68.17	62.28	62.47	9	0.42	0.34	0.34	23
上　海	Shanghai								
江　苏	Jiangsu	14.23	10.39	10.31	18	1.72	1.62	1.56	18
浙　江	Zhejiang	0.49	0.43	0.43	28	0.16	0.59	0.59	22
安　徽	Anhui	81.93	82.37	83.70	7	8.19	8.59	8.96	7
福　建	Fujian	4.06	3.98	3.54	21	3.54	3.07	3.03	13
江　西	Jiangxi	6.74	3.36	2.67	24	1.91	1.42	1.85	16
山　东	Shandong	77.56	75.67	73.98	8	10.31	9.60	9.57	6
河　南	Henan	113.49	85.58	84.77	6	1.65	1.69	1.84	17
湖　北	Hubei	3.30	3.20	3.19	22	3.73	4.35	4.61	10
湖　南	Hunan	18.76	6.62	6.49	20	1.63	2.00	1.94	15
广　东	Guangdong	1.89	0.23	0.23	29	1.59	0.92	0.89	20
广　西	Guangxi	7.74	0.90	0.89	27	1.10	0.30	0.34	23
海　南	Hainan	0.90	1.19	1.19	26	1.04	0.84	0.80	21
重　庆	Chongqing	22.49	18.03	17.69	16	0.01	0.12	0.12	27
四　川	Sichuan	54.37	53.21	51.63	11	28.73	27.02	24.36	3
贵　州	Guizhou	118.46	110.93	121.62	5	0.51	0.17	0.18	25
云　南	Yunnan	62.47	59.58	57.52	10	3.82	4.24	4.24	11
西　藏	Tibet	0.12	0.12	0.12	30	0.27	0.17	0.17	26
陕　西	Shaanxi	119.89	162.93	158.33	4	4.04	3.97	3.91	12
甘　肃	Gansu	58.05	27.32	25.45	15	3.91	3.24	3.02	14
青　海	Qinghai	16.22	12.39	12.33	17	0.07	0.03	0.03	28
宁　夏	Ningxia	54.03	37.45	38.22	13				
新　疆	Xinjiang	148.31	162.31	174.10	3	3.57	8.26	7.26	8

9-3 锰矿石和铬矿石基础储量
Basic Reserves of Manganese Ore and Chromites Ore

单位：矿石，万吨 (Ore, 10 000 tons)

地区	Region	锰矿 Manganese Ore				铬矿 Chromites Ore			
		2010	2015	2016	2016排名 Ranking	2010	2015	2016	2016排名 Ranking
全　国	**National Total**	**19515.64**	**27626.20**	**31033.58**		**442.10**	**419.80**	**407.18**	
北　京	Beijing								
天　津	Tianjin								
河　北	Hebei	4.80	7.10	7.05	16	6.90	4.60	4.64	5
山　西	Shanxi	12.90	20.10	20.09	15				
内蒙古	Inner Mongolia	566.00	567.60	567.55	8	60.35	56.30	56.29	3
辽　宁	Liaoning	1412.41	1410.60	1410.60	4				
吉　林	Jilin	0.40	0.40	0.40	19				
黑龙江	Heilongjiang								
上　海	Shanghai								
江　苏	Jiangsu								
浙　江	Zhejiang								
安　徽	Anhui	8.80	4.10	4.06	17				
福　建	Fujian	64.48	118.90	111.78	13				
江　西	Jiangxi								
山　东	Shandong								
河　南	Henan		3.60	3.62	18				
湖　北	Hubei	807.10	649.00	607.45	7				
湖　南	Hunan	5711.10	2056.00	1957.92	3				
广　东	Guangdong	215.81	75.20	76.25	14				
广　西	Guangxi	4033.44	14019.50	17388.59	1				
海　南	Hainan								
重　庆	Chongqing	2252.62	1414.80	1380.14	5				
四　川	Sichuan	97.74	131.50	206.34	12				
贵　州	Guizhou	2468.87	4841.10	4886.87	2				
云　南	Yunnan	905.86	1196.80	1196.81	6				
西　藏	Tibet					199.49	169.20	158.47	1
陕　西	Shaanxi	279.74	288.40	288.11	11	1.10			
甘　肃	Gansu	263.14	259.00	357.52	10	124.83	141.20	141.24	2
青　海	Qinghai					0.48	3.70	3.68	6
宁　夏	Ningxia								
新　疆	Xinjiang	410.43	562.40	562.43	9	48.95	44.70	42.86	4

9-4 钒矿和原生钛铁矿基础储量
Basic Reserves of Vanadium Ore and Titanium Ore

单位：万吨 (10 000 tons)

地区	Region	钒矿 Vanadium Ore 2010	2015	2016	2016排名 Ranking	原生钛铁矿 Titanium Ore 2010	2015	2016	2016排名 Ranking
全 国	**National Total**	**1242.63**	**887.30**	**951.77**		**23042.96**	**21434.00**	**23065.10**	
北 京	Beijing								
天 津	Tianjin		10.00						
河 北	Hebei	13.18		6.66	7	361.05	275.30	212.94	4
山 西	Shanxi		0.80						
内蒙古	Inner Mongolia	0.77		0.77	12				
辽 宁	Liaoning								
吉 林	Jilin								
黑龙江	Heilongjiang								
上 海	Shanghai								
江 苏	Jiangsu	2.48	4.30	4.13	9				
浙 江	Zhejiang		3.80	3.76	10				
安 徽	Anhui	8.27	6.60	7.32	5				
福 建	Fujian								
江 西	Jiangxi	2.16	6.50	6.52	8				
山 东	Shandong					99.67	899.40	899.82	3
河 南	Henan					0.46	0.50	0.46	7
湖 北	Hubei	40.49	29.90	29.94	4		1053.20	1053.23	2
湖 南	Hunan	226.03	2.90	2.90	11				
广 东	Guangdong								
广 西	Guangxi	171.49	171.50	171.49	2				
海 南	Hainan								
重 庆	Chongqing								
四 川	Sichuan	686.77	553.80	598.55	1	22534.64	19157.10	20850.86	1
贵 州	Guizhou								
云 南	Yunnan	0.07	0.10	0.07	14		3.10	3.12	6
西 藏	Tibet								
陕 西	Shaanxi	0.89	7.20	7.18	6				
甘 肃	Gansu	89.87	89.90	112.32	3				
青 海	Qinghai								
宁 夏	Ningxia								
新 疆	Xinjiang	0.16	0.20	0.16	13	47.14	45.30	44.67	5

9-5　铜和铅基础储量

Basic Reserves of Copper Ore and Lead Ore

地区	Region	铜矿(铜，万吨) Copper Ore (Metal, 10 000 tons)				铅矿（铅，万吨） Lead Ore (Metal, 10 000 tons)			
		2010	2016	2017	2017排名 Ranking	2010	2016	2017	2017排名 Ranking
全　国	**National Total**	**2870.69**	**2620.99**	**2960.56**		**1272.04**	**1808.62**	**1893.40**	
北　京	Beijing	0.02	0.02	0.02	27				
天　津	Tianjin								
河　北	Hebei	15.29	13.41	13.40	19	18.66	21.75	20.21	16
山　西	Shanxi	215.67	149.16	145.79	7	0.55	0.46	0.46	27
内蒙古	Inner Mongolia	365.93	437.83	438.42	3	301.12	647.65	690.38	1
辽　宁	Liaoning	16.13	27.92	30.06	13	13.62	13.20	14.00	18
吉　林	Jilin	20.44	21.82	22.10	15	10.19	13.72	14.96	17
黑龙江	Heilongjiang	119.61	111.35	111.35	9	5.35	6.28	5.97	23
上　海	Shanghai								
江　苏	Jiangsu	5.50	4.02	5.27	21	15.03	22.56	20.54	15
浙　江	Zhejiang	8.44	5.17	4.63	22	41.26	8.68	8.58	21
安　徽	Anhui	192.53	154.70	148.16	6	5.09	12.26	11.34	20
福　建	Fujian	83.11	62.35	60.02	11	24.28	27.41	32.95	14
江　西	Jiangxi	698.58	475.70	454.70	2	58.25	49.23	51.12	10
山　东	Shandong	29.60	6.49	1.94	25	7.11	0.63	0.63	26
河　南	Henan	14.15	11.58	23.49	14	36.29	61.13	58.80	8
湖　北	Hubei	120.71	89.58	90.32	10	1.49	5.31	5.28	24
湖　南	Hunan	39.31	9.92	8.85	20	111.64	46.88	52.51	9
广　东	Guangdong	58.14	17.59	16.71	18	105.66	103.09	95.06	4
广　西	Guangxi	14.41	3.12	3.10	24	17.72	52.74	47.42	11
海　南	Hainan	2.67	3.52	3.52	23	1.15	6.68	6.68	22
重　庆	Chongqing					3.94	2.52	2.52	25
四　川	Sichuan	75.61	49.07	43.91	12	82.95	99.63	104.74	3
贵　州	Guizhou	0.34	0.17	0.17	26	6.32	13.45	13.96	19
云　南	Yunnan	274.25	298.99	338.08	4	191.01	240.98	302.89	2
西　藏	Tibet	199.38	272.32	608.80	1		89.51	84.98	6
陕　西	Shaanxi	16.03	19.93	20.24	16	14.82	36.94	35.25	13
甘　肃	Gansu	171.98	132.45	132.36	8	84.15	79.63	77.48	7
青　海	Qinghai	41.19	18.04	18.71	17	79.38	43.68	45.31	12
宁　夏	Ningxia								
新　疆	Xinjiang	71.67	224.76	216.44	5	35.01	102.62	89.38	5

9-6 锌和铝土矿石基础储量
Basic Reserves of Zinc Ore and Bauxite Ore

地区	Region	锌矿（锌，万吨）Zinc Ore (Metal, 10 000 tons)				铝土矿（矿石，万吨）Bauxite Ore (Ore, 10 000 tons)			
		2010	2016	2017	2017排名 Ranking	2010	2016	2017	2017排名 Ranking
全　国	**National Total**	**3251.42**	**4439.11**	**4578.73**		**89732.66**	**100955.33**	**100722.93**	
北　京	Beijing								
天　津	Tianjin								
河　北	Hebei	154.62	79.66	84.96	11	393.80	28.01	28.01	11
山　西	Shanxi	0.32	0.55	0.55	27	13592.14	14205.54	13774.61	4
内蒙古	Inner Mongolia	588.89	1444.45	1517.07	1				
辽　宁	Liaoning	39.83	45.88	48.91	16				
吉　林	Jilin	13.55	18.29	19.67	22				
黑龙江	Heilongjiang	21.55	26.53	26.26	20				
上　海	Shanghai								
江　苏	Jiangsu	24.80	38.10	33.91	19				
浙　江	Zhejiang	67.37	61.16	60.59	15				
安　徽	Anhui	12.07	11.28	11.67	24				
福　建	Fujian	48.65	59.57	68.91	14	65.00			
江　西	Jiangxi	85.91	70.28	74.34	13				
山　东	Shandong	2.58	0.75	0.75	26	412.70	158.90	158.90	9
河　南	Henan	38.58	46.77	47.30	17	21525.87	14325.73	14457.44	2
湖　北	Hubei	4.02	20.97	20.88	21	244.20	502.87	502.87	7
湖　南	Hunan	178.99	70.76	79.57	12	174.10	311.43	311.43	8
广　东	Guangdong	192.26	186.26	170.13	7				
广　西	Guangxi	149.25	188.26	181.56	6	27236.89	49178.83	49178.83	1
海　南	Hainan	0.61	16.99	16.99	23				
重　庆	Chongqing	14.78	8.75	8.75	25	3639.10	6409.21	6409.21	5
四　川	Sichuan	222.40	206.45	216.98	4	14.40	54.60	54.60	10
贵　州	Guizhou	15.62	114.96	115.57	8	20157.04	14382.18	14017.00	3
云　南	Yunnan	682.05	982.69	1049.05	2	1551.84	1397.14	1829.14	6
西　藏	Tibet		40.27	36.05	18				
陕　西	Shaanxi	84.92	100.53	93.57	10	725.58	0.89	0.89	12
甘　肃	Gansu	379.51	304.81	298.89	3				
青　海	Qinghai	137.76	97.79	104.54	9				
宁　夏	Ningxia								
新　疆	Xinjiang	90.53	196.35	191.31	5				

9-7 菱镁矿和硫铁矿石基础储量

Basic Reserves of Magnesite Ore and Pyrite Ore

单位：矿石，万吨 (Ore, 10 000 tons)

地区	Region	菱镁矿 Magnesite Ore				硫铁矿 Pyrite Ore			
		2010	2015	2016	2016排名 Ranking	2010	2016	2017	2017排名 Ranking
全　国	**National Total**	**182936.82**	**103923.60**	**100772.52**		**159152.07**	**127809.00**	**123172.58**	
北　京	Beijing								
天　津	Tianjin								
河　北	Hebei	866.26	872.80	838.83	3	1765.86	1083.61	918.32	15
山　西	Shanxi					614.98	1058.11	1301.11	14
内蒙古	Inner Mongolia					15745.76	12377.14	12291.53	3
辽　宁	Liaoning	165672.68	88019.80	84901.71	1	2504.88	1261.74	1451.29	13
吉　林	Jilin	1.10	1.10	1.10	6	728.39	727.20	727.20	17
黑龙江	Heilongjiang					48.20	48.20	48.20	23
上　海	Shanghai								
江　苏	Jiangsu					412.78	508.77	484.37	19
浙　江	Zhejiang					717.64	405.08	384.75	20
安　徽	Anhui					14912.71	14497.38	9809.61	4
福　建	Fujian					1011.72	1018.67	733.31	16
江　西	Jiangxi					14892.60	8071.20	7947.32	5
山　东	Shandong	16158.28	14793.50	14793.49	2	311.70	3.18	3.18	24
河　南	Henan	2.11				8726.70	5953.72	5948.15	8
湖　北	Hubei					3841.20	4717.38	4717.38	10
湖　南	Hunan					6303.31	670.05	678.05	18
广　东	Guangdong					27903.63	14819.44	14503.35	2
广　西	Guangxi					4556.91	6002.52	6479.53	6
海　南	Hainan								
重　庆	Chongqing					1976.80	1456.70	1547.50	12
四　川	Sichuan	186.49	186.50	186.49	4	42807.04	38272.70	38224.81	1
贵　州	Guizhou					5623.90	6043.09	6185.59	7
云　南	Yunnan					3099.18	4878.86	4853.77	9
西　藏	Tibet								
陕　西	Shaanxi					577.62	108.30	108.30	21
甘　肃	Gansu					1.00	1.00	1.00	25
青　海	Qinghai	49.90	49.90	49.90	5	50.20	50.08	50.08	22
宁　夏	Ningxia								
新　疆	Xinjiang					17.36	3774.87	3774.87	11

9-8 磷矿石和高岭土石基础储量

Basic Reserves of Phosphorus Ore and Kaolin Ore

地区	Region	磷矿（矿石，亿吨） Phosphorus Ore (Ore, 100 million tons)				高岭土（矿石，万吨） Kaolin Ore (Ore, 10 000 tons)			
		2010	2016	2017	2017排名 Ranking	2010	2015	2016	2016排名 Ranking
全　国	**National Total**	**29.63**	**32.41**	**34.39**		**63933.24**	**57402.80**	**69285.05**	
北　京	Beijing								
天　津	Tianjin								
河　北	Hebei	2.12	1.85	1.84	5	58.30	58.30	58.30	17
山　西	Shanxi		0.17	0.17	11	160.20	160.20	160.20	14
内蒙古	Inner Mongolia	0.02	0.11	0.11	13	433.18	4586.90	4586.92	4
辽　宁	Liaoning	0.81	0.81	0.81	6	525.00	536.90	537.07	9
吉　林	Jilin					50.38	47.70	47.25	19
黑龙江	Heilongjiang								
上　海	Shanghai								
江　苏	Jiangsu	0.25	0.13	0.13	12	749.44	250.20	234.59	12
浙　江	Zhejiang					750.87	820.60	819.41	8
安　徽	Anhui	0.38	0.20	0.20	10	303.37	176.50	172.11	13
福　建	Fujian	0.04				5608.66	5311.70	5262.70	3
江　西	Jiangxi	0.72	0.62	0.62	7	3137.89	3037.70	3075.47	5
山　东	Shandong	0.67				533.96	314.10	314.08	11
河　南	Henan	0.07	0.03	0.03	15	31.31			
湖　北	Hubei	7.17	10.03	10.28	1	467.03	418.40	418.37	10
湖　南	Hunan	2.79	0.24	0.24	9	2109.18	2004.40	2012.01	7
广　东	Guangdong					27853.43	5375.10	5295.26	2
广　西	Guangxi					18733.32	31925.50	43180.03	1
海　南	Hainan	0.04				1872.60	1907.00	2814.74	6
重　庆	Chongqing						0.40	0.40	22
四　川	Sichuan	3.45	4.85	6.92	2	71.87	56.10	56.10	18
贵　州	Guizhou	3.62	6.44	6.21	3	11.45	15.00	15.00	20
云　南	Yunnan	6.66	6.27	6.17	4	390.70	311.10	136.10	15
西　藏	Tibet								
陕　西	Shaanxi	0.21	0.06	0.06	14	81.10	81.10	81.10	16
甘　肃	Gansu								
青　海	Qinghai	0.60	0.60	0.60	8				
宁　夏	Ningxia	0.01	0.01	0.01	16				
新　疆	Xinjiang						7.80	7.84	21

9-9 草原建设利用情况和湿地面积

Construction and Use of Grassland and Area of Wetlands

单位：千公顷 (1 000 hectares)

地区	Region	草原建设利用情况 Grassland Construction				湿地面积（1995-2003）Area of Wetlands (1995-2003)			
		草原总面积 Area of Grassland	可利用草原面积 Grassland Available	累计种草保留面积 Accumulated Grass Land Reserved	当年新增种草面积 Newly Increased Grassland This Year	湿地面积 Area of Wetlands	天然湿地 Natural Wetlands	人工湿地 Man-made Wetlands	湿地面积占辖区面积比重（%）Proportion of Wetlands in Total Area of Territory (%)
全　国	**National Total**	**392832.67**	**330995.40**	**19035.97**	**6119.06**	**53602.60**	**46674.70**	**6745.90**	**5.58**
北　京	Beijing	394.82	336.31			48.10	24.20	23.90	2.86
天　津	Tianjin	146.60	135.40	5.63	2.61	295.60	151.10	144.50	23.94
河　北	Hebei	4712.14	4085.32	215.46	114.59	941.90	694.60	247.30	5.04
山　西	Shanxi	4552.00	4552.00	392.71	146.01	151.90	108.10	43.80	0.97
内蒙古	Inner Mongolia	78804.48	63591.09	3683.54	1788.20	6010.60	5878.80	131.80	5.08
辽　宁	Liaoning	3388.85	3239.29	506.29	78.20	1394.80	1077.70	317.10	9.42
吉　林	Jilin	5842.18	4378.99	329.67	158.26	997.60	862.90	134.70	5.32
黑龙江	Heilongjiang	7531.77	6081.65	408.10	181.13	5143.30	4953.80	189.50	11.31
上　海	Shanghai	73.33	37.33			464.60	409.00	55.60	73.27
江　苏	Jiangsu	412.71	325.67	18.65	16.35	2822.80	1948.80	874.00	27.51
浙　江	Zhejiang	3169.85	2075.18			1110.10	843.30	266.80	10.91
安　徽	Anhui	1663.18	1485.18	76.48	64.75	1041.80	713.60	328.20	7.46
福　建	Fujian	2047.96	1957.06	32.22	20.63	871.00	711.20	159.80	7.18
江　西	Jiangxi	4442.33	3847.56	179.41	105.90	910.10	710.70	199.40	5.45
山　东	Shandong	1637.97	1329.16	160.27	147.52	1737.50	1103.00	634.50	11.07
河　南	Henan	4433.79	4043.25	86.08	70.34	627.90	380.70	247.20	3.76
湖　北	Hubei	6352.22	5071.54	199.79	65.71	1445.00	764.20	680.80	7.77
湖　南	Hunan	6372.67	5666.31	230.09	85.09	1019.70	813.50	206.20	4.81
广　东	Guangdong	3266.24	2677.24	39.44	23.73	1753.40	1158.10	595.30	9.76
广　西	Guangxi	8698.34	6500.35	103.80	24.50	754.30	536.60	217.70	3.20
海　南	Hainan	949.77	843.27	12.23	2.41	320.00	242.00	78.00	9.14
重　庆	Chongqing	2158.44	1867.23	78.14	39.29	207.20	87.70	119.50	2.51
四　川	Sichuan	20380.38	17753.08	2875.33	610.58	1747.80	1665.60	82.20	3.61
贵　州	Guizhou	4287.26	3759.74	302.64	131.76	209.70	151.60	58.10	1.19
云　南	Yunnan	15308.43	11925.59	1443.24	326.28	563.50	392.50	171.00	1.43
西　藏	Tibet	82051.94	70846.78	216.24	28.02	6529.00	6524.00	5.00	5.35
陕　西	Shaanxi	5206.18	4349.22	891.55	135.16	308.50	276.20	32.30	1.50
甘　肃	Gansu	17904.21	16071.61	2559.64	705.90	1693.90	1642.40	51.50	3.73
青　海	Qinghai	36369.75	31530.67	1425.64	303.95	8143.60	8001.00	142.60	11.27
宁　夏	Ningxia	3014.07	2625.56	718.20	146.35	207.20	169.50	37.70	4.00
新　疆	Xinjiang	57258.80	48006.80	1845.52	595.83	3948.20	3678.30	269.90	2.38

注：湿地面积为中国首次湿地调查(1995-2003)资料，不包括台湾省、香港和澳门特别行政区；湿地面积不包括水稻田湿地。

Note: Area of wetlands is the figures of China First Wetlands Survey (1995-2003), excluding the wetlands of Taiwan province, Hong Kong SAR and Macao SAR. Area of wetlands excludes the wetland of paddyfield.

9-10 水资源总量和人均水资源量

Total Amount of Water Resources and Per Capita Water Resources

地区	Region	水资源总量（亿立方米） Total Amount of Water Resources (100 million cu.m)				人均水资源量（立方米/人） Per Capita Water Resources (cu.m/person)			
		2010	2016	2017	2017排名 Ranking	2010	2016	2017	2017排名 Ranking
全　国	**National Total**	**30906.41**	**32466.40**	**28761.20**		**2310.41**	**2354.92**	**2074.50**	
北　京	Beijing	23.08	35.10	29.80	29	124.19	161.60	137.20	30
天　津	Tianjin	9.20	18.90	13.00	30	72.80	121.58	83.40	31
河　北	Hebei	138.92	208.30	138.30	26	195.28	279.69	184.50	27
山　西	Shanxi	91.55	134.10	130.20	27	261.52	365.10	352.70	25
内蒙古	Inner Mongolia	388.54	426.50	309.90	22	1576.08	1695.49	1227.50	19
辽　宁	Liaoning	606.67	331.60	186.30	25	1392.10	757.08	426.00	24
吉　林	Jilin	686.68	488.80	394.40	19	2503.32	1781.99	1447.30	17
黑龙江	Heilongjiang	853.48	843.70	742.50	15	2228.59	2217.05	1957.10	14
上　海	Shanghai	36.81	61.00	34.00	28	163.13	252.33	140.60	29
江　苏	Jiangsu	383.53	741.70	392.90	20	489.21	928.58	490.30	22
浙　江	Zhejiang	1398.55	1323.30	895.30	12	2608.75	2378.11	1592.10	16
安　徽	Anhui	922.82	1245.20	784.90	14	1526.87	2018.15	1260.80	18
福　建	Fujian	1652.71	2109.00	1055.60	9	4491.74	5468.69	2711.90	11
江　西	Jiangxi	2275.49	2221.10	1655.10	7	5116.68	4850.62	3592.50	7
山　东	Shandong	309.12	220.30	225.60	24	324.40	222.59	226.10	26
河　南	Henan	534.89	337.30	423.10	18	566.25	354.83	443.20	23
湖　北	Hubei	1268.72	1498.00	1248.80	8	2216.51	2552.61	2118.90	13
湖　南	Hunan	1906.61	2196.60	1912.40	5	2938.66	3229.11	2795.50	10
广　东	Guangdong	1998.79	2458.60	1786.60	6	1943.31	2250.64	1611.90	15
广　西	Guangxi	1823.57	2178.60	2388.00	3	3852.88	4522.73	4912.10	3
海　南	Hainan	479.82	489.90	383.90	21	5538.66	5359.96	4165.70	6
重　庆	Chongqing	464.30	604.90	656.10	16	1616.75	1994.72	2142.90	12
四　川	Sichuan	2575.29	2340.90	2467.10	2	3173.51	2843.31	2978.90	8
贵　州	Guizhou	956.54	1066.10	1051.50	10	2726.76	3009.46	2947.40	9
云　南	Yunnan	1941.45	2088.90	2202.60	4	4233.15	4391.67	4602.40	4
西　藏	Tibet	4592.95	4642.20	4749.90	1	153681.9	141746.6	142311.3	1
陕　西	Shaanxi	507.50	271.50	449.10	17	1360.25	713.91	1174.50	20
甘　肃	Gansu	215.25	168.40	238.90	23	841.66	646.45	912.50	21
青　海	Qinghai	741.11	612.70	785.70	13	13225.01	10375.95	13188.90	2
宁　夏	Ningxia	9.32	9.60	10.80	31	148.18	142.96	159.20	28
新　疆	Xinjiang	1113.14	1093.40	1018.60	11	5125.24	4596.05	4206.40	5

9-11 供水总量和地表水供应量
Total Water Supply and Surface Water Supply

单位：亿立方米 (100 million cu.m)

地区	Region	供水总量 Water Supply				其中：地表水供应量 Surface Water Supply			
		2010	2016	2017	2017排名 Ranking	2010	2016	2017	2017排名 Ranking
全　国	**National Total**	**6021.99**	**6040.16**	**6043.40**		**4881.57**	**4912.40**	**4945.50**	
北　京	Beijing	35.20	38.81	39.50	28	7.21	11.29	12.40	31
天　津	Tianjin	22.49	27.23	27.50	30	16.17	19.07	19.00	30
河　北	Hebei	193.68	182.57	181.60	15	36.14	51.50	59.40	24
山　西	Shanxi	63.78	75.53	74.90	25	29.29	39.51	39.60	27
内蒙古	Inner Mongolia	181.90	190.29	188.00	14	92.59	98.27	99.20	18
辽　宁	Liaoning	143.67	135.39	131.10	18	72.07	74.23	72.40	22
吉　林	Jilin	120.04	132.54	126.70	19	75.87	87.22	81.50	20
黑龙江	Heilongjiang	325.00	352.64	353.10	4	178.86	184.78	188.90	10
上　海	Shanghai	126.29	104.84	104.80	21	126.09	104.80	104.80	16
江　苏	Jiangsu	552.19	577.40	591.30	1	543.52	561.03	575.30	1
浙　江	Zhejiang	203.04	181.15	179.50	16	198.14	178.48	176.20	12
安　徽	Anhui	293.12	290.65	290.30	6	265.62	256.10	256.50	7
福　建	Fujian	202.45	189.06	192.00	13	197.54	182.81	186.40	11
江　西	Jiangxi	239.75	245.36	248.00	10	229.84	235.13	237.60	9
山　东	Shandong	222.47	213.99	209.50	12	127.15	123.26	121.10	14
河　南	Henan	224.61	227.64	233.80	11	88.60	105.01	113.10	15
湖　北	Hubei	287.99	281.97	290.30	6	278.15	273.14	281.40	5
湖　南	Hunan	325.17	330.36	326.90	5	304.03	315.08	311.70	4
广　东	Guangdong	469.01	434.96	433.50	3	446.40	418.83	417.30	3
广　西	Guangxi	301.58	290.57	284.90	8	289.32	277.98	273.10	6
海　南	Hainan	44.35	44.96	45.60	27	41.04	41.88	42.30	26
重　庆	Chongqing	86.39	77.48	77.40	24	84.56	75.97	76.10	21
四　川	Sichuan	230.27	267.26	268.40	9	210.74	253.85	254.30	8
贵　州	Guizhou	101.45	100.31	103.50	22	93.75	96.46	101.10	17
云　南	Yunnan	147.47	150.24	156.60	17	139.01	145.29	149.90	13
西　藏	Tibet	35.20	31.12	31.40	29	32.43	28.57	27.80	28
陕　西	Shaanxi	83.40	90.83	93.00	23	49.51	55.52	58.20	25
甘　肃	Gansu	121.82	118.35	116.10	20	96.14	90.51	87.10	19
青　海	Qinghai	30.77	26.40	25.80	31	25.63	21.48	20.70	29
宁　夏	Ningxia	72.37	64.89	66.10	26	66.95	59.37	60.30	23
新　疆	Xinjiang	535.08	565.38	552.30	2	439.19	445.91	440.90	2

9-12 用水总量和人均用水量
Total Water Use and Per Capita Water Use

地区	Region	用水总量（亿立方米）Water Use (100 million cu.m)				人均用水量（立方米/人）Per Capita Water Use (cu.m/person)			
		2010	2016	2017	2017排名 Ranking	2010	2016	2017	2017排名 Ranking
全　国	**National Total**	**6021.99**	**6040.20**	**6043.40**		**450.17**	**438.12**	**435.91**	
北　京	Beijing	35.20	38.80	39.50	28	189.39	178.64	181.88	30
天　津	Tianjin	22.49	27.20	27.50	30	177.93	174.98	176.33	31
河　北	Hebei	193.68	182.60	181.60	15	272.25	245.18	242.30	27
山　西	Shanxi	63.78	75.50	74.90	25	182.18	205.55	202.87	29
内蒙古	Inner Mongolia	181.90	190.30	188.00	14	737.89	756.51	744.68	5
辽　宁	Liaoning	143.67	135.40	131.10	18	329.67	309.13	299.77	22
吉　林	Jilin	120.04	132.50	126.70	19	437.61	483.05	464.95	14
黑龙江	Heilongjiang	325.00	352.60	353.10	4	848.64	926.55	930.69	4
上　海	Shanghai	126.29	104.80	104.80	21	559.67	433.51	433.26	16
江　苏	Jiangsu	552.19	577.40	591.30	1	704.36	722.88	737.84	6
浙　江	Zhejiang	203.04	181.10	179.50	16	378.73	325.46	319.20	21
安　徽	Anhui	293.12	290.70	290.30	6	484.99	471.15	466.33	13
福　建	Fujian	202.45	189.10	192.00	13	550.23	490.34	493.26	10
江　西	Jiangxi	239.75	245.40	248.00	10	539.09	535.92	538.30	8
山　东	Shandong	222.47	214.00	209.50	12	233.46	216.23	210.00	28
河　南	Henan	224.61	227.60	233.80	11	237.77	239.43	244.93	25
湖　北	Hubei	287.99	282.00	290.30	6	503.14	480.53	492.58	11
湖　南	Hunan	325.17	330.40	326.90	5	501.19	485.70	477.85	12
广　东	Guangdong	469.01	435.00	433.50	3	455.99	398.21	391.10	18
广　西	Guangxi	301.58	290.60	284.90	8	637.18	603.28	586.03	7
海　南	Hainan	44.35	45.00	45.60	27	511.94	492.34	494.81	9
重　庆	Chongqing	86.39	77.50	77.40	24	300.81	255.56	252.80	24
四　川	Sichuan	230.27	267.30	268.40	9	283.76	324.67	324.08	20
贵　州	Guizhou	101.45	100.30	103.50	22	289.19	283.13	290.12	23
云　南	Yunnan	147.47	150.20	156.60	17	321.56	315.78	327.22	19
西　藏	Tibet	35.20	31.10	31.40	29	1177.67	949.62	940.77	3
陕　西	Shaanxi	83.40	90.80	93.00	23	223.53	238.76	243.21	26
甘　肃	Gansu	121.82	118.40	116.10	20	476.35	454.51	443.47	15
青　海	Qinghai	30.77	26.40	25.80	31	549.15	447.08	433.08	17
宁　夏	Ningxia	72.37	64.90	66.10	26	1150.41	966.49	974.28	2
新　疆	Xinjiang	535.08	565.40	552.30	2	2463.66	2376.63	2280.78	1

9-13 农业用水量和工业用水量

Water Consumption of Agriculture and Industry

单位：亿立方米 (100 million cu.m)

地区	Region	农业 Agriculture 2010	2016	2017	2017排名 Ranking	工业 Industry 2010	2016	2017	2017排名 Ranking
全 国	**National Total**	**3689.14**	**3768.00**	**3766.40**		**1447.30**	**1308.00**	**1277.00**	
北 京	Beijing	10.83	6.00	5.10	31	5.06	3.80	3.50	28
天 津	Tianjin	10.97	12.00	10.70	30	4.83	5.50	5.50	26
河 北	Hebei	143.77	128.00	126.10	13	23.06	21.90	20.30	17
山 西	Shanxi	37.98	46.70	45.50	24	12.58	12.90	13.50	23
内蒙古	Inner Mongolia	134.52	139.20	138.10	11	22.58	17.40	15.70	21
辽 宁	Liaoning	89.82	84.90	81.60	19	24.99	19.60	18.60	19
吉 林	Jilin	73.84	91.10	89.80	18	26.12	20.90	18.10	20
黑龙江	Heilongjiang	249.60	313.80	316.40	2	56.02	20.60	19.70	18
上 海	Shanghai	16.76	14.50	16.70	29	84.85	64.40	62.70	7
江 苏	Jiangsu	304.23	270.80	280.60	3	191.85	248.50	250.10	1
浙 江	Zhejiang	94.64	81.00	80.90	20	59.70	48.40	46.10	11
安 徽	Anhui	166.70	158.60	158.20	8	94.01	93.10	92.20	3
福 建	Fujian	97.19	84.20	91.20	17	81.26	68.60	64.40	6
江 西	Jiangxi	151.02	154.20	156.30	9	57.35	60.50	60.50	8
山 东	Shandong	154.76	141.50	134.00	12	26.84	30.60	28.80	14
河 南	Henan	125.59	125.60	122.80	14	55.57	50.30	51.00	10
湖 北	Hubei	138.29	137.00	148.10	10	117.10	91.40	87.80	4
湖 南	Hunan	185.79	195.10	193.70	6	89.75	89.00	86.00	5
广 东	Guangdong	227.47	220.50	220.30	4	138.76	109.20	107.00	2
广 西	Guangxi	194.57	198.30	195.80	5	55.23	49.80	46.00	12
海 南	Hainan	33.88	33.10	33.30	25	3.83	3.10	3.00	29
重 庆	Chongqing	19.84	25.50	25.40	27	47.40	30.70	30.40	13
四 川	Sichuan	127.26	155.90	160.50	7	62.92	55.80	51.40	9
贵 州	Guizhou	50.05	56.40	58.90	21	34.32	25.70	24.80	15
云 南	Yunnan	95.32	105.20	108.50	15	25.48	21.10	23.40	16
西 藏	Tibet	31.72	26.90	26.90	26	1.47	1.50	1.50	31
陕 西	Shaanxi	55.47	57.60	58.20	22	12.06	13.70	14.30	22
甘 肃	Gansu	94.28	94.70	92.30	16	13.75	11.10	10.40	25
青 海	Qinghai	23.19	19.90	19.20	28	3.26	2.60	2.50	30
宁 夏	Ningxia	65.05	56.30	56.70	23	4.12	4.40	4.50	27
新 疆	Xinjiang	484.64	533.30	514.40	1	11.20	11.70	13.10	24

9-14 生活用水量和生态用水量
Domestic Water Consumption and Ecological Water Supplement

单位：亿立方米 (100 million cu.m)

地区	Region	生活 Consumption 2010	2016	2017	2017排名 Ranking	生态 Ecological 2010	2016	2017	2017排名 Ranking
全 国	**National Total**	**765.83**	**821.60**	**838.10**		**119.77**	**142.60**	**161.90**	
北 京	Beijing	15.30	17.80	18.30	19	3.97	11.10	12.70	3
天 津	Tianjin	5.48	5.60	6.10	28	1.22	4.10	5.20	12
河 北	Hebei	23.98	25.90	27.00	13	2.87	6.70	8.20	6
山 西	Shanxi	10.57	12.60	12.80	24	2.65	3.30	3.00	18
内蒙古	Inner Mongolia	15.02	10.60	11.00	25	9.78	23.10	23.10	1
辽 宁	Liaoning	25.48	25.30	25.40	14	3.38	5.60	5.50	9
吉 林	Jilin	16.36	14.30	14.10	23	3.72	6.30	4.70	13
黑龙江	Heilongjiang	17.61	15.60	15.40	21	1.76	2.50	1.50	24
上 海	Shanghai	23.46	25.10	24.60	15	1.22	0.80	0.80	29
江 苏	Jiangsu	52.91	56.10	58.50	2	3.21	2.00	2.10	23
浙 江	Zhejiang	39.40	46.30	47.00	5	9.30	5.50	5.50	9
安 徽	Anhui	30.19	33.40	33.80	10	2.22	5.60	6.20	7
福 建	Fujian	22.70	33.10	33.20	11	1.29	3.10	3.20	16
江 西	Jiangxi	27.49	28.50	28.90	12	3.89	2.20	2.30	22
山 东	Shandong	36.23	34.20	34.60	9	4.64	7.60	12.00	4
河 南	Henan	36.11	38.70	40.20	7	7.34	13.00	19.80	2
湖 北	Hubei	32.40	52.40	53.20	3	0.21	1.10	1.20	25
湖 南	Hunan	46.43	43.50	44.50	6	3.20	2.80	2.80	20
广 东	Guangdong	94.23	99.90	100.90	1	8.55	5.40	5.30	11
广 西	Guangxi	46.45	39.70	40.20	7	5.32	2.70	3.00	18
海 南	Hainan	6.53	8.30	8.40	27	0.09	0.50	0.80	29
重 庆	Chongqing	18.63	20.20	20.50	17	0.53	1.10	1.10	27
四 川	Sichuan	37.98	49.80	50.70	4	2.11	5.80	5.80	8
贵 州	Guizhou	16.47	17.40	18.80	18	0.62	0.90	0.90	28
云 南	Yunnan	22.79	21.10	21.70	16	3.88	2.80	3.10	17
西 藏	Tibet	2.01	2.50	2.70	30		0.30	0.20	31
陕 西	Shaanxi	14.83	16.40	17.00	20	1.03	3.10	3.50	15
甘 肃	Gansu	10.76	8.30	8.70	26	3.03	4.10	4.70	13
青 海	Qinghai	3.50	2.80	2.90	29	0.82	1.10	1.20	25
宁 夏	Ningxia	1.78	2.20	2.30	31	1.42	2.00	2.50	21
新 疆	Xinjiang	12.75	13.90	14.70	22	26.48	6.50	10.20	5

注：1.生态用水仅包括部分河湖、湿地人工补水和城市环境用水。
　　2. 2012年起，生活用水量中的畜牧用水量调整至农业用水量中。

Notes: 1. Water use by ecological protection only includes artficial supplement of rivers, lakes, wetlands and city entironment.
2. Since 2012 livestock, water use for animal husbandry in domestic water consumption has been adjusted to agricultural water consumption.

9-15 焦炭生产量和原油生产量
Coke and Crude Oil Production

单位：万吨 (10 000 tons)

地区	Region	焦炭生产量 Coke Production				原油生产量 Crude Oil Production			
		2010	2016	2017	2017排名 Ranking	2010	2016	2017	2017排名 Ranking
全国	**National Total**	**38864**				**20301.4**			
北京	Beijing	161							
天津	Tianjin	238	205	158	26	3332.7	3273.3	3102.4	3
河北	Hebei	5046	5312	4814	2	599.0	546.0	539.1	8
山西	Shanxi	8505	8186	8383	1				
内蒙古	Inner Mongolia	2034	2817	3046	5		44.9	12.2	17
辽宁	Liaoning	1876	2131	2216	7	950.0	1017.3	1044.2	7
吉林	Jilin	411	315	314	23	702.3	610.7	420.9	9
黑龙江	Heilongjiang	957	675	761	14	4004.9	3656.0	3420.3	2
上海	Shanghai	631	543	557	20	8.3	6.5	6.8	19
江苏	Jiangsu	1394	2527	2060	8	186.0	166.0	156.1	12
浙江	Zhejiang	282	228	229	24				
安徽	Anhui	875	973	1058	11				
福建	Fujian	143	127	158	26				
江西	Jiangxi	799	749	594	18				
山东	Shandong	3429	4420	3934	4	2786.0	2295.3	2234.9	5
河南	Henan	2572	2920	2291	6	497.9	315.7	282.9	10
湖北	Hubei	947	892	885	13	86.5	58.1	55.5	13
湖南	Hunan	582	667	654	17				
广东	Guangdong	195	483	591	19	1287.1	1556.3	1435.2	6
广西	Guangxi	392	678	704	16	2.7	47.4	44.1	15
海南	Hainan					20.0	29.4	30.0	16
重庆	Chongqing	359	134	174	25				
四川	Sichuan	1159	1275	1072	10	15.1	10.8	8.7	18
贵州	Guizhou	713	659	510	21				
云南	Yunnan	1607	1090	964	12				
西藏	Tibet								
陕西	Shaanxi	1571	3921	4050	3	3017.3	3502.4	3489.8	1
甘肃	Gansu	244	509	472	22	58.2	40.4	47.0	14
青海	Qinghai	130	134	151	28	186.1	221.0	228.0	11
宁夏	Ningxia	424	768	755	15	3.1	6.2	0.7	20
新疆	Xinjiang	1188	1574	1591	9	2558.2	2564.9	2591.8	4

9-16 天然气生产量和发电量
Natural Gas Production and Power Generation

地区	Region	天然气生产量（亿立方米） Natrual Gas Production (100 million cu.m)				发电量（亿千瓦时） Power Generation (100 million kW·h)			
		2010	2016	2017	2017排名 Ranking	2010	2016	2017	2017排名 Ranking
全　国	**National Total**	**948.50**				**42072**			
北　京	Beijing		21.68	15.41	11	269	434	388	29
天　津	Tianjin	17.20	19.69	21.50	9	589	618	611	28
河　北	Hebei	12.70	7.78	7.39	12	1993	2631	2817	10
山　西	Shanxi		43.22	46.76	7	2151	2535	2824	9
内蒙古	Inner Mongolia		0.27	0.19	26	2489	3950	4436	4
辽　宁	Liaoning	8.00	5.52	5.11	14	1295	1779	1829	16
吉　林	Jilin	13.70	19.77	18.58	10	605	760	800	25
黑龙江	Heilongjiang	30.00	38.04	40.54	8	777	900	917	23
上　海	Shanghai	3.30	2.02	1.71	20	876	807	859	24
江　苏	Jiangsu	0.60	1.33	2.94	18	3359	4709	4915	2
浙　江	Zhejiang			6.14	13	2568	3198	3312	6
安　徽	Anhui		3.38	2.60	19	1444	2253	2456	13
福　建	Fujian					1356	2007	2201	14
江　西	Jiangxi		0.23	0.21	24	664	1085	1129	22
山　东	Shandong	5.33	4.22	4.15	15	3043	5329	5163	1
河　南	Henan	6.72	3.30	2.98	17	2192	2653	2740	11
湖　北	Hubei	2.00	1.31	1.27	21	2043	2479	2615	12
湖　南	Hunan					1226	1385	1435	18
广　东	Guangdong	78.40	79.25	89.23	4	3237	4264	4503	3
广　西	Guangxi		0.20	0.21	24	1032	1347	1401	19
海　南	Hainan	1.80	1.37	1.10	22	153	288	299	30
重　庆	Chongqing	1.20	51.75	60.70	6	504	701	729	26
四　川	Sichuan	237.65	296.91	356.39	2	1795	3274	3480	5
贵　州	Guizhou	0.12	3.41	4.15	15	1386	1904	1899	15
云　南	Yunnan	0.06	0.02	0.04	27	1365	2693	2955	8
西　藏	Tibet					21	54	56	31
陕　西	Shaanxi	223.50	411.91	419.40	1	1112	1757	1814	17
甘　肃	Gansu	0.20	0.06	0.60	23	792	1214	1349	21
青　海	Qinghai	56.10	60.81	64.01	5	468	553	627	27
宁　夏	Ningxia					587	1144	1381	20
新　疆	Xinjiang	249.90	291.21	307.04	3	679	2719	3011	7

9-17 能源消费总量
Energy Consumption

单位:万吨标准煤 (10 000 tce)

地区	Region	2010	2011	2012	2013	2015	2016	2017	2017排名 Ranking
全 国	**National Total**	**360648**	**387043**	**402138**	**416913**	**429905**	**435819**	**449000**	
北 京	Beijing	6954	6995	7178	6724	6853	6962	7133	27
天 津	Tianjin	6818	7598	8208	7882	8260	8245	8011	25
河 北	Hebei	27531	29498	30250	29664	29395	29794	30386	4
山 西	Shanxi	16808	18315	19336	19761	19384	19401	20057	9
内蒙古	Inner Mongolia	16820	18737	19786	17681	18927	19457	19915	10
辽 宁	Liaoning	20947	22712	23526	21721	21667	21031	21556	6
吉 林	Jilin	8297	9103	9443	8645	8142	8014	8015	24
黑龙江	Heilongjiang	11234	12119	12758	11853	12126	12280	12536	17
上 海	Shanghai	11201	11270	11362	11346	11387	11712	11859	18
江 苏	Jiangsu	25774	27589	28850	29205	30235	31054	31430	3
浙 江	Zhejiang	16865	17827	18076	18640	19610	20276	21030	7
安 徽	Anhui	9707	10570	11358	11696	12332	12695	13052	14
福 建	Fujian	9809	10653	11185	11190	12180	12358	12890	15
江 西	Jiangxi	6355	6928	7233	7583	8440	8747	8995	23
山 东	Shandong	34808	37132	38899	35358	37945	38723	38684	1
河 南	Henan	21438	23062	23647	21909	23161	23117	22944	5
湖 北	Hubei	15138	16579	17675	15703	16404	16850	17150	12
湖 南	Hunan	14880	16161	16744	14919	15469	15804	16171	13
广 东	Guangdong	26908	28480	29144	28480	30145	31241	32342	2
广 西	Guangxi	7919	8591	9155	9100	9761	10092	10458	21
海 南	Hainan	1359	1601	1688	1720	1938	2006	2103	30
重 庆	Chongqing	7856	8792	9278	8049	8934	9204	9545	22
四 川	Sichuan	17892	19696	20575	19212	19888	20362	20874	8
贵 州	Guizhou	8175	9068	9878	9299	9948	10227	10482	20
云 南	Yunnan	8674	9540	10434	10072	10357	10656	11091	19
西 藏	Tibet								
陕 西	Shaanxi	8882	9761	10626	10610	11716	12120	12537	16
甘 肃	Gansu	5923	6496	7007	7287	7523	7334	7538	26
青 海	Qinghai	2568	3189	3524	3768	4134	4111	4202	29
宁 夏	Ningxia	3681	4316	4562	4781	5405	5592	6489	28
新 疆	Xinjiang	8290	9927	11831	13632	15651	16302	17392	11

注：由于折算系数的不同，各地区相加数与全国数不等。

Note: As the conversion factors,the sum of the data by region is not equaltothe total.

9-18 煤炭消费量和原油消费量
Coal and Crude Oil Consumption

单位：万吨 (10 000 tons)

地区	Region	煤炭消费量 Coal				原油消费量 Crude Oil			
		2010	2016	2017	2017排名 Ranking	2010	2016	2017	2017排名 Ranking
全　国	**National Total**	**312237**	**384560**	**384560**		**42875**	**56026**	**56026**	
北　京	Beijing	2635	848	490	30	1116	821	893	19
天　津	Tianjin	4807	4230	3876	27	1567	1434	1625	11
河　北	Hebei	27465	28106	27417	4	1397	1762	1542	13
山　西	Shanxi	29865	35621	42942	1				
内蒙古	Inner Mongolia	27004	36675	38596	2	141	420	452	25
辽　宁	Liaoning	16908	16944	17587	9	6559	7057	7134	2
吉　林	Jilin	9583	9417	9355	18	940	1051	1028	16
黑龙江	Heilongjiang	12219	14034	14469	12	2107	2210	1905	9
上　海	Shanghai	5876	4626	4578	26	2127	2474	2493	7
江　苏	Jiangsu	23100	28048	26620	5	2999	4092	3866	4
浙　江	Zhejiang	13950	13948	14262	13	2835	2667	3039	5
安　徽	Anhui	13376	15729	16085	11	478	539	752	21
福　建	Fujian	7026	6827	7543	21	1142	2089	2084	8
江　西	Jiangxi	6246	7618	7761	20	470	726	699	22
山　东	Shandong	37328	40939	38165	3	5593	10203	11487	1
河　南	Henan	26050	23227	22669	6	835	707	658	23
湖　北	Hubei	13470	11686	11777	16	1034	1240	1429	15
湖　南	Hunan	11323	11444	12405	15	588	842	770	20
广　东	Guangdong	15984	16135	17172	10	4455	5044	5209	3
广　西	Guangxi	6207	6518	6613	23	396	1340	1563	12
海　南	Hainan	647	1015	1099	29	859	1119	980	17
重　庆	Chongqing	6397	5674	5647	25				
四　川	Sichuan	11520	8869	7856	19	352	903	956	18
贵　州	Guizhou	10908	13643	13410	14		0.02		
云　南	Yunnan	9349	7461	7211	22		0.04	401.96	26
西　藏	Tibet								
陕　西	Shaanxi	11639	19671	20070	8	2105	1824	1854	10
甘　肃	Gansu	5390	6378	6361	24	1400	1367	1460	14
青　海	Qinghai	1271	1962	1747	28	128	149	153	27
宁　夏	Ningxia	5765	8665	11058	17	176	576	591	24
新　疆	Xinjiang	8106	18985	20370	7	2308	2453	2532	6

9-19 汽油消费量和柴油消费量
Gasoline and Diesel Oil Consumption

单位：万吨 (10 000 tons)

地区	Region	汽油消费量 Gasoline				柴油消费量 Diesel Oil			
		2010	2016	2017	2017排名 Ranking	2010	2016	2017	2017排名 Ranking
全　国	**National Total**	**6886.21**	**11866.04**	**11866.04**		**14633.80**	**16839.03**	**16839.03**	
北　京	Beijing	371.53	470.37	489.85	14	237.42	172.69	175.11	27
天　津	Tianjin	205.12	274.49	273.47	23	333.54	370.35	352.32	24
河　北	Hebei	238.75	494.86	493.39	13	691.94	843.59	721.28	9
山　西	Shanxi	228.35	228.29	257.71	24	474.38	536.11	560.46	16
内蒙古	Inner Mongolia	325.68	353.24	357.05	18	863.56	426.62	439.20	20
辽　宁	Liaoning	593.17	786.21	792.10	6	963.90	1008.72	1032.56	3
吉　林	Jilin	166.61	178.68	205.94	27	363.30	343.73	359.75	23
黑龙江	Heilongjiang	363.79	316.18	378.50	17	598.38	330.34	330.55	25
上　海	Shanghai	415.37	637.85	662.63	9	509.04	562.20	550.38	17
江　苏	Jiangsu	749.84	1012.31	1047.25	2	727.96	821.31	862.43	6
浙　江	Zhejiang	586.70	796.92	858.97	4	958.33	881.91	831.97	7
安　徽	Anhui	157.40	509.87	574.66	11	365.75	622.69	631.56	12
福　建	Fujian	333.20	494.76	531.87	12	510.57	429.53	433.74	21
江　西	Jiangxi	155.23	294.63	331.09	20	368.75	546.71	567.60	14
山　东	Shandong	802.40	739.35	809.13	5	1448.12	1368.78	1544.47	2
河　南	Henan	297.49	700.29	679.19	8	561.22	808.01	927.13	4
湖　北	Hubei	457.80	743.19	749.18	7	648.96	865.85	868.27	5
湖　南	Hunan	262.36	575.76	642.03	10	502.98	712.97	636.15	11
广　东	Guangdong	1086.12	1502.44	1529.91	1	1668.56	1676.09	1668.45	1
广　西	Guangxi	247.68	379.03	392.29	15	442.37	538.43	562.26	15
海　南	Hainan	52.63	102.18	110.16	28	139.98	108.26	110.22	30
重　庆	Chongqing	102.63	219.05	232.65	25	338.51	514.22	542.31	18
四　川	Sichuan	541.82	940.07	968.07	3	525.10	800.93	817.36	8
贵　州	Guizhou	143.36	343.65	380.41	16	264.66	490.80	480.92	19
云　南	Yunnan	232.49	340.03	344.74	19	562.04	601.52	607.53	13
西　藏	Tibet								
陕　西	Shaanxi	255.23	257.31	277.42	22	531.50	409.63	373.81	22
甘　肃	Gansu	56.57	199.30	209.28	26	210.64	307.01	299.46	26
青　海	Qinghai	26.19	56.00	60.05	29	89.89	128.92	152.26	28
宁　夏	Ningxia	22.68	28.99	31.30	30	105.82	124.03	127.55	29
新　疆	Xinjiang	131.17	276.02	285.44	21	363.72	651.13	647.78	10

9-20 天然气消费量和电力消费量
Natural Gas and Electricity Consumption

地区	Region	天然气消费量（亿立方米） Natural Gas (100 million cu.m)				电力消费量（亿千瓦时） Electricity (100 million kw·h)			
		2010	2016	2017	2017排名 Ranking	2010	2016	2017	2017排名 Ranking
全　国	**National Total**	**1069.41**	**2078.06**	**2078.06**		**41935**	**61297**	**61297**	
北　京	Beijing	74.79	162.31	164.56	4	831	1020	1067	23
天　津	Tianjin	23.10	74.53	83.31	12	675	862	857	27
河　北	Hebei	29.74	70.45	96.70	10	2692	3265	3580	5
山　西	Shanxi	28.93	69.35	74.90	14	1460	1797	1991	13
内蒙古	Inner Mongolia	45.32	45.06	52.04	16	1537	2605	2892	7
辽　宁	Liaoning	19.06	50.63	62.05	15	1715	2083	2173	10
吉　林	Jilin	22.01	21.51	24.74	25	577	668	703	28
黑龙江	Heilongjiang	29.90	38.04	40.56	22	763	897	929	26
上　海	Shanghai	45.08	79.04	83.23	13	1296	1486	1527	18
江　苏	Jiangsu	72.14	172.73	237.69	1	3864	5459	5808	2
浙　江	Zhejiang	32.62	87.78	104.93	7	2821	3873	4193	4
安　徽	Anhui	12.54	39.18	44.37	20	1078	1795	1921	14
福　建	Fujian	29.10	48.55	50.16	17	1315	1997	2151	11
江　西	Jiangxi	5.27	20.04	21.73	27	701	1183	1294	21
山　东	Shandong	47.75	98.61	131.06	5	3298	5561	5733	3
河　南	Henan	47.21	92.75	104.07	8	2464	3215	3273	6
湖　北	Hubei	19.64	41.50	49.96	18	1418	1971	2043	12
湖　南	Hunan	11.88	28.32	26.98	24	1353	1583	1582	16
广　东	Guangdong	95.71	167.79	182.38	3	4060	5610	5959	1
广　西	Guangxi	1.82	12.89	14.03	29	993	1360	1442	19
海　南	Hainan	29.72	41.29	43.45	21	158	287	305	30
重　庆	Chongqing	56.59	89.32	95.24	11	625	919	993	24
四　川	Sichuan	175.39	181.57	198.91	2	1549	2101	2205	9
贵　州	Guizhou	4.19	17.11	17.73	28	836	1242	1385	20
云　南	Yunnan	3.64	7.71	9.69	30	1004	1411	1538	17
西　藏	Tibet								
陕　西	Shaanxi	59.19	98.22	103.90	9	859	1457	1582	15
甘　肃	Gansu	14.42	26.40	28.91	23	804	1065	1164	22
青　海	Qinghai	23.72	46.25	49.56	19	465	638	687	29
宁　夏	Ningxia	15.48	22.40	22.27	26	547	887	978	25
新　疆	Xinjiang	80.15	132.38	124.95	6	662	2363	2576	8

9-21 能源工业投资和国有经济能源工业固定资产投资
Investment and Fixed Asset Investment in Energy Industry

单位：亿元 (100 million yuan)

地区	Region	能源工业投资 Investment in Energy Industry				国有经济能源工业固定资产投资 Investment in Fixed Assets in Energy Industry			
		2010	2016	2017	2017排名 Ranking	2010	2016	2017	2017排名 Ranking
全　国	**National Total**	**21627**				**11219**	**11758**	**11400**	
北　京	Beijing	134	223	418	25	94	182	333	12
天　津	Tianjin	546	422	493	24	235	173	153	27
河　北	Hebei	882	2053	2170	2	370	567	550	6
山　西	Shanxi	1521	2121	1182	10	797	608	301	14
内蒙古	Inner Mongolia	2093	2232	2011	3	906	982	796	2
辽　宁	Liaoning	1191	451	769	17	407	104	195	22
吉　林	Jilin	774	736	683	20	321	230	213	19
黑龙江	Heilongjiang	1014	625	735	18	586	110	192	23
上　海	Shanghai	199	163	158	30	140	142	133	29
江　苏	Jiangsu	479	1584	1570	6	294	392	361	10
浙　江	Zhejiang	430	998	1030	12	326	419	416	9
安　徽	Anhui	527	910	1081	11	321	312	350	11
福　建	Fujian	637	1010	949	13	268	438	448	7
江　西	Jiangxi	281	710	623	21	150	205	185	25
山　东	Shandong	972	2950	3383	1	407	654	730	3
河　南	Henan	773	1662	1922	4	298	263	329	13
湖　北	Hubei	512	760	928	14	334	262	278	15
湖　南	Hunan	496	744	828	15	195	245	259	16
广　东	Guangdong	966	1349	1540	8	691	686	687	5
广　西	Guangxi	368	811	810	16	256	241	187	24
海　南	Hainan	61	115	106	31	27	33	77	31
重　庆	Chongqing	316	463	393	27	151	193	204	21
四　川	Sichuan	1050	1660	1563	7	513	806	729	4
贵　州	Guizhou	467	648	537	23	263	145	137	28
云　南	Yunnan	832	1005	689	19	348	374	247	17
西　藏	Tibet	53	189	285	29	44	125	205	20
陕　西	Shaanxi	1043	1803	1799	5	667	745	797	1
甘　肃	Gansu	667	683	357	28	416	256	164	26
青　海	Qinghai	141	497	410	26	57	209	123	30
宁　夏	Ningxia	351	673	549	22	199	280	234	18
新　疆	Xinjiang	988	1886	1344	9	277	673	444	8

9-22 废水排放总量和工业废水排放量
Total Volume of Waste Water Discharged and Industrial Waste Water

单位：万吨 (10 000 tons)

地区	Region	废水排放总量 Total Volume of Waste Water Discharged			工业废水排放量 Industrial Waste Water		
		2016	2017	2017排名 Ranking	2010	2015	2015排名 Ranking
全　国	**National Total**	**7110954**	**6996610**		**2374732**	**1994983**	
北　京	Beijing	166419	133188	21	8198	8978	28
天　津	Tianjin	91534	90790	26	19680	18973	25
河　北	Hebei	288795	253685	9	114232	94110	6
山　西	Shanxi	139291	135057	20	49881	41356	17
内蒙古	Inner Mongolia	104696	104251	24	39536	35753	21
辽　宁	Liaoning	228202	237971	11	71521	83140	8
吉　林	Jilin	97073	121464	22	38656	38772	18
黑龙江	Heilongjiang	138335	138121	19	38921	36410	20
上　海	Shanghai	220759	211951	13	36696	46939	15
江　苏	Jiangsu	616624	575196	2	263760	206427	1
浙　江	Zhejiang	430857	453935	4	217426	147353	4
安　徽	Anhui	240666	233838	12	70971	71436	13
福　建	Fujian	237016	238279	10	124168	90741	7
江　西	Jiangxi	221092	189362	16	72526	76412	11
山　东	Shandong	507591	499884	3	208257	186440	2
河　南	Henan	402055	409107	5	150406	129809	5
湖　北	Hubei	274787	272694	8	94593	80817	9
湖　南	Hunan	298757	300563	7	95605	76888	10
广　东	Guangdong	938261	882020	1	187031	161455	3
广　西	Guangxi	193186	198144	15	165211	63253	14
海　南	Hainan	44097	44081	28	5782	6879	30
重　庆	Chongqing	202061	200677	14	45180	35524	22
四　川	Sichuan	352826	362438	6	93444	71647	12
贵　州	Guizhou	100720	118017	23	14130	29174	23
云　南	Yunnan	181089	185112	17	30926	45933	16
西　藏	Tibet	6143	7176	31	736	481	31
陕　西	Shaanxi	166565	175955	18	45487	37730	19
甘　肃	Gansu	66325	64514	27	15352	18760	26
青　海	Qinghai	27275	27115	30	9031	8546	29
宁　夏	Ningxia	33949	30735	29	21977	16443	27
新　疆	Xinjiang	93907	101291	25	25413	28402	24

9-23 城镇生活污水排放量和集中式污染治理设施排放量

Household Waste Water and Centralized Pollution Control Facilities in Cities

单位：万吨 (10 000 tons)

地区	Region	城镇生活污水排放量 Household Waste Water			集中式污染治理设施排放量 Centralized Pollution Control Facilities	
		2010	2015	2015排名 Ranking	2015	2015排名 Ranking
全 国	**National Total**	**3797830**	**5352038**		**6206**	
北 京	Beijing	128217	142555	16	200	13
天 津	Tianjin	48516	73972	25	63	22
河 北	Hebei	148311	216342	9	115	18
山 西	Shanxi	68418	103854	21	43	25
内蒙古	Inner Mongolia	53012	75070	24	38	27
辽 宁	Liaoning	146668	176707	12	197	14
吉 林	Jilin	75775	88027	22	110	19
黑龙江	Heilongjiang	79654	112126	20	59	23
上 海	Shanghai	211554	176800	11	408	4
江 苏	Jiangsu	291740	414514	2	361	6
浙 江	Zhejiang	177402	285848	5	622	2
安 徽	Anhui	113729	208928	10	263	10
福 建	Fujian	114334	165861	13	266	9
江 西	Jiangxi	88135	146450	15	370	5
山 东	Shandong	228115	373129	3	338	7
河 南	Henan	208273	303540	4	138	17
湖 北	Hubei	176162	232730	8	238	11
湖 南	Hunan	172505	236795	7	425	3
广 东	Guangdong	535947	749300	1	767	1
广 西	Guangxi	147419	156653	14	160	15
海 南	Hainan	30907	32206	28	39	26
重 庆	Chongqing	82933	114118	19	157	16
四 川	Sichuan	162651	269725	6	235	12
贵 州	Guizhou	46693	83576	23	53	24
云 南	Yunnan	61066	127082	18	318	8
西 藏	Tibet	3089	5398	31	4	31
陕 西	Shaanxi	70186	130303	17	90	20
甘 肃	Gansu	35889	48275	27	36	28
青 海	Qinghai	13578	15109	30	8	30
宁 夏	Ningxia	18676	15573	29	9	29
新 疆	Xinjiang	58277	71473	26	78	21

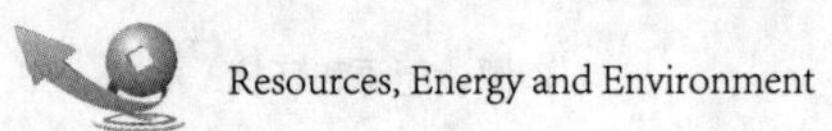

9-24 工业废水治理设施数和处理能力
Number and Capacity of Industrial Waste Water Treatment Facilities

地区	Region	工业废水治理设施数（套） Number of Industrial Waste Water Treatment Facilities (set)			工业废水治理设施处理能力（万吨/日） Capacity of Industrial Waste Water Treatment Facilities (10 000 tons/day)		
		2010	2015	2015排名 Ranking	2010	2015	2015排名 Ranking
全　国	**National Total**	**80332**	**83227**		**24762.0**	**24728.0**	
北　京	Beijing	481	609	27	170.0	65.0	29
天　津	Tianjin	912	1085	22	273.0	152.0	26
河　北	Hebei	4008	4668	5	2750.0	3625.0	1
山　西	Shanxi	2633	2818	11	798.0	607.0	16
内蒙古	Inner Mongolia	956	1170	21	465.0	500.0	20
辽　宁	Liaoning	2793	2248	16	1331.0	1393.0	4
吉　林	Jilin	659	674	25	234.0	274.0	23
黑龙江	Heilongjiang	1192	1060	23	940.0	659.0	15
上　海	Shanghai	1749	1728	19	510.0	330.0	22
江　苏	Jiangsu	6973	7844	3	1801.0	2009.0	2
浙　江	Zhejiang	8214	7894	2	1265.0	1290.0	5
安　徽	Anhui	2084	2811	12	1064.0	961.0	11
福　建	Fujian	3153	3547	8	1135.0	661.0	14
江　西	Jiangxi	2014	3655	7	597.0	933.0	12
山　东	Shandong	5142	5672	4	1864.0	1852.0	3
河　南	Henan	3105	3483	9	933.0	1137.0	8
湖　北	Hubei	2093	2562	13	1037.0	1052.0	10
湖　南	Hunan	3155	3044	10	1198.0	1217.0	7
广　东	Guangdong	9651	9733	1	1394.0	1269.0	6
广　西	Guangxi	2405	2318	15	1455.0	1089.0	9
海　南	Hainan	278	319	29	40.0	40.0	30
重　庆	Chongqing	1498	1879	18	221.0	245.0	24
四　川	Sichuan	4437	4043	6	990.0	913.0	13
贵　州	Guizhou	1755	1601	20	539.0	586.0	17
云　南	Yunnan	2044	2423	14	738.0	540.0	19
西　藏	Tibet	16	42	31	1.0	9.0	31
陕　西	Shaanxi	4827	2105	17	373.0	372.0	21
甘　肃	Gansu	672	666	26	148.0	164.0	25
青　海	Qinghai	103	177	30	40.0	91.0	28
宁　夏	Ningxia	359	359	28	145.0	130.0	27
新　疆	Xinjiang	971	990	24	313.0	565.0	18

9-25 工业废水处理量和治理设施运行费用

Industrial Waste Water Treated and Expenditure of Industrial Waste Water Treatment Facilities

地区	Region	工业废水处理量（万吨）Industrial Waste Water Treated (10 000 tons)		工业废水治理设施运行费用（万元）Expenditure of Industrial Waste Water Treatment Facilities (10 000 yuan)		
		2015	2015排名 Ranking	2010	2015	2015排名 Ranking
全 国	**National Total**	**4445821**		**5453464**	**6853282**	
北 京	Beijing	9932	29	68059	39938	28
天 津	Tianjin	34268	24	69321	107517	22
河 北	Hebei	598193	1	388592	571309	4
山 西	Shanxi	93437	17	200390	166770	17
内蒙古	Inner Mongolia	70141	19	69555	159595	18
辽 宁	Liaoning	340623	3	271325	326341	6
吉 林	Jilin	48128	22	51562	59117	25
黑龙江	Heilongjiang	102629	16	140588	284951	7
上 海	Shanghai	61220	20	157318	181476	13
江 苏	Jiangsu	418384	2	549108	883032	1
浙 江	Zhejiang	226421	7	437506	627685	2
安 徽	Anhui	191980	8	184235	258602	8
福 建	Fujian	143089	14	126817	173625	16
江 西	Jiangxi	173597	11	129042	201138	12
山 东	Shandong	333680	4	487353	598018	3
河 南	Henan	181597	10	208840	239467	9
湖 北	Hubei	226840	6	137920	224053	10
湖 南	Hunan	253798	5	129125	175233	15
广 东	Guangdong	188722	9	516684	532992	5
广 西	Guangxi	173493	12	123368	177572	14
海 南	Hainan	6474	30	43135	33571	29
重 庆	Chongqing	33998	25	56492	73667	23
四 川	Sichuan	145827	13	328447	211703	11
贵 州	Guizhou	83512	18	137058	67897	24
云 南	Yunnan	128343	15	94573	114237	21
西 藏	Tibet	1089	31	234	1241	31
陕 西	Shaanxi	60562	21	89129	125581	20
甘 肃	Gansu	19917	28	32770	44914	27
青 海	Qinghai	26513	26	7806	12932	30
宁 夏	Ningxia	21605	27	47493	46585	26
新 疆	Xinjiang	47807	23	169622	132525	19

9-26 二氧化硫排放总量和工业二氧化硫排放量

Total Volume of Sulphur Dioxide Emission and Industry Total Volume of Sulphur Dioxide Emission

单位：万吨 (10 000 tons)

地区	Region	二氧化硫排放总量 Total Volume of Sulphur Dioxide Emission			工业二氧化硫排放量 Industry Total Volume of Sulphur Dioxide Emission		
		2010	2017	2017排名 Ranking	2010	2015	2015排名 Ranking
全　国	**National Total**	**2185.10**	**875.40**		**1864.40**	**1556.74**	
北　京	Beijing	11.50	2.01	28	5.70	2.21	30
天　津	Tianjin	23.50	5.56	27	21.80	15.46	26
河　北	Hebei	123.40	60.24	3	99.40	82.94	6
山　西	Shanxi	124.90	57.31	4	114.70	90.08	4
内蒙古	Inner Mongolia	139.40	54.63	5	119.30	106.10	2
辽　宁	Liaoning	102.20	38.97	8	85.90	86.93	5
吉　林	Jilin	35.60	16.61	24	30.10	30.21	24
黑龙江	Heilongjiang	49.00	29.37	11	41.70	28.10	25
上　海	Shanghai	35.80	1.85	29	22.10	10.49	28
江　苏	Jiangsu	105.00	41.07	7	100.20	79.47	7
浙　江	Zhejiang	67.80	19.05	22	65.40	52.40	13
安　徽	Anhui	53.20	23.54	17	48.40	42.00	20
福　建	Fujian	40.90	13.39	25	39.10	31.71	22
江　西	Jiangxi	55.70	21.55	19	47.10	51.57	16
山　东	Shandong	153.80	73.91	1	138.30	122.09	1
河　南	Henan	133.90	28.63	12	116.30	91.50	3
湖　北	Hubei	63.30	22.01	18	51.60	47.07	17
湖　南	Hunan	80.10	21.46	20	62.70	51.59	15
广　东	Guangdong	105.10	27.68	14	98.90	64.90	8
广　西	Guangxi	90.40	17.73	23	84.80	38.55	21
海　南	Hainan	2.90	1.43	30	2.80	3.17	29
重　庆	Chongqing	71.90	25.34	16	57.30	42.68	19
四　川	Sichuan	113.10	38.91	9	93.80	62.24	9
贵　州	Guizhou	114.90	68.75	2	63.80	59.89	12
云　南	Yunnan	50.10	38.44	10	44.00	52.38	14
西　藏	Tibet	0.40	0.35	31	0.10	0.16	31
陕　西	Shaanxi	77.90	27.94	13	70.70	59.93	11
甘　肃	Gansu	55.20	25.88	15	45.20	46.70	18
青　海	Qinghai	14.30	9.24	26	13.30	11.64	27
宁　夏	Ningxia	31.10	20.75	21	28.00	30.38	23
新　疆	Xinjiang	58.80	41.82	6	51.80	62.21	10

9-27 生活二氧化硫排放量和集中式污染治理设施二氧化硫排放量
Household Sulphur Dioxide Emission and Centralized Pollution Control Facilities Emission

单位：万吨 (10 000 tons)

地区	Region	生活二氧化硫排放量 Household Sulphur Dioxide Emission			集中式污染治理设施二氧化硫排放量 Centralized Pollution Control Facilities Emission	
		2010	2015	2015排名 Ranking	2015	2015排名 Ranking
全　国	**National Total**	**320.70**	**296.87**		**0.1673**	
北　京	Beijing	5.80	4.91	20	0.0038	11
天　津	Tianjin	1.80	1.38	27	0.0128	5
河　北	Hebei	24.00	27.89	2	0.0026	14
山　西	Shanxi	10.20	21.99	5	0.0021	16
内蒙古	Inner Mongolia	20.10	16.99	7	0.0001	30
辽　宁	Liaoning	16.30	9.93	11	0.0113	7
吉　林	Jilin	5.60	6.08	16	0.0100	8
黑龙江	Heilongjiang	7.30	17.54	6	0.0009	23
上　海	Shanghai	13.70	2.99	24	0.0015	18
江　苏	Jiangsu	4.80	4.03	21	0.0127	6
浙　江	Zhejiang	2.40	1.37	28	0.0140	4
安　徽	Anhui	4.80	6.00	17	0.0038	11
福　建	Fujian	1.80	2.08	26	0.0011	21
江　西	Jiangxi	8.60	1.24	29	0.0013	19
山　东	Shandong	15.50	30.45	1	0.0218	2
河　南	Henan	17.60	22.92	4	0.0044	10
湖　北	Hubei	11.70	8.07	13	0.0009	23
湖　南	Hunan	17.40	7.95	14	0.0031	13
广　东	Guangdong	6.10	2.90	25	0.0359	1
广　西	Guangxi	5.60	3.56	22	0.0069	9
海　南	Hainan	0.10	0.06	31	0.0005	27
重　庆	Chongqing	14.70	6.90	15	0.0010	22
四　川	Sichuan	19.30	9.50	12	0.0161	3
贵　州	Guizhou	51.10	25.41	3	0.0007	25
云　南	Yunnan	6.10	6.00	18	0.0019	17
西　藏	Tibet	0.30	0.37	30	0.0001	30
陕　西	Shaanxi	7.20	13.57	9	0.0007	25
甘　肃	Gansu	9.90	10.36	10	0.0002	29
青　海	Qinghai	1.00	3.44	23	0.0012	20
宁　夏	Ningxia	3.00	5.38	19	0.0022	15
新　疆	Xinjiang	7.00	15.62	8	0.0005	27

9-28 氮氧化物排放总量和工业氮氧化物排放量

Nitrogen Oxides Emission and Industrial Nitrogen Oxides Emission

单位：万吨 (10 000 tons)

地区	Region	氮氧化物排放总量 Nitrogen Oxides Emission		工业氮氧化物排放量 Industrial Nitrogen Oxides Emission	
		2017	2017排名 Ranking	2015	2015排名 Ranking
全　国	**National Total**	**1258.8**		**1190.9**	
北　京	Beijing	14.5	27	2.7	30
天　津	Tianjin	14.2	28	15.0	26
河　北	Hebei	105.6	2	80.0	3
山　西	Shanxi	52.1	7	64.8	6
内蒙古	Inner Mongolia	50.6	8	86.5	2
辽　宁	Liaoning	60.5	6	55.4	8
吉　林	Jilin	25.5	22	33.3	14
黑龙江	Heilongjiang	41.0	12	35.0	13
上　海	Shanghai	19.4	25	12.1	27
江　苏	Jiangsu	90.7	3	75.4	4
浙　江	Zhejiang	43.2	11	45.9	10
安　徽	Anhui	49.0	9	48.9	9
福　建	Fujian	27.7	20	28.0	20
江　西	Jiangxi	35.5	17	27.9	21
山　东	Shandong	115.9	1	94.8	1
河　南	Henan	66.3	5	72.0	5
湖　北	Hubei	37.7	14	31.9	16
湖　南	Hunan	36.5	15	31.4	17
广　东	Guangdong	83.0	4	58.8	7
广　西	Guangxi	34.6	18	24.0	24
海　南	Hainan	6.0	30	6.0	29
重　庆	Chongqing	20.4	24	15.9	25
四　川	Sichuan	45.8	10	32.8	15
贵　州	Guizhou	36.0	16	30.0	18
云　南	Yunnan	26.9	21	25.3	22
西　藏	Tibet	3.0	31	0.6	31
陕　西	Shaanxi	34.0	19	43.4	11
甘　肃	Gansu	21.3	23	24.7	23
青　海	Qinghai	7.2	29	7.9	28
宁　夏	Ningxia	16.2	26	29.2	19
新　疆	Xinjiang	38.8	13	41.5	12

9-29 生活氮氧化物排放量和机动车氮氧化物排放量

Household Nitrogen Oxides Emission and Motor Vehicle Nitrogen Oxides Emission

单位：万吨 (10 000 tons)

地区	Region	生活氮氧化物排放量 Household Nitrogen Oxides Emission		机动车氮氧化物排放量 Motor Vehicle Nitrogen Oxides Emission	
		2015	2015排名 Ranking	2015	2015排名 Ranking
全　国	**National Total**	**65.1**		**580.1**	
北　京	Beijing	1.9	10	6.7	27
天　津	Tianjin	1.0	20	4.9	28
河　北	Hebei	7.7	1	47.3	2
山　西	Shanxi	4.7	5	23.6	9
内蒙古	Inner Mongolia	3.8	6	23.7	8
辽　宁	Liaoning	3.1	8	24.3	7
吉　林	Jilin	1.4	15	15.4	18
黑龙江	Heilongjiang	6.7	3	22.8	10
上　海	Shanghai	1.0	18	8.3	25
江　苏	Jiangsu	0.9	22	30.5	5
浙　江	Zhejiang	0.3	28	14.5	19
安　徽	Anhui	1.4	17	21.9	11
福　建	Fujian	0.3	29	9.6	24
江　西	Jiangxi	0.4	27	20.9	12
山　东	Shandong	7.2	2	40.4	3
河　南	Henan	5.1	4	49.2	1
湖　北	Hubei	1.5	14	18.1	15
湖　南	Hunan	1.4	16	16.9	16
广　东	Guangdong	0.8	23	40.1	4
广　西	Guangxi	0.4	26	12.9	20
海　南	Hainan			2.9	31
重　庆	Chongqing	0.5	25	10.8	22
四　川	Sichuan	1.6	12	18.1	14
贵　州	Guizhou	1.7	11	10.2	23
云　南	Yunnan	0.9	21	18.8	13
西　藏	Tibet			4.6	29
陕　西	Shaanxi	3.4	7	15.9	17
甘　肃	Gansu	1.6	13	12.5	21
青　海	Qinghai	1.0	19	2.9	30
宁　夏	Ningxia	0.8	24	6.8	26
新　疆	Xinjiang	2.9	9	29.3	6

9-30 烟(粉)尘排放总量和工业烟(粉)尘排放量
Soot (Dust) Emission and Industrial Soot (Dust) Emission

单位：万吨 (10 000 tons)

地区	Region	烟(粉)尘排放总量 Soot (Dust) Emission			工业烟(粉)尘排放量 Industrial Soot (Dust) Emission		
		2010	2017	2017排名 Ranking	2010	2015	2015排名 Ranking
全 国	**National Total**	**829.1**	**796.3**		**603.2**	**1232.6**	
北 京	Beijing	4.9	2.0	30	2.1	1.3	30
天 津	Tianjin	6.5	6.5	27	5.4	7.4	28
河 北	Hebei	50.0	80.4	1	32.3	111.1	1
山 西	Shanxi	62.1	43.4	6	43.2	107.3	2
内蒙古	Inner Mongolia	64.7	53.6	4	47.6	65.7	6
辽 宁	Liaoning	63.3	55.8	2	39.8	83.7	4
吉 林	Jilin	30.1	19.6	19	21.0	33.8	16
黑龙江	Heilongjiang	42.2	40.2	7	29.7	37.3	15
上 海	Shanghai	10.2	4.7	28	4.2	11.1	27
江 苏	Jiangsu	33.5	39.1	8	29.9	61.2	7
浙 江	Zhejiang	17.4	15.3	24	16.5	31.1	19
安 徽	Anhui	25.5	28.1	9	20.7	47.8	8
福 建	Fujian	13.9	17.0	23	10.0	32.2	18
江 西	Jiangxi	16.4	28.0	10	13.9	44.6	11
山 东	Shandong	39.2	55.0	3	29.1	90.3	3
河 南	Henan	54.7	22.3	15	47.4	66.6	5
湖 北	Hubei	19.3	18.8	20	14.5	37.8	13
湖 南	Hunan	31.2	20.7	17	23.5	41.2	12
广 东	Guangdong	31.1	26.1	11	25.3	30.0	20
广 西	Guangxi	26.2	20.9	16	25.0	32.9	17
海 南	Hainan	0.8	2.1	29	0.7	1.6	29
重 庆	Chongqing	20.8	8.3	26	10.2	19.6	24
四 川	Sichuan	34.1	22.4	14	26.0	37.6	14
贵 州	Guizhou	25.2	19.7	18	11.3	23.1	22
云 南	Yunnan	13.8	22.4	13	8.9	26.1	21
西 藏	Tibet	0.2	0.7	31	0.1	1.1	31
陕 西	Shaanxi	16.3	23.7	12	11.5	45.5	10
甘 肃	Gansu	16.3	17.7	22	9.8	20.8	23
青 海	Qinghai	7.7	13.0	25	5.2	18.0	26
宁 夏	Ningxia	17.2	18.8	21	13.6	18.5	25
新 疆	Xinjiang	34.4	50.2	5	24.8	46.3	9

9-31 生活烟(粉)尘排放量和机动车烟(粉)尘排放量
Household Soot (Dust) Emission and Motor Vehicle Soot (Dust) Emission

单位：万吨 (10 000 tons)

地区	Region	生活烟(粉)尘排放量 Household Soot (Dust) Emission			机动车烟(粉)尘排放量 Motor Vehicle Soot (Dust) Emission	
		2010	2015	2015排名 Ranking	2015	2015排名 Ranking
全　国	**National Total**	**225.9**	**249.7**		**55.5**	
北　京	Beijing	2.7	3.4	17	0.2	31
天　津	Tianjin	1.1	2.1	21	0.6	26
河　北	Hebei	17.7	41.9	1	4.5	2
山　西	Shanxi	18.9	35.4	2	2.1	12
内蒙古	Inner Mongolia	17.1	19.3	4	2.9	5
辽　宁	Liaoning	23.5	13.9	6	2.5	7
吉　林	Jilin	9.1	9.2	10	1.7	14
黑龙江	Heilongjiang	12.5	24.7	3	2.4	8
上　海	Shanghai	6.0	0.4	29	0.5	27
江　苏	Jiangsu	3.6	1.9	22	2.3	11
浙　江	Zhejiang	0.9	0.6	27	1.3	19
安　徽	Anhui	4.8	4.4	14	2.3	9
福　建	Fujian	3.9	1.2	24	0.8	24
江　西	Jiangxi	2.5	0.9	26	2.6	6
山　东	Shandong	10.0	14.1	5	3.8	3
河　南	Henan	7.3	13.0	8	5.0	1
湖　北	Hubei	4.8	5.2	13	1.7	15
湖　南	Hunan	7.7	2.6	19	1.7	16
广　东	Guangdong	5.8	1.1	25	3.7	4
广　西	Guangxi	1.1	1.4	23	1.3	20
海　南	Hainan	0.2	0.1	31	0.4	29
重　庆	Chongqing	10.6	0.5	28	0.7	25
四　川	Sichuan	8.2	2.2	20	1.5	17
贵　州	Guizhou	13.9	4.4	15	1.1	21
云　南	Yunnan	4.9	3.3	18	1.8	13
西　藏	Tibet	0.2	0.2	30	0.5	28
陕　西	Shaanxi	4.8	13.5	7	1.3	18
甘　肃	Gansu	6.5	7.9	11	0.9	22
青　海	Qinghai	2.5	6.4	12	0.3	30
宁　夏	Ningxia	3.6	3.6	16	0.8	23
新　疆	Xinjiang	9.6	11.0	9	2.3	10

9-32 工业废气排放量和工业废气治理设施数
Industrial Waste Gas Emission and Number of Industrial Waste Gas Treatment Facilities

地区	Region	工业废气排放量（亿立方米） Industrial Waste Gas Emission (100 million cu.m) 2010	2015	2015排名 Ranking	工业废气治理设施数（套） Number of Industrial Waste Gas Treatment Facilities (set) 2010	2015	2015排名 Ranking
全 国	**National Total**	**519168**	**685190**		**187401**	**290886**	
北 京	Beijing	4750	3676	29	2468	3996	27
天 津	Tianjin	7686	8355	27	3126	5140	23
河 北	Hebei	56324	78570	1	13743	22095	2
山 西	Shanxi	35190	33721	7	9517	16943	6
内蒙古	Inner Mongolia	27488	35855	5	5183	10070	9
辽 宁	Liaoning	26955	34017	6	9641	16449	7
吉 林	Jilin	8240	10524	24	3144	4022	26
黑龙江	Heilongjiang	10111	10843	23	4396	5177	21
上 海	Shanghai	12969	12802	22	4319	6171	18
江 苏	Jiangsu	31213	57883	2	11631	22037	3
浙 江	Zhejiang	20434	26841	10	21702	20108	5
安 徽	Anhui	17849	30794	8	4933	9646	11
福 建	Fujian	13507	17204	15	6470	9016	12
江 西	Jiangxi	9812	17055	16	4141	8615	13
山 东	Shandong	43837	56808	3	11886	21612	4
河 南	Henan	22709	36286	4	9079	12821	8
湖 北	Hubei	13865	23643	11	5478	8174	15
湖 南	Hunan	14673	15320	20	5154	7048	16
广 东	Guangdong	24092	30547	9	12789	25673	1
广 西	Guangxi	14520	16773	17	6017	6743	17
海 南	Hainan	1360	2339	30	472	1032	30
重 庆	Chongqing	10943	9928	25	3511	5250	20
四 川	Sichuan	20107	16538	18	7346	9851	10
贵 州	Guizhou	10192	18288	13	2910	5160	22
云 南	Yunnan	10978	15549	19	5649	8388	14
西 藏	Tibet	16	183	31	46	288	31
陕 西	Shaanxi	13510	17303	14	3983	4578	25
甘 肃	Gansu	6252	13293	21	2769	4669	24
青 海	Qinghai	3952	5405	28	981	1583	29
宁 夏	Ningxia	16324	8760	26	1370	2551	28
新 疆	Xinjiang	9310	20087	12	3547	5980	19

9-33　工业废气治理设施处理能力和运行费用

Capacity and Annual Expenditure of Industrial Waste Gas Treatment Facilities

地区	Region	工业废气治理设施处理能力（万立方米/时）Capacity of Industrial Waste Gas Treatment Facilities (10 000 cu.m/hour)		工业废气治理设施运行费用（万元）Annual Expenditure of Industrial Waste Gas Treatment Facilities (10 000 yuan)		
		2015	2015排名 Ranking	2010	2015	2015排名 Ranking
全　国	**National Total**	**1688675**		**10545256**	**18660243**	
北　京	Beijing	12752	28	90590	43155	30
天　津	Tianjin	19085	26	185777	335052	21
河　北	Hebei	181189	1	901331	1741038	2
山　西	Shanxi	89937	7	501017	889202	7
内蒙古	Inner Mongolia	109913	5	439299	841783	8
辽　宁	Liaoning	123883	3	426449	811169	9
吉　林	Jilin	25083	25	88059	239065	25
黑龙江	Heilongjiang	38524	19	283756	175191	27
上　海	Shanghai	35471	20	288713	432503	14
江　苏	Jiangsu	114055	4	931675	1628453	3
浙　江	Zhejiang	67908	9	598701	1046056	4
安　徽	Anhui	49889	12	230684	753021	10
福　建	Fujian	39819	16	237265	432124	15
江　西	Jiangxi	33006	21	243783	454686	12
山　东	Shandong	137540	2	1039839	1843486	1
河　南	Henan	77580	8	490262	956014	5
湖　北	Hubei	59074	10	315735	578526	11
湖　南	Hunan	39197	17	223270	926564	6
广　东	Guangdong	93504	6	973400	101595	29
广　西	Guangxi	32684	22	183402	405485	17
海　南	Hainan	4197	30	26069	175295	26
重　庆	Chongqing	25966	24	163085	248907	24
四　川	Sichuan	44001	14	564881	453603	13
贵　州	Guizhou	44463	13	218128	392874	18
云　南	Yunnan	38940	18	277464	336865	20
西　藏	Tibet	438	31	1712	2882	31
陕　西	Shaanxi	41347	15	181976	425819	16
甘　肃	Gansu	27894	23	131994	284692	23
青　海	Qinghai	9646	29	55217	103226	28
宁　夏	Ningxia	18148	27	129330	309836	22
新　疆	Xinjiang	53538	11	122396	348176	19

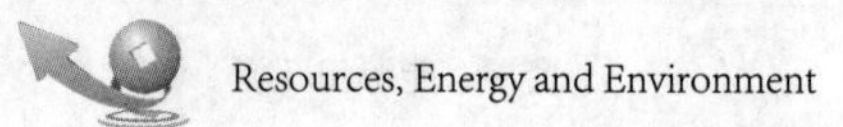

9-34 一般工业固体废物产量生和综合利用量

Common Industrial Solid Wastes Produced and Common Industrial Solid Wastes Utilized

单位：万吨 (10 000 tons)

地区	Region	一般工业固体废物产生量 Common Industrial Solid Wastes Produced				一般工业固体废物综合利用量 Common Industrial Solid Wastes Utilized			
		2010	2016	2017	2017排名 Ranking	2010	2016	2017	2017排名 Ranking
全　国	**National Total**	**240944**	**309210**	**331592**		**161772**	**184096**	**181187**	
北　京	Beijing	1269	629	630	29	835	543	467	29
天　津	Tianjin	1862	1490	1495	28	1845	1475	1479	27
河　北	Hebei	31688	33236	32721	2	17973	18455	18741	2
山　西	Shanxi	18270	28845	34162	1	12059	13950	12190	3
内蒙古	Inner Mongolia	16996	24762	27953	3	9562	11359	10422	8
辽　宁	Liaoning	17273	22822	27466	4	8210	9363	11346	5
吉　林	Jilin	4642	4006	5143	22	3114	2234	2300	24
黑龙江	Heilongjiang	5405	6940	7070	17	4169	3582	3159	22
上　海	Shanghai	2448	1680	1630	27	2367	1608	1533	26
江　苏	Jiangsu	9064	11649	12002	11	8761	10662	11298	6
浙　江	Zhejiang	4268	4263	4485	24	4033	3951	4226	16
安　徽	Anhui	9158	12653	12002	11	7849	10830	11157	7
福　建	Fujian	7487	4449	5462	20	6215	3091	3404	21
江　西	Jiangxi	9407	12665	12341	10	4379	4909	4594	15
山　东	Shandong	16039	22510	23925	5	15297	18976	19026	1
河　南	Henan	10714	14256	15685	6	8380	10486	11537	4
湖　北	Hubei	6813	8193	8112	16	5521	4715	4812	14
湖　南	Hunan	5773	5320	4354	25	4797	3994	3597	19
广　东	Guangdong	5456	5610	6340	19	4953	4904	5311	12
广　西	Guangxi	6232	6938	6503	18	4231	4487	3693	18
海　南	Hainan	212	330	437	30	178	211	186	30
重　庆	Chongqing	2837	2344	1943	26	2317	1848	1372	28
四　川	Sichuan	11239	11765	13756	7	6159	4612	5466	10
贵　州	Guizhou	8188	7753	9353	14	4174	4530	5201	13
云　南	Yunnan	9392	13122	13725	8	4798	6690	5364	11
西　藏	Tibet	11	426	382	31	0	13	7	31
陕　西	Shaanxi	6892	8648	10081	13	3753	6639	3586	20
甘　肃	Gansu	3746	5091	5334	21	1783	2628	2453	23
青　海	Qinghai	1783	14669	12996	9	759	7325	7152	9
宁　夏	Ningxia	2466	3618	4877	23	1422	1886	1905	25
新　疆	Xinjiang	3914	8530	9223	15	1877	4140	4207	17

9-35 一般工业固体废物处置量和贮存量

Common Industrial Solid Wastes Disposed and Stock of Common Industrial Solid Wastes

单位：万吨 (10 000 tons)

地区	Region	一般工业固体废物处置量 Common Industrial Solid Wastes Disposed				一般工业固体废物贮存量 Stock of Common Industrial Solid Wastes			
		2010	2016	2017	2017排名 Ranking	2010	2016	2017	2017排名 Ranking
全 国	**National Total**	**57264**	**65522**	**79798**		**23918**	**62599**	**78397**	
北 京	Beijing	780	87	164	27	40	0.2	0.2	30
天 津	Tianjin	27	15	20	30		**0.1**	**0.1**	31
河 北	Hebei	12007	13818	11668	2	1831	1287	2399	11
山 西	Shanxi	5273	11835	16684	1	997	3104	5877	6
内蒙古	Inner Mongolia	5295	6245	8259	3	2152	7329	9654	2
辽 宁	Liaoning	6767	3253	4407	6	2535	10286	13514	1
吉 林	Jilin	578	1069	1496	15	952	734	1381	17
黑龙江	Heilongjiang	445	1675	1827	13	835	1685	2284	12
上 海	Shanghai	94	73	100	28	1	1	2	29
江 苏	Jiangsu	139	742	591	22	215	283	167	24
浙 江	Zhejiang	175	312	259	24	69	27	57	27
安 徽	Anhui	916	1182	592	21	518	1113	561	21
福 建	Fujian	1181	1166	1956	11	108	247	163	25
江 西	Jiangxi	4487	866	839	19	557	6907	6940	3
山 东	Shandong	475	1390	1900	12	384	2352	3164	8
河 南	Henan	1770	3254	2769	9	722	541	1604	16
湖 北	Hubei	1097	1588	1021	17	238	2138	2624	9
湖 南	Hunan	448	543	222	26	769	907	586	20
广 东	Guangdong	351	550	682	20	177	174	399	22
广 西	Guangxi	1563	281	1009	18	439	2268	1994	13
海 南	Hainan	0	61	250	25	33	65	3	28
重 庆	Chongqing	155	395	457	23	288	157	124	26
四 川	Sichuan	3759	3838	3007	8	1323	3584	6634	4
贵 州	Guizhou	2498	2044	3139	7	1473	1221	1275	18
云 南	Yunnan	2911	4083	6155	4	1845	2765	2553	10
西 藏	Tibet		42	5	31	7	391	371	23
陕 西	Shaanxi	2177	1441	5394	5	1030	579	1961	14
甘 肃	Gansu	1150	1554	1276	16	1012	964	1679	15
青 海	Qinghai	1	3	32	29	1035	7352	5954	5
宁 夏	Ningxia	490	1135	2010	10	564	610	988	19
新 疆	Xinjiang	256	983	1608	14	1771	3527	3483	7

9-36 环境污染治理投资总额和城镇环境基础设施建设投资

Total Investment in Treatment of Environmental Pollution and Investment in Urban Environment Infrastructure Facilities

单位：亿元 (100 million yuan)

地区	Region	环境污染治理投资总额 Total Investment in Treatment of Environmental Pollution				城镇环境基础设施建设投资 Investment in Urban Environment Infrastructure Facilities			
		2010	2016	2017	2017排名 Ranking	2010	2016	2017	2017排名 Ranking
全　国	**National Total**	**6654.2**	**9219.8**	**9539.0**		**4224.2**	**5412.0**	**6085.7**	
北　京	Beijing	231.4	674.2	665.4	3	173.0	650.5	640.0	1
天　津	Tianjin	109.7	53.5	71.2	28	65.8	38.4	44.3	28
河　北	Hebei	370.9	399.6	605.8	5	279.9	264.2	311.9	6
山　西	Shanxi	206.9	525.7	278.2	15	86.1	157.1	148.1	15
内蒙古	Inner Mongolia	238.9	456.0	419.6	9	175.6	298.9	278.4	9
辽　宁	Liaoning	206.5	176.2	219.2	19	141.6	107.9	128.4	20
吉　林	Jilin	124.2	84.1	91.6	25	70.8	58.2	61.8	25
黑龙江	Heilongjiang	131.3	173.6	131.4	24	72.8	108.4	84.5	24
上　海	Shanghai	134.0	205.3	160.4	22	87.1	58.2	97.5	22
江　苏	Jiangsu	466.4	765.6	715.4	2	300.0	453.2	363.6	5
浙　江	Zhejiang	333.7	650.6	452.9	7	95.2	300.1	284.1	8
安　徽	Anhui	179.9	498.2	505.0	6	132.4	335.1	369.3	4
福　建	Fujian	129.7	189.6	224.4	16	78.0	102.6	145.5	17
江　西	Jiangxi	156.5	313.3	315.5	12	125.5	178.2	239.3	11
山　东	Shandong	483.9	780.8	948.8	1	284.6	402.4	442.5	3
河　南	Henan	132.2	359.8	641.3	4	71.0	213.1	483.1	2
湖　北	Hubei	146.8	464.7	434.5	8	89.9	322.7	304.5	7
湖　南	Hunan	106.6	200.4	219.3	18	62.1	133.9	161.5	14
广　东	Guangdong	1416.2	367.5	366.2	11	1262.7	99.8	146.8	16
广　西	Guangxi	164.1	204.2	184.1	21	99.0	160.2	145.1	18
海　南	Hainan	23.6	30.3	54.1	29	11.6	25.0	40.1	29
重　庆	Chongqing	176.3	144.2	222.1	17	124.6	94.5	143.4	19
四　川	Sichuan	89.0	290.4	308.2	14	44.3	210.8	220.3	12
贵　州	Guizhou	30.0	118.4	216.7	20	6.7	94.0	86.0	23
云　南	Yunnan	106.2	145.8	142.6	23	59.4	70.3	101.1	21
西　藏	Tibet	0.3	14.1	27.2	31	0.3	13.8	26.8	30
陕　西	Shaanxi	179.2	317.4	314.5	13	109.1	190.3	213.2	13
甘　肃	Gansu	63.9	117.6	89.3	26	42.1	69.6	61.0	26
青　海	Qinghai	17.0	56.3	41.4	30	6.3	18.3	17.9	31
宁　夏	Ningxia	34.5	101.2	84.4	27	20.1	27.2	44.8	27
新　疆	Xinjiang	78.4	312.8	385.5		46.2	154.7	250.9	10

9-37 工业污染源治理投资和当年完成环保验收项目环保投资

Investment in Treatment of Industrial Pollution Sources and Environmental Protection Investment in the Environmental Protection Acceptance Projects in the Year

单位：亿元 (100 million yuan)

地区	Region	工业污染源治理投资 Investment in Treatment of Industrial Pollution Sources				当年完成环保验收项目环保投资 Environmental Protection Investment in the Environmental Protection Acceptance Projects in the Year		
		2010	2016	2017	2017排名 Ranking	2016	2017	2017排名 Ranking
全　国	**National Total**	**397.0**	**819.0**	**681.5**		**2988.8**	**2771.7**	
北　京	Beijing	1.9	9.9	15.7	13	13.8	9.7	30
天　津	Tianjin	16.5	10.4	7.8	23	4.7	19.0	27
河　北	Hebei	10.9	24.8	34.3	9	110.6	259.6	3
山　西	Shanxi	28.0	30.1	51.5	2	338.6	78.6	13
内蒙古	Inner Mongolia	13.2	40.6	42.1	6	116.5	99.0	11
辽　宁	Liaoning	14.8	19.4	13.0	16	48.9	77.7	14
吉　林	Jilin	6.3	9.8	9.1	19	16.1	20.7	26
黑龙江	Heilongjiang	4.9	17.4	9.1	19	47.8	37.7	20
上　海	Shanghai	9.4	51.9	44.8	4	95.2	18.1	28
江　苏	Jiangsu	18.6	74.8	44.8	4	237.6	307.0	2
浙　江	Zhejiang	12.0	60.2	36.9	8	290.3	131.9	5
安　徽	Anhui	5.9	41.5	25.9	10	121.6	109.8	9
福　建	Fujian	15.3	22.6	14.7	14	64.4	64.1	18
江　西	Jiangxi	6.4	10.4	10.6	18	124.7	65.7	17
山　东	Shandong	45.7	126.4	113.1	1	251.9	393.2	1
河　南	Henan	12.5	65.2	50.5	3	81.5	107.7	10
湖　北	Hubei	27.7	36.9	17.5	11	105.0	112.6	8
湖　南	Hunan	13.8	12.7	8.6	21	53.8	49.2	19
广　东	Guangdong	31.1	26.5	42.0	7	241.2	177.4	4
广　西	Guangxi	9.3	13.0	7.6	24	34.0	31.5	22
海　南	Hainan	0.4	1.6	3.4	29	3.7	10.5	29
重　庆	Chongqing	7.8	3.7	6.1	26	46.0	72.7	16
四　川	Sichuan	7.2	11.6	12.7	17	67.9	75.2	15
贵　州	Guizhou	6.8	5.7	5.3	28	18.7	125.4	6
云　南	Yunnan	10.6	12.7	6.0	27	62.8	35.5	21
西　藏	Tibet		0.1	0.1	31	0.1	0.3	31
陕　西	Shaanxi	33.7	19.5	17.2	12	107.6	84.1	12
甘　肃	Gansu	14.6	11.0	7.5	25	36.9	20.9	25
青　海	Qinghai	1.0	9.6	1.5	30	28.4	21.7	24
宁　夏	Ningxia	4.1	24.2	8.6	21	49.7	31.1	23
新　疆	Xinjiang	6.7	14.6	13.5	15	143.4	121.1	7

10

农 业

Agriculture

10-1 耕地面积和森林资源情况（2008年）
Farmland Area and Forest Resources (2008)

地区	Region	耕地面积（万公顷） Farmland (10 000 hectares)	人均耕地面积（亩） Farmland per Capita (a unit of area)	林地面积（万公顷） Area of Afforested Land (10 000 hectares)	森林面积（万公顷） Forest Resources (10 000 hectares)	森林覆盖率（%） Forest Coverage Rate (%)	活立木总蓄积量（万立方米） Total Standing Forest Stock (10 000 cu.m)	森林蓄积量（万立方米） Stock Volume of Forest (10 000 cu.m)	耕地面积排名 Arable Land Ranking
全　国	**National Total**	**12171.60**	**1.37**	**30590.41**	**19545.22**	**20.36**	**1491268.19**	**1372080.36**	
北　京	Beijing	23.20	0.21	101.46	52.05	31.72	1291.29	1038.58	31
天　津	Tianjin	44.10	0.56	14.22	9.32	8.24	277.01	198.89	28
河　北	Hebei	631.70	1.36	705.37	418.33	22.29	10183.91	8374.08	5
山　西	Shanxi	405.60	1.78	754.58	221.11	14.12	8846.96	7643.67	17
内蒙古	Inner Mongolia	714.70	4.44	4394.93	2366.40	20.00	136073.62	117720.51	4
辽　宁	Liaoning	408.50	1.42	666.28	511.98	35.13	21174.91	20226.85	16
吉　林	Jilin	553.50	3.04	848.73	736.57	38.93	88244.21	84412.29	9
黑龙江	Heilongjiang	1183.00	4.64	2184.16	1926.97	42.39	165191.60	152104.96	1
上　海	Shanghai	24.40	0.19	7.46	5.97	9.41	275.20	100.95	30
江　苏	Jiangsu	476.40	0.93	128.64	107.51	10.48	5022.59	3501.75	10
浙　江	Zhejiang	192.10	0.56	667.97	584.42	57.41	19382.93	17223.14	23
安　徽	Anhui	573.00	1.40	439.40	360.07	26.06	16258.35	13755.41	8
福　建	Fujian	133.00	0.55	914.81	766.65	63.10	53226.01	48436.28	24
江　西	Jiangxi	282.70	0.96	1054.92	973.63	58.32	45045.51	39529.64	21
山　东	Shandong	751.50	1.20	342.12	254.46	16.72	8627.99	6338.53	3
河　南	Henan	792.60	1.26	502.02	336.59	20.16	18051.16	12936.12	2
湖　北	Hubei	466.40	1.23	822.01	578.82	31.14	23121.55	20942.49	11
湖　南	Hunan	378.90	0.89	1234.21	948.17	44.76	38177.20	34906.67	19
广　东	Guangdong	283.10	0.44	1073.07	873.98	49.44	32160.74	30183.37	20
广　西	Guangxi	421.80	1.31	1496.45	1252.50	52.71	51056.78	46875.18	14
海　南	Hainan	72.80	1.28	208.73	176.26	51.98	7940.93	7274.23	26
重　庆	Chongqing	223.60	1.18	400.18	286.92	34.85	13803.63	11331.85	22
四　川	Sichuan	594.70	1.10	2311.66	1659.52	34.31	168753.49	159572.37	7
贵　州	Guizhou	448.50	1.77	841.23	556.92	31.61	27911.53	24007.96	13
云　南	Yunnan	607.20	2.00	2476.11	1817.73	47.50	171216.68	155380.09	6
西　藏	Tibet	36.20	1.89	1746.63	1462.65	11.91	227271.36	224550.91	29
陕　西	Shaanxi	405.00	1.61	1205.80	767.56	37.26	36144.16	33820.54	18
甘　肃	Gansu	465.90	2.66	955.44	468.78	10.42	21708.26	19363.83	12
青　海	Qinghai	54.30	1.47	634.00	329.56	4.57	4413.80	3915.64	27
宁　夏	Ningxia	110.70	2.69	179.03	51.10	9.84	625.93	492.14	25
新　疆	Xinjiang	412.50	2.90	1066.57	661.65	4.02	33914.50	30100.54	15

注：前两列为2008年底数，其余均为第七次全国森林资源清查(2004-2008)资料。

Note: The first two columns of data are at the end of 2008, and the rest is the Seventh National Forest Resources Inventory (2004-2008) data.

10-2　农林牧渔业总产值和指数

Gross Output Value of Agriculture, Forestry, Animal Husbandry and Fishery and Related Indices

地区	Region	农林牧渔业总产值（亿元）Gross Output Value (100 million yuan)				指数（上年=100）Indices (preceding year=100)			
		2010	2016	2017	2017排名 Ranking	2010	2016	2017	2017排名 Ranking
全　国	**National Total**	**67763.1**	**106478.7**	**109331.7**		**104.4**	**103.5**	**104.0**	
北　京	Beijing	328.0	338.1	308.3	29	98.3	90.1	93.1	31
天　津	Tianjin	317.3	494.4	382.1	27	103.5	103.3	102.1	29
河　北	Hebei	4309.4	6083.9	5373.4	8	103.5	103.5	104.0	13
山　西	Shanxi	1047.8	1534.0	1418.7	25	106.2	103.2	103.0	24
内蒙古	Inner Mongolia	1843.6	2794.2	2813.5	20	106.2	103.1	103.2	22
辽　宁	Liaoning	3106.5	4421.8	3851.6	14	105.8	97.4	103.0	24
吉　林	Jilin	1850.3	2724.9	2064.3	21	103.6	103.2	102.4	26
黑龙江	Heilongjiang	2536.3	5197.8	5586.6	7	105.8	105.5	104.8	4
上　海	Shanghai	287.0	285.1	292.6	30	94.9	90.8	95.7	30
江　苏	Jiangsu	4297.1	7235.1	7161.2	3	104.4	100.8	102.4	26
浙　江	Zhejiang	2172.9	3146.1	3093.4	17	102.9	102.5	102.3	28
安　徽	Anhui	2955.4	4655.5	4597.9	11	104.5	103.4	103.5	19
福　建	Fujian	2307.1	4155.7	3947.2	12	103.5	103.7	103.5	19
江　西	Jiangxi	1900.6	3130.3	3069.0	19	104.0	104.1	104.4	10
山　东	Shandong	6650.9	9325.9	9140.4	1	103.6	104.4	104.0	13
河　南	Henan	5734.2	7799.7	7562.5	2	104.6	104.5	104.5	6
湖　北	Hubei	3502.0	6278.4	6129.7	5	104.5	104.9	103.2	22
湖　南	Hunan	3787.5	6081.9	5213.5	9	104.3	103.6	104.0	13
广　东	Guangdong	3754.9	6078.4	5969.9	6	104.3	102.9	103.6	18
广　西	Guangxi	2721.0	4591.4	4698.7	10	104.7	103.3	104.4	10
海　南	Hainan	821.3	1470.4	1488.9	24	106.1	104.3	103.5	19
重　庆	Chongqing	1021.1	1968.3	1902.5	22	105.9	104.5	103.9	16
四　川	Sichuan	4081.8	6831.1	6955.5	4	104.5	104.0	104.5	6
贵　州	Guizhou	997.8	3097.2	3413.9	15	105.2	106.2	106.6	2
云　南	Yunnan	1810.5	3633.1	3872.9	13	104.7	105.8	106.0	3
西　藏	Tibet	100.8	173.0	178.2	31	103.5	112.6	104.4	10
陕　西	Shaanxi	1666.1	2985.8	3077.6	18	105.8	104.1	104.5	6
甘　肃	Gansu	1057.0	1778.0	1559.6	23	105.7	104.2	103.8	17
青　海	Qinghai	201.3	338.8	364.1	28	106.7	105.4	104.8	4
宁　夏	Ningxia	305.9	493.6	517.4	26	107.8	104.4	104.5	6
新　疆	Xinjiang	1846.2	2969.7	3326.6	16	104.9	106.0	108.2	1

注：本表绝对数按当年价格计算，指数按可比价格计算。

Note: The absolute numbers in this table are calculated at current prices, while the indices are calculated at comparable prices.

10-3 农业总产值和林业总产值
Gross Output Value of Farming and Forestry

单位：亿元 (100 million yuan)

地区	Region	农业总产值 Gross Output Value of Farming				林业总产值 Gross Output Value of Forestry			
		2010	2016	2017	2017排名 Ranking	2010	2016	2017	2017排名 Ranking
全 国	**National Total**	**35909.1**	**55659.9**	**58059.8**		**2575.0**	**4635.9**	**4980.6**	
北 京	Beijing	154.2	145.2	129.8	30	16.8	52.2	58.8	24
天 津	Tianjin	168.3	244.3	183.2	27	2.4	8.4	9.0	29
河 北	Hebei	2470.1	3459.4	2890.6	7	51.3	132.3	175.5	11
山 西	Shanxi	669.0	958.1	861.9	24	65.0	100.3	97.7	20
内蒙古	Inner Mongolia	900.4	1415.1	1434.7	20	76.6	98.6	99.9	19
辽 宁	Liaoning	1140.3	1859.5	1620.5	16	82.5	143.7	140.3	15
吉 林	Jilin	866.9	1232.0	895.8	23	68.3	107.2	69.4	23
黑龙江	Heilongjiang	1369.2	2873.9	3471.3	5	95.5	219.9	175.2	12
上 海	Shanghai	155.3	148.5	146.4	29	7.5	13.2	15.3	27
江 苏	Jiangsu	2269.6	3714.6	3764.7	4	78.1	129.3	136.7	16
浙 江	Zhejiang	1041.3	1521.2	1494.5	18	119.4	158.1	170.2	13
安 徽	Anhui	1544.4	2234.1	2241.4	12	135.3	291.1	319.1	7
福 建	Fujian	976.6	1782.0	1527.0	17	189.4	315.1	327.7	5
江 西	Jiangxi	801.4	1446.9	1489.3	19	186.8	324.6	296.5	8
山 东	Shandong	3670.1	4641.3	4403.2	2	86.5	147.5	165.1	14
河 南	Henan	3540.8	4577.2	4552.7	1	115.3	121.3	128.9	17
湖 北	Hubei	1921.7	2921.3	2962.5	6	65.4	203.4	213.3	10
湖 南	Hunan	2059.6	3255.1	2597.6	9	207.4	321.6	325.0	6
广 东	Guangdong	1760.2	3134.4	2890.0	8	176.3	314.7	356.1	2
广 西	Guangxi	1339.6	2347.9	2538.9	10	173.5	323.5	346.4	4
海 南	Hainan	341.7	695.6	707.4	25	123.8	100.0	107.7	18
重 庆	Chongqing	623.3	1151.8	1165.7	21	30.4	73.4	85.2	22
四 川	Sichuan	2069.3	3711.0	4004.2	3	112.9	219.1	346.8	3
贵 州	Guizhou	587.3	1888.6	2077.0	14	41.0	195.0	228.8	9
云 南	Yunnan	925.6	1943.6	1982.5	15	184.2	330.4	381.5	1
西 藏	Tibet	46.1	52.2	78.4	31	2.5	2.4	2.9	31
陕 西	Shaanxi	1107.2	2027.6	2095.3	13	35.2	85.5	96.9	21
甘 肃	Gansu	757.6	1274.7	1068.6	22	18.5	30.8	31.6	26
青 海	Qinghai	92.1	155.5	162.4	28	3.8	8.3	9.0	29
宁 夏	Ningxia	195.1	311.9	309.0	26	8.7	10.1	9.7	28
新 疆	Xinjiang	1376.9	2163.1	2313.2	11	35.3	50.3	54.3	25

10-4 牧业总产值和渔业总产值
Gross Output Value of Animal Husbandry and Fishery

单位：亿元 (100 million yuan)

地区	Region	牧业总产值 Gross Output Value of Animal Husbandry				渔业总产值 Gross Output Value of Fishery			
		2010	2016	2017	2017排名 Ranking	2010	2016	2017	2017排名 Ranking
全　国	**National Total**	**20461.1**	**30461.2**	**29361.2**		**6263.4**	**10892.9**	**11577.1**	
北　京	Beijing	139.6	122.7	101.4	29	11.5	9.2	9.6	27
天　津	Tianjin	87.5	140.9	108.0	28	50.3	89.0	69.8	19
河　北	Hebei	1443.8	1939.2	1735.8	4	142.5	211.0	195.9	14
山　西	Shanxi	250.8	376.2	358.8	23	6.1	9.9	7.7	28
内蒙古	Inner Mongolia	822.4	1202.9	1200.6	12	15.9	33.0	31.3	23
辽　宁	Liaoning	1270.6	1575.7	1289.2	10	491.0	639.6	592.2	7
吉　林	Jilin	831.5	1252.8	982.4	15	25.3	43.0	41.7	22
黑龙江	Heilongjiang	965.8	1854.8	1701.7	5	53.7	129.2	98.0	16
上　海	Shanghai	62.9	62.6	61.2	31	52.6	50.2	58.4	21
江　苏	Jiangsu	923.3	1331.5	1158.0	13	805.2	1621.9	1623.4	1
浙　江	Zhejiang	448.4	434.3	371.3	22	522.2	962.0	979.3	6
安　徽	Anhui	865.0	1375.7	1321.7	8	294.8	513.2	476.2	8
福　建	Fujian	380.3	681.7	750.5	17	674.2	1235.5	1202.1	4
江　西	Jiangxi	584.1	788.6	709.7	19	255.6	458.9	453.1	10
山　东	Shandong	1774.5	2540.8	2501.4	1	847.4	1485.6	1476.0	2
河　南	Henan	1805.9	2611.3	2368.9	2	71.2	128.3	107.8	15
湖　北	Hubei	925.0	1715.2	1478.1	7	458.6	1030.0	1089.1	5
湖　南	Hunan	1118.2	1762.7	1505.8	6	232.7	396.7	393.1	11
广　东	Guangdong	947.2	1221.8	1202.3	11	741.4	1195.6	1276.1	3
广　西	Guangxi	870.7	1266.4	1128.6	14	247.2	464.2	471.0	9
海　南	Hainan	158.6	267.1	245.1	25	173.5	353.8	372.8	12
重　庆	Chongqing	326.6	627.4	522.5	21	27.2	85.3	94.8	17
四　川	Sichuan	1705.2	2551.7	2199.7	3	129.8	223.9	234.9	13
贵　州	Guizhou	304.2	797.2	885.8	16	13.8	68.7	60.1	20
云　南	Yunnan	588.8	1141.8	1289.5	9	48.1	94.2	87.7	18
西　藏	Tibet	48.9	113.8	92.2	30	0.2	0.2	0.3	31
陕　西	Shaanxi	435.0	695.9	695.2	20	8.3	26.2	27.5	24
甘　肃	Gansu	181.8	299.7	309.0	24	1.2	2.2	2.1	30
青　海	Qinghai	101.5	165.7	183.0	26	0.1	3.3	3.4	29
宁　夏	Ningxia	82.1	131.7	155.7	27	8.0	17.0	18.6	26
新　疆	Xinjiang	375.8	653.2	748.5	18	12.7	22.2	23.2	25

10-5 农林牧渔业增加值和指数

Added Value of Agriculture, Forestry, Animal Husbandry and Fishery and Indices

地区	Region	农林牧渔业增加值（亿元） The Added Value (100 million yuan)				指数（上年=100） Indices (preceding year=100)		
		2010	2016	2017	2017排名 Ranking	2010	2011	2011排名 Ranking
全　国	**National Total**	**40533.6**	**65967.9**	**64660.0**		**104.3**	**104.5**	
北　京	Beijing	124.5	132.0	122.8	30	98.4	103.2	27
天　津	Tianjin	145.6	222.0	174.0	28	103.3	103.0	28
河　北	Hebei	2562.8	3644.8	3297.8	7	103.5	104.0	24
山　西	Shanxi	554.5	827.3	764.1	25	106.1	106.3	6
内蒙古	Inner Mongolia	1095.3	1663.9	1677.7	19	106.1	105.6	10
辽　宁	Liaoning	1631.1	2296.6	2000.4	15	105.8	105.1	16
吉　林	Jilin	1050.2	1549.3	1137.7	22	103.7	105.3	13
黑龙江	Heilongjiang	1302.9	2731.7	3036.9	9	106.2	106.5	5
上　海	Shanghai	114.7	113.5	115.1	31	93.4	100.5	31
江　苏	Jiangsu	2540.1	4323.5	4314.5	3	104.9	104.6	19
浙　江	Zhejiang	1360.6	2000.2	1972.8	16	103.2	102.0	30
安　徽	Anhui	1729.0	2693.2	2706.7	11	104.6	105.5	12
福　建	Fujian	1363.7	2444.8	2294.4	13	103.3	104.2	23
江　西	Jiangxi	1207.0	1962.4	1898.5	17	104	104.6	19
山　东	Shandong	3588.3	5171.1	5114.7	1	103.6	104.7	17
河　南	Henan	3258.1	4440.0	4310.5	4	104.5	104.5	21
湖　北	Hubei	2147.0	3780.8	3690.3	6	104.6	104.7	17
湖　南	Hunan	2325.5	3725.9	3165.3	8	104.3	103.0	28
广　东	Guangdong	2287.0	3781.8	3712.7	5	104.5	103.8	25
广　西	Guangxi	1675.1	2873.5	2964.6	10	104.6	105.6	10
海　南	Hainan	539.8	977.6	993.3	23	106.3	106.3	6
重　庆	Chongqing	685.4	1324.7	1300.3	21	106.1	105.3	13
四　川	Sichuan	2482.9	4005.4	4365.1	2	104.4	104.5	21
贵　州	Guizhou	625.0	1944.3	2140.0	14	104.7	108.6	1
云　南	Yunnan	1108.4	2242.2	2388.6	12	104.2	106.7	4
西　藏	Tibet	68.7	118.7	125.9	29	103.2	103.4	26
陕　西	Shaanxi	988.5	1776.3	1830.6	18	105.8	106.0	8
甘　肃	Gansu	599.3	1027.7	896.0	24	105.5	106.8	3
青　海	Qinghai	134.9	224.7	242.0	27	105.9	105.2	15
宁　夏	Ningxia	159.3	256.3	266.3	26	107.4	105.8	9
新　疆	Xinjiang	1078.6	1691.8	1640.3	20	104.5	107.0	2

注：本表绝对数按当年价格计算，指数按不变价格计算。

Note: The absolute numbers in this table are calculated at current prices while indices at constant prices.

10-6 农业增加值和林业增加值
Added Value of Agriculture and Forestry

单位：亿元 (100 million yuan)

地区	Region	农业增加值 Added Value of Agriculture				林业增加值 Added Value of Forestry			
		2010	2016	2017	2017排名 Ranking	2010	2016	2017	2017排名 Ranking
全　国	**National Total**	**23684.5**	**38152.4**	**37426.5**		**1744.2**	**3025.3**	**3254.0**	
北　京	Beijing	71.6	66.0	59.0	30	7.2	25.0	28.8	24
天　津	Tianjin	81.9	121.0	95.1	28	1.4	5.0	4.4	29
河　北	Hebei	1670.5	2359.8	2014.6	7	36.7	93.1	114.6	13
山　西	Shanxi	374.5	545.0	490.6	24	25.0	43.2	44.8	22
内蒙古	Inner Mongolia	586.4	923.1	934.9	19	53.8	68.0	69.7	18
辽　宁	Liaoning	675.5	1051.0	918.5	20	48.1	80.3	66.2	19
吉　林	Jilin	577.0	812.6	542.0	23	43.0	65.4	42.3	23
黑龙江	Heilongjiang	876.3	1823.6	2148.4	5	44.3	100.8	91.7	14
上　海	Shanghai	66.9	63.2	62.5	29	2.5	4.3	5.1	28
江　苏	Jiangsu	1556.2	2569.4	2603.6	4	43.9	72.7	77.0	16
浙　江	Zhejiang	747.7	1094.5	1072.6	16	86.9	114.2	122.8	10
安　徽	Anhui	952.5	1361.3	1407.0	11	94.2	201.2	220.6	6
福　建	Fujian	616.3	1119.6	953.3	18	122.1	201.9	207.7	7
江　西	Jiangxi	534.5	933.8	960.5	17	145.0	233.9	204.3	8
山　东	Shandong	2146.6	2834.9	2755.7	2	60.7	103.7	116.0	12
河　南	Henan	2080.8	2693.5	2665.7	3	69.5	79.1	84.4	15
湖　北	Hubei	1244.7	1942.2	1962.1	8	37.6	102.3	117.6	11
湖　南	Hunan	1432.9	2276.6	1814.5	9	153.4	237.8	241.2	4
广　东	Guangdong	1229.3	2189.7	2018.9	6	131.4	234.5	265.4	1
广　西	Guangxi	911.3	1617.6	1747.4	10	136.8	242.2	258.4	2
海　南	Hainan	219.8	462.6	469.8	25	85.6	65.3	71.0	17
重　庆	Chongqing	465.3	862.3	873.2	21	22.2	53.6	62.1	20
四　川	Sichuan	1436.7	2390.7	2813.1	1	79.7	145.0	220.7	5
贵　州	Guizhou	385.6	1189.0	1306.4	13	28.1	133.3	156.7	9
云　南	Yunnan	609.2	1305.6	1330.3	12	129.0	217.0	250.3	3
西　藏	Tibet	30.5	25.8	54.3	31	1.6	1.4	1.5	31
陕　西	Shaanxi	684.9	1251.6	1292.9	14	22.4	51.9	58.4	21
甘　肃	Gansu	441.3	764.4	642.1	22	7.8	14.2	14.6	26
青　海	Qinghai	55.1	91.8	95.8	27	2.5	5.0	5.5	27
宁　夏	Ningxia	110.5	175.9	174.3	26	3.1	3.6	3.4	30
新　疆	Xinjiang	812.4	1234.6	1147.3	15	18.7	26.1	26.8	25

10-7 牧业增加值和渔业增加值
Added Value of Animal Husbandry and Fishery

单位：亿元 (100 million yuan)

地区	Region	牧业增加值 Added Value of Animal Husbandry				渔业增加值 Added Value of Fishery			
		2010	2016	2017	2017排名 Ranking	2010	2016	2017	2017排名 Ranking
全　国	**National Total**	**10022.1**	**15492.0**	**14404.8**		**3903.8**	**6995.6**	**7014.3**	
北　京	Beijing	40.0	35.4	29.2	30	4.0	3.3	3.4	28
天　津	Tianjin	36.8	54.0	39.8	29	24.1	40.2	29.7	20
河　北	Hebei	681.7	915.2	878.7	4	84.2	124.7	122.1	14
山　西	Shanxi	125.7	191.2	179.6	23	3.0	5.4	4.2	27
内蒙古	Inner Mongolia	427.7	624.4	624.4	10	10.6	21.9	20.7	23
辽　宁	Liaoning	513.4	640.6	534.1	13	320.3	401.1	383.4	7
吉　林	Jilin	381.5	594.1	485.4	15	15.6	26.4	25.6	21
黑龙江	Heilongjiang	335.7	697.6	676.2	8	20.2	48.4	49.0	18
上　海	Shanghai	21.8	21.4	20.9	31	20.2	20.6	22.3	22
江　苏	Jiangsu	373.4	543.6	472.5	16	444.9	891.5	892.0	2
浙　江	Zhejiang	202.2	193.8	165.6	24	303.4	562.8	572.9	6
安　徽	Anhui	430.3	667.3	641.1	9	194.3	337.9	313.6	9
福　建	Fujian	198.5	355.2	386.8	17	376.4	686.6	667.3	4
江　西	Jiangxi	307.1	422.8	376.2	18	179.8	314.0	294.3	10
山　东	Shandong	727.0	1061.9	1041.0	3	521.4	928.7	920.1	1
河　南	Henan	993.8	1427.9	1316.0	1	48.4	85.7	73.1	16
湖　北	Hubei	539.9	1005.3	785.3	5	283.6	609.4	664.0	5
湖　南	Hunan	514.4	805.4	687.2	7	151.5	258.6	255.5	12
广　东	Guangdong	429.5	554.8	563.7	11	443.3	715.4	763.5	3
广　西	Guangxi	423.0	622.6	553.9	12	168.6	314.5	318.7	8
海　南	Hainan	91.4	158.5	147.5	25	130.1	261.9	274.5	11
重　庆	Chongqing	167.0	320.7	267.0	21	21.2	66.6	73.7	15
四　川	Sichuan	844.1	1258.7	1086.6	2	82.7	134.9	142.0	13
贵　州	Guizhou	179.5	480.1	531.1	14	9.0	43.8	38.0	19
云　南	Yunnan	317.1	616.2	705.3	6	28.8	56.2	52.5	17
西　藏	Tibet	34.3	88.4	66.7	27	0.1	0.2	0.2	31
陕　西	Shaanxi	233.7	375.6	374.8	19	4.7	14.8	15.4	24
甘　肃	Gansu	123.9	203.1	201.5	22	0.8	1.6	1.5	30
青　海	Qinghai	74.9	121.9	134.5	26	0.1	2.6	2.7	29
宁　夏	Ningxia	34.9	55.7	65.8	28	3.1	6.5	7.2	26
新　疆	Xinjiang	218.0	378.7	366.7	20	5.4	9.5	11.0	25

10-8 农业机械总动力和有效灌溉面积
Total Power of Agricultural Machinery and Irrigation Area

地区	Region	农业机械总动力（万千瓦） Total Power of Agricultural Machinery (10 000 kw)				有效灌溉面积（千公顷） Irrigation Area (1 000 hectares)			
		2010	2016	2017	2017排名 Ranking	2010	2016	2017	2017排名 Ranking
全　国	**National Total**	**92780.5**	**97245.6**	**98783.3**		**60347.7**	**67140.6**	**67815.6**	
北　京	Beijing	276.0	144.5	133.5	30	211.4	128.5	115.5	31
天　津	Tianjin	587.8	470.0	464.7	28	344.6	306.6	306.6	26
河　北	Hebei	10151.3	7402.0	7580.6	3	4548.0	4457.6	4474.7	6
山　西	Shanxi	2809.2	1744.3	1376.3	22	1274.2	1487.3	1511.2	18
内蒙古	Inner Mongolia	3033.6	3331.1	3483.6	12	3027.5	3131.5	3174.8	8
辽　宁	Liaoning	2248.7	2168.5	2215.1	18	1537.5	1573.0	1610.6	17
吉　林	Jilin	2145.0	3105.3	3284.7	13	1726.8	1832.2	1893.1	13
黑龙江	Heilongjiang	3736.3	5634.3	5813.8	6	3875.2	5932.7	6031.0	1
上　海	Shanghai	104.1	122.3	121.8	31	201.0	189.8	190.8	30
江　苏	Jiangsu	3937.3	4906.6	4991.4	7	3819.7	4054.1	4131.9	7
浙　江	Zhejiang	2427.5	2136.7	2072.3	20	1451.0	1446.3	1444.7	19
安　徽	Anhui	5409.8	6867.5	6312.9	4	3519.8	4437.5	4504.1	5
福　建	Fujian	1206.2	1269.1	1232.4	24	967.5	1055.4	1064.8	23
江　西	Jiangxi	3805.0	2201.6	2309.6	16	1852.4	2036.8	2039.4	12
山　东	Shandong	11629.0	9797.6	10144.0	1	4955.3	5161.2	5191.1	3
河　南	Henan	10195.9	9855.0	10038.3	2	5081.0	5242.9	5273.6	2
湖　北	Hubei	3371.0	4187.8	4335.1	9	2379.8	2905.6	2919.2	10
湖　南	Hunan	4651.5	6097.5	6254.8	5	2739.0	3132.4	3145.9	9
广　东	Guangdong	2345.3	2390.5	2410.8	15	1872.5	1771.7	1774.6	15
广　西	Guangxi	2767.7	3527.3	3658.3	10	1523.0	1646.1	1669.9	16
海　南	Hainan	425.2	516.6	569.8	26	243.8	290.0	289.3	27
重　庆	Chongqing	1071.1	1318.7	1352.6	23	685.3	690.6	694.3	24
四　川	Sichuan	3155.1	4267.3	4420.3	8	2553.1	2813.6	2873.1	11
贵　州	Guizhou	1730.3	2041.1	2181.4	19	1131.7	1088.1	1114.1	22
云　南	Yunnan	2411.1	3440.6	3534.5	11	1588.4	1809.4	1851.4	14
西　藏	Tibet	378.1	635.1	523.1	27	237.0	251.5	261.2	28
陕　西	Shaanxi	2000.0	2171.9	2242.5	17	1284.9	1251.4	1263.1	21
甘　肃	Gansu	1977.6	1903.9	2018.6	21	1278.4	1317.5	1331.4	20
青　海	Qinghai	421.3	458.6	462.4	29	251.7	202.4	206.6	29
宁　夏	Ningxia	729.1	580.5	605.4	25	464.6	515.2	511.5	25
新　疆	Xinjiang	1643.7	2552.2	2638.8	14	3721.6	4982.0	4952.3	4

10-9 化肥施用量和农村用电量

Consumption of Chemical Fertilizers and Electricity Consumption in Rural Areas

地区	Region	化肥施用量（万吨） Consumption of Chemical Fertilizers (10 000 tons)				农村用电量（亿千瓦时） Electricity Consumption in Rural Areas (100 million kwh)			
		2010	2016	2017	2017排名 Ranking	2010	2016	2017	2017排名 Ranking
全 国	**National Total**	**5561.7**	**5984.1**	**5859.4**		**6632.3**	**9238.3**	**9524.4**	
北 京	Beijing	13.7	9.7	8.5	30	44.4	54.7	61.5	24
天 津	Tianjin	25.5	21.4	18.0	27	51.0	92.2	40.3	27
河 北	Hebei	322.9	331.8	322.0	3	511.8	600.8	615.2	5
山 西	Shanxi	110.4	117.1	112.0	20	81.2	97.5	99.3	19
内蒙古	Inner Mongolia	177.2	234.6	235.0	13	48.4	71.1	78.9	23
辽 宁	Liaoning	140.1	148.1	145.5	17	359.5	489.8	528.0	6
吉 林	Jilin	182.8	233.6	231.0	16	39.5	51.1	53.0	26
黑龙江	Heilongjiang	214.9	252.8	251.2	9	55.7	77.5	79.8	22
上 海	Shanghai	11.8	9.2	8.9	28	195.5	983.2	1013.2	3
江 苏	Jiangsu	341.1	312.5	303.9	6	1472.9	1869.3	1888.0	1
浙 江	Zhejiang	92.2	84.5	82.6	24	765.1	926.1	976.7	4
安 徽	Anhui	319.8	327.0	318.7	4	107.4	161.6	171.3	11
福 建	Fujian	121.0	123.8	116.3	19	257.5	384.4	388.4	8
江 西	Jiangxi	137.6	142.0	135.0	18	71.6	104.6	108.5	16
山 东	Shandong	475.3	456.5	440.0	2	439.0	488.8	488.5	7
河 南	Henan	655.2	715.0	706.7	1	269.4	317.2	328.8	9
湖 北	Hubei	350.8	328.0	317.9	5	109.8	152.9	156.6	12
湖 南	Hunan	236.6	246.4	245.3	11	98.6	126.7	128.6	14
广 东	Guangdong	237.3	261.0	258.3	8	1044.3	1334.8	1414.8	2
广 西	Guangxi	237.2	262.1	263.8	7	50.2	95.4	103.5	17
海 南	Hainan	46.4	50.6	51.4	25	5.9	13.9	15.5	28
重 庆	Chongqing	91.8	96.2	95.5	22	64.8	78.7	80.2	21
四 川	Sichuan	248.0	249.0	242.0	12	141.7	183.1	188.4	10
贵 州	Guizhou	86.5	103.7	95.7	21	41.7	85.3	95.1	20
云 南	Yunnan	184.6	235.6	231.9	15	61.7	95.3	102.3	18
西 藏	Tibet	4.7	5.9	5.5	31	0.8	1.2	1.3	31
陕 西	Shaanxi	196.8	233.1	232.1	14	121.0	118.7	130.8	13
甘 肃	Gansu	85.3	93.4	84.5	23	42.9	54.2	55.9	25
青 海	Qinghai	8.8	8.8	8.7	29	3.8	5.9	6.4	30
宁 夏	Ningxia	37.9	40.7	40.8	26	11.0	14.2	14.6	29
新 疆	Xinjiang	167.6	250.2	250.7	10	64.3	108.2	111.1	15

10-10 水库总库容量和除涝面积
Capacity of Reservoirs and Area with Flood Prevention Measures

地区	Region	水库总库容量（亿立方米） Capacity of Reservoirs (100 million cu.m)				除涝面积（千公顷） Area with Flood Prevention Measures (1 000 hectares)			
		2010	2016	2017	2017排名 Ranking	2010	2016	2017	2017排名 Ranking
全　国	**National Total**	**7162.4**	**8993.2**	**9035.3**		**21691.7**	**23066.7**	**23824.3**	
北　京	Beijing	93.9	52.2	52.2	26	149.8	1.2	12.0	27
天　津	Tianjin	26.2	26.5	26.5	30	377.2	369.3	364.6	14
河　北	Hebei	161.4	206.4	206.4	17	1648.6	1641.2	1641.2	6
山　西	Shanxi	57.5	69.4	69.7	25	89.1	89.1	89.1	22
内蒙古	Inner Mongolia	167.9	103.5	104.4	22	277.0	277.0	277.0	16
辽　宁	Liaoning	359.3	366.6	366.8	10	985.3	931.2	931.6	9
吉　林	Jilin	320.4	325.4	326.2	11	1021.4	1032.7	1034.6	8
黑龙江	Heilongjiang	178.7	267.6	268.6	15	3334.9	3394.0	3397.3	2
上　海	Shanghai					55.4	60.7	60.3	23
江　苏	Jiangsu	189.2	35.4	35.2	28	2802.5	3125.6	4014.4	1
浙　江	Zhejiang	398.1	444.6	447.0	7	496.7	548.3	554.6	10
安　徽	Anhui	326.5	325.1	325.1	12	2269.1	2357.7	2394.8	4
福　建	Fujian	185.4	193.0	169.4	19	129.6	156.5	160.4	18
江　西	Jiangxi	293.7	319.9	319.9	13	375.7	411.5	422.1	13
山　东	Shandong	227.6	214.4	220.7	16	2651.8	2955.2	2980.1	3
河　南	Henan	402.2	422.6	425.7	9	1959.0	2108.1	2106.3	5
湖　北	Hubei	992.1	1263.2	1263.9	1	1219.2	1390.6	1461.4	7
湖　南	Hunan	402.3	513.7	513.7	5	486.3	430.2	437.1	12
广　东	Guangdong	429.0	448.3	448.3	6	514.5	542.7	545.5	11
广　西	Guangxi	378.4	679.5	708.3	3	209.6	237.4	234.9	17
海　南	Hainan	100.0	111.7	111.7	21	17.5	21.7	21.7	24
重　庆	Chongqing	74.1	121.4	125.5	20				
四　川	Sichuan	214.9	476.2	522.5	4	94.0	103.7	104.9	21
贵　州	Guizhou	354.3	437.5	439.0	8	54.0	99.3	121.4	20
云　南	Yunnan	131.7	795.9	753.6	2	254.0	276.1	284.9	15
西　藏	Tibet	12.9	34.0	38.4	27	22.3	336.0	2.5	28
陕　西	Shaanxi	77.1	89.9	94.3	24	130.8	133.6	133.2	19
甘　肃	Gansu	103.1	102.4	103.4	23	12.5	13.6	14.1	26
青　海	Qinghai	341.9	320.0	316.5	14		0.8	0.8	29
宁　夏	Ningxia	26.9	27.7	27.8	29	10.5			
新　疆	Xinjiang	135.7	199.4	204.7	18	43.6	21.7	21.7	24

10-11 农作物总播种面积和粮食播种面积
Total Sown Areas and Sown Areas of Grain Crops

单位：千公顷 (1 000 hectares)

地区	Region	农作物总播种面积 Total Sown Areas 2010	2016	2017	2017排名 Ranking	粮食作物播种面积 Sown Areas of Grain Crops 2010	2016	2017	2017排名 Ranking
全 国	**National Total**	**156785.0**	**166939.0**	**166332.0**		**111695.0**	**119230.0**	**117989.0**	
北 京	Beijing	317.3	151.4	120.9	31	223.5	87.3	66.8	31
天 津	Tianjin	459.3	479.2	439.5	28	311.8	357.3	351.4	26
河 北	Hebei	8718.4	8716.6	8381.6	7	6282.2	6327.4	6658.5	6
山 西	Shanxi	3763.9	3720.8	3577.6	21	3239.2	3241.4	3180.9	15
内蒙古	Inner Mongolia	7002.5	7921.9	9014.2	5	5498.7	5784.8	6780.9	5
辽 宁	Liaoning	4073.8	4064.1	4172.3	18	3179.3	3231.4	3467.5	14
吉 林	Jilin	5221.4	5676.3	6086.2	12	4492.2	5021.7	5544.0	8
黑龙江	Heilongjiang	12156.2	12426.5	14767.6	1	11454.7	11804.7	14154.3	1
上 海	Shanghai	401.2	294.7	284.9	29	179.2	140.1	133.1	30
江 苏	Jiangsu	7619.6	7676.9	7556.4	10	5282.4	5432.7	5527.3	9
浙 江	Zhejiang	2484.7	2274.4	1981.1	23	1275.8	1255.4	977.2	23
安 徽	Anhui	9053.4	8893.6	8726.7	6	6616.4	6644.5	7321.8	4
福 建	Fujian	2270.8	2327.3	1549.3	24	1232.3	1176.7	833.2	24
江 西	Jiangxi	5457.7	5560.7	5638.5	16	3639.1	3686.2	3786.3	13
山 东	Shandong	10818.2	10973.2	11107.8	3	7084.8	7511.5	8455.6	3
河 南	Henan	14248.7	14472.3	14732.5	2	9740.2	10286.2	10915.1	2
湖 北	Hubei	7997.6	7843.5	7956.1	9	4068.4	4436.9	4853.0	11
湖 南	Hunan	8216.1	8793.3	8322.0	8	4809.1	4890.6	4978.9	10
广 东	Guangdong	4524.5	4830.8	4227.5	17	2531.9	2509.3	2169.7	21
广 西	Guangxi	5896.9	6145.3	5969.9	13	3061.1	3023.6	2853.1	18
海 南	Hainan	833.7	823.3	709.4	26	437.2	360.4	282.5	28
重 庆	Chongqing	3359.4	3600.7	3339.6	22	2243.9	2250.1	2030.7	22
四 川	Sichuan	9478.8	9728.6	9575.0	4	6402.0	6453.9	6292.0	7
贵 州	Guizhou	4889.1	5596.8	5659.4	15	3039.5	3113.3	3052.8	16
云 南	Yunnan	6437.3	7164.5	6790.8	11	4274.4	4481.2	4169.2	12
西 藏	Tibet	240.2	257.9	254.1	30	170.2	182.9	185.6	29
陕 西	Shaanxi	4185.6	4276.9	4063.9	19	3159.7	3068.7	3019.4	17
甘 肃	Gansu	3995.2	4253.8	3752.0	20	2799.8	2814.0	2647.2	19
青 海	Qinghai	546.9	561.3	555.3	27	274.5	281.1	282.6	27
宁 夏	Ningxia	1247.9	1275.2	1132.6	25	844.1	778.3	722.5	25
新 疆	Xinjiang	4758.6	5867.5	5887.0	14	2028.6	2401.1	2295.9	20

10-12 棉花和油料播种面积
Sown Areas of Cotton and Oil-bearing Crops

单位：千公顷 (1 000 hectares)

地区	Region	棉花播种面积 Sown Areas of Cotton 2010	2016	2017	2017排名 Ranking	油料播种面积 Sown Areas of Oil-bearing Crops 2010	2016	2017	2017排名 Ranking
全 国	**National Total**	**4366.0**	**3198.0**	**3195.0**		**13695.0**	**13191.0**	**13223.0**	
北 京	Beijing	0.4	0.1			5.4	2.2	2.2	31
天 津	Tianjin	51.8	14.2	20.7	10	2.2	6.7	5.6	29
河 北	Hebei	581.6	288.6	220.6	2	464.4	468.3	394.6	11
山 西	Shanxi	58.7	7.1	2.9	15	157.0	114.7	114.1	23
内蒙古	Inner Mongolia	0.9	0.1			693.6	1026.8	1113.1	5
辽 宁	Liaoning	0.4	0.1			347.4	289.0	278.4	17
吉 林	Jilin	3.3				303.1	317.1	408.7	10
黑龙江	Heilongjiang					167.2	112.5	76.3	24
上 海	Shanghai	2.4	0.3	0.4	18	10.3	4.2	3.2	30
江 苏	Jiangsu	235.7	63.4	21.0	9	574.4	438.6	267.6	18
浙 江	Zhejiang	20.8	11.2	4.5	13	208.8	141.1	122.3	22
安 徽	Anhui	344.4	183.4	88.1	6	944.3	731.1	518.3	9
福 建	Fujian	0.1	0.1			111.7	120.1	72.5	25
江 西	Jiangxi	79.7	49.3	69.0	7	731.7	729.2	699.0	7
山 东	Shandong	766.4	465.2	174.7	4	815.9	757.1	725.2	6
河 南	Henan	467.3	100.1	40.0	8	1564.1	1624.8	1397.5	2
湖 北	Hubei	480.1	202.5	204.8	3	1448.7	1452.9	1291.3	4
湖 南	Hunan	175.0	103.6	95.7	5	1211.4	1438.0	1311.6	3
广 东	Guangdong					337.4	379.1	331.8	13
广 西	Guangxi	2.2	2.2	1.3	17	192.9	257.2	239.3	19
海 南	Hainan					40.7	40.0	33.0	27
重 庆	Chongqing	0.1				255.0	320.0	318.5	14
四 川	Sichuan	16.2	9.1	4.4	14	1218.9	1307.1	1478.9	1
贵 州	Guizhou	1.5	1.6	1.4	16	529.1	594.5	661.2	8
云 南	Yunnan	0.3	0.1			333.3	355.8	288.8	15
西 藏	Tibet					24.0	22.6	19.6	28
陕 西	Shaanxi	50.9	24.1	8.5	12	301.2	304.6	278.6	16
甘 肃	Gansu	47.9	13.3	19.4	11	345.7	332.0	346.5	12
青 海	Qinghai					177.9	142.6	155.3	21
宁 夏	Ningxia					98.8	68.4	33.3	26
新 疆	Xinjiang	1460.6	1805.2	2217.5	1	273.4	240.2	237.2	20

10-13 糖料和蔬菜播种面积
Sown Areas of Sugar Crops and Vegetables

单位：千公顷 (1 000 hectares)

地区	Region	糖料播种面积 Sown Areas of Sugar Crops				蔬菜播种面积 Sown Areas of Vegetables			
		2010	2016	2017	2017排名 Ranking	2010	2016	2017	2017排名 Ranking
全　国	**National Total**	**1809.0**	**1555.0**	**1546.0**		**16201.0**	**19553.0**	**19981.0**	
北　京	Beijing					67.5	47.5	40.3	30
天　津	Tianjin					84.9	83.2	49.3	28
河　北	Hebei	14.1	19.3	12.2	8	1138.6	1236.2	748.6	11
山　西	Shanxi	4.9	0.7	0.1	24	228.5	257.0	169.9	24
内蒙古	Inner Mongolia	36.8	63.6	82.7	4	263.6	291.6	218.7	22
辽　宁	Liaoning	1.1	1.9	2.0	20	430.2	419.3	308.6	19
吉　林	Jilin	3.3	0.3	0.7	23	245.5	200.4	82.8	27
黑龙江	Heilongjiang	77.9	3.3	9.4	9	184.5	241.3	205.3	23
上　海	Shanghai	0.4	0.1			132.1	107.9	92.9	26
江　苏	Jiangsu	1.8	1.5	0.8	22	1229.8	1430.4	1407.6	3
浙　江	Zhejiang	12.0	9.5	5.7	14	618.6	633.2	644.1	13
安　徽	Anhui	5.7	5.3	2.9	17	774.2	920.2	628.2	14
福　建	Fujian	9.8	6.8	4.9	15	666.9	767.4	533.4	16
江　西	Jiangxi	13.6	14.5	14.6	7	521.2	606.6	619.3	15
山　东	Shandong					1770.8	1869.3	1462.0	2
河　南	Henan	3.9	3.4	2.3	18	1704.1	1772.5	1736.1	1
湖　北	Hubei	8.1	9.0	6.6	13	1020.8	1248.0	1188.6	9
湖　南	Hunan	15.3	13.4	7.3	12	1133.1	1420.3	1271.1	6
广　东	Guangdong	154.9	161.9	169.2	3	1179.8	1414.8	1227.2	8
广　西	Guangxi	1069.3	951.0	876.1	1	1007.6	1269.7	1399.7	4
海　南	Hainan	60.1	32.3	21.2	6	214.6	267.8	252.9	21
重　庆	Chongqing	3.1	2.4	2.1	19	589.1	747.1	727.2	12
四　川	Sichuan	19.7	12.9	9.3	10	1166.2	1379.4	1324.3	5
贵　州	Guizhou	13.7	20.9	8.7	11	647.9	1050.4	1253.1	7
云　南	Yunnan	295.2	282.2	239.9	2	671.3	1040.1	1084.8	10
西　藏	Tibet					21.3	23.0	23.3	31
陕　西	Shaanxi	0.1	0.1	1.4	21	444.0	527.0	480.6	17
甘　肃	Gansu	5.1	2.9	4.3	16	395.0	547.0	337.0	18
青　海	Qinghai		0.03			43.5	50.4	43.1	29
宁　夏	Ningxia					101.4	132.5	118.6	25
新　疆	Xinjiang	75.3	77.1	61.1	5	303.6	326.6	302.2	20

10-14 果园播种面积和粮食产量
Sown Areas of Orchards and Output of Grain

地区	Region	果园播种面积（千公顷） Sown Areas of Orchards (1 000 hectares)				粮食产量（万吨） Output of Grain (10 000 tons)			
		2010	2016	2017	2017排名 Ranking	2010	2016	2017	2017排名 Ranking
全　国	**National Total**	**10681.0**	**10903.0**	**11136.0**		**55911.3**	**66043.5**	**66160.7**	
北　京	Beijing	64.9	52.5	47.7	25	115.7	53.7	41.1	31
天　津	Tianjin	34.4	33.6	31.5	26	159.7	196.4	212.3	26
河　北	Hebei	1064.4	1090.1	560.0	8	2975.9	3460.2	3829.2	6
山　西	Shanxi	294.4	355.8	359.5	13	1085.1	1318.5	1355.1	17
内蒙古	Inner Mongolia	65.9	75.9	59.8	24	2158.2	2780.3	3254.5	9
辽　宁	Liaoning	354.2	380.3	350.7	14	1765.4	2100.6	2330.7	12
吉　林	Jilin	58.7	46.6	18.6	28	2842.5	3717.2	4154.0	4
黑龙江	Heilongjiang	36.2	34.2	27.2	27	5012.8	6058.5	7410.3	1
上　海	Shanghai	23.2	16.8			118.4	99.2	99.8	30
江　苏	Jiangsu	191.5	210.0	209.1	20	3235.1	3466.0	3610.8	7
浙　江	Zhejiang	320.9	327.7	325.7	16	770.7	752.2	580.1	23
安　徽	Anhui	107.1	132.4	138.0	22	3080.5	3417.4	4019.7	5
福　建	Fujian	536.2	541.7	310.4	17	661.9	650.9	487.2	24
江　西	Jiangxi	373.6	410.9	396.9	12	1954.7	2138.1	2221.7	13
山　东	Shandong	581.0	653.3	579.4	6	4335.7	4700.7	5374.3	3
河　南	Henan	455.3	447.5	442.7	10	5437.1	5946.6	6524.2	2
湖　北	Hubei	375.7	423.4	345.8	15	2315.8	2554.1	2846.1	11
湖　南	Hunan	519.7	536.4	500.7	9	2847.5	2953.2	3073.6	10
广　东	Guangdong	1084.8	1130.6	960.5	3	1316.5	1360.2	1208.6	19
广　西	Guangxi	938.1	1232.6	1174.4	1	1412.3	1521.3	1370.5	16
海　南	Hainan	174.5	160.2	165.3	21	180.4	177.9	138.1	27
重　庆	Chongqing	248.7	308.4	290.3	19	1156.1	1166.0	1079.9	22
四　川	Sichuan	552.3	663.2	693.7	5	3222.9	3483.5	3488.9	8
贵　州	Guizhou	151.8	324.2	406.3	11	1112.3	1192.4	1242.4	18
云　南	Yunnan	315.2	515.6	570.0	7	1531.0	1902.9	1843.4	14
西　藏	Tibet	1.9	3.2			91.2	101.9	106.5	28
陕　西	Shaanxi	1083.3	1263.8	1086.9	2	1164.9	1228.3	1194.2	20
甘　肃	Gansu	420.0	472.9	303.3	18	958.3	1140.6	1105.9	21
青　海	Qinghai	5.1	7.6	6.2	29	102.0	103.5	102.5	29
宁　夏	Ningxia	119.5	136.3	79.6	23	356.5	370.6	370.1	25
新　疆	Xinjiang	991.7	993.8	695.4	4	1170.7	1512.3	1484.7	15

10-15 棉花和油料产量
Output of Cotton and Oil-bearing Crops

单位：万吨 (10 000 tons)

地区	Region	棉花产量 Output of Cotton 2010	2016	2017	2017排名 Ranking	油料产量 Output of Oil-bearing Crops 2010	2016	2017	2017排名 Ranking
全 国	**National Total**	**577.0**	**534.3**	**565.3**		**3156.8**	**3400.0**	**3475.2**	
北 京	Beijing		0.01			1.6	0.6	0.5	31
天 津	Tianjin	6.3	2.3	2.5	11	0.6	1.6	1.3	29
河 北	Hebei	57.0	30.0	24.0	2	140.3	156.5	129.4	8
山 西	Shanxi	6.9	1.0	0.4	14	17.6	15.4	15.0	24
内蒙古	Inner Mongolia	0.1	0.02			128.1	220.0	240.7	5
辽 宁	Liaoning	0.1	0.01			99.6	81.3	81.5	14
吉 林	Jilin	0.5				70.4	82.5	128.5	9
黑龙江	Heilongjiang					27.5	21.7	14.3	25
上 海	Shanghai	0.4	0.03			2.3	0.9	0.8	30
江 苏	Jiangsu	26.1	7.4	2.6	10	152.0	131.9	85.4	13
浙 江	Zhejiang	2.9	1.7	0.6	13	39.5	29.1	26.9	22
安 徽	Anhui	31.6	18.5	8.6	7	227.6	214.8	154.7	7
福 建	Fujian		0.01			26.6	31.0	19.6	23
江 西	Jiangxi	13.1	7.3	10.5	6	107.6	122.0	120.6	10
山 东	Shandong	72.4	54.8	20.7	3	342.2	326.8	318.3	3
河 南	Henan	44.7	9.8	4.4	8	540.7	619.1	586.9	1
湖 北	Hubei	47.2	18.8	18.4	4	311.8	329.8	307.7	4
湖 南	Hunan	22.7	12.3	11.0	5	195.3	242.9	226.1	6
广 东	Guangdong					88.2	113.3	101.3	12
广 西	Guangxi	0.2	0.3	0.1	16	45.8	68.9	64.9	17
海 南	Hainan					9.5	11.2	9.0	26
重 庆	Chongqing					44.4	62.7	62.4	18
四 川	Sichuan	1.4	0.9	0.4	14	268.5	311.3	357.9	2
贵 州	Guizhou	0.1	0.1	0.1	16	60.3	103.4	115.5	11
云 南	Yunnan		0.01			34.2	68.5	56.3	20
西 藏	Tibet					5.9	6.2	5.9	28
陕 西	Shaanxi	6.9	3.4	1.2	12	56.1	63.8	59.8	19
甘 肃	Gansu	7.6	2.0	3.2	9	64.1	76.0	77.4	15
青 海	Qinghai					34.4	30.0	30.3	21
宁 夏	Ningxia					20.8	14.7	6.9	27
新 疆	Xinjiang	247.9	359.4	456.6	1	66.6	71.4	69.7	16

10-16 糖料和水果产量
Output of Sugar Crops and Fruits

单位：万吨 (10 000 tons)

地区	Region	糖料产量 Output of Sugar Crops				水果产量 Output of Fruits			
		2010	2016	2017	2017排名 Ranking	2010	2016	2017	2017排名 Ranking
全　国	**National Total**	**12008.5**	**11176.0**	**11378.8**		**20095.4**	**24405.2**	**25241.9**	
北　京	Beijing					115.2	79.0	74.4	27
天　津	Tianjin					60.0	61.5	58.2	28
河　北	Hebei	49.0	60.4	62.5	8	1612.4	2138.5	1365.3	7
山　西	Shanxi	22.6	3.2	0.6	24	474.9	840.8	844.0	12
内蒙古	Inner Mongolia	161.0	268.4	3443.1	2	278.2	316.3	322.9	22
辽　宁	Liaoning	4.9	9.4	10.7	19	733.1	802.3	770.3	14
吉　林	Jilin	7.7	0.9	2.6	23	218.0	241.1	89.5	26
黑龙江	Heilongjiang	175.0	11.4	37.4	11	279.6	259.9	236.9	24
上　海	Shanghai	2.7	0.3	0.2	25	101.9	50.6	46.4	29
江　苏	Jiangsu	10.3	4.9	4.9	21	738.6	893.0	942.5	11
浙　江	Zhejiang	74.3	41.0	37.5	10	701.3	724.3	751.3	15
安　徽	Anhui	22.4	11.2	11.2	18	805.3	1043.5	606.3	19
福　建	Fujian	61.6	28.8	26.4	16	642.8	853.8	644.7	17
江　西	Jiangxi	59.1	66.7	67.3	7	468.4	617.4	670.1	16
山　东	Shandong					2793.8	3255.4	2804.3	1
河　南	Henan	26.1	16.7	16.2	17	2394.0	2871.3	2602.4	2
湖　北	Hubei	32.4	27.0	27.0	14	778.5	1010.4	948.4	10
湖　南	Hunan	76.6	31.3	33.2	13	788.4	1048.2	956.4	9
广　东	Guangdong	1300.1	1293.9	1343.5	4	1235.9	1717.0	1538.7	5
广　西	Guangxi	7119.6	6991.4	7132.3	1	1094.4	1882.5	1900.4	4
海　南	Hainan	385.4	171.2	133.1	6	375.1	395.4	405.5	20
重　庆	Chongqing	11.7	8.9	8.8	20	238.5	408.7	403.4	21
四　川	Sichuan	93.6	35.7	34.9	12	722.9	979.3	1007.9	8
贵　州	Guizhou	52.2	71.6	50.3	9	123.5	243.9	280.1	23
云　南	Yunnan	1750.9	1523.8	1516.1	3	397.9	759.1	783.9	13
西　藏	Tibet					2.2	1.5	0.2	31
陕　西	Shaanxi	0.2	2.6	2.7	22	1476.5	2017.8	1922.1	3
甘　肃	Gansu	22.0	19.2	26.7	15	488.5	738.0	630.9	18
青　海	Qinghai		0.1	0.03	26	3.8	4.0	3.6	30
宁　夏	Ningxia					228.9	305.8	210.6	25
新　疆	Xinjiang	487.0	476.1	448.3	5	1028.8	1790.9	1420.2	6

10-17 茶叶和木材产量
Output of Tea and Timber

地区	Region	茶叶产量（万吨） Output of Tea (10 000 tons)				木材产量（万立方米） Output of Timber (10 000 cu.m)			
		2010	2016	2017	2017排名 Ranking	2010	2016	2017	2017排名 Ranking
全 国	**National Total**	**146.2**	**231.3**	**246.0**		**8089.6**	**7775.9**	**8398.2**	
北 京	Beijing					9.7	15.4	12.7	25
天 津	Tianjin					21.5	18.0	14.7	24
河 北	Hebei					71.3	82.3	78.7	20
山 西	Shanxi		0.001			4.8	21.5	21.8	23
内蒙古	Inner Mongolia					320.6	81.7	83.5	19
辽 宁	Liaoning					194.6	187.0	194.5	13
吉 林	Jilin					475.9	185.3	185.6	14
黑龙江	Heilongjiang					571.4	116.4	91.2	18
上 海	Shanghai								
江 苏	Jiangsu	1.5	1.4	1.4	16	150.9	156.1	140.7	16
浙 江	Zhejiang	16.3	17.2	17.8	6	198.2	108.2	96.0	17
安 徽	Anhui	8.3	11.2	10.8	8	458.2	447.3	434.1	5
福 建	Fujian	27.3	42.7	39.5	1	684.6	575.8	524.1	3
江 西	Jiangxi	3.0	5.8	6.1	13	340.7	228.0	233.2	10
山 东	Shandong	1.2	2.2	2.0	15	301.3	356.1	421.8	6
河 南	Henan	4.3	6.9	6.4	12	238.0	274.0	246.0	9
湖 北	Hubei	16.6	29.6	30.3	3	221.1	193.1	200.4	12
湖 南	Hunan	11.8	18.6	19.7	5	557.6	273.7	327.6	7
广 东	Guangdong	5.3	8.7	9.3	9	654.9	756.0	793.5	2
广 西	Guangxi	3.9	6.8	7.2	10	1270.4	2686.5	3059.2	1
海 南	Hainan	0.1	0.1	0.1	17	95.7	150.1	174.2	15
重 庆	Chongqing	2.5	3.7	3.9	14	26.1	55.2	51.7	21
四 川	Sichuan	16.9	26.8	27.8	4	162.6	201.6	223.6	11
贵 州	Guizhou	5.2	14.1	17.6	7	181.1	165.2	248.6	8
云 南	Yunnan	20.7	38.4	39.3	2	532.2	391.6	487.5	4
西 藏	Tibet		0.01			69.9		0.6	28
陕 西	Shaanxi	2.5	6.2	6.7	11	32.7	11.7	7.6	26
甘 肃	Gansu	0.1	0.1	0.1	17	3.0	1.7	2.4	27
青 海	Qinghai					1.6			
宁 夏	Ningxia								
新 疆	Xinjiang					36.5	36.3	42.7	22

10-18 谷物和棉花每公顷产量
Output of Cereals and Cotton Per Hectare

单位：公斤/公顷 (kg/hectare)

地区	Region	谷物 Cereals				棉花 Cotton			
		2010	2016	2017	2017排名 Ranking	2010	2016	2017	2017排名 Ranking
全　国	**National Total**	**5528**	**6004**	**6105**		**1322**	**1671**	**1769**	
北　京	Beijing	5297	6296	6350	11	1150	1164		
天　津	Tianjin	5311	5538	6090	16	1211	1641	1210	8
河　北	Hebei	4877	5627	5780	19	979	1038	1088	12
山　西	Shanxi	3813	4539	4641	28	1180	1464	1395	5
内蒙古	Inner Mongolia	4912	5605	5661	23	1261	1493		
辽　宁	Liaoning	5688	6780	6870	3	1523	1355		
吉　林	Jilin	6867	7804	7848	1	1566			
黑龙江	Heilongjiang	5744	6362	6605	5				
上　海	Shanghai	6739	7190	7562	2	1454	1098		
江　苏	Jiangsu	6365	6624	6733	4	1107	1165	1238	7
浙　江	Zhejiang	6641	6689	6542	6	1412	1470	1324	6
安　徽	Anhui	5367	5804	5923	18	918	1006	976	13
福　建	Fujian	5823	5978	6154	14	436	769		
江　西	Jiangxi	5581	6028	6026	17	1640	1486	1522	3
山　东	Shandong	6154	6287	6392	9	945	1178	1185	9
河　南	Henan	5837	6068	6130	15	957	974	1100	11
湖　北	Hubei	6036	6177	6270	13	983	931	898	15
湖　南	Hunan	6135	6262	6354	10	1297	1185	1150	10
广　东	Guangdong	5348	5636	5712	20				
广　西	Guangxi	5032	5476	5327	24	928	1127	789	16
海　南	Hainan	4272	5157	4996	25				
重　庆	Chongqing	6229	6394	6539	7	628			
四　川	Sichuan	5557	6122	6282	12	876	977	909	14
贵　州	Guizhou	4978	4710	4903	27	660	754	714	17
云　南	Yunnan	4172	4816	4942	26	1237	1341		
西　藏	Tibet	5430	5663	5667	22				
陕　西	Shaanxi	3992	4371	4325	30	1361	1405	1417	4
甘　肃	Gansu	3772	4490	4551	29	1578	1502	1649	2
青　海	Qinghai	3756	3832	3558	31				
宁　夏	Ningxia	5411	5721	5693	21				
新　疆	Xinjiang	5969	6420	6522	8	1697	1991	2059	1

10-19　花生和油菜籽每公顷产量
Output of Peanuts and Rapeseeds Per Hectare

单位：公斤/公顷　　　　(kg/hectare)

地区	Region	花生 Peanuts				油菜籽 Rapeseeds			
		2010	2016	2017	2017排名 Ranking	2010	2016	2017	2017排名 Ranking
全　国	**National Total**	**3460**	**3678**	**3710**		**1748**	**1982**	**1995**	
北　京	Beijing	2990	2982	2835	19	440		941	29
天　津	Tianjin	3573	3398	3594	8		2299	1762	19
河　北	Hebei	3517	3790	3876	7	1312	1653	1700	21
山　西	Shanxi	2332	2074	2263	27	1048	1763	945	28
内蒙古	Inner Mongolia	1751	2570	2539	25	1003	1362	1150	26
辽　宁	Liaoning	2893	2764	2945	17	1950	1876	1677	22
吉　林	Jilin	2739	3232	3285	11			937	30
黑龙江	Heilongjiang	2175	2485	2655	23	2251	10918	2605	6
上　海	Shanghai	2762	2721	2820	20	2195	2042	2177	13
江　苏	Jiangsu	3646	3910	3946	6	2444	2785	2840	3
浙　江	Zhejiang	2827	2888	2975	15	1803	1951	2101	15
安　徽	Anhui	4440	4955	4951	3	1935	2333	2348	9
福　建	Fujian	2527	2733	2792	21	1293	1506	1541	24
江　西	Jiangxi	2677	2839	2879	18	1167	1344	1383	25
山　东	Shandong	4212	4347	4421	5	2792	2572	2638	5
河　南	Henan	4322	4513	4599	4	2260	2518	2703	4
湖　北	Hubei	3405	3481	3400	10	2005	2100	2195	11
湖　南	Hunan	2413	2586	2600	24	1530	1611	1646	23
广　东	Guangdong	2652	3033	3084	14	1171	1252	2445	7
广　西	Guangxi	2554	2931	2951	16	943	1044	1042	27
海　南	Hainan	2420	2838	2781	22				
重　庆	Chongqing	1836	2117	2161	29	1784	1952	1942	17
四　川	Sichuan	2373	2601	2527	26	2166	2332	2388	8
贵　州	Guizhou	1882	2155	2186	28	1077	1703	1705	20
云　南	Yunnan	1430	1659	1663	30	963	2002	2047	16
西　藏	Tibet	2450	3092	3129	13	2442	2746	3033	1
陕　西	Shaanxi	2884	3144	3158	12	1847	2080	2130	14
甘　肃	Gansu	2522	3588	3557	9	1816	2109	2205	10
青　海	Qinghai					1948	2115	1889	18
宁　夏	Ningxia	1575		10815	1	1782	2279	2184	12
新　疆	Xinjiang	4350	5827	5137	2	2158	2760	2933	2

10-20 甘蔗和甜菜每公顷产量
Output of Sugarcane and Beetroots Per Hectare

单位：公斤/公顷 (kg/hectare)

地区	Region	甘蔗 Sugarcane				甜菜 Beetroots			
		2010	2016	2017	2017排名 Ranking	2010	2016	2017	2017排名 Ranking
全　国	**National Total**	**65271**	**73638**	**76132**		**38018**	**55630**	**53843**	
北　京	Beijing								
天　津	Tianjin								
河　北	Hebei					34810	48363	51238	4
山　西	Shanxi					46169	50980	50526	5
内蒙古	Inner Mongolia					43707	44191	41627	8
辽　宁	Liaoning					45970	50628	52664	3
吉　林	Jilin					23479	47908	38245	10
黑龙江	Heilongjiang					22476	34273	39958	9
上　海	Shanghai	66951	54201	63528	5				
江　苏	Jiangsu	59848	61327	60548	9	11775	10000	10000	12
浙　江	Zhejiang	61700	65419	65636	4				
安　徽	Anhui	39074	39733	32757	16	8000		48568	6
福　建	Fujian	62491	54533	53388	10				
江　西	Jiangxi	43583	45298	45967	12				
山　东	Shandong						14000	44715	7
河　南	Henan	66622	68826	70346	3				
湖　北	Hubei	40204	41959	41047	14		2250	6407	15
湖　南	Hunan	49997	49365	45995	11				
广　东	Guangdong	83956	91396	79421	2				
广　西	Guangxi	66583	78455	81409	1				
海　南	Hainan	64172	63307	62697	7				
重　庆	Chongqing	37315	41055	41392	13				
四　川	Sichuan	47920	38368	38387	15	13461	23923	6479	14
贵　州	Guizhou	38133	56281	60779	8	6806	2400		
云　南	Yunnan	59328	61609	63199	6	10248			
西　藏	Tibet								
陕　西	Shaanxi	28814	21467	19420	17		8600	10000	12
甘　肃	Gansu					43594	57340	62177	2
青　海	Qinghai					14633	21914	28682	11
宁　夏	Ningxia					12433			
新　疆	Xinjiang					64688	71956	73419	1

10-21 造林面积
Area of Afforestation

单位：公顷 (hectare)

地区	Region	造林总面积 Total Area of Afforestation 2010	2016	2017	2017排名 Ranking	其中：人工造林 Manual Planting 2010	2016	2017	2017排名 Ranking
全　国	**National Total**	**5909919**	**7203509**	**7680711**		**3872762**	**3823656**	**4295890**	
北　京	Beijing	13887	19064	40339	27	7765	10012	9280	27
天　津	Tianjin	11315	9291	12224	30	11315	9291	9557	26
河　北	Hebei	283878	583361	481271	5	138365	345625	371770	3
山　西	Shanxi	282371	266694	311968	10	156785	199696	279968	6
内蒙古	Inner Mongolia	655180	618484	680453	1	229930	311052	346309	4
辽　宁	Liaoning	190669	142438	144223	21	102903	55332	56929	18
吉　林	Jilin	82584	157905	153038	19	39329	88646	80840	16
黑龙江	Heilongjiang	233777	92999	97591	23	166411	41262	36579	24
上　海	Shanghai	1349	3941	2680	31	1349	3941	2680	31
江　苏	Jiangsu	86256	30625	36572	28	73234	27214	33968	25
浙　江	Zhejiang	15214	55648	44054	26	12999	12837	8450	28
安　徽	Anhui	48711	128042	144926	20	28465	91380	56667	19
福　建	Fujian	29875	228675	233585	14	29125	10300	8094	29
江　西	Jiangxi	200778	289560	282407	11	170875	94933	89405	15
山　东	Shandong	205131	146684	142195	22	198998	115179	92306	14
河　南	Henan	231700	149002	180929	17	178850	97647	126281	12
湖　北	Hubei	192213	245705	400840	6	119075	171735	162328	11
湖　南	Hunan	213448	503235	554139	4	178146	197453	186088	8
广　东	Guangdong	95144	305404	270588	13	91952	100658	80739	17
广　西	Guangxi	143254	193341	176081	18	125341	82410	54578	21
海　南	Hainan	14166	14521	12879	29	14166	8325	4626	30
重　庆	Chongqing	255235	226333	228052	15	173188	100600	100792	13
四　川	Sichuan	382225	568532	658370	3	206421	425550	483900	2
贵　州	Guizhou	206603	478701	678300	2	72714	228138	584549	1
云　南	Yunnan	661500	496451	387158	7	596879	308415	277716	7
西　藏	Tibet	62299	55277	82667	24	42010	42864	37480	23
陕　西	Shaanxi	364312	297642	334786	8	199534	184108	163099	10
甘　肃	Gansu	232761	325580	325431	9	148567	260144	280346	5
青　海	Qinghai	117804	178414	198809	16	33720	16051	56631	20
宁　夏	Ningxia	94932	91531	78238	25	71001	58960	45531	22
新　疆	Xinjiang	251601	263903	282384	12	203603	118105	165737	9

10-22 按造林方式分飞播造林和新封山育林面积
Area of Airplane Planting and New Closing Hillsides for Afforestation

单位：公顷 (hectare)

地区	Region	飞播造林 Airplane Planting			新封山育林 New Closing Hillsides for Afforestation		
		2016	2017	2017排名 Ranking	2016	2017	2017排名 Ranking
全　国	**National Total**	**162322**	**141220**		**1953638**	**1657169**	
北　京	Beijing				4000	12666	24
天　津	Tianjin					2667	25
河　北	Hebei	33333	20239	3	135107	84790	7
山　西	Shanxi				59998	32000	20
内蒙古	Inner Mongolia	74094	68313	1	136006	138068	4
辽　宁	Liaoning				55337	55330	15
吉　林	Jilin				2333		
黑龙江	Heilongjiang				36814	42250	17
上　海	Shanghai						
江　苏	Jiangsu				333		
浙　江	Zhejiang				4784	2223	26
安　徽	Anhui				31747	41905	18
福　建	Fujian				141936	144338	2
江　西	Jiangxi				78344	68592	10
山　东	Shandong					534	27
河　南	Henan	13429	13733	4	22417	19836	22
湖　北	Hubei				66747	67459	11
湖　南	Hunan				167464	160876	1
广　东	Guangdong				97347	89007	6
广　西	Guangxi				28135	26095	21
海　南	Hainan						
重　庆	Chongqing				62400	63263	12
四　川	Sichuan	1600			31519	61548	13
贵　州	Guizhou				250563	82151	8
云　南	Yunnan				97272	72461	9
西　藏	Tibet				12413	45187	16
陕　西	Shaanxi	33602	34002	2	63865	58403	14
甘　肃	Gansu				57438	35419	19
青　海	Qinghai				159734	138844	3
宁　夏	Ningxia				22938	19062	23
新　疆	Xinjiang	6264	4933	5	126647	92195	5

10-23　按造林方式分退化林修复和人工更新面积

Acra of Restoration of Degraded Forest and Artificial Regeneration

单位：公顷　　(hectare)

地区	Region	退化林修复 Restoration of Degraded Forest			人工更新 Artificial Regeneration		
		2016	2017	2017排名 Ranking	2016	2017	2017排名 Ranking
全　国	**National Total**	**991088**	**1280993**		**272805**	**305439**	
北　京	Beijing	3999	18333	17	1053	60	22
天　津	Tianjin						
河　北	Hebei	65653	1672	25	3643	2800	17
山　西	Shanxi	7000					
内蒙古	Inner Mongolia	90382	125597	3	6950	2166	19
辽　宁	Liaoning	25069	25014	12	6700	6950	9
吉　林	Jilin	53291	62495	9	13635	9703	5
黑龙江	Heilongjiang	14923	18688	16		74	21
上　海	Shanghai						
江　苏	Jiangsu	299	143	27	2779	2461	18
浙　江	Zhejiang	27398	24936	13	10629	8445	7
安　徽	Anhui	3316	40241	10	1599	6113	12
福　建	Fujian	19540	20024	15	56899	61129	2
江　西	Jiangxi	109669	118066	4	6614	6344	11
山　东	Shandong	22282	17882	18	9223	31473	4
河　南	Henan	15376	21079	14	133		
湖　北	Hubei	2763	167049	2	4460	4004	15
湖　南	Hunan	124874	198630	1	13444	8545	6
广　东	Guangdong	59791	66025	7	47608	34817	3
广　西	Guangxi	8180	2740	24	74616	92668	1
海　南	Hainan	133	200	26	6063	8053	8
重　庆	Chongqing	63333	63364	8		633	20
四　川	Sichuan	106629	107986	5	3234	4936	13
贵　州	Guizhou		11600	20			
云　南	Yunnan	90667	36972	11	97	9	23
西　藏	Tibet						
陕　西	Shaanxi	16067	75057	6		4225	14
甘　肃	Gansu	7998	9666	21			
青　海	Qinghai	2629	3334	23			
宁　夏	Ningxia	8298	7198	22	1335	6447	10
新　疆	Xinjiang	10796	16135	19	2091	3384	16

10-24 大牲畜年底头数和肉类总产量
Large Animals at Year-end and Output of Meat

地区	Region	大牲畜年底头数（万头）Large Animals at year-end (10 000 heads)				肉类总产量（万吨）Output of Meat (10 000 tons)			
		2010	2016	2017	2017排名 Ranking	2010	2016	2017	2017排名 Ranking
全　国	**National Total**	**11074.6**	**9559.9**	**9763.6**		**7993.6**	**8628.3**	**8654.4**	
北　京	Beijing	21.9	16.7	13.3	30	46.3	30.4	26.4	30
天　津	Tianjin	29.6	30.7	26.7	28	42.6	45.5	36.1	26
河　北	Hebei	503.9	467.7	387.9	11	416.7	457.7	474.2	5
山　西	Shanxi	127.6	125.5	116.8	22	72.4	84.4	93.3	24
内蒙古	Inner Mongolia	883.4	854.9	824.4	3	238.7	258.9	265.2	14
辽　宁	Liaoning	525.9	462.0	290.8	16	406.7	430.9	385.4	11
吉　林	Jilin	537.6	475.1	342.1	15	238.9	260.4	256.1	17
黑龙江	Heilongjiang	573.6	524.2	509.3	7	197.9	231.2	260.3	16
上　海	Shanghai	6.8	5.4	6.5	31	26.2	17.4	17.6	31
江　苏	Jiangsu	40.9	33.5	32.9	26	365.8	355.6	342.3	12
浙　江	Zhejiang	19.9	14.5	14.9	29	175.1	118.1	114.7	21
安　徽	Anhui	151.5	168.2	80.9	24	376.9	411.4	415.2	10
福　建	Fujian	70.2	66.6	32.6	27	180.2	225.6	264.9	15
江　西	Jiangxi	277.1	301.7	241.4	17	289.9	330.9	326.1	13
山　东	Shandong	502.4	510.2	413.8	10	704.4	777.5	866.0	1
河　南	Henan	1044.8	899.9	376.1	13	638.4	697.0	655.8	2
湖　北	Hubei	327.5	356.0	238.5	18	379.3	425.2	435.3	7
湖　南	Hunan	440.3	463.2	381.0	12	494.8	529.8	543.3	4
广　东	Guangdong	229.3	234.1	120.7	21	441.1	415.5	444.1	6
广　西	Guangxi	495.6	448.6	352.4	14	387.8	411.2	420.2	8
海　南	Hainan	92.6	76.5	52.8	25	68.5	76.3	78.7	25
重　庆	Chongqing	131.4	147.8	110.9	23	192.5	210.8	180.6	19
四　川	Sichuan	1085.0	1066.3	947.2	1	656.6	696.3	653.8	3
贵　州	Guizhou	627.6	586.3	504.0	8	179.1	199.3	206.5	18
云　南	Yunnan	923.1	947.8	855.4	2	321.4	375.6	419.2	9
西　藏	Tibet	662.2	648.5	628.3	4	25.0	27.7	32.1	29
陕　西	Shaanxi	186.4	163.8	154.5	19	102.6	111.7	113.4	22
甘　肃	Gansu	595.0	608.6	491.2	9	84.4	97.3	99.1	23
青　海	Qinghai	485.7	512.5	559.3	5	28.3	36.0	35.3	27
宁　夏	Ningxia	103.0	118.9	123.1	20	25.7	30.9	33.5	28
新　疆	Xinjiang	536.8	570.8	534.3	6	121.7	161.0	159.9	20

10-25 猪牛羊肉产量和猪肉产量
Output of Pork, Beef and Mutton and Output of Pork

单位：万吨　　　　(10 000 tons)

地区	Region	猪牛羊肉产量 Output of Pork, Beef and Mutton				其中：猪肉产量 Output of Pork			
		2010	2016	2017	2017排名 Ranking	2010	2016	2017	2017排名 Ranking
全　国	**National Total**	**6173.5**	**6502.6**	**6557.5**		**5138.4**	**5451.8**	**5451.8**	
北　京	Beijing	27.5	24.4	21.7	30	24.1	21.8	19.2	27
天　津	Tianjin	32.6	34.3	27.4	29	28.0	29.2	22.6	26
河　北	Hebei	332.6	352.0	377.2	5	245.2	265.4	291.5	7
山　西	Shanxi	63.6	70.9	77.1	24	53.1	57.5	62.7	22
内蒙古	Inner Mongolia	210.8	226.7	237.1	13	71.9	72.1	73.5	21
辽　宁	Liaoning	277.9	269.5	253.0	12	228.4	219.2	220.9	12
吉　林	Jilin	166.9	182.5	179.0	17	119.8	130.6	136.1	16
黑龙江	Heilongjiang	165.7	193.5	216.1	15	114.5	138.2	159.3	15
上　海	Shanghai	18.4	14.1	15.1	31	17.9	13.5	14.6	28
江　苏	Jiangsu	223.9	227.7	225.2	14	213.1	216.4	214.3	13
浙　江	Zhejiang	134.9	93.9	87.0	23	131.9	90.7	83.3	20
安　徽	Anhui	271.3	278.7	267.3	10	238.8	244.9	242.7	11
福　建	Fujian	150.7	141.7	132.0	20	146.6	136.0	128.4	18
江　西	Jiangxi	233.4	258.6	263.5	11	221.1	242.9	249.5	10
山　东	Shandong	454.5	488.9	539.4	1	353.2	383.5	427.4	4
河　南	Henan	516.5	560.1	528.0	3	408.3	450.6	466.9	2
湖　北	Hubei	312.7	354.2	364.7	7	287.0	322.2	339.3	5
湖　南	Hunan	439.3	467.2	481.5	4	412.4	434.8	449.6	3
广　东	Guangdong	282.6	272.3	284.0	8	275.5	264.4	278.0	8
广　西	Guangxi	258.5	267.7	270.0	9	241.5	249.8	255.0	9
海　南	Hainan	44.6	46.5	47.4	25	41.2	42.9	44.4	24
重　庆	Chongqing	156.3	164.6	144.1	18	147.6	151.3	130.0	17
四　川	Sichuan	546.4	558.2	532.8	2	492.2	494.5	472.2	1
贵　州	Guizhou	163.5	177.3	184.0	16	148.1	155.0	160.1	14
云　南	Yunnan	285.3	334.1	374.1	6	242.5	283.7	320.2	6
西　藏	Tibet	24.7	26.0	30.0	27	1.3	1.5	1.1	31
陕　西	Shaanxi	93.7	101.9	104.0	21	79.1	85.9	85.8	19
甘　肃	Gansu	78.0	90.0	93.6	22	46.3	49.0	49.9	23
青　海	Qinghai	27.4	34.7	34.2	26	9.2	10.5	8.7	30
宁　夏	Ningxia	23.3	28.4	29.7	28	8.5	7.5	8.9	29
新　疆	Xinjiang	105.5	134.7	137.1	19	23.0	33.9	35.8	25

10-26 牛肉产量和羊肉产量
Output of Beef and Output of Mutton

单位：万吨 (10 000 tons)

地区	Region	其中：牛肉产量 Output of Beef				其中：羊肉产量 Output of Mutton			
		2010	2016	2017	2017排名 Ranking	2010	2016	2017	2017排名 Ranking
全　国	**National Total**	**629.1**	**616.9**	**634.6**		**406.0**	**460.3**	**471.1**	
北　京	Beijing	2.0	1.4	1.5	29	1.4	1.2	1.1	29
天　津	Tianjin	3.1	3.5	3.4	25	1.5	1.6	1.4	28
河　北	Hebei	58.1	54.3	55.6	3	29.3	32.4	30.1	4
山　西	Shanxi	4.9	5.9	5.9	23	5.6	7.4	8.6	16
内蒙古	Inner Mongolia	49.7	55.6	59.5	2	89.2	99.0	104.1	1
辽　宁	Liaoning	41.6	41.6	25.1	10	7.9	8.7	7.0	18
吉　林	Jilin	43.2	47.1	38.0	6	3.8	4.8	4.9	21
黑龙江	Heilongjiang	39.0	42.5	43.9	4	12.1	12.8	12.9	11
上　海	Shanghai		0.1	0.1	31	0.5	0.5	0.3	31
江　苏	Jiangsu	3.5	3.1	2.9	26	7.4	8.3	8.0	17
浙　江	Zhejiang	1.1	1.3	1.3	30	1.9	1.9	2.4	24
安　徽	Anhui	18.3	16.5	8.1	21	14.2	17.3	16.5	9
福　建	Fujian	2.3	3.2	1.7	28	1.8	2.5	1.9	27
江　西	Jiangxi	11.2	14.4	12.0	17	1.1	1.3	2.0	25
山　东	Shandong	68.7	67.0	75.9	1	32.7	38.4	36.0	3
河　南	Henan	83.0	83.0	35.0	8	25.2	26.4	26.1	6
湖　北	Hubei	17.7	23.2	15.8	15	8.1	8.9	9.7	15
湖　南	Hunan	16.3	20.4	17.0	14	10.6	12.0	14.9	10
广　东	Guangdong	6.3	7.1	4.1	24	0.9	0.9	2.0	25
广　西	Guangxi	13.7	14.7	11.7	18	3.3	3.3	3.3	23
海　南	Hainan	2.2	2.6	1.8	27	1.1	1.1	1.1	29
重　庆	Chongqing	6.3	9.2	7.3	22	2.4	4.1	6.8	19
四　川	Sichuan	29.4	36.9	33.3	9	24.8	26.9	27.2	5
贵　州	Guizhou	12.0	17.9	19.1	13	3.4	4.5	4.8	22
云　南	Yunnan	29.9	35.2	35.8	7	12.9	15.1	18.1	8
西　藏	Tibet	14.8	16.2	22.5	11	8.7	8.2	6.4	20
陕　西	Shaanxi	7.3	8.0	8.3	20	7.3	8.0	9.8	14
甘　肃	Gansu	16.1	20.0	21.0	12	15.6	21.1	22.8	7
青　海	Qinghai	8.5	12.2	12.9	16	9.8	12.0	12.7	12
宁　夏	Ningxia	7.5	10.4	10.9	19	7.3	10.5	9.9	13
新　疆	Xinjiang	35.5	42.5	43.0	5	47.0	58.3	58.2	2

10-27 奶类和禽蛋总产量
Output of Milk and Poultry Eggs

单位：万吨 (10 000 tons)

地区	Region	奶类总产量 Output of Milk				禽蛋总产量 Output of Poultry Eggs			
		2010	2016	2017	2017排名 Ranking	2010	2016	2017	2017排名 Ranking
全　国	**National Total**	**3211.3**	**3173.9**	**3148.6**		**2776.9**	**3160.5**	**3096.3**	
北　京	Beijing	64.1	45.7	37.4	17	15.1	18.3	15.7	25
天　津	Tianjin	69.3	68.0	52.1	13	18.7	20.6	19.0	23
河　北	Hebei	449.1	448.0	388.3	3	339.1	388.5	383.7	3
山　西	Shanxi	74.9	95.9	78.1	10	70.5	89.0	101.9	12
内蒙古	Inner Mongolia	945.7	741.3	559.6	1	50.0	58.0	53.2	14
辽　宁	Liaoning	126.7	144.2	120.7	9	275.7	287.6	270.4	4
吉　林	Jilin	44.6	53.4	34.4	19	95.6	114.4	121.0	9
黑龙江	Heilongjiang	558.8	548.6	468.4	2	105.3	106.3	113.8	10
上　海	Shanghai	24.7	26.0	36.4	18	6.3	3.5	3.4	29
江　苏	Jiangsu	57.3	59.0	49.0	14	190.6	198.5	183.4	5
浙　江	Zhejiang	20.3	15.3	14.3	22	44.3	30.8	35.9	20
安　徽	Anhui	20.5	32.7	29.8	21	119.0	139.5	154.7	7
福　建	Fujian	15.7	15.9	13.5	24	26.3	27.8	46.5	15
江　西	Jiangxi	11.9	13.5	9.5	26	42.0	51.7	45.7	16
山　东	Shandong	271.6	276.8	231.3	4	384.3	440.6	444.8	1
河　南	Henan	307.9	336.6	212.9	5	388.6	422.5	401.2	2
湖　北	Hubei	30.4	16.9	12.8	25	132.6	167.8	168.2	6
湖　南	Hunan	7.8	10.1	6.1	28	91.7	104.7	103.2	11
广　东	Guangdong	14.5	13.0	13.9	23	34.4	33.3	38.5	18
广　西	Guangxi	8.2	9.7	8.1	27	20.0	23.1	24.2	22
海　南	Hainan	0.2	0.2	0.5	31	3.5	4.8	4.8	28
重　庆	Chongqing	8.0	5.5	5.1	29	37.2	47.4	40.3	17
四　川	Sichuan	70.3	62.8	63.8	12	144.4	148.1	144.5	8
贵　州	Guizhou	4.6	6.4	4.4	30	12.5	18.3	18.7	24
云　南	Yunnan	54.1	64.1	64.5	11	20.8	26.4	30.3	21
西　藏	Tibet	29.4	34.7	42.0	15	0.3	0.5	0.5	31
陕　西	Shaanxi	177.6	189.1	156.9	8	47.1	59.3	60.1	13
甘　肃	Gansu	36.3	40.7	41.0	16	13.8	15.1	13.8	27
青　海	Qinghai	26.3	34.2	33.2	20	1.6	2.4	2.5	30
宁　夏	Ningxia	84.5	139.5	160.1	7	7.2	9.7	15.3	26
新　疆	Xinjiang	132.8	164.4	200.3	6	24.4	36.1	37.4	19

10-28 水产养殖面积和水产品总产量
Aquaculture Area and Total Aquatic Products

地区	Region	水产养殖面积（千公顷） Aquaculture Area (1 000 hectares)				水产品总产量（万吨） Total Aquatic Products (10 000 tons)			
		2010	2016	2017	2017排名 Ranking	2010	2016	2017	2017排名 Ranking
全　国	**National Total**	**7645.2**	**7445.5**	**7449.0**		**5373.0**	**6379.5**	**6445.3**	
北　京	Beijing	5.0	2.8	2.9	30	6.3	5.4	4.5	28
天　津	Tianjin	41.5	41.0	33.3	25	34.5	39.4	32.3	19
河　北	Hebei	198.8	179.6	153.5	15	106.3	136.9	116.5	14
山　西	Shanxi	14.8	9.9	10.7	28	3.2	5.2	5.3	27
内蒙古	Inner Mongolia	108.6	136.9	137.1	17	11.4	15.8	15.6	26
辽　宁	Liaoning	961.2	878.7	878.7	1	430.4	550.1	479.4	6
吉　林	Jilin	273.8	181.3	250.7	11	16.6	20.1	22.0	22
黑龙江	Heilongjiang	308.8	375.4	382.7	9	40.0	57.3	58.7	17
上　海	Shanghai	25.3	16.3	15.6	27	29.0	29.6	26.9	20
江　苏	Jiangsu	750.1	625.0	632.2	4	460.4	520.7	507.6	5
浙　江	Zhejiang	312.9	280.9	274.0	10	478.0	604.5	594.5	4
安　徽	Anhui	528.7	476.6	477.2	5	193.3	235.8	218.0	11
福　建	Fujian	231.5	238.6	241.9	12	587.0	767.8	744.6	3
江　西	Jiangxi	425.5	412.9	412.8	8	215.3	271.6	250.6	9
山　东	Shandong	757.7	839.5	833.6	2	783.8	950.2	868.0	1
河　南	Henan	209.8	147.0	146.6	16	57.9	128.4	94.7	15
湖　北	Hubei	656.7	853.1	797.6	3	353.1	470.8	465.4	7
湖　南	Hunan	394.0	414.0	417.5	7	198.0	269.6	241.5	10
广　东	Guangdong	563.4	480.8	473.8	6	729.0	873.8	833.5	2
广　西	Guangxi	221.7	180.6	182.0	14	275.5	361.8	320.8	8
海　南	Hainan	54.2	62.1	61.1	21	149.5	214.6	180.8	12
重　庆	Chongqing	76.4	80.1	82.2	20	22.4	50.8	51.5	18
四　川	Sichuan	183.2	181.1	188.4	13	105.1	145.4	150.7	13
贵　州	Guizhou	29.9	33.4	35.2	23	8.8	29.0	25.5	21
云　南	Yunnan	107.8	91.4	93.5	19	29.8	74.4	63.1	16
西　藏	Tibet					0.1	0.09	0.00	
陕　西	Shaanxi	39.8	42.9	42.9	22	6.0	15.9	16.3	25
甘　肃	Gansu	12.6	6.1	6.5	29	1.2	1.5	1.5	30
青　海	Qinghai	38.0	17.4	17.4	26	0.2	1.2	1.6	29
宁　夏	Ningxia	40.4	32.4	35.1	24	9.0	17.5	18.1	23
新　疆	Xinjiang	73.3	127.7	132.4	18	10.1	16.2	16.6	24

10-29 海水产品和淡水产品产量
Output of Seawater and Freshwater Products

单位：万吨 (10 000 tons)

地区	Region	海水产品 Seawater Aquatic Products				淡水产品 Freshwater Aquatic Products			
		2010	2016	2017	2017排名 Ranking	2010	2016	2017	2017排名 Ranking
全 国	**National Total**	**2797.5**	**3301.3**	**3321.7**		**2575.5**	**3078.2**	**3123.6**	
北 京	Beijing	0.9	1.4	0.9	12	5.4	4.1	3.6	28
天 津	Tianjin	3.9	7.0	4.9	11	30.6	32.5	27.5	19
河 北	Hebei	58.3	80.7	81.1	9	48.1	56.2	35.3	18
山 西	Shanxi					3.2	5.2	5.3	27
内蒙古	Inner Mongolia					11.4	15.8	15.6	25
辽 宁	Liaoning	349.7	447.0	391.9	5	80.6	103.1	87.6	12
吉 林	Jilin					16.6	20.1	22.0	21
黑龙江	Heilongjiang					40.0	57.3	58.7	15
上 海	Shanghai	12.1	14.2	14.5	10	16.8	15.4	12.4	26
江 苏	Jiangsu	136.4	147.3	148.7	7	324.0	373.4	358.9	3
浙 江	Zhejiang	381.2	490.3	472.4	3	96.7	114.3	122.1	10
安 徽	Anhui					193.3	235.8	218.0	6
福 建	Fujian	512.8	665.3	662.5	2	74.2	102.5	82.1	13
江 西	Jiangxi					215.3	271.6	250.6	4
山 东	Shandong	646.3	795.0	737.2	1	137.5	155.2	130.8	8
河 南	Henan					57.9	128.4	94.7	11
湖 北	Hubei					353.1	470.8	465.4	1
湖 南	Hunan					198.0	269.6	241.5	5
广 东	Guangdong	401.5	466.4	451.8	4	327.5	407.4	381.7	2
广 西	Guangxi	154.4	187.3	191.9	6	121.1	174.4	128.9	9
海 南	Hainan	117.9	168.7	144.9	8	31.6	45.9	35.9	17
重 庆	Chongqing					22.4	50.8	51.5	16
四 川	Sichuan					105.1	145.4	150.7	7
贵 州	Guizhou					8.8	29.0	25.5	20
云 南	Yunnan					29.8	74.4	63.1	14
西 藏	Tibet					0.1	0.1	0.0	
陕 西	Shaanxi					6.0	15.9	16.3	24
甘 肃	Gansu					1.2	1.5	1.5	30
青 海	Qinghai					0.2	1.2	1.6	29
宁 夏	Ningxia					9.0	17.5	18.1	22
新 疆	Xinjiang					10.1	16.2	16.6	23

10-30 水产品捕捞和养殖产量
Output of Fishing and Aquaculture

单位：万吨 (10 000 tons)

地区	Region	水产品捕捞产量 Fishing				水产品养殖产量 Aquaculture			
		2010	2016	2017	2017排名 Ranking	2010	2016	2017	2017排名 Ranking
全　国	**National Total**	**1544.17**	**1586.29**	**1539.34**		**3828.84**	**4793.20**	**4905.99**	
北　京	Beijing	1.32	1.69	1.20	24	5.02	3.74	3.31	28
天　津	Tianjin	3.44	5.59	4.50	19	31.05	27.07	27.84	20
河　北	Hebei	34.55	35.33	33.13	9	71.78	84.08	83.33	15
山　西	Shanxi	0.08	0.11	0.21	27	3.09	5.11	5.09	27
内蒙古	Inner Mongolia	3.07	2.93	2.84	20	8.31	12.90	12.78	25
辽　宁	Liaoning	123.95	88.39	88.30	6	306.43	391.57	391.14	6
吉　林	Jilin	1.98	0.68	1.93	21	14.62	18.12	20.10	22
黑龙江	Heilongjiang	4.69	5.29	5.16	18	35.28	50.33	53.57	18
上　海	Shanghai	12.72	14.38	14.61	13	16.25	12.58	12.28	26
江　苏	Jiangsu	91.17	87.42	86.42	7	369.28	420.80	421.18	5
浙　江	Zhejiang	307.88	382.02	367.47	1	170.08	202.32	226.98	10
安　徽	Anhui	31.59	27.92	27.85	11	161.72	186.26	190.11	11
福　建	Fujian	217.09	223.97	224.03	3	369.87	487.17	520.54	3
江　西	Jiangxi	29.25	22.35	22.60	12	186.09	219.41	227.95	9
山　东	Shandong	263.16	250.80	226.46	2	520.67	639.16	641.54	2
河　南	Henan	3.24	5.21	11.15	14	54.62	89.55	83.53	14
湖　北	Hubei	26.37	19.02	29.30	10	326.73	451.82	436.13	4
湖　南	Hunan	9.67	9.53	9.49	15	188.33	228.86	232.04	8
广　东	Guangdong	165.29	163.13	160.94	4	563.74	655.15	672.60	1
广　西	Guangxi	78.39	75.02	72.43	8	197.11	232.45	248.34	7
海　南	Hainan	101.42	129.37	114.06	5	48.06	62.76	66.73	16
重　庆	Chongqing	1.10	1.97	1.89	22	21.33	47.09	49.62	19
四　川	Sichuan	5.80	5.69	5.38	17	99.26	136.47	145.36	13
贵　州	Guizhou	1.21	1.16	1.15	25	7.58	23.49	24.33	21
云　南	Yunnan	2.31	5.33	5.59	16	27.46	54.82	57.52	17
西　藏	Tibet	0.04	0.08	0.04	29	0.007	0.008	0.007	31
陕　西	Shaanxi	0.42	0.72	0.72	26	5.61	15.18	155.83	12
甘　肃	Gansu						1.53	1.54	30
青　海	Qinghai	0.004				0.16	1.21	1.61	29
宁　夏	Ningxia	0.02	0.04	0.04	28	8.98	17.42	18.05	23
新　疆	Xinjiang	1.02	1.40	1.27	23	9.09	14.77	15.28	24

10-31 受灾面积和成灾面积
Total Areas Covered and Affected by Disasters

单位：千公顷 (1 000 hectares)

地区	Region	受灾面积 Areas Covered				成灾面积 Areas Affected			
		2010	2016	2017	2017排名 Ranking	2010	2016	2017	2017排名 Ranking
全　国	**National Total**	**37426**	**26221**	**18478**		**18538**	**13670**	**9201**	
北　京	Beijing	3	35	7	29	2	26	2	29
天　津	Tianjin	33	24			7	21		
河　北	Hebei	1527	1447	718	11	833	562	336	9
山　西	Shanxi	1396	504	821	9	891	207	371	8
内蒙古	Inner Mongolia	2033	3630	3917	1	1290	2278	2418	1
辽　宁	Liaoning	756	582	950	7	567	123	292	13
吉　林	Jilin	896	748	983	6	563	457	522	5
黑龙江	Heilongjiang	1432	4224	1551	2	974	2664	424	6
上　海	Shanghai		3				2		
江　苏	Jiangsu	648	301	91	25	193	67	59	23
浙　江	Zhejiang	283	456	107	24	61	172	54	24
安　徽	Anhui	1752	1341	400	15	485	558	202	16
福　建	Fujian	605	387	58	26	302	194	26	26
江　西	Jiangxi	2075	786	441	13	993	394	309	12
山　东	Shandong	2582	552	857	8	1052	228	311	11
河　南	Henan	1568	519	1247	4	585	238	649	3
湖　北	Hubei	2466	2741	1437	3	897	1506	715	2
湖　南	Hunan	2841	1376	1218	5	1405	582	557	4
广　东	Guangdong	724	631	283	17	183	188	132	19
广　西	Guangxi	1665	301	196	21	869	92	62	22
海　南	Hainan	306	509	11	28	83	98	3	28
重　庆	Chongqing	575	190	126	23	186	119	45	25
四　川	Sichuan	2324	411	216	20	851	242	131	20
贵　州	Guizhou	1681	331	267	19	1146	170	153	18
云　南	Yunnan	3215	868	407	14	2137	437	233	14
西　藏	Tibet	51	14	13	27	22	11	10	27
陕　西	Shaanxi	1122	633	651	12	536	365	312	10
甘　肃	Gansu	1304	1343	773	10	663	815	376	7
青　海	Qinghai	111	135	272	18	58	110	161	17
宁　夏	Ningxia	145	390	174	22	56	240	113	21
新　疆	Xinjiang	1307	808	288	16	649	506	227	15

10-32 受灾面积中旱灾和洪涝灾面积
Drought and Flood Covered Area

单位：千公顷 (1 000 hectares)

地区	Region	旱灾受灾面积 Drought Covered Area				洪涝灾受灾面积 Flood Covered Area			
		2010	2016	2017	2017排名 Ranking	2010	2016	2017	2017排名 Ranking
全 国	**National Total**	**13259**	**9873**	**9875**		**17525**	**85311**	**5415**	
北 京	Beijing					1	16		
天 津	Tianjin						24		
河 北	Hebei	596	217	367	10	285	954	58	19
山 西	Shanxi	728	77	497	7	209	257	53	20
内蒙古	Inner Mongolia	1434	2771	3239	1	216	256	212	6
辽 宁	Liaoning	18	401	778	3	708	96	113	13
吉 林	Jilin	349	524	475	8	373	71	452	4
黑龙江	Heilongjiang	1012	2955	997	2	221	284	188	7
上 海	Shanghai								
江 苏	Jiangsu	70	134	37	20	528	93	1	27
浙 江	Zhejiang	2				245	76	87	14
安 徽	Anhui	41	180	217	14	1277	1107	157	11
福 建	Fujian	5		20	22	310	50	13	23
江 西	Jiangxi		35	41	19	1813	417	387	5
山 东	Shandong	586	212	531	5	1545	106	67	18
河 南	Henan	50	173	219	13	1130	207	925	2
湖 北	Hubei	204	342	627	4	1999	1870	693	3
湖 南	Hunan	352	12	222	12	2279	1142	990	1
广 东	Guangdong	120				466	73	85	15
广 西	Guangxi	1079	35			467	86	173	9
海 南	Hainan	42	16			254		0.3	28
重 庆	Chongqing	176	47	80	17	321	128	38	22
四 川	Sichuan	628	113	35	21	1508	139	143	12
贵 州	Guizhou	1271	7	57	18	363	198	164	10
云 南	Yunnan	2957	48	102	16	168	225	186	8
西 藏	Tibet	40	1			4	13	11	24
陕 西	Shaanxi	421	240	434	9	391	98	82	17
甘 肃	Gansu	715	998	527	6	223	104	83	16
青 海	Qinghai	46	38	225	11	22	13	5	26
宁 夏	Ningxia	16	279	131	15	17	12	7	25
新 疆	Xinjiang	300	20	17	23	183	419	44	21

10-33 受灾面积中风雹灾和冷冻灾面积

Hail Storms and Frozen Covered Area

单位：千公顷 (1 000 hectares)

地区	Region	风雹灾受灾面积 The Wind Hail Covered Area				冷冻灾受灾面积 Frozen Disaster Covered Area			
		2010	2016	2017	2017排名 Ranking	2010	2016	2017	2017排名 Ranking
全　国	**National Total**	**2180**	**2908**	**2268**		**4121**	**2885**	**525**	
北　京	Beijing		19	7	21	3			
天　津	Tianjin		0.4			33			
河　北	Hebei	236	262	218	4	411	15	41	4
山　西	Shanxi	80	104	218	4	379	66	53	3
内蒙古	Inner Mongolia	268	419	255	2	115	185	212	1
辽　宁	Liaoning	31	39	59	11			0.4	17
吉　林	Jilin	115	61	55	12	58	19	1	13
黑龙江	Heilongjiang	109	211	325	1	91	100	40	5
上　海	Shanghai								
江　苏	Jiangsu	20	70	53	13	30	4		
浙　江	Zhejiang	4	0.4	1	26	19	266	1	13
安　徽	Anhui	41	35	26	18	393	19	0.1	18
福　建	Fujian	35	2	0.1	27	150	156		
江　西	Jiangxi	120	35	5	23	143	291		
山　东	Shandong	76	209	227	3	376	27	1	13
河　南	Henan	101	139	94	9	287	0.1	1	13
湖　北	Hubei	33	37	41	15	229	492	77	2
湖　南	Hunan	78	45	6	22	133	173		
广　东	Guangdong	1	2	0.1	27	11	148		
广　西	Guangxi	18	51	2	24	14	94		
海　南	Hainan		1				34		
重　庆	Chongqing	75	2	8	20	3	14		
四　川	Sichuan	50	72	12	19	138	87	24	6
贵　州	Guizhou	43	111	36	16	4	12	10	10
云　南	Yunnan	63	158	65	10	27	418	13	9
西　藏	Tibet	6	1	2	24	1	0.3		
陕　西	Shaanxi	13	287	128	8	296	8	6	11
甘　肃	Gansu	73	77	145	7	292	164	19	8
青　海	Qinghai	43	66	42	14		16		
宁　夏	Ningxia	58	33	34	17	54	66	3	12
新　疆	Xinjiang	392	360	205	6	431	10	22	7

10-34 成灾面积中旱灾和洪涝灾面积
Droughts and Floods Affected Area

单位：千公顷 (1 000 hectares)

地区	Region	旱灾成灾面积 Drought Affected Area				洪涝成灾面积 Flood Affected Area			
		2010	2016	2017	2017排名 Ranking	2010	2016	2017	2017排名 Ranking
全 国	**National Total**	**8987**	**6131**	**4444**		**7024**	**4338**	**3022**	
北 京	Beijing						13		
天 津	Tianjin						21		
河 北	Hebei	432	21	146	10	49	372	23	20
山 西	Shanxi	543	44	149	8	33	78	36	18
内蒙古	Inner Mongolia	1059	1958	1964	1	87	61	152	6
辽 宁	Liaoning	13	49	186	5	531	57	71	12
吉 林	Jilin	225	337	167	7	266	43	319	4
黑龙江	Heilongjiang	776	2166	129	11	125	65	96	7
上 海	Shanghai								
江 苏	Jiangsu	39	10	32	18	140	44	0.4	27
浙 江	Zhejiang	1				58	36	41	17
安 徽	Anhui		127	101	13	365	405	85	10
福 建	Fujian	1		10	23	175	29	8	23
江 西	Jiangxi		30	27	19	919	264	272	5
山 东	Shandong	332	85	265	3	703	59	25	19
河 南	Henan	25	74	148	9	445	125	480	2
湖 北	Hubei	98	158	283	2	739	1230	398	3
湖 南	Hunan	218	5	61	16	1084	483	494	1
广 东	Guangdong	5				90	33	42	16
广 西	Guangxi	748	20			92	49	50	15
海 南	Hainan	9	4			73			
重 庆	Chongqing	44	30	27	19	113	78	12	22
四 川	Sichuan	384	68	25	21	423	83	93	8
贵 州	Guizhou	1025	3	34	17	111	108	92	9
云 南	Yunnan	2051	15	70	15	59	143	82	11
西 藏	Tibet	21	0.04				10	8	23
陕 西	Shaanxi	272	111	182	6	172	62	57	13
甘 肃	Gansu	428	595	225	4	83	74	56	14
青 海	Qinghai	29	28	118	12	7	9	4	26
宁 夏	Ningxia	0	175	82	14	14	11	5	25
新 疆	Xinjiang	209	19	13	22	71	290	23	20

10-35 成灾面积中风雹灾和冷冻灾面积
Hailstorms and Frozen Affected Area

单位：千公顷 (1 000 hectares)

地区	Region	风雹灾成灾面积 Wind Hailstorm Affected Area				冷冻灾成灾面积 Frozen Disaster Affected Area			
		2010	2016	2017	2017排名 Ranking	2010	2016	2017	2017排名 Ranking
全 国	**National Total**	**916**	**1424**	**1238**		**1444**	**1179**	**312**	
北 京	Beijing		13	2	23	2			
天 津	Tianjin		0.2			7			
河 北	Hebei	81	157	115	5	271	12	37	2
山 西	Shanxi	67	71	156	3	248	14	30	3
内蒙古	Inner Mongolia	89	96	138	4	56	162	164	1
辽 宁	Liaoning	23	10	34	11			0.4	16
吉 林	Jilin	72	41	35	10		11	1	13
黑龙江	Heilongjiang	58	151	184	1	15	97	16	5
上 海	Shanghai								
江 苏	Jiangsu	5	11	26	12	8	1		
浙 江	Zhejiang					2	78	1	13
安 徽	Anhui	20	10	16	17	100	15		
福 建	Fujian	11	1			54	79		
江 西	Jiangxi	16	10	5	19	58	83		
山 东	Shandong	9	79	5	19	8	5	1	13
河 南	Henan	73	39	19	16	42		0.4	16
湖 北	Hubei	22	20	25	13	37	98	9	8
湖 南	Hunan	45	22	3	22	58	71		
广 东	Guangdong		2			2	24		
广 西	Guangxi	4	5	2	23	7	6		
海 南	Hainan		0.2				16		
重 庆	Chongqing	28	1	5	19	2	10		
四 川	Sichuan	28	44	9	18	15	48	5	9
贵 州	Guizhou	10	53	23	15	1	4	4	10
云 南	Yunnan	24	95	47	8	4	175	10	7
西 藏	Tibet	1	0.4	1.7	25		0.1		
陕 西	Shaanxi	5	188	71	7	87	4	4	10
甘 肃	Gansu	63	39	84	6	89	107	11	6
青 海	Qinghai	22	61	39	9		12		
宁 夏	Ningxia	38	13	24	14	4	41	3	12
新 疆	Xinjiang	103	192	172	2	267	5	19	4

11

工　业

Industry

11-1 规模以上工业企业单位数和平均用工人数

Number of Enterprise and Average Number of Employed Persons of Industrial Enterprises above Designated Size

地区	Region	企业单位数（个）Number of Enterprise（unit）			平均用工人数（万人）Average Number of Employed Persons (10 000 persons)		
		2016	2017	2017排名 Ranking	2016	2017	2017排名 Ranking
全 国	**National Total**	**378599**	**372729**		**9475.57**	**8957.89**	
北 京	Beijing	3340	3231	24	104.45	99.55	21
天 津	Tianjin	5203	4286	20	146.98	105.23	20
河 北	Hebei	14764	14790	10	367.32	337.09	7
山 西	Shanxi	3548	3835	22	190.72	194.43	15
内蒙古	Inner Mongolia	4289	2801	26	120.71	91.02	24
辽 宁	Liaoning	8025	6626	15	228.05	202.55	14
吉 林	Jilin	6003	5971	17	143.47	124.31	19
黑龙江	Heilongjiang	3946	3731	23	117.40	95.48	22
上 海	Shanghai	8351	8122	13	215.34	206.48	13
江 苏	Jiangsu	47900	45414	2	1111.84	1031.37	2
浙 江	Zhejiang	40128	39949	3	690.30	670.51	5
安 徽	Anhui	19838	18883	6	330.49	309.46	11
福 建	Fujian	17262	17348	7	421.66	424.06	6
江 西	Jiangxi	10931	10889	12	269.13	274.50	12
山 东	Shandong	39567	38147	4	905.76	832.64	3
河 南	Henan	23679	22023	5	724.19	677.42	4
湖 北	Hubei	16296	15097	9	343.86	315.65	10
湖 南	Hunan	14386	15201	8	336.31	335.88	8
广 东	Guangdong	42688	47203	1	1435.86	1427.33	1
广 西	Guangxi	5464	5723	18	174.62	171.50	17
海 南	Hainan	337	335	30	10.87	10.00	30
重 庆	Chongqing	6782	6684	14	194.95	176.50	16
四 川	Sichuan	13819	13904	11	338.15	318.54	9
贵 州	Guizhou	5123	5311	19	103.41	92.89	23
云 南	Yunnan	4194	4186	21	90.18	89.60	25
西 藏	Tibet	108	116	31	2.00	2.01	31
陕 西	Shaanxi	5862	6271	16	175.01	169.35	18
甘 肃	Gansu	2105	1905	27	59.71	53.48	27
青 海	Qinghai	593	569	29	20.13	18.62	29
宁 夏	Ningxia	1174	1223	28	31.12	29.79	28
新 疆	Xinjiang	2894	2955	25	71.57	70.66	26

11-2 规模以上工业企业工业销售产值
Sales Value of Industrial Enterprises Above Designated Size

单位：亿元 (100 million yuan)

地区	Region	工业销售产值（当年价格） Sales Value (current prices)				其中：出口交货值 Among Them:Value of Export Delivery			
		2010	2016	2017	2017排名 Ranking	2010	2016	2017	2017排名 Ranking
全　国	National Total	684735.20	1151950.07			89910.12	117842.74		
北　京	Beijing	13526.57	17837.50	18613.50	7	1641.68	956.80	1015.51	7
天　津	Tianjin	16571.45	26654.45			2161.99	2473.24		
河　北	Hebei	30437.94	46906.78			1154.22	1537.93		
山　西	Shanxi	12006.55	12757.28			281.81	921.76		
内蒙古	Inner Mongolia	13095.32	19884.28			252.05	154.83		
辽　宁	Liaoning	35441.68	21035.90			2921.89	2102.26		
吉　林	Jilin	12911.00	23412.38			227.37	402.09		
黑龙江	Heilongjiang	9269.34	11103.56			199.15	126.55		
上　海	Shanghai	29838.11	31056.80	34087.88	4	8204.27	7286.15	7782.34	2
江　苏	Jiangsu	90804.96	155820.09			18563.78	23299.50		
浙　江	Zhejiang	50196.32	66628.47			10642.80	11540.13	10934.64	1
安　徽	Anhui	18277.48	42329.72			818.50	2321.04		
福　建	Fujian	21410.83	43309.15			4699.23	6961.63		
江　西	Jiangxi	13741.58	32928.80			1124.91	2132.85		
山　东	Shandong	82652.14	148872.26	135481.45	1	6638.05	8612.67	7271.63	3
河　南	Henan	34532.45	79404.82			632.48	3747.01		
湖　北	Hubei	21118.44	47295.43	44164.49	2	958.14	1905.07	1911.84	5
湖　南	Hunan	18731.35	39319.29	39048.01	3	494.65	1439.57	1394.83	6
广　东	Guangdong	83646.51	129840.69			25919.08	32240.68		
广　西	Guangxi	9150.03	23406.97			385.26	843.22		
海　南	Hainan	1354.09	1765.10	1858.02	11	96.99	193.55	207.17	9
重　庆	Chongqing	8970.37	23497.42	20753.63	6	425.09	2924.89	3044.83	4
四　川	Sichuan	22634.86	42103.39			862.20	2234.36		
贵　州	Guizhou	4014.54	11550.45			90.06	181.99		
云　南	Yunnan	6247.87	10080.39	11150.77	8	115.14	269.81	269.46	8
西　藏	Tibet	60.06	163.73	202.84	12	0.03	0.03	0.02	12
陕　西	Shaanxi	10853.25	21788.47	22973.06	5	244.01	757.01		
甘　肃	Gansu	4691.45	6527.42	6038.36	10	47.54	111.95	131.69	10
青　海	Qinghai	1455.89	2663.51			1.42	2.91		
宁　夏	Ningxia	1866.09	3899.68			52.14	94.84		
新　疆	Xinjiang	5226.66	8105.79	9498.60	9	54.19	66.41	75.41	11

11-3 规模以上工业企业资产总计和利润总额
Total Assets and Total Profits of Industrial Enterprises Above Designated Size

单位：亿元 (100 million yuan)

地区	Region	资产总计 Total Assets 2010	2016	2017	2017排名 Ranking	利润总额 Total Profits 2010	2016	2017	2017排名 Ranking
全　国	**National Total**	**592881.89**	**1085865.94**	**1121909.57**		**53049.66**	**71921.43**	**74916.25**	
北　京	Beijing	22750.58	43093.68	45985.76	6	1028.34	1608.26	2023.67	15
天　津	Tianjin	14584.31	25075.09	20739.07	19	1552.05	2046.69	1061.37	20
河　北	Hebei	24943.75	44562.88	45213.57	7	2141.47	2815.11	2712.87	9
山　西	Shanxi	18505.94	33621.95	35714.23	12	958.25	294.78	1031.59	21
内蒙古	Inner Mongolia	14691.38	30900.83	30608.01	16	1688.44	1344.41	1451.74	18
辽　宁	Liaoning	29076.78	36106.92	36324.65	11	2371.35	575.39	1063.25	19
吉　林	Jilin	10196.15	18969.47	19288.77	23	843.21	1268.49	1028.03	22
黑龙江	Heilongjiang	10471.17	14951.92	14540.71	26	1248.82	295.54	416.70	26
上　海	Shanghai	27555.88	39838.24	42355.44	9	2299.66	2913.91	3243.80	6
江　苏	Jiangsu	66134.06	114536.32	116706.58	1	5970.56	10574.40	10052.54	1
浙　江	Zhejiang	47282.79	69468.91	71263.09	4	3174.75	4469.42	4605.41	5
安　徽	Anhui	15930.28	33563.37	35039.74	13	1445.57	2242.26	2352.44	12
福　建	Fujian	16058.70	32081.30	34591.63	14	1754.18	2889.26	3221.82	7
江　西	Jiangxi	8637.45	21811.92	21557.67	18	909.77	2443.93	2355.56	11
山　东	Shandong	53761.28	105046.32	107932.86	3	6107.99	8820.02	8128.17	3
河　南	Henan	23467.42	60454.73	60984.13	5	3302.22	5240.61	5352.43	4
湖　北	Hubei	20894.32	37942.33	38585.32	10	1668.55	2713.46	2608.03	10
湖　南	Hunan	13038.95	25518.07	27766.56	17	1451.45	2028.59	2093.98	14
广　东	Guangdong	62626.90	105604.17	115201.19	2	6239.64	8383.04	8864.36	2
广　西	Guangxi	8667.45	16023.46	17531.99	24	771.59	1393.35	1610.95	16
海　南	Hainan	1621.38	2764.18	2858.40	30	140.04	101.87	110.03	29
重　庆	Chongqing	8099.01	20214.63	19760.50	22	518.59	1648.36	1501.87	17
四　川	Sichuan	22564.76	41514.58	43253.61	8	1661.85	2339.82	2824.26	8
贵　州	Guizhou	5960.13	14319.98	15228.11	25	317.63	847.02	903.43	23
云　南	Yunnan	9611.09	19474.18	20241.46	21	599.34	334.98	782.65	24
西　藏	Tibet	315.24	1110.65	1393.75	31	10.82	16.94	26.60	31
陕　西	Shaanxi	14688.70	30828.91	32602.70	15	1469.57	1589.00	2274.43	13
甘　肃	Gansu	6487.35	12263.36	12312.42	27	231.51	72.68	244.54	27
青　海	Qinghai	3053.61	6143.77	6466.92	29	182.02	80.02	101.11	30
宁　夏	Ningxia	3293.16	8521.18	9495.50	28	138.00	143.23	146.04	28
新　疆	Xinjiang	7911.97	19538.65	20365.22	20	852.43	386.59	722.57	25

11-4 规模以上工业企业固定资产合计和流动资产合计
Total Fixed Assets and Total Current Assets of Industrial Enterprises Above Designated Size

单位：亿元 (100 million yuan)

地区	Region	固定资产合计 Total Fixed Assets			流动资产合计 Total Current Assets		
		2016	2017	2017排名 Ranking	2016	2017	2017排名 Ranking
全　国	National Total	390279.36			500852.80	534080.93	
北　京	Beijing	6833.06	7258.42	12	16643.16	17596.37	11
天　津	Tianjin	9191.81			12253.46	10399.15	17
河　北	Hebei	20087.82	17906.77	3	17327.05	18959.29	7
山　西	Shanxi	12901.36	12518.11	5	13290.44	14359.59	14
内蒙古	Inner Mongolia	13292.94			9876.95	10153.69	18
辽　宁	Liaoning	12038.00	11391.30	7	17310.89	18183.34	10
吉　林	Jilin	7611.72	6773.85	13	8288.32	8903.51	21
黑龙江	Heilongjiang	6752.10	6066.15	14	5968.87	6236.28	26
上　海	Shanghai	8612.13			23414.82	24955.59	6
江　苏	Jiangsu	38880.97			59354.58	62998.00	2
浙　江	Zhejiang	18993.74			38196.89	39320.70	4
安　徽	Anhui	11782.43	10384.96	9	15615.35	16953.48	13
福　建	Fujian	9931.69	10530.68	8	16286.10	17494.17	12
江　西	Jiangxi	9333.45			9053.18	10049.40	19
山　东	Shandong	41145.21	38449.59	1	47511.50	51485.64	3
河　南	Henan	25763.17			27043.59	27356.54	5
湖　北	Hubei	13642.50	12498.49	6	17265.72	18260.79	9
湖　南	Hunan	10202.62	10214.36	10	11064.34	12188.95	16
广　东	Guangdong	27217.90	26540.42	2	61612.78	68749.03	1
广　西	Guangxi	6018.15			7449.36	8193.99	22
海　南	Hainan	1315.46	1090.45	18	999.55	1112.05	30
重　庆	Chongqing	8000.15			9237.93	9288.69	20
四　川	Sichuan	17881.21			17075.54	18472.38	8
贵　州	Guizhou	5541.54			5933.96	6541.43	24
云　南	Yunnan	8422.86	8465.00	11	6700.95	7269.47	23
西　藏	Tibet	529.86	665.97	19	239.35	343.63	31
陕　西	Shaanxi	15087.70	12680.43	4	11198.33	12378.59	15
甘　肃	Gansu	5922.68	5474.76	15	4322.62	4366.22	27
青　海	Qinghai	3411.35	3036.81	17	1644.90	1899.86	29
宁　夏	Ningxia	3689.09	3727.24	16	2814.31	3122.18	28
新　疆	Xinjiang	10244.70			5858.03	6488.93	25

11-5 规模以上工业企业负债合计和流动负债合计

Total Liabilities and Current Liabilities of Industrial Enterprises above Designated Size

单位：亿元 (100 million yuan)

地区	Region	负债合计 Total Liabilities 2010	2016	2017	2017排名 Ranking	流动负债合计 Total Current Liabilities 2016	2017	2017排名 Ranking
全 国	**National Total**	**340396.39**	**606641.53**	**628016.30**		**456468.84**		
北 京	Beijing	11548.07	19798.13	20671.02	11	14050.59	15028.11	7
天 津	Tianjin	8825.23	15385.02	12363.58	20	11738.25		
河 北	Hebei	15136.72	24449.56	26107.85	7	19199.53	19947.77	1
山 西	Shanxi	12142.27	25579.36	26483.39	6	17901.16	18277.17	2
内蒙古	Inner Mongolia	8642.76	19445.75	20000.87	13	11824.43		
辽 宁	Liaoning	16896.14	23272.90	23574.10	9	17665.87	18266.60	3
吉 林	Jilin	5474.03	9932.67	10786.47	24	7621.57		
黑龙江	Heilongjiang	5776.59	8399.97	8541.90	26	6153.88		
上 海	Shanghai	14500.46	19588.27	20600.05	12	17055.98		
江 苏	Jiangsu	37878.51	59466.56	61086.66	2	50761.99		
浙 江	Zhejiang	28681.36	38304.18	39123.28	4	32847.10		
安 徽	Anhui	9565.86	19039.87	19732.32	14	14394.37	15095.14	6
福 建	Fujian	8469.33	16779.94	17972.05	15	12568.01		
江 西	Jiangxi	4840.00	10549.25	10997.98	22	7810.81		
山 东	Shandong	28969.89	56837.87	59890.80	3	41789.30		
河 南	Henan	12960.96	28805.88	29397.46	5	22229.09		
湖 北	Hubei	12259.18	20355.90	20707.95	10	15643.54	16103.58	5
湖 南	Hunan	7504.26	13343.81	13730.04	17	8991.62	9534.75	9
广 东	Guangdong	35073.74	59318.72	64660.73	1	48935.74		
广 西	Guangxi	5413.29	9825.40	10818.68	23	7236.24		
海 南	Hainan	861.92	1538.21	1567.59	30	977.68	1013.17	15
重 庆	Chongqing	4879.66	12374.58	11622.75	21	9179.80	8994.98	10
四 川	Sichuan	13889.83	24234.79	25120.16	8	15879.88	16893.84	4
贵 州	Guizhou	3865.34	9074.84	9502.08	25	5856.70		
云 南	Yunnan	5735.24	12431.16	12555.54	19	7547.10		
西 藏	Tibet	91.89	550.52	777.54	31	333.02	439.36	16
陕 西	Shaanxi	8348.75	17380.70	17745.74	16	11531.85	11123.14	8
甘 肃	Gansu	4060.57	8076.14	8040.06	27	4994.55	5100.50	12
青 海	Qinghai	1946.26	4203.12	4355.08	29	2313.75	2549.27	14
宁 夏	Ningxia	2139.47	5773.39	6530.76	28	3619.63	4176.28	13
新 疆	Xinjiang	4018.78	12525.08	12951.84	18	7815.82	8316.29	11

11-6 规模以上工业企业所有者权益合计和实收资本

Total Owner's Equity and Paid-in Capital of Industrial Enterprises Above Designated Size

单位：亿元 (100 million yuan)

地区	Region	所有者权益合计 Total Owner's Equity				实收资本 Paid-in Capital		
		2010	2016	2017	2017排名 Ranking	2016	2017	2017排名 Ranking
全　国	**National Total**	**251160.35**	**476105.14**			**239844.82**		
北　京	Beijing	11202.50	23272.45	25211.51	2	13661.07	14451.89	2
天　津	Tianjin	5759.04	10095.20			5610.71		
河　北	Hebei	9687.76	19977.44	18713.07	4	10613.79	8316.60	5
山　西	Shanxi	6330.97	8041.22	9236.72	12	4841.97		
内蒙古	Inner Mongolia	5982.08	11370.20			8016.66		
辽　宁	Liaoning	12082.43	12286.17	12738.40	10	7211.59	7819.80	6
吉　林	Jilin	4678.85	9022.79	8426.20	13	3096.70		
黑龙江	Heilongjiang	4668.40	6542.24			8813.72		
上　海	Shanghai	13055.42	20004.96	21699.90	3	9489.46		
江　苏	Jiangsu	28255.55	54939.31			26361.83		
浙　江	Zhejiang	18601.43	30863.45	32080.14	1	16395.05	15624.27	1
安　徽	Anhui	6308.09	14403.25	15163.55	7	8764.19	8403.32	4
福　建	Fujian	7567.00	15169.60			7180.14		
江　西	Jiangxi	3752.06	11192.47	11437.16	11	4525.55		
山　东	Shandong	24552.79	47850.60			16583.80		
河　南	Henan	10362.25	31347.06			13572.93		
湖　北	Hubei	8577.11	17502.70	18003.57	6	9120.27	8623.80	3
湖　南	Hunan	5534.59	12171.52	13969.79	8	6527.28	6584.03	7
广　东	Guangdong	27461.84	45694.31			20609.92		
广　西	Guangxi	3211.63	6185.34	6737.11	16	2562.16	2864.43	10
海　南	Hainan	757.79	1225.97	1286.55	20	776.66	670.48	13
重　庆	Chongqing	3205.78	7709.01	8005.04	14	3320.05	3624.45	9
四　川	Sichuan	8571.93	17167.51	18033.84	5	7365.94		
贵　州	Guizhou	2081.15	5238.94			2303.60		
云　南	Yunnan	3857.72	7031.04			4001.10		
西　藏	Tibet	223.22	554.21	615.30	21	181.16	199.12	14
陕　西	Shaanxi	6311.19	13368.89	13922.27	9	7657.30		
甘　肃	Gansu	2393.97	4187.87	4260.09	17	2575.33		
青　海	Qinghai	1084.12	1937.98	2106.72	19	961.72	1112.78	12
宁　夏	Ningxia	1153.29	2745.60	2957.68	18	1658.39	2156.49	11
新　疆	Xinjiang	3888.40	7005.82	7409.47	15	5484.79	5673.10	8

11-7 规模以上工业企业主营业务收入和主营业务成本

Revenue from Principal Business and Cost of Principal Business of Industrial Enterprises Above Designated Size

单位：亿元 (100 million yuan)

地区	Region	主营业务收入 Revenue from Principal Business				主营业务成本 Cost of Principal Business			
		2010	2016	2017	2017排名 Ranking	2010	2016	2017	2017排名 Ranking
全　国	**National Total**	**697744.00**	**1158998.52**	**1133160.76**		**585256.80**	**984668.37**	**956119.97**	
北　京	Beijing	14807.11	19746.96	20722.04	18	12611.21	16395.61	17123.30	19
天　津	Tianjin	17319.62	25888.20	16144.06	21	14774.72	21780.75	13627.91	21
河　北	Hebei	31628.93	47318.60	41949.97	9	27049.79	41042.99	35917.43	9
山　西	Shanxi	12712.50	14226.45	17852.40	20	10235.84	11915.83	14351.51	20
内蒙古	Inner Mongolia	13387.83	20056.67	13983.14	22	10247.67	16611.56	10821.97	22
辽　宁	Liaoning	36049.59	22038.95	23476.40	15	30578.87	18553.13	19569.14	15
吉　林	Jilin	12647.34	23431.37	20405.79	19	10447.58	19565.11	17155.74	18
黑龙江	Heilongjiang	9899.14	11347.77	8654.30	26	7412.20	9711.00	7030.28	27
上　海	Shanghai	32084.08	34315.15	37910.50	12	26937.73	27370.45	30397.56	12
江　苏	Jiangsu	91077.41	156591.04	148996.61	1	78460.64	134083.08	127204.28	1
浙　江	Zhejiang	50536.31	65453.88	65760.08	5	43300.73	54833.47	54851.25	5
安　徽	Anhui	18164.60	42190.46	43110.37	8	15208.67	36471.84	37052.05	7
福　建	Fujian	21479.37	42537.24	45658.46	6	18223.27	36204.57	38900.29	6
江　西	Jiangxi	14250.47	35961.32	33751.65	13	12145.77	31474.76	29244.52	13
山　东	Shandong	83663.00	150641.21	140856.78	2	71239.28	132154.88	123113.00	2
河　南	Henan	36163.12	79657.15	79909.12	4	30316.67	69652.46	69674.39	4
湖　北	Hubei	21151.56	45850.64	43210.52	7	17730.34	38963.66	36637.31	8
湖　南	Hunan	18669.79	39134.64	38934.23	11	14925.93	32024.84	31859.74	11
广　东	Guangdong	84114.85	129151.31	133924.37	3	71251.44	108582.42	112207.05	3
广　西	Guangxi	9235.85	22231.30	23805.05	14	7707.42	18773.30	20063.61	14
海　南	Hainan	1322.83	1668.92	1799.52	30	1008.13	1306.37	1403.03	30
重　庆	Chongqing	9039.03	23467.03	20772.41	17	7593.51	19890.24	17505.49	17
四　川	Sichuan	23062.82	41529.25	41631.26	10	19003.96	34935.31	34660.03	10
贵　州	Guizhou	3926.01	11172.44	10647.55	24	3042.80	8855.99	8307.78	24
云　南	Yunnan	6356.24	10149.03	11684.53	23	4853.23	7908.07	9130.91	23
西　藏	Tibet	59.71	171.82	214.98	31	48.31	129.87	159.30	31
陕　西	Shaanxi	10888.80	21027.90	23081.68	16	7982.21	17014.27	18170.85	16
甘　肃	Gansu	5148.40	7850.29	8434.49	27	4196.71	6869.23	7240.72	26
青　海	Qinghai	1525.08	2244.47	2080.59	29	1182.27	1870.95	1687.68	29
宁　夏	Ningxia	1879.99	3646.10	4067.16	28	1590.95	3062.10	3407.56	28
新　疆	Xinjiang	5492.61	8300.96	9730.75	25	3948.96	6660.28	7644.28	25

11-8 规模以上工业企业销售费用和管理费用

Sales Expenses and Administrative Expenses of Industrial Enterprises Above Designated Size

单位：亿元 (100 million yuan)

地区	Region	销售费用 Sales Expenses			管理费用 Administrative Expenses			
		2016	2017	2017排名 Ranking	2010	2016	2017	2017排名 Ranking
全　国	**National Total**	**31174.87**	**31343.83**		**28872.99**	**45490.74**	**46717.81**	
北　京	Beijing	1025.00	1103.98	11	644.83	1044.41	1064.22	14
天　津	Tianjin	673.42	474.85	21	561.06	894.88	724.33	21
河　北	Hebei	874.75	903.82	13	932.51	1346.48	1401.23	12
山　西	Shanxi	494.79	579.88	19	803.45	787.12	958.86	16
内蒙古	Inner Mongolia	481.47	400.26	22	489.45	722.02	547.73	22
辽　宁	Liaoning	689.18	684.69	15	1550.11	1157.77	1132.83	13
吉　林	Jilin	955.80	777.57	14	658.00	1069.02	921.57	19
黑龙江	Heilongjiang	284.90	257.74	25	495.93	566.18	520.66	23
上　海	Shanghai	1316.87	1405.98	6	1561.91	2314.24	2466.76	5
江　苏	Jiangsu	3901.02	3911.19	2	3022.39	5833.08	5866.25	2
浙　江	Zhejiang	1867.57	1944.13	4	2066.04	3353.74	3513.85	4
安　徽	Anhui	1049.68	1092.87	12	845.21	1469.05	1551.38	11
福　建	Fujian	1068.95	1150.78	10	860.64	1572.72	1726.88	9
江　西	Jiangxi	619.26	655.55	16	384.24	833.24	944.09	17
山　东	Shandong	3088.26	3133.76	3	3191.97	3920.82	3881.10	3
河　南	Henan	1498.86	1529.88	5	956.14	1824.73	1859.37	7
湖　北	Hubei	1346.46	1229.05	9	1178.03	1933.94	1812.12	8
湖　南	Hunan	1208.14	1250.69	8	1002.13	1792.75	1876.96	6
广　东	Guangdong	4472.71	4506.25	1	3280.67	6545.21	7319.65	1
广　西	Guangxi	518.31	525.91	20	648.30	878.19	884.54	20
海　南	Hainan	71.08	92.12	28	47.93	66.67	74.84	30
重　庆	Chongqing	668.17	624.70	17	486.63	979.19	930.98	18
四　川	Sichuan	1296.99	1313.40	7	1215.96	1674.17	1718.32	10
贵　州	Guizhou	378.52	359.68	23	228.56	514.46	485.20	25
云　南	Yunnan	280.90	334.73	24	371.07	460.75	485.31	24
西　藏	Tibet	6.97	8.36	31	5.97	12.26	15.59	31
陕　西	Shaanxi	544.33	589.13	18	712.14	972.06	1048.47	15
甘　肃	Gansu	129.20	130.67	27	245.17	269.97	271.06	27
青　海	Qinghai	61.25	54.43	30	82.88	91.12	97.42	29
宁　夏	Ningxia	77.81	81.73	29	81.95	144.86	166.99	28
新　疆	Xinjiang	224.23	236.02	26	261.70	445.62	449.28	26

11-9 规模以上工业企业财务费用和营业利润
Financial Expenses and Operating Profits of Industrial Enterprises Above Designated Size

单位：亿元 (100 million yuan)

地区	Region	财务费用 Financial Expenses				营业利润 Operating Profits			
		2010	2016	2017	2017排名 Ranking	2010	2015	2016	2016排名 Ranking
全　国	**National Total**	**7024.68**	**12650.57**	**12832.93**		**55537.22**	**63925.89**	**69612.16**	
北　京	Beijing	125.23	215.38	199.66	23	956.01	1381.06	1407.36	18
天　津	Tianjin	111.20	170.39	170.22	25	1503.75	2204.16	1993.42	14
河　北	Hebei	341.92	535.17	573.37	7	2551.59	2311.85	2781.79	7
山　西	Shanxi	279.87	609.69	675.94	6	1035.50	-89.39	271.70	24
内蒙古	Inner Mongolia	203.60	426.33	474.08	9	2106.84	1254.41	1459.80	17
辽　宁	Liaoning	312.58	493.80	444.52	10	2458.90	896.30	429.81	22
吉　林	Jilin	103.97	243.17	229.01	18	924.94	1145.24	1224.04	20
黑龙江	Heilongjiang	80.24	130.43	120.72	27	1256.31	397.66	250.56	26
上　海	Shanghai	110.07	106.15	115.30	28	2234.34	2526.52	2753.94	8
江　苏	Jiangsu	745.18	1220.37	1232.52	2	6526.75	9636.43	10498.66	1
浙　江	Zhejiang	753.30	807.87	825.30	3	3092.69	3590.24	4190.36	5
安　徽	Anhui	199.97	425.32	437.18	11	1621.28	2003.22	2249.75	11
福　建	Fujian	218.12	389.26	403.11	14	1855.04	2364.93	2871.59	6
江　西	Jiangxi	107.69	208.00	224.49	19	920.32	2071.25	2414.69	10
山　东	Shandong	856.21	1586.10	1546.43	1	6355.76	8467.69	8637.56	2
河　南	Henan	385.65	804.81	821.82	5	3402.23	4917.87	5217.23	4
湖　北	Hubei	285.89	467.38	417.27	13	1817.98	2313.30	2517.81	9
湖　南	Hunan	217.43	430.13	436.65	12	1633.53	1868.56	2092.38	13
广　东	Guangdong	445.93	660.83	822.53	4	6199.89	7247.08	7934.52	3
广　西	Guangxi	134.77	218.55	214.86	20	799.89	1230.02	1349.37	19
海　南	Hainan	17.07	40.30	39.86	30	135.53	95.43	92.38	28
重　庆	Chongqing	97.26	220.54	188.34	24	571.19	1307.87	1526.64	16
四　川	Sichuan	292.99	616.15	565.54	8	1764.24	2028.11	2245.89	12
贵　州	Guizhou	96.56	228.70	213.86	21	301.28	669.03	820.19	21
云　南	Yunnan	128.93	317.93	314.03	16	602.64	406.64	252.54	25
西　藏	Tibet	0.29	4.55	5.93	31	2.90	5.23	16.42	31
陕　西	Shaanxi	121.35	341.49	350.57	15	1495.83	1473.14	1587.45	15
甘　肃	Gansu	74.69	211.30	205.75	22	236.07	-149.78	38.19	30
青　海	Qinghai	54.20	109.78	113.58	29	211.70	32.05	55.87	29
宁　夏	Ningxia	50.74	138.27	155.04	26	131.70	65.63	112.97	27
新　疆	Xinjiang	71.80	272.43	295.41	17	830.60	254.15	317.28	23

11-10 规模以上工业企业投资收益和亏损企业亏损额

Investment Income and Loss Ratio of Unprofitable Firms of Industrial Enterprises Above Designated Size

单位：亿元 (100 million yuan)

地区	Region	投资收益（损失以"-"号记） Investment Income (Loss is Marked as "-")			亏损企业亏损额 Loss Ratio of Unprofitable Firms		
		2015	2016	2016排名 Ranking	2016	2017	2017排名 Ranking
全　国	National Total	**3027.94**	**2906.60**		**8289.55**		
北　京	Beijing	636.00	635.55	1	261.84		
天　津	Tianjin	-18.16	-6.52	27	222.28		
河　北	Hebei	-293.86	-229.49	31	265.90	263.95	4
山　西	Shanxi	42.96	92.52	9	398.70	351.20	2
内蒙古	Inner Mongolia	-6.15	29.95	19	443.52		
辽　宁	Liaoning	71.12	77.04	11	643.41		
吉　林	Jilin	126.08	95.45	8	226.80	339.67	3
黑龙江	Heilongjiang	11.04	7.67	23	327.68	127.50	10
上　海	Shanghai	697.99	604.70	2	297.90		
江　苏	Jiangsu	148.66	215.01	5	621.14		
浙　江	Zhejiang	245.32	326.89	4	284.13		
安　徽	Anhui	100.19	45.46	15	98.08		
福　建	Fujian	-3.98	40.51	16	149.87		
江　西	Jiangxi	15.52	31.24	18	73.45	57.60	12
山　东	Shandong	211.81	189.58	6	579.37	613.10	1
河　南	Henan	58.93	87.93	10	469.29		
湖　北	Hubei	192.19	185.24	7	183.93	212.63	5
湖　南	Hunan	31.02	16.73	21	167.98	77.35	11
广　东	Guangdong	580.99	463.62	3	418.14		
广　西	Guangxi	-63.80	-163.42	30	108.94		
海　南	Hainan	12.30	10.52	22	25.59	31.73	14
重　庆	Chongqing	69.98	56.99	14	166.81		
四　川	Sichuan	1.65	-56.51	29	473.23		
贵　州	Guizhou	15.33	18.63	20	114.79		
云　南	Yunnan	68.86	66.62	13	440.42	185.27	7
西　藏	Tibet	0.91	0.56	26	14.50	18.13	15
陕　西	Shaanxi	90.39	70.87	12	140.00	183.74	8
甘　肃	Gansu	-41.48	-46.23	28	193.03		
青　海	Qinghai	-8.44	1.95	25	37.45	45.17	13
宁　夏	Ningxia	7.28	5.53	24	60.46	129.28	9
新　疆	Xinjiang	27.29	32.02	17	380.90	197.82	6

11-11 大型工业企业工业销售产值和资产总计
Sales Value and Total Assets of Large Industrial Enterprises

单位：亿元 (100 million yuan)

地区	Region	工业销售产值（当年价格） Sales Value (current prices)				资产总计 Total Assets			
		2010	2016	2017	2017排名 Ranking	2010	2016	2017	2017排名 Ranking
全 国	**National Total**	**226845.40**	**419158.05**			**236257.00**	**508070.40**		
北 京	Beijing	6489.42	11459.41	12108.03	4	7465.36	30685.83	33124.80	4
天 津	Tianjin	7236.53	12612.80			6579.94	12646.46	10309.02	17
河 北	Hebei	11996.53	16983.61			13426.10	21980.33	21607.02	7
山 西	Shanxi	5933.79	6171.01			9826.62	18204.95	19912.10	9
内蒙古	Inner Mongolia	3539.24	5247.84			5431.41	12681.25		
辽 宁	Liaoning	11080.37	10657.45			13746.01	18894.79	19864.60	10
吉 林	Jilin	5884.90	8172.11			4941.41	9637.98	10026.39	18
黑龙江	Heilongjiang	4618.18	4067.18			5902.77	7858.63	7694.29	22
上 海	Shanghai	12776.78	16147.31	18094.10	2	11233.08	21279.05	23334.27	6
江 苏	Jiangsu	28449.35	56785.28			22294.86	48758.57	48645.65	3
浙 江	Zhejiang	9344.65	16059.37			7814.47	17742.32		
安 徽	Anhui	6348.04	12955.26			6832.07	15963.16	16150.58	13
福 建	Fujian	4892.53	11559.40			3806.52	11659.16	12931.15	14
江 西	Jiangxi	3259.50	7117.16			3241.51	7918.33	8631.14	20
山 东	Shandong	26034.07	51844.26	52501.05	1	24163.79	51745.29	55513.65	2
河 南	Henan	9922.56	26412.41			10750.10	26429.87	27933.64	5
湖 北	Hubei	8479.37	16357.11	15872.66	3	10988.42	19497.27	19961.60	8
湖 南	Hunan	4694.59	9867.57	10264.73	6	5075.53	10956.39	12278.02	15
广 东	Guangdong	27955.07	58401.91			23503.23	50032.81	58666.07	1
广 西	Guangxi	2557.77	7884.53			2531.13	5859.42		
海 南	Hainan	167.29	237.04	372.82	11	375.30	570.90	828.06	27
重 庆	Chongqing	3049.87	9771.15	8632.09	7	3164.98	9370.76	8425.13	21
四 川	Sichuan	5859.28	13850.75			8112.69	18639.52	19271.26	11
贵 州	Guizhou	1463.11	2961.43			2515.53	5904.84	6415.15	24
云 南	Yunnan	2233.43	4168.03	4484.79	9	3032.25	8939.83	8984.48	19
西 藏	Tibet	8.19	21.83	32.23	12	128.75	430.49	622.05	28
陕 西	Shaanxi	5202.64	10300.07	10574.91	5	8487.24	18978.09	17941.54	12
甘 肃	Gansu	2901.18	3623.98	3831.42	10	3694.90	6911.87	6815.03	23
青 海	Qinghai	767.10	987.70			1814.96	3326.08	3408.96	26
宁 夏	Ningxia	756.72	2055.72			1330.60	4520.04	4831.03	25
新 疆	Xinjiang	2943.35	4417.37	5424.03	8	4045.49	10046.13	10472.94	16

11-12 大型工业企业固定资产合计和流动资产合计
Total Fixed Assets and Total Current Assets of Large Industrial Enterprises

单位：亿元 (100 million yuan)

地区	Region	固定资产合计 Total Fixed Assets			流动资产合计 Total Current Assets		
		2016	2017	2017排名 Ranking	2016	2017	2017排名 Ranking
全　国	**National Total**	**176090.89**			**229886.23**		
北　京	Beijing	5189.53	5594.13	7	9165.82	9903.05	6
天　津	Tianjin	5294.33			5642.21	4287.64	16
河　北	Hebei	9889.30			7916.00		
山　西	Shanxi	6167.01	5695.86	6	8091.88	8651.91	9
内蒙古	Inner Mongolia	5359.02			3956.82		
辽　宁	Liaoning	6406.30	6701.30	4	8887.62	9083.30	7
吉　林	Jilin	3643.69	3276.60	12	4380.95	4861.77	14
黑龙江	Heilongjiang	3824.66	3627.36	11	2960.45	3065.07	19
上　海	Shanghai	5099.81			11365.94	12415.47	5
江　苏	Jiangsu	16100.19			24522.70	25305.22	3
浙　江	Zhejiang	4021.04			9925.76		
安　徽	Anhui	5550.44	4320.12	9	6806.48	7319.37	10
福　建	Fujian	3413.73	4342.26	8	6006.07	6157.96	11
江　西	Jiangxi	3154.45			3738.30	4355.91	15
山　东	Shandong	18087.54	19050.97	1	24622.58	27063.65	2
河　南	Henan	9613.39			13143.47	13862.04	4
湖　北	Hubei	7120.83	6402.84	5	8395.61	9034.70	8
湖　南	Hunan	3575.94	3896.57	10	5589.66	6056.89	12
广　东	Guangdong	12187.26	12594.48	2	30205.04	34730.92	1
广　西	Guangxi	2119.92			2740.90	3051.29	20
海　南	Hainan	270.44	254.08	17	220.48	270.66	24
重　庆	Chongqing	3655.68			4374.45	4106.99	17
四　川	Sichuan	7824.28			7863.91		
贵　州	Guizhou	2001.55			2640.82		
云　南	Yunnan	3323.74			3029.17		
西　藏	Tibet	282.31	361.23	16	37.49	96.05	25
陕　西	Shaanxi	10304.33	8216.91	3	6470.48	5948.96	13
甘　肃	Gansu	3367.61	3021.77	13	2376.65	2278.49	21
青　海	Qinghai	1987.69	1819.53	14	680.73	792.81	23
宁　夏	Ningxia	1844.48	1799.90	15	1297.13	1294.83	22
新　疆	Xinjiang	5410.39			2830.67	3187.49	18

11-13 大型工业企业负债合计和流动负债合计

Total Liabilities and Current Liability Assets of Large Industrial Enterprises

单位：亿元 (100 million yuan)

地区	Region	负债合计 Total Liabilities				流动负债合计 Current Liability Assets		
		2010	2016	2017	2017排名 Ranking	2016	2017	2017排名 Ranking
全　国	**National Total**	**138521.92**	**295918.12**			**221921.73**		
北　京	Beijing	3962.04	13507.39	14112.92	5	8726.70	9569.26	2
天　津	Tianjin	4125.85	7873.82	6064.25	14	6367.57		
河　北	Hebei	8629.08	13553.78	13388.76	6	10884.84		
山　西	Shanxi	6290.80	13524.25	14251.20	4	8998.84	9341.79	3
内蒙古	Inner Mongolia	3087.60	7816.61			5000.80		
辽　宁	Liaoning	8714.62	12880.20	12916.60	7	9522.25	9746.80	1
吉　林	Jilin	2811.54	5182.10	5902.25	15	4000.47		
黑龙江	Heilongjiang	3015.58	4295.16	4203.32	21	3224.76		
上　海	Shanghai	5735.42	10191.44	11033.05	9	8884.96		
江　苏	Jiangsu	13107.30	25888.86	25596.41	2	21647.14		
浙　江	Zhejiang	4355.30	8760.45			7355.98		
安　徽	Anhui	4380.28	9843.52	9776.85	11	7195.91	7262.47	5
福　建	Fujian	2237.58	6546.87			4523.98		
江　西	Jiangxi	2055.37	4717.04	5133.64	18	3603.84		
山　东	Shandong	13761.62	30589.85	33346.43	1	22318.91		
河　南	Henan	6760.49	16485.44	17051.78	3	13514.19		
湖　北	Hubei	6580.95	10997.79	11067.94	8	8642.30	8799.07	4
湖　南	Hunan	3235.25	6740.71	9777.19	10	4758.80	4795.43	7
广　东	Guangdong	12800.06	29523.60			24999.71		
广　西	Guangxi	1701.37	3835.02	4360.19	20	2941.58		
海　南	Hainan	235.43	325.08			235.58	346.38	13
重　庆	Chongqing	1942.91	6083.32	5145.82	17	4671.05	4167.82	8
四　川	Sichuan	5124.58	11129.82			7664.22		
贵　州	Guizhou	1611.55	3493.65			2408.74		
云　南	Yunnan	1499.38	4976.36	5158.24	16	2959.55		
西　藏	Tibet	19.95	164.48			74.45	126.40	14
陕　西	Shaanxi	4690.18	10858.12	9761.05	12	7056.55	6432.78	6
甘　肃	Gansu	2272.82	4564.78	4379.35	19	2999.43	2999.28	10
青　海	Qinghai	1196.11	2260.73			980.77	1179.55	12
宁　夏	Ningxia	866.01	3214.55	3399.37	22	1993.62	2187.28	11
新　疆	Xinjiang	1714.87	6093.34	6215.75	13	3764.24	4027.20	9

11-14 大型工业企业所有者权益合计和实收资本
Total Owner's Equity and Paid-in Capital of Large Industrial Enterprises

单位：亿元 (100 million yuan)

地区	Region	所有者权益合计 Total Owner's Equity 2010	2016	2017	2017排名 Ranking	实收资本 Paid-in Capital 2016	2017	2017排名 Ranking
全国	**National Total**	**97415.22**	**212333.96**			**89556.96**		
北京	Beijing	3503.32	17178.44	19002.63	1	10940.70	11667.98	1
天津	Tianjin	2454.08	5064.37			2426.82		
河北	Hebei	4757.36	8426.55			3436.93		
山西	Shanxi	3534.96	4680.70	5660.90	7	2094.45		
内蒙古	Inner Mongolia	2333.18	4864.64			2458.42		
辽宁	Liaoning	5017.71	6001.39	6938.20	5	3344.04	3743.40	2
吉林	Jilin	2113.11	4455.89	4124.15	10	1035.74		
黑龙江	Heilongjiang	2878.30	3563.47			1195.75		
上海	Shanghai	5497.65	11062.50	12297.14	2	4781.78		
江苏	Jiangsu	9187.57	22869.71			9551.68		
浙江	Zhejiang	3459.16	8976.81			3330.98		
安徽	Anhui	2451.77	6121.61	6349.24	6	2457.99	2441.69	5
福建	Fujian	1568.90	5106.55			2264.40		
江西	Jiangxi	1165.07	3201.30	3497.50	11	1177.08		
山东	Shandong	10323.27	21155.44			5571.35		
河南	Henan	3929.89	9887.23			3842.52		
湖北	Hubei	4402.11	8499.47	9101.45	3	2933.46	3028.24	4
湖南	Hunan	1840.28	4215.68	5487.70	8	1546.23	1896.90	6
广东	Guangdong	10690.24	20514.39			7640.20		
广西	Guangxi	824.76	2024.40			771.03	748.33	9
海南	Hainan	139.86	245.82	305.16	17	163.70	189.29	11
重庆	Chongqing	1219.95	3287.44	3279.32	12	1396.20	1501.78	7
四川	Sichuan	2970.20	7509.70			2838.54		
贵州	Guizhou	37.66	2411.18			587.56		
云南	Yunnan	1532.72	3963.46			1407.17		
西藏	Tibet	108.80	266.01	328.68	16	47.60	47.60	12
陕西	Shaanxi	3796.03	8110.11	8180.49	4	4515.73		
甘肃	Gansu	1410.95	2346.54	2435.68	13	1314.66		
青海	Qinghai	605.35	1065.35	1159.94	15	413.35	482.64	10
宁夏	Ningxia	464.59	1305.50	1431.66	14	771.13	1071.70	8
新疆	Xinjiang	2330.62	3952.33	4257.18	9	3299.78	3455.69	3

11-15 大型工业企业主营业务收入和主营业务成本
Revenue from Principal Business and Cost of Principal Business of Large Industrial Enterprises

单位：亿元 (100 million yuan)

地区	Region	主营业务收入 Revenue from Principal Business				主营业务成本 Cost of Principal Business			
		2010	2016	2017	2017排名 Ranking	2010	2016	2017	2017排名 Ranking
全　国	**National Total**	**238016.82**	**436444.53**			**198078.38**	**364999.38**		
北　京	Beijing	7200.85	12452.92	13286.37	11	6362.47	10577.97	11308.48	6
天　津	Tianjin	7570.35	12002.65			6293.19	9788.37		
河　北	Hebei	13134.42	17844.08	17905.65	6	11501.62	15447.90		
山　西	Shanxi	6550.60	7812.22	9569.66	16	5216.20	6529.42	7513.82	11
内蒙古	Inner Mongolia	3789.85	5752.36			2864.52	4542.41		
辽　宁	Liaoning	11620.77	10932.22	13140.80	12	9779.19	8920.51	10709.70	7
吉　林	Jilin	5704.11	8959.72	8922.77	17	4750.45	7170.24	7319.84	13
黑龙江	Heilongjiang	5142.44	4332.88			3511.74	3604.11		
上　海	Shanghai	14198.13	18397.83	20466.74	5	12096.62	14538.29		
江　苏	Jiangsu	28653.42	57641.93	55190.61	3	24839.95	49361.19	46938.80	2
浙　江	Zhejiang	9573.37	15792.12			8075.40	12681.25		
安　徽	Anhui	6417.61	13869.54	14896.24	8	5301.60	11775.64	12387.78	5
福　建	Fujian	4946.43	11553.54	13456.00	10	4199.90	9472.81		
江　西	Jiangxi	3676.81	9749.67	10464.66	15	3167.34	8461.50	8996.96	8
山　东	Shandong	27316.67	54516.52	56092.41	2	22992.76	47419.29		
河　南	Henan	11122.44	27566.27	28568.61	4	9463.51	24412.65	24993.92	3
湖　北	Hubei	8665.21	16431.11	15871.31	7	7268.03	13675.54	13043.20	4
湖　南	Hunan	4770.85	9817.60	10467.03	13	3782.15	7840.97	8275.56	9
广　东	Guangdong	28450.38	58286.75	63099.13	1	23956.89	47687.68	51810.46	1
广　西	Guangxi	2639.06	7692.50	8597.06	19	2194.74	6501.99		
海　南	Hainan	159.53	237.73	375.97	26	116.05	195.44	317.81	18
重　庆	Chongqing	3117.76	9837.27	8725.57	18	2623.82	8353.39	7432.48	12
四　川	Sichuan	6370.42	14220.33	14214.82	9	5155.93	11797.85		
贵　州	Guizhou	1511.71	3076.16	3419.10	23	1116.11	2148.24		
云　南	Yunnan	2289.78	4407.73	4940.28	22	1590.71	3094.76		
西　藏	Tibet	9.26	34.99	45.22	27	17.77	44.35	49.90	19
陕　西	Shaanxi	5215.81	10366.33	10466.02	14	3653.55	8284.09	8013.95	10
甘　肃	Gansu	3494.35	5523.56	6277.33	20	2846.38	4830.29	5400.71	14
青　海	Qinghai	835.39	987.12	1070.26	25	644.61	777.40	852.70	17
宁　夏	Ningxia	757.83	1807.03	2001.30	24	616.74	1463.88	1598.36	16
新　疆	Xinjiang	3111.21	4541.86	5570.48	21	2078.44	3599.94	4278.24	15

11-16 大型工业企业销售费用和管理费用

Sales Expenses and Administrative Expenses of Large Industrial Enterprises

单位：亿元 (100 million yuan)

地区	Region	销售费用 Sales Expenses 2016	2017	2017排名 Ranking	管理费用 Administrative Expenses 2010	2016	2017	2017排名 Ranking
全　国	**National Total**	**13239.69**			**9870.73**	**18115.52**		
北　京	Beijing	582.35	615.42	2	183.00	432.39	443.50	6
天　津	Tianjin	399.84			187.34	401.04		
河　北	Hebei	344.12			414.08	610.55		
山　西	Shanxi	319.23	363.29	5	465.91	436.91	570.21	4
内蒙古	Inner Mongolia	204.27			155.56	247.92		
辽　宁	Liaoning	372.38			602.34	608.58		
吉　林	Jilin	494.15	401.58	4	264.10	438.24	438.70	8
黑龙江	Heilongjiang	91.41	79.68	10	301.80	297.10	311.71	9
上　海	Shanghai	539.46			450.41	1053.98		
江　苏	Jiangsu	1528.20	1497.37	1	784.24	1947.08	1910.35	1
浙　江	Zhejiang	617.66			287.17	829.58		
安　徽	Anhui	365.66			425.03	561.15		
福　建	Fujian	336.03			228.45	456.51		
江　西	Jiangxi	219.99	213.88	7	121.48	288.39		
山　东	Shandong	1274.57			1225.86	1624.13	1698.26	2
河　南	Henan	479.81			407.45	751.85		
湖　北	Hubei	482.69	431.05	3	528.05	701.53	691.37	3
湖　南	Hunan	250.40	311.74	6	215.35	459.81	495.91	5
广　东	Guangdong	2677.63			1059.08	3280.10		
广　西	Guangxi	210.20			107.33	267.29		
海　南	Hainan	16.22	18.40	13	6.42	12.85	13.36	14
重　庆	Chongqing	299.97			150.94	423.35		
四　川	Sichuan	474.03			334.04	606.69		
贵　州	Guizhou	99.74			77.80	137.24		
云　南	Yunnan	104.61	114.55	9	124.60	188.69	194.52	10
西　藏	Tibet	0.06	0.08	14		1.03	1.61	15
陕　西	Shaanxi	219.55	207.34	8	396.16	504.56	440.76	7
甘　肃	Gansu	58.98			143.81	162.89	174.13	11
青　海	Qinghai	30.59	21.82	12	35.35	43.71	52.79	13
宁　夏	Ningxia	35.25	34.93	11	40.11	82.68	99.18	12
新　疆	Xinjiang	110.61			147.45	257.69		

11-17 大型工业企业财务费用和营业利润

Financial Expenses and Operating Profit of Large Industrial Enterprises

单位：亿元 (100 million yuan)

地区	Region	财务费用 Financial Expenses				营业利润 Operating Profit			
		2010	2016	2017	2017排名 Ranking	2010	2015	2016	2016排名 Ranking
全　国	**National Total**	**2259.68**	**5024.10**			**18425.16**	**22063.23**	**25378.64**	
北　京	Beijing	49.15	139.87	126.39	6	294.88	970.16	943.04	9
天　津	Tianjin	50.19	68.72			817.16	1279.47	1115.48	7
河　北	Hebei	173.82	264.52			774.71	333.49	757.14	11
山　西	Shanxi	133.74	320.35	377.45	2	529.09	-51.39	162.27	23
内蒙古	Inner Mongolia	55.59	167.44			635.86	187.88	412.56	19
辽　宁	Liaoning	123.39	279.15			549.65	-11.06	123.00	24
吉　林	Jilin	34.43	68.94	68.97	8	502.75	484.49	536.76	16
黑龙江	Heilongjiang	25.92	45.05	44.86	10	828.67	60.37	-83.40	31
上　海	Shanghai	-2.19	21.16			1036.13	1624.69	1761.79	4
江　苏	Jiangsu	222.01	416.70	407.47	1	2058.00	3433.84	3737.25	2
浙　江	Zhejiang	107.39	121.11			629.36	1165.30	1440.58	5
安　徽	Anhui	73.88	196.43			549.85	431.22	625.02	14
福　建	Fujian	45.33	114.15			422.32	672.48	942.54	10
江　西	Jiangxi	34.44	66.93			190.70	336.75	466.43	17
山　东	Shandong	320.98	737.08			2187.17	2799.25	2939.85	3
河　南	Henan	160.25	373.10			653.74	1123.52	1184.15	6
湖　北	Hubei	115.61	174.94	136.87	5	737.11	741.61	984.06	8
湖　南	Hunan	64.00	147.95	153.54	4	405.21	304.72	302.23	21
广　东	Guangdong	113.92	165.03			1820.12	3535.72	3859.15	1
广　西	Guangxi	41.58	73.84			169.87	399.50	466.02	18
海　南	Hainan	4.09	10.40	13.71	11	23.81	34.41	2.96	29
重　庆	Chongqing	28.95	83.69			149.76	479.25	561.72	15
四　川	Sichuan	72.75	202.52			388.39	503.12	646.15	13
贵　州	Guizhou	36.91	78.35			134.71	319.08	358.06	20
云　南	Yunnan	21.02	120.79			222.05	223.78	207.80	22
西　藏	Tibet	-0.13	1.06	0.86	12	-8.54	-13.20	-11.57	30
陕　西	Shaanxi	42.10	190.98	186.24	3	811.45	724.68	708.08	12
甘　肃	Gansu	34.91	113.78			151.80	-163.47	41.70	27
青　海	Qinghai	36.18	62.40	61.23	9	98.39	28.51	27.96	28
宁　夏	Ningxia	16.33	71.42	68.99	7	76.96	16.78	48.39	26
新　疆	Xinjiang	23.15	126.23			584.04	88.28	111.44	25

11-18 大型工业企业利润总额和平均用工人数
Total Profit and Value Added Tax Payable of Large Industrial Enterprises

地区	Region	利润总额（亿元）Total Profit (100 million yuan)				平均用工人数（万人）Average Number of Employed Persons (10 000 persons)		
		2010	2016	2017	2017排名 Ranking	2016	2017	2017排名 Ranking
全　国	**National Total**	**17630.35**	**26787.79**			**3197.69**		
北　京	Beijing	299.89	1035.76	1386.07	6	44.25	42.56	15
天　津	Tianjin	848.13	1150.89	735.88	13	65.50	44.27	14
河　北	Hebei	619.61	804.98	1344.28	7	138.03		
山　西	Shanxi	513.33	202.12	614.77	17	107.33	112.93	4
内蒙古	Inner Mongolia	573.32	415.60			44.13		
辽　宁	Liaoning	523.12	193.94	669.70	14	95.03		
吉　林	Jilin	431.00	569.46	481.67	21	55.59	50.04	13
黑龙江	Heilongjiang	825.55	-73.73			57.95		
上　海	Shanghai	1049.72	1830.93	1987.83	4	75.84	76.09	7
江　苏	Jiangsu	1815.78	3717.92	3825.81	2	359.46	331.37	2
浙　江	Zhejiang	631.99	1525.31			130.65		
安　徽	Anhui	442.79	663.87	861.39	12	102.47		
福　建	Fujian	416.17	950.22	1134.88	9	108.18		
江　西	Jiangxi	192.37	493.21	660.92	15	72.25	67.11	10
山　东	Shandong	2143.19	3048.83	3324.05	3	303.07	286.84	3
河　南	Henan	646.72	1188.43	1504.77	5	252.58		
湖　北	Hubei	684.44	1120.44	1160.77	8	114.00	101.07	6
湖　南	Hunan	311.99	346.25	559.39	19	70.66	74.34	8
广　东	Guangdong	1869.17	4143.08	4735.31	1	534.30	511.52	1
广　西	Guangxi	181.61	485.61	652.85	16	51.33	50.33	12
海　南	Hainan	25.09	4.43	7.21	27	2.53	2.68	19
重　庆	Chongqing	128.46	634.74	575.54	18	66.63	53.72	11
四　川	Sichuan	374.85	712.58	1077.68	11	114.23	108.30	5
贵　州	Guizhou	140.04	371.02	512.37	20	29.58		
云　南	Yunnan	224.40	247.33	315.02	23	26.22	25.79	17
西　藏	Tibet	-1.97	-12.23	-9.62	28	0.53	0.57	20
陕　西	Shaanxi	813.67	711.99	1107.06	10	84.92	69.20	9
甘　肃	Gansu	141.03	59.23	185.97	24	33.00		
青　海	Qinghai	98.81	38.97	48.26	26	10.27		
宁　夏	Ningxia	73.49	64.68	90.86	25	15.55	16.01	18
新　疆	Xinjiang	592.58	141.93	403.28	22	31.60	32.96	16

11-19 大型工业企业投资收益和亏损企业亏损额

Return on Investment Income and Amount of Loss of Large-sized Industrial Enterprises

单位：亿元 (100 million yuan)

地区	Region	投资收益（损失以"-"号记）Investment Income (Loss is Marked as "-")			亏损企业亏损额 Loss Ratio of Unprofitable Firms		
		2015	2016	2016排名 Ranking	2016	2017	2016排名 Ranking
全　国	**National Total**	**2977.33**	**2572.20**		**3780.28**		
北　京	Beijing	511.98	456.50	2	62.98		
天　津	Tianjin	22.53	20.18	21	105.54		
河　北	Hebei	-38.42	-35.91	30	106.68		
山　西	Shanxi	32.09	86.21	8	130.63	131.22	3
内蒙古	Inner Mongolia	38.27	43.02	17	188.88		
辽　宁	Liaoning	89.47	57.95	12	427.32		
吉　林	Jilin	94.00	75.29	10	160.24	258.77	2
黑龙江	Heilongjiang	2.15	2.08	25	250.00	34.84	9
上　海	Shanghai	588.89	503.03	1	85.79		
江　苏	Jiangsu	92.74	119.03	7	209.28		
浙　江	Zhejiang	121.45	149.64	6	48.61		
安　徽	Anhui	97.30	53.24	16	18.96		
福　建	Fujian	41.67	53.43	15	37.42		
江　西	Jiangxi	18.47	25.95	19	45.30	16.60	10
山　东	Shandong	223.20	193.90	4	348.04	321.30	1
河　南	Henan	54.62	81.84	9	354.07		
湖　北	Hubei	194.17	189.48	5	86.55	104.25	4
湖　南	Hunan	41.86	27.87	18	87.14	16.31	11
广　东	Guangdong	501.64	323.53	3	72.74		
广　西	Guangxi	17.79	-1.39	28	17.13		
海　南	Hainan	3.44	0.61	26	9.54	13.05	13
重　庆	Chongqing	62.05	54.63	14	81.63		
四　川	Sichuan	27.32	-32.03	29	320.98		
贵　州	Guizhou	12.22	18.47	22	17.61		
云　南	Yunnan	63.78	55.98	13	79.34	47.53	8
西　藏	Tibet	0.02	0.02	27	12.82	13.43	12
陕　西	Shaanxi	87.08	66.70	11	56.94	97.04	5
甘　肃	Gansu	-43.89	-50.65	31	88.32		
青　海	Qinghai	1.21	8.63	23	6.19	13.00	14
宁　夏	Ningxia	5.58	3.02	24	26.66	61.89	7
新　疆	Xinjiang	12.64	21.95	20	236.98	86.00	6

11-20 中型工业企业工业销售产值和资产总计
Sales Value and Total Assets of Medium-sized Industrial Enterprises

单位：亿元 (100 million yuan)

地区	Region	工业销售产值（当年价格）Sales Value (current prices)				资产总计 Total Assets			
		2010	2016	2017	2017排名 Ranking	2010	2016	2017	2017排名 Ranking
全　国	**National Total**	**199057.02**	**289440.19**			**191194.55**	**258989.44**		
北　京	Beijing	3879.69	3397.45	3377.02	7	11607.66	6205.45	6344.20	14
天　津	Tianjin	5254.66	6656.67			4320.15	6530.17	4933.39	19
河　北	Hebei	7760.96	10740.12			6113.44	9683.61	10072.15	6
山　西	Shanxi	4032.00	3524.56			6060.32	10162.14	10017.61	7
内蒙古	Inner Mongolia	4573.75	6370.15			5527.96	9729.78		
辽　宁	Liaoning	6971.18	4140.26			6372.92	7590.64	7685.30	10
吉　林	Jilin	2235.40	3452.12			2340.49	3399.41	3277.25	22
黑龙江	Heilongjiang	2096.43	2290.34			2505.92	2869.60		
上　海	Shanghai	9146.95	6551.19	7075.23	4	8550.34	8314.31	8413.27	9
江　苏	Jiangsu	25363.62	39599.85			21845.14	28421.06	29417.97	1
浙　江	Zhejiang	18462.54	20998.17			18337.41	21957.37		
安　徽	Anhui	4679.31	7887.07			4520.48	6445.78	7326.84	11
福　建	Fujian	7927.10	13476.60			6572.93	10360.92	10499.22	5
江　西	Jiangxi	2901.53	11338.78			2438.38	6388.12	6030.28	15
山　东	Shandong	21425.29	29389.67	25193.23	1	15102.49	20813.99	20970.90	3
河　南	Henan	10829.48	26125.18			7077.57	17148.08	16496.60	4
湖　北	Hubei	5710.47	10918.90	9337.83	3	5370.46	7369.11	7271.14	12
湖　南	Hunan	3880.14	9788.41	9868.99	2	3687.13	6018.33	6637.10	13
广　东	Guangdong	27446.62	33357.94			22246.28	27080.59	27610.77	2
广　西	Guangxi	3164.26	7943.35			3458.33	5697.92		
海　南	Hainan	896.58	1129.56	1058.38	10	913.55	1471.76	1248.44	25
重　庆	Chongqing	2882.05	6471.68	4984.03	5	2816.22	4989.85	5008.60	18
四　川	Sichuan	7511.92	11000.68			7828.10	8563.41	9381.43	8
贵　州	Guizhou	1294.76	2816.90			2168.69	3948.18	3970.38	20
云　南	Yunnan	2450.18	2205.14	2721.03	8	4101.00	4065.96	5110.43	17
西　藏	Tibet	23.62	57.60	71.17	12	96.75	236.91	182.03	26
陕　西	Shaanxi	2891.40	4298.16	4549.58	6	3576.36	5555.78	5735.84	16
甘　肃	Gansu	1008.24	967.28	895.41	11	1375.55	1791.43	4.63	27
青　海	Qinghai	435.43	650.80			781.43	1132.75	1381.15	24
宁　夏	Ningxia	660.90	737.66			1391.26	1662.96	1845.95	23
新　疆	Xinjiang	1260.60	1157.95	1366.58	9	2089.85	3384.04	3643.42	21

11-21 中型工业企业固定资产合计和流动资产合计
Total Fixed Assets and Total Current Assets of Medium-sized Industrial Enterprises

单位：亿元 (100 million yuan)

地区	Region	固定资产合计 Total Fixed Assets 2016	2017	2017排名 Ranking	流动资产合计 Total Current Assets 2016	2017	2017排名 Ranking
全　国	**National Total**	**96200.02**			**120769.47**		
北　京	Beijing	859.56	883.31	11	3726.86	3681.55	9
天　津	Tianjin	2289.01			3059.91	2656.37	14
河　北	Hebei	4327.58			4176.11		
山　西	Shanxi	4526.60	4475.41	3	3031.80	3260.02	11
内蒙古	Inner Mongolia	3943.01			3193.34		
辽　宁	Liaoning	2375.08	2351.20	8	3963.42	4088.50	7
吉　林	Jilin	1455.56	1299.58	10	1422.16	1338.18	18
黑龙江	Heilongjiang	1218.01			1229.17		
上　海	Shanghai	1491.68			5286.17	12415.47	3
江　苏	Jiangsu	10285.44			14485.98	15821.33	2
浙　江	Zhejiang	6624.77			11237.85		
安　徽	Anhui	2352.43	2444.49	6	3006.88	3543.37	10
福　建	Fujian	3595.60	3088.98	4	4786.59	5278.57	6
江　西	Jiangxi	3149.41			2269.56	2358.63	16
山　东	Shandong	7703.05	6816.85	2	10688.80	10994.89	4
河　南	Henan	8675.98			6821.91	6577.40	5
湖　北	Hubei	2663.00	2429.73	7	3646.16	3691.22	8
湖　南	Hunan	2820.13	2705.96	5	2238.27	2714.05	12
广　东	Guangdong	7717.82	6966.65	1	15234.46	15985.74	1
广　西	Guangxi	2223.39			2621.29	2690.64	13
海　南	Hainan	779.23	578.91	14	471.46	505.17	22
重　庆	Chongqing	1991.79			2350.13	2436.99	15
四　川	Sichuan	3458.74			3865.44		
贵　州	Guizhou	1833.38			1414.55		
云　南	Yunnan	1623.60			1539.72		
西　藏	Tibet	71.29	65.36	16	70.64	58.67	24
陕　西	Shaanxi	2510.12	2199.52	9	2054.58	2170.56	17
甘　肃	Gansu	805.95	790.65	12	702.39	752.64	21
青　海	Qinghai	507.39	522.82	15	405.20	503.48	23
宁　夏	Ningxia	757.58	684.29	13	647.44	806.56	20
新　疆	Xinjiang	1563.81			1121.22	1252.11	19

11-22 中型工业企业负债合计和流动负债合计

Total Liabilities and Current Liability Assets of Medium-sized Industrial Enterprises

单位：亿元 (100 million yuan)

地区	Region	负债合计 Total Liabilities 2010	2016	2017	2017排名 Ranking	流动负债合计 Current Liability Assets 2016	2017	2017排名 Ranking
全　国	**National Total**	**111326.24**	**142524.09**			**119348.01**		
北　京	Beijing	5518.13	3261.53	3246.08	12	2647.81	2565.72	5
天　津	Tianjin	2592.72	3927.47	2910.57	15	2413.25		
河　北	Hebei	3732.70	5017.03	5942.36	6	3979.60		
山　西	Shanxi	4088.82	8185.26	7944.52	4	6178.34	5975.56	1
内蒙古	Inner Mongolia	3238.87	6256.77			3664.23		
辽　宁	Liaoning	3840.18	4831.65	4979.30	7	3829.13	3872.50	2
吉　林	Jilin	1363.68	1865.11	1867.23	19	1504.68		
黑龙江	Heilongjiang	1598.29	1836.53			1315.93		
上　海	Shanghai	4626.81	4100.61	11033.05	3	3622.51		
江　苏	Jiangsu	12439.74	14460.48	15154.14	1	12379.03		
浙　江	Zhejiang	11089.94	11951.33			10109.54		
安　徽	Anhui	2755.84	3559.03	4014.60	8	2746.13	3101.14	4
福　建	Fujian	3346.54	5382.33			4212.20		
江　西	Jiangxi	1385.14	2545.46	2547.60	17	1852.34		
山　东	Shandong	8849.18	11657.63	12075.03	2	9294.92		
河　南	Henan	3955.06	6652.21	6393.97	5	4759.86		
湖　北	Hubei	3338.37	3929.21	3916.57	9	3078.02	3130.69	3
湖　南	Hunan	2219.91	2772.01	3083.03	14	1888.14	2183.02	8
广　东	Guangdong	12503.93	14149.62			11747.09		
广　西	Guangxi	2099.02	3342.77	3386.25	10	2424.34		
海　南	Hainan	460.53	852.08	659.16	23	492.83	428.02	13
重　庆	Chongqing	1678.99	2912.36	2887.77	16	2245.74	2327.89	6
四　川	Sichuan	4832.34	4498.64			3240.05		
贵　州	Guizhou	1454.93	2865.39			1768.39		
云　南	Yunnan	2623.32	3065.72	3255.87	11	2064.31		
西　藏	Tibet	45.29	124.34			61.45	40.84	14
陕　西	Shaanxi	2209.69	3164.10	3085.61	13	2195.28	2219.85	7
甘　肃	Gansu	868.97	1167.62	1246.92	21	792.69	821.21	11
青　海	Qinghai	465.84	828.87	960.83	22	599.36	695.21	12
宁　夏	Ningxia	908.38	1087.75	1309.18	20	774.91	935.27	10
新　疆	Xinjiang	1195.10	2273.20	2499.63	18	1465.88	1760.98	9

11-23　中型工业企业所有者权益合计和实收资本
Total Owner's Equity and Paid-in Capital of Medium-sized Industrial Enterprises

单位：亿元　　(100 million yuan)

地区	Region	所有者权益合计 Total Owner's Equity 2010	2016	2017	2017排名 Ranking	实收资本 Paid-in Capital 2016	2017	2017排名 Ranking
全　国	**National Total**	**79401.38**	**116507.61**			**54538.70**		
北　京	Beijing	6089.54	2943.88	3074.40	6	1259.29	1363.17	5
天　津	Tianjin	1727.43	2735.08			1441.45		
河　北	Hebei	2340.08	4663.64			2042.71		
山　西	Shanxi	1949.82	1974.67	2072.97	10	1565.61		
内蒙古	Inner Mongolia	2251.21	3473.01			1695.31		
辽　宁	Liaoning	2511.63	2763.52	2720.20	7	1574.51	1680.60	4
吉　林	Jilin	970.10	1534.30	1410.03	11	657.21		
黑龙江	Heilongjiang	899.67	1033.07			578.88		
上　海	Shanghai	3923.53	4161.05	4281.08	1	1928.70		
江　苏	Jiangsu	9405.40	13962.10			6654.52		
浙　江	Zhejiang	7247.47	9985.19			4207.09		
安　徽	Anhui	1746.27	2889.14	3291.78	5	1509.33	1855.69	2
福　建	Fujian	3208.98	4975.51			2290.62		
江　西	Jiangxi	1042.88	3841.34	3482.68	3	1526.49		
山　东	Shandong	6175.34	9156.36			3610.73		
河　南	Henan	3080.49	10493.10			4176.30		
湖　北	Hubei	2010.92	3439.66	3361.80	4	1560.66	1694.68	3
湖　南	Hunan	1467.21	3272.24	3552.18	2	1656.14	1878.52	1
广　东	Guangdong	9702.49	12900.27			6345.53		
广　西	Guangxi	1341.53	2353.98			956.82	1030.93	6
海　南	Hainan	452.85	619.69	589.28	14	349.36	300.68	10
重　庆	Chongqing	1132.86	2077.42	2117.06	9	872.22	861.66	7
四　川	Sichuan	2965.32	4064.77			1525.85		
贵　州	Guizhou	705.18	1082.79			724.34		
云　南	Yunnan	1467.49	999.26			814.87		
西　藏	Tibet	51.46	112.57	90.69	17	72.68	43.73	12
陕　西	Shaanxi	1356.96	2391.23	2650.24	8	1282.64		
甘　肃	Gansu	492.44	623.73	659.58	13	395.06		
青　海	Qinghai	308.83	303.88	420.32	16	216.01	298.52	11
宁　夏	Ningxia	482.71	575.22	536.77	15	340.71	435.83	9
新　疆	Xinjiang	893.27	1105.95	1143.80	12	707.06	763.09	8

11-24 中型工业企业主营业务收入和主营业务成本
Revenue from Principal Business and Cost of Principal Business of Medium-sized Industrial Enterprises

单位：亿元　　(100 million yuan)

地区	Region	主营业务收入 Revenue from Principal Business				主营业务成本 Cost of Principal Business			
		2010	2016	2017	2017排名 Ranking	2010	2016	2017	2017排名 Ranking
全　国	**National Total**	**200996.90**	**286489.86**			**167138.16**	**242783.33**		
北　京	Beijing	4186.60	3903.22	3836.33	18	3386.33	3126.31	2941.23	12
天　津	Tianjin	5454.09	6667.24			4699.16	5600.81		
河　北	Hebei	7796.98	10595.43	9072.92	9	6478.53	9036.94		
山　西	Shanxi	4094.92	3482.50	4667.48	16	3245.19	2822.73	3693.14	10
内蒙古	Inner Mongolia	4647.36	6309.81			3485.25	5302.07		
辽　宁	Liaoning	7042.25	4324.00	4794.50	15	5955.22	3628.84	4088.30	9
吉　林	Jilin	2273.33	3244.22	2580.19	20	1746.20	2701.13	2134.80	13
黑龙江	Heilongjiang	2232.77	2295.50			1772.17	1901.73		
上　海	Shanghai	9619.98	6954.81	7799.23	11	7918.91	5481.52		
江　苏	Jiangsu	25405.22	40134.65	37518.07	1	21258.96	33930.43	31521.74	1
浙　江	Zhejiang	18647.45	20520.76			15815.82	17441.99		
安　徽	Anhui	4615.46	7545.60	7382.23	13	3739.01	6426.15	6286.48	7
福　建	Fujian	7933.81	13346.98	13553.72	5	6631.91	11409.79		
江　西	Jiangxi	2943.53	11491.83	10043.76	7	2485.76	10006.42	8653.21	4
山　东	Shandong	21507.20	29481.26	26161.35	3	18524.86	25801.11		
河　南	Henan	11028.25	25783.50	25165.54	4	9343.99	22478.21	22001.31	3
湖　北	Hubei	5608.34	10272.27	8936.93	10	4657.10	8762.01	7649.34	6
湖　南	Hunan	3841.55	9586.95	9664.55	8	3102.17	7790.48	7777.98	5
广　东	Guangdong	27623.46	32859.42	31435.01	2	23170.48	27808.87	26257.65	2
广　西	Guangxi	3201.47	7438.62	7395.20	12	2653.94	6187.24		
海　南	Hainan	868.19	1033.70	1011.98	23	664.51	785.82	745.70	17
重　庆	Chongqing	2882.78	6513.64	5015.58	14	2427.81	5475.79	4159.45	8
四　川	Sichuan	7484.54	10708.67	10398.57	6	6084.93	9008.03		
贵　州	Guizhou	1241.25	2565.68	2045.48	21	991.08	2096.39		
云　南	Yunnan	2471.16	2149.73	2724.33	19	1946.74	1820.05		
西　藏	Tibet	22.71	57.84	74.20	27	13.21	36.64	47.64	19
陕　西	Shaanxi	2945.20	3968.48	4144.95	17	2243.49	3139.28	3145.58	11
甘　肃	Gansu	956.48	811.49	864.73	25	788.21	718.17	749.59	16
青　海	Qinghai	439.75	500.55	446.09	26	328.06	443.04	377.14	18
宁　夏	Ningxia	665.11	750.64	880.44	24	572.52	662.62	801.35	15
新　疆	Xinjiang	1315.71	1190.88	1425.66	22	1006.64	952.72	1141.43	14

11-25 中型工业企业销售费用和管理费用

Sales Expenses and of Administrative Expenses Medium-sized Industrial Enterprises

单位：亿元 (100 million yuan)

地区	Region	销售费用 Sales Expenses			管理费用 Administrative Expenses			
		2016	2017	2017排名 Ranking	2010	2016	2017	2017排名 Ranking
全　国	**National Total**	**7663.18**			**9037.52**	**11723.38**		
北　京	Beijing	234.74	284.51	3	231.26	300.78	299.74	5
天　津	Tianjin	116.05			207.44	219.97		
河　北	Hebei	199.56			260.00	315.34		
山　西	Shanxi	90.18	117.99	8	255.39	245.75	260.77	6
内蒙古	Inner Mongolia	130.02			180.86	222.25		
辽　宁	Liaoning	157.09			301.88	248.81		
吉　林	Jilin	126.48	126.77	7	140.75	173.94	137.46	8
黑龙江	Heilongjiang	90.90			102.24	122.84		
上　海	Shanghai	398.64			579.70	549.11		
江　苏	Jiangsu	1086.74	1120.91	1	977.38	1605.27	1651.00	1
浙　江	Zhejiang	561.08			778.98	1020.49		
安　徽	Anhui	204.02			190.54	290.06		
福　建	Fujian	324.18			294.61	486.47		
江　西	Jiangxi	179.46	204.52	5	109.73	245.73		
山　东	Shandong	623.68			841.11	797.24	760.75	2
河　南	Henan	466.93			282.04	540.75		
湖　北	Hubei	303.88	280.81	4	340.83	477.43	406.16	4
湖　南	Hunan	366.28	366.90	2	250.54	526.67	554.32	3
广　东	Guangdong	889.79			1159.18	1612.35		
广　西	Guangxi	136.59			274.94	337.43		
海　南	Hainan	35.00	55.79	10	26.95	31.54	37.46	11
重　庆	Chongqing	186.95			190.90	273.05		
四　川	Sichuan	347.42			458.16	452.50		
贵　州	Guizhou	87.46			79.28	139.16		
云　南	Yunnan	84.73	110.16	9	160.31	122.32	132.71	9
西　藏	Tibet	1.58	2.09	13	2.44	5.79	5.91	14
陕　西	Shaanxi	129.51	138.22	6	178.44	195.30	198.06	7
甘　肃	Gansu	30.25			67.07	47.28	42.79	10
青　海	Qinghai	16.64	15.57	12	31.81	21.23	21.75	13
宁　夏	Ningxia	16.06	17.48	11	24.88	25.58	31.30	12
新　疆	Xinjiang	41.31			57.87	70.96		

11-26 中型工业企业财务费用和营业利润
Financial Expenses and Operating Profit of Medium-sized Industrial Enterprises

单位：亿元 (100 million yuan)

地区	Region	财务费用 Financial Expenses				营业利润 Operating Profit			
		2010	2016	2017	2017排名 Ranking	2010	2015	2016	2016排名 Ranking
全　国	**National Total**	**2418.07**	**3182.62**			**17965.42**	**17511.70**	**18813.44**	
北　京	Beijing	58.20	43.68	41.55	7	477.76	251.15	269.42	19
天　津	Tianjin	35.53	47.69			443.28	592.37	560.79	12
河　北	Hebei	85.98	110.14			767.97	800.93	776.81	8
山　西	Shanxi	107.14	201.53	198.38	2	402.62	-70.35	35.00	26
内蒙古	Inner Mongolia	84.02	131.18			795.58	431.48	443.33	17
辽　宁	Liaoning	83.45	104.97			603.14	260.86	127.71	23
吉　林	Jilin	27.29	50.39	47.48	6	150.97	175.28	173.64	20
黑龙江	Heilongjiang	31.67	39.65			212.62	131.37	130.60	22
上　海	Shanghai	60.00	25.75			676.67	503.20	536.72	13
江　苏	Jiangsu	229.44	308.79	323.33	1	2173.02	2829.16	3085.98	1
浙　江	Zhejiang	294.48	252.34			1322.17	1056.59	1291.40	5
安　徽	Anhui	61.23	71.36			556.62	531.51	483.15	16
福　建	Fujian	82.40	138.09			803.59	804.72	899.94	7
江　西	Jiangxi	30.38	66.69			214.48	835.75	926.96	6
山　东	Shandong	249.12	317.18			1582.35	1577.19	1709.84	4
河　南	Henan	117.35	219.26			1070.47	1780.94	1938.55	3
湖　北	Hubei	89.73	97.74	92.53	4	571.06	617.70	571.95	11
湖　南	Hunan	66.13	105.19	118.35	3	391.66	520.71	585.51	10
广　东	Guangdong	182.65	209.28			2394.18	1890.84	2086.59	2
广　西	Guangxi	46.33	76.05			306.30	452.29	513.52	14
海　南	Hainan	10.79	22.04	18.92	10	73.38	37.04	65.84	24
重　庆	Chongqing	37.53	58.47			212.68	418.09	490.07	15
四　川	Sichuan	108.52	132.03			716.94	589.69	667.19	9
贵　州	Guizhou	41.96	80.81			91.38	108.97	141.64	21
云　南	Yunnan	67.66	73.48			262.02	5.10	-155.14	31
西　藏	Tibet	0.35	0.45	1.16	11	6.58	9.33	12.28	28
陕　西	Shaanxi	47.16	76.76	68.03	5	370.16	355.21	387.40	18
甘　肃	Gansu	18.33	25.75			51.12	-14.60	-18.80	30
青　海	Qinghai	12.24	16.76	19.98	9	81.05	-12.69	0.49	29
宁　夏	Ningxia	24.72	27.77	36.60	8	35.49	21.93	18.34	27
新　疆	Xinjiang	26.29	51.36			148.13	19.94	56.70	25

11-27 中型工业企业利润总额和平均用工人数

Total Profit and Average Number of Employed Persons of Medium-sized Industrial Enterprises

地区	Region	利润总额（亿元） Total Profit (100 million yuan)				平均用工人数（万人） Average Number of Employed Persons (10 000 persons)		
		2010	2016	2017	2017排名 Ranking	2016	2017	2017排名 Ranking
全　国	**National Total**	**17346.83**	**19405.01**			**2853.87**		
北　京	Beijing	514.34	329.30	358.08	16	29.85	28.63	14
天　津	Tianjin	459.37	569.11	163.09	20	38.45	27.83	15
河　北	Hebei	646.41	765.09	511.89	13	95.63		
山　西	Shanxi	368.25	4.02	280.19	17	57.66	54.61	11
内蒙古	Inner Mongolia	656.92	430.68			38.41		
辽　宁	Liaoning	590.74	177.53	191.80	19	55.97		
吉　林	Jilin	153.95	194.36	139.25	21	29.66	24.80	16
黑龙江	Heilongjiang	216.34	146.43			27.61		
上　海	Shanghai	700.79	571.30	626.10	8	61.10	56.65	9
江　苏	Jiangsu	2044.47	3142.97	2908.84	1	312.16	288.95	2
浙　江	Zhejiang	1366.01	1374.88			209.66		
安　徽	Anhui	522.39	497.94	481.64	14	74.35		
福　建	Fujian	773.90	899.73	1002.91	5	154.69		
江　西	Jiangxi	212.64	931.07	800.03	7	92.47	86.67	6
山　东	Shandong	1459.59	1756.16	1410.11	4	217.30	201.25	3
河　南	Henan	1019.36	1952.29	1820.17	3	261.43		
湖　北	Hubei	516.24	612.75	518.89	12	93.27	86.57	7
湖　南	Hunan	379.35	556.02	625.69	9	120.25	112.52	4
广　东	Guangdong	2444.39	2185.63	2110.04	2	498.74	474.42	1
广　西	Guangxi	295.74	529.55	539.00	11	74.05	67.75	8
海　南	Hainan	74.88	70.58	95.28	23	5.26	3.92	19
重　庆	Chongqing	191.74	506.66	388.54	15	61.68	56.25	10
四　川	Sichuan	694.20	694.64	811.31	6	101.80	95.40	5
贵　州	Guizhou	100.85	149.93	70.79	24	29.93		
云　南	Yunnan	257.80	-132.68	249.98	18	30.21	29.56	13
西　藏	Tibet	7.11	12.48	15.62	26	0.65	0.54	20
陕　西	Shaanxi	357.38	385.04	539.46	10	39.83	36.47	12
甘　肃	Gansu	55.66	-13.41	14.22	27	12.53		
青　海	Qinghai	65.86	4.24	19.70	25	5.04		
宁　夏	Ningxia	42.35	25.50	-14.79	28	7.22	6.92	18
新　疆	Xinjiang	157.81	75.19	99.06	22	17.03	16.02	17

11-28 中型工业企业投资收益和亏损企业亏损额

Return on Investment Income and Amount of Loss of Medium-sized Industrial Enterprises

单位：亿元 (100 million yuan)

地区	Region	投资收益（损失以“-”号记） Investment Income (Loss is Marked as "-")			亏损企业亏损额 Loss Ratio of Unprofitable Firms		
		2015	2016	2016排名 Ranking	2016	2017	2017排名 Ranking
全　国	**National Total**	**179.18**	**248.09**		**2296.66**		
北　京	Beijing	88.86	121.97	1	121.19		
天　津	Tianjin	-19.92	-31.62	29	43.13		
河　北	Hebei	-136.94	-133.52	31	83.58		
山　西	Shanxi	7.07	3.60	15	189.72	137.32	1
内蒙古	Inner Mongolia	6.61	2.14	18	180.31		
辽　宁	Liaoning	3.40	10.08	7	102.45		
吉　林	Jilin	16.99	11.27	6	33.95	42.96	7
黑龙江	Heilongjiang	7.60	4.43	14	40.95		
上　海	Shanghai	64.31	66.46	3	72.14		
江　苏	Jiangsu	37.43	61.57	4	152.35		
浙　江	Zhejiang	72.05	111.91	2	64.61		
安　徽	Anhui	3.60	-10.29	27	35.97		
福　建	Fujian	-15.78	-0.49	23	63.64		
江　西	Jiangxi	-0.72	2.81	16	10.36	19.79	10
山　东	Shandong	14.43	9.92	8	107.29	136.15	2
河　南	Henan	1.90	6.01	12	78.08		
湖　北	Hubei	5.96	0.20	21	46.49	50.97	5
湖　南	Hunan	-5.87	-2.30	25	35.13	25.79	9
广　东	Guangdong	18.39	48.88	5	150.49		
广　西	Guangxi	-11.86	-51.92	30	54.94		
海　南	Hainan	4.99	7.15	11	7.14	7.54	12
重　庆	Chongqing	7.90	-2.80	26	42.07		
四　川	Sichuan	-11.97	-13.68	28	55.52		
贵　州	Guizhou	2.59	1.85	20	58.52		
云　南	Yunnan	3.22	8.79	10	284.08	72.83	3
西　藏	Tibet	0.17	0.02	22			
陕　西	Shaanxi	5.35	4.47	13	41.18	42.42	8
甘　肃	Gansu	1.29	2.58	17	53.95		
青　海	Qinghai	-3.30	-2.22	24	20.16	17.98	11
宁　夏	Ningxia	1.15	1.94	19	15.85	52.36	4
新　疆	Xinjiang	10.27	8.87	9	51.44	43.62	6

11-29 小型工业企业工业销售产值和资产总计
Sales Value and Total Assets of Small Industrial Enterprises

单位：亿元 (100 million yuan)

地区	Region	工业销售产值（当年价格） Sales Value (current prices)				资产总计 Total Assets			
		2010	2016	2017	2017排名 Ranking	2010	2016	2017	2017排名 Ranking
全　国	**National Total**	**258832.78**	**443351.84**			**165430.34**	**318806.10**		
北　京	Beijing	3157.45	2980.64	3059.63	8	3677.55	6202.40	6005.47	16
天　津	Tianjin	4080.26	7384.97			3684.22	5898.46	5054.01	21
河　北	Hebei	10680.45	19183.04			5404.20	12898.93	12184.76	6
山　西	Shanxi	2040.77	3061.70			2618.99	5254.86	5204.00	19
内蒙古	Inner Mongolia	4982.34	8266.40			3732.00	8489.80		
辽　宁	Liaoning	17390.13	6238.19			8957.86	9621.49	8042.20	13
吉　林	Jilin	4790.71	11788.15			2914.25	5932.07	5985.12	17
黑龙江	Heilongjiang	2554.73	4746.04			2062.48	4223.69		
上　海	Shanghai	7914.38	8358.30	8918.55	4	7772.46	10244.87	10607.89	9
江　苏	Jiangsu	36992.00	59434.96			21994.06	37356.69	38642.95	1
浙　江	Zhejiang	22389.13	29570.93			21130.91	29769.22		
安　徽	Anhui	7250.13	21487.39			4577.74	11154.44	11562.31	7
福　建	Fujian	8591.20	18273.15			5679.26	10061.22	10468.30	10
江　西	Jiangxi	7580.56	14472.86			2957.57	7505.47	8102.42	12
山　东	Shandong	35192.78	67638.34	57787.17	1	14495.00	32487.04	31448.30	2
河　南	Henan	13780.41	26867.23			5639.75	16876.77	15655.72	4
湖　北	Hubei	6928.60	20019.42	19355.09	2	4535.43	11075.96	11352.58	8
湖　南	Hunan	10156.62	19663.31	18569.00	3	4276.30	8543.35	8576.76	11
广　东	Guangdong	28244.82	38080.84			16877.38	28490.77	28924.35	3
广　西	Guangxi	3428.01	7579.09			2677.99	4466.12		
海　南	Hainan	290.22	398.50	409.25	11	332.54	721.52	756.03	25
重　庆	Chongqing	3038.46	7254.59	7137.51	6	2117.81	5854.02	6326.76	15
四　川	Sichuan	9263.65	17251.96			6623.96	14311.66	14600.93	5
贵　州	Guizhou	1256.68	5772.11			1275.91	4466.96	4265.83	22
云　南	Yunnan	1564.27	3707.22	3792.96	7	2477.84	6468.40	5723.22	18
西　藏	Tibet	28.25	84.29	95.32	12	89.74	443.25	442.54	26
陕　西	Shaanxi	2759.21	7190.24	7572.37	5	2625.10	6295.04	6341.50	14
甘　肃	Gansu	782.03	1936.17	1192.61	10	1416.89	3560.06	8.23	27
青　海	Qinghai	253.36	1025.02			457.22	1684.95	1676.81	24
宁　夏	Ningxia	448.47	1106.30			571.30	2338.17	2818.52	23
新　疆	Xinjiang	1022.71	2530.47	2484.49	9	1776.62	6108.49	5198.35	20

11-30 小型工业企业固定资产合计和流动资产合计
Total Fixed Assets and Total Current Assets of Small-sized Industrial Enterprises

单位：亿元 (100 million yuan)

地区	Region	固定资产合计 Total Fixed Assets 2016	2017	2017排名 Ranking	流动资产合计 Total Current Assets 2016	2017	2017排名 Ranking
全 国	**National Total**	**117988.45**			**150197.10**		
北 京	Beijing	783.97	773.30	13	3750.48	3827.65	10
天 津	Tianjin	1608.47			3551.34	3112.75	13
河 北	Hebei	5870.93			5234.93		
山 西	Shanxi	2207.75	2075.35	9	2166.76	2268.95	18
内蒙古	Inner Mongolia	3990.90			2726.80		
辽 宁	Liaoning	3256.62	2117.00	8	4459.85	4565.60	9
吉 林	Jilin	2512.46	2197.66	7	2485.21	2703.57	16
黑龙江	Heilongjiang	1709.43			1779.25		
上 海	Shanghai	2020.64			6762.70	7092.88	4
江 苏	Jiangsu	12495.34			20345.90	21871.46	1
浙 江	Zhejiang	8347.93			17033.28		
安 徽	Anhui	3879.56	3620.35	4	5801.99	6090.74	6
福 建	Fujian	2922.36	2993.02	6	5493.44	5696.59	7
江 西	Jiangxi	3029.59			3045.31	3747.13	11
山 东	Shandong	15354.62	12581.77	1	12200.11	13427.10	3
河 南	Henan	7473.81			7078.21	6636.70	5
湖 北	Hubei	3858.66	3665.93	3	5223.96	5534.86	8
湖 南	Hunan	3806.55	3552.60	5	3236.42	3315.39	12
广 东	Guangdong	7312.81	6979.29	2	16173.28	18032.38	2
广 西	Guangxi	1674.84			2087.18	2326.88	17
海 南	Hainan	265.79	248.71	15	307.61	327.23	23
重 庆	Chongqing	2352.69			2513.35	2744.71	15
四 川	Sichuan	6598.18			5346.19		
贵 州	Guizhou	1706.61			1878.59		
云 南	Yunnan	3475.52			2132.06		
西 藏	Tibet	176.26	182.41	16	131.22	151.28	24
陕 西	Shaanxi	2273.26	2066.41	10	2673.27	2938.85	14
甘 肃	Gansu	1749.12	1319.07	11	1243.57	1148.78	20
青 海	Qinghai	916.27	694.47	14	558.97	603.56	22
宁 夏	Ningxia	1087.02	1243.05	12	869.74	1020.79	21
新 疆	Xinjiang	3270.50			1906.14	1762.68	19

11-31 小型工业企业负债合计和流动负债合计
Total Liabilities and Current Liability Assets of Small-sized Industrial Enterprises

单位：亿元 (100 million yuan)

地区	Region	负债合计 Total Liabilities 2010	2016	2017	2017排名 Ranking	流动负债合计 Current Liability Assets 2016	2017	2017排名 Ranking
全 国	**National Total**	**90548.23**	**168199.31**			**125199.11**		
北 京	Beijing	2067.91	3029.21	3008.70	18	2676.08	2670.06	5
天 津	Tianjin	2106.66	3583.73	3031.63	16	2957.43		
河 北	Hebei	2774.93	5878.75	6127.48	3	4335.10		
山 西	Shanxi	1762.65	3869.85	3827.70	10	2723.98	2790.97	4
内蒙古	Inner Mongolia	2316.29	5372.37			3159.40		
辽 宁	Liaoning	4341.34	5561.06	5123.80	8	4314.49	4200.90	2
吉 林	Jilin	1298.81	2885.46	3016.99	17	2116.42		
黑龙江	Heilongjiang	1162.71	2268.28			1613.18		
上 海	Shanghai	4138.22	5296.22	5435.12	7	4548.51		
江 苏	Jiangsu	12331.48	19117.22	20336.11	1	16735.82		
浙 江	Zhejiang	13236.12	17592.40			15381.58		
安 徽	Anhui	2429.74	5637.32	5940.87	4	4452.33	4731.53	1
福 建	Fujian	2885.21	4850.74			3831.83		
江 西	Jiangxi	1399.50	3286.76	3706.20	12	2354.63		
山 东	Shandong	6359.09	14590.90	14469.33	2	10175.46		
河 南	Henan	2245.41	5668.23	5499.27	6	3955.04		
湖 北	Hubei	2339.86	5428.89	5723.44	5	3923.21	4173.82	3
湖 南	Hunan	2049.10	3831.09	3718.15	11	2344.67	2485.26	7
广 东	Guangdong	9769.75	15645.50			12188.94		
广 西	Guangxi	1612.91	2647.61	2891.01	19	1870.63		
海 南	Hainan	165.96	361.06	365.14	23	249.28	231.07	14
重 庆	Chongqing	1257.76	3378.90	3589.16	13	2263.01	2499.28	6
四 川	Sichuan	3932.91	8606.33			4975.61		
贵 州	Guizhou	798.86	2715.80			1679.57		
云 南	Yunnan	1612.54	4389.07	3851.17	9	2523.24		
西 藏	Tibet	26.65	261.70			197.12	237.19	13
陕 西	Shaanxi	1448.88	3358.48	3342.94	15	2280.03	2300.23	8
甘 肃	Gansu	918.79	2343.74	1946.85	20	1202.42	1084.49	10
青 海	Qinghai	284.31	1113.52	1145.23	22	733.62	674.51	12
宁 夏	Ningxia	365.08	1471.10	1822.21	21	851.09	1053.73	11
新 疆	Xinjiang	1108.81	4158.54	3480.76	14	2585.70	2205.98	9

11-32 小型工业企业所有者权益合计和实收资本
Total Owner's Equity and Paid-in Capital of Small-sized Industrial Enterprises

单位：亿元 (100 million yuan)

地区	Region	所有者权益合计 Total Owner's Equity 2010	2016	2017	2017排名 Ranking	实收资本 Paid-in Capital 2016	2017	2017排名 Ranking
全 国	**National Total**	**74343.74**	**147263.57**			**95749.15**		
北 京	Beijing	1609.65	3150.13	2953.70	7	1461.08	1369.73	5
天 津	Tianjin	1577.52	2295.76			1742.45		
河 北	Hebei	2590.32	6887.25			5134.14		
山 西	Shanxi	846.19	1385.85	1374.90	12	1181.91		
内蒙古	Inner Mongolia	1397.68	3032.54			3862.93		
辽 宁	Liaoning	4553.09	3521.25	2903.10	8	2293.05	2212.00	4
吉 林	Jilin	1595.64	3032.60	2892.03	9	1403.75		
黑龙江	Heilongjiang	890.43	1945.70			7039.09		
上 海	Shanghai	3634.24	4781.42	5121.67	3	2778.97		
江 苏	Jiangsu	9662.58	18107.50			10155.64		
浙 江	Zhejiang	7894.80	11901.45			8856.98		
安 徽	Anhui	2110.05	5392.51	5522.52	2	4796.87	4105.94	1
福 建	Fujian	2789.12	5087.54			2625.12		
江 西	Jiangxi	1544.11	4149.83	4396.22	5	1821.97		
山 东	Shandong	8054.18	17538.80			7401.72		
河 南	Henan	3351.88	10966.74			5554.11		
湖 北	Hubei	2164.07	5563.57	5540.32	1	4626.15	3900.89	2
湖 南	Hunan	2227.10	4683.59	4849.99	4	3324.91	2656.41	3
广 东	Guangdong	7069.10	12279.65			6624.19		
广 西	Guangxi	1045.35	1806.97			834.31	1039.96	8
海 南	Hainan	165.08	360.46	387.35	16	263.60	177.99	11
重 庆	Chongqing	852.97	2344.15	2608.66	10	1051.63	1261.01	6
四 川	Sichuan	2636.40	5593.04			3001.56		
贵 州	Guizhou	472.52	1744.97			991.70		
云 南	Yunnan	857.51	2068.32			1779.06		
西 藏	Tibet	62.97	175.63	155.98	17	60.88	73.10	12
陕 西	Shaanxi	1158.19	2867.56	2994.90	6	1858.93		
甘 肃	Gansu	490.58	1217.61	980.90	14	865.60		
青 海	Qinghai	169.93	568.76	526.46	15	332.37	331.62	10
宁 夏	Ningxia	205.99	864.88	989.24	13	546.54	648.96	9
新 疆	Xinjiang	664.51	1947.54	1716.89	11	1477.95	1236.56	7

11-33 小型工业企业主营业务收入和主营业务成本
Revenue from Principal Business and Cost of Principal Business of Small Industrial Enterprises

单位：亿元 (100 million yuan)

地区	Region	主营业务收入 Revenue from Principal Business				主营业务成本 Cost of Principal Business			
		2010	2016	2017	2017排名 Ranking	2010	2016	2017	2017排名 Ranking
全　国	**National Total**	**258730.27**	**436064.14**			**220040.26**	**376885.67**		
北　京	Beijing	3419.66	3390.82	3518.70	20	2862.42	2691.34	2799.84	13
天　津	Tianjin	4295.17	7218.30			3782.37	6391.56		
河　北	Hebei	10697.53	18879.09	14288.27	11	9069.64	16558.15		
山　西	Shanxi	2066.98	2931.73	3422.49	21	1774.45	2563.69	2989.89	12
内蒙古	Inner Mongolia	4950.62	7994.49			3897.90	6767.08		
辽　宁	Liaoning	17386.56	6782.72	5243.20	17	14844.45	6003.78	4499.20	11
吉　林	Jilin	4669.90	11227.44	8902.83	13	3950.93	9693.75	7701.10	8
黑龙江	Heilongjiang	2523.93	4719.40			2128.29	4205.16		
上　海	Shanghai	8265.98	8962.51	9644.53	12	6922.21	7350.64		
江　苏	Jiangsu	37018.78	58814.46	56287.92	2	32361.72	50791.45	48743.75	1
浙　江	Zhejiang	22315.49	29141.01			19409.51	24710.22		
安　徽	Anhui	7131.53	20775.32	20831.00	5	6168.06	18270.06	18376.93	4
福　建	Fujian	8599.13	17636.71	17771.06	8	7391.47	15321.96		
江　西	Jiangxi	7630.13	14719.82	14905.63	10	6492.67	13006.84	13141.86	7
山　东	Shandong	34839.13	66643.42	58603.02	1	29721.66	58934.48		
河　南	Henan	14012.43	26307.39	25483.23	4	11509.16	22761.60	22104.93	3
湖　北	Hubei	6878.01	19147.26	18402.29	7	5805.21	16526.11	15944.77	5
湖　南	Hunan	10057.39	19730.09	18465.48	6	8041.61	16393.39	15512.45	6
广　东	Guangdong	28041.02	38005.14	39390.23	3	24124.07	33085.86	34138.94	2
广　西	Guangxi	3395.32	7100.17	7613.48	14	2858.74	6084.06		
海　南	Hainan	295.12	397.50	404.66	26	227.56	325.11	333.36	18
重　庆	Chongqing	3038.48	7116.13	7031.26	16	2541.87	6061.06	5913.57	10
四　川	Sichuan	9207.85	16600.26	17017.87	9	7763.10	14129.42		
贵　州	Guizhou	1173.05	5530.60	4834.25	18	935.61	4611.36		
云　南	Yunnan	1595.30	3591.56	3866.08	19	1315.78	2993.26		
西　藏	Tibet	27.74	79.00	92.90	27	17.33	48.87	58.38	19
陕　西	Shaanxi	2727.79	6693.09	7208.86	15	2085.17	5590.90	5945.89	9
甘　肃	Gansu	697.57	1515.24	1185.06	24	562.12	1320.76	1010.35	15
青　海	Qinghai	249.94	756.81	564.24	25	209.60	650.50	457.84	17
宁　夏	Ningxia	457.05	1088.44	1185.42	23	401.69	935.61	1007.84	16
新　疆	Xinjiang	1065.69	2568.21	2507.01	22	863.88	2107.62	2051.60	14

11-34 小型工业企业销售费用和管理费用
Sales Expenses and Administrative Expenses of Small Industrial Enterprises

单位：亿元 (100 million yuan)

地区	Region	销售费用 Sales Expenses			管理费用 Administrative Expenses			
		2016	2017	2017排名 Ranking	2010	2016	2017	2017排名 Ranking
全　国	**National Total**	**10271.99**			**9964.74**	**15651.83**		
北　京	Beijing	207.90	200.20	7	230.57	311.24	307.40	7
天　津	Tianjin	157.53			166.27	273.87		
河　北	Hebei	331.06			258.43	420.60		
山　西	Shanxi	85.38	95.56	9	82.15	104.45	120.39	9
内蒙古	Inner Mongolia	147.18			153.03	251.84		
辽　宁	Liaoning	159.71			645.89	300.38		
吉　林	Jilin	335.16	249.22	5	253.14	456.85	345.41	5
黑龙江	Heilongjiang	102.59			91.89	146.25		
上　海	Shanghai	378.77			531.80	711.15		
江　苏	Jiangsu	1286.07	1292.91	1	1260.77	2280.74	2304.90	1
浙　江	Zhejiang	688.83			999.89	1503.67		
安　徽	Anhui	480.00			229.64	617.83		
福　建	Fujian	408.74			337.58	629.74		
江　西	Jiangxi	219.82	268.41	4	153.02	299.12		
山　东	Shandong	1190.02			1125.01	1499.44	1422.09	2
河　南	Henan	552.12			266.65	532.12		
湖　北	Hubei	559.89	517.18	3	309.15	754.98	714.59	4
湖　南	Hunan	591.46	552.05	2	536.24	806.27	812.59	3
广　东	Guangdong	905.29			1062.42	1652.77		
广　西	Guangxi	171.52			266.03	273.47		
海　南	Hainan	19.86	17.74	11	14.56	22.29	23.48	12
重　庆	Chongqing	181.25			144.79	282.80		
四　川	Sichuan	475.55			423.76	614.98		
贵　州	Guizhou	191.32			71.48	238.06		
云　南	Yunnan	91.56	106.33	8	86.16	149.74	152.80	8
西　藏	Tibet	5.33	6.09	13	3.53	5.45	7.04	14
陕　西	Shaanxi	195.27	222.08	6	137.53	272.20	311.02	6
甘　肃	Gansu	39.97			34.30	59.80	50.01	10
青　海	Qinghai	14.02	17.04	12	15.71	26.18	22.88	13
宁　夏	Ningxia	26.50	29.32	10	16.95	36.60	36.51	11
新　疆	Xinjiang	72.31			56.38	116.96		

11-35 小型工业企业财务费用和营业利润
Financial Expenses and Operating Profit of Small Industrial Enterprises

单位：亿元 (100 million yuan)

地区	Region	财务费用 Financial Expenses 2010	2016	2017	2017排名 Ranking	营业利润 Operating Profit 2010	2015	2016	2016排名 Ranking
全　国	**National Total**	**2346.93**	**4443.85**			**19146.63**	**24350.96**	**25420.07**	
北　京	Beijing	17.88	31.84	30.04	9	183.38	159.74	194.90	23
天　津	Tianjin	25.48	53.97			243.31	332.32	317.15	20
河　北	Hebei	82.12	160.50			1008.90	1177.42	1247.84	6
山　西	Shanxi	38.99	87.81	86.75	5	103.79	32.35	74.43	26
内蒙古	Inner Mongolia	63.99	127.70			675.41	635.06	603.91	13
辽　宁	Liaoning	105.73	109.68			1306.12	646.51	179.11	24
吉　林	Jilin	42.26	123.83	112.56	4	271.22	485.48	513.63	14
黑龙江	Heilongjiang	22.65	45.74			215.02	205.91	203.35	21
上　海	Shanghai	52.25	59.25			521.54	398.62	455.43	17
江　苏	Jiangsu	293.74	494.87	501.72	1	2295.72	3373.43	3675.42	2
浙　江	Zhejiang	351.43	434.41			1141.17	1368.35	1458.37	5
安　徽	Anhui	64.85	157.53			514.82	1040.49	1141.58	8
福　建	Fujian	90.39	137.03			629.13	887.73	1029.11	9
江　西	Jiangxi	42.87	74.39			515.13	898.76	1021.30	10
山　东	Shandong	286.10	531.84			2586.24	4091.25	3987.87	1
河　南	Henan	108.06	212.44			1678.03	2013.40	2094.52	3
湖　北	Hubei	80.55	194.70	187.87	2	509.81	953.99	961.80	11
湖　南	Hunan	87.31	176.99	160.95	3	836.66	1043.14	1204.64	7
广　东	Guangdong	149.36	286.53			1985.59	1820.52	1988.78	4
广　西	Guangxi	46.87	68.66			323.72	378.24	369.83	18
海　南	Hainan	2.19	7.86	6.85	10	38.34	23.98	23.58	29
重　庆	Chongqing	30.77	78.39			208.76	410.54	474.84	16
四　川	Sichuan	111.72	281.59			658.91	935.30	932.55	12
贵　州	Guizhou	17.69	69.53			75.20	240.98	320.49	19
云　南	Yunnan	40.24	123.66			118.57	177.75	199.88	22
西　藏	Tibet	0.07	3.04	2.84	11	4.86	9.10	15.71	30
陕　西	Shaanxi	32.10	73.75	75.57	6	314.22	393.24	491.97	15
甘　肃	Gansu	21.45	71.77			33.15	28.29	15.29	31
青　海	Qinghai	5.78	30.61	32.36	8	32.26	16.22	27.41	28
宁　夏	Ningxia	9.68	39.08	49.45	7	19.25	26.92	46.24	27
新　疆	Xinjiang	22.36	94.84			98.43	145.94	149.14	25

11-36 小型工业企业利润总额和平均用工人数
Total Profit and Average Number of Employed Persons of Small Industrial Enterprises

地区	Region	利润总额（亿元） Total Profit (100 million yuan)				平均用工人数（万人） Average Number of Employed Persons (10 000 persons)		
		2010	2016	2017	2017排名 Ranking	2016	2017	2017排名 Ranking
全　国	**National Total**	**18072.48**	**25728.63**			**3424.01**		
北　京	Beijing	214.11	243.20	293.52	18	30.34	28.01	15
天　津	Tianjin	244.56	326.69	152.09	22	43.03	32.56	13
河　北	Hebei	875.45	1245.05	809.03	11	133.66		
山　西	Shanxi	76.66	88.63	126.74	23	25.73	25.53	16
内蒙古	Inner Mongolia	458.21	498.14			38.17		
辽　宁	Liaoning	1257.50	203.92	210.90	19	77.05		
吉　林	Jilin	258.26	504.67	407.12	16	58.22	49.10	10
黑龙江	Heilongjiang	206.93	222.85			31.84		
上　海	Shanghai	549.15	511.68	629.87	12	78.40	71.93	8
江　苏	Jiangsu	2110.31	3713.51	3317.88	2	440.22	411.05	2
浙　江	Zhejiang	1176.74	1569.23			349.99		
安　徽	Anhui	480.39	1080.45	1009.41	6	153.67		
福　建	Fujian	564.11	1039.30	1038.93	5	158.79		
江　西	Jiangxi	504.76	1019.64	1005.85	7	104.41	108.87	7
山　东	Shandong	2505.21	4015.03	3394.01	1	385.39	323.09	3
河　南	Henan	1636.13	2099.88	1950.30	4	210.17		
湖　北	Hubei	467.87	980.28	928.37	9	136.59	122.14	5
湖　南	Hunan	760.11	1126.32	896.07	10	145.40	145.05	4
广　东	Guangdong	1926.07	2054.32	2019.01	3	402.82	417.25	1
广　西	Guangxi	294.24	378.19	412.10	15	49.24	46.20	12
海　南	Hainan	40.07	26.86	28.35	27	3.07	3.08	19
重　庆	Chongqing	198.39	506.96	537.79	14	66.64	59.04	9
四　川	Sichuan	592.80	932.60	935.27	8	122.12	115.27	6
贵　州	Guizhou	76.74	326.06	303.13	17	43.90		
云　南	Yunnan	117.14	220.33	203.02	21	33.76	31.36	14
西　藏	Tibet	5.69	16.70	19.15	28	0.82	0.80	20
陕　西	Shaanxi	298.53	491.97	573.06	13	50.26	47.00	11
甘　肃	Gansu	34.82	26.87	39.51	25	14.18		
青　海	Qinghai	17.34	36.81	33.15	26	4.82		
宁　夏	Ningxia	22.16	53.06	69.97	24	8.35	7.90	18
新　疆	Xinjiang	102.04	169.46	203.22	20	22.94	20.78	17

11-37 小型工业企业投资收益和亏损企业亏损额
Return on Investment Income and Amount of Loss of Small-sized Industrial Enterprises

单位：亿元　(100 million yuan)

地区	Region	投资收益（损失以“-”号记）Investment Income (Loss is Marked as "-") 2015	2016	2016排名 Ranking	亏损企业亏损额 Loss Ratio of Unprofitable Firms 2016	2017	2017排名 Ranking
全　国	**National Total**	**-128.57**	**86.31**		**2212.61**		
北　京	Beijing	35.15	57.08	3	77.68		
天　津	Tianjin	-20.77	4.91	9	73.62		
河　北	Hebei	-118.51	-60.06	30	75.64		
山　西	Shanxi	3.80	2.71	11	78.35	69.73	2
内蒙古	Inner Mongolia	-51.03	-15.21	29	74.33		
辽　宁	Liaoning	-21.74	9.01	6	113.64		
吉　林	Jilin	15.10	8.90	7	32.61	37.94	7
黑龙江	Heilongjiang	1.28	1.17	17	36.73		
上　海	Shanghai	44.79	35.21	4	139.98		
江　苏	Jiangsu	18.48	34.42	5	259.51		
浙　江	Zhejiang	51.81	65.34	2	170.91		
安　徽	Anhui	-0.71	2.50	12	43.15		
福　建	Fujian	-29.87	-12.43	27	48.81		
江　西	Jiangxi	-2.24	2.49	13	17.79	19.87	9
山　东	Shandong	-25.82	-14.24	28	124.05	155.65	1
河　南	Henan	2.41	0.08	20	37.14		
湖　北	Hubei	-7.94	-4.43	23	50.90	57.40	5
湖　南	Hunan	-4.97	-8.85	25	45.71	32.65	8
广　东	Guangdong	60.96	91.21	1	194.92		
广　西	Guangxi	-69.73	-110.11	31	36.87		
海　南	Hainan	3.87	2.76	10	8.91	10.59	12
重　庆	Chongqing	0.03	5.16	8	43.12		
四　川	Sichuan	-13.70	-10.80	26	96.73		
贵　州	Guizhou	0.53	-1.69	22	38.66		
云　南	Yunnan	1.87	1.84	14	76.99	62.51	3
西　藏	Tibet	1.72	0.52	19	1.68	1.95	13
陕　西	Shaanxi	-2.04	-0.31	21	41.89	39.38	6
甘　肃	Gansu	1.12	1.84	14	50.76		
青　海	Qinghai	-6.34	-4.46	24	11.11	14.19	11
宁　夏	Ningxia	0.55	0.57	18	17.96	15.03	10
新　疆	Xinjiang	4.37	1.20	16	92.47	57.41	4

11-38 采掘业工业企工业销售产值和资产总计
Sales Value and Total Assets of Extractive Industry

单位：亿元　　(100 million yuan)

地区	Region	工业销售产值（当年价格）Sales Value (current prices) 2016	2017	2017排名 Ranking	资产总计 Total Assets 2016	2017	2017排名 Ranking
全　国	**National Total**	**46200.00**			**95769.18**		
北　京	Beijing	235.36	267.84	3	3227.87	3884.61	3
天　津	Tianjin	948.59			2139.66		
河　北	Hebei	2844.23			4812.60		
山　西	Shanxi	4487.84			17666.19	18314.26	1
内蒙古	Inner Mongolia	5549.87			7951.83		
辽　宁	Liaoning	735.37			2678.91		
吉　林	Jilin	1002.61			1760.20		
黑龙江	Heilongjiang	1293.13			3996.94	3947.99	2
上　海	Shanghai	5.96	6.08	4	33.79	34.03	8
江　苏	Jiangsu	586.27			1216.69	972.99	6
浙　江	Zhejiang	179.60			232.40		
安　徽	Anhui	1414.95			4078.37		
福　建	Fujian	583.91			351.39		
江　西	Jiangxi	1078.26			779.06		
山　东	Shandong	4147.11			9497.52		
河　南	Henan	3722.06			5275.51		
湖　北	Hubei	1088.68	875.87	1	812.88	724.65	7
湖　南	Hunan	1247.04			762.79		
广　东	Guangdong	1008.63			1433.14		
广　西	Guangxi	797.77			617.97		
海　南	Hainan	27.72			115.02		
重　庆	Chongqing	525.99			980.61		
四　川	Sichuan	2756.66			4041.75		
贵　州	Guizhou	1987.55			2465.20	2481.30	4
云　南	Yunnan	801.11	780.16	2	1581.54	1424.54	5
西　藏	Tibet	33.53			317.54		
陕　西	Shaanxi	4320.61			8939.65		
甘　肃	Gansu	844.85			1454.36		
青　海	Qinghai	240.14			625.29		
宁　夏	Ningxia	485.66			1615.14		
新　疆	Xinjiang	1218.95			4307.29		

11-39　采掘业工业企业固定资产合计和流动资产合计
Total Fixed Assets and Total Current Assets of Extractive Industry

单位：亿元　　　　(100 million yuan)

地区	Region	固定资产合计 Total Fixed Assets			流动资产合计 Total Current Assets		
		2016	2017	2017排名 Ranking	2016	2017	2017排名 Ranking
全　国	**National Total**	**41646.06**			**30504.37**		
北　京	Beijing	548.77	747.16	3	1093.56	873.05	3
天　津	Tianjin	1335.94			570.11		
河　北	Hebei	1919.67			1717.96		
山　西	Shanxi	5861.80	5164.96	1	6963.56	7077.05	1
内蒙古	Inner Mongolia	2681.31			2741.93		
辽　宁	Liaoning	1217.93			973.27		
吉　林	Jilin	1137.59			424.28		
黑龙江	Heilongjiang	2367.90	2251.23	2	1114.80	1185.07	2
上　海	Shanghai	0.07			22.57	24.20	6
江　苏	Jiangsu	636.38			322.92	236.42	5
浙　江	Zhejiang	48.03			107.29		
安　徽	Anhui	1395.43			789.02		
福　建	Fujian	138.57			112.58		
江　西	Jiangxi	329.49			261.63		
山　东	Shandong	3946.08			3227.03		
河　南	Henan	2336.64			1975.74		
湖　北	Hubei	325.26	279.58	4	326.14	303.88	4
湖　南	Hunan	388.33			225.89		
广　东	Guangdong	691.30			249.56		
广　西	Guangxi	166.50			272.21		
海　南	Hainan	68.79			32.40		
重　庆	Chongqing	545.67			233.82		
四　川	Sichuan	2151.84			1232.06		
贵　州	Guizhou	810.93			841.82		
云　南	Yunnan	438.73			654.89		
西　藏	Tibet	68.49			66.81		
陕　西	Shaanxi	5469.40			2211.25		
甘　肃	Gansu	889.52			371.72		
青　海	Qinghai	354.95			170.64		
宁　夏	Ningxia	586.51			295.46		
新　疆	Xinjiang	2788.23			901.44		

11-40 采掘业工业企业负债合计和流动负债合计

Total Liabilities and Current Liabilities Assets of Extractive Industry

单位：亿元 (100 million yuan)

地区	Region	负债合计 Total Liabilities 2016	2017	2017排名 Ranking	流动负债合计 Current Liability Assets 2016	2017	2017排名 Ranking
全　国	**National Total**	**58222.69**			**37217.32**		
北　京	Beijing	1734.83	2172.36	2	1026.15	1238.59	2
天　津	Tianjin	1254.14			791.38		
河　北	Hebei	2706.41			1913.73		
山　西	Shanxi	13754.68	13699.76	1	9333.81	8911.37	1
内蒙古	Inner Mongolia	4140.54			2328.73		
辽　宁	Liaoning	1686.28			1183.51		
吉　林	Jilin	975.00			636.23		
黑龙江	Heilongjiang	1492.79	1562.90	3	927.03		
上　海	Shanghai	6.92	6.95	7	1.78		
江　苏	Jiangsu	720.92	600.21	5	465.66		
浙　江	Zhejiang	154.97			124.53		
安　徽	Anhui	2922.44			1809.40		
福　建	Fujian	159.23			114.94		
江　西	Jiangxi	406.08			283.26		
山　东	Shandong	6210.12			3382.84		
河　南	Henan	3179.63			2464.21		
湖　北	Hubei	434.76	408.28	6	322.50	296.12	3
湖　南	Hunan	352.90			209.04		
广　东	Guangdong	916.69			608.72		
广　西	Guangxi	354.80			258.08		
海　南	Hainan	37.80			30.64		
重　庆	Chongqing	568.01			404.19		
四　川	Sichuan	1948.29			1267.95		
贵　州	Guizhou	1703.53			1159.16		
云　南	Yunnan	966.56	892.14	4	770.77		
西　藏	Tibet	188.47			67.75		
陕　西	Shaanxi	4601.70			2661.01		
甘　肃	Gansu	811.42			499.92		
青　海	Qinghai	320.80			181.54		
宁　夏	Ningxia	1166.67			613.18		
新　疆	Xinjiang	2345.31			1375.70		

11-41 采掘业工业企业所有者权益合计和实收资本
Total Owner's Equities and Paid-in Capital of Extractive Industry

单位：亿元 (100 million yuan)

地区	Region	所有者权益合计 Total Owner's Equity			实收资本 Paid-in Capital		
		2016	2017	2017排名 Ranking	2016	2017	2017排名 Ranking
全　国	**National Total**	**37404.36**			**17965.42**		
北　京	Beijing	1493.05	1712.34	2	610.05	602.63	1
天　津	Tianjin	947.62			464.97		
河　北	Hebei	2092.73			831.32		
山　西	Shanxi	3912.76	4619.98	1	1971.04		
内蒙古	Inner Mongolia	3809.60			1132.38		
辽　宁	Liaoning	976.80			632.63		
吉　林	Jilin	784.18			300.57		
黑龙江	Heilongjiang	2504.15			624.60		
上　海	Shanghai	26.88	27.07	4	9.00		
江　苏	Jiangsu	492.84			262.68		
浙　江	Zhejiang	77.18			45.74		
安　徽	Anhui	1146.93			597.69		
福　建	Fujian	189.65			71.06		
江　西	Jiangxi	367.25			193.67		
山　东	Shandong	3223.59			1302.49		
河　南	Henan	2061.66			832.67		
湖　北	Hubei	375.07	310.01	3	154.26	134.70	2
湖　南	Hunan	409.54			257.16		
广　东	Guangdong	510.95			360.94		
广　西	Guangxi	261.18			74.97		
海　南	Hainan	77.21			22.58		
重　庆	Chongqing	391.59			226.93		
四　川	Sichuan	2077.72			607.63		
贵　州	Guizhou	759.34			320.65		
云　南	Yunnan	613.78			332.58		
西　藏	Tibet	129.07			92.98		
陕　西	Shaanxi	4333.66			2825.15		
甘　肃	Gansu	642.84			420.53		
青　海	Qinghai	305.11			64.50		
宁　夏	Ningxia	448.47			244.73		
新　疆	Xinjiang	1961.98			2077.26		

11-42 采掘业工业企业主营业务收入和主营业务成本
Revenue from Principal Business and Cost of Principal Business of Extractive Industry

单位：亿元 (100 million yuan)

地区	Region	主营业务收入 Revenue from Principal Business 2016	2017	2017排名 Ranking	主营业务成本 Cost of Principal Business 2016	2017	2017排名 Ranking
全　国	**National Total**	**48077.57**			**39603.66**		
北　京	Beijing	363.12	479.06	5	343.68	443.96	3
天　津	Tianjin	938.80			724.74		
河　北	Hebei	3113.47			2614.42		
山　西	Shanxi	5759.15	7177.70	1	4527.47	5067.68	1
内蒙古	Inner Mongolia	5565.10			4278.38		
辽　宁	Liaoning	883.00			947.51		
吉　林	Jilin	1011.09			940.32		
黑龙江	Heilongjiang	1314.37			1120.82		
上　海	Shanghai	5.96	6.08	7	5.11		
江　苏	Jiangsu	606.00	463.41	6	519.93	380.97	4
浙　江	Zhejiang	177.88			141.95		
安　徽	Anhui	1857.30			1547.58		
福　建	Fujian	568.28			488.89		
江　西	Jiangxi	1058.87			906.67		
山　东	Shandong	4912.02			4283.40		
河　南	Henan	4091.19			3678.79		
湖　北	Hubei	1001.50	819.83	3	849.25	699.98	2
湖　南	Hunan	1252.38			1021.67		
广　东	Guangdong	985.00			731.11		
广　西	Guangxi	781.77			624.86		
海　南	Hainan	27.20			22.44		
重　庆	Chongqing	252.16			414.71		
四　川	Sichuan	2644.45			2264.32		
贵　州	Guizhou	1717.62	1679.90	2	1382.48		
云　南	Yunnan	740.09	771.21	4	601.26		
西　藏	Tibet	35.23			20.66		
陕　西	Shaanxi	3821.29			2761.90		
甘　肃	Gansu	453.68			376.62		
青　海	Qinghai	217.95			130.30		
宁　夏	Ningxia	345.92			261.59		
新　疆	Xinjiang	1302.71			1070.84		

11-43 采掘业工业企业销售费用和管理费用

Sales Expenses and Administrative Expenses of Extractive Industry

单位：亿元 (100 million yuan)

地区	Region	销售费用 Sales Expenses 2016	2017	2017排名 Ranking	管理费用 Administrative Expenses 2016	2017	2017排名 Ranking
全　国	**National Total**	**1063.65**			**3115.79**		
北　京	Beijing	1.90	2.08	6	28.98	36.55	6
天　津	Tianjin	2.42			31.08		
河　北	Hebei	40.65			138.52		
山　西	Shanxi	271.65	302.86	1	408.46	530.76	1
内蒙古	Inner Mongolia	124.35			256.40		
辽　宁	Liaoning	14.94			97.10		
吉　林	Jilin	20.34			67.18		
黑龙江	Heilongjiang	18.06	18.67	4	172.62	185.82	2
上　海	Shanghai	0.03			0.57		
江　苏	Jiangsu	14.30	8.22	5	58.41	54.12	4
浙　江	Zhejiang	3.84			11.84		
安　徽	Anhui	33.41			114.02		
福　建	Fujian	17.28			31.42		
江　西	Jiangxi	17.92			31.55		
山　东	Shandong	61.68			379.33		
河　南	Henan	54.79			192.71		
湖　北	Hubei	32.95	24.75	2	53.62	46.72	5
湖　南	Hunan	40.93			72.32		
广　东	Guangdong	17.34			39.67		
广　西	Guangxi	29.82			45.06		
海　南	Hainan	0.64			5.68		
重　庆	Chongqing	16.48			35.68		
四　川	Sichuan	51.59			160.55		
贵　州	Guizhou	54.73			107.59		
云　南	Yunnan	21.17	22.39	3	56.58	57.27	3
西　藏	Tibet	0.36			5.01		
陕　西	Shaanxi	52.91			244.10		
甘　肃	Gansu	12.03			24.91		
青　海	Qinghai	2.83			23.41		
宁　夏	Ningxia	10.24			40.50		
新　疆	Xinjiang	22.07			180.93		

11-44 采掘业工业企业财务费用和营业利润

Financial Expenses and Operating Profit of Extractive Industry

单位：亿元 (100 million yuan)

地区	Region	财务费用 Financial Expenses 2016	2017	2017排名 Ranking	营业利润 Operating Profit 2016	2017	2017排名 Ranking
全　国	**National Total**	**1257.98**			**1750.62**		
北　京	Beijing	35.09	36.94	2	-12.82		
天　津	Tianjin	-12.99			169.15		
河　北	Hebei	70.18			202.63		
山　西	Shanxi	336.36	382.96	1	110.96		
内蒙古	Inner Mongolia	70.80			680.66		
辽　宁	Liaoning	39.81			-248.08		
吉　林	Jilin	25.62			-65.01		
黑龙江	Heilongjiang	11.66	12.84	3	-87.70		
上　海	Shanghai	-0.14			0.32		
江　苏	Jiangsu	14.05	11.11	5	-35.57		
浙　江	Zhejiang	3.42			10.75		
安　徽	Anhui	95.03			49.32		
福　建	Fujian	2.77			18.91		
江　西	Jiangxi	6.42			62.86		
山　东	Shandong	134.20			-43.53		
河　南	Henan	86.34			14.81		
湖　北	Hubei	13.05	12.11	4	28.45	21.22	1
湖　南	Hunan	11.35			66.10		
广　东	Guangdong	13.79			146.45		
广　西	Guangxi	10.83			59.34		
海　南	Hainan	0.64			-3.51		
重　庆	Chongqing	12.58			34.14		
四　川	Sichuan	43.33			69.50		
贵　州	Guizhou	40.19			91.45		
云　南	Yunnan	20.91			-4.81		
西　藏	Tibet	0.48			7.53		
陕　西	Shaanxi	81.12			515.42		
甘　肃	Gansu	18.74			16.12		
青　海	Qinghai	5.51			17.98		
宁　夏	Ningxia	18.19			1.40		
新　疆	Xinjiang	48.64			-122.58		

11-45 采掘业工业企业利润总额和平均用工人数
Total Profit and Average Number of Employed Persons of Extractive Industry

地区	Region	利润总额（亿元）Total Profit (100 million yuan) 2016	2017	2017排名 Ranking	平均用工人数（万人）Average Number of Employed Persons (10 000 persons) 2016	2017	2017排名 Ranking
全 国	**National Total**	**1801.55**			**641.94**		
北 京	Beijing	-18.42	-73.27	7	4.76	4.32	5
天 津	Tianjin	169.25			7.30		
河 北	Hebei	210.46			35.24		
山 西	Shanxi	134.84	618.84	1	95.78	93.99	1
内蒙古	Inner Mongolia	651.08			31.11		
辽 宁	Liaoning	-220.85			29.76		
吉 林	Jilin	-55.91			15.98		
黑龙江	Heilongjiang	-92.69			32.23		
上 海	Shanghai	0.36	0.20	5	0.02	0.02	6
江 苏	Jiangsu	-29.87	-51.38	6	10.20	7.03	4
浙 江	Zhejiang	12.31			1.40		
安 徽	Anhui	47.93			30.40		
福 建	Fujian	19.30			6.65		
江 西	Jiangxi	54.20			12.09		
山 东	Shandong	-29.99			62.64		
河 南	Henan	12.38			61.87		
湖 北	Hubei	27.17	20.17	4	10.92	9.45	3
湖 南	Hunan	61.01			19.26		
广 东	Guangdong	151.67			5.13		
广 西	Guangxi	62.93			6.79		
海 南	Hainan	-3.20			0.50		
重 庆	Chongqing	55.32			11.62		
四 川	Sichuan	81.43			34.44		
贵 州	Guizhou	92.17	102.26	2	29.37		
云 南	Yunnan	-2.09	62.58	3	12.86	11.79	2
西 藏	Tibet	7.43			0.48		
陕 西	Shaanxi	481.78			36.78		
甘 肃	Gansu	15.70			10.61		
青 海	Qinghai	21.08			3.49		
宁 夏	Ningxia	5.64			5.80		
新 疆	Xinjiang	-120.84			16.46		

11-46 采掘业工业企业投资收益和亏损企业亏损额

Return on Investment Income and Amount of Loss of Extractive Industry

单位：亿元 (100 million yuan)

地区	Region	投资收益（损失以“-”号记）Investment Income (Loss is Marked as "-") 2016	2017	2017排名 Ranking	亏损企业亏损额 Loss Ratio of Unprofitable Firms 2016	2017	2017排名 Ranking
全　国	**National Total**	**106.73**			**2129.99**		
北　京	Beijing	43.51			28.65		
天　津	Tianjin	0.68			54.23		
河　北	Hebei	3.76			90.86		
山　西	Shanxi	71.49			186.07	150.22	1
内蒙古	Inner Mongolia	1.55			98.10		
辽　宁	Liaoning	2.94			252.53		
吉　林	Jilin	-1.87			94.60		
黑龙江	Heilongjiang	6.81			134.35	5.73	4
上　海	Shanghai						
江　苏	Jiangsu	2.13			57.46		
浙　江	Zhejiang	0.17			2.09		
安　徽	Anhui	19.30			15.73		
福　建	Fujian	-0.10			7.86		
江　西	Jiangxi	0.33			31.24		
山　东	Shandong	8.72			306.36		
河　南	Henan	9.46			279.74		
湖　北	Hubei	-0.80	-0.12	1	32.89	34.55	2
湖　南	Hunan	-2.21			8.96		
广　东	Guangdong				2.16		
广　西	Guangxi	0.61			11.84		
海　南	Hainan	0.01			3.76		
重　庆	Chongqing	0.48			7.02		
四　川	Sichuan	-1.57			50.75		
贵　州	Guizhou	4.90			33.70		
云　南	Yunnan	-2.58			55.27	13.16	3
西　藏	Tibet	0.25			0.31		
陕　西	Shaanxi	14.74			44.41		
甘　肃	Gansu	-74.32			19.15		
青　海	Qinghai	-2.72			4.88		
宁　夏	Ningxia	0.18			1.24		
新　疆	Xinjiang	0.87			213.90		

11-47 制造业工业企工业销售产值和资产总计
Sales Value and Total Assets of Manufacturing

单位：亿元 (100 million yuan)

地区	Region	工业销售产值（当年价格） Sales Value (current prices)			资产总计 Total Assets		
		2016	2017	2017排名 Ranking	2016	2017	2017排名 Ranking
全　国	**National Total**	**1041824.16**			**835602.89**		
北　京	Beijing	13040.70	13356.45	3	20408.14	21832.86	4
天　津	Tianjin	24707.19			20603.66		
河　北	Hebei	41546.25			34990.48		
山　西	Shanxi	6650.15			11887.22	12903.92	5
内蒙古	Inner Mongolia	11689.83			14615.91		
辽　宁	Liaoning	18558.25			29048.11		
吉　林	Jilin	21345.32			15247.40		
黑龙江	Heilongjiang	8576.53			8074.96	7337.52	8
上　海	Shanghai	29537.84	32536.58	2	35921.56	38297.83	2
江　苏	Jiangsu	150132.65			104200.47	105803.36	1
浙　江	Zhejiang	61463.79			61714.81		
安　徽	Anhui	39189.61			26286.14		
福　建	Fujian	40234.33			27032.30		
江　西	Jiangxi	31361.46			19344.49		
山　东	Shandong	139903.15			88151.11		
河　南	Henan	72751.28			50445.57		
湖　北	Hubei	44392.28	41350.62	1	32103.75	32604.35	3
湖　南	Hunan	36567.94			21271.51		
广　东	Guangdong	120975.12			90886.30		
广　西	Guangxi	21366.55			12566.49		
海　南	Hainan	1475.90			1837.60		
重　庆	Chongqing	21972.88			16828.49		
四　川	Sichuan	36659.24			27906.26		
贵　州	Guizhou	8229.47			8406.49	9154.91	7
云　南	Yunnan	7860.58	8915.29	4	10671.32	11337.11	6
西　藏	Tibet	105.05			282.96		
陕　西	Shaanxi	16062.64			18442.97		
甘　肃	Gansu	4950.07			7879.95		
青　海	Qinghai	1992.90			3628.53		
宁　夏	Ningxia	2734.25			4575.94		
新　疆	Xinjiang	5790.95			10341.97		

11-48 制造业工业企业固定资产合计和流动资产合计
Total Fixed Assets and Total Current Assets of Manufacturing

单位：亿元 (100 million yuan)

地区	Region	固定资产合计 Total Fixed Assets			流动资产合计 Total Current Assets		
		2016	2017	2017排名 Ranking	2016	2017	2017排名 Ranking
全　国	**National Total**	**257172.48**			**444882.47**		
北　京	Beijing	2839.45	2801.13	3	12531.08	13336.70	4
天　津	Tianjin	6457.88			11120.55		
河　北	Hebei	15014.10			14763.93		
山　西	Shanxi	4209.59	4246.95	2	5646.79	6467.75	5
内蒙古	Inner Mongolia	5750.38			5331.61		
辽　宁	Liaoning	7746.69			15522.80		
吉　林	Jilin	5055.21			7519.70		
黑龙江	Heilongjiang	2670.80	2028.53	4	4295.32	4249.72	6
上　海	Shanghai	6427.18			22780.04	24251.10	2
江　苏	Jiangsu	32730.03			57341.04	60850.47	1
浙　江	Zhejiang	13983.23			36852.83		
安　徽	Anhui	7970.19			14379.91		
福　建	Fujian	6783.24			15372.19		
江　西	Jiangxi	7847.55			8590.07		
山　东	Shandong	32705.38			42837.42		
河　南	Henan	20112.14			24122.89		
湖　北	Hubei	9886.50	8789.27	1	16433.20	17402.54	3
湖　南	Hunan	7386.81			10406.72		
广　东	Guangdong	19181.60			58723.71		
广　西	Guangxi	4053.03			6692.76		
海　南	Hainan	622.70			871.75		
重　庆	Chongqing	5924.34			8599.87		
四　川	Sichuan	8981.59			14876.56		
贵　州	Guizhou	2383.51			4561.37		
云　南	Yunnan	2732.78			5346.36		
西　藏	Tibet	62.90			130.51		
陕　西	Shaanxi	7370.91			8366.37		
甘　肃	Gansu	2852.57			3486.37		
青　海	Qinghai	1665.90			1172.90		
宁　夏	Ningxia	1561.33			2129.13		
新　疆	Xinjiang	4203.00			4076.74		

11-49 制造业工业企业负债合计和流动负债合计

Total Liabilities and Current Liabilities Assets of Manufacturing

单位：亿元 (100 million yuan)

地区	Region	负债合计 Total Liabilities 2016	2017	2017排名 Ranking	流动负债合计 Current Liability Assets 2016	2017	2017排名 Ranking
全　国	**National Total**	**453692.42**			**372390.41**		
北　京	Beijing	10914.79	11523.91	4	9444.53	9897.89	2
天　津	Tianjin	12660.87			9942.61		
河　北	Hebei	18635.71			15437.85		
山　西	Shanxi	8805.43	9361.96	5	7043.69	7600.31	3
内蒙古	Inner Mongolia	9210.98			6630.47		
辽　宁	Liaoning	18686.24			14919.47		
吉　林	Jilin	7655.90			6298.55		
黑龙江	Heilongjiang	4815.36	4557.96	7	4063.80		
上　海	Shanghai	18171.10	19061.59	2	15989.07		
江　苏	Jiangsu	53239.36	54490.00	1	46771.17		
浙　江	Zhejiang	33780.21			30504.20		
安　徽	Anhui	14158.92			11455.27		
福　建	Fujian	13655.66			11200.36		
江　西	Jiangxi	9011.32			6913.86		
山　东	Shandong	45882.38			35530.67		
河　南	Henan	22301.31			17698.89		
湖　北	Hubei	17311.93	17514.31	3	13725.67	14142.15	1
湖　南	Hunan	10568.87			7726.36		
广　东	Guangdong	51598.88			45094.14		
广　西	Guangxi	7635.52			6167.75		
海　南	Hainan	886.06			709.53		
重　庆	Chongqing	10237.64			8040.04		
四　川	Sichuan	15463.91			12124.65		
贵　州	Guizhou	4674.21			3565.86		
云　南	Yunnan	5898.48	6044.41	6	5044.50		
西　藏	Tibet	106.36			83.48		
陕　西	Shaanxi	10345.17			7551.76		
甘　肃	Gansu	5073.86			3689.56		
青　海	Qinghai	2564.12			1636.86		
宁　夏	Ningxia	3062.92			2407.61		
新　疆	Xinjiang	6678.98			4978.15		

11-50 制造业工业企业所有者权益合计和实收资本

Total Owner's Equity and Paid-in Capital of Manufacturing

单位：亿元 (100 million yuan)

地区	Region	所有者权益合计 Total Owner's Equity			实收资本 Paid-in Capital		
		2016	2017	2017排名 Ranking	2016	2017	2017排名 Ranking
全 国	**National Total**	**379028.44**			**180074.13**		
北 京	Beijing	9480.11	10205.63	3	4133.57	4317.13	2
天 津	Tianjin	8285.41			4472.53		
河 北	Hebei	16239.85			8713.41		
山 西	Shanxi	3079.17	3542.35	4	1921.23		
内蒙古	Inner Mongolia	5322.55			4145.44		
辽 宁	Liaoning	9834.97			5397.49		
吉 林	Jilin	7578.51			2335.03		
黑龙江	Heilongjiang	3249.89			7665.43		
上 海	Shanghai	17510.08	19180.75	1	7490.84		
江 苏	Jiangsu	50835.14			23827.78		
浙 江	Zhejiang	27635.24			13823.47		
安 徽	Anhui	12002.35			6510.40		
福 建	Fujian	13247.40			6024.69		
江 西	Jiangxi	10269.26			3954.57		
山 东	Shandong	41974.87			13862.21		
河 南	Henan	27878.93			11842.04		
湖 北	Hubei	14711.14	15222.65	2	8014.79	7452.72	1
湖 南	Hunan	10709.27			5541.77		
广 东	Guangdong	38725.42			16991.37		
广 西	Guangxi	4921.63			1966.13		
海 南	Hainan	951.54			605.15		
重 庆	Chongqing	6519.87			2593.20		
四 川	Sichuan	12347.67			4917.94		
贵 州	Guizhou	3728.41			1443.63		
云 南	Yunnan	4762.07			2293.13		
西 藏	Tibet	170.69			47.31		
陕 西	Shaanxi	8022.94			4187.12		
甘 肃	Gansu	2806.86			1496.25		
青 海	Qinghai	1061.12			522.38		
宁 夏	Ningxia	1510.83			942.26		
新 疆	Xinjiang	3655.24			2391.56		

11-51 制造业工业企业主营业务收入和主营业务成本
Revenue from Principal Business and Cost of Principal Business of Manufacture

单位：亿元 (100 million yuan)

地区	Region	主营业务收入 Revenue from Principal Business 2016	2017	2017排名 Ranking	主营业务成本 Cost of Principal Business 2016	2017	2017排名 Ranking
全 国	**National Total**	**1047710.97**			**889816.96**		
北 京	Beijing	14795.55	15240.14	4	11757.87	11983.70	3
天 津	Tianjin	23954.99			20152.70		
河 北	Hebei	41698.35			36229.98		
山 西	Shanxi	6799.05	8846.23	6	5975.36	7574.15	4
内蒙古	Inner Mongolia	11904.90			10118.48		
辽 宁	Liaoning	19398.53			16024.21		
吉 林	Jilin	21373.15			17667.44		
黑龙江	Heilongjiang	8684.96			7328.03		
上 海	Shanghai	32760.34	36255.11	3	25949.36		
江 苏	Jiangsu	150898.52	142942.11	1	129143.93	121779.58	1
浙 江	Zhejiang	60276.30			50271.57		
安 徽	Anhui	38618.50			33409.03		
福 建	Fujian	39797.38			33855.43		
江 西	Jiangxi	33831.89			29612.95		
山 东	Shandong	141779.54			124423.41		
河 南	Henan	72630.04			63288.90		
湖 北	Hubei	43032.83	40464.53	2	36641.70	34964.21	2
湖 南	Hunan	36307.43			29686.87		
广 东	Guangdong	120392.32			101046.25		
广 西	Guangxi	20240.88			17115.59		
海 南	Hainan	1378.58			1062.05		
重 庆	Chongqing	21957.62			18593.21		
四 川	Sichuan	36297.60			30688.34		
贵 州	Guizhou	8173.87	7886.87	7	6368.60		
云 南	Yunnan	8076.36	9519.36	5	6216.47		
西 藏	Tibet	96.51			61.69		
陕 西	Shaanxi	15727.86			12992.16		
甘 肃	Gansu	6700.62			5849.79		
青 海	Qinghai	1598.48			1387.92		
宁 夏	Ningxia	2606.85			2206.29		
新 疆	Xinjiang	5921.17			4691.41		

11-52 制造业工业企业销售费用和管理费用
Sales Expenses and Administrative Expenses of Manufacture

单位：亿元 (100 million yuan)

地区	Region	销售费用 Sales Expenses 2016	2017	2017排名 Ranking	管理费用 Administrative Expenses 2016	2017	2017排名 Ranking
全　国	**National Total**	**29707.24**			**41036.76**		
北　京	Beijing	1013.36	1091.26	3	966.36	978.32	3
天　津	Tianjin	666.31			841.43		
河　北	Hebei	823.87			1161.92		
山　西	Shanxi	210.72	261.34	5	321.31	388.08	4
内蒙古	Inner Mongolia	334.77			414.41		
辽　宁	Liaoning	662.77			1009.67		
吉　林	Jilin	920.69			972.85		
黑龙江	Heilongjiang	256.22	228.13	6	356.10	298.61	5
上　海	Shanghai	1300.18			2293.54		
江　苏	Jiangsu	3842.32	3854.79	1	5697.00	5732.02	1
浙　江	Zhejiang	1839.32			3228.04		
安　徽	Anhui	1007.07			1326.55		
福　建	Fujian	1040.04			1409.39		
江　西	Jiangxi	594.96			786.29		
山　东	Shandong	2998.38			3456.77		
河　南	Henan	1428.42			1566.92		
湖　北	Hubei	1299.49	1189.94	2	1840.54	1728.50	2
湖　南	Hunan	1152.62			1672.46		
广　东	Guangdong	4425.63			6369.88		
广　西	Guangxi	480.75			791.90		
海　南	Hainan	67.59			56.10		
重　庆	Chongqing	643.25			921.24		
四　川	Sichuan	1216.64			1439.58		
贵　州	Guizhou	315.66			375.30		
云　南	Yunnan	252.81	303.02	4	368.90		
西　藏	Tibet	6.55			6.83		
陕　西	Shaanxi	478.76			686.37		
甘　肃	Gansu	114.98			231.73		
青　海	Qinghai	57.69			62.84		
宁　夏	Ningxia	65.78			90.91		
新　疆	Xinjiang	189.62			232.64		

11-53 制造业工业企业财务费用和营业利润
Financial Expenses and Operating Profit of Manufacture

单位：亿元 (100 million yuan)

地区	Region	财务费用 Financial Expenses			营业利润 Operating Profit		
		2016	2017	2017排名 Ranking	2016	2017	2017排名 Ranking
全　国	**National Total**	**9058.90**			**63497.96**		
北　京	Beijing	113.11	100.62	4	944.35		
天　津	Tianjin	164.66			1786.58		
河　北	Hebei	399.01			2385.84		
山　西	Shanxi	186.12	196.19	3	65.33		
内蒙古	Inner Mongolia	210.07			637.61		
辽　宁	Liaoning	385.37			639.78		
吉　林	Jilin	178.78			1285.62		
黑龙江	Heilongjiang	77.80	67.40	5	357.26		
上　海	Shanghai	89.06			2648.42		
江　苏	Jiangsu	1116.22	1126.92	1	10022.64		
浙　江	Zhejiang	682.71			3825.68		
安　徽	Anhui	284.06			2075.01		
福　建	Fujian	309.59			2691.07		
江　西	Jiangxi	173.37			2283.69		
山　东	Shandong	1359.78			8330.58		
河　南	Henan	636.96			5105.80		
湖　北	Hubei	384.54	331.99	2	2266.55	2281.11	1
湖　南	Hunan	333.30			1930.24		
广　东	Guangdong	456.97			7120.82		
广　西	Guangxi	146.49			1225.10		
海　南	Hainan	22.65			80.22		
重　庆	Chongqing	171.25			1450.83		
四　川	Sichuan	361.00			1885.65		
贵　州	Guizhou	99.31			684.61		
云　南	Yunnan	141.02			219.02		
西　藏	Tibet	0.67			20.44		
陕　西	Shaanxi	201.49			974.32		
甘　肃	Gansu	119.92			59.80		
青　海	Qinghai	53.61			18.28		
宁　夏	Ningxia	72.26			73.35		
新　疆	Xinjiang	127.76			403.43		

11-54 制造业工业企业利润总额和平均用工人数
Total Profit and Average Number of Employed Persons of Manufacture

地区	Region	利润总额（亿元）Total Profit (100 million yuan) 2016	2017	2017排名 Ranking	平均用工人数（万人）Average Number of Employed Persons (10 000 persons) 2016	2017	2017排名 Ranking
全 国	**National Total**	**65280.82**			**8472.26**		
北 京	Beijing	1076.25	1303.81	4	91.54	86.79	5
天 津	Tianjin	1835.44			135.75		
河 北	Hebei	2400.02			316.83		
山 西	Shanxi	91.11	418.16	7	83.58	88.40	4
内蒙古	Inner Mongolia	521.44			71.15		
辽 宁	Liaoning	733.64			182.36		
吉 林	Jilin	1310.79			116.45		
黑龙江	Heilongjiang	387.88			66.75		
上 海	Shanghai	2797.71	3150.80	2	211.54	201.15	3
江 苏	Jiangsu	10080.62	9696.04	1	1086.72	1009.47	1
浙 江	Zhejiang	4070.12			675.69		
安 徽	Anhui	2062.07			290.89		
福 建	Fujian	2697.11			406.29		
江 西	Jiangxi	2318.46			248.73		
山 东	Shandong	8478.72			819.60		
河 南	Henan	5105.56			640.67		
湖 北	Hubei	2441.71	2345.46	3	318.04	285.63	2
湖 南	Hunan	1864.88			299.92		
广 东	Guangdong	7513.00			1401.97		
广 西	Guangxi	1253.88			155.54		
海 南	Hainan	87.31			8.47		
重 庆	Chongqing	1546.20			175.60		
四 川	Sichuan	1942.05			286.84		
贵 州	Guizhou	701.96	793.98	5	63.16		
云 南	Yunnan	284.87	629.13	6	67.91	66.11	6
西 藏	Tibet	21.39			1.02		
陕 西	Shaanxi	993.25			125.88		
甘 肃	Gansu	81.24			40.14		
青 海	Qinghai	38.79			14.65		
宁 夏	Ningxia	92.37			22.33		
新 疆	Xinjiang	450.99			46.26		

11-55 制造业工业企业投资收益和亏损企业亏损额
Return on Investment and Amount of Loss Ratio of Manufacturing

单位：亿元 (100 million yuan)

地区	Region	投资收益（损失以“-”号记）Investment Income (Loss is Marked as "-")			亏损企业亏损额 Loss Ratio of Unprofitable Firms		
		2016	2017	2017排名 Ranking	2016	2017	2017排名 Ranking
全　国	**National Total**	**2158.85**			**5395.16**		
北　京	Beijing	280.08			228.13		
天　津	Tianjin	-10.22			155.11		
河　北	Hebei	-240.01			161.10		
山　西	Shanxi	18.55			174.54	111.41	2
内蒙古	Inner Mongolia	20.90			211.87		
辽　宁	Liaoning	71.75			365.99		
吉　林	Jilin	97.08			110.59		
黑龙江	Heilongjiang	-0.51			142.10	77.29	4
上　海	Shanghai	583.89			292.49		
江　苏	Jiangsu	177.26			558.02		
浙　江	Zhejiang	299.09			261.25		
安　徽	Anhui	16.49			80.58		
福　建	Fujian	27.53			128.85		
江　西	Jiangxi	27.16			41.30		
山　东	Shandong	119.82			243.74		
河　南	Henan	73.13			167.46		
湖　北	Hubei	169.80	273.00	1	137.84	162.10	1
湖　南	Hunan	16.65			148.57		
广　东	Guangdong	386.06			396.85		
广　西	Guangxi	-166.26			78.74		
海　南	Hainan	8.63			16.79		
重　庆	Chongqing	54.03			141.63		
四　川	Sichuan	-62.54			388.96		
贵　州	Guizhou	9.39			54.16		
云　南	Yunnan	66.67			302.29	100.46	3
西　藏	Tibet	0.31			0.90		
陕　西	Shaanxi	52.20			81.32		
甘　肃	Gansu	27.23			118.75		
青　海	Qinghai	3.71			30.71		
宁　夏	Ningxia	2.02			54.46		
新　疆	Xinjiang	28.96			120.02		

11-56 电力、热力、燃气及水生产和供应业工业销售产值和资产总计

Sales Value and Total Assets of Production and Supply of Electricity, Heat, Gas and Water

单位：亿元 (100 million yuan)

地区	Region	工业销售产值（当年价格）Sales Value (current prices) 2016	2017	2017排名 Ranking	资产总计 Total Assets 2016	2017	2017排名 Ranking
全　国	**National Total**	**63925.92**			**154493.87**		
北　京	Beijing	4561.43	4989.20	1	19457.67	20268.30	1
天　津	Tianjin	998.67			2331.77	2398.27	25
河　北	Hebei	2516.30			4759.80	5464.48	9
山　西	Shanxi	1619.29			4068.54	4496.06	14
内蒙古	Inner Mongolia	2644.69			8333.09		
辽　宁	Liaoning	1742.28			4379.89	4827.40	13
吉　林	Jilin	1064.45			1961.87	2251.50	26
黑龙江	Heilongjiang	1233.90			2880.01	3255.20	20
上　海	Shanghai	1513.00	1545.22	5	3882.88	4023.58	15
江　苏	Jiangsu	5101.17			9119.15	9930.23	4
浙　江	Zhejiang	4985.08			7521.69	7343.00	7
安　徽	Anhui	1725.16			3198.86	3065.90	22
福　建	Fujian	2490.91			4697.60	5197.67	11
江　西	Jiangxi	489.09			1688.36	1925.63	28
山　东	Shandong	4822.01	4002.46	2	7397.70	8276.97	5
河　南	Henan	2931.49			4733.65	5091.16	12
湖　北	Hubei	1814.47	1938.00	3	5025.70	5256.32	10
湖　南	Hunan	1504.31			3483.70	3663.19	16
广　东	Guangdong	7856.95			13284.73	13866.40	2
广　西	Guangxi	1242.65			2839.01	3406.80	19
海　南	Hainan	261.47	268.66	10	811.56	795.27	29
重　庆	Chongqing	998.55	992.24	8	2405.53	2451.65	24
四　川	Sichuan	2687.48			9566.57	10063.82	3
贵　州	Guizhou	1333.42			3448.29	3591.90	17
云　南	Yunnan	1418.70	1455.32	6	7221.32	7479.81	6
西　藏	Tibet	25.15	37.87	11	510.15	776.48	30
陕　西	Shaanxi	1405.22	1636.20	4	3446.29	3477.38	18
甘　肃	Gansu	732.50	815.94	9	2929.05	3123.87	21
青　海	Qinghai	430.47			1889.95	2083.52	27
宁　夏	Ningxia	679.76			2330.10	2683.42	23
新　疆	Xinjiang	1095.89	1328.73	7	4889.40	5514.61	8

11-57 电力、热力、燃气及水生产和供应业固定资产合计和流动资产合计

Total Fixed Assets and Total Current Assets of Production and Supply of Electricity, Heat, Gas and Water

单位：亿元 (100 million yuan)

地区	Region	固定资产合计 Total Fixed Assets 2016	2017	2017排名 Ranking	流动资产合计 Total Current Assets 2016	2017	2017排名 Ranking
全　国	**National Total**	**91460.81**			**25465.95**		
北　京	Beijing	3444.84	3710.12	3	3018.51	3386.62	1
天　津	Tianjin	1397.98			562.80	625.42	15
河　北	Hebei	3154.05	3297.06	5	845.15	1016.72	6
山　西	Shanxi	2829.96	3106.21	6	680.09	814.79	11
内蒙古	Inner Mongolia	4861.25			1803.40		
辽　宁	Liaoning	3073.38	3087.10	7	814.82	968.60	9
吉　林	Jilin	1418.92	1553.92	14	344.35	445.44	21
黑龙江	Heilongjiang	1713.40	1786.39	12	558.75	801.49	12
上　海	Shanghai	2184.87			612.20	680.29	14
江　苏	Jiangsu	5514.56			1690.62	1911.11	3
浙　江	Zhejiang	4962.49			1236.77		
安　徽	Anhui	2416.80	1282.27	16	446.43	348.80	24
福　建	Fujian	3009.88	3072.70	8	801.33	910.30	10
江　西	Jiangxi	1156.40			201.48	342.73	25
山　东	Shandong	4493.76	5147.46	2	1447.05	1664.31	4
河　南	Henan	3314.40			944.96	976.91	8
湖　北	Hubei	3430.74	3429.65	4	506.39	554.36	18
湖　南	Hunan	2427.49	2608.73	9	431.73	461.20	20
广　东	Guangdong	7345.00	6945.93	1	2639.51	2569.90	2
广　西	Guangxi	1798.63			484.40	600.65	16
海　南	Hainan	623.98	407.96	18	95.41	92.39	27
重　庆	Chongqing	1530.15			404.24	415.80	22
四　川	Sichuan	6747.78			966.92	1006.38	7
贵　州	Guizhou	2347.10			530.77		
云　南	Yunnan	5251.35			699.70		
西　藏	Tibet	398.47	472.58	17	42.03	135.89	26
陕　西	Shaanxi	2247.39	2153.55	10	620.72	709.78	13
甘　肃	Gansu	2180.58	2075.06	11	464.52	567.90	17
青　海	Qinghai	1390.50	1295.04	15	301.36	368.70	23
宁　夏	Ningxia	1541.26	1631.75	13	389.71	497.18	19
新　疆	Xinjiang	3253.47			879.85	1080.02	5

11-58 电力、热力、燃气及水生产和供应业负债合计和流动负债合计

Total Liabilities and Current Liability Assets of Production and Supply of Electricity, Heat, Gas and Water

单位：亿元 (100 million yuan)

地区	Region	负债合计 Total Liabilities 2016	2017	2017排名 Ranking	流动负债合计 Current Liability Assets 2016	2017	2017排名 Ranking
全　国	**National Total**	**94726.42**			**46861.11**		
北　京	Beijing	7148.52	6974.75	2	3579.91	3891.63	1
天　津	Tianjin	1470.01	1534.59	20	1004.27		
河　北	Hebei	3107.43	3494.27	9	1847.96	2069.34	3
山　西	Shanxi	3019.24	3421.67	10	1523.65	1765.50	5
内蒙古	Inner Mongolia	6094.23			2865.24		
辽　宁	Liaoning	2900.39	3300.90	11	1562.89	1844.40	4
吉　林	Jilin	1301.77	1488.02	22	686.79		
黑龙江	Heilongjiang	2091.81	2421.05	14	1163.04		
上　海	Shanghai	1410.25	1531.50	21	1065.13		
江　苏	Jiangsu	5506.28	5996.45	3	3525.16		
浙　江	Zhejiang	4369.00	4252.02	6	2218.38		
安　徽	Anhui	1958.51	1942.83	17	1129.70	1061.37	10
福　建	Fujian	2965.06			1252.72		
江　西	Jiangxi	1131.86	1314.04	24	613.68		
山　东	Shandong	4745.37	5395.43	5	2875.79		
河　南	Henan	3324.94	3560.06	8	2065.99		
湖　北	Hubei	2609.21	2785.36	12	1595.37	1665.31	6
湖　南	Hunan	2422.05	2552.11	13	1056.21	1236.79	9
广　东	Guangdong	6803.15			3232.88		
广　西	Guangxi	1835.09			810.40		
海　南	Hainan	614.35	606.04	25	237.52	239.77	16
重　庆	Chongqing	1568.92	1551.71	19	735.58	796.77	12
四　川	Sichuan	6822.58	6994.50	1	2487.28	2627.28	2
贵　州	Guizhou	2697.09			1131.68		
云　南	Yunnan	5566.12	5619.00	4	1731.83		
西　藏	Tibet	255.69			181.79	265.34	15
陕　西	Shaanxi	2433.83	2236.76	16	1319.08	1350.89	8
甘　肃	Gansu	2190.86	2326.76	15	805.06	965.28	11
青　海	Qinghai	1318.20	1340.50	23	495.34	550.88	14
宁　夏	Ningxia	1543.80	1810.47	18	598.84	750.72	13
新　疆	Xinjiang	3500.80	3895.38	7	1461.97	1612.76	7

11-59 电力、热力、燃气及水生产和供应业所有者权益合计和实收资本

Total Owner's Equity and Paid-in Capital of Production and Supply of Electricity, Heat, Gas and Water

单位：亿元 (100 million yuan)

地区	Region	所有者权益合计 Total Owner's Equity			实收资本 Paid-in Capital		
		2016	2017	2017排名 Ranking	2016	2017	2017排名 Ranking
全　国	**National Total**	**59672.34**			**41805.26**		
北　京	Beijing	12299.29	13293.55	1	8917.45	9532.12	1
天　津	Tianjin	862.17			673.20		
河　北	Hebei	1644.86	1967.82	6	1069.06	1144.73	4
山　西	Shanxi	1049.29	1074.39	12	949.70		
内蒙古	Inner Mongolia	2238.05			2738.84		
辽　宁	Liaoning	1474.39	1517.70	8	1181.47	1370.30	3
吉　林	Jilin	660.10	763.21	17	461.10		
黑龙江	Heilongjiang	788.20			523.69		
上　海	Shanghai	2468.01	2492.08	4	1989.62		
江　苏	Jiangsu	3611.33			2271.37		
浙　江	Zhejiang	3151.03	3088.28	2	2525.83	1833.28	2
安　徽	Anhui	1253.98	1121.29	10	1656.10	880.26	7
福　建	Fujian	1732.55			1084.39		
江　西	Jiangxi	555.96	611.59	19	377.31		
山　东	Shandong	2652.14			1419.09		
河　南	Henan	1406.48			898.21		
湖　北	Hubei	2416.49	2470.90	5	951.22	1036.37	6
湖　南	Hunan	1052.70	1111.08	11	728.35	822.59	8
广　东	Guangdong	6457.95			3257.60		
广　西	Guangxi	1002.54	1065.37	13	521.06		
海　南	Hainan	197.21	189.24	21	148.93	150.68	12
重　庆	Chongqing	797.56	895.97	14	499.92	562.35	9
四　川	Sichuan	2742.13	3032.84	3	1840.37		
贵　州	Guizhou	751.20			539.31		
云　南	Yunnan	1655.20			1375.39		
西　藏	Tibet	254.45	340.29	20	40.88	64.20	13
陕　西	Shaanxi	1012.30	1236.65	9	645.03		
甘　肃	Gansu	738.18	797.11	16	658.55		
青　海	Qinghai	571.75	740.61	18	374.84	467.39	11
宁　夏	Ningxia	786.26	870.60	15	471.40	554.26	10
新　疆	Xinjiang	1388.60	1619.15	7	1015.97	1132.30	5

11-60 电力、热力、燃气及水生产和供应业主营业务收入和主营业务成本

Revenue from Principal Business and Cost of Principal Business of Production and Supply of Electricity, Heat, Gas and Water

单位：亿元 (100 million yuan)

地区	Region	主营业务收入 Revenue from Principal Business 2016	2017	2017排名 Ranking	主营业务成本 Cost of Principal Business 2016	2017	2017排名 Ranking
全 国	**National Total**	**63209.98**			**55247.75**		
北 京	Beijing	4588.29	5002.84	4	4294.06	4695.65	4
天 津	Tianjin	994.40			903.31		
河 北	Hebei	2506.78	2754.36	6	2198.59	2330.18	6
山 西	Shanxi	1668.25	1828.47	12	1413.00	1709.68	9
内蒙古	Inner Mongolia	2586.67			2214.71		
辽 宁	Liaoning	1757.42	1921.00	11	1581.41	1775.30	8
吉 林	Jilin	1047.13	1057.06	22	957.35	990.74	16
黑龙江	Heilongjiang	1348.45			1262.15		
上 海	Shanghai	1548.84	1649.31	15	1415.98		
江 苏	Jiangsu	5086.52	5591.09	2	4419.21	5043.73	2
浙 江	Zhejiang	4999.70	5461.05	3	4419.95	4916.04	3
安 徽	Anhui	1714.66	1677.08	13	1515.23	1555.19	11
福 建	Fujian	2171.57	2383.22	9	1860.25		
江 西	Jiangxi	1070.57	1244.59	19	955.14	1150.78	14
山 东	Shandong	3949.65	4200.66	5	3448.06		
河 南	Henan	2935.92	2744.48	7	2684.77	2555.20	5
湖 北	Hubei	1816.31	1926.17	10	1472.71	1581.15	10
湖 南	Hunan	1574.82	1624.69	16	1316.30	1404.46	13
广 东	Guangdong	7773.98	7610.17	1	6805.06	6754.76	1
广 西	Guangxi	1208.66	1148.52	20	1032.85		
海 南	Hainan	263.14	263.11	27	221.88	233.28	21
重 庆	Chongqing	984.25	1003.33	23	882.32	903.20	17
四 川	Sichuan	2587.20	2494.14	8	1982.64	1952.16	7
贵 州	Guizhou	1280.95	1080.77	21	1104.91		
云 南	Yunnan	1332.57	1393.96	17	1090.34		
西 藏	Tibet	40.08	48.93	28	47.52	56.11	22
陕 西	Shaanxi	1478.75	1663.76	14	1260.21	1434.38	12
甘 肃	Gansu	695.99	805.36	25	642.82	738.31	19
青 海	Qinghai	428.04	480.31	26	352.73	403.50	20
宁 夏	Ningxia	693.33	846.38	24	594.23	746.67	18
新 疆	Xinjiang	1077.07	1315.02	18	898.04	1099.11	15

11-61 电力、热力、燃气及水生产和供应业销售费用和管理费用

Sales Expenses and Administrative Expenses of Production and Supply of Electricity, Heat, Gas and Water

单位：亿元 (100 million yuan)

地区	Region	销售费用 Sales Expenses			管理费用 Administrative Expenses		
		2016	2017	2017排名 Ranking	2016	2017	2017排名 Ranking
全　国	**National Total**	**403.98**			**1338.19**		
北　京	Beijing	9.74	10.64	10	49.08	49.35	5
天　津	Tianjin	4.69			22.38		
河　北	Hebei	10.22			46.04		
山　西	Shanxi	12.42	15.68	4	57.35	40.02	9
内蒙古	Inner Mongolia	22.34			51.21		
辽　宁	Liaoning	11.48			51.00		
吉　林	Jilin	14.76	11.95	8	28.99	29.99	12
黑龙江	Heilongjiang	10.62	10.95	9	37.46	36.23	11
上　海	Shanghai	16.66			20.13		
江　苏	Jiangsu	44.40	48.18	1	77.67	80.11	3
浙　江	Zhejiang	24.41	25.47	2	113.86	111.73	1
安　徽	Anhui	9.20			28.47		
福　建	Fujian	11.63			50.91		
江　西	Jiangxi	6.38	7.46	12	15.40		
山　东	Shandong	28.21			84.72	91.45	2
河　南	Henan	15.66			65.10		
湖　北	Hubei	14.02	14.36	6	39.78	36.90	10
湖　南	Hunan	14.59	15.17	5	47.96	45.52	7
广　东	Guangdong	29.74			135.66		
广　西	Guangxi	7.74			41.23		
海　南	Hainan	2.85	3.02	13	4.89	5.08	16
重　庆	Chongqing	8.45			22.28		
四　川	Sichuan	28.77	24.73	3	74.04	72.12	4
贵　州	Guizhou	8.12			31.58		
云　南	Yunnan	6.92	9.33	11	35.28	44.60	8
西　藏	Tibet	0.06	0.17	16	0.42	0.62	17
陕　西	Shaanxi	12.66	12.27	7	41.60	49.32	6
甘　肃	Gansu	2.20			13.34	13.70	14
青　海	Qinghai	0.72	0.81	15	4.87	5.12	15
宁　夏	Ningxia	1.79	2.01	14	13.44	14.27	13
新　疆	Xinjiang	12.54			32.05		

11-62 电力、热力、燃气及水生产和供应业财务费用和营业利润

Financial Expenses and Operating Profit of Production and Supply of Electricity, Heat, Gas and Water

单位：亿元 (100 million yuan)

地区	Region	财务费用 Financial Expenses			营业利润 Operating Profit		
		2016	2017	2017排名 Ranking	2016	2017	2017排名 Ranking
全　国	**National Total**	**2333.68**			**4363.58**		
北　京	Beijing	67.18	62.10	7	475.83		
天　津	Tianjin	18.72			37.68		
河　北	Hebei	65.98			193.32	294.51	1
山　西	Shanxi	87.21	96.79	3	95.41		
内蒙古	Inner Mongolia	145.46			141.53		
辽　宁	Liaoning	68.63			38.11		
吉　林	Jilin	38.76	39.03	12	3.43		
黑龙江	Heilongjiang	40.96	40.48	11	-19.00		
上　海	Shanghai	17.24			105.20		
江　苏	Jiangsu	90.09	94.48	4	511.59		
浙　江	Zhejiang	121.73	115.95	2	353.93		
安　徽	Anhui	46.23			125.43		
福　建	Fujian	76.91			161.60		
江　西	Jiangxi	28.21			68.13		
山　东	Shandong	92.12			350.51		
河　南	Henan	81.51			96.62		
湖　北	Hubei	69.78	73.17	6	222.82	246.60	2
湖　南	Hunan	85.48	79.15	5	96.04	60.15	3
广　东	Guangdong	190.07			667.25		
广　西	Guangxi	61.23			64.93		
海　南	Hainan	17.01	18.52	13	15.67	0.72	7
重　庆	Chongqing	36.71			41.67		
四　川	Sichuan	211.81	209.42	1	290.74		
贵　州	Guizhou	89.20			44.13		
云　南	Yunnan	156.00			38.33		
西　藏	Tibet	3.41	4.00	14	-11.56	-9.26	8
陕　西	Shaanxi	58.88	50.10	9	97.71		
甘　肃	Gansu	72.63			-37.74		
青　海	Qinghai	50.66	49.30	10	19.61	19.45	6
宁　夏	Ningxia	47.83	59.10	8	38.22	24.63	5
新　疆	Xinjiang	96.03			36.42	51.70	4

11-63 电力、热力、燃气及水生产和供应业利润总额和平均用工人数

Total Profit and Average Number of Employed Persons of Production and Supply of Electricity, Heat, Gas and Water

地区	Region	利润总额（亿元） Total Profit (100 million yuan)			平均用工人数（万人） Average Number of Employed Persons (10 000 persons)		
		2016	2017	2017排名 Ranking	2016	2017	2017排名 Ranking
全　国	**National Total**	**4839.06**			**361.37**		
北　京	Beijing	550.44	793.13	1	8.14	8.44	14
天　津	Tianjin	42.00	38.77	21	3.93	3.57	17
河　北	Hebei	204.64	310.29	5	15.25		
山　西	Shanxi	68.83	-5.41	28	11.36	12.04	8
内蒙古	Inner Mongolia	171.89			18.45		
辽　宁	Liaoning	62.61	40.40	19	15.94		
吉　林	Jilin	13.61	1.00	25	11.03	10.85	10
黑龙江	Heilongjiang	0.36			18.41		
上　海	Shanghai	115.83	92.80	11	3.78	3.50	18
江　苏	Jiangsu	523.65	407.87	3	14.92	14.87	5
浙　江	Zhejiang	386.99	329.08	4	13.22	12.97	7
安　徽	Anhui	132.26	53.54	16	9.20		
福　建	Fujian	172.85	129.52	9	8.72		
江　西	Jiangxi	71.28	41.87	18	8.32	7.94	15
山　东	Shandong	371.30	190.70	8	23.52	27.17	1
河　南	Henan	122.66	47.36	17	21.66		
湖　北	Hubei	244.58	242.39	7	14.90	14.70	6
湖　南	Hunan	102.70	74.55	14	17.13	16.34	4
广　东	Guangdong	718.37	628.41	2	28.75	25.50	2
广　西	Guangxi	76.54	66.33	15	12.29	10.54	11
海　南	Hainan	17.76	0.54	26	1.90	1.25	20
重　庆	Chongqing	46.84	40.05	20	7.72	5.94	16
四　川	Sichuan	316.33	253.78	6	16.87	20.79	3
贵　州	Guizhou	52.89	7.20	24	10.88		
云　南	Yunnan	52.19	90.94	12	9.42	9.20	12
西　藏	Tibet	-11.87	-9.53	29	0.50	0.56	21
陕　西	Shaanxi	113.98	125.57	10	12.36	11.63	9
甘　肃	Gansu	-24.26	-3.15	27	8.96		
青　海	Qinghai	20.14	23.01	23	1.99		
宁　夏	Ningxia	45.23	27.06	22	3.00	3.35	19
新　疆	Xinjiang	56.44	75.76	13	8.85	9.01	13

11-64 电力、热力、燃气及水生产和供应业投资收益和亏损企业亏损额

Return on Investment Income and Amount of Loss of Production and Supply of Electricity, Heat, Gas and Water

单位：亿元 (100 million yuan)

地区	Region	投资收益（损失以“-”号记） Investment Income (Loss is Marked as "-")			亏损企业亏损额 Loss Ratio of Unprofitable Firms		
		2016	2017	2017排名 Ranking	2016	2017	2017排名 Ranking
全　国	**National Total**	**641.02**			**764.41**		
北　京	Beijing	311.96			5.06		
天　津	Tianjin	3.02			12.94		
河　北	Hebei	6.76			13.94	27.71	9
山　西	Shanxi	2.48			38.09	89.57	1
内蒙古	Inner Mongolia	7.51			133.64		
辽　宁	Liaoning	2.35			24.90		
吉　林	Jilin	0.24			21.61	35.82	6
黑龙江	Heilongjiang	1.38			51.22	44.48	4
上　海	Shanghai	20.81			51.41		
江　苏	Jiangsu	35.62			5.66		
浙　江	Zhejiang	27.63			20.79		
安　徽	Anhui	9.67			1.77		
福　建	Fujian	13.08			13.16		
江　西	Jiangxi	3.75			0.91	8.99	14
山　东	Shandong	61.03			29.28	64.03	3
河　南	Henan	5.34			22.08		
湖　北	Hubei	16.24	24.92	1	13.20	15.98	11
湖　南	Hunan	2.29	1.86	4	10.45	20.80	10
广　东	Guangdong	77.56			19.13		
广　西	Guangxi	2.23			18.36		
海　南	Hainan	1.89	1.02	5	5.04	9.85	13
重　庆	Chongqing	2.48			18.16		
四　川	Sichuan	7.60			33.52		
贵　州	Guizhou	4.33			26.92		
云　南	Yunnan	2.52			82.85	71.64	2
西　藏	Tibet		3.02	3	13.29	14.87	12
陕　西	Shaanxi	3.93			14.27	28.81	8
甘　肃	Gansu	0.87			55.13		
青　海	Qinghai	0.96			1.86	5.62	15
宁　夏	Ningxia	3.33	7.41	2	4.76	29.88	7
新　疆	Xinjiang	2.18			46.98	42.82	5

11-65 煤炭开采和洗选业工业销售产值和资产总计

Sales Value and Total Assets of Mining and Washing of Coal

单位：亿元 (100 million yuan)

地区	Region	工业销售产值（当年价格）Sales Value (current prices)				资产总计 Total Assets			
		2010	2016	2017	2017排名 Ranking	2010	2016	2017	2017排名 Ranking
全　国	**National Total**	**21538.61**	**19843.01**			**29941.66**	**53371.26**		
北　京	Beijing	572.96	19.49			150.15	139.66		
天　津	Tianjin	633.28	9.63			429.27	65.87	3.98	24
河　北	Hebei	1046.56	882.05			1293.76	1984.86	1814.71	8
山　西	Shanxi	4513.96	4178.77			8179.38	16995.20	17601.63	2
内蒙古	Inner Mongolia	2514.55	3330.77			3561.74	6508.17		
辽　宁	Liaoning	447.69	203.30			695.70	1009.04	986.40	10
吉　林	Jilin	291.33	212.91			226.14	341.44	353.43	17
黑龙江	Heilongjiang	602.19	256.11			681.11	739.37	799.09	12
上　海	Shanghai								
江　苏	Jiangsu	277.59	192.28			459.83	680.03	656.17	13
浙　江	Zhejiang	6.85	0.40			10.52	0.36	0.34	25
安　徽	Anhui	918.93	657.76			2258.80	3205.77	2854.10	6
福　建	Fujian	150.93	110.46			85.45	109.20	129.01	21
江　西	Jiangxi	198.17	123.24			137.71	184.37	157.17	19
山　东	Shandong	2417.75	1654.46	2030.48	2	3279.84	6131.50	6019.24	3
河　南	Henan	1937.21	1272.17			2498.48	3430.59	3061.76	5
湖　北	Hubei	59.18	60.55	26.05	7	45.81	37.61	16.51	23
湖　南	Hunan	646.55	385.62			278.13	251.16	223.25	18
广　东	Guangdong								
广　西	Guangxi	21.53	56.21			35.44	87.63	97.64	22
海　南	Hainan								
重　庆	Chongqing	320.55	250.56	145.84	6	270.59	575.84	438.93	16
四　川	Sichuan	1050.45	833.47			595.90	831.78	43253.61	1
贵　州	Guizhou	633.68	1572.98			912.83	2249.20	2256.43	7
云　南	Yunnan	244.15	334.89	360.41	3	346.15	577.46	596.61	14
西　藏	Tibet								
陕　西	Shaanxi	1371.62	2284.46	2987.11	1	1915.96	4055.46	4785.83	4
甘　肃	Gansu	172.01	249.62	220.17	5	292.09	598.62	515.94	15
青　海	Qinghai	85.24	23.24			182.73	111.20	147.96	20
宁　夏	Ningxia	265.57	471.19			712.55	1594.15	1586.05	9
新　疆	Xinjiang	138.14	216.43	258.36	4	405.60	875.72	920.89	11

11-66 煤炭开采和洗选业固定资产合计和流动资产合计

Total Fixed Assets and Total Current Assets of Mining and Washing of Coal

单位：亿元 (100 million yuan)

地区	Region	固定资产合计 Total Fixed Assets			流动资产合计 Total Current Assets		
		2016	2017	2017排名 Ranking	2016	2017	2017排名 Ranking
全　国	**National Total**	**18925.61**			**18929.41**		
北　京	Beijing	3.36			58.91		
天　津	Tianjin	15.12			27.38	3.20	22
河　北	Hebei	635.03	578.34	5	835.64	759.64	5
山　西	Shanxi	5623.78	4898.07	1	6733.34	6812.87	1
内蒙古	Inner Mongolia	2079.30			2229.90		
辽　宁	Liaoning	505.52	425.10	7	338.24	354.30	7
吉　林	Jilin	187.19	143.29	10	105.21	115.16	14
黑龙江	Heilongjiang	317.74	301.58	8	252.36	295.67	8
上　海	Shanghai						
江　苏	Jiangsu	335.16			171.17	164.24	13
浙　江	Zhejiang	0.11			0.14		
安　徽	Anhui	1119.42	1063.87	4	552.86	608.26	6
福　建	Fujian	38.57	41.57	12	35.88	55.41	19
江　西	Jiangxi	114.87			48.74	58.87	17
山　东	Shandong	1776.43	2136.37	2	2512.56	2321.70	2
河　南	Henan	1432.35			1240.06	1236.69	4
湖　北	Hubei	13.93	6.75	14	13.47	7.04	21
湖　南	Hunan	153.78	96.69	11	58.48	58.34	18
广　东	Guangdong						
广　西	Guangxi	15.14			30.60	39.43	20
海　南	Hainan						
重　庆	Chongqing	246.52			160.49	107.77	15
四　川	Sichuan	354.11			289.57	277.49	10
贵　州	Guizhou	746.60			734.70		
云　南	Yunnan	200.71			227.35		
西　藏	Tibet						
陕　西	Shaanxi	1709.40	1272.90	3	1538.83	2013.47	3
甘　肃	Gansu	343.86	244.38	9	177.87	171.73	12
青　海	Qinghai	30.70	23.81	13	34.53	71.84	16
宁　夏	Ningxia	575.00	557.35	6	288.16	281.97	9
新　疆	Xinjiang	351.92			232.96	258.45	11

11-67 煤炭开采和洗选业负债合计和流动负债合计
Total Liabilities and Current Liability of Mining and Washing of Coal

单位：亿元 (100 million yuan)

地区	Region	负债合计 Total Liabilities				流动负债合计 Current Liability Assets		
		2010	2016	2017	2017排名 Ranking	2016	2017	2017排名 Ranking
全　国	**National Total**	**17418.53**	**37110.00**			**23896.02**		
北　京	Beijing	47.23	71.02			24.94		
天　津	Tianjin	358.72	53.51	2.03	21	1.39		
河　北	Hebei	760.59	1374.59	1260.59	6	970.90	806.38	4
山　西	Shanxi	4924.82	13312.90	13280.73	1	9024.91	8597.80	1
内蒙古	Inner Mongolia	1705.03	3465.50			1854.24		
辽　宁	Liaoning	358.33	675.42	662.00	10	499.62	538.10	7
吉　林	Jilin	132.07	286.39	303.85	14	208.30		
黑龙江	Heilongjiang	577.94	679.13	708.18	8	618.22		
上　海	Shanghai							
江　苏	Jiangsu	271.21	414.30	394.39	12	239.88		
浙　江	Zhejiang	6.57	0.29	0.27	22	0.29		
安　徽	Anhui	1548.29	2431.52	2083.14	5	1436.72	1232.32	3
福　建	Fujian	40.31	55.37			45.99		
江　西	Jiangxi	71.95	155.66	119.03	17	116.30		
山　东	Shandong	2037.28	4399.80	4184.62	2	2203.38		
河　南	Henan	1441.72	2403.98	2094.47	4	1838.70		
湖　北	Hubei	22.64	16.25	6.23	20	10.31	5.07	13
湖　南	Hunan	122.32	106.52	100.01	18	75.02	67.91	11
广　东	Guangdong							
广　西	Guangxi	16.43	57.70			25.19		
海　南	Hainan							
重　庆	Chongqing	140.87	319.88	246.70	16	189.61	172.86	10
四　川	Sichuan	358.24	548.28	549.08	11	335.94	354.69	8
贵　州	Guizhou	499.50	1593.86			1078.04		
云　南	Yunnan	189.92	356.22	388.61	13	287.88		
西　藏	Tibet							
陕　西	Shaanxi	799.00	2082.28	2310.22	3	1363.55	1465.24	2
甘　肃	Gansu	183.29	371.70	273.65	15	290.80	206.27	9
青　海	Qinghai	91.90	64.94	69.60	19	56.24	60.14	12
宁　夏	Ningxia	460.76	1154.56	1118.95	7	601.14	658.87	5
新　疆	Xinjiang	251.60	658.42	686.70	9	498.53	539.80	6

11-68 煤炭开采和洗选业所有者权益合计和实收资本

Total Owner's Equity and Paid-in Capital of Mining and Washing of Coal

单位：亿元 (100 million yuan)

地区	Region	所有者权益合计 Total Owner's Equity 2016	2017	2017排名 Ranking	实收资本 Paid-in Capital 2016	2017	2017排名 Ranking
全　国	**National Total**	**16149.45**			**6232.97**		
北　京	Beijing	68.64			12.00		
天　津	Tianjin	12.36			3.70		
河　北	Hebei	610.19	558.45	4	263.30	238.62	3
山　西	Shanxi	3684.39	4327.07	1	1802.27		
内蒙古	Inner Mongolia	3042.06			814.53		
辽　宁	Liaoning	331.75	324.40	6	96.72	91.10	6
吉　林	Jilin	55.05	49.58	13	50.04		
黑龙江	Heilongjiang	60.24			107.47		
上　海	Shanghai						
江　苏	Jiangsu	265.70			61.88		
浙　江	Zhejiang	0.07	0.07	17	0.06	0.06	10
安　徽	Anhui	772.86	770.95	3	367.58	354.67	1
福　建	Fujian	52.75			22.91		
江　西	Jiangxi	24.39	38.14	14	50.67		
山　东	Shandong	1679.45			287.76		
河　南	Henan	1016.92			389.00		
湖　北	Hubei	19.16	8.41	16	9.52	4.04	9
湖　南	Hunan	144.20	120.84	11	88.64	67.35	7
广　东	Guangdong						
广　西	Guangxi	29.05	29.85	15	6.55		
海　南	Hainan						
重　庆	Chongqing	236.33	180.04	10	118.35	114.04	5
四　川	Sichuan	269.90	229.80	9	123.12		
贵　州	Guizhou	654.18			271.48		
云　南	Yunnan	220.04			106.93		
西　藏	Tibet						
陕　西	Shaanxi	1969.71	2463.70	2	608.89		
甘　肃	Gansu	226.92	241.42	7	80.29		
青　海	Qinghai	46.26	78.37	12	42.72	17.07	8
宁　夏	Ningxia	439.59	466.82	5	240.90	242.52	2
新　疆	Xinjiang	217.31	234.19	8	205.69	224.41	4

11-69 煤炭开采和洗选业主营业务收入和主营业务成本

Revenue from Principal Business and Cost of Principal Business of Mining and Washing of Coal

单位：亿元 (100 million yuan)

地区	Region	主营业务收入 Revenue from Principal Business			主营业务成本 Cost of Principal Business			
		2016	2017	2017排名 Ranking	2010	2016	2017	2017排名 Ranking
全　国	**National Total**	**22328.52**			**16788.74**	**17670.71**		
北　京	Beijing	20.17			510.18	13.70		
天　津	Tianjin	10.60			584.65	8.33		
河　北	Hebei	1193.74	1057.47	7	1489.91	1059.04	924.96	5
山　西	Shanxi	5462.94	6833.53	1	3323.45	4274.40	4784.67	1
内蒙古	Inner Mongolia	3357.78			1588.08	2398.73		
辽　宁	Liaoning	219.63	284.70	12	337.54	169.72	210.50	9
吉　林	Jilin	216.47	163.69	16	245.07	209.33	149.60	12
黑龙江	Heilongjiang	277.52			480.53	264.10		
上　海	Shanghai							
江　苏	Jiangsu	196.68	223.25	14	191.35	150.01	152.84	11
浙　江	Zhejiang	0.41	0.71	23	8.07	0.35	0.55	18
安　徽	Anhui	1152.89	1350.66	6	698.91	960.45	953.53	4
福　建	Fujian	110.71	101.59	18	114.57	94.28		
江　西	Jiangxi	117.87	72.62	19	145.70	97.44	60.36	15
山　东	Shandong	2324.29	3135.29	2	1931.32	1884.05		
河　南	Henan	1712.08	1871.46	4	1879.75	1504.61	1566.57	2
湖　北	Hubei	59.85	32.04	21	45.98	49.94	27.17	16
湖　南	Hunan	393.60	287.47	11	484.16	329.73	237.53	8
广　东	Guangdong							
广　西	Guangxi	55.76	56.75	20	11.44	52.59		
海　南	Hainan							
重　庆	Chongqing	251.22	152.58	17	256.80	210.99	123.37	13
四　川	Sichuan	781.31	640.24	8	817.50	680.93	539.77	6
贵　州	Guizhou	1347.35	1355.35	5	364.53	1094.94		
云　南	Yunnan	318.84	363.85	10	172.84	264.17		
西　藏	Tibet							
陕　西	Shaanxi	2012.28	2792.77	3	668.00	1307.52	1540.97	3
甘　肃	Gansu	150.90	169.76	15	105.14	141.86	114.64	14
青　海	Qinghai	32.55	27.67	22	53.48	27.16	16.54	17
宁　夏	Ningxia	331.61	387.69	9	187.23	249.15	248.37	7
新　疆	Xinjiang	219.46	254.73	13	92.53	173.20	182.59	10

11-70 煤炭开采和洗选业销售费用和管理费用
Sales Expenses and Administrative Expenses of Mining and Washing of Coal

单位：亿元 (100 million yuan)

地区	Region	销售费用 Sales Expenses 2016	2017	2017排名 Ranking	管理费用 Administrative Expenses 2010	2016	2017	2017排名 Ranking
全　国	**National Total**	**624.96**			**2083.52**	**1573.91**		
北　京	Beijing	1.05			5.48	2.90		
天　津	Tianjin	0.07			4.23	0.44		
河　北	Hebei	19.66			93.89	55.30		
山　西	Shanxi	269.16	299.08	1	480.07	384.58	506.10	1
内蒙古	Inner Mongolia	96.41			145.41	195.80		
辽　宁	Liaoning	4.28			54.85	48.00		
吉　林	Jilin	3.55	3.13	8	29.57	17.73	15.13	9
黑龙江	Heilongjiang	4.13	4.78	7	70.28	37.05	45.51	5
上　海	Shanghai							
江　苏	Jiangsu	4.05	2.96	9	45.70	26.26	27.57	8
浙　江	Zhejiang		0.03	13	1.62	0.03	0.03	14
安　徽	Anhui	12.11			233.98	79.42		
福　建	Fujian	3.48			15.20	11.89		
江　西	Jiangxi	2.58	1.58	10	10.50	7.19		
山　东	Shandong	36.26			299.86	197.92	195.75	2
河　南	Henan	22.87			133.00	97.29		
湖　北	Hubei	1.25	0.55	12	5.69	3.53	1.48	13
湖　南	Hunan	9.04	6.52	6	39.12	15.97	11.89	11
广　东	Guangdong							
广　西	Guangxi	0.28			4.00	2.58		
海　南	Hainan							
重　庆	Chongqing	6.58			26.50	15.92		
四　川	Sichuan	15.29	13.12	3	87.02	43.80	37.59	6
贵　州	Guizhou	41.20			66.46	84.94		
云　南	Yunnan	9.56	10.33	4	28.92	27.05	31.28	7
西　藏	Tibet							
陕　西	Shaanxi	38.20	45.26	2	134.59	142.70	171.79	3
甘　肃	Gansu	8.06			20.54	14.13	13.51	10
青　海	Qinghai	1.01	1.26	11	6.60	2.46	2.11	12
宁　夏	Ningxia	9.68	9.80	5	23.71	39.85	55.79	4
新　疆	Xinjiang	5.15			16.75	19.16		

11-71 煤炭开采和洗选业财务费用和营业利润
Financial Expenses and Operating Profit of Mining and Washing of Coal

单位：亿元 (100 million yuan)

地区	Region	财务费用 Financial Expenses				营业利润 Operating Profit			
		2010	2016	2017	2017排名 Ranking	2010	2016	2017	2017排名 Ranking
全　国	**National Total**	**328.63**	**849.12**			**3599.29**	**1092.39**		
北　京	Beijing	0.55	0.92			47.36	1.05		
天　津	Tianjin	3.61	0.78			38.64	0.89		
河　北	Hebei	17.67	33.64			81.77	9.96	15.20	4
山　西	Shanxi	98.92	328.23	375.36	1	787.55	107.48		
内蒙古	Inner Mongolia	29.51	53.64			708.12	479.22		
辽　宁	Liaoning	4.20	18.47			46.59	-26.00		
吉　林	Jilin	2.96	4.78	4.95	7	13.58	-20.65		
黑龙江	Heilongjiang	6.70	9.54	9.28	5	56.65	-32.09		
上　海	Shanghai								
江　苏	Jiangsu	1.46	5.71	6.94	6	29.72	3.92		
浙　江	Zhejiang	0.08	0.01	0.01	11	0.06			
安　徽	Anhui	31.67	81.98			90.05	6.44		
福　建	Fujian	0.54	0.48			18.82	-1.48		
江　西	Jiangxi	1.32	1.68			19.70	-10.58		
山　东	Shandong	46.32	94.18			385.34	98.99		
河　南	Henan	30.95	68.87			349.43	-4.47		
湖　北	Hubei	0.57	0.26	0.11	10	5.77	3.90	2.33	6
湖　南	Hunan	2.75	2.50	2.75	8	79.59	25.73	19.46	2
广　东	Guangdong								
广　西	Guangxi	0.26	0.41			2.21	-1.20		
海　南	Hainan								
重　庆	Chongqing	2.67	6.63			33.13	7.24		
四　川	Sichuan	8.55	14.25	14.85	4	89.31	20.94		
贵　州	Guizhou	10.23	36.26			85.65	58.36		
云　南	Yunnan	4.14	6.71			34.54	-23.38		
西　藏	Tibet								
陕　西	Shaanxi	11.42	41.30	45.88	2	475.08	401.32		
甘　肃	Gansu	2.33	7.77			19.65	-13.28		
青　海	Qinghai	1.71	1.13	0.49	9	26.14	-0.44	5.76	5
宁　夏	Ningxia	4.75	18.13	16.75	3	57.73	0.87	37.27	1
新　疆	Xinjiang	2.79	10.82			17.09	-0.36	15.88	3

11-72　煤炭开采和洗选业利润总额和平均用工人数

Total Profit and Average Number of Employed Persons of Mining and Washing of Coal

地区	Region	利润总额（亿元）Total Profit (100 million yuan)				平均用工人数（万人）Average Number of Employed Persons (10 000 persons)		
		2010	2016	2017	2017排名 Ranking	2016	2017	2017排名 Ranking
全　国	**National Total**	**3446.52**	**1159.53**			**397.11**		
北　京	Beijing	47.52	1.91			0.75		
天　津	Tianjin	44.17	0.90	0.70	22	0.16	0.08	15
河　北	Hebei	85.34	17.17	19.23	11	18.60		
山　西	Shanxi	753.93	121.16	591.09	2	92.86	90.94	1
内蒙古	Inner Mongolia	634.41	467.10			20.43		
辽　宁	Liaoning	52.89	-13.47	11.50	15	14.25		
吉　林	Jilin	13.20	-8.75	-3.72	24	6.82	6.45	7
黑龙江	Heilongjiang	58.10	-25.68			18.89		
上　海	Shanghai							
江　苏	Jiangsu	30.67	7.05	11.18	16	6.02	4.97	9
浙　江	Zhejiang	0.14		0.09	23			
安　徽	Anhui	91.91	22.76	69.93	6	23.89		
福　建	Fujian	16.77	-1.07	11.08	17	3.07		
江　西	Jiangxi	20.15	-17.12	9.36	18	5.11	3.85	12
山　东	Shandong	378.19	113.77	300.48	3	38.20	35.11	2
河　南	Henan	323.66	-5.40	113.06	4	42.31		
湖　北	Hubei	4.44	3.92	2.29	20	1.44	0.63	14
湖　南	Hunan	75.75	26.86	19.63	10	8.91	6.91	6
广　东	Guangdong							
广　西	Guangxi	2.24	-1.05	2.24	21	1.19	1.43	13
海　南	Hainan							
重　庆	Chongqing	31.54	13.28	12.29	14	9.26	4.10	11
四　川	Sichuan	81.88	25.01	34.29	8	17.74	13.61	4
贵　州	Guizhou	84.22	59.93	78.27	5	22.53		
云　南	Yunnan	36.07	-20.66	17.82	12	7.96	11.79	5
西　藏	Tibet							
陕　西	Shaanxi	468.93	379.46	820.92	1	19.30	18.56	3
甘　肃	Gansu	19.53	-12.13	27.96	9	6.60		
青　海	Qinghai	25.75	0.20	5.76	19	0.60		
宁　夏	Ningxia	53.51	5.10	37.22	7	5.64	5.79	8
新　疆	Xinjiang	11.59	-0.76	16.14	13	4.59	4.24	10

11-73 煤炭开采和洗选业投资收益和亏损企业亏损额
Return on Investment and Amount of Loss of Mining and Washing of Coal

单位：亿元 (100 million yuan)

地区	Region	投资收益（损失以“-”号记） Investment Income (Loss is Marked as "-")			亏损企业亏损额 Loss Ratio of Unprofitable Firms		
		2016	2017	2017排名 Ranking	2016	2017	2017排名 Ranking
全　国	**National Total**	**133.59**			**618.62**		
北　京	Beijing	0.01					
天　津	Tianjin	0.05					
河　北	Hebei	2.95			8.52	6.39	6
山　西	Shanxi	71.75			177.12	144.63	1
内蒙古	Inner Mongolia	3.29			69.68		
辽　宁	Liaoning	1.74			15.64		
吉　林	Jilin	0.09			13.77	7.04	5
黑龙江	Heilongjiang	6.81			41.05	5.64	7
上　海	Shanghai						
江　苏	Jiangsu	1.63			0.17		
浙　江	Zhejiang				0.02		
安　徽	Anhui	17.78			6.42		
福　建	Fujian	0.08			6.98		
江　西	Jiangxi	-0.02			27.32	0.72	10
山　东	Shandong	5.22			28.50	3.93	8
河　南	Henan	8.80			79.95		
湖　北	Hubei				0.18	0.01	13
湖　南	Hunan	-1.20	-1.93	2	2.70	2.08	9
广　东	Guangdong						
广　西	Guangxi				2.57		
海　南	Hainan						
重　庆	Chongqing	0.12			5.85		
四　川	Sichuan	-5.18			15.70		
贵　州	Guizhou	4.73			32.52		
云　南	Yunnan	0.19			39.90	8.98	4
西　藏	Tibet						
陕　西	Shaanxi	13.93			14.43	12.67	2
甘　肃	Gansu	0.56			13.14		
青　海	Qinghai	0.03			1.87	0.27	12
宁　夏	Ningxia	0.18	0.27	1	1.07	0.70	11
新　疆	Xinjiang	0.07			13.57	12.24	3

11-74 石油和天然气开采业工业销售产值和资产总计
Sales Value and Total Assets of Extraction of Petroleum and Natural Gas

单位：亿元 (100 million yuan)

地区	Region	工业销售产值（当年价格） Sales Value (current prices)				资产总计 Total Assets			
		2010	2016	2017	2017排名 Ranking	2010	2016	2017	2017排名 Ranking
全　国	**National Total**	**9819.15**	**6774.18**			**16692.05**	**19995.66**		
北　京	Beijing	167.11	23.70			413.70	161.94		
天　津	Tianjin	1392.40	615.71			1521.57	1324.34	1247.34	6
河　北	Hebei	228.53	119.63			620.25	638.24	626.85	9
山　西	Shanxi	18.60	42.68			76.42	285.77	315.50	13
内蒙古	Inner Mongolia	85.27	757.23			167.73	279.67		
辽　宁	Liaoning	334.34	168.27			807.10	434.93	364.30	12
吉　林	Jilin	354.76	181.71			784.22	848.51	545.62	10
黑龙江	Heilongjiang	1574.98	766.36			2499.18	2866.61	2826.81	2
上　海	Shanghai	11.79	5.96	6.08	8	37.63	33.79	34.03	19
江　苏	Jiangsu	67.02	35.36			176.53	187.26		
浙　江	Zhejiang								
安　徽	Anhui								
福　建	Fujian								
江　西	Jiangxi								
山　东	Shandong	1021.87	498.83	654.98	3	1250.86	1585.29	1362.88	5
河　南	Henan	406.54	111.48			537.13	239.58	171.99	15
湖　北	Hubei	180.93	31.46	40.16	6	265.32	104.91	86.97	16
湖　南	Hunan								
广　东	Guangdong	598.91	424.11			535.86	992.14	999.37	7
广　西	Guangxi		9.38				36.88	36.06	18
海　南	Hainan	9.25	7.32	9.61	7	25.65	39.96	42.79	17
重　庆	Chongqing	71.78	80.70	79.44	5	18.88	273.76	248.16	14
四　川	Sichuan	510.44	544.27			1520.97	1726.97	1680.55	4
贵　州	Guizhou								
云　南	Yunnan								
西　藏	Tibet								
陕　西	Shaanxi	1189.54	1103.03	1326.36	1	2724.16	4259.01	4221.31	1
甘　肃	Gansu	273.50	395.76	204.01	4	316.67	555.64	631.48	8
青　海	Qinghai	177.23	154.77			259.89	398.36	403.56	11
宁　夏	Ningxia	1.41	1.49			3.01	5.52		
新　疆	Xinjiang	1142.94	694.97	868.56	2	2129.32	2716.55	2676.36	3

11-75 石油和天然气开采业固定资产合计和流动资产合计
Total Fixed Assets and Total Current Assets of Extraction of Petroleum and Natural Gas

单位：亿元 (100 million yuan)

地区	Region	固定资产合计 Total Fixed Assets 2016	2017	2017排名 Ranking	流动资产合计 Total Current Assets 2016	2017	2017排名 Ranking
全　国	**National Total**	**15048.87**			**2909.66**		
北　京	Beijing	48.00			24.50		
天　津	Tianjin	1123.21			118.03	112.38	6
河　北	Hebei	507.42	491.70	5	69.92	65.86	11
山　西	Shanxi	94.76	126.55	10	86.37	107.78	7
内蒙古	Inner Mongolia	109.50			90.59		
辽　宁	Liaoning	387.80	370.50	8	47.13	-6.20	19
吉　林	Jilin	683.37	440.54	7	146.07	97.05	8
黑龙江	Heilongjiang	1813.04	1769.26	2	778.92	790.49	1
上　海	Shanghai	0.07			22.57	24.20	14
江　苏	Jiangsu	126.62			22.05		
浙　江	Zhejiang						
安　徽	Anhui						
福　建	Fujian						
江　西	Jiangxi						
山　东	Shandong	1390.76	1148.07	3	180.43	203.27	5
河　南	Henan	170.69			44.26	43.42	12
湖　北	Hubei	79.64	63.66	11	11.23	10.53	16
湖　南	Hunan						
广　东	Guangdong	516.92	457.63	6	71.27	84.44	10
广　西	Guangxi	8.22			3.87	4.00	17
海　南	Hainan	27.06	29.82	12	1.53	3.39	18
重　庆	Chongqing	249.51			22.06	11.28	15
四　川	Sichuan	1298.16			245.14	316.01	3
贵　州	Guizhou						
云　南	Yunnan						
西　藏	Tibet						
陕　西	Shaanxi	3526.60	3461.83	1	387.71	240.30	4
甘　肃	Gansu	426.01	511.18	4	56.74	35.62	13
青　海	Qinghai	281.57	281.30	9	89.47	89.81	9
宁　夏	Ningxia	1.15			2.98		
新　疆	Xinjiang	2178.77			386.81	390.23	2

11-76 石油和天然气开采业负债合计和流动负债合计

Total Liabilities and Total Current Liabilities Assets of Extraction of Petroleum and Natural Gas

单位：亿元 (100 million yuan)

地区	Region	负债合计 Total Liabilities				流动负债合计 Current Liability Assets		
		2010	2016	2017	2017排名 Ranking	2016	2017	2017排名 Ranking
全　国	**National Total**	**7292.66**	**9204.61**			**4550.32**		
北　京	Beijing	170.62	58.92			14.84		
天　津	Tianjin	787.72	869.02	688.17	4	488.58		
河　北	Hebei	277.00	254.56	256.70	10	51.32	58.96	8
山　西	Shanxi	37.30	175.04	191.06	11	120.40	137.98	4
内蒙古	Inner Mongolia	59.93	68.17			23.88		
辽　宁	Liaoning	412.16	286.16	307.80	7	40.54	49.30	9
吉　林	Jilin	384.52	316.62	286.17	9	110.87		
黑龙江	Heilongjiang	597.29	638.57	694.25	3	196.97		
上　海	Shanghai	7.34	6.92	6.95	17	1.78		
江　苏	Jiangsu	68.51	112.45			101.94		
浙　江	Zhejiang							
安　徽	Anhui							
福　建	Fujian							
江　西	Jiangxi							
山　东	Shandong	149.24	777.97	687.10	5	571.37		
河　南	Henan	280.48	145.65	143.72	13	117.63		
湖　北	Hubei	139.60	47.73	48.67	15	35.85	36.28	10
湖　南	Hunan							
广　东	Guangdong	451.71	711.75			463.91		
广　西	Guangxi		4.67					
海　南	Hainan	1.60	7.07	8.50	16	4.93	5.66	11
重　庆	Chongqing	2.82	187.75	139.71	14	164.83	113.64	5
四　川	Sichuan	862.14	647.74	549.90	6	333.48	262.10	3
贵　州	Guizhou							
云　南	Yunnan							
西　藏	Tibet							
陕　西	Shaanxi	1535.41	2203.10	2288.44	1	1069.22	1140.46	1
甘　肃	Gansu	157.77	249.32	293.86	8	56.01	70.12	7
青　海	Qinghai	143.51	182.73	180.29	12	73.43	78.31	6
宁　夏	Ningxia	1.08	0.03			0.03		
新　疆	Xinjiang	764.90	1252.69	1147.94	2	508.51	480.32	2

11-77 石油和天然气开采业所有者权益合计和实收资本

Total Owner's Equity and Paid-in Capital of Extraction of Petroleum and Natural Gas

单位：亿元 (100 million yuan)

地区	Region	所有者权益合计 Total Owner's Equity				实收资本 Paid-in Capital		
		2010	2016	2017	2017排名 Ranking	2016	2017	2017排名 Ranking
全　国	**National Total**	**9389.69**	**10791.05**			**6715.72**		
北　京	Beijing	243.08	103.02			23.11		
天　津	Tianjin	733.85	455.33			138.62		
河　北	Hebei	343.25	383.68	224.53	6	238.15		
山　西	Shanxi	39.11	110.74	124.45	8	77.65		
内蒙古	Inner Mongolia	107.30	211.50			115.05		
辽　宁	Liaoning	394.89	148.78	56.50	10	148.67	56.50	3
吉　林	Jilin	394.78	531.90	259.45	5	26.35		
黑龙江	Heilongjiang	1898.98	2228.04			475.00		
上　海	Shanghai	30.28	26.88	27.07	14	9.00		
江　苏	Jiangsu	108.02	74.81			120.91		
浙　江	Zhejiang							
安　徽	Anhui							
福　建	Fujian							
江　西	Jiangxi							
山　东	Shandong	1101.63	807.32			805.04		
河　南	Henan	256.64	93.94			111.08		
湖　北	Hubei	125.67	57.18	38.30	11			
湖　南	Hunan							
广　东	Guangdong	84.14	280.38			267.74		
广　西	Guangxi		32.21	31.19	13			
海　南	Hainan	24.05	32.89	34.29	12	0.50	0.50	4
重　庆	Chongqing	16.06	86.01	108.45	9	83.56	105.99	2
四　川	Sichuan	658.83	1079.23	1130.65	3	75.77		
贵　州	Guizhou							
云　南	Yunnan							
西　藏	Tibet							
陕　西	Shaanxi	1187.51	2055.91	1930.32	1	2109.91		
甘　肃	Gansu	158.90	306.32	337.61	4	278.70		
青　海	Qinghai	116.36	215.63	223.28	7			
宁　夏	Ningxia	1.93	5.49			0.10		
新　疆	Xinjiang	1364.42	1463.86	1528.41	2	1610.83	1640.11	1

11-78 石油和天然气开采业主营业务收入和主营业务成本

Revenue from Principal Business and Cost of Principal Business of Extraction of Petroleum and Natural Gas

单位：亿元 (100 million yuan)

地区	Region	主营业务收入 Revenue from Principal Business				主营业务成本 Cost of Principal Business			
		2010	2016	2017	2017排名 Ranking	2010	2016	2017	2017排名 Ranking
全　国	**National Total**	**10617.59**	**6469.96**			**5729.87**	**5579.96**		
北　京	Beijing	177.97	16.91			160.11	14.06		
天　津	Tianjin	1348.81	601.38			791.71	379.30		
河　北	Hebei	235.85	118.72	149.54	9	115.37	133.37	133.18	7
山　西	Shanxi	19.29	46.15	65.28	13	11.96	39.07	53.00	11
内蒙古	Inner Mongolia	88.04	761.04			56.84	677.04		
辽　宁	Liaoning	339.83	165.49	233.50	6	247.87	334.88	282.10	4
吉　林	Jilin	381.23	172.51	132.39	10	255.90	186.54	261.22	5
黑龙江	Heilongjiang	1973.95	769.60			867.60	644.13		
上　海	Shanghai	11.79	5.96	6.08	17	7.41	5.11		
江　苏	Jiangsu	71.51	43.10			33.60	55.67		
浙　江	Zhejiang								
安　徽	Anhui								
福　建	Fujian								
江　西	Jiangxi								
山　东	Shandong	1048.33	528.76	681.98	3	477.91	567.00		
河　南	Henan	456.88	95.55	96.31	11	347.58	173.11	111.65	9
湖　北	Hubei	225.32	31.42	39.58	14	169.82	41.80	46.94	13
湖　南	Hunan								
广　东	Guangdong	747.71	406.36	487.12	5	336.06	266.59	255.10	6
广　西	Guangxi		17.99	23.78	15		13.07		
海　南	Hainan	9.25	7.32	9.61	16	2.15	4.94	4.74	14
重　庆	Chongqing	71.16	80.53	78.26	12	47.26	49.62	49.01	12
四　川	Sichuan	609.63	510.43	562.83	4	467.16	394.92	384.08	3
贵　州	Guizhou								
云　南	Yunnan								
西　藏	Tibet								
陕　西	Shaanxi	1175.25	1039.14	1163.53	1	591.94	786.87	814.30	1
甘　肃	Gansu	201.87	144.95	193.27	7	72.77	100.50	125.55	8
青　海	Qinghai	137.45	131.55	151.34	8	62.62	63.18	69.82	10
宁　夏	Ningxia	1.49	1.49			0.74	0.42		
新　疆	Xinjiang	1284.96	773.62	978.69	2	605.48	648.75	635.04	2

11-79 石油和天然气开采业销售费用和管理费用
Sales Expenses and Administrative Expenses of Extraction of Petroleum and Natural Gas

单位：亿元 (100 million yuan)

地区	Region	销售费用 Sales Expenses			管理费用 Administrative Expenses			
		2016	2017	2017排名 Ranking	2010	2016	2017	2017排名 Ranking
全　国	**National Total**	**38.05**			**677.94**	**704.24**		
北　京	Beijing				8.40	3.79		
天　津	Tianjin	1.67			23.70	18.37		
河　北	Hebei	0.25			33.45	30.25		
山　西	Shanxi	0.38	0.48	6	2.88	3.51	3.41	9
内蒙古	Inner Mongolia	1.33			2.30	3.58		
辽　宁	Liaoning	0.90			31.79	30.10		
吉　林	Jilin	4.82	7.48	2	21.20	16.26	16.24	6
黑龙江	Heilongjiang	10.35	10.82	1	113.29	118.70	130.64	1
上　海	Shanghai	0.03			0.46	0.57		
江　苏	Jiangsu	0.52			17.47	15.76		
浙　江	Zhejiang							
安　徽	Anhui							
福　建	Fujian							
江　西	Jiangxi							
山　东	Shandong	3.11			72.97	99.87	76.36	3
河　南	Henan	1.62			39.68	38.75		
湖　北	Hubei	0.67	0.84	4	16.69	8.28	8.29	7
湖　南	Hunan							
广　东	Guangdong	1.02			7.45	9.57		
广　西	Guangxi	0.03				0.12		
海　南	Hainan		0.0005	8	0.44	1.56	1.67	10
重　庆	Chongqing	0.24			1.00	10.81		
四　川	Sichuan	2.75	2.87	3	28.42	66.33	79.88	2
贵　州	Guizhou							
云　南	Yunnan							
西　藏	Tibet							
陕　西	Shaanxi	0.84	0.79	5	141.86	68.53	68.52	4
甘　肃	Gansu	0.16			12.91	3.59	7.24	8
青　海	Qinghai	0.48	0.40	7	8.77	16.26	17.63	5
宁　夏	Ningxia	0.05			0.19	0.46		
新　疆	Xinjiang	6.84			92.62	139.21		

11-80 石油和天然气开采业财务费用和营业利润

Financial Expenses and Operating Profit of Extraction of Petroleum and Natural Gas

单位：亿元 (100 million yuan)

地区	Region	财务费用 Financial Expenses				营业利润 Operating Profit			
		2010	2016	2017	2017排名 Ranking	2010	2016	2017	2017排名 Ranking
全　国	**National Total**	**42.11**	**165.02**			**3028.51**	**-561.89**		
北　京	Beijing	2.49	0.99			4.39	-1.84		
天　津	Tianjin	3.27	13.08			538.47	163.16		
河　北	Hebei	0.83	5.73			38.63	-61.30	-27.38	5
山　西	Shanxi	0.77	3.06	2.11	4	3.20	-1.94		
内蒙古	Inner Mongolia	0.40	2.88			33.12	72.90		
辽　宁	Liaoning	3.12	8.30			-13.75	-223.53		
吉　林	Jilin	2.98	8.25	3.87	3	38.65	-55.64		
黑龙江	Heilongjiang	-5.04	-1.18	0.42	7	705.95	-79.89		
上　海	Shanghai	-0.50	-0.14			3.40	0.32		
江　苏	Jiangsu	0.26	2.72			8.31	-55.35		
浙　江	Zhejiang								
安　徽	Anhui								
福　建	Fujian								
江　西	Jiangxi								
山　东	Shandong	6.21	16.86			303.52	-227.33		
河　南	Henan	3.18	1.50			-2.69	-146.96		
湖　北	Hubei	2.11	1.34	1.08	6	7.83	-24.30	-22.54	4
湖　南	Hunan								
广　东	Guangdong	2.03	7.41			364.68	95.10		
广　西	Guangxi		0.14				4.10		
海　南	Hainan	-0.25	0.01	-0.01	8	6.61	0.38	2.58	3
重　庆	Chongqing	0.03	3.42			0.60	12.86		
四　川	Sichuan	9.49	16.17	10.94	2	42.03	-3.73		
贵　州	Guizhou								
云　南	Yunnan								
西　藏	Tibet								
陕　西	Shaanxi	2.94	37.51	35.25	1	368.70	68.35		
甘　肃	Gansu	1.09	5.83			68.88	22.43		
青　海	Qinghai	0.34	2.25	2.04	5	42.68	13.72	22.06	2
宁　夏	Ningxia	-0.01				0.44	0.54		
新　疆	Xinjiang	6.36	28.88			464.84	-133.93	105.16	1

11-81 石油和天然气开采业利润总额和平均用工人数

Total Profit and Average Number of Employed Persons of Extraction of Petroleum and Natural Gas

地区	Region	利润总额（亿元） Total Profit (100 million yuan)				平均用工人数（万人） Average Number of Employed Persons (10 000 persons)		
		2010	2016	2017	2017排名 Ranking	2016	2017	2017排名 Ranking
全　国	**National Total**	**3026.76**	**-567.05**			**70.50**		
北　京	Beijing	5.69	3.26			0.20		
天　津	Tianjin	543.20	154.04	356.75	1	2.02	2.01	6
河　北	Hebei	36.01	-65.16	-35.24	14	2.79		
山　西	Shanxi	3.29	7.93	12.83	9	0.54	0.56	9
内蒙古	Inner Mongolia	29.73	72.74			0.81		
辽　宁	Liaoning	-22.52	-220.10	-105.60	15	4.77		
吉　林	Jilin	41.18	-63.63	-175.48	17	3.67	3.11	5
黑龙江	Heilongjiang	698.97	-89.92			11.33		
上　海	Shanghai	3.44	0.36	0.20	12	0.02	0.02	11
江　苏	Jiangsu	7.86	-55.36			0.95		
浙　江	Zhejiang							
安　徽	Anhui							
福　建	Fujian							
江　西	Jiangxi							
山　东	Shandong	303.03	-231.69	-225.90	18	10.55	8.61	2
河　南	Henan	-2.72	-148.77	-114.94	16	4.36		
湖　北	Hubei	6.95	-25.81	-23.09	13	1.49	1.41	7
湖　南	Hunan							
广　东	Guangdong	364.74	99.76	188.92	2	0.59	0.59	8
广　西	Guangxi		4.10	5.36	10	0.01	0.01	12
海　南	Hainan	6.60	0.38	2.17	11		0.006	13
重　庆	Chongqing	0.47	28.11	27.10	7	0.15	0.16	10
四　川	Sichuan	43.20	1.06	44.67	5	3.58	3.44	4
贵　州	Guizhou							
云　南	Yunnan							
西　藏	Tibet							
陕　西	Shaanxi	370.20	56.64	132.41	3	11.64	11.32	1
甘　肃	Gansu	68.80	20.22	35.05	6	2.08		
青　海	Qinghai	42.54	16.01	25.19	8	2.28		
宁　夏	Ningxia	0.44	0.54			0.02		
新　疆	Xinjiang	475.67	-131.79	114.86	4	6.64	6.37	3

11-82 石油和天然气开采业投资收益和亏损企业亏损额

Return on Investment and Amount of Loss of Unprofitable Firms of Extraction of Petroleum and Natural Gas

单位：亿元 (100 million yuan)

地区	Region	投资收益（损失以“-”号记） Investment Income (Loss is Marked as "-") 2016	2017	2017排名 Ranking	亏损企业亏损额 Loss Ratio of Unprofitable Firms 2016	2017	2017排名 Ranking
全　国	**National Total**	**-70.87**			**1212.95**		
北　京	Beijing	0.08					
天　津	Tianjin				49.72		
河　北	Hebei	0.10			65.16	35.24	4
山　西	Shanxi				1.76	1.97	7
内蒙古	Inner Mongolia				16.06		
辽　宁	Liaoning	1.15			220.13		
吉　林	Jilin	-0.51			66.22	177.40	2
黑龙江	Heilongjiang				89.92		
上　海	Shanghai						
江　苏	Jiangsu				55.36		
浙　江	Zhejiang						
安　徽	Anhui						
福　建	Fujian						
江　西	Jiangxi						
山　东	Shandong	0.13			233.17	227.68	1
河　南	Henan	1.17			148.84		
湖　北	Hubei		-0.21	2	25.81	23.09	6
湖　南	Hunan						
广　东	Guangdong	0.14					
广　西	Guangxi						
海　南	Hainan	0.01	0.02	1			
重　庆	Chongqing	0.01					
四　川	Sichuan	2.08			24.85		
贵　州	Guizhou						
云　南	Yunnan						
西　藏	Tibet						
陕　西	Shaanxi	-0.14			27.94	48.34	3
甘　肃	Gansu	-75.74			0.62		
青　海	Qinghai						
宁　夏	Ningxia						
新　疆	Xinjiang	0.65			187.43	34.30	5

11-83 黑色金属矿采选业工业销售产值和资产总计
Sales Value and Total Assets of Mining and Processing of Ferrous Metal Ores

单位：亿元 (100 million yuan)

地区	Region	工业销售产值（当年价格） Sales Value (current prices)				资产总计 Total Assets			
		2010	2016	2017	2017排名 Ranking	2010	2016	2017	2017排名 Ranking
全　国	**National Total**	**5803.16**	**6213.82**			**5985.13**	**9674.29**		
北　京	Beijing	189.72	72.81	96.17	6	1694.61	2483.55	3156.57	1
天　津	Tianjin	36.43	95.01			77.67	189.37	12.89	27
河　北	Hebei	1586.27	1678.15			1032.52	2064.07	1167.30	2
山　西	Shanxi	145.81	240.99			155.85	348.57	357.43	7
内蒙古	Inner Mongolia	342.36	612.51			260.82	467.02		
辽　宁	Liaoning	977.84	139.47			394.91	622.54	773.90	3
吉　林	Jilin	121.79	240.57			116.41	201.90	192.39	8
黑龙江	Heilongjiang	28.77	41.15			23.21	52.96	40.72	22
上　海	Shanghai								
江　苏	Jiangsu	60.85	39.77			48.76	40.37	37.10	23
浙　江	Zhejiang	16.67	7.67			36.89	14.96	10.33	29
安　徽	Anhui	181.28	421.50			301.48	615.01	564.50	4
福　建	Fujian	232.65	159.90			116.35	96.69	97.85	15
江　西	Jiangxi	131.53	183.98			46.60	76.12	72.44	19
山　东	Shandong	429.64	339.42	255.10	1	391.99	463.47	443.87	6
河　南	Henan	156.65	131.11			75.23	137.37	105.55	13
湖　北	Hubei	211.70	277.14	205.78	2	88.85	139.07	140.24	12
湖　南	Hunan	105.88	110.73			43.50	57.67	43.52	20
广　东	Guangdong	169.41	113.29			142.21	145.11	102.39	14
广　西	Guangxi	101.78	200.35			45.44	101.32	94.60	16
海　南	Hainan	28.81	9.01	11.94	9	42.83	63.82	74.45	18
重　庆	Chongqing	18.08	12.07	14.36	8	45.33	17.02	15.50	26
四　川	Sichuan	256.31	550.99			244.38	477.49	493.01	5
贵　州	Guizhou	7.01	61.70			8.33	22.62	24.37	25
云　南	Yunnan	115.81	124.30	97.52	5	295.17	308.64	167.43	10
西　藏	Tibet	3.64	2.28	1.82	10	15.78	32.23	32.50	24
陕　西	Shaanxi	32.85	195.63	197.72	3	58.83	145.96	152.00	11
甘　肃	Gansu	19.55	64.66	19.25	7	20.02	85.04	84.06	17
青　海	Qinghai	6.55	2.87			8.23	28.03	41.98	21
宁　夏	Ningxia	2.09	9.85			1.06	7.11	11.07	28
新　疆	Xinjiang	85.46	74.92	107.06	4	151.87	169.18	178.36	9

11-84 黑色金属矿采选业固定资产合计和流动资产合计
Total Fixed Assets and Total Current Assets of Mining and Processing of Ferrous Metal Ores

单位：亿元 (100 million yuan)

地区	Region	固定资产合计 Total Fixed Assets 2016	2017	2017排名 Ranking	流动资产合计 Total Current Assets 2016	2017	2017排名 Ranking
全　国	**National Total**	**2895.26**			**3483.81**		
北　京	Beijing	389.56	620.24	1	809.46	563.87	1
天　津	Tianjin	64.44			55.25	5.20	26
河　北	Hebei	710.02	337.21	2	763.05	449.55	2
山　西	Shanxi	132.73	129.55	6	129.11	138.91	6
内蒙古	Inner Mongolia	204.79			195.72		
辽　宁	Liaoning	125.67	165.00	5	302.57	285.60	3
吉　林	Jilin	74.37	62.66	7	45.86	37.83	16
黑龙江	Heilongjiang	32.76	13.48	16	10.48	7.75	24
上　海	Shanghai						
江　苏	Jiangsu	18.39			19.82	19.52	19
浙　江	Zhejiang	3.16			8.85		
安　徽	Anhui	183.82	166.18	4	133.28	93.18	7
福　建	Fujian	39.38	45.03	10	28.49	27.29	18
江　西	Jiangxi	37.45			24.76	28.46	17
山　东	Shandong	224.51	196.88	3	135.29	145.56	5
河　南	Henan	50.60			54.61	37.97	15
湖　北	Hubei	54.56	48.63	9	61.18	67.21	9
湖　南	Hunan	29.46	22.07	14	18.54	14.17	20
广　东	Guangdong	48.87	27.65	12	65.26	53.47	12
广　西	Guangxi	34.51			49.39	56.80	11
海　南	Hainan	39.04	16.07	15	24.78	39.19	13
重　庆	Chongqing	6.10			7.36	8.10	22
四　川	Sichuan	166.30			211.38	225.86	4
贵　州	Guizhou	4.59			11.03		
云　南	Yunnan	44.99			145.36		
西　藏	Tibet	1.24	0.71	18	7.11	7.86	23
陕　西	Shaanxi	57.86	56.91	8	50.36	64.44	10
甘　肃	Gansu	32.56	32.39	11	46.96	38.12	14
青　海	Qinghai	13.96	22.35	13	9.95	13.14	21
宁　夏	Ningxia	4.93	4.74	17	2.06	6.22	25
新　疆	Xinjiang	64.63			56.50	71.80	8

11-85 黑色金属矿采选业负债合计和流动负债合计

Total Liabilities and Current Liability Assets of Mining and Processing of Ferrous Metal Ores

单位：亿元 (100 million yuan)

地区	Region	负债合计 Total Liabilities				流动负债合计 Current Liability Assets		
		2010	2016	2017	2017排名 Ranking	2016	2017	2017排名 Ranking
全　国	**National Total**	**3007.82**	**5467.77**			**4052.13**		
北　京	Beijing	864.59	1475.23	1907.05	1	864.49	1070.40	1
天　津	Tianjin	50.06	139.82	7.47	23	117.70		
河　北	Hebei	545.82	1009.46	824.08	2	851.32	702.17	2
山　西	Shanxi	77.47	237.83	200.05	7	161.44	149.38	6
内蒙古	Inner Mongolia	130.87	254.74			199.44		
辽　宁	Liaoning	181.82	384.28	421.00	3	346.20	385.90	3
吉　林	Jilin	64.62	112.04	104.63	10	88.65		
黑龙江	Heilongjiang	11.59	36.30	29.40	17	18.16		
上　海	Shanghai							
江　苏	Jiangsu	26.29	27.19	24.08	18	26.33		
浙　江	Zhejiang	22.83	5.17	2.55	24	5.36		
安　徽	Anhui	124.15	353.97	324.29	4	262.12	239.14	4
福　建	Fujian	36.27	50.82			31.21		
江　西	Jiangxi	22.32	34.17	31.78	16	50.54		
山　东	Shandong	192.79	218.27	230.02	6	154.65		
河　南	Henan	24.65	57.41	47.38	14	45.16		
湖　北	Hubei	37.25	78.79	87.42	11	59.42	21.67	11
湖　南	Hunan	17.24	22.68	20.45	20	12.93	11.60	15
广　东	Guangdong	75.23	87.05			52.83		
广　西	Guangxi	18.85	50.66			44.81		
海　南	Hainan	17.05	23.52	21.17	19	19.31	21.31	12
重　庆	Chongqing	19.12	14.92	15.86	21	14.19	15.23	13
四　川	Sichuan	151.54	286.74	277.49	5	234.56	222.49	5
贵　州	Guizhou	4.50	9.69			7.81		
云　南	Yunnan	151.28	191.41	116.73	8	154.03		
西　藏	Tibet	3.22	5.25			4.73	5.52	16
陕　西	Shaanxi	30.81	87.61	82.79	12	66.73	63.95	9
甘　肃	Gansu	8.50	69.01	72.08	13	57.30	65.83	8
青　海	Qinghai	4.69	24.97	32.07	15	19.49	28.15	10
宁　夏	Ningxia	0.58	6.64	12.20	22	6.64	12.20	14
新　疆	Xinjiang	91.84	112.11	113.01	9	104.61	109.33	7

11-86 黑色金属矿采选业所有者权益合计和实收资本

Total Owner's Equity and Paid-in Capital of Mining and Processing of Ferrous Metal Ores

单位：亿元 (100 million yuan)

地区	Region	所有者权益合计 Total Owner's Equity				实收资本 Paid-in Capital		
		2010	2016	2017	2017排名 Ranking	2016	2017	2017排名 Ranking
全　国	**National Total**	**2954.03**	**4232.08**			**1586.41**		
北　京	Beijing	830.02	1008.32	1249.52	1	291.24	292.05	1
天　津	Tianjin	27.61	116.31			25.13		
河　北	Hebei	478.36	1041.23	343.20	3	310.05	158.15	3
山　西	Shanxi	77.78	109.91	156.70	6	83.18		
内蒙古	Inner Mongolia	129.25	212.28			78.39		
辽　宁	Liaoning	209.72	238.30	352.80	2	81.39	122.90	4
吉　林	Jilin	50.66	89.86	87.44	7	40.98		
黑龙江	Heilongjiang	11.55	16.66			10.59		
上　海	Shanghai							
江　苏	Jiangsu	22.47	12.77			12.69		
浙　江	Zhejiang	14.05	9.54	7.79	18	2.83	2.55	11
安　徽	Anhui	172.62	256.02	239.96	4	169.79	176.73	2
福　建	Fujian	80.08	45.46			18.71		
江　西	Jiangxi	24.18	41.53	40.66	13	13.18		
山　东	Shandong	198.62	234.47			86.25		
河　南	Henan	48.62	73.98			27.98		
湖　北	Hubei	51.23	59.42	52.08	10	37.54	34.84	6
湖　南	Hunan	26.27	34.99	22.66	15	18.47	13.04	8
广　东	Guangdong	66.76	57.14			16.13		
广　西	Guangxi	26.20	49.69	42.01	12	12.50		
海　南	Hainan	25.78	40.30	49.28	11	18.67	19.55	7
重　庆	Chongqing	26.21	2.09	-0.36	19	1.90	1.20	12
四　川	Sichuan	92.57	190.75	215.51	5	54.78		
贵　州	Guizhou	3.83	12.60			4.99		
云　南	Yunnan	143.61	117.23			87.94		
西　藏	Tibet	12.55	26.98	26.62	14	7.21	7.21	10
陕　西	Shaanxi	27.91	58.35	69.21	8	19.51		
甘　肃	Gansu	11.51	16.03	11.98	16	8.70		
青　海	Qinghai	3.54	2.33	9.91	17	5.85	8.55	9
宁　夏	Ningxia	0.48	0.46	-1.13	20	1.00	1.00	13
新　疆	Xinjiang	60.00	57.07	65.35	9	38.83	36.86	5

11-87 黑色金属矿采选业主营业务收入和主营业务成本
Revenue from Principal Business and Cost of Principal Business of Mining and Processing of Ferrous Metal Ores

单位：亿元 (100 million yuan)

地区	Region	主营业务收入 Revenue from Principal Business				主营业务成本 Cost of Principal Business			
		2010	2016	2017	2017排名 Ranking	2010	2016	2017	2017排名 Ranking
全　国	**National Total**	**6135.22**	**6085.83**			**4722.34**	**5152.42**		
北　京	Beijing	502.27	201.93	302.25	4	469.69	196.81	286.98	4
天　津	Tianjin	47.86	96.73			33.12	73.71		
河　北	Hebei	1589.50	1637.22	509.66	1	1155.04	1282.34	414.56	1
山　西	Shanxi	148.17	225.25	241.66	7	108.63	193.57	199.91	5
内蒙古	Inner Mongolia	343.03	599.27			263.29	522.01		
辽　宁	Liaoning	974.84	152.27	249.30	6	787.57	125.54	178.90	6
吉　林	Jilin	118.06	226.37	152.85	11	93.71	205.13	143.07	8
黑龙江	Heilongjiang	28.74	42.37			22.83	37.02		
上　海	Shanghai								
江　苏	Jiangsu	58.86	39.79	58.01	19	48.34	35.67	51.55	14
浙　江	Zhejiang	17.81	6.43	5.83	26	13.94	6.11	5.27	21
安　徽	Anhui	178.74	382.57	371.01	3	136.38	325.14	319.36	3
福　建	Fujian	231.73	157.32	164.49	10	164.92	143.75		
江　西	Jiangxi	131.58	187.86	91.53	15	101.86	164.71	79.82	10
山　东	Shandong	437.85	359.88	283.20	5	344.45	317.34		
河　南	Henan	155.88	125.83	84.13	16	129.86	106.74	73.77	11
湖　北	Hubei	208.73	267.97	191.62	9	177.04	235.65	169.96	7
湖　南	Hunan	103.85	109.01	67.97	17	79.06	92.00	57.16	13
广　东	Guangdong	160.37	112.05	63.00	18	109.29	91.44	49.08	15
广　西	Guangxi	101.43	195.94	221.63	8	76.16	169.80		
海　南	Hainan	30.36	9.08	9.80	24	10.78	7.77	6.84	20
重　庆	Chongqing	26.01	11.93	15.37	23	17.10	8.23	10.74	18
四　川	Sichuan	251.80	503.95	406.37	2	194.35	444.46	339.27	2
贵　州	Guizhou	8.31	58.28	54.13	20	6.26	51.63		
云　南	Yunnan	122.01	122.87	96.94	14	77.39	101.84		
西　藏	Tibet	4.64	2.15	45.22	21	2.43	1.08	21.89	16
陕　西	Shaanxi	32.65	124.36	126.01	12	25.37	106.75	106.26	9
甘　肃	Gansu	18.26	40.47	20.77	22	7.47	38.22	16.44	17
青　海	Qinghai	9.36	3.54	4.86	27	7.35	3.01	3.48	22
宁　夏	Ningxia	1.98	9.89	9.21	25	1.79	9.80	8.55	19
新　疆	Xinjiang	90.57	73.28	114.41	13	56.87	55.14	72.96	12

11-88 黑色金属矿采选业销售费用和管理费用

Sales Expenses and Administrative Expenses of Mining and Processing of Ferrous Metal Ores

单位：亿元 (100 million yuan)

地区	Region	销售费用 Sales Expenses			管理费用 Administrative Expenses			
		2016	2017	2017排名 Ranking	2010	2016	2017	2017排名 Ranking
全　国	**National Total**	**97.89**			**266.08**	**229.39**		
北　京	Beijing	0.27	0.60	12	9.84	15.69	24.11	1
天　津	Tianjin	0.31			1.75	2.94		
河　北	Hebei	15.92			53.19	44.19		
山　西	Shanxi	1.55	2.25	4	8.06	19.09	18.50	2
内蒙古	Inner Mongolia	5.99			11.46	18.92		
辽　宁	Liaoning	1.23			24.53	3.01		
吉　林	Jilin	3.19	1.16	8	7.15	8.50	5.83	6
黑龙江	Heilongjiang	0.85	1.01	10	1.02	1.23	1.16	13
上　海	Shanghai							
江　苏	Jiangsu	0.81	1.03	9	3.56	2.08	1.77	10
浙　江	Zhejiang	0.22	0.29	13	1.13	0.93	0.84	14
安　徽	Anhui	5.92			15.11	18.77		
福　建	Fujian	3.04			5.87	5.70		
江　西	Jiangxi	3.00	1.57	7	3.76	3.05		
山　东	Shandong	1.64			31.36	10.79	11.61	4
河　南	Henan	2.03			4.48	4.16		
湖　北	Hubei	10.20	5.38	2	13.00	10.05	8.93	5
湖　南	Hunan	3.26	1.79	6	5.06	4.68	3.11	9
广　东	Guangdong	3.13			6.64	6.70		
广　西	Guangxi	2.17			11.71	5.76		
海　南	Hainan	0.09	0.05	14	2.59	3.87	1.74	11
重　庆	Chongqing	2.11			3.16	1.38		
四　川	Sichuan	14.61	12.36	1	16.64	16.35	16.46	3
贵　州	Guizhou	0.91			0.94	2.97		
云　南	Yunnan	5.05	3.10	3	13.20	7.04	5.24	8
西　藏	Tibet	0.03	0.02	16	0.61	0.54	0.61	16
陕　西	Shaanxi	1.42	1.87	5	1.84	4.05	5.67	7
甘　肃	Gansu	1.46			2.48	1.22	1.28	12
青　海	Qinghai	0.35	0.61	11	0.58	0.84	0.77	15
宁　夏	Ningxia	0.08	0.03	15	0.04	0.12	0.11	17
新　疆	Xinjiang	7.09			5.32	4.77		

11-89 黑色金属矿采选业财务费用和营业利润

Financial Expenses and Operating Profit of Mining and Processing of Ferrous Metal Ores

单位：亿元 (100 million yuan)

地区	Region	财务费用 Financial Expenses				营业利润 Operating Profit			
		2010	2016	2017	2017排名 Ranking	2010	2016	2017	2017排名 Ranking
全　国	**National Total**	**57.33**	**132.92**			**929.01**	**441.59**		
北　京	Beijing	7.67	34.87	32.33	1	22.88	-8.34		
天　津	Tianjin	0.91	2.92			11.53	16.28		
河　北	Hebei	17.22	29.10			320.22	246.06	10.04	2
山　西	Shanxi	1.30	4.69	5.16	3	27.92	4.27		
内蒙古	Inner Mongolia	3.10	6.03			53.67	40.28		
辽　宁	Liaoning	2.59	9.57			137.99	7.85		
吉　林	Jilin	1.37	3.80	2.31	5	13.82	3.82		
黑龙江	Heilongjiang	0.25	0.18	0.12	12	2.88	2.87		
上　海	Shanghai								
江　苏	Jiangsu	0.34	0.64	0.41	8	4.76	0.22		
浙　江	Zhejiang	-0.38	0.06	0.03	13	3.14	-0.90		
安　徽	Anhui	0.72	7.99			30.39	22.75		
福　建	Fujian	0.54	0.66			54.73	3.28		
江　西	Jiangxi	0.26	0.43			13.98	12.63		
山　东	Shandong	6.44	3.32			55.01	23.65		
河　南	Henan	1.09	1.53			17.01	10.12		
湖　北	Hubei	1.39	2.66	2.95	4	13.85	6.87	4.16	3
湖　南	Hunan	0.69	0.92	0.35	9	8.59	5.78	4.15	4
广　东	Guangdong	2.61	2.06			29.36	7.70		
广　西	Guangxi	0.74	1.15			18.11	15.89		
海　南	Hainan	0.33	0.50	0.45	7	14.89	-3.97	0.68	5
重　庆	Chongqing	0.25	0.40			1.51	-0.44		
四　川	Sichuan	3.63	8.21	7.15	2	27.26	14.75		
贵　州	Guizhou	0.02	0.30			0.87	1.93		
云　南	Yunnan	0.70	4.15			19.55	2.22		
西　藏	Tibet	0.01	0.05	0.02	14	2.13	0.43	0.25	7
陕　西	Shaanxi	0.63	1.25	1.40	6	2.63	10.02		
甘　肃	Gansu	0.85	1.99			1.74	-2.49		
青　海	Qinghai	0.21	0.59	0.25	10	1.12	-1.39	-0.31	8
宁　夏	Ningxia	0.03	0.06	0.16	11	0.01	-0.15	0.30	6
新　疆	Xinjiang	1.82	2.84			17.46	-0.39	22.01	1

11-90 黑色金属矿采选业利润总额和平均用工人数

Total Profit and Average Number of Employed Persons of Mining and Processing of Ferrous Metal Ores

地区	Region	利润总额（亿元） Total Profit (100 million yuan)				平均用工人数（万人） Average Number of Employed Persons (10 000 persons)		
		2010	2016	2017	2017排名 Ranking	2016	2017	2017排名 Ranking
全　国	**National Total**	**893.05**	**410.91**			**47.14**		
北　京	Beijing	22.63	-21.63	-52.94	28	1.89	1.73	5
天　津	Tianjin	11.53	16.38	1.49	18	0.23	0.05	19
河　北	Hebei	310.91	246.06	9.01	10	11.89		
山　西	Shanxi	21.60	4.79	13.50	6	2.05	2.07	3
内蒙古	Inner Mongolia	40.44	36.66			3.84		
辽　宁	Liaoning	137.73	8.27	31.10	1	2.44		
吉　林	Jilin	13.36	4.48	0.37	22	1.33	1.10	7
黑龙江	Heilongjiang	2.99	2.87			0.27		
上　海	Shanghai							
江　苏	Jiangsu	4.34	0.17	2.26	17	0.32	0.32	15
浙　江	Zhejiang	3.21	-0.02	-0.92	26	0.15	0.10	17
安　徽	Anhui	22.84	7.39	11.69	7	3.69		
福　建	Fujian	59.32	3.23	4.48	13	0.90		
江　西	Jiangxi	14.04	12.63	4.99	12	1.23	1.05	9
山　东	Shandong	54.46	23.90	17.04	4	3.16	2.56	1
河　南	Henan	16.59	10.23	5.67	11	1.07		
湖　北	Hubei	13.13	6.58	4.21	14	2.16	1.93	4
湖　南	Hunan	7.89	5.24	3.70	15	1.36	0.87	10
广　东	Guangdong	29.00	7.78	3.08	16	0.75	0.35	14
广　西	Guangxi	17.85	15.83	16.23	5	1.08	1.08	8
海　南	Hainan	14.88	-3.67	0.69	20	0.44	0.42	13
重　庆	Chongqing	1.36	-0.50	0.58	21	0.29	0.24	16
四　川	Sichuan	26.24	14.85	28.47	2	2.53	2.35	2
贵　州	Guizhou	1.01	1.94	1.46	19	0.56		
云　南	Yunnan	19.55	1.74	10.24	8	0.97	0.78	11
西　藏	Tibet	2.16	0.45	0.19	24	0.09	0.07	18
陕　西	Shaanxi	2.50	9.73	9.27	9	1.23	1.19	6
甘　肃	Gansu	1.75	-1.92	-1.03	27	0.31		
青　海	Qinghai	1.17	-1.52	-0.34	25	0.06		
宁　夏	Ningxia	0.02	-0.16	0.30	23	0.10	0.03	20
新　疆	Xinjiang	18.53	-0.86	21.47	3	0.76	0.74	12

11-91 黑色金属矿采选业投资收益和亏损企业亏损额

Return on Investment and Amount of Loss of Mining and Processing of Ferrous Metal Ores

单位：亿元 (100 million yuan)

地区	Region	投资收益（损失以"-"号记）Investment Income (Loss is Marked as "-") 2016	2017	2017排名 Ranking	亏损企业亏损额 Loss Ratio of Unprofitable Firms 2016	2017	2017排名 Ranking
全　国	**National Total**	**48.28**			**111.78**		
北　京	Beijing	43.83			21.64		
天　津	Tianjin	0.03			1.42		
河　北	Hebei	0.60			16.42	18.00	1
山　西	Shanxi				6.80	3.07	3
内蒙古	Inner Mongolia	0.09			8.78		
辽　宁	Liaoning	-0.28			7.81		
吉　林	Jilin	-0.03			5.30	4.21	2
黑龙江	Heilongjiang				0.09	0.001	14
上　海	Shanghai						
江　苏	Jiangsu				0.97		
浙　江	Zhejiang	0.02			0.20		
安　徽	Anhui	1.10			7.01		
福　建	Fujian	0.32			0.47		
江　西	Jiangxi	0.01			0.49	0.41	10
山　东	Shandong	1.47			3.33	0.56	8
河　南	Henan	0.14			0.75		
湖　北	Hubei				1.70	2.05	5
湖　南	Hunan				0.17	0.08	13
广　东	Guangdong				0.51		
广　西	Guangxi	0.13			0.08		
海　南	Hainan		0.45	1	3.67		
重　庆	Chongqing				0.93		
四　川	Sichuan	0.80			7.25		
贵　州	Guizhou				0.20		
云　南	Yunnan	0.08			4.92	0.90	6
西　藏	Tibet	0.22	0.01	2		0.10	12
陕　西	Shaanxi	0.05			1.15	2.18	4
甘　肃	Gansu				2.43		
青　海	Qinghai				1.52	0.56	9
宁　夏	Ningxia				0.16	0.21	11
新　疆	Xinjiang	-0.04			5.62	0.75	7

11-92 有色金属矿采选业工业销售产值和资产总计

Sales Value and Total Assets of Mining and Processing of Non-Ferrous Metal Ores

单位：亿元 (100 million yuan)

地区	Region	工业销售产值（当年价格） Sales Value (current prices)				资产总计 Total Assets			
		2010	2016	2017	2017排名 Ranking	2010	2016	2017	2017排名 Ranking
全　国	**National Total**	**3695.82**	**6322.35**			**3083.47**	**5884.61**		
北　京	Beijing								
天　津	Tianjin								
河　北	Hebei	37.17	48.43			34.88	51.65	54.63	19
山　西	Shanxi	12.28	23.64			24.06	32.12	34.71	22
内蒙古	Inner Mongolia	339.23	593.83			321.25	563.03		
辽　宁	Liaoning	231.13	60.05			135.30	128.21	226.80	11
吉　林	Jilin	70.33	186.34			75.02	148.87	116.62	13
黑龙江	Heilongjiang	8.14	27.32			20.84	89.49	109.12	14
上　海	Shanghai								
江　苏	Jiangsu	6.57	8.78			7.87	10.06	8.23	25
浙　江	Zhejiang	26.39	17.13			25.80	30.61	22.27	23
安　徽	Anhui	57.43	98.12			49.20	91.59	90.34	15
福　建	Fujian	57.76	66.07			46.47	36.04	38.08	21
江　西	Jiangxi	190.37	444.69			139.78	298.45	298.90	7
山　东	Shandong	551.09	1150.90	1021.96	1	349.29	961.64	910.56	2
河　南	Henan	880.53	1614.44			367.41	992.37	930.77	1
湖　北	Hubei	46.41	48.18	54.02	5	30.79	54.21	56.75	18
湖　南	Hunan	295.99	363.74			169.40	262.15	265.84	8
广　东	Guangdong	120.54	59.67			67.18	50.74	89.98	16
广　西	Guangxi	122.58	254.61			97.88	262.31	265.03	9
海　南	Hainan	9.45	9.67	9.03	8	9.01	10.05	11.21	24
重　庆	Chongqing	4.37	5.47	2.31	9	5.11	4.54	3.02	26
四　川	Sichuan	165.67	236.74			183.02	314.05	302.04	6
贵　州	Guizhou	11.05	65.74			10.11	50.05	50.26	20
云　南	Yunnan	119.33	257.31	229.69	3	251.65	420.60	423.27	4
西　藏	Tibet	9.85	31.15	40.30	7	69.44	283.87	330.10	5
陕　西	Shaanxi	122.63	467.26	382.51	2	100.55	279.41	479.29	3
甘　肃	Gansu	41.89	68.83	43.78	6	103.98	159.88	178.63	12
青　海	Qinghai	113.02	43.82			274.24	57.24	68.89	17
宁　夏	Ningxia								
新　疆	Xinjiang	44.61	70.41	89.97	4	113.94	241.40	241.31	10

11-93 有色金属矿采选业固定资产合计和流动资产合计

Total Fixed Assets and Total Current Assets of Mining and Processing of Non-Ferrous Metal Ores

单位：亿元 (100 million yuan)

地区	Region	固定资产合计 Total Fixed Assets 2016	2017	2017排名 Ranking	流动资产合计 Total Current Assets 2016	2017	2017排名 Ranking
全 国	**National Total**	**2285.72**			**2090.49**		
北 京	Beijing						
天 津	Tianjin						
河 北	Hebei	36.08	22.69	10	13.59	14.73	19
山 西	Shanxi	9.30	9.44	15	13.14	15.63	18
内蒙古	Inner Mongolia	219.02			176.31		
辽 宁	Liaoning	32.75	43.90	8	74.67	126.50	5
吉 林	Jilin	79.09	67.83	7	45.48	27.40	15
黑龙江	Heilongjiang	47.52	70.97	6	17.20	21.30	16
上 海	Shanghai						
江 苏	Jiangsu	5.18			3.60	2.50	22
浙 江	Zhejiang	6.00			14.80		
安 徽	Anhui	34.54	21.84	11	48.13	47.37	12
福 建	Fujian	20.52	18.00	12	10.28	10.52	20
江 西	Jiangxi	107.02			113.41	120.16	6
山 东	Shandong	373.69	332.16	1	268.45	262.24	2
河 南	Henan	447.39			435.99	378.11	1
湖 北	Hubei	23.61	15.81	14	18.73	20.19	17
湖 南	Hunan	130.99	135.52	3	64.93	71.12	9
广 东	Guangdong	17.76	32.15	9	21.25	32.61	14
广 西	Guangxi	60.20			126.18	135.20	4
海 南	Hainan	2.43	2.23	16	5.78	7.10	21
重 庆	Chongqing	2.04			2.50	1.67	23
四 川	Sichuan	86.13			109.53	96.33	7
贵 州	Guizhou	19.02			23.34		
云 南	Yunnan	144.52			159.36		
西 藏	Tibet	66.83	120.80	4	59.00	75.27	8
陕 西	Shaanxi	119.69	155.90	2	119.19	157.29	3
甘 肃	Gansu	65.16	83.05	5	59.84	49.28	11
青 海	Qinghai	22.51	17.14	13	17.69	34.48	13
宁 夏	Ningxia						
新 疆	Xinjiang	106.74			68.15	54.93	10

11-94 有色金属矿采选业负债合计和流动负债合计

Total Liabilities and Current Liability Assets of Mining and Processing of Non-Ferrous Metal Ores

单位：亿元 (100 million yuan)

地区	Region	负债合计 Total Liabilities 2010	2016	2017	2017排名 Ranking	流动负债合计 Current Liability Assets 2016	2017	2017排名 Ranking
全　国	**National Total**	**1445.01**	**3140.91**			**2088.83**		
北　京	Beijing							
天　津	Tianjin							
河　北	Hebei	18.06	20.39	25.13	15	13.96	18.71	11
山　西	Shanxi	18.03	24.88	23.81	16	23.02	22.43	9
内蒙古	Inner Mongolia	139.53	277.72			195.26		
辽　宁	Liaoning	62.82	90.37	176.70	4	79.86	163.90	1
吉　林	Jilin	31.41	80.20	60.17	12	60.77		
黑龙江	Heilongjiang	6.78	69.59	79.59	11	38.80		
上　海	Shanghai							
江　苏	Jiangsu	4.11	7.57	5.30	20	7.12		
浙　江	Zhejiang	17.17	17.77	12.76	18	15.43		
安　徽	Anhui	19.30	50.27	51.91	13	42.74	44.64	8
福　建	Fujian	24.47	18.18			15.42		
江　西	Jiangxi	60.44	143.12	143.57	7	100.19		
山　东	Shandong	141.57	595.76	572.75	1	252.94		
河　南	Henan	152.10	351.39	339.16	2	280.31		
湖　北	Hubei	18.60	28.16	22.64	17	21.51	17.41	12
湖　南	Hunan	62.85	130.81	128.80	9	81.95	77.19	6
广　东	Guangdong	37.83	32.82			29.14		
广　西	Guangxi	42.45	162.38			125.46		
海　南	Hainan	5.37	6.50	7.26	19	6.33	6.47	13
重　庆	Chongqing	2.82	3.85	2.15	21	3.85	2.15	14
四　川	Sichuan	106.74	173.29	147.31	6	119.77	96.78	4
贵　州	Guizhou	5.53	22.45			18.86		
云　南	Yunnan	135.69	257.02	232.76	3	210.53		
西　藏	Tibet	39.61	182.33			62.54	75.91	7
陕　西	Shaanxi	52.00	132.84	153.26	5	84.49	111.99	2
甘　肃	Gansu	53.66	88.25	101.72	10	71.86	82.44	5
青　海	Qinghai	133.98	27.11	28.90	14	20.14	19.45	10
宁　夏	Ningxia							
新　疆	Xinjiang	52.09	145.88	137.95	8	106.56	103.24	3

11-95 有色金属矿采选业所有者权益合计和实收资本
Total Owner's Equity and Paid-in Capital of Mining and Processing of Non-Ferrous Metal Ores

单位：亿元 (100 million yuan)

地区	Region	所有者权益合计 Total Owner's Equity				实收资本 Paid-in Capital		
		2010	2016	2017	2017排名 Ranking	2016	2017	2017排名 Ranking
全 国	**National Total**	**1622.68**	**2721.98**			**1074.39**		
北 京	Beijing							
天 津	Tianjin							
河 北	Hebei	16.82	31.26	25.59	14	5.56	4.01	9
山 西	Shanxi	6.03	7.24	10.89	15	7.00		
内蒙古	Inner Mongolia	181.60	284.96			105.49		
辽 宁	Liaoning	72.17	37.09	49.90	10	15.57	30.10	4
吉 林	Jilin	43.46	67.65	56.15	9	30.14		
黑龙江	Heilongjiang	14.06	19.90			12.56		
上 海	Shanghai							
江 苏	Jiangsu	3.75	2.49			1.43		
浙 江	Zhejiang	8.64	12.84	9.50	16	7.14	4.93	7
安 徽	Anhui	28.90	40.72	37.23	12	17.07	17.40	5
福 建	Fujian	21.97	17.85			8.47		
江 西	Jiangxi	78.25	155.08	155.34	2	46.93		
山 东	Shandong	207.72	365.41			76.06		
河 南	Henan	215.67	623.64			202.54		
湖 北	Hubei	11.85	26.04	34.10	13	8.56	6.56	6
湖 南	Hunan	106.55	131.33	138.88	4	84.87	93.34	1
广 东	Guangdong	29.21	17.92			4.57		
广 西	Guangxi	52.89	99.93	98.18	7	37.47		
海 南	Hainan	3.60	3.55	3.94	17	2.96	2.96	10
重 庆	Chongqing	2.28	0.69	0.87	18	0.20	0.03	11
四 川	Sichuan	75.21	140.01	154.46	3	76.26		
贵 州	Guizhou	4.56	27.60			9.54		
云 南	Yunnan	115.66	163.57			86.73		
西 藏	Tibet	29.83	101.54	108.01	5	85.60	76.00	2
陕 西	Shaanxi	48.25	146.38	326.03	1	37.42		
甘 肃	Gansu	49.26	71.62	76.92	8	43.46		
青 海	Qinghai	132.78	30.12	37.28	11	8.06	4.64	8
宁 夏	Ningxia							
新 疆	Xinjiang	61.71	95.52	103.36	6	52.74	59.58	3

11-96 有色金属矿采选业主营业务收入和主营业务成本

Revenue from Principal Business and Cost of Principal Business of Mining and Processing of Non-ferrous Metal Ores

单位：亿元 (100 million yuan)

地区	Region	主营业务收入 Revenue from Principal Business				主营业务成本 Cost of Principal Business			
		2010	2016	2017	2017排名 Ranking	2010	2016	2017	2017排名 Ranking
全 国	**National Total**	**3836.10**	**6174.77**			**2921.12**	**5205.85**		
北 京	Beijing								
天 津	Tianjin								
河 北	Hebei	36.51	45.80	25.45	21	25.83	35.43	14.25	15
山 西	Shanxi	13.46	22.14	32.84	19	10.45	18.20	26.71	12
内蒙古	Inner Mongolia	338.66	594.56			246.94	472.13		
辽 宁	Liaoning	236.05	67.89	109.40	9	189.54	51.30	74.50	6
吉 林	Jilin	68.74	181.35	63.49	14	46.03	150.46	47.36	10
黑龙江	Heilongjiang	8.32	24.80			6.28	19.16		
上 海	Shanghai								
江 苏	Jiangsu	6.61	10.39	3.73	24	4.16	9.68	2.36	19
浙 江	Zhejiang	26.07	17.25	8.74	23	20.73	13.72	5.97	18
安 徽	Anhui	57.70	96.35	75.70	11	43.75	79.98	62.68	7
福 建	Fujian	56.36	61.94	55.83	15	45.12	54.03		
江 西	Jiangxi	191.72	422.97	399.08	3	157.67	371.30	346.55	2
山 东	Shandong	573.96	1179.44	1047.88	2	457.24	1037.16		
河 南	Henan	891.24	1581.89	1299.21	1	701.24	1373.43	1137.48	1
湖 北	Hubei	46.14	43.56	46.27	16	33.34	31.64	32.40	11
湖 南	Hunan	293.62	360.33	343.49	5	227.16	285.43	269.88	4
广 东	Guangdong	118.90	62.31	74.56	12	80.47	47.82	51.43	9
广 西	Guangxi	124.65	248.07	229.16	6	93.69	196.64		
海 南	Hainan	9.35	9.29	9.79	22	7.57	8.52	9.02	17
重 庆	Chongqing	6.16	6.17	2.43	25	4.43	5.38	2.00	20
四 川	Sichuan	162.18	228.04	195.27	8	107.81	195.83	155.58	5
贵 州	Guizhou	11.23	62.41	63.72	13	8.95	46.61		
云 南	Yunnan	120.43	212.95	217.84	7	81.17	178.49		
西 藏	Tibet	9.91	32.70	45.22	17	4.30	19.46	21.96	14
陕 西	Shaanxi	122.16	431.67	352.48	4	89.19	384.66	278.21	3
甘 肃	Gansu	41.72	61.39	44.47	18	25.81	48.52	24.06	13
青 海	Qinghai	219.19	36.05	26.19	20	183.82	24.76	9.70	16
宁 夏	Ningxia								
新 疆	Xinjiang	45.04	73.06	90.29	10	18.42	46.11	52.83	8

11-97 有色金属矿采选业销售费用和管理费用

Sales Expenses and Administrative Expenses of Mining and Processing of Non-ferrous Metal Ores

单位：亿元 (100 million yuan)

地区	Region	销售费用 Sales Expenses			管理费用 Administrative Expenses			
		2016	2017	2017排名 Ranking	2010	2016	2017	2017排名 Ranking
全　国	**National Total**	**80.71**			**224.40**	**273.20**		
北　京	Beijing							
天　津	Tianjin							
河　北	Hebei	0.37			2.91	2.91		
山　西	Shanxi	0.39	1.01	7	1.07	1.11	2.38	11
内蒙古	Inner Mongolia	12.19			24.04	30.43		
辽　宁	Liaoning	2.24			9.85	7.15		
吉　林	Jilin	4.72	1.57	6	4.73	11.27	4.88	7
黑龙江	Heilongjiang	0.41	0.17	11	1.02	1.96	2.61	10
上　海	Shanghai							
江　苏	Jiangsu	0.44	0.14	13	0.73	0.49	0.48	14
浙　江	Zhejiang	0.26	0.09	14	1.86	1.66	1.24	13
安　徽	Anhui	3.48			3.50	5.79		
福　建	Fujian	0.58			3.50	3.07		
江　西	Jiangxi	3.16	4.21	2	8.11	13.51		
山　东	Shandong	6.85			26.71	50.10	40.82	1
河　南	Henan	18.08			19.19	30.14		
湖　北	Hubei	0.55	0.55	8	3.20	4.32	3.38	9
湖　南	Hunan	8.22	8.30	1	20.56	27.56	24.03	2
广　东	Guangdong	0.55			4.73	2.96		
广　西	Guangxi	4.94			19.30	14.84		
海　南	Hainan	0.32	0.17	12	0.67	0.16	0.15	15
重　庆	Chongqing	0.05			0.28	0.05		
四　川	Sichuan	3.55	2.78	4	19.78	10.63	9.83	5
贵　州	Guizhou	2.68			0.69	4.47		
云　南	Yunnan	1.84	1.86	5	12.87	12.20	12.92	4
西　藏	Tibet	0.24	0.31	10	1.76	4.39	5.74	6
陕　西	Shaanxi	2.29	3.69	3	13.81	17.73	17.63	3
甘　肃	Gansu	0.78			4.33	4.02	3.84	8
青　海	Qinghai	0.43	0.35	9	10.43	2.68	1.97	12
宁　夏	Ningxia							
新　疆	Xinjiang	1.09			4.79	7.58		

11-98 有色金属矿采选业财务费用和营业利润
Financial Expenses and Operating Profit of Mining and Processing of Non-ferrous Metal Ores

单位：亿元 (100 million yuan)

地区	Region	财务费用 Financial Expenses				营业利润 Operating Profit			
		2010	2016	2017	2017排名 Ranking	2010	2016	2017	2017排名 Ranking
全　国	**National Total**	**35.14**	**77.46**			**595.38**	**467.10**		
北　京	Beijing								
天　津	Tianjin								
河　北	Hebei	0.29	1.08			6.99	5.62	6.82	6
山　西	Shanxi	0.04	0.35	0.30	10	1.55	1.19		
内蒙古	Inner Mongolia	3.09	6.87			74.02	66.34		
辽　宁	Liaoning	1.43	1.93			22.97	4.42		
吉　林	Jilin	0.28	2.49	1.81	5	13.19	9.58		
黑龙江	Heilongjiang	0.07	2.51	2.54	3	1.17	-0.78		
上　海	Shanghai								
江　苏	Jiangsu	0.05	0.08	0.04	12	1.53	-0.36		
浙　江	Zhejiang	0.59	0.52	0.40	7	3.99	0.84		
安　徽	Anhui	0.36	2.43			7.69	4.77		
福　建	Fujian	0.45	0.61			6.53	1.94		
江　西	Jiangxi	1.11	2.85			21.89	29.77		
山　东	Shandong	6.60	15.24			77.23	67.07		
河　南	Henan	5.50	10.15			149.06	142.59		
湖　北	Hubei	0.56	0.40	0.33	9	7.97	6.03	9.91	5
湖　南	Hunan	2.10	4.44	4.19	1	30.63	17.18	19.97	2
广　东	Guangdong	1.22	1.11			29.74	8.40		
广　西	Guangxi	0.90	7.06			19.64	18.80		
海　南	Hainan	0.05	0.12	0.13	11	0.63	0.15	0.27	7
重　庆	Chongqing	0.08				0.36	0.52		
四　川	Sichuan	1.96	3.27	3.57	2	30.46	12.93		
贵　州	Guizhou	0.10	1.04			1.41	4.66		
云　南	Yunnan	2.49	5.30			21.99	12.28		
西　藏	Tibet	0.24	0.43	1.31	6	3.47	7.03	14.21	3
陕　西	Shaanxi	0.61	0.15	2.32	4	11.32	22.34		
甘　肃	Gansu	1.44	2.22			6.91	6.03		
青　海	Qinghai	2.93	1.27	0.33	8	22.91	5.94	12.43	4
宁　夏	Ningxia								
新　疆	Xinjiang	0.59	3.55			20.14	11.82	22.48	1

11-99 有色金属矿采选业利润总额和平均用工人数

Total Profit and Average Number of Employed Persons of Mining and Processing of Non-ferrous Metal Ores

地区	Region	利润总额（亿元） Total Profit (100 million yuan)				平均用工人数（万人） Average Number of Employed Persons (10 000 persons)		
		2010	2016	2017	2017排名 Ranking	2016	2017	2017排名 Ranking
全　国	**National Total**	**572.05**	**458.75**			**44.45**		
北　京	Beijing							
天　津	Tianjin							
河　北	Hebei	6.77	5.89	6.57	17	0.36		
山　西	Shanxi	1.48	1.00	1.05	21	0.29	0.32	13
内蒙古	Inner Mongolia	62.83	60.03			3.69		
辽　宁	Liaoning	24.65	4.91	16.90	9	1.73		
吉　林	Jilin	13.16	10.44	7.56	16	1.48	1.18	8
黑龙江	Heilongjiang	1.43	-1.09			0.25		
上　海	Shanghai							
江　苏	Jiangsu	1.81	-0.28	0.64	23	0.12	0.09	15
浙　江	Zhejiang	3.75	0.86	0.91	22	0.26	0.19	14
安　徽	Anhui	7.11	2.74	2.60	20	1.09		
福　建	Fujian	5.84	1.94	4.97	19	0.48		
江　西	Jiangxi	22.17	28.23	29.02	5	3.49	3.26	3
山　东	Shandong	73.84	69.13	60.04	2	5.00	4.54	1
河　南	Henan	146.19	143.89	91.59	1	7.57		
湖　北	Hubei	7.85	5.82	9.81	15	0.65	0.58	11
湖　南	Hunan	26.02	12.25	16.35	10	4.77	4.30	2
广　东	Guangdong	29.98	8.90	15.15	11	0.71	0.81	10
广　西	Guangxi	18.97	22.45	22.61	6	2.25	2.07	6
海　南	Hainan	0.79	0.16	0.26	24	0.04	0.04	17
重　庆	Chongqing	0.32	0.52	0.19	25	0.04	0.04	16
四　川	Sichuan	29.83	12.84	20.85	8	2.43	2.02	7
贵　州	Guizhou	1.39	4.22	5.22	18	0.29		
云　南	Yunnan	22.03	12.24	46.06	3	2.81	2.90	4
西　藏	Tibet	3.35	6.91	14.13	12	0.38	0.41	12
陕　西	Shaanxi	10.66	22.53	45.47	4	2.29	2.49	5
甘　肃	Gansu	7.34	6.15	13.20	13	0.86		
青　海	Qinghai	22.34	6.14	12.34	14	0.26		
宁　夏	Ningxia							
新　疆	Xinjiang	20.14	9.94	22.21	7	0.87	0.88	9

11-100 有色金属矿采选业投资收益和亏损企业亏损额
Return on Investment and Amount of Loss Ratio of Mining and Processing of Non-ferrous Metal Ores

单位：亿元 (100 million yuan)

地区	Region	投资收益（损失以"-"号记） Investment Income (Loss is Marked as "-") 2016	2017	2017排名 Ranking	亏损企业亏损额 Loss Ratio of Unprofitable Firms 2016	2017	2017排名 Ranking
全　国	**National Total**	**-1.06**			**48.99**		
北　京	Beijing						
天　津	Tianjin						
河　北	Hebei	0.07			0.34	0.78	7
山　西	Shanxi	-0.26			0.31	0.53	9
内蒙古	Inner Mongolia	-0.31			2.64		
辽　宁	Liaoning	0.40			1.63		
吉　林	Jilin	-1.42			0.45	2.71	2
黑龙江	Heilongjiang				2.44	0.02	14
上　海	Shanghai						
江　苏	Jiangsu	-0.01			0.41		
浙　江	Zhejiang	0.06			0.23		
安　徽	Anhui	0.35			1.27		
福　建	Fujian	-0.50			0.32		
江　西	Jiangxi	0.21			3.33	1.40	6
山　东	Shandong	1.93			2.14	0.36	11
河　南	Henan	-0.65			5.77		
湖　北	Hubei				0.08	0.03	13
湖　南	Hunan	-0.03	0.42	1	4.51	2.26	4
广　东	Guangdong	0.12			0.77		
广　西	Guangxi	0.84			6.46		
海　南	Hainan					0.07	12
重　庆	Chongqing						
四　川	Sichuan	0.42			1.26		
贵　州	Guizhou	-0.01			0.11		
云　南	Yunnan	0.08			5.92	2.64	3
西　藏	Tibet	0.03	-0.15	2	0.31	1.50	5
陕　西	Shaanxi	0.89			0.47	0.59	8
甘　肃	Gansu	0.84			2.41		
青　海	Qinghai	-3.07			1.03	0.42	10
宁　夏	Ningxia						
新　疆	Xinjiang	-1.01			4.40	2.93	1

11-101 非金属矿采选业工业销售产值和资产总计

Sales Value and Total Assets of Mining and Processing of Non-metal Ores

单位：亿元 (100 million yuan)

地区	Region	工业销售产值（当年价格） Sales Value (current prices)				资产总计 Total Assets			
		2010	2016	2017	2017排名 Ranking	2010	2016	2017	2017排名 Ranking
全　国	**National Total**	**2994.72**	**5603.91**			**1882.30**	**3995.55**		
北　京	Beijing	3.65	0.76			16.17	2.91		
天　津	Tianjin	11.49	14.24			77.89	185.48	206.17	7
河　北	Hebei	67.66	115.97			56.13	73.77	71.94	18
山　西	Shanxi	2.89	1.76			6.05	4.53	4.99	26
内蒙古	Inner Mongolia	144.66	243.62			76.80	127.94		
辽　宁	Liaoning	269.49	60.31			105.26	164.50	151.40	12
吉　林	Jilin	72.19	106.67			25.07	36.57	30.79	21
黑龙江	Heilongjiang	16.87	44.54			10.66	34.93	32.11	20
上　海	Shanghai								
江　苏	Jiangsu	154.63	306.47			161.07	294.59	115.64	16
浙　江	Zhejiang	104.24	154.39			83.15	186.47	196.58	8
安　徽	Anhui	101.11	232.80			60.44	161.55	167.55	10
福　建	Fujian	94.88	247.48			52.10	109.46	100.58	17
江　西	Jiangxi	109.58	326.35			50.68	220.12	210.46	6
山　东	Shandong	360.26	421.07	336.28	2	192.37	217.73	248.10	3
河　南	Henan	263.13	512.19			78.52	333.97	266.20	2
湖　北	Hubei	221.32	611.45	476.54	1	166.27	376.31	336.83	1
湖　南	Hunan	216.41	384.43			70.15	191.34	176.36	9
广　东	Guangdong	257.70	387.86			95.17	191.57	162.41	11
广　西	Guangxi	77.87	270.41			49.72	128.54	133.33	14
海　南	Hainan	2.48	1.72	2.35	8	51.93	1.19	1.16	28
重　庆	Chongqing	76.23	177.19	154.39	4	50.70	109.45	120.26	15
四　川	Sichuan	228.95	396.08			151.48	270.14	238.01	4
贵　州	Guizhou	27.49	286.89			23.05	143.16	142.81	13
云　南	Yunnan	60.23	84.36	92.18	5	117.26	274.36	236.21	5
西　藏	Tibet	0.28	0.09	0.32	9	0.56	1.45	1.99	27
陕　西	Shaanxi	20.72	144.30	172.13	3	13.96	65.69	68.87	19
甘　肃	Gansu	9.34	38.50	12.32	7	9.84	26.36	23.35	22
青　海	Qinghai	4.99	15.43			17.59	30.46	16.75	24
宁　夏	Ningxia	0.98	3.13			1.32	8.37	10.41	25
新　疆	Xinjiang	13.00	13.46	15.69	6	10.96	22.65	21.73	23

11-102 非金属矿采选业固定资产合计和流动资产合计

Total Fixed Assets and Total Current Assets of Mining and Processing of Non-metal Ores

单位：亿元 (100 million yuan)

地区	Region	固定资产合计 Total Fixed Assets 2016	2017	2017排名 Ranking	流动资产合计 Total Current Assets 2016	2017	2017排名 Ranking
全　国	**National Total**	**1421.86**			**1692.52**		
北　京	Beijing	0.13			1.37		
天　津	Tianjin	35.58			140.36	163.47	1
河　北	Hebei	31.12	23.56	9	35.77	38.63	13
山　西	Shanxi	1.23	1.34	15	1.61	1.86	23
内蒙古	Inner Mongolia	65.72			47.90		
辽　宁	Liaoning	53.86	49.40	6	61.01	63.50	8
吉　林	Jilin	18.03	15.15	10	14.19	12.16	19
黑龙江	Heilongjiang	14.54	12.05	11	15.28	16.35	17
上　海	Shanghai						
江　苏	Jiangsu	148.61			104.33	36.04	14
浙　江	Zhejiang	38.76			83.50		
安　徽	Anhui	56.85	62.20	4	51.11	54.64	11
福　建	Fujian	40.10	40.80	7	37.94	34.52	15
江　西	Jiangxi	70.16			74.72	76.80	6
山　东	Shandong	91.16	78.65	2	82.73	89.31	5
河　南	Henan	172.47			124.84	92.80	3
湖　北	Hubei	108.17	102.33	1	170.88	156.81	2
湖　南	Hunan	73.82	61.50	5	83.66	62.76	9
广　东	Guangdong	76.80	71.21	3	73.04	59.19	10
广　西	Guangxi	48.10			61.19	67.41	7
海　南	Hainan	0.30	0.50	17	0.31	0.57	25
重　庆	Chongqing	41.49			41.41	46.44	12
四　川	Sichuan	90.40			112.98	92.33	4
贵　州	Guizhou	40.61			72.71		
云　南	Yunnan	48.32			122.52		
西　藏	Tibet	0.42	0.53	16	0.70	0.83	24
陕　西	Shaanxi	25.66	25.52	8	29.19	34.33	16
甘　肃	Gansu	10.74	9.82	12	13.37	9.77	20
青　海	Qinghai	6.21	3.14	14	19.00	9.52	21
宁　夏	Ningxia	5.42	6.01	13	2.26	3.35	22
新　疆	Xinjiang	7.09			12.65	12.76	18

11-103 非金属矿采选业负债合计和流动负债合计

Total Liabilities and Current Liability Assets of Mining and Processing of Non-metal Ores

单位：亿元 (100 million yuan)

地区	Region	负债合计 Total Liabilities				流动负债合计 Current Liability Assets		
		2010	2016	2017	2017排名 Ranking	2016	2017	2017排名 Ranking
全 国	**National Total**	**868.74**	**1881.99**			**1297.44**		
北 京	Beijing	5.07	2.25			2.24		
天 津	Tianjin	32.76	61.96	89.15	6	60.73		
河 北	Hebei	36.12	47.41	46.10	14	26.24	30.93	7
山 西	Shanxi	4.35	4.04	4.11	22	4.04	3.77	13
内蒙古	Inner Mongolia	43.21	72.75			54.35		
辽 宁	Liaoning	40.64	56.31	62.40	11	28.29	53.20	5
吉 林	Jilin	6.29	11.41	10.16	20	7.87		
黑龙江	Heilongjiang	6.03	19.52	18.48	16	16.36		
上 海	Shanghai							
江 苏	Jiangsu	76.90	156.27	56.50	12	87.58		
浙 江	Zhejiang	52.97	131.75	142.59	3	103.45		
安 徽	Anhui	27.90	84.26	84.47	7	65.76	65.76	3
福 建	Fujian	16.63	34.86			22.32		
江 西	Jiangxi	19.12	73.13	73.10	9	46.23		
山 东	Shandong	90.24	92.11	93.86	5	76.05		
河 南	Henan	18.10	90.78	67.63	10	52.28		
湖 北	Hubei	94.15	189.00	178.30	1	121.90	114.74	1
湖 南	Hunan	28.04	92.62	83.40	8	39.06	65.02	4
广 东	Guangdong	35.54	74.82			52.76		
广 西	Guangxi	24.84	79.32			62.57		
海 南	Hainan	0.92	0.71	0.08	23	0.07	0.71	15
重 庆	Chongqing	21.21	41.61	48.03	13	31.70	39.17	6
四 川	Sichuan	90.41	137.99	129.96	4	96.46	85.33	2
贵 州	Guizhou	11.17	77.48			54.39		
云 南	Yunnan	59.18	161.50	153.28	2	117.93		
西 藏	Tibet	0.02	0.89			0.48	0.99	14
陕 西	Shaanxi	6.70	28.49	31.13	15	21.56	20.59	8
甘 肃	Gansu	3.51	15.90	16.18	17	11.66	15.23	9
青 海	Qinghai	10.11	21.05	11.23	19	12.25	10.72	11
宁 夏	Ningxia	0.87	5.45	7.36	21	5.37	7.28	12
新 疆	Xinjiang	5.74	16.36	14.92	18	15.49	14.01	10

11-104 非金属矿采选业所有者权益合计和实收资本

Total Owner's Equity and Paid-in Capital of Mining and Processing of Non-metal Ores

单位：亿元 (100 million yuan)

地区	Region	所有者权益合计 Total Owner's Equity				实收资本 Paid-in Capital		
		2010	2016	2017	2017排名 Ranking	2016	2017	2017排名 Ranking
全　国	**National Total**	**1004.75**	**2080.38**			**886.34**		
北　京	Beijing	11.10	0.66			0.75		
天　津	Tianjin	45.13	118.85			18.29		
河　北	Hebei	19.96	26.36	25.84	11	14.26	14.15	7
山　西	Shanxi	1.70	0.48	0.88	17	0.95		
内蒙古	Inner Mongolia	33.37	54.45			17.34		
辽　宁	Liaoning	64.08	95.08	88.70	5	16.89	16.40	6
吉　林	Jilin	18.69	25.16	20.36	12	10.66		
黑龙江	Heilongjiang	4.41	15.41			8.68		
上　海	Shanghai							
江　苏	Jiangsu	84.17	135.85			64.23		
浙　江	Zhejiang	30.18	54.72	53.99	9	35.71	37.26	4
安　徽	Anhui	32.43	75.31	82.28	6	42.19	44.18	3
福　建	Fujian	35.35	93.59			20.97		
江　西	Jiangxi	31.37	146.25	137.36	2	82.88		
山　东	Shandong	101.63	125.34			39.33		
河　南	Henan	58.09	241.99			95.07		
湖　北	Hubei	71.54	187.31	154.78	1	80.70	71.27	1
湖　南	Hunan	42.10	98.71	91.96	4	64.89	56.38	2
广　东	Guangdong	59.24	112.21			51.14		
广　西	Guangxi	24.41	49.06	63.27	8	17.57		
海　南	Hainan	51.00	0.48	0.37	19	0.46	0.46	11
重　庆	Chongqing	29.39	66.45	69.53	7	22.92	19.72	5
四　川	Sichuan	58.72	130.74	107.93	3	56.51		
贵　州	Guizhou	11.81	64.84			34.54		
云　南	Yunnan	58.08	112.87			50.88		
西　藏	Tibet	0.55	0.56	0.61	18	0.17	0.16	12
陕　西	Shaanxi	7.21	37.19	37.09	10	15.35		
甘　肃	Gansu	5.90	10.47	7.17	13	5.93		
青　海	Qinghai	7.45	10.77	5.52	15	7.87	5.30	9
宁　夏	Ningxia	0.45	2.93	3.05	16	2.73	2.62	10
新　疆	Xinjiang	5.22	6.30	6.81	14	6.50	5.85	8

11-105 非金属矿采选业主营业务收入和主营业务成本

Revenue from Principal Business and Cost of Principal Business of Mining and Processing of Non-metal Ores

单位：亿元 (100 million yuan)

地区	Region	主营业务收入 Revenue from Principal Business				主营业务成本 Cost of Principal Business			
		2010	2016	2017	2017排名 Ranking	2010	2016	2017	2017排名 Ranking
全　国	**National Total**	**3005.11**	**5435.47**			**2360.56**	**4407.50**		
北　京	Beijing	4.06	0.81			3.53	0.61		
天　津	Tianjin	10.40	14.66			8.13	13.72		
河　北	Hebei	68.25	117.99	47.08	19	52.97	104.24	37.71	13
山　西	Shanxi	3.17	2.68	4.39	23	2.81	2.24	3.38	18
内蒙古	Inner Mongolia	142.65	241.06			111.35	200.08		
辽　宁	Liaoning	274.44	76.74	49.80	18	226.64	61.94	36.60	14
吉　林	Jilin	72.24	104.12	54.53	17	59.84	90.18	49.19	12
黑龙江	Heilongjiang	17.90	44.25			13.98	36.57		
上　海	Shanghai								
江　苏	Jiangsu	159.19	312.45	111.47	15	126.35	266.05	92.05	11
浙　江	Zhejiang	104.72	153.79	123.41	14	85.87	121.77	92.14	10
安　徽	Anhui	100.26	220.79	208.80	10	78.01	177.90	164.15	7
福　建	Fujian	94.88	238.31	252.48	9	73.99	196.82		
江　西	Jiangxi	109.73	330.17	350.03	3	91.35	273.22	300.53	3
山　东	Shandong	362.51	434.51	342.30	4	288.79	364.99		
河　南	Henan	265.02	493.10	415.76	2	211.57	407.87	341.68	2
湖　北	Hubei	218.25	533.50	432.53	1	160.73	430.17	349.58	1
湖　南	Hunan	214.04	387.92	334.33	5	165.84	313.46	266.13	4
广　东	Guangdong	259.47	380.71	268.07	8	203.89	304.25	209.97	6
广　西	Guangxi	75.25	257.24	281.73	7	58.20	187.28		
海　南	Hainan	2.74	1.51	1.73	25	1.71	1.20	1.30	20
重　庆	Chongqing	72.16	175.32	149.57	13	58.74	140.49	118.06	9
四　川	Sichuan	224.94	386.39	291.46	6	173.29	314.74	235.97	5
贵　州	Guizhou	28.86	249.33	203.25	11	19.63	189.12		
云　南	Yunnan	67.75	85.18	91.78	16	46.18	56.55		
西　藏	Tibet	0.28	0.38	0.49	26	0.10	0.12	0.42	21
陕　西	Shaanxi	20.59	136.44	165.82	12	16.04	107.18	134.30	8
甘　肃	Gansu	10.95	25.51	13.51	21	8.50	21.35	10.25	16
青　海	Qinghai	5.67	14.27	5.44	22	3.10	12.20	3.52	17
宁　夏	Ningxia	1.43	2.94	3.36	24	0.86	2.22	2.13	19
新　疆	Xinjiang	13.31	13.43	15.70	20	8.56	8.96	10.64	15

11-106 非金属矿采选业销售费用和管理费用

Sales Expenses and Administrative Expenses of Mining and Processing of Non-metal Ores

单位：亿元 (100 million yuan)

地区	Region	销售费用 Sales Expenses			管理费用 Administrative Expenses			
		2016	2017	2017排名 Ranking	2010	2016	2017	2017排名 Ranking
全　国	**National Total**	**214.91**			**160.03**	**252.19**		
北　京	Beijing	0.07			0.41	0.15		
天　津	Tianjin	0.27			2.99	3.56		
河　北	Hebei	4.46			4.04	5.88		
山　西	Shanxi	0.18	0.04	15	0.10	0.17	0.37	13
内蒙古	Inner Mongolia	7.58			4.49	6.47		
辽　宁	Liaoning	5.85			10.62	4.64		
吉　林	Jilin	2.71	0.68	11	4.35	4.35	1.59	9
黑龙江	Heilongjiang	2.22	1.76	9	0.82	1.84	1.49	10
上　海	Shanghai							
江　苏	Jiangsu	8.45	3.59	7	8.38	13.59	5.89	8
浙　江	Zhejiang	3.36	2.87	8	6.72	9.22	8.44	5
安　徽	Anhui	11.58			4.68	9.91		
福　建	Fujian	10.18			4.90	10.75		
江　西	Jiangxi	9.18	8.49	5	3.08	7.80		
山　东	Shandong	13.70			17.24	12.73	12.43	4
河　南	Henan	9.97			6.37	10.40		
湖　北	Hubei	20.05	16.42	2	13.11	22.56	18.80	2
湖　南	Hunan	20.25	19.59	1	14.02	23.96	21.46	1
广　东	Guangdong	12.47			9.35	19.41		
广　西	Guangxi	22.25			9.74	21.56		
海　南	Hainan	0.22	0.17	13	0.29	0.09	0.12	15
重　庆	Chongqing	7.50			4.64	7.52		
四　川	Sichuan	15.24	12.20	3	15.08	18.72	15.29	3
贵　州	Guizhou	9.94			2.27	15.20		
云　南	Yunnan	4.72	7.09	6	7.46	10.27	7.75	7
西　藏	Tibet	0.10	0.13	14	0.04	0.09	0.09	16
陕　西	Shaanxi	9.28	10.50	4	1.54	7.77	8.28	6
甘　肃	Gansu	0.95			0.53	0.63	0.75	12
青　海	Qinghai	0.57	0.52	12	1.13	1.16	1.20	11
宁　夏	Ningxia	0.42	0.70	10	0.05	0.08	0.14	14
新　疆	Xinjiang	1.21			1.60	1.69		

11-107　非金属矿采选业财务费用和营业利润

Financial Expenses and Operating Profit of Mining and Processing of Non-metal Ores

单位：亿元　　　　(100 million yuan)

地区	Region	财务费用 Financial Expenses				营业利润 Operating Profit			
		2010	2016	2017	2017排名 Ranking	2010	2016	2017	2017排名 Ranking
全　国	**National Total**	**29.83**	**56.48**			**296.60**	**408.37**		
北　京	Beijing		0.03			0.41	-0.09		
天　津	Tianjin	-0.05	0.29			1.79	0.56		
河　北	Hebei	0.45	0.63			7.80	2.29	-1.10	8
山　西	Shanxi	0.12	0.04	0.03	10	0.03	-0.03		
内蒙古	Inner Mongolia	1.66	1.26			18.02	21.23		
辽　宁	Liaoning	2.57	0.41			23.03	3.07		
吉　林	Jilin	0.27	0.85	0.37	7	3.61	4.67		
黑龙江	Heilongjiang	0.06	0.22	0.15	8	1.61	3.30		
上　海	Shanghai								
江　苏	Jiangsu	2.07	4.87	1.17	5	12.83	15.57		
浙　江	Zhejiang	1.03	2.82	3.67	2	5.91	10.81		
安　徽	Anhui	0.78	2.63			6.19	15.20		
福　建	Fujian	0.45	1.02			8.67	15.17		
江　西	Jiangxi	0.71	1.46			8.49	31.04		
山　东	Shandong	3.22	3.08			34.05	32.98		
河　南	Henan	1.89	3.77			36.66	57.26		
湖　北	Hubei	4.61	7.88	7.04	1	29.78	39.75	33.72	1
湖　南	Hunan	2.05	3.48	3.67	2	14.74	17.33	16.90	2
广　东	Guangdong	1.18	3.23			32.22	34.15		
广　西	Guangxi	0.73	2.03			6.48	20.91		
海　南	Hainan	0.01	0.01	0.01	12	0.44	-0.07	0.07	7
重　庆	Chongqing	0.79	2.12			7.75	13.96		
四　川	Sichuan	2.83	4.79	3.61	4	20.56	26.29		
贵　州	Guizhou	0.26	2.59			4.23	26.46		
云　南	Yunnan	1.57	4.75			7.23	4.06		
西　藏	Tibet	0.01				0.07	0.07	0.17	6
陕　西	Shaanxi	0.19	0.98	0.92	6	1.39	9.29		
甘　肃	Gansu	0.07	0.64			0.87	1.75		
青　海	Qinghai	0.22	0.27	0.06	9	0.26	0.16	0.62	4
宁　夏	Ningxia		0.01	0.01	11	0.06	0.15	0.30	5
新　疆	Xinjiang	0.08	0.32			1.39	1.08	1.19	3

11-108 非金属矿采选业利润总额和平均用工人数

Total Profit and Average Number of Employed Persons of Mining and Processing of Non-metal Ores

地区	Region	利润总额（亿元） Total Profit (100 million yuan)				平均用工人数（万人） Average Number of Employed Persons (10 000 persons)		
		2010	2016	2017	2017排名 Ranking	2016	2017	2017排名 Ranking
全　国	**National Total**	**276.16**	**405.70**			**53.12**		
北　京	Beijing	0.58	-0.09			0.02		
天　津	Tianjin	1.89	0.60	0.50	22	0.74	0.60	13
河　北	Hebei	8.23	6.47	2.73	17	1.61		
山　西	Shanxi	0.01	-0.04	0.37	23	0.05	0.09	16
内蒙古	Inner Mongolia	6.78	13.92			2.25		
辽　宁	Liaoning	25.30	3.35	1.70	19	1.52		
吉　林	Jilin	3.57	4.54	1.91	18	0.57	0.32	14
黑龙江	Heilongjiang	1.56	3.19			0.47		
上　海	Shanghai							
江　苏	Jiangsu	12.58	18.12	7.34	16	2.76	0.70	12
浙　江	Zhejiang	6.22	11.47	12.85	14	0.99	0.85	11
安　徽	Anhui	5.83	14.90	16.64	10	1.54		
福　建	Fujian	7.55	15.19	16.33	11	2.20		
江　西	Jiangxi	8.38	30.46	31.22	3	2.25	2.15	7
山　东	Shandong	33.40	33.07	26.38	5	2.92	2.26	5
河　南	Henan	36.60	55.87	46.86	1	4.31		
湖　北	Hubei	24.56	40.06	33.21	2	4.36	3.48	2
湖　南	Hunan	13.30	16.57	15.67	12	4.19	4.17	1
广　东	Guangdong	31.53	33.93	29.83	4	2.85	2.24	6
广　西	Guangxi	5.79	20.76	21.91	6	2.23	2.72	4
海　南	Hainan	0.48	-0.08	0.07	26	0.02	0.02	18
重　庆	Chongqing	7.46	13.90	14.08	13	1.88	1.53	8
四　川	Sichuan	18.97	26.39	17.75	8	4.17	3.06	3
贵　州	Guizhou	4.16	26.04	17.07	9	5.98		
云　南	Yunnan	7.26	4.58	18.43	7	1.12	1.14	10
西　藏	Tibet	0.07	0.07	0.17	25	0.01	0.01	19
陕　西	Shaanxi	1.38	9.26	10.26	15	1.20	1.15	9
甘　肃	Gansu	0.87	1.72	-0.12	27	0.30		
青　海	Qinghai	0.39	0.25	0.88	21	0.28		
宁　夏	Ningxia	0.05	0.16	0.31	24	0.04	0.03	17
新　疆	Xinjiang	1.41	1.08	0.90	20	0.28	0.27	15

11-109 非金属矿采选业投资收益和亏损企业亏损额

Return on Investment and Amount of Loss of Mining and Processing of Non-metal Ores

单位：亿元 (100 million yuan)

地区	Region	投资收益（损失以"-"号记）Investment Income (Loss is Marked as "-")			亏损企业亏损额 Loss Ratio of Unprofitable Firms		
		2016	2017	2017排名 Ranking	2016	2017	2017排名 Ranking
全　国	**National Total**	**-3.40**			**23.01**		
北　京	Beijing				0.09		
天　津	Tianjin	0.55					
河　北	Hebei	0.05			0.43	0.16	6
山　西	Shanxi				0.08	0.02	12
内蒙古	Inner Mongolia	-1.54			0.88		
辽　宁	Liaoning	0.02			1.08		
吉　林	Jilin				0.03	0.14	7
黑龙江	Heilongjiang	0.01			0.21	0.07	10
上　海	Shanghai						
江　苏	Jiangsu	0.51			0.56		
浙　江	Zhejiang	0.08			1.65		
安　徽	Anhui	0.07			1.03		
福　建	Fujian	0.01			0.09		
江　西	Jiangxi	0.14			0.10	0.14	7
山　东	Shandong	-0.06			0.75	0.22	5
河　南	Henan				0.68		
湖　北	Hubei	0.08	0.09	1	1.43	2.60	1
湖　南	Hunan	-0.98	-0.37	2	1.58	1.10	2
广　东	Guangdong	-0.28			0.55		
广　西	Guangxi	-0.10			2.74		
海　南	Hainan				0.09		
重　庆	Chongqing	0.36			0.23		
四　川	Sichuan	0.07			1.68		
贵　州	Guizhou	0.19			0.87		
云　南	Yunnan	-2.94			4.53	0.62	4
西　藏	Tibet						
陕　西	Shaanxi	0.01			0.21	0.05	11
甘　肃	Gansu				0.55		
青　海	Qinghai	0.32			0.47	0.12	9
宁　夏	Ningxia				0.01	0.01	13
新　疆	Xinjiang	0.02			0.42	0.76	3

11-110 农副食品加工业销售产值和主营业务收入

Sales Value and Revenue from Principal Business of Processing of Food from Agricultural Products

单位：亿元 (100 million yuan)

地区	Region	工业销售产值(当年价格) Sales Value (current prices)				主营业务收入 Revenue from Principal Business			
		2010	2016	2017	2017排名 Ranking	2010	2016	2017	2017排名 Ranking
全 国	**National Total**	**34228.93**	**68857.76**			**34668.26**	**68825.16**		
北 京	Beijing	277.43	384.30	300.90	8	312.95	453.96	365.98	22
天 津	Tianjin	374.51	966.94			402.00	871.26		
河 北	Hebei	1340.13	2279.77			1347.52	2268.88	1865.86	13
山 西	Shanxi	184.97	330.30			192.29	310.91	267.06	23
内蒙古	Inner Mongolia	961.00	1772.46			955.44	1677.99		
辽 宁	Liaoning	2716.43	1534.56			2744.94	1673.39	1478.60	14
吉 林	Jilin	1577.63	3191.15			1554.44	3001.20	2237.38	11
黑龙江	Heilongjiang	1164.15	2727.29			1266.67	2838.19		
上 海	Shanghai	259.86	323.51	321.36	7	279.28	405.44	420.24	20
江 苏	Jiangsu	2226.68	5073.24			2258.84	5100.74	4475.32	4
浙 江	Zhejiang	748.76	1062.91			761.33	1063.10	956.46	16
安 徽	Anhui	1276.12	3196.71			1270.53	3143.30	2832.20	9
福 建	Fujian	1203.21	2954.80			1205.35	2933.32	2847.79	8
江 西	Jiangxi	659.01	2181.06			667.26	2185.69	2013.74	12
山 东	Shandong	7379.64	12835.96	11449.22	1	7287.00	13086.79	11830.52	2
河 南	Henan	2743.19	6528.28			3024.34	6830.48	6772.70	3
湖 北	Hubei	1494.91	5097.57	3960.02	2	1488.45	4865.69	3683.84	5
湖 南	Hunan	1396.04	3258.50			1385.23	3267.30	3495.29	6
广 东	Guangdong	1779.18	3280.33			1786.01	3365.54	3251.38	7
广 西	Guangxi	1067.53	2265.79			1064.13	2156.79	23339.97	1
海 南	Hainan	91.89	122.01	126.82	10	94.27	117.67	121.40	25
重 庆	Chongqing	346.96	1052.97	888.32	4	348.81	1038.17	873.97	17
四 川	Sichuan	1803.04	2928.88			1838.16	2848.67	2649.98	10
贵 州	Guizhou	78.92	379.89			79.32	372.24	370.20	21
云 南	Yunnan	235.85	738.73	781.92	5	242.57	730.74	758.07	18
西 藏	Tibet	1.85	4.35	3.50	11	2.00	3.95	2.74	28
陕 西	Shaanxi	393.27	1193.27	1298.34	3	381.76	1121.34	1226.15	15
甘 肃	Gansu	161.44	411.91	227.32	9	129.40	334.70	206.34	24
青 海	Qinghai	21.44	106.11			22.74	72.39	46.97	27
宁 夏	Ningxia	45.56	134.05			47.94	129.93	115.58	26
新 疆	Xinjiang	218.32	540.16	520.42	6	227.31	555.40	533.85	19

11-111 农副食品加工业主营业务成本和利润总额

Cost of Principal Business and Total Profit of Processing of Food from Agricultural Products

单位：亿元 (100 million yuan)

地区	Region	主营业务成本 Cost of Principal Business				利润总额 Total Profit			
		2010	2016	2017	2017排名 Ranking	2010	2016	2017	2017排名 Ranking
全　国	**National Total**	**30338.53**	**61117.80**			**2343.61**	**3623.58**		
北　京	Beijing	278.71	377.72	325.76	16	7.99	22.12	15.72	21
天　津	Tianjin	373.18	760.00			11.61	14.94	4.84	25
河　北	Hebei	1173.02	2021.89	1690.58	10	80.36	104.85	75.98	12
山　西	Shanxi	168.45	279.16	247.45	17	15.69	15.80	7.56	23
内蒙古	Inner Mongolia	791.36	1457.32			74.33	89.87		
辽　宁	Liaoning	2405.88	1523.44	1378.60	11	215.29	49.18	24.30	19
吉　林	Jilin	1357.36	2673.37	2014.09	8	73.00	98.79	73.08	14
黑龙江	Heilongjiang	1129.40	2601.05			80.30	100.12		
上　海	Shanghai	245.73	354.25			11.44	14.38	13.56	22
江　苏	Jiangsu	2029.03	4488.09	4011.06	2	125.09	325.18	234.70	3
浙　江	Zhejiang	687.88	961.20	869.39	13	31.46	43.90	32.42	18
安　徽	Anhui	1132.86	2862.30	2586.57	6	93.21	128.62	109.90	11
福　建	Fujian	1067.05	2603.77			79.82	174.10	148.51	8
江　西	Jiangxi	587.92	1950.17	1764.75	9	38.91	141.17	142.28	9
山　东	Shandong	6416.13	11795.04			440.10	664.47	572.47	1
河　南	Henan	2599.30	6006.83	5899.18	1	291.53	525.33	545.15	2
湖　北	Hubei	1300.77	4319.48	3289.60	3	125.25	233.07	166.48	5
湖　南	Hunan	1150.24	2763.82	2961.02	4	93.04	160.86	163.51	6
广　东	Guangdong	1605.18	3043.99	2943.45	5	115.08	163.17	160.58	7
广　西	Guangxi	883.84	1861.34			124.37	130.35	178.74	4
海　南	Hainan	82.97	109.83	113.89	19	6.34	2.25	0.82	28
重　庆	Chongqing	299.57	891.76	742.58	14	23.08	71.28	70.97	15
四　川	Sichuan	1610.63	2510.54	2331.00	7	102.00	136.47	126.50	10
贵　州	Guizhou	71.88	328.25			4.15	19.60	18.64	20
云　南	Yunnan	191.52	646.15			32.37	36.65	41.62	17
西　藏	Tibet	1.61	3.03	2.13	22	0.25	0.40	0.14	29
陕　西	Shaanxi	332.57	974.18	1074.63	12	21.13	80.79	75.26	13
甘　肃	Gansu	106.21	302.75	182.14	18	9.46	11.87	7.20	24
青　海	Qinghai	20.99	66.22	42.07	21	1.33	2.00	1.76	27
宁　夏	Ningxia	43.45	116.32	104.36	20	1.92	5.68	4.14	26
新　疆	Xinjiang	193.83	464.53	453.97	15	13.70	56.32	48.05	16

11-112 农副食品加工业销售费用和管理费用

Sales Expenses and Administrative Expenses of Processing of Food from Agricultural Products

单位：亿元 (100 million yuan)

地区	Region	销售费用 Sales Expenses			管理费用 Administrative Expenses			
		2016	2017	2017排名 Ranking	2010	2016	2017	2017排名 Ranking
全　国	**National Total**	**1461.46**			**1016.33**	**1624.29**		
北　京	Beijing	30.18	18.74	11	10.83	20.37	15.00	11
天　津	Tianjin	15.20			8.17	17.09		
河　北	Hebei	42.72			24.82	38.90		
山　西	Shanxi	5.30	3.65	12	4.12	6.42	5.09	13
内蒙古	Inner Mongolia	31.40			21.71	43.61		
辽　宁	Liaoning	39.13			70.43	43.54		
吉　林	Jilin	74.67	52.36	5	64.08	92.46	54.63	6
黑龙江	Heilongjiang	54.19	37.78	7	22.61	59.00	28.61	8
上　海	Shanghai	21.66			8.01	16.05		
江　苏	Jiangsu	100.89	94.86	2	39.73	106.32	93.40	4
浙　江	Zhejiang	23.06	21.75	9	20.61	31.71	27.85	9
安　徽	Anhui	65.21			30.80	57.17		
福　建	Fujian	56.93			27.16	67.62		
江　西	Jiangxi	37.96	42.97	6	14.14	43.59		
山　东	Shandong	232.99			238.88	239.96	210.13	1
河　南	Henan	114.12			48.24	90.42		
湖　北	Hubei	109.23	87.62	3	53.54	143.98	97.98	3
湖　南	Hunan	106.68	113.93	1	73.57	139.25	156.06	2
广　东	Guangdong	64.18			40.71	73.83		
广　西	Guangxi	37.49			61.52	80.82		
海　南	Hainan	1.99	1.86	14	3.50	3.39	3.42	15
重　庆	Chongqing	33.42			14.07	30.28		
四　川	Sichuan	79.79	78.83	4	74.96	83.70	83.86	5
贵　州	Guizhou	9.12			2.08	11.79		
云　南	Yunnan	19.53	21.63	10	12.75	22.99	23.62	10
西　藏	Tibet	0.12	0.12	16	0.18	0.35	0.31	17
陕　西	Shaanxi	26.25	32.05	8	9.52	27.40	30.06	7
甘　肃	Gansu	8.09			3.50	9.25	7.59	12
青　海	Qinghai	1.38	1.17	15	1.42	2.27	1.79	16
宁　夏	Ningxia	2.99	2.84	13	1.65	3.91	3.54	14
新　疆	Xinjiang	15.57			9.04	16.84		

11-113 农副食品加工业财务费用和营业利润

Financial Expenses and Operating Profit of Processing of Food from Agricultural Products

单位：亿元 (100 million yuan)

地区	Region	财务费用 Financial Expenses 2010	2016	2017	2017排名 Ranking	营业利润 Operating Profit 2010	2016	2017	2017排名 Ranking
全　国	**National Total**	**271.09**	**544.34**			**2560.32**	**3649.92**		
北　京	Beijing	1.59	3.28	3.04	10	5.46	20.05		
天　津	Tianjin	0.48	5.37			12.46	13.30		
河　北	Hebei	4.99	16.50			116.19	103.18	75.54	3
山　西	Shanxi	2.57	4.60	3.74	9	15.01	14.97		
内蒙古	Inner Mongolia	7.03	11.12			114.05	120.29		
辽　宁	Liaoning	15.01	22.07			236.35	44.58		
吉　林	Jilin	14.75	29.96	23.46	4	73.60	108.98		
黑龙江	Heilongjiang	10.69	18.55	15.66	6	76.17	94.52		
上　海	Shanghai	1.32	2.08			10.48	12.78		
江　苏	Jiangsu	12.66	40.29	25.88	3	137.20	328.41		
浙　江	Zhejiang	9.99	12.64	10.29	7	29.86	38.51		
安　徽	Anhui	9.04	19.86			93.04	124.57		
福　建	Fujian	9.25	21.67			88.16	171.05		
江　西	Jiangxi	3.29	10.99			39.48	141.46		
山　东	Shandong	67.58	103.00			481.14	661.09		
河　南	Henan	17.26	47.64			294.75	547.81		
湖　北	Hubei	17.54	37.81	26.96	1	145.98	232.10	161.89	2
湖　南	Hunan	13.09	28.07	26.08	2	102.12	178.98	192.11	1
广　东	Guangdong	5.53	24.89			111.42	161.06		
广　西	Guangxi	13.00	25.30			130.93	124.68		
海　南	Hainan	1.31	1.61	2.16	11	5.56	1.51	0.43	7
重　庆	Chongqing	1.66	5.00			24.97	70.26		
四　川	Sichuan	15.67	18.32	15.97	5	123.99	138.02		
贵　州	Guizhou	0.55	2.90			3.50	17.76		
云　南	Yunnan	4.26	10.34			30.70	32.34		
西　藏	Tibet	0.01	0.04	0.03	14	0.19	0.38	0.14	8
陕　西	Shaanxi	3.46	7.94	7.42	8	32.19	79.01		
甘　肃	Gansu	2.49	4.74			9.44	9.29		
青　海	Qinghai	0.15	0.84	1.06	13	2.12	1.03	0.82	6
宁　夏	Ningxia	0.86	1.81	1.62	12	1.32	4.54	2.99	5
新　疆	Xinjiang	3.99	5.12			12.53	53.40	45.99	4

11-114 农副食品加工业资产总计和负债合计
Total Assets and Liabilities of Processing of Food from Agricultural Products

单位：亿元 (100 million yuan)

地区	Region	资产总计 Total Assets 2016	2017	2017排名 Ranking	负债合计 Total Liabilities 2016	2017	2017排名 Ranking
全　国	**National Total**	**33924.50**			**16672.25**		
北　京	Beijing	471.27	338.28	22	254.73	180.08	18
天　津	Tianjin	609.18	363.14	21	426.36	252.92	17
河　北	Hebei	1174.46	1187.03	10	581.79	680.55	6
山　西	Shanxi	254.50	222.09	25	127.92	124.10	22
内蒙古	Inner Mongolia	737.90			322.56		
辽　宁	Liaoning	1401.51	1376.80	9	809.99	943.20	4
吉　林	Jilin	1221.17	1168.75	11	661.08	636.15	7
黑龙江	Heilongjiang	1518.70	1161.18	12	920.93	693.40	5
上　海	Shanghai	278.96	294.46	24	138.72	141.64	21
江　苏	Jiangsu	1908.19	1816.97	4	1002.25	975.39	3
浙　江	Zhejiang	831.75	836.93	16	493.29	485.63	12
安　徽	Anhui	1151.70	1100.42	13	522.42	517.02	11
福　建	Fujian	1421.73	1480.34	7	735.71		
江　西	Jiangxi	871.44	937.38	15	345.98	438.91	13
山　东	Shandong	5918.24	5545.56	1	2642.63	2560.86	1
河　南	Henan	3578.35	3636.67	2	1222.46	1306.46	2
湖　北	Hubei	1819.30	1539.67	6	719.05	617.07	8
湖　南	Hunan	1255.93	1400.80	8	447.70	525.26	10
广　东	Guangdong	1956.69	1912.92	3	1217.84		
广　西	Guangxi	1517.18	1614.86	5	970.12		
海　南	Hainan	95.07	103.46	28	68.16	75.55	23
重　庆	Chongqing	412.53	422.45	20	174.42	162.33	20
四　川	Sichuan	1069.06	1048.36	14	526.73	532.15	9
贵　州	Guizhou	184.14	202.13	26	94.37		
云　南	Yunnan	574.38	557.03	18	360.50	325.38	14
西　藏	Tibet	6.06	6.17	30	2.74		
陕　西	Shaanxi	513.88	572.63	17	256.35	268.58	16
甘　肃	Gansu	438.77	322.00	23	217.95	173.76	19
青　海	Qinghai	106.24	73.78	29	52.74	37.01	25
宁　夏	Ningxia	118.19	119.75	27	53.69	57.73	24
新　疆	Xinjiang	508.03	472.17	19	301.08	304.58	15

11-115 食品制造业工业销售产值和主营业务收入
Sales Value and Revenue from Principal Businesses of Manufacture of Foods

单位：亿元 (100 million yuan)

地区	Region	工业销售产值(当年价格) Sales Value (current prices)				主营业务收入 Revenue from Principal Businesses			
		2010	2016	2017	2017排名 Ranking	2010	2016	2017	2017排名 Ranking
全　国	**National Total**	**11049.45**	**23544.40**			**11133.50**	**23955.38**		
北　京	Beijing	189.05	291.50	324.54	5	245.69	511.09	558.95	11
天　津	Tianjin	328.69	1540.05			331.54	1468.67		
河　北	Hebei	413.41	1108.83			439.29	1128.01	979.30	7
山　西	Shanxi	76.66	125.16			74.84	117.24	117.64	23
内蒙古	Inner Mongolia	614.57	694.50			612.35	1000.50		
辽　宁	Liaoning	471.92	242.72			478.29	225.89	194.70	20
吉　林	Jilin	202.86	523.64			205.59	472.80	421.83	16
黑龙江	Heilongjiang	414.58	539.01			409.42	540.47		
上　海	Shanghai	437.28	584.83	602.18	3	484.58	705.05		
江　苏	Jiangsu	405.48	1152.39			414.24	1162.85	697.15	10
浙　江	Zhejiang	381.39	528.26			382.93	563.40	497.98	14
安　徽	Anhui	214.58	745.09			230.24	729.88	731.84	9
福　建	Fujian	541.24	1380.48			535.02	1416.76	1495.59	4
江　西	Jiangxi	241.54	602.64			241.57	614.26	532.95	12
山　东	Shandong	1854.51	2737.05	2727.55	1	1843.02	2739.98	2761.75	2
河　南	Henan	1177.84	3181.03			1131.84	3229.61	3345.83	1
湖　北	Hubei	373.76	1289.00	990.95	2	378.52	1251.21	971.66	8
湖　南	Hunan	429.74	1145.08			425.20	1073.27	1103.02	5
广　东	Guangdong	1073.96	1860.80			1074.73	1892.49	1808.92	3
广　西	Guangxi	117.16	425.26			116.13	421.69	436.27	15
海　南	Hainan	37.92	41.42	44.21	10	38.33	42.74	46.34	25
重　庆	Chongqing	99.32	255.42	250.40	6	110.34	266.13	258.68	17
四　川	Sichuan	436.56	1071.07			428.73	1036.93	1084.67	6
贵　州	Guizhou	55.00	179.72			54.94	164.90	173.52	21
云　南	Yunnan	65.18	228.96	235.78	7	64.97	225.97	235.24	18
西　藏	Tibet	0.87	7.01	7.20	11	0.92	7.00	7.18	27
陕　西	Shaanxi	192.25	539.21	554.32	4	184.68	492.22	512.81	13
甘　肃	Gansu	40.82	81.92	72.93	9	34.46	70.12	76.34	24
青　海	Qinghai	18.04	44.25			17.66	31.98	29.17	26
宁　夏	Ningxia	45.72	177.65			43.88	155.87	155.17	22
新　疆	Xinjiang	97.57	220.46	193.14	8	99.59	196.42	198.17	19

11-116 食品制造业主营业务成本和利润总额
Cost of Principal Businesses and Total Profit of Manufacture of Foods

单位：亿元 (100 million yuan)

地区	Region	主营业务成本 Cost of Principal Business				利润总额 Total Profit			
		2010	2016	2017	2017排名 Ranking	2010	2016	2017	2017排名 Ranking
全　国	**National Total**	**8760.31**	**19133.10**			**1015.45**	**2083.43**		
北　京	Beijing	172.03	319.42	347.96	13	8.86	34.84	39.74	14
天　津	Tianjin	257.52	1012.53			50.15	247.12	34.58	16
河　北	Hebei	351.66	934.00	806.78	6	30.04	84.08	61.34	8
山　西	Shanxi	62.30	93.48	93.95	18	6.68	9.11	8.08	24
内蒙古	Inner Mongolia	481.04	793.54			80.61	95.90		
辽　宁	Liaoning	411.07	182.88	158.20	16	44.78	18.77	5.20	26
吉　林	Jilin	169.16	402.38	354.58	12	11.59	23.83	24.39	18
黑龙江	Heilongjiang	302.36	434.47			38.39	41.51		
上　海	Shanghai	329.76	456.12			32.22	43.53	65.92	7
江　苏	Jiangsu	336.55	910.91	802.75	7	27.25	82.71	97.53	5
浙　江	Zhejiang	295.43	443.59	391.15	11	29.99	37.89	43.57	13
安　徽	Anhui	189.81	630.12	637.02	8	18.08	38.97	35.08	15
福　建	Fujian	436.33	1173.58			41.62	147.56	159.25	4
江　西	Jiangxi	193.16	520.21	448.32	9	17.94	50.81	44.39	12
山　东	Shandong	1537.74	2321.84			144.46	197.06	193.18	3
河　南	Henan	915.88	2778.77	2882.41	1	138.33	286.14	287.66	1
湖　北	Hubei	305.61	1056.16	816.08	5	32.97	73.88	60.73	9
湖　南	Hunan	340.42	894.61	927.19	3	34.09	53.67	52.61	10
广　东	Guangdong	714.42	1281.80	1195.80	2	136.65	262.52	231.01	2
广　西	Guangxi	90.52	332.16			12.41	31.66	25.94	17
海　南	Hainan	24.05	27.74	30.12	20	4.71	3.46	4.14	27
重　庆	Chongqing	87.29	212.90	205.05	14	9.79	24.10	22.75	19
四　川	Sichuan	355.99	855.90	886.69	4	27.93	71.41	80.46	6
贵　州	Guizhou	41.96	131.47			8.89	17.51	16.97	21
云　南	Yunnan	50.68	177.54			4.70	18.07	17.88	20
西　藏	Tibet	0.74	5.49	5.74	22	0.03	0.96	0.28	29
陕　西	Shaanxi	147.74	386.31	401.50	10	13.32	52.41	47.21	11
甘　肃	Gansu	27.76	55.68	60.97	19	0.77	6.07	5.97	25
青　海	Qinghai	15.67	25.69	22.84	21	1.30	1.82	2.09	28
宁　夏	Ningxia	36.08	123.18	126.19	17	3.47	13.47	10.34	22
新　疆	Xinjiang	79.60	158.60	159.70	15	3.43	12.58	10.05	23

11-117　食品制造业销售费用和管理费用

Sales Expenses and Administrative Expenses of Manufacture of Foods

单位：亿元　(100 million yuan)

地区	Region	销售费用 Sales Expenses 2016	2017	2017排名 Ranking	管理费用 Administrative Expenses 2010	2016	2017	2017排名 Ranking
全　国	**National Total**	**1684.70**			**446.05**	**870.25**		
北　京	Beijing	127.29	140.60	1	19.21	29.13	32.23	7
天　津	Tianjin	143.61			13.65	38.75		
河　北	Hebei	78.72			11.58	29.60		
山　西	Shanxi	7.46	8.22	14	4.22	5.67	5.98	13
内蒙古	Inner Mongolia	109.52			19.49	29.21		
辽　宁	Liaoning	12.59			16.59	11.42		
吉　林	Jilin	19.46	19.59	10	11.09	18.52	14.79	9
黑龙江	Heilongjiang	51.89	52.00	5	13.53	14.27	13.25	10
上　海	Shanghai	153.07			27.15	53.11		
江　苏	Jiangsu	118.70	112.35	2	15.57	49.08	48.88	3
浙　江	Zhejiang	44.09	35.19	7	16.94	33.92	32.34	6
安　徽	Anhui	31.12			7.67	23.99		
福　建	Fujian	63.07			19.65	50.51		
江　西	Jiangxi	19.94	18.11	11	8.46	15.96		
山　东	Shandong	91.83			61.28	79.14	84.01	1
河　南	Henan	77.93			22.47	52.82		
湖　北	Hubei	58.88	52.92	4	18.66	54.01	42.11	5
湖　南	Hunan	46.19	47.36	6	22.47	50.66	50.99	2
广　东	Guangdong	235.80			59.43	96.52		
广　西	Guangxi	24.17			7.22	24.47		
海　南	Hainan	10.98	10.86	13	1.68	2.00	2.42	16
重　庆	Chongqing	16.18			4.11	10.77		
四　川	Sichuan	57.45	61.57	3	20.84	38.49	42.93	4
贵　州	Guizhou	7.39			2.13	6.28		
云　南	Yunnan	19.02	19.88	9	2.66	9.52	10.39	11
西　藏	Tibet	0.56	0.72	16	0.05	0.26	0.36	17
陕　西	Shaanxi	26.85	29.06	8	8.88	20.51	25.36	8
甘　肃	Gansu	4.54			1.43	2.97	3.01	14
青　海	Qinghai	1.60	1.59	15	1.39	2.65	2.57	15
宁　夏	Ningxia	11.02	11.20	12	2.11	6.79	6.34	12
新　疆	Xinjiang	13.76			4.45	9.24		

11-118 食品制造业财务费用和营业利润

Financial Expenses and Operating Profit of Manufacture of Foods

单位：亿元 (100 million yuan)

地区	Region	财务费用 Financial Expenses				营业利润 Operating Profit			
		2010	2016	2017	2017排名 Ranking	2010	2016	2017	2017排名 Ranking
全　国	**National Total**	**83.64**	**144.85**			**1053.99**	**2035.71**		
北　京	Beijing	1.41	1.11	1.23	11	7.40	33.38		
天　津	Tianjin	1.57	-1.72			49.39	242.18		
河　北	Hebei	2.36	4.88			36.63	81.39	59.38	1
山　西	Shanxi	0.79	1.28	1.53	9	7.03	8.51		
内蒙古	Inner Mongolia	2.51	-0.43			86.34	93.83		
辽　宁	Liaoning	2.57	4.95			45.41	17.17		
吉　林	Jilin	2.66	5.28	6.55	5	11.84	23.21		
黑龙江	Heilongjiang	2.02	2.97	1.44	10	43.60	35.46		
上　海	Shanghai	1.49	3.31			31.54	40.91		
江　苏	Jiangsu	2.57	8.37	8.24	2	29.44	80.32		
浙　江	Zhejiang	3.99	5.72	4.64	6	27.85	34.64		
安　徽	Anhui	1.67	4.48			19.63	37.27		
福　建	Fujian	4.38	6.18			45.39	145.70		
江　西	Jiangxi	1.69	2.87			18.29	50.78		
山　东	Shandong	18.28	22.84			146.09	193.15		
河　南	Henan	10.91	21.91			138.01	283.86		
湖　北	Hubei	3.78	7.89	6.99	4	36.66	72.36	58.89	2
湖　南	Hunan	3.03	9.08	9.26	1	35.77	54.64	53.18	3
广　东	Guangdong	2.50	5.50			138.33	259.96		
广　西	Guangxi	1.37	5.05			12.02	31.03		
海　南	Hainan	-0.04	-0.18	-0.16	14	4.69	3.45	4.28	6
重　庆	Chongqing	0.74	1.70			10.19	23.58		
四　川	Sichuan	4.07	8.40	7.81	3	28.88	71.73		
贵　州	Guizhou	0.57	0.96			8.54	17.47		
云　南	Yunnan	0.83	2.87			4.52	16.87		
西　藏	Tibet	0.01	0.04	0.04	13	0.03	0.61	0.29	8
陕　西	Shaanxi	1.04	1.90	2.35	8	22.13	51.91		
甘　肃	Gansu	1.19	1.22			0.34	5.55		
青　海	Qinghai	0.11	0.21	0.39	12	2.04	1.72	1.62	7
宁　夏	Ningxia	0.66	2.39	2.35	7	2.93	12.60	9.14	4
新　疆	Xinjiang	2.91	3.83			3.03	10.47	8.49	5

11-119 食品制造业资产总计和负债总计

Total Assets and Liabilities of Food Manufacturing Industry

单位：亿元　(100 million yuan)

地区	Region	资产总计 Total Assets 2016	资产总计 Total Assets 2017	2017排名 Ranking	负债合计 Total Liabilities 2016	负债合计 Total Liabilities 2017	2017排名 Ranking
全　国	**National Total**	**15496.83**			**6830.50**		
北　京	Beijing	411.25	431.28	12	211.85	213.47	10
天　津	Tianjin	515.81	348.39	15	269.38	191.62	13
河　北	Hebei	691.68	696.69	6	267.62	294.24	6
山　西	Shanxi	121.48	121.52	25	56.83	58.52	22
内蒙古	Inner Mongolia	971.41			491.10		
辽　宁	Liaoning	372.30	294.70	19	229.05	203.20	11
吉　林	Jilin	294.53	338.46	16	123.48	158.24	16
黑龙江	Heilongjiang	426.12	403.60	13	167.39	199.40	12
上　海	Shanghai	756.49	668.77	7	446.64	332.71	4
江　苏	Jiangsu	783.35	796.98	5	362.00	356.11	3
浙　江	Zhejiang	668.04	592.49	9	315.44	311.99	5
安　徽	Anhui	343.58	357.03	14	158.67	170.09	15
福　建	Fujian	801.70	871.62	4	291.98		
江　西	Jiangxi	299.37	291.00	20	104.52	108.14	18
山　东	Shandong	1527.42	1616.29	2	627.31	675.22	1
河　南	Henan	1777.91	1791.63	1	627.09	649.12	2
湖　北	Hubei	577.60	562.93	10	258.15	258.73	7
湖　南	Hunan	457.62	494.36	11	188.78	214.18	9
广　东	Guangdong	1431.61	1344.94	3	581.00		
广　西	Guangxi	264.36	273.02	21	126.54		
海　南	Hainan	50.83	60.98	29	22.19	28.33	25
重　庆	Chongqing	163.89	167.50	24	70.24	69.21	21
四　川	Sichuan	556.31	637.62	8	212.84	252.56	8
贵　州	Guizhou	105.76	116.55	26	63.44		
云　南	Yunnan	197.96	214.79	22	89.15	101.10	19
西　藏	Tibet	10.33	10.84	30	2.05		
陕　西	Shaanxi	277.15	306.24	18	106.88	125.15	17
甘　肃	Gansu	93.18	105.45	27	45.16	55.41	23
青　海	Qinghai	58.33	67.87	28	22.69	34.06	24
宁　夏	Ningxia	176.78	170.39	23	102.82	100.92	20
新　疆	Xinjiang	312.68	306.57	17	188.23	190.99	14

11-120 酒、饮料和精制茶制造业工业销售产值和主营业务收入
Sales Value and Revenue from Principal Business of Manufacture of Liquor, Beverages and Refined Tea

单位：亿元 (100 million yuan)

地区	Region	工业销售产值(当年价格) Sales Value（current prices）				主营业务收入 Revenue from Principal Business			
		2010	2016	2017	2017排名 Ranking	2010	2016	2017	2017排名 Ranking
全 国	**National Total**	**8915.26**	**19034.28**			**9165.70**	**18538.03**		
北 京	Beijing	161.48	164.61	235.38	4	185.47	185.22	253.95	18
天 津	Tianjin	101.91	214.25			113.81	186.57		
河 北	Hebei	264.84	510.07			257.35	509.03	438.36	15
山 西	Shanxi	87.23	117.44			109.64	206.26	244.52	19
内蒙古	Inner Mongolia	184.01	319.67			182.71	304.94		
辽 宁	Liaoning	339.18	192.16			329.35	181.32	144.20	21
吉 林	Jilin	280.83	604.30			267.66	591.57	483.71	12
黑龙江	Heilongjiang	189.43	294.85			194.53	291.19		
上 海	Shanghai	159.76	98.21	104.48	6	170.59	128.52	142.04	22
江 苏	Jiangsu	594.71	1158.53			584.19	1154.51	1252.61	4
浙 江	Zhejiang	417.35	464.45			480.23	465.03	444.68	13
安 徽	Anhui	284.52	697.86			280.18	658.04	605.65	10
福 建	Fujian	368.82	910.26			367.04	918.50	923.09	7
江 西	Jiangxi	125.76	335.09			129.65	342.45	311.62	17
山 东	Shandong	925.94	1503.81	1297.61	1	991.36	1528.25	1319.42	3
河 南	Henan	668.63	1667.72			672.84	1619.49	1657.03	2
湖 北	Hubei	553.44	1894.47	998.37	2	549.84	1744.17	883.23	8
湖 南	Hunan	293.77	726.26			289.38	713.78	770.10	9
广 东	Guangdong	635.80	1122.74			639.98	1057.14	1034.38	6
广 西	Guangxi	185.81	532.87			179.05	485.73	441.48	14
海 南	Hainan	16.31	18.52	16.53	9	19.62	19.62	18.71	27
重 庆	Chongqing	104.70	225.66	183.89	5	104.71	228.70	190.53	20
四 川	Sichuan	1287.44	2925.88			1413.32	2880.79	2910.43	1
贵 州	Guizhou	192.01	1029.79			184.25	927.98	1070.03	5
云 南	Yunnan	90.60	303.12	305.03	3	92.10	308.28	329.82	16
西 藏	Tibet	9.98	26.62	29.00	8	9.37	22.45	23.68	26
陕 西	Shaanxi	222.12	599.53			199.23	578.03	575.07	11
甘 肃	Gansu	73.61	140.96	87.47	7	73.06	101.18	84.78	24
青 海	Qinghai	16.24	54.86			15.76	36.41	18.41	28
宁 夏	Ningxia	17.08	47.05			15.84	34.26	32.26	25
新 疆	Xinjiang	61.96	132.66			63.56	128.62	117.89	23

11-121 酒、饮料和精制茶制造业主营业务成本和利润总额
Cost of Principal Business and Total Profit of Manufacture of Liquor, Beverages and Refined Tea

单位：亿元 (100 million yuan)

地区	Region	主营业务成本 Cost of Principal Business 2010	2016	2017	2017排名 Ranking	利润总额 Total Profit 2010	2016	2017	2017排名 Ranking
全 国	**National Total**	**6669.36**	**13886.78**			**991.33**	**1908.52**		
北 京	Beijing	126.77	127.41	168.32	14	14.32	6.00	20.70	18
天 津	Tianjin	85.82	153.32			4.83	2.18	3.72	26
河 北	Hebei	191.59	380.61	323.83	11	23.72	67.26	56.84	11
山 西	Shanxi	72.70	157.14	180.85	13	12.12	9.62	15.44	22
内蒙古	Inner Mongolia	135.03	244.00			17.34	17.46		
辽 宁	Liaoning	263.48	129.52	98.50	16	32.13	16.98	19.60	19
吉 林	Jilin	218.64	495.87	400.04	9	10.63	25.81	28.80	16
黑龙江	Heilongjiang	153.17	231.82			15.62	18.36		
上 海	Shanghai	91.98	82.59			7.49	10.11	9.42	23
江 苏	Jiangsu	429.05	844.74	904.76	3	60.25	178.96	202.91	3
浙 江	Zhejiang	366.35	333.91	324.01	10	35.55	49.27	37.95	14
安 徽	Anhui	192.04	457.40	414.55	8	35.00	75.96	78.74	9
福 建	Fujian	271.87	730.75			42.12	80.00	81.91	8
江 西	Jiangxi	91.64	266.82	235.67	12	13.99	35.62	39.16	13
山 东	Shandong	756.14	1229.68			95.92	124.26	95.78	5
河 南	Henan	533.53	1359.13	1394.73	2	79.01	129.55	132.88	4
湖 北	Hubei	392.18	1402.61	670.43	5	53.61	116.37	91.06	6
湖 南	Hunan	228.22	563.47	613.22	6	27.13	40.32	39.84	12
广 东	Guangdong	467.55	742.52	731.44	4	40.77	82.55	86.96	7
广 西	Guangxi	127.58	368.57			28.03	52.33	29.32	15
海 南	Hainan	12.83	13.98	13.82	21	3.14	0.78	-0.07	29
重 庆	Chongqing	75.05	171.15	138.62	15	9.31	20.95	18.44	21
四 川	Sichuan	1007.07	2145.02	2110.81	1	189.12	279.83	324.22	2
贵 州	Guizhou	49.78	394.19			91.24	326.89	441.48	1
云 南	Yunnan	64.48	234.64			11.93	28.50	26.27	17
西 藏	Tibet	5.58	13.33	14.85	20	1.89	5.03	5.16	25
陕 西	Shaanxi	144.82	406.21	429.81	7	17.40	69.92	73.38	10
甘 肃	Gansu	51.48	71.54	57.83	18	4.98	6.51	6.64	24
青 海	Qinghai	10.71	25.15	11.91	22	-0.77	4.87	0.76	28
宁 夏	Ningxia	11.00	22.32	21.80	19	2.08	3.70	2.62	27
新 疆	Xinjiang	41.24	87.36	82.13	17	11.44	22.56	18.78	20

11-122 酒、饮料和精制茶制造业销售费用和管理费用

Sales Expenses and Administrative Expenses of Manufacture of Liquor, Beverages and Refined Tea

单位：亿元 (100 million yuan)

地区	Region	销售费用 Sales Expenses			管理费用 Administrative Expenses			
		2016	2017	2017排名 Ranking	2010	2016	2017	2017排名 Ranking
全　国	**National Total**	**1404.18**			**444.21**	**822.31**		
北　京	Beijing	32.68	35.70	7	11.44	14.09	19.01	9
天　津	Tianjin	22.82			5.40	7.86		
河　北	Hebei	40.11			10.01	16.52		
山　西	Shanxi	13.89	17.47	10	7.37	11.68	12.60	11
内蒙古	Inner Mongolia	9.17			6.66	11.23		
辽　宁	Liaoning	15.00			14.81	10.30		
吉　林	Jilin	23.21	21.53	9	14.78	26.56	19.57	8
黑龙江	Heilongjiang	17.23	14.41	12	8.89	13.96	10.46	12
上　海	Shanghai	25.06			18.34	8.84		
江　苏	Jiangsu	68.46	60.26	2	19.70	51.71	50.49	2
浙　江	Zhejiang	62.48	58.74	4	17.84	22.63	22.10	7
安　徽	Anhui	57.91			14.52	30.02		
福　建	Fujian	59.14			20.80	42.25		
江　西	Jiangxi	15.04	15.73	11	5.42	10.48		
山　东	Shandong	99.31			35.97	41.13	40.42	4
河　南	Henan	55.81			15.38	39.70		
湖　北	Hubei	122.17	59.97	3	25.44	77.70	38.00	5
湖　南	Hunan	40.96	42.60	5	17.32	39.69	45.30	3
广　东	Guangdong	225.21			28.22	47.95		
广　西	Guangxi	22.26			12.56	27.89		
海　南	Hainan	2.67	2.92	15	2.61	1.79	2.05	15
重　庆	Chongqing	17.16			6.11	11.74		
四　川	Sichuan	216.97	216.75	1	79.78	124.57	125.51	1
贵　州	Guizhou	51.03			18.48	67.16		
云　南	Yunnan	21.15	30.13	8	5.22	15.41	16.71	10
西　藏	Tibet	2.84	2.95	14	0.60	1.16	1.44	17
陕　西	Shaanxi	39.90	38.21	6	12.32	32.55	27.03	6
甘　肃	Gansu	10.10			2.72	5.13	4.37	13
青　海	Qinghai	2.77	2.31	16	1.84	2.97	1.87	16
宁　夏	Ningxia	3.14	3.22	13	0.87	2.10	2.18	14
新　疆	Xinjiang	8.56			2.79	5.53		

11-123 酒、饮料和精制茶制造业财务费用和营业利润

Financial Expenses and Operating Profit of Manufacture of Liquor, Beverages and Refined Tea

单位：亿元 (100 million yuan)

地区	Region	财务费用 Financial Expenses 2010	2016	2017	2017排名 Ranking	营业利润 Operating Profit 2010	2016	2017	2017排名 Ranking
全国	**National Total**	**66.19**	**133.30**			**1018.43**	**1888.87**		
北京	Beijing	1.76	0.11	0.96	10	12.42	4.77		
天津	Tianjin	0.35	1.05			4.34	1.61		
河北	Hebei	1.97	4.76			22.97	66.54	56.43	2
山西	Shanxi	1.46	1.26	1.76	9	12.30	9.55		
内蒙古	Inner Mongolia	2.21	2.47			32.69	27.37		
辽宁	Liaoning	1.39	1.50			32.30	17.01		
吉林	Jilin	3.09	6.82	6.13	5	10.90	25.49		
黑龙江	Heilongjiang	1.50	2.40	1.91	8	15.56	16.85		
上海	Shanghai	0.32	0.17			7.24	9.86		
江苏	Jiangsu	2.81	11.00	13.18	1	65.30	176.47		
浙江	Zhejiang	3.97	4.09	3.02	7	34.13	42.85		
安徽	Anhui	1.63	4.38			34.44	72.72		
福建	Fujian	1.83	3.47			42.21	73.98		
江西	Jiangxi	0.79	2.13			13.86	34.40		
山东	Shandong	6.82	9.36			95.84	122.38		
河南	Henan	7.40	16.77			78.56	127.16		
湖北	Hubei	4.78	14.13	7.28	3	69.35	117.04	92.20	1
湖南	Hunan	2.06	6.02	8.36	2	28.28	42.46	41.41	3
广东	Guangdong	3.21	3.75			38.28	83.00		
广西	Guangxi	1.37	3.73			27.67	51.21		
海南	Hainan	0.07	-0.02	-0.01	14	3.50	0.68	-0.17	8
重庆	Chongqing	1.02	2.27			9.29	20.21		
四川	Sichuan	8.50	14.50	7.23	4	190.26	276.13		
贵州	Guizhou	-0.74	5.39			91.08	332.47		
云南	Yunnan	1.84	4.75			12.09	26.76		
西藏	Tibet	0.05	0.17	0.13	12	1.69	4.82	4.53	5
陕西	Shaanxi	1.84	3.81	3.26	6	17.78	68.86		
甘肃	Gansu	1.46	1.77			4.79	6.10		
青海	Qinghai	0.05	-0.07	0.07	13	-0.82	4.88	0.78	7
宁夏	Ningxia	0.38	1.13	0.88	11	1.86	3.20	2.42	6
新疆	Xinjiang	0.98	0.22			8.26	22.06	17.55	4

11-124 酒、饮料和精制茶制造业利润总额和应交增值税

Total Assets and Liabilities of Manufacture of Liquor, Beverages and Refined Tea

单位：亿元 (100 million yuan)

地区	Region	资产总计 Total Assets			负债合计 Total Liabilities		
		2016	2017	2017排名 Ranking	2016	2017	2017排名 Ranking
全　国	**National Total**	**16761.53**			**7361.05**		
北　京	Beijing	418.35	548.21	11	169.13	258.14	9
天　津	Tianjin	169.29	101.42	26	114.46	58.51	22
河　北	Hebei	573.08	568.49	10	278.85	278.18	6
山　西	Shanxi	224.52	269.75	19	108.86	134.27	16
内蒙古	Inner Mongolia	279.23			141.29		
辽　宁	Liaoning	216.92	183.10	21	93.16	89.40	17
吉　林	Jilin	356.14	367.22	16	183.72	197.97	12
黑龙江	Heilongjiang	306.13	264.26	20	162.43	150.49	13
上　海	Shanghai	147.16	156.49	23	72.43	81.35	19
江　苏	Jiangsu	1170.85	1187.78	4	469.03	441.63	4
浙　江	Zhejiang	578.29	543.64	12	276.34	262.51	8
安　徽	Anhui	619.07	627.81	8	266.75	274.52	7
福　建	Fujian	546.95	573.38	9	224.79		
江　西	Jiangxi	283.59	277.65	18	148.03	135.66	15
山　东	Shandong	1166.84	1202.18	3	460.29	520.49	2
河　南	Henan	1182.50	1122.91	5	480.16	432.06	5
湖　北	Hubei	1179.18	920.45	6	691.04	497.22	3
湖　南	Hunan	349.72	384.89	14	133.65	143.45	14
广　东	Guangdong	837.41	901.21	7	453.81		
广　西	Guangxi	295.23	292.90	17	136.80		
海　南	Hainan	28.93	31.89	30	14.62	17.62	25
重　庆	Chongqing	169.42	162.61	22	90.73	84.48	18
四　川	Sichuan	2477.70	2650.48	1	955.05	962.24	1
贵　州	Guizhou	1821.03	2186.90	2	540.81		
云　南	Yunnan	366.10	382.84	15	193.54	200.12	11
西　藏	Tibet	86.89	81.16	27	48.26		
陕　西	Shaanxi	419.03	452.23	13	200.25	201.73	10
甘　肃	Gansu	167.13	142.67	25	83.39	78.44	20
青　海	Qinghai	64.15	48.95	29	29.72	29.48	24
宁　夏	Ningxia	84.35	79.85	28	55.25	43.35	23
新　疆	Xinjiang	176.37	154.87	24	84.42	70.94	21

11-125 烟草制品业工业销售产值和主营业务收入
Sales Value and Revenue from Principal Business of Tobacco Manufacturing Industry

单位：亿元 (100 million yuan)

地区	Region	工业销售产值（当年价格） Sales Value (current prices)				主营业务收入 Revenue from Principal Business			
		2010	2016	2017	2017排名 Ranking	2010	2016	2017	2017排名 Ranking
全国	**National Total**	**5846.40**	**8855.80**			**5628.19**	**8686.38**		
北京	Beijing	36.86	48.97			36.56	48.99		
天津	Tianjin	26.61	52.77			26.61	52.77		
河北	Hebei	116.45	149.46			113.54	148.05	151.46	17
山西	Shanxi	26.06	42.27			26.36	42.07	41.67	23
内蒙古	Inner Mongolia	50.41	99.29			49.96	99.08		
辽宁	Liaoning	50.98	69.22			50.91	69.23	70.50	21
吉林	Jilin	96.14	132.11			88.77	130.35	135.91	19
黑龙江	Heilongjiang	63.64	93.88			63.34	93.85		
上海	Shanghai	539.69	904.03	895.32	2	538.16	903.13	895.00	2
江苏	Jiangsu	345.17	530.20			345.16	533.47	562.17	5
浙江	Zhejiang	280.69	530.38			279.33	482.84	479.98	6
安徽	Anhui	225.41	297.47			225.04	297.19	313.19	10
福建	Fujian	164.43	238.16			167.77	233.79	242.20	12
江西	Jiangxi	94.12	180.37			94.00	181.04	197.07	15
山东	Shandong	355.69	287.65	298.48	4	259.14	287.47	298.48	11
河南	Henan	281.22	410.59			280.93	411.57	426.37	7
湖北	Hubei	360.60	615.45	620.15	3	359.47	609.93	664.43	4
湖南	Hunan	526.12	831.73			520.78	831.45	857.75	3
广东	Guangdong	376.97	525.29			312.16	411.17	417.17	8
广西	Guangxi	118.69	202.41			118.99	201.83	207.35	13
海南	Hainan	13.43	27.18	27.60	9	13.43	27.18	27.60	24
重庆	Chongqing	99.83	129.09	126.68	7	97.56	125.65	126.22	20
四川	Sichuan	171.95	190.83			171.16	185.27	201.54	14
贵州	Guizhou	206.76	341.25			212.11	342.96	334.94	9
云南	Yunnan	990.79	1529.33	1501.28	1	949.58	1539.79	1549.13	1
西藏	Tibet								
陕西	Shaanxi	121.24	188.91	192.72	5	120.59	188.28	191.64	16
甘肃	Gansu	78.14	147.27	149.73	6	78.47	147.76	149.71	18
青海	Qinghai								
宁夏	Ningxia	4.69	20.35			4.69	20.35	19.59	25
新疆	Xinjiang	23.60	39.92	42.20	8	23.60	39.85	42.20	22

11-126 烟草制品业主营业务成本和利润总额
Cost, Tax and Total Profit of Tobacco Manufacturing Industry

单位：亿元 (100 million yuan)

地区	Region	主营业务成本 Cost of Principal Business				利润总额 Total Profit			
		2010	2016	2017	2017排名 Ranking	2010	2016	2017	2017排名 Ranking
全　国	**National Total**	**1737.77**	**2480.64**			**734.00**	**1038.05**		
北　京	Beijing	13.02	15.64			3.40	3.89		
天　津	Tianjin	10.87	18.57			1.91	6.39		
河　北	Hebei	42.44	57.53	56.56	11	11.06	3.11	1.16	23
山　西	Shanxi	10.09	15.40	15.97	17	2.89	5.22	4.27	18
内蒙古	Inner Mongolia	16.98	31.62			5.47	7.83		
辽　宁	Liaoning	18.16	26.52	27.60	15	3.44	-0.87	-1.70	25
吉　林	Jilin	33.08	47.07	48.46	12	6.92	7.03	5.82	17
黑龙江	Heilongjiang	26.71	44.69			9.41	4.45		
上　海	Shanghai	68.14	103.72			141.76	232.85	241.91	1
江　苏	Jiangsu	78.36	113.92	114.54	5	65.15	85.42	82.45	5
浙　江	Zhejiang	58.45	108.57	106.88	6	19.44	35.16	37.00	8
安　徽	Anhui	72.69	95.09	99.92	7	25.53	9.86	8.28	14
福　建	Fujian	52.84	73.81			16.69	13.48	9.67	13
江　西	Jiangxi	33.37	65.29	70.36	10	8.65	19.39	17.80	10
山　东	Shandong	96.64	113.77			20.73	17.86	16.97	11
河　南	Henan	110.06	136.22	139.20	3	27.36	50.26	39.59	7
湖　北	Hubei	104.64	130.37	144.87	2	18.89	90.76	83.80	4
湖　南	Hunan	202.29	173.65	189.77	1	68.47	90.44	96.71	3
广　东	Guangdong	97.90	129.39	133.69	4	47.21	50.39	44.85	6
广　西	Guangxi	42.30	68.14			11.75	13.51	11.62	12
海　南	Hainan	5.67	10.86	11.34	18	1.03	4.15	1.23	22
重　庆	Chongqing	35.86	45.93	45.81	14	8.59	2.95	-0.42	24
四　川	Sichuan	63.64	65.90	71.33	9	15.04	0.55	2.22	21
贵　州	Guizhou	78.32	104.53			17.71	28.69	27.60	9
云　南	Yunnan	283.47	546.76			156.20	226.63	205.01	2
西　藏	Tibet								
陕　西	Shaanxi	45.24	70.69	74.12	8	11.42	11.36	5.88	16
甘　肃	Gansu	25.06	44.47	46.56	13	5.99	9.85	7.07	15
青　海	Qinghai								
宁　夏	Ningxia	2.57	6.98	6.70	19	-0.43	3.78	3.66	19
新　疆	Xinjiang	8.89	15.51	17.85	16	2.34	3.65	2.53	20

11-127 烟草制品业销售费用和管理费用

Sales Expenses and Administrative Expenses of Tobacco Manufacturing Industry

单位：亿元 (100 million yuan)

地区	Region	销售费用 Sales Expenses			管理费用 Administrative Expenses			
		2016	2017	2017排名 Ranking	2010	2016	2017	2017排名 Ranking
全 国	**National Total**	**152.37**			**363.92**	**482.41**		
北 京	Beijing	1.24			2.32	3.82		
天 津	Tianjin	0.78			1.79	3.46		
河 北	Hebei	1.35			8.58	12.20		
山 西	Shanxi	0.51	0.55	11	1.90	2.67	2.48	12
内蒙古	Inner Mongolia	1.38			3.37	5.84		
辽 宁	Liaoning	1.28			5.31	7.49		
吉 林	Jilin	3.33	3.26	8	7.19	10.94	10.94	9
黑龙江	Heilongjiang	1.20	1.13	10	6.24	8.85	8.90	10
上 海	Shanghai	5.14			25.35	41.53		
江 苏	Jiangsu	6.45	6.69	5	17.98	19.92	20.59	4
浙 江	Zhejiang	13.34	13.28	3	14.64	19.38	18.94	6
安 徽	Anhui	6.57			15.16	21.47		
福 建	Fujian	2.43			8.65	12.16		
江 西	Jiangxi	2.91	3.14	9	5.90	10.93		
山 东	Shandong	8.50			18.64	21.28	20.79	3
河 南	Henan	12.58			18.20	25.85		
湖 北	Hubei	9.40	9.68	4	22.47	19.70	20.07	5
湖 南	Hunan	11.57	13.52	2	31.98	41.99	38.27	2
广 东	Guangdong	10.24			24.73	27.82		
广 西	Guangxi	4.08			7.48	11.74		
海 南	Hainan	0.21	0.33	12	0.82	1.62	1.66	13
重 庆	Chongqing	3.15			6.67	10.32		
四 川	Sichuan	5.00	5.00	7	9.36	14.16	14.49	7
贵 州	Guizhou	6.66			15.49	23.38		
云 南	Yunnan	26.00	28.44	1	66.79	84.50	81.91	1
西 藏	Tibet							
陕 西	Shaanxi	4.70	5.11	6	11.38	11.47	11.49	8
甘 肃	Gansu	1.78			3.55	4.69	4.72	11
青 海	Qinghai							
宁 夏	Ningxia	0.23	0.08	13	0.43	0.86	0.79	14
新 疆	Xinjiang	0.36			1.55	2.37		

11-128 烟草制品业财务费用和营业利润

Financial Expenses and Operating Profit of Tobacco Manufacturing Industry

单位：亿元 (100 million yuan)

地区	Region	财务费用 Financial Expenses 2010	2016	2017	2017排名 Ranking	营业利润 Operating Profit 2010	2016	2017	2017排名 Ranking
全　国	**National Total**	**-2.94**	**-19.17**			**739.13**	**1046.54**		
北　京	Beijing	0.16	-0.12			3.72	3.88		
天　津	Tianjin	-0.01	-0.28			1.90	6.37		
河　北	Hebei	0.07	0.04			11.04	3.00	1.19	6
山　西	Shanxi	-0.04	-0.45	-0.28	8	2.86	5.24		
内蒙古	Inner Mongolia		-0.35			6.10	8.03		
辽　宁	Liaoning	0.03	-0.11			3.29	-0.88		
吉　林	Jilin	0.67	0.76	1.10	1	7.21	7.46		
黑龙江	Heilongjiang	0.08	-0.12	-0.09	3	9.65	4.59		
上　海	Shanghai	-4.96	-15.35			142.41	231.43		
江　苏	Jiangsu	-2.39	-6.56	-4.63	11	63.91	84.68		
浙　江	Zhejiang	-1.15	0.25	-0.19	5	20.23	38.89		
安　徽	Anhui	-0.31	1.59			25.27	9.76		
福　建	Fujian	0.20	1.53			17.16	13.69		
江　西	Jiangxi	0.52	-0.20			8.80	19.25		
山　东	Shandong	0.88	1.17			21.06	17.65		
河　南	Henan	1.56	1.22			25.77	50.05		
湖　北	Hubei	1.98	-0.79	-1.06	9	19.54	91.52	85.42	2
湖　南	Hunan	-0.87	-0.84	-1.50	10	70.62	92.19	97.65	1
广　东	Guangdong	-0.06	1.81			45.12	50.76		
广　西	Guangxi	-0.07	-0.07			12.14	13.86		
海　南	Hainan	-0.05	-0.05	-0.20	6	1.05	4.02	1.23	5
重　庆	Chongqing	0.59	0.70			9.08	3.08		
四　川	Sichuan	0.02	0.12	-0.27	7	15.30	0.63		
贵　州	Guizhou	0.81	-1.05			18.56	29.46		
云　南	Yunnan	-1.03	-1.80			157.81	229.26		
西　藏	Tibet								
陕　西	Shaanxi	0.28	-0.21	-0.19	4	11.55	11.41		
甘　肃	Gansu	0.18	0.21			6.05	9.87		
青　海	Qinghai								
宁　夏	Ningxia		-0.03	-0.02	2	-0.43	3.78	3.66	3
新　疆	Xinjiang	-0.04	-0.16			2.37	3.62	2.56	4

11-129 烟草制品业资产总计和负债合计

Total Assets and Liabilities of Tobacco Manufacturing Industry

单位：亿元 (100 million yuan)

地区	Region	资产总计 Total Assets 2016	资产总计 Total Assets 2017	2017排名 Ranking	负债合计 Total Liabilities 2016	负债合计 Total Liabilities 2017	2017排名 Ranking
全 国	**National Total**	**10210.17**			**2625.08**		
北 京	Beijing	34.60			4.88		
天 津	Tianjin	32.12			32.12		
河 北	Hebei	143.24	144.76	20	53.58	54.58	14
山 西	Shanxi	41.90	48.16	23	5.15	10.66	19
内蒙古	Inner Mongolia	72.39			18.87		
辽 宁	Liaoning	60.50	54.70	22	56.41	50.60	15
吉 林	Jilin	182.52	165.59	18	105.93	81.65	9
黑龙江	Heilongjiang	87.58	93.79	21	13.80	22.81	18
上 海	Shanghai	1238.31	1297.22	2	129.35	93.45	7
江 苏	Jiangsu	601.52	637.63	4	66.56	71.04	11
浙 江	Zhejiang	496.42	501.08	7	133.85	127.37	5
安 徽	Anhui	342.87	330.98	11	95.58	93.34	8
福 建	Fujian	256.01	265.53	12	82.69		
江 西	Jiangxi	191.03	214.16	14	52.77	62.16	13
山 东	Shandong	338.73	339.85	10	127.97	123.39	6
河 南	Henan	442.60	479.84	8	149.97	163.59	3
湖 北	Hubei	443.30	509.55	6	137.44	172.41	2
湖 南	Hunan	817.35	860.61	3	142.64	140.39	4
广 东	Guangdong	554.58	546.66	5	158.06		
广 西	Guangxi	197.54	202.11	15	57.92		
海 南	Hainan	23.68	27.29	25	4.36	9.12	21
重 庆	Chongqing	140.99	149.96	19	81.11	46.17	17
四 川	Sichuan	219.17	233.06	13	141.34	72.95	10
贵 州	Guizhou	335.84	352.62	9	112.23		
云 南	Yunnan	2528.99	2499.43	1	542.87	508.37	1
西 藏	Tibet						
陕 西	Shaanxi	165.75	190.48	16	29.78	48.85	16
甘 肃	Gansu	155.50	171.77	17	64.34	70.11	12
青 海	Qinghai						
宁 夏	Ningxia	14.77	7.12	26	10.69	3.46	22
新 疆	Xinjiang	50.37	47.42	24	12.82	10.23	20

11-130 纺织业工业销售产值和主营业务收入
Sales Value and Revenue from Principal Business of Textile Manufacturing Industry

单位：亿元 (100 million yuan)

地区	Region	工业销售产值(当年价格) Sales Value (current prices)				主营业务收入 Revenue from Principal Business			
		2010	2016	2017	2017排名 Ranking	2010	2016	2017	2017排名 Ranking
全　国	**National Total**	**27972.91**	**40287.42**			**28110.07**	**40844.21**		
北　京	Beijing	68.78	12.18	12.39	8	78.76	21.95	21.92	24
天　津	Tianjin	82.06	83.59			88.33	137.28		
河　北	Hebei	948.99	1729.16			948.53	1836.00	1355.14	8
山　西	Shanxi	26.07	36.12			25.75	36.27	29.14	21
内蒙古	Inner Mongolia	415.11	404.33			414.44	391.68		
辽　宁	Liaoning	361.12	82.85			364.11	112.17	80.20	20
吉　林	Jilin	69.00	203.50			62.05	197.18	187.37	17
黑龙江	Heilongjiang	30.99	102.82			31.02	100.54		
上　海	Shanghai	410.15	194.83	182.54	5	434.43	207.63	203.79	16
江　苏	Jiangsu	5894.61	7163.73			5920.56	7244.84	6432.81	2
浙　江	Zhejiang	5441.13	5833.13			5472.51	5737.40	4716.44	3
安　徽	Anhui	474.20	1036.21			477.05	1038.17	951.64	10
福　建	Fujian	1090.91	2579.03			1086.81	2548.97	2775.34	4
江　西	Jiangxi	532.51	1188.89			538.88	1223.57	1126.56	9
山　东	Shandong	5695.91	8895.84	8082.61	1	5768.25	9474.83	8420.29	1
河　南	Henan	1297.53	2722.72			1316.69	2670.71	2381.85	6
湖　北	Hubei	924.53	2373.36	2182.18	2	918.17	2300.71	2170.25	7
湖　南	Hunan	412.45	679.62			404.29	660.25	637.98	12
广　东	Guangdong	2524.23	2650.87			2490.56	2616.84	2409.14	5
广　西	Guangxi	110.50	261.89			108.58	255.54	278.48	14
海　南	Hainan	3.29	4.84	5.51	10	3.17	4.36	5.30	27
重　庆	Chongqing	166.10	195.23	102.32	6	168.91	197.02	100.78	19
四　川	Sichuan	617.85	969.97			616.42	955.32	836.06	11
贵　州	Guizhou	4.58	22.48			4.56	19.35	23.59	23
云　南	Yunnan	10.60	28.76	31.82	7	11.27	26.08	28.90	22
西　藏	Tibet	0.66	1.07	0.36	11	0.37	0.74	0.38	28
陕　西	Shaanxi	120.87	273.99	272.95	4	114.54	269.84	275.19	15
甘　肃	Gansu	14.71	24.22	10.66	9	14.00	22.86	10.77	26
青　海	Qinghai	20.58	32.99			20.22	33.07	11.83	25
宁　夏	Ningxia	83.35	265.06			80.92	256.11	141.61	18
新　疆	Xinjiang	119.56	234.16	363.71	3	125.92	246.93	380.51	13

11-131 纺织业主营业务成本和利润总额
Cost, Tax and Total Profit of Textile Manufacturing Industry

单位：亿元 (100 million yuan)

地区	Region	主营业务成本 Cost of Principal Business				利润总额 Total Profit			
		2010	2016	2017	2017排名 Ranking	2010	2016	2017	2017排名 Ranking
全　国	**National Total**	**24709.88**	**36392.68**			**1697.91**	**2285.63**		
北　京	Beijing	60.59	17.55	17.07	18	5.04	0.91	0.51	24
天　津	Tianjin	78.72	122.89			2.89	5.21	2.41	20
河　北	Hebei	823.65	1633.26	1208.40	6	69.63	125.64	81.52	9
山　西	Shanxi	23.45	33.68	26.82	17	0.22	-0.15	0.44	25
内蒙古	Inner Mongolia	344.13	338.79			40.37	31.92		
辽　宁	Liaoning	316.52	102.60	70.80	16	25.49	2.05	1.80	21
吉　林	Jilin	53.51	177.59	168.50	13	2.93	7.03	6.30	17
黑龙江	Heilongjiang	27.05	92.36			1.11	5.15		
上　海	Shanghai	367.37	170.44			25.01	14.95	10.97	16
江　苏	Jiangsu	5312.30	6444.18	5722.95	1	282.48	381.87	329.56	2
浙　江	Zhejiang	4864.16	5047.67	4124.89	2	268.74	324.12	243.37	3
安　徽	Anhui	420.73	933.11	858.20	8	35.25	51.20	43.64	11
福　建	Fujian	955.28	2261.11			74.76	140.95	154.72	5
江　西	Jiangxi	459.76	1092.97	998.10	7	34.18	88.49	84.36	8
山　东	Shandong	5057.55	8688.65			395.32	472.04	367.12	1
河　南	Henan	1120.75	2339.25	2085.74	4	128.60	209.84	190.51	4
湖　北	Hubei	783.24	1992.77	1881.46	5	66.88	121.23	100.71	7
湖　南	Hunan	337.09	575.70	547.54	10	15.50	25.59	22.35	13
广　东	Guangdong	2199.86	2308.56	2105.17	3	140.75	140.45	132.08	6
广　西	Guangxi	96.17	233.75			4.97	7.71	16.24	15
海　南	Hainan	2.44	3.59	4.42	21	0.08	0.94	1.06	22
重　庆	Chongqing	147.87	172.57	89.00	15	10.15	15.85	4.80	19
四　川	Sichuan	538.85	859.55	752.58	9	37.35	46.37	45.37	10
贵　州	Guizhou	4.20	17.37			0.16	0.88	0.42	26
云　南	Yunnan	9.32	24.41			0.78	0.22	0.33	27
西　藏	Tibet	0.27	0.64	0.35	22	0.02	0.05	-0.01	29
陕　西	Shaanxi	98.81	227.35	235.82	12	7.76	29.93	26.84	12
甘　肃	Gansu	11.27	20.80	9.98	20	0.42	0.46	0.53	23
青　海	Qinghai	18.88	31.98	11.23	19	0.62	0.42	0.13	28
宁　夏	Ningxia	68.28	205.81	132.30	14	9.53	14.02	5.32	18
新　疆	Xinjiang	107.80	221.72	348.39	11	10.93	20.29	21.09	14

11-132 纺织业销售费用和管理费用

Sales Expenses and Administration Expenses of Textile Manufacturing Industry

单位：亿元 (100 million yuan)

地区	Region	销售费用 Sales Expenses			管理费用 Administrative Expenses			
		2016	2017	2017排名 Ranking	2010	2016	2017	2017排名 Ranking
全　国	**National Total**	**599.37**			**859.91**	**1053.88**		
北　京	Beijing	0.58	0.75	10	6.53	2.98	2.76	10
天　津	Tianjin	1.55			4.26	4.34		
河　北	Hebei	25.04			20.21	28.73		
山　西	Shanxi	0.47	0.43	12	1.32	1.05	0.95	11
内蒙古	Inner Mongolia	4.81			9.88	7.93		
辽　宁	Liaoning	2.01			14.43	5.26		
吉　林	Jilin	3.94	3.69	7	4.45	7.98	7.77	7
黑龙江	Heilongjiang	1.12	0.44	11	1.72	1.83	0.92	13
上　海	Shanghai	9.08			27.94	14.77		
江　苏	Jiangsu	114.14	108.66	1	161.46	214.42	195.48	2
浙　江	Zhejiang	73.97	68.94	2	181.37	210.84	209.23	1
安　徽	Anhui	17.59			14.88	27.46		
福　建	Fujian	35.99			30.43	73.66		
江　西	Jiangxi	15.13	15.69	5	19.31	19.05		
山　东	Shandong	83.74			125.16	130.20	120.92	3
河　南	Henan	42.03			22.71	43.87		
湖　北	Hubei	59.41	60.19	3	42.53	85.28	85.69	4
湖　南	Hunan	21.10	21.12	4	23.97	24.92	26.99	5
广　东	Guangdong	52.62			91.33	91.64		
广　西	Guangxi	1.79			8.22	9.83		
海　南	Hainan	0.18	0.17	14	0.45	0.48	0.48	15
重　庆	Chongqing	1.71			6.65	3.62		
四　川	Sichuan	14.77	11.00	6	27.23	20.30	16.47	6
贵　州	Guizhou	0.38			0.25	0.65		
云　南	Yunnan	0.24	0.26	13	0.92	0.84	0.93	12
西　藏	Tibet	0.02	0.01	16	0.02	0.03	0.02	17
陕　西	Shaanxi	2.99	3.17	8	4.47	5.25	5.17	8
甘　肃	Gansu	0.47			1.35	0.83	0.63	14
青　海	Qinghai	0.13	0.08	15	0.64	0.25	0.21	16
宁　夏	Ningxia	4.20	1.99	9	1.62	6.40	3.60	9
新　疆	Xinjiang	8.18			4.20	9.19		

11-133 纺织业财务费用和营业利润

Financial Expenses and Operating Profit of Textile Manufacturing Industry

单位：亿元 (100 million yuan)

地区	Region	财务费用 Financial Expenses				营业利润 Operating Profit			
		2010	2016	2017	2017排名 Ranking	2010	2016	2017	2017排名 Ranking
全 国	**National Total**	**335.74**	**437.81**			**1736.57**	**2231.98**		
北 京	Beijing	1.01	0.38	0.48	9	3.05	0.67		
天 津	Tianjin	1.08	2.64			2.74	5.38		
河 北	Hebei	6.92	10.66			76.73	126.55	82.37	2
山 西	Shanxi	0.73	0.79	0.48	10	0.67	0.23		
内蒙古	Inner Mongolia	7.96	9.43			54.03	33.63		
辽 宁	Liaoning	3.23	1.78			26.49	0.14		
吉 林	Jilin	0.30	1.11	0.88	8	3.04	6.06		
黑龙江	Heilongjiang	0.39	0.40	0.23	13	1.12	5.16		
上 海	Shanghai	2.99	0.20			22.41	12.60		
江 苏	Jiangsu	64.41	66.96	61.52	2	299.10	378.88		
浙 江	Zhejiang	101.02	80.03	70.91	1	262.88	317.80		
安 徽	Anhui	5.81	9.26			36.03	50.49		
福 建	Fujian	13.75	27.88			79.00	140.86		
江 西	Jiangxi	3.42	5.26			34.83	88.17		
山 东	Shandong	63.78	115.22			394.68	455.54		
河 南	Henan	13.33	21.66			130.76	211.16		
湖 北	Hubei	14.06	28.65	29.41	3	65.60	116.13	96.60	1
湖 南	Hunan	4.96	7.19	7.33	5	18.24	25.66	25.70	3
广 东	Guangdong	11.27	15.53			143.19	139.51		
广 西	Guangxi	1.12	1.83			5.04	7.47		
海 南	Hainan	0.07	0.13	0.29	11	0.03	0.90	1.01	5
重 庆	Chongqing	1.17	1.56			11.07	15.79		
四 川	Sichuan	6.09	9.31	7.02	6	39.50	45.97		
贵 州	Guizhou	0.01	0.27			0.16	0.83		
云 南	Yunnan	0.22	0.60			0.59	-0.11		
西 藏	Tibet			0.005	14	0.10	0.05	-0.004	7
陕 西	Shaanxi	1.41	2.73	3.15	7	7.44	29.33		
甘 肃	Gansu	0.16	0.69			0.09	0.34		
青 海	Qinghai	0.40	0.29	0.27	12	1.33	0.42	0.11	6
宁 夏	Ningxia	2.47	11.69	8.68	4	8.41	11.79	-3.70	8
新 疆	Xinjiang	2.21	3.67			8.24	4.61	6.99	4

11-134 纺织业资产总计和负债合计

Total Assets and Liabilities of Textile Manufacturing Industry

单位：亿元 (100 million yuan)

地区	Region	资产总计 Total Assets 2016	资产总计 Total Assets 2017	资产总计 Total Assets 2017排名 Ranking	负债合计 Total Liabilities 2016	负债合计 Total Liabilities 2017	负债合计 Total Liabilities 2017排名 Ranking
全　国	**National Total**	**24522.83**			**12680.72**		
北　京	Beijing	46.84	45.50	22	23.20	23.17	21
天　津	Tianjin	126.41	130.82	18	74.30	77.95	15
河　北	Hebei	793.00	670.38	9	353.31	318.86	7
山　西	Shanxi	53.78	41.87	23	35.08	28.03	19
内蒙古	Inner Mongolia	405.59			236.25		
辽　宁	Liaoning	138.62	124.90	19	77.05	83.60	14
吉　林	Jilin	99.13	104.66	20	51.87	52.31	17
黑龙江	Heilongjiang	61.75	38.63	24	22.91	23.78	20
上　海	Shanghai	203.09	173.45	16	85.79	77.38	16
江　苏	Jiangsu	4528.64	3968.45	3	2430.38	2179.93	2
浙　江	Zhejiang	4956.41	4300.94	1	2954.33	2664.40	1
安　徽	Anhui	591.72	558.96	11	280.56	257.08	10
福　建	Fujian	1499.38	1616.33	5	727.61		
江　西	Jiangxi	599.73	593.62	10	272.32	289.00	8
山　东	Shandong	4044.48	4033.23	2	1988.80	2021.64	3
河　南	Henan	1811.63	1646.05	4	706.88	658.88	4
湖　北	Hubei	919.97	871.49	7	413.39	387.33	6
湖　南	Hunan	324.11	344.55	14	155.93	165.22	12
广　东	Guangdong	1401.47	1402.58	6	720.29		
广　西	Guangxi	147.17	156.62	17	101.16		
海　南	Hainan	12.10	14.90	29	3.22	4.97	25
重　庆	Chongqing	91.16	75.11	21	37.46	49.40	18
四　川	Sichuan	432.50	390.26	13	190.78	166.49	11
贵　州	Guizhou	17.21	20.26	27	8.71		
云　南	Yunnan	29.29	29.64	25	18.62	18.35	23
西　藏	Tibet	1.72	1.77	30	0.94		
陕　西	Shaanxi	168.34	184.99	15	91.09	83.93	13
甘　肃	Gansu	31.98	26.84	26	18.30	18.66	22
青　海	Qinghai	22.41	19.69	28	11.07	10.90	24
宁　夏	Ningxia	514.57	483.19	12	303.97	288.93	9
新　疆	Xinjiang	448.62	674.47	8	285.15	429.25	5

11-135 造纸和纸制品业工业销售产值和主营业务收入

Sales Value and Revenue from Principal Business of Manufacture of Paper and Paper Products

单位：亿元 (100 million yuan)

地区	Region	工业销售产值(当年价格) Sales Value (current prices)				主营业务收入 Revenue from Principal Business			
		2010	2016	2017	2017排名 Ranking	2010	2016	2017	2017排名 Ranking
全　国	**National Total**	**10246.30**	**14832.74**			**10201.82**	**14622.82**		
北　京	Beijing	66.89	57.88	62.06	8	73.73	63.53	68.82	22
天　津	Tianjin	126.61	235.46			125.37	233.42		
河　北	Hebei	343.15	472.03			339.21	473.56	365.75	13
山　西	Shanxi	10.92	17.42			10.55	17.72	28.61	24
内蒙古	Inner Mongolia	83.16	102.20			80.96	89.04		
辽　宁	Liaoning	287.11	93.36			287.19	99.06	104.70	19
吉　林	Jilin	84.40	163.76			79.78	160.99	124.70	17
黑龙江	Heilongjiang	58.80	61.04			64.25	60.20		
上　海	Shanghai	257.19	233.64	250.57	4	269.01	265.78	291.43	14
江　苏	Jiangsu	1106.38	1633.00			1099.29	1637.92	1545.21	3
浙　江	Zhejiang	1033.06	1331.15			1025.74	1236.82	1435.56	4
安　徽	Anhui	184.77	420.63			183.80	413.59	404.75	10
福　建	Fujian	526.95	1024.10			525.77	969.71	1032.10	6
江　西	Jiangxi	168.26	367.77			168.36	373.66	382.75	11
山　东	Shandong	1840.30	2530.83	2382.09	1	1838.69	2532.38	2381.59	2
河　南	Henan	808.73	1081.39			807.64	1071.83	1045.24	5
湖　北	Hubei	235.37	566.77	574.64	2	230.05	534.78	515.38	8
湖　南	Hunan	453.49	692.43			455.83	661.93	750.91	7
广　东	Guangdong	1617.33	2050.10			1595.57	2075.45	2448.26	1
广　西	Guangxi	161.43	369.39			160.73	346.80	366.56	12
海　南	Hainan	80.05	114.45	107.91	6	75.20	117.48	135.02	16
重　庆	Chongqing	134.81	292.18	271.75	3	138.16	284.39	270.22	15
四　川	Sichuan	373.78	490.49			367.85	486.17	485.03	9
贵　州	Guizhou	23.61	105.98			24.75	107.51	75.83	21
云　南	Yunnan	47.15	76.90	81.40	7	46.36	73.61	78.71	20
西　藏	Tibet		3.46	1.56	11		3.46	1.36	27
陕　西	Shaanxi	62.54	163.46	152.21	5	58.64	154.86	121.42	18
甘　肃	Gansu	8.93	18.29	17.87	10	9.63	14.52	17.24	26
青　海	Qinghai		0.33				0.46	0.25	28
宁　夏	Ningxia	42.80	17.56			41.63	17.10	17.57	25
新　疆	Xinjiang	18.35	45.31	37.55	9	18.07	45.08	37.95	23

11-136 造纸和纸制品业主营业务成本和利润总额
Cost of Principal Business Tax and Total Profit of Manufacture of Paper and Paper Products

单位：亿元 (100 million yuan)

地区	Region	主营业务成本 Cost of Principal Business 2010	2016	2017	2017排名 Ranking	利润总额 Total Profit 2010	2016	2017	2017排名 Ranking
全　国	**National Total**	**8727.67**	**12617.13**			**727.08**	**866.87**		
北　京	Beijing	60.68	49.56	53.18	16	7.16	6.06	9.18	18
天　津	Tianjin	111.25	201.08			5.93	14.31	16.03	15
河　北	Hebei	285.34	411.28	323.77	10	25.98	34.53	22.22	13
山　西	Shanxi	9.61	16.05	26.15	18	0.24	0.22	0.30	26
内蒙古	Inner Mongolia	65.04	69.54			7.61	10.82		
辽　宁	Liaoning	248.50	83.63	87.20	15	23.94	5.81	9.00	19
吉　林	Jilin	71.32	140.53	108.65	12	1.76	8.58	6.31	21
黑龙江	Heilongjiang	53.89	51.05			2.79	2.12		
上　海	Shanghai	217.39	202.12			15.08	13.20	13.81	17
江　苏	Jiangsu	924.59	1405.90	1297.38	2	79.49	97.49	121.52	3
浙　江	Zhejiang	894.17	1067.09	1225.00	3	58.08	66.97	100.67	4
安　徽	Anhui	156.99	367.94	349.00	8	14.45	21.78	26.83	11
福　建	Fujian	455.41	811.59			45.58	81.67	91.92	5
江　西	Jiangxi	141.83	327.36	330.99	9	12.13	27.10	28.81	9
山　东	Shandong	1589.06	2220.28			141.18	134.55	150.27	2
河　南	Henan	677.52	935.58	907.50	4	89.01	74.75	81.03	6
湖　北	Hubei	195.82	469.53	446.39	6	15.37	25.18	29.53	8
湖　南	Hunan	372.43	546.72	620.43	5	25.23	32.13	35.32	7
广　东	Guangdong	1398.01	1812.49	2119.67	1	98.13	120.64	155.08	1
广　西	Guangxi	141.98	297.48			8.97	8.68	16.80	14
海　南	Hainan	55.54	97.92	104.72	14	9.45	5.90	15.04	16
重　庆	Chongqing	114.33	244.18	220.23	11	7.53	27.10	28.42	10
四　川	Sichuan	320.61	429.20	424.18	7	22.54	21.58	25.32	12
贵　州	Guizhou	21.45	93.63			0.29	5.72	6.30	22
云　南	Yunnan	36.13	63.23			4.24	1.19	4.27	23
西　藏	Tibet		3.02	1.10	21		0.27	0.05	29
陕　西	Shaanxi	50.51	132.85	104.88	13	3.47	11.73	7.70	20
甘　肃	Gansu	8.06	13.06	16.01	19	0.16	0.39	0.28	27
青　海	Qinghai		0.42	0.22	22		0.03	0.13	28
宁　夏	Ningxia	34.93	15.27	15.37	20	-0.05	0.57	0.75	25
新　疆	Xinjiang	15.28	37.54	32.77	17	1.32	5.76	3.13	24

11-137 造纸和纸制品业销售费用和管理费用

Sales Expenses and Administrative Expenses of Manufacture of Paper and Paper Products

单位：亿元 (100 million yuan)

地区	Region	销售费用 Sales Expenses			管理费用 Administrative Expenses			
		2016	2017	2017排名 Ranking	2010	2016	2017	2017排名 Ranking
全　国	**National Total**	**418.33**			**375.83**	**521.85**		
北　京	Beijing	1.91	2.74	10.00	3.56	3.84	3.99	8
天　津	Tianjin	4.46			4.58	8.87		
河　北	Hebei	8.15			8.33	12.64		
山　西	Shanxi	0.49	0.51	13.00	0.35	0.66	1.68	13
内蒙古	Inner Mongolia	1.60			3.62	4.42		
辽　宁	Liaoning	3.06			10.71	5.27		
吉　林	Jilin	4.60	3.50	8.00	4.27	6.21	5.10	7
黑龙江	Heilongjiang	2.26	1.72	12.00	3.01	3.04	2.32	11
上　海	Shanghai	34.36			14.80	17.20		
江　苏	Jiangsu	55.36	58.09	1.00	36.32	57.01	52.97	3
浙　江	Zhejiang	33.39	36.05	2.00	37.05	53.30	63.51	2
安　徽	Anhui	7.14			5.18	11.81		
福　建	Fujian	27.51			18.43	36.77		
江　西	Jiangxi	5.78	6.68	6.00	3.44	8.20		
山　东	Shandong	58.42			65.21	69.75	69.04	1
河　南	Henan	24.09			13.42	18.57		
湖　北	Hubei	17.14	17.29	4.00	9.00	17.45	17.05	5
湖　南	Hunan	23.42	27.67	3.00	33.16	37.68	42.99	4
广　东	Guangdong	56.64			56.43	86.98		
广　西	Guangxi	11.58			9.51	20.57		
海　南	Hainan	4.45	4.72	7.00	1.91	1.77	1.80	12
重　庆	Chongqing	9.61			3.65	9.78		
四　川	Sichuan	12.78	12.34	5.00	19.53	15.87	16.07	6
贵　州	Guizhou	2.89			1.25	3.21		
云　南	Yunnan	2.17	2.27	11.00	3.64	3.76	3.92	9
西　藏	Tibet	0.07	0.07	15.00		0.09	0.13	16
陕　西	Shaanxi	3.75	2.98	9.00	2.53	4.37	3.66	10
甘　肃	Gansu	0.35			0.42	0.46	0.44	15
青　海	Qinghai		0.003	16.000		0.01	0.01	17
宁　夏	Ningxia	0.39	0.38	14.00	1.33	1.32	0.94	14
新　疆	Xinjiang	0.53			1.21	0.99		

11-138 造纸和纸制品业财务费用和营业利润

Financial Expenses and Operating Profit of Manufacture of Paper and Paper Products

单位：亿元 (100 million yuan)

地区	Region	财务费用 Financial Expenses				营业利润 Operating Profit			
		2010	2016	2017	2017排名 Ranking	2010	2016	2017	2017排名 Ranking
全　国	**National Total**	**142.68**	**230.06**			**739.77**	**804.47**		
北　京	Beijing	-0.07	0.04	-0.002	14	7.01	8.23		
天　津	Tianjin	2.09	4.24			5.99	13.58		
河　北	Hebei	2.86	3.24			31.84	35.14	21.90	3
山　西	Shanxi	0.25	0.45	0.40	10	0.32	0.04		
内蒙古	Inner Mongolia	0.31	0.06			10.98	12.85		
辽　宁	Liaoning	2.34	1.67			24.26	5.42		
吉　林	Jilin	0.83	1.87	1.70	7	0.91	7.17		
黑龙江	Heilongjiang	0.62	0.92	0.62	9	2.94	1.37		
上　海	Shanghai	1.64	1.26			14.24	12.44		
江　苏	Jiangsu	16.70	28.50	25.45	2	82.62	92.08		
浙　江	Zhejiang	23.56	28.18	30.81	1	55.86	55.04		
安　徽	Anhui	3.07	5.88			14.26	19.97		
福　建	Fujian	6.87	14.16			42.68	79.18		
江　西	Jiangxi	1.55	3.82			13.31	26.27		
山　东	Shandong	29.09	47.51			141.68	132.01		
河　南	Henan	6.05	12.84			89.95	73.97		
湖　北	Hubei	2.04	5.32	5.14	6	16.57	23.17	27.21	2
湖　南	Hunan	11.42	12.83	11.45	3	25.82	30.86	37.02	1
广　东	Guangdong	12.37	20.81			99.11	90.35		
广　西	Guangxi	2.23	12.59			8.61	10.04		
海　南	Hainan	4.37	9.34	7.29	4	8.35	5.37	14.77	4
重　庆	Chongqing	1.27	3.26			8.54	25.81		
四　川	Sichuan	4.34	5.18	6.99	5	24.53	19.83		
贵　州	Guizhou	1.41	1.30			0.15	5.69		
云　南	Yunnan	0.93	2.34			3.97	0.98		
西　藏	Tibet		0.01	0.01	12		0.27	0.05	7
陕　西	Shaanxi	0.60	1.43	1.18	8	3.72	11.59		
甘　肃	Gansu	0.09	0.23			0.17	0.37		
青　海	Qinghai			0.0001	13		0.03	0.02	8
宁　夏	Ningxia	3.54	0.47	0.36	11	0.14	-0.28	0.69	6
新　疆	Xinjiang	0.29	0.27			1.22	5.62	3.05	5

11-139 造纸和纸制品业资产总计和负债合计
Total Assets and Liabilities of Manufacture of Paper and Paper Products

单位：亿元 (100 million yuan)

地区	Region	资产总计 Total Assets 2016	2017	2017排名 Ranking	负债合计 Total Liabilities 2016	2017	2017排名 Ranking
全　国	**National Total**	**14117.32**			**7735.49**		
北　京	Beijing	54.15	60.82	24	26.23	31.98	20
天　津	Tianjin	237.77	254.59	17	140.10	142.13	12
河　北	Hebei	333.72	284.19	15	164.31	155.78	11
山　西	Shanxi	20.76	20.14	27	14.45	13.66	23
内蒙古	Inner Mongolia	50.29			27.00		
辽　宁	Liaoning	130.13	134.40	18	61.46	71.20	16
吉　林	Jilin	99.39	86.11	21	56.84	49.42	17
黑龙江	Heilongjiang	72.16	64.85	23	34.72	34.36	18
上　海	Shanghai	281.67	288.01	14	130.73	125.82	13
江　苏	Jiangsu	1702.61	1752.12	3	868.19	888.00	3
浙　江	Zhejiang	1543.64	1601.72	4	905.09	974.68	2
安　徽	Anhui	368.01	418.73	9	172.92	212.76	8
福　建	Fujian	739.17	789.93	5	406.55		
江　西	Jiangxi	267.90	266.34	16	127.43	124.32	14
山　东	Shandong	2575.78	2743.03	1	1486.48	1676.37	1
河　南	Henan	748.58	685.54	6	294.67	309.36	5
湖　北	Hubei	377.63	367.32	10	194.05	197.77	9
湖　南	Hunan	518.93	582.47	8	303.13	309.38	4
广　东	Guangdong	1982.90	2176.59	2	1076.22		
广　西	Guangxi	636.88	655.27	7	445.98		
海　南	Hainan	355.67	362.28	11	218.08	215.00	6
重　庆	Chongqing	320.19	314.36	13	171.30	170.73	10
四　川	Sichuan	326.74	338.80	12	207.26	214.47	7
贵　州	Guizhou	76.89	67.54	22	48.43		
云　南	Yunnan	112.11	111.54	19	76.91	73.37	15
西　藏	Tibet	3.88	2.71	29	1.86		
陕　西	Shaanxi	84.01	87.89	20	31.77	34.07	19
甘　肃	Gansu	14.98	19.07	28	5.82	8.64	24
青　海	Qinghai	0.17	0.17	30	0.11	0.10	25
宁　夏	Ningxia	45.73	41.08	25	17.72	14.28	22
新　疆	Xinjiang	34.91	29.59	26	19.66	15.81	21

11-140 石油加工、炼焦和核燃料加工业工业销售产值和主营业务收入

Sales Value and Revenue from Principal Business of Processing of Petroleum, Coking and Processing of Nuclear Fuel

单位：亿元 (100 million yuan)

地区	Region	工业销售产值（当年价格） Sales Value（current prices）				主营业务收入 Revenue from Principal Business			
		2010	2016	2017	2017排名 Ranking	2010	2016	2017	2017排名 Ranking
全　国	**National Total**	**28901.13**	**34077.50**			**29310.73**	**34532.38**		
北　京	Beijing	839.01	494.42	577.43	7	854.50	526.88	614.68	19
天　津	Tianjin	949.70	1245.13			980.31	1232.70		
河　北	Hebei	1513.84	1741.81			1560.61	1742.31	1966.39	5
山　西	Shanxi	1399.73	903.89			1450.06	912.15	1538.40	8
内蒙古	Inner Mongolia	354.56	586.87			356.35	606.81		
辽　宁	Liaoning	3116.24	2958.61			3153.72	2985.38	3702.40	2
吉　林	Jilin	128.55	162.07			128.68	150.56	132.74	24
黑龙江	Heilongjiang	1230.00	948.80			1258.64	955.15		
上　海	Shanghai	1358.26	1024.34	1199.49	4	1389.42	1041.23	1215.24	10
江　苏	Jiangsu	1473.74	2056.11			1463.77	2113.41	2209.68	4
浙　江	Zhejiang	1330.69	1421.16			1386.65	1212.18	1681.08	7
安　徽	Anhui	330.78	379.38			338.59	371.21	555.52	21
福　建	Fujian	647.90	858.38			648.04	845.92	1034.24	13
江　西	Jiangxi	360.93	542.88			365.94	557.05	593.79	20
山　东	Shandong	4029.42	8096.68	9984.99	1	4063.78	8495.41	10337.45	1
河　南	Henan	946.18	1158.62			994.53	1111.43	1071.17	11
湖　北	Hubei	605.91	788.04	979.59	5	618.81	870.16	1051.94	12
湖　南	Hunan	488.81	635.72			501.25	617.79	636.92	18
广　东	Guangdong	2752.55	2188.90			2771.35	2175.94	2556.87	3
广　西	Guangxi	217.95	637.21			218.09	613.91	841.68	16
海　南	Hainan	472.53	503.93	511.25	8	426.47	391.72	438.98	22
重　庆	Chongqing	43.15	66.60	53.14	10	43.02	68.59	55.95	26
四　川	Sichuan	423.83	809.45			408.01	795.68	910.19	14
贵　州	Guizhou	57.25	121.67			55.06	73.63	77.26	25
云　南	Yunnan	207.41	144.85	340.88	9	202.46	140.48	341.57	23
西　藏	Tibet								
陕　西	Shaanxi	1265.25	1215.63	1583.82	2	1285.41	1541.78	1696.36	6
甘　肃	Gansu	882.31	686.46	847.98	6	880.59	677.19	857.94	15
青　海	Qinghai	21.64	14.85			16.61	14.96	18.20	27
宁　夏	Ningxia	213.78	553.48			211.40	515.96	639.59	17
新　疆	Xinjiang	1239.22	1131.56	1355.77	3	1278.61	1174.80	1387.34	9

11-141 石油加工、炼焦和核燃料加工业主营业务成本和利润总额

Cost of Principal Business and Total Profit of Processing of Petroleum, Coking and Processing of Nuclear Fuel

单位：亿元 (100 million yuan)

地区	Region	主营业务成本 Cost of Principal Business				利润总额 Total Profit			
		2010	2016	2017	2017排名 Ranking	2010	2016	2017	2017排名 Ranking
全　国	**National Total**	**24200.53**	**26680.70**			**1221.11**	**1884.97**		
北　京	Beijing	688.80	395.50	476.10	15	49.86	20.48	35.31	16
天　津	Tianjin	828.82	957.22			29.65	105.06	74.13	11
河　北	Hebei	1344.66	1413.14	1629.23	4	49.23	54.56	81.66	8
山　西	Shanxi	1311.76	805.01	1327.87	5	14.30	-14.90	81.61	9
内蒙古	Inner Mongolia	277.49	456.91			13.76	1.71		
辽　宁	Liaoning	2603.75	2162.65	2850.00	1	79.08	126.29	159.60	4
吉　林	Jilin	113.70	129.39	118.13	19	4.80	3.67	1.67	25
黑龙江	Heilongjiang	962.75	623.31			84.86	74.07		
上　海	Shanghai	1153.16	681.24			70.16	96.17	120.25	6
江　苏	Jiangsu	1246.98	1737.66	1820.05	3	65.67	111.32	127.93	5
浙　江	Zhejiang	1142.80	836.53	1266.24	6	75.58	166.66	194.54	3
安　徽	Anhui	278.52	262.18	417.18	17	1.45	10.85	21.79	21
福　建	Fujian	548.55	576.03			16.25	112.42	116.92	7
江　西	Jiangxi	306.52	406.09	448.01	16	-3.97	26.29	26.18	19
山　东	Shandong	3475.03	7440.73			151.31	398.90	444.80	1
河　南	Henan	821.41	928.82	909.28	9	52.32	51.03	41.29	15
湖　北	Hubei	509.61	689.55	880.79	10	9.15	19.89	26.93	18
湖　南	Hunan	394.69	444.25	481.31	14	20.62	20.18	17.80	22
广　东	Guangdong	2298.42	1485.00	1828.49	2	132.63	209.62	249.45	2
广　西	Guangxi	190.30	420.57			-3.18	35.16	61.42	12
海　南	Hainan	325.69	272.63	327.96	18	29.10	26.25	23.06	20
重　庆	Chongqing	35.11	60.34	48.96	20	3.45	3.79	2.57	24
四　川	Sichuan	336.74	625.28	708.91	11	25.35	45.71	44.70	14
贵　州	Guizhou	42.80	63.81			3.34	1.94	2.73	23
云　南	Yunnan	182.83	132.49			10.33	13.79	-10.29	28
西　藏	Tibet								
陕　西	Shaanxi	878.21	1128.00	1202.69	7	167.02	41.73	56.75	13
甘　肃	Gansu	711.66	411.24	574.53	12	0.64	-9.76	0.51	26
青　海	Qinghai	11.78	12.28	14.10	21	3.77	-2.55	-0.91	27
宁　夏	Ningxia	172.23	376.91	502.82	13	4.53	32.02	31.79	17
新　疆	Xinjiang	1005.76	745.93	938.70	8	60.03	102.63	80.87	10

11-142 石油加工、炼焦和核燃料加工业销售费用和管理费用

Sales Expenses and Administrative Expenses of Processing of Petroleum, Coking and Processing of Nuclear Fuel

单位：亿元 (100 million yuan)

地区	Region	销售费用 Sales Expenses			管理费用 Administrative Expenses			
		2016	2017	2017排名 Ranking	2010	2016	2017	2017排名 Ranking
全　国	**National Total**	**376.45**			**758.30**	**866.06**		
北　京	Beijing	4.89	5.41	7	21.73	22.64	17.22	9
天　津	Tianjin	9.41			24.48	37.35		
河　北	Hebei	19.56			26.43	31.95		
山　西	Shanxi	54.89	70.63	1	59.48	32.72	37.62	6
内蒙古	Inner Mongolia	15.45			13.87	32.98		
辽　宁	Liaoning	21.99			87.38	111.86		
吉　林	Jilin	1.41	1.61	15	4.97	4.67	4.33	15
黑龙江	Heilongjiang	11.58	14.35	4	51.17	47.14	40.59	4
上　海	Shanghai	10.13			40.46	45.97		
江　苏	Jiangsu	21.17	22.13	3	20.26	38.27	37.91	5
浙　江	Zhejiang	4.62	5.03	8	17.01	26.69	27.00	7
安　徽	Anhui	2.15			9.51	11.76		
福　建	Fujian	9.12			7.77	16.34		
江　西	Jiangxi	5.28	4.67	9	8.74	13.12		
山　东	Shandong	55.24			89.76	102.17	131.56	1
河　南	Henan	17.95			15.43	24.29		
湖　北	Hubei	3.79	2.84	12	13.51	14.96	13.37	11
湖　南	Hunan	4.70	4.43	10	20.49	24.14	25.48	8
广　东	Guangdong	17.91			42.89	48.35		
广　西	Guangxi	4.41			40.50	12.08		
海　南	Hainan	1.94	2.16	14	4.64	6.84	10.73	14
重　庆	Chongqing	1.66			2.17	1.74		
四　川	Sichuan	7.25	7.86	5	8.87	13.46	16.51	10
贵　州	Guizhou	2.34			2.20	2.67		
云　南	Yunnan	1.55	2.88	11	6.35	5.43	10.85	13
西　藏	Tibet							
陕　西	Shaanxi	36.82	39.48	2	23.40	36.74	49.56	2
甘　肃	Gansu	5.44			45.63	41.56	42.13	3
青　海	Qinghai	2.77	2.53	13	0.41	1.49	1.52	16
宁　夏	Ningxia	4.93	6.27	6	7.81	10.17	13.09	12
新　疆	Xinjiang	16.09			40.98	46.49		

11-143 石油加工、炼焦和核燃料加工业财务费用和营业利润

Financial Expenses and Operating Profit of Processing of Petroleum, Coking and Processing of Nuclear Fuel

单位：亿元 (100 million yuan)

地区	Region	财务费用 Financial Expenses				营业利润 Operating Profit			
		2010	2016	2017	2017排名 Ranking	2010	2016	2017	2017排名 Ranking
全　国	**National Total**	**199.19**	**390.28**			**1366.33**	**1881.39**		
北　京	Beijing	3.26	1.65	0.84	12	49.72	21.45		
天　津	Tianjin	4.08	4.43			28.20	104.98		
河　北	Hebei	15.14	19.93			57.65	52.04	82.69	1
山　西	Shanxi	39.80	43.15	44.43	2	18.63	-15.02		
内蒙古	Inner Mongolia	6.41	22.94			32.38	1.52		
辽　宁	Liaoning	9.31	37.51			81.11	136.82		
吉　林	Jilin	0.84	1.20	1.44	9	4.67	3.49		
黑龙江	Heilongjiang	4.91	7.56	7.62	5	86.12	74.65		
上　海	Shanghai	2.64	0.18			70.30	98.23		
江　苏	Jiangsu	5.51	10.41	13.59	4	68.27	110.83		
浙　江	Zhejiang	4.39	6.92	3.75	8	71.41	164.83		
安　徽	Anhui	2.16	3.07			3.84	15.73		
福　建	Fujian	9.68	20.52			15.24	112.06		
江　西	Jiangxi	3.57	8.67			-4.06	25.86		
山　东	Shandong	38.11	86.04			201.75	397.52		
河　南	Henan	6.48	13.57			74.92	50.85		
湖　北	Hubei	1.52	2.45	1.09	10	9.50	20.25	27.36	4
湖　南	Hunan	2.35	4.13	3.86	7	21.03	20.02	18.83	6
广　东	Guangdong	9.37	7.18			147.70	196.33		
广　西	Guangxi	0.28	1.93			1.00	34.94		
海　南	Hainan	2.51	2.12	0.95	11	29.29	25.02	23.14	5
重　庆	Chongqing	0.33	0.54			3.71	3.64		
四　川	Sichuan	3.47	7.93	5.44	6	27.29	45.22		
贵　州	Guizhou	0.83	2.81			3.37	1.76		
云　南	Yunnan	4.33	6.24			10.70	-34.07		
西　藏	Tibet								
陕　西	Shaanxi	10.51	42.00	61.31	1	174.93	78.12		
甘　肃	Gansu	0.96	7.45			7.84	-3.74		
青　海	Qinghai	0.55	0.95	0.82	13	3.61	-2.59	-0.87	7
宁　夏	Ningxia	3.20	11.23	17.42	3	5.21	35.18	36.09	3
新　疆	Xinjiang	2.67	5.63			61.02	102.47	81.90	2

11-144 石油加工、炼焦和核燃料加工业资产总计和负债合计

Total Assets and Liabilities of Processing of Petroleum, Coking and Processing of Nuclear Fuel

单位：亿元 (100 million yuan)

地区	Region	资产总计 Total Assets			负债合计 Total Liabilities		
		2016	2017	2017排名 Ranking	2016	2017	2017排名 Ranking
全　国	**National Total**	**26508.18**			**17296.94**		
北　京	Beijing	263.65	281.87	23	130.29	144.87	20
天　津	Tianjin	703.66	527.61	17	385.04	232.03	17
河　北	Hebei	1266.50	1428.40	6	909.19	1000.75	5
山　西	Shanxi	2342.27	2220.16	3	2095.42	1941.62	3
内蒙古	Inner Mongolia	985.57			811.61		
辽　宁	Liaoning	1928.24	2070.30	4	1414.50	1417.20	4
吉　林	Jilin	74.78	91.57	27	45.82	61.84	23
黑龙江	Heilongjiang	594.74	661.98	13	358.45	389.68	10
上　海	Shanghai	634.87	681.35	12	238.40	254.00	16
江　苏	Jiangsu	990.34	1003.92	8	570.53	600.98	7
浙　江	Zhejiang	824.47	896.78	10	441.37	433.10	9
安　徽	Anhui	198.43	222.38	24	124.14	116.37	21
福　建	Fujian	865.29	822.84	11	536.00		
江　西	Jiangxi	407.49	405.63	20	284.20	281.65	13
山　东	Shandong	4632.10	5663.53	1	3059.01	3972.96	1
河　南	Henan	602.40	562.75	14	362.30	339.24	11
湖　北	Hubei	290.99	289.26	22	170.74	172.44	18
湖　南	Hunan	289.99	301.80	21	157.38	168.76	19
广　东	Guangdong	1291.40	1460.63	5	917.04		
广　西	Guangxi	402.34	442.60	19	158.34		
海　南	Hainan	200.67	204.49	25	91.99	87.66	22
重　庆	Chongqing	31.47	51.59	28	17.76	35.63	24
四　川	Sichuan	537.42	557.43	15	253.57	259.46	15
贵　州	Guizhou	90.46	96.03	26	81.50		
云　南	Yunnan	217.28	500.16	18	157.65	278.81	14
西　藏	Tibet						
陕　西	Shaanxi	3446.17	3651.19	2	2101.22	2196.69	2
甘　肃	Gansu	558.22	532.34	16	374.68	295.93	12
青　海	Qinghai	40.41	42.24	29	32.31	31.02	25
宁　夏	Ningxia	798.55	905.75	9	559.78	618.89	6
新　疆	Xinjiang	998.00	1009.25	7	456.70	448.91	8

11-145 化学原料和化学制品制造业工业销售产值和主营业务收入

Sales Value and Revenue from Principal Business of Manufacture of Raw Chemical Materials and Chemical Products

单位：亿元 (100 million yuan)

地区	Region	工业销售产值(当年价格) Sales Value (current prices) 2010	2016	2017	2017排名 Ranking	主营业务收入 Revenue from Principal Business 2010	2016	2017	2017排名 Ranking
全　国	**National Total**	**46854.79**	**86789.56**			**47452.35**	**87293.98**		
北　京	Beijing	353.27	294.36	326.98	8	377.96	328.21	361.50	24
天　津	Tianjin	896.15	1412.52			909.64	1419.26		
河　北	Hebei	1462.91	2619.73			1441.50	2548.15	2321.50	11
山　西	Shanxi	490.51	432.22			530.39	504.49	650.09	22
内蒙古	Inner Mongolia	740.48	1374.72			752.67	1460.88		
辽　宁	Liaoning	2047.53	1346.85			2046.49	1372.87	1921.20	13
吉　林	Jilin	1058.99	1571.41			1097.60	1526.78	1360.84	16
黑龙江	Heilongjiang	310.02	533.80			339.86	529.57		
上　海	Shanghai	2290.54	2457.02	2914.84	3	2386.91	2680.77	3188.73	6
江　苏	Jiangsu	9009.41	17707.77			9087.43	17957.37	15640.58	1
浙　江	Zhejiang	3431.85	5206.54			3550.41	5450.05	5927.67	3
安　徽	Anhui	1115.32	2371.29			1030.77	2255.00	2349.00	10
福　建	Fujian	766.54	1655.39			780.74	1619.60	1758.80	14
江　西	Jiangxi	1221.48	2517.02			1235.08	2545.94	2307.02	12
山　东	Shandong	8137.34	17717.46	14368.57	1	8213.79	18036.73	15169.92	2
河　南	Henan	1744.77	4261.18			1832.32	4355.69	4545.44	5
湖　北	Hubei	1546.84	4246.99	3083.20	2	1532.32	4085.00	3076.30	7
湖　南	Hunan	1529.96	3029.60			1515.02	2949.43	2780.34	8
广　东	Guangdong	3961.39	6198.59			3972.36	6059.96	5592.30	4
广　西	Guangxi	520.82	1205.66			528.96	1135.98	1133.73	17
海　南	Hainan	81.80	183.41	226.27	9	85.31	188.15	215.52	26
重　庆	Chongqing	520.90	928.43	809.84	7	517.48	909.34	779.33	21
四　川	Sichuan	1558.17	2853.65			1570.72	2664.29	2442.33	9
贵　州	Guizhou	328.91	825.64			390.14	1039.81	970.44	18
云　南	Yunnan	536.20	784.03	869.05	6	539.47	755.32	906.62	20
西　藏	Tibet	0.75	1.70	6.25	11	1.08	3.66	5.70	28
陕　西	Shaanxi	330.15	1259.64	1416.72	4	341.42	1200.70	1372.46	15
甘　肃	Gansu	247.19	276.85	222.42	10	249.70	225.60	208.59	27
青　海	Qinghai	144.61	359.93			134.39	307.70	285.30	25
宁　夏	Ningxia	162.35	444.00			156.65	443.46	506.34	23
新　疆	Xinjiang	307.66	712.17	908.57	5	303.74	734.24	931.88	19

11-146 化学原料和化学制品制造业主营业务成本和利润总额
Cost of Principal Business and Total Profit of Manufacture of Raw Chemical Materials and Chemical Products

单位：亿元 (100 million yuan)

地区	Region	主营业务成本 Cost of Principal Business				利润总额 Total Profit			
		2010	2016	2017	2017排名 Ranking	2010	2016	2017	2017排名 Ranking
全　国	**National Total**	**39710.50**	**74454.83**			**3638.41**	**5180.30**		
北　京	Beijing	298.87	248.96	275.43	18	23.34	10.14	44.23	21
天　津	Tianjin	797.19	1170.36			62.07	121.34	110.87	15
河　北	Hebei	1201.23	2177.42	1959.00	9	125.53	183.44	179.69	8
山　西	Shanxi	471.20	466.73	567.68	16	10.45	-34.00	-1.95	28
内蒙古	Inner Mongolia	603.34	1219.08			65.65	31.48		
辽　宁	Liaoning	1770.92	1234.15	1458.80	11	94.49	14.81	39.40	22
吉　林	Jilin	926.92	1232.96	1069.90	13	26.91	50.57	64.55	19
黑龙江	Heilongjiang	289.69	470.52			27.08	19.71		
上　海	Shanghai	1953.38	2060.59			180.10	223.90	407.92	5
江　苏	Jiangsu	7713.79	15377.07	13287.28	1	673.48	1303.15	1183.24	1
浙　江	Zhejiang	2961.07	4632.68	5001.91	2	326.43	358.23	478.26	3
安　徽	Anhui	864.41	1908.40	1974.85	8	104.36	147.36	151.58	12
福　建	Fujian	658.92	1405.98			70.27	67.75	115.12	13
江　西	Jiangxi	1013.77	2191.46	1948.34	10	111.76	215.68	195.60	7
山　东	Shandong	7098.67	15923.99			588.69	1116.41	1089.49	2
河　南	Henan	1566.34	3841.72	3953.79	4	144.46	283.29	310.12	6
湖　北	Hubei	1305.71	3595.93	2635.86	5	121.91	175.40	176.03	9
湖　南	Hunan	1196.97	2400.53	2258.02	6	104.48	143.22	160.67	10
广　东	Guangdong	3012.19	4752.65	4461.53	3	409.19	490.46	429.96	4
广　西	Guangxi	450.14	961.96			45.01	73.63	69.43	18
海　南	Hainan	62.12	172.21	189.55	19	20.11	6.53	16.95	24
重　庆	Chongqing	435.54	790.69	637.74	15	32.58	23.31	51.52	20
四　川	Sichuan	1318.31	2277.01	2058.44	7	112.87	169.54	157.96	11
贵　州	Guizhou	336.68	914.30			18.59	44.04	16.29	25
云　南	Yunnan	444.64	657.19			37.29	-180.41	97.27	17
西　藏	Tibet	0.63	2.27	4.05	22	0.25	0.59	0.39	27
陕　西	Shaanxi	294.30	982.51	1114.75	12	7.18	68.71	111.75	14
甘　肃	Gansu	225.51	202.03	175.25	21	6.39	-4.12	6.35	26
青　海	Qinghai	67.66	206.12	186.37	20	39.97	17.42	22.94	23
宁　夏	Ningxia	141.13	402.05	446.02	17	4.39	-2.49	-20.59	29
新　疆	Xinjiang	229.23	575.27	705.17	14	43.12	41.21	103.04	16

11-147 化学原料和化学制品制造业销售费用和管理费用

Sales Expenses and Administrative Expenses of Manufacture of Raw Chemical Materials and Chemical Products

单位：亿元 (100 million yuan)

地区	Region	销售费用 Sales Expenses			管理费用 Administrative Expenses			
		2016	2017	2017排名 Ranking	2010	2016	2017	2017排名 Ranking
全　国	**National Total**	**2596.26**			**1923.48**	**3240.35**		
北　京	Beijing	28.93	30.06	9	25.95	36.09	31.33	11
天　津	Tianjin	32.06			44.51	67.14		
河　北	Hebei	64.78			58.17	83.29		
山　西	Shanxi	17.97	22.98	11	27.07	31.63	41.87	9
内蒙古	Inner Mongolia	45.84			27.43	76.35		
辽　宁	Liaoning	38.21			88.30	54.15		
吉　林	Jilin	32.98	26.51	10	57.18	79.84	69.76	7
黑龙江	Heilongjiang	8.77	6.13	14	12.80	17.14	16.32	14
上　海	Shanghai	215.04			117.52	176.82		
江　苏	Jiangsu	375.77	352.46	1	301.22	603.40	574.17	1
浙　江	Zhejiang	171.39	174.48	2	141.67	255.98	255.84	3
安　徽	Anhui	77.63			49.82	98.64		
福　建	Fujian	45.21			25.07	63.65		
江　西	Jiangxi	39.09	49.48	6	30.53	55.04		
山　东	Shandong	295.03			254.79	397.46	374.92	2
河　南	Henan	77.70			49.22	100.29		
湖　北	Hubei	115.34	91.45	4	60.33	151.26	132.17	5
湖　南	Hunan	116.31	93.93	3	90.34	149.70	152.33	4
广　东	Guangdong	476.97			176.50	304.94		
广　西	Guangxi	28.11			36.70	45.90		
海　南	Hainan	4.38	5.10	15	2.58	4.49	4.32	16
重　庆	Chongqing	31.21			41.55	44.74		
四　川	Sichuan	80.85	76.34	5	88.11	119.24	111.48	6
贵　州	Guizhou	22.94			17.98	28.14		
云　南	Yunnan	39.80	36.45	7	31.23	44.92	39.33	10
西　藏	Tibet	0.17	0.46	16	0.15	0.53	0.80	17
陕　西	Shaanxi	34.23	36.26	8	21.82	56.01	56.20	8
甘　肃	Gansu	8.72			13.94	15.40	14.03	15
青　海	Qinghai	27.08	19.60	12	11.35	19.29	28.84	12
宁　夏	Ningxia	8.05	10.15	13	5.19	18.42	23.12	13
新　疆	Xinjiang	35.71			14.47	40.48		

11-148 化学原料和化学制品制造业财务费用和营业利润

Financial Expenses and Operating Profit of Manufacture of Raw Chemical Materials and Chemical Products

单位：亿元 (100 million yuan)

地区	Region	财务费用 Financial Expenses				营业利润 Operating Profit			
		2010	2016	2017	2017排名 Ranking	2010	2016	2017	2017排名 Ranking
全 国	**National Total**	**516.97**	**1175.96**			**3792.42**	**5049.83**		
北 京	Beijing	3.20	4.88	3.32	13	22.12	9.42		
天 津	Tianjin	9.77	21.37			63.24	122.30		
河 北	Hebei	16.46	25.86			121.67	189.46	167.50	3
山 西	Shanxi	13.94	22.80	27.20	8	9.80	-37.68		
内蒙古	Inner Mongolia	15.24	66.84			93.92	37.87		
辽 宁	Liaoning	24.30	46.17			82.73	-7.76		
吉 林	Jilin	5.70	13.85	14.37	10	26.45	52.22		
黑龙江	Heilongjiang	3.67	6.18	7.97	11	29.92	20.26		
上 海	Shanghai	15.77	20.45			176.64	214.19		
江 苏	Jiangsu	76.05	169.36	149.28	1	753.98	1280.75		
浙 江	Zhejiang	43.35	79.68	63.24	2	314.09	336.33		
安 徽	Anhui	12.17	24.54			103.88	136.52		
福 建	Fujian	9.35	28.30			70.93	66.14		
江 西	Jiangxi	6.98	17.66			112.87	216.80		
山 东	Shandong	91.38	197.95			606.39	1099.96		
河 南	Henan	21.62	52.90			146.62	281.30		
湖 北	Hubei	20.42	50.70	39.60	4	164.98	165.08	167.69	2
湖 南	Hunan	14.11	32.41	33.42	5	123.19	157.46	171.91	1
广 东	Guangdong	16.74	40.68			406.86	479.37		
广 西	Guangxi	7.83	9.11			48.02	71.87		
海 南	Hainan	0.51	3.79	4.54	12	20.15	6.26	16.55	6
重 庆	Chongqing	10.50	22.83			36.38	20.14		
四 川	Sichuan	22.83	36.07	31.61	6	115.50	169.84		
贵 州	Guizhou	9.07	28.83			18.47	42.70		
云 南	Yunnan	14.45	24.75			40.07	-180.75		
西 藏	Tibet	0.01	0.06	0.03	14	0.26	0.58	0.33	7
陕 西	Shaanxi	7.79	43.22	40.16	3	6.50	70.09		
甘 肃	Gansu	2.69	4.01			-0.44	-6.25		
青 海	Qinghai	7.79	25.42	28.13	7	33.53	7.85	21.36	5
宁 夏	Ningxia	3.28	17.44	17.50	9	3.32	-4.22	-21.00	8
新 疆	Xinjiang	10.02	37.87			40.42	31.74	100.52	4

11-149 化学原料和化学制品制造业资产总计和负债合计

Total Assets and Liabilities of Manufacture of Raw Chemical Materials and Chemical Products

单位：亿元 (100 million yuan)

地区	Region	资产总计 Total Assets 2016	2017	2017排名 Ranking	负债合计 Total Liabilities 2016	2017	2017排名 Ranking
全　国	**National Total**	**76073.78**			**42165.23**		
北　京	Beijing	442.86	466.80	26	242.57	242.02	23
天　津	Tianjin	1454.25	1481.12	16	839.40	846.20	15
河　北	Hebei	2072.68	2169.56	10	1047.82	1161.71	11
山　西	Shanxi	1161.90	1294.44	18	963.02	1051.69	14
内蒙古	Inner Mongolia	3271.97			2185.45		
辽　宁	Liaoning	1991.17	1988.30	12	1314.74	1372.90	7
吉　林	Jilin	975.94	925.02	23	495.27	508.29	21
黑龙江	Heilongjiang	437.50	480.44	25	270.31	327.36	22
上　海	Shanghai	2782.59	2926.13	6	1221.63	1263.46	10
江　苏	Jiangsu	11579.04	11036.35	2	5586.44	5394.25	2
浙　江	Zhejiang	5737.99	5976.16	3	2925.56	2823.50	3
安　徽	Anhui	1907.35	1976.37	13	1069.74	1070.53	13
福　建	Fujian	1553.21	345.24	27	921.67		
江　西	Jiangxi	1699.66	1760.31	14	830.97	840.91	17
山　东	Shandong	11837.31	11335.10	1	6514.23	6185.55	1
河　南	Henan	3638.89	3804.69	5	1777.68	1852.38	4
湖　北	Hubei	3037.93	2763.95	7	1746.08	1473.05	6
湖　南	Hunan	1336.79	1362.51	17	530.91	577.06	20
广　东	Guangdong	4786.42	4744.30	4	2317.30		
广　西	Guangxi	766.35	783.17	24	415.52		
海　南	Hainan	307.30	331.66	28	113.56	118.89	25
重　庆	Chongqing	1056.53	1021.64	21	723.65	671.69	19
四　川	Sichuan	2512.12	2408.37	9	1320.00	1289.96	9
贵　州	Guizhou	1332.64	1290.84	19	979.89		
云　南	Yunnan	1104.81	1059.90	20	965.33	841.54	16
西　藏	Tibet	11.94	16.56	30	3.11		
陕　西	Shaanxi	2381.59	2423.83	8	1525.59	1474.06	5
甘　肃	Gansu	347.28	324.61	29	222.86	204.46	24
青　海	Qinghai	1483.92	1545.87	15	1044.63	1111.06	12
宁　夏	Ningxia	845.01	940.72	22	569.13	697.68	18
新　疆	Xinjiang	2218.86	2105.96	11	1481.16	1326.57	8

11-150 医药制造业工业销售产值和主营业务收入

Sales Value and Revenue from Principal Business of Medicine Manufacturing Industry

单位：亿元 (100 million yuan)

地区	Region	工业销售产值（当年价格） Sales Value（current prices)				主营业务收入 Revenue from Principal Business			
		2010	2016	2017	2017排名 Ranking	2010	2016	2017	2017排名 Ranking
全　国	**National Total**	**11168.50**	**28417.72**			**11417.30**	**28206.11**		
北　京	Beijing	350.52	785.08	917.39	3	369.16	809.03	946.41	10
天　津	Tianjin	282.78	519.40			314.66	567.41		
河　北	Hebei	441.12	815.43			524.97	945.78	931.71	12
山　西	Shanxi	91.27	180.70			91.75	179.02	198.55	22
内蒙古	Inner Mongolia	156.86	313.62			165.62	276.33		
辽　宁	Liaoning	369.58	376.68			428.15	396.97	431.70	17
吉　林	Jilin	564.92	1996.11			516.49	1850.92	899.31	13
黑龙江	Heilongjiang	211.29	315.22			281.97	385.20		
上　海	Shanghai	385.89	672.43	729.58	4	409.89	716.44	734.20	14
江　苏	Jiangsu	1376.63	3838.94			1394.29	3870.28	3925.19	2
浙　江	Zhejiang	731.02	1297.53			732.24	1248.64	1231.51	7
安　徽	Anhui	235.06	835.99			259.92	823.81	933.61	11
福　建	Fujian	138.15	298.11			138.10	289.44	287.77	21
江　西	Jiangxi	458.92	1231.63			466.26	1254.61	1312.16	6
山　东	Shandong	1582.76	4673.67	4323.49	1	1564.42	4546.81	4350.36	1
河　南	Henan	722.60	2292.39			707.04	2265.50	2232.22	3
湖　北	Hubei	392.44	1202.71	1205.25	2	405.49	1196.91	1195.24	9
湖　南	Hunan	369.41	1103.73			363.31	1077.47	1222.54	8
广　东	Guangdong	729.32	1548.21			741.46	1553.00	1449.19	4
广　西	Guangxi	157.51	449.01			153.08	408.75	393.90	18
海　南	Hainan	60.81	148.53	182.39	8	58.67	147.25	180.59	23
重　庆	Chongqing	170.42	609.46	532.99	6	170.32	602.73	516.34	16
四　川	Sichuan	596.77	1315.73			593.07	1300.08	1351.29	5
贵　州	Guizhou	146.49	391.29			136.93	381.89	329.17	20
云　南	Yunnan	127.83	300.36	353.05	7	130.93	291.57	338.46	19
西　藏	Tibet	6.20	12.06	11.82	11	5.13	9.71	9.85	28
陕　西	Shaanxi	214.01	607.19	665.45	5	195.77	576.98	622.50	15
甘　肃	Gansu	47.19	129.94	127.00	9	47.86	105.33	121.10	24
青　海	Qinghai	19.03	63.58			19.10	37.16	22.50	27
宁　夏	Ningxia	21.62	54.84			21.77	50.29	60.93	25
新　疆	Xinjiang	10.07	38.16	49.80	10	9.49	40.80	50.59	26

11-151 医药制造业主营业务成本和利润总额
Cost of Principal Business and Total Profit of Medicine Manufacturing Industry

单位：亿元 (100 million yuan)

地区	Region	主营业务成本 Cost of Principal Business				利润总额 Total Profit			
		2010	2016	2017	2017排名 Ranking	2010	2016	2017	2017排名 Ranking
全　国	**National Total**	**7902.42**	**19773.72**			**1331.09**	**3114.99**		
北　京	Beijing	176.97	379.49	422.77	12	58.49	153.48	197.17	6
天　津	Tianjin	201.50	343.99			40.48	72.37	52.72	17
河　北	Hebei	390.08	717.35	647.52	10	55.32	85.02	99.29	12
山　西	Shanxi	59.36	112.22	112.56	16	9.65	16.69	20.43	25
内蒙古	Inner Mongolia	123.81	217.87			25.94	23.77		
辽　宁	Liaoning	314.81	210.87	215.70	15	36.73	64.62	68.30	16
吉　林	Jilin	361.13	1262.56	533.15	11	49.26	174.76	133.44	8
黑龙江	Heilongjiang	183.02	247.47			41.50	60.28		
上　海	Shanghai	247.66	389.64			57.08	118.73	118.10	11
江　苏	Jiangsu	881.70	2502.18	2380.56	1	146.97	419.34	438.65	2
浙　江	Zhejiang	486.82	752.78	691.16	9	92.50	190.44	203.27	4
安　徽	Anhui	212.93	670.52	744.30	8	20.86	66.63	73.08	14
福　建	Fujian	96.96	190.89			17.99	38.53	40.75	21
江　西	Jiangxi	348.15	971.90	1004.40	3	33.54	105.35	130.18	9
山　东	Shandong	1167.88	3396.54			184.24	486.17	505.74	1
河　南	Henan	560.67	1896.60	1844.19	2	87.74	204.83	202.99	5
湖　北	Hubei	309.39	894.94	853.65	7	42.32	100.61	124.72	10
湖　南	Hunan	267.93	834.85	925.72	5	37.77	74.95	81.63	13
广　东	Guangdong	490.42	1036.91	862.99	6	102.28	223.20	296.83	3
广　西	Guangxi	97.27	297.69			23.97	46.20	48.06	19
海　南	Hainan	32.49	81.36	82.36	17	13.08	22.73	34.77	23
重　庆	Chongqing	117.52	448.72	354.09	14	13.18	58.15	47.90	20
四　川	Sichuan	437.88	952.40	941.74	4	64.46	128.54	156.53	7
贵　州	Guizhou	77.03	226.96			20.48	51.14	49.50	18
云　南	Yunnan	69.84	177.78			17.65	35.85	38.18	22
西　藏	Tibet	1.83	3.01	2.87	22	2.14	3.47	3.60	28
陕　西	Shaanxi	122.77	388.52	415.21	13	20.19	67.24	70.79	15
甘　肃	Gansu	28.68	73.03	75.41	18	8.56	15.45	24.28	24
青　海	Qinghai	15.91	27.39	13.40	21	0.95	2.79	1.81	29
宁　夏	Ningxia	13.93	37.82	44.93	19	4.78	1.32	4.89	26
新　疆	Xinjiang	6.06	29.45	34.07	20	1.00	2.36	4.22	27

11-152 医药制造业销售费用和管理费用

Sales Expenses and Administration Expenses of Medicine Manufacturing Industry

单位：亿元 (100 million yuan)

地区	Region	销售费用 Sales Expenses			管理费用 Administrative Expenses			
		2016	2017	2017排名 Ranking	2010	2016	2017	2017排名 Ranking
全　国	**National Total**	**3323.95**			**810.39**	**1775.31**		
北　京	Beijing	206.51	256.65	2	37.63	80.64	88.73	6
天　津	Tianjin	112.89			25.65	47.71		
河　北	Hebei	89.14			36.27	44.08		
山　西	Shanxi	27.17	39.56	13	9.36	18.55	21.03	12
内蒙古	Inner Mongolia	15.77			8.26	13.44		
辽　宁	Liaoning	76.43			29.35	36.04		
吉　林	Jilin	276.81	166.46	4	41.40	120.86	63.89	8
黑龙江	Heilongjiang	33.75	48.68	12	24.41	41.39	39.84	9
上　海	Shanghai	148.51			38.58	77.48		
江　苏	Jiangsu	650.07	757.35	1	107.65	272.80	315.70	1
浙　江	Zhejiang	202.90	213.19	3	67.72	131.31	139.58	3
安　徽	Anhui	41.06			13.34	39.71		
福　建	Fujian	34.30			11.26	23.84		
江　西	Jiangxi	119.21	107.97	7	21.49	47.05		
山　东	Shandong	396.54			75.47	193.62	211.07	2
河　南	Henan	73.21			22.65	67.17		
湖　北	Hubei	104.95	123.28	6	31.48	87.45	93.95	4
湖　南	Hunan	82.52	106.92	8	25.17	65.64	78.67	7
广　东	Guangdong	184.08			52.57	104.91		
广　西	Guangxi	31.33			16.09	27.48		
海　南	Hainan	26.72	50.13	11	5.54	15.02	18.74	13
重　庆	Chongqing	52.21			17.77	38.11		
四　川	Sichuan	114.83	159.90	5	49.20	79.83	91.91	5
贵　州	Guizhou	76.45			8.41	21.79		
云　南	Yunnan	51.66	79.19	10	9.97	23.51	22.66	11
西　藏	Tibet	1.75	2.01	15	0.89	1.40	1.47	17
陕　西	Shaanxi	79.37	89.48	9	11.82	32.88	37.70	10
甘　肃	Gansu	6.17			5.26	7.88	9.38	14
青　海	Qinghai	2.09	4.69	14	2.49	4.72	2.40	16
宁　夏	Ningxia	1.19	1.98	16	1.97	4.80	5.68	15
新　疆	Xinjiang	4.36			1.26	4.19		

11-153 医药制造业财务费用和营业利润
Financial Expenses and Operating Profit of Medicine Manufacturing Industry

单位：亿元 (100 million yuan)

地区	Region	财务费用 Financial Expenses				营业利润 Operating Profit			
		2010	2016	2017	2017排名 Ranking	2010	2016	2017	2017排名 Ranking
全 国	**National Total**	**115.12**	**238.51**			**1349.98**	**3021.61**		
北 京	Beijing	4.67	12.96	9.90	6	57.97	148.98		
天 津	Tianjin	3.25	5.84			39.27	65.10		
河 北	Hebei	8.20	7.95			55.31	83.76	97.78	2
山 西	Shanxi	2.64	3.96	4.61	9	10.47	15.32		
内蒙古	Inner Mongolia	0.83	3.63			31.05	23.60		
辽 宁	Liaoning	3.87	5.65			37.76	62.16		
吉 林	Jilin	3.84	12.15	9.64	7	52.47	182.25		
黑龙江	Heilongjiang	0.99	1.93	1.12	12	40.87	56.60		
上 海	Shanghai	1.74	4.60			54.08	105.55		
江 苏	Jiangsu	7.26	13.42	13.90	5	145.25	415.14		
浙 江	Zhejiang	11.90	11.45	17.97	1	88.79	177.51		
安 徽	Anhui	2.34	6.12			20.40	62.06		
福 建	Fujian	2.06	1.97			17.41	37.37		
江 西	Jiangxi	3.39	6.40			36.00	103.41		
山 东	Shandong	16.19	39.30			184.53	476.90		
河 南	Henan	9.13	23.10			87.88	199.03		
湖 北	Hubei	4.43	13.14	14.76	3	50.88	97.83	121.12	1
湖 南	Hunan	3.08	9.31	15.60	2	38.88	73.75	83.11	3
广 东	Guangdong	4.05	13.62			108.18	213.71		
广 西	Guangxi	2.28	2.06			25.71	45.36		
海 南	Hainan	0.12	1.59	1.67	11	12.37	21.19	33.00	4
重 庆	Chongqing	3.20	6.25			13.43	53.79		
四 川	Sichuan	7.27	15.34	14.63	4	65.24	127.49		
贵 州	Guizhou	2.08	3.29			19.84	49.09		
云 南	Yunnan	0.85	4.01			19.15	34.04		
西 藏	Tibet	-0.05	0.04	0.03	14	1.69	3.46	3.38	7
陕 西	Shaanxi	3.72	5.54	5.83	8	19.28	66.48		
甘 肃	Gansu	0.45	1.02			8.13	14.82		
青 海	Qinghai	0.18	0.06	0.29	13	2.03	2.73	1.57	8
宁 夏	Ningxia	0.96	2.11	3.47	10	4.89	1.11	5.69	5
新 疆	Xinjiang	0.19	0.65			0.78	2.01	4.06	6

11-154 医药制造业资产总计和负债合计
Total Assets and Liabilities of Medicine Manufacturing Industry

单位：亿元 (100 million yuan)

地区	Region	资产总计 Total Assets 2016	资产总计 Total Assets 2017	2017排名 Ranking	负债合计 Total Liabilities 2016	负债合计 Total Liabilities 2017	2017排名 Ranking
全　国	**National Total**	**28789.11**			**11604.91**		
北　京	Beijing	1290.11	1453.84	7	536.02	585.79	7
天　津	Tianjin	940.70	724.06	14	370.51	267.03	16
河　北	Hebei	1052.37	1196.36	11	509.89	560.06	8
山　西	Shanxi	372.34	402.06	22	188.43	193.09	20
内蒙古	Inner Mongolia	363.22			208.04		
辽　宁	Liaoning	587.03	615.80	18	303.62	329.60	14
吉　林	Jilin	1531.32	1380.44	8	500.28	469.91	10
黑龙江	Heilongjiang	582.95	514.14	20	229.53	198.10	19
上　海	Shanghai	1216.88	1344.09	9	426.23	466.40	11
江　苏	Jiangsu	2826.06	2938.54	3	1024.38	1063.19	3
浙　江	Zhejiang	1975.32	2184.89	4	803.15	793.33	4
安　徽	Anhui	719.97	859.92	13	358.51	428.71	12
福　建	Fujian	304.32	345.24	23	95.42		
江　西	Jiangxi	909.41	958.98	12	304.65	3333.26	1
山　东	Shandong	3728.96	3959.58	1	1425.39	1430.25	2
河　南	Henan	1542.53	1489.86	5	512.97	514.50	9
湖　北	Hubei	1235.78	1472.96	6	546.54	645.04	5
湖　南	Hunan	564.78	622.43	17	207.65	230.93	18
广　东	Guangdong	2561.02	2969.57	2	1049.48		
广　西	Guangxi	307.66	335.31	24	132.17		
海　南	Hainan	240.46	277.36	26	89.95	98.40	23
重　庆	Chongqing	609.74	625.92	16	273.61	304.34	15
四　川	Sichuan	1155.44	1329.12	10	545.61	639.67	6
贵　州	Guizhou	441.09	469.93	21	152.17		
云　南	Yunnan	575.69	652.89	15	286.05	335.17	13
西　藏	Tibet	33.21	34.43	30	9.05		
陕　西	Shaanxi	507.31	586.51	19	218.85	264.54	17
甘　肃	Gansu	258.73	312.36	25	96.39	133.77	21
青　海	Qinghai	86.59	55.57	29	27.66	23.02	25
宁　夏	Ningxia	123.60	135.71	28	87.48	90.91	24
新　疆	Xinjiang	144.54	193.03	27	85.24	106.26	22

11-155 化学纤维制造业工业销售产值和主营业务收入
Sales Value and Revenue from Principal Business of Manufacture of Chemical Fibers

单位：亿元 (100 million yuan)

地区	Region	工业销售产值（当年价格） Sales Value（current prices）				主营业务收入 Revenue from Principal Business			
		2010	2016	2017	2017排名 Ranking	2010	2016	2017	2017排名 Ranking
全　国	**National Total**	**4868.20**	**7879.83**			**5020.29**	**7782.48**		
北　京	Beijing	2.56	3.71			2.64	3.45		
天　津	Tianjin	6.47	4.84			6.88	4.13		
河　北	Hebei	55.38	265.83			55.64	247.80	263.17	5
山　西	Shanxi	1.01				1.01		0.20	23
内蒙古	Inner Mongolia		0.07				0.71		
辽　宁	Liaoning	39.12	30.48			49.62	30.11	34.80	15
吉　林	Jilin	78.62	72.41			67.85	58.08	66.70	13
黑龙江	Heilongjiang	0.54	2.14			0.53	2.18		
上　海	Shanghai	40.79	36.08	29.00	4	40.83	37.59	36.86	14
江　苏	Jiangsu	1668.15	2786.86			1695.08	2778.87	2842.08	1
浙　江	Zhejiang	1831.74	2418.13			1863.90	2376.88	2219.84	2
安　徽	Anhui	52.99	94.81			53.95	96.49	100.44	10
福　建	Fujian	314.30	1050.96			312.14	1005.57	1114.59	3
江　西	Jiangxi	34.21	87.83			38.56	88.05	94.94	11
山　东	Shandong	152.51	297.74	280.97	1	155.76	301.92	305.47	4
河　南	Henan	118.52	109.97			164.20	109.05	107.78	9
湖　北	Hubei	32.13	73.58	75.68	3	32.67	74.41	71.71	12
湖　南	Hunan	29.13	32.79			29.37	31.71	32.84	16
广　东	Guangdong	180.22	129.78			187.08	129.98	168.47	7
广　西	Guangxi	0.12	0.99			0.12	1.01	2.01	20
海　南	Hainan	5.23				5.26			
重　庆	Chongqing	6.87	17.46	28.95	5	5.86	17.45	29.03	17
四　川	Sichuan	96.65	226.10			107.99	253.19	259.14	6
贵　州	Guizhou		1.56				1.51		
云　南	Yunnan	12.22	14.20	14.43	7	12.22	14.20	14.43	19
西　藏	Tibet								
陕　西	Shaanxi	10.99	15.28	17.19	6	11.10	15.18	17.29	18
甘　肃	Gansu	7.01	0.41	0.57	8	15.06	0.35	0.51	21
青　海	Qinghai								
宁　夏	Ningxia							0.40	22
新　疆	Xinjiang	90.74	105.17	113.96	2	104.93	102.62	109.03	8

11-156 化学纤维制造业主营业务成本和利润总额

Cost of Principal Business and Total Profit of Manufacture of Chemical Fibers

单位：亿元 (100 million yuan)

地区	Region	主营业务成本 Cost of Principal Business				利润总额 Total Profit			
		2010	2016	2017	2017排名 Ranking	2010	2016	2017	2017排名 Ranking
全　国	**National Total**	**4456.75**	**6956.84**			**359.31**	**388.75**		
北　京	Beijing	2.06	2.41			0.03	0.45		
天　津	Tianjin	6.15	3.05			0.43	0.55	0.70	18
河　北	Hebei	49.11	198.75	201.46	4	3.18	14.01	23.54	4
山　西	Shanxi	0.93		0.18	18	0.01		0.004	23
内蒙古	Inner Mongolia		0.63				0.01		
辽　宁	Liaoning	45.24	26.15	31.00	12	1.80	1.33	0.70	17
吉　林	Jilin	59.04	51.56	61.50	11	0.47	1.59	0.03	21
黑龙江	Heilongjiang	0.44	1.88			0.02	0.07		
上　海	Shanghai	34.10	28.74			3.11	4.17	2.22	15
江　苏	Jiangsu	1474.52	2500.70	2550.98	1	141.11	124.40	149.82	1
浙　江	Zhejiang	1692.42	2185.64	2005.72	2	126.80	118.65	121.35	2
安　徽	Anhui	46.06	79.98	85.16	8	3.68	5.89	4.90	11
福　建	Fujian	277.37	876.25			27.53	51.15	65.92	3
江　西	Jiangxi	32.79	78.20	84.90	9	2.90	5.54	6.84	8
山　东	Shandong	138.26	270.18			6.52	12.77	11.76	6
河　南	Henan	147.13	95.72	94.65	7	11.03	6.45	6.27	10
湖　北	Hubei	30.40	66.59	65.02	10	1.81	3.11	2.59	14
湖　南	Hunan	26.02	28.99	29.89	13	1.43	0.50	0.22	19
广　东	Guangdong	165.07	109.08	142.95	5	11.89	11.46	14.11	5
广　西	Guangxi	0.09	0.86				0.07	0.18	20
海　南	Hainan	4.68				0.04			
重　庆	Chongqing	5.22	14.44	22.52	14	0.48	1.74	4.00	12
四　川	Sichuan	96.14	226.16	239.22	3	4.83	9.63	6.45	9
贵　州	Guizhou		1.41				0.06		
云　南	Yunnan	8.04	9.43			3.27	3.98	3.67	13
西　藏	Tibet								
陕　西	Shaanxi	9.48	12.43	14.92	15	1.30	1.67	1.43	16
甘　肃	Gansu	13.58	0.31	0.42	16	-0.34	0.02	0.03	22
青　海	Qinghai								
宁　夏	Ningxia			0.41	17			-0.70	24
新　疆	Xinjiang	92.40	87.28	95.35	6	5.99	9.48	7.77	7

11-157 化学纤维制造业销售费用和管理费用
Sales Expenses and Administration Expenses of Manufacture of Chemical Fibers

单位：亿元 (100 million yuan)

地区	Region	销售费用 Sales Expenses 2016	2017	2017排名 Ranking	管理费用 Administrative Expenses 2010	2016	2017	2017排名 Ranking
全　国	**National Total**	**101.61**			**113.64**	**241.22**		
北　京	Beijing	0.20			0.38	0.36		
天　津	Tianjin	0.12			0.39	0.56		
河　北	Hebei	9.32			2.37	15.58		
山　西	Shanxi		0.01	11	0.03		0.12	10
内蒙古	Inner Mongolia					0.06		
辽　宁	Liaoning	0.62			1.88	1.62		
吉　林	Jilin	1.96	1.70	4	3.64	2.79	2.43	5
黑龙江	Heilongjiang	0.05	0.03	10	0.05	0.12	0.08	11
上　海	Shanghai	2.87			2.15	2.95		
江　苏	Jiangsu	36.86	36.58	1	32.17	81.49	81.11	1
浙　江	Zhejiang	15.18	17.72	2	28.05	47.99	55.37	2
安　徽	Anhui	2.68			2.43	6.29		
福　建	Fujian	8.74			6.52	45.20		
江　西	Jiangxi	0.89	1.09	6	1.53	1.85		
山　东	Shandong	4.67			5.14	8.34	9.85	3
河　南	Henan	2.14			4.08	4.00		
湖　北	Hubei	1.44	1.24	5	4.12	2.50	2.14	6
湖　南	Hunan	0.62	0.72	7	2.20	0.81	1.03	7
广　东	Guangdong	2.59			6.41	7.01		
广　西	Guangxi	0.03			0.02	0.03		
海　南	Hainan				0.04			
重　庆	Chongqing	0.51			0.18	0.68		
四　川	Sichuan	6.18	4.64	3	3.63	6.49	5.55	4
贵　州	Guizhou	0.02				0.02		
云　南	Yunnan	0.04	0.09	9	0.60	0.75	0.74	8
西　藏	Tibet							
陕　西	Shaanxi	0.12	0.12	8	0.31	0.50	0.50	9
甘　肃	Gansu				1.12	0.02	0.02	13
青　海	Qinghai							
宁　夏	Ningxia		0.01	12			0.04	12
新　疆	Xinjiang	3.74			4.16	3.22		

11-158 化学纤维制造业财务费用和营业利润

Financial Expenses and Operating Profit of Manufacture of Chemical Fibers

单位：亿元 (100 million yuan)

地区	Region	财务费用 Financial Expenses				营业利润 Operating Profit			
		2010	2016	2017	2017排名 Ranking	2010	2016	2017	2017排名 Ranking
全　国	**National Total**	**71.07**	**124.95**			**363.85**	**374.83**		
北　京	Beijing	0.08	0.01			0.01	0.43		
天　津	Tianjin	0.05	0.12			0.42	0.55		
河　北	Hebei	0.40	6.41			3.65	13.36	23.92	1
山　西	Shanxi	0.03		0.02	8	0.01			
内蒙古	Inner Mongolia						0.01		
辽　宁	Liaoning	0.60	0.91			1.73	1.13		
吉　林	Jilin	2.35	1.84	2.83	4	0.56	1.27		
黑龙江	Heilongjiang		0.03	0.01	9	0.02	0.07		
上　海	Shanghai	0.36	0.27			2.44	3.93		
江　苏	Jiangsu	25.09	43.65	40.24	1	147.94	121.18		
浙　江	Zhejiang	23.41	31.36	35.00	2	125.57	115.41		
安　徽	Anhui	1.51	1.00			3.53	5.55		
福　建	Fujian	4.95	18.19			27.74	49.70		
江　西	Jiangxi	0.38	1.60			2.84	5.69		
山　东	Shandong	3.79	4.60			6.86	12.68		
河　南	Henan	1.58	1.26			10.95	6.46		
湖　北	Hubei	0.39	0.93	0.59	5	1.63	3.02	2.54	3
湖　南	Hunan	0.31	0.34	0.52	6	1.73	0.46	0.21	4
广　东	Guangdong	1.51	1.74			11.59	11.14		
广　西	Guangxi		0.01				0.07		
海　南	Hainan					0.04			
重　庆	Chongqing	0.03	0.14			0.52	1.64		
四　川	Sichuan	1.68	7.02	6.09	3	4.60	8.91		
贵　州	Guizhou						0.02		
云　南	Yunnan	-0.07	-0.06			3.26	3.98		
西　藏	Tibet								
陕　西	Shaanxi	0.02	0.44	0.37	7	1.33	1.66		
甘　肃	Gansu	0.48				-0.40	0.02		
青　海	Qinghai								
宁　夏	Ningxia			0.01	10			-0.70	5
新　疆	Xinjiang	2.16	3.15			5.26	6.49	7.06	2

11-159 化学纤维制造业资产总计和负债合计
Total Assets and Liabilities of Manufacture of Chemical Fibers

单位：亿元 (100 million yuan)

地区	Region	资产总计 Total Assets 2016	2017	2017排名 Ranking	负债合计 Total Liabilities 2016	2017	2017排名 Ranking
全　国	**National Total**	**7148.68**			**4073.37**		
北　京	Beijing	3.85			1.95		
天　津	Tianjin	5.72	6.04	21	3.68	4.32	18
河　北	Hebei	274.01	307.74	4	174.50	185.52	3
山　西	Shanxi		7.00	20		4.45	17
内蒙古	Inner Mongolia	0.37			0.30		
辽　宁	Liaoning	49.17	54.00	14	31.06	35.80	11
吉　林	Jilin	97.71	128.74	11	56.96	89.36	7
黑龙江	Heilongjiang	3.32	2.77	22	1.28	0.99	19
上　海	Shanghai	59.00	64.44	13	26.19	31.31	12
江　苏	Jiangsu	2313.85	2299.79	2	1304.03	1316.12	1
浙　江	Zhejiang	2252.36	2331.38	1	1244.80	1309.64	2
安　徽	Anhui	136.72	135.27	9	85.18	75.42	8
福　建	Fujian	820.01	873.89	3	510.68		
江　西	Jiangxi	81.65	111.14	12	41.57	49.20	10
山　东	Shandong	252.06	267.56	5	142.34	158.05	5
河　南	Henan	115.23	128.81	10	42.05	52.49	9
湖　北	Hubei	62.81	37.16	15	25.87	18.81	13
湖　南	Hunan	21.85	22.30	17	14.06	10.70	16
广　东	Guangdong	160.34	193.74	8	59.44		
广　西	Guangxi	0.26	0.38	24	0.20		
海　南	Hainan						
重　庆	Chongqing	29.89	30.78	16	15.77	13.71	14
四　川	Sichuan	210.12	229.52	6	166.03	182.25	4
贵　州	Guizhou	0.21			0.13		
云　南	Yunnan	10.72	9.53	19	1.80	0.80	20
西　藏	Tibet						
陕　西	Shaanxi	19.01	17.52	18	11.57	11.06	15
甘　肃	Gansu	0.31	0.33	25	0.06	0.07	22
青　海	Qinghai						
宁　夏	Ningxia		0.60	23		0.69	21
新　疆	Xinjiang	168.11	207.33	7	111.87	147.77	6

11-160 非金属矿物制品业工业销售产值和主营业务收入

Sales Value and Revenue from Principal Business of Manufacture of Non-metallic Mineral Products

单位：亿元 (100 million yuan)

地区	Region	工业销售产值(当年价格) Sales Value (current prices)				主营业务收入 Revenue from Principal Business			
		2010	2016	2017	2017排名 Ranking	2010	2016	2017	2017排名 Ranking
全　国	**National Total**	**31326.46**	**63057.45**			**31267.20**	**62002.04**		
北　京	Beijing	384.26	425.68	431.34	8	404.19	462.77	504.90	21
天　津	Tianjin	253.43	437.56			258.79	417.48		
河　北	Hebei	1269.84	2026.24			1242.78	1986.55	1741.47	13
山　西	Shanxi	281.81	364.57			277.37	362.75	435.34	23
内蒙古	Inner Mongolia	551.91	785.59			546.61	808.39		
辽　宁	Liaoning	2246.73	701.03			2260.90	785.86	819.10	18
吉　林	Jilin	709.32	1692.01			732.81	1611.46	1332.41	14
黑龙江	Heilongjiang	278.55	521.37			277.29	511.19		
上　海	Shanghai	520.79	547.60	572.34	6	535.19	581.10	620.98	20
江　苏	Jiangsu	2579.88	5129.70			2565.95	5097.54	4790.82	4
浙　江	Zhejiang	1431.08	1851.90			1442.83	1793.15	1962.78	11
安　徽	Anhui	906.73	2556.89			890.25	2516.81	2661.78	10
福　建	Fujian	1308.76	3097.84			1318.47	3089.41	3436.27	5
江　西	Jiangxi	1040.35	2947.62			1051.91	3019.12	2785.15	9
山　东	Shandong	4601.28	8121.10	6789.34	1	4594.94	8160.18	6867.60	2
河　南	Henan	3729.01	9765.63			3775.69	9478.62	9300.77	1
湖　北	Hubei	1052.67	3371.79	3196.28	2	1004.77	3236.63	3059.38	8
湖　南	Hunan	1153.56	3038.82			1129.04	3026.57	3099.60	6
广　东	Guangdong	2931.62	5112.67			2917.90	5000.85	4870.35	3
广　西	Guangxi	580.70	1808.87			569.06	1683.21	1821.47	12
海　南	Hainan	82.69	114.41	141.93	10	80.72	122.76	147.70	26
重　庆	Chongqing	451.37	1241.41	1056.99	4	445.10	1230.93	1064.83	17
四　川	Sichuan	1635.94	3117.51			1620.94	3031.24	3064.99	7
贵　州	Guizhou	166.82	1238.82			159.60	1169.30	1232.31	15
云　南	Yunnan	235.72	554.73	660.50	5	233.01	526.55	629.85	19
西　藏	Tibet	12.41	41.19	57.63	11	11.76	39.65	62.61	28
陕　西	Shaanxi	395.35	1311.98	1220.19	3	381.05	1254.59	1170.00	16
甘　肃	Gansu	162.33	394.93	328.27	9	156.51	306.89	341.62	24
青　海	Qinghai	66.83	172.07			70.60	118.99	99.29	27
宁　夏	Ningxia	106.91	126.43			108.82	122.43	151.49	25
新　疆	Xinjiang	197.81	439.50	492.18	7	202.36	449.07	491.62	22

11-161 非金属矿物制品业主营业务成本和利润总额

Cost of Principal Business and Total Profit of Manufacture of Non-metallic Mineral Products

单位：亿元 (100 million yuan)

地区	Region	主营业务成本 Cost of Principal Business				利润总额 Total Profit			
		2010	2016	2017	2017排名 Ranking	2010	2016	2017	2017排名 Ranking
全　国	**National Total**	**25862.07**	**52773.86**			**2858.59**	**4243.65**		
北　京	Beijing	342.83	396.60	431.51	15	26.64	13.58	17.31	25
天　津	Tianjin	218.66	354.58			21.51	25.05	8.18	28
河　北	Hebei	1018.75	1711.58	1482.30	10	118.42	106.85	111.46	13
山　西	Shanxi	236.90	314.59	357.98	17	11.36	2.23	24.49	24
内蒙古	Inner Mongolia	431.59	674.55			48.70	39.63		
辽　宁	Liaoning	1903.55	674.09	647.50	14	193.68	18.64	56.20	18
吉　林	Jilin	629.45	1394.02	1134.73	11	44.33	69.84	66.34	17
黑龙江	Heilongjiang	226.11	435.24			27.76	33.26		
上　海	Shanghai	449.31	481.45			31.65	44.72	41.63	21
江　苏	Jiangsu	2170.20	4407.46	4101.23	3	183.18	319.83	328.86	4
浙　江	Zhejiang	1206.25	1497.06	1621.66	9	110.50	124.84	147.10	12
安　徽	Anhui	718.79	2129.11	2208.65	8	101.31	179.14	242.07	7
福　建	Fujian	1102.96	2620.87			129.69	231.99	267.94	5
江　西	Jiangxi	825.66	2571.97	2354.10	7	93.09	274.52	245.88	6
山　东	Shandong	3844.91	7097.03			437.50	569.54	491.11	2
河　南	Henan	3020.42	8137.50	7953.54	1	487.16	794.94	783.93	1
湖　北	Hubei	831.23	2712.34	2558.82	5	79.13	213.23	215.24	8
湖　南	Hunan	904.53	2454.81	2512.67	6	82.78	184.61	181.62	10
广　东	Guangdong	2474.70	4286.31	4138.54	2	251.09	317.58	333.70	3
广　西	Guangxi	456.99	1382.25			66.80	149.98	159.95	11
海　南	Hainan	62.91	101.47	121.47	20	11.15	9.76	35.17	23
重　庆	Chongqing	360.91	1017.80	855.11	13	33.51	99.59	99.60	14
四　川	Sichuan	1366.47	2590.28	2601.42	4	125.91	170.38	189.18	9
贵　州	Guizhou	135.62	966.29			6.14	77.93	86.00	16
云　南	Yunnan	191.81	435.62			17.92	34.82	50.14	20
西　藏	Tibet	8.15	25.73	44.57	22	2.75	10.20	12.06	26
陕　西	Shaanxi	302.04	1071.16	981.23	12	47.68	81.75	92.62	15
甘　肃	Gansu	119.23	255.29	243.69	18	16.68	11.96	51.48	19
青　海	Qinghai	58.48	98.75	80.44	21	7.39	1.48	2.98	29
宁　夏	Ningxia	85.22	101.78	123.30	19	12.57	4.03	8.92	27
新　疆	Xinjiang	157.44	376.27	405.16	16	30.60	27.74	41.61	22

11-162 非金属矿物制品业销售费用和管理费用

Sales Expenses and Administrative Expenses of Manufacture of Non-metallic Mineral Products

单位：亿元 (100 million yuan)

地区	Region	销售费用 Sales Expenses			管理费用 Administrative Expenses			
		2016	2017	2017排名 Ranking	2010	2016	2017	2017排名 Ranking
全　国	**National Total**	**1741.05**			**1230.53**	**2227.76**		
北　京	Beijing	20.07	21.09	10	27.00	36.01	35.41	9
天　津	Tianjin	11.53			10.71	21.10		
河　北	Hebei	49.29			50.68	80.25		
山　西	Shanxi	13.47	15.97	11	13.57	19.98	24.91	11
内蒙古	Inner Mongolia	19.41			26.92	37.35		
辽　宁	Liaoning	30.52			69.08	44.18		
吉　林	Jilin	46.12	41.86	7	35.48	69.61	55.38	7
黑龙江	Heilongjiang	14.07	10.30	12	14.24	21.85	18.91	13
上　海	Shanghai	24.02			32.87	44.18		
江　苏	Jiangsu	119.11	123.78	2	97.78	179.11	173.34	2
浙　江	Zhejiang	64.42	81.71	5	59.97	90.84	93.47	6
安　徽	Anhui	82.04			33.46	98.66		
福　建	Fujian	97.32			54.71	121.18		
江　西	Jiangxi	61.18	67.80	6	24.94	75.38		
山　东	Shandong	171.23			145.89	208.27	197.38	1
河　南	Henan	221.00			85.71	189.96		
湖　北	Hubei	114.20	105.41	3	48.51	132.27	115.49	4
湖　南	Hunan	125.17	135.62	1	61.71	139.78	154.57	3
广　东	Guangdong	133.80			106.84	203.22		
广　西	Guangxi	53.24			38.29	70.80		
海　南	Hainan	4.30	4.77	15	2.96	4.33	4.89	15
重　庆	Chongqing	34.60			23.31	52.23		
四　川	Sichuan	91.47	96.98	4	92.08	106.75	113.74	5
贵　州	Guizhou	40.62			10.28	51.21		
云　南	Yunnan	18.47	21.23	9	13.20	26.93	29.50	10
西　藏	Tibet	0.95	1.30	16	0.76	2.54	3.54	17
陕　西	Shaanxi	35.39	34.03	8	16.13	45.47	43.51	8
甘　肃	Gansu	13.44			10.93	18.94	23.35	12
青　海	Qinghai	8.13	6.09	14	4.02	5.45	4.87	16
宁　夏	Ningxia	8.33	10.20	13	5.47	6.08	7.04	14
新　疆	Xinjiang	14.11			13.00	23.19		

11-163 非金属矿物制品业财务费用和营业利润

Financial Expenses and Operating Profit of Manufacture of Non-metallic Mineral Products

单位：亿元 (100 million yuan)

地区	Region	财务费用 Financial Expenses				营业利润 Operating Profit			
		2010	2016	2017	2017排名 Ranking	2010	2016	2017	2017排名 Ranking
全　国	**National Total**	**357.60**	**701.58**			**2907.53**	**4159.31**		
北　京	Beijing	2.50	6.08	8.11	9	15.11	8.08		
天　津	Tianjin	2.35	3.87			19.37	24.55		
河　北	Hebei	17.95	37.08			122.00	95.09	106.81	3
山　西	Shanxi	7.60	12.15	13.99	7	10.60	0.63		
内蒙古	Inner Mongolia	8.05	12.95			69.56	52.48		
辽　宁	Liaoning	18.26	19.06			220.84	15.16		
吉　林	Jilin	9.65	25.74	26.89	6	44.08	61.10		
黑龙江	Heilongjiang	2.19	6.81	5.83	11	26.61	29.03		
上　海	Shanghai	4.25	2.14			28.02	39.11		
江　苏	Jiangsu	28.31	52.53	46.04	1	192.63	308.18		
浙　江	Zhejiang	31.22	32.22	28.38	5	100.99	117.01		
安　徽	Anhui	12.24	26.97			98.88	169.75		
福　建	Fujian	13.81	21.41			132.94	232.02		
江　西	Jiangxi	7.32	19.21			93.13	271.86		
山　东	Shandong	50.59	78.47			439.70	568.18		
河　南	Henan	34.32	81.98			488.34	789.77		
湖　北	Hubei	17.38	40.19	37.98	2	82.64	209.03	210.13	1
湖　南	Hunan	12.32	35.95	37.50	4	92.75	188.15	190.84	2
广　东	Guangdong	18.06	39.43			255.65	315.33		
广　西	Guangxi	5.08	13.52			67.35	148.54		
海　南	Hainan	0.93	2.30	2.50	13	10.34	9.35	13.91	5
重　庆	Chongqing	7.81	18.87			36.37	97.98		
四　川	Sichuan	20.27	43.05	37.84	3	131.55	172.02		
贵　州	Guizhou	3.45	18.52			5.36	75.32		
云　南	Yunnan	4.79	8.92			17.32	32.98		
西　藏	Tibet	0.14	0.25	0.27	14	2.51	9.92	12.11	6
陕　西	Shaanxi	4.97	13.08	12.08	8	43.14	80.86		
甘　肃	Gansu	3.08	7.29			14.29	10.23		
青　海	Qinghai	1.23	5.37	7.19	10	7.85	-0.01	0.86	8
宁　夏	Ningxia	2.58	2.60	3.02	12	9.83	2.39	7.13	7
新　疆	Xinjiang	4.93	13.58			27.78	25.22	37.95	4

11-164 非金属矿物制品业资产总计和负债合计

Total Assets and Liabilities of Manufacture of Non-metallic Mineral Products

单位：亿元 (100 million yuan)

地区	Region	资产总计 Total Assets			负债合计 Total Liabilities		
		2016	2017	2017排名 Ranking	2016	2017	2017排名 Ranking
全　国	**National Total**	**50865.83**			**23923.82**		
北　京	Beijing	1044.37	1042.54	19	627.14	623.96	14
天　津	Tianjin	478.07	400.83	26	280.83	244.30	21
河　北	Hebei	2321.40	1954.10	11	1307.95	1105.75	7
山　西	Shanxi	659.93	711.13	23	503.87	561.93	15
内蒙古	Inner Mongolia	816.16			554.37		
辽　宁	Liaoning	1621.45	1623.60	13	992.49	963.80	8
吉　林	Jilin	1218.23	1170.32	17	714.50	694.88	13
黑龙江	Heilongjiang	624.62	561.20	25	385.37	364.76	20
上　海	Shanghai	740.28	786.89	22	432.54	467.76	17
江　苏	Jiangsu	3756.79	3710.42	4	2032.15	1979.56	3
浙　江	Zhejiang	2459.53	2422.77	6	1465.72	1444.27	4
安　徽	Anhui	2147.26	2257.53	9	1059.82	1124.41	6
福　建	Fujian	2238.44	2783.32	5	1014.68		
江　西	Jiangxi	1987.60	1910.31	12	846.43	830.04	9
山　东	Shandong	5110.29	4905.96	2	2397.02	2390.20	1
河　南	Henan	6152.76	6005.64	1	2110.57	2093.88	2
湖　北	Hubei	2063.72	2260.15	8	900.29		
湖　南	Hunan	1963.82	2413.90	7	760.46	793.74	10
广　东	Guangdong	3774.12	4112.20	3	2064.93		
广　西	Guangxi	1070.84	1208.81	14	500.24		
海　南	Hainan	202.73	211.33	29	97.82	98.62	24
重　庆	Chongqing	1186.25	1176.39	15	713.31	706.68	12
四　川	Sichuan	2252.90	2227.44	10	1170.64	1158.58	5
贵　州	Guizhou	1023.12	1160.26	18	628.23		
云　南	Yunnan	784.67	818.91	21	535.58	524.15	16
西　藏	Tibet	67.98	86.35	30	29.36		
陕　西	Shaanxi	880.40	859.35	20	419.82	434.41	18
甘　肃	Gansu	573.34	652.39	24	305.18	367.56	19
青　海	Qinghai	311.02	298.00	27	239.23	236.29	22
宁　夏	Ningxia	238.03	255.78	28	130.77	145.44	23
新　疆	Xinjiang	1095.70	1172.78	16	702.53	728.84	11

11-165 黑色金属冶炼和压延加工业销售产值和主营业务收入

Sales Value and Revenue from Principal Business of Smelting and Pressing of Ferrous Metals

单位：亿元 (100 million yuan)

地区	Region	工业销售产值（当年价格） Sales Value（current prices）				主营业务收入 Revenue from Principal Business			
		2010	2016	2017	2017排名 Ranking	2010	2016	2017	2017排名 Ranking
全　国	**National Total**	**51167.55**	**60343.78**			**54490.93**	**61986.59**		
北　京	Beijing	433.36	104.23	110.67	9	453.40	110.13	118.33	26
天　津	Tianjin	2723.47	4112.48			3105.95	3605.72		
河　北	Hebei	8890.02	10370.26			9171.74	10627.62	10454.43	1
山　西	Shanxi	1970.61	1672.21			2055.38	1685.90	2081.23	10
内蒙古	Inner Mongolia	1239.37	1540.51			1282.27	1578.99		
辽　宁	Liaoning	3982.40	2078.87			4506.83	2290.25	3017.90	5
吉　林	Jilin	525.25	523.45			497.47	515.26	505.52	21
黑龙江	Heilongjiang	264.80	101.17			281.07	100.89		
上　海	Shanghai	1711.90	1106.93	1316.78	3	2086.98	1385.78	1808.26	12
江　苏	Jiangsu	7085.40	8954.96			7197.18	9447.20	9560.36	2
浙　江	Zhejiang	1848.92	2121.55			1871.45	2057.07	1759.67	13
安　徽	Anhui	1349.12	1861.39			1462.44	1908.10	2005.01	11
福　建	Fujian	933.52	1663.22			954.55	1630.86	1593.63	14
江　西	Jiangxi	928.12	1095.10			1007.39	1314.33	1452.07	16
山　东	Shandong	3742.99	4924.61	5115.20	1	4218.89	5159.96	5554.62	3
河　南	Henan	1923.33	3590.70			2022.26	3640.40	3301.85	4
湖　北	Hubei	2409.21	1787.44	2235.27	2	2662.94	1806.41	2261.59	8
湖　南	Hunan	1194.71	1541.32			1249.43	1513.99	1556.47	15
广　东	Guangdong	1903.59	2523.77			1932.55	2341.60	2524.06	6
广　西	Guangxi	1033.23	2625.16			1046.44	2513.74	2390.46	7
海　南	Hainan	5.35	10.44	0.22	10	5.77	8.24	0.45	27
重　庆	Chongqing	486.40	582.63	433.81	7	484.61	559.10	434.19	22
四　川	Sichuan	1628.47	2202.01			1761.41	2327.45	2082.97	9
贵　州	Guizhou	390.07	623.77			394.43	614.17	402.17	24
云　南	Yunnan	753.50	606.33	851.46	4	781.15	681.27	955.14	18
西　藏	Tibet		0.47	0.02	11		0.47	0.10	28
陕　西	Shaanxi	409.81	945.49	686.38	5	465.86	917.43	675.39	19
甘　肃	Gansu	596.45	312.87	370.83	8	704.57	904.79	975.23	17
青　海	Qinghai	144.86	153.34			153.11	163.38	168.42	25
宁　夏	Ningxia	113.77	253.18			119.03	228.24	403.14	23
新　疆	Xinjiang	545.54	353.96	571.93	6	554.38	347.92	569.55	20

11-166 黑色金属冶炼和压延加工业主营业务成本和利润总额

Cost of Principal Business and Total Profit of Smelting and Pressing of Ferrous Metals

单位：亿元 (100 million yuan)

地区	Region	主营业务成本 Cost of Principal Business				利润总额 Total Profit			
		2010	2016	2017	2017排名 Ranking	2010	2016	2017	2017排名 Ranking
全　国	**National Total**	**49814.60**	**56267.67**			**2149.03**	**1773.76**		
北　京	Beijing	440.33	104.41	110.65	20	-5.50	-1.98	-0.84	26
天　津	Tianjin	2912.19	3285.84			139.01	195.71	-27.27	29
河　北	Hebei	8370.94	9695.03	9189.98	1	307.10	319.98	712.96	1
山　西	Shanxi	1905.83	1503.09	1794.49	8	52.38	15.44	122.18	11
内蒙古	Inner Mongolia	1162.32	1470.72			55.08	12.19		
辽　宁	Liaoning	3941.23	2026.94	2618.90	4	191.33	13.48	148.00	7
吉　林	Jilin	485.07	472.64	445.51	16	-10.80	13.98	31.45	17
黑龙江	Heilongjiang	259.14	94.99			4.67	-7.78		
上　海	Shanghai	1887.21	1214.33			154.93	82.62	76.50	14
江　苏	Jiangsu	6548.25	8486.73	8529.67	2	350.05	400.13	573.81	2
浙　江	Zhejiang	1724.38	1869.12	1600.76	10	78.09	90.40	83.82	13
安　徽	Anhui	1367.93	1722.94	1791.31	9	71.60	76.36	125.92	10
福　建	Fujian	876.23	1490.56			39.34	67.24	147.58	8
江　西	Jiangxi	916.72	1205.19	1234.01	12	34.87	57.78	161.71	6
山　东	Shandong	3844.44	4751.13			165.60	162.66	313.76	3
河　南	Henan	1848.68	3293.56	2953.76	3	98.44	182.70	176.92	5
湖　北	Hubei	2602.41	1636.22	2041.86	6	68.78	37.33	66.04	15
湖　南	Hunan	1132.31	1345.84	1349.28	11	40.79	49.17	95.22	12
广　东	Guangdong	1754.19	2136.55	2279.38	5	89.29	96.56	134.04	9
广　西	Guangxi	951.57	2236.49			38.56	114.01	182.21	4
海　南	Hainan	4.79	8.39	0.48	21	0.63	-0.76	-0.19	25
重　庆	Chongqing	440.63	531.03	396.72	17	11.62	-16.73	22.42	20
四　川	Sichuan	1581.49	2119.78	1911.59	7	48.62	-180.62	29.96	19
贵　州	Guizhou	367.31	578.77			6.40	11.22	1.93	23
云　南	Yunnan	708.37	651.70			47.12	-11.33	31.58	16
西　藏	Tibet		0.45	0.10	22		0.01	-0.01	24
陕　西	Shaanxi	404.12	836.71	596.56	14	14.91	13.99	31.21	18
甘　肃	Gansu	624.34	800.79	874.62	13	17.94	15.87	-0.86	27
青　海	Qinghai	141.98	153.01	153.56	19	10.02	0.51	-4.11	28
宁　夏	Ningxia	110.06	216.24	358.00	18	0.44	-4.27	18.67	21
新　疆	Xinjiang	500.12	328.46	496.93	15	27.71	-32.11	8.32	22

11-167 黑色金属冶炼和压延加工业销售费用和管理费用

Sales Expenses and Administrative Expenses of Smelting and Pressing of Ferrous Metals

单位：亿元 (100 million yuan)

地区	Region	销售费用 Sales Expenses			管理费用 Administrative Expenses			
		2016	2017	2017排名 Ranking	2010	2016	2017	2017排名 Ranking
全 国	**National Total**	**810.97**			**1549.07**	**1635.47**		
北 京	Beijing	4.11	4.52	14	13.20	3.30	2.34	15
天 津	Tianjin	13.34			38.02	56.45		
河 北	Hebei	66.55			147.90	232.55		
山 西	Shanxi	30.09	33.59	2	70.91	76.80	74.23	4
内蒙古	Inner Mongolia	29.06			38.85	44.40		
辽 宁	Liaoning	56.33			212.81	111.70		
吉 林	Jilin	8.49	8.32	10	11.74	20.11	16.45	10
黑龙江	Heilongjiang	3.81	6.74	12	5.43	4.26	5.12	14
上 海	Shanghai	11.90			39.93	55.08		
江 苏	Jiangsu	129.57	93.49	1	109.17	221.21	195.66	1
浙 江	Zhejiang	20.97	14.80	6	34.98	58.95	47.12	7
安 徽	Anhui	25.31			22.34	42.75		
福 建	Fujian	14.55			17.58	26.55		
江 西	Jiangxi	9.52	10.33	9	26.58	28.41		
山 东	Shandong	57.95			198.20	98.32	112.91	2
河 南	Henan	48.86			38.57	67.39		
湖 北	Hubei	28.21	27.57	4	171.42	70.43	90.22	3
湖 南	Hunan	25.36	21.46	5	45.35	51.18	52.74	6
广 东	Guangdong	33.07			36.77	46.72		
广 西	Guangxi	41.70			63.66	91.94		
海 南	Hainan	0.07	0.01	15	0.33	0.19	0.04	16
重 庆	Chongqing	6.73			27.69	23.74		
四 川	Sichuan	76.59	31.87	3	81.26	82.94	73.95	5
贵 州	Guizhou	5.89			11.45	14.25		
云 南	Yunnan	10.24	14.28	7	16.16	11.73	18.96	9
西 藏	Tibet						0.01	17
陕 西	Shaanxi	13.52	10.76	8	17.80	20.69	12.85	11
甘 肃	Gansu	19.74			32.84	44.61	43.34	8
青 海	Qinghai	3.82	4.55	13	6.60	5.96	5.62	13
宁 夏	Ningxia	5.19	7.32	11	3.71	5.83	8.28	12
新 疆	Xinjiang	10.44			7.84	17.04		

11-168 黑色金属冶炼及压延加工业财务费用和营业利润

Financial Expenses and Operating Profit of Smelting and Pressing of Ferrous Metals

单位：亿元 (100 million yuan)

地区	Region	财务费用 Financial Expenses				营业利润 Operating Profit			
		2010	2016	2017	2017排名 Ranking	2010	2016	2017	2017排名 Ranking
全　国	**National Total**	**635.34**	**996.69**			**2753.13**	**1795.60**		
北　京	Beijing	3.32	1.50	1.26	12	-5.44	-3.46		
天　津	Tianjin	31.41	50.98			138.63	177.74		
河　北	Hebei	97.93	143.67			553.51	310.74	732.39	1
山　西	Shanxi	33.46	51.38	44.54	3	71.58	10.79		
内蒙古	Inner Mongolia	18.79	39.49			112.01	4.79		
辽　宁	Liaoning	61.89	85.19			226.50	7.34		
吉　林	Jilin	8.82	11.57	13.15	7	-6.32	9.32		
黑龙江	Heilongjiang	6.20	6.17	4.59	11	4.82	-8.09		
上　海	Shanghai	7.46	14.66			151.76	77.80		
江　苏	Jiangsu	81.56	107.16	87.02	1	408.38	487.20		
浙　江	Zhejiang	23.34	20.86	13.56	6	82.19	88.34		
安　徽	Anhui	9.61	16.72			100.92	69.53		
福　建	Fujian	13.67	15.82			44.77	78.73		
江　西	Jiangxi	8.80	8.36			36.64	59.34		
山　东	Shandong	57.06	92.83			199.18	153.16		
河　南	Henan	20.03	35.09			107.62	180.24		
湖　北	Hubei	33.53	45.47	38.38	4	73.43	18.23	70.29	3
湖　南	Hunan	16.66	26.13	23.01	5	113.27	50.52	94.67	2
广　东	Guangdong	19.89	29.52			92.99	92.41		
广　西	Guangxi	12.92	21.77			45.42	115.30		
海　南	Hainan	0.01	0.35	0.11	13	0.67	-0.76	-0.19	7
重　庆	Chongqing	5.92	15.68			15.39	-22.89		
四　川	Sichuan	25.76	56.67	50.93	2	47.38	-170.30		
贵　州	Guizhou	2.83	5.30			5.72	8.15		
云　南	Yunnan	6.63	13.13			46.93	-17.27		
西　藏	Tibet			0.0002	14		0.01	-0.01	6
陕　西	Shaanxi	5.06	11.57	11.05	9	26.15	44.05		
甘　肃	Gansu	12.64	36.05			17.13	14.28		
青　海	Qinghai	4.02	5.45	7.89	10	12.47	-1.07	-4.46	8
宁　夏	Ningxia	1.66	6.35	12.26	8	0.25	-5.72	18.36	4
新　疆	Xinjiang	4.44	21.82			29.20	-32.83	8.16	5

11-169 黑色金属冶炼和压延加工业资产总计和负债合计
Total Assets and Liabilities of Smelting and Pressing of Ferrous Metals

单位：亿元 (100 million yuan)

地区	Region	资产总计 Total Assets			负债合计 Total Liabilities		
		2016	2017	2017排名 Ranking	2016	2017	2017排名 Ranking
全　国	**National Total**	**63537.39**			**42176.72**		
北　京	Beijing	110.65	98.39	28	108.00	98.58	24
天　津	Tianjin	4469.43	3246.61	5	3367.04	2604.25	5
河　北	Hebei	11276.87	11008.63	1	7080.23	7220.35	1
山　西	Shanxi	2759.01	2619.05	8	1972.99	1835.54	6
内蒙古	Inner Mongolia	3188.36			2144.68		
辽　宁	Liaoning	5158.00	5045.80	4	3468.58	3314.70	4
吉　林	Jilin	792.47	811.70	21	608.13	632.22	17
黑龙江	Heilongjiang	388.16	326.25	27	358.86	292.03	22
上　海	Shanghai	2513.28	2853.21	6	1103.13	1138.31	10
江　苏	Jiangsu	6601.97	6519.34	2	3992.68	3770.60	2
浙　江	Zhejiang	1505.30	1277.50	13	850.88	684.22	16
安　徽	Anhui	1419.21	1339.83	12	846.78	776.63	14
福　建	Fujian	922.35	869.32	18	565.79		
江　西	Jiangxi	751.49	759.82	22	476.91	376.66	20
山　东	Shandong	4604.73	5299.20	3	3034.44	3449.03	3
河　南	Henan	2532.69	2405.66	9	1281.20	1228.25	9
湖　北	Hubei	2496.78	2766.15	7	1630.31	1699.85	8
湖　南	Hunan	1081.98	925.18	17	791.37	700.51	15
广　东	Guangdong	1949.87	1855.73	11	1282.40		
广　西	Guangxi	1220.56	1210.31	16	855.07		
海　南	Hainan	9.36	7.60	29	7.79	7.10	25
重　庆	Chongqing	661.02	491.02	23	554.87	243.42	23
四　川	Sichuan	2288.60	2183.37	10	1955.52	1828.09	7
贵　州	Guizhou	416.81	429.36	25	302.34		
云　南	Yunnan	833.09	862.68	19	617.99	629.37	18
西　藏	Tibet	0.30	0.36	30	0.28		
陕　西	Shaanxi	591.91	475.11	24	466.84	432.31	19
甘　肃	Gansu	1251.78	1263.04	15	942.97	956.11	12
青　海	Qinghai	366.81	375.58	26	293.13	309.71	21
宁　夏	Ningxia	435.67	1272.08	14	349.95	995.82	11
新　疆	Xinjiang	938.89	855.81	20	865.58	840.92	13

11-170 有色金属冶炼和压延加工业销售产值和主营业务收入
Sales Value and Revenue from Principal Business of Smelting and Pressing of Non-ferrous Metals

单位：亿元 (100 million yuan)

地区	Region	工业销售产值(当年价格) Sales Value (current prices)				主营业务收入 Revenue from Principal Business			
		2010	2016	2017	2017排名 Ranking	2010	2016	2017	2017排名 Ranking
全　国	**National Total**	**27557.16**	**48879.02**			**29175.20**	**53393.18**		
北　京	Beijing	71.56	70.72	73.40	9	72.07	76.11	86.13	26
天　津	Tianjin	456.19	914.55			473.58	948.95		
河　北	Hebei	369.73	538.57			369.67	529.97	441.55	22
山　西	Shanxi	385.41	651.84			394.30	660.39	837.95	16
内蒙古	Inner Mongolia	1251.56	1637.32			1271.94	1621.70		
辽　宁	Liaoning	913.34	537.18			929.35	562.70	771.70	17
吉　林	Jilin	106.57	165.91			91.62	175.21	186.87	25
黑龙江	Heilongjiang	41.05	39.92			42.87	38.93		
上　海	Shanghai	434.97	379.62	890.43	7	440.64	417.10	455.26	21
江　苏	Jiangsu	2876.35	4034.17			2880.62	4149.75	4134.89	4
浙　江	Zhejiang	1790.11	2347.70			1806.88	2324.53	2294.47	9
安　徽	Anhui	1164.09	2247.34			1291.20	2921.03	3178.19	7
福　建	Fujian	465.20	1512.99			468.14	1496.53	1786.85	11
江　西	Jiangxi	2484.57	4653.89			2784.00	6373.18	6326.93	2
山　东	Shandong	2757.16	7102.25	6631.81	1	2830.77	7061.75	6708.42	1
河　南	Henan	2733.72	5152.94			2885.99	5350.12	5628.71	3
湖　北	Hubei	572.45	937.51	915.23	6	725.75	1382.22	1213.67	14
湖　南	Hunan	1676.85	2869.21			1668.08	2911.27	2835.84	8
广　东	Guangdong	2256.27	3385.58			2244.17	3263.09	3290.15	6
广　西	Guangxi	596.97	1406.45			620.97	1139.29	1531.87	13
海　南	Hainan	1.03	3.64	3.65	10	0.99	3.57	3.65	27
重　庆	Chongqing	394.02	802.50	732.15	8	384.35	814.72	720.39	18
四　川	Sichuan	567.04	754.34			598.57	715.88	682.54	19
贵　州	Guizhou	216.52	538.51			212.41	440.28	412.22	23
云　南	Yunnan	968.70	1212.83	1467.02	3	1063.94	1449.52	1925.91	10
西　藏	Tibet								
陕　西	Shaanxi	606.18	1485.40	1369.34	4	669.52	1556.05	1535.56	12
甘　肃	Gansu	815.54	1548.64	1636.07	2	1342.12	3143.25	3539.82	5
青　海	Qinghai	301.48	712.18			302.00	585.94	545.78	20
宁　夏	Ningxia	217.55	287.48			241.65	290.50	276.38	24
新　疆	Xinjiang	64.99	947.83	1103.88	5	67.02	989.65	1111.89	15

11-171 有色金属冶炼和压延加工业主营业务成本和利润总额
Cost of Principal Business and Total Profit of Smelting and Pressing of Non-ferrous Metals

单位：亿元 (100 million yuan)

地区	Region	主营业务成本 Cost of Principal Business				利润总额 Total Profit			
		2010	2016	2017	2017排名 Ranking	2010	2016	2017	2017排名 Ranking
全　国	**National Total**	**26124.85**	**48839.63**			**1620.62**	**1991.69**		
北　京	Beijing	64.96	67.41	75.75	20	2.65	2.81	4.17	23
天　津	Tianjin	447.18	861.21			20.28	68.02	2.73	24
河　北	Hebei	324.12	478.65	412.32	17	25.88	17.62	9.51	21
山　西	Shanxi	353.70	600.12	734.49	12	12.61	18.99	50.04	14
内蒙古	Inner Mongolia	1106.02	1466.19			127.05	60.53		
辽　宁	Liaoning	780.78	475.98	675.70	13	89.25	43.39	58.10	12
吉　林	Jilin	75.38	150.92	161.02	19	7.47	-10.45	-21.09	28
黑龙江	Heilongjiang	36.00	34.01			1.25	-1.20		
上　海	Shanghai	408.95	376.63			12.10	13.35	14.99	20
江　苏	Jiangsu	2651.87	3785.65	3777.06	3	112.66	182.54	178.85	4
浙　江	Zhejiang	1677.53	2172.14	2141.77	8	72.06	80.99	82.36	7
安　徽	Anhui	1107.63	2654.55	2888.53	6	39.84	35.60	39.27	17
福　建	Fujian	394.39	1352.52			66.39	39.14	74.18	9
江　西	Jiangxi	2536.87	5946.70	5929.79	1	157.57	275.11	271.57	3
山　东	Shandong	2537.17	6456.05			197.00	411.15	321.62	1
河　南	Henan	2625.31	4922.02	5082.33	2	140.35	197.00	280.22	2
湖　北	Hubei	681.34	1311.74	1162.21	10	23.28	11.33	9.21	22
湖　南	Hunan	1377.60	2482.17	2450.40	7	133.56	90.64	89.54	6
广　东	Guangdong	2040.53	2976.89	3035.52	5	136.02	127.31	129.51	5
广　西	Guangxi	537.51	1069.59			40.83	22.92	61.28	11
海　南	Hainan	0.83	1.91	1.95	21	0.11	1.63	1.69	25
重　庆	Chongqing	353.32	725.86	662.00	14	16.94	52.23	43.85	15
四　川	Sichuan	539.14	646.09	600.15	15	21.41	40.10	51.83	13
贵　州	Guizhou	198.76	383.45			6.05	17.96	25.04	19
云　南	Yunnan	956.64	1333.74			60.63	-1.45	31.74	18
西　藏	Tibet								
陕　西	Shaanxi	604.86	1395.65	1404.74	9	24.65	95.07	67.96	10
甘　肃	Gansu	1168.58	3036.18	3379.03	4	41.37	-10.27	40.39	16
青　海	Qinghai	263.67	566.19	525.22	16	18.42	2.78	-2.05	26
宁　夏	Ningxia	218.81	281.33	260.89	18	5.70	9.00	-3.55	27
新　疆	Xinjiang	55.37	828.08	954.61	11	7.26	97.82	81.90	8

11-172 有色金属冶炼和压延加工业销售费用和管理费用

Sales Expenses and Administrative Expenses of Smelting and Pressing of Non-ferrous Metals

单位：亿元 (100 million yuan)

地区	Region	销售费用 Sales Expenses			管理费用 Administrative Expenses			
		2016	2017	2017排名 Ranking	2010	2016	2017	2017排名 Ranking
全　国	**National Total**	**425.64**			**747.89**	**961.23**		
北　京	Beijing	1.21	1.27	13	3.25	5.30	5.50	13
天　津	Tianjin	2.96			4.96	11.95		
河　北	Hebei	4.48			7.72	11.50		
山　西	Shanxi	7.76	7.42	7	12.57	17.44	20.36	8
内蒙古	Inner Mongolia	13.23			24.44	31.01		
辽　宁	Liaoning	5.60			27.30	24.30		
吉　林	Jilin	4.22	4.54	11	7.70	10.81	9.47	12
黑龙江	Heilongjiang	0.82	0.71	14	3.64	3.79	3.01	15
上　海	Shanghai	6.23			12.77	18.61		
江　苏	Jiangsu	42.32	45.22	1	47.91	97.09	88.33	2
浙　江	Zhejiang	13.77	14.39	4	31.61	45.89	47.64	4
安　徽	Anhui	10.72			15.42	29.75		
福　建	Fujian	12.24			13.31	30.04		
江　西	Jiangxi	22.15	32.60	2	34.79	61.29		
山　东	Shandong	39.88			41.60	62.96	77.12	3
河　南	Henan	48.46			54.46	89.54		
湖　北	Hubei	8.00	6.78	9	27.24	30.18	15.62	10
湖　南	Hunan	31.87	31.68	3	76.52	87.25	91.92	1
广　东	Guangdong	31.90			39.67	64.77		
广　西	Guangxi	11.87			73.65	26.78		
海　南	Hainan		0.001	15	0.04	0.47	0.42	16
重　庆	Chongqing	10.62			11.78	17.76		
四　川	Sichuan	7.54	6.94	8	16.22	15.20	17.17	9
贵　州	Guizhou	10.55			6.98	14.25		
云　南	Yunnan	13.17	13.75	5	54.77	44.44	43.63	5
西　藏	Tibet							
陕　西	Shaanxi	10.43	9.31	6	42.63	40.30	39.71	6
甘　肃	Gansu	17.97			29.89	35.87	35.30	7
青　海	Qinghai	5.27	5.49	10	15.70	8.81	10.76	11
宁　夏	Ningxia	5.39	3.75	12	6.81	7.61	5.20	14
新　疆	Xinjiang	25.03			2.54	16.27		

11-173 有色金属冶炼和压延加工业财务费用和营业利润

Financial Expenses and Operating Profit of Smelting and Pressing of Non-ferrous Metals

单位：亿元 (100 million yuan)

地区	Region	财务费用 Financial Expenses				营业利润 Operating Profit			
		2010	2016	2017	2017排名 Ranking	2010	2016	2017	2017排名 Ranking
全　国	**National Total**	**317.58**	**675.18**			**1914.82**	**2146.94**		
北　京	Beijing	0.49	0.28	0.85	12	2.43	2.59		
天　津	Tianjin	2.81	4.69			20.45	67.75		
河　北	Hebei	3.53	7.35			32.13	17.26	8.60	3
山　西	Shanxi	10.77	21.68	22.45	5	16.34	16.63		
内蒙古	Inner Mongolia	13.26	26.78			143.55	64.06		
辽　宁	Liaoning	15.48	15.23			87.91	42.13		
吉　林	Jilin	2.87	22.18	28.86	2	12.03	-14.75		
黑龙江	Heilongjiang	0.50	2.06	1.78	11	1.56	-1.96		
上　海	Shanghai	3.29	4.04			11.26	12.54		
江　苏	Jiangsu	22.21	31.27	39.64	1	154.92	190.39		
浙　江	Zhejiang	19.07	28.16	23.77	3	75.42	74.26		
安　徽	Anhui	11.42	22.32			153.90	197.43		
福　建	Fujian	4.90	13.07			70.98	71.53		
江　西	Jiangxi	14.30	25.69			159.02	275.83		
山　东	Shandong	34.75	89.59			198.83	409.46		
河　南	Henan	40.12	95.09			159.39	194.38		
湖　北	Hubei	5.29	8.24	6.56	8	25.03	10.03	7.44	4
湖　南	Hunan	16.10	23.36	23.28	4	142.93	97.38	109.78	1
广　东	Guangdong	14.51	22.22			153.87	127.05		
广　西	Guangxi	17.11	19.85			40.65	16.02		
海　南	Hainan	0.01		-0.002	13	0.09	1.19	1.17	5
重　庆	Chongqing	4.58	10.46			19.35	48.98		
四　川	Sichuan	8.27	6.27	4.52	10	29.79	39.06		
贵　州	Guizhou	3.40	8.92			5.05	17.14		
云　南	Yunnan	17.97	52.15			68.25	4.49		
西　藏	Tibet								
陕　西	Shaanxi	5.14	21.43	18.55	6	24.13	90.71		
甘　肃	Gansu	10.26	43.31			50.43	-16.89		
青　海	Qinghai	7.22	12.51	12.00	7	43.94	-2.92	-2.93	6
宁　夏	Ningxia	7.35	10.25	6.43	9	4.06	0.34	-8.71	7
新　疆	Xinjiang	0.59	26.74			7.16	94.84	80.55	2

11-174 有色金属冶炼和压延加工业资产总计和负债合计

Total Assets and Liabilities of Smelting and Pressing of Non-ferrous Metals

单位：亿元 (100 million yuan)

地区	Region	资产总计 Total Assets 2016	资产总计 Total Assets 2017	2017排名 Ranking	负债合计 Total Liabilities 2016	负债合计 Total Liabilities 2017	2017排名 Ranking
全　国	**National Total**	**40157.03**			**25449.77**		
北　京	Beijing	98.40	97.96	27	48.06	40.09	24
天　津	Tianjin	630.34	591.82	19	338.00	334.01	16
河　北	Hebei	291.89	278.13	25	184.06	163.59	22
山　西	Shanxi	1035.61	1107.33	16	742.53	781.23	10
内蒙古	Inner Mongolia	1656.84			1073.31		
辽　宁	Liaoning	1117.99	1224.10	14	705.09	762.90	11
吉　林	Jilin	569.39	569.81	20	450.56	459.45	15
黑龙江	Heilongjiang	94.57	81.77	28	60.03	54.46	23
上　海	Shanghai	327.20	319.94	24	200.19	197.23	21
江　苏	Jiangsu	2099.00	2117.07	6	1189.65	1317.92	6
浙　江	Zhejiang	1506.26	1379.89	12	926.51	871.84	9
安　徽	Anhui	1338.23	1442.06	11	939.20	1017.77	8
福　建	Fujian	1398.73	1527.63	10	892.02		
江　西	Jiangxi	3036.14	2977.65	3	1510.17	1548.77	4
山　东	Shandong	4548.66	4788.12	2	2383.90	2604.75	2
河　南	Henan	4892.53	5429.05	1	3258.64	3404.14	1
湖　北	Hubei	574.15	459.05	23	361.52	280.27	19
湖　南	Hunan	1330.01	1581.88	9	752.79	703.94	13
广　东	Guangdong	1894.38	1756.94	7	1331.93		
广　西	Guangxi	1136.82	1295.71	13	907.01		
海　南	Hainan	5.64	6.95	29	1.01	1.78	25
重　庆	Chongqing	587.38	547.96	21	379.59	333.24	17
四　川	Sichuan	672.21	594.37	18	374.12	288.41	18
贵　州	Guizhou	496.52	507.78	22	347.28		
云　南	Yunnan	1972.16	2179.11	5	1313.72	1423.39	5
西　藏	Tibet						
陕　西	Shaanxi	1183.08	1117.90	15	633.33	620.51	14
甘　肃	Gansu	2519.88	2429.15	4	1758.37	1647.71	3
青　海	Qinghai	828.32	927.15	17	659.70	710.80	12
宁　夏	Ningxia	714.81	271.30	26	558.21	240.39	20
新　疆	Xinjiang	1599.88	1660.45	8	1169.26	1208.49	7

11-175 金属制品业工业销售产值和主营业务收入
Sales Value and Revenue from Principal Business of Manufacture of Metal Products

单位：亿元 (100 million yuan)

地区	Region	工业销售产值（当年价格） Sales Value（current prices） 2010	2016	2017	2017排名 Ranking	主营业务收入 Revenue from Principal Business 2010	2016	2017	2017排名 Ranking
全　国	**National Total**	**19649.67**	**39334.97**			**19642.38**	**39917.07**		
北　京	Beijing	235.32	275.42	300.31	5	272.03	320.81	343.25	18
天　津	Tianjin	667.47	1411.68			703.80	1442.08		
河　北	Hebei	1064.85	3200.76			1069.34	3046.76	2795.13	4
山　西	Shanxi	48.30	99.68			47.21	102.82	262.47	20
内蒙古	Inner Mongolia	153.77	307.76			160.74	311.09		
辽　宁	Liaoning	1226.12	492.46			1156.33	553.41	644.90	14
吉　林	Jilin	175.77	426.49			175.98	414.63	467.93	16
黑龙江	Heilongjiang	71.32	153.42			71.39	136.83		
上　海	Shanghai	891.69	865.71	890.43	3	922.05	917.94	948.36	12
江　苏	Jiangsu	3480.20	6367.55			3492.25	6355.02	6164.47	1
浙　江	Zhejiang	1911.19	2375.03			1896.40	2331.49	2580.59	5
安　徽	Anhui	477.44	1424.04			470.82	1380.78	1613.67	7
福　建	Fujian	435.16	1158.37			430.91	1144.62	1436.97	8
江　西	Jiangxi	251.90	833.53			253.07	835.40	815.93	13
山　东	Shandong	1939.46	5758.46	5034.87	1	1941.20	5696.46	5091.59	3
河　南	Henan	616.66	2253.05			625.44	2221.64	2368.98	6
湖　北	Hubei	512.68	1556.08	1453.55	2	517.90	1471.79	1399.00	9
湖　南	Hunan	400.28	1246.88			387.72	2036.06	1191.97	11
广　东	Guangdong	3974.03	5980.48			3929.27	5920.16	5985.12	2
广　西	Guangxi	97.74	428.66			96.39	414.93	483.62	15
海　南	Hainan	22.55	15.20	8.59	10	22.45	14.82	10.80	26
重　庆	Chongqing	157.24	649.43	457.28	4	158.24	652.69	454.69	17
四　川	Sichuan	529.86	1134.04			522.31	1113.04	1398.96	10
贵　州	Guizhou	43.23	207.82			42.69	451.20	218.53	21
云　南	Yunnan	48.90	137.65	145.11	7	53.09	137.47	141.44	22
西　藏	Tibet		0.03	0.18	11		0.03	0.68	28
陕　西	Shaanxi	74.10	313.06	265.07	6	88.96	291.26	264.62	19
甘　肃	Gansu	63.28	128.72	112.77	8	51.92	83.55	103.38	23
青　海	Qinghai	7.10	16.49			7.19	6.24	6.99	27
宁　夏	Ningxia	20.98	42.64			21.98	38.89	39.88	25
新　疆	Xinjiang	51.07	74.39	85.19	9	53.32	73.17	84.20	24

11-176 金属制品业主营业务成本和利润总额

Cost of principal Business and Total Profit of Manufacture of Metal Products

单位：亿元 (100 million yuan)

地区	Region	主营业务成本 Cost of Principal Business				利润总额 Total Profit			
		2010	2016	2017	2017排名 Ranking	2010	2016	2017	2017排名 Ranking
全　国	**National Total**	**16835.48**	**34709.35**			**1364.73**	**2392.88**		
北　京	Beijing	229.86	263.94	292.07	14	15.66	23.43	19.32	18
天　津	Tianjin	633.20	1257.31			42.56	119.05	16.15	20
河　北	Hebei	903.59	2739.39	2492.81	3	72.87	136.35	139.48	5
山　西	Shanxi	42.60	90.38	228.76	15	0.85	1.93	9.39	22
内蒙古	Inner Mongolia	136.74	279.42			14.21	11.00		
辽　宁	Liaoning	980.03	472.72	560.10	11	93.03	22.22	18.10	19
吉　林	Jilin	144.14	360.85	402.13	12	12.37	20.07	27.78	16
黑龙江	Heilongjiang	59.88	118.51			5.10	8.41		
上　海	Shanghai	789.64	767.21			58.95	49.34	51.75	13
江　苏	Jiangsu	3019.61	5495.34	5352.10	1	220.08	390.16	360.00	1
浙　江	Zhejiang	1641.54	1986.37	2216.87	4	103.73	127.42	118.79	6
安　徽	Anhui	401.83	1206.58	1407.06	6	40.97	84.46	95.03	7
福　建	Fujian	373.63	973.50			33.04	91.90	85.80	8
江　西	Jiangxi	212.77	732.99	710.55	10	17.27	58.59	57.31	11
山　东	Shandong	1675.82	5020.86			139.87	335.41	289.98	3
河　南	Henan	524.22	1922.76	2078.40	5	66.20	167.82	165.22	4
湖　北	Hubei	426.91	1274.15	1221.45	7	42.24	65.82	55.57	12
湖　南	Hunan	317.01	1738.06	1007.32	9	37.49	154.24	78.95	10
广　东	Guangdong	3379.43	5174.36	5208.60	2	277.43	338.33	332.95	2
广　西	Guangxi	80.18	348.42			9.35	29.31	29.32	15
海　南	Hainan	20.16	12.50	8.66	20	1.09	1.19	0.93	26
重　庆	Chongqing	131.44	555.72	384.18	13	10.55	53.30	34.03	14
四　川	Sichuan	437.65	960.97	1203.28	8	35.52	62.52	79.48	9
贵　州	Guizhou	36.12	409.04			1.30	12.22	13.25	21
云　南	Yunnan	47.86	121.50			2.26	5.80	4.87	23
西　藏	Tibet		0.01	0.75	22			-0.15	27
陕　西	Shaanxi	75.82	248.07	221.79	16	4.85	15.97	20.60	17
甘　肃	Gansu	39.69	74.64	95.37	17	2.80	2.45	-0.47	29
青　海	Qinghai	6.22	5.44	6.29	21	0.47	0.13	-0.17	28
宁　夏	Ningxia	19.86	34.63	34.58	19	0.31	-0.72	1.70	25
新　疆	Xinjiang	48.02	63.71	75.72	18	2.29	4.75	2.97	24

11-177 金属制品业销售费用和管理费用
Sales Expenses and Administrative Expenses of Manufacture of Metal Products

单位：亿元　　　　(100 million yuan)

地区	Region	销售费用 Sales Expenses			管理费用 Administrative Expenses			
		2016	2017	2017排名 Ranking	2010	2016	2017	2017排名 Ranking
全　国	**National Total**	**819.90**			**775.25**	**1489.80**		
北　京	Beijing	9.63	8.39	8	16.82	29.42	27.94	7
天　津	Tianjin	15.15			20.85	39.71		
河　北	Hebei	42.27			32.46	52.35		
山　西	Shanxi	2.79	7.08	9	3.15	6.50	14.01	9
内蒙古	Inner Mongolia	2.71			4.14	6.39		
辽　宁	Liaoning	14.83			57.79	42.89		
吉　林	Jilin	10.48	9.76	7	8.81	16.21	18.39	8
黑龙江	Heilongjiang	2.02	0.93	13	3.46	4.71	3.36	13
上　海	Shanghai	28.26			52.33	74.08		
江　苏	Jiangsu	135.35	137.78	1	121.60	250.44	250.05	1
浙　江	Zhejiang	61.97	67.58	2	80.97	127.64	149.77	2
安　徽	Anhui	27.51			17.98	44.34		
福　建	Fujian	24.45			17.79	43.68		
江　西	Jiangxi	12.96	15.81	6	6.42	21.27		
山　东	Shandong	93.17			65.58	153.97	134.09	3
河　南	Henan	55.23			13.67	46.93		
湖　北	Hubei	49.32	40.99	3	25.32	65.09	58.05	4
湖　南	Hunan	38.89	36.37	5	17.90	78.07	51.92	5
广　东	Guangdong	117.42			149.48	248.36		
广　西	Guangxi	8.92			7.54	23.62		
海　南	Hainan	0.55	0.17	14	0.39	0.61	0.80	15
重　庆	Chongqing	13.28			6.74	23.10		
四　川	Sichuan	29.07	36.87	4	28.07	42.08	51.26	6
贵　州	Guizhou	10.32			2.43	15.55		
云　南	Yunnan	2.85	2.96	11	2.87	5.79	5.77	11
西　藏	Tibet	0.01	0.03	16		0.01	0.05	17
陕　西	Shaanxi	6.40	6.90	10	4.78	16.94	10.84	10
甘　肃	Gansu	1.74			2.42	3.69	3.72	12
青　海	Qinghai	0.24	0.17	15	0.46	0.35	0.43	16
宁　夏	Ningxia	1.13	1.31	12	0.99	2.52	2.65	14
新　疆	Xinjiang	0.99			2.04	3.47		

11-178 金属制品业财务费用和营业利润

Financial Expenses and Operating Profit of Manufacture of Metal Products

单位：亿元 (100 million yuan)

地区	Region	财务费用 Financial Expenses 2010	2016	2017	2017排名 Ranking	营业利润 Operating Profit 2010	2016	2017	2017排名 Ranking
全　国	**National Total**	**167.93**	**300.13**			**1470.82**	**2370.68**		
北　京	Beijing	1.88	3.25	4.29	7	14.48	21.84		
天　津	Tianjin	3.96	6.45			41.56	118.54		
河　北	Hebei	6.36	15.82			101.57	143.30	170.08	1
山　西	Shanxi	0.79	1.21	3.84	8	0.87	1.67		
内蒙古	Inner Mongolia	0.71	1.41			18.27	18.16		
辽　宁	Liaoning	10.33	10.12			101.91	13.30		
吉　林	Jilin	1.88	5.38	7.64	5	12.12	19.70		
黑龙江	Heilongjiang	0.30	0.98	0.53	11	5.61	9.43		
上　海	Shanghai	5.79	4.24			57.15	46.08		
江　苏	Jiangsu	35.40	54.06	59.18	1	246.70	387.08		
浙　江	Zhejiang	32.06	29.07	36.23	2	105.66	122.41		
安　徽	Anhui	4.77	13.26			40.47	84.98		
福　建	Fujian	3.29	6.48			42.29	91.09		
江　西	Jiangxi	1.36	3.59			17.71	58.87		
山　东	Shandong	17.13	50.52			152.96	335.78		
河　南	Henan	4.65	16.72			67.12	166.78		
湖　北	Hubei	5.49	15.13	13.91	3	41.92	59.30	52.83	3
湖　南	Hunan	3.36	9.92	7.36	6	38.33	155.40	79.03	2
广　东	Guangdong	17.85	21.34			284.27	335.40		
广　西	Guangxi	0.82	3.18			9.55	28.00		
海　南	Hainan	0.02	0.27	0.14	13	1.09	1.13	0.92	5
重　庆	Chongqing	1.44	5.83			11.86	51.95		
四　川	Sichuan	5.10	11.50	13.72	4	42.53	62.19		
贵　州	Guizhou	0.42	1.62			1.20	12.12		
云　南	Yunnan	0.47	1.46			2.24	5.57		
西　藏	Tibet			-0.0001	14			-0.15	7
陕　西	Shaanxi	0.50	3.55	2.69	9	5.72	14.76		
甘　肃	Gansu	0.76	1.07			2.61	2.12		
青　海	Qinghai	0.06	0.09	0.27	12	0.35	0.09	-0.21	8
宁　夏	Ningxia	0.57	1.42	1.82	10	0.31	-0.89	0.71	6
新　疆	Xinjiang	0.41	1.19			2.37	4.54	2.85	4

11-179 金属制品业资产总计和负债合计
Total Assets and Liabilities of Manufacture of Metal Products

单位：亿元 (100 million yuan)

地区	Region	资产总计 Total Assets 2016	2017	2017排名 Ranking	负债合计 Total Liabilities 2016	2017	2017排名 Ranking
全　国	**National Total**	**26725.62**			**13326.98**		
北　京	Beijing	629.14	708.41	13	323.59	311.95	12
天　津	Tianjin	903.45	666.69	14	495.31	399.98	11
河　北	Hebei	1938.98	2194.12	5	817.18	923.55	4
山　西	Shanxi	168.93	367.89	18	102.29	229.61	14
内蒙古	Inner Mongolia	133.19			82.28		
辽　宁	Liaoning	841.63	992.90	10	500.39	635.80	5
吉　林	Jilin	209.53	237.34	21	88.71	111.51	18
黑龙江	Heilongjiang	106.98	79.74	27	55.71	50.81	23
上　海	Shanghai	1051.65	999.03	8	528.78	538.11	7
江　苏	Jiangsu	4290.81	4356.19	1	2168.21	2313.93	1
浙　江	Zhejiang	2258.97	2434.04	4	1317.52	1442.15	3
安　徽	Anhui	814.60	997.98	9	397.24	492.82	8
福　建	Fujian	753.01	842.45	11	321.90		
江　西	Jiangxi	385.33	386.63	17	125.36	133.75	17
山　东	Shandong	3150.25	3197.98	3	1493.23	1521.49	2
河　南	Henan	1404.92	1407.80	6	424.30	429.07	10
湖　北	Hubei	1004.17	1040.56	7	561.74	598.63	6
湖　南	Hunan	583.06	581.36	15	244.86	242.76	13
广　东	Guangdong	3495.59	3781.83	2	1816.59		
广　西	Guangxi	225.89	184.17	22	130.56		
海　南	Hainan	19.19	23.49	28	8.02	11.85	25
重　庆	Chongqing	441.68	397.29	16	249.92	220.65	15
四　川	Sichuan	751.18	840.57	12	395.71	431.78	9
贵　州	Guizhou	295.16	265.45	20	198.08		
云　南	Yunnan	135.03	151.94	23	81.31	90.29	19
西　藏	Tibet	0.98	1.65	30	0.71		
陕　西	Shaanxi	431.38	330.45	19	220.54	155.87	16
甘　肃	Gansu	108.03	133.84	24	58.37	89.33	20
青　海	Qinghai	14.00	18.17	29	4.75	13.97	24
宁　夏	Ningxia	76.49	97.77	25	53.63	57.83	22
新　疆	Xinjiang	102.42	92.13	26	60.20	57.99	21

11-180 通用设备制造业工业销售产值和主营业务收入
Sales Value and Revenue from Principal Business of Manufacture of General Purpose Machinery

单位：亿元 (100 million yuan)

地区	Region	工业销售产值（当年价格） Sales Value（current prices）				主营业务收入 Revenue from Principal Business			
		2010	2016	2017	2017排名 Ranking	2010	2016	2017	2017排名 Ranking
全　国	**National Total**	**34262.90**	**48337.12**			**34400.11**	**48200.40**		
北　京	Beijing	527.30	473.80	523.59	5	560.63	527.82	575.91	16
天　津	Tianjin	724.47	1232.79			768.19	1234.28		
河　北	Hebei	1149.57	1529.95			1147.98	1525.19	1034.08	12
山　西	Shanxi	222.02	142.21			220.08	134.54	138.47	20
内蒙古	Inner Mongolia	165.03	267.05			167.42	259.47		
辽　宁	Liaoning	3507.53	1181.16			3527.61	1198.89	944.70	13
吉　林	Jilin	267.32	485.48			266.54	471.95	396.43	19
黑龙江	Heilongjiang	443.85	337.05			431.93	330.78		
上　海	Shanghai	2353.13	2452.92	2557.42	2	2409.32	2583.21	2758.03	6
江　苏	Jiangsu	6064.09	9088.57			6076.90	9117.19	8732.77	1
浙　江	Zhejiang	3657.86	4226.41			3681.07	4153.00	4375.88	3
安　徽	Anhui	856.77	2297.91			861.73	2260.67	2116.19	7
福　建	Fujian	602.51	1065.17			609.70	1080.33	1166.45	10
江　西	Jiangxi	245.00	787.68			249.61	809.95	828.12	14
山　东	Shandong	5773.77	8281.56	7282.26	1	5756.39	8353.42	7402.55	2
河　南	Henan	1612.16	3477.39			1654.90	3463.49	3527.48	5
湖　北	Hubei	772.36	1386.33	1185.37	3	726.89	1269.58	1142.75	11
湖　南	Hunan	818.68	1723.11			818.51	1682.80	1695.29	9
广　东	Guangdong	1857.51	3787.14			1853.75	3744.00	4053.65	4
广　西	Guangxi	175.64	351.06			180.14	327.89	396.62	18
海　南	Hainan	7.64	0.36	0.47	10	7.88	0.36	0.80	27
重　庆	Chongqing	424.14	786.78	738.29	4	438.91	780.52	737.26	15
四　川	Sichuan	1474.25	2114.26			1439.11	2107.01	1944.90	8
贵　州	Guizhou	30.21	125.47			29.26	118.34	105.15	21
云　南	Yunnan	72.17	53.71	64.10	7	74.99	51.51	59.32	22
西　藏	Tibet								
陕　西	Shaanxi	329.72	523.14	461.47	6	314.00	484.84	423.09	17
甘　肃	Gansu	55.15	71.93	45.09	8	51.92	47.57	43.95	23
青　海	Qinghai	19.29	18.19			19.18	15.56	11.51	26
宁　夏	Ningxia	41.12	54.93			41.74	52.60	41.80	24
新　疆	Xinjiang	12.64	13.63	12.56	9	13.84	13.65	12.75	25

11-181 通用设备制造业主营业务成本和利润总额
Cost of Principal Business and Total Profit of Manufacture of General Purpose Machinery

单位：亿元 (100 million yuan)

地区	Region	主营业务成本 Cost of Principal Business				利润总额 Total Profit			
		2010	2016	2017	2017排名 Ranking	2010	2016	2017	2017排名 Ranking
全　国	**National Total**	**28726.15**	**40593.57**			**2710.67**	**3178.66**		
北　京	Beijing	435.49	409.98	440.78	13	65.78	67.94	54.78	15
天　津	Tianjin	623.00	1024.31			85.25	98.92	33.64	17
河　北	Hebei	956.14	1321.27	887.79	9	103.89	102.87	64.73	11
山　西	Shanxi	191.81	112.65	112.14	16	11.58	7.97	5.58	21
内蒙古	Inner Mongolia	143.63	232.89			10.62	6.38		
辽　宁	Liaoning	2967.86	1011.02	778.80	10	249.22	24.87	39.30	16
吉　林	Jilin	229.09	402.11	335.62	15	15.91	26.18	16.60	20
黑龙江	Heilongjiang	370.87	285.02			23.05	8.89		
上　海	Shanghai	1976.13	2055.82			174.69	159.84	173.69	6
江　苏	Jiangsu	5090.76	7555.55	7227.31	1	468.95	705.87	715.79	1
浙　江	Zhejiang	3074.08	3365.03	3527.17	2	269.35	299.84	352.56	3
安　徽	Anhui	713.73	1978.36	1863.30	5	88.61	109.76	103.46	7
福　建	Fujian	516.90	903.40			46.97	79.44	89.64	9
江　西	Jiangxi	206.57	692.33	708.93	11	18.38	64.17	61.82	13
山　东	Shandong	4857.24	7248.81			436.40	547.79	510.25	2
河　南	Henan	1383.23	3031.16	3084.91	4	166.55	241.74	251.22	5
湖　北	Hubei	580.27	1075.92	971.15	8	72.55	64.89	56.61	14
湖　南	Hunan	654.41	1407.03	1444.48	7	75.74	99.06	88.35	10
广　东	Guangdong	1576.71	3143.11	3384.75	3	135.63	257.01	282.55	4
广　西	Guangxi	150.85	268.95			13.49	19.03	21.64	19
海　南	Hainan	7.34	0.32	0.64	21	0.35	-0.03	-0.11	27
重　庆	Chongqing	355.25	638.30	599.44	12	37.14	65.19	63.72	12
四　川	Sichuan	1223.88	1773.58	1626.67	6	99.81	76.03	100.15	8
贵　州	Guizhou	22.55	98.25			3.35	5.54	3.52	22
云　南	Yunnan	61.19	45.12			6.27	1.80	-1.33	28
西　藏	Tibet								
陕　西	Shaanxi	253.01	406.94	358.62	14	25.57	32.27	25.83	18
甘　肃	Gansu	43.03	38.61	35.19	17	2.06	0.98	1.25	24
青　海	Qinghai	16.15	11.90	8.52	20	0.79	1.41	0.65	25
宁　夏	Ningxia	33.61	44.75	33.99	18	1.75	2.09	3.19	23
新　疆	Xinjiang	11.36	11.10	10.41	19	0.99	0.90	0.30	26

11-182 通用设备制造业销售费用和管理费用
Sales Expenses and Administrative Expenses of Manufacture of General Purpose Machinery

单位：亿元 (100 million yuan)

地区	Region	销售费用 Sales Expenses			管理费用 Administrative Expenses			
		2016	2017	2017排名 Ranking	2010	2016	2017	2017排名 Ranking
全　国	**National Total**	**1398.30**			**1752.90**	**2498.28**		
北　京	Beijing	32.95	35.69	6	38.02	48.32	49.74	7
天　津	Tianjin	36.40			45.48	68.17		
河　北	Hebei	33.73			39.93	49.34		
山　西	Shanxi	4.16	4.48	11	11.66	9.54	13.65	11
内蒙古	Inner Mongolia	3.14			8.08	7.15		
辽　宁	Liaoning	45.79			166.12	90.43		
吉　林	Jilin	12.59	13.29	9	16.80	23.81	24.23	9
黑龙江	Heilongjiang	8.16	7.14	10	22.54	23.65	23.81	10
上　海	Shanghai	109.97			174.16	242.85		
江　苏	Jiangsu	269.65	259.77	1	287.88	489.90	483.90	1
浙　江	Zhejiang	138.83	151.14	2	208.61	319.31	341.81	2
安　徽	Anhui	48.56			42.32	89.86		
福　建	Fujian	31.94			23.27	55.22		
江　西	Jiangxi	15.40	16.41	7	10.18	29.92		
山　东	Shandong	187.34			244.92	262.29	247.56	3
河　南	Henan	68.25			43.53	83.29		
湖　北	Hubei	39.39	37.49	5	55.18	69.40	61.29	6
湖　南	Hunan	56.93	51.84	4	47.30	81.45	79.89	5
广　东	Guangdong	117.20			93.36	221.92		
广　西	Guangxi	14.81			15.62	22.53		
海　南	Hainan	0.02	0.03	15	0.33	0.04	0.18	16
重　庆	Chongqing	24.63			26.65	42.44		
四　川	Sichuan	71.12	62.35	3	83.69	114.88	112.01	4
贵　州	Guizhou	4.45			3.88	8.97		
云　南	Yunnan	2.11	2.51	12	4.38	4.01	4.61	12
西　藏	Tibet							
陕　西	Shaanxi	15.15	13.99	8	26.68	29.36	26.85	8
甘　肃	Gansu	2.23			4.08	4.51	4.54	13
青　海	Qinghai	0.82	0.80	14	2.83	1.88	1.73	15
宁　夏	Ningxia	2.09	1.72	13	4.33	2.91	3.48	14
新　疆	Xinjiang	0.50			1.07	0.93		

11-183 通用设备制造业财务费用和营业利润

Financial Expenses and Operating Profit of Manufacture of General Purpose Machinery

单位：亿元 (100 million yuan)

地区	Region	财务费用 Financial Expenses				营业利润 Operating Profit			
		2010	2016	2017	2017排名 Ranking	2010	2016	2017	2017排名 Ranking
全　国	**National Total**	**268.15**	**376.61**			**2816.42**	**3091.74**		
北　京	Beijing	2.22	5.71	8.76	6	62.36	62.04		
天　津	Tianjin	1.43	3.55			85.24	96.16		
河　北	Hebei	8.67	10.85			115.87	102.85	62.88	2
山　西	Shanxi	2.34	2.10	3.30	9	12.05	7.40		
内蒙古	Inner Mongolia	2.58	1.09			17.24	13.01		
辽　宁	Liaoning	29.30	33.09			264.84	14.87		
吉　林	Jilin	1.29	4.89	5.40	7	16.69	25.93		
黑龙江	Heilongjiang	1.20	1.59	1.85	10	24.44	8.48		
上　海	Shanghai	9.07	14.46			166.61	151.19		
江　苏	Jiangsu	41.61	64.89	67.81	1	496.64	698.26		
浙　江	Zhejiang	53.10	42.93	54.01	2	267.29	282.12		
安　徽	Anhui	6.99	15.07			87.03	103.87		
福　建	Fujian	5.23	8.35			52.44	76.66		
江　西	Jiangxi	1.40	2.95			19.04	61.76		
山　东	Shandong	46.51	62.45			454.88	539.64		
河　南	Henan	11.98	24.46			171.01	238.86		
湖　北	Hubei	8.34	21.28	11.87	4	75.84	58.49	51.36	3
湖　南	Hunan	6.37	13.12	10.52	5	77.72	105.16	93.94	1
广　东	Guangdong	8.57	6.60			137.35	242.49		
广　西	Guangxi	1.90	1.44			16.70	18.14		
海　南	Hainan	-0.03	0.03	0.07	13	0.24	-0.03	-0.12	7
重　庆	Chongqing	3.05	6.63			39.54	61.77		
四　川	Sichuan	10.85	19.66	19.18	3	119.81	87.38		
贵　州	Guizhou	0.33	1.22			2.62	4.69		
云　南	Yunnan	0.67	0.87			6.05	-1.16		
西　藏	Tibet								
陕　西	Shaanxi	1.28	4.28	3.63	8	21.98	28.27		
甘　肃	Gansu	0.76	1.55			1.62	0.58		
青　海	Qinghai	0.20	0.38	0.34	12	0.78	0.34	-0.04	6
宁　夏	Ningxia	0.90	0.83	0.61	11	1.55	1.73	2.09	4
新　疆	Xinjiang	0.05	0.28			0.96	0.79	0.17	5

11-184 通用设备制造业资产总计和负债合计
Total Assets and Liabilities of Manufacture of General Purpose Machinery

单位：亿元 (100 million yuan)

地区 Region		资产总计 Total Assets			负债合计 Total Liabilities		
		2016	2017	2017排名 Ranking	2016	2017	2017排名 Ranking
全　国	**National Total**	**43335.59**			**22481.10**		
北　京	Beijing	1100.20	1214.60	10	510.07	591.87	9
天　津	Tianjin	1043.61	828.07	14	577.61	470.60	12
河　北	Hebei	1198.00	999.92	11	478.60	470.63	11
山　西	Shanxi	212.84	292.07	21	142.37	175.99	18
内蒙古	Inner Mongolia	147.10			85.86		
辽　宁	Liaoning	2269.81	2048.90	7	1415.25	1336.70	5
吉　林	Jilin	222.29	266.97	22	105.46	138.02	19
黑龙江	Heilongjiang	651.81	631.91	17	488.70	464.69	13
上　海	Shanghai	3628.21	3876.01	4	2120.63	2328.56	4
江　苏	Jiangsu	7832.77	7205.33	1	3938.23	3500.18	1
浙　江	Zhejiang	4981.34	5411.74	2	2556.75	2764.68	2
安　徽	Anhui	1590.60	1649.84	9	835.27	827.70	7
福　建	Fujian	756.90	793.60	15	317.24		
江　西	Jiangxi	493.23	503.21	19	225.73	248.76	17
山　东	Shandong	5484.98	5139.35	3	2496.32	2341.84	3
河　南	Henan	2109.69	2107.91	6	786.29	773.45	8
湖　北	Hubei	1482.04	954.50	12	895.97	491.91	10
湖　南	Hunan	906.47	897.38	13	424.15	416.47	14
广　东	Guangdong	3368.30	3778.67	5	1816.49		
广　西	Guangxi	331.07	361.97	20	181.65		
海　南	Hainan	0.77	2.93	29	0.60	2.07	25
重　庆	Chongqing	668.39	701.18	16	376.88	376.40	15
四　川	Sichuan	671.45	1711.69	8	1030.90	1034.45	6
贵　州	Guizhou	125.31	118.04	24	72.10		
云　南	Yunnan	84.72	89.50	26	52.52	64.24	21
西　藏	Tibet						
陕　西	Shaanxi	669.06	588.10	18	343.13	311.43	16
甘　肃	Gansu	144.59	163.40	23	112.92	120.04	20
青　海	Qinghai	39.89	42.43	27	22.74	23.25	23
宁　夏	Ningxia	97.51	90.69	25	53.89	46.36	22
新　疆	Xinjiang	22.61	21.45	28	16.78	15.19	24

11-185 专用设备制造业工业销售产值主营业务收入

Sales Value and Revenue from Principal Business of Manufacture of Special Purpose Machinery

单位：亿元 (100 million yuan)

地区	Region	工业销售产值(当年价格) Sales Value（current prices）				主营业务收入 Revenue from Principal Business			
		2010	2016	2017	2017排名 Ranking	2010	2016	2017	2017排名 Ranking
全　国	**National Total**	**20878.51**	**37672.91**			**21312.97**	**37414.51**		
北　京	Beijing	495.36	499.09	544.08	5	551.60	608.35	668.78	13
天　津	Tianjin	494.44	977.13			496.85	934.00		
河　北	Hebei	723.11	1503.13			728.04	1478.45	1143.22	11
山　西	Shanxi	355.75	185.58			364.15	199.05	230.19	20
内蒙古	Inner Mongolia	206.92	228.12			350.76	214.43		
辽　宁	Liaoning	1532.35	608.47			1500.31	608.09	462.60	17
吉　林	Jilin	272.46	687.30			259.13	664.08	447.14	18
黑龙江	Heilongjiang	306.67	238.73			281.24	227.13		
上　海	Shanghai	1067.13	1104.48	1312.81	2	1103.38	1147.72	1354.23	8
江　苏	Jiangsu	3256.24	6451.61			3260.62	6449.34	6918.26	1
浙　江	Zhejiang	1280.60	1616.59			1270.80	1593.31	1657.53	6
安　徽	Anhui	517.39	1590.88			478.03	1554.25	1404.12	7
福　建	Fujian	468.87	845.34			492.30	833.97	906.64	12
江　西	Jiangxi	172.84	554.00			172.20	562.37	540.36	15
山　东	Shandong	2963.97	6309.68	5144.50	1	3049.14	6334.54	5248.30	2
河　南	Henan	1586.16	3962.01			1678.41	4012.28	3897.49	3
湖　北	Hubei	345.73	1184.92	1211.29	3	333.99	1114.69	1167.32	10
湖　南	Hunan	1571.66	2862.86			1533.84	2780.85	2865.28	5
广　东	Guangdong	1419.70	2768.09			1404.86	2717.33	3251.39	4
广　西	Guangxi	316.90	514.67			350.49	513.72	514.45	16
海　南	Hainan	1.90	2.49	2.96	10	2.04	2.45	3.04	27
重　庆	Chongqing	206.74	483.96	385.41	6	207.85	465.32	381.11	19
四　川	Sichuan	748.25	1376.30			872.32	1377.38	1220.08	9
贵　州	Guizhou	33.58	127.22			32.43	119.81	94.38	21
云　南	Yunnan	67.18	98.41	63.58	8	66.09	101.74	65.54	23
西　藏	Tibet		0.21	0.19	11		0.21	0.20	28
陕　西	Shaanxi	350.62	676.07	653.32	4	350.79	567.94	572.43	14
甘　肃	Gansu	59.75	114.87	68.81	7	64.24	135.18	71.41	22
青　海	Qinghai	2.22	12.47			1.24	2.80	3.83	26
宁　夏	Ningxia	33.55	52.70			33.75	53.72	34.21	24
新　疆	Xinjiang	20.47	35.53	30.84	9	22.08	40.05	34.03	25

11-186 专用设备制造业主营业务成本和利润总额

Cost of principal Business and Total Profit of Manufacture of Special Purpose Machinery

单位：亿元 (100 million yuan)

地区	Region	主营业务成本 Cost of Principal Business				利润总额 Total Profit			
		2010	2016	2017	2017排名 Ranking	2010	2016	2017	2017排名 Ranking
全　国	**National Total**	**17475.24**	**31360.52**			**1855.05**	**2280.04**		
北　京	Beijing	430.30	433.64	483.65	10	50.50	81.07	106.31	8
天　津	Tianjin	410.32	804.23			34.52	29.59	21.18	18
河　北	Hebei	583.47	1249.81	946.41	9	66.60	107.61	78.06	11
山　西	Shanxi	313.91	175.87	187.22	16	14.38	-14.79	1.36	24
内蒙古	Inner Mongolia	308.71	171.01			12.32	13.40		
辽　宁	Liaoning	1257.54	526.98	389.70	13	117.28	-22.83	-12.20	29
吉　林	Jilin	214.78	577.28	388.75	14	16.25	33.63	19.29	19
黑龙江	Heilongjiang	214.07	206.35			38.64	-49.59		
上　海	Shanghai	877.54	884.97			106.83	94.37	121.64	7
江　苏	Jiangsu	2685.21	5317.17	5657.73	1	276.36	484.83	539.58	1
浙　江	Zhejiang	1031.05	1273.96	1298.55	5	108.67	119.38	135.02	6
安　徽	Anhui	401.54	331.49	1206.29	6	56.71	90.17	80.66	10
福　建	Fujian	406.55	700.99			45.38	56.61	73.42	12
江　西	Jiangxi	143.22	486.14	461.89	12	11.13	42.80	40.33	14
山　东	Shandong	2562.52	5507.69			247.04	400.48	326.05	2
河　南	Henan	1407.18	3450.82	3405.52	2	158.29	236.63	264.37	4
湖　北	Hubei	269.07	959.74	999.67	8	29.53	45.79	55.96	13
湖　南	Hunan	1162.22	2343.32	2347.46	4	193.79	62.28	144.98	5
广　东	Guangdong	1151.79	2161.09	2513.41	3	117.14	243.64	296.56	3
广　西	Guangxi	284.31	428.38			37.59	22.09	25.39	17
海　南	Hainan	1.50	1.50	1.80	21	0.19	0.38	0.40	25
重　庆	Chongqing	174.33	375.79	303.51	15	10.42	46.41	35.39	15
四　川	Sichuan	721.85	1152.35	1007.63	7	64.37	93.83	94.81	9
贵　州	Guizhou	25.74	93.86			2.84	5.60	2.96	22
云　南	Yunnan	56.36	86.27			6.06	4.83	3.01	21
西　藏	Tibet		0.21	0.18	22		-0.01	0.01	27
陕　西	Shaanxi	283.56	458.14	469.72	11	23.56	38.42	33.11	16
甘　肃	Gansu	51.52	121.23	64.27	17	2.88	8.06	-3.75	28
青　海	Qinghai	0.83	2.44	3.35	20	0.45	0.16	0.21	26
宁　夏	Ningxia	26.50	45.19	26.66	19	3.70	2.49	2.18	23
新　疆	Xinjiang	17.71	32.60	27.21	18	1.61	2.73	3.51	20

11-187 专用设备制造业销售费用和管理费用

Sales Expenses and Administrative Expenses of Manufacture of Special Purpose Machinery

单位：亿元 (100 million yuan)

地区	Region	销售费用 Sales Expenses			管理费用 Administrative Expenses			
		2016	2017	2017排名 Ranking	2010	2016	2017	2017排名 Ranking
全　国	**National Total**	**1177.79**			**1231.44**	**2016.29**		
北　京	Beijing	43.13	45.45	4	56.60	74.26	80.50	5
天　津	Tianjin	25.24			43.30	62.50		
河　北	Hebei	36.77			39.25	58.80		
山　西	Shanxi	6.39	6.94	11	27.75	20.77	23.15	9
内蒙古	Inner Mongolia	7.26			13.89	13.37		
辽　宁	Liaoning	20.72			93.43	52.35		
吉　林	Jilin	16.87	11.43	9	15.92	27.34	20.94	11
黑龙江	Heilongjiang	9.75	6.99	10	23.69	21.79	21.59	10
上　海	Shanghai	63.58			91.52	118.47		
江　苏	Jiangsu	196.77	225.65	1	168.20	367.65	398.89	1
浙　江	Zhejiang	54.99	64.99	3	82.06	136.89	151.07	4
安　徽	Anhui	40.85			23.15	69.76		
福　建	Fujian	22.62			22.48	41.47		
江　西	Jiangxi	10.97	14.48	8	4.75	15.04		
山　东	Shandong	147.98			134.63	193.69	189.92	2
河　南	Henan	86.50			61.24	128.74		
湖　北	Hubei	34.84	36.28	6	21.07	58.69	61.71	7
湖　南	Hunan	118.72	136.00	2	77.32	142.86	162.88	3
广　东	Guangdong	121.70			88.16	210.74		
广　西	Guangxi	19.87			21.79	33.65		
海　南	Hainan	0.41	0.44	14	0.23	0.36	0.38	15
重　庆	Chongqing	14.03			19.45	23.30		
四　川	Sichuan	40.29	37.36	5	48.76	74.15	69.09	6
贵　州	Guizhou	5.98			3.27	8.71		
云　南	Yunnan	1.75	1.69	12	5.57	5.23	5.00	13
西　藏	Tibet		0.001	16		0.01	0.01	17
陕　西	Shaanxi	23.60	23.48	7	33.14	40.24	36.77	8
甘　肃	Gansu	2.76			6.48	8.26	5.88	12
青　海	Qinghai	0.02	0.01	15	0.10	0.21	0.23	16
宁　夏	Ningxia	2.03	1.33	13	2.62	3.49	3.11	14
新　疆	Xinjiang	1.40			1.61	3.48		

11-188 专用设备制造业财务费用和营业利润

Financial Expenses and Operating Profit of Manufacture of Special Purpose Machinery

单位：亿元 (100 million yuan)

地区	Region	财务费用 Financial Expenses				营业利润 Operating Profit			
		2010	2016	2017	2017排名 Ranking	2010	2016	2017	2017排名 Ranking
全　国	**National Total**	**166.06**	**360.56**			**1901.09**	**2156.32**		
北　京	Beijing	2.58	11.43	12.70	4	46.57	72.61		
天　津	Tianjin	2.87	8.05			33.01	29.89		
河　北	Hebei	5.93	11.24			76.74	104.28	72.47	2
山　西	Shanxi	3.63	10.52	12.03	6	18.32	-16.30		
内蒙古	Inner Mongolia	1.86	1.48			14.55	19.63		
辽　宁	Liaoning	11.43	18.67			118.03	-29.02		
吉　林	Jilin	1.59	6.05	4.68	10	16.64	33.47		
黑龙江	Heilongjiang	3.32	9.48	7.20	9	33.61	52.49		
上　海	Shanghai	6.39	2.64			98.36	84.66		
江　苏	Jiangsu	26.33	50.64	69.75	1	295.47	475.40		
浙　江	Zhejiang	17.43	17.95	21.18	3	105.35	109.92		
安　徽	Anhui	4.09	10.82			56.57	81.51		
福　建	Fujian	3.76	7.72			49.07	55.95		
江　西	Jiangxi	0.81	3.33			11.33	42.35		
山　东	Shandong	21.93	49.02			255.56	392.10		
河　南	Henan	9.19	43.68			160.82	230.97		
湖　北	Hubei	3.52	11.72	11.91	7	29.78	42.53	53.26	3
湖　南	Hunan	14.68	42.92	53.95	2	214.37	57.51	154.96	1
广　东	Guangdong	6.48	6.59			115.17	214.63		
广　西	Guangxi	1.55	3.44			37.74	20.58		
海　南	Hainan		0.02	0.02	13	0.15	0.21	0.37	6
重　庆	Chongqing	2.54	3.55			11.85	45.07		
四　川	Sichuan	9.11	13.07	12.64	5	64.20	89.39		
贵　州	Guizhou	0.24	1.97			1.87	5.07		
云　南	Yunnan	0.86	0.96			5.65	4.49		
西　藏	Tibet			0.002	14		-0.01	0.01	8
陕　西	Shaanxi	3.22	8.90	7.55	8	22.45	31.01		
甘　肃	Gansu	0.52	4.05			2.39	6.80		
青　海	Qinghai	0.02	0.06	0.03	12	0.45	0.14	0.19	7
宁　夏	Ningxia	0.05	0.40	0.29	11	3.46	1.99	1.69	5
新　疆	Xinjiang	0.16	0.19			1.57	1.97	2.95	4

11-189 专用设备制造业资产总计和负债合计
Total Assets and Liabilities of Manufacture of Special Purpose Machinery

单位：亿元 (100 million yuan)

地区	Region	资产总计 Total Assets 2016	资产总计 Total Assets 2017	资产总计 Total Assets 2017排名 Ranking	负债合计 Total Liabilities 2016	负债合计 Total Liabilities 2017	负债合计 Total Liabilities 2017排名 Ranking
全　国	**National Total**	**36841.47**			**19218.40**		
北　京	Beijing	1832.61	1862.02	9	957.73	962.55	8
天　津	Tianjin	1054.21	959.71	15	618.91	491.84	14
河　北	Hebei	1667.74	2617.62	6	594.01	1416.24	4
山　西	Shanxi	615.85	607.74	18	471.54	480.22	15
内蒙古	Inner Mongolia	174.17			76.35		
辽　宁	Liaoning	1647.23	1309.30	10	1171.37	950.90	9
吉　林	Jilin	272.61	238.96	23	120.64	118.31	20
黑龙江	Heilongjiang	664.38	633.89	17	389.40	380.88	16
上　海	Shanghai	1735.96	1882.73	8	968.24	1045.35	7
江　苏	Jiangsu	5363.59	6460.04	1	2731.24	3483.98	1
浙　江	Zhejiang	2063.87	2195.04	7	1084.61	1200.18	5
安　徽	Anhui	1119.41	1087.33	13	600.43	577.80	12
福　建	Fujian	724.08	777.74	16	391.48		
江　西	Jiangxi	320.78	317.06	21	133.64	140.85	19
山　东	Shandong	4124.95	3796.29	2	1930.62	1834.63	2
河　南	Henan	2694.11	2766.46	5	1079.89	1109.63	6
湖　北	Hubei	1021.88	1153.76	11	576.12	664.47	10
湖　南	Hunan	2925.52	3168.87	4	1680.46	1754.94	3
广　东	Guangdong	2830.36	3549.57	3	1396.99		
广　西	Guangxi	491.82	520.82	19	258.52		
海　南	Hainan	8.73	10.14	29	4.57	5.61	25
重　庆	Chongqing	413.13	411.17	20	219.20	214.93	17
四　川	Sichuan	1226.97	1128.18	12	674.38	642.29	11
贵　州	Guizhou	117.61	107.54	24	76.50		
云　南	Yunnan	95.62	88.22	25	63.43	60.03	21
西　藏	Tibet	0.44	0.40	30	0.42		
陕　西	Shaanxi	1046.36	1073.45	14	611.76	546.41	13
甘　肃	Gansu	375.95	269.48	22	247.46	183.82	18
青　海	Qinghai	8.00	14.21	28	5.12	12.02	24
宁　夏	Ningxia	81.21	83.75	26	38.76	39.41	23
新　疆	Xinjiang	122.32	76.02	27	44.62	48.05	22

11-190 汽车制造业工业销售产值、主营业务收入、主营业务成本和利润总额（2017年）

Manufacturing of Automobiles Industry Sales Value, Revenue from Principal Business, Cost of Principal Business, and Total Profit

单位：亿元 (100 million yuan)

地区	Region	工业销售产值（当年价格）		主营业务收入		主营业务成本		利润总额	
		Sales Value (current prices)	排名 Ranking	Revenue from Principal Business	排名 Ranking	Cost of Principal Business	排名 Ranking	Total Profit	排名 Ranking
全　国	**National Total**								
北　京	Beijing	4442.23	5	4547.91	9	3794.79	7	376.46	8
天　津	Tianjin							119.51	16
河　北	Hebei			2536.31	15	2168.54	12	123.52	15
山　西	Shanxi			301.75	20	260.86	16	17.51	21
内蒙古	Inner Mongolia								
辽　宁	Liaoning			2927.90	11	2277.10	11	290.90	10
吉　林	Jilin			7189.21	4	5878.94	3	590.53	5
黑龙江	Heilongjiang								
上　海	Shanghai	6815.25	2	8246.69	1			1106.02	1
江　苏	Jiangsu			7504.69	3	6197.46	2	611.83	4
浙　江	Zhejiang			4951.57	7	3996.62	5	530.86	6
安　徽	Anhui			2873.67	13	2551.71	9	111.64	17
福　建	Fujian			1254.71	19			134.73	13
江　西	Jiangxi			1625.23	17	1386.62	14	86.45	19
山　东	Shandong	6712.54	3	6663.14	6			354.69	9
河　南	Henan			3037.47	10	2630.92	8	212.68	12
湖　北	Hubei	7241.30	1	6918.64	5	5860.94	4	613.79	3
湖　南	Hunan			1946.27	16	1622.20	13	101.05	18
广　东	Guangdong			7741.97	2	6496.90	1	654.40	2
广　西	Guangxi			2586.72	14			123.65	14
海　南	Hainan	51.23	8	47.70	23	44.73	17	-10.19	27
重　庆	Chongqing	4617.23	4	4762.13	8	3867.20	6	432.87	7
四　川	Sichuan			2887.80	12	2438.34	10	231.05	11
贵　州	Guizhou			255.96	22			7.52	23
云　南	Yunnan	303.95	7	299.61	21			11.10	22
西　藏	Tibet								
陕　西	Shaanxi	1578.33	6	1498.16	18	1337.46	15	70.56	20
甘　肃	Gansu	15.76	10	15.36	25	14.19	19	0.03	24
青　海	Qinghai								
宁　夏	Ningxia			4.08	26	3.87	20	0.01	25
新　疆	Xinjiang	28.12	9	28.39	24	24.03	18	-0.74	26

11-191 汽车制造业销售、管理费用、资产总计和负债合计（2017年）

Manufacturing of Automobiles Sales Expenses, Administrative Expenses, Total Assets, and Total Liabilities

单位：亿元 (100 million yuan)

地区	Region	销售费用 Sales Expenses	排名 Ranking	管理费用 Administrative Expenses	排名 Ranking	资产总计 Total Assets	排名 Ranking	负债合计 Total Liabilities	排名 Ranking
全　国	**National Total**								
北　京	Beijing	208.74	2	170.32	6	4990.31	8	2981.26	7
天　津	Tianjin					1451.29	18	789.49	16
河　北	Hebei					2916.53	11	1637.14	11
山　西	Shanxi	7.02	10	17.83	10	347.30	21	240.28	19
内蒙古	Inner Mongolia								
辽　宁	Liaoning					3157.10	10	2151.00	9
吉　林	Jilin	309.02	1	337.72	3	5778.88	5	3014.96	6
黑龙江	Heilongjiang	2.27	12	14.20	11	314.78	22	274.48	18
上　海	Shanghai					7750.76	1	3746.14	1
江　苏	Jiangsu	199.28	3	408.03	1	6221.17	3	3669.21	5
浙　江	Zhejiang	96.18	5	295.16	4	6042.08	4	3704.91	3
安　徽	Anhui					2816.64	12	1819.46	10
福　建	Fujian					963.04	20		
江　西	Jiangxi	68.26	6			1536.92	17	979.98	15
山　东	Shandong			183.42	5	5726.41	6	3691.70	4
河　南	Henan					2073.06	14	1040.45	14
湖　北	Hubei	191.45	4	355.66	2	7007.45	2	3719.80	2
湖　南	Hunan	65.10	7	98.38	7	1572.25	16	1062.98	13
广　东	Guangdong					5696.38	7		
广　西	Guangxi					1746.91	15		
海　南	Hainan	1.61	13	7.54	13	81.74	25	37.05	21
重　庆	Chongqing					4300.47	9	2691.79	8
四　川	Sichuan	46.13	8	88.74	8	2112.35	13	1296.61	12
贵　州	Guizhou					186.80	24		
云　南	Yunnan	4.54	11	9.16	12	285.22	23	179.92	20
西　藏	Tibet								
陕　西	Shaanxi	32.63	9	41.61	9	1045.84	19	677.32	17
甘　肃	Gansu			0.72	14	21.90	27	16.13	23
青　海	Qinghai								
宁　夏	Ningxia	0.07	14	0.08	15	2.90	28	1.92	24
新　疆	Xinjiang					25.76	26	23.70	22

11-192 铁路、船舶、航空航天和其他运输设备制造业工业销售产值、主营业务收入、主营业务成本和利润总额（2017年）

Sales Value, Revenue from Principal Business, Cost of Principal Business, and Total Profit of Railroad, Ship, Aviation and Others

单位：亿元 (100 million yuan)

地区	Region	工业销售产值（当年价格）		主营业务收入		主营业务成本		利润总额	
		Sales Value(current prices)	排名 Ranking	Revenue from Principal Business	排名 Ranking	Cost of Principal Business	排名 Ranking	Total Profit	排名 Ranking
全　国	**National Total**								
北　京	Beijing	415.76	5	440.65	13	351.91	11	37.50	9
天　津	Tianjin							15.65	13
河　北	Hebei			458.40	12	378.83	10	39.13	7
山　西	Shanxi			138.11	20	108.60	15	10.82	16
内蒙古	Inner Mongolia								
辽　宁	Liaoning			824.40	7	714.80	5	5.30	19
吉　林	Jilin			386.64	15	310.53	13	31.43	11
黑龙江	Heilongjiang								
上　海	Shanghai	693.52	4	682.58	10			-33.90	28
江　苏	Jiangsu			3278.27	1	2785.69	1	256.90	1
浙　江	Zhejiang			749.83	9	665.88	7	2.60	21
安　徽	Anhui			197.07	17	170.96	14	7.47	17
福　建	Fujian			297.43	16			11.09	15
江　西	Jiangxi			119.14	21	106.82	16	5.87	18
山　东	Shandong	1725.22	1	1761.07	2			113.88	2
河　南	Henan			987.35	5	852.17	4	72.65	4
湖　北	Hubei	707.90	3	665.59	11	600.10	9	14.53	14
湖　南	Hunan			886.71	6	689.28	6	86.24	3
广　东	Guangdong			1141.17	3	943.38	2	65.79	6
广　西	Guangxi			185.72	19			17.61	12
海　南	Hainan	0.29	10	0.54	26	0.43	20	-0.17	27
重　庆	Chongqing	1103.00	2	1043.73	4	900.92	3	70.26	5
四　川	Sichuan			750.21	8	640.99	8	32.94	10
贵　州	Guizhou			195.06	18			5.04	20
云　南	Yunnan	36.25	7	36.16	22			1.70	22
西　藏	Tibet								
陕　西	Shaanxi	400.95	6	389.73	14	327.02	12	38.17	8
甘　肃	Gansu	12.00	8	12.56	23	8.65	17	1.42	23
青　海	Qinghai			0.60	25	0.50	19	0.01	26
宁　夏	Ningxia			0.31	27	0.14	21	0.10	24
新　疆	Xinjiang	1.21	9	1.21	24	1.07	18	0.06	25

11-193 铁路、船舶、航空航天和其他运输设备制造业销售、管理费用、资产总计和负债合计（2017年）

Sales Expenses, Administrative Expenses, Total Assets, and Total Liabilities of Railroad, Ship, Aviation and Others

单位：亿元 (100 million yuan)

地区	Region	销售费用 Sales Expenses	排名 Ranking	管理费用 Administrative Expenses	排名 Ranking	资产总计 Total Assets	排名 Ranking	负债合计 Total Liabilities	排名 Ranking
全　国	**National Total**								
北　京	Beijing	7.84	7	40.76	6	762.48	10	455.85	11
天　津	Tianjin					746.85	11	554.60	10
河　北	Hebei					610.93	14	352.10	13
山　西	Shanxi	2.89	9	14.84	10	259.23	19	175.92	16
内蒙古	Inner Mongolia								
辽　宁	Liaoning					2735.90	2	1814.70	2
吉　林	Jilin	8.78	5	33.06	8	648.71	13	447.48	12
黑龙江	Heilongjiang	1.72	10	14.12	11	140.84	21	86.62	18
上　海	Shanghai					1633.59	4	1355.00	3
江　苏	Jiangsu	51.28	1	152.60	1	3434.31	1	1904.73	1
浙　江	Zhejiang	14.36	4	47.79	5	1327.25	5	912.86	6
安　徽	Anhui					201.53	20	123.82	17
福　建	Fujian					363.23	18		
江　西	Jiangxi	1.69	11			117.73	23	46.56	19
山　东	Shandong			94.90	2	1919.70	3	1237.27	4
河　南	Henan					700.61	12	198.49	14
湖　北	Hubei	8.40	6	33.66	7	1049.36	9	691.39	7
湖　南	Hunan	25.93	2	86.78	3	577.18	15	1185.32	5
广　东	Guangdong					1278.75	6		
广　西	Guangxi					133.34	22		
海　南	Hainan	0.01	15	0.12	14	8.95	26	8.35	22
重　庆	Chongqing					1141.49	7	650.76	8
四　川	Sichuan	15.92	3	48.99	4	1051.76	8	615.66	9
贵　州	Guizhou					451.93	16		
云　南	Yunnan	0.55	12	3.57	12	82.16	24	22.48	20
西　藏	Tibet								
陕　西	Shaanxi	6.81	8	23.82	9	382.80	17	188.14	15
甘　肃	Gansu			1.70	13	31.35	25	16.71	21
青　海	Qinghai	0.04	13	0.05	16	3.52	27	0.18	25
宁　夏	Ningxia	0.02	14	0.07	15	0.40	29	0.20	24
新　疆	Xinjiang					2.25	28	1.00	23

11-194 电气机械和器材制造业工业销售产值和主营业务收入

Sales Value and Revenue from Principal Business of Manufacture of Electrical Machinery and Apparatus

单位：亿元 (100 million yuan)

地区	Region	工业销售产值(当年价格) Sales Value（current prices）				主营业务收入 Revenue from Principal Business			
		2010	2016	2017	2017排名 Ranking	2010	2016	2017	2017排名 Ranking
全　国	**National Total**	**42057.21**	**74163.80**			**42152.59**	**73642.26**		
北　京	Beijing	685.65	669.84	660.12	6	718.89	738.78	766.60	17
天　津	Tianjin	650.54	1286.63			656.63	1268.76		
河　北	Hebei	1208.91	2252.86			1301.56	2246.42	1925.16	11
山　西	Shanxi	86.13	173.32			90.12	128.01	171.01	22
内蒙古	Inner Mongolia	173.62	313.62			178.69	301.26		
辽　宁	Liaoning	1733.72	700.27			1713.20	760.46	745.20	18
吉　林	Jilin	162.90	412.85			160.36	410.72	202.03	21
黑龙江	Heilongjiang	170.13	215.38			158.90	213.84		
上　海	Shanghai	1935.83	2039.15	2148.77	2	2013.26	2183.95	2269.23	8
江　苏	Jiangsu	8606.24	17216.82			8553.34	17185.11	16301.92	1
浙　江	Zhejiang	4578.09	6475.26			4604.48	6377.90	6418.68	3
安　徽	Anhui	1936.58	5157.44			1757.56	4824.38	5086.92	5
福　建	Fujian	935.77	1855.60			927.74	1830.46	1933.69	10
江　西	Jiangxi	896.29	3001.63			913.81	3099.98	3108.39	7
山　东	Shandong	4190.32	6231.69	5346.01	1	4352.35	6321.91	5702.62	4
河　南	Henan	1121.24	3638.37			1127.12	3540.01	3802.17	6
湖　北	Hubei	781.44	1934.82	2040.59	3	743.65	1865.58	1974.58	9
湖　南	Hunan	738.42	1874.90			727.19	1881.69	1808.27	12
广　东	Guangdong	8898.77	12974.31			9024.15	12911.72	13231.14	2
广　西	Guangxi	259.69	961.03			255.94	928.18	828.63	16
海　南	Hainan	30.01	58.59	56.49	10	30.12	60.88	57.91	27
重　庆	Chongqing	486.69	1150.73	980.58	5	475.16	1219.89	1030.09	14
四　川	Sichuan	752.03	1442.46			730.24	1395.43	1475.88	13
贵　州	Guizhou	72.44	266.76			57.96	236.51	246.91	20
云　南	Yunnan	73.93	123.82	149.09	8	74.25	130.05	147.68	23
西　藏	Tibet	0.10	0.74	0.19	11	0.09	0.34	0.17	28
陕　西	Shaanxi	392.33	906.88	1051.52	4	345.31	813.42	897.94	15
甘　肃	Gansu	197.96	140.50	100.11	9	150.43	101.20	87.45	24
青　海	Qinghai	9.40	114.42			9.12	84.09	76.38	26
宁　夏	Ningxia	46.84	85.84			48.54	88.19	78.92	25
新　疆	Xinjiang	245.20	487.26	399.44	7	252.43	493.14	419.88	19

11-195 电气机械和器材制造业主营业务成本和利润总额
Cost of Principal Business and Total Profit of Manufacture of Electrical Machinery and Apparatus

单位：亿元 (100 million yuan)

地区	Region	主营业务成本 Cost of Principal Business				利润总额 Total Profit			
		2010	2016	2017	2017排名 Ranking	2010	2016	2017	2017排名 Ranking
全　国	**National Total**	**35494.98**	**62185.11**			**3116.20**	**5150.27**		
北　京	Beijing	584.99	579.69	600.28	14	81.94	35.59	58.65	16
天　津	Tianjin	546.44	1143.67			64.77	62.11	22.30	19
河　北	Hebei	1048.15	1925.63	1655.58	8	139.60	165.30	115.36	10
山　西	Shanxi	72.42	104.22	150.75	17	7.60	3.33	1.05	26
内蒙古	Inner Mongolia	150.56	256.28			12.20	15.74		
辽　宁	Liaoning	1453.70	647.58	638.60	13	115.38	29.51	22.00	20
吉　林	Jilin	131.29	357.89	170.09	16	10.00	21.49	13.18	21
黑龙江	Heilongjiang	119.69	185.75			21.84	0.99		
上　海	Shanghai	1677.40	1761.76			148.63	169.06	165.57	9
江　苏	Jiangsu	7264.34	14742.03	13997.59	1	587.22	1223.68	1032.28	1
浙　江	Zhejiang	3922.78	5285.55	5338.42	3	277.42	421.57	415.38	3
安　徽	Anhui	1457.92	4065.90	4319.20	4	172.00	321.07	320.28	5
福　建	Fujian	783.35	1468.29			79.53	180.23	203.68	8
江　西	Jiangxi	790.17	2719.95	2705.84	6	67.56	230.02	218.50	7
山　东	Shandong	3607.10	5332.97			304.34	408.08	359.52	4
河　南	Henan	928.30	3045.83	3313.31	5	108.25	269.53	248.38	6
湖　北	Hubei	620.61	1603.40	1700.28	7	69.41	96.33	103.59	11
湖　南	Hunan	602.72	1557.30	1510.59	9	52.05	90.61	87.60	12
广　东	Guangdong	7724.63	10689.24	10921.99	2	585.99	1049.70	933.39	2
广　西	Guangxi	215.63	787.76			26.54	70.89	58.81	15
海　南	Hainan	22.58	51.35	53.16	21	3.41	2.38	-1.88	29
重　庆	Chongqing	423.91	1033.02	876.03	11	26.28	96.39	80.04	14
四　川	Sichuan	603.39	1178.42	1244.73	10	50.87	65.40	82.41	13
贵　州	Guizhou	48.75	197.24			1.79	14.28	11.60	22
云　南	Yunnan	62.19	112.14			4.93	5.19	6.38	24
西　藏	Tibet	0.03	0.31	0.13	22	0.01	0.12	-0.0001	28
陕　西	Shaanxi	272.79	692.84	754.67	12	26.98	37.74	48.31	17
甘　肃	Gansu	130.60	90.81	76.30	18	4.91	-0.88	0.21	27
青　海	Qinghai	8.62	74.37	66.30	20	0.43	3.64	7.35	23
宁　夏	Ningxia	41.80	79.37	67.89	19	3.37	3.10	4.60	25
新　疆	Xinjiang	178.12	414.55	358.86	15	60.93	58.11	27.69	18

11-196 电气机械和器材制造业销售费用和管理费用
Sales Expenses and Administrative Expenses of Manufacture of Electrical Machinery and Apparatus

单位：亿元 (100 million yuan)

地区	Region	销售费用 Sales Expenses			管理费用 Administrative Expenses			
		2016	2017	2017排名 Ranking	2010	2016	2017	2017排名 Ranking
全　国	**National Total**	**2539.90**			**1844.36**	**3329.63**		
北　京	Beijing	58.69	50.09	6	37.62	64.39	68.70	7
天　津	Tianjin	20.35			32.82	45.68		
河　北	Hebei	44.40			46.61	76.78		
山　西	Shanxi	3.53	4.16	12	8.22	12.61	11.75	10
内蒙古	Inner Mongolia	5.27			7.20	10.97		
辽　宁	Liaoning	24.86			96.07	49.59		
吉　林	Jilin	9.92	4.92	10	10.57	16.62	9.69	12
黑龙江	Heilongjiang	6.89	6.35	9	12.54	13.42	12.51	9
上　海	Shanghai	90.24			116.52	169.05		
江　苏	Jiangsu	439.14	436.61	1	305.82	660.36	691.41	1
浙　江	Zhejiang	238.62	241.12	2	238.57	403.54	429.47	2
安　徽	Anhui	196.42			56.42	173.63		
福　建	Fujian	58.71			37.81	107.19		
江　西	Jiangxi	45.70	55.38	5	20.55	76.62		
山　东	Shandong	256.45			199.43	274.10	289.33	3
河　南	Henan	87.23			31.88	106.38		
湖　北	Hubei	54.91	59.15	4	37.26	102.36	101.93	4
湖　南	Hunan	66.72	63.15	3	42.95	88.07	96.94	5
广　东	Guangdong	665.37			379.78	636.80		
广　西	Guangxi	13.74			19.31	26.02		
海　南	Hainan	3.61	2.55	13	1.64	3.44	2.98	15
重　庆	Chongqing	33.34			15.39	45.83		
四　川	Sichuan	40.35	44.48	7	43.21	70.85	75.73	6
贵　州	Guizhou	8.77			2.91	10.95		
云　南	Yunnan	4.03	4.28	11	4.57	7.44	9.73	11
西　藏	Tibet	0.02	0.003	16	0.05	0.05	0.04	17
陕　西	Shaanxi	32.56	39.60	8	25.81	47.02	54.72	8
甘　肃	Gansu	3.29			4.54	6.10	6.05	13
青　海	Qinghai	0.07	0.68	15	1.00	3.57	3.57	14
宁　夏	Ningxia	2.08	2.39	14	2.01	3.02	2.83	16
新　疆	Xinjiang	23.96			5.29	17.17		

11-197 电气机械和器材制造业财务费用和营业利润
Financial Expenses and Operating Profit of Manufacture of Electrical Machinery and Apparatus

单位：亿元 (100 million yuan)

地区	Region	财务费用 Financial Expenses				营业利润 Operating Profit			
		2010	2016	2017	2017排名 Ranking	2010	2016	2017	2017排名 Ranking
全　国	**National Total**	**353.68**	**449.64**			**3210.31**	**5030.59**		
北　京	Beijing	2.66	5.08	4.75	7	78.00	34.39		
天　津	Tianjin	5.49	7.14			61.72	61.92		
河　北	Hebei	23.42	22.93			159.41	164.22	115.77	1
山　西	Shanxi	1.12	4.83	4.56	8	7.96	2.71		
内蒙古	Inner Mongolia	0.41	1.62			15.33	22.38		
辽　宁	Liaoning	10.37	11.67			118.57	26.14		
吉　林	Jilin	1.83	4.27	2.96	9	10.23	21.05		
黑龙江	Heilongjiang	0.35	2.10	1.88	10	22.20	0.03		
上　海	Shanghai	12.74	9.59			145.31	159.95		
江　苏	Jiangsu	73.88	123.87	138.09	1	650.65	1200.63		
浙　江	Zhejiang	66.61	62.82	76.07	2	262.35	396.06		
安　徽	Anhui	12.51	22.44			180.32	321.01		
福　建	Fujian	6.35	7.33			86.07	176.88		
江　西	Jiangxi	6.84	16.49			66.73	226.57		
山　东	Shandong	37.70	60.72			308.95	397.28		
河　南	Henan	11.68	27.03			107.00	265.53		
湖　北	Hubei	7.29	13.89	13.70	4	73.91	89.63	97.40	2
湖　南	Hunan	6.36	19.16	19.03	3	58.28	101.75	88.22	3
广　东	Guangdong	42.46	-14.59			574.87	1020.15		
广　西	Guangxi	2.93	4.76			26.64	69.82		
海　南	Hainan	0.38	1.21	1.10	12	3.32	2.07	-2.18	8
重　庆	Chongqing	3.91	7.92			29.63	95.97		
四　川	Sichuan	7.06	15.29	11.05	5	48.13	61.89		
贵　州	Guizhou	0.37	1.86			1.67	14.15		
云　南	Yunnan	1.28	1.47			4.51	3.67		
西　藏	Tibet			0.004	14	0.01	0.14	-0.0007	7
陕　西	Shaanxi	4.67	3.19	6.36	6	27.43	34.31		
甘　肃	Gansu	0.37	1.84			5.69	-1.51		
青　海	Qinghai	0.06	1.53	1.68	11	1.60	3.86	5.12	5
宁　夏	Ningxia	0.75	1.02	1.01	13	3.30	2.62	4.10	6
新　疆	Xinjiang	1.84	1.16			60.53	55.31	26.70	4

11-198 电气机械和器材制造业资产总计和负债合计
Total Assets and Liabilities of Manufacture of Electrical Machinery and Apparatus

单位：亿元 (100 million yuan)

地区	Region	资产总计 Total Assets			负债合计 Total Liabilities		
		2016	2017	2017排名 Ranking	2016	2017	2017排名 Ranking
全　国	**National Total**	**63139.09**			**35099.69**		
北　京	Beijing	1183.84	1235.10	13	698.05	729.50	12
天　津	Tianjin	939.50	853.17	18	517.94	455.82	17
河　北	Hebei	1904.97	1783.03	10	977.36	984.59	7
山　西	Shanxi	256.48	325.39	22	191.64	220.52	18
内蒙古	Inner Mongolia	227.37			137.86		
辽　宁	Liaoning	1157.87	1119.00	17	653.34	647.80	14
吉　林	Jilin	219.54	164.89	25	97.22	69.94	23
黑龙江	Heilongjiang	374.20	376.09	21	213.28	211.77	19
上　海	Shanghai	2317.90	2382.70	7	1244.21	1261.87	6
江　苏	Jiangsu	12718.58	13243.91	1	6753.25	6981.66	1
浙　江	Zhejiang	6738.31	7179.70	3	3728.18	3929.03	2
安　徽	Anhui	3200.69	3521.95	5	1756.08	2011.69	4
福　建	Fujian	1633.98	1969.20	8	799.60		
江　西	Jiangxi	1745.03	1843.12	9	831.85	965.26	8
山　东	Shandong	5854.83	6126.75	4	3576.59	3749.22	3
河　南	Henan	2652.74	2889.78	6	1221.41	1430.83	5
湖　北	Hubei	1452.51	1593.35	12	811.31	890.22	9
湖　南	Hunan	1320.97	1598.05	11	695.26	863.33	10
广　东	Guangdong	11742.62	12906.04	2	6922.63		
广　西	Guangxi	373.09	379.28	20	195.15		
海　南	Hainan	97.39	101.36	29	55.88	65.49	24
重　庆	Chongqing	855.37	840.29	19	517.83	505.91	16
四　川	Sichuan	1206.76	1211.69	14	816.61	766.75	11
贵　州	Guizhou	232.84	290.13	23	166.89		
云　南	Yunnan	161.18	147.33	26	92.43	77.16	22
西　藏	Tibet	41.32	1.11	30	1.16		
陕　西	Shaanxi	1033.02	1154.52	15	522.67	613.86	15
甘　肃	Gansu	214.67	194.19	24	155.85	128.02	20
青　海	Qinghai	110.03	119.04	27	74.43	82.48	21
宁　夏	Ningxia	80.60	101.60	28	43.53	56.81	25
新　疆	Xinjiang	1090.89	1149.10	16	630.17	647.84	13

11-199 计算机、通信和其他电子设备制造业工业销售产值和主营业务收入

Sales Value and Revenue from Principal Business of Manufacture of Computers, Communication and Other Electronic Equipment

单位：亿元 (100 million yuan)

地区	Region	工业销售产值(当年价格) Sales Value（current prices）				主营业务收入 Revenue from Principal Business			
		2010	2016	2017	2017排名 Ranking	2010	2016	2017	2017排名 Ranking
全　国	**National Total**	**54190.95**	**98457.24**			**55161.16**	**99629.48**		
北　京	Beijing	2184.16	1983.62	2092.88	4	2549.87	2715.14	2862.64	10
天　津	Tianjin	1718.70	1907.53			1740.11	1932.92		
河　北	Hebei	267.28	521.86			265.30	518.22	450.45	20
山　西	Shanxi	114.33	777.22			123.42	775.87	902.19	16
内蒙古	Inner Mongolia	48.25	60.78			54.97	43.90		
辽　宁	Liaoning	866.54	476.22			861.93	537.64	542.30	19
吉　林	Jilin	73.06	91.67			73.58	92.80	81.87	23
黑龙江	Heilongjiang	18.02	23.37			17.06	24.38		
上　海	Shanghai	5961.72	5077.34	5537.85	1	6132.25	5420.79	5945.83	3
江　苏	Jiangsu	12856.41	18864.38			12859.82	18881.07	18530.61	2
浙　江	Zhejiang	1921.05	3177.37			1937.53	3226.89	3687.40	8
安　徽	Anhui	283.66	2322.01			263.68	2242.64	2574.10	11
福　建	Fujian	2263.04	3404.37			2281.22	3372.60	3618.40	9
江　西	Jiangxi	376.41	1786.57			379.77	1797.07	2106.74	13
山　东	Shandong	3084.47	5725.62	5499.18	2	3128.52	5769.76	5525.60	4
河　南	Henan	194.87	3898.30			207.87	3873.05	4465.64	6
湖　北	Hubei	747.46	2261.27	1972.38	5	734.35	2310.99	2135.97	12
湖　南	Hunan	309.23	2563.18			311.56	2001.30	2055.25	14
广　东	Guangdong	18914.36	32656.77			19217.10	33121.04	36737.28	1
广　西	Guangxi	214.68	1555.80			201.10	1502.30	1834.21	15
海　南	Hainan	18.80	6.66	3.84	10	18.05	6.66	3.84	24
重　庆	Chongqing	215.55	3995.01	4075.56	3	216.36	3971.07	4033.79	7
四　川	Sichuan	1226.95	3838.23			1260.23	4068.74	4613.25	5
贵　州	Guizhou	42.67	493.21			41.27	434.65	656.73	18
云　南	Yunnan	12.63	95.21	167.50	7	14.43	107.41	179.89	21
西　藏	Tibet								
陕　西	Shaanxi	217.71	805.51	745.29	6	233.90	801.68	735.72	17
甘　肃	Gansu	21.73	80.48	100.80	8	20.07	75.39	94.37	22
青　海	Qinghai	1.28	5.33			1.28	1.12	1.53	26
宁　夏	Ningxia								
新　疆	Xinjiang	15.93	2.33	4.00	9	14.56	2.41	3.70	25

11-200 计算机、通信和其他电子设备制造业主营业务成本和利润总额
Cost of Principal Business and Total Profit of Manufacture of Computers, Communication and Other Electronic Equipment

单位：亿元 (100 million yuan)

地区	Region	主营业务成本 Cost of Principal Business 2010	2016	2017	2017排名 Ranking	利润总额 Total Profit 2010	2016	2017	2017排名 Ranking
全　国	**National Total**	**48920.84**	**87279.81**			**2873.03**	**5070.17**		
北　京	Beijing	2335.16	2421.35	2462.66	7	71.05	88.65	180.07	9
天　津	Tianjin	1551.32	1677.08			67.23	147.09	92.42	16
河　北	Hebei	225.60	455.12	390.54	15	22.06	35.12	24.23	21
山　西	Shanxi	114.66	734.79	845.09	12	0.88	28.80	33.19	20
内蒙古	Inner Mongolia	40.64	36.04			4.93	-0.50		
辽　宁	Liaoning	730.85	437.12	425.70	14	71.49	58.04	85.00	17
吉　林	Jilin	56.22	74.29	65.99	17	4.95	9.06	6.29	24
黑龙江	Heilongjiang	12.19	18.82			2.21	2.51		
上　海	Shanghai	5777.55	4992.56			142.68	132.45	189.68	7
江　苏	Jiangsu	11645.60	17042.64	16725.17	2	639.82	964.59	922.85	2
浙　江	Zhejiang	1632.77	2583.05	2935.82	6	145.32	301.16	335.75	4
安　徽	Anhui	217.51	1969.35	2229.29	8	28.08	124.56	166.59	10
福　建	Fujian	2026.57	2976.32			167.40	192.46	203.61	6
江　西	Jiangxi	331.52	1608.21	1867.44	10	19.24	109.23	127.85	13
山　东	Shandong	2771.09	5121.85			156.97	323.94	298.49	5
河　南	Henan	175.40	3617.46	4205.00	3	15.41	146.20	143.35	12
湖　北	Hubei	605.71	2060.02	1914.36	9	98.21	105.07	69.86	18
湖　南	Hunan	255.53	1701.98	1747.08	11	28.42	95.32	112.50	15
广　东	Guangdong	16815.07	27936.79	31022.01	1	1039.83	1579.01	1874.52	1
广　西	Guangxi	166.61	1308.05			28.40	163.74	189.65	8
海　南	Hainan	14.31	2.69	2.42	19	1.44	0.45	1.06	25
重　庆	Chongqing	196.54	3672.02	3679.21	5	2.87	127.89	155.93	11
四　川	Sichuan	965.95	3624.03	4023.57	4	72.47	214.14	347.70	3
贵　州	Guizhou	32.73	373.38			2.78	8.12	23.71	22
云　南	Yunnan	10.51	90.54			2.55	11.53	33.45	19
西　藏	Tibet								
陕　西	Shaanxi	187.58	679.34	631.84	13	31.54	94.41	115.62	14
甘　肃	Gansu	14.06	61.79	79.01	16	1.99	7.29	10.73	23
青　海	Qinghai	1.06	0.90	1.56	20	0.03	0.02	-0.11	26
宁　夏	Ningxia								
新　疆	Xinjiang	10.54	2.23	3.62	18	2.80	-0.15	-0.20	27

11-201 计算机、通信和其他电子设备制造业销售费用和管理费用
Sales Expenses and Administrative Expenses of Manufacture of Computers, Communication and Other Electronic Equipment

单位：亿元 (100 million yuan)

地区	Region	销售费用 Sales Expenses 2016	2017	2017排名 Ranking	管理费用 Administrative Expenses 2010	2016	2017	2017排名 Ranking
全 国	**National Total**	**2380.14**			**2176.90**	**4932.56**		
北 京	Beijing	145.41	147.40	3	90.86	171.24	170.51	4
天 津	Tianjin	44.13			57.73	73.03		
河 北	Hebei	10.51			11.55	20.20		
山 西	Shanxi	1.17	1.44	11	9.44	15.87	24.16	9
内蒙古	Inner Mongolia	1.03			0.71	4.80		
辽 宁	Liaoning	14.67			41.12	40.47		
吉 林	Jilin	2.90	2.10	10	4.93	6.77	6.16	12
黑龙江	Heilongjiang	0.55	0.41	13	2.09	2.71	1.81	13
上 海	Shanghai	79.02			157.52	222.65		
江 苏	Jiangsu	203.87	200.81	1	365.16	647.25	686.47	1
浙 江	Zhejiang	123.87	163.19	2	112.22	261.00	290.28	2
安 徽	Anhui	37.49			20.32	91.39		
福 建	Fujian	76.59			161.58	143.26		
江 西	Jiangxi	15.32	26.61	7	10.39	54.52		
山 东	Shandong	137.13			103.98	177.44	193.67	3
河 南	Henan	26.18			9.14	69.79		
湖 北	Hubei	63.16	52.53	5	41.81	125.53	116.83	6
湖 南	Hunan	36.05	37.59	6	15.04	82.12	91.60	7
广 东	Guangdong	1183.89			844.34	2355.15		
广 西	Guangxi	11.56			11.53	22.90		
海 南	Hainan	2.64	0.12	14	1.28	1.42	0.68	14
重 庆	Chongqing	48.63			14.25	110.67		
四 川	Sichuan	82.08	98.79	4	62.75	141.29	149.47	5
贵 州	Guizhou	18.88			3.49	22.22		
云 南	Yunnan	1.18	3.89	9	1.17	4.35	8.06	10
西 藏	Tibet							
陕 西	Shaanxi	10.96	9.25	8	19.50	57.15	40.32	8
甘 肃	Gansu	1.09			2.25	6.96	7.66	11
青 海	Qinghai	0.03	0.47	12	0.01	0.14	0.12	15
宁 夏	Ningxia							
新 疆	Xinjiang	0.15			0.78	0.27		

11-202 计算机、通信和其他电子设备制造业财务费用和营业利润
Financial Expenses and Operating Profit of Manufacture of Computers, Communication and Other Electronic Equipment

单位：亿元 (100 million yuan)

地区	Region	财务费用 Financial Expenses				营业利润 Operating Profit			
		2010	2016	2017	2017排名 Ranking	2010	2016	2017	2017排名 Ranking
全　国	**National Total**	**153.25**	**305.23**			**2946.15**	**4497.49**		
北　京	Beijing	8.78	18.87	12.61	4	63.79	31.20		
天　津	Tianjin	5.05	3.48			64.46	139.68		
河　北	Hebei	1.05	-0.32			22.52	34.22	24.58	3
山　西	Shanxi	0.29	-1.41	-1.85	12	2.81	25.53		
内蒙古	Inner Mongolia	0.03	2.35			10.43	-1.10		
辽　宁	Liaoning	4.51	2.08			70.26	48.59		
吉　林	Jilin	0.75	1.04	0.77	8	4.85	8.02		
黑龙江	Heilongjiang	0.23	0.22	0.36	9	2.06	2.19		
上　海	Shanghai	-0.33	12.90			135.64	102.52		
江　苏	Jiangsu	36.42	47.70	75.48	1	759.93	946.99		
浙　江	Zhejiang	17.36	10.75	29.90	2	133.05	262.55		
安　徽	Anhui	2.20	15.55			31.71	103.18		
福　建	Fujian	5.95	10.86			164.22	172.99		
江　西	Jiangxi	1.32	8.09			19.99	105.14		
山　东	Shandong	5.16	19.85			172.85	307.59		
河　南	Henan	3.66	13.95			15.12	142.74		
湖　北	Hubei	1.20	5.76	7.78	6	95.75	47.27	62.32	2
湖　南	Hunan	2.15	4.95	8.05	5	29.82	104.32	113.66	1
广　东	Guangdong	45.62	87.42			998.08	1388.15		
广　西	Guangxi	0.45	-0.33			28.41	160.30		
海　南	Hainan		0.02	0.01	11	1.08	0.04	1.02	4
重　庆	Chongqing	2.39	12.63			4.12	119.48		
四　川	Sichuan	6.28	17.50	15.57	3	75.32	181.94		
贵　州	Guizhou	0.02	0.80			2.40	4.25		
云　南	Yunnan	0.11	0.52			2.35	10.81		
西　藏	Tibet								
陕　西	Shaanxi	2.04	9.78	6.17	7	30.03	42.97		
甘　肃	Gansu	0.46	0.09			2.13	6.28		
青　海	Qinghai	0.01	0.01	0.01	10	0.43	0.04	-0.22	5
宁　夏	Ningxia								
新　疆	Xinjiang	0.15	0.14			2.53	-0.37	-0.39	6

11-203 计算机、通信和其他电子设备制造业资产总计和负债合计

Total Assets and Liabilities of Manufacture of Computers, Communication and Other Electronic Equipment

单位：亿元　　(100 million yuan)

地区	Region	资产总计 Total Assets 2016	2017	2017排名 Ranking	负债合计 Total Liabilities 2016	2017	2017排名 Ranking
全　国	**National Total**	**79055.49**			**45503.52**		
北　京	Beijing	3931.91	4312.87	5	2074.90	2222.68	5
天　津	Tianjin	1429.71	1509.36	14	696.51	740.94	12
河　北	Hebei	489.65	510.75	20	218.67	238.31	17
山　西	Shanxi	878.77	1019.73	16	616.58	719.19	13
内蒙古	Inner Mongolia	380.18			121.03		
辽　宁	Liaoning	951.67	878.10	18	455.98	398.20	15
吉　林	Jilin	99.15	110.06	24	42.34	45.82	20
黑龙江	Heilongjiang	42.90	37.90	25	20.52	18.96	21
上　海	Shanghai	4302.06	4553.12	3	2566.52	2531.40	3
江　苏	Jiangsu	12632.15	14256.99	2	6230.15	7208.02	1
浙　江	Zhejiang	3757.27	4216.55	6	1871.10	2052.21	6
安　徽	Anhui	2367.26	2924.55	10	1347.97	1615.69	8
福　建	Fujian	2825.41	3199.51	8	1525.90		
江　西	Jiangxi	1306.99	1676.13	13	772.40	982.70	11
山　东	Shandong	2815.55	3063.79	9	1535.56	1693.02	7
河　南	Henan	4132.63	4473.25	4	3193.50	3403.96	2
湖　北	Hubei	2390.98	2308.51	12	1439.40	1364.56	10
湖　南	Hunan	1058.31	1305.24	15	698.56	654.13	14
广　东	Guangdong	25623.37	29468.02	1	15721.81		
广　西	Guangxi	428.31	598.78	19	265.00		
海　南	Hainan	18.19	10.62	26	11.09	4.49	22
重　庆	Chongqing	2020.17	2355.71	11	1355.91	1511.69	9
四　川	Sichuan	3492.38	4016.17	7	1867.98	2412.20	4
贵　州	Guizhou	225.62	362.81	21	135.14		
云　南	Yunnan	90.91	147.46	23	38.02	67.51	18
西　藏	Tibet						
陕　西	Shaanxi	1212.32	922.98	17	629.36	299.74	16
甘　肃	Gansu	143.65	165.92	22	46.55	59.42	19
青　海	Qinghai	2.37	3.29	28	0.96	1.33	24
宁　夏	Ningxia						
新　疆	Xinjiang	5.97	5.55	27	4.11	4.13	23

11-204 仪器仪表制造业工业销售产值和主营业务收入
Sales Value and Revenue from Principal Business of Manufacture of Measuring Instruments and Machinery

单位：亿元 (100 million yuan)

地区	Region	工业销售产值(当年价格) Sales Value（current prices）				主营业务收入 Revenue from Principal Business			
		2010	2016	2017	2017排名 Ranking	2010	2016	2017	2017排名 Ranking
全　国	**National Total**	**6267.36**	**9441.41**			**6322.87**	**9536.29**		
北　京	Beijing	224.15	253.83	262.19	3	254.54	304.63	305.39	7
天　津	Tianjin	143.51	64.13			161.77	87.35		
河　北	Hebei	70.57	108.53			70.73	105.87	125.87	15
山　西	Shanxi	18.25	21.96			18.02	21.75	28.45	20
内蒙古	Inner Mongolia	3.21	9.53			3.14	9.34		
辽　宁	Liaoning	179.03	125.27			184.16	129.02	101.80	16
吉　林	Jilin	29.36	52.05			27.50	50.83	23.58	21
黑龙江	Heilongjiang	27.54	25.93			23.13	27.32		
上　海	Shanghai	355.63	344.63	400.62	2	372.79	372.14	428.13	6
江　苏	Jiangsu	1701.41	3711.33			1707.57	3774.83	3608.62	1
浙　江	Zhejiang	709.21	784.21			707.01	762.78	795.84	4
安　徽	Anhui	90.53	227.51			91.18	225.15	198.12	10
福　建	Fujian	212.27	226.78			213.24	225.64	221.52	9
江　西	Jiangxi	56.92	160.28			64.26	158.65	156.41	12
山　东	Shandong	340.75	877.43	881.01	1	335.41	856.08	1349.43	2
河　南	Henan	177.55	458.38			174.47	460.15	476.67	5
湖　北	Hubei	61.94	193.08	179.33	4	58.67	187.01	167.00	11
湖　南	Hunan	183.46	228.26			184.81	237.17	233.82	8
广　东	Guangdong	1373.58	979.62			1363.85	979.70	1105.46	3
广　西	Guangxi	23.19	60.01			21.70	56.88	48.80	18
海　南	Hainan	0.61	2.24			0.61	2.79		
重　庆	Chongqing	111.16	167.37	153.52	5	109.06	163.56	141.01	14
四　川	Sichuan	61.51	100.49			59.81	93.91	153.87	13
贵　州	Guizhou	8.39	15.61			8.32	13.04	14.84	22
云　南	Yunnan	14.73	49.63	30.89	7	14.70	50.32	30.26	19
西　藏	Tibet								
陕　西	Shaanxi	74.85	162.17	90.97	6	79.01	154.49	84.70	17
甘　肃	Gansu	2.11	3.46	2.73	8	2.12	4.56	5.96	24
青　海	Qinghai	1.03	3.02			0.91	0.85	1.30	26
宁　夏	Ningxia	9.80	23.92			9.25	19.06	13.05	23
新　疆	Xinjiang	1.11	0.75	0.53	9	1.11	1.42	5.77	25

11-205 仪器仪表制造业主营业务成本和利润总额
Cost of Principal Business and Total Profit of Manufacture of Measuring Instruments and Machinery

单位：亿元 (100 million yuan)

地区	Region	主营业务成本 Cost of Principal Business				利润总额 Total Profit			
		2010	2016	2017	2017排名 Ranking	2010	2016	2017	2017排名 Ranking
全　国	**National Total**	**5209.71**	**7726.09**			**538.01**	**820.70**		
北　京	Beijing	189.58	215.97	209.23	5	32.38	37.37	42.22	6
天　津	Tianjin	139.10	69.23			9.10	4.59	5.43	18
河　北	Hebei	53.80	80.52	91.00	12	10.32	10.85	16.27	11
山　西	Shanxi	13.36	17.36	21.74	15	2.19	0.71	2.01	21
内蒙古	Inner Mongolia	2.97	7.06			0.13	0.18		
辽　宁	Liaoning	148.41	95.56	74.20	13	19.08	13.59	9.60	15
吉　林	Jilin	20.88	43.00	17.97	16	2.61	4.00	2.35	20
黑龙江	Heilongjiang	16.13	21.72			2.19	0.41		
上　海	Shanghai	286.74	269.93			39.25	43.08	52.87	5
江　苏	Jiangsu	1434.82	3162.73	2975.63	1	137.05	329.57	333.99	1
浙　江	Zhejiang	565.96	559.65	656.56	3	57.86	85.04	101.95	2
安　徽	Anhui	64.22	181.35	158.46	7	17.22	21.57	18.04	8
福　建	Fujian	179.62	186.36			15.23	19.10	15.48	12
江　西	Jiangxi	53.96	133.60	131.17	9	4.84	15.44	14.57	13
山　东	Shandong	279.40	730.08			28.32	52.84	69.54	4
河　南	Henan	142.88	385.68	402.46	4	16.60	39.02	41.31	7
湖　北	Hubei	43.00	149.99	132.91	8	8.08	14.55	10.26	14
湖　南	Hunan	138.04	184.31	181.70	6	19.74	16.72	16.39	9
广　东	Guangdong	1198.77	785.98	868.96	2	89.23	71.69	89.30	3
广　西	Guangxi	16.43	48.25			3.87	3.20	3.59	19
海　南	Hainan	0.29	0.25			0.22	0.80		
重　庆	Chongqing	83.92	129.66	108.45	11	7.67	10.34	8.33	16
四　川	Sichuan	47.10	71.46	119.23	10	5.62	9.03	16.29	10
贵　州	Guizhou	6.23	10.77			1.13	0.49	0.99	23
云　南	Yunnan	11.06	45.67			1.32	-0.55	0.43	24
西　藏	Tibet								
陕　西	Shaanxi	62.45	119.20	63.03	14	4.67	15.41	8.01	17
甘　肃	Gansu	1.61	3.36	3.87	19	0.24	0.18	0.38	25
青　海	Qinghai	0.69	0.66	1.01	20	0.22	0.04	0.03	27
宁　夏	Ningxia	7.54	15.40	9.93	17	1.19	1.43	1.22	22
新　疆	Xinjiang	0.73	1.34	5.70	18	0.44		0.03	26

11-206 仪器仪表制造业销售费用和管理费用
Sales Expenses and Administrative Expenses of Manufacture of Measuring Instruments and Machinery

单位：亿元 (100 million yuan)

地区	Region	销售费用 Sales Expenses			管理费用 Administrative Expenses			
		2016	2017	2017排名 Ranking	2010	2016	2017	2017排名 Ranking
全　国	**National Total**	**356.89**			**395.03**	**642.59**		
北　京	Beijing	23.26	23.03	3	26.54	36.49	40.88	4
天　津	Tianjin	4.56			7.93	9.68		
河　北	Hebei	4.66			4.31	7.62		
山　西	Shanxi	1.36	1.92	9	2.16	2.41	2.78	11
内蒙古	Inner Mongolia	0.13			0.05	0.26		
辽　宁	Liaoning	6.29			14.39	14.32		
吉　林	Jilin	1.22	1.09	11	2.77	2.70	2.37	12
黑龙江	Heilongjiang	1.40	1.58	10	3.21	3.78	4.52	9
上　海	Shanghai	21.04			37.20	44.93		
江　苏	Jiangsu	105.51	106.90	1	76.27	170.44	179.17	1
浙　江	Zhejiang	43.38	45.95	2	54.35	81.66	90.16	2
安　徽	Anhui	5.88			5.84	15.27		
福　建	Fujian	6.01			12.96	13.50		
江　西	Jiangxi	4.03	4.28	7	3.19	5.83		
山　东	Shandong	26.31			15.27	38.62	49.98	3
河　南	Henan	11.27			9.13	22.91		
湖　北	Hubei	8.11	7.70	5	6.03	14.14	15.24	6
湖　南	Hunan	14.09	13.88	4	17.02	18.02	18.66	5
广　东	Guangdong	44.52			64.18	87.74		
广　西	Guangxi	1.63			1.63	3.36		
海　南	Hainan	1.26			0.08	0.77		
重　庆	Chongqing	9.46			10.33	13.73		
四　川	Sichuan	3.88	5.31	6	5.55	8.82	12.91	7
贵　州	Guizhou	0.48			0.76	1.29		
云　南	Yunnan	0.88	0.55	13	2.07	4.21	3.12	10
西　藏	Tibet							
陕　西	Shaanxi	4.88	3.92	8	10.58	17.41	9.45	8
甘　肃	Gansu	0.32			0.20	0.98	1.02	14
青　海	Qinghai	0.05	0.07	14	0.10	0.15	0.17	15
宁　夏	Ningxia	0.96	1.03	12	0.78	1.47	1.19	13
新　疆	Xinjiang	0.07			0.14	0.08		

11-207 仪器仪表制造业财务费用和营业利润

Financial Expenses and Operating Profit of Manufacture of Measuring Instruments and Machinery

单位：亿元 (100 million yuan)

地区	Region	财务费用 Financial Expenses				营业利润 Operating Profit			
		2010	2016	2017	2017排名 Ranking	2010	2016	2017	2017排名 Ranking
全 国	**National Total**	**35.53**	**47.24**			**534.16**	**767.13**		
北 京	Beijing	0.75	1.24	1.90	5	29.55	32.44		
天 津	Tianjin	0.44	0.28			7.95	5.15		
河 北	Hebei	0.36	0.56			9.78	12.20	15.68	2
山 西	Shanxi	0.23	0.13	0.24	10	2.14	0.11		
内蒙古	Inner Mongolia	0.40	0.02			0.15	1.85		
辽 宁	Liaoning	1.28	1.34			17.87	11.04		
吉 林	Jilin	0.19	0.36	0.45	8	2.47	3.72		
黑龙江	Heilongjiang	0.16	0.45	0.26	9	2.22	-0.14		
上 海	Shanghai	1.27	-0.95			38.15	40.75		
江 苏	Jiangsu	8.48	20.02	23.01	1	141.91	319.05		
浙 江	Zhejiang	9.91	3.35	7.30	2	52.21	74.37		
安 徽	Anhui	0.45	1.27			16.78	20.91		
福 建	Fujian	0.68	0.99			25.70	18.41		
江 西	Jiangxi	0.33	0.50			4.71	14.34		
山 东	Shandong	2.25	6.91			30.48	50.68		
河 南	Henan	1.68	2.06			16.40	36.66		
湖 北	Hubei	0.67	1.72	2.19	4	7.60	12.64	7.92	3
湖 南	Hunan	1.49	2.93	2.28	3	18.30	15.61	16.01	1
广 东	Guangdong	1.55	0.06			84.75	63.59		
广 西	Guangxi	0.19	0.10			3.85	3.04		
海 南	Hainan	0.01	-0.03			0.21	0.52		
重 庆	Chongqing	1.53	2.21			7.56	9.54		
四 川	Sichuan	0.36	0.58	0.81	7	5.63	8.45		
贵 州	Guizhou	0.04	0.19			1.01	0.30		
云 南	Yunnan	0.11	0.64			1.23	-1.13		
西 藏	Tibet								
陕 西	Shaanxi	0.45	-0.08	0.87	6	3.92	12.57		
甘 肃	Gansu	0.02	0.17			0.23	-0.15		
青 海	Qinghai	0.01	0.01	0.003	12	0.11	0.01	0.02	5
宁 夏	Ningxia	0.25	0.15	0.12	11	1.06	0.70	2.23	4
新 疆	Xinjiang	0.01	0.03			0.22	-0.10	-0.10	6

11-208 仪器仪表制造业资产总计和负债合计

Total Assets and Liabilities of Manufacture of Measuring Instruments and Machinery

单位：亿元 (100 million yuan)

地区	Region	资产总计 Total Assets			负债合计 Total Liabilities		
		2016	2017	2017排名 Ranking	2016	2017	2017排名 Ranking
全 国	**National Total**	**8832.94**			**3875.70**		
北 京	Beijing	551.40	602.90	5	245.43	263.60	5
天 津	Tianjin	119.60	139.29	16	63.48	71.49	12
河 北	Hebei	124.64	151.80	14	36.68	55.51	15
山 西	Shanxi	47.09	56.80	19	24.76	29.88	18
内蒙古	Inner Mongolia	1.26			0.43		
辽 宁	Liaoning	228.64	173.60	11	71.85	84.10	11
吉 林	Jilin	35.96	37.74	23	12.44	12.72	22
黑龙江	Heilongjiang	47.21	51.16	20	27.91	29.58	19
上 海	Shanghai	421.06	443.94	6	167.81	178.85	6
江 苏	Jiangsu	2662.43	2867.54	1	1192.37	1344.09	1
浙 江	Zhejiang	1128.79	1188.92	3	459.70	492.33	2
安 徽	Anhui	158.51	118.31	17	67.45	55.52	14
福 建	Fujian	143.94	172.23	12	57.43		
江 西	Jiangxi	133.17	149.69	15	56.46	60.93	13
山 东	Shandong	523.47	796.08	4	237.37	436.75	3
河 南	Henan	384.27	416.03	7	138.93	146.61	7
湖 北	Hubei	175.68	169.91	13	89.36	293.82	4
湖 南	Hunan	200.68	249.28	8	80.51	106.11	8
广 东	Guangdong	990.44	1230.16	2	451.80		
广 西	Guangxi	31.51	49.11	21	13.42		
海 南	Hainan	5.92			1.76		
重 庆	Chongqing	177.63	177.69	10	96.07	98.90	10
四 川	Sichuan	134.21	189.27	9	68.38	103.58	9
贵 州	Guizhou	20.99	21.46	26	12.88		
云 南	Yunnan	80.41	46.16	22	59.64	32.03	17
西 藏	Tibet						
陕 西	Shaanxi	240.29	103.26	18	115.13	54.73	16
甘 肃	Gansu	27.49	33.74	24	7.24	13.44	21
青 海	Qinghai	2.34	2.56	28	0.27	0.48	24
宁 夏	Ningxia	31.24	28.13	25	16.78	13.81	20
新 疆	Xinjiang	2.66	2.66	27	1.93	1.80	23

11-209 电力、热力生产和供应业工业销售产值和主营业务收入
Sales Value and Revenue from Principal Business of Production and Supply of Electric Power and Heat Power

单位：亿元 (100 million yuan)

地区	Region	工业销售产值（当年价格）Sales Value（current prices）				主营业务收入 Revenue from Principal Business			
		2010	2016	2017	2017排名 Ranking	2010	2016	2017	2017排名 Ranking
全　国	National Total	40449.23	55760.64			40561.29	55006.77		
北　京	Beijing	2119.89	4103.96	4494.99	1	2127.93	4112.34	4506.36	4
天　津	Tianjin	593.12	829.13			593.39	838.35		
河　北	Hebei	2127.60	2289.26			2125.35	2277.07	2460.21	6
山　西	Shanxi	1068.48	1456.03			1063.87	1511.83	1634.01	13
内蒙古	Inner Mongolia	1379.77	2148.96			1269.16	2084.16		
辽　宁	Liaoning	1436.64	1616.59			1445.19	1630.63	1746.70	10
吉　林	Jilin	574.33	938.59			676.84	912.53	925.82	22
黑龙江	Heilongjiang	884.45	1157.07			914.81	1265.51		
上　海	Shanghai	1454.74	1118.91	1168.80	7	1454.05	1139.70	1199.35	17
江　苏	Jiangsu	3164.94	4489.06			3184.93	4488.40	4905.40	2
浙　江	Zhejiang	3306.64	4408.80			3302.63	4419.86	4859.01	3
安　徽	Anhui	1445.52	1530.72			1454.10	1528.38	1677.08	12
福　建	Fujian	1246.36	2224.70			1240.83	1904.90	2056.18	8
江　西	Jiangxi	685.77	311.78			685.46	880.43	1035.62	20
山　东	Shandong	3149.80	4391.51	3534.18	2	3177.91	3503.19	3683.77	5
河　南	Henan	2243.02	2585.07			2320.35	2573.44	2324.68	7
湖　北	Hubei	1459.12	1606.25	1723.47	3	1475.29	1595.15	1704.69	11
湖　南	Hunan	947.20	1290.44			975.31	1356.57	1369.90	14
广　东	Guangdong	4452.04	6565.62			4444.99	6507.13	6326.35	1
广　西	Guangxi	875.00	1159.95			911.27	1131.89	1051.22	19
海　南	Hainan	115.69	226.85	228.01	10	115.50	224.52	226.80	27
重　庆	Chongqing	450.31	756.94	717.59	9	446.79	745.19	719.24	25
四　川	Sichuan	1365.77	2015.93			1349.83	1927.80	1977.73	9
贵　州	Guizhou	911.23	1279.69			831.25	1222.76	1007.29	21
云　南	Yunnan	803.42	1350.11	1342.87	4	786.57	1268.20	1289.61	16
西　藏	Tibet	9.23	24.27	35.00	11	10.11	39.21	46.29	28
陕　西	Shaanxi	800.66	1192.68	1317.78		801.23	1283.39	1348.80	15
甘　肃	Gansu	508.02	685.45	765.96	8	498.24	654.09	759.93	23
青　海	Qinghai	229.25	424.47			228.18	422.58	470.55	26
宁　夏	Ningxia	303.37	603.70			302.90	598.85	721.85	24
新　疆	Xinjiang	337.85	978.16	1203.80	6	347.00	958.75	1189.60	18

11-210 电力、热力生产和供应业主营业务成本和利润总额
Cost of Principal Business and Total Profit of Production and Supply of Electric Power and Heat Power

单位：亿元 (100 million yuan)

地区	Region	主营业务成本 Cost of Principal Business				利润总额 Total Profit			
		2010	2016	2017	2017排名 Ranking	2010	2016	2017	2017排名 Ranking
全 国	**National Total**	**36755.16**	**48394.00**			**1968.48**	**4126.41**		
北 京	Beijing	1982.46	3873.53	4250.86	4	220.48	490.59	738.01	1
天 津	Tianjin	564.23	752.98			8.30	41.36	35.03	17
河 北	Hebei	1991.78	2012.11	2087.65	6	39.37	183.42	287.16	5
山 西	Shanxi	1022.67	1281.39	1541.45	10	-19.71	61.76	-6.90	26
内蒙古	Inner Mongolia	929.14	1747.04			199.26	171.66		
辽 宁	Liaoning	1362.62	1476.21	1632.00	7	25.66	61.76	24.00	18
吉 林	Jilin	517.60	842.40	880.47	16	9.59	9.97	-3.68	25
黑龙江	Heilongjiang	864.79	1193.58			13.48	-3.00		
上 海	Shanghai	1405.88	1047.12			32.05	92.01	59.23	13
江 苏	Jiangsu	2908.51	3959.57	4522.82	2	172.08	435.58	294.28	4
浙 江	Zhejiang	3001.14	3903.10	4381.30	3	179.69	363.62	299.17	3
安 徽	Anhui	1248.77	1364.86	1555.19	9	88.20	113.56	53.54	14
福 建	Fujian	1109.20	1633.00			63.17	148.44	101.77	9
江 西	Jiangxi	652.81	800.34	977.23	15	3.10	47.58	19.00	20
山 东	Shandong	3022.54	3070.07			41.06	336.68	145.15	8
河 南	Henan	2226.22	2388.32	2219.37	5	-16.55	86.48	2.41	23
湖 北	Hubei	1242.91	1292.31	1401.12	11	128.07	225.98	224.98	6
湖 南	Hunan	845.45	1149.85	1210.08	12	29.89	83.50	49.42	16
广 东	Guangdong	3960.77	5763.33	5718.31	1	395.42	592.79	471.32	2
广 西	Guangxi	793.23	976.13			55.24	63.58	49.74	15
海 南	Hainan	100.89	190.46	204.58	21	1.47	16.75	1.13	24
重 庆	Chongqing	409.07	659.80	653.63	18	15.52	38.68	14.98	21
四 川	Sichuan	1107.25	1478.65	1556.05	8	121.20	217.29	189.08	7
贵 州	Guizhou	766.87	1062.70			14.27	48.95	-7.43	28
云 南	Yunnan	745.31	1043.35			54.85	39.20	76.13	11
西 藏	Tibet	19.25	46.95	54.41	22	-2.48	-11.90	-9.57	29
陕 西	Shaanxi	727.89	1102.25	1172.60	13	39.35	97.39	99.26	10
甘 肃	Gansu	459.35	607.64	700.66	17	1.02	-27.45	-7.26	27
青 海	Qinghai	192.67	349.52	397.58	20	3.51	18.85	20.40	19
宁 夏	Ningxia	277.67	512.29	642.05	19	22.32	39.52	13.58	22
新 疆	Xinjiang	296.23	813.20	1006.55	14	29.59	41.84	65.56	12

11-211 电力、热力生产和供应业销售费用和管理费用
Sales Expenses and Administrative Expenses of Production and Supply of Electric Power and Heat Power

单位：亿元 (100 million yuan)

地区	Region	销售费用 Sales Expenses			管理费用 Administrative Expenses			
		2016	2017	2017排名 Ranking	2010	2016	2017	2017排名 Ranking
全　国	**National Total**	**110.26**			**979.28**	**896.37**		
北　京	Beijing	1.21	1.43	11	14.47	25.80	23.62	10
天　津	Tianjin	2.58			10.91	12.91		
河　北	Hebei	1.59			40.02	28.78		
山　西	Shanxi	3.33	3.00	8	11.46	48.02	29.38	8
内蒙古	Inner Mongolia	16.73			35.68	35.53		
辽　宁	Liaoning	1.58			23.46	34.36		
吉　林	Jilin	7.74	4.74	5	14.71	21.00	21.31	12
黑龙江	Heilongjiang	4.44	10.95	1	21.54	30.51	36.23	5
上　海	Shanghai	0.01			51.48	5.86		
江　苏	Jiangsu	2.09	2.48	10	35.50	42.55	42.32	3
浙　江	Zhejiang	9.01	8.77	2	75.42	85.65	83.31	1
安　徽	Anhui	1.09			45.58	17.22		
福　建	Fujian	1.59			31.85	41.20		
江　西	Jiangxi	0.58	1.14	12	14.82	6.34		
山　东	Shandong	13.22			116.71	55.71	59.23	2
河　南	Henan	2.39			56.83	46.88		
湖　北	Hubei	3.41	3.38	7	48.28	26.87	23.03	11
湖　南	Hunan	4.65	4.76	4	32.15	27.82	24.74	9
广　东	Guangdong	3.46			70.70	83.26		
广　西	Guangxi	4.82			40.95	35.55		
海　南	Hainan		0.002	16	4.78	2.30	2.37	16
重　庆	Chongqing	1.23			10.67	11.84		
四　川	Sichuan	5.74	3.99	6	42.16	37.51	35.51	6
贵　州	Guizhou	4.56			15.05	25.11		
云　南	Yunnan	4.13	6.11	3	44.01	29.92	37.76	4
西　藏	Tibet		0.01	15	0.10	0.20	0.26	17
陕　西	Shaanxi	4.30	3.00	9	27.64	29.37	35.47	7
甘　肃	Gansu	0.52			20.92	9.48	9.88	14
青　海	Qinghai	0.46	0.37	14	2.58	3.62	3.59	15
宁　夏	Ningxia	0.73	0.75	13	5.00	10.47	11.05	13
新　疆	Xinjiang	3.06			13.83	24.71		

11-212 电力、热力生产和供应业财务费用和营业利润

Financial Expenses and Operating Profit of Production and Supply of Electric Power and Heat Power

单位：亿元 (100 million yuan)

地区	Region	财务费用 Financial Expenses				营业利润 Operating Profit			
		2010	2016	2017	2017排名 Ranking	2010	2016	2017	2017排名 Ranking
全　国	**National Total**	**1414.64**	**2145.55**			**1922.55**	**3776.63**		
北　京	Beijing	61.60	60.90	53.42	8	211.76	433.99		
天　津	Tianjin	14.93	14.96			9.12	42.60		
河　北	Hebei	54.79	60.28			37.51	173.47	274.61	1
山　西	Shanxi	51.63	82.63	89.03	3	-17.87	90.40		
内蒙古	Inner Mongolia	69.14	130.75			204.14	143.33		
辽　宁	Liaoning	42.59	64.30			23.64	48.18		
吉　林	Jilin	19.33	36.67	37.11	12	7.09	1.39		
黑龙江	Heilongjiang	30.24	38.48	40.48	11	6.90	-19.65		
上　海	Shanghai	18.52	13.83			35.86	90.57		
江　苏	Jiangsu	71.33	79.73	85.40	4	165.11	430.12		
浙　江	Zhejiang	71.67	105.53	102.37	2	179.69	343.51		
安　徽	Anhui	36.88	44.27			92.51	108.23		
福　建	Fujian	47.28	72.18			68.07	140.91		
江　西	Jiangxi	22.88	25.14			3.08	46.61		
山　东	Shandong	76.13	85.77			40.02	323.08		
河　南	Henan	73.76	75.70			-17.71	63.07		
湖　北	Hubei	89.73	65.83	68.57	6	165.94	205.88	231.25	2
湖　南	Hunan	55.25	78.73	70.88	5	33.39	80.02	38.45	4
广　东	Guangdong	118.88	141.62			345.15	553.44		
广　西	Guangxi	46.95	58.32			45.66	55.44		
海　南	Hainan	6.11	15.07	17.49	13	1.23	15.15	1.52	7
重　庆	Chongqing	20.65	35.58			18.65	35.39		
四　川	Sichuan	77.07	202.87	200.47	1	125.40	195.25		
贵　州	Guizhou	52.79	86.86			7.02	40.77		
云　南	Yunnan	57.32	154.99			51.61	29.11		
西　藏	Tibet	-0.13	3.41	4.01	14	-9.15	-11.58	-9.61	8
陕　西	Shaanxi	38.25	54.29	43.28	10	36.39	81.80		
甘　肃	Gansu	28.34	71.89			1.33	-40.36		
青　海	Qinghai	26.43	50.61	49.35	9	3.75	18.44	17.56	5
宁　夏	Ningxia	14.52	44.47	55.10	7	19.96	33.01	11.56	6
新　疆	Xinjiang	19.78	89.88			27.32	25.05	43.39	3

11-213 电力、热力生产和供应业资产总计和负债合计
Total Assets and Liabilities of Production and Supply of Electric Power and Heat Power

单位：亿元 (100 million yuan)

地区	Region	资产总计 Total Assets 2016	2017	2017排名 Ranking	负债合计 Total Liabilities 2016	2017	2017排名 Ranking
全 国	**National Total**	**134531.39**			**83572.31**		
北 京	Beijing	17854.58	18532.98	1	6491.22	6237.10	2
天 津	Tianjin	1872.57	1924.86	27	1185.20	1227.22	22
河 北	Hebei	4211.85	4805.60	9	2745.62	3072.71	9
山 西	Shanxi	3625.96	3979.46	14	2709.45	3043.46	10
内蒙古	Inner Mongolia	7481.13			5481.84		
辽 宁	Liaoning	3775.15	4008.10	13	2586.28	2814.00	11
吉 林	Jilin	1773.23	2041.85	25	1182.85	1372.71	19
黑龙江	Heilongjiang	2664.34	2963.92	20	1957.24	2231.99	14
上 海	Shanghai	2706.35	2759.30	22	955.57	1046.19	24
江 苏	Jiangsu	7325.42	7920.40	4	4388.57	4779.38	4
浙 江	Zhejiang	6031.43	5821.63	7	3501.61	3309.91	7
安 徽	Anhui	2808.47	3065.90	18	1741.52	1942.83	16
福 建	Fujian	4181.65	4628.78	11	2689.68		
江 西	Jiangxi	1329.33	1556.05	28	930.39	1105.51	23
山 东	Shandong	6419.72	7123.08	5	4198.51	4732.44	5
河 南	Henan	4054.68	4309.72	12	2964.41	3148.99	8
湖 北	Hubei	4461.95	4643.53	10	2271.51	2420.27	12
湖 南	Hunan	3029.50	3100.00	17	2123.33	2184.38	15
广 东	Guangdong	10894.04	11039.96	2	5391.15		
广 西	Guangxi	2627.20	3144.75	16	1719.50		
海 南	Hainan	663.46	655.73	30	533.41	529.29	25
重 庆	Chongqing	1981.79	1944.45	26	1332.21	1282.29	21
四 川	Sichuan	8375.30	8706.03	3	6165.06	6244.16	1
贵 州	Guizhou	3148.08	3205.46	15	2508.69		
云 南	Yunnan	6573.12	6658.19	6	5344.06	5314.42	3
西 藏	Tibet	508.02	724.93	29	255.61		
陕 西	Shaanxi	3035.35	2927.32	21	2201.16	1937.19	17
甘 肃	Gansu	2824.36	3010.97	19	2137.66	2266.88	13
青 海	Qinghai	1858.36	2048.22	24	1301.90	1325.25	20
宁 夏	Ningxia	2085.81	2415.68	23	1409.96	1659.20	18
新 疆	Xinjiang	4349.21	4932.37	8	3167.15	3542.68	6

11-214 燃气生产和供应业工业销售产值、主营业务收入、主营业务成本和利润总额（2017年）

Sales Value, Revenue from Principal Business, Cost of Principal Business, and Total Profit of Gas Production and Supply

单位：亿元 (100 million yuan)

地区	Region	工业销售产值（当年价格） Sales Value(current prices)	排名 Ranking	主营业务收入 Revenue from Principal Business	排名 Ranking	主营业务成本 Cost of Principal Business	排名 Ranking	利润总额 Total Profit	排名 Ranking
全　国	**National Total**								
北　京	Beijing	391.20	1	391.28	4	355.75	4	38.87	5
天　津	Tianjin							2.64	25
河　北	Hebei			240.19	12	201.22	9	21.72	9
山　西	Shanxi			173.35	13	149.24	10	4.32	23
内蒙古	Inner Mongolia								
辽　宁	Liaoning			109.90	19	90.60	16	13.40	16
吉　林	Jilin			89.80	21	75.17	18	5.01	22
黑龙江	Heilongjiang								
上　海	Shanghai	309.57	3	348.64	7			21.84	8
江　苏	Jiangsu			504.40	2	400.83	2	81.64	1
浙　江	Zhejiang			407.64	3	375.20	3	20.39	11
安　徽	Anhui			149.70	14	125.03	11	17.71	12
福　建	Fujian			268.13	10			21.46	10
江　西	Jiangxi			119.62	17	103.84	14	9.33	19
山　东	Shandong	318.40	2	352.18	6			39.37	4
河　南	Henan			320.46	8	259.04	6	33.39	6
湖　北	Hubei	145.06	6	145.49	15	117.74	12	15.68	14
湖　南	Hunan			138.46	16	106.89	13	15.45	15
广　东	Guangdong			823.29	1	729.82	1	70.15	2
广　西	Guangxi			61.56	23			9.02	20
海　南	Hainan	30.91	10	24.99	26	21.70	20	-2.52	29
重　庆	Chongqing	232.03	5	242.14	11	220.28	8	16.09	13
四　川	Sichuan			366.36	5	289.43	5	40.83	3
贵　州	Guizhou			43.34	24			0.83	27
云　南	Yunnan	72.48	8	69.13	22			9.91	18
西　藏	Tibet	0.89	11	1.31	28	1.16	22	0.02	28
陕　西	Shaanxi	283.34	4	280.73	9	234.70	7	25.73	7
甘　肃	Gansu	40.14	9	35.61	25	29.48	19	4.02	24
青　海	Qinghai			7.04	27	4.64	21	1.47	26
宁　夏	Ningxia			111.84	18	96.82	15	10.30	17
新　疆	Xinjiang	102.46	7	104.53	20	76.68	17	6.75	21

11-215 燃气生产和供应业销售、管理费用、资产总计和负债合计（2017年）

Sales Expenses, Admistrative Expenses, Total Assets, and Total Liabilities of Production and Supply of Gas

单位：亿元 (100 million yuan)

地区	Region	销售费用		管理费用		资产总计		负债合计	
		Sales Expenses	排名 Ranking	Administrative Expenses	排名 Ranking	Total Assets	排名 Ranking	Total Liabilities	排名 Ranking
全　国	**National Total**								
北　京	Beijing	3.87	10	17.62	3	616.25	3	196.68	11
天　津	Tianjin					192.90	20	97.42	18
河　北	Hebei					441.96	8	293.33	4
山　西	Shanxi	11.76	3	6.61	8	431.44	10	336.46	1
内蒙古	Inner Mongolia								
辽　宁	Liaoning					266.00	14	159.20	12
吉　林	Jilin	5.03	9	4.00	10	116.08	22	64.48	20
黑龙江	Heilongjiang	5.33	7	3.61	11	90.40	26	46.10	23
上　海	Shanghai					431.89	9	210.05	10
江　苏	Jiangsu	19.02	1	17.77	2	651.11	2	331.33	2
浙　江	Zhejiang	6.50	5	9.12	6	397.54	11	255.06	7
安　徽	Anhui					224.44	17	135.10	14
福　建	Fujian					237.65	15		
江　西	Jiangxi	3.40	11			110.92	23	61.73	22
山　东	Shandong			15.91	4	513.82	6	273.10	6
河　南	Henan					499.58	7	288.91	5
湖　北	Hubei	5.58	6	5.88	9	214.28	18	131.20	15
湖　南	Hunan	5.09	8	8.41	7	146.20	21	93.72	19
广　东	Guangdong					898.89	1		
广　西	Guangxi					72.10	27		
海　南	Hainan	1.56	12	1.62	15	98.62	24	63.46	21
重　庆	Chongqing					233.27	16	142.04	13
四　川	Sichuan	15.87	2	21.93	1	529.24	5	305.63	3
贵　州	Guizhou					94.84	25		
云　南	Yunnan	1.39	13	2.94	12	529.63	4	116.74	17
西　藏	Tibet	0.41	15	0.13	17	49.14	29		
陕　西	Shaanxi	7.49	4	10.03	5	389.94	12	215.03	9
甘　肃	Gansu			2.15	13	59.34	28	38.03	24
青　海	Qinghai	0.28	16	0.61	16	13.73	30	6.67	25
宁　夏	Ningxia	0.48	14	1.87	14	199.02	19	117.96	16
新　疆	Xinjiang					344.45	13	244.67	8

11-216 水的生产和供应业工业销售产值、主营业务收入、主营业务成本和利润总额（2017年）

Sales Value, Revenue from Principal Business, Cost of Principal Business, and Total Profit of Production and Supply of Water

单位：亿元 (100 million yuan)

地区	Region	工业销售产值（当年价格） Sales Value(current prices)	排名 Ranking	主营业务收入 Revenue from Principal Business	排名 Ranking	主营业务成本 Cost of Principal Business	排名 Ranking	利润总额 Total Profit	排名 Ranking
全　国	**National Total**								
北　京	Beijing	103.01	2	105.19	7	89.03	5	16.25	4
天　津	Tianjin							1.11	24
河　北	Hebei			53.96	15	41.31	12	1.41	22
山　西	Shanxi			21.12	22	18.99	16	-2.83	29
内蒙古	Inner Mongolia								
辽　宁	Liaoning			64.40	12	52.70	10	3.00	19
吉　林	Jilin			41.43	17	35.10	13	-0.33	28
黑龙江	Heilongjiang								
上　海	Shanghai	66.86	4	101.32	8			11.72	7
江　苏	Jiangsu			181.29	3	120.07	3	31.95	2
浙　江	Zhejiang			194.40	2	159.54	2	9.52	10
安　徽	Anhui			59.70	13	43.35	11	7.86	12
福　建	Fujian			58.91	14			6.29	14
江　西	Jiangxi			89.35	10	69.71	8	13.55	6
山　东	Shandong	149.87	1	164.70	4			6.18	15
河　南	Henan			99.34	9	76.79	7	11.56	8
湖　北	Hubei	69.47	3	75.99	11	62.28	9	1.74	21
湖　南	Hunan			116.33	6	87.49	6	9.68	9
广　东	Guangdong			460.53	1	306.63	1	86.94	1
广　西	Guangxi			35.74	18			7.56	13
海　南	Hainan	9.74	10	11.32	25	7.00	20	1.93	20
重　庆	Chongqing	42.61	5	41.96	16	29.30	14	8.99	11
四　川	Sichuan			150.05	5	106.68	4	23.87	3
贵　州	Guizhou			30.15	21			13.80	5
云　南	Yunnan	39.97	6	35.21	19			4.90	16
西　藏	Tibet	1.98	11	1.33	28	0.76	22	0.03	27
陕　西	Shaanxi	35.08	7	34.23	20	27.07	15	0.58	25
甘　肃	Gansu	9.85	9	9.81	26	8.16	18	0.09	26
青　海	Qinghai			2.72	27	1.28	21	1.14	23
宁　夏	Ningxia			12.69	24	7.92	19	3.18	18
新　疆	Xinjiang	22.47	8	20.89	23	15.88	17	3.44	17

11-217 水的生产和供应业销售、管理费用、资产总计和负债合计（2017年）
Sales Expenses, Admistrative Expenses, Total Assets, and Total Liabilities of Production and Supply of Water

单位：亿元 (100 million yuan)

地区	Region	销售费用 Cost of Sales	排名 Ranking	管理费用 Administrative Cost	排名 Ranking	资产总计 Total Assets	排名 Ranking	负债合计 Total Liabilities	排名 Ranking
全　国	National Total								
北　京	Beijing	5.33	4	8.11	6	1119.07	4	540.98	3
天　津	Tianjin					280.51	15	209.96	10
河　北	Hebei					216.92	19	128.23	14
山　西	Shanxi	0.92	13	4.03	10	85.15	25	41.75	21
内蒙古	Inner Mongolia								
辽　宁	Liaoning					553.30	8	327.70	6
吉　林	Jilin	2.19	8	4.69	8	93.58	24	50.83	20
黑龙江	Heilongjiang	1.60	11	4.31	9	200.88	21	142.95	13
上　海	Shanghai					832.39	5	275.25	7
江　苏	Jiangsu	26.68	1	20.02	1	1358.72	2	885.74	1
浙　江	Zhejiang	10.20	2	19.30	2	1123.83	3	687.05	2
安　徽	Anhui					215.03	20	98.69	18
福　建	Fujian					331.24	11		
江　西	Jiangxi	2.92	7			258.67	17	146.80	12
山　东	Shandong			16.31	3	640.07	7	389.88	5
河　南	Henan					281.86	14	122.16	16
湖　北	Hubei	5.39	3	7.99	7	398.51	10	233.89	9
湖　南	Hunan	5.32	5	12.37	5	416.99	9	274.01	8
广　东	Guangdong					1927.55	1		
广　西	Guangxi					189.96	22		
海　南	Hainan	1.46	12	1.08	15	40.93	28	13.28	24
重　庆	Chongqing					273.93	16	127.38	15
四　川	Sichuan	4.87	6	14.68	4	828.55	6	464.71	4
贵　州	Guizhou					291.60	13		
云　南	Yunnan	1.82	9	3.89	11	291.99	12	187.84	11
西　藏	Tibet	0.06	16	0.23	17	2.41	30		
陕　西	Shaanxi	1.77	10	3.82	12	160.12	23	84.54	19
甘　肃	Gansu			1.67	13	53.56	27	21.85	23
青　海	Qinghai	0.16	15	0.92	16	21.57	29	8.58	25
宁　夏	Ningxia	0.77	14	1.35	14	68.72	26	33.31	22
新　疆	Xinjiang					237.79	18	108.03	17

11-218 规模以上工业企业主要经济效益指标
Main Indicators on Economic Benefit of Industrial Enterprises above Designated Size

单位：%　　(%)

地区	Region	工业企业总资产贡献率 Ratio of Profits,Tax and Interests to Average Assets 2010	2014	2017	2017排名 Ranking	工业企业产品销售率 Sales Ratio of Products 2012	2017	2017排名 Ranking
全　国	**National Total**	**15.68**	**13.69**			**98.00**		
北　京	Beijing	7.64	7.70	6.74	24	99.04	98.48	10
天　津	Tianjin	17.30	15.73	9.30	18	98.89	99.30	3
河　北	Hebei	14.75	11.33	10.39	17	97.79	98.60	7
山　西	Shanxi	11.20	5.19	8.10	22	97.34	97.75	15
内蒙古	Inner Mongolia	18.22	9.94			97.10		
辽　宁	Liaoning	14.84	11.89	8.00	23	97.79	98.90	5
吉　林	Jilin	16.30	17.04	11.40	16	98.28	98.00	11
黑龙江	Heilongjiang	22.05	15.41	8.40	20	97.52	99.30	3
上　海	Shanghai	13.85	12.99	12.75	11	98.94	99.86	1
江　苏	Jiangsu	15.10	15.87	14.22	4	98.82	98.83	6
浙　江	Zhejiang	12.21	11.33			97.45	97.57	17
安　徽	Anhui	16.22	13.15	12.18	13	97.74	97.71	16
福　建	Fujian	17.21	15.02	14.61	3	97.83	97.13	18
江　西	Jiangxi	18.70	22.69	18.30	1	99.27	99.36	2
山　东	Shandong	19.45	16.85	12.96	8	98.61	98.57	9
河　南	Henan	22.43	15.78	13.00	7	98.32	98.60	7
湖　北	Hubei	15.38	14.93	12.77	10	97.08	96.76	22
湖　南	Hunan	23.18	19.05	15.06	2	98.45	97.10	19
广　东	Guangdong	15.63	13.97	12.45	12	98.07	98.00	11
广　西	Guangxi	16.76	16.51			95.49		
海　南	Hainan	18.28	11.07			103.00		
重　庆	Chongqing	13.57	15.37	13.40	6	97.84	98.00	11
四　川	Sichuan	14.43	12.49	12.08	15	97.40	97.88	14
贵　州	Guizhou	12.84	13.00	12.85	9	94.30	92.26	26
云　南	Yunnan	16.28	12.32	12.10	14	95.21	95.50	25
西　藏	Tibet	5.40	3.56			101.96		
陕　西	Shaanxi	17.11	14.75	13.48	5	96.34	96.42	24
甘　肃	Gansu	10.24	8.75	8.35	21	93.14	97.01	20
青　海	Qinghai	11.57	6.48	4.96	25	92.99	96.72	23
宁　夏	Ningxia	8.87	5.89			97.77	96.90	21
新　疆	Xinjiang	18.21	10.95	9.00	19	97.55		

12

建筑业

Construction

12-1 建筑业企业单位数和从业人员

Number of Enterprises and Employed Persons of Construction Enterprises

地区	Region	企业单位数（个） Number of Construction Enterprises (unit)				从业人员（万人） Number of Employed Persons (10 000 persons)			
		2010	2016	2017	2017排名 Ranking	2010	2016	2017	2017排名 Ranking
全 国	**National Total**	**71863**	**83017**	**88074**		**4160.44**	**5184.54**	**5529.63**	
北 京	Beijing	3262	2858	2683	12	59.38	58.14	60.20	21
天 津	Tianjin	1438	1500	1563	22	47.84	73.64	58.71	22
河 北	Hebei	2132	2467	2522	16	128.47	130.88	139.47	14
山 西	Shanxi	1727	2532	2538	15	75.16	75.43	78.72	19
内蒙古	Inner Mongolia	787	870	886	27	43.56	29.70	27.70	27
辽 宁	Liaoning	4612	5238	5186	5	165.07	126.14	104.31	17
吉 林	Jilin	932	2191	2323	19	40.99	57.02	47.38	24
黑龙江	Heilongjiang	1945	1566	1614	21	56.19	37.36	35.78	26
上 海	Shanghai	2983	2662	2554	14	95.73	104.02	92.04	18
江 苏	Jiangsu	8893	8770	8640	1	591.50	763.75	772.90	2
浙 江	Zhejiang	5052	6174	6231	3	566.00	770.28	792.89	1
安 徽	Anhui	2432	2929	3111	10	157.82	168.00	171.48	11
福 建	Fujian	2180	3608	4029	8	185.04	325.27	379.36	3
江 西	Jiangxi	1276	1873	2372	18	85.80	152.57	160.89	12
山 东	Shandong	6135	6013	6717	2	314.29	293.19	328.71	5
河 南	Henan	4294	5123	5767	4	234.95	260.90	275.89	7
湖 北	Hubei	2846	3368	3692	9	155.52	269.64	289.10	6
湖 南	Hunan	1822	2067	2280	20	150.34	219.96	247.28	9
广 东	Guangdong	4249	4437	4902	6	188.24	228.57	260.70	8
广 西	Guangxi	977	1139	1235	24	59.00	120.02	126.15	16
海 南	Hainan	104	155	152	31	11.00	7.42	7.42	30
重 庆	Chongqing	2326	2577	2707	11	139.22	209.08	224.79	10
四 川	Sichuan	3414	3809	4501	7	305.18	282.87	352.83	4
贵 州	Guizhou	550	891	1029	26	33.77	67.53	77.64	20
云 南	Yunnan	1932	2544	2656	13	74.75	115.63	152.72	13
西 藏	Tibet	175	173	231	30	4.49	2.84	3.69	31
陕 西	Shaanxi	982	2114	2388	17	104.67	118.32	137.98	15
甘 肃	Gansu	757	1323	1363	23	45.30	56.58	56.88	23
青 海	Qinghai	369	371	364	29	8.91	11.44	11.00	29
宁 夏	Ningxia	474	531	681	28	9.69	9.93	12.42	28
新 疆	Xinjiang	806	1144	1157	25	22.57	38.41	42.63	25

12-2 建筑业总产值和建筑业增加值
Gross Output Value and Value-added of Construction Enterprises

单位：亿元 (100 million yuan)

地区	Region	建筑业总产值 Gross Output Value of Construction				建筑业增加值 Value-added of Construction			
		2010	2016	2017	2017排名 Ranking	2010	2016	2017	2017排名 Ranking
全　国	**National Total**	**96031.13**	**193566.78**	**213943.56**		**18983.54**	**37626.82**	**39765.33**	
北　京	Beijing	5196.02	8841.19	9736.71	9	578.71	1199.27	1319.67	11
天　津	Tianjin	2424.49	4891.81	4262.35	18	302.22	581.93	505.61	21
河　北	Hebei	3231.46	5517.69	5655.96	16	524.89	769.90	779.64	16
山　西	Shanxi	2143.46	3318.47	3566.57	21	339.11	480.24	492.73	22
内蒙古	Inner Mongolia	1125.58	1220.81	1122.19	27	326.08	270.59	237.20	26
辽　宁	Liaoning	4690.31	3926.71	3688.33	20	989.75	738.61	607.89	19
吉　林	Jilin	1348.78	2283.56	2218.37	24	263.25	355.57	325.90	24
黑龙江	Heilongjiang	1769.70	1716.61	1560.07	26	507.06	251.38	219.67	27
上　海	Shanghai	4300.19	6046.19	6426.42	13	583.10	835.15	869.74	15
江　苏	Jiangsu	12405.92	25791.76	27956.71	1	2698.05	6277.79	6717.06	1
浙　江	Zhejiang	12007.89	24989.37	27235.83	2	2304.12	4807.23	5004.41	2
安　徽	Anhui	2864.96	6047.29	6829.67	12	683.96	1248.35	1276.06	12
福　建	Fujian	2935.94	8531.45	9993.65	8	874.25	2333.70	2805.22	3
江　西	Jiangxi	1690.02	5179.03	6166.81	15	292.83	858.11	940.29	14
山　东	Shandong	5496.59	10087.43	11477.75	4	1231.89	2209.30	2398.44	4
河　南	Henan	4400.61	8807.99	10086.58	7	1003.92	2271.72	2223.09	6
湖　北	Hubei	4345.20	11862.40	13390.73	3	767.98	2065.89	2126.74	7
湖　南	Hunan	3161.73	7304.22	8423.00	10	585.09	1321.50	1379.81	10
广　东	Guangdong	4715.46	9652.31	11372.05	6	953.47	2096.02	2338.76	5
广　西	Guangxi	1222.31	3449.19	4210.07	19	227.47	583.74	635.94	18
海　南	Hainan	199.48	307.76	322.76	30	21.61	56.72	54.86	30
重　庆	Chongqing	2534.36	7035.81	7605.66	11	634.55	1572.99	1672.50	8
四　川	Sichuan	4163.07	9959.68	11400.34	5	816.24	1392.01	1514.51	9
贵　州	Guizhou	622.96	2362.95	2932.96	22	121.29	347.96	456.62	23
云　南	Yunnan	1510.96	3867.22	4726.36	17	243.70	646.31	687.01	17
西　藏	Tibet	122.07	111.28	147.92	31	27.69	25.47	39.17	31
陕　西	Shaanxi	3063.61	5329.23	6227.47	14	606.51	997.79	1125.84	13
甘　肃	Gansu	751.99	1947.24	1825.42	25	156.56	345.84	323.74	25
青　海	Qinghai	279.61	410.62	406.93	29	53.81	88.53	75.86	29
宁　夏	Ningxia	342.69	511.25	549.21	28	71.56	92.53	91.67	28
新　疆	Xinjiang	963.72	2258.24	2418.70	23	192.82	504.67	519.67	20

12-3 按建筑业总产值和增加值计算的劳动生产率

Labor Productivity in Terms of Total Output Value and Value-added of Construction Enterprises

单位：元/人 (yuan/person)

地区	Region	按建筑业总产值计算的劳动生产率 Overall Labor Productivity in Terms of Total Output Value				按建筑业增加值计算的劳动生产率 Overall Labor Productivity in Terms of Value-added			
		2010	2016	2017	2017排名 Ranking	2010	2016	2017	2017排名 Ranking
全　国	**National Total**	**203962**	**336991**	**347963**		**40319**	**65507**	**64675**	
北　京	Beijing	254836	533880	564242	1	28382	72419	76475	5
天　津	Tianjin	370312	492879	452141	4	46160	58633	53634	19
河　北	Hebei	236052	379815	374964	9	38342	52996	51687	23
山　西	Shanxi	222319	295590	341750	14	35172	42777	47213	25
内蒙古	Inner Mongolia	151321	295574	312740	20	43838	65514	66103	15
辽　宁	Liaoning	173666	300927	331218	15	36647	56604	54590	18
吉　林	Jilin	170603	285207	356019	11	33297	44409	52303	21
黑龙江	Heilongjiang	183395	256076	260553	30	52547	37500	36689	31
上　海	Shanghai	344720	479451	532485	2	46744	66225	72065	10
江　苏	Jiangsu	207116	304925	312383	21	45044	74220	75055	6
浙　江	Zhejiang	214019	321476	345903	13	41067	61843	63558	16
安　徽	Anhui	177486	356743	388703	8	42372	73643	72625	9
福　建	Fujian	157807	265043	261053	29	46991	72500	73278	8
江　西	Jiangxi	187612	307509	269589	28	32508	50951	41106	28
山　东	Shandong	159439	312707	328731	16	35733	68488	68693	12
河　南	Henan	183664	323100	355003	12	41900	83333	78243	4
湖　北	Hubei	268719	458776	525908	3	47494	79898	83526	2
湖　南	Hunan	193661	318758	314791	18	35838	57671	51567	24
广　东	Guangdong	246971	419268	431435	5	49938	91045	88728	1
广　西	Guangxi	212407	302337	302055	24	39528	51167	45626	26
海　南	Hainan	175249	378997	398207	7	18981	69846	67681	13
重　庆	Chongqing	175245	323617	317424	17	43878	72351	69802	11
四　川	Sichuan	148526	307129	288517	26	29121	42926	38329	30
贵　州	Guizhou	196170	330753	366276	10	38196	48705	57024	17
云　南	Yunnan	192488	292428	313557	19	31046	48873	45578	27
西　藏	Tibet	209126	335094	312188	22	47429	76692	82677	3
陕　西	Shaanxi	269631	389771	408219	6	53380	72976	73800	7
甘　肃	Gansu	149820	309965	293008	25	31193	55052	51965	22
青　海	Qinghai	221885	284248	284557	27	42700	61281	53050	20
宁　夏	Ningxia	148544	267566	243009	31	31019	48425	40561	29
新　疆	Xinjiang	179823	295359	309603	23	35979	66006	66520	14

12-4 建筑业企业利税总额和利润总额

Total Pre-Tax Profits and Total Profits of Construction Enterprises

单位：亿元 (100 million yuan)

地区	Region	利税总额 Total Pre-Tax Profits				其中：利润总额 Total Profits			
		2010	2016	2017	2017排名 Ranking	2010	2016	2017	2017排名 Ranking
全　国	**National Total**	**6760.39**	**12963.50**	**13859.09**		**3409.07**	**6986.05**	**7491.78**	
北　京	Beijing	373.26	891.71	943.23	3	198.62	675.32	741.36	2
天　津	Tianjin	144.12	189.38	142.54	24	66.05	97.58	71.60	23
河　北	Hebei	211.88	315.45	311.70	17	104.93	154.65	162.54	17
山　西	Shanxi	118.71	187.52	191.29	19	48.38	97.21	101.13	19
内蒙古	Inner Mongolia	130.75	104.14	94.74	26	82.67	60.63	52.23	26
辽　宁	Liaoning	341.15	245.77	206.70	18	173.96	121.14	107.63	18
吉　林	Jilin	95.11	170.62	160.60	22	46.06	91.15	89.76	21
黑龙江	Heilongjiang	178.14	103.31	86.42	27	56.49	51.24	37.51	27
上　海	Shanghai	298.20	397.95	376.69	14	159.79	217.74	213.10	12
江　苏	Jiangsu	875.39	1815.29	1987.99	1	496.63	992.63	1060.26	1
浙　江	Zhejiang	711.12	1225.19	1286.28	2	348.22	573.78	627.70	3
安　徽	Anhui	209.98	392.10	409.74	12	98.25	203.62	212.09	13
福　建	Fujian	190.85	561.77	688.08	8	87.35	279.45	338.17	9
江　西	Jiangxi	116.03	369.48	384.95	13	56.19	186.80	197.93	14
山　东	Shandong	453.99	725.56	801.87	7	266.40	415.28	465.40	6
河　南	Henan	323.44	832.33	876.95	5	161.51	438.53	473.99	5
湖　北	Hubei	335.88	872.39	912.54	4	180.84	475.72	515.10	4
湖　南	Hunan	228.88	502.97	547.93	11	104.79	230.30	246.76	11
广　东	Guangdong	392.40	722.54	836.47	6	204.94	418.28	461.09	7
广　西	Guangxi	69.77	167.50	179.56	21	25.76	67.75	75.75	22
海　南	Hainan	10.08	25.13	25.44	30	4.78	12.12	12.45	30
重　庆	Chongqing	208.75	555.69	593.82	10	120.18	326.57	340.12	8
四　川	Sichuan	275.34	530.84	597.38	9	125.60	266.44	279.06	10
贵　州	Guizhou	34.02	124.01	187.32	20	10.56	60.11	101.05	20
云　南	Yunnan	105.59	267.54	322.33	16	50.53	147.02	163.14	16
西　藏	Tibet	14.92	15.11	25.78	29	9.15	11.58	20.11	29
陕　西	Shaanxi	167.19	321.93	342.14	15	58.30	163.42	171.00	15
甘　肃	Gansu	55.39	128.28	129.09	25	26.00	64.37	60.91	25
青　海	Qinghai	15.48	30.22	24.92	31	6.25	15.51	10.82	31
宁　夏	Ningxia	21.04	41.52	39.96	28	8.92	19.95	20.35	28
新　疆	Xinjiang	53.55	130.26	144.67	23	20.97	50.15	61.66	24

12-5 建筑业企业施工机械设备总台数和总功率技术装备情况

Number of Machinery and Equipment, and Power of Machinery and Equipment of Building Industry

地区	Region	施工机械设备总台数（万台） Number of Machinery and Equipment (10 000 set)				施工机械设备总功率（万千瓦） Power of Machinery and Equipment (10 000 kw)			
		2010	2016	2017	2017排名 Ranking	2010	2016	2017	2017排名 Ranking
全 国	**National Total**	**1120.95**	**957.93**	**1022.56**		**19386.4**	**25365.3**	**25500.6**	
北 京	Beijing	16.07	9.92	9.38	23	429.3	366.8	364.3	21
天 津	Tianjin	12.85	10.25	10.04	21	418.5	521.6	485.5	17
河 北	Hebei	96.69	53.47	64.11	6	1034.0	1028.8	1183.2	7
山 西	Shanxi	20.59	19.73	22.17	15	526.5	697.0	719.3	13
内蒙古	Inner Mongolia	9.41	7.94	8.07	24	207.6	198.8	186.2	27
辽 宁	Liaoning	37.09	23.96	26.80	13	948.6	1011.2	878.1	11
吉 林	Jilin	7.07	6.62	6.29	27	163.6	255.8	281.1	25
黑龙江	Heilongjiang	14.33	12.31	12.03	20	327.8	324.1	293.2	24
上 海	Shanghai	17.28	9.17	10.04	22	362.0	270.0	312.2	22
江 苏	Jiangsu	143.18	128.89	136.68	1	3056.7	3671.8	3415.4	1
浙 江	Zhejiang	96.19	105.92	114.86	2	1591.4	2188.4	2210.0	2
安 徽	Anhui	41.55	37.37	40.34	10	663.5	753.7	861.6	12
福 建	Fujian	28.48	30.35	29.75	11	577.5	1047.6	1031.7	9
江 西	Jiangxi	18.56	22.67	24.62	14	261.2	531.6	661.5	14
山 东	Shandong	74.87	75.67	81.27	3	1519.6	2177.0	1924.9	4
河 南	Henan	70.99	64.55	68.22	5	1267.5	2263.3	1700.4	5
湖 北	Hubei	54.24	59.55	72.34	4	1291.9	1233.7	1501.9	6
湖 南	Hunan	52.06	60.15	61.56	7	841.3	1009.5	1014.1	10
广 东	Guangdong	62.42	63.09	48.45	9	877.4	1666.9	2094.4	3
广 西	Guangxi	18.12	14.75	15.55	19	290.6	291.8	306.0	23
海 南	Hainan	0.92	1.01	0.97	30	23.2	30.9	29.4	30
重 庆	Chongqing	17.75	19.72	19.26	17	337.3	456.3	470.3	18
四 川	Sichuan	29.51	33.30	51.78	8	681.5	1014.8	1178.8	8
贵 州	Guizhou	7.97	8.25	8.01	25	142.8	341.5	386.0	19
云 南	Yunnan	15.15	17.63	19.37	16	289.8	508.7	522.7	16
西 藏	Tibet	0.61	0.58	0.59	31	25.5	19.8	20.7	31
陕 西	Shaanxi	21.00	28.10	28.26	12	598.5	716.5	648.7	15
甘 肃	Gansu	14.80	18.26	18.12	18	245.8	372.2	378.0	20
青 海	Qinghai	108.16	4.19	3.43	28	67.0	109.0	111.0	28
宁 夏	Ningxia	3.32	2.67	2.36	29	80.3	53.0	73.1	29
新 疆	Xinjiang	9.75	7.92	7.82	26	238.1	233.1	257.2	26

12-6 建筑业企业施工机械设备年末净值和技术装备率情况

Net Value of Machinery and Equipment, and Value of Machines per Laborer of Building Industry

地区	Region	施工机械设备年末净值（亿元）Net Value of Machinery and Equipment (100 million yuan)				技术装备率（元/人）Value of Machines per Laborer (yuan/person)			
		2010	2016	2017	2017排名 Ranking	2010	2016	2017	2017排名 Ranking
全　国	**National Total**	**3971.99**	**5602.11**	**5481.84**		**9547**	**10805**	**9914**	
北　京	Beijing	98.75	101.72	105.40	20	16630	17494	17508	6
天　津	Tianjin	198.01	308.75	182.53	11	41391	41928	31093	1
河　北	Hebei	181.01	172.71	219.09	10	14090	13196	15709	8
山　西	Shanxi	109.87	146.89	146.75	14	14618	19473	18643	4
内蒙古	Inner Mongolia	50.41	51.62	50.61	26	11572	17377	18272	5
辽　宁	Liaoning	192.41	138.01	122.14	17	11657	10941	11709	15
吉　林	Jilin	44.26	130.10	56.57	25	10798	22815	11940	13
黑龙江	Heilongjiang	74.99	75.62	75.53	21	13347	20243	21109	3
上　海	Shanghai	144.42	118.88	115.56	19	15087	11429	12555	10
江　苏	Jiangsu	507.20	768.00	762.41	1	8575	10056	9864	19
浙　江	Zhejiang	364.84	475.01	497.68	2	6446	6167	6277	28
安　徽	Anhui	146.62	152.94	163.38	12	9290	9104	9528	21
福　建	Fujian	115.30	239.44	229.47	9	6231	7361	6049	29
江　西	Jiangxi	56.75	120.73	144.89	15	6614	7913	9006	24
山　东	Shandong	256.22	352.48	401.99	3	8152	12022	12229	12
河　南	Henan	238.91	329.79	344.63	4	10168	12640	12492	11
湖　北	Hubei	231.86	274.37	278.79	8	14909	10175	9643	20
湖　南	Hunan	139.60	375.65	293.82	5	9286	17079	11882	14
广　东	Guangdong	223.34	338.55	293.69	6	11864	14811	11266	16
广　西	Guangxi	41.79	60.38	63.52	24	7083	5031	5036	31
海　南	Hainan	3.38	4.58	4.70	31	3069	6170	6339	27
重　庆	Chongqing	84.71	121.28	118.90	18	6085	5801	5289	30
四　川	Sichuan	144.79	225.51	285.63	7	4745	7972	8095	26
贵　州	Guizhou	27.82	61.38	72.95	22	8239	9089	9396	23
云　南	Yunnan	74.10	132.44	130.32	16	9913	11454	8534	25
西　藏	Tibet	6.10	4.98	6.25	30	13581	17526	16927	7
陕　西	Shaanxi	104.79	161.96	153.18	13	10011	13689	11102	17
甘　肃	Gansu	35.62	72.15	71.81	23	7864	12753	12624	9
青　海	Qinghai	20.51	22.37	32.58	28	23034	19548	29625	2
宁　夏	Ningxia	15.28	12.49	11.73	29	15756	12577	9443	22
新　疆	Xinjiang	38.32	51.34	45.32	27	16980	13364	10631	18

12-7 建筑业企业主营业务收入和建筑业企业其他业务收入情况
Revenue from Principal Business, and Revenue from Other Businesses of Building Industry

单位：亿元 (100 million yuan)

地区	Region	建筑业企业主营业务收入 Revenue from Principal Business				建筑业企业其他业务收入 Revenue from Other Businesses			
		2010	2016	2017	2017排名 Ranking	2010	2016	2017	2017排名 Ranking
全　国	**National Total**	**92196.4**	**179421.3**	**191749.3**		**1440.2**	**2349.4**	**2415.3**	
北　京	Beijing	6483.3	11615.9	12119.7	4	128.2	57.4	66.4	16
天　津	Tianjin	2646.9	4084.6	3739.0	18	52.1	61.6	51.4	21
河　北	Hebei	2972.8	5016.4	5118.2	16	90.7	52.3	59.8	19
山　西	Shanxi	2123.9	3302.9	3627.8	19	33.4	31.1	34.5	23
内蒙古	Inner Mongolia	1112.5	1193.2	1185.4	27	22.6	22.7	19.6	27
辽　宁	Liaoning	4420.9	3891.2	3498.1	20	34.0	176.3	80.9	12
吉　林	Jilin	1282.1	2112.7	1902.3	24	21.1	57.3	28.9	24
黑龙江	Heilongjiang	1594.6	1522.8	1437.3	26	13.7	10.9	23.4	26
上　海	Shanghai	4871.7	7884.2	8168.9	10	62.9	37.5	63.6	17
江　苏	Jiangsu	10103.5	22256.2	22880.1	1	218.1	141.2	123.0	5
浙　江	Zhejiang	10285.3	18836.2	20102.5	2	73.6	87.2	107.3	7
安　徽	Anhui	2716.4	5352.8	5845.8	14	37.9	41.2	59.4	20
福　建	Fujian	2680.4	7309.0	8581.1	8	14.3	49.0	68.0	14
江　西	Jiangxi	1354.0	4625.2	5219.1	15	10.2	254.1	117.9	6
山　东	Shandong	5170.9	9728.2	10673.4	6	114.0	126.2	136.8	4
河　南	Henan	4185.6	8292.5	9115.2	7	34.0	147.0	158.4	3
湖　北	Hubei	4449.4	11534.2	12392.5	3	204.2	125.7	92.4	9
湖　南	Hunan	2995.8	6806.6	7623.9	11	12.3	200.5	63.1	18
广　东	Guangdong	5487.5	10629.0	12048.0	5	82.9	105.4	101.3	8
广　西	Guangxi	1170.8	2881.4	3129.4	21	11.8	69.5	201.9	2
海　南	Hainan	175.2	302.7	318.8	30	0.2	1.4	1.3	31
重　庆	Chongqing	2430.4	5911.1	6257.7	12	23.3	84.3	67.7	15
四　川	Sichuan	3959.8	7710.1	8283.4	9	49.3	157.8	347.9	1
贵　州	Guizhou	637.0	2383.0	2875.6	22	9.5	24.3	80.8	13
云　南	Yunnan	1392.4	3320.8	3927.3	17	22.7	57.9	81.9	11
西　藏	Tibet	118.0	114.2	202.5	31	0.9	2.0	4.7	30
陕　西	Shaanxi	3085.6	5565.1	6148.3	13	19.1	44.9	82.4	10
甘　肃	Gansu	696.9	1841.0	1865.5	25	11.0	30.8	35.2	22
青　海	Qinghai	275.1	475.7	491.7	29	3.8	37.7	15.6	28
宁　夏	Ningxia	362.8	652.9	616.2	28	4.6	6.4	11.3	29
新　疆	Xinjiang	954.8	2269.6	2354.8	23	23.6	48.1	28.3	25

12-8 建筑业企业主营业务成本和税金及附加收入情况

Costs of Principal Business, and Tax and Extra Charges on Project Settlement Accounts of Building Industry

单位：亿元 (100 million yuan)

地区	Region	主营业务成本 Costs of Principal Business 2010	2016	2017	2017排名 Ranking	主营业务税金及附加 Tax and Extra Charges on Project Settlement Accounts 2010	2016	2017	2017排名 Ranking
全　国	**National Total**	**81929.5**	**160040.3**	**172671.6**		**3192.7**	**3811.0**	**2399.8**	
北　京	Beijing	5956.3	10769.5	11270.9	3	169.5	96.2	38.6	17
天　津	Tianjin	2407.8	3690.0	3421.2	18	75.6	41.2	14.9	27
河　北	Hebei	2659.3	4532.3	4676.7	15	101.9	108.1	58.4	14
山　西	Shanxi	1913.3	2937.9	3303.1	19	68.2	47.7	21.1	24
内蒙古	Inner Mongolia	923.4	1037.5	1016.8	27	45.4	27.6	16.0	26
辽　宁	Liaoning	3847.1	3362.7	3007.4	20	155.4	73.2	35.1	18
吉　林	Jilin	1127.4	1781.4	1646.8	25	45.6	53.7	28.3	19
黑龙江	Heilongjiang	1369.6	1361.5	1293.4	26	114.4	34.8	18.4	25
上　海	Shanghai	4432.9	7270.7	7579.1	9	134.9	99.0	27.4	20
江　苏	Jiangsu	8791.0	19761.8	20510.6	1	357.4	591.1	383.1	1
浙　江	Zhejiang	9291.9	17281.7	18713.1	2	351.5	427.6	160.3	4
安　徽	Anhui	2393.5	4699.2	5156.9	14	104.4	120.2	75.2	12
福　建	Fujian	2396.8	6469.3	7766.1	8	99.7	198.4	159.7	5
江　西	Jiangxi	1190.0	4054.5	4671.2	16	57.0	137.7	110.7	10
山　东	Shandong	4478.5	8586.8	9504.5	6	175.4	204.5	122.4	8
河　南	Henan	3654.3	7151.8	7842.5	7	151.3	235.9	207.9	2
湖　北	Hubei	3920.7	10238.0	11063.1	4	148.3	251.7	171.9	3
湖　南	Hunan	2667.4	6082.1	6907.1	11	119.5	192.1	147.2	6
广　东	Guangdong	4905.3	9407.6	10630.4	5	179.5	185.7	116.7	9
广　西	Guangxi	1060.2	2579.6	2865.5	21	42.3	59.2	40.2	16
海　南	Hainan	161.6	276.1	294.2	30	5.2	6.5	3.5	29
重　庆	Chongqing	2129.7	5067.7	5414.7	13	83.1	156.1	110.1	11
四　川	Sichuan	3495.1	6770.1	7277.9	10	142.4	174.3	131.2	7
贵　州	Guizhou	582.6	2095.2	2654.8	22	22.7	33.0	24.2	21
云　南	Yunnan	1232.0	2906.3	3484.3	17	52.6	70.0	58.1	15
西　藏	Tibet	99.7	94.8	170.4	31	5.0	2.4	2.3	31
陕　西	Shaanxi	2785.7	5086.9	5651.5	12	105.5	90.8	61.5	13
甘　肃	Gansu	603.9	1581.4	1697.3	24	27.1	38.4	24.1	22
青　海	Qinghai	251.1	420.6	435.6	29	8.9	6.1	3.0	30
宁　夏	Ningxia	331.8	590.3	562.8	28	11.7	10.9	4.5	28
新　疆	Xinjiang	869.7	2094.8	2181.7	23	31.5	37.0	23.6	23

12-9 建筑业企业营业额
Turnover of Construction Enterprises

单位：亿元 (100 million yuan)

地区	Region	建筑业企业营业额 Turnover of Construction Enterprise				其中：在境外完成的营业额 Among Them: Complete Turnover Overseas			
		2010	2012	2013	2013排名 Ranking	2010	2012	2013	2013排名 Ranking
全　国	**National Total**	**103516.44**	**154517.06**	**208068.17**		**2784.85**	**3127.10**	**3479.99**	
北　京	Beijing	6672.48	7721.47	9273.91	6	1088.81	743.47	939.78	1
天　津	Tianjin	2699.45	3529.32	3984.84	17	113.60	102.53	98.31	11
河　北	Hebei	3435.76	5148.20	5542.19	11	57.98	28.97	46.23	17
山　西	Shanxi	2256.69	2795.80	3154.41	19	30.08	24.46	20.99	24
内蒙古	Inner Mongolia	1226.74	1517.78	1607.37	26	17.77	9.66	18.06	25
辽　宁	Liaoning	4817.55	7726.87	9455.29	3	40.51	87.49	50.18	16
吉　林	Jilin	1357.56	2056.32	2282.66	23	0.62	21.33	25.71	23
黑龙江	Heilongjiang	1855.70	2525.96	2628.72	21	55.92	75.42	56.97	15
上　海	Shanghai	4991.16	5784.00	6195.22	10	77.89	117.56	99.04	9
江　苏	Jiangsu	13278.84	21889.22	58824.89	1	81.13	368.67	445.46	2
浙　江	Zhejiang	12411.87	17746.28	20702.76	2	114.33	76.22	66.56	14
安　徽	Anhui	2987.44	4457.07	5308.50	14	43.29	104.08	165.91	5
福　建	Fujian	2984.49	4499.53	5536.62	12	27.71	24.83	28.55	21
江　西	Jiangxi	1771.39	2924.44	3613.32	18	35.30	47.10	44.04	19
山　东	Shandong	6136.09	8320.64	9426.15	4	260.16	244.86	240.77	4
河　南	Henan	4747.86	6335.56	7540.25	9	126.26	116.03	120.21	7
湖　北	Hubei	4845.92	7856.10	9324.60	5	198.66	269.27	328.11	3
湖　南	Hunan	3307.99	4578.97	5475.88	13	79.49	101.63	106.90	8
广　东	Guangdong	5071.34	6871.98	8374.50	7	61.00	91.35	98.48	10
广　西	Guangxi	1345.31	1942.67	2399.97	22	29.61	14.00	32.05	20
海　南	Hainan	204.64	287.83	305.16	30			1.16	29
重　庆	Chongqing	2634.51	4145.25	4990.25	15	6.25	43.98	27.51	22
四　川	Sichuan	4399.72	6668.50	7981.48	8	85.16	162.99	157.70	6
贵　州	Guizhou	641.45	1055.48	1398.46	27	8.47	4.63	7.69	28
云　南	Yunnan	1649.35	2542.07	3096.37	20	45.74	74.48	95.67	12
西　藏	Tibet	122.57	92.57	82.15	31		0.52	0.19	30
陕　西	Shaanxi	3147.46	3806.37	4310.79	16	45.01	89.59	83.56	13
甘　肃	Gansu	781.16	7050.37	1952.02	25	12.22	8.57	15.74	26
青　海	Qinghai	351.86	401.12	445.33	29	9.97	20.72	13.89	27
宁　夏	Ningxia	348.95	476.05	580.77	28			0.17	31
新　疆	Xinjiang	1033.17	1763.28	2273.32	24	31.89	52.72	44.41	18

12-10 建筑业企业费用情况
Cost of Construction Enterprises

单位：亿元 (100 million yuan)

地区	Region	管理费用 Administrative Expenses				财务费用 Finance Charges			
		2010	2016	2017	2017排名 Ranking	2010	2016	2017	2017排名 Ranking
全　国	**National Total**	**2960.10**	**5686.34**	**6324.86**		**437.02**	**1166.05**	**1293.53**	
北　京	Beijing	230.82	427.99	462.44	2	20.32	68.57	66.74	8
天　津	Tianjin	89.18	175.81	174.06	17	14.55	28.15	42.69	12
河　北	Hebei	90.40	143.70	162.09	18	13.57	30.28	33.83	14
山　西	Shanxi	89.18	156.50	175.14	16	5.49	21.49	24.41	20
内蒙古	Inner Mongolia	40.01	50.82	48.42	27	8.07	14.26	13.25	26
辽　宁	Liaoning	175.74	199.51	187.36	14	15.59	31.42	36.91	13
吉　林	Jilin	46.34	71.99	72.89	22	3.88	15.16	14.97	25
黑龙江	Heilongjiang	52.76	58.06	56.04	25	4.94	5.13	7.60	27
上　海	Shanghai	165.93	310.86	362.76	6	14.00	18.72	30.25	17
江　苏	Jiangsu	343.89	630.91	680.89	1	56.13	151.63	154.89	1
浙　江	Zhejiang	218.54	388.59	440.45	4	61.98	116.42	110.68	2
安　徽	Anhui	91.93	172.17	192.86	12	10.23	38.71	51.39	9
福　建	Fujian	71.84	201.98	252.94	10	7.01	29.14	30.77	16
江　西	Jiangxi	37.12	122.14	137.85	19	6.92	22.13	26.98	19
山　东	Shandong	183.36	311.96	346.15	7	38.42	77.18	82.75	5
河　南	Henan	141.78	296.44	315.55	8	19.76	55.90	72.54	6
湖　北	Hubei	163.97	379.71	430.38	5	28.93	83.79	83.58	4
湖　南	Hunan	83.44	208.10	238.35	11	13.47	29.01	31.87	15
广　东	Guangdong	187.38	365.72	445.43	3	17.90	71.62	93.97	3
广　西	Guangxi	37.48	79.75	93.74	21	3.95	20.91	22.28	22
海　南	Hainan	2.83	6.35	6.91	31	0.01	0.54	0.58	31
重　庆	Chongqing	69.40	180.74	183.29	15	12.23	50.64	49.08	10
四　川	Sichuan	118.18	254.37	301.03	9	21.97	66.04	71.63	7
贵　州	Guizhou	19.52	54.12	65.36	23	2.70	20.38	23.22	21
云　南	Yunnan	47.01	120.85	132.61	20	9.28	37.25	46.66	11
西　藏	Tibet	3.49	5.64	8.01	30	0.35	0.60	0.81	30
陕　西	Shaanxi	81.74	154.06	187.78	13	14.82	25.92	29.18	18
甘　肃	Gansu	25.24	54.57	55.87	26	5.09	13.67	15.90	24
青　海	Qinghai	7.30	22.68	24.19	28	0.85	2.29	3.51	29
宁　夏	Ningxia	10.13	18.79	20.38	29	1.64	4.97	4.33	28
新　疆	Xinjiang	34.19	61.44	63.35	24	2.98	14.12	16.27	23

12-11 建筑业企业应收工程款及企业亏损情况

Payment Receivable and Loss Case of Construction Enterprises

地区	Region	建筑业企业应收工程款(亿元) Payment Receivable (100 million yuan)				亏损企业的比重(%) Proportion of Loss-making Enterprise (%)			
		2010	2016	2017	2017排名 Ranking	2010	2016	2017	2017排名 Ranking
全　国	**National Total**	**13898.77**	**42504.90**	**47793.44**		**10.90**	**14.80**	**15.30**	
北　京	Beijing	1113.44	2788.62	3243.64	3	22.20	22.70	24.00	6
天　津	Tianjin	462.71	1557.12	1521.75	15	15.50	20.10	24.20	5
河　北	Hebei	509.62	1363.23	1540.40	13	9.50	12.70	15.50	17
山　西	Shanxi	471.01	1604.79	1712.94	10	17.20	22.50	22.90	8
内蒙古	Inner Mongolia	217.24	531.45	601.81	25	3.60	17.00	19.90	10
辽　宁	Liaoning	697.87	1469.03	1529.55	14	11.60	22.30	24.90	4
吉　林	Jilin	213.46	801.32	836.29	23	9.30	15.10	15.10	18
黑龙江	Heilongjiang	236.31	533.24	584.38	26	19.70	22.30	23.70	7
上　海	Shanghai	891.70	1920.14	2024.43	8	16.20	20.90	20.10	9
江　苏	Jiangsu	1474.56	5521.19	5533.32	1	4.30	6.20	6.50	31
浙　江	Zhejiang	1037.08	2589.88	2780.90	5	6.70	13.00	13.50	20
安　徽	Anhui	406.11	1349.20	1512.23	16	9.10	11.40	11.90	26
福　建	Fujian	272.40	898.58	1042.30	19	9.90	13.40	11.30	27
江　西	Jiangxi	118.61	745.99	886.30	21	7.30	8.50	10.50	29
山　东	Shandong	1211.68	3093.41	3469.64	2	7.50	12.80	14.40	19
河　南	Henan	280.92	1545.03	1843.68	9	7.20	10.80	12.10	25
湖　北	Hubei	599.86	2174.13	2557.17	6	8.30	11.80	12.80	21
湖　南	Hunan	379.42	1038.00	1220.41	18	8.20	9.90	10.30	30
广　东	Guangdong	759.52	2469.36	3189.07	4	15.80	17.10	17.10	14
广　西	Guangxi	132.29	375.07	442.95	27	20.80	17.70	17.00	15
海　南	Hainan	12.82	64.14	74.88	30	3.80	15.50	12.50	24
重　庆	Chongqing	326.83	1402.71	1489.80	17	10.30	12.70	12.60	23
四　川	Sichuan	524.92	1746.56	2048.17	7	9.60	14.20	12.80	21
贵　州	Guizhou	105.71	575.84	900.28	20	20.70	23.20	19.90	10
云　南	Yunnan	336.99	1189.71	1601.74	12	16.50	17.70	16.90	16
西　藏	Tibet	16.13	43.72	65.24	31	4.60	11.00	11.30	27
陕　西	Shaanxi	626.26	1449.49	1604.89	11	5.70	17.50	17.30	13
甘　肃	Gansu	143.84	500.05	618.67	24	15.70	18.10	19.00	12
青　海	Qinghai	43.39	126.85	134.92	29	35.20	29.90	30.50	1
宁　夏	Ningxia	89.44	286.58	316.41	28	18.60	26.20	29.70	2
新　疆	Xinjiang	186.65	750.46	865.29	22	25.20	25.20	25.30	3

12-12 建筑业企业房屋建筑面积

Floor Space of Buildings Constructed by Construction Enterprises

单位：万平方米 (10 000 sq.m)

地区	Region	建筑业施工面积 Floor Space under Construction				建筑业竣工面积 Floor Space Completed			
		2010	2016	2017	2017排名 Ranking	2010	2016	2017	2017排名 Ranking
全　国	**National Total**	**708024**	**1264216**	**1318374**		**277450**	**422382**	**419072**	
北　京	Beijing	29440	61098	65290	6	5933	10703	9844	13
天　津	Tianjin	7564	17036	15081	22	2419	3429	3218	24
河　北	Hebei	23471	34616	34566	13	9101	11145	9836	14
山　西	Shanxi	7290	14621	15862	21	2585	3353	3553	23
内蒙古	Inner Mongolia	7578	6296	5444	26	3805	2539	2032	27
辽　宁	Liaoning	26807	20391	16506	20	13003	6852	5318	19
吉　林	Jilin	5901	10634	9336	25	4273	5211	3834	21
黑龙江	Heilongjiang	7171	5404	4769	27	3620	2747	2127	26
上　海	Shanghai	22997	36020	41198	12	6217	7481	8067	16
江　苏	Jiangsu	119036	221494	232034	1	48560	74990	75454	1
浙　江	Zhejiang	123587	198401	205795	2	45099	68819	66565	2
安　徽	Anhui	23296	40126	44221	11	10512	14591	14981	11
福　建	Fujian	28407	62921	65712	5	9096	18121	16895	8
江　西	Jiangxi	13670	28446	30727	15	6488	14836	15042	10
山　东	Shandong	44829	72091	77333	4	19180	23721	23344	4
河　南	Henan	28677	55784	55695	9	13156	19426	20226	6
湖　北	Hubei	25047	72835	79258	3	12813	28613	30837	3
湖　南	Hunan	27680	50329	54594	10	10537	18629	19840	7
广　东	Guangdong	33140	54358	60247	7	10164	15662	16687	9
广　西	Guangxi	10742	26532	25307	17	4094	7998	8439	15
海　南	Hainan	1430	2085	2061	29	509	652	563	29
重　庆	Chongqing	19489	32077	33197	14	8292	13752	13448	12
四　川	Sichuan	29441	54048	58279	8	12086	21089	21648	5
贵　州	Guizhou	5756	19355	18054	18	1350	4112	4714	20
云　南	Yunnan	8872	17053	17318	19	4393	7102	7452	17
西　藏	Tibet	272	244	353	31	128	144	154	31
陕　西	Shaanxi	11491	24528	26977	16	3781	6759	6982	18
甘　肃	Gansu	5033	10422	9778	24	2014	3915	3032	25
青　海	Qinghai	693	887	861	30	273	302	339	30
宁　夏	Ningxia	2597	2771	2569	28	1076	1018	792	28
新　疆	Xinjiang	6620	11313	9954	23	2891	4670	3810	22

13

运输和邮电

Transport, Postal and Telecommunication Services

13-1 交通运输、邮政业和铁路运输业就业人员

Total Number of Employed Persons of Transportation, Postal Service, and Railway Transport

单位：人 (person)

地区	Region	交通运输、邮政业就业人员合计 Total Number of Employed Persons				其中：铁路运输业 Railway Transport			
		2010	2016	2017	2017排名 Ranking	2010	2016	2017	2017排名 Ranking
全　国	**National Total**	**4937171**	**8495076**	**8438919**		**1756385**	**1874131**	**1848032**	
北　京	Beijing	278660	582306	576935	2	116901	110033	107648	4
天　津	Tianjin	92056	146712	145358	25	19804	14834	20252	28
河　北	Hebei	212911	286719	242689	14	60233	55748	51668	18
山　西	Shanxi	178096	234470	234515	17	107817	114877	113340	2
内蒙古	Inner Mongolia	144157	227777	210957	19	92318	123971	103297	6
辽　宁	Liaoning	253710	351628	355545	8	102274	109380	107152	5
吉　林	Jilin	115048	160708	162482	24	69227	63592	62234	13
黑龙江	Heilongjiang	219521	271327	270041	13	118915	132249	130016	1
上　海	Shanghai	189108	510827	511430	3	27223	40590	39422	21
江　苏	Jiangsu	260603	496425	481339	4	61423	23204	23883	26
浙　江	Zhejiang	196872	315270	317777	10	25788	27957	27305	25
安　徽	Anhui	121312	229305	242102	15	37140	40208	39458	20
福　建	Fujian	132004	234009	239153	16	33765	39513	41423	19
江　西	Jiangxi	134045	202987	205494	20	64038	60672	60840	15
山　东	Shandong	274927	493858	476881	5	70233	83083	82549	9
河　南	Henan	228642	458357	451730	6	103114	113594	112658	3
湖　北	Hubei	207653	349680	353677	9	88502	86669	86808	8
湖　南	Hunan	178582	239892	234487	18	76653	78233	76921	10
广　东	Guangdong	412839	811332	833312	1	60660	61613	60902	14
广　西	Guangxi	158083	194274	190175	21	53163	64134	64366	12
海　南	Hainan	39255	69683	70685	28	4253	6224	6444	30
重　庆	Chongqing	118098	264857	270137	12	25009	29767	30231	24
四　川	Sichuan	193069	404335	389107	7	54950	67132	68316	11
贵　州	Guizhou	78473	119890	121651	27	29146	35094	35289	23
云　南	Yunnan	117098	173100	178598	22	41108	39099	39345	22
西　藏	Tibet	6291	8570	8879	31	162	69	69	31
陕　西	Shaanxi	165354	283123	279550	11	101513	103082	102425	7
甘　肃	Gansu	84978	127973	133029	26	45864	57970	59056	16
青　海	Qinghai	26998	42837	46890	29	13108	20256	22621	27
宁　夏	Ningxia	24265	36718	37452	30	12046	17333	17842	29
新　疆	Xinjiang	94463	166127	166862	23	40035	53951	54252	17

注：2014年部分行业就业人员增加较多，系将原属于乡镇企业的规模以上法人单位纳入劳动工资统计范围所致。

Note: The new inclusion of the town and township enterprises above the designated size in the labour and wages statistics leads to large increases of employment in some industries in 2014.

13-2 道路运输业和水上运输业就业人员
Number of Employed Persons of Road Transport, and Water Transport

单位：人 (person)

地区	Region	其中：道路运输业 Road Transport				其中：水上运输业 Water Transport			
		2010	2016	2017	2017排名 Ranking	2010	2016	2017	2017排名 Ranking
全　国	**National Total**	**1616625**	**3855896**	**3846122**		**444930**	**460259**	**441227**	
北　京	Beijing	51532	279180	282494	2	95	248	242	21
天　津	Tianjin	17526	57471	55494	25	23780	18034	17427	8
河　北	Hebei	90642	148054	117390	13	26909	23851	23630	7
山　西	Shanxi	45638	83031	84034	18	42	70	68	26
内蒙古	Inner Mongolia	33012	69790	68690	23	178	26	27	28
辽　宁	Liaoning	65815	122195	133234	12	31549	48621	47452	5
吉　林	Jilin	26025	52935	53566	26	181	159	59	27
黑龙江	Heilongjiang	64412	72898	73285	21	3235	3617	3508	17
上　海	Shanghai	24698	196395	188720	7	55668	53610	53622	3
江　苏	Jiangsu	81189	259038	251916	4	58536	77294	71741	1
浙　江	Zhejiang	89728	165609	167380	9	22970	25711	25529	6
安　徽	Anhui	51578	128272	143166	11	8283	12734	12421	11
福　建	Fujian	41650	104685	103841	16	12716	16310	15879	9
江　西	Jiangxi	48205	103024	105139	15	3475	7363	6819	14
山　东	Shandong	104576	224205	225533	5	50869	62645	57181	2
河　南	Henan	93380	254487	253742	3	1386	4219	3451	18
湖　北	Hubei	62321	166210	166875	10	18351	16154	15631	10
湖　南	Hunan	62099	102405	102379	17	4368	2857	2773	19
广　东	Guangdong	171423	393904	397181	1	72695	50296	49000	4
广　西	Guangxi	59559	75405	69308	22	16439	7179	6096	15
海　南	Hainan	11895	21705	22582	28	4969	6257	5674	16
重　庆	Chongqing	49304	172431	175496	8	21585	11446	11505	12
四　川	Sichuan	78388	191317	190266	6	4665	10341	10475	13
贵　州	Guizhou	25472	55171	55903	24	1212	626	465	20
云　南	Yunnan	44379	79584	81574	19	504	264	207	22
西　藏	Tibet	2840	5255	5256	31	24			
陕　西	Shaanxi	45847	115492	112073	14	139	137	139	23
甘　肃	Gansu	28393	48593	51114	27	60	95	73	25
青　海	Qinghai	9204	16308	17560	29				
宁　夏	Ningxia	8188	11387	11549	30	47	95	133	24
新　疆	Xinjiang	27707	79460	79382	20				

13-3 航空运输业和管道运输业就业人员

Number of Employed Persons of Air Transport, and Pipeline Transport

单位：人 (person)

地区	Region	其中：航空运输业 Air Transport 2010	2016	2017	2017排名 Ranking	其中：管道运输业 Pipeline Transport 2010	2016	2017	2017排名 Ranking
全　国	**National Total**	**272023**	**595301**	**624318**		**27341**	**36444**	**36965**	
北　京	Beijing	37309	75996	81327	3	2325	2465	5548	2
天　津	Tianjin	3868	8836	9976	17	216	517	437	13
河　北	Hebei	1943	4766	5487	24	1694	1186	1203	8
山　西	Shanxi	3373	5994	6100	23		291	317	15
内蒙古	Inner Mongolia	3746	4486	4672	25		90	62	22
辽　宁	Liaoning	9949	19450	20240	7	2418	3148	2100	6
吉　林	Jilin	4700	6212	6550	22	1245	1079	1013	9
黑龙江	Heilongjiang	4188	8445	9578	18	521	606	614	12
上　海	Shanghai	36763	83947	85911	2		4383	1370	7
江　苏	Jiangsu	8574	15805	15241	10	11291	10626	9905	1
浙　江	Zhejiang	8385	15276	15016	11		124	50	23
安　徽	Anhui	2601	4386	4465	26				
福　建	Fujian	11707	18111	19261	9		20	37	24
江　西	Jiangxi	2587	2917	3388	27		116	119	20
山　东	Shandong	11033	17820	19713	8	1507	3442	3382	5
河　南	Henan	281	11194	7823	21		220	245	18
湖　北	Hubei	5853	7067	10551	16	1035	818	4481	3
湖　南	Hunan	3954	8517	9138	19	124	209	271	16
广　东	Guangdong	44182	129470	134402	1	176	250	248	17
广　西	Guangxi	4140	7757	8238	20				
海　南	Hainan	9634	22461	21736	6		28	28	26
重　庆	Chongqing	7093	13173	14102	13	1027	39	35	25
四　川	Sichuan	17673	36664	38394	4	735	670	649	11
贵　州	Guizhou	4043	9635	10581	15		176	165	19
云　南	Yunnan	11519	23817	26962	5	222	328	365	14
西　藏	Tibet	870	844	1029	31				
陕　西	Shaanxi	604	10763	12473	14	2066	1862	662	10
甘　肃	Gansu	1153	2850	2395	29		95	78	21
青　海	Qinghai	162	2129	2280	30	549			
宁　夏	Ningxia	1253	2942	2758	28				
新　疆	Xinjiang	8883	13571	14531	12	190	3656	3581	4

13-4 装卸搬运和运输代理业和邮政业就业人员

Number of Employed Persons of Loading, Unloading and Forwarding Agency, and Post

单位：人 (person)

地区	Region	其中：装卸搬运和运输代理业 Loading,Unloading and Forwarding Agency				其中：邮政业 Post			
		2010	2016	2017	2017排名 Ranking	2010	2016	2017	2017排名 Ranking
全　国	**National Total**	**285980**	**432424**	**428096**		**533887**	**930745**	**910924**	
北　京	Beijing	32614	42288	40532	3	37884	61513	49169	6
天　津	Tianjin	23111	18072	16715	8	3751	10841	7679	28
河　北	Hebei	4152	10902	7547	15	27338	30525	24753	17
山　西	Shanxi	4455	2557	2686	23	16771	21148	21148	19
内蒙古	Inner Mongolia	1659	2343	7633	14	13244	21491	21025	20
辽　宁	Liaoning	22876	18225	16465	9	18829	20334	19383	22
吉　林	Jilin	1862	944	620	28	11808	18296	21513	18
黑龙江	Heilongjiang	6706	3536	3326	22	21544	30037	29512	13
上　海	Shanghai	18208	72452	84213	1	26548	31065	28186	15
江　苏	Jiangsu	8714	34174	32327	4	30876	57103	57203	3
浙　江	Zhejiang	16084	21792	22637	6	33917	47346	49588	5
安　徽	Anhui	3539	4876	3749	21	18171	29540	29857	12
福　建	Fujian	13263	21296	21614	7	18903	29113	31715	11
江　西	Jiangxi	2341	1442	1601	25	13399	20346	20297	21
山　东	Shandong	12770	35753	24076	5	23939	46938	45965	7
河　南	Henan	7023	12486	11429	10	23458	34570	36559	8
湖　北	Hubei	13801	8962	8592	13	17790	53161	51404	4
湖　南	Hunan	13100	5166	5687	19	18284	37672	32426	10
广　东	Guangdong	28095	54347	64610	2	35608	93163	97821	1
广　西	Guangxi	7972	9649	9662	12	16810	25013	27790	16
海　南	Hainan	5296	4551	4633	20	3208	7968	8937	27
重　庆	Chongqing	3112	6744	7392	17	10968	28099	28298	14
四　川	Sichuan	11679	14955	7297	18	24979	76449	66468	2
贵　州	Guizhou	5144	2622	2396	24	13456	14178	14393	25
云　南	Yunnan	6900	11299	10298	11	12466	16569	17948	23
西　藏	Tibet		15	15	31	2395	2125	2239	31
陕　西	Shaanxi	2688	6968	7417	16	12497	35356	35456	9
甘　肃	Gansu	84	1049	822	27	9424	12738	15264	24
青　海	Qinghai	1744	433	285	30	2231	2866	3330	30
宁　夏	Ningxia	719	321	357	29	2012	3971	3880	29
新　疆	Xinjiang	6269	2205	1463	26	11379	11211	11718	26

13-5 铁路营业里程和内河航道里程

Length of Railways in Operation and Length of Navigable Inland Waterways

单位：公里 (km)

地区	Region	铁路营业里程 Length of Railways in Operation 2010	2016	2017	2017排名 Ranking	内河航道里程 Length of Navigable Inland Waterways 2010	2016	2017	2017排名 Ranking
全　国	**National Total**	**91178.5**	**123991.9**	**126970.0**		**124241.8**	**127098.6**	**127019.0**	
北　京	Beijing	1169.4	1264.3	1264.0	27				
天　津	Tianjin	781.5	1060.9	1149.0	28	88.5	88.5	88.0	27
河　北	Hebei	4916.4	6956.0	7162.0	2				
山　西	Shanxi	3752.4	5293.4	5317.0	8	467.1	467.1	467.0	23
内蒙古	Inner Mongolia	8947.1	12338.8	12675.0	1	2402.8	2402.8	2403.0	15
辽　宁	Liaoning	4278.6	5558.9	5915.0	5	413.0	413.0	413.0	24
吉　林	Jilin	4024.4	5052.7	5044.0	10	1456.3	1456.3	1456.0	17
黑龙江	Heilongjiang	5785.0	6233.8	6232.0	3	5097.5	5097.5	5098.0	10
上　海	Shanghai	422.4	465.1	465.0	31	2226.1	2175.9	2142.0	16
江　苏	Jiangsu	1921.2	2767.4	2816.0	22	24228.1	24383.0	24383.0	1
浙　江	Zhejiang	1774.6	2576.9	2624.0	23	9703.3	9765.0	9761.0	5
安　徽	Anhui	2849.9	4242.6	4275.0	16	5595.7	5641.1	5641.0	8
福　建	Fujian	2111.4	3201.0	3191.0	21	3245.3	3245.3	3245.0	14
江　西	Jiangxi	2834.5	4010.5	4280.0	15	5637.9	5637.9	5638.0	9
山　东	Shandong	3833.4	5452.3	5726.0	6	1150.2	1117.3	1117.0	20
河　南	Henan	4282.0	5570.8	5415.0	7	1266.7	1402.7	1403.0	18
湖　北	Hubei	3360.3	4138.2	4216.0	17	8259.9	8433.3	8433.0	6
湖　南	Hunan	3695.1	4719.8	4745.0	13	11495.4	11496.4	11496.0	3
广　东	Guangdong	2726.9	4157.9	4201.0	18	11843.7	12151.4	12109.0	2
广　西	Guangxi	3205.0	5192.1	5191.0	9	5432.5	5707.5	5707.0	7
海　南	Hainan	693.7	1033.4	1033.0	29	343.0	343.0	343.0	25
重　庆	Chongqing	1396.2	2102.1	2166.0	25	4331.5	4352.5	4352.0	11
四　川	Sichuan	3549.2	4622.7	4832.0	12	10720.4	10817.9	10818.0	4
贵　州	Guizhou	2001.9	3269.5	3285.0	20	3442.3	3664.0	3664.0	13
云　南	Yunnan	2473.4	3651.5	3682.0	19	2877.2	3979.1	3979.0	12
西　藏	Tibet	531.5	786.3	785.0	30				
陕　西	Shaanxi	4079.0	4632.6	4972.0	11	1065.7	1145.6	1146.0	19
甘　肃	Gansu	2441.4	4102.1	4664.0	14	913.8	910.7	911.0	21
青　海	Qinghai	1863.3	2349.2	2349.0	24	421.1	674.4	674.0	22
宁　夏	Ningxia	1248.4	1320.1	1352.0	26	116.9	129.9	130.0	26
新　疆	Xinjiang	4228.8	5869.0	5947.0	4				

13-6 公路里程和高速里程
Total Length of Highways and Express way

单位：公里 (km)

地区	Region	公路里程 Total Length of Highways				其中：高速 Express way			
		2010	2016	2017	2017排名 Ranking	2010	2016	2017	2017排名 Ranking
全　国	**National Total**	**4008229**	**4696263**	**4773469**		**74113**	**130973**	**136449**	
北　京	Beijing	21114	22026	22226	29	903	1013	1013	28
天　津	Tianjin	14832	16764	16532	30	982	1208	1248	27
河　北	Hebei	154344	188431	191693	11	4307	6502	6531	3
山　西	Shanxi	131644	142066	142855	18	3003	5265	5335	11
内蒙古	Inner Mongolia	157994	196061	199423	9	2365	5153	6320	6
辽　宁	Liaoning	101545	120613	122705	21	3056	4195	4212	20
吉　林	Jilin	90437	102484	103896	24	1850	3113	3119	24
黑龙江	Heilongjiang	151945	164502	165989	14	1357	4350	4512	19
上　海	Shanghai	11974	13292	13322	31	775	825	829	29
江　苏	Jiangsu	150307	157304	158475	16	4059	4657	4688	16
浙　江	Zhejiang	110177	119053	120101	22	3383	4062	4154	21
安　徽	Anhui	149382	197588	203285	8	2925	4543	4673	17
福　建	Fujian	91015	106757	108012	23	2351	4831	5039	14
江　西	Jiangxi	140597	161909	162285	15	3051	5894	5916	8
山　东	Shandong	229859	265720	270590	2	4285	5710	5821	10
河　南	Henan	245089	267441	267805	4	5016	6448	6523	4
湖　北	Hubei	206211	260179	269484	3	3674	6204	6252	7
湖　南	Hunan	227998	238273	239724	6	2386	6080	6419	5
广　东	Guangdong	190144	218085	219580	7	4839	7683	8347	1
广　西	Guangxi	101782	120547	123259	20	2574	4603	5259	13
海　南	Hainan	21236	28217	30684	28	660	795	795	30
重　庆	Chongqing	116949	142921	147881	17	1861	2817	3023	25
四　川	Sichuan	266082	324138	329950	1	2682	6523	6821	2
贵　州	Guizhou	151644	191626	194379	10	1507	5434	5835	9
云　南	Yunnan	209231	238052	242546	5	2630	4134	5022	15
西　藏	Tibet	60810	82096	89343	25		38	38	31
陕　西	Shaanxi	147461	172471	174395	13	3403	5181	5279	12
甘　肃	Gansu	118879	143039	142252	19	1993	4827	4016	22
青　海	Qinghai	62185	78585	80895	26	235	2878	3223	23
宁　夏	Ningxia	22518	33940	34561	27	1159	1609	1609	26
新　疆	Xinjiang	152843	182085	185338	12	843	4395	4578	18

13-7 客运总量和铁路客运量
Total Passenger Traffic and Railway Passenger Traffic

单位：万人 (10 000 persons)

地区	Region	客运总量 Total Passenger Traffic 2010	2016	2017	2017排名 Ranking	铁路客运量 Railway Passenger Traffic 2010	2016	2017	2017排名 Ranking
全　国	**National Total**	**3269508**	**1900194**	**1848620**		**167609**	**281405**	**308379**	
北　京	Beijing	135045	61519	58871	15	8915	13479	13931	8
天　津	Tianjin	24525	18377	17440	25	2594	4543	4792	24
河　北	Hebei	90847	50701	50023	17	7558	10771	11527	13
山　西	Shanxi	38424	26374	25155	24	5754	7530	7664	19
内蒙古	Inner Mongolia	24043	15735	14867	27	4213	5388	5446	23
辽　宁	Liaoning	101525	73632	72483	9	13336	14040	14266	6
吉　林	Jilin	64486	34910	32989	22	5770	7567	7663	20
黑龙江	Heilongjiang	46895	39386	34670	21	10602	10480	10412	15
上　海	Shanghai	10233	14416	15485	26	6095	10609	11617	12
江　苏	Jiangsu	226073	133580	126783	2	9711	17814	19786	3
浙　江	Zhejiang	226946	105018	104497	6	8083	18035	20114	2
安　徽	Anhui	159388	81106	69105	10	5552	10370	11487	14
福　建	Fujian	75798	51649	51134	16	3640	10496	11624	11
江　西	Jiangxi	76447	62876	62997	13	5588	9249	10224	16
山　东	Shandong	249358	63463	65299	12	6679	12639	14151	7
河　南	Henan	167223	120528	114351	4	8338	13825	15252	5
湖　北	Hubei	103268	102990	103144	7	6013	14197	15747	4
湖　南	Hunan	156404	121760	114936	3	7250	11518	12872	9
广　东	Guangdong	456139	130345	137418	1	11674	25603	28766	1
广　西	Guangxi	75751	48699	48578	18	3148	8388	9838	17
海　南	Hainan	44209	13912	14660	28	84	2292	2674	28
重　庆	Chongqing	126066	61255	60522	14	2664	4911	6349	21
四　川	Sichuan	241868	123746	109093	5	8148	11456	12631	10
贵　州	Guizhou	70819	89464	91803	8	3437	5169	5796	22
云　南	Yunnan	39407	46519	44622	19	2446	4056	4754	25
西　藏	Tibet	8165	1155	1319	31	99	265	320	31
陕　西	Shaanxi	93171	69820	67880	11	5411	8302	8908	18
甘　肃	Gansu	53771	41626	42638	20	2273	3604	4467	26
青　海	Qinghai	10951	5934	6274	30	474	994	1134	29
宁　夏	Ningxia	13560	8757	7345	29	539	659	650	30
新　疆	Xinjiang	31937	32148	27083	23	1524	3155	3515	27

13-8 公路客运量和水运客运量
Highway Passenger Traffic and Waterway Passenger Traffic

单位：万人 (10 000 persons)

地区	Region	公路客运量 Highway Passenger Traffic				水运客运量 Waterway Passenger Traffic			
		2010	2016	2017	2017排名 Ranking	2010	2016	2017	2017排名 Ranking
全　国	**National Total**	**3052738**	**1542759**	**1456784**		**22392**	**27234**	**28300**	
北　京	Beijing	126130	48040	44940	15				
天　津	Tianjin	21883	13741	12538	25	48	93	110	24
河　北	Hebei	83289	39925	38494	17		5	2	27
山　西	Shanxi	32606	18702	17333	24	64	142	158	22
内蒙古	Inner Mongolia	19830	10347	9421	27				
辽　宁	Liaoning	87699	59054	57665	10	490	538	552	14
吉　林	Jilin	58577	27186	25203	21	139	156	123	23
黑龙江	Heilongjiang	36001	28550	23917	22	292	355	341	18
上　海	Shanghai	3634	3402	3420	30	504	404	448	15
江　苏	Jiangsu	215850	113494	104566	2	512	2272	2431	3
浙　江	Zhejiang	215708	83033	80099	8	3155	3950	4284	1
安　徽	Anhui	153697	70523	57365	11	139	213	253	20
福　建	Fujian	70714	39137	37585	20	1444	2016	1925	7
江　西	Jiangxi	70628	53366	52506	13	231	261	268	19
山　东	Shandong	240044	48823	49111	14	2635	2000	2037	6
河　南	Henan	158630	106415	98753	4	255	289	345	17
湖　北	Hubei	96873	88221	86772	6	382	572	625	13
湖　南	Hunan	148235	108627	100390	3	919	1615	1674	9
广　东	Guangdong	442224	102094	105919	1	2241	2648	2733	2
广　西	Guangxi	72208	39750	38083	18	395	561	657	12
海　南	Hainan	42785	9920	10107	26	1340	1699	1879	8
重　庆	Chongqing	122125	55594	53307	12	1277	750	866	11
四　川	Sichuan	230988	109716	94098	5	2732	2573	2364	4
贵　州	Guizhou	65452	82199	83809	7	1930	2096	2198	5
云　南	Yunnan	36230	41208	38569	16	731	1255	1299	10
西　藏	Tibet	8066	889	999	31				
陕　西	Shaanxi	87457	61093	58580	9	303	425	393	16
甘　肃	Gansu	51404	37932	38080	19	94	90	90	25
青　海	Qinghai	10439	4873	5070	29	38	66	70	26
宁　夏	Ningxia	12919	7910	6518	28	102	188	177	21
新　疆	Xinjiang	30413	28993	23568	23				

13-9 旅客周转量总计和铁路旅客周转量

Total Passenger-Kilometers and Railway Passenger-Kilometers

单位：亿人公里 (100 million passenger-km)

地区	Region	旅客周转量总计 Total Passenger-Kilometers				铁路旅客周转量 Railway Passenger-Kilometers			
		2010	2016	2017	2017排名 Ranking	2010	2016	2017	2017排名 Ranking
全 国	**National Total**	**27894.3**	**31258.5**	**32812.8**		**8762.2**	**12579.3**	**13456.9**	
北 京	Beijing	390.2	268.5	253.2	26	99.5	150.8	153.8	25
天 津	Tianjin	269.0	262.0	266.9	25	136.9	183.5	193.9	24
河 北	Hebei	1172.9	1238.1	1282.8	5	730.6	993.6	1042.7	1
山 西	Shanxi	371.8	360.6	373.8	23	156.0	219.3	223.3	21
内蒙古	Inner Mongolia	388.5	375.0	362.7	24	170.3	222.2	220.0	22
辽 宁	Liaoning	905.3	936.1	939.8	11	510.2	623.4	634.9	11
吉 林	Jilin	475.7	431.3	425.4	22	205.9	262.3	262.2	19
黑龙江	Heilongjiang	503.0	471.1	452.1	20	259.5	270.6	274.6	17
上 海	Shanghai	181.0	214.4	224.8	27	60.2	98.7	107.3	27
江 苏	Jiangsu	1549.5	1468.5	1515.3	3	351.6	686.1	765.2	6
浙 江	Zhejiang	1250.7	1075.0	1096.0	9	362.7	604.0	658.2	10
安 徽	Anhui	1478.5	1187.4	1153.7	8	468.1	695.7	746.2	8
福 建	Fujian	486.5	593.3	604.2	17	137.7	338.6	373.6	14
江 西	Jiangxi	895.6	970.7	1000.3	10	564.8	688.0	722.7	9
山 东	Shandong	1658.3	1188.9	1247.3	7	434.9	704.5	754.1	7
河 南	Henan	1797.7	1684.3	1761.7	2	766.0	923.1	1024.5	2
湖 北	Hubei	1064.7	1232.3	1278.1	6	430.5	741.6	791.8	5
湖 南	Hunan	1402.6	1500.8	1500.5	4	717.3	920.6	970.5	3
广 东	Guangdong	2203.4	1887.4	2012.5	1	458.8	797.3	872.1	4
广 西	Guangxi	879.1	743.8	778.3	13	182.0	351.1	404.6	13
海 南	Hainan	154.9	120.4	129.3	29	2.1	41.5	47.9	29
重 庆	Chongqing	461.7	506.3	496.3	18	100.4	164.4	201.1	23
四 川	Sichuan	1066.1	941.6	881.5	12	261.6	341.3	358.0	16
贵 州	Guizhou	475.0	674.9	720.1	15	189.4	226.0	249.5	20
云 南	Yunnan	439.9	446.1	453.4	19	86.1	123.4	142.2	26
西 藏	Tibet	32.2	39.8	44.8	31	9.4	16.0	18.1	31
陕 西	Shaanxi	747.1	755.7	760.9	14	362.6	464.2	471.0	12
甘 肃	Gansu	539.7	613.4	619.7	16	319.3	360.0	371.7	15
青 海	Qinghai	94.9	125.1	136.8	28	44.6	77.5	87.0	28
宁 夏	Ningxia	98.8	109.7	99.2	30	33.4	45.2	43.3	30
新 疆	Xinjiang	420.8	458.1	428.5	21	149.7	244.6	271.0	18

13-10 公路旅客周转量和水运旅客周转量
Highway Passenger-Kilometers and Waterway Passenger-Kilometers

单位：亿人公里 (100 million passenger-km)

地区	Region	公路旅客周转量 Highway Passenger-Kilometers				水运旅客周转量 Waterway Passenger-Kilometers			
		2010	2016	2017	2017排名 Ranking	2010	2016	2017	2017排名 Ranking
全　国	**National Total**	**15020.8**	**10228.7**	**9765.2**		**72.3**	**72.3**	**77.7**	
北　京	Beijing	290.6	117.7	99.4	26				
天　津	Tianjin	131.8	78.4	72.8	28	0.3	0.1	0.2	21
河　北	Hebei	442.2	244.2	239.9	18		0.4	0.1	24
山　西	Shanxi	215.7	141.1	150.4	23		0.1	0.1	25
内蒙古	Inner Mongolia	218.2	152.7	142.7	24				
辽　宁	Liaoning	388.8	306.7	298.9	13	6.4	6.0	6.1	5
吉　林	Jilin	269.6	168.7	163.0	21	0.2	0.2	0.2	22
黑龙江	Heilongjiang	243.2	200.1	177.1	20	0.3	0.4	0.4	19
上　海	Shanghai	115.4	115.0	116.7	25	5.4	0.7	0.8	15
江　苏	Jiangsu	1196.6	780.0	746.9	2	1.4	2.4	3.2	11
浙　江	Zhejiang	882.0	465.1	431.6	9	6.0	5.8	6.3	4
安　徽	Anhui	1010.2	491.3	407.1	10	0.3	0.4	0.4	18
福　建	Fujian	346.7	251.9	227.8	19	2.1	2.7	2.8	13
江　西	Jiangxi	330.5	282.3	277.3	16	0.3	0.3	0.3	20
山　东	Shandong	1211.5	472.4	481.0	7	11.9	12.0	12.1	1
河　南	Henan	1031.2	760.6	736.6	3	0.6	0.6	0.6	17
湖　北	Hubei	631.4	487.3	482.3	6	2.8	3.4	4.1	7
湖　南	Hunan	683.6	577.0	526.6	4	1.7	3.2	3.5	9
广　东	Guangdong	1736.3	1079.8	1129.5	1	8.3	10.3	10.9	2
广　西	Guangxi	695.3	390.1	370.4	11	1.8	2.7	3.3	10
海　南	Hainan	150.0	75.4	77.5	27	2.7	3.5	3.8	8
重　庆	Chongqing	351.0	336.7	289.5	14	10.2	5.1	5.7	6
四　川	Sichuan	802.2	597.8	521.3	5	2.3	2.4	2.2	14
贵　州	Guizhou	281.0	443.1	463.9	8	4.6	5.8	6.7	3
云　南	Yunnan	352.1	320.0	308.3	12	1.8	2.7	2.9	12
西　藏	Tibet	22.8	23.7	26.7	31				
陕　西	Shaanxi	384.0	290.8	289.2	15	0.4	0.7	0.7	16
甘　肃	Gansu	220.1	253.3	247.8	17	0.2	0.2	0.2	22
青　海	Qinghai	50.2	47.5	49.8	30	0.1	0.1	0.1	26
宁　夏	Ningxia	65.3	64.4	55.8	29	0.1	0.1	0.1	26
新　疆	Xinjiang	271.1	213.5	157.6	22				

13-11 货运总量和铁路货运量

Total Freight Traffic and Railway Freight Traffic

单位：万吨 (10 000 tons)

地区	Region	货运总量 Total Freight Traffic				铁路货运量 Railway Freight Traffic			
		2010	2016	2017	2017排名 Ranking	2010	2016	2017	2017排名 Ranking
全　国	**National Total**	**3241807**	**4386763**	**4804850**		**364271**	**333186**	**368865**	
北　京	Beijing	21762	20734	20110	29	1578	762	736	29
天　津	Tianjin	40013	50506	51800	25	7242	8150	8736	11
河　北	Hebei	156596	210586	228854	6	18508	16313	17100	6
山　西	Shanxi	124367	167076	189516	11	63530	64861	74616	1
内蒙古	Inner Mongolia	137231	186726	213318	10	52069	56113	65835	2
辽　宁	Liaoning	158484	207064	216135	9	20689	16230	17740	5
吉　林	Jilin	40729	45060	49903	26	7490	3944	5097	19
黑龙江	Heilongjiang	59314	53569	56398	24	17717	9542	11161	7
上　海	Shanghai	87256	88324	96850	20	959	482	488	30
江　苏	Jiangsu	179014	202070	220532	8	6812	5590	5949	17
浙　江	Zhejiang	171038	215558	242504	4	4386	3913	4071	24
安　徽	Anhui	228104	364567	403426	1	12091	9265	8940	10
福　建	Fujian	66083	120352	132227	17	3705	2918	3175	25
江　西	Jiangxi	100635	138118	154437	16	5677	4357	4871	20
山　东	Shandong	301313	285386	327006	3	21314	20574	22295	4
河　南	Henan	202962	206087	230114	5	14721	10287	10087	8
湖　北	Hubei	93422	162460	188107	12	6249	4088	4253	22
湖　南	Hunan	149540	206527	225551	7	6094	4114	4185	23
广　东	Guangdong	192343	366839	392381	2	8562	8380	8606	12
广　西	Guangxi	115476	160761	174642	13	9092	5898	6634	14
海　南	Hainan	22455	21786	21351	28	542	793	963	28
重　庆	Chongqing	81377	107966	115536	19	2279	1928	2012	27
四　川	Sichuan	134305	160970	172922	14	8051	6794	6982	13
贵　州	Guizhou	39735	89526	96242	21	7991	5635	5279	18
云　南	Yunnan	51564	115505	129298	18	5497	5372	4568	21
西　藏	Tibet	982	1971	2203	31	30	65	56	31
陕　西	Shaanxi	104414	149046	163079	15	27121	35459	39162	3
甘　肃	Gansu	30270	60661	66204	23	6188	5866	6052	16
青　海	Qinghai	11057	16881	17923	30	3095	2834	3052	26
宁　夏	Ningxia	32325	43260	38187	27	6872	5839	6528	15
新　疆	Xinjiang	48459	71961	84395	22	6777	6822	9635	9

13-12 公路货运量和水运货运量
Highway Freight Traffic and Waterway Freight Traffic

单位：万吨 (10 000 tons)

地区	Region	公路货运量 Highway Freight Traffic 2010	2016	2017	2017排名 Ranking	水运货运量 Waterway Freight Traffic 2010	2016	2017	2017排名 Ranking
全　国	**National Total**	**2448052**	**3341259**	**3686858**		**378949**	**638238**	**667846**	
北　京	Beijing	20184	19972	19374	28				
天　津	Tianjin	20855	32841	34720	26	11916	9515	8345	16
河　北	Hebei	135938	189822	207340	4	2150	4451	4413	18
山　西	Shanxi	60819	102200	114880	17	18	16	20	25
内蒙古	Inner Mongolia	85162	130613	147483	11				
辽　宁	Liaoning	127361	177371	184273	7	10434	13464	14122	12
吉　林	Jilin	33013	40777	44728	23	226	339	78	23
黑龙江	Heilongjiang	40582	42897	44127	24	1015	1130	1110	20
上　海	Shanghai	40890	39055	39743	25	45407	48787	56619	5
江　苏	Jiangsu	123500	117166	128915	14	48702	79314	85668	4
浙　江	Zhejiang	103394	133999	151920	9	63258	77646	86513	3
安　徽	Anhui	183658	244526	280471	3	32355	110776	114015	1
福　建	Fujian	45575	85770	95599	18	16803	31664	33453	7
江　西	Jiangxi	88445	122872	138074	13	6513	10889	11492	14
山　东	Shandong	264366	249752	288052	2	15633	15060	16659	11
河　南	Henan	183291	184255	207066	5	4950	11544	12961	13
湖　北	Hubei	71020	122656	147711	10	16153	35716	36143	6
湖　南	Hunan	127635	178968	198806	6	15811	23445	22560	9
广　东	Guangdong	140689	272826	288904	1	43092	85633	94871	2
广　西	Guangxi	93552	128247	139602	12	12832	26615	28405	8
海　南	Hainan	13947	10879	11223	30	7966	10114	9165	15
重　庆	Chongqing	69438	89390	95019	19	9660	16648	18506	10
四　川	Sichuan	121017	146046	158190	8	5237	8131	7750	17
贵　州	Guizhou	30834	82237	89298	20	910	1654	1665	19
云　南	Yunnan	45665	109487	124064	15	402	646	667	21
西　藏	Tibet	952	1906	2148	31				
陕　西	Shaanxi	77123	113363	123721	16	170	224	196	22
甘　肃	Gansu	24050	54761	60117	22	32	34	35	24
青　海	Qinghai	7962	14047	14871	29				
宁　夏	Ningxia	25453	37421	31659	27				
新　疆	Xinjiang	41682	65139	74760	21				

13-13 货物周转量总计和铁路货物周转量
Total Freight Ton-kilometers and Railway Freight Ton-kilometers

单位：亿吨公里 (100 million ton-km)

地区	Region	货物周转量总计 Total Freight Ton-kilometers				铁路货物周转量 Railway Freight Ton-kilometers			
		2010	2016	2017	2017排名 Ranking	2010	2016	2017	2017排名 Ranking
全 国	**National Total**	**141837.4**	**186629.5**	**197372.7**		**27644.1**	**23792.3**	**26962.2**	
北 京	Beijing	876.9	825.4	958.4	27	775.3	664.1	799.2	12
天 津	Tianjin	10065.1	2302.3	2169.5	22	509.5	399.8	480.5	20
河 北	Hebei	8071.1	12332.7	13381.6	3	3618.4	3704.5	4278.4	1
山 西	Shanxi	2840.0	3565.5	4185.0	16	1870.1	2113.3	2426.3	2
内蒙古	Inner Mongolia	4712.9	4341.7	5146.8	12	2451.8	1918.1	2382.3	3
辽 宁	Liaoning	9029.1	12113.5	12757.2	4	1403.0	900.9	1089.7	8
吉 林	Jilin	1282.2	1478.5	1634.7	26	597.8	393.1	482.9	19
黑龙江	Heilongjiang	1826.2	1532.5	1657.7	24	1056.7	620.5	737.2	15
上 海	Shanghai	18918.2	19317.8	24998.7	2	25.8	10.2	10.1	31
江 苏	Jiangsu	5589.5	7653.8	9057.6	8	344.7	288.9	297.5	22
浙 江	Zhejiang	7117.1	9789.3	10106.2	6	342.2	212.0	215.8	26
安 徽	Anhui	7153.4	10896.4	11429.8	5	1016.5	719.7	747.0	14
福 建	Fujian	2976.7	6070.6	6779.8	10	179.5	129.4	135.9	28
江 西	Jiangxi	2719.5	3897.8	4217.3	15	686.9	515.0	532.5	18
山 东	Shandong	11832.5	8884.3	9719.5	7	1533.2	1225.5	1310.8	7
河 南	Henan	7202.5	7383.5	8228.7	9	2041.6	1736.4	1966.6	4
湖 北	Hubei	3097.3	5922.9	6344.8	11	872.6	735.7	814.1	10
湖 南	Hunan	2926.8	4056.9	4300.7	14	1045.3	750.8	813.1	11
广 东	Guangdong	5711.4	21801.6	27919.8	1	333.8	259.4	271.0	23
广 西	Guangxi	2926.8	4260.4	4613.3	13	891.3	679.0	709.7	16
海 南	Hainan	995.0	1060.8	864.3	28	6.6	12.1	15.1	30
重 庆	Chongqing	2015.6	2968.3	3374.3	18	186.0	156.7	179.7	27
四 川	Sichuan	1807.9	2504.1	2696.2	19	747.7	716.1	763.8	13
贵 州	Guizhou	1005.9	1482.3	1656.5	25	706.5	566.7	602.8	17
云 南	Yunnan	947.3	1600.1	1825.0	23	391.9	411.8	448.4	21
西 藏	Tibet	38.5	124.6	136.3	31	12.0	30.1	30.5	29
陕 西	Shaanxi	2464.6	3444.9	3760.6	17	1267.9	1518.3	1641.8	5
甘 肃	Gansu	1763.8	2170.0	2439.7	20	1239.8	1220.3	1390.7	6
青 海	Qinghai	419.7	475.8	519.5	30	192.2	239.8	266.0	24
宁 夏	Ningxia	818.6	819.9	753.7	29	280.4	242.4	253.6	25
新 疆	Xinjiang	1358.9	1803.9	2176.4	21	705.9	701.7	869.7	9

13-14 公路货物周转量和水运货物周转量
Highway Freight Ton-kilometers and Waterway Freight Ton-kilometers

单位：亿吨公里 (100 million ton-km)

地区	Region	公路货物周转量 Highway Freight Ton-kilometers				水运货物周转量 Waterway Freight Ton-kilometers			
		2010	2016	2017	2017排名 Ranking	2010	2016	2017	2017排名 Ranking
全　国	**National Total**	**43389.7**	**61080.1**	**66771.5**		**68427.5**	**97338.8**	**98611.3**	
北　京	Beijing	101.6	161.3	159.2	29				
天　津	Tianjin	231.2	372.5	398.0	26	9324.3	1530.0	1291.1	12
河　北	Hebei	4011.2	7294.6	7899.3	1	441.5	1333.6	1203.9	13
山　西	Shanxi	969.9	1452.1	1758.7	15	0.1	0.1	0.1	24
内蒙古	Inner Mongolia	2261.1	2423.6	2764.5	9				
辽　宁	Liaoning	1930.3	2936.8	3058.6	7	5695.7	8275.8	8608.9	3
吉　林	Jilin	683.1	1084.8	1151.6	20	1.3	0.6	0.2	23
黑龙江	Heilongjiang	762.4	904.8	913.5	24	7.0	7.3	7.1	21
上　海	Shanghai	265.9	282.0	297.9	27	18626.4	19025.6	24690.7	1
江　苏	Jiangsu	1149.1	2140.3	2377.9	12	4095.7	5224.6	6382.2	5
浙　江	Zhejiang	1298.7	1626.8	1821.2	14	5476.2	7950.6	8069.2	4
安　徽	Anhui	5004.9	4915.7	5179.7	4	1132.0	5261.0	5503.1	6
福　建	Fujian	578.3	1094.7	1214.1	19	2218.9	4846.4	5429.8	7
江　西	Jiangxi	1850.2	3147.5	3433.0	6	182.4	235.3	251.9	18
山　东	Shandong	6216.8	6071.4	6650.2	2	4082.5	1587.4	1758.4	10
河　南	Henan	4860.6	4838.5	5341.7	3	300.3	808.6	920.5	14
湖　北	Hubei	1079.1	2506.9	2741.9	10	1145.6	2680.3	2788.8	8
湖　南	Hunan	1539.4	2686.6	2990.6	8	342.1	619.5	497.1	16
广　东	Guangdong	1735.4	3381.9	3636.9	5	3642.2	18160.3	24011.9	2
广　西	Guangxi	1173.4	2248.5	2456.7	11	862.0	1332.9	1447.0	11
海　南	Hainan	90.8	76.1	78.6	31	897.6	972.5	770.6	15
重　庆	Chongqing	610.3	935.4	1069.0	21	1219.3	1876.1	2125.7	9
四　川	Sichuan	985.1	1565.3	1676.8	16	75.1	222.7	255.6	17
贵　州	Guizhou	286.7	873.2	1008.6	23	12.7	42.4	45.1	19
云　南	Yunnan	548.5	1173.1	1360.4	17	6.9	15.2	16.2	20
西　藏	Tibet	26.6	94.5	105.8	30				
陕　西	Shaanxi	1195.9	1925.8	2118.2	13	0.8	0.8	0.7	22
甘　肃	Gansu	524.1	949.6	1048.9	22		0.1	0.1	25
青　海	Qinghai	227.5	236.0	253.4	28				
宁　夏	Ningxia	538.3	577.6	500.2	25				
新　疆	Xinjiang	653.0	1102.2	1306.7	18				

13-15 民用汽车和私人汽车拥有量

Possession of Civil Vehicles and Private Vehicles

单位：万辆 (10 000 units)

地区	Region	民用汽车 Civil Vehicles				私人汽车 Private Vehicles			
		2010	2016	2017	2017排名 Ranking	2010	2016	2017	2017排名 Ranking
全　国	**National Total**	**7801.83**	**18574.54**	**20906.67**		**5938.71**	**16330.22**	**18515.11**	
北　京	Beijing	449.72	547.44	563.10	14	371.51	452.04	466.61	16
天　津	Tianjin	158.24	273.69	287.69	26	125.70	234.39	242.51	26
河　北	Hebei	492.88	1245.89	1387.21	5	404.16	1143.78	1279.38	4
山　西	Shanxi	247.89	526.39	591.98	13	186.60	472.94	533.70	13
内蒙古	Inner Mongolia	187.80	418.53	480.22	18	147.47	379.95	439.36	18
辽　宁	Liaoning	296.32	659.41	727.08	8	198.81	553.39	620.99	9
吉　林	Jilin	152.89	352.93	387.15	22	114.49	315.00	349.80	22
黑龙江	Heilongjiang	194.79	394.19	435.32	20	139.65	344.29	385.96	20
上　海	Shanghai	175.51	322.87	360.96	25	103.71	242.66	274.38	25
江　苏	Jiangsu	550.80	1427.91	1612.82	3	418.13	1245.83	1401.92	3
浙　江	Zhejiang	542.05	1257.35	1395.80	4	431.52	1104.23	1227.09	5
安　徽	Anhui	209.81	600.81	708.93	9	136.85	511.45	612.37	10
福　建	Fujian	197.08	493.64	557.01	15	151.93	435.31	491.72	15
江　西	Jiangxi	137.43	399.29	465.90	19	87.38	349.06	412.75	19
山　东	Shandong	705.89	1723.34	1929.55	1	577.11	1550.65	1736.35	1
河　南	Henan	399.73	1104.47	1274.45	6	294.76	992.37	1155.83	6
湖　北	Hubei	207.49	588.69	679.81	11	148.65	519.69	605.67	11
湖　南	Hunan	211.06	595.80	683.19	10	169.24	544.16	630.42	8
广　东	Guangdong	782.26	1674.64	1894.22	2	628.12	1485.17	1678.99	2
广　西	Guangxi	152.06	424.90	502.13	17	108.33	375.81	450.61	17
海　南	Hainan	39.24	96.32	113.21	29	28.09	82.87	97.94	29
重　庆	Chongqing	114.30	327.47	370.47	23	74.15	278.64	320.14	23
四　川	Sichuan	354.97	880.80	990.30	7	280.95	786.03	884.86	7
贵　州	Guizhou	115.76	348.70	414.01	21	87.81	310.62	374.34	21
云　南	Yunnan	233.91	552.05	622.66	12	185.57	498.07	568.11	12
西　藏	Tibet	16.62	37.48	40.88	31	11.03	31.16	35.94	31
陕　西	Shaanxi	190.64	491.23	549.51	16	144.11	440.26	495.03	14
甘　肃	Gansu	85.04	277.25	287.45	27	52.74	207.41	240.86	27
青　海	Qinghai	30.99	88.65	99.57	30	19.95	72.96	82.38	30
宁　夏	Ningxia	41.52	115.34	130.94	28	30.94	103.63	118.77	28
新　疆	Xinjiang	127.14	327.06	363.15	24	79.25	266.39	300.32	24

13-16 载客汽车拥有量
Possession of Passenger Vehicles

单位：万辆 (10 000 units)

地区	Region	民用载客汽车 Civil Passenger Vehicles				私人载客汽车 Private Passenger Vehicles			
		2010	2016	2017	2017排名 Ranking	2010	2016	2017	2017排名 Ranking
全　国	**National Total**	**6124.13**	**16278.24**	**18469.54**		**4989.50**	**14896.27**	**17001.51**	
北　京	Beijing	425.74	509.39	520.83	14	363.13	440.95	453.68	14
天　津	Tianjin	137.64	242.50	253.99	26	112.99	214.24	224.23	26
河　北	Hebei	365.36	1077.06	1207.34	5	323.27	1026.86	1155.24	4
山　西	Shanxi	189.93	464.57	525.67	12	154.14	431.41	491.39	12
内蒙古	Inner Mongolia	137.19	364.68	421.72	18	115.59	341.79	398.06	18
辽　宁	Liaoning	225.67	568.46	633.15	8	170.75	509.57	575.49	8
吉　林	Jilin	118.78	309.27	344.06	22	94.20	283.92	318.85	22
黑龙江	Heilongjiang	143.66	330.13	371.57	20	110.24	299.95	341.54	20
上　海	Shanghai	146.24	293.85	328.17	24	103.57	242.06	273.63	24
江　苏	Jiangsu	472.78	1326.73	1499.72	3	383.94	1197.17	1349.10	3
浙　江	Zhejiang	450.83	1140.31	1266.84	4	376.53	1032.90	1149.89	5
安　徽	Anhui	140.99	505.88	605.79	10	107.82	464.46	561.52	10
福　建	Fujian	150.30	427.11	486.46	16	122.57	388.69	443.85	16
江　西	Jiangxi	95.65	336.39	398.10	19	69.63	312.75	374.27	19
山　东	Shandong	566.09	1529.79	1711.66	1	485.36	1429.56	1603.02	1
河　南	Henan	304.90	966.58	1124.70	6	244.76	903.95	1061.25	6
湖　北	Hubei	151.52	515.17	601.48	11	115.37	470.46	554.35	11
湖　南	Hunan	161.23	524.72	613.37	9	130.65	485.12	572.94	9
广　东	Guangdong	629.30	1485.65	1691.96	2	536.79	1370.06	1560.65	2
广　西	Guangxi	113.13	360.24	431.16	17	88.01	332.77	402.74	17
海　南	Hainan	30.23	82.34	98.22	29	21.57	71.87	86.29	29
重　庆	Chongqing	78.54	286.85	328.42	23	59.86	257.95	298.98	23
四　川	Sichuan	281.60	785.30	890.61	7	234.22	723.03	821.27	7
贵　州	Guizhou	82.19	294.26	355.32	21	64.14	268.75	328.80	21
云　南	Yunnan	169.08	462.96	525.58	13	135.87	423.94	486.85	13
西　藏	Tibet	10.15	24.03	26.60	31	6.28	19.94	23.75	31
陕　西	Shaanxi	151.64	435.70	489.63	15	121.01	399.82	452.73	15
甘　肃	Gansu	57.52	202.09	233.73	27	36.74	173.15	204.02	27
青　海	Qinghai	21.45	72.90	82.56	30	14.37	62.05	70.68	30
宁　夏	Ningxia	27.23	88.21	101.50	28	21.14	81.30	94.52	28
新　疆	Xinjiang	87.56	265.10	299.62	25	64.98	235.85	267.95	25

13-17 载货汽车拥有量
Possession of Trucks

单位：万辆 (10 000 units)

地区	Region	民用载货汽车 Civil Trucks 2010	2016	2017	2017排名 Ranking	私人载货汽车 Private Trucks 2010	2016	2017	2017排名 Ranking
全 国	**National Total**	**1597.55**	**2171.89**	**2338.85**		**931.52**	**1401.16**	**1478.40**	
北 京	Beijing	19.39	33.01	36.67	25	7.56	10.19	11.82	28
天 津	Tianjin	19.15	29.47	31.94	26	12.38	19.62	17.74	26
河 北	Hebei	121.50	163.32	174.34	3	79.08	114.68	121.82	2
山 西	Shanxi	55.82	59.51	63.94	16	31.96	40.64	41.37	17
内蒙古	Inner Mongolia	48.51	51.42	55.97	21	31.12	37.18	40.26	19
辽 宁	Liaoning	67.42	87.12	90.19	10	27.53	42.82	44.46	15
吉 林	Jilin	32.85	41.91	41.29	23	19.98	30.48	30.30	23
黑龙江	Heilongjiang	48.98	61.37	61.07	17	29.02	43.63	43.69	16
上 海	Shanghai	23.81	21.86	30.81	27	0.11	0.40	0.53	31
江 苏	Jiangsu	72.50	94.17	105.65	6	32.87	46.22	50.21	9
浙 江	Zhejiang	87.29	112.87	124.53	5	54.46	70.45	76.19	6
安 徽	Anhui	66.34	91.86	99.79	7	28.50	45.82	49.54	11
福 建	Fujian	45.11	64.43	68.35	13	29.04	45.91	47.14	12
江 西	Jiangxi	40.17	60.33	65.13	15	17.43	35.66	37.79	20
山 东	Shandong	134.45	186.74	210.72	1	90.03	118.03	130.12	1
河 南	Henan	90.75	132.91	144.63	4	48.67	86.12	92.21	4
湖 北	Hubei	53.29	69.71	74.32	11	32.75	47.84	49.82	10
湖 南	Hunan	48.22	68.37	66.92	14	38.04	57.63	55.90	8
广 东	Guangdong	147.53	183.02	196.00	2	90.06	112.96	116.10	3
广 西	Guangxi	36.82	62.12	68.45	12	20.00	42.11	46.83	13
海 南	Hainan	8.58	13.35	14.32	30	6.42	10.79	11.41	29
重 庆	Chongqing	34.03	38.86	40.26	24	14.00	20.23	20.67	25
四 川	Sichuan	70.45	91.86	95.97	8	45.98	61.57	62.08	7
贵 州	Guizhou	32.73	52.40	56.49	19	23.44	41.11	44.62	14
云 南	Yunnan	63.39	86.63	94.43	9	49.27	73.09	80.08	5
西 藏	Tibet	6.32	13.18	13.98	31	4.75	11.12	12.08	27
陕 西	Shaanxi	36.32	51.87	56.04	20	22.42	39.20	40.94	18
甘 肃	Gansu	26.37	48.65	51.86	22	15.77	33.61	36.12	21
青 海	Qinghai	8.99	14.94	16.17	29	5.48	10.62	11.39	30
宁 夏	Ningxia	13.52	26.09	28.39	28	9.54	21.84	23.75	24
新 疆	Xinjiang	36.96	58.55	60.24	18	13.86	29.59	31.41	22

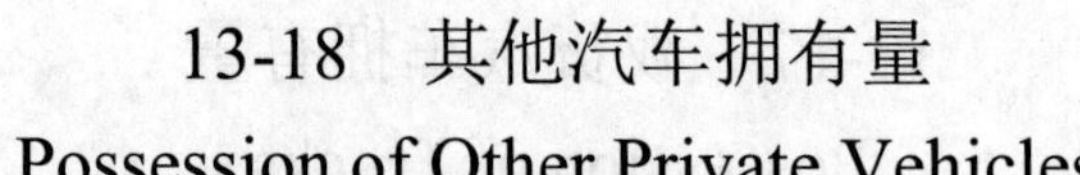

13-18 其他汽车拥有量
Possession of Other Private Vehicles

单位：万辆 (10 000 units)

地区	Region	民用其他汽车 Other Civil Vehicles 2010	2016	2017	2017排名 Ranking	私人其他汽车 Other Private Vehicles 2010	2016	2017	2017排名 Ranking
全　国	**National Total**	**80.14**	**124.41**	**98.28**		**17.69**	**32.79**	**35.19**	
北　京	Beijing	4.59	5.03	5.61	4	0.82	0.90	1.11	12
天　津	Tianjin	1.45	1.71	1.76	27	0.33	0.53	0.54	25
河　北	Hebei	6.02	5.51	5.53	5	1.81	2.25	2.32	4
山　西	Shanxi	2.15	2.31	2.38	20	0.50	0.89	0.95	18
内蒙古	Inner Mongolia	2.09	2.43	2.53	18	0.77	0.99	1.04	14
辽　宁	Liaoning	3.22	3.83	3.74	10	0.54	1.01	1.05	13
吉　林	Jilin	1.26	1.74	1.81	25	0.31	0.60	0.65	24
黑龙江	Heilongjiang	2.15	2.69	2.68	15	0.39	0.71	0.73	20
上　海	Shanghai	5.46	7.16	1.98	23	0.02	0.20	0.22	30
江　苏	Jiangsu	5.52	7.01	7.45	1	1.32	2.44	2.61	2
浙　江	Zhejiang	3.93	4.18	4.44	7	0.53	0.88	1.01	16
安　徽	Anhui	2.48	3.07	3.35	12	0.52	1.17	1.31	10
福　建	Fujian	1.67	2.10	2.20	21	0.33	0.71	0.73	20
江　西	Jiangxi	1.61	2.57	2.67	16	0.32	0.65	0.69	23
山　东	Shandong	5.35	6.81	7.17	2	1.73	3.05	3.21	1
河　南	Henan	4.08	4.98	5.12	6	1.33	2.31	2.37	3
湖　北	Hubei	2.69	3.82	4.01	8	0.53	1.39	1.50	8
湖　南	Hunan	1.61	2.71	2.90	14	0.56	1.42	1.58	6
广　东	Guangdong	5.43	5.96	6.26	3	1.27	2.16	2.25	5
广　西	Guangxi	2.11	2.54	2.52	19	0.32	0.94	1.03	15
海　南	Hainan	0.44	0.63	0.67	30	0.10	0.22	0.23	29
重　庆	Chongqing	1.72	1.76	1.79	26	0.29	0.45	0.49	27
四　川	Sichuan	2.93	3.64	3.71	11	0.76	1.42	1.51	7
贵　州	Guizhou	0.84	2.05	2.20	21	0.23	0.76	0.92	19
云　南	Yunnan	1.44	2.47	2.65	17	0.42	1.05	1.18	11
西　藏	Tibet	0.15	0.27	0.30	31		0.10	0.12	31
陕　西	Shaanxi	2.68	3.67	3.84	9	0.68	1.24	1.35	9
甘　肃	Gansu	1.15	26.51	1.87	24	0.23	0.65	0.71	22
青　海	Qinghai	0.54	0.81	0.84	29	0.10	0.29	0.31	28
宁　夏	Ningxia	0.76	1.04	1.05	28	0.25	0.49	0.50	26
新　疆	Xinjiang	2.62	3.40	3.28	13	0.41	0.95	0.96	17

13-19 新注册民用汽车数量和载客汽车数量
New Registrated Number of Civil Vehicles and Passenger Vehicles

单位：万辆 (10 000 units)

地区	Region	新注册民用汽车数量 Total Civil Vehicles				其中：载客汽车 Passenger Vehicles			
		2010	2016	2017	2017排名 Ranking	2010	2016	2017	2017排名 Ranking
全　国	**National Total**	**1528.82**	**2724.44**	**2800.40**		**1254.69**	**2464.81**	**2480.24**	
北　京	Beijing	86.95	57.35	62.60	19	83.29	53.31	56.72	19
天　津	Tianjin	31.09	30.40	29.14	27	27.38	26.28	24.96	27
河　北	Hebei	13.27	184.19	181.12	5	10.88	164.46	158.41	5
山　西	Shanxi	47.71	69.16	73.69	17	37.39	61.77	62.63	18
内蒙古	Inner Mongolia	39.85	46.77	53.41	22	31.35	42.63	47.48	22
辽　宁	Liaoning	54.58	76.50	73.94	15	42.31	69.66	65.50	15
吉　林	Jilin	30.98	42.89	44.06	24	24.85	39.38	39.22	24
黑龙江	Heilongjiang	36.31	50.10	49.79	23	27.44	44.88	43.62	23
上　海	Shanghai	34.57	54.79	53.68	21	31.22	50.69	48.76	21
江　苏	Jiangsu	122.26	221.66	218.36	2	108.60	206.24	202.83	2
浙　江	Zhejiang	122.47	17.21	170.14	6	106.30	16.11	153.41	6
安　徽	Anhui	48.20	114.69	121.07	8	35.46	101.43	105.10	8
福　建	Fujian	40.43	72.63	75.59	13	32.04	64.71	66.20	13
江　西	Jiangxi	32.49	72.28	78.06	12	24.51	64.46	67.70	12
山　东	Shandong	140.07	223.58	214.82	3	116.00	199.38	186.55	3
河　南	Henan	88.99	189.49	194.78	4	70.57	169.41	172.88	4
湖　北	Hubei	42.85	106.15	107.24	10	33.24	97.47	94.85	10
湖　南	Hunan	46.94	103.29	108.73	9	37.38	96.11	99.43	9
广　东	Guangdong	131.94	254.78	265.41	1	112.51	231.82	238.47	1
广　西	Guangxi	32.88	62.99	71.86	18	25.17	56.09	63.58	17
海　南	Hainan	8.90	1.61	19.24	28	6.97	1.44	16.84	28
重　庆	Chongqing	27.54	54.35	55.12	20	21.59	50.52	49.23	20
四　川	Sichuan	80.56	138.01	139.29	7	67.23	128.15	125.31	7
贵　州	Guizhou	25.25	64.93	73.76	16	19.47	58.70	65.40	16
云　南	Yunnan	48.49	79.37	82.41	11	37.47	69.98	70.37	11
西　藏	Tibet	2.39	4.18	5.24	31	1.60	2.66	3.45	31
陕　西	Shaanxi	47.42	70.56	74.35	14	37.97	64.90	65.72	14
甘　肃	Gansu	22.04	39.51	35.84	26	15.22	34.16	30.28	26
青　海	Qinghai	7.05	12.15	12.34	30	5.09	10.37	10.24	30
宁　夏	Ningxia	10.24	15.15	15.87	29	6.97	12.21	12.26	29
新　疆	Xinjiang	24.13	35.84	39.45	25	17.21	31.61	32.83	25

13-20 新注册载货汽车数量和其他汽车数量
New Registrated Number of Trucks and Others

单位：万辆 (10 000 units)

地区	Region	其中:载货汽车 Trucks				其中：其他汽车 Others			
		2010	2016	2017	2017排名 Ranking	2010	2016	2017	2017排名 Ranking
全　国	**National Total**	**263.76**	**250.73**	**308.76**		**10.37**	**8.90**	**11.40**	
北　京	Beijing	3.14	3.64	5.00	24	0.53	0.40	0.88	1
天　津	Tianjin	3.54	3.96	3.94	27	0.17	0.15	0.25	18
河　北	Hebei	2.34	19.24	22.08	3	0.05	0.49	0.62	6
山　西	Shanxi	10.05	7.26	10.85	11	0.26	0.14	0.21	21
内蒙古	Inner Mongolia	8.10	3.99	5.73	22	0.40	0.16	0.20	23
辽　宁	Liaoning	11.86	6.65	8.20	16	0.41	0.19	0.24	19
吉　林	Jilin	5.94	3.36	4.67	25	0.19	0.15	0.18	24
黑龙江	Heilongjiang	8.59	5.03	6.01	20	0.28	0.19	0.17	26
上　海	Shanghai	2.56	3.26	4.66	26	0.79	0.84	0.26	17
江　苏	Jiangsu	12.29	14.75	14.69	7	1.37	0.67	0.85	2
浙　江	Zhejiang	15.72	1.06	16.16	5	0.45	0.04	0.56	7
安　徽	Anhui	12.42	12.90	15.44	6	0.32	0.35	0.53	9
福　建	Fujian	8.21	7.74	9.06	13	0.17	0.18	0.34	13
江　西	Jiangxi	7.75	7.61	10.09	12	0.23	0.21	0.27	16
山　东	Shandong	23.51	23.68	27.47	1	0.56	0.51	0.81	4
河　南	Henan	17.97	19.41	21.12	4	0.45	0.66	0.78	5
湖　北	Hubei	9.25	8.22	11.83	9	0.36	0.46	0.56	8
湖　南	Hunan	9.34	6.92	8.95	14	0.22	0.25	0.35	12
广　东	Guangdong	18.87	22.44	26.11	2	0.55	0.51	0.83	3
广　西	Guangxi	7.51	6.73	8.07	18	0.20	0.17	0.21	20
海　南	Hainan	1.86	0.16	2.32	29	0.07	0.01	0.08	29
重　庆	Chongqing	5.62	3.69	5.73	21	0.33	0.14	0.16	27
四　川	Sichuan	12.94	9.58	13.48	8	0.39	0.28	0.49	10
贵　州	Guizhou	5.64	6.03	8.07	17	0.14	0.20	0.28	15
云　南	Yunnan	10.73	9.15	11.72	10	0.29	0.24	0.31	14
西　藏	Tibet	0.79	1.49	1.75	31	0.01	0.03	0.04	31
陕　西	Shaanxi	9.03	5.40	8.23	15	0.41	0.27	0.40	11
甘　肃	Gansu	6.62	5.19	5.39	23	0.20	0.15	0.17	25
青　海	Qinghai	1.86	1.69	2.03	30	0.10	0.08	0.07	30
宁　夏	Ningxia	3.13	2.88	3.51	28	0.13	0.06	0.10	28
新　疆	Xinjiang	6.59	4.08	6.41	19	0.33	0.15	0.20	22

13-21 机动车驾驶员数

Number of Motor Drivers

单位：万人 (10 000 persons)

地区	Region	机动车驾驶员数 Number of Motor Drivers 2010	2016	2017	2017排名 Ranking	其中：汽车驾驶员 Automobile Drivers 2010	2016	2017	2017排名 Ranking
全国	**National Total**	**20068.47**	**35876.98**	**36016.94**		**15129.89**	**30328.77**	**31658.20**	
北京	Beijing	625.30	1034.53	1083.52	15	607.24	1030.68	1079.60	11
天津	Tianjin	252.00	412.13	434.01	26	245.42	411.54	433.46	26
河北	Hebei	1058.89	1901.41	2031.99	6	952.95	1843.73	1981.91	4
山西	Shanxi	455.92	857.58	927.53	17	417.01	840.81	912.37	17
内蒙古	Inner Mongolia	332.77	682.92	726.54	21	280.67	630.68	678.62	20
辽宁	Liaoning	748.26	1214.62	1290.27	13	624.25	1138.14	1216.81	9
吉林	Jilin	461.41	693.04	720.59	22	360.77	629.65	662.98	22
黑龙江	Heilongjiang	455.96	788.35	835.23	19	407.12	749.91	798.03	18
上海	Shanghai	448.48	679.12	715.68	23	412.56	663.82	701.55	19
江苏	Jiangsu	1531.46	2568.27	2732.38	3	1045.89	2284.68	2476.84	3
浙江	Zhejiang	1086.94	1939.83	2077.71	5	824.22	1814.35	1962.59	5
安徽	Anhui	692.42	1261.57	1392.43	9	475.65	1135.52	1281.45	8
福建	Fujian	692.10	1102.05	1184.85	14	395.26	838.86	931.76	15
江西	Jiangxi	695.35	1238.46	1310.57	11	391.19	942.91	1031.91	12
山东	Shandong	1579.00	2645.82	2804.17	2	1280.41	2532.44	2703.27	2
河南	Henan	1243.31	2277.89	0.23	31	958.96	2114.20	0.21	31
湖北	Hubei	795.49	1437.85	1544.60	7	555.54	343.34	1362.08	7
湖南	Hunan	690.78	1377.23	1480.86	8	444.21	1104.36	1099.14	10
广东	Guangdong	1956.02	3133.51	3415.33	1	1343.29	2656.11	2953.09	1
广西	Guangxi	429.97	1289.22	1369.08	10	400.82	872.39	977.94	13
海南	Hainan	138.72	222.66	211.85	27	86.37	163.33	113.56	29
重庆	Chongqing	321.43	742.39	811.97	20	210.32	586.04	665.95	21
四川	Sichuan	1137.66	1965.61	2138.53	4	767.82	1549.00	1737.38	6
贵州	Guizhou	313.33	786.47	877.30	18	239.15	559.73	659.57	23
云南	Yunnan	716.08	1211.33	1295.56	12	407.30	832.93	919.32	16
西藏	Tibet	18.16	31.61	42.20	30	16.04	29.19	39.00	30
陕西	Shaanxi	507.35	947.15	1024.22	16	424.02	873.31	953.29	14
甘肃	Gansu	200.66	554.08	597.06	24	172.59	439.28	486.29	25
青海	Qinghai	81.77	143.42	153.52	29	62.64	125.40	136.46	28
宁夏	Ningxia	90.42	193.62	208.08	28	76.39	170.49	184.90	27
新疆	Xinjiang	311.07	543.23	579.06	25	243.82	421.94	516.88	24

13-22 道路交通事故发生数和道路交通事故死亡人数
Number of Traffic Accidents and Number of Deaths

地区	Region	道路交通事故发生数（起） Number of Traffic Accidents (case)				道路交通事故死亡人数（人） Number of Deaths (person)			
		2010	2016	2017	2017排名 Ranking	2010	2016	2017	2017排名 Ranking
全 国	**National Total**	**219521**	**212846**	**203049**		**65225**	**63093**	**63772**	
北 京	Beijing	4279	3163	3223	25	974	1359	1378	20
天 津	Tianjin	3165	5912	5564	12	950	821	813	26
河 北	Hebei	5959	4919	4848	19	2693	2500	2496	9
山 西	Shanxi	6962	5088	4988	18	2449	2131	2125	12
内蒙古	Inner Mongolia	4780	3172	3385	24	1375	972	1014	24
辽 宁	Liaoning	6781	4878	4793	20	2129	1954	1971	16
吉 林	Jilin	4438	5564	5485	13	1454	1843	2013	15
黑龙江	Heilongjiang	3466	3614	3623	23	1395	1140	1137	23
上 海	Shanghai	2176	795	709	30	1009	760	676	27
江 苏	Jiangsu	13793	13299	13226	4	5031	4601	4567	3
浙 江	Zhejiang	21698	14791	12782	5	5382	4187	3837	4
安 徽	Anhui	7901	12933	11506	7	2877	2651	2692	8
福 建	Fujian	12714	8867	8693	8	2822	1888	1879	17
江 西	Jiangxi	4126	4932	5356	16	1603	2102	2122	13
山 东	Shandong	14560	13163	13403	3	4268	3614	3665	5
河 南	Henan	7890	5825	6361	10	1825	1950	2076	14
湖 北	Hubei	6543	16908	11661	6	1944	4511	4775	2
湖 南	Hunan	8413	7359	5459	14	2162	1572	1156	22
广 东	Guangdong	30370	24773	23900	1	6203	5501	5345	1
广 西	Guangxi	4351	3842	3843	22	2342	2246	2247	10
海 南	Hainan	1488	2045	2022	27	471	636	674	28
重 庆	Chongqing	5908	4724	4573	21	1017	953	947	25
四 川	Sichuan	13072	7527	6947	9	2931	2352	2166	11
贵 州	Guizhou	1764	12579	14711	2	1136	2274	3472	6
云 南	Yunnan	4739	5375	5371	15	1886	3002	2920	7
西 藏	Tibet	781	308	329	31	409	146	165	31
陕 西	Shaanxi	6004	5914	5819	11	1944	1575	1561	19
甘 肃	Gansu	3090	2899	2755	26	1506	1357	1320	21
青 海	Qinghai	1206	1023	1128	29	573	529	527	29
宁 夏	Ningxia	1806	1606	1569	28	442	372	376	30
新 疆	Xinjiang	5298	5049	5017	17	2023	1594	1660	18

13-23 道路交通事故受伤人数和道路交通事故直接经济损失

Number of Injuries and Direct Property Losses for Traffic Accidents

地区	Region	道路交通事故受伤人数（人） Number of Injuries (person)				道路交通事故直接经济损失（万元） Direct Property Losses (10 000 yuan)			
		2010	2016	2017	2017排名 Ranking	2010	2016	2017	2017排名 Ranking
全 国	**National Total**	**254075**	**226430**	**209654**		**92633.5**	**120759.9**	**121311.3**	
北 京	Beijing	4857	2784	2803	26	2431.3	2819.4	3149.5	19
天 津	Tianjin	3671	6398	5542	16	1987.1	4488.8	4532.8	14
河 北	Hebei	5785	4433	4427	20	3890.8	5008.3	4694.8	11
山 西	Shanxi	8200	5278	4934	19	3593.7	3975.6	3683.6	17
内蒙古	Inner Mongolia	5202	3297	3480	24	2359.8	1402.6	1639.1	24
辽 宁	Liaoning	6428	4491	4335	21	3124.9	1849.6	1838	22
吉 林	Jilin	5178	6068	5556	15	2666.1	5326.4	4562.5	12
黑龙江	Heilongjiang	3740	3906	3839	22	2456.6	4217	3782.1	16
上 海	Shanghai	1862	235	221	31	956.6	370.8	362.8	30
江 苏	Jiangsu	13234	12009	11595	6	4951.1	6390	5818.9	5
浙 江	Zhejiang	23589	14369	12160	5	9047.2	5983	4773.2	10
安 徽	Anhui	9596	14852	12806	3	2417.7	6323	5541.9	6
福 建	Fujian	15430	9665	9334	8	4839.2	2410	2351.9	20
江 西	Jiangxi	4938	5207	5797	13	4184.0	5425.6	5093.8	8
山 东	Shandong	14611	12573	12595	4	5261.2	6276.9	6183.3	4
河 南	Henan	8710	5383	6123	11	3186.8	4376.1	4556	13
湖 北	Hubei	7884	16775	11070	7	3436.5	8832.1	9484.6	3
湖 南	Hunan	11621	9094	6658	10	4104.4	6383	5227.4	7
广 东	Guangdong	36518	26825	24477	1	8048.8	7380.5	10412.8	2
广 西	Guangxi	5375	3592	3660	23	1678.4	1854	1908.4	21
海 南	Hainan	2205	2748	2479	27	552.6	1515	1236.3	25
重 庆	Chongqing	8728	6233	5909	12	1225.9	2147.9	1813.2	23
四 川	Sichuan	16980	8395	7481	9	5398.5	5760.5	4960.2	9
贵 州	Guizhou	2906	18108	19360	2	1296.0	9475.1	11994.8	1
云 南	Yunnan	5900	5519	5504	18	2530.2	2905.9	3152.6	18
西 藏	Tibet	969	349	427	30	620.4	290.5	278	31
陕 西	Shaanxi	6144	5777	5578	14	3319.8	3810.7	4223.3	15
甘 肃	Gansu	3728	3177	3130	25	1116.2	1065.4	830	29
青 海	Qinghai	1494	1124	1175	29	390.4	750.7	1120.3	27
宁 夏	Ningxia	2564	1778	1677	28	658.0	754.9	928.7	28
新 疆	Xinjiang	6028	5988	5522	17	903.3	1190.5	1176.7	26

13-24 邮政业网点和邮电业务总量

Number of Postal Offices and Business Volume of Postal and Telecommunication Services

地区	Region	邮政业营业网点（处） Number of Postal Offices (unit)				邮电业务总量（亿元） Business Volume of Postal and Telecommunication Services (100 million yuan)			
		2010	2016	2017	2017排名 Ranking	2010	2016	2017	2017排名 Ranking
全　国	**National Total**	**75739**	**216708**	**278025**		**31978.48**	**23014.19**	**37360.45**	
北　京	Beijing	2205	7156	5106	22	1227.34	979.08	1289.90	10
天　津	Tianjin	749	1956	2084	27	433.30	269.61	406.80	26
河　北	Hebei	2353	6537	7014	18	1351.63	819.99	1365.23	8
山　西	Shanxi	1502	5972	6596	19	735.93	385.60	656.63	22
内蒙古	Inner Mongolia	1733	4150	4605	25	601.37	276.89	525.49	24
辽　宁	Liaoning	2172	5937	7125	17	1171.63	614.15	1000.49	15
吉　林	Jilin	1302	3748	4711	24	613.17	310.34	543.89	23
黑龙江	Heilongjiang	1974	4714	5818	21	745.58	389.00	676.73	21
上　海	Shanghai	4210	7629	16374	4	1275.24	1074.22	1405.66	7
江　苏	Jiangsu	4808	12951	15190	5	2328.76	1870.29	2947.43	3
浙　江	Zhejiang	3734	11948	26487	1	2101.84	2367.23	3522.59	2
安　徽	Anhui	2309	7528	10652	9	887.55	664.45	1079.78	14
福　建	Fujian	2256	7418	9308	12	1214.39	889.21	1301.81	9
江　西	Jiangxi	2046	6561	10238	10	692.00	486.86	791.13	19
山　东	Shandong	4206	10221	14936	6	1960.68	1164.99	1891.88	4
河　南	Henan	3908	10827	12150	8	1473.45	990.89	1817.33	5
湖　北	Hubei	2422	11812	14222	7	1039.03	707.39	1123.38	12
湖　南	Hunan	3095	8004	9810	11	1057.99	699.12	1121.75	13
广　东	Guangdong	8526	21602	24234	2	4553.38	3877.56	6105.99	1
广　西	Guangxi	1739	6166	7631	16	821.89	452.66	799.69	18
海　南	Hainan	488	1740	1714	28	224.66	142.84	270.27	28
重　庆	Chongqing	3016	4955	6583	20	581.30	428.23	711.43	20
四　川	Sichuan	5286	16532	18962	3	1450.69	913.97	1515.25	6
贵　州	Guizhou	1796	6074	8047	14	512.47	378.92	889.35	17
云　南	Yunnan	2235	6306	7970	15	773.04	551.03	1209.71	11
西　藏	Tibet	302	965	1073	30	64.34	36.07	48.65	31
陕　西	Shaanxi	1934	6435	8466	13	857.24	557.02	952.31	16
甘　肃	Gansu	1282	4635	4863	23	423.15	254.24	482.93	25
青　海	Qinghai	226	986	970	31	114.30	72.04	167.69	30
宁　夏	Ningxia	462	1297	1319	29	135.20	109.93	220.19	29
新　疆	Xinjiang	1463	3946	3767	26	555.95	280.35	365.80	27

注：邮电业务总量2010年数据按2000年不变价格计算；从2001年开始按2010年不变价格计算，按可比价格比上年增长16.3%(下表同)。

Note: The business volume of postal and telecommunication services before 2010 was calculated at 2000 constant prices and that from 2001 to 2010 was calculated at 2000 constant prices. The rate of increase at constant prices in 2010 was 16.3%. The same applies to the table followed.

13-25 邮政业务总量和电信业务总量

Business Volume of Postal Services and Business Volume of Telecommunication Services

单位:亿元 (100 million yuan)

地区	Region	邮政业务总量 Business Volume of Postal Services				电信业务总量 Business Volume of Telecommunication Services			
		2010	2016	2017	2017排名 Ranking	2010	2016	2017	2017排名 Ranking
全 国	**National Total**	**1985.30**	**7397.24**	**9763.71**		**29993.18**	**15616.95**	**27596.74**	
北 京	Beijing	107.34	386.00	419.32	5	1120.00	593.08	870.58	12
天 津	Tianjin	33.84	86.52	106.13	17	399.46	183.09	300.67	27
河 北	Hebei	58.12	196.79	269.04	10	1293.51	623.20	1096.19	8
山 西	Shanxi	39.24	56.87	72.42	21	696.69	328.73	584.21	22
内蒙古	Inner Mongolia	16.62	27.25	34.32	25	584.75	249.64	491.17	23
辽 宁	Liaoning	58.41	101.44	127.24	15	1113.22	512.71	873.25	11
吉 林	Jilin	25.77	46.03	57.79	23	587.40	264.31	486.10	24
黑龙江	Heilongjiang	47.71	68.72	79.42	20	697.87	320.28	597.31	21
上 海	Shanghai	176.45	564.25	711.87	4	1098.79	509.97	693.79	18
江 苏	Jiangsu	188.34	663.69	880.93	3	2140.42	1206.60	2066.50	2
浙 江	Zhejiang	154.07	1250.75	1728.41	2	1947.77	1116.48	1794.18	3
安 徽	Anhui	45.93	174.91	247.98	12	841.62	489.54	831.80	16
福 建	Fujian	69.06	300.69	392.86	7	1145.33	588.52	908.95	10
江 西	Jiangxi	36.85	100.32	129.65	14	655.15	386.54	661.48	19
山 东	Shandong	104.82	301.61	392.88	6	1855.86	863.38	1499.00	4
河 南	Henan	89.80	233.22	332.71	8	1383.65	757.67	1484.62	5
湖 北	Hubei	55.71	192.10	265.74	11	983.32	515.29	857.64	13
湖 南	Hunan	49.05	143.37	192.64	13	1008.94	555.75	929.11	9
广 东	Guangdong	378.00	1886.25	2526.29	1	4175.38	1991.31	3579.70	1
广 西	Guangxi	28.58	63.70	88.04	19	793.31	388.96	711.65	17
海 南	Hainan	9.90	16.89	19.00	28	214.76	125.95	251.27	28
重 庆	Chongqing	30.72	79.22	99.95	18	550.58	349.01	611.48	20
四 川	Sichuan	69.99	199.04	269.26	9	1380.70	714.93	1245.99	6
贵 州	Guizhou	15.50	42.69	53.23	24	496.97	336.23	836.12	14
云 南	Yunnan	18.91	50.05	66.24	22	754.13	500.98	1143.47	7
西 藏	Tibet	1.88	3.12	3.44	31	62.46	32.95	45.21	31
陕 西	Shaanxi	37.42	92.03	116.31	16	819.82	464.99	836.00	15
甘 肃	Gansu	11.32	22.19	26.74	27	411.83	232.05	456.19	25
青 海	Qinghai	3.23	4.83	6.01	30	111.07	67.21	161.68	30
宁 夏	Ningxia	4.10	15.20	15.32	29	131.10	94.73	204.87	29
新 疆	Xinjiang	18.63	27.50	32.52	26	537.32	252.85	333.28	26

13-26 函件和包裹量
Number of Letters and Package

单位：万件 (10 000 pcs)

地区	Region	函件 Letters 2010	2016	2017	2017排名 Ranking	包裹 Package 2010	2016	2017	2017排名 Ranking
全　国	**National Total**	**740140.95**	**361948.30**	**314841.01**		**6642.5**	**2794.01**	**2657.20**	
北　京	Beijing	67664.75	44083.82	27702.05	5	636.9	260.85	222.80	2
天　津	Tianjin	10552.84	4752.03	3100.39	16	109.5	72.28	56.00	19
河　北	Hebei	24335.03	7003.15	5482.72	12	358.1	132.48	128.80	8
山　西	Shanxi	7732.14	2649.84	2728.95	19	120.6	46.08	43.20	24
内蒙古	Inner Mongolia	3370.33	871.22	735.33	27	103.9	25.78	31.90	27
辽　宁	Liaoning	8462.87	4420.75	5700.26	11	223.5	107.14	79.60	13
吉　林	Jilin	9319.05	1522.65	1716.84	24	116.0	62.24	53.00	21
黑龙江	Heilongjiang	9305.08	3659.21	3725.83	14	237.6	65.58	55.00	20
上　海	Shanghai	116600.85	82597.97	67372.25	1	536.0	274.86	249.90	1
江　苏	Jiangsu	93600.21	33290.78	28595.04	4	406.4	164.90	151.50	5
浙　江	Zhejiang	84856.82	33785.92	30471.23	3	438.0	139.78	142.40	6
安　徽	Anhui	21121.49	6062.16	4924.68	13	150.9	68.38	74.30	14
福　建	Fujian	25198.77	10867.64	11564.56	7	177.0	63.10	64.10	17
江　西	Jiangxi	17970.89	3243.81	2996.96	17	122.5	56.53	50.10	22
山　东	Shandong	53951.02	10627.11	6977.76	9	349.2	193.02	198.80	3
河　南	Henan	24704.64	9496.42	11864.66	6	253.1	160.00	153.80	4
湖　北	Hubei	9929.77	6318.24	6780.43	10	210.9	71.92	72.60	15
湖　南	Hunan	8357.61	3040.10	2542.48	20	167.3	40.47	45.40	23
广　东	Guangdong	76311.89	70410.75	66587.51	2	659.7	148.77	140.20	7
广　西	Guangxi	7210.26	2784.70	2977.54	18	126.2	72.70	65.00	16
海　南	Hainan	1224.54	489.15	418.47	29	40.6	11.11	18.00	29
重　庆	Chongqing	5423.35	2301.10	1767.52	23	101.6	38.61	36.50	26
四　川	Sichuan	22545.65	3755.32	3264.71	15	240.1	102.65	94.60	11
贵　州	Guizhou	5938.83	4384.97	7772.77	8	59.4	11.38	13.30	30
云　南	Yunnan	5498.61	3647.56	1777.82	22	135.4	91.57	81.90	12
西　藏	Tibet	291.02	322.38	202.64	31	36.6	9.15	18.60	28
陕　西	Shaanxi	9733.73	2176.49	1908.05	21	199.1	95.91	100.10	10
甘　肃	Gansu	3802.33	1028.96	864.03	26	89.7	50.69	61.10	18
青　海	Qinghai	471.51	321.49	483.45	28	34.6	15.90	41.70	25
宁　夏	Ningxia	1730.89	484.49	365.69	30	28.6	11.01	10.60	31
新　疆	Xinjiang	2924.22	1548.12	1468.39	25	173.6	129.17	102.60	9

13-27 报刊期发数和快递业务量

Issue of Newspapers and Magazines and Pieces of Express Mail Services

地区	Region	报刊期发数（万份） Issue of Newspapers and Magazines (10 000 copies)				快递业务量（万件） Pieces of Express Mail Services (10 000 pcs)			
		2010	2016	2017	2017排名 Ranking	2010	2016	2017	2017排名 Ranking
全　国	**National Total**	**17158.3**	**13617.5**	**12572.8**		**233892.0**	**3128315.1**	**4005591.9**	
北　京	Beijing	726.6	475.1	460.2	12	18002.5	196029.0	227452.1	5
天　津	Tianjin	210.4	136.5	125.8	27	3670.1	41005.4	50199.0	15
河　北	Hebei	509.1	1095.0	477.5	11	4573.7	90392.4	119389.3	8
山　西	Shanxi	345.4	310.1	263.5	20	1479.3	18665.2	24359.1	20
内蒙古	Inner Mongolia	190.5	181.4	175.8	25	1432.1	8470.6	11035.3	25
辽　宁	Liaoning	383.7	361.5	383.8	14	4585.6	39825.9	51434.5	14
吉　林	Jilin	185.1	162.3	160.2	26	1855.0	13894.0	17569.4	23
黑龙江	Heilongjiang	367.7	255.2	240.4	22	2308.2	21769.8	23185.6	21
上　海	Shanghai	980.4	706.5	583.4	6	24318.9	260274.4	311503.7	4
江　苏	Jiangsu	1091.6	1063.0	1094.7	2	23796.5	283823.2	359627.8	3
浙　江	Zhejiang	1050.1	974.4	907.8	3	24898.2	598770.0	793231.1	2
安　徽	Anhui	602.2	528.5	509.3	10	3604.2	68878.3	86332.3	12
福　建	Fujian	503.3	449.8	517.5	8	10069.0	128985.8	166110.7	6
江　西	Jiangxi	361.1	410.8	343.5	15	2350.5	38304.6	43754.5	17
山　东	Shandong	1618.0	927.7	1150.7	1	11783.5	120533.9	151474.6	7
河　南	Henan	802.8	1031.9	883.4	4	5765.0	83875.3	107377.6	10
湖　北	Hubei	556.2	434.0	396.3	13	5476.6	77348.1	101277.9	11
湖　南	Hunan	717.9	559.9	516.4	9	4227.7	48603.5	59181.6	13
广　东	Guangdong	1904.6	677.6	548.3	7	59107.5	767241.6	1013468.0	1
广　西	Guangxi	360.2	332.0	324.9	16	2277.9	22835.4	31750.3	19
海　南	Hainan	83.9	96.5	97.8	28	681.2	4869.4	5915.8	28
重　庆	Chongqing	1132.7	326.0	292.0	19	2829.4	28382.5	32874.9	18
四　川	Sichuan	577.3	660.8	674.9	5	5810.6	80147.8	110795.9	9
贵　州	Guizhou	195.6	226.1	216.9	23	1120.9	11260.1	15781.9	24
云　南	Yunnan	300.8	264.9	259.3	21	2108.5	17445.8	22775.8	22
西　藏	Tibet	41.9	63.3	66.1	29	195.3	734.4	567.5	31
陕　西	Shaanxi	517.2	316.1	302.3	18	2582.5	36901.6	45750.7	16
甘　肃	Gansu	210.1	192.9	187.1	24	1012.9	6065.1	7201.7	27
青　海	Qinghai	47.3	17.0	48.0	30	162.7	1078.6	1449.7	30
宁　夏	Ningxia	277.8	44.5	44.7	31	474.9	3241.5	3721.5	29
新　疆	Xinjiang	306.7	336.6	320.7	17	1331.1	8661.9	9042.4	26

13-28 邮路总长度和农村投递路线长度
Length of Postal Routes and Rural Delivery Routes

单位：公里 (km)

地区	Region	邮路总长度 Length of Postal Routes				农村投递路线长度 Rural Delivery Routes			
		2010	2016	2017	2017排名 Ranking	2010	2016	2017	2017排名 Ranking
全　国	**National Total**	**4635569**	**6585049**	**9384668**		**3690561**	**3767660**	**3805332**	
北　京	Beijing	342767	597079	565619	3	17373	19732	20178	30
天　津	Tianjin	75097	141418	117486	25	16872	19879	20298	29
河　北	Hebei	113496	149981	203289	14	200437	191529	199771	5
山　西	Shanxi	92499	96086	89303	27	113916	108813	109632	18
内蒙古	Inner Mongolia	92391	266580	282129	11	114545	114414	122016	12
辽　宁	Liaoning	198335	278423	298684	8	95582	113454	114163	15
吉　林	Jilin	84349	126118	183551	19	95524	92792	91767	21
黑龙江	Heilongjiang	101025	152970	177532	20	115499	120742	119750	13
上　海	Shanghai	137618	234650	189648	16	23554	26899	34493	27
江　苏	Jiangsu	223253	205555	539417	4	261298	255754	262951	2
浙　江	Zhejiang	234673	694120	758228	2	179456	184694	188093	8
安　徽	Anhui	84200	61376	185191	18	150902	141849	146126	11
福　建	Fujian	218405	227354	456716	5	89432	93164	98721	20
江　西	Jiangxi	98020	94041	90254	26	97950	89872	90373	22
山　东	Shandong	252049	439671	452268	6	271512	281238	280037	1
河　南	Henan	142133	153231	425176	7	193690	190288	192167	7
湖　北	Hubei	243416	178815	199008	15	194656	194241	196030	6
湖　南	Hunan	134386	96802	170706	21	199222	212358	214278	4
广　东	Guangdong	550662	448236	2009200	1	214877	234641	251582	3
广　西	Guangxi	159853	252893	263994	12	112713	107556	110579	17
海　南	Hainan	62316	91151	86508	28	22155	28861	30595	28
重　庆	Chongqing	108976	137210	136593	24	63126	51129	55607	25
四　川	Sichuan	185703	272761	291551	9	176657	182810	181379	9
贵　州	Guizhou	96174	100813	148484	23	58872	67222	71176	23
云　南	Yunnan	145715	278529	290966	10	159623	170917	169787	10
西　藏	Tibet	20085	57598	64694	30	117612	104031	102462	19
陕　西	Shaanxi	151470	209355	169302	22	134262	124306	118892	14
甘　肃	Gansu	87997	192557	188054	17	110385	144652	112385	16
青　海	Qinghai	30065	95136	86279	29	10451	35253	35626	26
宁　夏	Ningxia	34074	52782	56489	31	14290	9008	8410	31
新　疆	Xinjiang	134367	201760	208349	13	64120	55564	56007	24

13-29 城市固定电话用户
Urban Fixed Telephone Subscribers

单位:万户 (10 000 subscribers)

地区	Region	城市固定电话用户 Urban Fixed Telephone Subscribers 2010	2016	2017	2017排名 Ranking	其中：住宅电话用户 Household Fixed Telephone Subscribers 2010	2016	2017	2017排名 Ranking
全　国	National Total	19658.1	15619.2	14730.8		11973.4	8012.3	7358.8	
北　京	Beijing	696.4	561.3	529.8	9	416.7	271.9	226.1	13
天　津	Tianjin	363.0	309.1	293.3	21	259.4	120.9	92.3	24
河　北	Hebei	811.8	694.2	641.1	7	541.8	411.4	344.5	7
山　西	Shanxi	488.0	287.7	259.2	22	374.5	108.3	85.8	27
内蒙古	Inner Mongolia	353.8	233.0	204.6	26	237.8	107.1	86.6	26
辽　宁	Liaoning	985.8	771.9	667.2	6	779.5	463.0	375.6	5
吉　林	Jilin	433.1	404.9	388.0	17	299.8	234.1	217.3	15
黑龙江	Heilongjiang	620.4	430.7	376.9	18	464.1	314.6	304.8	10
上　海	Shanghai	920.1	731.6	690.9	5	574.5	419.0	389.1	4
江　苏	Jiangsu	1527.8	1097.0	1003.2	3	861.9	500.1	455.6	3
浙　江	Zhejiang	1200.0	1036.1	978.1	4	584.3	411.0	369.3	6
安　徽	Anhui	612.9	432.0	392.6	16	366.5	229.4	190.1	19
福　建	Fujian	661.2	512.2	488.2	12	353.9	240.4	219.9	14
江　西	Jiangxi	439.7	337.4	317.4	20	235.6	167.6	157.9	20
山　东	Shandong	1162.6	678.2	638.5	8	720.2	237.0	195.1	18
河　南	Henan	926.5	543.2	520.0	10	688.7	242.4	206.5	16
湖　北	Hubei	670.7	531.7	495.8	11	388.7	282.5	247.1	11
湖　南	Hunan	735.2	470.3	467.4	14	417.4	243.6	237.3	12
广　东	Guangdong	2236.1	1991.3	1850.7	1	1187.2	901.0	819.5	1
广　西	Guangxi	430.3	244.4	221.3	25	243.4	107.9	89.2	25
海　南	Hainan	124.9	116.2	104.5	28	66.5	63.5	56.3	28
重　庆	Chongqing	376.4	420.2	435.8	15	247.7	303.1	310.8	9
四　川	Sichuan	895.4	981.3	1027.9	2	551.4	650.6	699.5	2
贵　州	Guizhou	246.8	210.4	202.5	27	149.3	122.7	117.3	22
云　南	Yunnan	357.7	267.1	247.0	23	193.7	119.7	98.1	23
西　藏	Tibet	41.9	38.8	47.2	31	22.2	25.9	32.9	30
陕　西	Shaanxi	519.6	524.2	483.9	13	270.6	295.3	321.6	8
甘　肃	Gansu	265.4	241.2	239.2	24	145.8	135.5	138.0	21
青　海	Qinghai	80.8	89.2	94.9	29	48.8	50.3	52.8	29
宁　夏	Ningxia	77.9	61.8	55.3	30	44.2	29.5	23.8	31
新　疆	Xinjiang	395.9	370.8	368.4	19	237.3	203.0	198.0	17

13-30 农村固定电话用户
Rural Fixed Telephone Subscribers

单位：万户 (10 000 subscribers)

地区	Region	农村固定电话用户 Rural Fixed Telephone Subscribers				其中：住宅电话用户 Household Fixed Telephone Subscribers			
		2010	2016	2017	2017排名 Ranking	2010	2016	2017	2017排名 Ranking
全　国	**National Total**	**9776.1**	**5043.3**	**4644.9**		**8325.0**	**3982.7**	**3605.4**	
北　京	Beijing	189.3	133.7	119.7	15	151.8	86.3	72.4	17
天　津	Tianjin	3.8	2.3	2.6	29	0.6	0.6	0.5	29
河　北	Hebei	439.5	156.5	122.7	14	391.7	113.2	77.8	16
山　西	Shanxi	232.6	55.9	43.1	25	208.7	37.0	27.7	25
内蒙古	Inner Mongolia	60.3	35.1	27.7	26	52.3	27.2	20.5	26
辽　宁	Liaoning	442.2	118.7	110.0	16	429.8	106.8	98.2	14
吉　林	Jilin	162.2	115.4	109.6	17	150.9	77.7	71.1	18
黑龙江	Heilongjiang	193.1	66.8	53.4	23	177.1	61.3	51.1	21
上　海	Shanghai	11.7							
江　苏	Jiangsu	971.0	611.4	508.9	3	809.9	500.6	403.9	3
浙　江	Zhejiang	785.5	251.1	233.0	6	588.8	183.3	154.3	6
安　徽	Anhui	618.1	181.9	158.7	11	561.7	149.8	127.5	11
福　建	Fujian	384.5	303.5	288.8	4	312.7	218.8	202.3	4
江　西	Jiangxi	269.9	180.1	159.6	10	233.9	161.8	143.5	9
山　东	Shandong	829.6	292.2	245.0	5	746.9	187.7	149.1	7
河　南	Henan	500.4	255.4	215.0	7	424.4	184.8	144.2	8
湖　北	Hubei	355.7	199.9	163.0	9	315.0	171.1	136.7	10
湖　南	Hunan	341.7	212.4	206.9	8	280.4	181.5	172.7	5
广　东	Guangdong	933.1	618.4	555.4	2	695.6	460.4	414.3	2
广　西	Guangxi	278.6	104.6	86.4	20	250.3	85.9	66.5	20
海　南	Hainan	54.9	53.0	56.0	21	43.6	42.0	44.7	22
重　庆	Chongqing	206.3	121.4	131.0	13	186.3	107.9	115.7	13
四　川	Sichuan	523.6	508.8	608.1	1	467.5	460.6	555.6	1
贵　州	Guizhou	184.4	48.3	45.4	24	166.8	42.4	40.2	23
云　南	Yunnan	204.8	67.9	54.1	22	164.7	46.6	32.6	24
西　藏	Tibet	2.0	0.1	0.1	30	0.8	0.1	0.1	30
陕　西	Shaanxi	262.3	155.7	138.9	12	227.9	130.4	120.0	12
甘　肃	Gansu	146.5	71.1	87.6	19	126.0	63.7	79.6	15
青　海	Qinghai	22.4	12.9	11.8	27	19.9	10.8	9.8	27
宁　夏	Ningxia	34.0	8.8	6.9	28	29.8	6.3	4.6	28
新　疆	Xinjiang	132.1	100.1	95.6	18	109.2	76.2	68.1	19

13-31 移动电话用户和移动短信业务量

Number of Mobile Telephone Subscribers and Short Message Services

地区	Region	移动电话用户（万户） Number of Mobile Telephone Subscribers (10 000 subscribers)				移动短信业务量（亿条） Short Message Services (100 milloin messages)			
		2010	2016	2017	2017排名 Ranking	2010	2016	2017	2017排名 Ranking
全　国	**National Total**	**85900.3**	**132193.4**	**141748.7**		**8277.5**	**6670.9**	**6641.4**	
北　京	Beijing	2129.8	3869.0	3752.1	16	369.6	541.7	591.2	5
天　津	Tianjin	1089.8	1499.8	1580.1	27	124.9	38.5	35.1	27
河　北	Hebei	4353.6	7121.0	7581.8	7	352.5	173.4	178.1	12
山　西	Shanxi	2205.2	3365.7	3647.9	18	219.8	201.3	280.7	7
内蒙古	Inner Mongolia	2034.0	2470.8	2841.2	24	181.9	83.3	67.4	24
辽　宁	Liaoning	3341.8	4427.1	4755.7	11	257.9	153.9	203.3	10
吉　林	Jilin	1805.4	2654.8	2868.8	23	177.5	59.8	59.2	25
黑龙江	Heilongjiang	2072.0	3445.6	3657.1	17	177.6	62.1	48.7	26
上　海	Shanghai	2361.6	3156.1	3298.7	21	369.0	220.4	236.7	8
江　苏	Jiangsu	5923.1	8198.8	8807.7	3	680.8	619.7	771.6	2
浙　江	Zhejiang	5047.4	7225.9	7590.6	6	621.6	902.0	859.0	1
安　徽	Anhui	2798.7	4343.0	4884.3	10	317.2	135.0	118.0	17
福　建	Fujian	3021.8	4159.0	4295.0	13	306.6	643.8	616.8	4
江　西	Jiangxi	1811.3	3140.7	3449.2	20	160.5	110.9	99.1	20
山　东	Shandong	6190.4	9594.5	9943.9	2	447.8	306.4	283.0	6
河　南	Henan	4402.0	7889.0	8553.4	4	317.2	157.8	144.5	14
湖　北	Hubei	3454.7	4683.8	4994.1	9	253.5	127.3	101.9	19
湖　南	Hunan	3257.0	4993.6	5683.4	8	251.9	201.8	159.6	13
广　东	Guangdong	9624.6	14349.0	14796.2	1	931.5	639.3	655.0	3
广　西	Guangxi	2214.5	3774.2	4385.1	12	188.2	128.8	122.8	16
海　南	Hainan	594.3	942.3	1007.5	28	49.5	42.1	34.6	28
重　庆	Chongqing	1664.4	2880.1	3274.9	22	128.7	90.6	88.5	22
四　川	Sichuan	4156.4	7294.5	7693.6	5	406.4	241.9	201.1	11
贵　州	Guizhou	1800.6	3082.7	3485.6	19	120.8	97.2	93.7	21
云　南	Yunnan	2244.5	3942.8	4228.4	14	270.0	145.9	131.9	15
西　藏	Tibet	157.6	284.4	290.3	31	15.8	15.1	13.4	31
陕　西	Shaanxi	2518.2	3813.3	4220.6	15	230.2	233.5	225.4	9
甘　肃	Gansu	1390.1	2203.8	2526.4	25	180.7	164.9	104.2	18
青　海	Qinghai	397.8	539.8	610.9	30	27.5	20.1	15.4	30
宁　夏	Ningxia	437.3	716.4	792.0	29	44.1	32.7	28.2	29
新　疆	Xinjiang	1359.9	2132.1	2252.3	26	96.4	79.6	73.4	23

13-32 互联网宽带接入用户和上网人数
Broadband Subscribers of Internet and Number of Internet Users

地区	Region	互联网宽带接入用户（万户） Broadband Subscribers of Internet (10 000 subscribers)				互联网上网人数（万人） Number of Internet Users (10 000 persons)			
		2010	2016	2017	2017排名 Ranking	2010	2015	2016	2016排名 Ranking
全　国	**National Total**	**12629.1**	**29720.7**	**34854.0**		**45730**	**68826**	**73125**	
北　京	Beijing	498.4	475.8	541.9	24	1218	1647	1690	20
天　津	Tianjin	173.0	283.9	339.3	27	648	956	999	27
河　北	Hebei	667.0	1612.0	1910.1	7	2197	3731	3956	5
山　西	Shanxi	353.1	747.2	872.9	16	1250	1975	2035	14
内蒙古	Inner Mongolia	190.5	417.2	494.0	26	747	1259	1311	24
辽　宁	Liaoning	595.6	971.7	1058.6	12	1916	2731	2741	10
吉　林	Jilin	285.1	440.0	501.5	25	882	1313	1402	23
黑龙江	Heilongjiang	326.1	575.1	664.6	20	1127	1707	1835	18
上　海	Shanghai	486.7	635.7	681.3	19	1239	1773	1791	19
江　苏	Jiangsu	1048.4	2685.2	3106.1	2	3306	4416	4513	3
浙　江	Zhejiang	869.5	2159.7	2464.6	4	2786	3596	3632	6
安　徽	Anhui	341.9	1075.0	1323.7	9	1392	2395	2721	11
福　建	Fujian	471.6	1144.6	1373.6	8	1848	2648	2678	12
江　西	Jiangxi	253.4	822.5	997.1	13	950	1759	2035	14
山　东	Shandong	966.9	2366.5	2588.7	3	3332	4789	5207	2
河　南	Henan	642.5	1767.2	2128.4	6	2417	3703	4110	4
湖　北	Hubei	459.4	1131.9	1242.9	11	1902	2723	3009	9
湖　南	Hunan	374.5	1066.9	1315.5	10	1747	2685	3013	8
广　东	Guangdong	1400.0	2779.4	3246.8	1	5324	7768	8024	1
广　西	Guangxi	330.1	790.0	968.0	14	1226	2033	2213	13
海　南	Hainan	67.6	186.5	228.7	28	303	466	470	28
重　庆	Chongqing	263.1	704.7	866.9	17	990	1445	1556	21
四　川	Sichuan	521.8	1851.2	2167.5	5	1998	3260	3575	7
贵　州	Guizhou	149.7	459.5	568.6	23	751	1346	1524	22
云　南	Yunnan	224.1	655.3	812.6	18	1021	1761	1892	17
西　藏	Tibet	10.4	40.2	61.2	31	81	142	149	31
陕　西	Shaanxi	308.3	803.0	903.2	15	1295	1886	1989	16
甘　肃	Gansu	112.2	392.9	576.4	21	655	1005	1101	26
青　海	Qinghai	34.9	99.7	120.1	30	188	318	320	30
宁　夏	Ningxia	43.0	111.9	159.2	29	175	326	339	29
新　疆	Xinjiang	160.4	468.4	569.9	22	819	1262	1296	25

13-33 固定长途电话交换机容量和移动电话交换机容量

Capacity of Long-distance Telephone Exchanges and Capacity of Mobile Telephone Exchanges

地区	Region	固定长途电话交换机容量（万路端）Capacity of Long-distance Telephone Exchanges (10 000 circuit)				移动电话交换机容量（万户）Capacity of Mobile Telephone Exchanges (10 000 subscribers)			
		2010	2016	2017	2017排名 Ranking	2010	2016	2017	2017排名 Ranking
全　国	**National Total**	**1641.46**	**681.08**	**603.53**		**150284.9**	**218540.0**	**242185.8**	
北　京	Beijing	55.08	45.83	45.83	4	4134.0	5230.0	5850.0	19
天　津	Tianjin	13.72	11.78	10.59	18	1910.0	2585.0	3350.0	27
河　北	Hebei	34.30	25.44	25.44	8	8080.0	11930.7	13981.0	4
山　西	Shanxi	32.21	21.52	21.52	11	3772.5	5096.5	5562.5	20
内蒙古	Inner Mongolia	20.25	10.08	4.59	24	3565.4	6294.1	6083.3	17
辽　宁	Liaoning	43.32	23.36	23.36	10	5425.0	6775.2	6499.2	14
吉　林	Jilin	28.67	8.63	8.63	20	3340.0	3851.5	5103.5	23
黑龙江	Heilongjiang	48.91	27.85	26.21	7	4493.1	8546.9	8850.9	10
上　海	Shanghai	73.04	46.35	46.35	3	3995.0	4424.0	5044.0	24
江　苏	Jiangsu	109.67	37.56	21.18	12	8795.1	10863.1	10643.7	8
浙　江	Zhejiang	93.23	85.15	78.36	1	8666.2	11698.7	15234.7	3
安　徽	Anhui	71.67	5.37	1.76	29	6058.6	8407.8	8563.2	12
福　建	Fujian	65.03	9.51	4.13	25	6282.2	7963.6	7263.6	13
江　西	Jiangxi	55.48	20.75	20.67	13	3333.0	4183.9	6125.9	16
山　东	Shandong	45.66	23.21	19.08	15	10477.7	12667.9	13290.4	5
河　南	Henan	150.75	18.80	18.80	16	7948.0	12357.0	12239.0	6
湖　北	Hubei	49.28	7.43	3.55	26	5862.7	8748.7	8833.5	11
湖　南	Hunan	50.36	40.97	40.97	5	4719.0	7257.5	9803.0	9
广　东	Guangdong	269.11	58.11	50.17	2	14766.9	21982.3	23037.5	1
广　西	Guangxi	62.03	27.96	25.34	9	3567.1	5191.1	11809.0	7
海　南	Hainan	9.16	4.11	1.50	30	1099.4	1612.4	1684.0	29
重　庆	Chongqing	21.90	6.50	6.50	21	2746.2	4037.0	4099.0	26
四　川	Sichuan	52.86	37.38	37.38	6	9624.1	16408.3	16388.3	2
贵　州	Guizhou	28.54	2.73	2.73	28	2724.5	4908.0	4908.0	25
云　南	Yunnan	32.09	19.90	19.90	14	4812.7	5759.5	6027.2	18
西　藏	Tibet	3.45	1.29			199.0	2423.0	2820.0	28
陕　西	Shaanxi	39.49	19.83	10.08	19	3724.1	5111.5	5111.5	22
甘　肃	Gansu	25.36	7.20	5.75	22	1940.0	3128.0	5227.0	21
青　海	Qinghai	13.32	13.13	11.01	17	549.0	1308.0	927.0	31
宁　夏	Ningxia	7.36	5.99	4.78	23	823.4	1414.0	1451.0	30
新　疆	Xinjiang	31.60	2.79	2.79	27	2851.0	6375.0	6375.0	15

13-34 长途光缆线路长度和互联网宽带接入端口

Length of Long Distance Optical Cable Lines and Broadband Access Port of Internet

地区	Region	长途光缆线路长度（公里） Length of Long Distance Optical Cable Lines (km)				互联网宽带接入端口（万个） Broadband Access Port of Internet (10 000 ports)			
		2010	2016	2017	2017排名 Ranking	2010	2016	2017	2017排名 Ranking
全　国	**National Total**	**818133**	**994092**	**1044998**		**18781.1**	**71276.9**	**77599.1**	
北　京	Beijing	4142	4465	4583	29	633.4	1784.0	1818.0	19
天　津	Tianjin	3106	3776	4135	30	230.0	724.3	795.3	27
河　北	Hebei	30471	36970	38188	13	924.3	3841.1	4126.9	7
山　西	Shanxi	27681	31629	32440	18	502.8	1582.9	1840.1	18
内蒙古	Inner Mongolia	46831	77483	77865	1	267.0	1200.7	1294.1	25
辽　宁	Liaoning	23922	24114	24958	24	793.4	3239.5	3118.8	8
吉　林	Jilin	21810	23397	23444	25	362.2	1560.7	1761.1	21
黑龙江	Heilongjiang	39785	50222	53800	4	498.4	1964.9	1937.2	16
上　海	Shanghai	4670	5565	5331	28	819.1	1595.7	1810.2	20
江　苏	Jiangsu	33034	39083	43110	8	1806.4	5676.8	6531.7	1
浙　江	Zhejiang	23534	26273	27714	21	1316.6	4720.6	5455.1	4
安　徽	Anhui	24866	32222	38899	12	609.5	2527.3	2872.2	9
福　建	Fujian	21061	24282	25344	23	747.1	2482.3	2861.8	10
江　西	Jiangxi	21201	21496	25397	22	358.9	2055.6	1985.9	15
山　东	Shandong	30060	39093	40667	10	1424.0	4680.0	5596.9	3
河　南	Henan	36672	32533	34589	17	875.8	4345.8	4475.8	6
湖　北	Hubei	27035	32372	32336	19	588.4	2594.7	2605.5	11
湖　南	Hunan	36189	41526	49655	6	468.7	2395.3	2436.0	12
广　东	Guangdong	46289	58120	55188	3	2185.8	6515.6	6482.3	2
广　西	Guangxi	34379	38877	39216	11	494.1	2094.9	2216.4	13
海　南	Hainan	3256	3376	3376	31	111.3	522.9	571.6	28
重　庆	Chongqing	11054	8309	8173	27	401.1	1643.6	1935.2	17
四　川	Sichuan	47849	61204	67565	2	767.8	3709.6	4702.8	5
贵　州	Guizhou	30178	36500	36459	15	228.9	1113.9	1325.6	24
云　南	Yunnan	34510	51175	51489	5	325.9	1674.4	1661.8	22
西　藏	Tibet	22488	35713	36584	14	17.8	107.2	154.6	31
陕　西	Shaanxi	26595	29949	30813	20	484.9	2083.1	1993.2	14
甘　肃	Gansu	29358	33409	35762	16	172.4	946.0	1099.9	26
青　海	Qinghai	27971	42470	42728	9	51.6	262.2	310.5	30
宁　夏	Ningxia	10110	10910	10954	26	56.6	307.1	415.0	29
新　疆	Xinjiang	38026	37579	44235	7	256.7	1323.9	1407.4	23

13-35 电话普及率和移动电话普及率
Popularization Rate of Telephone and Mobile Telephone

单位：部/百人 (set/100 persons)

地区	Region	电话普及率(包括移动电话) Popularization Rate of Telephone (Include Mobile Telephone) 2010	2016	2017	2017排名 Ranking	移动电话普及率 Popularization Rate of Mobile Telephone 2010	2016	2017	2017排名 Ranking
全　国	**National Total**	**86.41**	**110.55**	**115.91**		**64.36**	**95.60**	**101.97**	
北　京	Beijing	171.82	210.04	202.77	1	121.36	178.06	172.85	1
天　津	Tianjin	118.62	115.94	120.50	14	88.75	96.01	101.49	15
河　北	Hebei	79.68	106.72	110.99	18	61.89	95.33	100.83	16
山　西	Shanxi	85.38	100.75	106.69	22	64.35	91.42	98.53	18
内蒙古	Inner Mongolia	101.08	108.68	121.55	13	83.98	98.04	112.36	6
辽　宁	Liaoning	110.43	121.47	126.64	7	77.37	101.13	108.85	10
吉　林	Jilin	87.61	116.18	123.88	12	65.89	97.14	105.57	13
黑龙江	Heilongjiang	75.42	103.79	107.88	21	54.16	90.69	96.53	20
上　海	Shanghai	171.43	160.67	164.98	2	122.93	130.44	136.40	2
江　苏	Jiangsu	109.02	123.86	128.53	6	76.67	102.50	109.69	9
浙　江	Zhejiang	135.77	152.29	155.59	3	97.44	129.27	134.18	3
安　徽	Anhui	65.73	80.01	86.90	30	45.65	70.10	78.09	30
福　建	Fujian	112.14	128.41	129.68	5	83.31	107.36	109.82	8
江　西	Jiangxi	56.88	79.66	84.94	31	40.87	68.39	74.62	31
山　东	Shandong	86.41	106.22	108.21	20	65.37	96.46	99.38	17
河　南	Henan	61.44	91.14	97.17	25	46.40	82.76	89.48	25
湖　北	Hubei	78.34	92.02	95.78	27	60.40	79.59	84.62	28
湖　南	Hunan	67.65	83.21	92.68	29	50.84	73.20	82.85	29
广　东	Guangdong	132.74	154.18	154.02	4	99.86	130.46	132.48	4
广　西	Guangxi	60.20	85.22	96.07	26	45.60	78.01	89.77	24
海　南	Hainan	89.60	121.19	126.17	9	68.79	102.75	108.83	11
重　庆	Chongqing	78.60	112.25	124.93	11	58.22	94.48	106.49	12
四　川	Sichuan	68.12	106.32	112.38	16	50.78	88.29	92.67	22
贵　州	Guizhou	58.76	93.99	104.29	23	47.41	86.71	97.36	19
云　南	Yunnan	61.41	89.67	94.36	28	49.10	82.65	88.08	26
西　藏	Tibet	69.49	97.65	100.12	24	54.36	85.90	86.11	27
陕　西	Shaanxi	87.49	117.85	126.28	8	66.76	100.02	110.04	7
甘　肃	Gansu	68.38	96.40	108.66	19	52.75	84.44	96.22	21
青　海	Qinghai	89.94	108.15	119.92	15	71.42	90.95	102.09	14
宁　夏	Ningxia	87.87	116.60	125.29	10	69.97	106.15	116.16	5
新　疆	Xinjiang	87.44	108.55	111.11	17	62.99	88.91	92.13	23

13-36 互联网普及率和平均每一营业网点服务人口
Popularization Rate of Internet and Average People Served by Each Postal Office

地区	Region	互联网普及率（%）Popularization Rate of Internet（%）				平均每一营业网点服务人口（万人）Average People Served by Each Postal Office (10 000 persons)			
		2010	2015	2016	2016排名 Ranking	2010	2015	2016	2016排名 Ranking
全　国	**National Total**	**34.3**	**50.3**	**53.2**		**1.77**	**0.73**	**0.64**	
北　京	Beijing	69.4	76.5	77.8	1	0.89	0.35	2.77	1
天　津	Tianjin	52.7	63.0	64.6	6	1.73	0.84	0.80	8
河　北	Hebei	31.2	50.5	53.3	12	3.05	1.31	1.14	4
山　西	Shanxi	36.5	54.2	55.5	9	2.38	0.62	0.60	17
内蒙古	Inner Mongolia	30.8	50.3	52.2	15	1.43	0.70	0.60	17
辽　宁	Liaoning	44.4	62.2	62.6	7	2.01	0.83	0.74	13
吉　林	Jilin	32.2	47.7	50.9	19	2.11	0.67	0.70	14
黑龙江	Heilongjiang	29.5	44.5	48.1	21	1.94	0.88	0.80	8
上　海	Shanghai	64.5	73.1	74.1	2	0.55	0.31	0.30	31
江　苏	Jiangsu	42.8	55.5	56.6	8	1.64	0.73	0.60	17
浙　江	Zhejiang	53.8	65.3	65.6	5	1.46	0.46	0.47	29
安　徽	Anhui	22.7	39.4	44.3	26	2.58	0.85	0.80	8
福　建	Fujian	50.9	69.6	69.7	4	1.64	0.59	0.52	24
江　西	Jiangxi	20.2	38.7	44.6	24	2.18	0.97	0.70	14
山　东	Shandong	35.2	48.9	52.9	13	2.28	1.14	0.96	6
河　南	Henan	25.5	39.2	43.4	28	2.41	1.28	1.00	5
湖　北	Hubei	33.3	46.8	51.4	18	2.36	0.64	0.50	26
湖　南	Hunan	27.3	39.9	44.4	25	2.12	0.94	0.85	7
广　东	Guangdong	55.3	72.4	74.0	3	1.22	0.49	0.50	26
广　西	Guangxi	25.2	42.8	46.1	22	2.65	0.99	0.78	11
海　南	Hainan	35.1	51.6	51.6	16	1.78	0.60	0.53	23
重　庆	Chongqing	34.6	48.3	51.6	16	0.96	0.81	0.60	17
四　川	Sichuan	24.4	40.0	43.6	27	1.52	0.62	0.50	26
贵　州	Guizhou	19.8	38.4	43.2	29	1.93	0.71	0.58	22
云　南	Yunnan	22.3	37.4	39.9	31	2.06	0.99	0.75	12
西　藏	Tibet	27.9	44.6	46.1	22	0.99	0.36	0.34	30
陕　西	Shaanxi	34.3	50.0	52.4	14	1.93	0.79	0.59	21
甘　肃	Gansu	24.8	38.8	42.4	30	1.99	0.65	1.78	2
青　海	Qinghai	33.6	54.5	54.5	11	2.49	0.67	1.30	3
宁　夏	Ningxia	28.0	49.3	50.7	20	1.36	0.67	0.52	24
新　疆	Xinjiang	37.9	54.9	54.9	10	1.49	0.66	0.61	16

14

贸易和旅游

Trade and Tourism

14-1 社会消费品零售总额和增长率
Total Retail Sales and Growth Rate of Consumer Goods

地区	Region	社会消费品零售总额（亿元） Total Retail Sales of Consumer Goods (100 million yuan)				增长率（%） Growth Rate (%)			
		2010	2016	2017	2017排名 Ranking	2010	2016	2017	2017排名 Ranking
全　国	**National Total**	**156998.4**	**332316.3**	**366261.6**		**18.3**	**10.4**	**10.2**	
北　京	Beijing	6229.3	11005.1	11575.4	13	17.3	6.5	5.2	29
天　津	Tianjin	2860.2	5635.8	5729.7	24	19.4	7.2	1.7	31
河　北	Hebei	6821.8	14364.7	15907.6	8	18.3	10.6	10.7	14
山　西	Shanxi	3318.2	6480.5	6918.1	22	18.1	7.4	6.8	28
内蒙古	Inner Mongolia	3384.0	6700.8	7160.2	21	18.5	9.7	6.9	27
辽　宁	Liaoning	6887.6	13414.1	13807.2	10	18.5	4.9	2.9	30
吉　林	Jilin	3504.9	7310.4	7855.8	18	18.5	9.9	7.5	26
黑龙江	Heilongjiang	4039.2	8402.5	9099.2	15	18.7	10.0	8.3	22
上　海	Shanghai	6070.5	10946.6	11830.3	12	17.3	8.0	8.1	23
江　苏	Jiangsu	13606.8	28707.1	31737.4	3	18.5	10.9	10.6	15
浙　江	Zhejiang	10245.4	21970.8	24308.5	4	18.8	11.0	10.6	15
安　徽	Anhui	4197.7	10000.2	11192.6	14	19.0	12.3	11.9	6
福　建	Fujian	5310.0	11674.5	13013.0	11	18.5	11.1	11.5	9
江　西	Jiangxi	2956.2	6634.6	7448.1	20	19.0	12.0	12.3	2
山　东	Shandong	14620.3	30645.8	33649.0	2	18.3	10.4	9.8	19
河　南	Henan	8004.2	17618.4	19666.8	5	18.6	11.9	11.6	8
湖　北	Hubei	7013.9	15649.2	17394.1	7	18.3	11.8	11.1	12
湖　南	Hunan	5839.5	13436.5	14854.9	9	18.8	11.7	10.6	15
广　东	Guangdong	17458.4	34739.1	38200.1	1	17.2	10.2	10.0	18
广　西	Guangxi	3312.0	7027.3	7813.0	19	18.7	10.7	11.2	11
海　南	Hainan	639.3	1453.7	1618.8	28	18.9	9.7	11.4	10
重　庆	Chongqing	2938.6	7271.4	8067.7	17	18.5	13.2	11.0	13
四　川	Sichuan	6810.1	15601.9	17480.5	6	18.3	11.7	12.0	4
贵　州	Guizhou	1482.7	3709.0	4154.0	25	18.9	13.0	12.0	4
云　南	Yunnan	2542.4	5722.9	6423.1	23	21.9	12.1	12.2	3
西　藏	Tibet	185.3	459.4	523.3	31	18.3	12.5	13.9	1
陕　西	Shaanxi	3195.7	7367.6	8236.4	16	18.4	11.0	11.8	7
甘　肃	Gansu	1394.5	3184.4	3426.6	26	17.9	9.5	7.6	25
青　海	Qinghai	350.8	767.3	839.0	30	16.8	11.0	9.3	21
宁　夏	Ningxia	403.6	850.1	930.4	29	19.0	7.7	9.5	20
新　疆	Xinjiang	1375.1	2825.9	3044.6	27	16.8	8.4	7.7	24

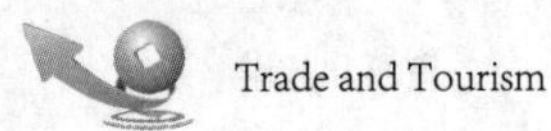

14-2 城乡社会消费品零售总额构成
Total Urban and Rural Retail Sales of Consumer Goods

单位：亿元 (100 million yuan)

地区	Region	城市社会消费品零售额 Urban Retail Sales of Consumer Goods				乡村社会消费品零售额 Rural Retail Sales of Consumer Goods			
		2010	2016	2017	2017排名 Ranking	2010	2016	2017	2017排名 Ranking
全　国	**National Total**	**136123.3**	**285813.7**	**314289.7**		**20875.1**	**46502.6**	**51971.9**	
北　京	Beijing	6128.9	10676.1	11288.6	13	100.4	329.0	286.9	25
天　津	Tianjin	2749.6	5422.0	5508.8	24	153.0	213.8	220.9	28
河　北	Hebei	5203.0	11055.7	12324.4	10	1618.8	3309.0	3583.3	5
山　西	Shanxi	2669.9	5284.5	5643.6	22	648.3	1196.0	1274.5	13
内蒙古	Inner Mongolia	2961.3	5855.4	6454.6	20	422.7	845.4	705.6	21
辽　宁	Liaoning	6358.3	12112.4	12412.8	9	529.3	1301.7	1394.4	11
吉　林	Jilin	3107.2	6454.5	7043.8	18	397.7	855.9	812.0	19
黑龙江	Heilongjiang	3585.9	7349.0	7959.0	15	453.3	1053.5	1140.2	15
上　海	Shanghai	5677.0	10480.5	11320.7	12	393.5	466.1	509.6	23
江　苏	Jiangsu	12090.0	25768.0	28385.3	2	1516.8	2939.1	3352.1	7
浙　江	Zhejiang	9013.9	18280.6	20168.1	4	1231.5	3690.2	4140.4	3
安　徽	Anhui	3527.2	8064.7	9009.4	14	670.5	1935.5	2183.2	9
福　建	Fujian	4735.9	10501.8	11745.0	11	574.1	1172.8	1268.0	14
江　西	Jiangxi	2466.0	5491.8	6167.3	21	490.2	1142.8	1280.8	12
山　东	Shandong	11797.1	24447.9	26814.5	3	2823.2	6197.9	6834.6	1
河　南	Henan	6906.9	14399.9	16044.5	5	1097.3	3218.5	3622.3	4
湖　北	Hubei	5937.8	13149.6	14603.9	6	1076.1	2499.6	2790.2	8
湖　南	Hunan	5268.6	12146.6	13411.4	8	570.9	1289.9	1443.4	10
广　东	Guangdong	14896.9	30418.3	33423.7	1	2561.5	4320.8	4776.3	2
广　西	Guangxi	2898.7	6193.5	6874.2	19	413.3	833.8	938.8	17
海　南	Hainan	570.8	1229.2	1363.1	28	68.5	224.5	255.6	27
重　庆	Chongqing	2779.3	6905.7	7651.2	16	159.3	365.6	416.5	24
四　川	Sichuan	5493.4	12535.4	14044.1	7	1316.7	3066.5	3436.4	6
贵　州	Guizhou	1217.1	3030.7	3388.5	25	265.6	678.3	765.5	20
云　南	Yunnan	2138.9	4936.7	5534.1	23	361.2	786.2	889.0	18
西　藏	Tibet	137.7	381.4	438.0	31	47.6	78.0	85.3	30
陕　西	Shaanxi	2780.3	6490.2	7270.5	17	415.4	877.3	965.8	16
甘　肃	Gansu	1123.3	2535.9	2729.9	27	271.2	648.5	696.7	22
青　海	Qinghai	304.4	666.3	728.1	30	46.4	101.0	110.9	29
宁　夏	Ningxia	366.3	780.9	854.3	29	37.3	69.2	76.2	31
新　疆	Xinjiang	1231.9	2569.1	2760.6	26	143.2	256.8	283.9	26

14-3 限额以上批发和零售业法人企业数和年末从业人员

Number of Corporation Enterprises and Engaged Persons at Year-end of Enterprises above Designated Size in Wholesale and Retail Trades

地区	Region	法人企业数（个）Number of Corporation Enterprises (unit)				年末从业人员（万人）Engaged Persons at Year-end (10 000 persons)			
		2010	2016	2017	2017排名 Ranking	2010	2016	2017	2017排名 Ranking
全　国	**National Total**	**111770**	**193371**	**200170**		**852.2**	**1193.6**	**1183.8**	
北　京	Beijing	8935	6029	6344	12	59.5	73.2	72.1	6
天　津	Tianjin	3802	5320	4761	15	16.6	22.7	19.5	21
河　北	Hebei	2548	4059	4099	17	26.6	35.9	35.7	13
山　西	Shanxi	2214	2981	3013	22	24.0	23.5	21.8	18
内蒙古	Inner Mongolia	1353	2034	1875	25	13.4	13.3	11.3	26
辽　宁	Liaoning	4785	4954	4701	16	30.1	30.0	26.8	16
吉　林	Jilin	1124	2446	2684	23	10.8	13.4	14.0	23
黑龙江	Heilongjiang	1547	2002	1741	26	15.5	14.1	13.1	25
上　海	Shanghai	5530	5688	6437	11	53.6	79.6	82.3	4
江　苏	Jiangsu	12374	19423	19604	2	71.7	94.4	93.7	2
浙　江	Zhejiang	10053	17317	18391	3	51.7	74.6	78.3	5
安　徽	Anhui	2451	6923	7202	8	26.2	37.6	37.3	12
福　建	Fujian	3924	11820	12354	5	28.1	44.9	47.6	9
江　西	Jiangxi	1187	3258	4015	18	12.1	22.3	24.3	17
山　东	Shandong	11792	16894	15853	4	85.5	96.3	88.9	3
河　南	Henan	6305	12217	11555	6	44.5	74.3	67.9	7
湖　北	Hubei	3479	8030	7190	9	36.0	53.0	50.9	8
湖　南	Hunan	2625	6657	7299	7	23.7	38.1	37.7	11
广　东	Guangdong	11343	23594	27757	1	88.8	150.0	158.3	1
广　西	Guangxi	1465	3178	3616	19	12.3	18.9	20.5	20
海　南	Hainan	626	363	368	30	3.9	4.4	4.4	28
重　庆	Chongqing	2585	5883	5889	13	22.2	33.3	31.6	14
四　川	Sichuan	3001	6820	6653	10	30.2	47.9	45.1	10
贵　州	Guizhou	800	2866	3483	20	7.9	14.9	16.4	22
云　南	Yunnan	1842	3289	3341	21	16.3	22.4	21.7	19
西　藏	Tibet	60	109	110	31	0.6	1.0	1.0	31
陕　西	Shaanxi	1569	4401	4871	14	19.5	29.6	31.5	15
甘　肃	Gansu	705	1718	1722	27	6.7	10.4	10.2	27
青　海	Qinghai	179	377	376	29	1.7	2.9	2.8	30
宁　夏	Ningxia	392	444	448	28	3.0	3.9	3.9	29
新　疆	Xinjiang	1175	2277	2418	24	9.5	12.7	13.2	24

注：限额以上批发和零售业统计单位是指：批发业，年主营业务收入2000万元及以上；零售业，年主营业务收入500万元及以上（以下有关各表同）。

Note: The criteria for wholesale and retail sale trades above designated size are as follows: wholesale trade with annual principal sales over 20 million yuan; retail trade, with annual principal business sales over 5 million yuan.The same applies to the table followed.

14-4 限额以上批发和零售业商品购进总额和商品销售总额
Total Purchases Value and Total Sales Value of Enterprises above Designated Size in Wholesale and Retail Trades

单位：亿元 (100 million yuan)

地区	Region	商品购进总额 Total Purchases Value 2010	2016	2017	2017排名 Ranking	商品销售总额 Total Sales Value 2010	2016	2017	2017排名 Ranking
全　国	**National Total**	**248040.9**	**506309.4**	**572287.8**		**276635.7**	**558877.6**	**630181.3**	
北　京	Beijing	34438.7	50144.7	56886.3	3	37203.9	53396.8	61113.3	3
天　津	Tianjin	12346.0	32440.1	28624.7	7	13642.5	34970.4	30203.3	7
河　北	Hebei	4745.7	9521.9	9173.8	17	5463.5	10362.0	10313.2	17
山　西	Shanxi	4206.9	8256.9	8670.3	18	5549.5	8987.9	9589.9	18
内蒙古	Inner Mongolia	2710.1	3629.5	3665.2	26	2951.5	4145.6	4199.5	26
辽　宁	Liaoning	9688.4	12538.9	15167.4	10	10630.0	13640.6	16555.1	10
吉　林	Jilin	1846.9	3578.9	3466.1	27	2230.4	3840.8	3993.1	27
黑龙江	Heilongjiang	2486.8	4262.3	4020.7	24	3034.1	4893.8	4671.3	24
上　海	Shanghai	28876.3	68220.0	85537.4	1	31678.2	76031.6	95340.3	1
江　苏	Jiangsu	24076.0	42937.0	50071.9	5	26994.9	46807.1	54534.9	5
浙　江	Zhejiang	21399.6	40668.7	52137.8	4	23472.2	44594.7	56602.1	4
安　徽	Anhui	4653.8	9385.4	10172.7	15	5144.8	10682.4	11491.6	15
福　建	Fujian	7707.1	20947.9	25582.6	8	8304.1	23004.0	28556.9	8
江　西	Jiangxi	1585.0	3739.5	3823.3	25	2019.3	4522.0	4860.1	23
山　东	Shandong	13833.6	29289.7	29812.8	6	16105.6	32129.2	32944.0	6
河　南	Henan	6179.8	14301.2	13388.3	11	6340.3	16121.6	15284.1	11
湖　北	Hubei	7022.5	16566.1	15808.8	9	8013.1	18358.7	17799.0	9
湖　南	Hunan	3426.2	8311.4	9232.8	16	3764.5	9271.1	10457.0	16
广　东	Guangdong	28553.6	65871.3	77594.6	2	31759.8	71691.0	82435.8	2
广　西	Guangxi	2439.3	5640.0	6630.7	21	2589.3	6403.2	7430.8	21
海　南	Hainan	1202.0	2063.1	2103.8	28	1406.7	2294.5	2353.4	28
重　庆	Chongqing	5133.1	10245.1	10240.8	14	5610.1	11911.5	11678.0	14
四　川	Sichuan	4674.8	11883.4	12218.5	12	5508.6	13313.8	13702.9	12
贵　州	Guizhou	1200.1	3771.8	4763.5	22	1582.7	5027.2	5901.1	22
云　南	Yunnan	3623.1	7468.0	7956.0	19	4295.5	8886.0	9325.8	19
西　藏	Tibet	77.3	175.2	210.4	31	92.1	227.2	248.7	31
陕　西	Shaanxi	3544.2	7687.1	10862.9	13	4224.1	9288.5	12856.1	13
甘　肃	Gansu	1727.2	4223.8	4113.2	23	2021.4	4802.3	4438.3	25
青　海	Qinghai	315.1	883.9	946.0	30	409.8	1136.7	1245.1	30
宁　夏	Ningxia	614.9	1107.6	1508.1	29	652.4	1201.6	1540.4	29
新　疆	Xinjiang	3706.8	6549.0	7896.3	20	3941.1	6933.6	8516.2	20

14-5 限额以上批发和零售业期末商品库存额
Stock of Enterprises above Designated Size in Wholesale and Retail Trades

单位：亿元 (100 million yuan)

地区	Region	批发业期末商品库存额 Wholesale Stock				零售业期末商品库存额 Retail Stock			
		2010	2016	2017	2017排名 Ranking	2010	2016	2017	2017排名 Ranking
全　国	**National Total**	**14712.2**	**27295.7**	**31609.0**		**5104.6**	**11092.9**	**11788.0**	
北　京	Beijing	3197.5	4785.6	4722.3	2	451.2	627.1	697.9	6
天　津	Tianjin	520.9	1367.1	1459.1	6	103.4	161.4	162.5	22
河　北	Hebei	264.5	367.8	323.9	21	135.0	305.7	534.1	7
山　西	Shanxi	213.0	240.0	265.1	24	124.8	241.7	320.0	14
内蒙古	Inner Mongolia	108.4	439.9	426.3	17	132.8	131.0	129.9	25
辽　宁	Liaoning	429.7	523.0	655.6	12	190.9	276.1	277.0	16
吉　林	Jilin	137.6	471.6	362.2	20	76.9	144.9	174.5	20
黑龙江	Heilongjiang	205.6	367.2	413.5	18	94.2	140.5	143.5	24
上　海	Shanghai	1780.0	3711.0	4901.7	1	480.2	955.8	893.4	3
江　苏	Jiangsu	1154.3	1874.8	3720.9	4	382.8	1017.4	1438.3	1
浙　江	Zhejiang	954.1	1628.8	2039.9	5	347.8	770.7	771.3	4
安　徽	Anhui	236.4	471.5	601.1	13	161.1	340.0	346.9	13
福　建	Fujian	487.8	844.1	1141.2	8	169.6	333.1	368.4	12
江　西	Jiangxi	70.5	181.2	195.6	27	44.7	374.6	226.4	18
山　东	Shandong	608.0	1001.3	1156.9	7	417.1	684.9	746.6	5
河　南	Henan	388.0	558.8	672.0	11	188.6	424.4	414.2	9
湖　北	Hubei	306.4	636.9	805.4	9	192.3	644.6	493.3	8
湖　南	Hunan	172.9	587.3	445.2	16	102.9	526.0	412.1	11
广　东	Guangdong	1394.7	4181.7	4081.8	3	541.4	1168.7	1379.1	2
广　西	Guangxi	122.1	258.4	283.6	22	66.7	212.4	168.2	21
海　南	Hainan	42.3	57.2	56.0	29	27.6	51.8	64.6	28
重　庆	Chongqing	215.8	366.9	368.1	19	100.6	231.1	233.1	17
四　川	Sichuan	275.8	458.4	473.3	15	164.3	393.3	412.4	10
贵　州	Guizhou	93.5	270.9	225.7	25	42.1	145.2	161.0	23
云　南	Yunnan	594.5	566.0	522.7	14	100.1	199.5	220.2	19
西　藏	Tibet	3.3	59.9	10.6	31	11.3	16.4	15.8	31
陕　西	Shaanxi	170.6	228.0	266.7	23	119.0	302.2	304.8	15
甘　肃	Gansu	161.3	169.1	196.9	26	44.5	90.9	93.4	27
青　海	Qinghai	31.8	39.0	40.5	30	9.0	20.9	21.4	30
宁　夏	Ningxia	30.8	45.3	71.8	28	26.4	38.6	44.1	29
新　疆	Xinjiang	340.1	537.1	703.3	10	55.2	121.9	119.6	26

14-6 限额以上批发和零售业主营业务收入和主营业务成本
Revenue from Principal Business and Cost of Principal Business for Wholesale and Retail Trade

单位：亿元 (100 million yuan)

地区	Region	主营业务收入 Revenue from Principal Business 2010	2016	2017	2017排名 Ranking	主营业务成本 Cost of Principal Business 2010	2016	2017	2017排名 Ranking
全　国	**National Total**	**248874.4**	**495009.1**	**552809.5**		**228663.1**	**454702.5**	**510827.2**	
北　京	Beijing	31933.8	45516.4	52380.2	3	29474.2	42052.6	48454.0	3
天　津	Tianjin	11864.6	29954.0	26311.8	7	11371.5	28570.4	25402.1	7
河　北	Hebei	4979.3	9850.6	9018.7	17	4633.5	9219.6	8356.1	16
山　西	Shanxi	5312.1	7743.5	8226.9	19	4860.0	7334.8	7733.5	18
内蒙古	Inner Mongolia	2937.8	3763.1	3728.0	26	2481.6	3439.9	3408.6	26
辽　宁	Liaoning	9294.0	12366.1	14468.6	10	8696.6	11732.1	13775.5	9
吉　林	Jilin	2129.9	3328.2	3379.5	27	1948.5	2983.1	3050.3	27
黑龙江	Heilongjiang	2741.9	4507.2	4133.7	25	2409.2	4088.5	3809.6	25
上　海	Shanghai	28823.0	66568.5	83190.5	1	26622.3	61002.5	76639.0	1
江　苏	Jiangsu	24034.3	40240.2	48209.4	5	22184.2	36801.2	44545.5	5
浙　江	Zhejiang	20927.1	39951.4	49271.9	4	19729.8	37552.6	46570.8	4
安　徽	Anhui	4438.7	9349.3	10055.4	15	4050.9	8464.9	9042.1	15
福　建	Fujian	7548.2	20346.4	24759.1	8	7006.5	18956.3	23117.1	8
江　西	Jiangxi	1847.0	4228.1	4441.9	23	1642.6	3726.7	3884.7	24
山　东	Shandong	15634.9	29950.8	29706.4	6	13939.2	27097.3	27396.5	6
河　南	Henan	5724.8	14338.6	13519.5	11	5240.9	12656.3	12002.7	11
湖　北	Hubei	6982.2	15274.5	15240.1	9	6345.6	13671.6	13749.7	10
湖　南	Hunan	3537.5	8433.4	9350.8	16	3033.1	7369.0	8213.7	17
广　东	Guangdong	28695.5	64763.3	72999.7	2	26555.7	59729.9	67562.9	2
广　西	Guangxi	2303.5	5637.3	6495.2	21	2097.3	5222.4	6031.6	21
海　南	Hainan	1255.4	2087.5	2116.8	28	1167.6	1883.9	1902.7	28
重　庆	Chongqing	5079.9	11002.6	10412.6	14	4573.1	9907.1	9403.2	14
四　川	Sichuan	5113.3	12012.4	12017.3	12	4594.7	10780.4	10820.6	12
贵　州	Guizhou	1411.1	4655.0	5184.4	22	1159.1	3759.2	4317.2	22
云　南	Yunnan	3939.2	7931.3	8230.0	18	3512.7	7119.6	7438.6	19
西　藏	Tibet	88.8	210.5	224.0	31	72.3	168.5	184.5	31
陕　西	Shaanxi	3927.3	8274.6	11433.2	13	3293.1	7503.8	10549.3	13
甘　肃	Gansu	1992.0	4497.1	4252.5	24	1852.5	4216.2	4002.6	23
青　海	Qinghai	353.0	1087.3	1195.4	30	325.5	982.0	1101.1	30
宁　夏	Ningxia	531.4	1048.1	1332.9	29	488.6	983.0	1251.7	29
新　疆	Xinjiang	3492.9	6091.8	7522.9	20	3300.6	5727.1	7109.7	20

14-7 限额以上批发和零售业主营业务税金及附加和主营业务利润

Tax and Other Charges on Principal Business and Profits from Principal Business for Wholesale and Retail Trade

单位：亿元 (100 million yuan)

地区	Region	主营业务税金及附加 Tax and Other Charges on Principal Business				主营业务利润 Profits from Principal Business			
		2010	2016	2017	2017排名 Ranking	2010	2016	2017	2017排名 Ranking
全　国	**National Total**	**1050.2**	**3011.8**	**2946.8**		**18202.6**	**37294.7**	**39035.5**	
北　京	Beijing	52.4	98.2	119.7	11	2407.2	3365.5	3806.4	3
天　津	Tianjin	15.6	164.4	71.9	18	475.8	1219.2	837.8	14
河　北	Hebei	23.5	79.1	81.4	15	304.4	551.9	581.2	19
山　西	Shanxi	38.2	51.3	55.8	22	354.8	357.4	437.5	21
内蒙古	Inner Mongolia	25.3	50.5	43.0	23	306.6	272.6	276.4	26
辽　宁	Liaoning	36.2	66.8	68.1	20	488.3	567.2	624.9	18
吉　林	Jilin	12.5	37.8	35.8	25	151.8	307.2	293.4	24
黑龙江	Heilongjiang	36.9	51.5	42.6	24	261.8	367.2	281.6	25
上　海	Shanghai	41.3	123.1	146.4	7	2159.3	5442.9	6405.1	1
江　苏	Jiangsu	84.0	199.0	207.6	2	1681.1	3240.1	3456.2	4
浙　江	Zhejiang	63.7	177.5	184.7	4	1134.7	2221.4	2516.3	5
安　徽	Anhui	31.8	94.4	97.6	13	343.8	790.0	915.7	12
福　建	Fujian	32.8	102.8	111.8	12	503.8	1287.3	1530.2	7
江　西	Jiangxi	23.1	70.6	69.4	19	150.3	430.8	487.9	20
山　东	Shandong	106.4	231.1	192.7	3	1536.3	2622.3	2117.1	6
河　南	Henan	59.7	183.7	173.7	5	424.3	1498.6	1343.1	9
湖　北	Hubei	40.1	134.9	124.0	10	521.3	1468.0	1366.4	8
湖　南	Hunan	40.8	141.0	147.7	6	275.2	923.3	989.5	11
广　东	Guangdong	78.1	275.6	282.3	1	2045.2	4757.9	5154.4	2
广　西	Guangxi	15.8	55.8	62.8	21	169.2	359.1	400.9	22
海　南	Hainan	5.3	21.0	22.7	28	75.6	182.6	191.4	28
重　庆	Chongqing	39.2	126.8	127.6	8	360.1	968.6	881.9	13
四　川	Sichuan	41.1	132.9	127.6	9	477.5	1099.2	1069.2	10
贵　州	Guizhou	18.2	77.9	80.9	16	220.6	817.9	786.3	16
云　南	Yunnan	23.3	74.5	76.7	17	404.4	737.3	714.7	17
西　藏	Tibet	1.2	8.5	9.0	31	15.3	33.5	30.5	31
陕　西	Shaanxi	35.6	88.0	91.1	14	588.9	682.7	792.9	15
甘　肃	Gansu	10.8	33.1	30.9	27	129.1	247.8	219.1	27
青　海	Qinghai	5.9	15.7	16.4	29	25.3	89.6	77.9	29
宁　夏	Ningxia	3.1	9.5	10.1	30	38.9	55.5	71.2	30
新　疆	Xinjiang	8.3	34.5	34.7	26	171.7	330.2	378.5	23

14-8 限额以上批发和零售业其他业务利润和销售费用
Profits from Other Business and Sales Expenses for Wholesale and Retail Trade

单位：亿元 (100 million yuan)

地区	Region	其他业务利润 Profits from Other Business				销售费用 Sales Expenses			
		2010	2016	2017	2017排名 Ranking	2010	2016	2017	2017排名 Ranking
全　国	**National Total**	**1114.29**	**1902.04**	**1966.93**		**8057.61**	**17390.77**	**19323.57**	
北　京	Beijing	227.81	515.82	386.07	1	1170.17	1962.09	2131.90	3
天　津	Tianjin	32.20	43.03	111.26	6	207.37	485.16	473.96	10
河　北	Hebei	20.21	44.77	36.88	13	151.41	259.65	285.45	17
山　西	Shanxi	26.31	25.46	27.19	16	149.92	188.25	238.13	19
内蒙古	Inner Mongolia	8.10	11.64	18.27	22	78.24	129.05	158.96	25
辽　宁	Liaoning	25.54	29.75	36.74	14	259.56	284.64	332.74	16
吉　林	Jilin	8.03	25.40	19.48	20	67.10	140.46	162.78	24
黑龙江	Heilongjiang	15.75	14.05	21.55	18	121.03	141.17	131.40	26
上　海	Shanghai	163.29	204.10	246.81	3	1198.06	3284.48	3712.62	1
江　苏	Jiangsu	98.56	135.48	155.98	4	664.61	1371.48	1596.45	4
浙　江	Zhejiang	79.69	116.09	142.57	5	546.72	1103.55	1306.20	5
安　徽	Anhui	15.38	25.63	25.30	17	180.62	396.75	449.22	11
福　建	Fujian	22.67	42.17	40.49	12	218.45	542.03	633.02	8
江　西	Jiangxi	5.21	15.81	16.09	24	61.49	184.29	223.51	20
山　东	Shandong	50.96	84.18	90.03	7	474.28	853.33	874.13	6
河　南	Henan	24.19	45.80	53.43	9	161.05	440.71	445.05	12
湖　北	Hubei	26.73	84.03	60.95	8	214.51	688.61	653.81	7
湖　南	Hunan	11.83	17.83	27.77	15	164.45	386.85	432.74	13
广　东	Guangdong	132.79	196.76	252.84	2	931.84	2305.34	2648.27	2
广　西	Guangxi	9.65	17.09	19.30	21	79.22	163.67	193.20	22
海　南	Hainan	7.29	6.43	7.40	27	36.60	83.70	90.97	28
重　庆	Chongqing	19.30	36.12	44.76	11	178.64	358.56	375.03	14
四　川	Sichuan	23.19	49.88	46.60	10	212.85	526.24	550.61	9
贵　州	Guizhou	8.81	9.72	12.73	25	64.96	164.51	203.17	21
云　南	Yunnan	11.74	42.77	18.17	23	146.66	273.74	281.71	18
西　藏	Tibet	0.27	1.32	0.18	31	7.35	19.24	17.53	31
陕　西	Shaanxi	20.88	31.71	21.07	19	120.73	310.96	370.93	15
甘　肃	Gansu	2.52	10.99	6.84	28	71.19	114.33	97.58	27
青　海	Qinghai	1.77	3.42	2.56	30	8.15	32.18	31.11	30
宁　夏	Ningxia	3.95	4.99	6.41	29	17.40	34.82	40.72	29
新　疆	Xinjiang	9.65	9.80	11.22	26	92.96	160.96	180.68	23

14-9 限额以上批发和零售业管理费用和财务费用

Administrative Expenses and Financial Expenses for Wholesale and Retail Trade

单位：亿元 (100 million yuan)

地区	Region	管理费用 Administrative Expenses 2010	2016	2017	2017排名 Ranking	财务费用 Financial Expenses 2010	2016	2017	2017排名 Ranking
全　国	**National Total**	**4418.02**	**8844.99**	**9065.51**		**855.22**	**2474.08**	**2428.85**	
北　京	Beijing	655.67	949.39	1018.44	3	69.88	273.30	227.17	3
天　津	Tianjin	97.52	243.08	199.30	12	40.71	183.03	178.42	5
河　北	Hebei	83.53	151.20	153.84	17	18.49	55.95	50.31	14
山　西	Shanxi	95.20	122.74	134.65	18	28.76	53.05	58.63	12
内蒙古	Inner Mongolia	46.70	81.81	67.96	26	8.45	36.16	23.62	24
辽　宁	Liaoning	149.40	203.36	194.84	14	31.90	65.99	66.86	11
吉　林	Jilin	41.45	101.00	95.94	23	9.13	43.83	28.83	22
黑龙江	Heilongjiang	79.79	94.13	80.34	25	10.60	49.33	26.02	23
上　海	Shanghai	497.21	1206.78	1354.41	1	49.14	210.51	165.07	7
江　苏	Jiangsu	384.35	745.87	790.94	4	83.24	195.43	208.29	4
浙　江	Zhejiang	293.83	582.54	600.89	5	114.34	201.34	248.80	2
安　徽	Anhui	88.14	177.47	189.41	15	15.93	43.53	36.06	20
福　建	Fujian	117.64	309.77	349.52	7	28.78	108.97	124.02	8
江　西	Jiangxi	35.38	106.68	109.99	20	4.84	19.26	17.52	28
山　东	Shandong	342.91	537.07	477.89	6	77.81	172.75	171.94	6
河　南	Henan	131.56	308.77	303.73	9	23.61	94.11	92.73	9
湖　北	Hubei	128.41	335.05	313.36	8	22.51	75.51	73.37	10
湖　南	Hunan	133.92	218.93	228.64	10	17.22	49.83	49.20	15
广　东	Guangdong	433.76	1234.39	1276.61	2	98.40	234.68	254.32	1
广　西	Guangxi	48.84	94.35	109.14	21	8.77	32.36	31.57	21
海　南	Hainan	19.52	29.64	30.91	28	1.64	14.28	19.77	25
重　庆	Chongqing	113.37	207.99	198.27	13	17.24	42.66	41.67	17
四　川	Sichuan	107.03	246.54	215.28	11	21.55	61.30	54.45	13
贵　州	Guizhou	49.97	97.77	102.13	22	2.36	20.43	18.83	26
云　南	Yunnan	81.55	121.43	116.75	19	11.57	34.63	37.09	19
西　藏	Tibet	3.45	8.24	8.24	31	0.18	-0.08	-0.19	31
陕　西	Shaanxi	77.18	145.08	170.21	16	16.84	36.75	43.36	16
甘　肃	Gansu	24.37	63.58	48.58	27	6.33	16.87	18.16	27
青　海	Qinghai	6.59	16.33	15.61	30	0.84	2.64	8.26	30
宁　夏	Ningxia	9.24	15.78	16.95	29	2.16	8.05	14.18	29
新　疆	Xinjiang	40.55	88.21	92.72	24	12.01	37.66	40.52	18

14-10 限额以上批发和零售业营业利润和利润总额
Operating Profits and Total Profits for Wholesale and Retail Trade

单位：亿元 (100 million yuan)

地区	Region	营业利润 Operating Profits				利润总额 Total Profits			
		2010	2016	2017	2017排名 Ranking	2010	2016	2017	2017排名 Ranking
全　国	**National Total**	**6897.73**	**11314.79**	**11630.48**		**7023.82**	**12842.62**	**12288.09**	
北　京	Beijing	943.55	940.26	1141.04	4	1122.11	1079.97	1190.82	4
天　津	Tianjin	166.86	272.43	66.12	23	183.31	304.36	108.43	21
河　北	Hebei	77.35	133.94	150.55	17	91.63	131.42	157.11	18
山　西	Shanxi	125.97	16.95	36.95	27	118.38	33.82	51.93	27
内蒙古	Inner Mongolia	205.56	47.90	36.08	28	158.40	82.18	50.11	28
辽　宁	Liaoning	149.16	80.96	113.38	19	149.09	96.06	225.21	17
吉　林	Jilin	56.53	53.44	61.79	25	59.18	104.58	78.78	24
黑龙江	Heilongjiang	129.71	115.28	80.74	22	83.53	155.16	83.86	23
上　海	Shanghai	581.11	1164.25	1657.51	1	692.79	1289.15	1773.72	1
江　苏	Jiangsu	705.28	1115.67	1182.30	3	634.27	1149.82	1204.06	3
浙　江	Zhejiang	292.86	267.92	755.24	5	376.72	699.10	815.96	5
安　徽	Anhui	89.04	224.95	256.46	15	103.27	236.41	268.35	14
福　建	Fujian	176.41	398.76	560.44	7	197.62	426.69	579.04	7
江　西	Jiangxi	62.96	132.39	145.79	18	70.90	146.95	155.94	19
山　东	Shandong	704.09	1147.32	693.60	6	601.31	1111.68	709.47	6
河　南	Henan	132.12	700.57	550.68	8	137.30	1128.74	552.47	8
湖　北	Hubei	196.42	399.43	391.09	10	198.92	394.49	402.15	10
湖　南	Hunan	154.98	298.16	319.79	12	125.38	277.68	310.23	13
广　东	Guangdong	772.87	1322.60	1440.30	2	720.63	1405.51	1521.53	2
广　西	Guangxi	60.02	83.40	92.04	21	55.32	92.84	106.37	22
海　南	Hainan	27.16	52.53	64.04	24	31.67	53.76	65.82	25
重　庆	Chongqing	128.11	382.51	322.79	11	118.58	798.79	337.50	11
四　川	Sichuan	159.24	320.76	244.11	16	165.18	318.83	265.67	15
贵　州	Guizhou	128.50	541.19	468.13	9	135.42	541.19	468.94	9
云　南	Yunnan	158.25	338.50	318.43	13	176.48	354.57	329.25	12
西　藏	Tibet	4.58	7.06	6.21	30	6.29	7.87	7.87	30
陕　西	Shaanxi	395.94	226.82	278.17	14	380.35	221.11	263.83	16
甘　肃	Gansu	29.81	67.99	58.28	26	27.76	73.42	59.25	26
青　海	Qinghai	11.75	42.71	34.50	29	18.52	26.49	29.28	29
宁　夏	Ningxia	14.02	7.29	5.31	31	14.94	8.15	6.11	31
新　疆	Xinjiang	57.51	45.74	98.62	20	68.59	91.84	109.02	20

14-11 限额以上批发和零售业应交所得税和应付职工薪酬
Income Tax Payable and Salaries Payable for Wholesale and Retail Trade

单位：亿元 (100 million yuan)

地区	Region	应交所得税 Income Tax Payable 2010	2016	2017	2017排名 Ranking	应付职工薪酬 Salaries Payable 2010	2016	2017	2017排名 Ranking
全　国	**National Total**	**1313.54**	**2417.22**	**2500.07**		**79.63**	**8477.39**	**9471.64**	
北　京	Beijing	220.79	230.71	296.20	2	9.47	942.52	1077.78	3
天　津	Tianjin	44.44	59.71	49.86	13	1.99	193.32	180.50	15
河　北	Hebei	18.67	25.68	33.25	18	2.60	168.98	260.75	12
山　西	Shanxi	26.29	15.29	22.28	21	1.51	108.50	157.97	19
内蒙古	Inner Mongolia	15.39	12.80	15.37	27	1.21	69.45	77.87	27
辽　宁	Liaoning	29.86	28.04	33.00	19	4.56	157.17	174.60	16
吉　林	Jilin	10.81	13.38	16.94	24	0.85	78.30	103.05	24
黑龙江	Heilongjiang	20.34	16.85	15.43	26	1.54	77.48	83.16	26
上　海	Shanghai	151.91	343.73	419.93	1	7.33	1077.92	1254.29	1
江　苏	Jiangsu	112.34	222.06	248.72	4	11.24	592.48	638.54	5
浙　江	Zhejiang	87.21	145.78	175.17	5	4.70	580.96	689.12	4
安　徽	Anhui	22.68	37.71	41.79	16	1.75	183.68	208.57	13
福　建	Fujian	39.28	68.15	80.60	10	1.61	296.08	322.63	10
江　西	Jiangxi	14.17	26.42	27.54	20	0.39	123.37	129.51	21
山　东	Shandong	86.62	154.05	127.33	6	4.56	465.96	476.93	6
河　南	Henan	28.09	67.04	84.61	8	3.72	297.67	289.06	11
湖　北	Hubei	47.37	77.00	82.18	9	1.86	334.11	328.09	9
湖　南	Hunan	23.10	44.58	46.76	14	2.55	201.27	389.75	7
广　东	Guangdong	129.44	411.33	292.95	3	5.98	1157.50	1231.40	2
广　西	Guangxi	12.40	21.22	20.00	22	1.04	109.29	113.16	23
海　南	Hainan	6.26	14.45	16.67	25	0.29	32.98	35.42	28
重　庆	Chongqing	17.78	44.99	44.26	15	1.11	206.20	190.70	14
四　川	Sichuan	31.35	57.79	59.92	12	3.37	272.82	329.61	8
贵　州	Guizhou	31.28	128.59	108.55	7	1.34	101.81	121.27	22
云　南	Yunnan	43.11	76.23	67.14	11	1.01	220.91	167.36	18
西　藏	Tibet	0.45	0.96	0.89	31	0.04	10.31	10.32	31
陕　西	Shaanxi	22.47	29.48	38.25	17	0.70	148.32	168.18	17
甘　肃	Gansu	6.00	14.66	9.51	28	0.40	109.77	87.19	25
青　海	Qinghai	1.88	9.00	2.47	30	0.16	32.24	16.72	30
宁　夏	Ningxia	2.26	2.96	3.17	29	0.14	22.33	20.25	29
新　疆	Xinjiang	9.52	16.55	19.34	23	0.59	103.70	137.88	20

14-12 连锁零售企业总店数和门店总数
Number of Head Stores and Number of Stores

单位：个 (unit)

地区	Region	总店数 Number of Head Stores				门店总数 Number of Stores			
		2010	2016	2017	2017排名 Ranking	2010	2016	2017	2017排名 Ranking
全　国	**National Total**	**2361**	**2726**	**2871**		**176792**	**232444**	**236103**	
北　京	Beijing	149	156	162	6	6875	7732	8176	12
天　津	Tianjin	39	37	36	22	1924	2084	2232	22
河　北	Hebei	92	85	108	11	4168	4935	5879	16
山　西	Shanxi	41	60	61	20	2029	4001	4167	19
内蒙古	Inner Mongolia	19	18	20	27	1775	613	712	29
辽　宁	Liaoning	91	92	92	13	5629	6584	6870	13
吉　林	Jilin	25	26	33	25	852	1572	2011	23
黑龙江	Heilongjiang	30	36	36	22	1082	1978	1845	24
上　海	Shanghai	99	107	104	12	19196	18211	17706	4
江　苏	Jiangsu	172	172	186	4	17822	18172	21592	3
浙　江	Zhejiang	230	223	222	2	24147	26359	25291	2
安　徽	Anhui	66	68	64	19	8120	9664	9850	9
福　建	Fujian	125	148	188	3	2942	6619	10492	8
江　西	Jiangxi	66	84	81	17	2793	4576	4840	18
山　东	Shandong	116	149	167	5	9224	12130	13948	5
河　南	Henan	153	127	124	9	6277	5590	6130	14
湖　北	Hubei	99	131	144	7	4919	8665	9605	11
湖　南	Hunan	90	129	123	10	3775	17446	9827	10
广　东	Guangdong	206	302	308	1	23096	27716	27542	1
广　西	Guangxi	52	67	82	16	3391	4426	5904	15
海　南	Hainan	4	6	6	30	224	791	835	28
重　庆	Chongqing	83	98	88	15	10672	12714	12324	6
四　川	Sichuan	91	128	135	8	6401	14209	11736	7
贵　州	Guizhou	25	29	29	26	672	1366	1409	25
云　南	Yunnan	43	40	36	22	3265	5388	5705	17
西　藏	Tibet	1	1	1	31	13	3	74	31
陕　西	Shaanxi	26	61	69	18	586	2531	3014	21
甘　肃	Gansu	27	16	16	28	867	938	1156	27
青　海	Qinghai	11	10	10	29	94	194	190	30
宁　夏	Ningxia	18	25	48	21	1491	939	1345	26
新　疆	Xinjiang	72	95	92	13	2471	4298	3696	20

14-13 连锁零售企业营业面积和商品销售额

Operating Area of Retail Enterprises and Total Sales of Commodities

地区	Region	零售营业面积（万平方米） Operating Area of Retail Enterprises (10 000 sq.m)				商品销售额（亿元） Total Sales of Commodities (100 million yuan)			
		2010	2016	2017	2017排名 Ranking	2010	2016	2017	2017排名 Ranking
全　国	**National Total**	**12756.8**	**17960.1**	**17329.6**		**27385.4**	**35922.9**	**35629.1**	
北　京	Beijing	595.7	953.4	907.1	7	1964.8	2896.5	3165.8	4
天　津	Tianjin	256.2	190.1	198.8	23	619.0	499.9	512.4	20
河　北	Hebei	528.5	612.0	648.6	10	839.1	939.8	1237.1	10
山　西	Shanxi	115.6	296.6	312.3	19	229.5	442.8	460.4	22
内蒙古	Inner Mongolia	37.4	25.3	36.1	29	467.5	35.9	36.4	29
辽　宁	Liaoning	352.7	400.4	525.7	13	690.4	694.8	717.7	19
吉　林	Jilin	155.8	55.7	61.2	26	104.7	159.4	177.6	26
黑龙江	Heilongjiang	57.7	97.5	61.3	25	170.2	227.4	244.5	24
上　海	Shanghai	895.7	1079.6	1065.4	6	3071.7	3114.4	3198.4	3
江　苏	Jiangsu	1734.2	2397.9	2317.2	1	4392.6	4695.6	4483.5	1
浙　江	Zhejiang	1022.2	1151.3	1131.0	4	1700.5	2031.2	2116.2	5
安　徽	Anhui	382.9	545.3	582.7	11	1038.6	1561.8	1674.7	8
福　建	Fujian	457.2	993.1	1107.2	5	707.3	1236.9	1513.8	9
江　西	Jiangxi	240.9	336.2	344.3	18	713.4	1149.5	1069.3	12
山　东	Shandong	983.2	1836.8	1915.8	2	2098.5	2040.2	2070.9	6
河　南	Henan	513.6	625.9	562.3	12	589.1	876.8	882.1	15
湖　北	Hubei	492.2	711.6	709.5	9	914.5	1863.8	1961.0	7
湖　南	Hunan	405.2	837.9	864.4	8	734.6	1142.9	1210.4	11
广　东	Guangdong	2015.7	2467.8	1454.4	3	3502.1	5076.3	3408.8	2
广　西	Guangxi	339.5	429.0	460.8	15	567.3	790.0	847.3	16
海　南	Hainan	2.8	39.1	39.5	28	1.9	130.9	191.2	25
重　庆	Chongqing	287.3	433.7	462.4	14	614.8	956.2	944.7	14
四　川	Sichuan	191.7	397.5	382.9	16	346.1	821.3	764.0	17
贵　州	Guizhou	8.5	34.2	46.1	27	19.9	71.6	66.8	28
云　南	Yunnan	179.1	205.0	205.8	22	346.4	507.4	462.7	21
西　藏	Tibet	0.4	3.0	3.0	31	0.6	3.6	2.7	31
陕　西	Shaanxi	49.6	258.4	253.0	20	194.4	918.1	985.4	13
甘　肃	Gansu	90.5	70.2	76.3	24	234.5	161.9	173.8	27
青　海	Qinghai	11.3	20.9	19.7	30	14.2	29.1	32.0	30
宁　夏	Ningxia	55.6	104.9	218.4	21	127.0	135.0	286.8	23
新　疆	Xinjiang	297.7	350.1	356.6	17	370.3	712.0	730.9	18

14-14 亿元以上商品交易市场数量和总摊位数

Total Number of Booths and Number of Commodity Exchange Markets Over 100 Million Yuan

单位：个 (unit)

地区	Region	商品交易市场数量 Number of Markets				商品交易市场总摊位数 Total Number of Booths			
		2010	2016	2017	2017排名 Ranking	2010	2016	2017	2017排名 Ranking
全　国	**National Total**	**4940**	**4861**	**4617**		**3547581**	**3983807**	**3898122**	
北　京	Beijing	135	136	114	15	129132	119956	95789	14
天　津	Tianjin	81	55	44	24	56419	44125	35600	25
河　北	Hebei	281	225	217	6	338928	348754	327322	4
山　西	Shanxi	44	32	32	27	34993	26999	27924	27
内蒙古	Inner Mongolia	71	70	69	20	41272	37788	41693	23
辽　宁	Liaoning	222	200	200	7	196337	187633	194730	7
吉　林	Jilin	71	56	53	22	71979	54307	51709	21
黑龙江	Heilongjiang	89	81	78	19	61628	58256	54504	20
上　海	Shanghai	179	150	134	11	76560	62479	61669	19
江　苏	Jiangsu	553	501	487	3	362831	392772	395683	2
浙　江	Zhejiang	695	756	725	1	444617	501894	499381	1
安　徽	Anhui	135	131	129	12	96722	136233	137495	10
福　建	Fujian	159	125	118	14	62956	54702	51678	22
江　西	Jiangxi	93	101	97	17	69195	103730	96707	13
山　东	Shandong	543	554	498	2	373177	413743	390103	3
河　南	Henan	170	144	154	8	125237	151444	175321	9
湖　北	Hubei	160	151	143	10	86895	86427	91735	15
湖　南	Hunan	290	327	326	4	194601	197245	198160	6
广　东	Guangdong	378	336	317	5	220384	258692	251722	5
广　西	Guangxi	89	95	86	18	68918	88771	85158	16
海　南	Hainan	7	5	5	30	4089	3106	2920	31
重　庆	Chongqing	119	151	146	9	89250	109271	107438	11
四　川	Sichuan	105	132	127	13	110280	200053	189072	8
贵　州	Guizhou	33	58	54	21	20835	63888	63709	17
云　南	Yunnan	53	47	37	25	56245	65648	63617	18
西　藏	Tibet		3	3	31		3267	3177	30
陕　西	Shaanxi	41	51	51	23	25620	38748	36225	24
甘　肃	Gansu	42	41	27	28	43686	36731	24767	28
青　海	Qinghai	9	9	9	29	7314	7882	7593	29
宁　夏	Ningxia	26	40	37	25	21555	30553	28912	26
新　疆	Xinjiang	67	98	100	16	55926	98710	106609	12

14-15 亿元以上商品交易市场营业面积和成交额

Operating Area and Turnover of Commodity Exchange Markets Over 100 Million Yuan

地区	Region	商品交易市场营业面积（万平方米） Operating Area (10 000 sq.m)				商品交易市场成交额（亿元） Market Turnover (10 000 yuan)			
		2010	2016	2017	2017排名 Ranking	2010	2016	2017	2017排名 Ranking
全　国	**National Total**	**24832.3**	**30023.4**	**29691.8**		**72703.53**	**102139.7**	**108247.6**	
北　京	Beijing	689.9	724.2	660.2	14	2489.75	3999.61	3922.06	9
天　津	Tianjin	537.0	359.4	316.3	24	2671.86	1430.31	1315.41	18
河　北	Hebei	2599.0	2656.6	2644.7	4	4125.16	5540.40	5918.03	5
山　西	Shanxi	254.3	255.3	250.4	26	487.45	634.55	639.58	24
内蒙古	Inner Mongolia	692.5	757.1	559.7	17	632.81	570.34	693.50	23
辽　宁	Liaoning	821.2	856.7	874.8	11	3465.98	3635.85	4043.97	7
吉　林	Jilin	298.3	322.3	301.1	25	534.03	656.07	550.53	26
黑龙江	Heilongjiang	307.2	365.1	361.1	21	852.78	1086.18	1061.26	20
上　海	Shanghai	784.7	517.5	421.6	19	6479.87	8598.60	8947.86	4
江　苏	Jiangsu	2965.8	3211.6	3510.1	2	11754.31	16900.81	19796.60	1
浙　江	Zhejiang	2511.5	3142.1	3185.7	3	11592.24	16540.55	17279.81	2
安　徽	Anhui	778.5	1273.2	1246.3	9	1737.32	2710.35	3037.72	12
福　建	Fujian	351.6	332.4	330.9	22	1333.95	1612.21	1498.34	17
江　西	Jiangxi	337.3	593.9	658.2	15	1237.87	2066.16	1979.46	16
山　东	Shandong	3447.6	3991.2	3645.8	1	6676.18	9751.47	9362.79	3
河　南	Henan	1019.1	1289.3	1336.5	7	1539.79	3573.04	3623.88	10
湖　北	Hubei	593.2	625.5	664.0	13	1268.77	2210.42	2252.30	14
湖　南	Hunan	883.8	1135.2	1130.3	10	2074.56	3346.50	3939.96	8
广　东	Guangdong	1897.1	1882.9	1759.4	5	4827.40	5512.94	5462.94	6
广　西	Guangxi	338.8	414.6	399.5	20	960.93	954.68	1052.69	21
海　南	Hainan	9.7	70.4	70.3	29	16.30	43.08	42.47	30
重　庆	Chongqing	586.0	803.9	774.4	12	2457.95	3586.53	3532.48	11
四　川	Sichuan	545.9	1224.7	1314.9	8	1152.01	2426.75	2825.02	13
贵　州	Guizhou	131.1	528.1	596.4	16	289.62	1026.16	1097.45	19
云　南	Yunnan	269.2	286.9	239.7	27	602.64	578.11	575.35	25
西　藏	Tibet		3.5	3.5	31		15.09	23.88	31
陕　西	Shaanxi	98.4	337.7	330.3	23	199.44	651.84	878.03	22
甘　肃	Gansu	209.4	191.0	176.6	28	375.17	362.73	278.36	28
青　海	Qinghai	44.5	54.3	55.5	30	30.88	65.74	63.66	29
宁　夏	Ningxia	300.1	451.1	442.3	18	203.48	313.41	347.17	27
新　疆	Xinjiang	529.6	1365.6	1431.3	6	633.03	1739.21	2205.04	15

14-16 限额以上住宿和餐饮业法人企业数和年末从业人员

Number of Corporation Enterprises and Engaged Persons at Year-end of Enterprises above Designated Size in Hotels and Catering Services

地区	Region	法人企业数（个）Number of Corporation Enterprises (unit)				年末从业人员（万人）Engaged Persons at Year-end (10 000 persons)			
		2010	2016	2017	2017排名 Ranking	2010	2016	2017	2017排名 Ranking
全　国	**National Total**	**37308**	**45855**	**45664**		**431.1**	**407.4**	**405.3**	
北　京	Beijing	3377	2288	2258	8	38.0	35.7	37.4	2
天　津	Tianjin	613	622	580	24	8.0	6.3	5.9	22
河　北	Hebei	833	883	885	19	10.7	8.0	8.3	16
山　西	Shanxi	878	804	726	21	12.2	7.4	7.1	18
内蒙古	Inner Mongolia	787	683	620	23	7.7	5.5	5.2	24
辽　宁	Liaoning	1189	859	794	20	11.3	7.2	6.8	19
吉　林	Jilin	438	430	424	25	3.8	3.0	3.0	27
黑龙江	Heilongjiang	479	369	310	27	4.7	2.6	2.3	28
上　海	Shanghai	1856	2402	2376	7	27.9	30.7	31.1	3
江　苏	Jiangsu	2461	3091	2900	2	29.5	28.9	28.0	4
浙　江	Zhejiang	2161	2804	2899	3	29.5	26.1	27.1	5
安　徽	Anhui	1021	1791	1761	13	10.2	12.5	11.9	13
福　建	Fujian	1073	1833	1906	11	14.7	15.4	15.7	9
江　西	Jiangxi	733	820	971	17	7.0	6.5	6.6	20
山　东	Shandong	4130	3138	2886	4	31.2	23.1	22.4	6
河　南	Henan	2295	2870	2649	5	16.8	17.0	16.4	8
湖　北	Hubei	1409	2423	2084	10	14.7	15.4	15.0	11
湖　南	Hunan	1205	1562	1724	14	14.1	13.7	13.9	12
广　东	Guangdong	3910	5119	5402	1	61.0	57.8	58.0	1
广　西	Guangxi	581	841	904	18	7.1	7.4	7.8	17
海　南	Hainan	412	306	305	28	6.6	5.8	5.6	23
重　庆	Chongqing	833	1871	1829	12	10.3	12.6	11.7	14
四　川	Sichuan	1532	2546	2524	6	17.6	19.0	17.5	7
贵　州	Guizhou	368	1084	1233	15	3.5	5.2	6.0	21
云　南	Yunnan	603	1086	1147	16	7.1	8.8	8.7	15
西　藏	Tibet	46	78	81	31	0.5	0.6	0.6	31
陕　西	Shaanxi	1182	1926	2109	9	14.9	15.1	15.3	10
甘　肃	Gansu	399	678	712	22	4.4	4.7	4.9	25
青　海	Qinghai	90	141	150	29	1.1	1.2	1.1	30
宁　夏	Ningxia	140	143	145	30	1.7	1.2	1.2	29
新　疆	Xinjiang	274	364	370	26	3.4	3.1	3.3	26

注：限额以上住宿和餐饮业统计单位为：年主营业务收入200万元及以上(以下有关各表同)。

Note: The statistical unit of the enterprises of hotel and catering services above the designated size is the annual income of main business at and over 2 million yuan. The same applies to the tables followed.

14-17 限额以上住宿和餐饮业营业额

Business Revenue of Enterprises above Designated Size in Hotels and Catering Services

单位：亿元 (100 million yuan)

地区	Region	营业额 Business Revenue 2010	2016	2017	2017排名 Ranking	其中：餐费收入 From Meals 2010	2016	2017	2017排名 Ranking
全　国	**National Total**	**5992.9**	**8938.2**	**9276.7**		**4037.1**	**5968.0**	**6135.4**	
北　京	Beijing	698.9	945.7	1040.2	2	469.2	645.5	716.8	3
天　津	Tianjin	109.5	138.0	140.4	17	83.8	100.9	99.2	16
河　北	Hebei	101.3	103.0	112.7	21	63.8	60.1	65.1	18
山　西	Shanxi	121.1	80.6	85.2	23	79.1	51.0	53.3	22
内蒙古	Inner Mongolia	87.4	92.8	84.2	24	58.0	61.2	54.4	21
辽　宁	Liaoning	189.2	171.7	169.8	15	134.5	117.6	119.0	15
吉　林	Jilin	46.8	61.5	56.8	26	28.5	37.1	33.0	26
黑龙江	Heilongjiang	62.7	48.6	43.0	28	39.7	23.4	19.5	28
上　海	Shanghai	557.5	952.0	1015.5	3	392.3	709.4	770.1	2
江　苏	Jiangsu	423.3	609.6	649.9	5	302.8	427.3	450.4	4
浙　江	Zhejiang	470.1	606.5	664.0	4	318.5	405.8	422.1	5
安　徽	Anhui	106.7	215.4	217.4	14	67.6	146.7	148.8	14
福　建	Fujian	197.7	352.6	413.9	7	138.4	239.9	283.4	7
江　西	Jiangxi	76.7	108.1	114.3	20	44.4	62.6	64.5	20
山　东	Shandong	480.7	561.5	494.6	6	347.6	381.2	320.3	6
河　南	Henan	199.0	354.0	320.3	11	129.7	221.8	193.2	12
湖　北	Hubei	169.3	371.3	371.0	8	117.2	264.8	255.4	8
湖　南	Hunan	178.0	285.6	303.7	12	108.5	173.7	186.6	13
广　东	Guangdong	843.6	1231.0	1322.5	1	582.4	814.0	872.4	1
广　西	Guangxi	67.6	108.4	124.3	18	37.2	56.4	64.8	19
海　南	Hainan	88.7	109.8	121.5	19	33.9	37.7	41.1	25
重　庆	Chongqing	134.4	358.6	321.1	10	98.0	270.7	238.2	9
四　川	Sichuan	215.1	398.5	355.7	9	144.3	268.7	234.8	10
贵　州	Guizhou	32.1	92.2	105.5	22	17.9	45.2	52.8	23
云　南	Yunnan	73.7	145.6	160.1	16	36.4	75.8	85.4	17
西　藏	Tibet	4.4	8.7	9.8	31	1.5	2.7	2.7	31
陕　西	Shaanxi	156.8	271.7	303.0	13	102.0	180.0	203.0	11
甘　肃	Gansu	37.1	78.0	75.5	25	23.8	46.0	43.6	24
青　海	Qinghai	9.0	13.5	13.1	30	4.9	6.6	5.9	30
宁　夏	Ningxia	16.0	15.1	15.7	29	10.0	9.3	9.4	29
新　疆	Xinjiang	38.9	48.6	52.1	27	21.3	24.7	26.2	27

14-18 限额以上住宿业和餐饮业主营业务收入和主营业务成本

Revenue from Principal Business and Cost of Principal Business for Hotel Industry and Catering Industry

单位：亿元 (100 million yuan)

地区	Region	主营业务收入 Revenue from Principal Business				主营业务成本 Cost of Principal Business			
		2010	2016	2017	2017排名 Ranking	2010	2016	2017	2017排名 Ranking
全　国	**National Total**	**5991.95**	**8643.27**	**8735.56**		**2577.94**	**4054.66**	**4088.98**	
北　京	Beijing	702.04	907.00	979.23	2	257.57	321.66	353.34	3
天　津	Tianjin	108.11	133.61	131.25	17	45.74	60.71	58.19	17
河　北	Hebei	100.93	100.47	107.09	21	47.22	46.22	47.14	21
山　西	Shanxi	120.41	77.02	80.53	24	56.40	35.68	36.10	24
内蒙古	Inner Mongolia	88.70	91.80	81.58	23	44.98	48.69	38.99	22
辽　宁	Liaoning	187.58	168.75	164.56	15	85.05	73.24	70.48	16
吉　林	Jilin	46.48	61.09	53.89	26	22.87	30.57	25.11	26
黑龙江	Heilongjiang	62.71	47.37	41.35	28	25.54	21.45	18.04	28
上　海	Shanghai	554.14	896.09	945.35	3	197.65	354.39	374.32	2
江　苏	Jiangsu	420.19	590.52	613.32	4	186.46	279.34	292.13	4
浙　江	Zhejiang	506.89	587.53	602.93	5	227.66	253.18	255.87	5
安　徽	Anhui	105.45	209.62	208.32	14	49.85	112.87	110.75	14
福　建	Fujian	195.90	342.23	391.23	7	84.83	181.06	215.03	7
江　西	Jiangxi	74.07	106.54	111.42	20	39.35	52.97	55.37	18
山　东	Shandong	473.94	555.16	470.02	6	242.05	309.42	253.37	6
河　南	Henan	197.88	340.20	300.55	10	108.70	198.95	167.45	11
湖　北	Hubei	166.67	357.36	344.89	8	78.97	194.31	181.75	8
湖　南	Hunan	174.52	276.84	288.36	13	79.05	148.05	155.63	13
广　东	Guangdong	840.87	1197.57	1255.61	1	337.68	530.71	571.08	1
广　西	Guangxi	66.92	103.73	116.37	19	23.82	42.89	48.95	20
海　南	Hainan	88.78	110.20	117.82	18	23.53	28.97	34.02	25
重　庆	Chongqing	131.28	346.37	297.73	11	72.84	201.41	176.85	9
四　川	Sichuan	212.96	385.45	335.79	9	85.01	190.44	172.22	10
贵　州	Guizhou	31.58	88.72	99.87	22	12.53	47.55	53.85	19
云　南	Yunnan	73.25	137.29	149.33	16	28.40	67.19	79.55	15
西　藏	Tibet	4.35	8.51	9.05	31	1.29	2.42	3.14	31
陕　西	Shaanxi	155.30	264.21	288.81	12	68.47	144.03	165.22	12
甘　肃	Gansu	37.05	76.61	71.98	25	16.58	41.59	38.25	23
青　海	Qinghai	8.83	13.06	12.63	30	3.41	6.14	6.07	30
宁　夏	Ningxia	15.83	14.75	15.08	29	6.81	6.65	7.13	29
新　疆	Xinjiang	38.35	47.60	49.62	27	17.64	21.92	23.58	27

14-19 限额以上住宿业和餐饮业主营业务税金及附加和主营业务利润

Tax and Other Charges on Principal Business and Profits from Principal Business for Hotel Industry and Catering Industry

单位：亿元 (100 million yuan)

地区	Region	主营业务税金及附加 Tax and Other Charges on Principal Business				主营业务利润 Profits from Principal Business			
		2010	2016	2017	2017排名 Ranking	2010	2016	2017	2017排名 Ranking
全　国	**National Total**	**314.88**	**224.04**	**117.28**		**3029.39**	**4364.57**	**4529.31**	
北　京	Beijing	37.05	20.39	10.52	2	407.36	564.95	615.38	2
天　津	Tianjin	5.82	2.84	0.73	27	56.40	70.07	72.33	17
河　北	Hebei	5.64	2.66	1.82	20	46.93	51.59	58.12	20
山　西	Shanxi	8.27	2.03	1.13	24	49.69	39.32	43.30	23
内蒙古	Inner Mongolia	4.34	1.97	1.13	23	40.03	41.14	41.47	24
辽　宁	Liaoning	9.53	4.13	2.57	16	83.76	91.38	91.52	15
吉　林	Jilin	2.33	1.63	1.03	25	20.56	28.89	27.75	26
黑龙江	Heilongjiang	4.58	1.47	0.83	26	31.34	24.45	22.48	28
上　海	Shanghai	28.95	19.78	5.83	7	327.54	521.92	565.20	3
江　苏	Jiangsu	21.42	14.43	7.35	3	206.42	296.75	313.83	5
浙　江	Zhejiang	25.72	14.17	5.13	13	253.44	320.18	341.92	4
安　徽	Anhui	5.76	5.69	3.39	15	48.32	91.05	94.17	14
福　建	Fujian	10.84	8.44	5.79	9	96.68	152.73	170.40	7
江　西	Jiangxi	4.37	3.18	2.25	18	51.34	50.39	53.80	21
山　东	Shandong	22.51	14.63	6.74	6	207.67	231.11	209.91	6
河　南	Henan	8.94	10.53	7.08	5	80.23	130.72	126.03	10
湖　北	Hubei	8.50	11.10	5.83	8	75.46	151.95	157.32	9
湖　南	Hunan	8.43	9.02	7.21	4	46.13	119.77	125.53	11
广　东	Guangdong	46.45	29.49	12.50	1	458.79	637.36	672.02	1
广　西	Guangxi	3.75	2.92	1.94	19	36.31	57.93	65.48	19
海　南	Hainan	4.85	3.22	2.43	17	53.95	78.00	81.38	16
重　庆	Chongqing	4.90	9.15	5.26	12	48.07	135.81	115.62	13
四　川	Sichuan	11.68	10.64	5.52	10	116.28	184.37	158.05	8
贵　州	Guizhou	1.86	2.53	1.73	21	16.89	38.65	44.28	22
云　南	Yunnan	3.93	4.07	3.48	14	40.84	66.03	66.29	18
西　藏	Tibet	0.24	0.22	0.09	31	2.82	5.87	5.82	31
陕　西	Shaanxi	8.45	9.16	5.32	11	77.83	111.03	118.26	12
甘　肃	Gansu	2.24	2.72	1.53	22	18.23	32.30	32.21	25
青　海	Qinghai	0.48	0.27	0.18	30	4.72	6.66	6.38	30
宁　夏	Ningxia	0.85	0.42	0.23	29	8.13	7.68	7.72	29
新　疆	Xinjiang	2.20	1.15	0.71	28	17.19	24.53	25.33	27

14-20 限额以上住宿业和餐饮业其他业务利润和销售费用
Profits from Other Business and Sales Expenses for Hotel Industry and Catering Industry

单位：亿元 (100 million yuan)

地区	Region	其他业务利润 Profits from Other Business				销售费用 Sales Expenses			
		2010	2016	2017	2017排名 Ranking	2010	2016	2017	2017排名 Ranking
全　国	**National Total**	**33.36**	**136.68**	**109.98**		**1707.93**	**2429.53**	**2528.58**	
北　京	Beijing	3.44	7.19	10.37	2	239.42	342.60	367.08	2
天　津	Tianjin	1.52	3.41	1.47	22	35.09	46.08	45.81	16
河　北	Hebei	0.37	1.59	1.11	23	30.17	35.78	37.86	17
山　西	Shanxi	0.74	1.85	2.09	16	39.35	29.59	29.90	21
内蒙古	Inner Mongolia	0.29	1.18	0.48	28	17.30	22.91	24.19	23
辽　宁	Liaoning	0.27	23.31	2.64	11	48.07	54.82	54.61	12
吉　林	Jilin	0.14	2.80	4.29	9	10.20	15.54	15.24	27
黑龙江	Heilongjiang	0.12	1.38	0.47	29	11.28	13.36	12.64	28
上　海	Shanghai	3.30	28.74	21.87	1	188.40	324.06	346.38	3
江　苏	Jiangsu	1.31	3.48	4.65	8	119.36	162.07	172.54	5
浙　江	Zhejiang	4.34	11.86	9.73	3	139.95	180.30	191.50	4
安　徽	Anhui	0.57	3.01	1.85	18	28.52	49.20	50.44	14
福　建	Fujian	1.57	2.73	5.74	6	54.72	82.91	88.01	7
江　西	Jiangxi	0.11	1.29	1.79	20	14.73	24.85	25.69	22
山　东	Shandong	2.27	3.76	7.11	5	88.86	103.97	108.68	6
河　南	Henan	0.96	2.48	2.89	10	37.86	51.28	51.52	13
湖　北	Hubei	0.66	1.92	2.58	12	45.71	78.22	85.61	8
湖　南	Hunan	1.00	3.53	2.52	13	33.82	55.72	56.32	11
广　东	Guangdong	4.67	12.19	8.14	4	279.33	378.56	395.61	1
广　西	Guangxi	0.85	1.86	1.82	19	23.14	34.09	37.57	18
海　南	Hainan	0.24	1.84	2.36	14	24.43	34.05	37.15	19
重　庆	Chongqing	0.55	2.13	1.60	21	24.18	56.70	48.81	15
四　川	Sichuan	1.26	4.53	4.69	7	64.67	97.34	84.44	9
贵　州	Guizhou	0.20	1.37	0.75	25	9.93	15.52	17.97	25
云　南	Yunnan	1.02	1.40	2.03	17	22.01	32.32	31.40	20
西　藏	Tibet	0.10	0.23	0.04	31	1.69	3.83	3.62	31
陕　西	Shaanxi	0.96	2.78	2.23	15	43.78	61.51	64.88	10
甘　肃	Gansu	0.10	1.40	1.03	24	11.03	16.93	18.02	24
青　海	Qinghai	0.08	0.44	0.63	27	3.03	4.51	4.10	30
宁　夏	Ningxia	0.07	0.26	0.32	30	5.55	5.45	5.30	29
新　疆	Xinjiang	0.27	0.74	0.68	26	12.35	15.44	15.67	26

14-21　限额以上住宿业和餐饮业管理费用和财务费用
Administrative Expenses and Financial Expenses for Hotel Industry and Catering Industry

单位：亿元　　(100 million yuan)

地区	Region	管理费用 Administrative Expenses				财务费用 Financial Expenses			
		2010	2016	2017	2017排名 Ranking	2010	2016	2017	2017排名 Ranking
全　国	**National Total**	**1069.56**	**1610.39**	**1641.30**		**143.47**	**251.38**	**231.41**	
北　京	Beijing	151.19	191.88	202.54	2	15.05	22.67	18.90	3
天　津	Tianjin	17.51	27.27	29.15	18	1.47	2.88	3.51	22
河　北	Hebei	19.77	26.15	27.44	19	3.35	5.88	6.27	14
山　西	Shanxi	30.76	20.46	19.94	24	3.39	2.59	3.03	23
内蒙古	Inner Mongolia	14.29	20.56	19.94	23	1.51	3.20	1.94	25
辽　宁	Liaoning	35.81	39.07	38.57	14	3.34	6.67	6.27	15
吉　林	Jilin	9.02	14.05	13.46	26	1.04	2.12	1.89	26
黑龙江	Heilongjiang	7.97	11.17	11.93	28	0.60	1.06	1.16	28
上　海	Shanghai	101.23	152.35	165.41	3	11.92	12.78	10.98	7
江　苏	Jiangsu	77.83	122.57	123.16	5	11.20	18.22	15.92	4
浙　江	Zhejiang	91.96	127.74	133.25	4	18.02	24.77	23.17	2
安　徽	Anhui	18.00	34.66	35.27	16	3.49	8.00	7.53	12
福　建	Fujian	35.23	58.63	62.76	7	5.07	9.02	9.47	9
江　西	Jiangxi	9.53	21.05	21.61	21	1.68	4.89	4.64	19
山　东	Shandong	61.12	80.54	79.03	6	10.00	15.48	12.69	5
河　南	Henan	26.13	43.56	44.17	13	4.35	9.10	8.66	10
湖　北	Hubei	25.49	57.35	46.67	10	4.26	8.98	8.13	11
湖　南	Hunan	28.98	48.50	50.20	9	5.94	9.03	9.48	8
广　东	Guangdong	139.47	211.47	216.32	1	17.40	33.89	29.94	1
广　西	Guangxi	15.63	23.55	25.90	20	2.10	4.84	4.32	21
海　南	Hainan	24.93	44.77	44.99	11	1.85	3.88	4.67	18
重　庆	Chongqing	16.49	40.74	37.11	15	2.46	8.08	6.91	13
四　川	Sichuan	39.79	64.12	55.58	8	5.96	12.84	11.72	6
贵　州	Guizhou	7.28	17.47	20.76	22	0.99	4.72	5.25	17
云　南	Yunnan	17.80	32.44	34.64	17	1.72	5.73	5.58	16
西　藏	Tibet	0.87	3.45	3.75	30	0.05	0.09	0.14	31
陕　西	Shaanxi	26.87	43.34	44.49	12	3.01	5.46	4.62	20
甘　肃	Gansu	6.05	12.38	13.52	25	0.62	1.91	2.18	24
青　海	Qinghai	2.08	3.09	3.30	31	0.53	0.35	0.57	30
宁　夏	Ningxia	3.05	4.06	3.90	29	0.67	0.80	0.67	29
新　疆	Xinjiang	7.43	11.96	12.53	27	0.44	1.44	1.21	27

14-22 限额以上住宿业和餐饮业营业利润和利润总额
Operating Profits and Total Profits for Hotel Industry and Catering Industry

单位：亿元 (100 million yuan)

地区	Region	营业利润 Operating Profits				利润总额 Total Profits			
		2010	2016	2017	2017排名 Ranking	2010	2016	2017	2017排名 Ranking
全　国	**National Total**	**243.20**	**185.90**	**240.00**		**244.33**	**204.89**	**267.25**	
北　京	Beijing	8.41	28.83	52.25	2	10.27	31.40	57.57	2
天　津	Tianjin	4.01	-3.62	-2.57	24	3.82	-3.06	-1.60	21
河　北	Hebei	-4.70	-13.42	-12.93	31	-4.47	-11.76	-11.53	31
山　西	Shanxi	0.72	-13.07	-10.18	30	-0.84	-11.52	-9.73	30
内蒙古	Inner Mongolia	8.75	-4.59	-4.67	28	6.59	-5.65	-6.82	29
辽　宁	Liaoning	8.69	-12.67	-9.36	29	7.55	-11.87	-6.64	28
吉　林	Jilin	1.34	-2.63	-2.45	23	2.04	-2.95	-1.61	22
黑龙江	Heilongjiang	12.80	-0.69	-2.65	25	11.41	-0.59	-2.21	25
上　海	Shanghai	29.29	44.21	61.79	1	35.12	51.62	68.75	1
江　苏	Jiangsu	4.03	-1.77	6.59	11	5.96	-1.08	9.33	12
浙　江	Zhejiang	8.52	-0.93	5.92	12	14.09	2.83	10.67	9
安　徽	Anhui	0.10	1.48	2.73	15	1.28	3.59	4.76	14
福　建	Fujian	7.29	6.50	14.00	8	7.79	7.75	13.16	8
江　西	Jiangxi	5.14	0.43	2.83	14	4.28	0.22	2.96	15
山　东	Shandong	52.31	33.39	11.77	9	47.79	34.92	14.49	7
河　南	Henan	12.86	28.34	23.22	5	11.35	28.27	25.48	4
湖　北	Hubei	3.81	18.15	19.30	6	3.06	15.91	18.34	6
湖　南	Hunan	18.91	7.93	15.26	7	7.28	6.41	9.82	11
广　东	Guangdong	30.74	22.84	39.66	3	31.97	25.86	46.35	3
广　西	Guangxi	-0.38	-2.90	-1.03	18	-0.64	-2.10	-0.79	18
海　南	Hainan	9.97	-1.82	-1.08	20	9.54	-3.44	-3.66	26
重　庆	Chongqing	8.90	31.80	25.82	4	7.46	28.69	23.26	5
四　川	Sichuan	7.12	25.86	10.78	10	16.07	25.02	10.61	10
贵　州	Guizhou	0.12	2.13	0.82	16	0.12	1.93	1.29	16
云　南	Yunnan	0.68	-2.79	-3.37	27	1.27	-2.69	-4.32	27
西　藏	Tibet	0.30	-0.94	-1.04	19	0.28	-0.99	-0.91	19
陕　西	Shaanxi	5.65	1.20	5.66	13	4.83	1.36	5.49	13
甘　肃	Gansu	0.63	1.27	-0.54	17	0.59	1.94	-0.40	17
青　海	Qinghai	-0.12	-1.12	-1.31	21	-0.09	-1.03	-1.12	20
宁　夏	Ningxia	-1.01	-2.54	-2.02	22	-0.82	-2.44	-1.96	24
新　疆	Xinjiang	-1.64	-2.97	-3.20	26	-0.61	-1.69	-1.78	23

14-23 限额以上住宿业和餐饮业应交所得税和应付职工薪酬

Income Tax Payable and Salaries Payable for Hotel Industry and Catering Industry

单位：亿元 (100 million yuan)

地区	Region	应交所得税 Income Tax Payable				应付职工薪酬 Salaries Payable			
		2010	2016	2017	2017排名 Ranking	2010	2016	2017	2017排名 Ranking
全　国	**National Total**	**75.71**	**91.87**	**112.01**		**900.97**	**1774.28**	**2005.36**	
北　京	Beijing	9.88	13.85	20.84	1	117.80	244.36	265.12	2
天　津	Tianjin	1.74	1.33	1.35	16	15.96	31.39	33.43	19
河　北	Hebei	0.53	0.36	0.43	23	18.46	29.44	32.37	20
山　西	Shanxi	2.15	0.23	0.40	24	18.17	21.48	38.79	17
内蒙古	Inner Mongolia	1.07	0.23	0.27	27	15.15	18.99	20.23	25
辽　宁	Liaoning	2.74	1.35	1.79	15	22.95	24.90	24.59	23
吉　林	Jilin	0.31	0.22	0.20	28	6.96	12.05	50.42	13
黑龙江	Heilongjiang	0.46	0.32	0.38	25	9.13	8.62	7.94	28
上　海	Shanghai	8.68	15.58	19.12	2	72.68	170.68	185.54	3
江　苏	Jiangsu	4.81	6.62	7.20	4	64.12	115.34	122.05	5
浙　江	Zhejiang	6.36	6.45	6.59	5	64.03	127.65	164.81	4
安　徽	Anhui	1.14	1.45	2.93	12	17.19	39.79	44.59	16
福　建	Fujian	2.78	2.76	4.58	7	29.38	64.94	70.32	7
江　西	Jiangxi	0.58	0.73	0.57	21	10.99	20.88	45.19	14
山　东	Shandong	8.15	7.84	5.70	6	57.80	90.82	94.23	6
河　南	Henan	2.49	2.00	4.34	8	24.96	55.01	54.46	12
湖　北	Hubei	1.70	3.59	3.78	9	25.73	60.93	63.05	9
湖　南	Hunan	1.83	1.03	2.20	14	26.47	50.39	54.71	11
广　东	Guangdong	10.56	13.10	15.64	3	140.32	270.86	289.89	1
广　西	Guangxi	0.52	0.88	0.92	19	11.95	23.54	26.43	22
海　南	Hainan	0.56	1.11	1.03	18	13.38	31.94	32.30	21
重　庆	Chongqing	1.17	2.26	3.05	11	17.85	50.30	44.77	15
四　川	Sichuan	2.72	3.47	3.38	10	17.48	64.63	62.59	10
贵　州	Guizhou	0.19	0.75	0.86	20	6.06	17.33	20.82	24
云　南	Yunnan	0.87	0.97	1.17	17	13.52	31.46	37.05	18
西　藏	Tibet	0.02	0.04	0.04	30	1.01	3.61	3.19	31
陕　西	Shaanxi	1.05	1.28	2.25	13	26.24	52.46	68.78	8
甘　肃	Gansu	0.22	0.78	0.52	22	6.76	16.26	17.91	26
青　海	Qinghai	0.02	0.02	0.03	31	1.90	6.69	6.37	30
宁　夏	Ningxia	0.09	0.04	0.05	29	3.09	4.09	7.38	29
新　疆	Xinjiang	0.34	1.23	0.38	26	7.08	13.45	16.05	27

14-24 连锁餐饮企业总店数和门店总数
Number of Head Stores and Number of Stores

单位：个 (unit)

地区 Region	总店数 Number of Head Stores				门店总数 Number of Stores			
	2010	2016	2017	2017排名 Ranking	2010	2016	2017	2017排名 Ranking
全　国 National Total	**415**	**459**	**463**		**15333**	**25634**	**27478**	
北　京 Beijing	78	81	82	1	2316	4734	5133	1
天　津 Tianjin	12	7	7	15	307	517	573	14
河　北 Hebei	1	1	4	23	7	6	18	26
山　西 Shanxi	7	5	5	19	93	107	109	22
内蒙古 Inner Mongolia	7	5	5	19	1153	130	120	21
辽　宁 Liaoning	9	12	11	12	394	715	730	11
吉　林 Jilin	1	1	1	27	14	18	19	25
黑龙江 Heilongjiang	8	7	5	19	69	66	65	23
上　海 Shanghai	27	38	38	3	1773	3603	3888	3
江　苏 Jiangsu	23	21	21	8	1065	1527	1598	6
浙　江 Zhejiang	34	26	26	5	1289	1741	1940	5
安　徽 Anhui	7	9	8	14	186	690	747	10
福　建 Fujian	16	12	25	6	764	567	703	12
江　西 Jiangxi	8	6	5	19	69	133	151	20
山　东 Shandong	15	16	17	10	290	579	646	13
河　南 Henan	17	19	16	11	183	214	217	18
湖　北 Hubei	25	30	34	4	310	906	1089	8
湖　南 Hunan	9	21	21	8	160	1101	1133	7
广　东 Guangdong	56	70	67	2	1990	3984	4158	2
广　西 Guangxi	2	3	3	24	63	187	247	17
海　南 Hainan		1	1	27		7	7	28
重　庆 Chongqing	18	26	25	6	2038	2411	2460	4
四　川 Sichuan	10	13	10	13	369	951	973	9
贵　州 Guizhou	1	2	2	26	10	13	18	26
云　南 Yunnan	7	11	7	15	213	319	249	16
西　藏 Tibet	1	1	1	27	3	3	3	29
陕　西 Shaanxi	4	5	7	15	77	202	282	15
甘　肃 Gansu	1	3	3	24	4	36	37	24
青　海 Qinghai	4				12			
宁　夏 Ningxia	1				6			
新　疆 Xinjiang	6	7	6	18	106	167	165	19

14-25 连锁餐饮企业营业面积和营业额
Operating Area of Catering Enterprises and Business Revenue

地区	Region	餐饮营业面积（万平方米） Operating Area of Catering Enterprises (10 000 sq.m)				营业额（亿元） Business Revenue (100 million yuan)			
		2010	2016	2017	2017排名 Ranking	2010	2016	2017	2017排名 Ranking
全　国	**National Total**	**742.65**	**1036.90**	**1075.40**		**955.42**	**1635.15**	**1735.48**	
北　京	Beijing	130.33	197.77	204.40	1	160.82	330.42	380.24	1
天　津	Tianjin	6.74	19.90	21.10	13	31.03	38.92	42.61	12
河　北	Hebei	1.49	2.08	3.70	23	1.78	0.67	1.58	25
山　西	Shanxi	8.37	6.29	6.50	19	8.44	7.18	7.49	21
内蒙古	Inner Mongolia	62.23	7.80	7.30	16	49.16	13.69	13.67	17
					29				
辽　宁	Liaoning	15.83	26.02	27.60	12	38.48	57.14	57.71	9
吉　林	Jilin	0.63	0.96	0.90	27	0.44	0.70	0.59	28
黑龙江	Heilongjiang	5.18	3.12	2.80	24	3.61	3.33	3.64	23
					29				
上　海	Shanghai	42.24	103.46	126.50	4	104.18	222.52	245.52	3
江　苏	Jiangsu	38.82	49.12	50.30	8	64.06	93.67	101.57	6
浙　江	Zhejiang	87.03	76.96	69.00	5	85.09	98.24	107.61	5
安　徽	Anhui	26.14	40.51	35.90	10	7.77	18.49	21.05	14
福　建	Fujian	18.07	15.92	20.70	14	37.78	27.10	34.82	13
江　西	Jiangxi	4.55	6.44	6.20	20	5.56	8.57	9.31	20
山　东	Shandong	14.46	36.99	38.10	9	21.91	45.89	53.69	11
					29				
河　南	Henan	9.24	7.52	6.60	17	8.58	10.60	11.04	19
湖　北	Hubei	29.06	54.77	56.90	7	32.76	62.19	69.68	7
湖　南	Hunan	8.10	61.88	64.70	6	12.37	59.29	61.38	8
广　东	Guangdong	71.42	113.46	134.60	2	133.82	259.82	267.58	2
广　西	Guangxi	2.40	4.71	5.90	21	4.65	11.17	12.53	18
海　南	Hainan		0.26	0.30	28		0.78	0.95	26
					29				
重　庆	Chongqing	128.66	131.31	130.10	3	99.23	125.70	131.19	4
四　川	Sichuan	14.14	44.24	28.80	11	21.70	102.37	57.03	10
贵　州	Guizhou	2.21	1.97	1.90	25	1.60	0.73	0.68	27
云　南	Yunnan	7.95	8.10	6.60	17	8.72	15.21	15.10	16
西　藏	Tibet	0.05	0.05	0.00	29	0.03	0.08	0.09	29
					29				
陕　西	Shaanxi	3.19	9.70	12.60	15	7.50	12.53	17.82	15
甘　肃	Gansu	0.54	1.35	1.40	26	0.60	3.12	3.25	24
青　海	Qinghai	1.10			29	0.57			
宁　夏	Ningxia	0.21			29	0.07			
新　疆	Xinjiang	2.28	4.25	4.10	22	3.09	5.00	6.04	22

14-26 货物进出口总额
Total Value of Imports and Exports of Goods

单位：亿美元 （100 million USD）

地区	Region	按经营单位所在地分货物进出口总额 By Location of Imports/Exports				按境内目的地和货源地分货物进出口总额 By Place of Destination or Origin in China			
		2010	2015	2017	2017排名 Ranking	2010	2016	2017	2017排名 Ranking
全　国	**National Total**	**29739.98**	**39530.33**	**41071.60**		**29739.98**	**36855.57**	**41071.60**	
北　京	Beijing	3017.22	3194.41	3240.20	5	1106.94	1223.22	1216.20	8
天　津	Tianjin	821.00	1142.83	1129.20	8	916.12	1069.74	1216.90	7
河　北	Hebei	420.60	515.14	498.60	15	620.52	749.91	815.40	10
山　西	Shanxi	125.76	146.81	171.90	24	138.60	188.39	207.90	22
内蒙古	Inner Mongolia	87.30	127.31	138.70	25	116.82	132.25	158.90	25
辽　宁	Liaoning	807.12	959.47	996.00	9	952.92	961.28	1125.30	9
吉　林	Jilin	168.45	188.77	185.40	23	170.23	192.41	197.90	23
黑龙江	Heilongjiang	255.15	210.12	189.50	22	183.39	139.42	167.10	24
上　海	Shanghai	3689.51	4492.41	4762.00	3	3654.43	4046.14	4473.50	3
江　苏	Jiangsu	4657.99	5455.60	5907.80	2	4987.83	5471.36	6364.90	2
浙　江	Zhejiang	2535.35	3467.84	3779.10	4	2872.50	3434.49	3839.70	4
安　徽	Anhui	242.73	478.45	540.20	14	233.80	409.69	509.90	15
福　建	Fujian	1087.83	1688.46	1710.20	7	1105.50	1368.04	1530.80	6
江　西	Jiangxi	216.19	424.00	443.40	17	209.53	353.62	369.20	18
山　东	Shandong	1891.56	2406.08	2645.50	6	2251.60	2733.96	3162.90	5
河　南	Henan	178.32	737.81	776.30	10	200.15	741.14	813.70	11
湖　北	Hubei	259.32	455.53	463.40	16	260.29	390.15	462.00	16
湖　南	Hunan	146.56	293.02	360.30	19	156.08	231.54	300.10	20
广　东	Guangdong	7848.96	10224.96	10066.80	1	8340.06	10601.24	11136.60	1
广　西	Guangxi	177.39	510.91	578.80	13	195.49	439.05	526.00	14
海　南	Hainan	86.49	139.67	103.70	26	103.71	121.74	136.50	26
重　庆	Chongqing	124.27	744.67	666.00	12	118.29	518.51	565.70	13
四　川	Sichuan	326.94	511.89	681.10	11	262.96	480.57	666.20	12
贵　州	Guizhou	31.47	122.21	81.60	27	34.58	52.04	81.20	27
云　南	Yunnan	134.30	244.91	234.50	20	103.33	174.14	213.90	21
西　藏	Tibet	8.36	9.14	8.60	30	5.89	5.92	6.10	30
陕　西	Shaanxi	121.02	304.99	402.00	18	117.04	294.69	405.60	17
甘　肃	Gansu	74.03	79.52	48.30	29	73.88	44.70	50.00	28
青　海	Qinghai	7.89	19.34	6.60	31	8.18	5.20	4.50	31
宁　夏	Ningxia	19.60	37.39	50.40	28	25.67	31.03	43.30	29
新　疆	Xinjiang	171.30	196.69	205.70	21	213.63	249.99	303.90	19

14-27 按经营单位所在地分货物进出口总额构成
Composition of Total Imports and Exports by Location of Business Unit

单位：亿美元 （100 million USD）

地区	Region	货物出口总额 Total Exports				货物进口总额 Total Imports			
		2010	2015	2017	2017排名 Ranking	2010	2015	2017	2017排名 Ranking
全　国	**National Total**	**15777.54**	**22734.68**	**22633.70**		**13962.44**	**16795.64**	**18437.90**	
北　京	Beijing	554.36	546.67	585.70	7	2462.85	2647.74	2654.50	3
天　津	Tianjin	374.85	511.63	435.60	10	446.15	631.20	693.60	7
河　北	Hebei	225.56	329.33	313.60	14	195.04	185.81	185.00	15
山　西	Shanxi	47.03	84.21	102.00	22	78.73	62.61	69.90	24
内蒙古	Inner Mongolia	33.34	56.50	48.80	25	53.95	70.81	90.00	23
辽　宁	Liaoning	430.99	507.11	448.70	9	376.13	452.36	547.30	9
吉　林	Jilin	44.76	46.14	44.20	26	123.69	142.64	141.20	18
黑龙江	Heilongjiang	162.81	80.35	52.10	24	92.35	129.77	137.40	19
上　海	Shanghai	1807.14	1959.13	1936.40	4	1882.37	2533.28	2825.50	2
江　苏	Jiangsu	2705.39	3386.45	3630.30	2	1952.60	2069.16	2277.50	4
浙　江	Zhejiang	1804.65	2763.32	2867.90	3	730.70	704.52	911.10	6
安　徽	Anhui	124.13	322.70	306.00	15	118.60	155.74	234.30	14
福　建	Fujian	714.93	1126.80	1049.20	6	372.90	561.66	661.00	8
江　西	Jiangxi	134.16	331.17	324.90	13	82.03	92.83	118.50	22
山　东	Shandong	1042.26	1439.26	1470.40	5	849.31	966.82	1175.10	5
河　南	Henan	105.29	430.61	470.30	8	73.02	307.19	306.00	10
湖　北	Hubei	144.42	292.12	304.90	16	114.90	163.41	158.50	16
湖　南	Hunan	79.56	191.37	231.70	19	67.00	101.65	128.60	20
广　东	Guangdong	4531.91	6431.72	6228.70	1	3317.05	3793.24	3838.10	1
广　西	Guangxi	96.03	279.34	280.90	17	81.36	231.57	297.90	12
海　南	Hainan	23.20	37.43	43.70	27	63.28	102.24	60.10	25
重　庆	Chongqing	74.89	551.87	426.00	11	49.38	192.80	240.10	13
四　川	Sichuan	188.41	330.93	375.50	12	138.53	180.96	305.50	11
贵　州	Guizhou	19.20	99.49	57.90	23	12.27	22.73	23.70	28
云　南	Yunnan	76.06	166.16	114.70	21	58.24	78.76	119.80	21
西　藏	Tibet	7.71	5.87	4.30	30	0.65	3.27	4.30	30
陕　西	Shaanxi	62.08	147.89	245.40	18	58.93	157.10	156.60	17
甘　肃	Gansu	16.38	58.12	17.10	29	57.65	21.40	31.20	26
青　海	Qinghai	4.66	16.42	4.20	31	3.23	2.93	2.30	31
宁　夏	Ningxia	11.70	29.63	36.50	28	7.90	7.76	13.90	29
新　疆	Xinjiang	129.69	174.96	176.30	20	41.61	21.73	29.40	27

14-28 按境内目的地和货源地分货物进出口总额构成

Composition of Total Imports and Exports by Place of Destination or Origin in China

单位：亿美元 （100 million USD）

地区	Region	货物出口总额 Total Exports				货物进口总额 Total Imports			
		2010	2016	2017	2017排名 Ranking	2010	2016	2017	2017排名 Ranking
全　国	**National Total**	**15777.54**	**20976.31**	**22633.70**		**13962.44**	**15879.26**	**18437.90**	
北　京	Beijing	307.17	254.56	264.80	15	799.77	968.66	951.40	5
天　津	Tianjin	377.71	416.57	426.40	10	538.41	653.17	790.50	7
河　北	Hebei	279.74	439.98	437.30	9	340.79	309.93	378.00	11
山　西	Shanxi	67.41	125.27	138.60	21	71.19	63.12	69.30	26
内蒙古	Inner Mongolia	43.57	51.96	58.10	23	73.25	80.29	100.80	24
辽　宁	Liaoning	429.43	448.14	494.30	8	523.49	513.15	631.10	8
吉　林	Jilin	45.07	49.07	52.60	26	125.17	143.34	145.40	18
黑龙江	Heilongjiang	85.06	49.20	52.70	25	98.33	90.22	114.40	23
上　海	Shanghai	1732.55	1663.81	1741.30	4	1921.89	2382.33	2732.20	2
江　苏	Jiangsu	2814.49	3309.59	3749.70	2	2173.34	2161.77	2615.20	3
浙　江	Zhejiang	2009.44	2734.50	2924.00	3	863.06	699.99	915.80	6
安　徽	Anhui	109.27	259.66	300.10	13	124.53	150.03	209.80	14
福　建	Fujian	666.19	872.30	922.40	6	439.31	495.74	608.30	9
江　西	Jiangxi	118.07	241.49	248.10	16	91.46	112.13	121.10	21
山　东	Shandong	1103.01	1443.13	1573.00	5	1148.60	1290.83	1589.90	4
河　南	Henan	121.94	453.23	501.20	7	78.21	287.91	312.50	13
湖　北	Hubei	139.10	247.63	290.10	14	121.19	142.52	171.90	16
湖　南	Hunan	85.78	142.75	176.70	18	70.31	88.79	123.40	20
广　东	Guangdong	4671.77	6541.37	6763.10	1	3668.29	4059.87	4373.40	1
广　西	Guangxi	65.25	126.26	144.00	20	130.24	312.79	382.00	10
海　南	Hainan	21.62	34.69	43.00	27	82.09	87.06	93.50	25
重　庆	Chongqing	69.94	335.55	378.30	11	48.35	182.95	187.40	15
四　川	Sichuan	124.03	262.02	351.70	12	138.93	218.55	314.50	12
贵　州	Guizhou	20.16	39.92	55.00	24	14.43	12.12	26.20	28
云　南	Yunnan	51.08	88.55	96.60	22	52.25	85.59	117.30	22
西　藏	Tibet	5.38	4.72	3.70	30	0.52	1.20	2.40	30
陕　西	Shaanxi	56.35	158.03	238.10	17	60.69	136.65	167.50	17
甘　肃	Gansu	12.75	19.16	16.90	29	61.13	25.54	33.10	27
青　海	Qinghai	3.18	3.58	2.80	31	5.00	1.62	1.70	31
宁　夏	Ningxia	15.52	20.53	26.70	28	10.15	10.51	16.60	29
新　疆	Xinjiang	125.55	139.10	162.50	19	88.09	110.89	141.40	19

14-29 外商投资企业进出口额构成
Composition of Imports and Exports of foreign-funded Enterprises

单位：亿美元 （100 million USD）

地区	Region	出口额 Exports				进口额 Imports			
		2010	2016	2017	2017排名 Ranking	2010	2016	2017	2017排名 Ranking
全　国	**National Total**	**8622.29**	**9167.67**	**9775.59**		**7383.86**	**7707.70**	**8615.76**	
北　京	Beijing	221.52	123.33	123.74	13	476.77	520.46	535.06	4
天　津	Tianjin	264.38	265.58	271.59	9	323.71	299.27	327.51	6
河　北	Hebei	92.16	60.54	56.52	18	82.93	51.24	49.17	19
山　西	Shanxi	8.80	65.09	61.60	17	13.26	37.34	40.13	21
内蒙古	Inner Mongolia	9.60	4.91	5.09	25	6.51	5.14	5.37	25
辽　宁	Liaoning	206.40	179.21	184.79	11	183.52	208.34	240.29	9
吉　林	Jilin	12.78	13.42	12.92	24	63.27	79.95	87.21	14
黑龙江	Heilongjiang	6.99	5.32	14.50	22	4.14	5.57	10.67	24
上　海	Shanghai	1259.33	1235.99	1292.95	3	1239.86	1626.62	1880.63	1
江　苏	Jiangsu	1923.14	1865.38	2114.42	2	1548.90	1394.21	1653.59	3
浙　江	Zhejiang	581.37	503.87	506.74	5	342.60	248.99	301.81	7
安　徽	Anhui	32.53	77.09	91.97	14	48.66	54.61	77.81	16
福　建	Fujian	349.52	363.26	383.36	6	233.84	226.56	261.85	8
江　西	Jiangxi	49.95	60.75	65.22	16	69.36	55.65	63.90	17
山　东	Shandong	565.63	504.84	508.19	4	397.62	319.81	333.33	5
河　南	Henan	25.56	294.41	310.88	7	19.64	200.70	222.86	10
湖　北	Hubei	56.95	60.16	65.79	15	53.59	46.29	56.04	18
湖　南	Hunan	12.92	32.70	40.32	20	18.10	30.07	42.06	20
广　东	Guangdong	2818.47	2887.20	2874.15	1	2026.45	1815.65	1839.18	2
广　西	Guangxi	20.33	42.94	55.82	19	28.90	54.46	85.59	15
海　南	Hainan	12.77	11.13	33.16	21	49.60	61.13	34.87	22
重　庆	Chongqing	16.51	232.43	277.42	8	31.06	100.90	110.97	13
四　川	Sichuan	44.43	158.98	242.34	10	83.41	153.29	221.53	11
贵　州	Guizhou	1.05	1.82	13.60	23	0.69	1.22	12.20	23
云　南	Yunnan	3.30	3.50	3.11	27	3.15	1.38	1.29	27
西　藏	Tibet		0.001				0.00002	0.0055	31
陕　西	Shaanxi	21.57	110.01	160.84	12	29.05	105.93	117.16	12
甘　肃	Gansu	0.98	0.14	0.12	30	0.47	0.12	0.19	29
青　海	Qinghai	0.10	0.03	0.13	29	1.25	0.01	0.01	30
宁　夏	Ningxia	1.49	2.98	3.63	26	1.72	1.50	2.73	26
新　疆	Xinjiang	1.79	0.67	0.70	28	1.76	1.28	0.75	28

14-30　中外合资企业进出口额构成
Composition of Imports and Exports of Sino-foreign Joint Ventures

单位：亿美元　　　　（100 million USD）

地区	Region	出口额 Exports				进口额 Imports			
		2010	2016	2017	2017排名 Ranking	2010	2016	2017	2017排名 Ranking
全　国	**National Total**	**2375.82**	**2541.66**	**2634.99**		**2097.87**	**2238.58**	**2451.38**	
北　京	Beijing	147.44	45.25	38.43	12	107.06	106.51	96.65	10
天　津	Tianjin	120.67	120.71	122.61	7	139.49	135.18	146.96	6
河　北	Hebei	52.70	28.68	26.60	15	39.00	29.20	30.28	17
山　西	Shanxi	4.34	63.88	60.41	10	10.13	36.35	33.99	16
内蒙古	Inner Mongolia	3.78	1.64	1.75	25	4.94	3.84	4.11	24
辽　宁	Liaoning	107.83	71.71	70.92	9	101.68	125.11	144.00	7
吉　林	Jilin	6.73	4.32	3.31	23	54.97	70.34	76.31	11
黑龙江	Heilongjiang	4.92	3.72	12.51	21	2.32	2.56	7.57	23
上　海	Shanghai	194.14	202.57	203.79	6	203.52	199.23	230.43	3
江　苏	Jiangsu	379.21	377.56	418.79	2	374.27	312.71	353.53	2
浙　江	Zhejiang	317.59	243.55	237.47	4	156.28	111.64	136.85	8
安　徽	Anhui	15.68	32.44	35.96	13	28.23	39.00	49.37	13
福　建	Fujian	80.17	89.52	94.07	8	56.87	79.21	104.28	9
江　西	Jiangxi	17.04	12.57	14.33	18	53.36	33.82	43.22	14
山　东	Shandong	267.22	227.80	213.52	5	184.31	144.50	148.90	5
河　南	Henan	15.30	280.77	301.18	3	13.64	195.09	218.82	4
湖　北	Hubei	39.05	40.17	41.81	11	43.11	35.79	42.62	15
湖　南	Hunan	5.89	17.55	20.96	16	11.59	22.25	29.38	19
广　东	Guangdong	547.47	604.43	625.98	1	400.26	405.27	400.92	1
广　西	Guangxi	6.58	22.97	32.41	14	8.70	34.55	60.21	12
海　南	Hainan	6.92	8.12	12.83	20	48.26	57.10	29.54	18
重　庆	Chongqing	10.14	17.10	15.17	17	23.30	30.50	26.52	20
四　川	Sichuan	10.05	12.12	13.91	19	17.12	13.87	20.35	21
贵　州	Guizhou	0.42	0.81	0.79	27	0.48	0.66	0.85	26
云　南	Yunnan	1.56	1.31	1.27	26	1.31	0.96	0.67	27
西　藏	Tibet		0.001					0.01	31
陕　西	Shaanxi	9.76	7.81	10.81	22	9.81	12.63	13.89	22
甘　肃	Gansu	0.61	0.07	0.03	30	0.40	0.02	0.09	28
青　海	Qinghai	0.10	0.01	0.11	29	1.24	0.01	0.01	30
宁　夏	Ningxia	0.97	2.07	2.82	24	0.91	0.43	0.99	25
新　疆	Xinjiang	1.53	0.42	0.42	28	1.26	0.24	0.06	29

14-31 外商独资企业进出口额构成

Composition of Imports and Exports of Foreign-owned Enterprises

单位：亿美元 （100 million USD）

地区	Region	出口额 Exports				进口额 Imports			
		2010	2016	2017	2017排名 Ranking	2010	2016	2017	2017排名 Ranking
全　国	**National Total**	**6081.77**	**6527.49**	**7047.24**		**5212.18**	**5426.24**	**6119.32**	
北　京	Beijing	73.30	77.76	85.12	12	369.10	413.34	437.84	4
天　津	Tianjin	141.17	144.33	148.68	10	181.15	162.27	178.71	7
河　北	Hebei	37.62	30.43	28.81	15	39.43	21.33	18.06	16
山　西	Shanxi	4.28	1.06	0.97	26	2.98	0.98	6.12	21
内蒙古	Inner Mongolia	5.81	3.27	3.34	23	1.57	1.30	1.25	26
辽　宁	Liaoning	93.73	104.82	111.11	11	80.70	82.60	95.55	11
吉　林	Jilin	5.46	8.50	8.87	22	8.19	9.26	10.57	20
黑龙江	Heilongjiang	2.04	1.60	1.99	24	1.82	3.01	3.10	24
上　海	Shanghai	1040.19	1018.71	1075.82	3	1019.09	1419.21	1640.18	1
江　苏	Jiangsu	1535.29	1475.92	1679.12	2	1166.26	1065.35	1282.56	3
浙　江	Zhejiang	258.30	257.42	265.92	6	184.46	135.89	163.92	8
安　徽	Anhui	16.39	44.22	55.50	13	19.97	15.59	28.37	13
福　建	Fujian	267.73	272.31	287.53	5	175.37	146.28	156.10	9
江　西	Jiangxi	32.67	47.81	50.49	14	15.94	21.81	20.67	15
山　东	Shandong	293.91	273.39	290.68	4	211.06	173.88	182.26	6
河　南	Henan	10.16	13.51	9.65	21	5.68	5.57	3.74	23
湖　北	Hubei	17.74	19.81	23.96	16	10.48	10.49	13.40	17
湖　南	Hunan	7.01	15.14	19.35	18	6.48	7.76	12.66	18
广　东	Guangdong	2168.12	2227.99	2202.43	1	1594.68	1401.12	1431.11	2
广　西	Guangxi	13.46	19.78	23.28	17	20.19	19.85	25.34	14
海　南	Hainan	1.68	2.10	19.08	19	1.14	4.02	5.31	22
重　庆	Chongqing	6.36	214.72	261.81	7	7.76	70.40	84.45	12
四　川	Sichuan	34.31	146.73	228.24	8	66.20	139.11	200.83	5
贵　州	Guizhou	0.61	1.00	12.81	20	0.19	0.55	11.35	19
云　南	Yunnan	1.57	1.75	1.47	25	1.84	0.21	0.33	28
西　藏	Tibet		0.0003				0.00002	0.0002	30
陕　西	Shaanxi	11.79	102.18	150.02	9	19.22	93.31	103.26	10
甘　肃	Gansu	0.37	0.07	0.09	29	0.06	0.10	0.11	29
青　海	Qinghai		0.01	0.02	30		0.0002	0.00001	31
宁　夏	Ningxia	0.46	0.91	0.81	27	0.81	1.06	1.74	25
新　疆	Xinjiang	0.26	0.25	0.26	28	0.39	5.79	0.43	27

14-32 外商直接投资情况
Direct Foreign Investment

地区	Region	外商直接投资当年新签项目（合同）数（个） Number of Projects (Contracts) new signed (unit)				外商直接投资实际使用额（亿美元） Amount of Foreign Capital Actually Utilized (100 million USD)			
		2010	2015	2016	2016排名 Ranking	2010	2015	2016	2016排名 Ranking
全　国	**National Total**	**27406**	**26575**	**27900**		**1057.35**	**1262.67**	**1260.01**	
北　京	Beijing	1629	1386	1073	3	63.64	129.96	130.29	3
天　津	Tianjin	592	1035	1106	2	108.49	211.34	308.26	1
河　北	Hebei	246	683			38.31	65.89		
山　西	Shanxi	133	39			12.83	27.14		
内蒙古	Inner Mongolia	95	57			33.40	33.44		
辽　宁	Liaoning	1511	476			207.50	51.85		
吉　林	Jilin	228	51			19.23	80.18		
黑龙江	Heilongjiang	184	276			16.46	55.32		
上　海	Shanghai	3906	6007	5153	1	111.21	184.59	185.14	2
江　苏	Jiangsu	4663	2689			295.81	243.29		
浙　江	Zhejiang	2075	1857			109.89	169.63		
安　徽	Anhui	294	325			55.14	136.19		
福　建	Fujian	1139	1424			56.99	75.87		
江　西	Jiangxi	1095	646			59.02	96.66		
山　东	Shandong	1630	1509			93.77	162.89		
河　南	Henan	492	294			61.73	157.99		
湖　北	Hubei	479	272			50.72	101.35		
湖　南	Hunan	650	559			52.08	115.58		
广　东	Guangdong	5637	7032			203.54	268.75		
广　西	Guangxi	189	147			12.00	17.22		
海　南	Hainan	47	46			9.14	4.41		
重　庆	Chongqing	232	242	260	4	63.44	107.65	113.42	4
四　川	Sichuan	381	340			59.11	90.18		
贵　州	Guizhou	26	980			2.07	16.77		
云　南	Yunnan	103	97			11.54	25.97		
西　藏	Tibet								
陕　西	Shaanxi	487	438			18.43	42.80		
甘　肃	Gansu	445	20			1.32	1.87		
青　海	Qinghai	11	7			0.10	0.61		
宁　夏	Ningxia	23	20			0.55	1.67		
新　疆	Xinjiang	30	22			1.39	2.87		

注：本表全国数据来自商务部，各地区数据来自各省。

Note: The national total data in this table come from the Ministry of Commerce, other data are from each region.

14-33 外商投资企业数年底注册登记情况和外商投资企业投资总额
Number of Foreign-invested Enterprises and Total Investment

地区	Region	外商投资企业数（户）Number of Enterprises (unit)				外商投资企业投资总额（亿美元）Total Investment (100 million USD)			
		2010	2016	2017	2017排名 Ranking	2010	2016	2017	2017排名 Ranking
全　国	**National Total**	**445244**	**505151**	**539345**		**27059**	**51240**	**68992**	
北　京	Beijing	24853	30401	31442	5	1192	4274	4864	4
天　津	Tianjin	12918	13339	13938	9	1096	2226	2548	9
河　北	Hebei	9531	7286	7956	12	403	848	958	14
山　西	Shanxi	3665	3699	3437	24	229	422	497	21
内蒙古	Inner Mongolia	3693	3362	3453	23	232	411	460	22
辽　宁	Liaoning	18377	16949	16883	8	1476	2133	3159	6
吉　林	Jilin	4309	3853	4044	22	223	356	389	23
黑龙江	Heilongjiang	5814	4227	4444	20	196	283	337	25
上　海	Shanghai	55666	79410	84007	2	3394	7342	7982	3
江　苏	Jiangsu	51666	55938	58577	3	5081	8799	9658	2
浙　江	Zhejiang	28769	34442	37422	4	1832	3199	3734	5
安　徽	Anhui	5633	5549	6135	15	303	673	866	16
福　建	Fujian	23463	28351	28264	7	1248	2263	2607	8
江　西	Jiangxi	7574	6918	6059	16	439	777	808	17
山　东	Shandong	29486	28527	29512	6	1245	2519	3042	7
河　南	Henan	10254	8058	7827	13	379	822	1045	13
湖　北	Hubei	7486	8976	10962	11	429	993	1151	11
湖　南	Hunan	5410	6677	7733	14	324	580	1634	10
广　东	Guangdong	93756	119688	135869	1	4213	7816	17622	1
广　西	Guangxi	5327	4485	4872	19	280	437	562	20
海　南	Hainan	4171	2660	2442	25	259	760	761	19
重　庆	Chongqing	4827	5555	5739	17	349	881	946	15
四　川	Sichuan	12050	10370	11462	10	544	942	1128	12
贵　州	Guizhou	1936	1511	1671	28	41	237	313	26
云　南	Yunnan	3833	4087	4366	21	179	330	374	24
西　藏	Tibet	264	236	252	31	5	23	30	31
陕　西	Shaanxi	5378	5953	5629	18	180	561	800	18
甘　肃	Gansu	2116	2079	2061	26	63	75	202	28
青　海	Qinghai	499	440	470	30	23	75	77	30
宁　夏	Ningxia	529	651	738	29	40	87	304	27
新　疆	Xinjiang	1751	1474	1679	27	52	97	133	29

14-34 外商投资企业注册资本和外方注册资本年底注册登记情况
Status of Registration of Registered Capital and Foreign Registered Capital

单位：亿美元 （100 million USD）

地区	Region	外商投资企业注册资本 Registered Capital				其中：外方注册资本 Foreign Registered Capital			
		2010	2016	2017	2017排名 Ranking	2010	2016	2017	2017排名 Ranking
全　国	**National Total**	**15738**	**31243**	**37107**		**12590**	**23918**	**28266**	
北　京	Beijing	715	2755	3124	4	579	1895	2174	4
天　津	Tianjin	620	1485	1763	7	521	1092	1276	8
河　北	Hebei	217	427	467	19	159	320	354	17
山　西	Shanxi	111	229	262	21	69	111	136	25
内蒙古	Inner Mongolia	122	197	207	24	91	126	133	27
辽　宁	Liaoning	975	1318	1754	8	802	1057	1391	6
吉　林	Jilin	123	121	142	28	84	76	88	28
黑龙江	Heilongjiang	120	149	200	25	91	110	148	24
上　海	Shanghai	2009	5087	5473	2	1640	3922	4174	3
江　苏	Jiangsu	2739	4718	5226	3	2326	3952	4364	2
浙　江	Zhejiang	1069	1921	2286	5	825	1519	1756	5
安　徽	Anhui	173	346	489	17	129	255	352	18
福　建	Fujian	694	1321	1503	9	594	1051	1161	9
江　西	Jiangxi	281	551	566	15	243	439	424	15
山　东	Shandong	729	1476	1820	6	545	1152	1381	7
河　南	Henan	205	449	555	16	149	332	409	16
湖　北	Hubei	243	544	611	12	181	420	461	12
湖　南	Hunan	161	309	684	10	115	221	533	11
广　东	Guangdong	2495	5086	6432	1	2091	3728	4792	1
广　西	Guangxi	155	230	299	20	125	190	240	20
海　南	Hainan	145	607	610	13	98	549	555	10
重　庆	Chongqing	204	549	602	14	157	427	454	13
四　川	Sichuan	335	553	658	11	259	411	448	14
贵　州	Guizhou	25	131	167	26	19	100	135	26
云　南	Yunnan	105	187	214	23	78	133	160	22
西　藏	Tibet	3	17	21	31	3	12	15	30
陕　西	Shaanxi	110	310	473	18	83	209	350	19
甘　肃	Gansu	28	32	160	27	19	22	152	23
青　海	Qinghai	14	29	30	30	9	13	15	30
宁　夏	Ningxia	18	53	229	22	10	31	180	21
新　疆	Xinjiang	33	56	81	29	25	41	57	29

14-35 签订对外承包工程合同数及金额

Number of Contracts and Contracted Value of Contracts Signed for Foreign Engineering Projects

地区	Region	签订对外承包工程合同数（份） Number of Contracts (unit)				签订对外承包工程合同金额（亿美元） Contracted Value (100 million USD)			
		2010	2016	2017	2017排名 Ranking	2010	2016	2017	2017排名 Ranking
全 国	**National Total**	**9544**	**19157**	**22774**		**1343.67**	**2440.10**	**2652.76**	
北 京	Beijing	170	229	272	10	25.11	51.42	90.60	6
天 津	Tianjin	74	78	192	13	17.38	26.48	45.05	11
河 北	Hebei	190	130	128	14	29.46	46.74	58.46	8
山 西	Shanxi	1	20	18	26	4.75	2.23	10.46	21
内蒙古	Inner Mongolia	3	4			0.07	0.17		
辽 宁	Liaoning	137	165	206	12	17.24	23.52	17.22	16
吉 林	Jilin	9	20	24	25	3.82	3.72	4.84	24
黑龙江	Heilongjiang	22	101	84	21	1.76	32.41	12.52	19
上 海	Shanghai	3397	7341	14063	1	101.03	118.45	108.52	4
江 苏	Jiangsu	967	1543	548	4	54.47	72.87	108.21	5
浙 江	Zhejiang	337	3377	1593	2	24.15	54.22	50.68	10
安 徽	Anhui	42	63	119	16	15.11	30.76	52.54	9
福 建	Fujian	21	36	86	20	0.86	5.81	13.11	18
江 西	Jiangxi	102	198	284	8	13.57	28.91	41.11	12
山 东	Shandong	257	306	417	6	100.84	126.65	129.55	3
河 南	Henan	156	151	232	11	23.75	36.47	31.48	14
湖 北	Hubei	64	159	438	5	76.55	126.35	148.70	2
湖 南	Hunan	28	65	88	19	6.26	22.42	18.32	15
广 东	Guangdong	605	1503	1151	3	98.67	219.87	221.83	1
广 西	Guangxi	38	61	47	23	6.10	7.95	9.37	23
海 南	Hainan	2				0.19			
重 庆	Chongqing	20	448	102	17	7.90	18.63	11.68	20
四 川	Sichuan	544	489	320	7	68.49	99.82	79.16	7
贵 州	Guizhou	24	55	35	24	3.24	5.96	3.25	25
云 南	Yunnan	24	48	99	18	10.61	19.19	13.63	17
西 藏	Tibet								
陕 西	Shaanxi	96	209	283	9	8.88	35.32	37.07	13
甘 肃	Gansu	31	91	69	22	4.11	4.72	1.95	26
青 海	Qinghai			2	27		0.002	0.032	28
宁 夏	Ningxia	2	3	2	27	0.30	0.51	0.12	27
新 疆	Xinjiang	54	98	121	15	4.69	20.77	9.69	22

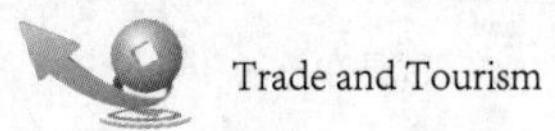

14-36 对外承包工程营业额
Turnover of Foreign Contracted Projects

单位：亿美元 (100 million USD)

地区	Region	2010	2012	2013	2014	2015	2016	2017	2017排名 Ranking
全　国	**National Total**	**921.70**	**1165.97**	**1371.43**	**1424.11**	**1540.74**	**1594.17**	**1685.87**	
北　京	Beijing	22.25	28.99	33.59	35.74	35.49	24.96	40.29	9
天　津	Tianjin	24.52	31.02	31.29	40.33	47.63	62.92	50.20	7
河　北	Hebei	28.54	28.63	43.46	40.87	35.99	25.76	29.41	14
山　西	Shanxi	7.20	4.46	7.65	7.35	7.38	6.86	7.12	23
内蒙古	Inner Mongolia	0.32	0.09	0.45	0.17	0.07	0.03	0.01	29
辽　宁	Liaoning	13.23	18.47	23.73	23.66	24.38	17.81	14.64	18
吉　林	Jilin	2.64	4.67	5.13	5.65	3.68	3.83	3.86	26
黑龙江	Heilongjiang	10.51	9.50	6.25	8.98	25.34	24.29	24.09	16
上　海	Shanghai	68.96	68.12	80.69	74.02	74.55	66.56	99.33	3
江　苏	Jiangsu	51.67	64.68	72.63	79.54	87.61	91.11	95.29	4
浙　江	Zhejiang	27.51	37.13	44.16	51.76	61.87	66.73	71.40	5
安　徽	Anhui	19.27	28.11	29.14	32.27	26.93	30.94	34.81	12
福　建	Fujian	2.35	6.42	6.49	7.16	9.27	9.50	11.32	19
江　西	Jiangxi	10.43	18.41	22.73	28.51	35.11	39.43	42.63	8
山　东	Shandong	52.38	81.14	85.01	92.50	101.71	109.30	117.56	2
河　南	Henan	20.71	22.86	29.18	29.97	28.00	25.71	29.49	13
湖　北	Hubei	38.13	45.62	52.07	57.96	52.34	51.11	70.75	6
湖　南	Hunan	10.91	17.28	22.11	25.79	31.15	25.65	26.75	15
广　东	Guangdong	82.08	160.53	228.65	124.11	198.78	181.64	180.96	1
广　西	Guangxi	5.64	7.50	8.30	8.77	9.40	8.48	6.88	24
海　南	Hainan	0.08	0.11	0.04	0.01				
重　庆	Chongqing	3.60	5.84	6.38	10.32	6.28	9.64	9.84	20
四　川	Sichuan	39.93	56.36	63.48	70.63	55.96	40.94	39.31	10
贵　州	Guizhou	2.20	4.00	4.59	5.01	6.81	6.81	8.62	21
云　南	Yunnan	9.92	15.48	18.17	20.70	23.42	25.75	17.03	17
西　藏	Tibet		0.05						
陕　西	Shaanxi	8.10	16.79	17.87	17.88	22.04	24.29	39.09	11
甘　肃	Gansu	2.24	2.62	3.09	3.39	2.92	2.69	2.35	27
青　海	Qinghai		2.21	1.16	1.55	1.25	3.09	3.92	25
宁　夏	Ningxia	0.17	0.16	14.48	0.52	0.19	0.24	0.13	28
新　疆	Xinjiang	6.29	10.14	5.42	15.91	15.82	12.39	8.26	22

14-37 在境外从事承包工程人数和劳务合作人数

Personnel Abroad for Engineering Projects Classified and Labor Services Classified

单位：人 (person)

地区	Region	年末在境外从事承包工程人数 Foreign Engineering Projects Classified				年末在境外从事劳务合作人数 Foreign Labor Services Classified			
		2010	2016	2017	2017排名 Ranking	2010	2016	2017	2017排名 Ranking
全 国	**National Total**	**376510**	**372880**	**376827**		**470095**	**595976**	**602342**	
北 京	Beijing	17145	13176	11806	9	5354	7260	12782	10
天 津	Tianjin	5911	13307	12958	7	6772	5507	6940	15
河 北	Hebei	8791	6277	8715	14	4533	3159	3554	19
山 西	Shanxi	4943	7575	5202	19	1204	12	12	28
内蒙古	Inner Mongolia	362	163	52	29	4344	1251	591	24
辽 宁	Liaoning	7374	6605	6330	16	34074	38335	41690	6
吉 林	Jilin	9500	2708	3427	22	57066	27533	25383	9
黑龙江	Heilongjiang	3152	10767	11406	10	9733	8769	8427	12
上 海	Shanghai	9430	12546	16959	5	17417	21980	25524	8
江 苏	Jiangsu	36285	32403	31944	2	60051	55371	59506	4
浙 江	Zhejiang	18485	27323	20701	4	7776	6490	7172	14
安 徽	Anhui	11727	11220	12461	8	8509	7977	7588	13
福 建	Fujian	367	3967	4518	20	23873	56392	71426	3
江 西	Jiangxi	7467	6859	8905	13	7148	5011	3082	20
山 东	Shandong	26176	30546	35470	1	75737	89109	94914	1
河 南	Henan	16349	18151	14759	6	39707	81404	46863	5
湖 北	Hubei	21968	15429	20735	3	7510	9345	10001	11
湖 南	Hunan	3989	6827	5425	18	16381	37262	36551	7
广 东	Guangdong	4554	4350	6293	17	33901	80468	79440	2
广 西	Guangxi	5526	3843	4064	21	432	751	401	25
海 南	Hainan	2							
重 庆	Chongqing	2220	1597	1557	26	1846	2473	2655	22
四 川	Sichuan	11249	8888	9717	11	10734	6797	6731	16
贵 州	Guizhou	1789	2068	2470	23		48	35	26
云 南	Yunnan	14560	9351	7709	15	2629	3208	2956	21
西 藏	Tibet								
陕 西	Shaanxi	3959	7890	9423	12	4594	4930	5079	17
甘 肃	Gansu	824	1080	1665	24	87	4042	4403	18
青 海	Qinghai		752	627	27	51	40	22	27
宁 夏	Ningxia	265	132	257	28	427	749	611	23
新 疆	Xinjiang	3077	1485	1645	25				

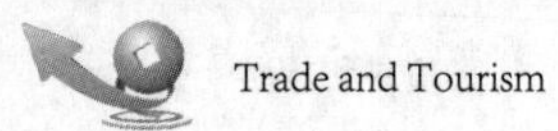

14-38 旅行社单位数和旅游业从业人员
Number of Travel Agencies and Tourism Employees

地区	Region	旅行社单位数（家） Number of Travel Agencies (number)				旅游业从业人员（万人） Tourism Employees (10 000 persons)			
		2010	2016	2017	2017排名 Ranking	2010	2016	2017	2017排名 Ranking
全　国	**National Total**	**22784**	**27939**	**29717**		**185.82**	**283.05**	**278.45**	
北　京	Beijing	905	1344	1396	5	14.73	13.97	13.48	5
天　津	Tianjin	310	396	475	25	2.23	2.91	2.91	27
河　北	Hebei	1148	1373	1382	6	3.72	11.28	12.87	8
山　西	Shanxi	755	778	790	16	5.03	4.94	4.44	24
内蒙古	Inner Mongolia	677	956	992	11	3.05	3.98	4.35	25
辽　宁	Liaoning	1145	1258	1246	8	5.79	9.85	9.98	12
吉　林	Jilin	521	634	615	21	2.58	2.96	2.65	28
黑龙江	Heilongjiang	601	693	781	17	2.47	4.97	4.87	22
上　海	Shanghai	867	1261	1382	6	8.61	9.65	9.64	14
江　苏	Jiangsu	1805	2241	2364	2	12.60	18.17	17.38	4
浙　江	Zhejiang	1639	2051	2216	4	13.32	15.23	17.67	3
安　徽	Anhui	904	1070	1104	9	5.45	8.13	11.02	9
福　建	Fujian	718	844	897	14	6.96	9.76	9.23	15
江　西	Jiangxi	699	744	765	19	3.30	9.74	6.84	18
山　东	Shandong	1842	2115	2220	3	13.83	24.75	25.58	1
河　南	Henan	1096	1009	974	12	6.58	10.45	10.21	11
湖　北	Hubei	931	1057	1067	10	5.96	9.41	9.72	13
湖　南	Hunan	681	838	885	15	6.99	21.91	13.43	6
广　东	Guangdong	1247	2028	2450	1	22.18	23.69	22.74	2
广　西	Guangxi	428	586	598	22	4.83	7.05	7.10	17
海　南	Hainan	299	304	272	29	3.07	4.36	4.24	26
重　庆	Chongqing	379	546	559	23	4.22	5.78	5.22	21
四　川	Sichuan	730	485	773	18	6.16	11.31	13.43	7
贵　州	Guizhou	261	348	379	26	2.36	4.72	5.69	19
云　南	Yunnan	531	855	900	13	5.31	10.81	10.48	10
西　藏	Tibet	78	205	251	30	0.59	0.93	0.56	31
陕　西	Shaanxi	596	696	737	20	5.07	9.09	8.86	16
甘　肃	Gansu	352	463	504	24	3.15	4.61	4.59	23
青　海	Qinghai	197	231	284	28	1.00	1.60	2.30	29
宁　夏	Ningxia	86	115	127	31	0.86	1.28	1.44	30
新　疆	Xinjiang	356	415	332	27	3.83	5.76	5.51	20

14-39 星级饭店数和营业收入总额
Number and Total Revenue of Star-Rated Hotels

地区	Region	星级饭店数（家） Number of Star-Rated Hotels (number)				星级饭店营业收入总额（亿元） Total Revenue (100 million yuan)			
		2010	2016	2017	2017排名 Ranking	2010	2016	2017	2017排名 Ranking
全　国	**National Total**	**11779**	**9861**	**9566**		**21226.55**	**2027.26**	**2083.93**	
北　京	Beijing	644	416	496	6	2529.20	253.60	269.30	1
天　津	Tianjin	99	84	80	30	232.49	24.76	24.39	25
河　北	Hebei	198	350	338	11	286.64	49.54	53.02	11
山　西	Shanxi	255	194	203	23	372.43	22.03	24.44	24
内蒙古	Inner Mongolia	239	175	242	20	272.03	22.51	25.72	23
辽　宁	Liaoning	432	349	336	12	655.58	45.61	50.80	14
吉　林	Jilin	207	169	115	28	269.50	15.38	14.45	28
黑龙江	Heilongjiang	246	198	187	25	197.85	18.49	16.05	27
上　海	Shanghai	291	227	223	22	1904.73	200.01	212.65	2
江　苏	Jiangsu	702	561	514	5	1607.77	158.03	163.40	5
浙　江	Zhejiang	814	651	585	3	2261.03	194.81	186.57	4
安　徽	Anhui	417	312	294	18	492.01	49.47	51.16	13
福　建	Fujian	374	334	306	15	715.43	86.29	86.00	7
江　西	Jiangxi	311	290	281	19	258.90	34.09	33.02	20
山　东	Shandong	895	622	586	2	1422.37	110.59	114.78	6
河　南	Henan	386	411	389	7	519.21	56.19	57.66	10
湖　北	Hubei	455	364	364	10	439.28	47.28	52.13	12
湖　南	Hunan	433	419	366	9	662.45	63.06	60.36	9
广　东	Guangdong	1008	723	658	1	2534.98	211.20	210.83	3
广　西	Guangxi	379	410	370	8	392.55	39.52	37.76	18
海　南	Hainan	186	124	120	27	362.77	43.93	45.42	16
重　庆	Chongqing	246	197	188	24	388.96	41.19	37.35	19
四　川	Sichuan	395	298	323	13	653.18	55.74	61.96	8
贵　州	Guizhou	324	266	232	21	185.07	25.65	26.16	22
云　南	Yunnan	560	559	518	4	367.49	37.16	39.19	17
西　藏	Tibet	105	68	70	31	41.39	5.58	10.59	29
陕　西	Shaanxi	269	275	300	17	459.30	41.90	47.52	15
甘　肃	Gansu	311	299	304	16	210.41	23.37	23.48	26
青　海	Qinghai	105	76	162	26	64.31	6.69	8.20	31
宁　夏	Ningxia	57	90	94	29	68.96	7.62	8.22	30
新　疆	Xinjiang	436	350	322	14	398.26	35.99	31.32	21

14-40 接待入境过夜游客人数和接待外国人游客人数

Number of Overnight Tourists and Foreigners

单位：万人次 (10 000 person-times)

地区	Region	接待入境过夜游客人数 Overnight Tourists 2010	2016	2017	2017排名 Ranking	其中：接待外国人 Foreigners 2010	2016	2017	2017排名 Ranking
全　国	**National Total**	**5566.45**	**5926.73**	**6073.84**		**2612.69**	**2815.12**	**2916.53**	
北　京	Beijing	490.07	416.53	392.56	8	421.63	354.76	332.00	5
天　津	Tianjin	166.07	82.43	79.21	24	153.05	71.89	68.53	23
河　北	Hebei	97.74	83.79	91.01	23	85.31	65.99	70.40	22
山　西	Shanxi	130.29	62.98	67.00	26	82.09	40.42	43.47	26
内蒙古	Inner Mongolia	142.80	177.91	184.83	17	140.02	168.19	175.70	15
辽　宁	Liaoning	361.80	273.67	278.85	15	307.01	212.21	217.05	13
吉　林	Jilin	82.01	161.95	148.43	20	72.16	142.17	128.34	18
黑龙江	Heilongjiang	172.42	95.70	103.88	22	164.83	90.87	98.46	20
上　海	Shanghai	733.72	690.43	719.33	2	593.12	572.57	589.48	2
江　苏	Jiangsu	653.55	329.77	370.10	10	473.50	218.00	241.75	11
浙　江	Zhejiang	684.71	525.59	589.06	5	447.41	387.30	430.13	4
安　徽	Anhui	198.42	313.43	351.09	12	117.40	184.46	205.28	14
福　建	Fujian	368.14	611.48	691.74	3	115.27	254.12	292.87	7
江　西	Jiangxi	113.97	164.83	174.69	18	39.92	49.80	57.05	25
山　东	Shandong	366.79	328.82	440.52	7	277.87	237.66	316.14	6
河　南	Henan	146.84	149.93	155.89	19	96.09	95.81	99.69	19
湖　北	Hubei	181.74	337.56	368.14	11	138.55	254.65	277.95	8
湖　南	Hunan	189.87	240.81	322.28	14	103.30	127.41	155.48	16
广　东	Guangdong	3140.93	3507.21	3654.52	1	733.28	909.49	864.83	1
广　西	Guangxi	250.24	482.52	512.44	6	141.39	251.98	255.38	10
海　南	Hainan	66.33	74.89	111.95	21	47.40	46.98	78.70	21
重　庆	Chongqing	137.02	180.89	224.85	16	103.96	119.00	136.21	17
四　川	Sichuan	104.93	308.79	336.17	13	74.97	219.23	241.29	12
贵　州	Guizhou	50.01	72.29	32.40	28	18.61	31.86	13.49	28
云　南	Yunnan	329.15	600.38	667.69	4	231.23	450.69	507.52	3
西　藏	Tibet	22.83	32.19	34.35	27	21.41	21.12	26.88	27
陕　西	Shaanxi	212.17	338.20	383.74	9	155.24	228.52	262.06	9
甘　肃	Gansu	7.02	7.15	7.88	29	4.99	3.96	4.22	30
青　海	Qinghai	4.67	7.01	7.02	30	3.39	5.03	5.70	29
宁　夏	Ningxia	1.80	5.12	6.53	31	1.29	2.35	3.32	31
新　疆	Xinjiang	50.94	58.21	77.41	25	45.44	51.56	67.15	24

14-41 接待入境过夜港澳同胞和台湾同胞

Number of Oversea and Overnight Tourists Arrivals

单位：万人次 (10 000 person-times)

地区	Region	其中：港澳同胞 Hongkong and Macao Compatriots				其中：台湾同胞 Taiwan Compatriots			
		2010	2016	2017	2017排名 Ranking	2010	2016	2017	2017排名 Ranking
全　国	**National Total**	**2994.20**				**1253.66**			
北　京	Beijing	41.66	36.92	35.99	14	26.79	24.85	24.57	18
天　津	Tianjin	5.66	5.58	5.71	25	7.36	4.96	4.96	24
河　北	Hebei	6.30	11.15	12.64	22	6.13	6.65	7.97	22
山　西	Shanxi	30.34	13.36	13.87	21	17.85	9.20	9.66	20
内蒙古	Inner Mongolia	1.78	6.11	6.01	24	1.00	3.53	3.12	27
辽　宁	Liaoning	30.87	33.88	32.80	15	23.92	27.57	28.99	16
吉　林	Jilin	6.59	11.17	11.50	23	3.26	8.61	8.59	21
黑龙江	Heilongjiang	3.99	1.05	1.52	28	3.60	3.78	3.90	25
上　海	Shanghai	66.40	49.65	54.45	11	74.20	68.21	75.39	7
江　苏	Jiangsu	64.12	16.20	19.30	18	115.93	95.58	109.05	4
浙　江	Zhejiang	108.54	59.18	62.62	10	128.77	79.11	96.31	5
安　徽	Anhui	36.37	59.15	67.88	9	44.65	69.82	77.92	6
福　建	Fujian	95.94	149.07	159.49	2	156.92	208.29	239.39	2
江　西	Jiangxi	53.39	85.05	85.52	6	20.65	29.98	32.11	15
山　东	Shandong	48.93	50.92	68.46	8	39.99	40.24	55.92	11
河　南	Henan	25.98	30.18	29.47	16	24.77	23.94	26.74	17
湖　北	Hubei	24.14	39.08	42.78	13	19.05	43.84	47.41	13
湖　南	Hunan	49.36	76.81	107.24	4	37.21	36.59	59.55	10
广　东	Guangdong	2090.81	2332.64	2505.94	1	316.84	265.08	283.75	1
广　西	Guangxi	50.59	131.29	146.37	3	58.26	99.25	110.69	3
海　南	Hainan	12.10	14.31	16.57	19	6.83	13.60	16.67	19
重　庆	Chongqing	17.97	22.05	27.90	17	15.10	39.84	60.74	9
四　川	Sichuan	15.11	48.48	51.83	12	14.85	41.08	43.05	14
贵　州	Guizhou	13.64	22.08	16.40	20	17.76	18.35	2.52	29
云　南	Yunnan	56.17	86.77	93.60	5	41.75	62.91	66.57	8
西　藏	Tibet	0.82	6.15	3.92	26	0.60	4.92	3.56	26
陕　西	Shaanxi	32.90	63.86	69.88	7	24.04	45.82	51.81	12
甘　肃	Gansu	0.80	1.16	1.47	29	1.23	2.03	2.19	30
青　海	Qinghai	0.42	1.22	0.92	30	0.86	0.76	0.41	31
宁　夏	Ningxia	0.25	0.46	0.62	31	0.26	2.30	2.59	28
新　疆	Xinjiang	2.25	1.99	2.72	27	3.25	4.66	7.53	23

14-42 国际旅游（外汇）收入
International Tourism Receipts

单位：百万美元 (USD million)

地区	Region	2010	2011	2012	2013	2015	2016	2017	2017排名 Ranking
全　国	**National Total**	**45814.00**	**48464.00**	**50028.00**	**51664.00**	**113650.00**	**120000.00**		
北　京	Beijing	5044.61	5416.00	5149.00	4794.68	4605.00	5070.00	5129.81	4
天　津	Tianjin	1419.51	1755.53	2226.41	2591.28	3298.11	3556.87	3751.47	6
河　北	Hebei	350.71	447.65	544.94	585.78	501.91	552.41	578.69	24
山　西	Shanxi	464.60	567.19	720.24	822.68	297.10	317.38	350.14	26
内蒙古	Inner Mongolia	601.90	670.97	771.96	962.29	962.49	1139.03	1245.56	18
辽　宁	Liaoning	2259.33	2713.14	3263.69	3477.14	1636.50	1823.92	1778.06	15
吉　林	Jilin	304.92	385.28	494.77	552.37	724.14	791.21	765.79	20
黑龙江	Heilongjiang	762.50	917.62	835.48	604.36	395.33	458.05	479.58	25
上　海	Shanghai	6340.92	5751.18	5493.23	5244.70	5860.44	6419.20	6698.65	3
江　苏	Jiangsu	4783.43	5652.97	6299.72	2379.89	3527.29	3803.62	4194.72	5
浙　江	Zhejiang	3930.20	4541.73	5151.74	5392.93	6788.47	3127.59	3586.44	7
安　徽	Anhui	708.98	1179.18	1562.67	1660.42	2262.87	2542.36	2880.78	10
福　建	Fujian	2978.24	3634.44	4225.67	4573.38	5561.40	6625.69	7588.03	2
江　西	Jiangxi	346.03	415.00	484.73	525.08	567.00	584.54	629.92	23
山　东	Shandong	2155.04	2550.76	2923.65	2731.20	2896.48	3063.42	3174.04	9
河　南	Henan	498.77	549.03	611.41	659.98	623.60	646.50	661.55	22
湖　北	Hubei	751.16	940.18	1202.97	1218.92	1671.90	1872.39	2104.74	13
湖　南	Hunan	906.22	1014.34	928.36	822.69	857.72	1004.57	1295.37	17
广　东	Guangdong	12382.6	13906.2	15610.67	16278.07	17884.66	18577.13	19960.40	1
广　西	Guangxi	806.15	1051.88	1278.87	1547.30	1916.86	2164.27	2395.63	12
海　南	Hainan	322.36	376.15	348.02	337.48	248.52	349.89	681.02	21
重　庆	Chongqing	703.20	968.06	1168.32	1268.31	1468.57	1686.82	1947.59	14
四　川	Sichuan	354.09	593.83	798.15	764.76	1180.87	1581.68	1446.54	16
贵　州	Guizhou	129.58	135.07	168.94	201.43	231.33	252.71	283.27	27
云　南	Yunnan	1323.65	1608.61	1947.08	2418.18	2875.50	3074.77	3550.33	8
西　藏	Tibet	103.59	129.63	105.70	127.86	176.66	194.39	197.51	28
陕　西	Shaanxi	1015.96	1295.05	1597.47	1676.19	2000.22	2338.55	2704.40	11
甘　肃	Gansu	14.81	17.40	22.35	20.39	14.18	19.14	20.86	31
青　海	Qinghai	20.45	26.59	24.32	19.42	38.76	44.16	38.29	29
宁　夏	Ningxia	5.99	6.20	5.45	12.08	20.84	40.58	37.63	30
新　疆	Xinjiang	185.42	465.19	550.57	585.02	555.89	518.73	810.81	19

14-43 接待国内过夜游客人数和旅游收入
Number of Domestic Overnight Tourists and Earnings

地区	Region	接待国内过夜游客人数（亿人次） Number of Domestic Overnight Tourists (100 million person-times)				国内旅游收入（亿元） Earnings (100 million yuan)			
		2010	2013	2014	2014排名 Ranking	2010	2013	2014	2014排名 Ranking
全　国	**National Total**	**21.03**	**32.62**	**36.11**		**12579.77**	**26276.12**	**30311.86**	
北　京	Beijing	1.79	2.50	2.60	17	2425.10	3666.30	3997.00	6
天　津	Tianjin	0.92				1151.90			
河　北	Hebei	1.49	2.70	3.10	12	890.68	1973.80	2528.70	14
山　西	Shanxi	1.25	2.50	3.00	13	1052.26	2253.70	2829.30	12
内蒙古	Inner Mongolia	0.45	0.66	0.74	22	692.92	1343.73	1745.00	20
辽　宁	Liaoning	2.83	4.04	4.59	6	2533.40	4432.80	5190.20	4
吉　林	Jilin	0.64	1.02	1.20	20	712.39	1441.64	1766.55	19
黑龙江	Heilongjiang	1.57	2.90	1.05	21	831.55	1348.50	1031.50	21
上　海	Shanghai	2.15	2.60	2.68	16	2522.94	2968.00	2950.13	10
江　苏	Jiangsu	3.55	5.20	5.70	2	4287.90	6940.10	7863.50	2
浙　江	Zhejiang	2.95	4.34	4.79	4	3045.50	5202.00	5947.00	3
安　徽	Anhui	1.53	3.36	3.80	8	1094.81	2903.20	3309.70	8
福　建	Fujian	1.14	1.95	2.29	18	1135.07	2003.41	2405.84	18
江　西	Jiangxi	1.07	2.48	3.11	11		1863.60	2615.20	13
山　东	Shandong	3.49				2915.80			
河　南	Henan								
湖　北	Hubei		4.06	4.69	5		3130.13	3675.98	7
湖　南	Hunan	2.01	3.60	4.10	7	1365.54	2630.90	3001.50	9
广　东	Guangdong	3.95	5.97	6.58	1	2964.59	7297.00	8220.00	1
广　西	Guangxi	1.40	2.43	2.86	14	898.10	1961.32	2494.99	16
海　南	Hainan	0.25	0.37	0.41	24	235.61	408.05	506.50	24
重　庆	Chongqing	1.60				868.40			
四　川	Sichuan	2.71	4.90	5.40	3	1862.03	3830.00	4838.30	5
贵　州	Guizhou	1.28	2.67	3.20	10	1052.64	2358.18	2882.66	11
云　南	Yunnan	1.38	2.40	2.81	15	916.82	1961.55	2516.87	15
西　藏	Tibet	0.07	0.13	0.15	27	71.40	165.18	204.00	25
陕　西	Shaanxi	1.44	2.82	3.29	9	915.92	2031.10	2435.00	17
甘　肃	Gansu	0.43	1.01	1.27	19	236.20	618.90	779.60	22
青　海	Qinghai	0.12	0.18	0.20	25	69.63	157.34	200.31	26
宁　夏	Ningxia	0.10	0.08	0.17	26	67.30	126.55	141.56	27
新　疆	Xinjiang	0.30	0.50	0.48	23	281.13	637.38	619.53	23

14-44 旅行社外联和接待入境游客人数
Number of Tourists Liaised and Received by Travel Agencies

单位：万人　　(10 000 persons)

地区	Region	旅行社外联入境游客人数 Liaised Persons				旅行社接待入境游客人数 Received Persons			
		2010	2016	2017	2017排名 Ranking	2010	2016	2017	2017排名 Ranking
全　国	**National Total**	**1352.04**	**1445.69**	**1481.39**		**2408.06**	**1942.94**	**2388.62**	
北　京	Beijing	161.00	125.26	83.20	6	183.94	125.94	104.48	9
天　津	Tianjin	8.25	6.47	9.43	22	10.85	11.16	13.05	22
河　北	Hebei	11.53	9.30	6.49	23	14.34	9.21	7.69	25
山　西	Shanxi	1.21	9.42	10.97	18	5.63	12.32	12.45	24
内蒙古	Inner Mongolia	37.70	10.03	14.64	14	40.32	12.10	17.49	21
辽　宁	Liaoning	143.50	146.55	137.69	2	272.67	143.93	137.22	3
吉　林	Jilin	20.66	16.48	12.28	17	34.14	21.61	20.33	20
黑龙江	Heilongjiang	32.79	11.68	13.53	16	48.41	28.83	25.42	16
上　海	Shanghai	76.34	53.09	55.10	8	103.87	55.12	67.65	11
江　苏	Jiangsu	40.50	42.06	33.82	11	259.64	186.55	189.30	2
浙　江	Zhejiang	100.77	62.97	47.13	9	116.52	73.10	70.85	10
安　徽	Anhui	6.69	9.88	9.87	19	20.93	26.72	30.94	15
福　建	Fujian	37.62	116.38	129.92	3	44.15	91.46	134.27	4
江　西	Jiangxi	2.14	7.19	3.41	26	4.39	5.91	3.18	30
山　东	Shandong	107.95	145.94	109.66	4	139.52	154.52	125.39	6
河　南	Henan	14.85	19.82	13.64	15	34.84	24.57	21.98	17
湖　北	Hubei	11.00	42.33	44.89	10	120.35	122.10	110.34	8
湖　南	Hunan	49.21	62.33	66.05	7	101.70	125.89	115.19	7
广　东	Guangdong	297.82	377.52	512.40	1	406.20	402.60	825.61	1
广　西	Guangxi	30.70	15.66	20.52	12	54.27	27.74	21.90	18
海　南	Hainan	11.31	3.41	9.50	21	21.38	11.10	64.99	12
重　庆	Chongqing	43.69	13.25	9.72	20	130.67	61.56	55.70	13
四　川	Sichuan	47.46	31.15	20.13	13	82.18	40.48	34.27	14
贵　州	Guizhou	1.64	7.63	3.65	25	4.74	12.97	12.72	23
云　南	Yunnan	18.36	5.49	4.02	24	68.62	22.46	21.56	19
西　藏	Tibet	4.01	1.29	1.51	30	7.00	2.22	3.71	28
陕　西	Shaanxi	30.10	86.97	90.97	5	67.58	117.21	126.29	5
甘　肃	Gansu	0.84	2.74	3.40	27	2.72	4.00	4.09	27
青　海	Qinghai	0.37	0.69	1.71	28	1.98	2.80	4.32	26
宁　夏	Ningxia	0.03	0.52	0.50	31	0.93	2.93	3.43	29
新　疆	Xinjiang	1.98	2.19	1.65	29	3.60	3.81	2.81	31

14-45 旅行社组团和接待国内游客人数

Domestic Tourist Groups Organized and Received by Travel Agencies

单位：万人 (10 000 persons)

地区	Region	旅行社组团人数 Organized				旅行社接待国内游客人数 Received			
		2010	2016	2017	2017排名 Ranking	2010	2016	2017	2017排名 Ranking
全　国	**National Total**	**11953.31**	**15604.86**	**16800.82**		**14147.25**	**17088.61**	**24572.48**	
北　京	Beijing	375.43	523.89	435.06	13	360.61	331.29	277.43	18
天　津	Tianjin	139.03	156.87	307.64	16	79.89	80.77	119.52	25
河　北	Hebei	250.83	320.49	312.37	15	234.73	1250.75	227.81	21
山　西	Shanxi	124.23	177.78	262.23	17	166.89	149.56	329.56	17
内蒙古	Inner Mongolia	54.72	55.23	69.86	25	69.23	150.11	134.55	23
辽　宁	Liaoning	386.84	624.20	648.76	9	482.78	423.26	424.71	15
吉　林	Jilin	74.10	78.54	81.28	23	84.46	62.98	61.68	29
黑龙江	Heilongjiang	76.28	84.67	77.23	24	88.69	114.75	113.62	26
上　海	Shanghai	1086.07	1404.25	1662.42	3	1060.89	707.19	729.55	9
江　苏	Jiangsu	1334.87	2145.29	2240.10	1	1848.53	2005.42	9114.15	1
浙　江	Zhejiang	1363.94	1576.11	1601.70	4	1220.67	1700.77	1887.58	2
安　徽	Anhui	377.99	504.53	448.54	12	454.71	675.42	718.38	10
福　建	Fujian	255.91	818.82	1022.56	6	433.42	1279.04	1328.41	5
江　西	Jiangxi	158.78	160.14	204.83	19	223.02	193.86	264.59	19
山　东	Shandong	822.26	1103.63	1114.66	5	760.80	980.57	901.09	6
河　南	Henan	297.85	237.38	234.01	18	313.09	172.55	169.78	22
湖　北	Hubei	464.25	791.82	915.99	8	564.03	1051.63	1381.31	4
湖　南	Hunan	424.03	551.71	639.01	10	519.18	701.63	829.42	8
广　东	Guangdong	1874.98	2169.27	2066.54	2	1701.30	1336.91	1491.82	3
广　西	Guangxi	178.09	138.21	161.82	20	347.98	397.27	392.88	16
海　南	Hainan	127.87	38.86	64.46	26	246.61	663.97	842.83	7
重　庆	Chongqing	264.46	798.62	953.13	7	323.64	335.79	577.19	12
四　川	Sichuan	964.87	403.64	504.60	11	1528.08	452.88	504.69	13
贵　州	Guizhou	55.60	160.98	119.01	21	51.13	321.35	245.19	20
云　南	Yunnan	173.67	125.10	116.61	22	623.56	861.75	660.73	11
西　藏	Tibet	4.15	3.89	6.04	31	20.04	21.24	22.61	31
陕　西	Shaanxi	139.84	312.60	384.29	14	176.13	380.79	489.84	14
甘　肃	Gansu	40.93	42.60	39.40	28	46.72	74.69	93.69	27
青　海	Qinghai	9.83	25.83	41.49	27	27.42	81.88	124.17	24
宁　夏	Ningxia	23.62	21.64	35.35	29	41.88	54.78	75.72	28
新　疆	Xinjiang	27.97	48.27	29.84	30	47.13	73.75	38.00	30

14-46 旅行社营业收入和营业税金及附加

Operating Income, Taxes and Extra Charges of Travel Agencies

单位：亿元 (100 million yuan)

地区	Region	旅行社营业收入 Operating Income				旅行社营业税金及附加 Taxes and Extra Charges			
		2010	2015	2016	2016排名 Ranking	2010	2015	2016	2016排名 Ranking
全　国	**National Total**	**23566.74**	**4189.01**	**4643.14**		**197.01**	**16.12**	**10.44**	
北　京	Beijing	4006.86	710.28	612.09	3	20.15	3.04	1.10	3
天　津	Tianjin	196.75	41.02	50.34	18	1.99	0.17	0.10	20
河　北	Hebei	258.17	34.24	42.45	20	2.81	0.14	0.11	18
山　西	Shanxi	211.83	58.41	84.74	13	1.75	0.11	0.16	14
内蒙古	Inner Mongolia	135.81	21.35	21.05	27	1.46	0.12	0.06	27
辽　宁	Liaoning	520.22	125.04	124.97	9	4.22	0.49	0.40	8
吉　林	Jilin	97.60	18.80	22.33	26	2.07	0.11	0.06	28
黑龙江	Heilongjiang	218.75	31.62	32.15	23	3.26	0.13	0.08	22
上　海	Shanghai	2979.86	702.22	827.28	1	20.28	2.42	2.15	1
江　苏	Jiangsu	1839.75	324.62	598.20	4	18.12	0.85	0.62	5
浙　江	Zhejiang	2056.69	258.53	54.40	17	18.32	1.13	0.15	16
安　徽	Anhui	433.18	70.95	85.15	12	5.95	0.24	0.17	12
福　建	Fujian	759.14	205.18	260.13	5	7.21	0.76	0.52	7
江　西	Jiangxi	183.01	37.89	38.85	21	1.53	0.15	0.07	24
山　东	Shandong	1063.18	170.54	169.73	6	12.98	0.74	0.58	6
河　南	Henan	534.86	23.76	38.40	22	6.36	0.10	0.09	21
湖　北	Hubei	592.35	131.14	120.86	10	9.30	0.64	0.77	4
湖　南	Hunan	933.98	119.25	146.92	7	5.80	0.42	0.29	11
广　东	Guangdong	3499.54	607.73	720.60	2	29.98	2.76	1.53	2
广　西	Guangxi	337.21	39.88	64.38	16	1.52	0.15	0.07	23
海　南	Hainan	286.63	40.63	49.95	19	1.17	0.14	0.16	13
重　庆	Chongqing	552.12	127.31	131.03	8	5.49	0.35	0.15	15
四　川	Sichuan	348.43	74.11	84.30	14	2.70	0.24	0.30	10
贵　州	Guizhou	111.68	24.24	26.93	24	0.56	0.10	0.06	26
云　南	Yunnan	679.40	71.60	93.96	11	4.32	0.27	0.31	9
西　藏	Tibet	27.45	9.21	10.07	29	0.21	0.03	0.03	29
陕　西	Shaanxi	350.90	63.48	71.42	15	1.51	0.17	0.10	19
甘　肃	Gansu	132.83	7.63	14.64	28	4.59	0.02	0.14	17
青　海	Qinghai	33.79	8.16	9.51	30	0.19	0.02	0.01	30
宁　夏	Ningxia	51.38	8.60	9.42	31	0.26	0.02	0.01	31
新　疆	Xinjiang	133.41	21.65	26.90	25	0.96	0.09	0.07	25

14-47 旅游景区总数和旅游景区接待游客总数
Number of Tourist Attractions and Visitors Received

地区	Region	旅游景区总数（家）Number of Tourist Attractions (number)				旅游景区接待游客总数（亿人次）Visitors Received (100 million person-times)			
		2010	2016	2017	2017排名 Ranking	2010	2016	2017	2017排名 Ranking
全　国	**National Total**	**4521**	**8659**	**10806**		**22.43**	**44.32**	**53.95**	
北　京	Beijing	194	193	249	21	2.12	2.01	2.16	11
天　津	Tianjin	43	101	108	28	0.25	0.42	0.64	24
河　北	Hebei	240	339	403	11	0.85	1.14	1.30	17
山　西	Shanxi	78	143	172	25	0.33	0.63	0.61	25
内蒙古	Inner Mongolia	164	288	374	14	0.18	0.44	0.54	26
辽　宁	Liaoning	195	309	454	6	1.16	1.05	1.33	16
吉　林	Jilin	103	227	238	22	0.18	0.36	0.44	29
黑龙江	Heilongjiang	155	359	410	10	0.27	0.63	0.73	22
上　海	Shanghai	55	96	99	29	0.55	0.86	1.01	21
江　苏	Jiangsu	366	632	630	3	3.28	5.14	5.97	1
浙　江	Zhejiang	257	490	700	2	1.96	3.47	4.17	3
安　徽	Anhui	276	461	586	4	0.71	2.29	2.61	6
福　建	Fujian	83	182	280	18	0.46	1.21	1.52	15
江　西	Jiangxi	99	255	357	16	0.54	1.60	1.54	14
山　东	Shandong	408	878	1173	1	2.34	3.89	4.87	2
河　南	Henan	192	368	412	9	0.98	1.86	2.35	8
湖　北	Hubei	193	316	371	15	0.53	1.44	1.78	13
湖　南	Hunan	184	290	389	13	0.81	1.60	2.27	9
广　东	Guangdong	136	309	340	17	1.34	2.21	2.76	5
广　西	Guangxi	128	347	422	7	0.59	1.50	1.80	12
海　南	Hainan	33	53	54	31	0.19	0.42	0.50	27
重　庆	Chongqing	91	210	223	24	0.51	1.06	1.25	18
四　川	Sichuan	188	354	492	5	0.64	2.58	3.48	4
贵　州	Guizhou	80	172	255	20	0.18	1.34	2.22	10
云　南	Yunnan	137	205	231	23	0.64	1.04	1.03	20
西　藏	Tibet		79	115	26		0.39	0.08	31
陕　西	Shaanxi	93	336	418	8	0.29	1.89	2.59	7
甘　肃	Gansu	133	255	274	19	0.28	0.91	1.06	19
青　海	Qinghai	10	74	109	27	0.03	0.23	0.45	28
宁　夏	Ningxia	31	42	73	30	0.07	0.18	0.22	30
新　疆	Xinjiang	176	296	395	12	0.14	0.53	0.67	23

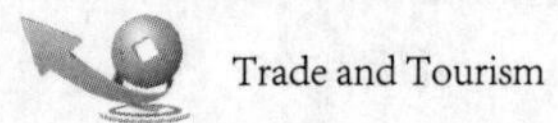

14-48 旅游景区营业收入和旅游景区门票收入
Total Revenue and Tickets of Tourist Trade

单位：亿元 (100 million yuan)

地区	Region	旅游景区营业收入 Total Revenue 2010	2016	2017	2017排名 Ranking	旅游景区门票收入 Tickets 2010	2016	2017	2017排名 Ranking
全　国	**National Total**	**3960.81**	**3858.20**	**4339.83**		**874.50**	**906.20**	**989.60**	
北　京	Beijing	47.73	50.33	53.13	22	32.69	26.85	17.52	20
天　津	Tianjin	13.49	18.40	21.45	29	0.76	7.85	9.36	26
河　北	Hebei	19.34	86.98	82.91	17	5.73	20.40	20.46	18
山　西	Shanxi	36.11	105.38	105.43	14	7.88	17.74	14.76	22
内蒙古	Inner Mongolia	11.54	39.40	43.50	25	2.14	7.15	8.42	28
辽　宁	Liaoning	317.03	89.69	100.29	15	8.02	34.73	38.86	11
吉　林	Jilin	52.37	34.49	37.29	27	5.81	8.61	9.21	27
黑龙江	Heilongjiang	12.58	51.42	49.05	24	2.87	11.39	11.07	25
上　海	Shanghai	24.01	35.35	52.97	23	10.35	21.71	32.06	13
江　苏	Jiangsu	13.44	202.64	223.97	7	6.38	56.23	62.91	4
浙　江	Zhejiang	120.05	209.80	221.34	8	35.19	74.99	88.67	1
安　徽	Anhui	93.24	254.81	277.72	4	18.40	39.35	46.21	9
福　建	Fujian	20.81	41.64	95.53	16	8.16	21.88	27.83	16
江　西	Jiangxi	126.14	538.58	588.46	1	15.55	47.81	54.49	6
山　东	Shandong	137.78	234.04	263.86	6	33.88	76.84	84.67	2
河　南	Henan	32.54	101.06	110.09	13	17.13	45.15	50.04	8
湖　北	Hubei	75.08	185.44	194.12	9	12.04	39.44	40.90	10
湖　南	Hunan	33.54	231.95	267.75	5	18.25	50.09	59.19	5
广　东	Guangdong	55.61	146.23	155.39	10	25.93	65.00	64.23	3
广　西	Guangxi	22.01	56.41	68.33	20	10.42	21.71	26.59	17
海　南	Hainan	11.52	30.45	35.15	28	8.21	14.49	16.31	21
重　庆	Chongqing	467.98	111.13	111.10	12	454.54	16.38	18.75	19
四　川	Sichuan	1832.53	407.13	475.99	2	92.04	52.88	50.28	7
贵　州	Guizhou	15.13	245.56	309.18	3	1.92	28.68	31.08	14
云　南	Yunnan	32.07	85.08	69.02	19	18.47	30.05	28.54	15
西　藏	Tibet		4.32	2.04	31		1.83	0.81	31
陕　西	Shaanxi	12.35	111.74	143.32	11	8.87	38.91	37.75	12
甘　肃	Gansu	30.55	56.33	73.80	18	4.71	11.52	14.18	23
青　海	Qinghai	0.35	38.27	41.57	26	0.17	4.70	6.37	29
宁　夏	Ningxia	191.11	10.42	11.92	30	1.89	4.11	4.32	30
新　疆	Xinjiang	102.77	43.73	54.16	21	6.09	7.73	13.76	24

15

金融业

Financial Intermediation

15-1 金融机构本外币和人民币住户存款余额

Loan Balance of Renminbi and Foreign Currencies, and Deposits in All Items of Financial Institutions

单位：亿元 (100 million yuan)

地区	Region	金融机构本外币住户存款余额 Loan Balance in Foreign Currency			金融机构人民币住户存款余额 Loan Balance in RMB		
		2016	2017	2017排名 Ranking	2016	2017	2017排名 Ranking
全　国	**National Total**	**606522.23**	**651983.38**		**597751.05**	**643767.62**	
北　京	Beijing	29505.68	30377.23	8	28012.03	28962.16	8
天　津	Tianjin	9341.88	9756.89	24	9125.38	9558.05	25
河　北	Hebei	32870.97	35719.15	5	32710.86	35573.34	5
山　西	Shanxi	17231.12	18713.87	15	17128.05	18620.29	15
内蒙古	Inner Mongolia	10012.36	10777.48	23	9960.13	10730.04	23
辽　宁	Liaoning	25882.12	27768.14	9	25494.92	27400.75	9
吉　林	Jilin	10666.06	11612.82	22	10553.35	11506.00	22
黑龙江	Heilongjiang	13591.95	14468.53	18	13448.38	14331.04	19
上　海	Shanghai	25112.99	25763.20	10	23639.80	24338.48	10
江　苏	Jiangsu	44544.05	46686.69	2	43900.50	46088.01	2
浙　江	Zhejiang	38755.05	40804.33	4	38077.05	40192.49	4
安　徽	Anhui	18957.09	20628.27	13	18857.63	20538.24	13
福　建	Fujian	15412.31	16853.15	16	15122.76	16583.08	16
江　西	Jiangxi	14065.67	15580.33	17	13980.95	15503.39	17
山　东	Shandong	41754.94	44409.13	3	41350.93	44035.84	3
河　南	Henan	29578.94	32422.25	7	29421.19	32279.05	7
湖　北	Hubei	22065.17	24012.51	11	21876.55	23841.74	11
湖　南	Hunan	21242.12	23371.58	12	21125.96	23261.60	12
广　东	Guangdong	59768.75	62742.27	1	58618.89	61890.08	1
广　西	Guangxi	12606.56	13814.30	20	12548.64	13761.04	20
海　南	Hainan	3417.20	3815.80	28	3388.32	3790.10	28
重　庆	Chongqing	13480.84	14441.64	19	13399.44	14367.38	18
四　川	Sichuan	32184.28	35016.75	6	31950.42	34800.89	6
贵　州	Guizhou	8556.56	9602.70	25	8531.81	9580.29	24
云　南	Yunnan	12012.49	13234.80	21	11936.21	13164.99	21
西　藏	Tibet	786.55	880.42	31	785.89	879.72	31
陕　西	Shaanxi	17212.82	18803.99	14	17084.52	18683.64	14
甘　肃	Gansu	8530.60	9094.31	26	8492.87	9059.52	26
青　海	Qinghai	2010.33	2148.69	30	2002.42	2141.41	30
宁　夏	Ningxia	2562.23	2802.12	29	2550.04	2791.49	29
新　疆	Xinjiang	7543.08	8443.36	27	7498.27	8402.52	27

15-2 金融机构本外币短期和中长期贷款余额

Short-term Loans and Medium & Long-term Loans in All Items of Financial Institutions

单位：亿元 (100 million yuan)

地区	Region	本外币短期贷款余额 Short-term Loans 2010	2016	2017	2017排名 Ranking	本外币中长期贷款余额 Medium & Long-term Loans 2010	2016	2017	2017排名 Ranking
全　国	**National Total**	**166233.38**				**288930.43**			
北　京	Beijing	8597.00	18693.80	21471.30	5	26180.20	37471.30	42001.70	4
天　津	Tianjin	3016.51	7443.99	7838.16	16	9264.71	16070.29	18307.97	16
河　北	Hebei	6142.44				9100.01			
山　西	Shanxi	3742.52	7851.45	8288.95	14	5409.30	10868.09	12796.11	22
内蒙古	Inner Mongolia	2709.41	7145.45	7708.99	17	5136.53	11492.25	13005.47	21
辽　宁	Liaoning	6303.00	14276.00	15816.00	7	11901.00	21575.00	23288.00	12
吉　林	Jilin	2815.66	7099.70	7184.60	18	4310.84	9342.20	10288.80	24
黑龙江	Heilongjiang	2916.10	8692.60	9344.00	12	4098.40	7944.30	8994.70	26
上　海	Shanghai	9278.11	14618.46	16903.07	6	21693.69	34310.54	39993.67	5
江　苏	Jiangsu	16951.69	30969.02	33295.54	3	23367.87	55345.53	65544.48	2
浙　江	Zhejiang	26044.53	38652.00	38921.81	1	18800.18	37586.80	47449.74	3
安　徽	Anhui	4142.00	9285.90	10061.80	11	7175.00	18766.60	22758.00	13
福　建	Fujian	6614.90	13058.36	14457.14	9	8485.90	21936.14	25570.20	10
江　西	Jiangxi	2851.89	7662.04	8216.70	15	4753.75	13127.57	16652.10	20
山　东	Shandong	14592.64	28035.52	28927.90	4	15864.26	31272.23	37609.50	6
河　南	Henan	6995.81	14706.40	15014.90	8	7806.31	20645.20	25892.60	9
湖　北	Hubei	4197.92	8505.56	8537.43	13	9130.98	22620.54	27895.60	8
湖　南	Hunan	3540.80	6528.60	7145.70	19	7585.55	19647.50	23866.80	11
广　东	Guangdong	15169.58	32345.63	35833.83	2	46698.23	69158.10	81976.72	1
广　西	Guangxi	1720.22	4593.91	4866.56	25	7057.58	14719.49	17550.88	18
海　南	Hainan	397.99	1165.98	1467.60	28	2062.76	6210.31	6867.40	27
重　庆	Chongqing	1686.11	5981.46	5958.00	21	8705.32	17787.71	18320.00	15
四　川	Sichuan	4948.04	10469.22	10416.57	10	14040.82	31080.27	37087.96	7
贵　州	Guizhou	1018.05	3439.29	3812.52	26	4585.34	14116.25	16798.58	19
云　南	Yunnan	2702.92	6099.10	6281.86	20	7771.89	15449.73	17597.08	17
西　藏	Tibet	58.71	322.78	392.05	30	213.60	2462.08	3426.03	30
陕　西	Shaanxi	2513.90	5270.83	5552.78	22	7273.10	17235.39	20076.48	14
甘　肃	Gansu	1690.32	4841.31	5141.11	23	2728.71	9993.09	11441.62	23
青　海	Qinghai	401.70	987.73	1287.49	29	1347.95	3939.25	4315.00	28
宁　夏	Ningxia	704.25	1854.81	2051.88	27	1611.99	3433.18	3880.65	29
新　疆	Xinjiang	1849.44	4169.41	4993.54	24	3132.26	8619.53	10163.98	25

15-3 金融机构本外币农林牧渔业贷款余额和同比增长统计

Loan Balance of RMB and Foreign Currencies in Agriculture, Forestry, Animal husbandry, and Side Fisheries, and Year-on-Year Growth

地区	Region	农林牧渔业贷款余额统计（亿元） Loan Balance (100 million yuan)			农林牧渔业贷款同比增长统计（%） Year-on-Year Growth (%)		
		2016	2017	2017排名 Ranking	2016	2017	2017排名 Ranking
全 国	**National Total**	**36627.28**	**38712.91**		**4.24**	**5.69**	
北 京	Beijing	415.51	463.60	24	13.89	11.57	10
天 津	Tianjin	190.68	191.24	29	15.41	0.29	27
河 北	Hebei	892.82	977.16	19	-19.58	9.45	12
山 西	Shanxi	847.57	954.54	20	2.29	12.62	8
内蒙古	Inner Mongolia	1893.96	2043.08	5	6.49	7.87	16
辽 宁	Liaoning	1717.52	1645.01	9	4.55	-4.22	29
吉 林	Jilin	781.37	834.53	23	1.25	6.80	17
黑龙江	Heilongjiang	1495.71	1410.34	12	-0.59	-5.71	30
上 海	Shanghai	106.33	143.35	31	2.50	34.82	2
江 苏	Jiangsu	2105.28	2114.37	4	5.00	0.43	26
浙 江	Zhejiang	1376.66	1497.14	11	2.18	8.75	14
安 徽	Anhui	846.14	903.66	21	-0.45	6.80	17
福 建	Fujian	1030.33	1151.72	18	6.17	11.78	9
江 西	Jiangxi	2120.77	2359.44	3	10.62	11.25	11
山 东	Shandong	1758.84	1608.09	10	-11.57	-8.57	31
河 南	Henan	3195.46	3319.54	1	-4.07	3.88	21
湖 北	Hubei	1250.85	1368.99	15	8.48	9.45	12
湖 南	Hunan	1446.65	1401.28	13	-3.88	-3.14	28
广 东	Guangdong	842.86	856.57	22	-5.05	1.60	25
广 西	Guangxi	1713.75	1861.85	7	24.54	8.64	15
海 南	Hainan	237.67	272.58	27	13.17	14.69	6
重 庆	Chongqing	282.14	289.22	26	-11.42	2.51	24
四 川	Sichuan	1869.34	1920.59	6	0.66	2.74	23
贵 州	Guizhou	1089.88	1399.92	14	35.71	28.45	3
云 南	Yunnan	1091.72	1229.55	16	5.06	12.63	7
西 藏	Tibet	148.94	238.53	28	68.47	60.15	1
陕 西	Shaanxi	1138.05	1199.75	17	6.19	5.42	19
甘 肃	Gansu	2507.23	2586.83	2	19.57	3.17	22
青 海	Qinghai	147.28	184.47	30	20.54	25.25	4
宁 夏	Ningxia	385.32	453.83	25	18.78	17.18	5
新 疆	Xinjiang	1681.71	1765.30	8	6.46	4.97	20

15-4 金融机构本外币农村（县及县以下）贷款余额和同比增长统计

Loan Balance of RMB and Foreign Currencies (in County Areas) and Year-on-Year Growth

地区	Region	农村（县及县以下）贷款余额统计（亿元） Loan Balance (100 million yuan)			农村（县及县以下）贷款同比增长统计（%） Year-on-Year Growth (%)		
		2016	2017	2017排名 Ranking	2016	2017	2017排名 Ranking
全　国	**National Total**	**230091.83**	**251398.30**		**6.50**	**9.26**	
北　京	Beijing	824.59	686.58	28	-20.41	-16.74	29
天　津	Tianjin	914.07	538.32	30	-21.66	-41.11	31
河　北	Hebei	11906.06	12771.93	5	-4.07	7.27	19
山　西	Shanxi	7587.84	8182.15	12	3.19	7.83	18
内蒙古	Inner Mongolia	5917.64	6700.46	17	14.39	13.23	11
辽　宁	Liaoning	5832.77	5928.16	19	1.80	1.64	27
吉　林	Jilin	4956.05	4949.73	23	16.39	-0.13	28
黑龙江	Heilongjiang	5586.26	5975.90	18	11.76	6.97	20
上　海	Shanghai	974.82	628.01	29	-10.47	-35.58	30
江　苏	Jiangsu	24750.37	27247.23	2	7.83	10.09	14
浙　江	Zhejiang	27547.77	29901.88	1	-1.72	8.55	17
安　徽	Anhui	7161.80	8345.59	10	12.16	16.53	7
福　建	Fujian	10646.51	11339.77	7	3.52	6.51	21
江　西	Jiangxi	7175.52	8592.47	9	16.45	19.75	1
山　东	Shandong	21714.72	22481.81	3	6.03	3.53	25
河　南	Henan	12744.91	14311.38	4	8.79	12.29	12
湖　北	Hubei	6273.49	7307.02	14	15.60	16.47	8
湖　南	Hunan	7564.01	8932.10	8	13.88	18.09	5
广　东	Guangdong	7391.93	8222.19	11	2.10	11.23	13
广　西	Guangxi	4527.93	5199.17	22	14.01	14.82	10
海　南	Hainan	915.41	932.34	27	-20.84	1.85	26
重　庆	Chongqing	3347.11	3557.89	24	8.27	6.30	22
四　川	Sichuan	12023.51	12664.76	6	7.97	5.33	23
贵　州	Guizhou	6356.52	7610.66	13	23.06	19.73	2
云　南	Yunnan	6435.97	7010.46	15	11.99	8.93	16
西　藏	Tibet	259.29	306.77	31	21.19	18.31	3
陕　西	Shaanxi	4819.60	5273.15	21	5.97	9.41	15
甘　肃	Gansu	5164.78	5387.66	20	16.24	4.32	24
青　海	Qinghai	1298.29	1508.15	26	9.48	16.16	9
宁　夏	Ningxia	1517.82	1770.30	25	7.69	16.63	6
新　疆	Xinjiang	5863.98	6926.59	16	8.83	18.12	4

15-5 金融机构本外币农户贷款余额和同比增长统计
Farm Loan Balance of RMB and Foreign Currencies and Year-on-Year Growth

地区	Region	金融机构本外币农户贷款余额统计（亿元） Loan Balance (100 million yuan)			金融机构人民币农户贷款同比增长统计（%） Year-on-Year Growth (%)		
		2016	2017	2017排名 Ranking	2016	2017	2017排名 Ranking
全 国	**National Total**	**70845.85**	**81055.66**		**15.22**	**14.41**	
北 京	Beijing	22.02	29.74	31	-84.18	35.06	1
天 津	Tianjin	178.62	197.30	28	14.33	10.46	24
河 北	Hebei	3489.95	4045.08	7	18.38	15.91	14
山 西	Shanxi	1573.86	1777.77	19	6.84	12.96	18
内蒙古	Inner Mongolia	1574.29	1809.21	18	14.85	14.92	15
辽 宁	Liaoning	1350.57	1382.98	21	6.54	2.40	28
吉 林	Jilin	721.08	650.51	24	-0.29	-9.79	31
黑龙江	Heilongjiang	1209.24	1165.45	23	3.79	-3.62	30
上 海	Shanghai	173.85	192.49	30	56.99	10.73	22
江 苏	Jiangsu	5066.82	6035.58	2	21.32	19.12	8
浙 江	Zhejiang	9388.12	11082.19	1	17.26	18.04	9
安 徽	Anhui	3067.22	3777.07	9	22.53	23.14	3
福 建	Fujian	3094.58	3631.75	11	10.93	17.36	10
江 西	Jiangxi	3249.12	3908.26	8	20.85	20.29	7
山 东	Shandong	4318.38	4948.10	3	12.53	14.58	16
河 南	Henan	4114.35	4659.10	5	15.84	13.24	17
湖 北	Hubei	2000.92	2441.85	15	24.40	22.04	4
湖 南	Hunan	3652.72	4061.00	6	13.05	11.18	20
广 东	Guangdong	3140.47	3645.70	10	21.32	16.09	13
广 西	Guangxi	2249.79	2623.64	14	28.48	16.62	12
海 南	Hainan	163.99	221.42	26	17.07	35.02	2
重 庆	Chongqing	1335.83	1476.10	20	12.42	10.50	23
四 川	Sichuan	4254.44	4722.26	4	11.31	11.00	21
贵 州	Guizhou	2447.77	2855.90	12	20.12	16.67	11
云 南	Yunnan	1943.13	2189.73	17	12.06	12.69	19
西 藏	Tibet	178.36	216.70	27	14.86	21.50	5
陕 西	Shaanxi	2174.65	2359.88	16	4.80	8.52	26
甘 肃	Gansu	2647.30	2797.53	13	15.96	5.67	27
青 海	Qinghai	160.56	193.32	29	20.70	20.40	6
宁 夏	Ningxia	581.43	631.37	25	13.39	8.59	25
新 疆	Xinjiang	1322.00	1289.93	22	7.60	-2.43	29

15-6 金融机构本外币涉农贷款余额和同比增长统计

Agriculture-Related Loan Balance of RMB and Foreign Currencies and Year-on-Year Growth

地区	Region	金融机构本外币涉农贷款余额统计（亿元） Loan Balance (100 million yuan)			金融机构本外币涉农贷款同比增长统计（%） Year-on-Year Growth (%)		
		2016	2017	2017排名 Ranking	2016	2017	2017排名 Ranking
全 国	**National Total**	**282335.67**	**309546.99**		**7.14**	**9.64**	
北 京	Beijing	1958.44	1990.00	27	-26.36	1.61	27
天 津	Tianjin	2649.84	2358.62	24	-9.02	-10.99	31
河 北	Hebei	13053.66	14196.12	6	-2.46	8.75	18
山 西	Shanxi	8690.95	9752.67	12	5.42	12.22	13
内蒙古	Inner Mongolia	7492.16	8363.03	16	14.22	11.62	15
辽 宁	Liaoning	7677.05	7738.59	18	3.80	0.80	28
吉 林	Jilin	6110.17	6039.30	22	14.55	-1.16	29
黑龙江	Heilongjiang	7992.52	8518.26	15	9.27	6.58	23
上 海	Shanghai	2037.15	1838.08	28	-6.94	-9.77	30
江 苏	Jiangsu	28271.21	31079.76	2	8.21	9.93	17
浙 江	Zhejiang	30079.08	32572.94	1	-0.97	8.29	20
安 徽	Anhui	9665.46	1118.47	31	13.42	15.03	8
福 建	Fujian	11700.17	12586.67	7	3.42	7.58	21
江 西	Jiangxi	8432.00	10357.60	10	17.32	22.84	2
山 东	Shandong	24687.80	25819.40	3	5.62	4.58	25
河 南	Henan	14912.56	16656.64	4	10.41	11.70	14
湖 北	Hubei	9026.79	10322.24	11	17.15	14.35	9
湖 南	Hunan	8960.44	10386.69	9	13.62	15.92	6
广 东	Guangdong	9732.72	10840.23	8	5.00	11.38	16
广 西	Guangxi	6765.03	7798.48	17	12.65	15.28	7
海 南	Hainan	1429.14	1471.70	29	-0.45	2.98	26
重 庆	Chongqing	4676.89	5071.34	23	6.85	8.43	19
四 川	Sichuan	15199.34	16047.56	5	10.07	5.58	24
贵 州	Guizhou	7258.35	8747.10	14	20.92	20.51	3
云 南	Yunnan	8006.10	8996.48	13	12.23	12.37	12
西 藏	Tibet	859.80	1177.36	30	108.16	36.94	1
陕 西	Shaanxi	5857.86	6594.58	21	7.36	12.58	11
甘 肃	Gansu	6265.82	6692.56	20	18.78	6.81	22
青 海	Qinghai	1995.09	2255.34	25	9.32	13.04	10
宁 夏	Ningxia	1816.57	2160.04	26	7.81	18.91	4
新 疆	Xinjiang	6359.31	7489.01	19	9.24	17.76	5

15-7 农村信用社第一季度和第二季度人民币存贷款余额（2017年）
RMB Deposit and Loan Balance of the First and Second Quarter of the Rural Credit Cooperatives in 2017

单位：亿元　(100 million yuan)

地区	Region	第一季度 First Quarter				第二季度 Second Quarter			
		存款余额 Deposit Balance	排名 Ranking	贷款余额 Loan Balance	排名 Ranking	存款余额 Deposit Balance	排名 Ranking	贷款余额 Loan Balance	排名 Ranking
全　国	**National Total**	**57059.22**		**34548.24**		**56616.83**		**34777.98**	
北　京	Beijing								
天　津	Tianjin								
河　北	Hebei	8718.69	1	5360.48	1	8706.48	1	5419.29	1
山　西	Shanxi	3163.75	7	1716.47	7	3109.82	7	1691.70	7
内蒙古	Inner Mongolia	1826.71	12	1227.07	12	1843.44	11	1283.59	12
辽　宁	Liaoning	1731.67	13	1207.61	13	1695.21	14	1185.19	13
吉　林	Jilin	654.82	18	380.26	18	580.37	18	376.04	18
黑龙江	Heilongjiang	1857.67	11	952.70	15	1796.01	12	967.91	15
上　海	Shanghai								
江　苏	Jiangsu								
浙　江	Zhejiang	1712.56	14	1082.69	14	1619.18	15	1051.56	14
安　徽	Anhui	0.02	23			0.02	23		
福　建	Fujian	2234.37	9	1325.96	11	2261.70	9	1352.67	11
江　西	Jiangxi								
山　东	Shandong	0.22	22			0.47	22		
河　南	Henan	6458.75	2	3257.50	3	6236.58	2	3187.96	3
湖　北	Hubei	0.01	24					2.50	22
湖　南	Hunan	521.04	19	195.91	21	316.63	21	126.13	21
广　东	Guangdong	5003.91	4	2932.18	4	5126.05	4	2984.15	4
广　西	Guangxi	3823.11	6	2624.54	5	3965.12	6	2704.69	5
海　南	Hainan	880.24	17	526.96	17	894.19	17	514.98	17
重　庆	Chongqing								
四　川	Sichuan	4686.51	5	2458.75	6	4392.24	5	2333.42	6
贵　州	Guizhou	2142.23	10	1522.36	8	2115.33	10	1557.53	8
云　南	Yunnan	5558.84	3	3509.86	2	5724.96	3	3649.12	2
西　藏	Tibet								
陕　西	Shaanxi	2645.46	8	1417.99	9	2735.56	8	1493.40	9
甘　肃	Gansu	1067.17	16	924.89	16	1043.86	16	918.72	16
青　海	Qinghai	310.21	21	234.66	20	354.11	19	237.35	20
宁　夏	Ningxia	351.54	20	283.02	19	343.21	20	289.03	19
新　疆	Xinjiang	1709.73	15	1406.37	10	1756.26	13	1451.01	10

15-8 农村信用社第三季度和第四季度人民币存贷款余额（2017年）

RMB Deposit and Loan Balance of the Third and Forth Quarter of the Rural Credit Cooperatives in 2017

单位：亿元 (100 million yuan)

地区	Region	第三季度 Third Quarter				第四季度 Forth Quarter			
		存款余额 Deposit Balance	排名 Ranking	贷款余额 Loan Balance	排名 Ranking	存款余额 Deposit Balance	排名 Ranking	贷款余额 Loan Balance	排名 Ranking
全　国	**National Total**	**55310.07**		**34292.60**		**52968.23**		**32949.27**	
北　京	Beijing								
天　津	Tianjin								
河　北	Hebei	8486.54	1	5368.73	1	8284.60	1	5238.07	1
山　西	Shanxi	3185.43	7	1718.84	7	3007.53	7	1657.52	7
内蒙古	Inner Mongolia	1787.30	11	1249.88	12	1857.83	11	1205.58	12
辽　宁	Liaoning	1711.06	13	1197.86	13	1759.45	13	1173.91	13
吉　林	Jilin	577.88	18	381.13	18	613.09	18	381.32	18
黑龙江	Heilongjiang	1619.06	14	853.11	16	1708.05	14	817.43	16
上　海	Shanghai								
江　苏	Jiangsu								
浙　江	Zhejiang	1362.13	15	877.67	15	1341.46	15	839.98	15
安　徽	Anhui	0.02	24						
福　建	Fujian	2321.50	9	1387.14	10	2377.66	9	1421.05	10
江　西	Jiangxi								
山　东	Shandong	0.33	23			0.32	22		
河　南	Henan	6285.53	2	3249.19	3	4949.41	4	2616.08	5
湖　北	Hubei	5.00	22	2.50	22	0.01	23	2.50	22
湖　南	Hunan	337.10	21	130.06	21	194.78	21	74.34	21
广　东	Guangdong	5093.24	4	2987.00	4	5157.42	3	2980.48	3
广　西	Guangxi	3918.03	6	2741.91	5	3845.71	5	2766.65	4
海　南	Hainan	909.75	17	565.13	17	858.08	17	553.94	17
重　庆	Chongqing								
四　川	Sichuan	3980.72	5	2133.91	6	3366.44	6	1859.77	6
贵　州	Guizhou	1964.10	10	1466.74	8	1991.41	10	1510.70	8
云　南	Yunnan	5794.20	3	3749.08	2	5805.23	2	3839.71	2
西　藏	Tibet								
陕　西	Shaanxi	2427.44	8	1321.22	11	2460.21	8	1287.15	11
甘　肃	Gansu	1039.54	16	925.44	14	1032.27	16	921.04	14
青　海	Qinghai	365.41	19	239.82	20	306.27	19	201.43	19
宁　夏	Ningxia	353.38	20	295.65	19	216.42	20	171.41	20
新　疆	Xinjiang	1785.37	12	1450.59	9	1834.57	12	1429.20	9

15-9 商业银行不良贷款余额和不良贷款率

Non-performing Loan Balance and Non-performing Rate of Commercial Bank

地区	Region	不良贷款余额（亿元） Non-performing Loan Balance (100 million yuan)		不良贷款率（%） Non-performing Rate (%)	
		2017	2017排名 Ranking	2017	2017排名 Ranking
总　行		**987.80**		**1.90**	
北　京	Beijing	274.10	23	0.50	30
天　津	Tianjin	525.50	10	2.30	12
河　北	Hebei	619.90	8	2.00	16
山　西	Shanxi	407.30	17	2.40	9
内蒙古	Inner Mongolia	507.80	11	3.80	1
辽　宁	Liaoning	928.50	6	2.90	7
吉　林	Jilin	347.30	20	3.00	3
黑龙江	Heilongjiang	237.70	25	2.40	9
上　海	Shanghai	281.20	22	0.60	29
江　苏	Jiangsu	1148.60	4	1.30	25
浙　江	Zhejiang	1305.80	3	1.70	20
安　徽	Anhui	402.00	18	1.60	21
福　建	Fujian	646.80	7	2.10	15
江　西	Jiangxi	433.30	15	2.30	12
山　东	Shandong	1726.80	1	3.00	3
河　南	Henan	571.50	9	1.90	18
湖　北	Hubei	434.90	14	1.50	23
湖　南	Hunan	464.40	12	1.90	18
广　东	Guangdong	1352.50	2	1.30	25
广　西	Guangxi	223.10	26	1.60	21
海　南	Hainan	33.70	30	0.80	28
重　庆	Chongqing	267.40	24	1.20	27
四　川	Sichuan	951.10	5	2.50	8
贵　州	Guizhou	427.30	16	3.00	3
云　南	Yunnan	448.00	13	3.00	3
西　藏	Tibet	9.20	31	0.30	31
陕　西	Shaanxi	377.20	19	2.00	16
甘　肃	Gansu	336.10	21	3.40	2
青　海	Qinghai	90.60	29	2.40	9
宁　夏	Ningxia	97.00	28	2.30	12
新　疆	Xinjiang	138.40	27	1.40	24

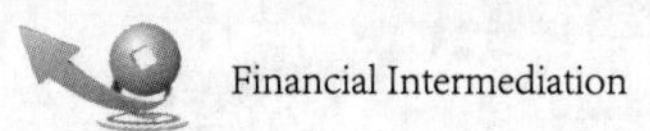

15-10 小额贷款公司机构数量和从业人员数基本情况统计
Number of Microfinance Institution and Employed Persons

地区	Region	小额贷款公司机构数量（家） Number of Microfinance Institutions (household)			小额贷款公司从业人员数（人） Number of Employed Persons (person)		
		2016	2017	2017排名 Ranking	2016	2017	2017排名 Ranking
全　国	**National Total**	**8673**	**8551**		**108881**	**103988**	
北　京	Beijing	87	99	27	1131	1403	27
天　津	Tianjin	110	95	28	1455	1299	28
河　北	Hebei	450	437	6	6134	5894	3
山　西	Shanxi	311	294	13	3624	3233	16
内蒙古	Inner Mongolia	400	361	7	3777	3259	15
辽　宁	Liaoning	559	547	2	5196	5061	6
吉　林	Jilin	440	532	3	4032	4892	7
黑龙江	Heilongjiang	266	254	21	2308	1997	22
上　海	Shanghai	119	123	25	1562	1575	25
江　苏	Jiangsu	629	630	1	5941	5795	4
浙　江	Zhejiang	332	326	10	3697	3418	14
安　徽	Anhui	445	439	5	5183	4867	8
福　建	Fujian	118	118	26	1591	1415	26
江　西	Jiangxi	209	200	22	2756	2531	21
山　东	Shandong	335	334	8	4317	4282	9
河　南	Henan	296	282	16	4237	3752	11
湖　北	Hubei	283	283	14	4049	3615	12
湖　南	Hunan	128	128	23	1903	1903	23
广　东	Guangdong	440	461	4	9070	9509	1
广　西	Guangxi	309	304	12	4256	3909	10
海　南	Hainan	55	56	30	729	970	29
重　庆	Chongqing	259	266	20	6095	6319	2
四　川	Sichuan	341	322	11	6800	5729	5
贵　州	Guizhou	283	281	17	2884	2630	20
云　南	Yunnan	338	272	18	3758	2944	17
西　藏	Tibet	16	18	31	143	156	31
陕　西	Shaanxi	273	270	19	3065	2868	18
甘　肃	Gansu	334	331	9	3600	3570	13
青　海	Qinghai	77	77	29	881	878	30
宁　夏	Ningxia	147	128	23	1903	1680	24
新　疆	Xinjiang	284	283	14	2804	2635	19

15-11 小额贷款公司实收资本和贷款余额基本情况统计
Paid in Capital of Microfinance Institution and Basic Loan Balance

单位：亿元 (100 million yuan)

地区	Region	小额贷款公司实收资本 Paid in Capital			小额贷款公司贷款余额 Basic Loan Balance		
		2016	2017	2017排名 Ranking	2016	2017	2017排名 Ranking
全　国	**National Total**	**8233.90**	**8270.33**		**9272.80**	**9799.49**	
北　京	Beijing	123.52	136.07	22	142.01	146.77	20
天　津	Tianjin	130.67	119.54	25	131.68	129.61	21
河　北	Hebei	255.45	247.74	13	254.67	245.60	13
山　西	Shanxi	194.58	186.15	18	183.26	172.60	19
内蒙古	Inner Mongolia	282.43	257.71	12	287.79	262.06	12
辽　宁	Liaoning	366.40	362.84	8	316.95	310.98	9
吉　林	Jilin	107.24	145.03	21	75.35	109.88	25
黑龙江	Heilongjiang	137.66	133.33	23	116.66	112.62	24
上　海	Shanghai	187.00	200.00	17	196.14	219.01	17
江　苏	Jiangsu	832.06	809.26	1	958.71	932.72	2
浙　江	Zhejiang	620.24	574.58	4	700.44	668.24	4
安　徽	Anhui	372.12	363.87	7	443.40	447.01	8
福　建	Fujian	262.85	258.81	11	295.17	299.81	11
江　西	Jiangxi	213.17	222.56	15	234.23	223.45	16
山　东	Shandong	441.21	448.62	6	481.28	495.04	6
河　南	Henan	216.50	221.07	16	226.32	238.48	15
湖　北	Hubei	313.68	305.63	9	311.66	310.71	10
湖　南	Hunan	100.98	104.20	26	104.11	105.40	26
广　东	Guangdong	604.39	653.54	3	676.22	855.60	3
广　西	Guangxi	250.04	264.83	10	501.39	474.33	7
海　南	Hainan	52.59	61.71	29	60.02	65.95	28
重　庆	Chongqing	623.46	734.90	2	991.40	1467.37	1
四　川	Sichuan	578.86	537.45	5	645.67	606.15	5
贵　州	Guizhou	88.84	88.52	27	83.19	80.99	27
云　南	Yunnan	162.98	129.13	24	161.74	127.88	23
西　藏	Tibet	13.25	14.32	31	8.96	13.98	31
陕　西	Shaanxi	253.41	245.81	14	246.65	241.77	14
甘　肃	Gansu	146.44	151.35	20	120.69	128.99	22
青　海	Qinghai	48.18	47.99	30	45.00	47.17	30
宁　夏	Ningxia	71.01	62.28	28	63.78	56.22	29
新　疆	Xinjiang	182.72	181.51	19	208.27	203.13	18

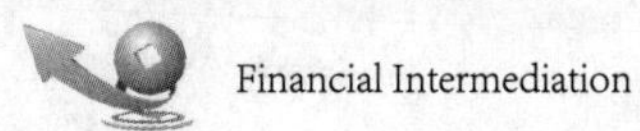

15-12 社会融资规模中人民币和外币贷款增量统计
RMB and Foreign Currency Loans Increment of Social Financing Scale

单位：亿元 (100 million yuan)

地区	Region	人民币贷款 RMB Loan 2017	2017排名 Ranking	外币贷款（折合人民币） Foreign Currency Loans (Converted to RMB) 2017	2017排名 Ranking
全　国	**National Total**	**138432.00**		**18.00**	
北　京	Beijing	6778.63	5	-38.82	24
天　津	Tianjin	2754.02	19	108.88	4
河　北	Hebei	5532.43	7	40.46	8
山　西	Shanxi	2246.27	23	-13.75	20
内蒙古	Inner Mongolia	2096.22	24	4.34	13
辽　宁	Liaoning	2778.86	17	-129.95	29
吉　林	Jilin	817.71	28	-14.21	21
黑龙江	Heilongjiang	1448.60	26	-64.34	27
上　海	Shanghai	7606.47	4	-51.97	26
江　苏	Jiangsu	10999.94	2	142.11	3
浙　江	Zhejiang	8718.03	3	-217.92	31
安　徽	Anhui	4287.24	12	75.75	5
福　建	Fujian	4068.90	13	-48.15	25
江　西	Jiangxi	3980.94	14	62.08	6
山　东	Shandong	5873.92	6	48.33	7
河　南	Henan	5237.43	9	143.00	2
湖　北	Hubei	5024.19	10	16.83	10
湖　南	Hunan	4308.03	11	-0.87	16
广　东	Guangdong	15243.51	1	-67.23	28
广　西	Guangxi	2594.36	20	-5.69	19
海　南	Hainan	797.16	29	-4.28	18
重　庆	Chongqing	3079.90	15	-163.23	30
四　川	Sichuan	5317.62	8	233.62	1
贵　州	Guizhou	3002.43	16	8.50	12
云　南	Yunnan	2356.01	21	10.67	11
西　藏	Tibet	995.66	27	-0.51	15
陕　西	Shaanxi	2758.25	18	-36.28	23
甘　肃	Gansu	1754.31	25	29.99	9
青　海	Qinghai	642.46	31	1.34	14
宁　夏	Ningxia	665.37	30	-1.63	17
新　疆	Xinjiang	2314.68	22	-16.64	22

15-13 社会融资规模中委托贷款和信托贷款增量统计
Entrusted and Trust Loan Increment of Social Financing Scale

单位：亿元 (100 million yuan)

地区	Region	委托贷款 Entrusted Loan		信托贷款 Trust Loan	
		2017	2017排名 Ranking	2017	2017排名 Ranking
全 国	**National Total**	**7770.00**		**22555.00**	
北 京	Beijing	1128.75	1	1570.92	5
天 津	Tianjin	-223.79	31	-132.12	27
河 北	Hebei	97.99	21	1880.85	3
山 西	Shanxi	194.49	16	157.93	22
内蒙古	Inner Mongolia	72.04	23	-217.88	28
辽 宁	Liaoning	-175.82	30	36.50	24
吉 林	Jilin	147.93	19	34.09	25
黑龙江	Heilongjiang	108.60	20	357.10	17
上 海	Shanghai	221.47	14	1869.30	4
江 苏	Jiangsu	374.95	8	620.00	11
浙 江	Zhejiang	745.96	3	1281.65	6
安 徽	Anhui	331.47	9	1197.34	7
福 建	Fujian	-62.12	27	562.80	13
江 西	Jiangxi	419.16	7	838.26	10
山 东	Shandong	673.09	4	500.53	15
河 南	Henan	177.40	18	525.73	14
湖 北	Hubei	521.15	6	901.64	9
湖 南	Hunan	187.36	17	288.08	19
广 东	Guangdong	242.41	12	2793.90	1
广 西	Guangxi	265.87	10		
海 南	Hainan	-152.34	29		
重 庆	Chongqing	-83.09	28	173.75	21
四 川	Sichuan	778.36	2	446.14	16
贵 州	Guizhou	530.09	5	230.40	20
云 南	Yunnan	237.22	13	326.02	18
西 藏	Tibet	29.68	26	-95.98	26
陕 西	Shaanxi	243.78	11	2197.89	2
甘 肃	Gansu	74.34	22	1144.45	8
青 海	Qinghai	36.31	25	577.00	12
宁 夏	Ningxia	49.06	24		
新 疆	Xinjiang	215.71	15	65.12	23

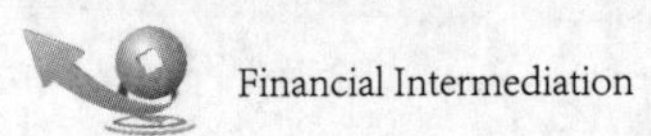

15-14 社会融资规模中未贴现的银行承兑汇票和企业债券增量统计
Undiscounted Banker's Acceptance Bill and Enterprise Bond Increment of Social Financing Scale

单位：亿元 (100 million yuan)

地区	Region	未贴现的银行承兑汇票 Undiscounted Banker's Acceptance Bill 2017	2017排名 Ranking	企业债券 Enterprise Bond 2017	2017排名 Ranking
全　国	**National Total**	**5364.00**		**4421.00**	
北　京	Beijing	129.96	12	-2747.84	31
天　津	Tianjin	377.98	4	-231.02	29
河　北	Hebei	60.54	19	297.01	11
山　西	Shanxi	-7.60	24	460.30	5
内蒙古	Inner Mongolia	15.28	23	-111.15	28
辽　宁	Liaoning	1331.06	1	-313.63	30
吉　林	Jilin	87.19	15	136.90	13
黑龙江	Heilongjiang	311.70	6	55.51	19
上　海	Shanghai	297.70	7	351.48	9
江　苏	Jiangsu	-98.70	26	1945.52	1
浙　江	Zhejiang	256.56	10	910.65	2
安　徽	Anhui	275.89	9	378.66	8
福　建	Fujian	281.78	8	16.54	22
江　西	Jiangxi	-221.94	30	78.33	18
山　东	Shandong	38.55	20	307.08	10
河　南	Henan	74.48	16	81.93	17
湖　北	Hubei	-111.98	27	460.31	4
湖　南	Hunan	332.35	5	730.86	3
广　东	Guangdong	1291.87	2	413.09	6
广　西	Guangxi	434.47	3	33.85	20
海　南	Hainan	126.25	13	13.85	23
重　庆	Chongqing	-64.33	25	-11.05	25
四　川	Sichuan	-520.10	31	383.28	7
贵　州	Guizhou	63.03	18	193.21	12
云　南	Yunnan	-126.68	28	95.29	15
西　藏	Tibet	28.35	22	29.50	21
陕　西	Shaanxi	220.41	11	83.48	16
甘　肃	Gansu	-214.07	29	-54.40	26
青　海	Qinghai	29.07	21	-109.22	27
宁　夏	Ningxia	118.51	14	-8.30	24
新　疆	Xinjiang	69.34	17	102.59	14

15-15 社会融资规模中地方政府专项债券和非金融企业境内股票融资增量统计

Local Government Special Bond and Non-financial Firms Domestic Stock Increment of Social Financing Scale

单位：亿元 (100 million yuan)

地区	Region	地方政府专项债券 Local Government Special Bond		非金融企业境内股票融资 Non-financial Firms Domestic Stock Financing	
		2017	2017排名 Ranking	2017	2017排名 Ranking
全　国	**National Total**	**19962.00**		**8759.00**	
北　京	Beijing	708.32	15	958.69	4
天　津	Tianjin	597.08	18	51.36	23
河　北	Hebei	804.78	10	169.98	16
山　西	Shanxi	354.65	23	50.03	24
内蒙古	Inner Mongolia	359.37	22	84.46	19
辽　宁	Liaoning	892.40	8	222.63	13
吉　林	Jilin	294.93	24	149.68	17
黑龙江	Heilongjiang	214.78	26	52.88	22
上　海	Shanghai	509.20	20	1144.49	3
江　苏	Jiangsu	1756.48	1	761.67	5
浙　江	Zhejiang	1155.38	4	1166.18	2
安　徽	Anhui	817.10	9	261.93	9
福　建	Fujian	650.99	17	251.48	11
江　西	Jiangxi	677.42	16	55.06	21
山　东	Shandong	1250.62	2	582.39	6
河　南	Henan	895.78	7	250.75	12
湖　北	Hubei	770.10	13	258.44	10
湖　南	Hunan	773.00	12	353.07	7
广　东	Guangdong	1088.45	5	1304.79	1
广　西	Guangxi	779.82	11	7.70	30
海　南	Hainan	199.51	27	20.41	26
重　庆	Chongqing	715.40	14	56.56	20
四　川	Sichuan	1206.39	3	207.07	14
贵　州	Guizhou	948.13	6	20.21	27
云　南	Yunnan	424.80	21	127.19	18
西　藏	Tibet	18.18	31	15.97	28
陕　西	Shaanxi	517.00	19	319.98	8
甘　肃	Gansu	219.99	25	32.34	25
青　海	Qinghai	128.56	29		
宁　夏	Ningxia	57.38	30	14.60	29
新　疆	Xinjiang	175.60	28	170.66	15

15-16 交易所市场债券发行额和公司债
Bond Issue and Corporate Bond of Exchange Market

单位：亿元 (100 million yuan)

地区	Region	债券发行额 Bond Issue 2017	2017排名 Ranking	公司债 Corporate Bond 2017	2017排名 Ranking
全　国	**National Total**	**39146.91**		**14473.51**	
北　京	Beijing	5866.77	1	3406.50	1
天　津	Tianjin	827.31	15	175.40	17
河　北	Hebei	588.36	19	182.00	16
山　西	Shanxi	607.48	18	541.33	7
内蒙古	Inner Mongolia	1070.93	13	116.82	23
辽　宁	Liaoning	122.76	26	118.00	22
吉　林	Jilin	74.90	27	59.30	26
黑龙江	Heilongjiang	480.39	21	109.50	24
上　海	Shanghai	3486.82	3	1965.10	2
江　苏	Jiangsu	2131.70	4	1939.81	3
浙　江	Zhejiang	1511.32	8	757.50	6
安　徽	Anhui	785.99	16	198.56	15
福　建	Fujian	1643.03	7	437.00	8
江　西	Jiangxi	253.48	25	95.80	25
山　东	Shandong	2062.78	5	774.65	5
河　南	Henan	1340.29	10	241.70	14
湖　北	Hubei	1046.90	14	246.10	13
湖　南	Hunan	1459.73	9	339.35	10
广　东	Guangdong	2043.76	6	1084.34	4
广　西	Guangxi	587.45	20	164.45	19
海　南	Hainan	61.61	28	27.50	27
重　庆	Chongqing	4167.96	2	318.07	12
四　川	Sichuan	1224.75	11	354.88	9
贵　州	Guizhou	669.19	17	170.60	18
云　南	Yunnan	1130.55	12	332.55	11
西　藏	Tibet	20.00	30	10.00	30
陕　西	Shaanxi	312.04	22	123.50	21
甘　肃	Gansu	29.57	29	8.00	31
青　海	Qinghai	272.68	23	22.60	28
宁　夏	Ningxia	16.00	31	16.00	29
新　疆	Xinjiang	261.88	24	136.60	20

15-17 可转债和地方政府债
Convertible Bond and Local Government Bond

单位：亿元 (100 million yuan)

地区	Region	可转债 Convertible Bond 2017	2017排名 Ranking	地方政府债 Local Government Bond 2017	2017排名 Ranking
全　国	**National Total**	**795.75**		**10388.40**	
北　京	Beijing	362.40			
天　津	Tianjin			553.01	9
河　北	Hebei			250.80	16
山　西	Shanxi	3.40			
内蒙古	Inner Mongolia	18.75		906.90	3
辽　宁	Liaoning				
吉　林	Jilin	38.14			
黑龙江	Heilongjiang			321.98	14
上　海	Shanghai	150.33		100.00	20
江　苏	Jiangsu	38.14			
浙　江	Zhejiang	51.05		299.00	15
安　徽	Anhui	5.97		433.27	10
福　建	Fujian			712.04	7
江　西	Jiangxi	9.28		134.60	18
山　东	Shandong	12.00		826.13	4
河　南	Henan			1043.32	2
湖　北	Hubei	17.75		689.00	8
湖　南	Hunan			1078.00	1
广　东	Guangdong	26.34		101.00	19
广　西	Guangxi			423.00	11
海　南	Hainan			400.00	12
重　庆	Chongqing	15.00			
四　川	Sichuan			822.54	5
贵　州	Guizhou			400.00	12
云　南	Yunnan			756.70	6
西　藏	Tibet				
陕　西	Shaanxi	28.00		137.11	17
甘　肃	Gansu	9.20			
青　海	Qinghai				
宁　夏	Ningxia				
新　疆	Xinjiang	10.00			

15-18 境内上市公司数和股票市价总值
Number of Domestic Listed Companies and Total Market Capitalization

地区	Region	境内上市公司数（家） Number of Listed Companies in Mainland (household)				股票市价总值（亿元） Total Market Capitalization (100 million yuan)			
		2010	2016	2017	2017排名 Ranking	2010	2016	2017	2017排名 Ranking
全　国	**National Total**	**2063**				**265423.00**			
北　京	Beijing	164	281	306	4	114891.60	122303.30	137764.24	1
天　津	Tianjin	36	45	49	17	3953.00	5285.14	5245.12	21
河　北	Hebei	42	52	56	14	3482.97	7840.49	8308.05	14
山　西	Shanxi	31	38	38	21	6249.15	5629.70	6271.97	19
内蒙古	Inner Mongolia	20	26	26	28	3570.68	5094.23	6586.59	17
辽　宁	Liaoning	61	76	76	13	4501.90	8869.25	8283.41	15
吉　林	Jilin	35	41	42	19	2291.09	5124.20	4156.60	23
黑龙江	Heilongjiang	30	35	36	22	2122.50	4481.36	4096.10	25
上　海	Shanghai	177	240	279	5	24286.00	55556.00	58307.00	3
江　苏	Jiangsu	169	317	382	3	13000.00	37174.10	40675.96	5
浙　江	Zhejiang	186	329	415	2	13815.20	41172.56	47267.00	4
安　徽	Anhui	65	93	102	9	5337.30	11218.50	14347.40	9
福　建	Fujian	73	107	132	7	6568.78	14594.52	16550.98	7
江　西	Jiangxi	30	36	39	20	3670.22	4327.90	4131.90	24
山　东	Shandong	124	173	196	6	11111.21	19622.14	21192.03	6
河　南	Henan	51	74	78	12	4351.00	6591.84	9625.98	12
湖　北	Hubei	73	96	97	11	5123.99	11361.08	11375.23	10
湖　南	Hunan	63	86	101	10	4965.14	8988.80	9513.80	13
广　东	Guangdong	443	474	571	1	55354.20	86529.66	95872.00	2
广　西	Guangxi	27	36	36	22	1521.95	3762.80	3058.73	28
海　南	Hainan	22	28	30	26	1506.68	3878.36	3574.01	26
重　庆	Chongqing	34	44	50	16	2645.10	6691.25	6129.00	20
四　川	Sichuan	83	111	116	8	7492.84	13499.10	15391.17	8
贵　州	Guizhou	19	23	27	27	3075.80	6839.13	11306.70	11
云　南	Yunnan	28	32	34	24	2791.58	3928.65	5125.98	22
西　藏	Tibet	9	14	16	29	801.90	1528.48	1379.60	30
陕　西	Shaanxi	36	45	47	18	1258.22	6437.80	6298.59	18
甘　肃	Gansu	22	30	33	25	1303.00	2767.86	3408.70	27
青　海	Qinghai	10	12	12	31	2082.03	857.78	1585.16	29
宁　夏	Ningxia	12	12	13	30	535.67	1057.13	916.64	31
新　疆	Xinjiang	37	47	53	15	3703.07	6310.47	7595.52	16

15-19 保险机构原保险费收入和财产险业务收入

Premium Income of Primary Insurance and Property Insurance

单位：亿元 (100 million yuan)

地区	Region	保险机构原保险费收入 Premium of Primary Insurance				保险机构财产险业务收入 Property Insurance			
		2010	2016	2017	2017排名 Ranking	2010	2016	2017	2017排名 Ranking
全　国	**National Total**	**14527.97**	**30904.15**	**36577.77**		**3895.64**	**8724.17**	**9834.57**	
北　京	Beijing	966.46	1834.25	1972.96	5	212.30	369.25	405.64	9
天　津	Tianjin	214.01	527.99	564.96	24	65.13	127.56	141.57	26
河　北	Hebei	365.30	698.20	823.21	17	92.94	174.15	194.10	19
山　西	Shanxi	746.40	1491.49	1713.89	8	192.91	442.13	487.36	6
内蒙古	Inner Mongolia	215.54	487.04	570.06	22	96.27	162.73	179.83	21
辽　宁	Liaoning	453.81	837.76	946.00	13	118.58	221.76	238.01	14
吉　林	Jilin	239.25	557.12	641.39	20	60.89	133.23	155.33	25
黑龙江	Heilongjiang	343.22	685.53	931.44	14	71.86	148.91	169.54	24
上　海	Shanghai	883.86	1528.79	1587.19	9	189.22	371.59	429.00	8
江　苏	Jiangsu	1162.67	2679.68	3449.27	1	311.91	733.44	814.00	2
浙　江	Zhejiang	690.34	1527.65	1844.41	7	259.47	569.35	620.33	3
安　徽	Anhui	438.25	873.70	1107.36	12	119.62	312.79	366.28	10
福　建	Fujian	346.07	754.91	831.84	16	99.89	211.13	227.81	15
江　西	Jiangxi	253.26	608.72	727.29	19	69.24	183.65	213.74	17
山　东	Shandong	876.22	1963.32	2341.09	3	241.57	520.32	586.37	4
河　南	Henan	793.28	1551.82	2019.92	4	134.72	372.95	443.59	7
湖　北	Hubei	500.33	1047.79	1347.28	10	98.21	263.22	308.53	12
湖　南	Hunan	438.53	884.98	1109.70	11	100.70	273.05	314.19	11
广　东	Guangdong	1231.76	2982.11	3275.81	2	309.06	707.69	823.05	1
广　西	Guangxi	190.94	469.17	565.11	23	65.76	165.71	195.98	18
海　南	Hainan	47.95	133.21	164.83	29	17.85	47.60	57.14	28
重　庆	Chongqing	321.08	600.33	744.00	18	65.96	165.23	183.87	20
四　川	Sichuan	765.77	1703.52	1937.64	6	191.56	457.21	496.35	5
贵　州	Guizhou	122.63	320.69	389.31	26	46.92	153.15	179.26	22
云　南	Yunnan	235.68	529.23	612.66	21	94.22	224.43	255.14	13
西　藏	Tibet	5.06	22.25	28.01	31	4.11	13.90	16.85	31
陕　西	Shaanxi	333.81	713.97	869.01	15	85.42	191.38	214.21	16
甘　肃	Gansu	146.34	307.66	366.38	27	38.82	100.61	112.31	27
青　海	Qinghai	25.70	68.75	80.20	30	10.38	29.64	33.34	30
宁　夏	Ningxia	52.75	133.89	165.29	28	17.50	46.09	56.04	29
新　疆	Xinjiang	190.92	439.29	523.48	25	63.00	153.16	169.90	23

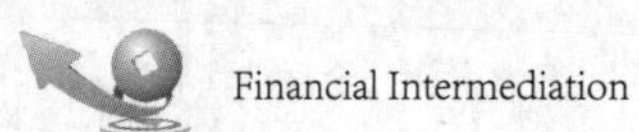

15-20 保险机构人身险业务收入和保险机构保险赔付支出
Premium Income of Life Insurance and Total Payment of Compensation Expenses

单位：亿元 (100 million yuan)

地区	Region	保险机构人身险业务收入 Life Insurance				保险机构保险赔付支出 Total Payment			
		2010	2016	2017	2017排名 Ranking	2010	2016	2017	2017排名 Ranking
全　国	**National Total**	**10632.33**	**22179.99**	**26743.20**		**3200.43**	**10515.68**	**11178.36**	
北　京	Beijing	754.15	1465.00	1567.32	5	199.65	596.66	577.72	6
天　津	Tianjin	148.87	400.43	423.39	21	54.19	177.70	154.90	25
河　北	Hebei	272.36	524.05	629.11	16	79.85	239.04	259.88	15
山　西	Shanxi	553.50	1049.35	1226.53	7	147.64	548.24	547.54	8
内蒙古	Inner Mongolia	119.27	324.31	390.23	22	61.70	137.80	186.50	21
辽　宁	Liaoning	335.24	616.00	707.99	14	110.27	288.50	279.85	13
吉　林	Jilin	178.36	423.89	486.06	20	56.27	161.22	175.11	23
黑龙江	Heilongjiang	271.36	536.62	761.90	12	77.55	237.75	240.51	18
上　海	Shanghai	694.64	1157.19	1158.19	9	194.54	528.28	548.73	7
江　苏	Jiangsu	850.77	1946.24	2635.27	1	251.78	915.07	983.66	1
浙　江	Zhejiang	430.87	958.30	1224.08	8	177.94	517.92	540.07	9
安　徽	Anhui	318.63	560.91	741.09	13	104.63	357.47	397.70	11
福　建	Fujian	246.17	543.79	604.03	17	85.34	242.85	253.99	17
江　西	Jiangxi	184.01	425.08	513.55	19	61.91	207.10	216.87	20
山　东	Shandong	634.64	1443.00	1754.72	3	189.81	673.21	710.78	3
河　南	Henan	658.56	1178.87	1576.33	4	153.91	548.00	625.58	4
湖　北	Hubei	402.12	784.57	1038.75	10	87.01	372.29	406.48	10
湖　南	Hunan	337.83	611.93	795.51	11	84.73	339.81	376.70	12
广　东	Guangdong	922.70	2274.42	2452.76	2	252.41	816.94	885.33	2
广　西	Guangxi	125.17	303.46	369.13	23	45.13	158.95	181.83	22
海　南	Hainan	30.10	85.61	107.69	29	11.34	49.24	49.08	29
重　庆	Chongqing	255.12	435.10	560.13	18	62.10	250.16	256.83	16
四　川	Sichuan	574.21	1246.31	1441.28	6	150.94	554.36	583.29	5
贵　州	Guizhou	75.71	167.55	210.05	27	31.81	131.52	153.80	26
云　南	Yunnan	141.46	304.80	357.52	24	66.31	206.19	218.11	19
西　藏	Tibet	0.95	8.35	11.16	31	2.22	9.84	12.39	31
陕　西	Shaanxi	248.38	522.58	654.80	15	69.61	238.45	260.06	14
甘　肃	Gansu	107.51	207.04	254.06	26	31.18	109.38	119.18	27
青　海	Qinghai	15.32	39.11	46.86	30	6.66	27.38	29.25	30
宁　夏	Ningxia	35.24	87.80	109.25	28	11.68	42.84	49.55	28
新　疆	Xinjiang	127.92	286.13	353.58	25	50.13	154.97	173.44	24

15-21 保险机构财产险和人身险业务赔付支出

Property Insurance Payment and Compensation Expenses of Life Insurance

单位：亿元 (100 million yuan)

地区	Region	保险机构财产险业务赔付支出 Property Insurance Payment				保险机构人身险业务赔付支出 Life Insurance Payment			
		2010	2016	2017	2017排名 Ranking	2010	2016	2017	2017排名 Ranking
全　国	**National Total**	**1756.03**	**4729.48**	**5086.09**		**1444.40**	**5786.20**	**6092.27**	
北　京	Beijing	93.71	229.31	212.47	9	105.94	367.36	365.25	5
天　津	Tianjin	31.93	94.40	74.10	26	22.26	83.30	80.81	24
河　北	Hebei	41.33	92.48	96.73	19	38.53	146.56	163.15	13
山　西	Shanxi	84.10	215.52	225.38	7	63.54	332.72	322.16	7
内蒙古	Inner Mongolia	42.04	78.91	113.26	16	19.66	58.89	73.24	25
辽　宁	Liaoning	55.83	124.99	135.00	13	54.43	163.51	144.85	17
吉　林	Jilin	28.72	72.87	82.18	25	27.55	88.35	92.93	22
黑龙江	Heilongjiang	33.05	95.02	92.79	21	44.50	142.73	147.72	16
上　海	Shanghai	84.26	222.05	233.69	6	110.28	306.23	315.04	8
江　苏	Jiangsu	134.41	437.64	455.63	1	117.37	477.42	528.04	1
浙　江	Zhejiang	116.48	335.25	350.06	3	61.46	182.67	190.01	12
安　徽	Anhui	57.91	175.06	187.04	10	46.72	182.42	210.67	11
福　建	Fujian	51.52	116.96	115.91	14	33.83	125.88	138.08	18
江　西	Jiangxi	30.97	94.99	106.90	18	30.94	112.11	109.98	19
山　东	Shandong	107.80	271.13	296.56	4	82.01	402.08	414.22	3
河　南	Henan	70.72	184.31	217.46	8	83.19	363.69	408.13	4
湖　北	Hubei	45.13	141.74	153.29	12	41.87	230.55	253.19	9
湖　南	Hunan	43.87	143.24	165.22	11	40.87	196.58	211.48	10
广　东	Guangdong	141.86	349.41	407.11	2	110.55	467.53	478.22	2
广　西	Guangxi	25.73	75.98	84.98	24	19.40	82.97	96.85	21
海　南	Hainan	6.74	26.53	27.11	28	4.60	22.71	21.98	29
重　庆	Chongqing	32.05	90.36	96.46	20	30.05	159.79	160.37	14
四　川	Sichuan	85.90	216.89	241.09	5	65.04	337.47	342.20	6
贵　州	Guizhou	19.49	79.47	91.37	22	12.32	52.06	62.43	27
云　南	Yunnan	37.96	110.76	115.06	15	28.35	95.43	103.05	20
西　藏	Tibet	1.93	6.97	8.72	31	0.30	2.87	3.67	31
陕　西	Shaanxi	38.24	93.43	107.66	17	31.37	145.02	152.40	15
甘　肃	Gansu	16.32	51.43	54.91	27	14.86	57.95	64.27	26
青　海	Qinghai	4.39	14.89	16.50	30	2.27	12.49	12.75	30
宁　夏	Ningxia	7.65	24.82	26.96	29	4.03	18.02	22.59	28
新　疆	Xinjiang	29.21	83.62	89.10	23	20.91	71.35	84.34	23

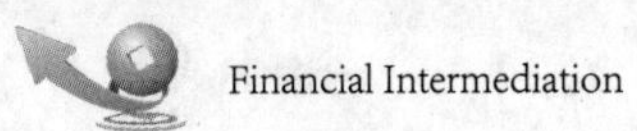

15-22 保险机构保险金额和全部业务保险密度

Insurance Coverage of Insurance Institution and Density of All Insurance Services

地区	Region	保险机构保险金额（亿元） Insurance Institution (100 million yuan)		保险机构全部业务保险密度（元） Insurance Density (yuan)		
		2016	2016排名 Ranking	2016	2017	2017排名 Ranking
全　国	**National Total**					
北　京	Beijing	2350000.00	2	8441.60	9089.94	1
天　津	Tianjin	155543.42	21	3389.54	3629.17	5
河　北	Hebei	423356.18	10	2007.75	2280.00	15
山　西	Shanxi	145684.67	23	1901.53	2220.48	19
内蒙古	Inner Mongolia	138953.29	24	1931.94	2253.86	17
辽　宁	Liaoning	218174.41	19	2615.77	2520.75	8
吉　林	Jilin	124639.08	26	2105.92	2452.92	9
黑龙江	Heilongjiang	81775.09	28	1881.47	2597.88	7
上　海	Shanghai	3086640.00	1	6320.03	6563.69	2
江　苏	Jiangsu	906484.86	4	3363.39	4296.16	3
浙　江	Zhejiang	1658851.87	3	3180.26	3818.94	4
安　徽	Anhui	386067.94	11	1408.28	1769.60	23
福　建	Fujian	248912.91	17	2168.28	2369.65	12
江　西	Jiangxi	254562.16	16	1325.50	1574.10	25
山　东	Shandong	503691.57	8	2179.62	2340.01	14
河　南	Henan	519515.40	7	1631.50	2113.23	21
湖　北	Hubei	289452.27	14	1740.12	2229.79	18
湖　南	Hunan	453496.90	9	1299.41	1618.30	24
广　东	Guangdong	874942.73	5	3044.17	3353.26	6
广　西	Guangxi	320431.44	12	969.77	1163.95	29
海　南	Hainan	25832.53	30	1452.43	1780.47	22
重　庆	Chongqing	295000.00	13	1968.07	2421.84	11
四　川	Sichuan	560000.00	6	2038.44	2345.32	13
贵　州	Guizhou	153877.47	22	901.88	1085.95	30
云　南	Yunnan	242395.02	18	1109.67	1277.54	28
西　藏	Tibet	14904.89	31	673.10	830.90	31
陕　西	Shaanxi	185281.25	20	1873.53	2262.69	16
甘　肃	Gansu	287524.45	15	1178.78	1395.35	26
青　海	Qinghai	26715.67	29	1158.09	1339.94	27
宁　夏	Ningxia	88512.69	27	1994.28	2423.21	10
新　疆	Xinjiang	126945.28	25	1834.38	2142.50	20

15-23 保险机构财产保险和人身保险密度

Insurance Institution of Property Insurance and Insurance Density of Personal Insurance

单位：元 (yuan)

地区	Region	保险机构财产保险密度 Property Insurance			保险机构人身保险密度 Personal Insurance		
		2016	2017	2017排名 Ranking	2016	2017	2017排名 Ranking
全　国	National Total						
北　京	Beijing	1699.47	1862.92	1	6742.13	7227.02	1
天　津	Tianjin	816.58	909.34	5	2572.96	2719.83	4
河　北	Hebei	593.67	648.12	11	1414.08	1631.87	18
山　西	Shanxi	472.25	522.80	22	1429.28	1699.69	16
内蒙古	Inner Mongolia	645.73	711.18	8	1286.21	1542.68	20
辽　宁	Liaoning	955.36	631.91	12	1660.41	1888.84	8
吉　林	Jilin	503.60	593.82	17	1602.31	1859.10	9
黑龙江	Heilongjiang	408.68	472.87	26	1472.79	2125.00	7
上　海	Shanghai	1533.87	1772.60	2	4786.16	4791.09	2
江　苏	Jiangsu	916.95	1013.78	4	2446.44	3282.38	3
浙　江	Zhejiang	1185.22	1287.57	3	1994.74	2531.38	5
安　徽	Anhui	503.11	586.10	18	905.17	1183.50	22
福　建	Fujian	606.33	649.04	10	1561.95	1720.61	14
江　西	Jiangxi	399.90	462.44	28	925.60	1111.66	25
山　东	Shandong	576.78	610.44	14	1602.84	1729.57	12
河　南	Henan	391.26	464.05	27	1240.24	1649.18	17
湖　北	Hubei	433.47	507.48	23	1306.65	1722.31	13
湖　南	Hunan	400.24	457.99	29	899.17	1160.31	24
广　东	Guangdong	722.08	829.94	6	2322.09	2523.32	6
广　西	Guangxi	342.52	403.67	31	627.24	760.29	28
海　南	Hainan	519.00	617.20	13	933.43	1163.27	23
重　庆	Chongqing	576.61	598.71	16	1410.47	1823.13	10
四　川	Sichuan	550.42	603.21	15	1488.02	1742.12	11
贵　州	Guizhou	430.53	500.35	24	471.34	585.60	30
云　南	Yunnan	470.45	531.49	21	639.22	746.05	29
西　藏	Tibet	420.63	499.90	25	252.48	331.00	31
陕　西	Shaanxi	501.49	556.95	20	1372.03	1705.75	15
甘　肃	Gansu	385.51	427.75	30	793.28	967.60	26
青　海	Qinghai	499.47	557.11	19	658.62	782.83	27
宁　夏	Ningxia	686.46	821.92	7	1307.82	1601.29	19
新　疆	Xinjiang	639.60	695.00	9	1194.78	1447.50	21

15-24 保险机构全部业务、财产保险和人身保险深度

Insurance Penetration of Institution Services, Property Insurance, and Personal Insurance

单位：% (%)

地区	Region	全部业务保险深度 All Insurance		财产保险深度 Property Insurance			人身保险深度 Personal Insurance		
		2017	2017排名 Ranking	2016	2017	2017排名 Ranking	2016	2017	2017排名 Ranking
全　国	**National Total**								
北　京	Beijing	7.05	1	1.48	1.44	6	5.88	5.60	1
天　津	Tianjin	3.00	28	0.71	0.76	30	2.25	2.28	24
河　北	Hebei	4.77	11	1.39	1.36	8	3.31	3.41	8
山　西	Shanxi	5.50	3	1.33	1.30	12	4.03	4.22	3
内蒙古	Inner Mongolia	3.54	23	0.87	1.12	17	1.74	2.42	21
辽　宁	Liaoning	5.30	4	2.17	1.40	7	3.78	4.18	4
吉　林	Jilin	4.00	14	0.89	1.02	20	2.85	3.18	11
黑龙江	Heilongjiang	5.80	2	0.94	1.04	18	3.37	4.66	2
上　海	Shanghai	5.27	5	1.35	0.01	31	4.22	0.04	31
江　苏	Jiangsu	4.00	14	0.96	0.95	25	2.57	3.07	13
浙　江	Zhejiang	4.15	13	1.50	1.48	4	2.52	2.92	16
安　徽	Anhui	4.00	14	1.32	1.33	10	2.37	2.69	19
福　建	Fujian	3.20	26	0.85	0.82	29	2.20	2.16	26
江　西	Jiangxi	3.50	24	1.00	1.03	19	2.31	2.47	20
山　东	Shandong	3.77	19	0.91	0.99	21	2.53	2.81	18
河　南	Henan	4.49	12	0.93	0.99	21	2.94	3.50	7
湖　北	Hubei	3.70	21	0.77	0.90	28	2.32	3.06	14
湖　南	Hunan	3.21	25	0.87	0.91	27	1.96	2.30	23
广　东	Guangdong	4.80	8	1.33	1.22	16	4.27	3.71	6
广　西	Guangxi	2.77	30	0.91	0.96	24	1.66	1.81	27
海　南	Hainan	3.69	22	1.18	1.28	14	2.12	2.41	22
重　庆	Chongqing	3.80	18	0.97	0.94	26	2.45	2.88	17
四　川	Sichuan	5.24	6	1.31	1.35	9	3.54	3.89	5
贵　州	Guizhou	2.86	29	1.18	1.32	11	1.29	1.55	29
云　南	Yunnan	3.71	20	1.51	1.54	3	2.05	2.17	25
西　藏	Tibet	2.14	31	1.21	1.29	13	0.73	0.85	30
陕　西	Shaanxi	4.00	14	1.00	0.98	23	2.73	2.99	15
甘　肃	Gansu	4.78	10	1.41	1.46	5	2.89	3.31	9
青　海	Qinghai	3.03	27	1.15	1.26	15	1.52	1.77	28
宁　夏	Ningxia	5.00	7	1.46	1.62	1	2.79	3.16	12
新　疆	Xinjiang	4.80	8	1.59	1.56	2	2.98	3.24	10

15-25 地方财政收入和支出
Local Financial Revenue and Expenditure

单位：亿元 (100 million yuan)

地区	Region	地方财政收入 Local Financial Revenue 2010	2016	2017	2017排名 Ranking	地方财政支出 Local Financial Expenditure 2010	2016	2017	2017排名 Ranking
全　国	**National Total**								
北　京	Beijing	2353.90	5081.30	5430.79	6	2716.00	6406.70	6824.53	9
天　津	Tianjin	1068.81	2723.46	2310.36	15	1315.30	3700.68	3282.54	27
河　北	Hebei	1330.80	2850.80	3233.83	10	2778.90	6038.00	6639.18	11
山　西	Shanxi	969.66	1556.96	1867.00	20	1928.38	3441.70	3756.42	24
内蒙古	Inner Mongolia	1738.13	2016.47	1703.21	21	2280.47	4526.29	4529.93	22
辽　宁	Liaoning	2004.80	2199.30	2392.77	14	3194.40	4582.40	4879.42	16
吉　林	Jilin	602.40	1263.80	1210.91	26	1787.20	3586.10	3725.72	25
黑龙江	Heilongjiang	1223.30	1148.40	1243.31	25	2690.70	4228.00	4641.08	19
上　海	Shanghai	2873.58	6406.13	6642.26	3	3302.89	6918.94	7547.62	6
江　苏	Jiangsu	4079.86	8121.23	8171.53	2	4843.80	9990.13	10621.03	2
浙　江	Zhejiang	2608.47	5301.81	5804.38	5	3208.41	6976.33	7530.32	7
安　徽	Anhui	2063.80	2673.00	2812.45	11	2566.90	5530.00	6203.81	12
福　建	Fujian	1151.49	2654.78	2809.03	12	1678.71	4287.41	4684.15	18
江　西	Jiangxi	777.90	2151.40	2247.06	17	1911.00	4619.50	5111.47	14
山　东	Shandong	2749.31	5860.20	6098.63	4	4144.50	8749.60	9258.40	3
河　南	Henan	1381.01	4706.96	3407.22	8	3413.22	7456.64	8215.52	5
湖　北	Hubei	1011.23	3102.02	3248.32	9	2465.18	6453.00	6801.26	10
湖　南	Hunan	1862.88	4252.10	2757.82	13	2702.50	6337.00	6869.39	8
广　东	Guangdong	5623.86	10390.33	11320.35	1	6686.81	13447.42	15037.48	1
广　西	Guangxi	772.30	2454.05	1615.13	22	1994.42	4472.48	4908.55	15
海　南	Hainan	271.06	637.50	674.11	28	578.45	1378.38	1443.97	30
重　庆	Chongqing	1990.62	2227.90	2252.38	16	2749.53	4001.90	4336.28	23
四　川	Sichuan	1561.00	3389.40	3577.99	7	4242.50	8011.90	8694.76	4
贵　州	Guizhou	533.89	1561.33	1613.84	23	1640.17	4261.68	4612.52	21
云　南	Yunnan	871.19	1812.26	1886.17	19	2285.72	5019.62	5712.97	13
西　藏	Tibet	42.47	206.37	185.83	31	562.58	1640.98	1681.94	28
陕　西	Shaanxi	957.90	1833.93	2006.69	18	2217.60	4390.57	4833.19	17
甘　肃	Gansu	745.25	786.81	815.73	27	1466.66	3152.72	3304.44	26
青　海	Qinghai	110.22	359.96	246.20	30	743.40	1522.55	1530.44	29
宁　夏	Ningxia	153.64	387.65	417.59	29	555.87	1257.69	1372.78	31
新　疆	Xinjiang	500.58	1298.95	1466.52	24	1698.91	4138.25	4637.24	20

16

房地产业

Real Estate

16-1 房地产开发企业个数和内资企业个数
Number of Enterprises and Domestic Funded Enterprises

单位：个 (unit)

地区	Region	企业个数 Number of Enterprises				其中：内资企业 Domestic Funded Enterprises			
		2010	2016	2017	2017排名 Ranking	2010	2016	2017	2017排名 Ranking
全　国	**National Total**	**85218**	**94948**	**95897**		**79489**	**90408**	**91608**	
北　京	Beijing	3173	2654	2400	18	2888	2431	2203	20
天　津	Tianjin	1279	1291	1249	28	1169	1190	1164	28
河　北	Hebei	2997	3279	3317	10	2933	3228	3269	10
山　西	Shanxi	1990	2485	2379	19	1968	2465	2362	17
内蒙古	Inner Mongolia	2119	1989	1803	24	2109	1984	1799	24
辽　宁	Liaoning	4181	3257	3119	12	3725	2935	2819	12
吉　林	Jilin	1352	1791	1782	25	1319	1768	1761	25
黑龙江	Heilongjiang	1890	1956	1968	22	1848	1931	1941	22
上　海	Shanghai	3247	2682	2637	14	2773	2286	2253	19
江　苏	Jiangsu	6070	6626	6530	4	5450	6053	5980	5
浙　江	Zhejiang	5577	6274	6336	5	5279	5935	6020	4
安　徽	Anhui	3281	3768	3889	9	3149	3688	3817	8
福　建	Fujian	3634	3177	3240	11	2926	2817	2899	11
江　西	Jiangxi	2141	2297	2452	17	1989	2214	2377	16
山　东	Shandong	5798	6928	7126	3	5536	6705	6909	3
河　南	Henan	4176	6687	7205	2	4039	6598	7116	2
湖　北	Hubei	3558	4200	4059	6	3397	4095	3954	6
湖　南	Hunan	3437	3769	3898	8	3286	3677	3811	9
广　东	Guangdong	6527	7658	8203	1	5567	6792	7381	1
广　西	Guangxi	3212	2474	2541	16	3035	2381	2458	15
海　南	Hainan	545	1189	1251	27	504	1126	1189	27
重　庆	Chongqing	2391	2467	2316	21	2275	2332	2191	21
四　川	Sichuan	3915	4061	4010	7	3762	3934	3893	7
贵　州	Guizhou	1876	2638	2674	13	1832	2597	2632	13
云　南	Yunnan	2344	2618	2605	15	2303	2581	2568	14
西　藏	Tibet	61	49	49	31	61	49	49	31
陕　西	Shaanxi	1274	2177	2326	20	1243	2135	2288	18
甘　肃	Gansu	1185	1664	1716	26	1158	1649	1701	26
青　海	Qinghai	395	353	321	30	382	352	318	30
宁　夏	Ningxia	360	563	561	29	357	558	556	29
新　疆	Xinjiang	1233	1927	1935	23	1227	1922	1930	23

16-2 房地产开发国有企业和集体企业个数
Number of State-owned Enterprises and Collective-owned Enterprises

单位：个 (unit)

地区	Region	其中：国有企业 State-owned Enterprises				其中：集体企业 Collective-owned Enterprises			
		2010	2016	2017	2017排名 Ranking	2010	2016	2017	2017排名 Ranking
全　国	**National Total**	**3685**	**1093**	**943**		**1220**	**364**	**319**	
北　京	Beijing	83	53	37	10	23	17	15	4
天　津	Tianjin	270	49	35	12	19	5	4	14
河　北	Hebei	50	7	6	26	6			
山　西	Shanxi	117	63	56	4	21	7	5	12
内蒙古	Inner Mongolia	27	6	4	27	4			
辽　宁	Liaoning	108	14	14	23	28	3	2	19
吉　林	Jilin	25	6	4	27	6	1	1	21
黑龙江	Heilongjiang	97	31	27	18	9	1	1	21
上　海	Shanghai	316	39	32	13	91	13	13	5
江　苏	Jiangsu	227	50	47	8	103	29	21	3
浙　江	Zhejiang	162	40	36	11	52	9	9	8
安　徽	Anhui	130	36	30	16	23	5	4	14
福　建	Fujian	216	62	63	3	52	15	12	6
江　西	Jiangxi	132	36	32	13	20	2		
山　东	Shandong	240	89	81	1	161	55	48	2
河　南	Henan	120	58	56	4	35	4	3	18
湖　北	Hubei	166	63	48	6	45	12	12	6
湖　南	Hunan	165	55	48	6	28	5	4	14
广　东	Guangdong	261	92	74	2	327	136	130	1
广　西	Guangxi	159	35	32	13	42	10	7	10
海　南	Hainan	23	19	17	22	2	2	2	19
重　庆	Chongqing	101	14	10	24	10	2		
四　川	Sichuan	131	32	23	21	34	6	4	14
贵　州	Guizhou	78	26	24	20	16	2	1	21
云　南	Yunnan	83	28	28	17	11	4	5	12
西　藏	Tibet	9	1	1	29	1			
陕　西	Shaanxi	90	50	42	9	23	9	8	9
甘　肃	Gansu	60	29	27	18	24	9	7	10
青　海	Qinghai	14				1			
宁　夏	Ningxia	1	1	1	29	2			
新　疆	Xinjiang	24	9	8	25	1	1	1	21

16-3　房地产开发港、澳、台投资企业和外商投资企业个数
Enterprises with Funds from Hong Kong, Macao and Taiwan and Foreign Funded Enterprises

单位：个　　(unit)

地区	Region	其中：港、澳、台投资企业 Enterprises with Funds from Hong Kong, Macao and Taiwan				其中：外商投资企业 Foreign Funded Enterprises			
		2010	2016	2017	2017排名 Ranking	2010	2016	2017	2017排名 Ranking
全　国	**National Total**	**3677**	**3232**	**3066**		**2052**	**1308**	**1223**	
北　京	Beijing	174	129	115	8	111	94	82	7
天　津	Tianjin	58	58	45	18	52	43	40	10
河　北	Hebei	34	32	27	21	30	19	21	15
山　西	Shanxi	16	13	12	25	6	7	5	24
内蒙古	Inner Mongolia	6	3	2	29	4	2	2	27
辽　宁	Liaoning	245	223	213	6	211	99	87	5
吉　林	Jilin	23	18	16	24	10	5	5	24
黑龙江	Heilongjiang	23	15	18	23	19	10	9	21
上　海	Shanghai	305	279	268	3	169	117	116	3
江　苏	Jiangsu	352	395	385	2	268	178	165	2
浙　江	Zhejiang	163	232	221	5	135	107	95	4
安　徽	Anhui	78	54	55	15	54	26	17	17
福　建	Fujian	529	273	254	4	179	87	87	5
江　西	Jiangxi	109	67	58	14	43	16	17	17
山　东	Shandong	157	159	155	7	105	64	62	8
河　南	Henan	70	62	65	13	67	27	24	14
湖　北	Hubei	106	82	78	10	55	23	27	13
湖　南	Hunan	98	69	66	12	53	23	21	15
广　东	Guangdong	737	677	639	1	223	189	183	1
广　西	Guangxi	99	58	48	16	78	35	35	11
海　南	Hainan	27	49	48	16	14	14	14	19
重　庆	Chongqing	77	102	96	9	39	33	29	12
四　川	Sichuan	79	76	73	11	74	51	44	9
贵　州	Guizhou	29	32	33	19	15	9	9	21
云　南	Yunnan	36	29	31	20	5	8	6	23
西　藏	Tibet								
陕　西	Shaanxi	17	28	24	22	14	14	14	19
甘　肃	Gansu	16	11	11	26	11	4	4	26
青　海	Qinghai	10		2	29	3	1	1	29
宁　夏	Ningxia		3	3	28	3	2	2	27
新　疆	Xinjiang	4	4	5	27	2	1		

16-4 房地产企业待开发土地面积和本年土地购置面积
Land Space Pending Development and Land Space Purchased This Year

单位：万平方米 (10 000 sq.m)

地区	Region	待开发土地面积 Land Space Pending Development				本年土地购置面积 Land Space Purchased This Year			
		2010	2016	2017	2017排名 Ranking	2010	2016	2017	2017排名 Ranking
全　国	**National Total**	**31458.00**	**35121.01**	**35747.29**		**39953.10**	**22025.25**	**25508.29**	
北　京	Beijing	401.30	444.23	694.63	20	858.70	268.50	413.30	21
天　津	Tianjin	617.20	634.78	662.56	22	652.50	476.91	225.99	25
河　北	Hebei	630.40	1122.37	1351.10	9	3024.20	929.93	1033.84	7
山　西	Shanxi	588.80	603.29	468.04	23	874.40	351.74	269.39	23
内蒙古	Inner Mongolia	614.00	511.55	295.25	27	1993.00	230.28	283.98	22
辽　宁	Liaoning	1415.30	989.65	1222.33	11	3134.60	654.52	510.61	18
吉　林	Jilin	97.80	293.70	307.49	26	861.30	699.59	668.12	15
黑龙江	Heilongjiang	172.40	101.12	195.72	28	1174.30	161.20	246.23	24
上　海	Shanghai	315.40	440.17	409.94	24	432.40	229.11	179.73	26
江　苏	Jiangsu	3798.80	3445.47	3627.86	1	2055.70	1736.90	2160.65	3
浙　江	Zhejiang	1488.90	1125.34	1139.94	12	1959.90	1302.96	2248.87	2
安　徽	Anhui	1235.10	2560.32	3229.79	3	2451.00	2142.70	3776.54	1
福　建	Fujian	1577.40	865.47	858.45	16	1540.40	969.81	916.44	10
江　西	Jiangxi	983.40	668.27	701.31	19	777.20	443.13	576.17	16
山　东	Shandong	2206.80	2637.90	2668.56	4	2850.10	2093.90	2090.36	4
河　南	Henan	1222.10	2475.98	2307.03	5	2864.30	1108.04	1015.47	9
湖　北	Hubei	1283.20	1091.48	1226.91	10	1422.10	648.64	676.44	13
湖　南	Hunan	1318.10	1871.03	1656.44	7	1096.00	811.40	1033.39	8
广　东	Guangdong	4643.80	4101.92	3443.86	2	1726.30	1750.32	1841.19	5
广　西	Guangxi	823.30	704.81	970.97	14	1198.70	639.10	675.19	14
海　南	Hainan	116.30	893.07	767.08	18	516.50	178.72	126.53	28
重　庆	Chongqing	2025.70	2335.03	2232.68	6	1354.90	959.00	1112.22	6
四　川	Sichuan	1191.00	1369.73	1393.55	8	1043.00	1304.72	800.76	12
贵　州	Guizhou	1058.00	926.65	670.77	21	1004.60	317.06	438.87	20
云　南	Yunnan	407.50	750.48	979.76	13	1031.40	518.81	822.61	11
西　藏	Tibet	27.00	5.00	10.36	31	2.90	2.94	26.57	31
陕　西	Shaanxi	387.80	1122.93	874.63	15	552.40	357.28	560.14	17
甘　肃	Gansu	119.90	175.37	317.85	25	286.70	131.94	111.04	29
青　海	Qinghai	38.70	29.04	60.56	30	107.20	18.52	44.86	30
宁　夏	Ningxia	154.00	202.60	185.45	29	548.80	158.97	164.66	27
新　疆	Xinjiang	498.50	622.25	816.43	17	557.70	428.60	458.16	19

16-5 房地产开发企业本年土地成交价款和土地购置费用
Transaction Value of Land This Year and Total Value of Land Purchased

单位：亿元 (100 million yuan)

地区	Region	本年土地成交价款 Transaction Value of Land This Year				土地购置费用 Total Value of Land Purchased			
		2010	2016	2017	2017排名 Ranking	2010	2016	2017	2017排名 Ranking
全　国	**National Total**	**8206.71**	**9129.31**	**13643.39**		**9999.90**	**18778.68**	**23169.47**	
北　京	Beijing	1040.63	470.12	815.90	5	1292.70	1921.89	1711.49	4
天　津	Tianjin	173.33	239.88	177.72	19	134.10	579.75	759.71	12
河　北	Hebei	462.93	190.15	260.05	14	368.30	337.84	373.02	16
山　西	Shanxi	85.82	127.99	95.55	23	92.50	169.57	189.85	22
内蒙古	Inner Mongolia	164.03	32.52	44.34	27	129.90	77.89	68.55	28
辽　宁	Liaoning	487.88	127.52	117.10	22	508.00	258.10	304.34	18
吉　林	Jilin	108.79	157.90	176.33	20	125.30	139.52	119.30	23
黑龙江	Heilongjiang	87.81	37.34	50.32	26	90.70	83.27	87.51	26
上　海	Shanghai	257.85	375.12	384.53	10	449.30	1208.28	1523.05	5
江　苏	Jiangsu	613.85	845.47	1645.77	3	960.40	1835.03	2586.99	3
浙　江	Zhejiang	979.90	967.78	2102.79	1	1138.00	2634.37	3353.67	1
安　徽	Anhui	352.31	660.36	1664.38	2	517.20	622.08	1120.37	7
福　建	Fujian	846.49	601.17	758.88	6	765.20	1107.32	1404.15	6
江　西	Jiangxi	93.54	121.20	186.52	18	109.90	200.74	224.17	21
山　东	Shandong	420.94	483.35	503.17	9	600.40	937.66	959.71	8
河　南	Henan	269.56	453.46	534.87	8	293.20	681.51	951.90	9
湖　北	Hubei	156.17	214.93	364.06	11	291.00	570.12	944.77	10
湖　南	Hunan	144.42	165.09	242.87	15	176.60	312.97	378.58	15
广　东	Guangdong	435.00	1399.39	1575.51	4	634.00	2243.98	2898.45	2
广　西	Guangxi	156.75	206.53	217.18	17	150.60	398.75	438.18	14
海　南	Hainan	29.93	63.08	53.29	25	48.90	271.50	226.55	20
重　庆	Chongqing	232.16	429.73	568.45	7	371.40	562.48	709.96	13
四　川	Sichuan	239.41	381.60	322.53	12	368.90	832.27	787.73	11
贵　州	Guizhou	73.23	41.54	130.49	21	60.90	82.03	107.64	24
云　南	Yunnan	108.41	146.21	279.01	13	121.30	301.11	302.92	19
西　藏	Tibet	1.06	0.66	3.40	31	1.70	1.98	4.87	31
陕　西	Shaanxi	89.76	77.89	227.01	16	107.40	177.96	344.79	17
甘　肃	Gansu	24.57	33.53	17.28	29	29.30	56.49	85.91	27
青　海	Qinghai	9.57	8.49	16.23	30	9.90	49.83	33.03	30
宁　夏	Ningxia	24.59	24.63	20.04	28	21.60	62.61	62.11	29
新　疆	Xinjiang	36.04	44.68	87.83	24	31.40	59.76	106.21	25

16-6 房地产开发企业计划总投资和自开始建设至本年底累计完成投资

Total Investment Planed and Accumulative Investment Actually Completed Since Starting of Construction up to the End of This Year

单位：亿元 (100 million yuan)

地区	Region	计划总投资 Total Investment Planed 2010	2016	2017	2017排名 Ranking	自开始建设至本年底累计完成投资 Accumulative Investment Actually Completed Since Starting of Construction up to the End of This Year 2010	2016	2017	2017排名 Ranking
全　国	**National Total**	**223823.35**	**587857.24**	**656617.38**		**133249.41**	**427854.38**	**479080.01**	
北　京	Beijing	17140.64	25006.50	27721.07	8	11136.25	19437.38	21029.63	8
天　津	Tianjin	5687.35	15426.78	16709.07	17	3287.38	10103.55	11378.10	19
河　北	Hebei	7617.69	19475.89	21004.40	14	4290.04	13701.89	14906.30	15
山　西	Shanxi	2459.70	8892.58	9612.97	23	1434.71	6111.23	6236.71	23
内蒙古	Inner Mongolia	3409.50	8580.29	8396.79	24	2092.96	5818.58	5685.44	24
辽　宁	Liaoning	14469.21	21656.15	21645.00	13	8346.44	15792.28	16242.40	13
吉　林	Jilin	2801.64	6917.03	7352.22	25	1767.27	4771.64	5287.34	25
黑龙江	Heilongjiang	2341.12	5983.43	6274.76	26	1434.82	4117.61	4313.53	26
上　海	Shanghai	12818.48	25644.95	28332.93	7	8530.33	18429.60	20657.78	9
江　苏	Jiangsu	21924.85	55012.08	61844.03	2	12808.76	39182.94	43629.92	2
浙　江	Zhejiang	13296.39	34950.04	38684.70	4	8420.28	29107.59	30288.05	3
安　徽	Anhui	8956.29	28041.43	33463.64	6	5908.60	19853.46	23261.86	6
福　建	Fujian	8649.46	23593.01	26444.07	9	5319.92	20590.91	23351.57	5
江　西	Jiangxi	3297.92	10360.79	12507.78	22	2204.83	6963.99	8397.04	22
山　东	Shandong	13756.20	38155.92	41981.04	3	7947.60	26847.39	29495.77	4
河　南	Henan	8013.13	29267.28	34381.00	5	4371.74	17780.99	21115.44	7
湖　北	Hubei	7185.16	22221.03	25209.45	11	3430.07	17028.40	18466.37	12
湖　南	Hunan	6829.88	18797.51	20958.28	15	3686.42	13257.62	15084.08	14
广　东	Guangdong	21757.06	57620.45	68438.40	1	12925.08	44244.39	53621.00	1
广　西	Guangxi	5253.28	13268.79	15797.06	19	3016.16	9698.29	11542.65	18
海　南	Hainan	1968.15	11128.21	13315.20	21	1132.38	7818.03	9542.66	21
重　庆	Chongqing	9184.45	22129.52	23910.39	12	5080.88	17354.14	19277.57	10
四　川	Sichuan	9739.66	23951.76	25497.86	10	6045.85	18000.11	18736.34	11
贵　州	Guizhou	2915.74	14041.72	14455.97	20	1482.38	9967.87	10917.29	20
云　南	Yunnan	3795.58	15310.60	16479.06	18	2262.83	10730.65	12197.71	17
西　藏	Tibet	49.30	195.31	149.73	31	26.56	151.84	114.12	31
陕　西	Shaanxi	4705.40	17024.26	19300.08	16	2888.91	10500.07	12568.95	16
甘　肃	Gansu	1483.56	4342.00	4850.69	28	653.96	2933.71	3174.13	29
青　海	Qinghai	434.75	1696.09	1968.09	30	217.92	1240.28	1406.62	30
宁　夏	Ningxia	867.71	3981.20	4223.91	29	447.88	2903.78	3250.44	28
新　疆	Xinjiang	1014.09	5184.66	5707.74	27	650.23	3414.18	3903.20	27

16-7 房地产开发企业本年完成投资和建筑安装工程

Investment Completed This Year and Investment for Construction and Installation

单位：亿元 (100 million yuan)

地区	Region	本年完成投资 Investment Completed This Year				其中：建筑安装工程 Construction and Installation		
		2010	2016	2017	2017排名 Ranking	2016	2017	2017排名 Ranking
全　国	**National Total**	**48259.40**	**102580.61**	**109798.53**		**76302.19**	**78577.69**	
北　京	Beijing	2901.07	4000.57	3692.54	13	1332.29	1161.53	21
天　津	Tianjin	866.64	2300.01	2233.39	19	1409.94	1148.45	22
河　北	Hebei	2264.94	4695.63	4823.91	8	4045.90	4171.45	7
山　西	Shanxi	592.24	1597.35	1166.28	23	1293.52	880.49	23
内蒙古	Inner Mongolia	1119.99	1133.48	889.72	27	1006.34	773.46	26
辽　宁	Liaoning	3465.76	2094.85	2289.67	18	1719.99	1871.30	18
吉　林	Jilin	921.01	1016.76	910.14	26	829.57	743.55	27
黑龙江	Heilongjiang	843.12	864.84	815.60	28	754.90	692.58	28
上　海	Shanghai	1980.68	3709.03	3856.53	12	2220.89	2104.85	15
江　苏	Jiangsu	4299.38	8956.37	9629.11	2	6604.18	6566.11	2
浙　江	Zhejiang	3025.43	7469.37	8226.78	3	4165.81	4185.80	6
安　徽	Anhui	2251.80	4603.56	5612.47	6	3746.99	4242.48	5
福　建	Fujian	1818.86	4588.83	4794.23	9	3275.72	3126.26	10
江　西	Jiangxi	706.82	1770.94	2013.98	22	1471.48	1668.94	19
山　东	Shandong	3249.37	6323.38	6637.25	5	5112.56	5367.17	4
河　南	Henan	2114.08	6179.13	7090.25	4	4974.04	5511.54	3
湖　北	Hubei	1618.24	4296.38	4574.89	10	3377.98	3232.22	9
湖　南	Hunan	1469.07	2957.04	3426.13	14	2442.84	2832.27	12
广　东	Guangdong	3659.69	10307.80	12075.69	1	7325.72	8328.87	1
广　西	Guangxi	1206.22	2397.99	2683.48	17	1867.67	2058.57	16
海　南	Hainan	467.87	1787.60	2053.11	21	1363.62	1577.41	20
重　庆	Chongqing	1620.26	3725.95	3980.08	11	2837.90	2949.50	11
四　川	Sichuan	2194.63	5282.64	5149.89	7	4147.61	4073.92	8
贵　州	Guizhou	556.69	2148.96	2201.00	20	1878.93	1898.91	17
云　南	Yunnan	900.44	2688.34	2786.25	16	2192.80	2315.03	14
西　藏	Tibet	8.96	48.54	40.36	31	44.75	34.22	31
陕　西	Shaanxi	1159.47	2736.75	3101.97	15	2366.16	2516.67	13
甘　肃	Gansu	266.41	850.03	944.52	25	736.39	786.78	25
青　海	Qinghai	108.19	396.92	408.59	30	323.78	345.32	30
宁　夏	Ningxia	254.37	728.16	652.84	29	628.54	561.53	29
新　疆	Xinjiang	347.72	923.40	1037.86	24	803.40	850.50	24

16-8 房地产开发企业设备工器具购置和其他费用
Purchase of Equipment and Instruments and Others

单位：亿元 (100 million yuan)

地区	Region	其中：设备工器具购置 Purchase of Equipment and Instruments			其中：其他费用 Others		
		2016	2017	2017排名 Ranking	2016	2017	2017排名 Ranking
全　国	**National Total**	**1461.55**	**1550.70**		**24816.87**	**29670.13**	
北　京	Beijing	20.80	22.43	20	2647.48	2508.58	4
天　津	Tianjin	13.13	5.81	30	876.94	1079.14	11
河　北	Hebei	110.35	113.73	4	539.38	538.73	15
山　西	Shanxi	22.14	14.55	24	281.70	271.24	23
内蒙古	Inner Mongolia	14.81	15.52	23	112.33	100.75	28
辽　宁	Liaoning	41.12	34.42	16	333.73	383.95	20
吉　林	Jilin	10.12	10.64	27	177.08	155.94	25
黑龙江	Heilongjiang	9.84	10.17	28	100.10	112.85	27
上　海	Shanghai	21.94	28.66	18	1466.20	1723.02	5
江　苏	Jiangsu	141.68	126.17	2	2210.50	2936.83	3
浙　江	Zhejiang	86.69	82.45	8	3216.87	3958.53	1
安　徽	Anhui	89.31	78.91	9	767.26	1291.09	8
福　建	Fujian	33.81	39.52	14	1279.30	1628.45	6
江　西	Jiangxi	29.29	45.76	13	270.18	299.28	21
山　东	Shandong	67.98	87.76	7	1142.85	1182.32	10
河　南	Henan	170.72	158.61	1	1034.37	1420.10	7
湖　北	Hubei	75.45	102.53	5	842.96	1240.14	9
湖　南	Hunan	48.73	57.05	12	465.48	536.81	16
广　东	Guangdong	99.12	120.46	3	2882.96	3626.36	2
广　西	Guangxi	26.72	35.21	15	503.60	589.70	14
海　南	Hainan	13.69	17.37	22	410.29	458.33	18
重　庆	Chongqing	39.65	62.01	11	848.40	968.57	13
四　川	Sichuan	108.28	102.44	6	1026.75	973.53	12
贵　州	Guizhou	25.25	23.69	19	244.78	278.40	22
云　南	Yunnan	42.08	28.78	17	453.46	442.44	19
西　藏	Tibet	1.47	0.72	31	2.31	5.42	31
陕　西	Shaanxi	43.97	71.97	10	326.62	513.34	17
甘　肃	Gansu	15.38	13.06	25	98.27	144.67	26
青　海	Qinghai	8.73	12.78	26	64.41	50.49	30
宁　夏	Ningxia	7.93	9.08	29	91.69	82.23	29
新　疆	Xinjiang	21.37	18.44	21	98.63	168.92	24

16-9　房地产开发企业从业人员和房地产开发投资额
Number of Employed Persons in Real Estate Enterprises and Investment in Real Estate Development

地区	Region	从业人数（万人） Number of Employed Persons (10 000 persons)				房地产本年完成投资额（亿元） Investment Completed This Year (100 million yuan)			
		2010	2016	2017	2017排名 Ranking	2010	2016	2017	2017排名 Ranking
全　国	**National Total**	**209.11**	**275.23**	**283.10**		**48259.40**	**102580.61**	**109798.53**	
北　京	Beijing	8.92	8.67	8.01	18	2901.07	4000.57	3692.54	13
天　津	Tianjin	3.67	3.52	3.48	28	866.64	2300.01	2233.39	19
河　北	Hebei	7.52	11.17	10.88	10	2264.94	4695.63	4823.91	8
山　西	Shanxi	4.29	5.63	5.52	21	592.24	1597.35	1166.28	23
内蒙古	Inner Mongolia	5.52	4.22	3.76	27	1119.99	1133.48	889.72	27
辽　宁	Liaoning	7.37	6.81	6.04	20	3465.76	2094.85	2289.67	18
吉　林	Jilin	3.38	4.65	4.36	24	921.01	1016.76	910.14	26
黑龙江	Heilongjiang	4.15	3.90	3.83	26	843.12	864.84	815.60	28
上　海	Shanghai	9.14	6.36	6.38	19	1980.68	3709.03	3856.53	12
江　苏	Jiangsu	13.17	17.34	17.17	4	4299.38	8956.37	9629.11	2
浙　江	Zhejiang	9.66	11.57	11.71	8	3025.43	7469.37	8226.78	3
安　徽	Anhui	7.15	10.53	11.42	9	2251.80	4603.56	5612.47	6
福　建	Fujian	6.33	9.31	9.57	12	1818.86	4588.83	4794.23	9
江　西	Jiangxi	5.25	7.27	8.07	17	706.82	1770.94	2013.98	22
山　东	Shandong	17.30	22.06	22.66	3	3249.37	6323.38	6637.25	5
河　南	Henan	9.38	20.69	23.21	2	2114.08	6179.13	7090.25	4
湖　北	Hubei	9.00	13.09	13.22	6	1618.24	4296.38	4574.89	10
湖　南	Hunan	8.24	12.06	12.85	7	1469.07	2957.04	3426.13	14
广　东	Guangdong	18.96	23.37	25.21	1	3659.69	10307.80	12075.69	1
广　西	Guangxi	5.68	8.07	8.43	15	1206.22	2397.99	2683.48	17
海　南	Hainan	1.77	4.70	4.97	22	467.87	1787.60	2053.11	21
重　庆	Chongqing	9.18	9.93	10.40	11	1620.26	3725.95	3980.08	11
四　川	Sichuan	14.37	13.85	14.40	5	2194.63	5282.64	5149.89	7
贵　州	Guizhou	3.67	8.28	9.26	13	556.69	2148.96	2201.00	20
云　南	Yunnan	4.60	8.01	8.67	14	900.44	2688.34	2786.25	16
西　藏	Tibet	0.49	0.21	0.15	31	8.96	48.54	40.36	31
陕　西	Shaanxi	4.54	8.43	8.17	16	1159.47	2736.75	3101.97	15
甘　肃	Gansu	2.42	4.48	4.49	23	266.41	850.03	944.52	25
青　海	Qinghai	0.44	1.09	1.02	30	108.19	396.92	408.59	30
宁　夏	Ningxia	1.09	1.72	1.62	29	254.37	728.16	652.84	29
新　疆	Xinjiang	2.45	4.25	4.14	25	347.72	923.40	1037.86	24

16-10 房地产开发住宅投资和办公楼投资
Investment in Real Estate Development of Residential Buildings and Office Buildings

单位：亿元 (100 million yuan)

地区	Region	其中：住宅投资 Residential Buildings 2010	2016	2017	2017排名 Ranking	其中：办公楼投资 Office Buildings 2010	2016	2017	2017排名 Ranking
全　国	**National Total**	**34026.23**	**68703.87**	**75147.88**		**1807.38**	**6532.60**	**6761.36**	
北　京	Beijing	1508.95	1925.86	1694.67	17	259.10	699.08	742.93	2
天　津	Tianjin	565.39	1598.27	1559.70	19	77.18	124.64	92.58	20
河　北	Hebei	1785.76	3475.48	3656.98	7	51.27	219.26	215.22	12
山　西	Shanxi	457.43	1141.08	846.38	23	12.54	75.15	35.60	27
内蒙古	Inner Mongolia	782.80	793.70	645.85	24	53.44	31.35	17.28	30
辽　宁	Liaoning	2481.35	1505.42	1673.91	18	102.93	65.25	70.40	21
吉　林	Jilin	731.73	710.69	633.55	25	13.87	41.74	44.77	24
黑龙江	Heilongjiang	657.54	597.96	554.70	28	10.92	24.36	27.38	29
上　海	Shanghai	1229.83	1965.43	2152.40	13	224.46	695.95	642.20	3
江　苏	Jiangsu	3158.46	6628.87	7315.28	2	154.61	363.17	423.70	5
浙　江	Zhejiang	2058.19	4806.64	5645.98	3	192.99	480.98	439.65	4
安　徽	Anhui	1595.47	3069.36	4007.00	6	65.61	202.91	194.59	13
福　建	Fujian	975.13	2999.29	3236.51	8	49.67	339.01	282.37	7
江　西	Jiangxi	544.77	1247.58	1391.79	21	11.01	73.87	93.50	19
山　东	Shandong	2511.17	4690.22	4929.53	5	73.40	346.30	361.06	6
河　南	Henan	1685.21	4558.07	5330.80	4	56.74	230.86	226.38	11
湖　北	Hubei	1040.25	3012.35	3235.42	9	32.44	223.90	280.17	8
湖　南	Hunan	1134.56	1871.30	2194.41	12	17.81	159.65	151.74	15
广　东	Guangdong	2539.03	6977.66	8100.93	1	144.54	852.06	1173.67	1
广　西	Guangxi	878.89	1725.29	1983.52	15	15.14	93.53	102.79	18
海　南	Hainan	417.11	1317.73	1477.53	20	7.03	52.70	37.85	25
重　庆	Chongqing	1091.49	2319.97	2632.88	11	31.53	166.04	157.28	14
四　川	Sichuan	1535.28	3185.64	3182.34	10	55.31	278.51	262.81	9
贵　州	Guizhou	328.63	1243.60	1365.33	22	8.78	151.81	104.35	17
云　南	Yunnan	654.67	1635.38	1743.91	16	22.21	159.80	144.36	16
西　藏	Tibet	6.99	39.14	20.10	31	0.07	1.73	0.70	31
陕　西	Shaanxi	938.15	1916.13	2145.56	14	36.57	190.62	242.09	10
甘　肃	Gansu	187.93	563.75	601.25	26	5.61	46.37	57.32	23
青　海	Qinghai	75.20	227.78	213.66	30	2.15	32.51	33.46	28
宁　夏	Ningxia	187.29	435.41	387.75	29	8.17	51.87	37.01	26
新　疆	Xinjiang	281.56	518.83	588.25	27	10.29	57.64	66.14	22

16-11 房地产开发商业营业用房投资和其他投资
Investment in Real Estate Development for Business Use and Others

单位：亿元 (100 million yuan)

地区	Region	商业营业用房 Houses for Business Use				其他 Others			
		2010	2016	2017	2017排名 Ranking	2010	2016	2017	2017排名 Ranking
全 国	**National Total**	**5648.40**	**15837.53**	**15639.90**		**6777.39**	**11506.61**	**12249.39**	
北 京	Beijing	336.29	484.12	357.65	19	796.73	891.52	897.29	3
天 津	Tianjin	127.35	252.44	189.39	24	96.72	324.66	391.72	15
河 北	Hebei	276.01	651.57	594.49	11	151.90	349.33	357.22	16
山 西	Shanxi	60.46	217.29	147.79	28	61.81	163.83	136.51	23
内蒙古	Inner Mongolia	202.46	188.90	147.59	29	81.28	119.52	79.00	27
辽 宁	Liaoning	588.65	358.80	364.53	18	292.83	165.37	180.83	21
吉 林	Jilin	116.02	189.38	151.80	27	59.39	74.94	80.02	26
黑龙江	Heilongjiang	105.34	171.48	156.30	25	69.32	71.04	77.22	28
上 海	Shanghai	244.70	519.41	506.71	13	281.69	528.24	555.21	8
江 苏	Jiangsu	611.08	1246.13	1209.62	2	375.23	718.20	680.51	5
浙 江	Zhejiang	356.36	984.91	942.08	5	417.88	1196.84	1199.07	2
安 徽	Anhui	292.16	970.61	1011.06	4	298.56	360.68	399.82	14
福 建	Fujian	162.33	590.95	555.87	12	631.72	659.58	719.48	4
江 西	Jiangxi	78.14	315.81	384.87	17	72.90	133.69	143.82	22
山 东	Shandong	378.81	827.82	841.28	7	285.99	459.05	505.37	10
河 南	Henan	192.77	789.84	882.70	6	179.36	600.36	650.38	6
湖 北	Hubei	187.08	547.69	610.90	10	358.47	512.44	448.40	11
湖 南	Hunan	129.74	598.60	638.22	9	186.97	327.50	441.77	12
广 东	Guangdong	389.31	1390.28	1445.15	1	586.82	1087.79	1355.95	1
广 西	Guangxi	92.85	320.21	323.67	20	219.34	258.96	273.50	19
海 南	Hainan	20.54	181.18	255.05	22	23.18	235.99	282.67	17
重 庆	Chongqing	134.40	704.37	671.80	8	362.84	535.57	518.12	9
四 川	Sichuan	185.88	1166.03	1094.22	3	418.16	652.47	610.52	7
贵 州	Guizhou	57.06	562.53	492.54	14	162.21	191.02	238.78	20
云 南	Yunnan	97.88	497.36	485.77	15	125.67	395.80	412.21	13
西 藏	Tibet	1.86	5.37	7.78	31	0.05	2.30	11.79	31
陕 西	Shaanxi	106.41	415.95	439.42	16	78.34	214.06	274.91	18
甘 肃	Gansu	27.02	173.48	197.20	23	45.85	66.43	88.74	25
青 海	Qinghai	15.83	96.02	97.08	30	15.00	40.62	64.38	30
宁 夏	Ningxia	35.56	152.45	152.42	26	23.35	88.43	75.66	29
新 疆	Xinjiang	38.03	266.55	284.95	21	17.84	80.39	98.53	24

16-12 房地产开发企业本年实际到位资金小计和国内贷款

Actual Funds in Place of Enterprises for Real Estate Development

单位：亿元 (100 million yuan)

地区	Region	本年实际到位资金小计 Total Actual Funds in Place This Year				国内贷款 Domestic Loans			
		2010	2016	2017	2017排名 Ranking	2010	2016	2017	2017排名 Ranking
全　国	**National Total**	**72944.04**	**144214.05**	**156052.62**		**12563.70**	**21512.40**	**25241.76**	
北　京	Beijing	5790.61	8051.29	6988.28	8	1439.08	2148.48	1947.08	4
天　津	Tianjin	1665.54	4397.22	4366.66	15	539.59	1066.99	1186.03	7
河　北	Hebei	2710.89	5102.36	5184.96	13	288.89	456.10	532.68	15
山　西	Shanxi	796.15	1588.02	1677.54	23	88.33	98.33	150.38	23
内蒙古	Inner Mongolia	1166.54	1173.88	1021.53	28	45.94	74.80	78.28	28
辽　宁	Liaoning	5070.81	3080.81	3285.12	18	648.35	451.39	381.33	21
吉　林	Jilin	957.17	1254.99	1090.05	27	68.16	141.45	105.55	25
黑龙江	Heilongjiang	1050.36	1061.64	1199.12	24	48.90	90.54	103.77	26
上　海	Shanghai	3229.29	6408.78	5384.65	12	819.57	1446.18	1393.78	5
江　苏	Jiangsu	8022.33	15501.08	16563.47	2	1515.66	2299.18	3029.54	2
浙　江	Zhejiang	5451.60	10859.57	13034.21	3	1023.60	1541.37	2052.03	3
安　徽	Anhui	2850.13	6209.27	7636.98	5	323.25	657.62	965.77	9
福　建	Fujian	2631.31	6067.78	6426.29	10	432.46	808.76	780.62	13
江　西	Jiangxi	1008.16	2517.95	2923.34	20	146.40	291.73	419.81	20
山　东	Shandong	4452.03	8596.12	9472.45	4	754.80	1012.41	1186.09	6
河　南	Henan	2468.79	6558.25	7090.57	7	244.50	698.56	897.12	11
湖　北	Hubei	2219.50	5696.35	6438.19	9	415.43	1031.66	976.97	8
湖　南	Hunan	2002.43	4164.90	4763.93	14	314.06	523.34	629.58	14
广　东	Guangdong	5782.46	17666.05	19155.68	1	1256.11	2559.13	4083.46	1
广　西	Guangxi	1538.56	3159.72	3518.04	17	248.60	468.38	486.62	18
海　南	Hainan	807.28	2379.45	3244.23	19	136.35	403.36	439.26	19
重　庆	Chongqing	2859.53	5006.57	5755.97	11	584.72	1012.91	917.21	10
四　川	Sichuan	3148.03	6635.69	7430.97	6	436.83	751.74	890.39	12
贵　州	Guizhou	925.49	2179.27	2296.50	22	160.10	201.46	149.60	24
云　南	Yunnan	1300.66	2590.37	2808.18	21	160.82	453.50	487.01	17
西　藏	Tibet	15.02	53.80	53.58	31	0.08	1.00	16.11	31
陕　西	Shaanxi	1683.75	3071.81	3886.58	16	215.17	379.56	495.42	16
甘　肃	Gansu	317.56	1011.47	1158.01	25	56.60	179.05	227.04	22
青　海	Qinghai	124.84	423.25	412.02	30	26.90	71.58	70.09	30
宁　夏	Ningxia	359.14	678.74	678.50	29	56.07	96.80	70.10	29
新　疆	Xinjiang	538.07	1067.61	1107.01	26	68.42	95.00	93.03	27

16-13 房地产开发企业利用外资和外商直接投资

Foreign Investment and Foreign Direct Investment of Estate Developments

单位：亿元 (100 million yuan)

地区	Region	利用外资 Foreign Investment				其中：外商直接投资 Foreign Direct Investment			
		2010	2016	2017	2017排名 Ranking	2010	2015	2016	2016排名 Ranking
全　国	**National Total**	**790.68**	**140.44**	**168.19**		**673.45**	**286.08**	**132.53**	
北　京	Beijing	13.90	1.00	18.48	3	13.41	5.75	1.00	12
天　津	Tianjin	8.34	2.05	0.02	19	5.79	4.84	0.02	17
河　北	Hebei	3.00	1.71	2.01	12	0.50	2.31	1.71	10
山　西	Shanxi								
内蒙古	Inner Mongolia	0.16				0.16			
辽　宁	Liaoning	174.28	2.71	4.02	10	140.69	37.32	2.70	7
吉　林	Jilin	0.04	0.02			0.04			
黑龙江	Heilongjiang	1.50	0.90			1.50	1.32	0.90	13
上　海	Shanghai	96.05	2.31	5.22	7	65.52	32.36	2.31	8
江　苏	Jiangsu	92.76	8.29	29.07	2	86.60	41.26	4.29	6
浙　江	Zhejiang	23.96	32.33	13.15	5	19.13	15.65	32.33	1
安　徽	Anhui	6.18	13.69	1.36	13	5.55	0.90	13.69	4
福　建	Fujian	18.17	1.57	18.28	4	15.23	7.98	1.57	11
江　西	Jiangxi	2.90	0.70			2.90	6.14	0.70	14
山　东	Shandong	18.87	10.22	5.05	8	16.18	15.25	10.22	5
河　南	Henan	1.76	1.76	0.99	15	1.71	1.92	1.76	9
湖　北	Hubei	97.29	0.80	1.15	14	92.92	0.70		
湖　南	Hunan	4.35	0.01			1.43	0.60		
广　东	Guangdong	90.85	30.23	52.66	1	72.77	26.38	29.98	2
广　西	Guangxi	8.59		0.34	17	7.24	1.55		
海　南	Hainan	0.71		2.24	11	0.71	1.35		
重　庆	Chongqing	83.93	29.06	9.32	6	83.57	64.85	29.06	3
四　川	Sichuan	33.33	0.88	0.55	16	30.99	0.96	0.23	15
贵　州	Guizhou	0.72				0.72	0.80		
云　南	Yunnan	0.85	0.19	4.08	9		9.57	0.06	16
西　藏	Tibet								
陕　西	Shaanxi	5.62		0.22	18	5.62	6.32		
甘　肃	Gansu								
青　海	Qinghai	2.32				2.32			
宁　夏	Ningxia	0.25				0.25			
新　疆	Xinjiang								

16-14 房地产开发企业自筹资金和其他资金来源
Self-raising Funds and Others of Estate Developments

单位：亿元 (100 million yuan)

地区	Region	自筹资金 Self-raising Funds 2010	2016	2017	2017排名 Ranking	其他资金来源 Others 2010	2015	2016	2016排名 Ranking
全　国	**National Total**	**26637.21**	**49132.85**	**50872.22**		**32952.45**	**55654.60**	**73428.37**	
北　京	Beijing	1762.97	1978.50	1732.12	11	2574.66	3028.19	3923.32	5
天　津	Tianjin	457.74	899.63	783.86	20	659.88	1315.72	2428.54	12
河　北	Hebei	1462.58	3224.49	3133.32	6	956.43	1108.55	1420.07	17
山　西	Shanxi	291.70	811.06	652.23	23	416.12	524.53	678.64	23
内蒙古	Inner Mongolia	939.85	815.14	579.06	25	180.60	260.09	283.94	29
辽　宁	Liaoning	2785.75	1351.14	1116.37	17	1462.43	1373.42	1275.57	18
吉　林	Jilin	591.63	583.16	445.14	26	297.34	473.19	530.37	25
黑龙江	Heilongjiang	651.35	552.19	585.37	24	348.61	362.51	418.00	26
上　海	Shanghai	1070.88	1490.78	1549.20	13	1242.78	2461.37	3469.51	7
江　苏	Jiangsu	2031.38	3172.21	3278.81	5	4382.54	6700.36	10021.40	2
浙　江	Zhejiang	1288.89	2672.05	3485.93	3	3115.16	4725.70	6613.82	3
安　徽	Anhui	1196.59	1906.23	2686.50	8	1324.11	2565.40	3631.73	6
福　建	Fujian	1099.64	2263.99	2321.35	9	1081.04	2484.05	2993.45	9
江　西	Jiangxi	391.29	790.71	760.26	22	467.57	1133.59	1434.81	16
山　东	Shandong	1794.88	3451.65	3431.76	4	1883.48	3046.20	4121.84	4
河　南	Henan	1336.57	3671.81	4171.17	2	885.96	1641.82	2186.12	14
湖　北	Hubei	784.39	2175.22	2257.39	10	922.40	1743.96	2488.67	10
湖　南	Hunan	698.87	1229.32	1296.89	15	985.15	1857.90	2412.23	13
广　东	Guangdong	1580.81	4844.00	5341.58	1	2854.68	7626.44	10232.68	1
广　西	Guangxi	547.42	1115.04	1065.01	18	733.96	1181.96	1576.30	15
海　南	Hainan	163.58	1034.56	1017.68	19	506.65	790.36	941.53	22
重　庆	Chongqing	685.00	1488.38	1482.81	14	1505.89	2259.07	2476.21	11
四　川	Sichuan	1208.26	2679.98	2779.07	7	1469.62	2515.99	3203.09	8
贵　州	Guizhou	267.74	834.77	779.40	21	496.94	1128.77	1143.04	19
云　南	Yunnan	461.22	1157.71	1172.89	16	677.78	974.48	978.96	21
西　藏	Tibet	10.75	36.85	17.51	31	4.19	14.03	15.95	31
陕　西	Shaanxi	642.80	1550.64	1631.29	12	820.16	1030.81	1141.62	20
甘　肃	Gansu	132.80	456.50	436.04	28	128.17	356.70	375.92	27
青　海	Qinghai	56.78	197.17	199.13	30	38.83	134.30	154.50	30
宁　夏	Ningxia	103.32	260.03	241.57	29	199.50	317.12	321.91	28
新　疆	Xinjiang	139.80	437.97	441.52	27	329.86	518.00	534.63	24

16-15 房地产开发企业房屋施工面积和竣工面积
Floor Space of Buildings under Construction and Completed by Enterprises of Real Estate Development

单位：万平方米 (10 000 sq.m)

地区	Region	房屋施工面积 Floor Space of Buildings under Construction				房屋竣工面积 Floor Space of Buildings Completed			
		2010	2016	2017	2017排名 Ranking	2010	2016	2017	2017排名 Ranking
全 国	**National Total**	**405356.4**	**758974.8**	**781483.7**		**78743.9**	**106127.7**	**101486.4**	
北 京	Beijing	10300.9	12976.0	12412.7	22	2386.7	2369.9	1466.7	25
天 津	Tianjin	7160.8	9349.8	8795.8	28	2098.5	2914.3	2023.4	17
河 北	Hebei	20700.0	30476.8	30318.3	11	3614.7	4287.8	3416.0	11
山 西	Shanxi	7599.8	17069.3	16473.4	19	1203.7	2683.6	1969.9	18
内蒙古	Inner Mongolia	11535.3	16906.3	15815.4	20	2297.7	1664.0	1714.2	21
辽 宁	Liaoning	26831.1	26364.1	25906.9	13	4497.4	2709.3	2788.3	14
吉 林	Jilin	7069.5	11797.3	11887.3	23	2030.5	1351.6	1478.9	24
黑龙江	Heilongjiang	7532.9	10865.7	10328.5	25	2645.8	2375.6	1651.2	23
上 海	Shanghai	11295.0	15111.2	15362.3	21	1941.2	2550.6	3387.6	12
江 苏	Jiangsu	35106.9	58761.7	59464.2	3	8696.3	10074.0	9581.7	1
浙 江	Zhejiang	23781.9	41609.8	41236.2	6	4115.8	7925.4	6884.2	4
安 徽	Anhui	17620.0	35645.4	39169.2	7	3026.7	5383.0	4747.7	8
福 建	Fujian	14189.7	31064.1	31939.6	8	2242.5	3665.3	4266.7	9
江 西	Jiangxi	7229.9	16427.2	18806.8	18	1817.7	1635.6	1854.4	20
山 东	Shandong	28081.2	59957.1	63563.2	2	5074.3	8253.5	8429.1	2
河 南	Henan	20394.0	47359.6	49942.3	4	4426.9	6299.4	6201.7	5
湖 北	Hubei	11589.4	29879.9	30510.5	10	2541.2	3127.5	3219.7	13
湖 南	Hunan	16801.9	30139.4	31691.2	9	3347.9	4533.7	4084.1	10
广 东	Guangdong	29301.4	64233.8	72492.1	1	5659.1	6593.7	8196.3	3
广 西	Guangxi	12048.7	21134.6	22689.6	15	1564.3	1735.1	1856.2	19
海 南	Hainan	2699.5	8936.8	9567.4	26	609.1	1674.6	1267.2	27
重 庆	Chongqing	17138.5	27363.4	25961.0	12	2626.6	4421.3	5055.7	7
四 川	Sichuan	21158.5	41532.1	41294.9	5	3966.8	7050.2	5620.7	6
贵 州	Guizhou	7905.5	20352.2	20385.4	17	1048.0	1901.4	1171.7	28
云 南	Yunnan	8785.0	20593.2	21085.4	16	1536.0	2115.1	2419.6	15
西 藏	Tibet	75.3	348.8	229.9	31	12.2	31.5	43.6	31
陕 西	Shaanxi	9947.9	22297.5	23630.1	14	900.1	2431.7	2392.1	16
甘 肃	Gansu	3130.4	8933.2	9153.5	27	598.7	991.7	847.9	29
青 海	Qinghai	1424.2	2847.7	2936.7	30	267.7	386.7	440.9	30
宁 夏	Ningxia	2940.5	7110.1	6836.7	29	936.9	1294.5	1328.6	26
新 疆	Xinjiang	3980.8	11530.6	11597.3	24	1012.9	1695.9	1680.5	22

16-16 房地产开发企业房屋竣工造价

Cost of Buildings Completed by Enterprises of Real Estate Development

地区	Region	房屋竣工价值（亿元） Value of Buildings Completed (100 million yuan)				房屋竣工造价（元/平方米） Cost of Buildings Completed (yuan/sq.m)			
		2010	2016	2017	2017排名 Ranking	2010	2016	2017	2017排名 Ranking
全 国	**National Total**	**17542.73**	**32252.13**	**31512.46**		**2228**	**3039**	**3105**	
北 京	Beijing	575.59	839.97	600.35	18	2412	3544	4093	2
天 津	Tianjin	670.67	1081.20	741.34	16	3196	3710	3664	5
河 北	Hebei	816.11	1139.31	971.32	13	2258	2657	2843	14
山 西	Shanxi	208.10	785.57	529.46	19	1729	2927	2688	19
内蒙古	Inner Mongolia	442.45	415.38	429.31	23	1926	2496	2504	23
辽 宁	Liaoning	971.14	788.20	846.80	14	2159	2909	3037	13
吉 林	Jilin	340.22	313.79	335.82	27	1676	2322	2271	28
黑龙江	Heilongjiang	454.53	599.75	396.22	25	1718	2525	2400	25
上 海	Shanghai	779.93	1472.33	2054.31	4	4018	5772	6064	1
江 苏	Jiangsu	2307.27	3678.24	3429.35	1	2653	3651	3579	6
浙 江	Zhejiang	1068.33	3079.61	2809.74	3	2596	3886	4081	3
安 徽	Anhui	679.22	1544.37	1269.60	10	2244	2869	2674	20
福 建	Fujian	415.32	1009.60	1305.56	8	1852	2755	3060	12
江 西	Jiangxi	301.12	413.92	441.22	22	1657	2531	2379	26
山 东	Shandong	1077.58	1873.70	1987.46	5	2124	2270	2358	27
河 南	Henan	630.25	1260.41	1270.17	9	1424	2001	2048	30
湖 北	Hubei	564.66	940.66	993.68	12	2222	3008	3086	11
湖 南	Hunan	646.81	1189.42	1070.93	11	1932	2623	2622	22
广 东	Guangdong	1587.46	2493.40	2871.97	2	2805	3781	3504	7
广 西	Guangxi	230.69	433.73	518.13	20	1475	2500	2791	17
海 南	Hainan	180.26	669.52	515.61	21	2959	3998	4069	4
重 庆	Chongqing	647.98	1411.77	1721.01	6	2467	3193	3404	8
四 川	Sichuan	742.46	2002.50	1571.40	7	1872	2840	2796	16
贵 州	Guizhou	169.01	469.47	256.31	28	1613	2469	2188	29
云 南	Yunnan	330.24	586.95	681.22	17	2150	2775	2815	15
西 藏	Tibet	2.71	10.24	8.32	31	2225	3247	1911	31
陕 西	Shaanxi	220.12	648.61	741.77	15	2446	2667	3101	10
甘 肃	Gansu	109.45	254.25	236.52	29	1828	2564	2789	18
青 海	Qinghai	49.84	111.39	137.48	30	1862	2881	3118	9
宁 夏	Ningxia	175.51	344.94	353.20	26	1873	2665	2658	21
新 疆	Xinjiang	147.71	389.95	416.85	24	1458	2299	2481	24

16-17 按用途分房地产开发企业住宅和办公楼施工面积
Area of Residential Buildings and Office Buildings

单位：万平方米 (10 000 sq.m)

地区	Region	住宅 Residential Buildings 2010	2016	2017	2017排名 Ranking	办公楼 Office Buildings 2010	2016	2017	2017排名 Ranking
全　国	**National Total**	**314760.12**	**521310.22**	**536443.96**		**12144.40**	**35029.37**	**36014.62**	
北　京	Beijing	6176.02	5857.61	5390.89	28	1054.84	2447.26	2428.40	5
天　津	Tianjin	5117.69	6311.70	5911.03	27	396.61	723.32	693.83	19
河　北	Hebei	17159.60	23407.19	23200.01	8	384.39	858.69	829.75	16
山　西	Shanxi	6254.41	12222.32	11817.12	19	181.34	607.47	548.93	23
内蒙古	Inner Mongolia	8272.86	11141.41	10394.39	20	485.54	565.76	556.87	22
辽　宁	Liaoning	20677.33	19104.64	18784.00	12	582.95	595.51	535.05	24
吉　林	Jilin	5758.87	8305.99	8349.19	21	104.67	473.76	497.41	25
黑龙江	Heilongjiang	6107.45	7746.05	7432.11	23	75.26	236.71	238.39	29
上　海	Shanghai	7313.85	8073.94	8013.80	22	1103.18	2180.50	2282.08	6
江　苏	Jiangsu	26347.13	43002.93	43554.54	3	1169.80	2281.90	2503.74	4
浙　江	Zhejiang	16138.35	24709.37	24760.01	7	1477.65	3016.91	2845.86	2
安　徽	Anhui	13838.54	24115.13	26858.99	5	521.83	1205.03	1330.35	10
福　建	Fujian	10572.53	19436.54	20378.76	11	452.89	2262.87	2203.83	7
江　西	Jiangxi	6064.62	12000.47	13659.14	16	114.25	574.30	616.15	20
山　东	Shandong	22728.09	44158.11	46742.06	2	478.14	2434.79	2574.61	3
河　南	Henan	16901.99	35579.02	37518.01	4	510.84	1698.99	1699.76	8
湖　北	Hubei	9172.43	21803.01	22479.79	10	239.55	1048.39	1157.25	12
湖　南	Hunan	13772.56	21617.17	22770.42	9	210.43	858.57	867.57	14
广　东	Guangdong	22253.76	44171.00	49450.82	1	946.33	3206.43	3965.06	1
广　西	Guangxi	9767.64	15339.29	16453.90	15	183.04	743.68	735.52	18
海　南	Hainan	2323.40	6685.96	6981.94	24	35.94	203.69	247.98	28
重　庆	Chongqing	13744.78	17932.69	16747.92	14	247.56	1020.20	907.70	13
四　川	Sichuan	17289.74	26425.45	26272.05	6	413.26	1584.66	1487.57	9
贵　州	Guizhou	5970.81	12847.14	12789.65	18	149.32	812.79	752.50	17
云　南	Yunnan	7046.37	13324.64	13534.43	17	154.77	763.01	840.36	15
西　藏	Tibet	68.40	232.59	132.51	31	1.31	15.85	9.17	31
陕　西	Shaanxi	8580.55	16164.28	16958.61	13	229.63	1171.05	1224.76	11
甘　肃	Gansu	2557.70	6191.65	6087.85	26	50.96	276.95	298.59	27
青　海	Qinghai	1179.41	1753.44	1735.76	30	23.64	164.12	167.68	30
宁　夏	Ningxia	2285.56	4555.28	4346.91	29	74.17	368.59	357.92	26
新　疆	Xinjiang	3317.68	7094.22	6937.35	25	90.29	627.61	609.97	21

16-18 按用途分房地产开发企业商业营业用房和其他用房施工面积
Area of Houses for Business Use and Others

单位：万平方米 (10 000 sq.m)

地区	Region	商业营业用房 Houses for Business Use				其他用房 Others			
		2010	2016	2017	2017排名 Ranking	2010	2016	2017	2017排名 Ranking
全　国	**National Total**	**44631.92**	**104571.86**	**105232.50**		**33819.96**	**98063.36**	**103792.65**	
北　京	Beijing	1229.33	1354.82	1246.34	27	1840.67	3316.32	3347.11	11
天　津	Tianjin	1004.47	1162.28	994.93	29	642.07	1152.45	1196.03	25
河　北	Hebei	1970.08	3238.84	3229.34	15	1185.96	2972.06	3059.22	14
山　西	Shanxi	769.36	2150.13	1979.85	22	394.74	2089.34	2127.50	20
内蒙古	Inner Mongolia	2027.82	3295.88	3074.62	17	749.13	1903.24	1789.53	21
辽　宁	Liaoning	3954.14	4445.32	4319.76	8	1616.66	2218.63	2268.08	19
吉　林	Jilin	810.47	1840.53	1813.98	23	395.46	1177.05	1226.75	23
黑龙江	Heilongjiang	862.27	1713.00	1569.10	25	487.90	1170.00	1088.87	28
上　海	Shanghai	1292.96	1990.81	2016.16	21	1585.04	2865.98	3050.22	15
江　苏	Jiangsu	4867.56	7392.75	7067.92	3	2722.43	6084.14	6338.03	5
浙　江	Zhejiang	2619.51	5264.16	5014.84	7	3546.34	8619.34	8615.53	2
安　徽	Anhui	2307.22	6696.89	6694.49	4	952.42	3628.39	4285.42	9
福　建	Fujian	1273.66	3764.97	3534.90	13	1890.66	5599.76	5822.06	6
江　西	Jiangxi	734.09	2368.53	2775.35	19	316.98	1483.95	1756.15	22
山　东	Shandong	3280.25	7239.74	7492.12	2	1594.69	6124.42	6754.45	4
河　南	Henan	1952.08	5630.64	5926.85	6	1029.07	4450.91	4797.67	7
湖　北	Hubei	1268.35	3873.15	3761.84	12	909.11	3155.33	3111.61	13
湖　南	Hunan	1550.10	4104.19	4280.94	9	1268.77	3559.45	3772.26	10
广　东	Guangdong	2621.92	7006.00	7599.47	1	3479.35	9850.38	11476.75	1
广　西	Guangxi	1110.02	2454.80	2601.65	20	988.03	2596.88	2898.55	17
海　南	Hainan	180.97	968.43	1165.82	28	159.16	1078.70	1171.64	26
重　庆	Chongqing	1549.77	4193.65	3988.08	10	1596.38	4216.86	4317.29	8
四　川	Sichuan	1593.47	6223.91	6186.89	5	1862.00	7298.12	7348.37	3
贵　州	Guizhou	909.04	3755.27	3908.58	11	876.36	2937.04	2934.70	16
云　南	Yunnan	934.79	3320.12	3447.33	14	649.03	3185.42	3263.23	12
西　藏	Tibet	4.61	59.39	49.00	31	0.93	40.94	39.16	31
陕　西	Shaanxi	707.45	3010.38	3109.85	16	430.26	1951.83	2336.87	18
甘　肃	Gansu	332.15	1476.47	1605.00	24	189.59	988.16	1162.02	27
青　海	Qinghai	142.08	565.63	640.18	30	79.09	364.52	393.09	30
宁　夏	Ningxia	360.99	1314.02	1290.28	26	219.81	872.17	841.60	29
新　疆	Xinjiang	410.96	2697.18	2847.06	18	161.87	1111.59	1202.89	24

16-19 按用途分房地产开发企业本年房屋新开工面积和住宅开工面积
Area of Floor Space Started This Year and Residential Buildings

单位：万平方米 (10 000 sq.m)

地区	Region	本年房屋新开工面积 Floor Space Started This Year				住宅 Residential Buildings			
		2010	2016	2017	2017排名 Ranking	2010	2016	2017	2017排名 Ranking
全　国	**National Total**	**163646.87**	**166928.13**	**178653.77**		**129359.31**	**115910.60**	**128097.78**	
北　京	Beijing	2974.24	2795.57	2361.51	23	2063.40	1199.43	1159.64	28
天　津	Tianjin	2911.67	2511.47	2334.62	25	2026.89	1943.39	1822.72	20
河　北	Hebei	9629.16	8161.30	8417.21	8	7866.40	6190.29	6568.03	8
山　西	Shanxi	2782.05	3854.78	3305.84	19	2270.52	2654.28	2411.22	18
内蒙古	Inner Mongolia	6270.34	2563.70	2359.70	24	4473.39	1742.40	1734.67	21
辽　宁	Liaoning	12647.90	3733.61	3806.88	17	9870.37	2800.75	2942.01	16
吉　林	Jilin	3525.30	2115.99	1907.88	28	2893.52	1493.55	1412.47	26
黑龙江	Heilongjiang	5021.43	2006.31	2219.72	26	4083.52	1541.95	1677.77	22
上　海	Shanghai	3030.59	2840.95	2618.00	20	2111.11	1436.13	1402.91	27
江　苏	Jiangsu	13745.42	13670.83	13739.10	3	10586.39	10534.34	10263.87	4
浙　江	Zhejiang	7841.27	7282.02	10117.49	7	5223.94	4516.71	6653.70	7
安　徽	Anhui	7353.95	8586.37	11398.66	6	5797.58	6007.40	8601.75	5
福　建	Fujian	4679.56	4875.06	5528.75	12	3399.53	3168.77	3826.31	11
江　西	Jiangxi	2344.98	3875.01	4954.33	13	1956.47	2855.03	3712.08	13
山　东	Shandong	12330.21	13293.69	14424.99	2	10241.55	9747.12	10918.39	2
河　南	Henan	8610.57	14669.72	13628.78	4	7299.94	10954.03	10439.82	3
湖　北	Hubei	5725.77	6850.10	7771.87	10	4454.36	4946.70	5961.79	10
湖　南	Hunan	6443.30	7472.56	8235.91	9	5365.96	5272.08	6089.67	9
广　东	Guangdong	9904.38	14847.51	16775.55	1	7826.80	10165.64	11694.46	1
广　西	Guangxi	4750.57	4984.18	4912.21	14	3905.84	3577.13	3662.39	14
海　南	Hainan	1136.12	1976.16	2109.74	27	980.63	1382.36	1649.76	23
重　庆	Chongqing	6312.64	4875.16	5680.04	11	5268.76	2998.92	3759.63	12
四　川	Sichuan	7731.66	10825.16	11521.59	5	6270.79	6941.73	7604.00	6
贵　州	Guizhou	2871.15	3467.55	3310.77	18	2250.29	2172.14	2208.59	19
云　南	Yunnan	3702.76	3453.98	4017.34	16	2960.81	2201.34	2632.02	17
西　藏	Tibet	16.92	57.01	61.07	31	15.30	35.53	31.58	31
陕　西	Shaanxi	3270.32	4483.64	4279.08	15	2859.51	3106.22	3102.33	15
甘　肃	Gansu	1395.98	2331.71	2374.63	22	1169.10	1587.23	1442.96	25
青　海	Qinghai	700.67	870.10	714.37	30	568.91	524.82	381.29	30
宁　夏	Ningxia	1808.73	1391.34	1187.61	29	1444.86	875.41	815.15	29
新　疆	Xinjiang	2177.24	2205.57	2578.54	21	1852.88	1337.76	1514.81	24

16-20 按用途分房地产开发企业别墅高档公寓和办公楼新开工面积
Area of Villas and High-grade Apartments and Office Buildings

单位：万平方米 (10 000 sq.m)

地区	Region	别墅高档公寓 Villas and High-grade Apartments				办公楼 Office Buildings			
		2010	2016	2017	2017排名 Ranking	2010	2016	2017	2017排名 Ranking
全　国	**National Total**	**5080.05**	**3662.14**	**4282.68**		**3668.07**	**6415.29**	**6139.66**	
北　京	Beijing	157.09	67.51	60.65	21	203.29	464.41	364.61	6
天　津	Tianjin	108.31	106.83	65.59	20	206.73	41.48	67.49	22
河　北	Hebei	113.35	74.82	50.99	22	147.43	342.23	142.51	14
山　西	Shanxi	7.72	18.36	27.43	25	58.10	157.73	73.93	20
内蒙古	Inner Mongolia	89.21	32.11	14.19	27	285.83	20.14	37.03	26
辽　宁	Liaoning	310.55	42.89	77.57	17	215.36	57.01	66.37	24
吉　林	Jilin	131.81	24.75	12.85	28	24.38	87.27	36.11	27
黑龙江	Heilongjiang	34.69	44.21	39.22	24	41.16	24.12	32.20	28
上　海	Shanghai	389.84	322.79	251.70	7	147.39	384.49	368.84	5
江　苏	Jiangsu	688.65	505.60	512.86	1	361.57	385.10	626.70	2
浙　江	Zhejiang	378.79	175.31	375.89	3	475.54	370.04	467.18	4
安　徽	Anhui	93.97	134.41	108.77	13	163.39	238.51	270.11	9
福　建	Fujian	198.50	67.49	106.41	15	183.46	272.90	241.34	11
江　西	Jiangxi	54.95	93.72	94.87	16	41.82	139.22	110.73	15
山　东	Shandong	235.30	210.85	227.40	8	161.62	439.26	502.61	3
河　南	Henan	40.39	101.07	110.94	12	171.02	331.61	360.93	7
湖　北	Hubei	111.92	117.41	202.24	9	100.62	230.77	267.58	10
湖　南	Hunan	135.94	113.91	112.71	11	62.36	214.68	145.74	13
广　东	Guangdong	775.58	422.72	454.54	2	160.47	795.96	883.58	1
广　西	Guangxi	59.51	90.36	108.01	14	59.75	239.56	67.49	22
海　南	Hainan	188.29	175.03	199.15	10	14.08	53.08	15.60	30
重　庆	Chongqing	160.28	98.33	309.72	4	57.20	160.79	94.86	18
四　川	Sichuan	135.60	233.17	279.96	5	128.53	278.00	315.09	8
贵　州	Guizhou	9.00	111.04	67.91	18	29.22	81.06	76.19	19
云　南	Yunnan	311.93	140.07	265.65	6	55.87	144.40	104.38	16
西　藏	Tibet	2.48	2.72	2.99	31	0.57	1.66	0.05	31
陕　西	Shaanxi	75.78	41.45	42.39	23	38.08	225.09	161.32	12
甘　肃	Gansu	2.32	18.32	10.03	29	11.53	40.42	71.85	21
青　海	Qinghai		1.67	8.00	30	17.26	47.97	45.31	25
宁　夏	Ningxia	10.61	15.06	15.37	26	21.25	72.11	21.85	29
新　疆	Xinjiang	67.68	58.17	66.66	19	23.16	74.20	100.08	17

16-21 按用途分房地产开发企业商业营业用房和其他用房新开工面积
Area of Houses for Business Use and Others

单位：万平方米 (10 000 sq.m)

地区	Region	商业营业用房 Houses for Business Use 2010	2016	2017	2017排名 Ranking	其他用房 Others 2010	2016	2017	2017排名 Ranking
全　国	**National Total**	**17472.58**	**22316.63**	**20483.93**		**13146.91**	**22285.61**	**23932.41**	
北　京	Beijing	242.42	278.50	156.30	30	465.14	853.23	680.95	13
天　津	Tianjin	407.83	228.70	166.68	29	270.21	297.90	277.74	24
河　北	Hebei	993.14	849.33	810.22	10	622.20	779.45	896.45	11
山　西	Shanxi	289.76	494.28	329.29	22	163.68	548.49	491.40	18
内蒙古	Inner Mongolia	1095.04	525.00	333.75	21	416.08	276.17	254.25	25
辽　宁	Liaoning	1834.85	554.09	457.38	19	727.32	321.76	341.12	22
吉　林	Jilin	420.77	341.48	270.81	25	186.63	193.68	188.49	28
黑龙江	Heilongjiang	577.03	264.28	306.45	23	319.72	175.96	203.30	27
上　海	Shanghai	298.10	401.78	297.68	24	473.99	618.56	548.57	16
江　苏	Jiangsu	1742.22	1422.47	1283.04	6	1055.23	1328.93	1565.50	5
浙　江	Zhejiang	856.95	838.03	893.53	9	1284.85	1557.24	2103.08	2
安　徽	Anhui	966.30	1459.81	1302.52	5	426.68	880.64	1224.28	7
福　建	Fujian	454.55	433.30	432.02	20	642.01	1000.09	1029.08	9
江　西	Jiangxi	250.13	576.39	704.69	12	96.56	304.37	426.83	20
山　东	Shandong	1265.47	1437.37	1367.65	4	661.57	1669.95	1636.35	4
河　南	Henan	759.29	1791.85	1568.69	2	380.32	1592.22	1259.34	6
湖　北	Hubei	656.98	872.28	903.24	8	513.80	800.35	639.25	14
湖　南	Hunan	557.54	1171.02	995.25	7	457.43	814.77	1005.25	10
广　东	Guangdong	688.69	1596.87	1481.36	3	1228.41	2289.05	2716.15	1
广　西	Guangxi	394.85	556.47	574.18	16	390.13	611.02	608.15	15
海　南	Hainan	66.63	238.61	236.29	26	74.78	302.11	208.10	26
重　庆	Chongqing	433.68	899.94	768.10	11	553.01	815.51	1057.45	8
四　川	Sichuan	634.66	1649.58	1631.17	1	697.68	1955.85	1971.33	3
贵　州	Guizhou	304.59	732.19	583.36	15	287.05	482.17	442.62	19
云　南	Yunnan	391.68	529.77	593.19	14	294.40	578.47	687.75	12
西　藏	Tibet	1.05	13.46	11.12	31		6.37	18.32	31
陕　西	Shaanxi	229.34	683.84	497.32	17	143.40	468.50	518.11	17
甘　肃	Gansu	160.52	454.64	492.58	18	54.83	249.41	367.25	21
青　海	Qinghai	69.48	191.01	174.24	28	45.03	106.30	113.53	30
宁　夏	Ningxia	214.55	276.92	203.41	27	128.07	166.89	147.21	29
新　疆	Xinjiang	214.50	553.37	658.44	13	86.70	240.23	305.21	23

16-22 按用途分房地产开发企业住宅和办公楼竣工面积
Area of Residential Buildings and Office Buildings

单位：万平方米 (10 000 sq.m)

地区	Region	住宅 Residential Buildings				办公楼 Office Buildings			
		2010	2016	2017	2017排名 Ranking	2010	2016	2017	2017排名 Ranking
全　国	**National Total**	**63443.10**	**77185.19**	**71815.12**		**1815.85**	**3629.27**	**4006.54**	
北　京	Beijing	1498.48	1267.06	604.04	29	198.42	343.74	321.18	4
天　津	Tianjin	1603.65	2189.14	1433.24	18	102.42	143.22	138.64	12
河　北	Hebei	3130.09	3352.61	2730.13	11	36.30	101.67	84.41	14
山　西	Shanxi	991.31	2042.22	1413.83	19	20.79	42.04	84.57	13
内蒙古	Inner Mongolia	1868.45	1203.26	1265.15	21	29.07	23.80	39.18	25
辽　宁	Liaoning	3691.37	2210.06	2214.31	13	75.29	26.71	35.91	27
吉　林	Jilin	1694.96	1008.37	1030.46	24	12.74	18.19	58.76	19
黑龙江	Heilongjiang	2198.99	1757.09	1205.94	22	24.28	40.85	38.99	26
上　海	Shanghai	1396.05	1532.88	1862.74	15	150.69	279.31	444.83	1
江　苏	Jiangsu	6553.53	7602.69	7089.80	1	318.91	280.30	340.64	3
浙　江	Zhejiang	2798.43	5091.95	4338.91	5	199.70	473.59	391.97	2
安　徽	Anhui	2408.32	4047.73	3424.98	7	49.89	121.04	235.08	7
福　建	Fujian	1715.87	2420.45	2891.33	10	35.20	182.15	144.64	10
江　西	Jiangxi	1550.46	1316.26	1365.86	20	23.41	37.96	56.69	21
山　东	Shandong	4270.80	6358.16	6406.46	2	87.55	293.08	279.91	5
河　南	Henan	3852.60	5015.23	4701.53	4	56.17	163.38	166.97	9
湖　北	Hubei	2129.33	2348.38	2433.72	12	50.86	67.27	61.78	18
湖　南	Hunan	2828.81	3358.54	3070.28	9	34.71	110.40	72.73	16
广　东	Guangdong	4589.22	4773.04	5784.01	3	120.07	252.67	258.62	6
广　西	Guangxi	1342.87	1373.27	1478.96	17	13.01	29.86	31.32	28
海　南	Hainan	515.07	1444.53	953.86	25	19.28	3.66	45.79	23
重　庆	Chongqing	2179.81	3084.00	3316.37	8	30.03	100.97	142.01	11
四　川	Sichuan	3390.01	4677.37	3675.76	6	35.16	194.08	171.18	8
贵　州	Guizhou	826.13	1283.25	785.00	27	18.36	113.75	29.77	29
云　南	Yunnan	1258.44	1433.86	1554.70	16	16.73	23.04	58.57	20
西　藏	Tibet	11.51	25.20	26.65	31		6.05	2.34	31
陕　西	Shaanxi	799.15	1922.84	1873.42	14	11.79	48.01	84.12	15
甘　肃	Gansu	501.05	730.25	619.44	28	7.94	10.21	26.17	30
青　海	Qinghai	242.12	231.21	229.45	30	3.86	34.39	51.42	22
宁　夏	Ningxia	746.32	931.25	883.54	26	17.34	28.67	64.07	17
新　疆	Xinjiang	859.92	1153.02	1151.25	23	15.87	35.30	44.28	24

16-23 按用途分房地产开发企业商业营业用房和其他用房竣工面积
Area of Houses for Business Use and Others

单位：万平方米 (10 000 sq.m)

地区	Region	商业营业用房 Houses for Business Use				其他用房 Others			
		2010	2016	2017	2017排名 Ranking	2010	2016	2017	2017排名 Ranking
全　国	**National Total**	**8282.63**	**12518.08**	**12670.26**		**5202.30**	**12795.18**	**12994.49**	
北　京	Beijing	271.92	171.61	166.94	26	417.90	587.53	374.51	13
天　津	Tianjin	235.29	293.59	209.21	24	157.19	288.31	242.32	17
河　北	Hebei	298.14	395.32	293.26	17	150.12	438.19	308.21	14
山　西	Shanxi	136.86	298.42	228.03	23	54.77	300.91	243.48	16
内蒙古	Inner Mongolia	307.12	259.68	252.54	20	93.01	177.28	157.37	22
辽　宁	Liaoning	538.56	307.37	327.72	14	192.16	165.15	210.34	18
吉　林	Jilin	224.53	213.22	243.86	21	98.28	111.86	145.76	25
黑龙江	Heilongjiang	303.30	345.43	257.00	19	119.26	232.24	149.24	23
上　海	Shanghai	176.41	266.06	387.73	12	218.09	472.40	692.27	8
江　苏	Jiangsu	1217.78	1172.03	1085.87	1	606.05	1018.94	1065.42	3
浙　江	Zhejiang	565.35	780.45	739.72	6	552.35	1579.40	1413.59	1
安　徽	Anhui	429.37	719.53	638.96	8	139.07	494.64	448.68	11
福　建	Fujian	165.39	457.34	390.35	11	326.01	605.31	840.38	6
江　西	Jiangxi	173.97	165.80	287.88	18	69.89	115.59	143.97	26
山　东	Shandong	509.99	816.36	1028.10	2	206.00	785.90	714.60	7
河　南	Henan	369.63	748.05	824.27	4	148.54	372.78	508.94	9
湖　北	Hubei	271.57	466.52	474.61	10	89.45	245.32	249.61	15
湖　南	Hunan	284.95	515.54	485.34	9	199.44	549.26	455.70	10
广　东	Guangdong	474.79	641.07	858.66	3	475.01	926.96	1295.05	2
广　西	Guangxi	121.89	189.14	150.96	28	86.54	142.78	195.00	19
海　南	Hainan	44.36	106.11	154.26	27	30.41	120.40	113.25	28
重　庆	Chongqing	229.44	634.46	724.40	7	187.31	601.88	872.96	5
四　川	Sichuan	283.94	923.43	816.43	5	257.66	1255.37	957.36	4
贵　州	Guizhou	128.59	250.17	195.67	25	74.90	254.28	161.26	21
云　南	Yunnan	157.72	313.08	380.08	13	103.11	345.10	426.27	12
西　藏	Tibet	0.67	0.23	11.75	31		0.05	2.81	31
陕　西	Shaanxi	61.65	307.98	298.58	16	27.53	152.87	135.93	27
甘　肃	Gansu	60.42	162.11	134.54	29	29.25	89.16	67.76	30
青　海	Qinghai	18.12	65.94	87.78	30	3.57	55.13	72.26	29
宁　夏	Ningxia	122.50	170.51	235.19	22	50.70	164.12	145.82	24
新　疆	Xinjiang	98.40	361.51	300.58	15	38.71	146.08	184.38	20

16-24 按用途分商品房和住宅销售面积
Area of Floor Space of Commercial Buildings Sold and Residential Buildings

单位：万平方米 (10 000 sq.m)

地区	Region	商品房销售面积 Floor Space of Commercial Buildings Sold				住宅 Residential Buildings			
		2010	2016	2017	2017排名 Ranking	2010	2016	2017	2017排名 Ranking
全 国	**National Total**	**104764.65**	**157348.53**	**169407.82**		**93376.60**	**137539.93**	**144788.77**	
北 京	Beijing	1639.53	1658.93	869.95	29	1201.39	981.37	608.78	29
天 津	Tianjin	1514.52	2711.08	1482.12	27	1302.61	2521.87	1342.87	25
河 北	Hebei	4662.10	6682.29	6425.91	11	4325.12	5899.72	5576.99	10
山 西	Shanxi	1180.59	2061.06	2415.92	19	1070.54	1881.51	2246.28	19
内蒙古	Inner Mongolia	3057.38	2527.85	2067.60	22	2569.84	2073.36	1726.16	22
辽 宁	Liaoning	6800.45	3711.90	4148.45	17	6013.50	3383.08	3797.05	16
吉 林	Jilin	2382.10	1919.30	1885.21	23	2105.33	1630.72	1602.06	23
黑龙江	Heilongjiang	2720.95	2117.29	2255.81	21	2385.68	1797.02	1868.14	21
上 海	Shanghai	2060.96	2705.69	1691.60	24	1690.82	2019.80	1341.62	26
江 苏	Jiangsu	9485.47	13962.09	14211.12	2	8112.37	12657.66	12486.66	2
浙 江	Zhejiang	4816.53	8636.79	9599.67	6	3833.74	7234.19	7669.70	7
安 徽	Anhui	4154.26	8499.65	9200.71	7	3641.88	7506.87	7949.28	6
福 建	Fujian	2575.62	4915.35	5854.05	12	2139.26	4134.46	4526.13	14
江 西	Jiangxi	2469.73	4691.84	5841.93	13	2265.72	4140.55	4964.97	12
山 东	Shandong	9293.88	11789.88	12813.18	4	8448.26	10598.58	11201.04	4
河 南	Henan	5452.23	11306.27	13313.89	3	5092.49	10137.13	11707.26	3
湖 北	Hubei	3508.61	7427.16	8155.21	9	3236.88	6789.21	7363.67	9
湖 南	Hunan	4469.98	8085.36	8532.25	8	4140.07	7190.66	7368.27	8
广 东	Guangdong	7321.76	14611.60	15958.81	1	6552.81	13021.97	13522.51	1
广 西	Guangxi	2793.92	4215.39	5170.99	14	2607.15	3864.01	4687.41	13
海 南	Hainan	854.73	1508.53	2292.61	20	834.19	1417.09	2173.12	20
重 庆	Chongqing	4314.39	6257.15	6711.00	10	3986.31	5105.46	5452.65	11
四 川	Sichuan	6396.92	9300.47	10869.07	5	5849.34	7884.09	8786.61	5
贵 州	Guizhou	1730.69	4156.93	4696.90	15	1596.30	3426.96	3897.65	15
云 南	Yunnan	2959.43	3639.75	4327.18	16	2658.99	2933.10	3484.49	17
西 藏	Tibet	19.28	74.61	53.25	31	18.76	71.16	44.96	31
陕 西	Shaanxi	2590.18	3262.70	3890.40	18	2471.95	3012.61	3419.84	18
甘 肃	Gansu	756.51	1679.49	1559.51	26	692.07	1478.81	1386.04	24
青 海	Qinghai	281.04	437.85	494.04	30	266.43	373.03	399.57	30
宁 夏	Ningxia	935.98	966.07	1021.36	28	816.79	830.22	870.28	28
新 疆	Xinjiang	1564.90	1828.22	1598.11	25	1450.02	1543.66	1316.70	27

16-25 按用途分办公楼和商业营业用房销售面积
Area of Houses for Buildings Use and Office Buildings

单位：万平方米 (10 000 sq.m)

地区	Region	办公楼 Office Buildings 2010	2016	2017	2017排名 Ranking	商业营业用房 Houses for Buildings Use 2010	2016	2017	2017排名 Ranking
全　国	**National Total**	**1889.97**	**3826.22**	**4756.21**		**6994.84**	**10811.96**	**12838.14**	
北　京	Beijing	208.15	413.86	108.34	18	142.07	125.85	74.63	28
天　津	Tianjin	35.29	31.06	43.28	24	103.64	97.03	77.42	27
河　北	Hebei	39.20	126.59	144.11	13	209.09	448.71	496.13	12
山　西	Shanxi	10.76	38.62	42.60	25	84.37	98.69	80.73	25
内蒙古	Inner Mongolia	29.88	18.30	48.63	21	353.30	301.10	176.43	21
辽　宁	Liaoning	64.71	34.64	36.55	26	510.03	216.69	227.25	17
吉　林	Jilin	7.75	37.87	51.15	20	220.30	175.73	176.17	22
黑龙江	Heilongjiang	8.38	26.35	45.58	22	234.74	221.97	252.74	16
上　海	Shanghai	162.89	306.40	124.10	15	125.74	205.87	79.33	26
江　苏	Jiangsu	209.88	265.68	385.97	3	988.23	849.92	967.72	3
浙　江	Zhejiang	272.11	410.07	493.48	2	459.29	529.68	698.37	8
安　徽	Anhui	87.28	185.35	179.47	8	389.60	670.96	872.00	5
福　建	Fujian	82.20	181.16	354.25	4	176.35	305.47	412.26	15
江　西	Jiangxi	19.02	87.53	140.69	14	150.85	361.29	573.67	10
山　东	Shandong	82.47	196.41	273.36	6	607.59	635.69	823.87	6
河　南	Henan	60.79	173.35	236.90	7	246.44	816.65	1148.24	1
湖　北	Hubei	24.19	103.73	176.65	9	184.41	393.74	483.27	13
湖　南	Hunan	29.27	99.96	147.77	12	247.87	555.02	714.69	7
广　东	Guangdong	163.03	399.15	659.40	1	371.91	677.93	885.74	4
广　西	Guangxi	18.58	50.27	81.57	19	108.21	170.39	221.94	19
海　南	Hainan	5.47	9.47	18.10	29	13.92	55.99	68.42	29
重　庆	Chongqing	62.60	106.99	168.47	10	194.25	622.18	634.37	9
四　川	Sichuan	83.84	150.58	299.29	5	294.25	728.11	1004.42	2
贵　州	Guizhou	26.27	86.08	113.00	16	80.91	542.01	573.22	11
云　南	Yunnan	21.50	108.92	110.58	17	182.56	382.39	418.08	14
西　藏	Tibet		1.07	2.14	31	0.52	2.33	6.16	31
陕　西	Shaanxi	40.04	70.72	153.11	11	63.36	132.40	225.31	18
甘　肃	Gansu	5.67	44.75	29.25	27	53.44	133.98	106.84	23
青　海	Qinghai	1.00	19.13	26.98	28	13.21	34.97	58.28	30
宁　夏	Ningxia	15.40	7.15	16.29	30	89.94	104.82	103.77	24
新　疆	Xinjiang	12.35	35.01	45.14	23	94.42	214.42	196.68	20

16-26 按用途分其他用房销售面积和商品房销售额
Total Sale of Commercial Building Sold and Others

地区	Region	其他用房(万平方米) Others (10 000 sq.m)				商品房销售额(亿元) Total Sale of Commercial Buildings Sold (100 million yuan)			
		2010	2016	2017	2017排名 Ranking	2010	2016	2017	2017排名 Ranking
全　国	**National Total**	**2503.24**	**5170.43**	**7024.70**		**52721.24**	**117627.05**	**133701.31**	
北　京	Beijing	87.92	137.87	78.20	22	2915.36	4561.60	2796.03	16
天　津	Tianjin	72.98	61.12	18.55	29	1246.48	3478.22	2272.30	21
河　北	Hebei	88.69	207.27	208.68	11	1650.00	4301.83	4628.37	10
山　西	Shanxi	14.92	42.24	46.30	24	411.71	1027.14	1357.48	24
内蒙古	Inner Mongolia	104.37	135.09	116.38	17	1076.55	1149.08	956.81	26
辽　宁	Liaoning	212.21	77.48	87.61	21	3063.32	2256.91	2771.69	17
吉　林	Jilin	48.72	74.98	55.82	23	868.80	1029.58	1135.18	25
黑龙江	Heilongjiang	92.15	71.96	89.35	20	1011.95	1121.04	1459.72	23
上　海	Shanghai	81.51	173.63	146.55	15	2981.01	6695.85	4026.67	13
江　苏	Jiangsu	174.99	188.83	370.77	7	5540.32	12293.02	13066.85	2
浙　江	Zhejiang	251.38	462.85	738.12	3	4459.04	9605.10	12339.99	3
安　徽	Anhui	35.50	136.48	199.96	12	1746.92	5035.55	5865.77	8
福　建	Fujian	177.81	294.26	561.41	4	1611.32	4530.79	5705.19	9
江　西	Jiangxi	34.15	102.47	162.60	14	776.41	2678.37	3592.52	14
山　东	Shandong	155.57	359.20	514.91	5	3665.12	6902.90	8096.97	4
河　南	Henan	52.51	179.14	221.49	10	1658.79	5612.90	7129.40	5
湖　北	Hubei	63.13	140.48	131.61	16	1313.20	4994.05	6258.92	7
湖　南	Hunan	52.77	239.73	301.52	9	1406.39	3751.86	4460.66	12
广　东	Guangdong	234.01	512.55	891.15	1	5480.77	16214.61	18792.76	1
广　西	Guangxi	59.99	130.72	180.07	13	995.19	2207.47	3016.64	15
海　南	Hainan	1.15	25.98	32.96	27	746.61	1490.20	2713.72	18
重　庆	Chongqing	71.23	422.51	455.51	6	1846.94	3432.00	4557.85	11
四　川	Sichuan	169.49	537.69	778.75	2	2647.34	5358.91	6757.11	6
贵　州	Guizhou	27.20	101.88	113.03	18	581.01	1790.53	2240.77	22
云　南	Yunnan	96.38	215.34	314.04	8	934.60	1917.76	2561.19	20
西　藏	Tibet		0.05			5.58	38.14	35.28	31
陕　西	Shaanxi	14.83	46.97	92.14	19	973.69	1785.17	2661.08	19
甘　肃	Gansu	5.33	21.94	37.40	26	230.14	873.46	890.31	27
青　海	Qinghai	0.41	10.72	9.21	30	84.44	236.44	296.50	30
宁　夏	Ningxia	13.86	23.88	31.01	28	309.22	409.71	464.13	29
新　疆	Xinjiang	8.11	35.13	39.58	25	483.04	846.84	793.45	28

16-27 按用途分住宅和办公楼销售额
Sales of Residential Buildings and Office Buildings by Uses

单位：亿元 (100 million yuan)

地区	Region	住宅 Residential Buildings				办公楼 Office Buildings			
		2010	2016	2017	2017排名 Ranking	2010	2016	2017	2017排名 Ranking
全　国	**National Total**	**44120.65**	**99064.17**	**110239.51**		**2155.70**	**5483.81**	**6441.36**	
北　京	Beijing	2060.52	2795.81	2077.01	19	487.34	1261.90	374.21	6
天　津	Tianjin	1034.32	3245.60	2032.93	20	48.89	44.71	79.32	18
河　北	Hebei	1488.78	3710.88	3925.37	10	18.35	121.80	148.92	13
山　西	Shanxi	357.37	900.79	1225.90	23	5.91	33.48	37.53	25
内蒙古	Inner Mongolia	766.47	838.08	731.69	27	18.61	11.83	33.80	27
辽　宁	Liaoning	2587.66	1988.03	2452.23	17	52.45	59.67	39.99	23
吉　林	Jilin	735.91	806.49	920.85	25	2.54	24.43	39.96	24
黑龙江	Heilongjiang	833.05	903.66	1134.47	24	3.58	21.39	52.16	21
上　海	Shanghai	2416.24	5233.29	3336.09	13	307.67	903.17	394.07	5
江　苏	Jiangsu	4536.63	11055.36	11325.84	2	167.11	255.37	421.61	4
浙　江	Zhejiang	3577.49	8280.85	10300.34	3	300.22	464.60	674.13	2
安　徽	Anhui	1420.06	4231.59	4878.56	8	54.18	145.68	144.77	14
福　建	Fujian	1300.13	3793.41	4202.00	9	71.78	219.98	622.06	3
江　西	Jiangxi	670.34	2207.17	2879.66	14	15.70	66.82	120.74	16
山　东	Shandong	3218.02	6070.54	6891.65	4	54.48	184.83	267.54	8
河　南	Henan	1454.57	4839.03	5897.68	5	50.31	141.16	226.34	10
湖　北	Hubei	1134.94	4383.81	5380.31	6	13.39	123.33	255.69	9
湖　南	Hunan	1247.65	3113.62	3570.76	12	10.95	89.64	134.49	15
广　东	Guangdong	4589.82	14240.33	15437.89	1	248.43	731.56	1394.74	1
广　西	Guangxi	881.70	1948.23	2635.74	15	14.54	47.50	77.81	19
海　南	Hainan	734.10	1385.26	2473.18	16	3.53	12.66	31.38	28
重　庆	Chongqing	1610.64	2635.64	3601.56	11	59.70	98.86	162.13	11
四　川	Sichuan	2330.85	4296.27	5173.60	7	74.16	120.53	270.61	7
贵　州	Guizhou	501.63	1269.43	1623.37	22	13.73	60.36	75.34	20
云　南	Yunnan	769.32	1411.38	1973.72	21	14.47	87.68	88.89	17
西　藏	Tibet	5.18	34.70	25.19	31		0.74	1.24	31
陕　西	Shaanxi	906.68	1585.71	2215.17	18	22.09	58.41	161.05	12
甘　肃	Gansu	203.32	712.35	738.22	26	2.15	45.45	40.99	22
青　海	Qinghai	77.10	172.06	211.71	30	0.22	13.06	21.65	29
宁　夏	Ningxia	253.76	325.89	369.30	29	8.13	5.75	13.23	30
新　疆	Xinjiang	416.41	648.94	597.52	28	11.10	27.41	34.96	26

16-28 按用途分商业营业用房和其他用房销售额
Sales of Houses for Business Use and Others by Uses

单位：亿元 (100 million yuan)

地区	Region	商业营业用房 Houses for Business Use 2010	2016	2017	2017排名 Ranking	其他用房 Others 2010	2016	2017	2017排名 Ranking
全　国	**National Total**	**5418.90**	**10580.80**	**13252.71**		**1026.08**	**2498.26**	**3767.73**	
北　京	Beijing	318.98	376.65	271.42	16	48.53	127.25	73.39	18
天　津	Tianjin	109.30	140.06	133.87	25	53.96	47.85	26.19	25
河　北	Hebei	118.28	394.35	452.22	14	24.58	74.80	101.87	11
山　西	Shanxi	45.53	79.83	74.37	28	2.90	13.04	19.68	26
内蒙古	Inner Mongolia	253.00	232.12	137.49	24	38.46	67.05	53.83	20
辽　宁	Liaoning	332.90	174.94	222.42	18	90.32	34.27	57.05	19
吉　林	Jilin	111.32	150.24	145.93	22	19.03	48.42	28.44	24
黑龙江	Heilongjiang	136.81	155.06	220.39	19	38.53	40.92	52.69	21
上　海	Shanghai	198.41	470.49	208.23	21	58.69	88.89	88.28	14
江　苏	Jiangsu	779.91	893.99	1125.80	2	56.68	88.29	193.60	6
浙　江	Zhejiang	488.09	653.06	971.17	4	93.26	206.59	394.35	2
安　徽	Anhui	260.99	606.60	765.69	6	11.70	51.67	76.75	17
福　建	Fujian	180.56	353.40	506.23	11	58.86	164.01	374.91	3
江　西	Jiangxi	80.58	347.94	505.30	12	9.78	56.44	86.83	15
山　东	Shandong	346.51	496.30	724.71	7	46.11	151.23	213.07	5
河　南	Henan	137.09	552.52	879.31	5	16.82	80.20	126.06	9
湖　北	Hubei	142.22	380.00	521.65	10	22.65	106.91	101.27	12
湖　南	Hunan	130.80	455.86	634.45	8	17.00	92.74	120.95	10
广　东	Guangdong	483.00	896.03	1286.90	1	159.52	346.70	673.23	1
广　西	Guangxi	75.54	159.27	212.17	20	23.40	52.47	90.91	13
海　南	Hainan	8.52	66.31	129.44	26	0.46	25.97	79.73	16
重　庆	Chongqing	155.46	552.77	629.66	9	21.13	144.73	164.51	7
四　川	Sichuan	183.05	741.30	1029.81	3	59.29	200.81	283.09	4
贵　州	Guizhou	56.76	426.30	499.81	13	8.89	34.45	42.24	23
云　南	Yunnan	118.48	325.52	351.44	15	32.34	93.18	147.14	8
西　藏	Tibet	0.40	2.69	8.85	31		0.01		
陕　西	Shaanxi	39.66	115.77	233.59	17	5.25	25.27	51.26	22
甘　肃	Gansu	23.42	106.32	94.43	27	1.25	9.34	16.67	27
青　海	Qinghai	7.00	46.18	59.64	30	0.13	5.14	3.50	30
宁　夏	Ningxia	43.96	69.75	70.67	29	3.36	8.32	10.93	29
新　疆	Xinjiang	52.32	159.18	145.68	23	3.21	11.31	15.29	28

16-29 按用途分商品房和住宅平均销售价格

Sales of Average Selling Price of Commercial Buildings and Residential Buildings

单位：元/平方米 (yuan/sq.m)

地区	Region	商品房平均销售价格 Average Selling Price of Commercial Buildings				住宅 Residential Buildings			
		2010	2016	2017	2017排名 Ranking	2010	2016	2017	2017排名 Ranking
全　国	**National Total**	**5032**	**7476**	**7892**		**4725**	**7203**	**7614**	
北　京	Beijing	17782	27497	32140	1	17151	28489	34117	1
天　津	Tianjin	8230	12830	15331	3	7940	12870	15139	3
河　北	Hebei	3539	6438	7203	10	3442	6290	7039	10
山　西	Shanxi	3487	4984	5619	25	3338	4788	5457	23
内蒙古	Inner Mongolia	3521	4546	4628	30	2983	4042	4239	30
辽　宁	Liaoning	4505	6080	6681	13	4303	5876	6458	13
吉　林	Jilin	3647	5364	6021	20	3495	4946	5748	19
黑龙江	Heilongjiang	3719	5295	6471	15	3492	5029	6073	16
上　海	Shanghai	14464	24747	23804	2	14290	25910	24866	2
江　苏	Jiangsu	5841	8805	9195	8	5592	8734	9070	8
浙　江	Zhejiang	9258	11121	12855	4	9332	11447	13430	4
安　徽	Anhui	4205	5924	6375	16	3899	5637	6137	15
福　建	Fujian	6256	9218	9746	7	6077	9175	9284	7
江　西	Jiangxi	3144	5709	6150	19	2959	5331	5800	18
山　东	Shandong	3944	5855	6319	17	3809	5728	6153	14
河　南	Henan	3042	4964	5355	26	2856	4774	5038	26
湖　北	Hubei	3743	6724	7675	9	3506	6457	7307	9
湖　南	Hunan	3146	4640	5228	27	3014	4330	4846	27
广　东	Guangdong	7486	11097	11776	6	7004	10936	11416	5
广　西	Guangxi	3562	5237	5834	23	3382	5042	5623	21
海　南	Hainan	8735	9878	11837	5	8800	9775	11381	6
重　庆	Chongqing	4281	5485	6792	12	4040	5162	6605	11
四　川	Sichuan	4138	5762	6217	18	3985	5449	5888	17
贵　州	Guizhou	3357	4307	4771	29	3142	3704	4165	31
云　南	Yunnan	3158	5269	5919	22	2893	4812	5664	20
西　藏	Tibet	2896	5112	6626	14	2761	4876	5604	22
陕　西	Shaanxi	3759	5471	6840	11	3668	5264	6477	12
甘　肃	Gansu	3042	5201	5709	24	2938	4817	5326	24
青　海	Qinghai	3005	5400	6001	21	2894	4612	5298	25
宁　夏	Ningxia	3304	4241	4544	31	3107	3925	4243	29
新　疆	Xinjiang	3087	4632	4965	28	2872	4204	4538	28

16-30 按用途分办公楼和商业营业用房平均销售价格
Sales of Office Buildings and Houses for Business Use

单位：元/平方米 (yuan/sq.m)

地区	Region	办公楼 Office Buildings 2010	2016	2017	2017排名 Ranking	商业营业用房 Houses for Business Use 2010	2016	2017	2017排名 Ranking
全　国	**National Total**	**11406**	**14332**	**13543**		**7747**	**9786**	**10323**	
北　京	Beijing	23413	30491	34539	1	22452	29929	36370	1
天　津	Tianjin	13855	14396	18327	4	10546	14434	17291	4
河　北	Hebei	4680	9622	10334	14	5657	8789	9115	18
山　西	Shanxi	5489	8669	8810	21	5397	8089	9211	17
内蒙古	Inner Mongolia	6229	6467	6950	29	7161	7709	7793	28
辽　宁	Liaoning	8106	17226	10943	11	6527	8073	9787	15
吉　林	Jilin	3278	6452	7811	27	5053	8550	8283	27
黑龙江	Heilongjiang	4274	8119	11444	10	5828	6986	8720	24
上　海	Shanghai	18888	29477	31753	2	15779	22854	26249	2
江　苏	Jiangsu	7962	9612	10923	12	7892	10519	11633	9
浙　江	Zhejiang	11033	11330	13661	9	10627	12329	13906	7
安　徽	Anhui	6208	7860	8067	24	6699	9041	8781	23
福　建	Fujian	8732	12143	17560	5	10239	11569	12279	8
江　西	Jiangxi	8256	7634	8582	22	5342	9631	8808	21
山　东	Shandong	6606	9411	9787	15	5703	7807	8796	22
河　南	Henan	8276	8143	9555	17	5563	6766	7658	29
湖　北	Hubei	5534	11889	14474	7	7712	9651	10794	10
湖　南	Hunan	3742	8968	9101	19	5277	8213	8877	19
广　东	Guangdong	15238	18328	21151	3	12987	13217	14529	5
广　西	Guangxi	7828	9450	9540	18	6981	9347	9560	16
海　南	Hainan	6446	13372	17334	6	6124	11842	18918	3
重　庆	Chongqing	9537	9239	9623	16	8003	8884	9926	14
四　川	Sichuan	8845	8005	9042	20	6221	10181	10253	12
贵　州	Guizhou	5228	7012	6667	30	7015	7865	8719	25
云　南	Yunnan	6732	8051	8039	25	6490	8513	8406	26
西　藏	Tibet		6920	5798	31	7740	11546	14374	6
陕　西	Shaanxi	5516	8260	10519	13	6260	8744	10368	11
甘　肃	Gansu	3795	10156	14016	8	4382	7936	8839	20
青　海	Qinghai	2193	6829	8025	26	5296	13207	10235	13
宁　夏	Ningxia	5278	8036	8119	23	4888	6655	6810	31
新　疆	Xinjiang	8989	7829	7745	28	5541	7424	7407	30

16-31 按用途分其他用房平均销售价格和商品房现房销售面积
Selling Area of Completed Buildings and Area of Others

地区	Region	其他（元/平方米） Others (yuan/sq.m)				现房销售面积（万平方米） Selling Area of Completed Buildings (10 000 sq.m)			
		2010	2016	2017	2017排名 Ranking	2010	2016	2017	2017排名 Ranking
全　国	**National Total**	**4099**	**4832**	**5364**		**26669.63**	**39322.14**	**39994.77**	
北　京	Beijing	5520	9230	9385	3	411.28	661.84	358.12	28
天　津	Tianjin	7394	7829	14117	2	423.54	871.49	312.54	29
河　北	Hebei	2772	3609	4882	17	989.24	1637.58	1767.78	9
山　西	Shanxi	1947	3087	4251	21	345.05	796.95	820.21	18
内蒙古	Inner Mongolia	3685	4963	4625	19	1577.34	1048.08	1005.12	16
辽　宁	Liaoning	4256	4423	6512	7	2241.30	1345.24	1442.43	11
吉　林	Jilin	3905	6457	5095	15	942.84	798.32	655.77	23
黑龙江	Heilongjiang	4181	5687	5897	9	771.10	1073.23	1169.06	13
上　海	Shanghai	7200	5120	6024	8	623.75	1162.71	812.54	19
江　苏	Jiangsu	3239	4676	5222	14	1970.30	3329.64	3629.91	1
浙　江	Zhejiang	3710	4463	5343	12	714.70	2302.96	2197.74	5
安　徽	Anhui	3296	3786	3838	25	689.03	1459.15	1495.47	10
福　建	Fujian	3310	5573	6678	6	346.27	718.26	993.41	17
江　西	Jiangxi	2863	5508	5340	13	872.72	1006.92	1138.71	14
山　东	Shandong	2964	4210	4138	22	2537.81	2621.10	2819.20	4
河　南	Henan	3203	4477	5691	10	1910.83	3235.83	3468.27	2
湖　北	Hubei	3588	7610	7695	4	1239.05	1603.21	1876.49	8
湖　南	Hunan	3221	3869	4011	23	1363.92	2106.27	1923.83	6
广　东	Guangdong	6817	6764	7555	5	2344.38	3256.49	3293.12	3
广　西	Guangxi	3901	4014	5049	16	420.31	602.61	760.72	22
海　南	Hainan	4043	9997	24187	1	138.03	425.98	805.66	20
重　庆	Chongqing	2967	3426	3612	29	615.67	1476.70	1301.50	12
四　川	Sichuan	3498	3735	3635	28	1201.19	1795.48	1881.65	7
贵　州	Guizhou	3268	3381	3737	27	219.89	796.37	778.23	21
云　南	Yunnan	3355	4327	4685	18	456.29	1144.20	1116.28	15
西　藏	Tibet		2165			12.26	22.53	20.78	31
陕　西	Shaanxi	3541	5381	5564	11	319.12	511.34	607.02	24
甘　肃	Gansu	2343	4256	4457	20	252.06	527.34	459.39	26
青　海	Qinghai	3113	4798	3795	26	45.55	106.21	131.89	30
宁　夏	Ningxia	2426	3482	3526	30	298.33	379.13	397.88	27
新　疆	Xinjiang	3957	3218	3862	24	376.49	498.98	560.04	25

16-32 按用途分住宅和办公楼现房销售面积
Areas of Residential Buildings and Office Buildings

单位：万平方米 (10 000 sq.m)

地区	Region	住宅 Residential Buildings 2010	2016	2017	2017排名 Ranking	办公楼 Office Buildings 2010	2016	2017	2017排名 Ranking
全　国	**National Total**	**22048.82**	**31931.31**	**31243.64**		**565.99**	**1108.64**	**1469.68**	
北　京	Beijing	218.11	360.26	227.75	29	57.66	156.59	44.68	14
天　津	Tianjin	304.09	780.05	231.43	28	30.11	11.47	31.99	17
河　北	Hebei	879.13	1332.63	1466.81	8	5.92	63.47	73.62	5
山　西	Shanxi	293.39	704.69	737.60	18	4.20	4.77	13.70	21
内蒙古	Inner Mongolia	1301.94	843.24	785.23	16	10.01	6.85	12.79	22
辽　宁	Liaoning	1910.68	1191.43	1292.08	9	22.60	19.35	11.30	25
吉　林	Jilin	806.27	682.76	527.08	23	2.58	6.86	8.24	27
黑龙江	Heilongjiang	618.71	861.67	906.24	13	5.18	10.40	16.60	20
上　海	Shanghai	459.40	809.79	579.39	21	61.21	95.96	70.52	6
江　苏	Jiangsu	1484.88	2813.43	2962.73	1	66.08	95.79	143.29	3
浙　江	Zhejiang	388.96	1724.10	1520.15	7	55.15	143.13	202.73	1
安　徽	Anhui	554.44	1203.46	1058.16	11	14.62	56.75	62.81	8
福　建	Fujian	202.62	530.02	656.32	20	16.26	17.33	66.80	7
江　西	Jiangxi	791.06	865.44	921.95	12	11.18	21.42	36.89	15
山　东	Shandong	2225.33	2237.81	2237.07	4	27.86	65.02	109.68	4
河　南	Henan	1728.57	2717.89	2930.66	2	14.97	40.99	47.20	13
湖　北	Hubei	1085.25	1365.67	1577.76	5	20.28	12.57	60.21	10
湖　南	Hunan	1197.99	1783.25	1528.80	6	16.63	30.97	51.44	12
广　东	Guangdong	1967.06	2684.59	2413.46	3	54.74	56.82	151.14	2
广　西	Guangxi	360.33	535.77	674.22	19	3.71	9.16	11.57	24
海　南	Hainan	126.51	403.55	774.52	17	3.28	1.02	11.25	26
重　庆	Chongqing	447.48	995.37	817.20	15	27.88	51.73	60.83	9
四　川	Sichuan	1015.31	1301.38	1214.10	10	7.09	38.60	59.92	11
贵　州	Guizhou	186.11	591.95	575.00	22	2.54	26.71	32.54	16
云　南	Yunnan	375.89	897.91	844.78	14	7.31	42.48	21.14	19
西　藏	Tibet	11.83	22.53	17.07	31				
陕　西	Shaanxi	300.55	466.89	492.31	24	2.71	3.07	30.35	18
甘　肃	Gansu	219.75	456.05	403.35	26	3.89	5.72	5.21	28
青　海	Qinghai	39.60	91.90	112.18	30	0.04	4.25	5.17	29
宁　夏	Ningxia	229.11	292.44	314.86	27	7.28	3.55	3.39	30
新　疆	Xinjiang	318.46	383.42	443.39	25	3.03	5.83	12.69	23

16-33 按用途分商业营业用房和其他现房销售面积
Areas of Houses for Business Use and Others

单位：万平方米 (10 000 sq.m)

地区	Region	商业营业用房 Houses for Business Use 2010	2016	2017	2017排名 Ranking	其他 Others 2010	2016	2017	2017排名 Ranking
全　国	**National Total**	**3051.96**	**3993.28**	**4490.25**		**1002.86**	**2288.91**	**2791.20**	
北　京	Beijing	76.25	61.10	31.57	28	59.26	83.89	54.12	17
天　津	Tianjin	61.91	44.85	39.90	26	27.43	35.13	9.21	29
河　北	Hebei	70.77	174.40	148.97	12	33.41	67.08	78.38	13
山　西	Shanxi	36.39	59.98	40.87	25	11.07	27.51	28.05	22
内蒙古	Inner Mongolia	202.09	137.05	120.05	16	63.29	60.95	87.06	11
辽　宁	Liaoning	255.12	97.13	103.36	18	52.90	37.34	35.70	20
吉　林	Jilin	111.09	76.63	87.13	19	22.90	32.07	33.31	21
黑龙江	Heilongjiang	112.73	151.21	180.27	10	34.48	49.96	65.96	15
上　海	Shanghai	66.17	107.86	56.57	23	36.98	149.10	106.07	9
江　苏	Jiangsu	362.80	328.96	366.09	2	56.55	91.45	157.80	6
浙　江	Zhejiang	194.25	229.23	274.08	6	76.33	206.51	194.79	4
安　徽	Anhui	105.17	155.90	303.25	4	14.82	43.05	71.25	14
福　建	Fujian	55.05	82.60	137.03	14	72.35	88.31	133.26	7
江　西	Jiangxi	59.03	95.63	115.12	17	11.45	24.43	64.76	16
山　东	Shandong	237.87	221.71	299.41	5	46.75	96.56	173.03	5
河　南	Henan	138.46	396.83	410.84	1	28.84	80.12	79.57	12
湖　北	Hubei	108.26	174.57	195.96	9	25.26	50.41	42.55	18
湖　南	Hunan	125.00	191.63	213.00	8	24.29	100.42	130.60	8
广　东	Guangdong	181.11	226.72	273.36	7	141.47	288.35	455.16	1
广　西	Guangxi	39.51	39.12	47.62	24	16.76	18.56	27.31	23
海　南	Hainan	7.99	13.15	10.37	30	0.25	8.26	9.52	28
重　庆	Chongqing	99.00	205.49	180.06	11	41.30	224.11	243.40	3
四　川	Sichuan	114.23	206.52	305.67	3	64.56	248.98	301.96	2
贵　州	Guizhou	24.92	140.70	134.89	15	6.31	37.01	35.80	19
云　南	Yunnan	54.48	123.52	148.27	13	18.60	80.29	102.09	10
西　藏	Tibet	0.44		3.71	31				
陕　西	Shaanxi	13.01	28.79	65.57	21	2.86	12.59	18.79	25
甘　肃	Gansu	27.71	57.08	39.13	27	0.70	8.48	11.70	27
青　海	Qinghai	5.69	6.05	13.32	29	0.23	4.02	1.23	30
宁　夏	Ningxia	55.27	70.25	61.15	22	6.67	12.89	18.48	26
新　疆	Xinjiang	50.21	88.63	83.66	20	4.79	21.10	20.31	24

16-34 按用途分商品房和住宅现房销售额
Sales of Commercial Buildings and Residential Buildings

单位：亿元 (100 million yuan)

地区	Region	现房销售额 Sales of Commercial Buildings				住宅 Residential Buildings			
		2010	2016	2017	2017排名 Ranking	2010	2016	2017	2017排名 Ranking
全　国	**National Total**	**11024.01**	**25154.43**	**26285.92**		**8035.21**	**19239.07**	**19088.25**	
北　京	Beijing	624.30	1502.14	890.20	11	360.72	912.26	666.03	11
天　津	Tianjin	330.32	895.80	418.48	21	225.66	791.93	290.75	22
河　北	Hebei	310.35	900.11	1144.15	7	263.82	670.39	940.47	6
山　西	Shanxi	86.24	315.31	326.50	24	66.60	267.24	283.93	23
内蒙古	Inner Mongolia	471.36	463.67	430.57	20	341.51	311.00	294.26	21
辽　宁	Liaoning	888.41	771.31	862.44	12	704.51	656.19	739.16	10
吉　林	Jilin	278.29	319.90	293.26	26	221.40	255.30	218.79	25
黑龙江	Heilongjiang	243.79	534.20	624.24	17	166.71	402.80	441.33	17
上　海	Shanghai	773.95	1692.69	1251.64	6	557.40	1190.94	856.80	7
江　苏	Jiangsu	950.84	2351.98	2448.59	2	650.83	1926.45	1876.01	2
浙　江	Zhejiang	455.91	2136.96	2302.13	3	219.12	1684.76	1614.74	3
安　徽	Anhui	237.12	672.82	785.30	15	165.90	505.65	452.86	15
福　建	Fujian	204.90	524.35	785.32	14	125.85	375.91	454.60	14
江　西	Jiangxi	254.78	508.84	598.35	18	213.86	402.72	448.20	16
山　东	Shandong	891.07	1341.89	1525.27	4	738.86	1074.69	1129.30	4
河　南	Henan	438.82	1232.67	1370.55	5	359.00	942.04	1048.96	5
湖　北	Hubei	387.51	840.64	1076.79	8	291.33	650.68	783.94	8
湖　南	Hunan	366.79	876.35	907.35	10	286.49	685.89	630.93	12
广　东	Guangdong	1396.22	2998.30	3388.41	1	1016.14	2496.41	2434.83	1
广　西	Guangxi	129.28	279.93	360.75	22	96.80	229.64	303.36	20
海　南	Hainan	82.60	402.45	807.16	13	76.53	383.88	762.14	9
重　庆	Chongqing	250.75	785.24	735.12	16	139.80	465.62	435.09	18
四　川	Sichuan	378.47	1016.85	1044.09	9	299.10	687.77	624.65	13
贵　州	Guizhou	67.13	317.76	316.66	25	50.57	192.15	181.28	26
云　南	Yunnan	153.88	607.33	577.19	19	107.43	423.16	422.84	19
西　藏	Tibet	3.65	13.12	17.36	31	3.32	13.12	11.75	31
陕　西	Shaanxi	90.99	214.77	333.76	23	81.21	177.24	243.45	24
甘　肃	Gansu	70.06	225.90	203.38	28	55.94	178.17	168.91	27
青　海	Qinghai	12.50	47.73	73.69	30	10.07	37.91	55.02	30
宁　夏	Ningxia	89.10	159.05	167.26	29	59.59	110.81	120.41	29
新　疆	Xinjiang	104.64	204.37	219.97	27	79.15	136.35	153.46	28

16-35 按用途分办公楼和商业营业用房现房销售额
Sales of Office Buildings and Houses for Business Use

单位：亿元 (100 million yuan)

地区	Region	办公楼 Office Buildings 2010	2016	2017	2017排名 Ranking	商业营业用房 Houses for Business Use 2010	2016	2017	2017排名 Ranking
全　国	**National Total**	**560.95**	**1479.06**	**1842.74**		**2023.44**	**3373.33**	**4034.69**	
北　京	Beijing	104.85	406.82	116.00	5	128.41	117.56	65.17	20
天　津	Tianjin	41.08	14.10	55.11	11	43.73	62.52	61.09	21
河　北	Hebei	2.45	60.72	66.54	9	34.65	149.59	108.33	14
山　西	Shanxi	2.68	3.14	8.55	24	14.82	38.29	26.89	27
内蒙古	Inner Mongolia	5.34	4.16	8.18	26	103.11	115.24	89.42	18
辽　宁	Liaoning	13.31	28.34	13.56	20	144.13	71.45	88.54	19
吉　林	Jilin	0.51	4.84	4.72	27	48.36	47.91	54.60	23
黑龙江	Heilongjiang	2.47	7.22	13.03	21	60.52	93.93	131.76	12
上　海	Shanghai	102.72	258.91	197.60	3	89.92	172.34	137.88	11
江　苏	Jiangsu	47.11	86.29	123.05	4	235.39	301.89	375.56	1
浙　江	Zhejiang	53.76	140.92	250.79	2	158.70	231.11	339.09	3
安　徽	Anhui	7.05	36.64	44.44	13	58.56	115.25	260.49	5
福　建	Fujian	7.82	28.64	114.62	6	45.19	77.05	127.58	13
江　西	Jiangxi	9.35	19.09	28.57	16	28.90	75.45	94.14	17
山　东	Shandong	19.00	56.75	105.74	7	120.33	164.89	220.81	7
河　南	Henan	6.53	29.93	41.70	15	64.26	231.99	250.68	6
湖　北	Hubei	11.05	12.03	82.86	8	79.03	146.93	186.82	8
湖　南	Hunan	5.28	22.86	54.26	12	66.58	133.99	177.38	9
广　东	Guangdong	80.68	87.79	305.36	1	213.34	223.34	354.00	2
广　西	Guangxi	1.63	11.20	8.20	25	25.53	31.01	35.31	26
海　南	Hainan	1.56	1.09	20.25	19	4.43	11.70	15.51	29
重　庆	Chongqing	16.24	54.10	60.90	10	82.84	186.24	161.68	10
四　川	Sichuan	3.61	31.65	43.67	14	54.93	192.15	273.29	4
贵　州	Guizhou	0.82	18.16	20.85	18	14.22	95.03	103.09	16
云　南	Yunnan	6.59	35.81	9.37	22	33.64	116.71	105.75	15
西　藏	Tibet					0.33		5.61	31
陕　西	Shaanxi	1.26	1.59	24.85	17	7.33	29.10	56.05	22
甘　肃	Gansu	1.22	5.52	4.17	28	12.76	37.70	25.45	28
青　海	Qinghai	0.01	3.09	4.09	29	2.35	5.06	14.04	30
宁　夏	Ningxia	3.27	2.58	2.58	30	24.66	42.02	37.68	25
新　疆	Xinjiang	1.72	5.09	9.12	23	22.50	55.87	50.99	24

16-36 按用途分其他用房现房销售额和商品房期房销售面积
Sales Area of Forward Houses and Areas of Other by Uses

地区	Region	其他用房（亿元） Others (100 million yuan)				期房销售面积（万平方米） Sales Area of Forward Houses (10 000 sq.m)			
		2010	2016	2017	2017排名 Ranking	2010	2016	2017	2017排名 Ranking
全　国	**National Total**	**404.41**	**1062.97**	**1320.24**		**78095.01**	**118026.39**	**129413.05**	
北　京	Beijing	30.31	65.50	43.00	10	1228.25	997.10	511.83	29
天　津	Tianjin	19.85	27.25	11.53	22	1090.98	1839.59	1169.59	22
河　北	Hebei	9.43	19.42	28.82	15	3672.86	5044.71	4658.13	13
山　西	Shanxi	2.14	6.64	7.13	26	835.54	1264.10	1595.71	19
内蒙古	Inner Mongolia	21.40	33.28	38.70	12	1480.05	1479.77	1062.48	25
辽　宁	Liaoning	26.46	15.33	21.17	19	4559.15	2366.66	2706.02	18
吉　林	Jilin	8.02	11.86	15.15	20	1439.26	1120.97	1229.44	21
黑龙江	Heilongjiang	14.09	30.26	38.12	13	1949.84	1044.06	1086.75	24
上　海	Shanghai	23.91	70.50	59.36	8	1437.22	1542.98	879.06	27
江　苏	Jiangsu	17.52	37.35	73.96	6	7515.17	10632.45	10581.21	2
浙　江	Zhejiang	24.34	80.16	97.51	3	4101.83	6333.83	7407.93	7
安　徽	Anhui	5.60	15.29	27.50	16	3465.23	7040.50	7705.24	6
福　建	Fujian	26.05	42.76	88.52	4	2229.35	4197.09	4860.63	11
江　西	Jiangxi	2.67	11.58	27.44	17	1597.01	3684.92	4703.22	12
山　东	Shandong	12.89	45.56	69.42	7	6756.07	9168.78	9993.98	3
河　南	Henan	9.04	28.71	29.21	14	3541.40	8070.44	9545.61	4
湖　北	Hubei	6.10	31.00	23.17	18	2269.56	5823.95	6278.72	9
湖　南	Hunan	8.45	33.61	44.78	9	3106.06	5979.09	6608.42	8
广　东	Guangdong	86.06	190.76	294.22	1	4977.37	11355.12	12665.69	1
广　西	Guangxi	5.32	8.08	13.88	21	2373.61	3612.78	4410.27	14
海　南	Hainan	0.07	5.77	9.26	25	716.70	1082.56	1486.95	20
重　庆	Chongqing	11.88	79.27	77.45	5	3698.73	4780.44	5409.51	10
四　川	Sichuan	20.82	105.27	102.49	2	5195.74	7504.99	8987.41	5
贵　州	Guizhou	1.52	12.42	11.44	23	1510.80	3360.56	3918.67	15
云　南	Yunnan	6.22	31.65	39.23	11	2503.14	2495.54	3210.91	17
西　藏	Tibet					7.02	52.08	32.47	31
陕　西	Shaanxi	1.19	6.83	9.41	24	2271.06	2751.36	3283.38	16
甘　肃	Gansu	0.13	4.51	4.84	29	504.45	1152.15	1100.12	23
青　海	Qinghai	0.08	1.67	0.54	30	235.49	331.64	362.15	30
宁　夏	Ningxia	1.57	3.64	6.59	27	637.65	586.94	623.48	28
新　疆	Xinjiang	1.27	7.06	6.40	28	1188.42	1329.24	1038.07	26

16-37 按用途分住宅和办公楼期房销售面积
Areas of Residential Buildings and Office Buildings

单位：万平方米 (10 000 sq.m)

地区	Region	住宅 Residential Buildings 2010	2016	2017	2017排名 Ranking	办公楼 Office Buildings 2010	2016	2017	2017排名 Ranking
全　国	**National Total**	**71327.78**	**105608.62**	**113545.13**		**1323.98**	**2717.58**	**3286.53**	
北　京	Beijing	983.28	621.11	381.03	29	150.49	257.27	63.66	18
天　津	Tianjin	998.52	1741.83	1111.44	21	5.18	19.59	11.29	29
河　北	Hebei	3445.99	4567.09	4110.18	11	33.28	63.12	70.49	16
山　西	Shanxi	777.15	1176.81	1508.68	19	6.56	33.85	28.91	24
内蒙古	Inner Mongolia	1267.90	1230.12	940.94	25	19.86	11.45	35.84	21
辽　宁	Liaoning	4102.82	2191.65	2504.97	18	42.11	15.29	25.25	25
吉　林	Jilin	1299.05	947.95	1074.98	22	5.16	31.01	42.91	20
黑龙江	Heilongjiang	1766.97	935.35	961.90	24	3.20	15.95	28.99	23
上　海	Shanghai	1231.42	1210.01	762.23	27	101.69	210.44	53.59	19
江　苏	Jiangsu	6627.49	9844.23	9523.93	2	143.81	169.89	242.68	4
浙　江	Zhejiang	3444.78	5510.09	6149.55	7	216.96	266.94	290.75	2
安　徽	Anhui	3087.45	6303.42	6891.12	6	72.67	128.60	116.66	9
福　建	Fujian	1936.64	3604.44	3869.81	14	65.95	163.83	287.45	3
江　西	Jiangxi	1474.66	3275.11	4043.02	12	7.83	66.12	103.80	12
山　东	Shandong	6222.93	8360.77	8963.97	3	54.61	131.39	163.68	7
河　南	Henan	3363.92	7419.24	8776.59	4	45.83	132.37	189.70	6
湖　北	Hubei	2151.64	5423.54	5785.91	9	3.91	91.16	116.44	10
湖　南	Hunan	2942.07	5407.41	5839.47	8	12.64	68.99	96.34	13
广　东	Guangdong	4585.74	10337.38	11109.05	1	108.29	342.33	508.26	1
广　西	Guangxi	2246.82	3328.24	4013.19	13	14.86	41.11	70.00	17
海　南	Hainan	707.67	1013.55	1398.61	20	2.20	8.45	6.85	30
重　庆	Chongqing	3538.83	4110.09	4635.45	10	34.72	55.26	107.64	11
四　川	Sichuan	4834.03	6582.71	7572.50	5	76.76	111.97	239.37	5
贵　州	Guizhou	1410.19	2835.01	3322.65	15	23.73	59.37	80.46	15
云　南	Yunnan	2283.09	2035.19	2639.71	17	14.18	66.43	89.44	14
西　藏	Tibet	6.93	48.63	27.89	31		1.07	2.14	31
陕　西	Shaanxi	2171.40	2545.73	2927.53	16	37.34	67.65	122.76	8
甘　肃	Gansu	472.31	1022.76	982.69	23	1.78	39.03	24.03	26
青　海	Qinghai	226.83	281.14	287.39	30	0.96	14.88	21.81	27
宁　夏	Ningxia	587.67	537.79	555.42	28	8.11	3.60	12.90	28
新　疆	Xinjiang	1131.57	1160.23	873.31	26	9.32	29.18	32.46	22

16-38 按用途分商业营业用房和其他用房期房销售面积
Areas of Houses for Business Use and Others

单位：万平方米 (10 000 sq.m)

地区	Region	商业营业用房 Houses for Business Use 2010	2016	2017	2017排名 Ranking	其他 Others 2010	2016	2017	2017排名 Ranking
全　国	**National Total**	**3942.88**	**6818.68**	**8347.89**		**1500.38**	**2881.52**	**4233.51**	
北　京	Beijing	65.82	64.75	43.06	26	28.67	53.97	24.09	22
天　津	Tianjin	41.73	52.19	37.52	29	45.54	25.99	9.34	29
河　北	Hebei	138.32	274.31	347.16	12	55.28	140.19	130.30	12
山　西	Shanxi	47.98	38.71	39.87	28	3.85	14.73	18.25	27
内蒙古	Inner Mongolia	151.21	164.04	56.38	24	41.07	74.15	29.32	20
辽　宁	Liaoning	254.91	119.56	123.89	18	159.31	40.15	51.91	18
吉　林	Jilin	109.22	99.09	89.04	20	25.83	42.91	22.51	25
黑龙江	Heilongjiang	122.00	70.76	72.47	21	57.67	22.00	23.39	24
上　海	Shanghai	59.57	98.01	22.76	30	44.53	24.53	40.48	19
江　苏	Jiangsu	625.43	520.96	601.63	4	118.44	97.38	212.97	6
浙　江	Zhejiang	265.04	300.45	424.30	11	175.05	256.34	543.33	1
安　徽	Anhui	284.43	515.05	568.75	5	20.68	93.43	128.71	13
福　建	Fujian	121.30	222.86	275.22	14	105.46	205.96	428.15	4
江　西	Jiangxi	91.81	265.66	458.54	8	22.70	78.04	97.85	14
山　东	Shandong	369.72	413.99	524.46	6	108.82	262.63	341.88	5
河　南	Henan	107.98	419.82	737.40	1	23.67	99.01	141.92	11
湖　北	Hubei	76.15	219.17	287.31	13	37.87	90.07	89.06	15
湖　南	Hunan	122.87	363.39	501.69	7	28.48	139.31	170.92	9
广　东	Guangdong	190.80	451.21	612.39	3	92.54	224.20	435.98	3
广　西	Guangxi	68.70	131.28	174.32	16	43.23	112.16	152.76	10
海　南	Hainan	5.93	42.84	58.05	23	0.90	17.72	23.45	23
重　庆	Chongqing	95.25	416.69	454.32	9	29.92	198.40	212.11	7
四　川	Sichuan	180.02	521.59	698.75	2	104.93	288.72	476.79	2
贵　州	Guizhou	55.99	401.31	438.33	10	20.89	64.87	77.23	16
云　南	Yunnan	128.08	258.87	269.81	15	77.78	135.05	211.95	8
西　藏	Tibet	0.08	2.33	2.44	31		0.05		
陕　西	Shaanxi	50.35	103.61	159.74	17	11.96	34.37	73.36	17
甘　肃	Gansu	25.74	76.90	67.70	22	4.63	13.46	25.70	21
青　海	Qinghai	7.53	28.92	44.96	25	0.18	6.70	7.98	30
宁　夏	Ningxia	34.68	34.57	42.62	27	7.19	10.99	12.53	28
新　疆	Xinjiang	44.21	125.78	113.02	19	3.32	14.04	19.27	26

16-39 按用途分期房销售额和住宅期房销售额

Sales of Forward Houses and Residential Buildings

单位：亿元 (100 million yuan)

地区	Region	期房销售额 Sales of Forward Houses 2010	2016	2017	2017排名 Ranking	住宅 Residential Buildings 2010	2016	2017	2017排名 Ranking
全国	**National Total**	**41697.23**	**92472.62**	**107415.39**		**36085.44**	**79825.10**	**91151.26**	
北京	Beijing	2291.07	3059.46	1905.82	21	1699.80	1883.55	1410.98	22
天津	Tianjin	916.16	2582.43	1853.82	22	808.66	2453.67	1742.18	17
河北	Hebei	1339.65	3401.72	3484.22	12	1224.96	3040.49	2984.90	11
山西	Shanxi	325.47	711.83	1030.98	23	290.76	633.55	941.96	23
内蒙古	Inner Mongolia	605.20	685.41	526.24	28	424.97	527.08	437.43	28
辽宁	Liaoning	2174.91	1485.60	1909.26	19	1883.15	1331.83	1713.07	18
吉林	Jilin	590.51	709.68	841.91	24	514.51	551.19	702.06	24
黑龙江	Heilongjiang	768.16	586.84	835.49	25	666.34	500.87	693.14	25
上海	Shanghai	2207.06	5003.16	2775.03	14	1858.84	4042.36	2479.29	13
江苏	Jiangsu	4589.48	9941.04	10618.27	2	3885.80	9128.91	9449.83	2
浙江	Zhejiang	4003.14	7468.14	10037.86	3	3358.37	6596.08	8685.60	3
安徽	Anhui	1509.80	4362.72	5080.47	8	1254.15	3725.94	4425.70	8
福建	Fujian	1406.42	4006.44	4919.87	9	1174.28	3417.49	3747.40	9
江西	Jiangxi	521.63	2169.53	2994.17	13	456.48	1804.45	2431.46	14
山东	Shandong	2774.05	5561.01	6571.70	4	2479.17	4995.85	5762.35	4
河南	Henan	1219.97	4380.23	5758.85	5	1095.57	3896.98	4848.73	5
湖北	Hubei	925.69	4153.41	5182.13	7	843.62	3733.13	4596.37	6
湖南	Hunan	1039.60	2875.52	3553.31	11	961.16	2427.73	2939.83	12
广东	Guangdong	4084.54	13216.31	15404.35	1	3573.68	11743.91	13003.06	1
广西	Guangxi	865.90	1927.54	2655.89	15	784.90	1718.59	2332.38	15
海南	Hainan	664.01	1087.75	1906.56	20	657.56	1001.38	1711.04	19
重庆	Chongqing	1596.19	2646.76	3822.73	10	1470.85	2170.02	3166.48	10
四川	Sichuan	2268.87	4342.06	5713.02	6	2031.75	3608.50	4548.95	7
贵州	Guizhou	513.88	1472.77	1924.11	18	451.06	1077.28	1442.09	21
云南	Yunnan	780.72	1310.44	1984.00	17	661.89	988.22	1550.89	20
西藏	Tibet	1.93	25.03	17.93	31	1.86	21.58	13.44	31
陕西	Shaanxi	882.69	1570.40	2327.32	16	825.47	1408.46	1971.72	16
甘肃	Gansu	160.08	647.56	686.93	26	147.38	534.18	569.31	26
青海	Qinghai	71.94	188.72	222.81	30	67.03	134.15	156.69	30
宁夏	Ningxia	220.12	250.65	296.87	29	194.18	215.08	248.88	29
新疆	Xinjiang	378.40	642.47	573.48	27	337.26	512.59	444.06	27

16-40 按用途分办公楼和商业营业用房期房销售额
Sales of Office Buildings and Houses for Business Use

单位：亿元 (100 million yuan)

地区	Region	办公楼 Office Buildings 2010	2016	2017	2017排名 Ranking	商业营业用房 Houses for Business Use 2010	2016	2017	2017排名 Ranking
全 国	**National Total**	**1594.75**	**4004.75**	**4598.61**		**3395.38**	**7207.48**	**9218.02**	
北 京	Beijing	382.47	855.08	258.22	5	190.57	259.09	206.25	16
天 津	Tianjin	7.82	30.61	24.22	27	65.58	77.54	72.77	24
河 北	Hebei	15.90	61.08	82.38	15	83.64	244.76	343.89	13
山 西	Shanxi	3.23	30.34	28.98	23	30.71	41.54	47.48	28
内蒙古	Inner Mongolia	13.27	7.67	25.62	26	149.90	116.88	48.07	27
辽 宁	Liaoning	39.15	31.33	26.43	24	188.75	103.49	133.88	19
吉 林	Jilin	2.03	19.60	35.24	22	62.97	102.33	91.33	22
黑龙江	Heilongjiang	1.11	14.17	39.13	20	76.28	61.14	88.64	23
上 海	Shanghai	204.96	644.26	196.48	7	108.49	298.15	70.34	25
江 苏	Jiangsu	119.99	169.08	298.56	4	544.52	592.11	750.24	3
浙 江	Zhejiang	246.46	323.68	423.33	3	329.39	421.95	632.08	4
安 徽	Anhui	47.14	109.04	100.33	13	202.41	491.36	505.20	6
福 建	Fujian	63.96	191.35	507.43	2	135.38	276.35	378.64	12
江 西	Jiangxi	6.35	47.73	92.17	14	51.68	272.49	411.16	10
山 东	Shandong	35.48	128.08	161.80	10	226.19	331.41	503.90	7
河 南	Henan	43.78	111.24	184.65	8	72.83	320.52	628.62	5
湖 北	Hubei	2.34	111.30	172.83	9	63.18	233.07	334.82	14
湖 南	Hunan	5.68	66.79	80.23	16	64.21	321.87	457.08	9
广 东	Guangdong	167.75	643.77	1089.38	1	269.66	672.68	932.90	1
广 西	Guangxi	12.91	36.30	69.62	18	50.01	128.26	176.86	18
海 南	Hainan	1.97	11.57	11.12	29	4.09	54.61	113.92	20
重 庆	Chongqing	43.46	44.75	101.22	12	72.62	366.52	467.98	8
四 川	Sichuan	70.55	88.88	226.94	6	128.11	549.14	756.52	2
贵 州	Guizhou	12.91	42.20	54.49	19	42.54	331.26	396.72	11
云 南	Yunnan	7.88	51.88	79.52	17	84.84	208.81	245.69	15
西 藏	Tibet		0.74	1.24	31	0.08	2.69	3.25	31
陕 西	Shaanxi	20.83	56.82	136.21	11	32.33	86.67	177.54	17
甘 肃	Gansu	0.93	39.93	36.82	21	10.65	68.63	68.97	26
青 海	Qinghai	0.21	9.97	17.56	28	4.65	41.12	45.60	29
宁 夏	Ningxia	4.85	3.17	10.65	30	19.30	27.73	32.99	30
新 疆	Xinjiang	9.39	22.32	25.84	25	29.81	103.32	94.68	21

16-41 按用途分其他用房期房销售额和商品房期房销售平均单价
Average Price of Commercial Buildings under Construction and Others by Uses

地区	Region	其他用房（亿元） Others (100 million yuan)				商品房期房销售平均单价（元/平方米） Average Price of Commercial Buildings under Construction (yuan/sq.m)			
		2010	2016	2017	2017排名 Ranking	2010	2016	2017	2017排名 Ranking
全 国	**National Total**	**621.66**	**1435.29**	**2447.49**		**5339**	**7835**	**8300**	
北 京	Beijing	18.23	61.74	30.38	20	18653	30684	37235	1
天 津	Tianjin	34.10	20.60	14.66	23	8398	14038	15850	3
河 北	Hebei	15.15	55.38	73.05	13	3647	6743	7480	11
山 西	Shanxi	0.77	6.40	12.56	26	3895	5631	6461	18
内蒙古	Inner Mongolia	17.06	33.77	15.13	22	4089	4632	4953	29
辽 宁	Liaoning	63.86	18.94	35.88	18	4770	6277	7056	14
吉 林	Jilin	11.01	36.56	13.29	25	4103	6331	6848	15
黑龙江	Heilongjiang	24.43	10.67	14.58	24	3940	5621	7688	10
上 海	Shanghai	34.78	18.39	28.91	21	15357	32425	31568	2
江 苏	Jiangsu	39.16	50.94	119.64	6	6107	9350	10035	8
浙 江	Zhejiang	68.91	126.43	296.84	2	9759	11791	13550	4
安 徽	Anhui	6.10	36.39	49.25	16	4357	6197	6594	16
福 建	Fujian	32.80	121.25	286.39	3	6309	9546	10122	7
江 西	Jiangxi	7.11	44.86	59.38	15	3266	5888	6366	19
山 东	Shandong	33.22	105.67	143.65	5	4106	6065	6576	17
河 南	Henan	7.78	51.49	96.85	8	3445	5427	6033	24
湖 北	Hubei	16.55	75.91	78.10	10	4079	7132	8253	9
湖 南	Hunan	8.55	59.13	76.17	12	3347	4809	5377	28
广 东	Guangdong	73.45	155.94	379.01	1	8206	11639	12162	6
广 西	Guangxi	18.08	44.39	77.04	11	3648	5335	6022	25
海 南	Hainan	0.39	20.20	70.47	14	9265	10048	12822	5
重 庆	Chongqing	9.25	65.47	87.06	9	4316	5537	7067	13
四 川	Sichuan	38.47	95.54	180.61	4	4367	5786	6357	20
贵 州	Guizhou	7.37	22.03	30.80	19	3401	4383	4910	30
云 南	Yunnan	26.11	61.53	107.91	7	3119	5251	6179	22
西 藏	Tibet		0.01			2756	4806	5520	27
陕 西	Shaanxi	4.06	18.44	41.86	17	3887	5708	7088	12
甘 肃	Gansu	1.11	4.82	11.83	27	3173	5620	6244	21
青 海	Qinghai	0.05	3.48	2.96	30	3055	5690	6152	23
宁 夏	Ningxia	1.79	4.68	4.35	29	3452	4270	4761	31
新 疆	Xinjiang	1.94	4.25	8.89	28	3184	4833	5524	26

16-42 房地产开发企业主营业务收入和主营业务成本
Revenue and Cost from Principle Business in Enterprises for Real Estate Development

单位：亿元 (100 million yuan)

地区	Region	主营业务收入 Revenue from Principle Business				主营业务成本 Cost from Principle Business			
		2010	2016	2017	2017排名 Ranking	2010	2016	2017	2017排名 Ranking
全　国	**National Total**	**42996.48**	**90091.51**	**95896.90**		**30023.66**	**68029.53**	**67612.91**	
北　京	Beijing	2907.03	4611.70	4110.26	6	1788.74	3076.83	2695.64	7
天　津	Tianjin	933.78	1976.34	2451.20	14	638.36	1541.26	1846.49	15
河　北	Hebei	1199.86	2856.33	2414.27	15	884.83	2099.51	1640.25	16
山　西	Shanxi	286.25	866.08	825.51	26	229.43	683.89	633.96	25
内蒙古	Inner Mongolia	826.59	815.47	687.11	28	619.16	671.55	550.84	27
辽　宁	Liaoning	2059.80	2087.72	2241.11	17	1582.90	1780.56	1874.69	14
吉　林	Jilin	563.85	950.93	909.80	24	443.45	782.17	695.51	24
黑龙江	Heilongjiang	675.57	1217.42	958.83	23	532.26	940.70	728.03	23
上　海	Shanghai	3265.77	6505.93	6232.48	5	1872.32	4228.35	3922.44	5
江　苏	Jiangsu	5384.70	10837.62	11061.62	2	3822.78	8668.66	8362.61	1
浙　江	Zhejiang	3199.94	7768.97	8926.99	3	2165.19	6523.87	6640.87	3
安　徽	Anhui	1315.93	3330.94	3363.71	11	967.29	2589.75	2532.49	9
福　建	Fujian	1261.82	3254.62	3598.84	10	854.62	2195.34	2314.21	11
江　西	Jiangxi	666.49	2007.25	2260.89	16	478.36	1505.72	1532.89	17
山　东	Shandong	2751.52	6149.37	6534.11	4	2047.02	4934.31	4850.47	4
河　南	Henan	1200.56	3678.44	3894.88	8	858.81	2652.92	2688.55	8
湖　北	Hubei	1105.94	3278.53	3683.47	9	787.59	2368.96	2458.14	10
湖　南	Hunan	1115.81	2269.11	2708.36	13	848.18	1804.00	1991.19	13
广　东	Guangdong	4168.07	11204.32	12101.26	1	2671.58	7300.78	7429.99	2
广　西	Guangxi	643.31	1371.30	1572.95	21	447.96	974.68	1102.07	20
海　南	Hainan	403.70	968.27	1623.61	19	246.80	668.36	1054.39	21
重　庆	Chongqing	1473.22	2498.85	2747.38	12	1104.02	1924.52	1993.53	12
四　川	Sichuan	2188.18	3479.92	4038.76	7	1600.67	3230.45	2934.28	6
贵　州	Guizhou	933.21	1182.03	1583.51	20	650.43	920.98	1103.60	19
云　南	Yunnan	733.91	1014.35	1349.65	22	553.54	813.94	981.69	22
西　藏	Tibet	13.77	20.23	52.17	31	8.42	13.62	37.13	31
陕　西	Shaanxi	889.45	1758.52	1925.29	18	685.78	1449.72	1494.21	18
甘　肃	Gansu	190.68	649.97	733.00	27	147.65	521.10	541.45	28
青　海	Qinghai	47.49	258.85	136.20	30	39.90	171.91	96.86	30
宁　夏	Ningxia	178.35	368.59	335.46	29	141.54	310.98	266.11	29
新　疆	Xinjiang	411.94	853.52	834.22	25	304.07	680.13	618.33	26

16-43 房地产开发企业主营业务税金及附加和其他业务利润
Tax and Other Charges on Principal Business and Other Business Profits in Enterprises for Real Estate Development

单位：亿元 (100 million yuan)

地区	Region	主营业务税金及附加 Tax and Other Charges on Principal Business				其他业务利润 Other Business Profits			
		2010	2016	2017	2017排名 Ranking	2010	2016	2017	2017排名 Ranking
全　国	**National Total**	**3464.66**	**6651.62**	**5751.77**		**251.49**	**194.21**	**168.48**	
北　京	Beijing	310.44	421.91	344.71	5	35.09	45.08	35.03	1
天　津	Tianjin	76.47	125.53	150.87	12	17.40	11.97	8.53	5
河　北	Hebei	92.41	204.63	132.66	14	3.21	5.06	4.70	11
山　西	Shanxi	21.04	54.36	38.37	26	2.04	54.36	-0.27	30
内蒙古	Inner Mongolia	55.15	53.91	36.82	27	1.98	0.25	-0.14	29
辽　宁	Liaoning	142.15	125.60	95.66	17	12.76	2.33	2.64	18
吉　林	Jilin	32.15	58.84	45.15	24	1.84	1.32	-0.49	31
黑龙江	Heilongjiang	42.30	94.31	64.00	22	0.86	1.33	1.64	20
上　海	Shanghai	300.26	565.28	527.19	3	40.45	16.73	7.85	8
江　苏	Jiangsu	413.99	711.37	578.41	2	18.07	18.24	17.44	3
浙　江	Zhejiang	273.97	495.81	423.37	4	26.28	12.36	6.58	9
安　徽	Anhui	97.23	213.29	162.14	11	3.63	4.17	4.92	10
福　建	Fujian	122.99	327.98	259.30	7	5.19	1.72	2.57	19
江　西	Jiangxi	51.23	131.72	102.63	16	0.65	0.53	1.19	23
山　东	Shandong	193.22	381.68	338.65	6	8.23	6.73	8.38	6
河　南	Henan	89.55	248.41	198.24	10	7.55	3.54	4.62	12
湖　北	Hubei	89.10	245.84	203.05	9	5.28	9.56	8.90	4
湖　南	Hunan	75.97	131.80	141.30	13	3.64	2.81	1.63	21
广　东	Guangdong	399.09	1119.06	1109.73	1	22.28	24.57	20.02	2
广　西	Guangxi	51.89	101.92	76.58	20	3.25	3.53	4.61	13
海　南	Hainan	34.69	88.65	85.18	19	1.46	3.92	4.12	14
重　庆	Chongqing	96.71	155.19	116.68	15	6.80	4.02	3.59	16
四　川	Sichuan	160.45	228.26	212.57	8	10.51	6.61	8.31	7
贵　州	Guizhou	69.93	75.49	87.26	18	2.01	0.96	1.36	22
云　南	Yunnan	56.13	62.29	58.95	23	3.98	2.17	3.97	15
西　藏	Tibet	0.82	1.35	0.90	31	0.26	0.002	0.242	28
陕　西	Shaanxi	57.43	99.15	72.60	21	1.53	1.71	0.80	26
甘　肃	Gansu	13.78	36.83	28.43	28	1.51	1.19	1.11	24
青　海	Qinghai	2.61	15.61	7.91	30	0.11	-1.89	0.77	27
宁　夏	Ningxia	12.02	20.24	12.67	29	0.78	1.48	0.83	25
新　疆	Xinjiang	29.50	55.29	39.77	25	2.86	0.85	3.05	17

16-44 房地产开发企业销售费用和管理费用

Sales and Administrative Cost in Enterprises for Real Estate Development

单位：亿元 (100 million yuan)

地区	Region	销售费用 Sales Cost 2010	2016	2017	2017排名 Ranking	管理费用 Administration Cost 2010	2016	2017	2017排名 Ranking
全　国	**National Total**	**1280.60**	**3138.05**	**3562.35**		**2161.86**	**3710.83**	**3752.05**	
北　京	Beijing	104.92	142.58	131.61	9	212.54	305.06	282.90	3
天　津	Tianjin	33.07	76.65	79.05	18	54.15	79.63	81.36	16
河　北	Hebei	49.09	83.22	100.61	15	56.74	97.29	106.23	13
山　西	Shanxi	7.98	30.11	38.18	23	20.02	40.76	45.12	26
内蒙古	Inner Mongolia	12.03	19.05	17.37	28	29.77	42.25	36.09	27
辽　宁	Liaoning	59.56	75.68	76.91	19	89.75	105.29	94.81	15
吉　林	Jilin	9.40	33.29	30.67	25	34.61	61.33	45.42	25
黑龙江	Heilongjiang	10.94	24.41	27.50	26	26.09	61.12	46.13	24
上　海	Shanghai	104.60	194.21	168.83	6	195.60	245.77	251.42	5
江　苏	Jiangsu	131.72	295.49	337.68	2	184.02	300.23	324.75	2
浙　江	Zhejiang	82.95	234.41	302.22	3	168.32	232.83	258.38	4
安　徽	Anhui	32.64	119.42	123.82	12	53.92	121.17	120.53	10
福　建	Fujian	28.87	105.64	121.85	13	56.83	114.84	118.63	11
江　西	Jiangxi	14.75	62.09	81.77	17	24.96	61.45	68.46	22
山　东	Shandong	59.97	168.79	196.18	4	117.97	238.33	240.14	6
河　南	Henan	35.13	143.76	159.75	8	69.80	188.26	188.64	7
湖　北	Hubei	36.69	9.56	111.68	14	60.71	119.13	125.34	9
湖　南	Hunan	28.38	94.19	124.33	11	52.75	103.28	103.01	14
广　东	Guangdong	137.90	492.60	535.03	1	229.67	430.81	463.35	1
广　西	Guangxi	22.71	70.33	86.70	16	42.47	70.73	73.49	19
海　南	Hainan	18.13	92.29	166.59	7	20.38	76.17	81.29	17
重　庆	Chongqing	41.71	109.62	130.74	10	57.97	113.88	112.33	12
四　川	Sichuan	92.75	161.65	172.91	5	113.14	164.93	147.66	8
贵　州	Guizhou	56.70	45.01	55.79	21	70.77	66.12	72.73	20
云　南	Yunnan	20.84	39.48	54.22	22	40.89	84.74	79.98	18
西　藏	Tibet	0.40	0.91	0.85	31	1.13	1.89	1.81	31
陕　西	Shaanxi	25.93	53.81	64.11	20	29.31	66.10	68.93	21
甘　肃	Gansu	5.18	16.66	18.03	27	11.75	31.61	33.07	28
青　海	Qinghai	1.22	4.59	5.23	30	2.41	10.35	8.35	30
宁　夏	Ningxia	4.35	11.09	10.80	29	10.84	23.43	21.36	29
新　疆	Xinjiang	10.09	27.16	31.33	24	22.57	52.06	50.34	23

16-45 房地产开发企业财务费用和营业利润

Financial Cost and Operating Profit in Enterprises for Real Estate Development

单位：亿元 (100 million yuan)

地区	Region	财务费用 Financial Cost				营业利润 Operating Profit			
		2010	2016	2017	2017排名 Ranking	2010	2016	2017	2017排名 Ranking
全　国	**National Total**	**763.09**	**2528.19**	**2641.18**		**6111.48**	**8673.23**	**11728.11**	
北　京	Beijing	107.39	275.23	261.55	2	545.91	794.31	846.01	4
天　津	Tianjin	31.42	159.40	100.92	9	141.65	145.39	254.67	14
河　北	Hebei	18.18	49.09	58.43	17	101.79	353.46	315.66	12
山　西	Shanxi	4.84	21.79	39.58	19	4.97	30.48	37.16	25
内蒙古	Inner Mongolia	8.83	20.34	19.21	28	116.01	10.07	-39.19	31
辽　宁	Liaoning	25.43	69.60	83.90	14	198.83	-61.86	1.29	30
吉　林	Jilin	5.25	26.79	32.46	23	40.30	28.24	54.58	24
黑龙江	Heilongjiang	5.70	35.18	32.16	24	67.08	67.68	33.51	26
上　海	Shanghai	94.02	215.90	227.06	3	973.74	1461.04	1653.84	2
江　苏	Jiangsu	45.92	170.68	156.12	4	793.91	738.65	1116.85	3
浙　江	Zhejiang	45.11	152.65	144.69	6	545.19	289.22	823.58	5
安　徽	Anhui	16.65	67.56	65.46	15	153.45	238.53	342.00	11
福　建	Fujian	16.42	73.38	89.82	12	193.96	543.26	612.79	6
江　西	Jiangxi	11.09	30.80	31.83	25	76.45	202.03	273.94	13
山　东	Shandong	42.15	132.57	155.76	5	310.75	347.23	463.54	8
河　南	Henan	21.00	115.71	118.19	8	135.17	349.50	432.52	9
湖　北	Hubei	19.34	82.29	97.12	11	123.03	400.20	494.00	7
湖　南	Hunan	19.93	62.35	59.27	16	95.74	64.05	141.13	20
广　东	Guangdong	93.96	287.77	352.51	1	676.31	2032.07	2465.00	1
广　西	Guangxi	7.61	29.71	32.72	22	70.92	124.74	176.30	16
海　南	Hainan	1.47	52.39	50.43	18	83.41	41.47	196.94	15
重　庆	Chongqing	24.60	92.59	99.93	10	164.34	150.59	167.19	17
四　川	Sichuan	54.81	114.17	119.26	7	214.87	154.98	349.85	10
贵　州	Guizhou	6.04	34.58	35.65	20	81.02	60.45	159.52	19
云　南	Yunnan	17.22	67.32	88.35	13	48.08	-41.29	54.60	23
西　藏	Tibet	0.10	0.25	0.45	31	3.41	2.10	4.68	28
陕　西	Shaanxi	6.96	36.43	34.41	21	85.48	67.96	161.81	18
甘　肃	Gansu	5.25	19.79	19.79	27	11.12	34.36	62.05	21
青　海	Qinghai	0.45	3.14	2.55	30	1.20	15.03	10.47	27
宁　夏	Ningxia	2.79	10.12	11.63	29	7.62	-5.71	3.69	29
新　疆	Xinjiang	3.17	18.61	19.96	26	45.77	34.99	58.13	22

16-46 房地产开发企业利润总额和应交所得税
Total Profit and Income Tax Payable in Enterprises for Real Estate Development

单位：亿元 (100 million yuan)

地区	Region	利润总额 Total Profit 2010	2016	2017	2017排名 Ranking	应交所得税 Income Tax Payable 2010	2016	2017	2017排名 Ranking
全 国	**National Total**	**6235.77**	**8971.41**	**11811.62**		**1358.82**	**2169.21**	**2831.15**	
北 京	Beijing	570.25	802.55	834.64	5	156.23	179.88	172.02	5
天 津	Tianjin	161.16	171.53	313.24	12	39.90	49.60	79.38	12
河 北	Hebei	101.78	354.35	310.57	13	28.43	52.43	71.16	13
山 西	Shanxi	3.47	29.04	34.32	26	7.15	19.00	22.46	21
内蒙古	Inner Mongolia	122.10	10.54	-34.75	31	19.93	8.69	9.19	28
辽 宁	Liaoning	186.57	-54.46	-0.86	30	50.65	25.95	36.65	19
吉 林	Jilin	44.71	31.34	53.92	24	10.93	12.73	18.29	24
黑龙江	Heilongjiang	65.00	85.71	34.69	25	13.53	20.54	16.02	27
上 海	Shanghai	989.12	1495.17	1657.37	2	181.98	281.51	363.29	2
江 苏	Jiangsu	785.66	791.05	1159.75	3	150.66	186.94	303.68	3
浙 江	Zhejiang	557.24	310.31	835.87	4	119.02	114.43	183.68	4
安 徽	Anhui	133.47	291.90	363.55	10	27.01	62.82	86.63	10
福 建	Fujian	196.19	537.67	600.40	6	44.98	112.28	115.55	7
江 西	Jiangxi	72.83	204.70	274.65	14	16.99	50.65	63.94	14
山 东	Shandong	306.64	368.79	472.58	8	59.88	95.59	125.56	6
河 南	Henan	132.89	348.06	426.55	9	33.80	71.97	91.82	9
湖 北	Hubei	125.31	413.68	498.60	7	35.47	84.14	102.86	8
湖 南	Hunan	92.80	73.25	141.19	20	16.50	27.74	46.95	16
广 东	Guangdong	755.06	2024.59	2394.60	1	169.19	468.80	574.85	1
广 西	Guangxi	68.91	121.58	177.23	17	15.21	38.76	46.61	17
海 南	Hainan	76.72	39.33	193.37	16	11.28	28.97	47.67	15
重 庆	Chongqing	158.81	180.94	198.20	15	35.78	42.59	44.95	18
四 川	Sichuan	219.63	160.21	348.15	11	52.26	57.78	84.04	11
贵 州	Guizhou	82.15	58.83	162.25	18	12.24	14.66	36.05	20
云 南	Yunnan	62.96	-40.49	56.27	23	18.29	11.02	21.04	23
西 藏	Tibet	0.75	2.97	4.45	29	0.08	0.54	0.40	31
陕 西	Shaanxi	100.27	73.81	161.09	19	14.14	16.74	22.16	22
甘 肃	Gansu	10.09	36.72	62.18	21	2.09	9.70	17.38	26
青 海	Qinghai	-0.01	14.56	10.27	27	0.33	4.53	3.28	30
宁 夏	Ningxia	7.76	-5.26	6.80	28	3.47	4.61	5.40	29
新 疆	Xinjiang	45.48	38.41	60.46	22	11.41	13.61	18.19	25

16-47 建设用地土地供应总面积和新增土地供应面积
Total Land Area and Newly Increased Area of Construction-used Land Supplied

单位：公顷 (hectare)

地区	Region	土地供应总面积 Total Land Supplied Area				新增土地供应面积 Newly Increased Area			
		2010	2016	2017	2017排名 Ranking	2010	2016	2017	2017排名 Ranking
全　国	**National Total**	**432561.42**	**531180.71**	**620245.92**		**171368.54**	**283258.69**	**286878.07**	
北　京	Beijing	2412.63	1296.92	1922.40	30	1130.34	792.88	1244.38	28
天　津	Tianjin	6655.00	5703.74	4122.10	27	2382.25	2924.41	1997.92	26
河　北	Hebei	18126.85	21624.70	25695.36	11	5547.48	11260.79	11766.58	10
山　西	Shanxi	7114.75	12364.34	9419.67	23	2746.97	4585.46	4868.42	24
内蒙古	Inner Mongolia	21938.08	17999.24	28787.94	8	7674.26	9578.38	15893.26	5
辽　宁	Liaoning	29268.68	15446.23	9866.19	22	9525.07	4895.06	4935.50	23
吉　林	Jilin	9310.63	7222.64	12554.69	20	2876.76	3978.15	4975.17	22
黑龙江	Heilongjiang	14530.55	8287.05	14538.62	18	3247.91	4653.16	6018.31	18
上　海	Shanghai	2926.14	3511.53	3048.33	28	324.60	1037.93	1022.48	30
江　苏	Jiangsu	37873.85	40123.68	42051.24	3	24696.91	25324.58	26191.00	2
浙　江	Zhejiang	27932.57	22993.80	28949.63	7	21372.30	14381.48	17056.69	4
安　徽	Anhui	17524.25	28507.52	29109.12	6	6055.72	11278.83	11292.63	12
福　建	Fujian	12391.84	16927.33	17511.81	15	5038.62	13899.76	14499.57	6
江　西	Jiangxi	17908.29	18985.45	22162.15	12	6079.74	9448.55	12884.22	8
山　东	Shandong	45372.12	29640.89	30528.34	5	17218.03	17272.37	18028.40	3
河　南	Henan	17546.75	18670.73	48920.03	2	6235.64	8275.38	12726.04	9
湖　北	Hubei	16872.89	23822.84	77723.63	1	8096.48	9959.23	12920.20	7
湖　南	Hunan	13425.50	26904.46	21200.61	13	3424.41	12946.18	8550.58	15
广　东	Guangdong	16395.55	34590.01	37953.46	4	4939.61	29722.57	31684.10	1
广　西	Guangxi	10399.88	15132.89	19745.28	14	2154.61	7364.93	9754.30	13
海　南	Hainan	2646.82	5359.86	2171.28	29	674.85	1314.62	798.98	31
重　庆	Chongqing	11240.07	13917.65	12912.17	19	3221.62	6518.32	5364.43	21
四　川	Sichuan	14630.73	31029.97	27176.30	9	5276.08	12735.55	11308.05	11
贵　州	Guizhou	16492.75	15109.67	14708.97	16	4230.89	6033.87	6821.86	16
云　南	Yunnan	9979.03	21864.56	14561.58	17	4478.90	7780.20	5948.95	20
西　藏	Tibet	1121.91	1379.80	1888.59	31	987.97	623.90	1093.20	29
陕　西	Shaanxi	7544.49	14834.53	11376.43	21	2764.83	8336.94	6441.87	17
甘　肃	Gansu	6135.91	14504.75	7291.47	26	2566.13	9016.40	4316.98	25
青　海	Qinghai	2026.61	7217.09	7782.33	25	924.68	2765.68	1538.52	27
宁　夏	Ningxia	6324.18	7533.16	8259.27	24	2050.58	5378.49	5959.65	19
新　疆	Xinjiang	8492.12	28673.67	26606.93	10	3424.28	19174.65	8975.82	14

16-48 土地划拨面积和土地出让面积
Land Area of Allocation and Granting

单位：公顷 (hectare)

地区	Region	土地划拨面积 Allocation 2010	2016	2017	2017排名 Ranking	土地出让面积 Granting 2010	2016	2017	2017排名 Ranking
全　国	**National Total**	**138267.34**	**313212.79**	**386976.62**		**293717.81**	**211850.82**	**230898.62**	
北　京	Beijing	260.10	584.77	1009.37	31	2152.53	712.15	913.03	29
天　津	Tianjin	1372.41	3194.88	2038.68	28	5282.59	2508.87	2083.41	26
河　北	Hebei	2408.36	9220.86	10651.07	13	15710.71	12401.18	14983.41	3
山　西	Shanxi	2337.87	8870.81	5225.96	24	4768.03	3491.22	4192.62	21
内蒙古	Inner Mongolia	6777.34	11174.09	21095.20	4	15160.56	6813.09	7675.89	12
辽　宁	Liaoning	7100.75	9685.87	3976.51	26	22160.40	5724.33	5889.36	15
吉　林	Jilin	2543.82	3681.47	8908.93	18	6750.32	3535.44	3246.73	24
黑龙江	Heilongjiang	7116.18	4906.83	10526.05	14	7350.06	3313.29	3751.86	22
上　海	Shanghai	992.20	2710.85	2042.74	27	1933.94	800.69	1005.59	28
江　苏	Jiangsu	8570.35	18960.39	17637.44	7	29262.40	21109.52	24372.37	1
浙　江	Zhejiang	9992.24	13442.01	14600.73	9	17607.47	9539.58	14285.22	4
安　徽	Anhui	4936.19	15545.95	15158.79	8	12588.06	12961.57	13927.71	5
福　建	Fujian	4069.25	12133.91	11836.13	12	8278.63	4793.25	5647.97	18
江　西	Jiangxi	8858.34	11523.27	10181.25	15	9049.66	7453.86	11858.72	8
山　东	Shandong	7424.50	8735.39	10061.26	16	37945.58	20896.52	20421.85	2
河　南	Henan	5543.79	7621.54	35741.19	2	11992.83	11049.18	13156.56	6
湖　北	Hubei	3695.44	7516.31	67357.73	1	13176.29	11293.08	10355.48	9
湖　南	Hunan	5065.29	18790.27	13125.05	11	8354.97	8114.20	8068.86	11
广　东	Guangdong	3454.49	25216.61	25215.84	3	12937.06	9373.41	12138.85	7
广　西	Guangxi	4074.59	9480.89	13229.05	10	6325.14	5652.01	6482.41	14
海　南	Hainan	837.53	3957.42	1632.53	29	1809.29	1402.44	538.75	31
重　庆	Chongqing	5746.01	7936.34	7236.97	20	5494.06	5981.31	5675.20	17
四　川	Sichuan	3358.72	22086.92	17997.81	6	11272.01	8941.33	9135.16	10
贵　州	Guizhou	13139.45	8463.38	8100.05	19	3353.30	5878.72	5765.65	16
云　南	Yunnan	3994.05	17606.85	9517.31	17	5984.99	4257.71	5044.27	20
西　藏	Tibet	781.77	782.91	1312.36	30	338.81	587.17	545.92	30
陕　西	Shaanxi	3487.35	8841.93	5821.51	22	4057.15	5976.60	5549.85	19
甘　肃	Gansu	3374.86	10390.78	4011.02	25	2761.05	4113.97	3280.45	23
青　海	Qinghai	1085.02	5294.56	6154.45	21	931.69	1922.53	1627.88	27
宁　夏	Ningxia	2931.69	4499.62	5681.72	23	3392.49	3033.54	2577.55	25
新　疆	Xinjiang	2937.41	20355.12	19891.88	5	5535.74	8219.06	6700.06	13

16-49 按用地类型分工矿仓储用地和商服用地供应面积
Areas of Land for Industry, Mining and Warehousing and Land for Commercial and Service by Types of Land

单位：公顷 (hectare)

地区	Region	工矿仓储用地 Land for Industry, Mining and Warehousing				商服用地 Land for Commercial and Service			
		2010	2016	2017	2017排名 Ranking	2010	2016	2017	2017排名 Ranking
全　国	**National Total**	**153977.63**	**123088.56**	**125196.94**		**38905.15**	**35146.78**	**32094.49**	
北　京	Beijing	844.49	224.83	223.49	30	400.08	284.95	162.74	28
天　津	Tianjin	2642.73	1449.46	1229.25	27	590.24	149.87	96.88	31
河　北	Hebei	8679.30	6784.58	8584.78	2	1694.86	1554.37	1507.23	6
山　西	Shanxi	2460.12	1700.30	2260.36	22	743.08	608.88	571.41	20
内蒙古	Inner Mongolia	7779.21	4925.83	5290.16	10	3154.32	835.20	1024.47	16
辽　宁	Liaoning	10274.76	2986.88	3002.90	17	3260.02	830.09	672.35	18
吉　林	Jilin	3344.29	2117.01	1931.71	23	892.22	772.90	496.36	23
黑龙江	Heilongjiang	3066.40	2390.68	3330.34	16	1040.96	569.88	598.72	19
上　海	Shanghai	692.58	305.47	266.79	29	561.45	114.76	119.31	30
江　苏	Jiangsu	16100.98	10864.44	12700.67	1	3699.52	3990.34	3612.46	1
浙　江	Zhejiang	10505.67	5042.80	7596.22	4	1830.49	1391.14	1491.64	8
安　徽	Anhui	7437.57	6435.71	7179.74	6	1761.66	1800.13	1457.99	9
福　建	Fujian	5439.26	3058.36	3360.19	15	935.02	472.09	443.55	24
江　西	Jiangxi	5694.95	4299.06	7250.58	5	1084.78	1130.52	1416.08	10
山　东	Shandong	19632.25	10340.96	7824.93	3	5069.53	3378.24	2824.88	2
河　南	Henan	6645.83	6048.06	5758.58	9	1069.34	1597.36	1862.79	3
湖　北	Hubei	7664.18	11221.77	5804.79	8	1666.36	1789.88	1541.21	5
湖　南	Hunan	3386.83	3632.90	3724.70	14	1238.49	1714.76	1381.41	11
广　东	Guangdong	6453.45	5358.88	6996.79	7	1385.03	1614.54	1186.59	13
广　西	Guangxi	3083.94	2868.65	2889.86	19	769.25	797.27	1112.73	15
海　南	Hainan	463.33	252.31	77.97	31	437.10	367.20	359.53	25
重　庆	Chongqing	2891.81	3068.98	2755.80	20	354.89	857.00	525.59	22
四　川	Sichuan	5493.80	3669.68	4018.19	13	1362.91	1726.38	1496.00	7
贵　州	Guizhou	1792.53	2730.37	2663.11	21	452.82	1862.33	1679.12	4
云　南	Yunnan	2646.93	1971.44	1906.94	24	1005.05	1126.60	1200.27	12
西　藏	Tibet	101.92	156.89	404.68	28	113.63	238.31	147.16	29
陕　西	Shaanxi	2532.25	3656.45	2944.01	18	353.29	1044.83	882.09	17
甘　肃	Gansu	1520.82	2982.31	1895.90	25	320.69	877.16	562.59	21
青　海	Qinghai	606.41	2441.82	4317.24	12	108.35	204.18	214.55	27
宁　夏	Ningxia	1632.91	2501.42	1890.09	26	774.78	344.91	296.74	26
新　疆	Xinjiang	2466.15	7600.29	5116.17	11	774.96	1100.70	1153.04	14

16-50 按用地类型分住宅用地和其他用地土地供应面积

Areas of Land for Residential Uses and Others by Types of Land

单位：公顷 (hectare)

地区	Region	住宅用地 Land for Residential Uses 2010	2016	2017	2017排名 Ranking	其他用地 Others 2010	2016	2017	2017排名 Ranking
全　国	**National Total**	**115272.54**	**74539.39**	**87087.28**		**124406.10**	**298405.98**	**375867.21**	
北　京	Beijing	786.19	298.88	771.13	25	381.87	488.26	765.04	31
天　津	Tianjin	2571.90	1036.24	743.45	26	850.13	3068.18	2052.52	27
河　北	Hebei	5413.39	4196.76	5734.10	6	2339.31	9088.98	9869.24	15
山　西	Shanxi	1816.40	1245.80	1438.72	21	2095.15	8809.36	5149.18	23
内蒙古	Inner Mongolia	4940.09	1235.19	1676.39	20	6064.46	11003.02	20796.91	4
辽　宁	Liaoning	9105.20	1355.23	1722.76	19	6628.70	10274.03	4468.17	24
吉　林	Jilin	2837.72	914.33	977.57	24	2236.40	3418.40	8852.05	18
黑龙江	Heilongjiang	4624.75	1157.37	1212.40	22	5798.43	4169.12	9397.15	17
上　海	Shanghai	704.13	360.32	641.39	27	967.99	2730.98	2020.83	28
江　苏	Jiangsu	10874.29	7404.39	8284.52	2	7199.06	17864.52	17453.59	7
浙　江	Zhejiang	7466.36	4026.92	5931.57	5	8130.05	12532.95	13930.20	9
安　徽	Anhui	4766.31	5392.08	5989.49	4	3558.71	14879.60	14481.90	8
福　建	Fujian	2112.92	1350.64	1809.25	16	3904.64	12046.25	11898.83	12
江　西	Jiangxi	2891.21	2664.85	3317.94	10	8237.35	10891.03	10177.55	14
山　东	Shandong	12857.15	7107.92	8733.40	1	7813.19	8813.77	11145.13	13
河　南	Henan	5174.84	4220.34	6105.43	3	4656.74	6804.96	35193.24	2
湖　北	Hubei	4278.38	3612.44	3790.45	9	3263.97	7198.75	66587.18	1
湖　南	Hunan	3869.41	3593.64	3277.04	11	4930.77	17963.17	12817.46	11
广　东	Guangdong	4818.47	4029.95	4964.47	7	3738.61	23586.65	24805.60	3
广　西	Guangxi	2876.33	2328.73	2680.69	13	3670.36	9138.25	13062.00	10
海　南	Hainan	1017.90	579.98	286.99	30	728.49	4160.37	1446.78	29
重　庆	Chongqing	2958.44	2182.44	2343.84	14	5034.92	7809.23	7286.94	20
四　川	Sichuan	4669.47	4010.78	4096.37	8	3104.55	21623.13	17565.75	6
贵　州	Guizhou	1635.32	2829.72	2917.78	12	12612.08	7687.25	7448.97	19
云　南	Yunnan	2429.46	1280.47	1763.13	17	3897.59	17486.06	9691.24	16
西　藏	Tibet	133.46	247.74	390.37	29	772.91	736.87	946.39	30
陕　西	Shaanxi	1583.05	1903.08	1895.06	15	3075.90	8230.17	5655.27	21
甘　肃	Gansu	1285.37	965.76	1160.54	23	3009.03	9679.52	3672.45	25
青　海	Qinghai	545.06	231.60	257.17	31	766.78	4339.50	2993.37	26
宁　夏	Ningxia	1479.34	561.90	424.86	28	2437.16	4124.92	5647.58	22
新　疆	Xinjiang	2750.22	2213.91	1749.01	18	2500.79	17758.78	18588.69	5

16-51 按用地类型分普通商品住房和中低价位、中小套型用地住宅供应面积

Areas of Ordinary Commercial House and Medium-and Low-price, Medium-and Small-sized Ordinary Commercial Houses by Types of Book

单位：公顷 (hectare)

地区 Region	普通商品住房 Ordinary Commercial House				其中：中低价位、中小套型 Medium-and Low-price, Medium-and Small-sized Ordinary Commercial Houses			
	2010	2016	2017	2017排名 Ranking	2010	2016	2017	2017排名 Ranking
全 国 National Total	**97887.90**	**59810.38**	**74333.67**		**20749.97**	**17725.46**	**21914.73**	
北 京 Beijing	684.65	123.15	477.75	27	8.46	37.46	50.53	25
天 津 Tianjin	2010.94	746.60	629.40	25	118.55		8.56	31
河 北 Hebei	5045.79	3877.02	5385.34	4	680.84	693.47	599.61	12
山 西 Shanxi	1217.12	955.44	1167.79	20	162.80	94.72	48.86	26
内蒙古 Inner Mongolia	4231.72	972.79	1353.80	19	1676.99	203.42	366.01	15
辽 宁 Liaoning	8353.39	1324.64	1702.07	16	1757.28	493.00	1080.63	5
吉 林 Jilin	2376.41	769.03	829.25	22	234.45	210.28	152.92	21
黑龙江 Heilongjiang	3602.05	709.20	873.63	21	655.18	175.39	120.82	23
上 海 Shanghai	669.40	341.94	574.06	26	181.89	164.92	328.53	17
江 苏 Jiangsu	8908.12	5569.72	6839.39	2	1136.82	2439.44	2837.37	3
浙 江 Zhejiang	6100.29	2547.77	4514.01	7	710.61	2547.77	4514.01	1
安 徽 Anhui	3409.49	4316.07	4985.03	5	835.06	954.62	1074.64	6
福 建 Fujian	1960.82	1316.04	1752.44	15	231.43	557.19	737.44	8
江 西 Jiangxi	2421.31	2198.75	2951.23	10	316.30	434.82	391.59	14
山 东 Shandong	11986.78	6566.79	8347.02	1	5677.91	2885.02	3605.29	2
河 南 Henan	4062.05	3577.82	5569.84	3	1008.41	595.13	857.99	7
湖 北 Hubei	3976.82	3129.08	3260.79	9	879.72	648.00	645.93	10
湖 南 Hunan	3420.62	2487.13	2565.66	11	200.38	150.09	229.02	19
广 东 Guangdong	4571.79	3854.08	4652.08	6	722.30	522.81	431.58	13
广 西 Guangxi	2520.83	1874.57	2450.73	12	415.02	797.80	713.87	9
海 南 Hainan	804.20	459.46	207.67	30	31.90	91.85	37.11	27
重 庆 Chongqing	2148.40	1880.03	2173.02	14	123.34	342.49	236.84	18
四 川 Sichuan	4297.51	3470.28	3341.83	8	534.41	670.00	627.20	11
贵 州 Guizhou	1135.41	2401.35	2211.12	13	809.95	1205.43	1356.78	4
云 南 Yunnan	2325.93	981.18	1657.57	17	232.63	121.09	88.86	24
西 藏 Tibet	108.84	205.48	343.22	28	108.84	13.65	20.35	29
陕 西 Shaanxi	1099.94	1244.86	1514.52	18	226.16	196.12	147.08	22
甘 肃 Gansu	961.17	631.28	768.80	24	268.39	155.98	206.77	20
青 海 Qinghai	231.12	79.25	145.40	31	38.53	8.30	12.65	30
宁 夏 Ningxia	1140.24	330.13	276.39	29	99.16	26.39	29.81	28
新 疆 Xinjiang	2104.74	869.45	812.82	23	666.29	288.79	356.07	16

16-52 按用地类型分经济适用住房和廉租住房用地住宅供应面积
Areas of Economically Affordable House and Cheap Rent House by Types of Land

单位：公顷 (hectare)

地区	Region	经济适用住房 Economically Affordable House 2010	2016	2017	2017排名 Ranking	廉租住房用地 Cheap Rent House 2010	2016	2017	2017排名 Ranking
全国	**National Total**	**13292.14**	**11553.28**	**10158.79**		**3380.87**	**1071.78**	**984.42**	
北京	Beijing	96.83	144.42	238.68	17	0.63			
天津	Tianjin	560.77	273.55	108.65	23				
河北	Hebei	272.30	272.67	283.85	13	92.67	4.90	45.03	9
山西	Shanxi	241.84	229.77	206.83	19	311.66	33.90	9.88	18
内蒙古	Inner Mongolia	516.50	151.19	275.77	14	191.02	22.15	25.88	14
辽宁	Liaoning	738.51	20.19	16.61	29	13.30		0.38	28
吉林	Jilin	407.77	118.64	128.22	22	53.27	14.32	1.26	24
黑龙江	Heilongjiang	829.79	430.52	322.12	12	191.29	14.95	1.12	25
上海	Shanghai	31.08	15.00	57.05	26				
江苏	Jiangsu	1380.63	1708.53	1347.92	2	430.88	84.97	88.35	2
浙江	Zhejiang	1290.01	1472.59	1393.91	1	41.10	0.32	0.53	26
安徽	Anhui	1274.11	826.89	853.86	3	82.72	11.96	74.27	6
福建	Fujian	78.65	1.72	16.57	30	52.96	15.07	2.88	21
江西	Jiangxi	278.88	266.06	262.95	15	167.18	52.10	35.32	11
山东	Shandong	775.92	470.47	328.07	11	85.92	9.97	24.38	15
河南	Henan	973.82	343.44	357.76	10	138.97	36.52	26.16	13
湖北	Hubei	243.49	387.75	425.23	7	48.44	11.07	4.57	20
湖南	Hunan	338.93	769.42	485.87	6	66.68	182.94	65.35	7
广东	Guangdong	151.50	71.56	221.60	18	14.73	39.53	33.81	12
广西	Guangxi	304.59	416.16	191.17	20	50.91	2.02	5.10	19
海南	Hainan	124.48	114.14	68.13	25	52.25	4.19	1.48	23
重庆	Chongqing	542.87	222.52	147.04	21	136.50	46.68	16.46	16
四川	Sichuan	274.83	488.79	607.83	5	72.37	20.67	52.78	8
贵州	Guizhou	411.83	218.19	381.56	8	88.08	116.41	163.96	1
云南	Yunnan	38.37	95.21	45.22	27	64.20	69.32	13.83	17
西藏	Tibet	5.39	0.68	2.77	31	19.23	41.58	44.38	10
陕西	Shaanxi	279.65	510.69	250.90	16	127.41	90.50	75.39	5
甘肃	Gansu	204.86	206.06	363.67	9	119.35	3.34	0.48	27
青海	Qinghai	48.77	136.30	26.77	28	265.17	10.55	83.10	4
宁夏	Ningxia	269.27	188.56	105.31	24	62.44	1.93	2.45	22
新疆	Xinjiang	305.91	981.52	636.87	4	339.57	129.92	85.84	3

16-53 按用地类型分公共租赁住房和高档住宅用地住宅供应面积
Areas of Public Rental Housing and High-grade Residence by Types of Land

单位：公顷 (hectare)

地区	Region	公共租赁住房 Public Rental Housing			高档住宅用地 High-grade Residence			
		2016	2017	2017排名 Ranking	2010	2016	2017	2017排名 Ranking
全　国	**National Total**	**1799.15**	**1431.98**		**711.63**	**304.79**	**178.42**	
北　京	Beijing	31.32	49.29	11	4.08		5.41	10
天　津	Tianjin	15.98	1.45	28	0.19	0.12	3.94	12
河　北	Hebei	42.18	19.52	19	2.61		0.35	17
山　西	Shanxi	26.69	54.22	9	45.78			
内蒙古	Inner Mongolia	89.03	20.94	18	0.86	0.02		
辽　宁	Liaoning	10.39	1.33	29			2.37	13
吉　林	Jilin	12.34	18.84	20	0.28			
黑龙江	Heilongjiang	2.70	15.53	21	1.63			
上　海	Shanghai	3.38	10.28	22	3.65			
江　苏	Jiangsu	41.13	8.86	24	154.65	0.05		
浙　江	Zhejiang	4.93	4.59	26	34.96	1.31	18.52	4
安　徽	Anhui	175.40	59.89	8		61.76	16.44	5
福　建	Fujian	17.79	37.30	14	20.50	0.01	0.06	19
江　西	Jiangxi	143.96	63.34	7	23.85	3.98	5.09	11
山　东	Shandong	60.04	25.78	16	8.52	0.65	8.14	8
河　南	Henan	153.28	128.40	4		109.28	23.27	2
湖　北	Hubei	65.02	76.85	6	9.63	19.52	23.00	3
湖　南	Hunan	154.15	160.16	2	43.18			
广　东	Guangdong	27.42	48.88	12	80.46	37.36	8.10	9
广　西	Guangxi	35.98	33.69	15				
海　南	Hainan	2.19	9.71	23	36.97			
重　庆	Chongqing	30.30	5.30	25	130.67	2.91	2.02	14
四　川	Sichuan	31.05	92.69	5	24.75		1.24	16
贵　州	Guizhou	93.77	151.98	3			9.16	7
云　南	Yunnan	134.68	46.52	13	0.96	0.07		
西　藏	Tibet							
陕　西	Shaanxi	54.26	54.11	10	76.06	2.77	0.15	18
甘　肃	Gansu	125.08	25.74	17			1.85	15
青　海	Qinghai	5.50	1.89	27				
宁　夏	Ningxia	39.85	0.82	30	7.38	1.42	39.89	1
新　疆	Xinjiang	169.36	204.06	1		63.56	9.43	6

16-54 土地出让成交价款和平均单价
Transaction Price Value and Average Unit Price of Land Granting

地区	Region	土地出让成交价款（亿元）Transaction Price Value (100 million yuan)				土地出让平均单价（万元/公顷）Average Unit Price (10 000 yuan/hectare)			
		2010	2016	2017	2017排名 Ranking	2010	2016	2017	2017排名 Ranking
全　国	**National Total**	**27464.48**	**36461.68**	**51984.48**		**935.06**	**1721.10**	**2251.40**	
北　京	Beijing	1318.87	909.87	2718.24	6	6127.08	12776.41	29771.65	1
天　津	Tianjin	852.96	1117.95	1123.19	16	1614.67	4455.98	5391.12	3
河　北	Hebei	1076.32	1313.97	2012.58	10	685.09	1059.56	1343.20	17
山　西	Shanxi	265.95	421.67	530.99	22	557.78	1207.81	1266.50	19
内蒙古	Inner Mongolia	487.98	230.40	297.44	25	321.88	338.17	387.50	30
辽　宁	Liaoning	1916.70	550.00	590.28	20	864.92	960.80	1002.29	24
吉　林	Jilin	406.22	289.59	360.26	23	601.78	819.11	1109.62	22
黑龙江	Heilongjiang	356.43	208.56	281.67	26	484.94	629.46	750.75	25
上　海	Shanghai	880.09	1541.50	1484.56	14	4550.78	19252.17	14763.12	2
江　苏	Jiangsu	3821.81	6343.60	7290.33	1	1306.05	3005.09	2991.23	9
浙　江	Zhejiang	3640.02	3619.01	6874.76	2	2067.32	3793.68	4812.50	4
安　徽	Anhui	1092.93	2406.32	2796.38	5	868.23	1856.50	2007.78	11
福　建	Fujian	1138.42	1389.33	1995.19	11	1375.14	2898.51	3532.58	7
江　西	Jiangxi	602.72	966.58	1581.69	13	666.01	1296.76	1333.78	18
山　东	Shandong	2544.35	2459.83	3361.59	4	670.53	1177.15	1646.08	14
河　南	Henan	651.35	1558.12	2207.10	8	543.12	1410.17	1677.56	13
湖　北	Hubei	765.88	1425.42	2068.76	9	581.26	1262.21	1997.74	12
湖　南	Hunan	499.59	1065.03	1207.88	15	597.95	1312.55	1496.97	15
广　东	Guangdong	1350.02	3391.58	5319.55	3	1043.53	3618.30	4382.25	5
广　西	Guangxi	424.68	686.01	814.41	17	671.42	1213.74	1256.35	20
海　南	Hainan	202.50	258.63	198.09	28	1119.20	1844.11	3676.93	6
重　庆	Chongqing	732.88	1055.01	1776.71	12	1333.96	1763.85	3130.66	8
四　川	Sichuan	1116.80	1353.03	2422.17	7	990.77	1513.23	2651.48	10
贵　州	Guizhou	197.34	497.34	698.06	18	588.50	846.00	1210.72	21
云　南	Yunnan	438.16	385.70	695.26	19	732.10	905.89	1378.31	16
西　藏	Tibet	6.67	30.62	34.51	31	196.97	521.45	632.22	27
陕　西	Shaanxi	265.33	459.51	560.81	21	653.99	768.85	1010.50	23
甘　肃	Gansu	135.47	221.19	219.64	27	490.64	537.66	669.56	26
青　海	Qinghai	47.54	35.51	74.97	30	510.25	184.68	460.56	28
宁　夏	Ningxia	89.92	87.29	79.94	29	265.05	287.75	310.12	31
新　疆	Xinjiang	138.55	183.51	307.44	24	250.27	223.27	458.86	29

16-55 土地协议出让面积和成交价款

Land Area and Transaction Price Value of Granting through Agreement

地区	Region	土地协议出让面积（公顷） Area (hectare)				土地协议出让成交价款（亿元） Transaction Price Value (100 million yuan)			
		2010	2016	2017	2017排名 Ranking	2010	2016	2017	2017排名 Ranking
全　国	**National Total**	**34206.94**	**16891.66**	**17531.89**		**1101.06**	**1348.02**	**1477.03**	
北　京	Beijing	569.02	265.54	176.14	24	48.86	75.82	87.62	6
天　津	Tianjin	278.68	88.86	81.30	28	15.50	10.06	11.52	23
河　北	Hebei	3303.35	879.03	771.04	7	75.76	37.45	47.14	8
山　西	Shanxi	667.34	420.70	443.08	14	24.93	16.18	10.09	26
内蒙古	Inner Mongolia	3115.71	488.71	1202.69	5	25.33	13.85	15.05	20
辽　宁	Liaoning	2251.16	1152.94	1399.32	4	49.57	31.72	27.56	14
吉　林	Jilin	933.17	505.00	303.68	21	10.80	10.02	13.90	22
黑龙江	Heilongjiang	911.27	566.23	722.44	9	17.01	48.07	40.93	9
上　海	Shanghai	46.52	26.54	36.81	29	28.29	17.80	15.17	19
江　苏	Jiangsu	1233.79	461.72	441.80	15	74.66	39.29	38.04	11
浙　江	Zhejiang	1092.22	448.48	923.52	6	80.46	44.98	101.82	4
安　徽	Anhui	1132.72	536.93	305.17	20	60.66	24.35	24.20	16
福　建	Fujian	506.34	591.39	569.61	11	20.45	125.08	93.04	5
江　西	Jiangxi	216.60	202.17	1698.41	3	3.69	19.73	34.96	13
山　东	Shandong	5147.62	2846.21	1965.25	1	142.11	127.02	143.43	2
河　南	Henan	2036.17	439.22	398.91	16	58.60	44.26	40.14	10
湖　北	Hubei	766.05	992.68	477.68	12	22.96	72.10	58.18	7
湖　南	Hunan	1636.38	297.98	261.55	22	56.62	24.15	21.26	18
广　东	Guangdong	1986.03	1616.31	1823.70	2	76.72	401.47	392.93	1
广　西	Guangxi	1218.38	353.00	732.66	8	51.60	27.58	35.95	12
海　南	Hainan	115.89	30.83	12.34	31	3.70	2.93	3.36	30
重　庆	Chongqing	70.76	78.56	34.28	30	1.49	6.95	4.65	29
四　川	Sichuan	1219.99	505.29	452.26	13	68.24	35.53	115.16	3
贵　州	Guizhou	346.91	125.65	111.65	26	6.08	8.62	10.93	24
云　南	Yunnan	669.42	409.89	394.55	17	11.59	21.09	26.42	15
西　藏	Tibet	127.09	177.93	129.89	25	2.00	3.32	9.34	27
陕　西	Shaanxi	704.81	407.84	383.21	18	41.82	15.53	14.32	21
甘　肃	Gansu	410.53	656.39	211.56	23	4.25	29.81	21.70	17
青　海	Qinghai	250.19	958.08	641.21	10	2.15	3.81	5.19	28
宁　夏	Ningxia	272.07	96.59	89.73	27	5.51	1.88	2.48	31
新　疆	Xinjiang	970.75	264.94	336.46	19	9.64	7.57	10.53	25

16-56 土地协议出让平均单价和土地“招拍挂”出让面积
Average Unit Price of Land Granting through Agreement and Land Area of Granting through Bidding, Auction and Listing

地区	Region	土地协议出让平均单价（万元/公顷） Average Unit Price of Land Granting through Agreement (10 000 yuan/hectare)				土地"招拍挂"出让面积（公顷） Land Area of Granting through Bidding, Auction and Listing (hectare)			
		2010	2016	2017	2017排名 Ranking	2010	2016	2017	2017排名 Ranking
全　国	**National Total**	**321.88**	**798.04**	**842.48**		**259510.87**	**194959.16**	**213366.73**	
北　京	Beijing	858.64	2855.36	4974.52	1	1583.50	446.61	736.89	29
天　津	Tianjin	556.17	1132.06	1416.76	7	5003.92	2420.01	2002.11	26
河　北	Hebei	229.36	426.04	611.43	20	12407.36	11522.15	14212.37	3
山　西	Shanxi	373.64	384.52	227.65	27	4100.69	3070.51	3749.55	21
内蒙古	Inner Mongolia	81.31	283.41	125.14	30	12044.85	6324.38	6473.20	12
辽　宁	Liaoning	220.20	275.09	196.98	29	19909.24	4571.39	4490.03	20
吉　林	Jilin	115.69	198.46	457.70	23	5817.14	3030.44	2943.05	24
黑龙江	Heilongjiang	186.70	849.01	566.61	21	6438.80	2747.06	3029.42	23
上　海	Shanghai	6081.66	6705.00	4120.15	2	1887.42	774.15	968.78	28
江　苏	Jiangsu	605.09	850.96	861.02	14	28028.60	20647.80	23930.58	1
浙　江	Zhejiang	736.64	1002.84	1102.51	10	16515.25	9091.10	13361.69	5
安　徽	Anhui	535.56	453.54	792.98	16	11455.34	12424.64	13622.54	4
福　建	Fujian	403.78	2115.03	1633.48	6	7772.29	4201.86	5078.35	18
江　西	Jiangxi	170.33	976.09	205.84	28	8833.06	7251.69	10160.31	8
山　东	Shandong	276.07	446.27	729.83	17	32797.97	18050.30	18456.60	2
河　南	Henan	287.78	1007.61	1006.17	12	9956.66	10609.96	12757.65	6
湖　北	Hubei	299.72	726.28	1217.92	9	12410.24	10300.40	9877.80	9
湖　南	Hunan	346.00	810.30	812.83	15	6718.59	7816.22	7807.31	11
广　东	Guangdong	386.30	2483.89	2154.58	5	10951.03	7757.09	10315.15	7
广　西	Guangxi	423.53	781.36	490.66	22	5106.77	5299.00	5749.75	14
海　南	Hainan	319.42	951.98	2720.08	3	1693.40	1371.61	526.41	30
重　庆	Chongqing	211.01	885.17	1356.05	8	5423.29	5902.75	5640.91	16
四　川	Sichuan	559.36	703.25	2546.40	4	10052.02	8436.04	8682.90	10
贵　州	Guizhou	175.29	685.76	979.19	13	3006.38	5753.07	5653.99	15
云　南	Yunnan	173.09	514.51	669.70	19	5315.56	3847.82	4649.72	19
西　藏	Tibet	157.57	186.81	719.37	18	211.72	409.24	416.03	31
陕　西	Shaanxi	593.40	380.88	373.67	24	3352.33	5568.76	5166.64	17
甘　肃	Gansu	103.48	454.17	1025.92	11	2350.52	3457.58	3068.90	22
青　海	Qinghai	85.87	39.73	81.02	31	681.51	964.46	986.67	27
宁　夏	Ningxia	202.45	194.15	276.24	26	3120.42	2936.95	2487.82	25
新　疆	Xinjiang	99.32	285.67	312.96	25	4564.99	7954.12	6363.60	13

16-57 土地“招拍挂”出让成交价款和平均单价

Transaction Price Value of Land Granting through Bidding, Auction and Listing and Average Unit Price

地区	Region	土地“招拍挂”出让成交价款（亿元） Transaction Price (100 million yuan)				土地“招拍挂”出让平均单价（万元/公顷） Average Unit Price (10 000 yuan/hectare)			
		2010	2016	2017	2017排名 Ranking	2010	2016	2017	2017排名 Ranking
全　国	**National Total**	**26363.42**	**35113.66**	**50507.45**		**1015.89**	**1801.08**	**2367.17**	
北　京	Beijing	1270.01	834.05	2630.62	6	8020.30	18675.15	35698.95	1
天　津	Tianjin	837.46	1107.89	1111.67	16	1673.61	4578.03	5552.50	3
河　北	Hebei	1000.56	1276.52	1965.44	10	806.42	1107.89	1382.90	19
山　西	Shanxi	241.02	405.50	520.91	22	587.75	1320.62	1389.25	18
内蒙古	Inner Mongolia	462.65	216.55	282.39	25	384.11	342.40	436.24	30
辽　宁	Liaoning	1867.13	518.28	562.72	20	937.82	1133.74	1253.26	21
吉　林	Jilin	395.42	279.57	346.36	23	679.76	922.54	1176.89	23
黑龙江	Heilongjiang	339.42	160.49	240.74	26	527.15	584.21	794.67	25
上　海	Shanghai	851.80	1523.71	1469.40	14	4513.05	19682.32	15167.51	2
江　苏	Jiangsu	3747.15	6304.31	7252.29	1	1336.90	3053.26	3030.55	9
浙　江	Zhejiang	3559.57	3574.03	6772.94	2	2155.32	3931.35	5068.92	4
安　徽	Anhui	1032.26	2381.96	2772.18	5	901.12	1917.13	2034.99	12
福　建	Fujian	1117.98	1264.25	1902.15	11	1438.42	3008.78	3745.60	6
江　西	Jiangxi	599.03	946.85	1546.73	13	678.17	1305.70	1522.33	15
山　东	Shandong	2402.24	2332.81	3218.16	4	732.43	1292.40	1743.64	13
河　南	Henan	592.76	1513.87	2166.96	8	595.34	1426.84	1698.56	14
湖　北	Hubei	742.92	1353.32	2010.58	9	598.64	1313.86	2035.45	11
湖　南	Hunan	442.97	1040.88	1186.62	15	659.32	1331.70	1519.89	16
广　东	Guangdong	1273.30	2990.11	4926.62	3	1162.72	3854.68	4776.10	5
广　西	Guangxi	373.08	658.43	778.47	17	730.56	1242.55	1353.91	20
海　南	Hainan	198.79	255.69	194.74	28	1173.93	1864.17	3699.36	7
重　庆	Chongqing	731.39	1048.06	1772.07	12	1348.61	1775.54	3141.45	8
四　川	Sichuan	1048.56	1317.50	2307.01	7	1043.14	1561.75	2656.95	10
贵　州	Guizhou	191.26	488.73	687.12	18	636.18	849.50	1215.29	22
云　南	Yunnan	426.57	364.61	668.83	19	802.50	947.58	1438.43	17
西　藏	Tibet	4.67	27.29	25.17	31	220.63	666.95	605.01	28
陕　西	Shaanxi	223.51	443.98	546.49	21	666.73	797.27	1057.73	24
甘　肃	Gansu	131.22	191.38	197.94	27	558.25	553.51	644.99	27
青　海	Qinghai	45.39	31.70	69.78	30	666.03	328.68	707.21	26
宁　夏	Ningxia	84.41	85.41	77.46	29	270.51	290.82	311.34	31
新　疆	Xinjiang	128.90	175.94	296.91	24	282.38	221.19	466.57	29

17

科学技术

Science and Technology

17-1 研究与试验发展(R&D)人员
R&D Personnel

单位：万人 (10 000 persons)

地区	Region	研究与试验发展人员 R&D Personnel				研究与开发机构人员 Personnel in R&D Instituions			
		2010	2016	2017	2017排名 Ranking	2010	2016	2017	2017排名 Ranking
全　国	**National Total**	**354.22**	**583.07**	**621.36**		**34.15**	**44.99**	**46.22**	
北　京	Beijing	26.99	37.34	39.73	5	9.20	11.37	11.94	1
天　津	Tianjin	8.64	17.72	16.56	14	0.72	1.09	1.32	11
河　北	Hebei	9.18	17.56	18.57	13	0.66	1.01	1.04	13
山　西	Shanxi	6.70	6.87	7.81	20	0.64	0.56	0.56	23
内蒙古	Inner Mongolia	3.29	5.46	4.88	25	0.40	0.39	0.38	27
辽　宁	Liaoning	12.64	14.00	14.64	16	1.30	1.55	1.64	7
吉　林	Jilin	6.54	8.00	8.35	19	0.82	0.91	0.89	15
黑龙江	Heilongjiang	8.31	8.07	7.13	23	0.76	0.71	0.75	19
上　海	Shanghai	17.75	25.48	26.23	7	2.66	3.38	3.28	3
江　苏	Jiangsu	40.62	76.10	75.42	2	2.01	2.60	2.84	5
浙　江	Zhejiang	28.68	51.67	55.86	3	0.53	0.90	0.96	14
安　徽	Anhui	9.46	21.11	22.82	10	0.60	1.23	1.22	12
福　建	Fujian	10.14	20.11	20.76	11	0.34	0.54	0.57	22
江　西	Jiangxi	5.35	9.51	9.96	18	0.46	0.61	0.62	20
山　东	Shandong	27.54	47.64	50.04	4	1.12	1.52	1.46	10
河　南	Henan	14.40	24.99	26.64	6	1.15	1.54	1.49	8
湖　北	Hubei	14.29	21.83	23.53	9	1.34	1.60	1.48	9
湖　南	Hunan	10.97	19.11	20.51	12	0.69	0.77	0.78	17
广　东	Guangdong	44.66	73.52	87.99	1	0.95	1.75	1.76	6
广　西	Guangxi	5.25	6.91	7.20	22	0.40	0.52	0.52	24
海　南	Hainan	0.72	1.35	1.35	29	0.11	0.21	0.23	28
重　庆	Chongqing	5.89	11.19	13.20	17	0.36	0.61	0.60	21
四　川	Sichuan	13.04	21.48	24.16	8	2.20	3.84	3.98	2
贵　州	Guizhou	2.34	4.52	5.27	24	0.24	0.33	0.40	26
云　南	Yunnan	3.78	7.46	7.76	21	0.60	0.89	0.86	16
西　藏	Tibet	0.16	0.23	0.25	31	0.05	0.05	0.05	31
陕　西	Shaanxi	9.87	14.32	15.08	15	2.72	3.14	3.21	4
甘　肃	Gansu	3.13	3.98	4.10	26	0.69	0.75	0.75	18
青　海	Qinghai	0.76	0.74	0.97	30	0.08	0.09	0.11	29
宁　夏	Ningxia	1.04	1.65	1.72	28	0.05	0.07	0.07	30
新　疆	Xinjiang	2.11	3.17	2.88	27	0.34	0.45	0.44	25

17-2 规模以上工业企业和高等学校(R&D)人员

R&D Personnel in Industrial Enterprises above Designated Size and Institutions of Higher Education

单位：万人 (10 000 persons)

地区	Region	规模以上工业企业(R&D)人员 R&D Personnel in Industrial Enterprises above Designated Size				高等学校(R&D)人员 R&D Personnel in Higher Education			
		2010	2016	2017	2017排名 Ranking	2010	2016	2017	2017排名 Ranking
全　国	**National Total**	**175.85**	**386.73**	**404.51**		**59.36**	**85.18**	**91.36**	
北　京	Beijing	3.87	7.07	7.34	16	6.20	7.74	8.44	1
天　津	Tianjin	3.88	11.13	8.95	13	1.81	2.34	2.40	20
河　北	Hebei	5.11	12.23	12.45	10	1.68	3.04	3.26	11
山　西	Shanxi	3.93	4.28	4.90	19	1.27	1.46	1.68	22
内蒙古	Inner Mongolia	1.64	3.84	3.17	24	0.66	0.74	0.79	27
辽　宁	Liaoning	6.33	7.46	7.94	15	3.04	3.86	3.89	9
吉　林	Jilin	2.22	3.39	3.82	20	2.65	3.26	3.17	13
黑龙江	Heilongjiang	4.17	4.51	3.52	21	2.28	2.52	2.43	19
上　海	Shanghai	6.64	11.95	12.02	12	3.82	4.40	4.62	7
江　苏	Jiangsu	23.94	61.00	58.94	2	3.58	6.32	6.73	2
浙　江	Zhejiang	13.82	41.47	44.43	3	3.12	4.94	5.44	4
安　徽	Anhui	4.81	15.49	16.72	6	1.96	2.65	2.72	17
福　建	Fujian	5.41	14.51	14.55	8	1.23	2.90	3.18	12
江　西	Jiangxi	2.59	6.65	6.89	18	1.08	1.45	1.65	23
山　东	Shandong	17.29	37.45	38.58	4	2.71	4.33	4.80	6
河　南	Henan	9.04	18.78	19.36	5	1.54	2.48	2.83	14
湖　北	Hubei	6.43	14.96	15.46	7	2.76	3.45	3.77	10
湖　南	Hunan	4.95	13.03	13.61	9	2.58	3.68	4.02	8
广　东	Guangdong	31.42	58.51	69.64	1	3.39	5.70	6.33	3
广　西	Guangxi	1.61	2.90	2.83	25	1.94	2.64	2.78	16
海　南	Hainan	0.10	0.42	0.39	29	0.16	0.39	0.37	29
重　庆	Chongqing	3.10	7.39	8.71	14	1.59	2.15	2.55	18
四　川	Sichuan	5.05	11.05	12.37	11	2.95	4.12	4.80	5
贵　州	Guizhou	1.13	2.77	3.26	23	0.68	1.18	1.21	24
云　南	Yunnan	1.13	3.13	3.32	22	1.13	1.90	2.03	21
西　藏	Tibet		0.03	0.03	31	0.07	0.13	0.15	31
陕　西	Shaanxi	3.67	7.08	7.02	17	1.97	2.67	2.80	15
甘　肃	Gansu	1.25	1.82	1.74	26	0.58	0.97	1.04	25
青　海	Qinghai	0.26	0.31	0.38	30	0.14	0.15	0.16	30
宁　夏	Ningxia	0.37	1.01	1.06	28	0.23	0.39	0.38	28
新　疆	Xinjiang	0.68	1.13	1.12	27	0.55	1.20	0.94	26

17-3 研发(R&D)经费内部支出合计和基础研究支出
Total Internal Expenditure on R&D and Basic Research

单位：亿元 (100 million yuan)

地区	Region	研发(R&D)经费内部支出合计 Total Internal Expenditure on R&D				其中：基础研究支出 Basic Research			
		2010	2016	2017	2017排名 Ranking	2010	2016	2017	2017排名 Ranking
全　国	**National Total**	**7062.58**	**15676.75**	**17606.13**		**324.49**	**822.89**	**975.49**	
北　京	Beijing	821.82	1484.58	1579.65	4	95.61	211.17	232.36	1
天　津	Tianjin	229.56	537.32	458.72	14	9.42	30.27	33.65	8
河　北	Hebei	155.45	383.43	452.03	15	5.28	8.08	10.51	22
山　西	Shanxi	89.88	132.62	148.23	20	2.28	8.78	8.33	25
内蒙古	Inner Mongolia	63.72	147.51	132.33	23	1.12	3.01	3.74	29
辽　宁	Liaoning	287.47	372.72	429.88	16	7.30	23.76	30.58	10
吉　林	Jilin	75.80	139.67	128.01	24	6.17	12.98	16.80	16
黑龙江	Heilongjiang	123.04	152.50	146.59	21	9.59	15.77	22.84	13
上　海	Shanghai	481.70	1049.32	1205.21	6	31.05	77.63	92.51	3
江　苏	Jiangsu	857.95	2026.87	2260.06	2	22.51	51.96	67.62	4
浙　江	Zhejiang	494.23	1130.63	1266.34	5	11.34	32.06	31.02	9
安　徽	Anhui	163.72	475.13	564.92	11	12.24	27.20	37.04	6
福　建	Fujian	170.90	454.29	543.09	12	4.19	11.83	18.91	14
江　西	Jiangxi	87.15	207.31	255.80	18	2.44	4.68	8.99	24
山　东	Shandong	672.00	1566.09	1753.01	3	13.28	36.44	40.53	5
河　南	Henan	211.17	494.19	582.05	9	3.10	10.76	10.56	21
湖　北	Hubei	264.12	600.04	700.63	7	10.25	25.86	27.94	11
湖　南	Hunan	186.56	468.84	568.53	10	6.91	13.10	16.21	18
广　东	Guangdong	808.75	2035.14	2343.63	1	16.72	86.02	109.42	2
广　西	Guangxi	62.87	117.75	142.18	22	3.60	12.05	17.34	15
海　南	Hainan	7.02	21.71	23.11	29	1.07	5.32	7.06	26
重　庆	Chongqing	100.27	302.18	364.63	17	6.50	12.77	15.76	19
四　川	Sichuan	264.27	561.42	637.85	8	15.42	31.17	36.88	7
贵　州	Guizhou	29.97	73.40	95.88	25	2.18	7.43	9.80	23
云　南	Yunnan	44.17	132.76	157.76	19	5.52	15.56	16.27	17
西　藏	Tibet	1.46	2.22	2.86	31	0.20	0.71	1.15	31
陕　西	Shaanxi	217.50	419.56	460.94	13	10.14	22.35	24.87	12
甘　肃	Gansu	41.94	86.99	88.41	26	5.65	13.53	13.45	20
青　海	Qinghai	9.94	14.00	17.91	30	0.98	2.63	2.42	30
宁　夏	Ningxia	11.51	29.93	38.94	28	0.99	2.44	4.72	28
新　疆	Xinjiang	26.65	56.63	56.95	27	1.43	5.58	6.22	27

17-4 应用研究支出和试验发展支出
Expenditure of Applied Research and Experimental Development

单位：亿元 (100 million yuan)

地区	Region	其中：应用研究支出 Applied Research				其中：试验发展支出 Experimental Development			
		2010	2016	2017	2017排名 Ranking	2010	2016	2017	2017排名 Ranking
全　国	**National Total**	**893.79**	**1610.49**	**1849.21**		**5844.30**	**13243.36**	**14781.43**	
北　京	Beijing	216.86	348.06	361.67	1	509.35	925.34	985.62	5
天　津	Tianjin	37.82	59.44	68.96	9	182.32	447.61	356.11	14
河　北	Hebei	23.09	33.39	37.97	16	127.08	341.95	403.55	13
山　西	Shanxi	16.43	16.95	26.08	19	71.17	106.90	113.82	21
内蒙古	Inner Mongolia	6.03	10.45	10.49	26	56.57	134.05	118.10	20
辽　宁	Liaoning	36.16	64.77	66.45	10	244.01	284.19	332.85	16
吉　林	Jilin	18.05	21.35	22.05	20	51.58	105.34	89.16	24
黑龙江	Heilongjiang	18.92	38.42	27.57	18	94.53	98.32	96.18	23
上　海	Shanghai	68.99	131.13	152.32	3	381.67	840.56	960.38	6
江　苏	Jiangsu	53.23	115.28	129.35	4	782.21	1859.63	2063.09	1
浙　江	Zhejiang	30.25	41.80	50.33	12	452.64	1056.77	1184.99	4
安　徽	Anhui	15.66	31.92	45.97	13	135.83	416.02	481.91	12
福　建	Fujian	9.49	29.96	39.18	15	157.22	412.49	485.01	11
江　西	Jiangxi	7.89	11.05	13.74	24	76.82	191.58	233.07	18
山　东	Shandong	36.61	89.78	100.20	5	622.12	1439.87	1612.28	3
河　南	Henan	9.41	29.49	40.01	14	198.66	453.94	531.49	8
湖　北	Hubei	47.25	73.89	89.77	6	206.62	500.29	582.92	7
湖　南	Hunan	24.91	49.37	58.71	11	154.74	406.37	493.61	10
广　东	Guangdong	37.32	164.50	215.60	2	754.71	1784.62	2018.61	2
广　西	Guangxi	9.56	14.86	19.32	22	49.71	90.84	105.52	22
海　南	Hainan	2.48	5.20	5.57	28	3.47	11.19	10.48	30
重　庆	Chongqing	13.18	29.31	35.19	17	80.59	260.10	313.68	17
四　川	Sichuan	83.00	71.04	87.35	7	165.85	459.21	513.62	9
贵　州	Guizhou	3.60	6.95	12.57	25	24.19	59.03	73.51	25
云　南	Yunnan	11.04	16.72	19.41	21	27.61	100.48	122.09	19
西　藏	Tibet	0.53	0.57	0.66	31	0.73	0.95	1.06	31
陕　西	Shaanxi	38.35	78.23	84.11	8	169.01	318.97	351.96	15
甘　肃	Gansu	8.80	12.09	14.25	23	27.49	61.37	60.71	26
青　海	Qinghai	1.56	1.83	2.78	30	7.41	9.54	12.71	29
宁　夏	Ningxia	1.03	2.58	3.68	29	9.49	24.91	30.54	28
新　疆	Xinjiang	6.30	10.12	7.92	27	18.92	40.93	42.81	27

17-5 按支出用途分研发(R&D)经费日常性支出和劳务费支出 Routine Expenses and Labor Cost by Purpose

单位：亿元 (100 million yuan)

地区	Region	研发(R&D)经费日常性支出 Routine Expenses				其中:劳务费支出 Labor Cost			
		2010	2016	2017	2017排名 Ranking	2010	2016	2017	2017排名 Ranking
全 国	**National Total**	**5925.25**	**13695.26**	**15485.90**		**1667.00**	**4633.94**	**5262.72**	
北 京	Beijing	655.93	1281.04	1385.75	4	189.11	441.49	501.85	3
天 津	Tianjin	185.36	444.86	397.51	14	44.34	136.04	128.57	13
河 北	Hebei	125.17	330.43	398.02	13	30.07	104.92	118.20	14
山 西	Shanxi	74.49	114.86	130.61	20	18.26	31.60	35.51	22
内蒙古	Inner Mongolia	54.14	123.15	112.02	23	12.07	31.82	31.41	23
辽 宁	Liaoning	251.27	334.97	384.15	15	47.15	89.48	92.59	17
吉 林	Jilin	66.83	123.74	108.33	24	14.37	41.07	30.15	24
黑龙江	Heilongjiang	104.16	129.51	127.71	21	25.75	39.97	42.73	19
上 海	Shanghai	420.49	942.91	1093.21	6	139.12	345.67	402.01	5
江 苏	Jiangsu	729.24	1772.93	1984.08	2	184.65	595.92	644.96	2
浙 江	Zhejiang	432.36	1042.18	1174.84	5	145.63	414.74	478.89	4
安 徽	Anhui	134.09	400.86	477.63	11	33.20	137.38	161.41	9
福 建	Fujian	137.70	386.76	460.77	12	42.71	143.70	180.52	7
江 西	Jiangxi	69.79	178.21	224.61	18	17.41	46.73	62.31	18
山 东	Shandong	580.73	1342.46	1499.40	3	135.18	359.34	396.08	6
河 南	Henan	173.98	419.20	499.55	10	44.34	126.60	150.09	11
湖 北	Hubei	225.48	519.22	611.36	7	49.92	142.94	160.93	10
湖 南	Hunan	162.85	422.56	506.42	9	40.42	130.44	141.41	12
广 东	Guangdong	695.77	1849.60	2145.04	1	286.43	817.92	955.25	1
广 西	Guangxi	52.70	103.07	126.97	22	15.03	34.54	38.81	21
海 南	Hainan	5.33	14.86	18.22	29	1.73	5.79	7.45	29
重 庆	Chongqing	77.87	246.43	305.07	17	21.82	86.32	106.08	15
四 川	Sichuan	197.35	485.70	554.70	8	56.10	140.48	177.88	8
贵 州	Guizhou	26.78	59.38	76.28	25	6.09	17.78	23.28	25
云 南	Yunnan	35.10	111.66	134.43	19	9.86	33.71	41.70	20
西 藏	Tibet	1.22	1.79	2.37	31	0.38	1.00	1.31	31
陕 西	Shaanxi	172.37	355.76	376.67	16	33.80	90.30	102.68	16
甘 肃	Gansu	35.88	72.76	73.10	26	9.83	20.57	20.92	26
青 海	Qinghai	8.17	11.34	15.56	30	2.09	4.70	5.50	30
宁 夏	Ningxia	9.30	25.30	31.54	28	2.79	8.23	8.70	28
新 疆	Xinjiang	23.35	47.74	49.97	27	7.34	12.74	13.55	27

17-6 按支出用途分研发(R&D)经费资产性支出和仪器、设备支出
R&D Assets Expenditure and Equipment by Purpose

单位：亿元 (100 million yuan)

地区	Region	研发(R&D)经费资产性支出 Assets Expenditure				其中：仪器和设备支出 Equipment			
		2010	2016	2017	2017排名 Ranking	2010	2016	2017	2017排名 Ranking
全　国	**National Total**	**1137.32**	**1981.49**	**2120.22**		**934.81**	**1732.02**	**1840.07**	
北　京	Beijing	165.89	203.54	193.90	4	118.79	156.71	149.64	4
天　津	Tianjin	44.21	92.46	61.21	14	34.96	67.90	40.91	16
河　北	Hebei	30.28	53.00	54.02	16	22.44	48.69	46.97	15
山　西	Shanxi	15.40	17.76	17.62	24	13.77	14.70	15.08	23
内蒙古	Inner Mongolia	9.58	24.36	20.31	20	9.17	21.29	18.68	21
辽　宁	Liaoning	36.20	37.75	45.74	17	30.39	29.59	39.29	17
吉　林	Jilin	8.97	15.93	19.68	21	7.29	14.24	18.75	20
黑龙江	Heilongjiang	18.88	22.99	18.88	23	16.45	17.96	14.15	24
上　海	Shanghai	61.22	106.40	111.99	5	50.86	81.85	82.72	6
江　苏	Jiangsu	128.71	253.94	275.98	1	113.04	240.64	256.67	1
浙　江	Zhejiang	61.87	88.45	91.50	6	58.79	82.97	84.28	5
安　徽	Anhui	29.63	74.28	87.29	8	23.30	66.71	78.06	8
福　建	Fujian	33.20	67.53	82.31	12	32.10	60.04	71.90	10
江　西	Jiangxi	17.36	29.10	31.19	18	15.55	26.55	28.65	18
山　东	Shandong	91.28	223.63	253.61	2	80.53	216.10	243.79	2
河　南	Henan	37.18	74.99	82.51	11	32.79	71.83	76.70	9
湖　北	Hubei	38.64	80.82	89.26	7	31.25	70.18	79.53	7
湖　南	Hunan	23.70	46.28	62.11	13	21.04	43.63	57.15	13
广　东	Guangdong	112.98	185.54	198.59	3	103.30	171.27	184.38	3
广　西	Guangxi	10.17	14.68	15.21	26	8.89	13.21	13.28	25
海　南	Hainan	1.70	6.85	4.89	29	1.10	3.66	1.55	30
重　庆	Chongqing	22.39	55.75	59.56	15	19.18	46.80	51.00	14
四　川	Sichuan	66.92	75.72	83.15	10	35.08	64.04	59.71	12
贵　州	Guizhou	3.19	14.02	19.60	22	2.52	12.10	16.62	22
云　南	Yunnan	9.07	21.11	23.33	19	7.39	17.72	19.57	19
西　藏	Tibet	0.24	0.42	0.49	31	0.22	0.42	0.47	31
陕　西	Shaanxi	45.13	63.79	84.27	9	32.76	44.79	62.72	11
甘　肃	Gansu	6.05	14.23	15.30	25	5.12	11.34	12.40	26
青　海	Qinghai	1.77	2.65	2.35	30	1.54	2.32	1.90	29
宁　夏	Ningxia	2.21	4.62	7.39	27	2.14	4.56	6.96	27
新　疆	Xinjiang	3.30	8.89	6.98	28	3.09	8.21	6.58	28

17-7 按资金来源分政府资金和企业资金经费内部支出

Government Funds and Self-raised Funds by Capital Source

单位：亿元　(100 million yuan)

地区	Region	政府资金 Government Funds				企业资金 Self-raised Funds			
		2010	2016	2017	2017排名 Ranking	2010	2016	2017	2017排名 Ranking
全　国	**National Total**	**1696.30**	**3140.81**	**3487.45**		**5063.14**	**11923.54**	**13464.94**	
北　京	Beijing	472.07	802.61	822.41	1	270.43	563.67	619.64	6
天　津	Tianjin	44.14	94.02	104.36	10	170.20	413.06	320.80	14
河　北	Hebei	27.39	55.77	67.99	14	122.02	318.95	374.68	12
山　西	Shanxi	13.16	25.14	21.84	25	74.87	103.92	122.45	19
内蒙古	Inner Mongolia	9.38	19.43	17.96	26	52.34	123.27	108.17	21
辽　宁	Liaoning	65.59	108.63	112.68	9	214.33	256.63	309.85	15
吉　林	Jilin	29.11	44.02	48.06	19	43.57	92.98	77.36	24
黑龙江	Heilongjiang	37.58	55.35	54.24	16	80.10	90.59	87.69	23
上　海	Shanghai	142.78	374.76	429.45	2	318.28	630.82	719.80	5
江　苏	Jiangsu	114.54	153.11	192.16	6	710.60	1746.41	1971.58	2
浙　江	Zhejiang	48.00	78.72	91.58	12	435.45	1033.25	1151.55	4
安　徽	Anhui	36.07	85.12	93.34	11	118.86	375.02	445.85	11
福　建	Fujian	17.61	49.82	61.22	15	148.45	390.85	467.95	10
江　西	Jiangxi	17.31	23.31	29.74	23	67.33	178.98	220.88	17
山　东	Shandong	58.88	107.59	121.95	8	600.17	1425.25	1596.17	3
河　南	Henan	31.71	49.39	52.77	17	172.49	429.21	508.88	8
湖　北	Hubei	61.94	114.05	137.61	7	192.68	467.78	546.20	7
湖　南	Hunan	26.57	56.32	70.49	13	150.98	404.08	488.21	9
广　东	Guangdong	65.76	186.60	240.40	4	708.93	1795.78	2047.59	1
广　西	Guangxi	15.21	27.26	38.45	21	45.19	85.14	97.19	22
海　南	Hainan	4.10	10.47	13.15	28	2.59	8.26	9.42	30
重　庆	Chongqing	20.82	44.02	50.75	18	75.53	244.18	297.32	16
四　川	Sichuan	149.50	240.42	245.56	3	108.90	293.02	360.26	13
贵　州	Guizhou	7.53	15.29	26.07	24	20.27	53.79	65.74	25
云　南	Yunnan	17.46	37.68	42.26	20	24.38	87.70	108.22	20
西　藏	Tibet	1.06	1.78	2.24	31	0.37	0.40	0.40	31
陕　西	Shaanxi	131.00	223.15	232.60	5	76.73	185.69	210.88	18
甘　肃	Gansu	16.27	30.02	33.51	22	24.00	53.25	50.71	26
青　海	Qinghai	3.12	5.21	6.19	30	6.41	8.59	11.50	29
宁　夏	Ningxia	2.67	6.30	11.05	29	8.65	23.20	27.58	28
新　疆	Xinjiang	7.98	15.44	15.36	27	18.05	39.80	40.44	27

17-8 按资金来源分国外资金和其他资金经费内部支出
Foreign Funds and Other Funds by Capital Source

单位：亿元 (100 million yuan)

地区	Region	国外资金 Foreign Funds 2010	2016	2017	2017排名 Ranking	其他资金 Other Funds 2010	2016	2017	2017排名 Ranking
全　国	**National Total**	**92.14**	**103.24**	**113.29**		**210.99**	**509.15**	**540.45**	
北　京	Beijing	30.06	32.26	49.05	1	49.26	86.03	88.55	2
天　津	Tianjin	8.24	17.61	19.64	2	6.99	12.62	13.92	13
河　北	Hebei	0.05	0.12	0.16	18	5.99	8.59	9.20	16
山　西	Shanxi	0.09	0.04	0.06	24	1.77	3.53	3.89	25
内蒙古	Inner Mongolia	1.09	0.17	0.16	17	0.92	4.63	6.03	20
辽　宁	Liaoning	0.64	0.80	1.29	9	6.91	6.65	6.07	19
吉　林	Jilin	0.17	0.20	0.20	16	2.95	2.46	2.38	26
黑龙江	Heilongjiang	0.11	0.04	0.05	26	5.25	6.53	4.61	22
上　海	Shanghai	6.80	16.19	17.17	3	13.83	27.55	38.78	4
江　苏	Jiangsu	11.55	12.46	7.07	4	21.27	114.89	89.26	1
浙　江	Zhejiang	3.27	2.10	1.56	7	7.53	16.56	21.66	8
安　徽	Anhui	0.22	0.74	0.77	10	8.57	14.25	24.96	7
福　建	Fujian	1.38	1.48	1.32	8	3.46	12.13	12.60	14
江　西	Jiangxi	0.24	0.13	0.08	22	2.26	4.89	5.11	21
山　东	Shandong	2.84	4.82	5.44	6	10.10	28.43	29.44	6
河　南	Henan	0.13	0.004	0.049	25	6.83	15.59	20.36	9
湖　北	Hubei	0.90	0.53	0.64	11	8.60	17.68	16.18	11
湖　南	Hunan	1.31	1.07	0.29	15	7.71	7.37	9.54	15
广　东	Guangdong	21.34	10.07	6.25	5	12.71	42.70	49.39	3
广　西	Guangxi	0.09	0.07	0.07	23	2.38	5.27	6.46	18
海　南	Hainan	0.01	0.04	0.02	27	0.32	2.93	0.52	28
重　庆	Chongqing	0.31	0.49	0.51	14	3.61	13.49	16.05	12
四　川	Sichuan	0.60	1.06	0.55	13	5.27	26.91	31.47	5
贵　州	Guizhou	0.02	0.08	0.11	19	2.15	4.25	3.97	24
云　南	Yunnan	0.21	0.27	0.10	21	2.12	7.11	7.18	17
西　藏	Tibet			0.00		0.03	0.04	0.23	30
陕　西	Shaanxi	0.13	0.28	0.56	12	9.65	10.44	16.89	10
甘　肃	Gansu	0.12	0.10	0.10	20	1.55	3.62	4.08	23
青　海	Qinghai	0.15			29	0.27	0.20	0.23	31
宁　夏	Ningxia		0.01			0.19	0.42	0.30	29
新　疆	Xinjiang	0.07	0.01	0.02	28	0.55	1.39	1.13	27

17-9 研发(R&D)经费外部支出合计和对境内研究机构支出
Total External Expenditure and Expenses to Domestic Research Institutions

单位：亿元 (100 million yuan)

地区	Region	研发(R&D)经费外部支出合计 Total External Expenditure				其中：对境内研究机构支出 To Domestic Research Institutions		
		2011	2016	2017	2017排名 Ranking	2016	2017	2017排名 Ranking
全 国	**National Total**	**494.34**	**888.09**	**1119.00**		**382.01**	**402.35**	
北 京	Beijing	81.21	108.06	170.56	2	47.68	75.41	2
天 津	Tianjin	10.63	24.87	20.73	14	13.31	5.60	16
河 北	Hebei	7.68	15.60	18.43	15	4.76	5.80	15
山 西	Shanxi	6.70	7.52	10.97	20	3.06	4.65	18
内蒙古	Inner Mongolia	3.81	6.61	5.66	25	1.93	1.41	27
辽 宁	Liaoning	11.04	23.24	35.03	9	6.51	7.44	12
吉 林	Jilin	4.34	8.97	12.48	19	3.07	3.28	20
黑龙江	Heilongjiang	11.06	12.13	13.19	18	5.98	4.16	19
上 海	Shanghai	31.16	70.58	95.61	4	12.82	10.98	8
江 苏	Jiangsu	51.47	70.93	85.55	5	25.80	24.86	3
浙 江	Zhejiang	36.24	80.46	101.23	3	26.62	14.43	7
安 徽	Anhui	15.39	21.35	25.73	12	5.48	7.44	11
福 建	Fujian	11.35	19.90	21.01	13	3.41	6.29	14
江 西	Jiangxi	9.21	7.27	10.57	21	3.46	5.20	17
山 东	Shandong	48.17	67.31	72.20	6	21.49	21.18	5
河 南	Henan	11.00	11.73	14.60	17	4.56	6.37	13
湖 北	Hubei	9.27	35.31	42.44	8	19.47	22.03	4
湖 南	Hunan	8.68	21.30	29.89	10	8.47	8.63	10
广 东	Guangdong	65.58	182.47	202.64	1	132.36	125.77	1
广 西	Guangxi	4.29	5.13	8.15	23	2.83	2.18	22
海 南	Hainan	0.84	3.24	2.32	28	2.76	1.63	25
重 庆	Chongqing	7.90	13.97	18.32	16	3.67	2.94	21
四 川	Sichuan	12.78	32.31	46.21	7	10.53	18.16	6
贵 州	Guizhou	1.41	3.45	4.90	26	1.79	1.80	23
云 南	Yunnan	3.00	5.14	6.20	24	1.43	1.42	26
西 藏	Tibet	0.09	0.06	0.07	31	0.04	0.05	31
陕 西	Shaanxi	15.81	20.54	28.64	11	4.96	9.39	9
甘 肃	Gansu	5.45	3.80	3.48	27	1.82	1.33	28
青 海	Qinghai	2.54	0.81	1.30	30	0.30	0.30	30
宁 夏	Ningxia	0.71	1.21	1.89	29	0.59	0.52	29
新 疆	Xinjiang	5.55	2.82	8.97	22	1.05	1.73	24

17-10 研究与试验发展对境内高等学校支出和对境内企业支出
Expenses to Domestic Higher Education and Domestic Enterprises

单位：亿元 (100 million yuan)

地区	Region	其中：对境内高等学校支出 To Domestic Higher Education				其中：对境内企业支出 To Domestic Enterprises			
		2011	2016	2017	2017排名 Ranking	2011	2016	2017	2017排名 Ranking
全　国	**National Total**	**101.25**	**110.90**	**124.26**		**113.91**	**283.11**	**444.99**	
北　京	Beijing	9.94	11.32	15.93	1	19.46	36.66	65.71	2
天　津	Tianjin	1.12	3.15	2.98	15	2.29	6.78	8.25	15
河　北	Hebei	2.38	3.44	2.87	16	0.99	6.10	8.79	13
山　西	Shanxi	2.11	1.91	1.45	21	1.19	2.27	3.31	22
内蒙古	Inner Mongolia	1.13	0.98	0.92	25	0.91	1.02	0.54	30
辽　宁	Liaoning	1.79	4.18	3.14	14	3.36	6.73	8.44	14
吉　林	Jilin	1.15	1.71	1.93	19	0.28	3.06	5.87	18
黑龙江	Heilongjiang	2.98	2.33	3.56	12	3.02	2.90	4.48	19
上　海	Shanghai	2.80	3.89	5.97	7	7.84	38.19	45.33	4
江　苏	Jiangsu	11.25	11.63	12.66	3	11.68	22.00	33.75	5
浙　江	Zhejiang	6.61	5.93	5.93	8	10.91	42.13	74.65	1
安　徽	Anhui	2.78	4.25	3.94	11	4.77	9.40	11.98	9
福　建	Fujian	2.11	2.11	2.41	18	1.83	8.95	6.98	16
江　西	Jiangxi	1.47	1.45	1.81	20	0.85	2.07	3.19	24
山　东	Shandong	15.75	15.11	14.53	2	8.16	19.69	23.62	6
河　南	Henan	2.62	3.91	3.40	13	2.21	2.79	4.20	21
湖　北	Hubei	3.03	6.01	7.35	5	2.51	7.37	10.68	12
湖　南	Hunan	2.30	5.02	5.87	9	1.12	7.02	14.21	8
广　东	Guangdong	12.79	5.87	7.75	4	20.24	25.91	49.59	3
广　西	Guangxi	1.11	0.81	0.92	26	0.93	1.06	4.42	20
海　南	Hainan	0.04	0.10	0.05	30	0.01	0.30	0.61	29
重　庆	Chongqing	1.22	2.25	2.48	17	0.35	6.99	11.98	10
四　川	Sichuan	4.31	5.94	6.42	6	2.45	9.33	19.13	7
贵　州	Guizhou	0.57	0.59	0.78	27	0.12	1.04	2.28	25
云　南	Yunnan	0.68	1.11	1.21	23	0.63	2.19	3.20	23
西　藏	Tibet	0.05	0.01	0.01	31			0.01	31
陕　西	Shaanxi	2.57	3.32	4.99	10	1.06	8.94	11.28	11
甘　肃	Gansu	1.38	1.52	1.37	22	0.44	0.43	0.73	28
青　海	Qinghai	2.21	0.14	0.17	29	0.01	0.34	0.79	27
宁　夏	Ningxia	0.33	0.34	0.29	28	0.03	0.28	0.98	26
新　疆	Xinjiang	0.69	0.56	1.16	24	4.25	1.18	6.00	17

17-11 研究与试验发展对境外机构支出和研究与试验发展（R&D）项目（课题）数
Number of R&D To Foreign Institutions and R&D Projects

地区	Region	对境外机构支出(亿元) To Foreign Institutions (100 million yuan)				研究与试验发展（R&D）项目（课题）数（项） R&D Projects (item)			
		2011	2016	2017	2017排名 Ranking	2011	2016	2017	2017排名 Ranking
全　国	**National Total**	**60.78**	**92.42**	**121.22**		**953124**	**1413445**	**159.63**	
北　京	Beijing	1.03	3.48	4.21	8	103526	135387	14.71	4
天　津	Tianjin	1.75	1.62	2.52	11	28882	39415	4.33	15
河　北	Hebei	0.68	1.30	0.96	17	22603	35207	3.90	17
山　西	Shanxi	0.21	0.21	0.52	22	11823	13631	1.62	24
内蒙古	Inner Mongolia	0.09	2.54	2.59	10	8211	11691	1.29	26
辽　宁	Liaoning	1.28	5.58	6.36	5	31235	41979	4.67	14
吉　林	Jilin	0.46	1.13	1.40	14	19356	25977	2.73	20
黑龙江	Heilongjiang	1.11	0.70	0.83	19	21374	22614	2.12	22
上　海	Shanghai	10.79	15.27	33.18	1	61757	75608	8.31	6
江　苏	Jiangsu	10.77	11.26	13.03	3	79100	138251	15.10	2
浙　江	Zhejiang	3.79	5.77	6.20	6	74091	129607	14.75	3
安　徽	Anhui	2.85	2.18	2.32	12	32520	47830	5.39	10
福　建	Fujian	2.87	5.34	5.25	7	26138	50270	5.76	9
江　西	Jiangxi	2.51	0.20	0.34	23	17722	28175	3.20	18
山　东	Shandong	4.81	9.91	12.47	4	59183	82245	9.85	5
河　南	Henan	0.26	0.47	0.62	21	28422	41513	4.99	13
湖　北	Hubei	0.24	1.82	1.88	13	45457	58613	6.33	8
湖　南	Hunan	0.88	0.78	1.13	15	37020	45423	5.08	12
广　东	Guangdong	9.80	18.26	19.21	2	78772	135652	17.02	1
广　西	Guangxi	0.30	0.42	0.63	20	20350	26046	2.92	19
海　南	Hainan		0.08	0.03	30	3466	5414	0.49	29
重　庆	Chongqing	2.74	1.05	0.91	18	19375	34864	4.09	16
四　川	Sichuan	0.61	1.33	1.12	16	41012	60416	7.18	7
贵　州	Guizhou	0.06	0.03	0.04	27	10975	17573	2.05	23
云　南	Yunnan	0.01	0.36	0.30	24	14363	24597	2.57	21
西　藏	Tibet					564	1177	0.13	31
陕　西	Shaanxi	0.13	1.25	2.95	9	32166	49311	5.38	11
甘　肃	Gansu	0.69	0.04	0.03	29	11545	14394	1.60	25
青　海	Qinghai	0.02	0.03	0.04	28	1357	2143	0.24	30
宁　夏	Ningxia	0.05	0.002	0.097	25	4053	6078	0.66	28
新　疆	Xinjiang	0.01	0.02	0.08	26	6706	12344	1.17	27

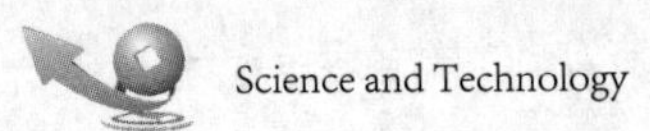

17-12 研究与试验发展(R&D)项目情况

R&D Projects Condition

地区	Region	R&D项目（课题）参加人员折合全时当量(人年) Participants (man-year)				R&D项目（课题）经费内部支出(亿元) Expenditure (100 million yuan)			
		2010	2016	2017	2017排名 Ranking	2010	2016	2017	2017排名 Ranking
全　国	**National Total**	**2553829**	**3533128**	**374.21**		**7062.58**	**13680.77**	**16361.26**	
北　京	Beijing	193718	226138	24.65	5	821.82	1148.73	1319.36	4
天　津	Tianjin	58771	107966	9.37	14	229.56	465.84	419.53	14
河　北	Hebei	62305	99414	10.33	13	155.45	327.94	423.27	13
山　西	Shanxi	46279	39453	4.51	19	89.88	106.50	137.72	19
内蒙古	Inner Mongolia	24765	33595	2.92	24	63.72	130.10	125.39	21
辽　宁	Liaoning	84654	77135	8.12	16	287.47	305.59	382.25	16
吉　林	Jilin	45313	36549	3.68	22	75.80	94.22	109.16	24
黑龙江	Heilongjiang	61854	49710	4.17	21	123.04	130.06	120.06	22
上　海	Shanghai	134952	168494	16.93	6	481.70	916.13	1083.68	6
江　苏	Jiangsu	315831	504178	52.18	2	857.95	1858.81	2186.63	2
浙　江	Zhejiang	223484	360174	38.43	3	494.23	1061.00	1226.60	5
安　徽	Anhui	64169	125307	13.27	8	163.72	426.42	527.20	11
福　建	Fujian	76737	120950	13.20	9	170.90	405.44	509.85	12
江　西	Jiangxi	34823	46055	5.65	18	87.15	198.63	246.87	18
山　东	Shandong	190329	273917	28.27	4	672.00	1369.34	1702.16	3
河　南	Henan	101467	151035	14.95	7	211.17	443.74	561.99	9
湖　北	Hubei	97924	119239	12.54	11	264.12	493.02	656.09	7
湖　南	Hunan	72637	108887	12.04	12	186.56	403.24	546.91	10
广　东	Guangdong	344692	476730	54.00	1	808.75	1902.05	2225.89	1
广　西	Guangxi	33987	35765	3.34	23	62.87	96.14	118.77	23
海　南	Hainan	4893	5229	0.51	29	7.02	12.76	15.06	29
重　庆	Chongqing	37078	62271	7.39	17	100.27	257.94	337.47	17
四　川	Sichuan	83800	111666	13.14	10	264.27	449.83	577.75	8
贵　州	Guizhou	15087	21679	2.58	25	29.97	67.31	86.55	25
云　南	Yunnan	22552	36941	4.35	20	44.17	111.99	134.86	20
西　藏	Tibet	1259	880	0.10	31	1.46	1.46	1.72	31
陕　西	Shaanxi	73218	85626	8.89	15	217.50	355.42	407.11	15
甘　肃	Gansu	21661	21341	1.97	26	41.94	63.19	71.38	26
青　海	Qinghai	4858	3472	0.48	30	9.94	9.97	15.06	30
宁　夏	Ningxia	6378	8398	0.93	28	11.51	25.07	33.44	28
新　疆	Xinjiang	14382	14935	1.33	27	26.65	42.90	51.46	27

17-13 国家产业化计划项目
Projects of National Industrialization Program

地区	Region	项目数（项） Number of Projects (item)				当年落实资金（亿元） Funds Arranged (100 million yuan)			
		2010	2012	2013	2013排名 Ranking	2010	2012	2013	2013排名 Ranking
全 国	**National Total**	**8238**	**9585**	**10481**		**865.04**	**1045.31**	**1022.06**	
北 京	Beijing	256	241	307	6	15.25	12.01	15.38	14
天 津	Tianjin	117	151	159	16	6.04	20.24	14.55	15
河 北	Hebei	132	112	107	26	37.07	15.81	6.06	26
山 西	Shanxi	125	112	130	18	11.98	11.06	14.23	17
内蒙古	Inner Mongolia	73	78	87	27	35.40	12.35	8.99	22
辽 宁	Liaoning	209	229	248	9	37.62	41.28	43.16	7
吉 林	Jilin	162	137	124	21	24.53	16.65	11.35	20
黑龙江	Heilongjiang	198	150	153	17	13.36	14.20	12.42	19
上 海	Shanghai	146	172	161	15	9.31	14.07	10.63	21
江 苏	Jiangsu	1542	2194	2171	2	172.58	242.71	216.49	1
浙 江	Zhejiang	1575	2036	2266	1	91.85	101.64	106.97	3
安 徽	Anhui	313	448	528	5	39.34	57.97	97.38	4
福 建	Fujian	223	262	249	8	13.54	13.33	14.29	16
江 西	Jiangxi	167	153	188	13	17.09	14.96	20.72	10
山 东	Shandong	787	862	962	3	132.94	175.25	137.73	2
河 南	Henan	173	216	205	11	21.30	58.67	53.98	5
湖 北	Hubei	246	241	274	7	27.22	39.33	42.96	8
湖 南	Hunan	147	89	121	23	23.89	10.12	18.75	11
广 东	Guangdong	448	472	631	4	30.68	38.00	37.91	9
广 西	Guangxi	83	98	124	21	10.95	6.91	6.06	27
海 南	Hainan	50	44	55	29	1.98	3.49	4.16	30
重 庆	Chongqing	118	106	110	25	15.74	9.50	8.33	23
四 川	Sichuan	231	171	182	14	22.76	28.02	43.61	6
贵 州	Guizhou	75	97	128	20	3.20	8.81	5.62	28
云 南	Yunnan	114	131	117	24	12.25	24.76	14.11	18
西 藏	Tibet	13	21	24	31	0.21	0.31	0.35	31
陕 西	Shaanxi	186	180	231	10	12.16	13.22	16.79	13
甘 肃	Gansu	124	112	130	18	3.49	4.63	4.90	29
青 海	Qinghai	42	50	63	28	7.85	13.22	7.79	25
宁 夏	Ningxia	63	46	49	30	6.86	5.47	7.86	24
新 疆	Xinjiang	100	174	197	12	6.59	17.31	18.52	12

17-14 国内专利和发明申请受理数

Number of Domestic Patent Applications Accepted and Number of Invention

单位：件 (piece)

地区	Region	国内专利申请受理数 Number of Domestic Patent Applications Accepted				其中：发明 Invention			
		2010	2016	2017	2017排名 Ranking	2010	2016	2017	2017排名 Ranking
全　国	**National Total**	**1109428**	**3305225**	**3536333**		**293066**	**1204981**	**1245709**	
北　京	Beijing	57296	189129	185928	5	33466	104643	99167	3
天　津	Tianjin	25973	106514	86996	13	7347	38153	25652	15
河　北	Hebei	12295	54838	61288	17	3270	14141	13982	18
山　西	Shanxi	7927	20031	20697	24	3046	8208	7379	24
内蒙古	Inner Mongolia	2912	10672	11701	27	932	2878	2845	27
辽　宁	Liaoning	34216	52603	49871	19	9884	25561	20500	16
吉　林	Jilin	6445	18922	20450	25	2789	7537	7780	23
黑龙江	Heilongjiang	10269	35293	30958	21	4070	13177	10607	21
上　海	Shanghai	71196	119937	131740	8	26165	54339	54630	8
江　苏	Jiangsu	235873	512429	514402	2	50298	184632	187005	1
浙　江	Zhejiang	120742	393147	377115	3	18027	93254	98975	4
安　徽	Anhui	47128	172552	175872	6	6396	95963	93527	5
福　建	Fujian	21994	130376	128079	9	5117	27041	26456	14
江　西	Jiangxi	6307	60494	70591	15	1968	8202	11507	20
山　东	Shandong	80856	212911	204859	4	17259	88359	67772	6
河　南	Henan	25149	94669	119240	10	6408	28582	35625	12
湖　北	Hubei	31311	95157	110234	11	7411	43789	51569	9
湖　南	Hunan	22381	67779	77934	14	6438	25524	31365	13
广　东	Guangdong	152907	505667	627834	1	40866	155581	182639	2
广　西	Guangxi	5117	59239	56988	18	1574	43078	37976	11
海　南	Hainan	1019	3658	4564	29	572	1278	1627	29
重　庆	Chongqing	22825	59518	64648	16	5150	19981	19297	17
四　川	Sichuan	40230	142522	167484	7	8342	54277	64642	7
贵　州	Guizhou	4414	25315	34610	20	1322	10953	13885	19
云　南	Yunnan	5645	23709	28695	22	2333	7907	7801	22
西　藏	Tibet	162	712	1097	31	76	176	273	31
陕　西	Shaanxi	22949	69611	98935	12	8138	22565	46607	10
甘　肃	Gansu	3558	20276	24448	23	1412	6114	5785	25
青　海	Qinghai	602	3284	3181	30	193	1381	949	30
宁　夏	Ningxia	739	6149	8575	28	268	2510	2561	28
新　疆	Xinjiang	3560	14105	14260	26	914	3598	3207	26

17-15 实用新型和外观设计申请受理数

Number of Processing Applications of Utility Model and Design

单位：件 (piece)

地区	Region	其中：实用新型 Utility Model				其中：外观设计 Design			
		2010	2016	2017	2017排名 Ranking	2010	2016	2017	2017排名 Ranking
全 国	**National Total**	**407238**	**1468295**	**1679807**		**409124**	**631949**	**610817**	
北 京	Beijing	18637	64496	68400	8	5193	19990	18361	9
天 津	Tianjin	11064	63589	56675	11	7562	4772	4669	18
河 北	Hebei	7089	30253	36134	15	1936	10444	11172	13
山 西	Shanxi	3533	10079	11719	24	1348	1744	1599	26
内蒙古	Inner Mongolia	1406	6401	7468	27	574	1393	1388	27
辽 宁	Liaoning	14994	22996	25456	18	9338	4046	3915	20
吉 林	Jilin	2993	9647	10964	25	663	1738	1706	25
黑龙江	Heilongjiang	4815	18856	17963	19	1384	3260	2388	23
上 海	Shanghai	23188	51836	60925	10	21843	13762	16185	11
江 苏	Jiangsu	51436	192636	219503	2	134139	135161	107894	2
浙 江	Zhejiang	50231	199244	191372	3	52484	100649	86768	3
安 徽	Anhui	17367	67031	72333	7	23365	9558	10012	14
福 建	Fujian	10846	78176	76724	5	6031	25159	24899	5
江 西	Jiangxi	2947	32631	39496	13	1392	19661	19588	7
山 东	Shandong	43441	106100	118252	4	20156	18452	18835	8
河 南	Henan	13856	51358	66803	9	4885	14729	16812	10
湖 北	Hubei	12791	42181	49744	12	11109	9187	8921	15
湖 南	Hunan	9601	29635	33073	16	6342	12620	13496	12
广 东	Guangdong	47706	203609	283564	1	64335	146477	161631	1
广 西	Guangxi	2512	11599	14595	22	1031	4562	4417	19
海 南	Hainan	312	1854	2242	29	135	526	695	28
重 庆	Chongqing	11985	32099	37525	14	5690	7438	7826	16
四 川	Sichuan	16671	58088	73789	6	15217	30157	29053	4
贵 州	Guizhou	2441	11081	16898	21	651	3281	3827	21
云 南	Yunnan	2212	13549	17867	20	1100	2253	3027	22
西 藏	Tibet	33	410	652	31	53	126	172	31
陕 西	Shaanxi	7939	27149	31595	17	6872	19897	20733	6
甘 肃	Gansu	1592	10272	13691	23	554	3890	4972	17
青 海	Qinghai	129	1569	1946	30	280	334	286	30
宁 夏	Ningxia	397	3329	5633	28	74	310	381	29
新 疆	Xinjiang	2272	7999	8927	26	374	2508	2126	24

17-16 国内专利和发明申请授权数
Number of Domestic Patents Applications Granted and Number of Invention

单位：件 (piece)

地区	Region	国内专利申请授权数 Number of Domestic Patents Applications Granted				其中：发明 Invention			
		2010	2016	2017	2017排名 Ranking	2010	2016	2017	2017排名 Ranking
全　国	**National Total**	**740620**	**1628881**	**1720828**		**79767**	**302136**	**326970**	
北　京	Beijing	33511	100578	106948	4	11209	40602	46091	1
天　津	Tianjin	11006	39734	41675	12	1930	5185	5844	16
河　北	Hebei	10061	31826	35348	14	954	4247	4927	18
山　西	Shanxi	4752	10062	11311	23	739	2411	2382	21
内蒙古	Inner Mongolia	2096	5846	6271	27	262	871	848	27
辽　宁	Liaoning	17093	25104	26495	18	2357	6731	7708	14
吉　林	Jilin	4343	9995	11090	24	785	2428	3057	20
黑龙江	Heilongjiang	6780	18046	18221	19	1512	4345	4947	17
上　海	Shanghai	48215	64230	72806	6	6867	20086	20681	5
江　苏	Jiangsu	138382	231033	227187	2	7210	40952	41518	3
浙　江	Zhejiang	114643	221456	213805	3	6410	26576	28742	4
安　徽	Anhui	16012	60983	58213	9	1111	15292	12440	7
福　建	Fujian	18063	67142	68304	7	1224	7170	8718	11
江　西	Jiangxi	4349	31472	33029	17	411	1914	2238	23
山　东	Shandong	51490	98093	100522	5	4106	19404	19090	6
河　南	Henan	16539	49145	55407	10	1498	6811	7914	12
湖　北	Hubei	17362	41822	46369	11	2025	8517	10880	9
湖　南	Hunan	13873	34050	37916	13	1920	6967	7909	13
广　东	Guangdong	119343	259032	332652	1	13691	38626	45740	2
广　西	Guangxi	3647	14858	15270	20	426	5159	4553	19
海　南	Hainan	714	1939	2133	29	190	383	373	29
重　庆	Chongqing	12080	42738	34780	15	1143	5044	6138	15
四　川	Sichuan	32212	62445	64006	8	2204	10350	11367	8
贵　州	Guizhou	3086	10425	12559	22	441	2036	1875	24
云　南	Yunnan	3823	12032	14230	21	652	2125	2259	22
西　藏	Tibet	124	245	420	31	16	33	42	31
陕　西	Shaanxi	10034	48455	34554	16	1887	7503	8774	10
甘　肃	Gansu	1868	7975	9672	25	349	1308	1340	25
青　海	Qinghai	264	1357	1580	30	41	271	240	30
宁　夏	Ningxia	1081	2677	4244	28	61	560	657	28
新　疆	Xinjiang	2562	7116	8094	26	189	910	950	26

17-17　实用新型和外观设计申请授权数
Number of Applications of Utility Model and Design

单位：件　(piece)

地区	Region	其中：实用新型 Utility Model				其中：外观设计 Design			
		2010	2016	2017	2017排名 Ranking	2010	2016	2017	2017排名 Ranking
全　国	**National Total**	**342256**	**897035**	**967416**		**318597**	**429710**	**426442**	
北　京	Beijing	16579	44710	46011	5	5723	15266	14846	6
天　津	Tianjin	6718	31046	32353	11	2358	3503	3478	17
河　北	Hebei	6838	19762	21841	14	2269	7817	8580	13
山　西	Shanxi	3096	6532	7730	23	917	1119	1199	26
内蒙古	Inner Mongolia	1276	3981	4453	27	558	994	970	27
辽　宁	Liaoning	12067	15515	15821	18	2669	2858	2966	18
吉　林	Jilin	2806	6179	6673	24	752	1388	1360	25
黑龙江	Heilongjiang	4391	11707	11395	19	877	1994	1879	22
上　海	Shanghai	21821	34101	39942	6	19527	10043	12183	9
江　苏	Jiangsu	41161	117827	126482	2	90011	72254	59187	3
浙　江	Zhejiang	47617	123744	114311	3	60616	71136	70752	2
安　徽	Anhui	8839	38773	38304	8	6062	6918	7469	14
福　建	Fujian	9664	42110	39608	7	7175	17862	19978	4
江　西	Jiangxi	2588	17939	17613	16	1350	11619	13178	8
山　东	Shandong	36391	66068	67005	4	10993	12621	14427	7
河　南	Henan	11048	32197	35822	9	3993	10137	11671	10
湖　北	Hubei	10431	27209	28867	12	4906	6096	6622	15
湖　南	Hunan	7861	18452	20337	15	4092	8631	9670	11
广　东	Guangdong	43900	118157	169017	1	61752	102249	117895	1
广　西	Guangxi	2167	6535	7755	22	1054	3164	2962	19
海　南	Hainan	305	1171	1285	29	219	385	475	28
重　庆	Chongqing	6704	30428	23261	13	4233	7266	5381	16
四　川	Sichuan	12724	31813	33613	10	17284	20282	19026	5
贵　州	Guizhou	1936	6525	7986	21	709	1864	2698	20
云　南	Yunnan	2026	8063	10085	20	1145	1844	1886	21
西　藏	Tibet	49	154	257	31	59	58	121	31
陕　西	Shaanxi	6093	17084	17003	17	2054	23868	8777	12
甘　肃	Gansu	1131	5075	6637	25	388	1592	1695	23
青　海	Qinghai	134	883	1079	30	89	203	261	29
宁　夏	Ningxia	307	1947	3345	28	713	170	242	30
新　疆	Xinjiang	2012	4828	5630	26	361	1378	1514	24

17-18 国内有效专利数和发明专利数

Number of Domestic Patents in Force and Number of Invention

单位：件 (piece)

地区	Region	国内有效专利数 Number of Domestic Patents in Force				其中：发明 Invention			
		2010	2016	2017	2017排名 Ranking	2010	2016	2017	2017排名 Ranking
全　国	**National Total**	**1825403**	**5527183**	**6324215**		**257893**	**1158203**	**1413911**	
北　京	Beijing	100623	417666	494941	4	38996	166722	205320	2
天　津	Tianjin	29672	124443	144706	12	6516	22663	28601	15
河　北	Hebei	27472	105490	128291	14	3122	15755	21499	17
山　西	Shanxi	11998	38702	44848	22	2473	9896	11675	20
内蒙古	Inner Mongolia	5935	20007	23846	27	838	3734	4505	26
辽　宁	Liaoning	45241	101657	113693	17	8155	27915	33270	12
吉　林	Jilin	13201	34101	39892	24	2954	9255	11585	21
黑龙江	Heilongjiang	21010	61245	65756	19	4362	16137	20007	18
上　海	Shanghai	126178	285877	329442	6	23843	85049	100433	5
江　苏	Jiangsu	273249	740215	809379	2	19682	146859	179963	3
浙　江	Zhejiang	268471	732438	785190	3	17955	91373	109952	4
安　徽	Anhui	32460	188240	212785	9	2972	39104	47734	7
福　建	Fujian	44116	197393	226325	7	3295	23793	31006	13
江　西	Jiangxi	10931	73745	94531	18	1322	6896	8936	23
山　东	Shandong	111295	312937	351351	5	11080	62005	74590	6
河　南	Henan	39972	148862	174998	10	4501	22601	28615	14
湖　北	Hubei	40580	143802	169585	11	6315	31567	40410	9
湖　南	Hunan	32516	122584	142224	13	6289	27863	34774	10
广　东	Guangdong	325566	940138	1165677	1	41891	168480	208502	1
广　西	Guangxi	10503	45928	54582	20	1332	14222	18157	19
海　南	Hainan	2097	7366	8442	29	446	2394	2344	28
重　庆	Chongqing	30947	116201	121604	15	3136	16737	22306	16
四　川	Sichuan	66644	193737	215601	8	6533	36815	44511	8
贵　州	Guizhou	8995	37562	43048	23	1616	7019	8408	24
云　南	Yunnan	11363	40583	50223	21	2344	9011	10551	22
西　藏	Tibet	529	989	1474	31	60	394	539	31
陕　西	Shaanxi	24158	116270	119892	16	5604	27599	33752	11
甘　肃	Gansu	5318	22593	28222	25	1143	5022	6045	25
青　海	Qinghai	857	3962	5107	30	159	904	1182	30
宁　夏	Ningxia	2790	7220	10288	28	256	1680	2216	29
新　疆	Xinjiang	7225	24531	28064	26	665	3762	4458	27

17-19 实用新型和外观设计有效专利数

Number of Patents in Force of Utility Model and Design

单位：件 (piece)

地区	Region	其中：实用新型 Utility Model				其中：外观设计 Design			
		2010	2016	2017	2017排名 Ranking	2010	2016	2017	2017排名 Ranking
全　国	**National Total**	**849454**	**3118410**	**3563389**		**718056**	**1250570**	**1346915**	
北　京	Beijing	46830	203533	231317	4	14797	47411	58304	5
天　津	Tianjin	17341	89667	103717	12	5815	12113	12388	17
河　北	Hebei	18375	68809	80716	13	5975	20926	26076	12
山　西	Shanxi	7460	24638	28663	21	2065	4168	4510	25
内蒙古	Inner Mongolia	3367	12936	15592	27	1730	3337	3749	27
辽　宁	Liaoning	30790	63929	69555	16	6296	9813	10868	18
吉　林	Jilin	7931	20395	23286	24	2316	4451	5021	23
黑龙江	Heilongjiang	14075	38405	39270	19	2573	6703	6479	22
上　海	Shanghai	57406	160744	182459	6	44929	40084	46550	8
江　苏	Jiangsu	92315	419226	473244	2	161252	174130	156172	3
浙　江	Zhejiang	105336	410069	437039	3	145180	230996	238199	2
安　徽	Anhui	17357	126067	139040	7	12131	23069	26011	13
福　建	Fujian	22496	118556	134193	8	18325	55044	61126	4
江　西	Jiangxi	6315	42845	54462	18	3294	24004	31133	9
山　东	Shandong	73761	208963	227491	5	26454	41969	49270	7
河　南	Henan	25431	100870	115789	10	10040	25391	30594	10
湖　北	Hubei	23873	94161	108329	11	10392	18074	20846	16
湖　南	Hunan	17900	70435	79679	14	8327	24286	27771	11
广　东	Guangdong	125237	443368	574463	1	158438	328290	382712	1
广　西	Guangxi	6041	23297	26744	23	3130	8409	9681	19
海　南	Hainan	918	3693	4545	29	733	1279	1553	28
重　庆	Chongqing	15732	76390	77986	15	12079	23074	21312	15
四　川	Sichuan	26264	105859	120675	9	33847	51063	50415	6
贵　州	Guizhou	5564	22725	27291	22	1815	7818	7349	20
云　南	Yunnan	5461	25196	32474	20	3558	6376	7198	21
西　藏	Tibet	112	292	552	31	357	303	383	31
陕　西	Shaanxi	14325	55903	61741	17	4229	32768	24399	14
甘　肃	Gansu	3235	14398	18066	26	940	3173	4111	26
青　海	Qinghai	366	2247	3072	30	332	811	853	29
宁　夏	Ningxia	1026	4935	7361	28	1508	605	711	30
新　疆	Xinjiang	5211	16165	18792	25	1349	4604	4814	24

17-20 商标注册申请数和核准注册量

Number of Registrations Applications and Approved of Trademark

单位：件 (piece)

地区	Region	商标注册申请数 Registrations Applications 2010	2016	2017	2017排名 Ranking	商标核准注册量 Registrations Approved 2010	2016	2017	2017排名 Ranking
全 国	**National Total**	**973460**	**3526827**	**5538980**		**1211428**	**2119032**	**2656039**	
北 京	Beijing	74954	372387	490086	3	101093	213587	264231	2
天 津	Tianjin	13683	34933	49849	23	12014	22504	26938	20
河 北	Hebei	24400	96475	164274	10	32496	55139	74171	10
山 西	Shanxi	8209	25980	40016	26	11101	15127	19948	26
内蒙古	Inner Mongolia	9325	28847	46580	24	11319	17121	21782	25
辽 宁	Liaoning	18854	59860	85977	17	25262	36150	44794	15
吉 林	Jilin	8851	30794	52815	22	11942	19948	22807	24
黑龙江	Heilongjiang	10862	42109	60122	19	16860	24615	31856	19
上 海	Shanghai	60243	257616	343879	5	70417	158380	192661	4
江 苏	Jiangsu	66306	209900	352736	4	83666	125314	159474	5
浙 江	Zhejiang	123739	327572	546987	2	173403	193348	254918	3
安 徽	Anhui	19527	88042	163261	11	22861	47643	65423	12
福 建	Fujian	56931	175392	296171	6	67586	102858	128709	7
江 西	Jiangxi	14443	57838	105660	14	16194	31563	43806	17
山 东	Shandong	49941	184490	284475	7	66944	109047	141238	6
河 南	Henan	32475	129946	208393	8	36282	74276	97536	8
湖 北	Hubei	19863	79095	145367	12	24744	47821	59600	13
湖 南	Hunan	21018	87800	138400	13	25709	52348	66897	11
广 东	Guangdong	171352	689434	1095053	1	213550	410207	514024	1
广 西	Guangxi	9490	35229	55794	20	10907	19616	26095	21
海 南	Hainan	3810	13454	21175	28	4371	8637	9953	28
重 庆	Chongqing	20082	67024	102532	15	19373	45777	52639	14
四 川	Sichuan	32688	126300	194765	9	39488	73986	93701	9
贵 州	Guizhou	6968	33404	53766	21	6859	17904	23488	23
云 南	Yunnan	15102	54969	80246	18	15958	37991	42064	18
西 藏	Tibet	494	4388	10511	30	820	2572	3264	31
陕 西	Shaanxi	21562	59416	88754	16	18107	36041	44481	16
甘 肃	Gansu	2975	17958	24920	27	3856	7580	12835	27
青 海	Qinghai	1609	6716	10444	31	2600	3303	4799	30
宁 夏	Ningxia	2418	9439	13368	29	2228	5932	7150	29
新 疆	Xinjiang	7632	34136	40560	25	10898	19648	25426	22

17-21 技术市场成交合同数和合同金额

Number of Contract Deals and Value of Contract Deals in Domestic Technical Markets

地区	Region	技术市场成交合同数（项）Number of Contract Deals (item)				技术市场成交合同金额（亿元）Value of Contract Deals (100 million yuan)			
		2010	2016	2017	2017排名 Ranking	2010	2016	2017	2017排名 Ranking
全　国	**National Total**	**229601**	**320437**	**367586**		**3906.58**	**11406.98**	**13424.22**	
北　京	Beijing	50847	74983	81311	1	1579.54	3940.98	4486.89	1
天　津	Tianjin	9540	12934	12168	12	119.34	552.64	551.44	7
河　北	Hebei	4517	3846	4397	18	19.29	59.00	88.92	19
山　西	Shanxi	835	804	870	27	18.49	42.56	94.15	18
内蒙古	Inner Mongolia	1231	605	678	28	27.15	12.05	19.61	27
辽　宁	Liaoning	15589	13004	14799	9	130.68	323.22	385.83	10
吉　林	Jilin	3424	5673	7337	13	18.81	116.42	219.92	13
黑龙江	Heilongjiang	1983	1738	2836	21	52.91	125.81	146.71	16
上　海	Shanghai	25945	20843	21223	6	431.44	780.99	810.62	5
江　苏	Jiangsu	19815	29430	37263	2	249.34	635.64	778.42	6
浙　江	Zhejiang	12826	14808	13704	10	60.35	198.37	324.73	11
安　徽	Anhui	4831	12966	18211	7	46.15	217.37	249.57	12
福　建	Fujian	5120	5115	5893	14	35.66	43.22	75.46	23
江　西	Jiangxi	2250	1985	2405	22	23.05	79.01	96.21	17
山　东	Shandong	7865	22068	25720	4	100.68	395.95	511.64	8
河　南	Henan	4611	4270	5878	15	27.20	58.71	76.85	22
湖　北	Hubei	6638	23964	24444	5	90.72	903.84	1033.08	2
湖　南	Hunan	5137	3980	5725	17	40.09	105.63	203.19	14
广　东	Guangdong	17493	17322	17178	8	235.89	758.17	937.08	3
广　西	Guangxi	258	1832	2039	24	4.14	33.99	39.42	26
海　南	Hainan	213	311	321	30	3.27	3.44	4.11	30
重　庆	Chongqing	2201	2053	2070	23	79.44	147.19	51.36	25
四　川	Sichuan	9003	11563	12826	11	54.74	299.30	405.83	9
贵　州	Guizhou	650	974	2950	20	7.72	20.44	80.74	21
云　南	Yunnan	1047	2607	3500	19	10.88	58.26	84.76	20
西　藏	Tibet			3	31			0.04	31
陕　西	Shaanxi	9470	21037	31357	3	102.41	802.79	920.94	4
甘　肃	Gansu	2503	5255	5852	16	43.08	150.66	162.96	15
青　海	Qinghai	460	986	1016	25	11.41	56.92	67.72	24
宁　夏	Ningxia	501	990	980	26	1.00	4.05	6.67	28
新　疆	Xinjiang	1700	705	468	29	4.52	4.28	5.76	29

17-22 技术市场技术流向地域的合同数和合同金额

Number and Value of Contract Inflows and Value of Contract Inflows to Domestic Technical Markets

地区	Region	技术流向地域合同数（项） Contract Inflows to Domestic Technical Markets (item)				技术流向地域合同金额（亿元） Value of Contract Inflows to Domestic Technical Markets (100 million yuan)			
		2010	2016	2017	2017排名 Ranking	2010	2016	2017	2017排名 Ranking
全　国	**National Total**	**229601**	**320437**	**367586**		**3906.58**	**11406.98**	**13424.22**	
北　京	Beijing	33370	55480	55944	1	497.95	1753.24	1887.52	1
天　津	Tianjin	7291	9612	10208	12	103.85	389.20	421.23	10
河　北	Hebei	5664	6956	8109	13	129.17	184.29	303.24	11
山　西	Shanxi	2627	3104	3495	26	50.92	234.08	249.32	14
内蒙古	Inner Mongolia	2901	2656	3579	24	86.26	142.71	157.46	23
辽　宁	Liaoning	12691	10884	12685	10	184.06	200.03	290.99	12
吉　林	Jilin	3529	4916	6817	16	41.40	93.11	199.37	17
黑龙江	Heilongjiang	2824	3733	4188	21	56.24	175.51	115.02	25
上　海	Shanghai	24162	22589	22661	5	329.12	431.99	712.14	4
江　苏	Jiangsu	19463	27370	38911	2	327.79	905.59	919.55	3
浙　江	Zhejiang	15313	18120	18444	7	106.40	288.32	469.87	9
安　徽	Anhui	5318	13011	17953	8	51.63	201.67	270.68	13
福　建	Fujian	5305	6334	7826	14	44.22	278.70	179.12	20
江　西	Jiangxi	2774	3112	3613	23	31.51	188.10	199.08	18
山　东	Shandong	9993	23121	27003	4	126.90	505.24	675.98	6
河　南	Henan	5410	5762	7473	15	44.05	154.05	201.94	16
湖　北	Hubei	6591	15038	15736	9	137.04	642.03	677.74	5
湖　南	Hunan	5124	4597	5816	18	38.25	102.08	177.76	21
广　东	Guangdong	19910	24833	27507	3	243.54	792.56	1451.40	2
广　西	Guangxi	1351	3466	3914	22	14.81	68.77	78.30	28
海　南	Hainan	756	1329	1512	30	19.30	39.76	81.24	27
重　庆	Chongqing	2310	3525	3564	25	88.49	524.89	234.10	15
四　川	Sichuan	8331	11564	12147	11	72.33	331.79	536.61	7
贵　州	Guizhou	1849	2777	5615	19	21.88	167.38	193.30	19
云　南	Yunnan	2824	4564	5514	20	37.72	171.44	177.10	22
西　藏	Tibet	211	511	506	31	3.24	19.51	21.96	31
陕　西	Shaanxi	6775	14626	19498	6	59.75	359.10	521.86	8
甘　肃	Gansu	2462	5772	5973	17	30.77	172.73	147.31	24
青　海	Qinghai	882	1958	2335	28	24.52	79.26	77.52	29
宁　夏	Ningxia	1012	1717	2026	29	12.61	42.72	77.01	30
新　疆	Xinjiang	3103	2691	2569	27	27.60	93.61	98.55	26

17-23 国外技术引进合同数和合同金额
Number and Value of Foreign Technology Contracts Imported

地区	Region	国外技术引进合同数（项） Number of Contracts Imported (item)				国外技术引进合同金额（亿美元） Value of Contracts Imported (100 million USD)			
		2010	2016	2017	2017排名 Ranking	2010	2016	2017	2017排名 Ranking
全 国	**National Total**	**11253**	**6806**	**7361**		**256.36**	**307.28**	**328.27**	
北 京	Beijing	1359	543	560	5	29.95	22.10	27.40	5
天 津	Tianjin	510	202	166	12	12.20	10.39	9.81	9
河 北	Hebei	97	42	68	16	1.13	1.23	2.62	15
山 西	Shanxi	41	6	8	26	1.85	0.13	0.57	21
内蒙古	Inner Mongolia	17	4	5	27	0.53	0.35	0.38	23
辽 宁	Liaoning	767	220	227	9	12.21	3.92	4.73	13
吉 林	Jilin	400	186	104	15	4.55	7.11	1.37	17
黑龙江	Heilongjiang	23	15	13	24	1.07	2.25	2.34	16
上 海	Shanghai	2548	1668	2127	1	34.11	42.79	50.78	2
江 苏	Jiangsu	907	755	948	2	33.89	30.76	38.04	4
浙 江	Zhejiang	866	610	641	4	9.30	9.09	21.29	6
安 徽	Anhui	207	237	237	8	5.41	4.33	3.31	14
福 建	Fujian	276	158	112	14	6.68	13.69	6.73	11
江 西	Jiangxi	95	127	139	13	1.01	1.42	1.21	18
山 东	Shandong	738	418	477	6	8.00	8.42	9.03	10
河 南	Henan	60	42	32	19	2.71	0.44	0.50	22
湖 北	Hubei	142	212	187	11	2.84	13.52	12.60	7
湖 南	Hunan	61	57	67	17	1.52	3.11	10.27	8
广 东	Guangdong	1059	769	645	3	33.04	91.69	68.90	1
广 西	Guangxi	76	29	23	21	1.68	0.30	0.37	24
海 南	Hainan	31	8	13	24	0.68	0.73	0.33	25
重 庆	Chongqing	276	210	222	10	20.54	29.03	48.85	3
四 川	Sichuan	434	211	242	7	4.04	6.42	4.95	12
贵 州	Guizhou	10	7	14	23	0.05	2.69	0.63	20
云 南	Yunnan	104	23	34	18	0.93	0.13	0.11	28
西 藏	Tibet								
陕 西	Shaanxi	51	16	15	22	1.40	0.20	0.71	19
甘 肃	Gansu	6	1	1	29	0.07	0.03	0.05	29
青 海	Qinghai	13	2			0.51	0.05		
宁 夏	Ningxia	7	1	5	27	0.18	0.80	0.23	26
新 疆	Xinjiang	16	26	27	20	0.60	0.13	0.13	27

17-24 规模以上工业企业R&D经费内部支出和项目经费支出

Intramural Expenditure on R&D and Expenditure on R&D Project in Industrial Enterprises above Designated Size

单位：亿元 (100 million yuan)

地区	Region	R&D经费内部支出 Intramural Expenditure on R&D				R&D项目经费支出 Expenditure on R&D Project			
		2010	2016	2017	2017排名 Ranking	2010	2016	2017	2017排名 Ranking
全　国	**National Total**	**4015.40**	**10944.66**	**12012.96**		**3446.22**	**10064.33**	**11990.23**	
北　京	Beijing	106.14	254.84	269.09	15	84.32	206.82	268.85	15
天　津	Tianjin	139.22	349.96	241.14	16	108.92	316.54	240.83	16
河　北	Hebei	107.89	308.66	350.97	11	92.65	275.93	350.47	11
山　西	Shanxi	67.57	97.63	112.23	19	53.14	83.69	111.15	19
内蒙古	Inner Mongolia	47.43	127.99	108.26	20	39.13	118.18	108.03	20
辽　宁	Liaoning	191.34	242.06	274.95	14	144.51	211.58	274.63	14
吉　林	Jilin	35.54	90.86	75.00	24	32.53	66.25	74.76	24
黑龙江	Heilongjiang	72.85	88.49	82.59	23	53.94	80.14	82.42	23
上　海	Shanghai	237.75	490.08	540.00	5	214.64	465.96	539.51	5
江　苏	Jiangsu	551.35	1657.54	1833.88	2	486.43	1554.96	1830.31	2
浙　江	Zhejiang	272.34	935.79	1030.14	4	258.59	900.28	1029.20	4
安　徽	Anhui	104.02	370.92	436.12	10	82.47	346.42	435.36	10
福　建	Fujian	116.12	388.26	448.79	9	95.23	365.34	448.06	9
江　西	Jiangxi	58.94	179.76	221.69	17	48.82	179.44	221.38	17
山　东	Shandong	526.92	1415.00	1563.68	3	451.94	1260.43	1559.83	3
河　南	Henan	148.59	409.70	472.25	6	134.36	375.75	470.85	6
湖　北	Hubei	142.90	445.96	468.94	7	119.38	375.62	467.92	7
湖　南	Hunan	113.77	392.96	461.77	8	101.54	339.01	460.89	8
广　东	Guangdong	626.88	1676.27	1865.03	1	584.72	1632.55	1862.51	1
广　西	Guangxi	35.89	82.72	93.60	21	30.42	76.65	93.44	21
海　南	Hainan	1.83	7.98	7.48	30	1.47	7.45	7.48	30
重　庆	Chongqing	67.24	237.49	280.00	13	53.30	218.23	279.28	13
四　川	Sichuan	80.98	257.26	301.08	12	59.94	211.69	300.14	12
贵　州	Guizhou	21.78	55.69	64.86	25	16.95	55.57	64.72	25
云　南	Yunnan	18.07	74.18	88.56	22	12.72	73.97	88.34	22
西　藏	Tibet	0.12	0.40	0.32	31	0.09	0.25	0.32	31
陕　西	Shaanxi	71.02	184.42	196.37	18	47.26	165.32	195.69	18
甘　肃	Gansu	20.87	50.92	46.69	26	15.43	40.51	46.55	26
青　海	Qinghai	6.02	7.79	8.33	29	3.96	6.12	8.32	29
宁　夏	Ningxia	7.30	23.96	29.11	28	6.09	21.56	28.97	28
新　疆	Xinjiang	16.73	39.09	40.05	27	11.33	32.12	40.03	27

注：2010年数据为大中型工业企业数据，从2011年起，规模以上工业企业的统计范围为年主营业务收入为2000万元及以上的法人工业企业(以下各有关表同）。

Note: Before 2000, data only included large and medium-sized industrial enterprises. From 2011, the statistics range of the enterprises above designated size change from the industrial enterprises with the sales revenue above 5 million RMB to the industrial enterprises with the sales revenue above 20 million RMB. The same applies to the followed table.

17-25 规模以上工业企业R&D项目情况

R&D Projects in Industrial Enterprises above Designated Size

地区	Region	R&D项目数（项） R&D Projects (item)				项目人员折合全时当量（人年） FTE of R&D Personnel (man-year)			
		2010	2016	2017	2017排名 Ranking	2010	2016	2017	2017排名 Ranking
全　国	**National Total**	**145589**	**360997**	**445029**		**1548555**	**2467758**	**2551958**	
北　京	Beijing	4194	7262	7904	16	33696	44066	46830	15
天　津	Tianjin	5665	12019	13456	8	33177	69869	52270	14
河　北	Hebei	4346	9533	11295	12	42893	73685	71285	11
山　西	Shanxi	2194	2471	3454	21	34882	26012	30207	19
内蒙古	Inner Mongolia	1030	2260	2353	25	14077	25801	21367	20
辽　宁	Liaoning	6063	6399	8533	15	54077	41842	44390	16
吉　林	Jilin	1621	2253	2439	24	16091	14532	15111	25
黑龙江	Heilongjiang	4113	3068	3826	20	34970	28812	20450	22
上　海	Shanghai	6397	10909	12557	10	57973	90111	82293	10
江　苏	Jiangsu	17826	59535	67205	3	213469	421046	425512	2
浙　江	Zhejiang	11046	59088	69180	2	129429	308175	322823	3
安　徽	Anhui	4446	15697	20010	5	42393	92101	98366	7
福　建	Fujian	3309	12849	15944	7	47161	93787	99926	6
江　西	Jiangxi	1917	6351	7504	17	20902	32277	42028	17
山　东	Shandong	17192	35835	43666	4	155932	219388	222249	4
河　南	Henan	6082	12562	15973	6	80271	120467	113472	5
湖　北	Hubei	4602	10363	12968	9	55542	83436	83754	9
湖　南	Hunan	3982	7899	10411	14	44563	78116	86859	8
广　东	Guangdong	22117	50740	73439	1	280259	394607	441338	1
广　西	Guangxi	1747	2664	2795	22	14412	17929	15227	24
海　南	Hainan	197	552	572	29	844	2387	1810	29
重　庆	Chongqing	3230	7612	10624	13	26526	43759	52769	13
四　川	Sichuan	4392	8869	12359	11	43426	52638	64191	12
贵　州	Guizhou	1018	2145	2758	23	9342	13958	16883	23
云　南	Yunnan	1082	3441	4122	19	9912	15761	20539	21
西　藏	Tibet	9	29	32	31	16	203	178	31
陕　西	Shaanxi	3419	4487	5125	18	30265	39611	39054	18
甘　肃	Gansu	1090	1465	1650	26	10899	10277	7967	26
青　海	Qinghai	151	296	310	30	2097	1394	1433	30
宁　夏	Ningxia	433	1342	1404	27	3321	5267	6014	27
新　疆	Xinjiang	679	1002	1161	28	5738	6444	5362	28

17-26 规模以上工业企业办研发机构数和人员数

R&D Institutions and Personnel in Industrial Enterprises above Designated Size

地区	Region	研发机构数（个） R&D Institutions (unit)				研发机构人员数（人） Personnel (person)			
		2010	2016	2017	2017排名 Ranking	2010	2016	2017	2017排名 Ranking
全　国	**National Total**	**16717**	**72963**	**82667**		**1485379**	**2923953**	**3254179**	
北　京	Beijing	305	749	657	14	30691	52325	47605	15
天　津	Tianjin	320	951	561	19	25813	46300	38381	17
河　北	Hebei	365	1385	1466	10	39860	82305	84768	7
山　西	Shanxi	178	323	378	21	18729	22932	26705	19
内蒙古	Inner Mongolia	144	278	224	24	13661	18754	15624	24
辽　宁	Liaoning	358	552	581	18	39362	45546	45013	16
吉　林	Jilin	95	198	180	26	16028	18995	17391	22
黑龙江	Heilongjiang	155	207	159	28	22496	21712	17417	21
上　海	Shanghai	638	666	621	17	68273	69153	69410	11
江　苏	Jiangsu	2702	23564	22007	1	165658	593391	601425	2
浙　江	Zhejiang	2733	10137	10893	3	155730	332719	366936	3
安　徽	Anhui	692	4536	5110	5	46769	125596	137027	5
福　建	Fujian	551	1618	1665	9	42374	76665	81348	8
江　西	Jiangxi	184	1260	1880	8	15843	42692	60902	13
山　东	Shandong	1548	4528	5361	4	152607	226979	240466	4
河　南	Henan	852	2229	2397	6	65262	110713	112076	6
湖　北	Hubei	457	1212	1266	12	50091	61352	66379	12
湖　南	Hunan	471	1874	1983	7	33295	70765	76687	9
广　东	Guangdong	2092	11834	20030	2	305027	675436	911119	1
广　西	Guangxi	211	324	305	22	12892	16018	15876	23
海　南	Hainan	34	26	27	30	1849	1813	1556	30
重　庆	Chongqing	280	1077	1264	13	23761	49663	51764	14
四　川	Sichuan	460	1066	1270	11	61410	63728	70345	10
贵　州	Guizhou	109	474	442	20	11407	17264	15167	25
云　南	Yunnan	154	554	648	16	10950	14641	17992	20
西　藏	Tibet	2	5	4	31	20	50	173	31
陕　西	Shaanxi	299	626	652	15	28931	34233	34221	18
甘　肃	Gansu	127	263	228	23	10653	11948	11139	26
青　海	Qinghai	35	46	50	29	2526	2271	2995	29
宁　夏	Ningxia	82	181	198	25	5516	7390	7852	28
新　疆	Xinjiang	84	220	160	27	7895	10604	8420	27

17-27 规模以上工业企业办研发机构硕博人数和经费支出

Number of Doctors and Masters and Expenditure on S&T Institutions in Industrial Enterprises above Designated Size

地区	Region	博士和硕士数（人） Doctor and Master (person)				机构经费支出（亿元） Expenditure on S&T Institutions (100 million yuan)			
		2010	2016	2017	2017排名 Ranking	2010	2016	2017	2017排名 Ranking
全　国	**National Total**	**178095**	**411715**	**443966**		**3276.88**	**7664.48**	**8955.49**	
北　京	Beijing	7149	13333	13171	10	81.05	191.29	183.50	10
天　津	Tianjin	2866	6694	6484	18	68.58	101.93	88.46	17
河　北	Hebei	4355	10512	10636	12	73.72	155.47	175.40	12
山　西	Shanxi	1942	3380	3767	20	28.87	33.35	35.32	22
内蒙古	Inner Mongolia	1457	2932	2528	22	36.57	34.94	23.67	25
辽　宁	Liaoning	4907	7826	7144	14	92.17	104.02	114.76	16
吉　林	Jilin	1981	3745	5353	19	31.77	52.52	53.75	19
黑龙江	Heilongjiang	2838	4271	3481	21	32.67	27.83	26.19	24
上　海	Shanghai	12387	18977	21041	5	220.69	330.41	373.75	5
江　苏	Jiangsu	15617	65675	64088	2	417.05	1507.54	1652.00	2
浙　江	Zhejiang	10413	25493	26708	4	309.42	819.25	912.26	3
安　徽	Anhui	4576	15763	17503	6	108.99	299.35	346.55	6
福　建	Fujian	3293	8110	8796	13	93.80	174.37	206.21	9
江　西	Jiangxi	1343	5775	7114	15	30.33	115.08	177.94	11
山　东	Shandong	16581	38740	43819	3	430.53	702.89	785.73	4
河　南	Henan	6179	13780	15091	8	110.28	216.12	229.98	7
湖　北	Hubei	7365	12324	11883	11	103.16	145.09	154.55	14
湖　南	Hunan	5529	13228	15881	7	62.92	173.77	229.39	8
广　东	Guangdong	52004	104811	120186	1	583.18	1993.57	2630.19	1
广　西	Guangxi	971	2127	2018	24	26.09	34.36	39.49	21
海　南	Hainan	141	269	167	30	3.33	2.60	2.68	30
重　庆	Chongqing	2059	7096	7069	16	61.00	150.92	161.06	13
四　川	Sichuan	4849	10466	14226	9	115.17	109.07	140.37	15
贵　州	Guizhou	726	1913	2192	23	18.88	35.83	34.58	23
云　南	Yunnan	762	1793	1880	25	21.87	36.45	49.06	20
西　藏	Tibet	5	23	15	31	0.03	0.06	0.02	31
陕　西	Shaanxi	3072	7128	7008	17	66.56	65.94	80.31	18
甘　肃	Gansu	1083	2021	1861	26	9.75	10.52	12.65	27
青　海	Qinghai	140	396	393	29	8.39	4.19	4.12	29
宁　夏	Ningxia	434	749	857	28	10.78	9.93	10.45	28
新　疆	Xinjiang	1071	2365	1606	27	19.31	25.82	21.07	26

17-28 规模以上工业企业新产品开发项目数和经费支出

New Products Development and Expenditure of Industrial Enterprises above Designated Size

地区	Region	新产品开发项目数（项） New Products (unit)				新产品开发经费支出（亿元） Expenditure on New Products Development (100 million yuan)			
		2010	2016	2017	2017排名 Ranking	2010	2016	2017	2017排名 Ranking
全　国	**National Total**	**159637**	**391872**	**477861**		**4420.69**	**11766.27**	**13497.84**	
北　京	Beijing	4848	10304	10490	14	126.92	322.64	345.45	11
天　津	Tianjin	6181	10767	11373	12	122.38	285.62	206.01	17
河　北	Hebei	4048	8428	10238	15	98.38	262.69	342.22	12
山　西	Shanxi	1927	2206	3119	22	69.10	68.97	89.55	22
内蒙古	Inner Mongolia	936	1509	1606	25	35.41	72.79	67.26	23
辽　宁	Liaoning	5997	6910	8228	17	196.68	239.15	305.81	15
吉　林	Jilin	895	2470	2791	23	21.98	124.40	117.12	19
黑龙江	Heilongjiang	3280	2677	3252	20	70.24	69.62	66.94	24
上　海	Shanghai	8573	15046	16121	6	302.45	622.77	678.70	5
江　苏	Jiangsu	20817	64029	69653	3	719.96	1909.03	2150.65	2
浙　江	Zhejiang	13842	63124	72083	2	349.64	1004.16	1107.40	4
安　徽	Anhui	5919	19920	22904	5	166.77	443.21	511.71	6
福　建	Fujian	3708	11833	14971	7	127.19	351.69	423.49	9
江　西	Jiangxi	2084	8371	11689	10	57.50	222.79	294.96	16
山　东	Shandong	17019	32952	38273	4	506.91	1252.17	1383.48	3
河　南	Henan	5762	10385	13058	8	144.96	337.08	398.23	10
湖　北	Hubei	5856	10450	12460	9	176.10	407.65	464.06	8
湖　南	Hunan	4145	7632	10204	16	113.82	358.53	485.75	7
广　东	Guangdong	24443	66843	103149	1	591.68	2309.73	2828.65	1
广　西	Guangxi	2150	3217	3232	21	38.72	90.55	112.00	20
海　南	Hainan	228	512	549	29	5.07	11.77	10.90	29
重　庆	Chongqing	3264	9243	11227	13	84.02	302.58	325.23	13
四　川	Sichuan	5718	8846	11583	11	104.42	252.37	310.74	14
贵　州	Guizhou	1344	2231	2537	24	26.43	55.05	57.78	25
云　南	Yunnan	806	3834	4208	19	25.89	88.43	102.67	21
西　藏	Tibet		24	22	31		0.36	0.33	31
陕　西	Shaanxi	3809	4506	5093	18	83.62	189.82	204.25	18
甘　肃	Gansu	1014	1222	1209	26	19.79	39.77	36.95	27
青　海	Qinghai	83	126	369	30	4.75	6.21	8.76	30
宁　夏	Ningxia	567	1102	1194	27	10.35	20.20	18.22	28
新　疆	Xinjiang	374	1153	976	28	19.57	44.48	42.57	26

17-29 规模以上工业企业新产品销售收入

Sales Revenue of New Products in Industrial Enterprises above Designated Size

单位：亿元 (100 million yuan)

地区	Region	新产品销售收入 Sales Revenue of New Products				其中：出口销售收入 Exports			
		2010	2016	2017	2017排名 Ranking	2010	2016	2017	2017排名 Ranking
全　国	**National Total**	**72863.90**	**174604.15**	**191568.69**		**14773.64**	**32713.10**	**34944.75**	
北　京	Beijing	2495.53	4085.86	4119.28	13	674.23	277.28	286.19	16
天　津	Tianjin	3170.50	5642.83	4094.93	14	840.51	1037.62	843.30	9
河　北	Hebei	1306.22	3923.14	4662.33	11	142.81	432.90	401.65	11
山　西	Shanxi	597.09	1085.01	1543.48	21	42.14	160.73	195.48	17
内蒙古	Inner Mongolia	526.14	779.61	1124.47	22	39.72	46.39	35.25	27
辽　宁	Liaoning	2161.04	3387.24	3696.20	16	267.41	511.28	401.18	12
吉　林	Jilin	1654.17	2627.61	2774.70	18	62.88	65.26	51.13	22
黑龙江	Heilongjiang	551.93	502.62	682.48	24	28.47	71.23	78.12	20
上　海	Shanghai	6180.81	9033.47	10068.15	5	1023.11	1241.08	1304.08	6
江　苏	Jiangsu	9387.21	28084.67	28579.02	2	2196.55	6583.75	5708.11	2
浙　江	Zhejiang	6282.62	21396.83	21150.15	3	1775.97	4210.39	4155.25	3
安　徽	Anhui	1997.12	7321.05	8843.08	6	140.61	555.69	819.22	10
福　建	Fujian	1985.34	4052.66	4476.68	12	647.18	1254.13	1202.78	8
江　西	Jiangxi	762.04	3136.80	3857.17	15	100.20	303.20	333.07	15
山　东	Shandong	8905.67	16313.42	18126.40	4	1307.70	2085.05	2332.85	5
河　南	Henan	1828.74	6115.41	7095.89	9	117.95	2801.47	3177.37	4
湖　北	Hubei	2330.16	6713.20	7523.49	8	150.45	300.76	359.15	14
湖　南	Hunan	2350.13	8098.47	8585.72	7	115.90	362.28	378.84	13
广　东	Guangdong	11301.70	28671.41	34863.03	1	4656.20	9231.58	11051.72	1
广　西	Guangxi	951.58	1980.88	2249.22	19	40.50	77.79	98.47	19
海　南	Hainan	94.05	126.59	130.65	29	1.24	12.71	18.20	28
重　庆	Chongqing	2478.03	5014.35	5322.70	10	120.81	714.99	1302.18	7
四　川	Sichuan	1435.78	3044.73	3683.06	17	134.56	162.09	174.19	18
贵　州	Guizhou	310.65	575.20	605.56	25	21.79	61.33	35.73	26
云　南	Yunnan	232.88	628.45	808.62	23	17.94	30.25	36.46	25
西　藏	Tibet		7.87	9.42	31				
陕　西	Shaanxi	868.28	1236.49	1714.89	20	57.98	53.47	47.07	23
甘　肃	Gansu	344.24	303.11	346.11	27	25.10	27.75	58.43	21
青　海	Qinghai	17.07	37.94	102.70	30	0.06	0.77	0.33	30
宁　夏	Ningxia	101.20	202.68	335.23	28	22.66	32.13	42.41	24
新　疆	Xinjiang	255.98	474.55	393.89	26	1.04	7.73	16.55	29

17-30 规模以上工业企业引进技术经费支出和消化吸收经费支出
Expenditure for Acquisition of Foreign Technology and Expenditure for Assimilation of Technology

单位：亿元 (100 million yuan)

地区	Region	引进技术经费支出 Expenditure for Acquisition of Foreign Technology				消化吸收经费支出 Expenditure for Assimilation of Technology			
		2010	2016	2017	2017排名 Ranking	2010	2016	2017	2017排名 Ranking
全　国	**National Total**	**386.13**	**475.42**	**399.32**		**165.20**	**109.25**	**118.54**	
北　京	Beijing	19.86	32.07	26.59	5	0.73	7.18	10.86	3
天　津	Tianjin	23.31	6.02	6.27	12	7.02	1.14	0.82	16
河　北	Hebei	13.30	2.12	8.93	9	18.96	1.33	1.35	15
山　西	Shanxi	7.10	4.68	3.66	16	8.59	0.63	0.44	21
内蒙古	Inner Mongolia	3.08	7.48	2.93	19	2.22	2.00	2.09	10
辽　宁	Liaoning	6.39	2.82	7.63	10	4.59	2.80	3.50	8
吉　林	Jilin	1.16	5.14	5.23	14	0.57	14.47	14.41	2
黑龙江	Heilongjiang	5.99	0.93	1.51	22	3.86	0.55	0.26	24
上　海	Shanghai	61.09	135.00	96.51	1	28.68	36.85	47.40	1
江　苏	Jiangsu	36.05	33.27	29.43	4	13.10	9.49	7.36	5
浙　江	Zhejiang	21.33	9.33	7.58	11	10.59	3.53	1.89	12
安　徽	Anhui	4.47	3.25	2.85	20	3.34	2.22	1.71	13
福　建	Fujian	23.32	13.79	19.96	6	2.40	2.98	2.66	9
江　西	Jiangxi	7.35	4.88	4.89	15	0.71	0.37	0.13	25
山　东	Shandong	25.00	17.49	13.09	8	16.10	9.47	8.33	4
河　南	Henan	6.09	0.88	1.90	21	3.09	0.84	0.70	17
湖　北	Hubei	19.04	14.27	16.24	7	2.97	1.78	1.36	14
湖　南	Hunan	5.96	3.67	5.54	13	6.62	1.83	5.05	6
广　东	Guangdong	55.66	131.60	94.61	2	7.77	4.75	3.89	7
广　西	Guangxi	0.39	0.42	0.81	24	0.57	0.20	0.32	22
海　南	Hainan	0.00				0.17			
重　庆	Chongqing	14.17	37.60	34.50	3	2.10	0.63	0.46	20
四　川	Sichuan	7.55	3.32	3.56	17	4.03	1.87	0.64	18
贵　州	Guizhou	1.35	0.10	0.29	25	0.28	0.15	0.04	28
云　南	Yunnan	5.48	1.54	1.26	23	0.92	0.22	0.08	26
西　藏	Tibet								
陕　西	Shaanxi	3.47	2.46	3.02	18	1.08	1.24	0.28	23
甘　肃	Gansu	5.99	0.13	0.09	28	12.18	0.59		
青　海	Qinghai	0.74	0.18			0.84	0.0004	1.97	11
宁　夏	Ningxia	1.39	0.09	0.23	27	0.84	0.03	0.05	27
新　疆	Xinjiang	0.06	0.88	0.23	26	0.29	0.09	0.49	19

17-31 规模以上工业企业购买境内技术经费支出和技术改造经费支出

Expenditure for Purchase of Domestic Technology and Expenditure for Technical Renovation

单位：亿元 (100 million yuan)

地区	Region	购买境内技术经费支出 Expenditure for Purchase of Domestic Technology				技术改造经费支出 Expenditure for Technical Renovation			
		2010	2016	2017	2017排名 Ranking	2010	2016	2017	2017排名 Ranking
全　国	**National Total**	**221.41**	**208.00**	**200.87**		**3638.49**	**3016.61**	**3103.38**	
北　京	Beijing	2.53	5.64	3.70	15	102.49	57.72	67.12	15
天　津	Tianjin	5.66	0.49	0.73	24	85.97	27.65	36.37	22
河　北	Hebei	3.10	1.54	2.99	18	170.14	105.99	126.24	9
山　西	Shanxi	3.55	1.47	1.62	21	118.31	45.53	52.74	18
内蒙古	Inner Mongolia	35.25	1.27	0.49	25	120.72	23.21	24.83	26
辽　宁	Liaoning	15.84	4.24	9.99	6	208.70	112.78	104.62	11
吉　林	Jilin	1.48	0.13	0.03	29	24.48	41.46	26.30	25
黑龙江	Heilongjiang	0.94	0.46	1.57	22	73.78	23.62	22.15	27
上　海	Shanghai	22.65	26.09	21.61	3	123.21	141.55	161.60	7
江　苏	Jiangsu	14.78	17.38	12.20	5	483.95	521.95	469.66	1
浙　江	Zhejiang	10.70	14.41	14.08	4	226.64	191.90	185.53	6
安　徽	Anhui	3.87	3.64	4.71	13	83.23	143.14	155.44	8
福　建	Fujian	8.67	11.84	9.33	7	73.62	192.49	193.98	5
江　西	Jiangxi	4.14	4.76	6.66	9	45.57	58.62	53.73	17
山　东	Shandong	12.32	16.94	24.70	2	301.26	240.73	257.73	3
河　南	Henan	3.66	2.01	4.90	12	136.39	109.37	105.34	10
湖　北	Hubei	2.16	3.15	2.98	19	132.65	55.17	72.99	14
湖　南	Hunan	3.91	2.56	3.48	16	278.03	229.40	228.13	4
广　东	Guangdong	10.83	62.56	44.39	1	180.95	204.99	314.12	2
广　西	Guangxi	0.74	0.70	3.26	17	99.09	79.52	78.93	13
海　南	Hainan	0.75	0.36	0.23	27	1.58	1.49	2.49	30
重　庆	Chongqing	3.80	4.59	5.47	11	55.11	70.67	62.80	16
四　川	Sichuan	11.54	4.07	6.72	8	246.21	81.46	85.27	12
贵　州	Guizhou	1.97	3.35	6.65	10	54.37	71.30	46.15	19
云　南	Yunnan	4.62	4.90	4.44	14	45.16	28.77	35.35	23
西　藏	Tibet						0.01	0.001	31
陕　西	Shaanxi	25.63	4.70	2.55	20	82.72	57.59	45.61	20
甘　肃	Gansu	4.20	0.27	0.45	26	37.17	47.64	37.57	21
青　海	Qinghai	0.03	0.02	0.03	30	4.07	5.31	5.74	29
宁　夏	Ningxia	1.77	4.34	0.77	23	27.07	23.22	31.86	24
新　疆	Xinjiang	0.33	0.14	0.13	28	15.85	22.35	12.97	28

17-32 研究与开发机构R&D课题数和人员
R&D Projects and Input of Personnel of R&D Institutions

地区	Region	R&D课题数（项）R&D Projects (item)				R&D课题投入人员（人年）Input of Personnel (man-year)			
		2010	2016	2017	2017排名 Ranking	2010	2016	2017	2017排名 Ranking
全　国	**National Total**	**67050**	**100925**	**112472**		**253719**	**343624**	**359411**	
北　京	Beijing	21075	28437	33726	1	66961	87397	91331	1
天　津	Tianjin	890	1584	1991	18	6132	9927	11313	9
河　北	Hebei	572	864	956	25	5690	8132	8935	13
山　西	Shanxi	935	1274	1299	23	4469	3527	4020	22
内蒙古	Inner Mongolia	658	716	829	28	2546	2203	2385	27
辽　宁	Liaoning	1466	2237	2437	15	9947	12000	12321	6
吉　林	Jilin	1726	2394	2536	12	5722	5960	5626	18
黑龙江	Heilongjiang	1785	1838	1879	19	6205	5125	5660	17
上　海	Shanghai	5933	8764	9395	2	18799	25828	25836	4
江　苏	Jiangsu	3823	6817	7257	4	14139	22035	24250	5
浙　江	Zhejiang	1738	3019	3460	6	4028	6503	7226	14
安　徽	Anhui	888	1387	1543	20	5061	10385	9913	11
福　建	Fujian	2113	3057	3201	9	2326	3598	3830	23
江　西	Jiangxi	684	805	875	27	3807	5059	4715	20
山　东	Shandong	3227	4425	5190	5	7600	10992	11098	10
河　南	Henan	672	1095	1117	24	7832	9766	9654	12
湖　北	Hubei	2305	3544	3434	7	11190	12883	11856	7
湖　南	Hunan	1100	1402	1542	21	5926	6590	6314	16
广　东	Guangdong	3499	7163	8034	3	6424	11273	11623	8
广　西	Guangxi	1729	1836	2102	16	2993	3255	3462	24
海　南	Hainan	662	830	889	26	914	1292	1357	28
重　庆	Chongqing	868	2060	2452	14	2504	3680	4298	21
四　川	Sichuan	1661	2970	3168	10	16431	31440	34110	2
贵　州	Guizhou	841	1288	1540	22	1577	2454	3106	25
云　南	Yunnan	1486	2907	3371	8	3875	5607	6391	15
西　藏	Tibet	91	106	114	31	321	338	442	31
陕　西	Shaanxi	1492	2446	2472	13	22171	27126	28667	3
甘　肃	Gansu	1545	2607	2693	11	5033	5349	5518	19
青　海	Qinghai	229	522	545	29	466	412	602	29
宁　夏	Ningxia	153	409	424	30	268	496	560	30
新　疆	Xinjiang	1204	2122	2001	17	2362	2990	2993	26

17-33 研究与开发机构R&D课题投入经费和发表科技论文
Input of Funds and Scientific Papers Published by R&D Institutions

地区	Region	R&D课题投入经费（亿元） Input of Funds (100 million yuan)				发表科技论文（篇） Scientific Papers Issued (piece)			
		2010	2016	2017	2017排名 Ranking	2010	2016	2017	2017排名 Ranking
全　国	**National Total**	**681.47**	**1592.54**	**1720.77**		**140818**	**175169**	**177572**	
北　京	Beijing	224.49	516.43	531.30	1	44537	57698	57974	1
天　津	Tianjin	16.95	34.65	38.45	10	2447	2757	2857	20
河　北	Hebei	10.61	24.98	31.11	12	1935	2568	2763	21
山　西	Shanxi	5.55	7.75	7.97	22	2390	2410	2562	23
内蒙古	Inner Mongolia	3.19	5.06	7.93	23	828	1510	1339	28
辽　宁	Liaoning	24.84	42.97	48.65	7	4312	4841	5223	10
吉　林	Jilin	11.38	14.89	16.20	16	4204	4477	3883	13
黑龙江	Heilongjiang	6.22	7.43	12.21	19	3332	3004	3140	17
上　海	Shanghai	58.99	219.77	249.45	2	7896	9569	10003	3
江　苏	Jiangsu	47.59	127.32	133.14	5	7915	10548	10368	2
浙　江	Zhejiang	9.60	21.19	21.76	15	3775	5393	5335	9
安　徽	Anhui	12.50	37.28	40.66	9	2695	3269	3469	16
福　建	Fujian	4.12	6.65	7.70	24	2895	3404	3780	14
江　西	Jiangxi	5.46	8.50	10.41	20	1638	1875	1857	26
山　东	Shandong	10.43	26.28	32.22	11	6509	6891	6948	6
河　南	Henan	16.84	25.41	23.62	14	3498	3294	3475	15
湖　北	Hubei	26.31	51.35	55.83	6	4988	6160	6407	7
湖　南	Hunan	8.66	18.46	23.69	13	1653	2110	2474	24
广　东	Guangdong	10.16	42.48	46.39	8	5305	8392	8510	4
广　西	Guangxi	3.47	6.00	7.18	25	2850	3051	2908	19
海　南	Hainan	2.07	3.07	4.27	28	1080	1510	1645	27
重　庆	Chongqing	4.28	7.25	8.71	21	1301	2618	2631	22
四　川	Sichuan	68.47	168.62	176.24	3	5548	7652	7396	5
贵　州	Guizhou	1.66	3.01	6.08	27	1454	2009	2169	25
云　南	Yunnan	6.64	11.61	15.07	17	2591	3815	3964	12
西　藏	Tibet	0.40	0.80	0.94	31	246	184	112	31
陕　西	Shaanxi	70.00	131.22	139.11	4	4594	5817	6131	8
甘　肃	Gansu	6.97	14.57	14.99	18	5147	3827	4056	11
青　海	Qinghai	0.54	0.87	1.58	29	550	553	696	29
宁　夏	Ningxia	0.29	1.11	1.49	30	337	608	530	30
新　疆	Xinjiang	2.81	5.53	6.43	26	2368	3355	2967	18

17-34 研究与开发机构国外发表科技论文和出版科技著作

Scientific Papers or Works Published in Foreign Periodicals or Presses by R&D Institutions

地区	Region	国外发表科技论文(篇) Published in Foreign Periodicals (piece)				出版科技著作(种) Publication on S&T (kind)			
		2010	2016	2017	2017排名 Ranking	2010	2016	2017	2017排名 Ranking
全 国	**National Total**	**26862**	**50010**	**54500**		**3922**	**5714**	**5459**	
北 京	Beijing	12123	20751	22797	1	1626	2529	2274	1
天 津	Tianjin	88	322	381	17	101	69	72	20
河 北	Hebei	82	204	248	25	35	82	121	12
山 西	Shanxi	218	349	377	18	99	57	67	24
内蒙古	Inner Mongolia	21	48	60	29	24	75	75	18
辽 宁	Liaoning	1334	1868	1884	6	73	133	104	13
吉 林	Jilin	704	1346	1480	10	94	69	75	18
黑龙江	Heilongjiang	133	390	350	21	70	52	68	22
上 海	Shanghai	2758	3994	4683	2	197	276	222	2
江 苏	Jiangsu	1161	2866	3138	4	148	194	182	6
浙 江	Zhejiang	526	1396	1518	9	100	164	166	8
安 徽	Anhui	760	1043	1061	14	32	58	64	25
福 建	Fujian	333	1106	1388	12	62	64	61	26
江 西	Jiangxi	450	108	158	28	38	64	55	27
山 东	Shandong	982	2172	2186	5	191	178	208	4
河 南	Henan	168	345	358	20	123	144	154	10
湖 北	Hubei	720	1624	1521	8	114	134	151	11
湖 南	Hunan	137	359	345	23	35	63	102	14
广 东	Guangdong	883	3228	3471	3	186	260	214	3
广 西	Guangxi	146	350	346	22	70	108	85	16
海 南	Hainan	137	359	372	19	46	29	50	28
重 庆	Chongqing	56	197	170	27	41	93	81	17
四 川	Sichuan	742	1777	1549	7	85	139	188	5
贵 州	Guizhou	151	196	273	24	21	76	72	20
云 南	Yunnan	640	861	1205	13	61	140	172	7
西 藏	Tibet	7	31	9	30	40	15	11	31
陕 西	Shaanxi	475	717	719	16	72	113	86	15
甘 肃	Gansu	691	1199	1438	11	67	186	156	9
青 海	Qinghai	86	249	248	25	15	21	23	30
宁 夏	Ningxia	1	9	4	31	3	58	32	29
新 疆	Xinjiang	149	546	763	15	53	71	68	22

17-35 研究与开发机构科技产出
S&T Output of R&D Institutions

地区	Region	专利所有权转让及许可收入（万元）Revenue from Transfer and Licensing of Patent Ownership (10 000 yuan)				形成国家或行业标准数（项）Number of National and Industrial Standard (item)			
		2010	2016	2017	2017排名 Ranking	2010	2016	2017	2017排名 Ranking
全　国	**National Total**	**290655**	**86283**	**88725**		**3594**	**3425**	**3859**	
北　京	Beijing	110816	35769	39665	1	2138	1394	1573	1
天　津	Tianjin	702	2993	3917	4	89	71	70	12
河　北	Hebei	150	479	164	20	22	47	29	22
山　西	Shanxi		290	641	18	10	32	48	17
内蒙古	Inner Mongolia		120	3	29	3	52	69	13
辽　宁	Liaoning	68410	5414	3733	6	18	54	92	11
吉　林	Jilin		274	1524	12	15	13	29	22
黑龙江	Heilongjiang	90	242	1278	15	17	102	104	10
上　海	Shanghai	30664	11059	11158	2	243	223	247	3
江　苏	Jiangsu	3650	5991	2975	7	131	165	171	5
浙　江	Zhejiang	12647	5056	6505	3	39	116	106	9
安　徽	Anhui	1030	739	710	17	36	30	43	18
福　建	Fujian	160	1774	1204	16	37	27	51	16
江　西	Jiangxi	38	375	36	26	14	21	18	27
山　东	Shandong	17141	1565	1984	8	150	151	218	4
河　南	Henan		1020	5	28	13	84	148	6
湖　北	Hubei	2149	137	141	22	67	123	118	7
湖　南	Hunan	450	2	72	24	25	58	39	19
广　东	Guangdong	11393	1291	1774	10	94	178	309	2
广　西	Guangxi		135	50	25	15	45	19	25
海　南	Hainan	2000	1072	131	23	33	44	19	25
重　庆	Chongqing	507	146	3902	5	31	8	30	21
四　川	Sichuan	4443	967	495	19	160	78	118	7
贵　州	Guizhou		5	1720	11	21	34	9	28
云　南	Yunnan	1400	824	1787	9	6	34	24	24
西　藏	Tibet						7		
陕　西	Shaanxi		3711	1483	14	103	77	53	15
甘　肃	Gansu	19060	1342	1499	13	24	26	31	20
青　海	Qinghai		3030	21	27		29	8	29
宁　夏	Ningxia		60			31	20	8	29
新　疆	Xinjiang	3755	405	147	21	9	82	58	14

17-36 高等学校R&D课题数和投入人员

R&D Projects and Input of Personnel of Higher Education Institutions

地区	Region	R&D课题数（项） R&D Projects (item)				R&D课题投入人员（人年） Input of Personnel (man-year)			
		2010	2016	2017	2017排名 Ranking	2010	2016	2017	2017排名 Ranking
全　国	**National Total**	**547717**	**894279**	**966780**		**288940**	**359837**	**381984**	
北　京	Beijing	60477	91089	96187	1	30046	32260	35198	1
天　津	Tianjin	14289	22503	23157	17	8879	10343	10659	17
河　北	Hebei	13301	23567	25232	16	7385	10670	11824	16
山　西	Shanxi	7286	9352	10864	25	5912	6624	7311	21
内蒙古	Inner Mongolia	5031	8223	9122	26	3499	3326	3329	27
辽　宁	Liaoning	20876	32423	34664	12	15657	17497	17549	8
吉　林	Jilin	13040	20804	21782	20	13582	14332	14299	11
黑龙江	Heilongjiang	14632	17317	15066	23	12867	14218	13562	12
上　海	Shanghai	36656	51743	56674	5	21541	23877	24611	4
江　苏	Jiangsu	35481	67670	70982	3	17508	26346	27055	2
浙　江	Zhejiang	38269	63357	70024	4	12991	17706	20009	6
安　徽	Anhui	19706	28913	30004	13	9638	12692	12661	13
福　建	Fujian	15925	32417	35707	11	5889	10668	11957	15
江　西	Jiangxi	12579	20252	22796	19	5036	6042	6657	23
山　东	Shandong	22810	38738	45237	7	14500	20562	22455	5
河　南	Henan	14846	25949	29982	14	5930	7918	9109	20
湖　北	Hubei	30613	43373	44870	9	13965	15024	16218	10
湖　南	Hunan	25253	34770	37056	10	10945	15318	16870	9
广　东	Guangdong	35749	70697	79050	2	16083	23901	25826	3
广　西	Guangxi	11801	20391	22952	18	9790	10218	10584	18
海　南	Hainan	1956	3796	3212	29	522	1136	1068	29
重　庆	Chongqing	13415	23569	25653	15	7126	8516	9585	19
四　川	Sichuan	29498	46803	53412	6	14592	17457	19508	7
贵　州	Guizhou	7160	13834	15657	22	2868	4219	4467	24
云　南	Yunnan	10183	16456	16250	21	5072	6951	7202	22
西　藏	Tibet	352	1026	1152	31	412	253	312	31
陕　西	Shaanxi	23212	41342	45044	8	9923	11229	12061	14
甘　肃	Gansu	6744	9858	11005	24	2641	3902	4040	25
青　海	Qinghai	688	1143	1278	30	700	661	652	30
宁　夏	Ningxia	2617	4100	4537	28	1100	1940	1923	28
新　疆	Xinjiang	3272	8804	8172	27	2340	4030	3425	26

17-37 高等学校R&D课题投入经费和发表科技论文
Input of Funds and Scientific Papers Issued of Higher Education Institutions

地区	Region	R&D课题投入经费（亿元） Input of Funds (100 million yuan)				发表科技论文（篇） Scientific Papers Issued (piece)			
		2010	2016	2017	2017排名 Ranking	2010	2016	2017	2017排名 Ranking
全　国	**National Total**	**467.00**	**777.22**	**876.99**		**1062512**	**1267881**	**1308110**	
北　京	Beijing	89.38	121.93	146.69	1	104784	118193	127627	1
天　津	Tianjin	17.95	44.41	42.70	8	22861	29977	28644	18
河　北	Hebei	5.50	8.35	11.94	19	30426	36187	37524	15
山　西	Shanxi	4.74	5.96	6.27	25	13896	18488	19763	23
内蒙古	Inner Mongolia	2.12	3.35	3.93	26	9867	16314	14974	26
辽　宁	Liaoning	18.84	35.72	37.52	9	43629	56721	54712	10
吉　林	Jilin	13.14	11.73	16.13	18	28785	37527	34024	16
黑龙江	Heilongjiang	21.98	40.95	21.73	13	36453	36133	38176	14
上　海	Shanghai	32.96	64.53	69.16	4	70290	79481	84386	4
江　苏	Jiangsu	40.80	70.71	77.93	3	90125	114057	121988	2
浙　江	Zhejiang	26.23	39.99	42.94	7	46236	49592	53471	11
安　徽	Anhui	10.52	16.95	20.10	16	31760	37599	38457	13
福　建	Fujian	6.05	15.40	22.90	12	18137	25600	28462	19
江　西	Jiangxi	6.43	7.90	11.04	21	22482	24115	24446	20
山　东	Shandong	14.65	28.73	36.78	10	48926	53770	62279	8
河　南	Henan	7.42	16.70	20.87	15	43718	49332	46268	12
湖　北	Hubei	29.76	36.95	52.16	5	67352	76053	77258	5
湖　南	Hunan	15.00	19.57	19.53	17	48569	50101	55572	9
广　东	Guangdong	19.63	66.43	78.42	2	60176	87373	87815	3
广　西	Guangxi	4.29	7.77	11.26	20	23394	23712	22859	21
海　南	Hainan	0.59	1.42	1.23	30	3766	4921	5330	29
重　庆	Chongqing	11.01	18.07	21.14	14	27482	32273	32854	17
四　川	Sichuan	32.07	35.75	45.25	6	52512	66528	67626	6
贵　州	Guizhou	2.52	6.07	7.75	22	12933	16938	17090	25
云　南	Yunnan	4.10	9.30	7.72	23	18577	25146	20951	22
西　藏	Tibet	0.20	0.28	0.31	31	684	928	1085	31
陕　西	Shaanxi	21.12	29.27	30.62	11	49206	60172	63714	7
甘　肃	Gansu	5.80	6.17	6.34	24	17307	18468	18289	24
青　海	Qinghai	0.28	1.40	1.26	29	2024	2579	2428	30
宁　夏	Ningxia	0.47	1.67	1.81	28	5513	5382	6537	28
新　疆	Xinjiang	1.45	3.79	3.58	27	10642	14221	13501	27

17-38 高等学校国外发表科技论文和出版科技著作
Scientific Papers or Works Published in Foreign Periodicals and Publication by Higher Education Institutions

地区	Region	国外发表科技论文（篇）Scientific Papers or Works Published in Foreign Periodicals (piece)				出版科技著作（种）Publication on S&T (kind)			
		2010	2016	2017	2017排名 Ranking	2010	2016	2017	2017排名 Ranking
全　国	**National Total**	**182247**	**355483**	**390235**		**38101**	**44518**	**45591**	
北　京	Beijing	19170	39384	47755	1	5747	5354	4830	1
天　津	Tianjin	6046	11683	12608	11	959	681	785	23
河　北	Hebei	2926	6815	6902	18	743	1554	1494	13
山　西	Shanxi	1598	3791	4328	20	613	704	980	18
内蒙古	Inner Mongolia	654	1483	1977	25	385	981	817	22
辽　宁	Liaoning	5787	14021	14759	10	2536	2411	2348	7
吉　林	Jilin	4013	10672	9192	16	934	1008	942	20
黑龙江	Heilongjiang	11042	14502	9759	14	1234	1142	1179	15
上　海	Shanghai	18418	34235	38200	3	3020	2789	2648	6
江　苏	Jiangsu	20396	38321	44306	2	2017	3055	2903	3
浙　江	Zhejiang	12020	15792	18380	8	1549	2013	1949	9
安　徽	Anhui	4380	10186	11507	13	1457	1242	1034	16
福　建	Fujian	4108	7492	8506	17	706	777	840	21
江　西	Jiangxi	2187	4181	4238	21	621	890	1013	17
山　东	Shandong	8671	19158	24464	6	1690	1913	1910	11
河　南	Henan	4196	7466	6879	19	1645	2566	3090	2
湖　北	Hubei	13980	23358	26085	5	2415	2751	2747	4
湖　南	Hunan	4860	10460	12469	12	1621	1748	2282	8
广　东	Guangdong	8898	25571	28716	4	1991	2375	2654	5
广　西	Guangxi	1798	3445	3400	23	481	587	725	25
海　南	Hainan	223	592	709	29	264	342	399	27
重　庆	Chongqing	3905	9042	9350	15	990	1273	1444	14
四　川	Sichuan	10200	17684	19148	7	1361	1755	1916	10
贵　州	Guizhou	372	1303	1525	27	276	598	756	24
云　南	Yunnan	1452	4240	3118	24	696	1024	978	19
西　藏	Tibet	28	101	99	30	31	26	31	31
陕　西	Shaanxi	7687	14961	15674	9	1275	1609	1770	12
甘　肃	Gansu	2494	3534	3409	22	522	835	626	26
青　海	Qinghai	63	95	91	31	64	45	66	30
宁　夏	Ningxia	268	772	1078	28	102	173	241	28
新　疆	Xinjiang	407	1143	1604	26	156	297	194	29

17-39　高等学校科技产出
S&T Output of Higher Education Institutions

地区	Region	专利所有权转让及许可收入（万元）Revenue from Transfer and Licensing of Patent Ownership (10 000 yuan)				形成国家或行业标准数（项）Number of National and Industrial Standard (item)			
		2010	2016	2017	2017排名 Ranking	2010	2016	2017	2017排名 Ranking
全　国	**National Total**	**35943**	**121543**	**196382**		**230**	**571**	**451**	
北　京	Beijing	5924	51870	49377	2	64	265	81	1
天　津	Tianjin	4109	347	631	18				
河　北	Hebei	1354	575	819	17	9	5	8	16
山　西	Shanxi	205	422	206	22		1	2	22
内蒙古	Inner Mongolia	40	5	18	26			1	24
辽　宁	Liaoning	1436	5882	13436	4		21	14	10
吉　林	Jilin	598	244	476	20	9			
黑龙江	Heilongjiang	232	1641	825	16	8	17	10	13
上　海	Shanghai	3122	9486	11747	5	1			
江　苏	Jiangsu	3629	13026	18811	3	10	34	67	2
浙　江	Zhejiang	2999	8920	9751	6	9	20	56	3
安　徽	Anhui	212	1974	1540	13	25	20	8	16
福　建	Fujian	498	9500	1369	15		2	6	19
江　西	Jiangxi	310	1465	455	21	1	6	4	20
山　东	Shandong	890	1568	57712	1	6	3	9	14
河　南	Henan	856	1251	2366	11	9	1	22	6
湖　北	Hubei	1368	3139	9051	7	28	23	12	12
湖　南	Hunan	1558	868	1418	14	11	23	37	4
广　东	Guangdong	1575	2216	2615	10		20	14	10
广　西	Guangxi	370	227	550	19	2	7		
海　南	Hainan	49							
重　庆	Chongqing	1389	519	2344	12		47	15	9
四　川	Sichuan	1070	2530	7579	8		6	16	8
贵　州	Guizhou	11	212	36	25		6	8	16
云　南	Yunnan	514	38	171	23			1	24
西　藏	Tibet								
陕　西	Shaanxi	1517	3404	2920	9		15	24	5
甘　肃	Gansu	97	35	133	24		5	3	21
青　海	Qinghai					38	11	22	6
宁　夏	Ningxia	10		9	28		8	9	14
新　疆	Xinjiang		181	16	27		5	2	22

18

教　育

Education

18-1 6岁及以上、大专及以上受教育程度的人口

Number of People with College and Higher Level Education fro Population Aged 6 and Over

单位：人 (person)

地区	Region	6岁及以上人口 Population Aged 6 and Over				其中：大专及以上人口 College and Higher Level			
		2010	2016	2017	2017排名 Ranking	2010	2016	2017	2017排名 Ranking
全　国	**National Total**	**1242546122**	**1077322**	**1063758**		**118374897**	**139370**	**147593**	
北　京	Beijing	18813279	17001	16734	26	6177772	7729	7967	4
天　津	Tianjin	12388491	12401	12142	27	2261701	3176	3503	19
河　北	Hebei	66150575	57884	57431	6	5242511	5966	5736	12
山　西	Shanxi	33521349	29052	28628	18	3114389	3941	4272	16
内蒙古	Inner Mongolia	23362679	19913	19590	23	2522759	3640	3551	18
辽　宁	Liaoning	41873047	35135	34534	14	5234081	6331	5988	11
吉　林	Jilin	26136514	21860	21350	21	2715172	3093	3164	22
黑龙江	Heilongjiang	36619463	30868	30260	15	3492275	4159	4049	17
上　海	Shanghai	22085668	19274	18860	24	5039565	5791	6418	8
江　苏	Jiangsu	74119475	62953	62123	5	8511408	10458	10739	2
浙　江	Zhejiang	51484414	44145	43977	10	5078506	6705	6850	7
安　徽	Anhui	55103738	48183	47418	8	4006203	4515	4515	13
福　建	Fujian	34366573	29688	29305	17	3084680	3421	4418	15
江　西	Jiangxi	40413800	35394	35029	13	3055988	3177	2954	24
山　东	Shandong	89358154	77354	76033	2	8328681	9499	10084	3
河　南	Henan	85563558	73743	72645	3	6016007	5870	6290	9
湖　北	Hubei	53724341	46004	45344	9	5456838	6406	7346	5
湖　南	Hunan	60715957	53099	52384	7	4991904	6184	6188	10
广　东	Guangdong	97649498	85168	84724	1	8905508	11779	11892	1
广　西	Guangxi	41837842	36994	36659	11	2751201	2954	2806	25
海　南	Hainan	7949791	7037	7005	28	670160	685	919	28
重　庆	Chongqing	26962605	24087	23701	20	2445439	3038	3235	21
四　川	Sichuan	75277913	65259	64419	4	5366709	5869	6886	6
贵　州	Guizhou	31837765	27172	26997	19	1853345	1905	2584	27
云　南	Yunnan	42475720	36930	36543	12	2636038	3210	3109	23
西　藏	Tibet	2705849	2512	2508	31	165324	132	210	31
陕　西	Shaanxi	35187233	29889	29461	16	3940301	3822	4502	14
甘　肃	Gansu	23912906	20445	20151	22	1923282	2191	2801	26
青　海	Qinghai	5184022	4581	4514	30	484794	444	526	30
宁　夏	Ningxia	5798346	5210	5211	29	587054	801	819	29
新　疆	Xinjiang	19965557	18087	18080	25	2315302	2483	3270	20

注：1.2010年数据为第六次人口普查数据，2016年和2017年数据为抽样调查数据。

2.为2016年全国人口变动情况抽样调查样本数据，抽样比为0.822(‰)(以下有关各表同)。

3.为2017年全国人口变动情况抽样调查样本数据，抽样比为1.55(‰)(以下有关各表同)。

Notes: 1. 2010's data from comes the sixth census data. Data of 2016 and 2017 is sampling survey data.

2. Data in this table are obtained from the 2016 National Sample Survey on Changes. The sampling fraction is 0.822‰. The same applies to the relevant tables followed.

3. Data in this table are obtained from the 2017 National Sample Survey on Changes. The sampling fraction is 1.55‰. The same applies to the relevant tables followed.

18-2 高中文化和初中文化受教育程度的人口
Number of People with Senior Secondary Education and Junior Secondary Education

单位：人 (person)

地区	Region	其中：高中文化人口 Senior Secondary School				其中：初中文化人口 Junior Secondary School			
		2010	2016	2017	2017排名 Ranking	2010	2016	2017	2017排名 Ranking
全　国	**National Total**	**186646865**	**182171**	**186735**		**518176222**	**418395**	**404872**	
北　京	Beijing	4161674	3258	3226	24	6157444	4070	3768	27
天　津	Tianjin	2672387	2821	2787	27	4936137	4169	3949	26
河　北	Hebei	9131670	8625	9867	6	31902985	25765	25999	4
山　西	Shanxi	5618618	5907	6101	12	16115283	12675	12353	15
内蒙古	Inner Mongolia	3740299	3395	3443	22	9689532	7552	7038	22
辽　宁	Liaoning	6469305	5787	6073	13	19829444	15399	15209	12
吉　林	Jilin	4630133	3653	3857	21	11549212	9333	8754	20
黑龙江	Heilongjiang	5756969	4972	4795	17	17245267	13491	13455	13
上　海	Shanghai	4823221	4104	4031	19	8406458	6199	5674	25
江　苏	Jiangsu	12703757	12036	10939	5	30423013	22540	23092	5
浙　江	Zhejiang	7384253	6890	6656	10	19961827	15554	15863	11
安　徽	Anhui	6449846	6226	6854	9	22969845	20802	19196	8
福　建	Fujian	5119371	4570	4642	18	13977601	10337	10165	18
江　西	Jiangxi	5488361	6011	6204	11	16787837	13502	13316	14
山　东	Shandong	13322584	13025	12577	3	38468023	30835	29957	3
河　南	Henan	12423541	12638	13295	2	39925272	32979	31332	2
湖　北	Hubei	9503078	8563	8072	8	22677927	17461	16182	9
湖　南	Hunan	10133885	11213	12111	4	25977062	20403	19232	7
广　东	Guangdong	18267539	18179	19915	1	44075971	33330	32421	1
广　西	Guangxi	5078715	5616	5667	14	17840416	16376	16127	10
海　南	Hainan	1288237	1253	1250	28	3642423	3197	3140	28
重　庆	Chongqing	3814455	4287	4028	20	9646397	8112	8111	21
四　川	Sichuan	9045928	8958	9621	7	28058292	23637	22131	6
贵　州	Guizhou	2617659	2967	3253	23	10506809	9951	9478	19
云　南	Yunnan	3813068	4060	4882	16	12591002	12135	12311	16
西　藏	Tibet	131027	146	148	31	385793	466	415	31
陕　西	Shaanxi	5887718	5701	5018	15	14981471	11835	11026	17
甘　肃	Gansu	3244504	3310	3154	25	7982874	6337	6066	24
青　海	Qinghai	586713	540	493	30	1427740	1390	1248	30
宁　夏	Ningxia	792711	844	906	29	2130699	1821	1769	29
新　疆	Xinjiang	2545639	2618	2873	26	7906166	6743	6093	23

18-3 小学文化和未上过学受教育程度的人口
Number of People with Primary Education and No Education

单位：人 (person)

地区	Region	其中：小学文化人口 Primary School				其中：未上过学人口 No Schooling			
		2010	2016	2017	2017排名 Ranking	2010	2016	2017	2017排名 Ranking
全　国	**National Total**	**357211733**	**275939**	**268406**		**62136405**	**61448**	**56152**	
北　京	Beijing	1952619	1631	1520	28	363770	313	252	31
天　津	Tianjin	2205954	1902	1614	27	312312	333	289	30
河　北	Hebei	17719711	14776	13450	6	2153698	2752	2380	11
山　西	Shanxi	7804836	5620	5221	21	868223	909	681	24
内蒙古	Inner Mongolia	6278818	4312	4466	24	1131271	1013	1091	18
辽　宁	Liaoning	9364681	6838	6541	19	975536	782	723	23
吉　林	Jilin	6604755	5106	4731	23	637242	675	844	22
黑龙江	Heilongjiang	9211366	6952	6952	18	913586	1295	1010	19
上　海	Shanghai	3121808	2528	2238	25	694616	651	497	26
江　苏	Jiangsu	19033077	14012	13433	7	3448220	3908	3920	3
浙　江	Zhejiang	15687367	12079	11975	10	3372461	2916	2632	10
安　徽	Anhui	16518988	13091	13465	5	5158856	3549	3389	5
福　建	Fujian	10994768	9407	8309	15	1190153	1953	1771	15
江　西	Jiangxi	13399357	10875	10917	12	1682257	1830	1637	16
山　东	Shandong	23912234	18766	18637	2	5326632	5230	4778	1
河　南	Henan	22669174	17933	17886	3	4529564	4323	3841	4
湖　北	Hubei	13092079	10885	11070	11	2994419	2690	2673	8
湖　南	Hunan	17600932	13315	12956	9	2012174	1984	1897	13
广　东	Guangdong	23788746	18686	17773	4	2611734	3194	2723	7
广　西	Guangxi	14579571	10350	10502	13	1587939	1697	1558	17
海　南	Hainan	1958821	1570	1402	29	390150	332	296	29
重　庆	Chongqing	9707595	7581	7475	16	1348719	1070	853	21
四　川	Sichuan	27846551	21287	21122	1	4960433	5508	4658	2
贵　州	Guizhou	13546008	9233	9012	14	3313944	3117	2670	9
云　南	Yunnan	20042984	14306	13232	8	3392628	3219	3008	6
西　藏	Tibet	1098468	786	871	31	925237	982	864	20
陕　西	Shaanxi	8740957	6847	7119	17	1636786	1685	1794	14
甘　肃	Gansu	8313301	6813	6216	20	2448945	1793	1913	12
青　海	Qinghai	1984288	1602	1772	26	700487	605	475	27
宁　夏	Ningxia	1868716	1394	1343	30	419166	350	374	28
新　疆	Xinjiang	6563203	5455	5187	22	635247	790	658	25

18-4 6岁及以上、大专及以上城市受教育程度的人口
Number of People with College and Higher Level Education for Population Aged 6 and Over in Cities

单位：人 (person)

地区	Region	6岁及以上城市人口 Population Aged 6 and Over				其中：大专及以上人口 College and Higher Level			
		2010	2016	2017	2017排名 Ranking	2010	2016	2017	2017排名 Ranking
全 国	**National Total**	**384147858**	**374066**	**368591**		**82609537**	**98568**	**102950**	
北 京	Beijing	14931905	14009	13672	11	5719710	7330	7556	2
天 津	Tianjin	8557876	9450	9093	19	1955233	2925	3214	13
河 北	Hebei	13610266	14486	14062	10	3252344	3974	3858	11
山 西	Shanxi	8923504	8172	9132	18	1971616	2108	2574	18
内蒙古	Inner Mongolia	7621744	6847	6702	23	1488541	2467	2221	20
辽 宁	Liaoning	21238725	19714	19356	5	4505346	5729	5504	6
吉 林	Jilin	9829437	8341	8798	20	2163396	2073	2247	19
黑龙江	Heilongjiang	13671158	12494	13317	12	2699338	3358	3187	14
上 海	Shanghai	16947917	15200	14933	9	4593448	5307	5976	5
江 苏	Jiangsu	28756641	27121	25341	2	6298307	7455	7533	3
浙 江	Zhejiang	19341538	19468	19577	4	3565320	4381	4546	8
安 徽	Anhui	11570801	11252	11149	15	2421397	2428	2163	21
福 建	Fujian	11811304	12983	12296	14	1989438	2650	3292	12
江 西	Jiangxi	7019212	7976	7481	22	1341937	1843	1381	25
山 东	Shandong	26769277	22965	23167	3	5886987	6537	6423	4
河 南	Henan	17199491	17609	15691	6	3848678	4235	4254	9
湖 北	Hubei	17096493	16382	15514	7	3739648	4337	5260	7
湖 南	Hunan	12056671	12364	12865	13	2793617	2989	2860	16
广 东	Guangdong	49812159	47829	46898	1	7376944	9716	10146	1
广 西	Guangxi	7831847	8998	9292	17	1587538	1738	1626	23
海 南	Hainan	2174301	2337	2138	28	422600	484	521	29
重 庆	Chongqing	8296022	8807	9836	16	1737668	2296	2730	17
四 川	Sichuan	15241250	14115	15097	8	3139205	3430	4236	10
贵 州	Guizhou	5201758	5805	5203	26	1027308	1105	1247	26
云 南	Yunnan	5969107	7344	6362	24	1259875	2010	1595	24
西 藏	Tibet	261564	382	376	31	50752	48	118	31
陕 西	Shaanxi	8434216	7897	8316	21	2443851	1985	2861	15
甘 肃	Gansu	5011236	4828	4177	27	1171855	1228	1225	27
青 海	Qinghai	1294462	1246	1239	30	274360	263	277	30
宁 夏	Ningxia	1938545	1936	1994	29	427952	572	589	28
新 疆	Xinjiang	5727431	5707	5517	25	1455328	1567	1730	22

18-5 高中文化和初中文化城市受教育程度的人口

Number of People with Senior Secondary Education and Junior Secondary Education in Cities

单位：人 (person)

地区	Region	其中：高中文化人口 Senior Secondary School				其中：初中文化人口 Junior Secondary School			
		2010	2016	2017	2017排名 Ranking	2010	2016	2017	2017排名 Ranking
全　国	**National Total**	**93632752**	**90190**	**90756**		**138590585**	**118897**	**113376**	
北　京	Beijing	3419387	2678	2517	16	4276980	2711	2392	21
天　津	Tianjin	2220636	2508	2394	20	3091612	2717	2428	20
河　北	Hebei	3451788	3397	3934	6	4687010	4611	4180	9
山　西	Shanxi	2360499	2273	2414	18	3207370	2625	2855	17
内蒙古	Inner Mongolia	1827275	1717	1666	23	2882167	1838	1972	23
辽　宁	Liaoning	4781286	4561	4525	5	8961344	7057	7035	3
吉　林	Jilin	2959933	2244	2653	13	3404708	2831	2762	18
黑龙江	Heilongjiang	3548928	3166	3233	12	5444782	4333	5002	6
上　海	Shanghai	4099573	3471	3433	11	5952396	4356	3783	13
江　苏	Jiangsu	6792400	6499	5422	3	10057146	7930	7866	2
浙　江	Zhejiang	3639292	3464	3441	10	7240604	6619	6910	4
安　徽	Anhui	2599561	2381	2626	15	4095548	4109	3998	11
福　建	Fujian	2497009	2755	2651	14	4556611	4312	3736	14
江　西	Jiangxi	1826160	1928	1820	22	2370446	2512	2470	19
山　东	Shandong	6545016	5609	5985	2	9319501	6705	6592	5
河　南	Henan	4634895	4780	4862	4	5781643	5530	4250	7
湖　北	Hubei	4781427	4410	3886	7	5823530	4821	4188	8
湖　南	Hunan	3289412	3519	3879	8	3925457	3717	3956	12
广　东	Guangdong	12343702	11870	12407	1	21242368	17630	16419	1
广　西	Guangxi	1990384	2361	2427	17	2794057	3292	3283	15
海　南	Hainan	595567	645	559	28	787331	816	722	28
重　庆	Chongqing	1990330	2292	2410	19	2770694	2525	2941	16
四　川	Sichuan	3559631	3237	3762	9	5140166	4410	4126	10
贵　州	Guizhou	1022208	1339	1064	27	1805762	2055	1860	25
云　南	Yunnan	1247478	1254	1467	24	1920826	2339	1898	24
西　藏	Tibet	38621	52	62	31	68162	89	61	31
陕　西	Shaanxi	2251823	2398	2021	21	2584611	2488	2135	22
甘　肃	Gansu	1312321	1370	1217	26	1550590	1307	1124	27
青　海	Qinghai	269124	291	239	30	430443	416	393	30
宁　夏	Ningxia	433639	436	498	29	684596	615	604	29
新　疆	Xinjiang	1303447	1282	1281	25	1732124	1583	1434	26

18-6 小学文化和未上过学城市受教育程度的人口
Number of People with Primary Education and No Education in Cities

单位：人 (person)

地区	Region	其中：小学文化人口 Primary School				其中：未上过学人口 No Schooling			
		2010	2016	2017	2017排名 Ranking	2010	2016	2017	2017排名 Ranking
全 国	**National Total**	**61280552**	**57425**	**53614**		**8034432**	**8985**	**7896**	
北 京	Beijing	1315882	1129	1056	21	199946	161	151	19
天 津	Tianjin	1129187	1123	912	24	161208	178	146	22
河 北	Hebei	2018691	2200	1854	11	200433	304	234	12
山 西	Shanxi	1263763	1024	1155	19	120256	142	134	24
内蒙古	Inner Mongolia	1236914	738	749	26	186847	87	94	26
辽 宁	Liaoning	2694119	2163	2087	7	296630	203	205	15
吉 林	Jilin	1166861	1054	993	22	134539	138	143	23
黑龙江	Heilongjiang	1761028	1416	1657	14	217082	221	238	11
上 海	Shanghai	1924658	1674	1464	17	377842	391	277	10
江 苏	Jiangsu	4844314	4436	3859	3	764474	801	661	3
浙 江	Zhejiang	4204382	4309	4027	2	691940	694	652	4
安 徽	Anhui	2003675	1994	2048	8	450620	341	315	9
福 建	Fujian	2509463	2802	2189	6	258783	464	429	5
江 西	Jiangxi	1336154	1488	1590	16	144515	205	221	14
山 东	Shandong	4325179	3372	3483	4	692594	740	685	2
河 南	Henan	2583016	2683	2006	10	351259	380	319	8
湖 北	Hubei	2371093	2275	1802	12	380795	540	379	6
湖 南	Hunan	1904464	1999	2014	9	143721	140	157	17
广 东	Guangdong	8160352	7483	7061	1	688793	1130	864	1
广 西	Guangxi	1337765	1441	1723	13	122103	166	233	13
海 南	Hainan	327194	340	300	28	41609	52	36	31
重 庆	Chongqing	1630161	1542	1605	15	167169	154	149	20
四 川	Sichuan	3054024	2629	2642	5	348224	409	330	7
贵 州	Guizhou	1173605	1135	882	25	172875	170	149	20
云 南	Yunnan	1362663	1530	1209	18	178265	211	193	16
西 藏	Tibet	68803	107	84	31	35226	86	52	28
陕 西	Shaanxi	1020330	909	1144	20	133601	116	156	18
甘 肃	Gansu	828420	773	517	27	148050	150	93	27
青 海	Qinghai	271588	242	288	29	48947	34	42	30
宁 夏	Ningxia	340790	264	259	30	51568	50	43	29
新 疆	Xinjiang	1112014	1150	957	23	124518	125	115	25

18-7 6岁及以上乡村和大专及以上受教育程度的人口

Number of People with College and Higher Level Education for Population Aged 6 and Over in Rural Areas

单位：人 (person)

地区	Region	6岁及以上乡村人口 Population Aged 6 and Over				其中：大专及以上人口 College and Higher Level			
		2010	2016	2017	2017排名 Ranking	2010	2016	2017	2017排名 Ranking
全　国	**National Total**	**609708623**	**457552**	**439903**		**12553411**	**14207**	**15266**	
北　京	Beijing	2641925	2365	2290	27	219140	283	322	20
天　津	Tianjin	2485102	2139	2098	30	69174	133	124	28
河　北	Hebei	36700056	27260	26117	4	640291	572	692	9
山　西	Shanxi	17347218	12895	12420	17	364546	528	594	10
内蒙古	Inner Mongolia	10350768	7901	7659	24	353787	319	320	21
辽　宁	Liaoning	15686075	11655	11437	18	296321	324	296	22
吉　林	Jilin	12042553	9774	9429	21	216244	276	191	26
黑龙江	Heilongjiang	16027742	12736	12513	16	214734	248	245	23
上　海	Shanghai	2360676	2380	2424	26	112663	180	125	27
江　苏	Jiangsu	29201895	20623	19797	8	937346	1155	1262	1
浙　江	Zhejiang	19714793	14842	14404	14	527359	757	868	5
安　徽	Anhui	31033930	23158	22077	7	559587	761	725	8
福　建	Fujian	14616969	10950	10416	20	408379	343	417	17
江　西	Jiangxi	22409231	16672	16103	12	482929	443	537	14
山　东	Shandong	44639307	32195	30597	3	785863	838	836	6
河　南	Henan	51915505	38203	36462	1	930026	712	885	4
湖　北	Hubei	26734699	19356	18461	11	767607	642	566	11
湖　南	Hunan	34067748	25191	23946	6	753244	834	806	7
广　东	Guangdong	32276810	26260	25648	5	589435	856	908	3
广　西	Guangxi	24790268	19302	18782	10	363829	380	371	19
海　南	Hainan	3949076	3073	2980	25	82304	99	200	25
重　庆	Chongqing	12471632	9151	8633	23	169091	290	236	24
四　川	Sichuan	44533729	33444	31992	2	642748	843	1012	2
贵　州	Guizhou	20913860	15234	14728	13	292091	363	513	15
云　南	Yunnan	27544959	20474	19663	9	509007	472	553	13
西　藏	Tibet	2064821	1763	1727	31	46144	62	49	31
陕　西	Shaanxi	19005704	13456	12852	15	504925	618	507	16
甘　肃	Gansu	15196092	11332	10864	19	249449	432	557	12
青　海	Qinghai	2818280	2209	2131	29	45664	74	82	30
宁　夏	Ningxia	2973616	2284	2202	28	73949	90	85	29
新　疆	Xinjiang	11193584	9274	9051	22	345535	279	377	18

18-8 高中文化和初中文化乡村受教育程度的人口
Number of People with Senior Secondary Education and Junior Secondary Education in Rural Areas

单位：人 (person)

地区	Region	其中：高中文化人口 Senior Secondary School				其中：初中文化人口 Junior Secondary School			
		2010	2016	2017	2017排名 Ranking	2010	2016	2017	2017排名 Ranking
全 国	**National Total**	**47099999**	**47539**	**48514**		**273812219**	**196739**	**187939**	
北 京	Beijing	478272	451	499	25	1339348	1102	998	28
天 津	Tianjin	242304	238	257	28	1264472	1048	1073	27
河 北	Hebei	2961138	2632	2806	6	19706145	13499	13447	3
山 西	Shanxi	1713935	1884	1812	12	9514516	6601	6570	12
内蒙古	Inner Mongolia	825317	845	912	21	4567200	3472	3050	23
辽 宁	Liaoning	865746	795	1147	17	8282585	6180	5831	15
吉 林	Jilin	775385	638	602	24	6100382	4977	4763	19
黑龙江	Heilongjiang	849808	755	729	23	8372888	6443	6451	14
上 海	Shanghai	268723	340	343	26	1146727	1146	1216	26
江 苏	Jiangsu	3031869	2839	2564	7	13249085	8303	8134	9
浙 江	Zhejiang	1769516	1889	1833	11	7664772	5273	5279	17
安 徽	Anhui	1857717	1970	1971	9	13536502	10191	9319	7
福 建	Fujian	1284426	981	946	19	6122360	3834	3945	20
江 西	Jiangxi	1665126	1878	1942	10	9973006	6838	6501	13
山 东	Shandong	3662693	3922	3237	4	21472686	14469	14012	2
河 南	Henan	4373066	3962	3996	3	26700825	18670	17942	1
湖 北	Hubei	2529312	2056	2019	8	12689777	8427	7682	10
湖 南	Hunan	3631040	3790	4280	2	16034321	11162	9902	6
广 东	Guangdong	3038990	3569	4299	1	15744383	11489	10843	5
广 西	Guangxi	1465786	1641	1776	13	11096978	9383	9061	8
海 南	Hainan	349531	375	338	27	2024022	1517	1538	25
重 庆	Chongqing	754785	818	777	22	4473853	3216	2913	24
四 川	Sichuan	2569618	2874	2906	5	16946055	11949	11295	4
贵 州	Guizhou	777015	951	1268	16	6584467	5439	5066	18
云 南	Yunnan	1246725	1384	1510	14	7664553	6604	6736	11
西 藏	Tibet	47960	86	64	31	239406	260	283	31
陕 西	Shaanxi	1889394	1646	1425	15	9257241	6150	5728	16
甘 肃	Gansu	1119030	1134	992	18	5164564	3568	3290	22
青 海	Qinghai	128669	141	153	30	715823	609	548	30
宁 夏	Ningxia	218145	252	196	29	1095114	800	814	29
新 疆	Xinjiang	708958	804	915	20	5068163	4120	3711	21

18-9 小学文化和未上过学乡村受教育程度的人口

Number of People with Primary Education and No Education in Rural Areas

单位：人 (person)

地区	Region	其中：小学文化人口 Primary School				其中：未上过学人口 No Schooling			
		2010	2016	2017	2017排名 Ranking	2010	2016	2017	2017排名 Ranking
全　国	**National Total**	**232068330**	**158770**	**152252**		**44174664**	**40296**	**35934**	
北　京	Beijing	474343	405	387	31	130822	125	85	31
天　津	Tianjin	794848	582	519	30	114304	137	125	30
河　北	Hebei	11866526	8774	7658	8	1525956	1784	1515	11
山　西	Shanxi	5123519	3316	3015	23	630702	566	429	25
内蒙古	Inner Mongolia	3850235	2512	2598	24	754229	754	777	18
辽　宁	Liaoning	5661922	3847	3726	20	579501	508	436	24
吉　林	Jilin	4552305	3421	3272	22	398237	461	602	21
黑龙江	Heilongjiang	6057330	4393	4452	16	532982	896	636	20
上　海	Shanghai	645574	549	572	29	186989	167	169	28
江　苏	Jiangsu	10033805	6416	5724	13	1949790	1910	2113	6
浙　江	Zhejiang	7757613	5175	5121	14	1995533	1748	1302	12
安　徽	Anhui	11265233	7712	7688	7	3814891	2523	2375	4
福　建	Fujian	6099939	4641	4119	18	701865	1151	991	16
江　西	Jiangxi	9092090	6317	6096	11	1196080	1196	1027	15
山　东	Shandong	15041231	10038	9752	3	3676834	2927	2758	2
河　南	Henan	16395156	11615	11075	2	3516432	3244	2565	3
湖　北	Hubei	8621975	6512	6528	10	2126028	1719	1665	8
湖　南	Hunan	12124177	8090	7744	6	1524966	1314	1214	13
广　东	Guangdong	11438862	8705	8077	5	1465140	1641	1521	10
广　西	Guangxi	10641000	6699	6600	9	1222675	1199	974	17
海　南	Hainan	1224372	870	736	27	268847	213	168	29
重　庆	Chongqing	6126264	4148	4159	17	947639	680	548	22
四　川	Sichuan	20368887	13592	13418	1	4006421	4186	3361	1
贵　州	Guizhou	10488785	6153	5919	12	2771502	2328	1962	7
云　南	Yunnan	15430944	9611	8743	4	2693730	2403	2122	5
西　藏	Tibet	913991	587	660	28	817320	768	670	19
陕　西	Shaanxi	6097790	3941	3993	19	1256354	1101	1198	14
甘　肃	Gansu	6568534	4810	4474	15	2094515	1388	1550	9
青　海	Qinghai	1394925	960	1042	25	533199	424	307	26
宁　夏	Ningxia	1268248	877	823	26	318160	264	283	27
新　疆	Xinjiang	4647907	3501	3561	21	423021	570	489	23

18-10 普通高等学校学校数和招生数

Number of Regular Schools (Institutions) of Higher Education and Entrants

地区	Region	普通高等学校学校数（所） Number of Schools (unit)				普通高等学校学校招生数（万人） Number of Entrants (10 000 persons)			
		2010	2016	2017	2017排名 Ranking	2010	2015	2017	2017排名 Ranking
全　国	**National Total**	**2358**	**2596**	**2631**		**661.76**	**737.85**	**761.49**	
北　京	Beijing	87	91	92	14	15.51	15.35	15.05	22
天　津	Tianjin	55	55	57	24	12.86	13.86	13.87	23
河　北	Hebei	110	120	121	7	33.91	32.91	36.51	7
山　西	Shanxi	73	80	80	17	18.07	21.35	20.33	16
内蒙古	Inner Mongolia	44	53	53	25	11.25	11.90	12.21	26
辽　宁	Liaoning	112	116	115	9	24.75	26.33	24.98	14
吉　林	Jilin	56	60	62	23	15.11	17.00	17.12	21
黑龙江	Heilongjiang	79	82	81	16	19.27	19.85	19.52	20
上　海	Shanghai	67	64	64	22	14.46	13.68	13.56	24
江　苏	Jiangsu	150	166	167	1	44.86	44.86	45.66	4
浙　江	Zhejiang	101	107	107	11	25.36	26.44	25.56	13
安　徽	Anhui	111	119	119	8	28.76	32.65	30.72	9
福　建	Fujian	84	88	89	15	19.87	20.67	20.00	18
江　西	Jiangxi	85	98	100	12	24.85	28.68	28.85	10
山　东	Shandong	132	144	145	3	47.52	54.08	54.85	3
河　南	Henan	107	129	134	4	45.71	51.47	56.94	1
湖　北	Hubei	120	128	129	5	38.76	38.54	39.41	6
湖　南	Hunan	117	123	124	6	30.27	33.63	35.79	8
广　东	Guangdong	131	147	151	2	43.73	55.06	55.84	2
广　西	Guangxi	70	73	74	19	18.26	23.42	26.69	12
海　南	Hainan	17	18	19	28	4.76	5.24	5.22	28
重　庆	Chongqing	53	65	65	21	16.41	20.55	20.95	15
四　川	Sichuan	92	109	109	10	33.21	41.33	43.30	5
贵　州	Guizhou	47	64	70	20	9.93	15.42	19.97	19
云　南	Yunnan	61	72	77	18	14.10	17.66	20.21	17
西　藏	Tibet	6	7	7	31	0.92	0.99	0.97	31
陕　西	Shaanxi	90	93	93	13	26.71	28.75	28.47	11
甘　肃	Gansu	40	49	49	26	11.41	12.43	13.15	25
青　海	Qinghai	9	12	12	30	1.30	1.80	1.96	30
宁　夏	Ningxia	15	18	19	28	2.50	3.22	3.47	29
新　疆	Xinjiang	37	46	47	27	7.36	8.72	10.37	27

注：2010年学生数包括成人高校的普通本专科学生数(下表同)。

Note: The number of students includes normal and short-cycle courses in regular higher education for adults in 2010.

18-11　普通高等学校在校学生数和毕业生数

Number of Enrolment and Graduates in Regular Schools (Institutions) of Higher Education

单位：万人　　　　(10 000 persons)

地区	Region	在校学生数 Enrolment 2010	2017	2017排名 Ranking	毕业生数 Graduates 2010	2017	2017排名 Ranking
全　国	**National Total**	**2231.79**	**2753.59**		**575.42**	**735.83**	
北　京	Beijing	58.71	59.29	22	15.27	15.54	21
天　津	Tianjin	42.92	51.47	24	10.54	13.92	23
河　北	Hebei	110.51	126.89	8	29.71	33.00	8
山　西	Shanxi	56.29	76.30	15	16.55	21.04	15
内蒙古	Inner Mongolia	37.14	44.81	26	9.47	11.78	26
辽　宁	Liaoning	88.02	98.10	13	21.96	26.88	13
吉　林	Jilin	54.44	64.39	20	13.60	17.01	20
黑龙江	Heilongjiang	71.91	73.42	18	18.10	19.72	17
上　海	Shanghai	51.57	51.49	23	13.37	13.42	24
江　苏	Jiangsu	164.94	176.79	4	47.89	48.95	4
浙　江	Zhejiang	88.49	100.23	12	23.37	27.66	12
安　徽	Anhui	93.90	114.74	9	23.22	32.28	9
福　建	Fujian	64.78	75.10	16	15.34	20.44	16
江　西	Jiangxi	81.65	104.83	11	22.59	29.60	11
山　东	Shandong	163.14	201.53	1	44.40	57.12	1
河　南	Henan	145.67	200.47	2	38.25	50.41	3
湖　北	Hubei	129.69	140.09	6	33.13	39.49	5
湖　南	Hunan	104.72	127.32	7	27.61	33.28	7
广　东	Guangdong	142.66	192.58	3	33.42	51.12	2
广　西	Guangxi	56.75	86.67	14	13.81	21.07	14
海　南	Hainan	15.08	18.55	28	3.68	5.04	28
重　庆	Chongqing	52.27	74.69	17	12.28	19.64	18
四　川	Sichuan	108.62	149.97	5	27.86	38.61	6
贵　州	Guizhou	32.33	62.77	21	7.48	14.90	22
云　南	Yunnan	43.90	70.59	19	9.54	17.53	19
西　藏	Tibet	3.11	3.56	31	0.83	0.90	31
陕　西	Shaanxi	92.78	106.94	10	23.55	30.51	10
甘　肃	Gansu	38.15	46.62	25	9.22	12.48	25
青　海	Qinghai	4.50	6.70	30	1.12	1.47	30
宁　夏	Ningxia	8.02	12.11	29	1.92	3.16	29
新　疆	Xinjiang	25.12	34.60	27	6.35	7.87	27

18-12 普通高等学校教职工数和专业教师数

Number of Educational Personnel and Full-time Teachers in Regular Schools (Institutions) of Higher Education

单位：万人 (10 000 persons)

地区	Region	教职工数 Educational Personnel				其中：专任教师数 Full-time Teachers			
		2010	2016	2017	2017排名 Ranking	2010	2016	2017	2017排名 Ranking
全　国	**National Total**	**215.66**	**240.48**	**244.30**		**134.31**	**160.20**	**163.32**	
北　京	Beijing	13.39	14.30	14.22	5	5.92	7.00	6.97	9
天　津	Tianjin	4.52	4.62	4.71	24	2.81	3.05	3.11	24
河　北	Hebei	9.45	10.38	10.55	8	6.08	7.04	7.29	7
山　西	Shanxi	5.69	5.98	5.91	20	3.65	4.13	4.10	20
内蒙古	Inner Mongolia	3.64	3.93	3.96	26	2.33	2.59	2.64	26
辽　宁	Liaoning	9.32	9.85	9.78	11	5.74	6.49	6.32	11
吉　林	Jilin	5.95	6.34	6.34	19	3.40	3.98	4.01	21
黑龙江	Heilongjiang	7.57	7.49	7.39	15	4.42	4.68	4.63	15
上　海	Shanghai	7.42	7.34	7.39	16	3.92	4.23	4.35	17
江　苏	Jiangsu	15.86	16.57	16.86	1	10.20	10.98	11.29	1
浙　江	Zhejiang	7.98	9.02	9.27	12	5.10	6.05	6.24	12
安　徽	Anhui	7.13	8.04	8.13	13	4.93	5.95	6.04	13
福　建	Fujian	5.87	6.75	6.83	17	3.77	4.48	4.54	16
江　西	Jiangxi	7.08	7.70	8.01	14	4.90	5.56	5.65	14
山　东	Shandong	13.91	15.03	15.43	3	9.14	10.77	11.08	2
河　南	Henan	11.04	13.88	14.58	4	7.75	10.27	10.84	3
湖　北	Hubei	12.35	13.10	13.14	6	7.47	8.35	8.35	6
湖　南	Hunan	9.49	10.05	10.23	10	5.96	6.87	7.02	8
广　东	Guangdong	12.14	14.94	15.45	2	7.86	10.12	10.44	4
广　西	Guangxi	5.07	6.37	6.69	18	3.17	4.04	4.32	18
海　南	Hainan	1.24	1.47	1.48	28	0.78	0.93	0.96	28
重　庆	Chongqing	4.84	5.75	5.84	21	3.11	4.06	4.17	19
四　川	Sichuan	10.05	12.39	12.19	7	6.50	8.58	8.39	5
贵　州	Guizhou	2.97	4.50	4.79	23	2.04	3.31	3.51	23
云　南	Yunnan	3.97	5.26	5.35	22	2.65	3.89	3.93	22
西　藏	Tibet	0.33	0.37	0.37	31	0.22	0.25	0.25	31
陕　西	Shaanxi	9.85	10.35	10.40	9	5.83	6.61	6.69	10
甘　肃	Gansu	3.29	3.93	4.12	25	2.08	2.67	2.85	25
青　海	Qinghai	0.67	0.66	0.69	30	0.37	0.43	0.47	30
宁　夏	Ningxia	0.92	1.16	1.17	29	0.59	0.80	0.82	29
新　疆	Xinjiang	2.68	2.98	3.03	27	1.65	2.00	2.06	27

18-13　普通高中学校数和招生数
Regular Senior Secondary Schools and Entrants

地区	Region	学校数（所）Schools (unit)				招生数（万人）Entrants (10 000 persons)			
		2010	2016	2017	2017排名 Ranking	2010	2016	2017	2017排名 Ranking
全　国	**National Total**	**14058**	**13383**	**13555**		**836.24**	**802.92**	**800.05**	
北　京	Beijing	289	305	304	22	6.56	5.35	5.38	27
天　津	Tianjin	214	182	187	27	6.21	5.41	5.50	26
河　北	Hebei	615	598	630	5	42.02	43.27	45.71	5
山　西	Shanxi	534	503	505	13	28.10	24.45	22.74	16
内蒙古	Inner Mongolia	289	289	293	23	16.64	14.70	14.36	23
辽　宁	Liaoning	419	412	418	18	24.04	21.20	21.37	17
吉　林	Jilin	257	241	244	26	16.30	13.95	14.17	24
黑龙江	Heilongjiang	416	372	371	20	20.75	18.63	18.90	21
上　海	Shanghai	261	256	258	24	5.39	5.31	5.33	28
江　苏	Jiangsu	653	571	564	9	44.03	31.82	31.46	11
浙　江	Zhejiang	569	574	580	8	30.09	25.89	25.93	14
安　徽	Anhui	743	672	662	4	42.41	35.88	35.27	7
福　建	Fujian	575	533	534	10	24.31	21.71	20.89	18
江　西	Jiangxi	452	469	475	14	25.65	33.02	33.44	10
山　东	Shandong	592	580	592	7	52.82	55.78	55.01	3
河　南	Henan	825	792	813	2	62.85	69.53	70.97	1
湖　北	Hubei	603	532	532	11	39.55	27.71	27.12	13
湖　南	Hunan	622	579	608	6	37.05	39.39	39.81	6
广　东	Guangdong	1026	1031	1030	1	75.59	64.33	61.14	2
广　西	Guangxi	463	450	460	16	27.07	33.85	35.07	8
海　南	Hainan	107	109	116	28	5.60	5.73	5.66	25
重　庆	Chongqing	268	260	255	25	22.76	19.97	20.13	19
四　川	Sichuan	747	739	754	3	52.55	47.60	46.47	4
贵　州	Guizhou	444	437	451	17	24.02	34.26	34.85	9
云　南	Yunnan	451	480	509	12	22.90	28.82	29.79	12
西　藏	Tibet	29	31	34	31	1.51	1.95	2.06	31
陕　西	Shaanxi	569	485	473	15	33.84	25.72	24.38	15
甘　肃	Gansu	452	379	384	19	21.96	19.34	18.26	22
青　海	Qinghai	119	106	101	29	3.62	4.26	4.24	30
宁　夏	Ningxia	70	62	63	30	4.74	4.77	4.92	29
新　疆	Xinjiang	385	354	355	21	15.32	19.30	19.73	20

18-14 普通高中在校学生数和毕业生数
Total Enrolment and Graduates in Regular Senior Secondary Schools

单位：万人 (10 000 persons)

地区	Region	在校学生数 Enrolment 2010	2016	2017	2017排名 Ranking	毕业生数 Graduates 2010	2016	2017	2017排名 Ranking
全　国	**National Total**	**2427.34**	**2366.65**	**2374.55**		**794.43**	**792.35**	**775.73**	
北 京	Beijing	19.84	16.31	16.40	26	6.23	5.28	4.97	29
天 津	Tianjin	18.52	16.40	16.36	27	6.60	5.61	5.52	26
河 北	Hebei	127.51	121.33	129.14	5	42.66	36.82	37.70	5
山 西	Shanxi	82.29	75.38	71.97	16	25.94	28.44	26.03	14
内蒙古	Inner Mongolia	49.93	44.90	43.58	23	17.48	16.07	15.33	23
辽 宁	Liaoning	71.54	62.51	62.96	18	22.61	21.61	20.25	19
吉 林	Jilin	47.09	40.42	41.38	24	15.22	13.90	13.01	24
黑龙江	Heilongjiang	61.69	54.98	55.65	22	19.55	19.07	18.16	21
上 海	Shanghai	16.89	15.78	15.89	28	6.24	5.19	5.13	28
江 苏	Jiangsu	135.66	95.15	94.34	11	48.64	33.87	31.76	9
浙 江	Zhejiang	88.02	76.56	77.34	14	27.37	25.99	24.62	16
安 徽	Anhui	127.60	110.70	108.50	7	44.38	38.83	37.67	6
福 建	Fujian	70.64	63.47	63.71	17	24.03	19.70	19.65	20
江 西	Jiangxi	73.96	94.29	96.70	10	26.25	30.20	30.19	10
山 东	Shandong	152.51	166.49	165.49	3	54.69	57.91	55.38	3
河 南	Henan	192.16	199.60	205.49	1	70.43	63.31	63.14	2
湖 北	Hubei	123.74	84.50	81.94	13	43.45	30.57	28.95	11
湖 南	Hunan	101.90	110.91	114.63	6	36.18	34.20	34.41	7
广 东	Guangdong	208.95	197.37	189.27	2	56.76	70.33	67.67	1
广 西	Guangxi	75.40	91.89	97.48	9	23.90	26.85	28.18	12
海 南	Hainan	16.05	16.99	17.11	25	5.06	5.88	5.61	25
重 庆	Chongqing	62.64	60.68	60.18	19	16.95	21.92	21.09	17
四 川	Sichuan	146.23	144.72	141.30	4	45.00	49.66	49.03	4
贵 州	Guizhou	62.02	99.37	101.10	8	17.17	30.74	32.34	8
云 南	Yunnan	63.28	80.58	83.41	12	18.44	24.89	25.22	15
西 藏	Tibet	4.07	5.69	5.88	31	1.22	2.00	1.83	31
陕 西	Shaanxi	95.59	78.31	75.66	15	31.03	27.76	26.70	13
甘 肃	Gansu	64.70	60.35	57.73	20	19.50	21.91	20.81	18
青 海	Qinghai	10.77	12.03	12.39	30	3.41	3.80	3.83	30
宁 夏	Ningxia	14.24	15.20	14.88	29	4.49	5.61	5.36	27
新 疆	Xinjiang	41.91	53.77	56.71	21	13.57	14.43	16.19	22

18-15 普通高中教职工数和专任教师数

Educational Personnel and Full-time Teachers in Regular Senior Secondary Schools

单位：万人 (10 000 persons)

地区	Region	教职工数 Educational Personnel				其中：专任教师数 Full-time Teachers			
		2010	2016	2017	2017排名 Ranking	2010	2016	2017	2017排名 Ranking
全　国	**National Total**	**585.93**	**259.19**	**266.51**		**151.82**	**173.35**	**177.40**	
北　京	Beijing	7.04	5.69	5.78	23	1.96	2.11	2.15	25
天　津	Tianjin	5.18	2.95	3.00	27	1.48	1.64	1.65	27
河　北	Hebei	30.53	13.18	14.08	5	8.30	8.91	9.44	6
山　西	Shanxi	20.45	9.92	9.92	10	5.36	6.33	6.39	12
内蒙古	Inner Mongolia	12.31	5.31	5.47	24	3.16	3.48	3.57	23
辽　宁	Liaoning	18.03	6.44	6.51	20	4.47	5.06	5.13	17
吉　林	Jilin	12.11	4.23	4.30	25	2.76	2.93	2.99	24
黑龙江	Heilongjiang	17.12	5.89	5.94	22	4.07	4.23	4.25	21
上　海	Shanghai	6.73	3.15	3.24	26	1.67	1.77	1.79	26
江　苏	Jiangsu	33.56	12.63	12.54	6	9.82	9.51	9.47	5
浙　江	Zhejiang	20.82	9.07	9.29	11	6.23	6.80	6.96	9
安　徽	Anhui	26.26	11.68	11.78	7	6.69	7.73	7.80	7
福　建	Fujian	17.22	9.82	9.98	9	5.21	5.04	5.07	18
江　西	Jiangxi	18.44	8.46	8.67	14	4.69	5.48	5.57	16
山　东	Shandong	43.88	16.24	16.93	2	11.14	12.96	13.44	2
河　南	Henan	43.14	15.55	16.49	4	10.43	11.79	12.47	3
湖　北	Hubei	26.31	8.76	8.82	13	7.11	6.65	6.59	10
湖　南	Hunan	28.17	10.65	11.30	8	6.78	7.22	7.58	8
广　东	Guangdong	44.53	25.24	25.75	1	12.51	15.16	15.14	1
广　西	Guangxi	19.01	7.55	8.00	17	4.21	5.34	5.60	15
海　南	Hainan	4.07	2.57	2.69	28	0.95	1.28	1.33	28
重　庆	Chongqing	12.44	6.83	6.74	19	3.22	3.99	3.94	22
四　川	Sichuan	32.18	16.37	16.84	3	8.03	9.62	9.75	4
贵　州	Guizhou	15.53	8.06	8.47	16	3.31	6.10	6.41	11
云　南	Yunnan	17.95	8.45	8.97	12	4.12	5.39	5.66	14
西　藏	Tibet	1.28	0.57	0.60	31	0.32	0.50	0.52	31
陕　西	Shaanxi	19.85	8.54	8.59	15	5.40	5.75	5.73	13
甘　肃	Gansu	13.27	6.11	6.10	21	3.75	4.51	4.54	19
青　海	Qinghai	2.39	1.32	1.31	30	0.76	0.89	0.91	30
宁　夏	Ningxia	3.05	1.34	1.37	29	0.89	1.06	1.09	29
新　疆	Xinjiang	13.06	6.62	7.07	18	3.02	4.11	4.45	20

注：教职工数为普通初中和普通高中之和。

Note: The staff number is the sum of ordinary junior high school and ordinary high school.

18-16 中等职业学校招生数和在校学生数
Entrants and Enrolment in Secondary Vocational Schools (Institutions)

单位：万人 (10 000 persons)

地区	Region	招生数 Entrants 2010	2016	2017	2017排名 Ranking	在校学生数 Enrolment 2010	2016	2017	2017排名 Ranking
全　国	**National Total**	**711.40**	**466.14**	**451.52**		**1816.44**	**1275.86**	**1254.29**	
北　京	Beijing	5.06	2.34	1.94	30	16.18	8.58	7.45	30
天　津	Tianjin	3.87	3.74	3.03	27	11.61	10.11	9.84	27
河　北	Hebei	40.95	27.43	28.71	5	112.05	65.81	70.62	6
山　西	Shanxi	23.65	11.10	10.97	16	57.52	33.79	32.93	16
内蒙古	Inner Mongolia	12.42	7.18	6.79	22	33.47	20.27	19.26	23
辽　宁	Liaoning	14.44	11.20	10.34	18	42.78	31.89	31.44	17
吉　林	Jilin	10.73	4.70	4.46	25	29.24	12.99	13.18	24
黑龙江	Heilongjiang	11.59	7.10	6.50	23	36.00	21.57	20.38	21
上　海	Shanghai	4.89	3.54	3.42	26	16.39	11.20	10.61	26
江　苏	Jiangsu	36.26	22.09	22.60	9	102.04	65.25	65.15	9
浙　江	Zhejiang	24.15	18.84	18.47	11	64.22	52.07	53.19	10
安　徽	Anhui	34.91	30.58	28.79	4	87.27	78.18	76.07	5
福　建	Fujian	20.15	13.70	11.65	14	53.60	38.05	34.55	14
江　西	Jiangxi	22.00	13.58	11.20	15	61.81	36.17	34.43	15
山　东	Shandong	42.70	28.82	26.12	6	113.16	80.98	79.34	4
河　南	Henan	62.56	37.49	42.04	1	163.60	101.58	106.52	1
湖　北	Hubei	28.36	13.21	12.72	13	90.38	37.56	37.12	13
湖　南	Hunan	30.29	25.13	25.02	8	76.48	66.09	68.65	8
广　东	Guangdong	74.13	35.19	32.23	3	154.78	106.57	99.39	2
广　西	Guangxi	38.09	25.63	25.28	7	80.95	69.86	68.68	7
海　南	Hainan	5.47	4.42	4.54	24	13.69	11.51	11.88	25
重　庆	Chongqing	13.25	11.12	10.92	17	39.16	31.16	30.83	18
四　川	Sichuan	51.16	37.48	34.93	2	123.69	91.44	86.00	3
贵　州	Guizhou	15.55	19.66	18.31	12	37.57	55.09	50.31	11
云　南	Yunnan	27.90	18.36	18.79	10	57.53	48.62	50.10	12
西　藏	Tibet	0.73	0.74	0.75	31	2.26	1.82	1.93	31
陕　西	Shaanxi	25.18	9.33	9.84	19	62.83	27.78	26.21	19
甘　肃	Gansu	13.74	8.05	7.32	21	34.74	21.07	19.39	22
青　海	Qinghai	3.07	2.69	2.80	28	7.91	7.41	7.50	28
宁　夏	Ningxia	4.25	2.81	2.51	29	10.19	7.87	7.47	29
新　疆	Xinjiang	9.89	8.89	8.55	20	23.33	23.51	23.87	20

18-17　中等职业学校毕业生数和专任教师数

Number of Graduates and Full-time Teachers in Secondary Vocational Schools (Institutions)

单位：万人 (10 000 persons)

地区	Region	毕业生数 Graduates				专任教师数 Full-time Teachers			
		2010	2016	2017	2017排名 Ranking	2010	2016	2017	2017排名 Ranking
全　国	**National Total**	**543.65**	**440.56**	**406.40**		**68.10**	**64.31**	**64.04**	
北　京	Beijing	5.13	2.98	2.90	28	0.84	0.67	0.63	26
天　津	Tianjin	5.15	3.11	2.91	27	0.79	0.65	0.61	27
河　北	Hebei	34.82	19.66	22.01	6	4.91	4.49	4.61	3
山　西	Shanxi	18.18	12.96	11.14	15	2.33	2.55	2.52	10
内蒙古	Inner Mongolia	8.53	6.91	6.73	22	1.47	1.38	1.37	21
辽　宁	Liaoning	14.26	10.66	9.60	17	2.19	2.06	2.06	13
吉　林	Jilin	9.18	4.89	3.89	24	1.93	1.45	1.35	22
黑龙江	Heilongjiang	12.20	7.49	7.47	20	1.83	1.41	1.41	18
上　海	Shanghai	5.55	3.84	3.67	25	0.81	0.82	0.81	25
江　苏	Jiangsu	28.18	22.97	21.65	7	4.40	4.17	4.23	5
浙　江	Zhejiang	18.74	16.99	15.90	11	3.05	3.35	3.39	7
安　徽	Anhui	29.25	32.93	27.97	4	2.44	2.86	2.78	8
福　建	Fujian	15.53	13.17	11.78	13	1.80	1.67	1.65	16
江　西	Jiangxi	18.84	11.80	10.55	16	2.00	1.35	1.25	23
山　东	Shandong	43.93	28.67	24.83	5	5.55	4.82	4.87	2
河　南	Henan	52.63	33.90	31.87	3	6.04	5.03	4.98	1
湖　北	Hubei	33.58	11.14	11.49	14	2.85	2.07	2.02	14
湖　南	Hunan	28.29	19.96	19.49	9	2.80	2.56	2.70	9
广　东	Guangdong	33.17	38.92	34.23	2	4.35	4.48	4.52	4
广　西	Guangxi	16.36	22.44	19.97	8	2.05	2.07	2.09	12
海　南	Hainan	2.97	3.61	3.40	26	0.38	0.44	0.44	28
重　庆	Chongqing	12.50	9.97	9.50	19	1.39	1.48	1.49	17
四　川	Sichuan	31.41	40.38	35.35	1	3.62	3.88	3.83	6
贵　州	Guizhou	10.10	17.30	15.90	10	1.13	1.77	1.82	15
云　南	Yunnan	12.89	14.80	14.43	12	2.01	2.15	2.17	11
西　藏	Tibet	0.73	0.42	0.56	31	0.06	0.13	0.15	31
陕　西	Shaanxi	19.83	11.36	9.59	18	2.09	1.55	1.40	19
甘　肃	Gansu	10.25	7.46	6.78	21	1.49	1.54	1.38	20
青　海	Qinghai	1.98	1.93	1.95	30	0.24	0.25	0.24	30
宁　夏	Ningxia	2.85	2.44	2.47	29	0.24	0.27	0.28	29
新　疆	Xinjiang	6.64	5.49	6.43	23	1.01	0.97	0.98	24

18-18 初中学校数和在校学生数
Number of Schools and Enrolment in Regular Junior Secondary Schools

地区	Region	学校数（所）Schools (unit)				在校学生数（万人）Enrolment (10 000 persons)			
		2010	2016	2017	2017排名 Ranking	2010	2016	2017	2017排名 Ranking
全　国	**National Total**	**54823**	**52118**	**51894**		**5275.91**	**4329.37**	**4442.06**	
北　京	Beijing	345	341	345	27	30.99	26.83	26.64	28
天　津	Tianjin	332	334	338	28	27.34	25.64	26.22	29
河　北	Hebei	2649	2379	2375	7	221.23	243.58	260.07	4
山　西	Shanxi	2213	1850	1835	12	171.38	109.27	108.24	16
内蒙古	Inner Mongolia	834	693	683	24	81.47	61.24	61.87	24
辽　宁	Liaoning	1657	1521	1522	17	127.23	97.83	96.35	19
吉　林	Jilin	1209	1172	1172	21	81.75	60.43	61.87	23
黑龙江	Heilongjiang	1758	1451	1429	19	129.09	90.39	90.40	20
上　海	Shanghai	494	545	560	25	42.55	41.33	41.17	25
江　苏	Jiangsu	2123	2121	2148	8	232.95	194.95	208.69	7
浙　江	Zhejiang	1745	1717	1735	14	167.13	150.31	155.85	13
安　徽	Anhui	2995	2800	2810	6	278.99	194.20	202.16	9
福　建	Fujian	1328	1245	1240	20	127.58	115.48	121.57	15
江　西	Jiangxi	2107	2142	2140	9	199.99	180.28	191.04	10
山　东	Shandong	3053	2924	2968	5	348.56	315.91	329.36	3
河　南	Henan	4616	4557	4515	1	469.40	415.83	429.16	1
湖　北	Hubei	2184	2026	2041	11	218.09	141.49	148.71	14
湖　南	Hunan	3311	3322	3304	4	214.92	225.05	229.63	6
广　东	Guangdong	3308	3479	3536	3	500.10	347.84	356.10	2
广　西	Guangxi	1974	1812	1757	13	200.39	198.75	203.46	8
海　南	Hainan	424	394	397	26	42.16	32.37	33.33	26
重　庆	Chongqing	1005	860	863	23	128.17	96.60	99.04	18
四　川	Sichuan	3991	3816	3722	2	343.86	244.82	249.14	5
贵　州	Guizhou	2148	2099	2048	10	213.66	189.14	182.99	12
云　南	Yunnan	1732	1672	1668	15	207.35	187.32	187.28	11
西　藏	Tibet	93	98	98	31	13.90	12.03	12.46	31
陕　西	Shaanxi	1867	1691	1621	16	164.32	105.10	104.97	17
甘　肃	Gansu	1586	1482	1468	18	138.40	87.62	85.61	22
青　海	Qinghai	315	268	270	29	21.95	20.79	20.58	30
宁　夏	Ningxia	267	245	247	30	30.68	27.47	27.92	27
新　疆	Xinjiang	1160	1062	1039	22	100.33	89.48	90.18	21

18-19 初中毕业生数和专任教师数

Number of Graduates and Full-time Teachers in Regular Junior Secondary Schools

单位：万人 (10 000 persons)

地区	Region	毕业生数 Graduates 2010	2016	2017	2017排名 Ranking	专任教师数 Full-time Teachers 2010	2016	2017	2017排名 Ranking
全　国	**National Total**	**1748.57**	**1423.87**	**1397.47**		**352.34**	**348.78**	**354.87**	
北　京	Beijing	10.10	8.64	8.24	29	3.03	3.35	3.45	26
天　津	Tianjin	9.35	8.49	8.58	28	2.59	2.66	2.69	27
河　北	Hebei	87.68	77.44	80.94	4	17.77	17.92	18.75	5
山　西	Shanxi	57.54	41.10	38.13	15	11.92	11.02	10.83	15
内蒙古	Inner Mongolia	26.90	21.97	21.46	23	6.40	5.71	5.76	24
辽　宁	Liaoning	45.53	34.71	35.19	17	10.07	9.90	9.95	18
吉　林	Jilin	29.44	20.60	20.43	24	6.70	6.47	6.46	23
黑龙江	Heilongjiang	40.52	27.59	27.59	22	10.14	9.04	8.97	19
上　海	Shanghai	9.89	9.18	8.99	26	3.40	3.81	3.93	25
江　苏	Jiangsu	91.40	61.60	61.25	10	18.64	17.66	18.19	6
浙　江	Zhejiang	58.60	48.25	47.89	13	12.05	12.19	12.47	13
安　徽	Anhui	92.19	62.13	61.70	9	16.32	15.19	15.55	8
福　建	Fujian	47.85	37.51	36.09	16	9.93	9.88	9.99	17
江　西	Jiangxi	53.68	57.45	56.66	12	12.04	11.95	12.06	14
山　东	Shandong	102.21	99.70	96.04	3	26.07	26.78	27.59	3
河　南	Henan	154.92	129.50	132.29	1	27.67	28.64	29.90	1
湖　北	Hubei	85.44	44.83	44.40	14	15.68	12.92	12.90	10
湖　南	Hunan	69.75	73.99	73.26	6	17.27	16.93	17.16	7
广　东	Guangdong	153.47	121.32	111.46	2	26.64	27.58	27.98	2
广　西	Guangxi	62.66	64.96	63.74	8	11.87	12.34	12.98	9
海　南	Hainan	14.63	10.83	10.51	25	2.51	2.59	2.59	28
重　庆	Chongqing	41.66	31.91	31.77	19	7.71	7.53	7.62	22
四　川	Sichuan	113.76	83.30	80.35	5	20.46	19.85	20.13	4
贵　州	Guizhou	63.58	69.21	65.79	7	10.94	12.71	12.75	12
云　南	Yunnan	64.16	60.04	60.54	11	11.98	12.65	12.90	11
西　藏	Tibet	4.61	3.72	3.80	31	0.89	1.01	1.00	31
陕　西	Shaanxi	62.74	36.56	34.80	18	11.65	10.19	10.00	16
甘　肃	Gansu	45.46	31.24	29.81	21	8.32	8.24	8.10	21
青　海	Qinghai	6.62	6.97	6.82	30	1.43	1.62	1.61	30
宁　夏	Ningxia	8.48	8.77	8.89	27	1.86	1.97	2.02	29
新　疆	Xinjiang	33.75	30.33	30.06	20	8.38	8.49	8.60	20

18-20 普通小学学校数和招生数

Number of Schools and Entrants in Regular Primary Schools

地区	Region	学校数（所） Schools (unit) 2010	2016	2017	2017排名 Ranking	招生数（万人） Entrants (10 000 persons) 2010	2016	2017	2017排名 Ranking
全 国	**National Total**	**257410**	**177633**	**167009**		**1691.70**	**1752.47**	**1766.55**	
北 京	Beijing	1104	984	984	27	11.37	14.53	15.76	26
天 津	Tianjin	956	857	857	28	8.26	11.56	11.77	28
河 北	Hebei	13563	11944	11697	2	95.60	110.88	113.45	4
山 西	Shanxi	12776	6043	5646	13	45.14	38.36	37.92	18
内蒙古	Inner Mongolia	2767	1730	1658	23	22.18	22.76	21.59	23
辽 宁	Liaoning	5523	3954	3634	19	34.85	31.35	30.07	21
吉 林	Jilin	5837	4281	4153	17	24.97	20.49	18.94	24
黑龙江	Heilongjiang	6490	1979	1537	24	34.14	24.64	22.10	22
上 海	Shanghai	766	753	741	31	15.05	16.08	16.37	25
江 苏	Jiangsu	4498	4036	4075	18	73.13	93.46	95.32	5
浙 江	Zhejiang	3989	3269	3286	21	60.21	59.51	61.31	14
安 徽	Anhui	13997	8284	8108	7	81.90	73.64	76.98	9
福 建	Fujian	6974	5188	5190	15	42.60	53.08	53.40	15
江 西	Jiangxi	12772	8329	7760	8	74.84	68.46	67.69	10
山 东	Shandong	12405	10027	9738	5	111.30	123.91	126.98	3
河 南	Henan	28603	22822	20372	1	187.76	173.16	172.38	2
湖 北	Hubei	7749	5383	5378	14	68.02	62.32	62.50	13
湖 南	Hunan	12692	8272	7757	9	86.38	89.99	88.42	7
广 东	Guangdong	16806	10178	10258	4	135.92	171.18	174.37	1
广 西	Guangxi	13942	10173	8454	6	74.11	81.29	83.70	8
海 南	Hainan	2313	1509	1388	25	10.36	13.97	14.27	27
重 庆	Chongqing	5544	2979	2954	22	32.97	33.46	32.60	20
四 川	Sichuan	9282	5981	5721	12	96.49	93.01	91.14	6
贵 州	Guizhou	12422	7818	7113	10	65.69	64.04	65.05	11
云 南	Yunnan	14059	11673	11186	3	66.93	64.46	63.48	12
西 藏	Tibet	872	805	806	29	5.07	5.62	5.83	31
陕 西	Shaanxi	9710	5507	4752	16	40.86	46.24	48.05	16
甘 肃	Gansu	11582	6924	6172	11	36.13	32.67	33.63	19
青 海	Qinghai	1792	889	758	30	8.15	8.18	8.50	30
宁 夏	Ningxia	2027	1536	1353	26	10.15	9.65	9.66	29
新 疆	Xinjiang	3598	3526	3523	20	31.19	40.51	43.34	17

18-21 普通小学在校学生数和毕业生数

Number of Student Enrollment and Graduates in Regular Primary Schools

单位：万人 (10 000 persons)

地区	Region	在校学生数 Enrolment 2010	2016	2017	2017排名 Ranking	毕业生数 Graduates 2010	2016	2017	2017排名 Ranking
全　国	**National Total**	**9940.70**	**9913.01**	**10093.70**		**1739.64**	**1507.45**	**1565.90**	
北　京	Beijing	65.33	86.84	87.58	25	10.30	11.15	12.59	26
天　津	Tianjin	50.59	63.12	64.80	28	8.72	8.41	9.85	29
河　北	Hebei	511.59	620.55	637.22	4	72.18	87.26	97.69	4
山　西	Shanxi	291.06	227.09	228.12	18	57.35	38.03	37.50	16
内蒙古	Inner Mongolia	143.08	133.81	132.54	23	26.98	19.85	22.58	23
辽　宁	Liaoning	218.25	198.87	194.60	20	39.75	31.99	34.14	18
吉　林	Jilin	144.46	126.42	122.82	24	25.27	21.95	22.37	24
黑龙江	Heilongjiang	187.96	143.94	137.65	22	36.39	27.81	27.90	22
上　海	Shanghai	70.16	78.97	78.49	27	12.44	14.69	14.31	25
江　苏	Jiangsu	398.78	522.20	540.21	6	70.58	72.18	77.37	7
浙　江	Zhejiang	333.33	355.02	354.01	14	54.13	56.95	58.56	13
安　徽	Anhui	460.44	430.36	440.52	9	87.41	66.94	69.13	9
福　建	Fujian	238.89	298.67	307.09	15	39.61	41.56	43.82	15
江　西	Jiangxi	426.02	422.76	422.90	10	67.85	63.27	67.84	10
山　东	Shandong	629.25	691.31	708.47	3	110.26	107.15	110.96	3
河　南	Henan	1070.53	965.59	982.06	1	165.35	144.16	150.31	1
湖　北	Hubei	365.55	346.13	354.57	13	61.16	49.93	52.45	14
湖　南	Hunan	479.16	501.81	511.66	7	72.81	76.97	78.13	6
广　东	Guangdong	848.55	905.22	941.96	2	174.19	127.04	131.91	2
广　西	Guangxi	430.06	451.37	463.75	8	71.82	69.85	71.36	8
海　南	Hainan	78.05	79.36	80.95	26	14.69	11.44	12.27	27
重　庆	Chongqing	199.94	209.82	209.95	19	39.83	32.17	33.65	19
四　川	Sichuan	592.11	549.52	551.84	5	111.34	84.24	86.95	5
贵　州	Guizhou	433.50	353.37	362.08	12	79.82	60.40	59.56	12
云　南	Yunnan	435.21	376.61	375.20	11	73.69	65.11	64.55	11
西　藏	Tibet	29.94	30.29	31.51	31	5.06	4.53	4.56	31
陕　西	Shaanxi	261.04	241.79	252.31	16	50.59	35.98	36.00	17
甘　肃	Gansu	237.04	182.16	185.57	21	47.43	29.88	29.47	21
青　海	Qinghai	51.90	45.79	46.51	30	8.25	7.23	7.28	30
宁　夏	Ningxia	65.37	58.29	58.14	29	10.97	9.62	9.94	28
新　疆	Xinjiang	193.58	215.94	228.63	17	33.44	29.71	30.90	20

18-22 普通小学教职工数和专任教师数
Number of Educational Personnel and Full-time Teachers in Regular Primary Schools

单位：万人 (10 000 persons)

地区	Region	教职工数 Educational Personnel 2010	2016	2017	2017排名 Ranking	其中：专任教师数 Full-time Teachers 2010	2016	2017	2017排名 Ranking
全　国	**National Total**	**610.98**	**553.73**	**564.53**		**561.71**	**578.91**	**594.49**	
北　京	Beijing	6.00	5.97	6.09	25	4.95	6.18	6.45	25
天　津	Tianjin	4.40	4.41	4.51	28	3.73	4.15	4.30	28
河　北	Hebei	34.24	35.48	36.74	4	31.90	35.14	36.59	4
山　西	Shanxi	20.64	17.26	17.10	15	19.05	17.15	16.91	15
内蒙古	Inner Mongolia	13.85	11.80	11.73	22	11.36	9.94	9.97	24
辽　宁	Liaoning	16.72	13.20	13.01	20	14.69	14.04	14.02	20
吉　林	Jilin	14.78	11.27	11.08	24	12.45	10.97	10.84	23
黑龙江	Heilongjiang	17.27	11.65	11.11	23	15.13	11.94	11.45	22
上　海	Shanghai	5.58	5.11	5.23	26	4.52	5.34	5.47	26
江　苏	Jiangsu	27.57	27.09	27.81	5	24.96	28.92	30.02	6
浙　江	Zhejiang	18.61	18.21	18.52	14	17.19	20.00	20.51	12
安　徽	Anhui	25.62	22.12	22.30	10	24.57	24.05	24.50	9
福　建	Fujian	16.63	16.55	16.75	16	15.66	16.59	16.89	16
江　西	Jiangxi	21.00	20.04	20.52	11	20.29	21.92	22.70	11
山　东	Shandong	41.75	38.64	39.18	3	38.75	40.89	42.19	3
河　南	Henan	51.82	50.23	51.77	1	49.04	50.61	52.70	1
湖　北	Hubei	21.12	19.65	19.70	13	19.61	20.20	20.33	13
湖　南	Hunan	26.69	22.80	23.54	8	25.00	25.37	26.59	7
广　东	Guangdong	48.78	43.68	45.14	2	43.07	48.66	50.78	2
广　西	Guangxi	24.46	23.90	25.06	7	22.02	23.25	24.71	8
海　南	Hainan	5.71	4.51	4.56	27	5.21	4.91	4.98	27
重　庆	Chongqing	12.59	12.18	12.38	21	11.61	12.31	12.53	21
四　川	Sichuan	32.97	26.38	27.22	6	30.57	31.44	32.50	5
贵　州	Guizhou	20.72	19.71	20.29	12	19.79	19.71	20.21	14
云　南	Yunnan	25.01	22.65	22.92	9	23.75	22.70	22.73	10
西　藏	Tibet	1.93	2.10	2.03	31	1.89	2.11	2.04	31
陕　西	Shaanxi	19.05	15.60	15.74	17	17.52	15.62	15.91	17
甘　肃	Gansu	14.46	13.16	13.16	19	14.04	14.11	14.20	19
青　海	Qinghai	2.75	2.24	2.33	30	2.66	2.64	2.73	30
宁　夏	Ningxia	3.38	3.26	3.26	29	3.32	3.41	3.42	29
新　疆	Xinjiang	14.89	12.90	13.77	18	13.40	14.64	15.34	18

18-23 每十万人口高等教育和高中阶段学校平均在校生数

Number of Students at School of Higher Education and Senior Secondary Per 100, 000 Population

单位：人 (person)

地区	Region	高等教育 Higher Education 2010	2016	2017	2017排名 Ranking	高中阶段 Senior Secondary 2010	2016	2017	2017排名 Ranking
全 国	**National Total**	**2189**	**2530**	**2576**		**3499**	**2887**	**2861**	
北 京	Beijing	6196	5028	5300	1	2363	1321	1245	30
天 津	Tianjin	4412	4058	4072	2	2776	1851	1820	29
河 北	Hebei	1951	2191	2328	21	3647	2657	2822	18
山 西	Shanxi	2132	2439	2401	16	4478	3270	3119	12
内蒙古	Inner Mongolia	1884	1937	1969	28	3581	2669	2559	22
辽 宁	Liaoning	2671	2845	2859	9	2900	2297	2303	25
吉 林	Jilin	2716	3048	3038	7	2944	2040	2123	28
黑龙江	Heilongjiang	2447	2427	2403	15	2881	2193	2158	26
上 海	Shanghai	4300	3327	3498	4	1878	1120	1099	31
江 苏	Jiangsu	2819	2937	3045	6	3527	2318	2316	24
浙 江	Zhejiang	2285	2355	2345	19	3189	2589	2635	21
安 徽	Anhui	1841	2259	2250	24	3657	3145	3123	11
福 建	Fujian	2144	2438	2352	18	3655	2787	2717	20
江 西	Jiangxi	2162	2698	2676	10	3469	3125	3150	9
山 东	Shandong	2202	2620	2519	11	3224	2837	2796	19
河 南	Henan	1839	2352	2455	12	4024	3458	3551	5
湖 北	Hubei	2906	2950	3000	8	4155	2239	2156	27
湖 南	Hunan	2051	2251	2419	14	3048	2787	2905	16
广 东	Guangdong	2037	2431	2454	13	4446	3344	3128	10
广 西	Guangxi	1530	2279	2383	17	3432	3602	3686	3
海 南	Hainan	2036	2258	2261	23	3799	3371	3402	7
重 庆	Chongqing	2413	3059	3084	5	4000	3461	3305	8
四 川	Sichuan	1790	2314	2339	20	3496	3025	2889	17
贵 州	Guizhou	1109	2005	2129	26	2716	4583	4502	1
云 南	Yunnan	1391	1889	1999	27	2835	2965	3094	14
西 藏	Tibet	1373	1765	1678	30	2184	2316	2358	23
陕 西	Shaanxi	3208	3540	3582	3	4931	3101	3076	15
甘 肃	Gansu	1882	2189	2217	25	4044	3295	3098	13
青 海	Qinghai	1119	1319	1391	31	3790	3637	3647	4
宁 夏	Ningxia	1868	2225	2278	22	4223	3489	3412	6
新 疆	Xinjiang	1467	1780	1863	29	3249	3565	3712	2

注：1.高等教育包括普通高等学校和成人高等学校。
2.高中阶段合计数据包括普通高中、成人高中、普通中专、职业高中、技工学校和成人中专。

Notes: 1. Institutions of higher education include that of regular institutions of higher education and institutions of higher education for adults.
2. Total of senior schools include that of regular senior schools, adult senior schools, regular secondary technical schools, vocational secondary schools, technical worker school, adult technical secondary schools.

18-24 每十万人口初中阶段和小学学校平均在校生数

Number of Students at School of Junior Secondary and Primary Education Per 100, 000 Population

单位：人 (person)

地区	Region	初中阶段 Junior Secondary				小学 Primary Education			
		2010	2016	2017	2017排名 Ranking	2010	2016	2017	2017排名 Ranking
全　国	**National Total**	**3955**	**3150**	**3213**		**7448**	**7211**	**7300**	
北　京	Beijing	1766	1236	1226	31	3722	4000	4031	29
天　津	Tianjin	2226	1657	1679	30	4119	4080	4149	28
河　北	Hebei	3145	3281	3481	10	7273	8358	8530	10
山　西	Shanxi	5004	2982	2940	20	8492	6198	6196	23
内蒙古	Inner Mongolia	3364	2439	2455	25	5907	5329	5260	25
辽　宁	Liaoning	2946	2233	2201	28	5053	4538	4445	27
吉　林	Jilin	3011	2195	2264	27	5273	4592	4494	26
黑龙江	Heilongjiang	3377	2371	2380	26	4913	3776	3623	30
上　海	Shanghai	2216	1711	1701	29	3652	3270	3243	31
江　苏	Jiangsu	3016	2444	2609	23	5162	6547	6753	19
浙　江	Zhejiang	3226	2714	2788	21	6435	6410	6333	22
安　徽	Anhui	4551	3161	3263	15	7510	7005	7110	16
福　建	Fujian	3517	3008	3138	18	6586	7780	7927	11
江　西	Jiangxi	4514	3948	4160	4	9612	9259	9209	6
山　东	Shandong	3681	3208	3311	13	6644	7021	7122	15
河　南	Henan	4948	4386	4502	2	11284	10186	10303	1
湖　北	Hubei	3813	2418	2527	24	6391	5915	6025	24
湖　南	Hunan	3355	3318	3366	12	7480	7398	7500	14
广　东	Guangdong	5189	3206	3238	17	8804	8344	8564	9
广　西	Guangxi	4127	4144	4206	3	8856	9411	9586	3
海　南	Hainan	4879	3554	3635	9	9033	8711	8828	7
重　庆	Chongqing	4483	3202	3249	16	6993	6955	6888	18
四　川	Sichuan	4207	2984	3015	19	7234	6698	6679	20
贵　州	Guizhou	5654	5358	5147	1	11414	10011	10185	2
云　南	Yunnan	4551	3950	3925	6	9521	7942	7864	12
西　藏	Tibet	4792	3712	3763	7	10323	9349	9520	5
陕　西	Shaanxi	4356	2771	2753	22	6920	6375	6617	21
甘　肃	Gansu	5252	3370	3280	14	8994	7006	7110	16
青　海	Qinghai	3938	3536	3471	11	9313	7787	7843	13
宁　夏	Ningxia	4919	4112	4136	5	10455	8726	8613	8
新　疆	Xinjiang	4648	3792	3761	8	8968	9150	9534	4

注：初中阶段包括普通初中和职业初中。

Note: Junior secondary schools include regular junior schools and junior vocational schools.

18-25 教育经费总收入和国家财政性教育经费
Total Educational Funds and Government Appropriation on Education

单位：亿元 (100 million yuan)

地区	Region	教育经费总收入 Total Educational Funds				国家财政性教育经费 Government Appropriation on Education			
		2010	2016	2017	2017排名 Ranking	2010	2016	2017	2017排名 Ranking
全　国	**National Total**	**19271.20**	**38447.85**	**42107.85**		**14379.42**	**30955.71**	**33753.59**	
北　京	Beijing	1175.65	2148.09	2338.02	4	889.08	1667.75	1762.97	4
天　津	Tianjin	337.44	619.30	678.31	27	257.23	509.49	560.77	27
河　北	Hebei	736.84	1440.05	1615.05	9	576.25	1203.10	1352.60	8
山　西	Shanxi	451.13	795.31	855.16	23	353.20	664.35	711.52	23
内蒙古	Inner Mongolia	414.99	763.95	762.78	24	359.05	666.30	676.66	24
辽　宁	Liaoning	680.79	1016.33	1056.39	19	520.54	812.29	840.09	20
吉　林	Jilin	389.33	717.31	741.70	26	303.74	591.21	610.52	26
黑龙江	Heilongjiang	474.80	836.37	865.72	22	360.88	703.16	724.02	22
上　海	Shanghai	744.09	1409.71	1536.41	11	558.54	1098.50	1188.11	12
江　苏	Jiangsu	1455.76	2624.78	2834.95	2	1012.34	2080.99	2259.91	2
浙　江	Zhejiang	1116.39	2007.62	2235.66	5	767.31	1480.78	1657.78	7
安　徽	Anhui	631.59	1300.90	1449.16	12	473.84	1080.87	1200.58	11
福　建	Fujian	564.70	1107.02	1203.71	16	409.60	876.13	951.20	18
江　西	Jiangxi	451.26	1049.27	1174.40	18	319.18	883.94	988.09	15
山　东	Shandong	1097.36	2341.55	2497.88	3	839.12	1936.30	2044.12	3
河　南	Henan	912.42	1901.75	2163.40	6	681.15	1501.91	1692.95	5
湖　北	Hubei	731.32	1534.72	1638.19	8	474.16	1210.99	1283.76	9
湖　南	Hunan	685.94	1446.55	1594.23	10	480.57	1132.47	1236.75	10
广　东	Guangdong	1598.45	3505.81	3996.40	1	1080.37	2564.32	2967.82	1
广　西	Guangxi	494.79	1093.05	1191.27	17	399.73	915.33	993.66	14
海　南	Hainan	144.43	307.63	339.54	28	115.45	250.15	273.47	28
重　庆	Chongqing	450.12	955.28	1022.83	20	312.91	750.26	805.55	21
四　川	Sichuan	995.75	1923.70	2102.74	7	734.42	1537.65	1682.75	6
贵　州	Guizhou	368.85	1035.02	1250.37	14	315.66	892.42	980.60	16
云　南	Yunnan	533.73	1191.73	1333.20	13	448.14	1025.76	1152.94	13
西　藏	Tibet	66.23	185.87	239.03	29	64.16	183.09	236.26	29
陕　西	Shaanxi	604.16	1174.04	1234.01	15	432.92	919.86	961.49	17
甘　肃	Gansu	329.45	707.57	747.10	25	277.46	635.78	666.97	25
青　海	Qinghai	106.22	216.79	235.01	31	98.59	192.21	213.67	30
宁　夏	Ningxia	103.34	214.47	236.50	30	87.43	185.58	205.25	31
新　疆	Xinjiang	423.87	876.28	938.73	21	376.41	802.77	870.78	19

18-26 民办学校中举办者投入和社会捐赠教育经费

Funds from Investors of Private Schools and Donations and Fund-raising for Running Schools

单位：亿元 (100 million yuan)

地区	Region	民办学校中举办者投入 Funds from Investors of Private Schools				社会捐赠经费 Donations and Fund-raising for Running Schools			
		2010	2016	2017	2017排名 Ranking	2010	2016	2017	2017排名 Ranking
全　国	**National Total**	**105.43**	**203.27**	**225.01**		**107.88**	**81.04**	**85.00**	
北　京	Beijing	0.65	0.93	0.64	28	9.63	11.45	17.54	1
天　津	Tianjin	0.12	0.22	0.38	30	0.77	1.11	1.08	17
河　北	Hebei	1.46	4.94	7.97	12	0.84	0.74	0.85	20
山　西	Shanxi	2.60	2.15	3.83	18	0.93	0.13	0.23	28
内蒙古	Inner Mongolia	0.48	1.62	1.66	21	0.20	0.38	0.54	23
辽　宁	Liaoning	4.06	1.31	1.46	22	0.56	0.63	0.36	26
吉　林	Jilin	0.77	1.75	2.40	19	0.52	0.82	0.89	19
黑龙江	Heilongjiang	1.71	0.75	1.04	23	0.36	0.38	0.26	27
上　海	Shanghai	0.76	0.60	0.82	26	2.96	5.04	6.03	6
江　苏	Jiangsu	1.46	13.69	9.48	8	19.44	11.01	9.55	3
浙　江	Zhejiang	3.38	14.52	22.70	2	14.83	4.48	6.34	5
安　徽	Anhui	6.31	5.75	9.11	10	2.30	1.44	1.15	16
福　建	Fujian	10.05	5.34	7.93	13	4.62	9.72	6.36	4
江　西	Jiangxi	6.56	4.38	2.00	20	2.06	1.33	1.27	15
山　东	Shandong	2.96	11.42	12.84	5	4.46	2.37	2.36	10
河　南	Henan	9.96	11.75	20.84	3	0.83	0.60	2.76	8
湖　北	Hubei	3.11	12.63	8.92	11	1.98	1.48	2.10	12
湖　南	Hunan	3.32	8.21	12.47	6	1.78	0.94	1.48	14
广　东	Guangdong	21.67	50.59	35.77	1	11.26	11.70	9.84	2
广　西	Guangxi	2.38	3.56	6.58	15	1.06	0.94	0.95	18
海　南	Hainan	1.54	7.20	10.50	7	1.36	0.28	0.09	31
重　庆	Chongqing	6.14	11.78	9.30	9	4.72	1.66	2.37	9
四　川	Sichuan	7.04	12.67	13.21	4	11.44	4.92	4.40	7
贵　州	Guizhou	1.59	4.48	7.81	14	0.68	0.90	0.84	21
云　南	Yunnan	1.76	6.39	6.17	16	2.35	2.21	2.12	11
西　藏	Tibet	0.07	0.02	0.02	31	0.12	0.02	0.16	29
陕　西	Shaanxi	1.45	1.62	5.96	17	1.50	1.95	1.51	13
甘　肃	Gansu	0.80	0.71	0.80	27	1.98	0.69	0.39	25
青　海	Qinghai	0.15	0.50	0.84	25	0.26	0.21	0.15	30
宁　夏	Ningxia	0.91	1.45	1.01	24	0.49	0.32	0.45	24
新　疆	Xinjiang	0.23	0.36	0.52	29	1.57	1.17	0.57	22

18-27 教育经费中事业收入和其他教育经费收入

Income from Teaching Research and Other Auxiliary Activity and Other Educational Funds

单位：亿元 (100 million yuan)

地区	Region	教育经费中事业收入 Income from Teaching Research and Other Auxiliary Activity				其他教育经费收入 Other Educational Funds			
		2010	2016	2017	2017排名 Ranking	2010	2016	2017	2017排名 Ranking
全　国	**National Total**	**4106.07**	**6276.83**	**6957.57**		**572.40**	**930.99**	**1086.68**	
北　京	Beijing	226.28	367.61	416.93	4	50.00	100.37	139.95	2
天　津	Tianjin	68.43	95.15	105.04	24	10.90	13.32	11.03	23
河　北	Hebei	148.04	215.36	244.01	11	10.25	15.91	9.62	25
山　西	Shanxi	85.49	122.37	133.43	20	8.90	6.31	6.15	29
内蒙古	Inner Mongolia	48.77	59.84	63.35	25	6.49	35.81	20.62	18
辽　宁	Liaoning	143.51	192.41	206.34	15	12.12	9.69	8.15	27
吉　林	Jilin	74.72	110.12	113.43	23	9.58	13.41	14.46	21
黑龙江	Heilongjiang	98.11	122.13	127.59	21	13.74	9.95	12.80	22
上　海	Shanghai	146.98	245.64	282.14	10	34.86	59.92	59.31	6
江　苏	Jiangsu	352.44	436.89	476.93	2	70.08	82.20	79.09	4
浙　江	Zhejiang	264.32	387.87	444.84	3	66.56	119.96	104.00	3
安　徽	Anhui	135.74	193.41	216.85	13	13.40	19.43	21.48	17
福　建	Fujian	128.87	187.65	206.57	14	11.56	28.18	31.65	12
江　西	Jiangxi	107.20	152.35	173.32	18	16.26	7.26	9.72	24
山　东	Shandong	234.18	361.08	404.90	6	16.65	30.39	33.66	9
河　南	Henan	198.20	360.39	415.43	5	22.28	27.11	31.42	13
湖　北	Hubei	213.45	276.10	305.40	9	38.61	33.52	38.01	7
湖　南	Hunan	178.23	272.45	306.41	8	22.04	32.48	37.11	8
广　东	Guangdong	447.89	825.00	907.42	1	37.25	54.19	75.54	5
广　西	Guangxi	84.72	159.52	174.56	17	6.90	13.69	15.51	20
海　南	Hainan	23.48	44.14	49.25	27	2.60	5.86	6.22	28
重　庆	Chongqing	101.37	163.53	179.75	16	24.98	28.05	25.86	16
四　川	Sichuan	226.16	337.73	369.57	7	16.68	30.73	32.81	10
贵　州	Guizhou	45.33	107.33	121.04	22	5.60	29.90	140.08	1
云　南	Yunnan	67.18	122.74	139.40	19	14.29	34.64	32.55	11
西　藏	Tibet	1.86	2.22	2.27	31	0.02	0.52	0.32	31
陕　西	Shaanxi	154.04	222.26	234.70	12	14.25	28.36	30.36	14
甘　肃	Gansu	45.06	62.15	62.98	26	4.16	8.24	15.96	19
青　海	Qinghai	5.94	10.43	11.60	30	1.28	13.45	8.76	26
宁　夏	Ningxia	12.29	20.94	23.94	29	2.22	6.17	5.84	30
新　疆	Xinjiang	37.76	40.01	38.21	28	7.90	31.96	28.65	15

18-28 教育经费总支出和事业性教育经费支出

Total Expenditure on Educational Funds and Expenditure from Educational Funds and Other Auxiliary Activity

单位：亿元 (100 million yuan)

地区	Region	教育经费总支出 Total Expenditure on Educational Funds				事业性教育经费支出 Expenditure from Educational Funds and Other Auxiliary Activity			
		2010	2016	2017	2017排名 Ranking	2010	2011	2013	2013排名 Ranking
全　国	**National Total**	**18796.13**	**37444.69**	**41211.72**		**18183.37**	**22475.29**	**28770.85**	
北　京	Beijing	1102.07	2037.57	2220.90	5	1034.36	1342.74	1628.98	4
天　津	Tianjin	334.03	592.57	681.69	27	329.57	454.45	615.75	24
河　北	Hebei	726.01	1433.84	1582.43	9	716.50	834.08	1016.91	11
山　西	Shanxi	440.41	797.95	848.38	23	425.83	515.64	653.99	21
内蒙古	Inner Mongolia	407.00	748.60	752.79	24	386.23	484.44	595.81	25
辽　宁	Liaoning	664.94	985.25	1025.18	19	655.21	793.70	950.16	14
吉　林	Jilin	369.98	682.13	712.53	26	363.31	451.62	557.01	26
黑龙江	Heilongjiang	462.96	832.24	850.10	22	451.75	557.15	680.13	20
上　海	Shanghai	726.65	1345.07	1458.10	11	709.36	839.52	1018.53	10
江　苏	Jiangsu	1431.56	2560.68	2780.29	2	1384.54	1707.74	2118.78	2
浙　江	Zhejiang	1078.51	1964.66	2222.56	4	1064.29	1198.33	1469.60	6
安　徽	Anhui	624.82	1278.54	1413.09	12	603.31	803.64	1048.56	9
福　建	Fujian	538.87	1047.40	1179.27	16	521.90	622.55	798.70	16
江　西	Jiangxi	443.37	1030.26	1133.25	18	430.19	557.77	795.30	17
山　东	Shandong	1090.22	2293.62	2470.21	3	1077.59	1439.91	1823.29	3
河　南	Henan	884.18	1845.99	2111.91	6	866.08	1131.90	1514.71	5
湖　北	Hubei	700.87	1473.00	1611.25	8	686.82	803.52	1010.31	12
湖　南	Hunan	673.91	1430.29	1567.54	10	658.10	818.23	1101.17	8
广　东	Guangdong	1565.79	3403.92	3941.10	1	1501.93	1783.58	2344.21	1
广　西	Guangxi	479.10	1074.21	1166.97	17	469.04	561.76	728.06	18
海　南	Hainan	148.41	307.63	329.14	28	133.41	163.43	217.13	28
重　庆	Chongqing	439.72	925.46	1005.63	20	421.58	534.25	687.67	19
四　川	Sichuan	982.50	1897.38	2079.73	7	938.89	1097.22	1435.88	7
贵　州	Guizhou	346.56	985.17	1189.92	15	336.97	417.20	630.00	22
云　南	Yunnan	540.93	1182.66	1312.09	13	516.32	613.13	862.42	15
西　藏	Tibet	66.57	185.38	236.25	29	60.68	77.19	99.39	31
陕　西	Shaanxi	595.97	1134.74	1208.85	14	577.20	773.20	974.65	13
甘　肃	Gansu	319.77	682.34	730.05	25	297.88	368.28	476.86	27
青　海	Qinghai	102.74	213.63	224.83	31	92.21	116.72	135.09	30
宁　夏	Ningxia	97.15	207.73	226.01	30	93.02	129.97	154.34	29
新　疆	Xinjiang	410.56	864.77	939.68	21	379.32	482.44	627.49	23

18-29 事业性教育经费支出构成
Composition of Expenditure on Education Funds

单位：亿元 (100 million yuan)

地区	Region	事业性经费支出用于个人部分 Education Expenditure for Individuals				事业性经费支出用于公用部分 Education Expenditure for Public			
		2010	2016	2017	2017排名 Ranking	2010	2016	2017	2017排名 Ranking
全　国	**National Total**	**10495.03**	**22867.50**	**25696.20**		**7688.35**	**13984.92**	**14861.46**	
北　京	Beijing	422.33	991.77	1150.24	7	612.03	983.90	1031.83	2
天　津	Tianjin	199.28	368.21	417.62	27	130.29	220.28	261.19	24
河　北	Hebei	451.37	949.85	1060.97	8	265.14	473.79	512.32	13
山　西	Shanxi	258.49	516.43	565.80	23	167.33	275.50	274.91	22
内蒙古	Inner Mongolia	237.68	486.35	508.75	24	148.55	253.63	234.86	26
辽　宁	Liaoning	379.49	649.68	689.61	17	275.72	326.78	323.36	20
吉　林	Jilin	215.15	424.32	454.69	26	148.16	251.15	250.40	25
黑龙江	Heilongjiang	260.27	544.17	567.32	22	191.48	278.56	274.94	21
上　海	Shanghai	366.62	703.91	760.93	13	342.74	611.97	653.41	8
江　苏	Jiangsu	817.16	1603.99	1802.82	2	567.39	948.45	966.02	3
浙　江	Zhejiang	627.96	1220.78	1389.93	4	436.33	718.98	801.77	6
安　徽	Anhui	357.26	756.43	866.23	12	246.04	499.15	524.22	11
福　建	Fujian	323.38	654.44	725.36	15	198.51	386.03	443.85	15
江　西	Jiangxi	244.14	598.15	648.99	19	186.05	474.99	469.67	14
山　东	Shandong	612.58	1441.00	1580.77	3	465.02	842.42	877.85	4
河　南	Henan	500.22	1069.24	1263.88	6	365.86	750.83	822.09	5
湖　北	Hubei	398.45	916.63	1055.55	9	288.37	550.34	548.57	10
湖　南	Hunan	386.76	869.47	984.37	10	271.34	545.32	571.34	9
广　东	Guangdong	870.49	2067.82	2512.01	1	631.43	1252.71	1332.22	1
广　西	Guangxi	301.14	655.96	699.15	16	167.90	390.66	438.01	16
海　南	Hainan	76.51	168.75	190.32	28	56.90	134.64	131.51	28
重　庆	Chongqing	224.94	532.35	628.67	20	196.64	376.70	357.11	19
四　川	Sichuan	555.44	1222.18	1332.89	5	383.45	643.80	718.96	7
贵　州	Guizhou	211.43	662.38	738.70	14	125.54	307.69	432.95	17
云　南	Yunnan	313.25	778.65	913.77	11	203.07	390.25	381.90	18
西　藏	Tibet	39.92	114.37	145.87	29	20.77	56.36	60.38	31
陕　西	Shaanxi	321.42	637.15	669.21	18	255.78	475.17	515.34	12
甘　肃	Gansu	184.95	444.75	489.81	25	112.93	223.49	228.86	27
青　海	Qinghai	52.71	123.94	143.84	30	39.50	68.16	67.22	30
宁　夏	Ningxia	49.25	121.30	134.62	31	43.77	83.13	84.06	29
新　疆	Xinjiang	234.98	573.06	603.53	21	144.34	250.09	270.35	23

18-30 教育经费支出中基本建设支出和普通高等学校生均教育经费支出

Infrastructure Expenditure on Education, and Average Individual Education Expenditure

地区	Region	教育经费支出中基本建设支出（亿元） Infrastructure Expenditure on Education (100 million yuan)				普通高等学校生均教育经费支出（元） Average Individual Education Expenditure (yuan)			
		2010	2016	2017	2017排名 Ranking	2010	2016	2017	2017排名 Ranking
全　国	**National Total**	**612.76**	**592.27**	**654.06**		**20498**	**30505**	**33475**	
北　京	Beijing	67.72	61.91	38.83	4	50070	65789	73841	1
天　津	Tianjin	4.46	4.08	2.88	31	25654	38187	48147	3
河　北	Hebei	9.51	10.19	9.13	24	13961	23765	22872	29
山　西	Shanxi	14.59	6.02	7.67	26	12560	23495	23663	28
内蒙古	Inner Mongolia	20.77	8.61	9.18	23	16726	27226	28567	18
辽　宁	Liaoning	9.73	8.79	12.21	17	19961	26689	28301	20
吉　林	Jilin	6.68	6.66	7.44	27	17881	28479	29473	16
黑龙江	Heilongjiang	11.21	9.51	7.85	25	18259	28249	28697	17
上　海	Shanghai	17.29	29.18	43.77	3	39553	58382	65128	2
江　苏	Jiangsu	47.01	8.23	11.45	20	24009	34422	36457	9
浙　江	Zhejiang	14.22	24.91	30.86	5	30007	39839	44170	4
安　徽	Anhui	21.51	22.96	22.64	11	13532	22247	26201	23
福　建	Fujian	16.98	6.93	10.07	22	19815	29918	35603	11
江　西	Jiangxi	13.17	17.13	14.59	15	13121	19562	20915	31
山　东	Shandong	12.63	10.19	11.59	19	14873	22205	23888	27
河　南	Henan	18.10	25.92	25.94	9	11376	19430	21706	30
湖　北	Hubei	14.05	6.03	7.14	30	20156	31101	34092	12
湖　南	Hunan	15.81	15.50	11.83	18	13504	23281	24566	25
广　东	Guangdong	63.87	83.39	96.87	1	23452	35126	39673	7
广　西	Guangxi	10.06	27.59	29.81	7	13280	21899	24595	24
海　南	Hainan	15.01	4.24	7.31	29	15650	26999	31519	14
重　庆	Chongqing	18.14	16.41	19.85	12	20097	27542	28412	19
四　川	Sichuan	43.61	31.40	27.88	8	20113	27029	27695	21
贵　州	Guizhou	9.59	15.10	18.28	13	14690	23402	41508	5
云　南	Yunnan	24.61	13.76	16.42	14	17368	23475	24373	26
西　藏	Tibet	5.89	14.64	30.01	6	22837	37126	39219	8
陕　西	Shaanxi	18.77	22.43	24.30	10	21475	30593	33596	13
甘　肃	Gansu	21.89	14.10	11.37	21	13924	29013	30979	15
青　海	Qinghai	10.53	21.53	13.77	16	18285	42837	40046	6
宁　夏	Ningxia	4.13	3.31	7.33	28	18340	34365	36257	10
新　疆	Xinjiang	31.24	41.62	65.80	2	19321	27615	26918	22

18-31 中等职业和普通高中学校生均教育经费支出

Expenditure on Educational Funds of Vocational Secondary Schools, and Expenditure on Educational Funds of Regular Senior Secondary Schools

单位：元 (yuan)

地区	Region	中等职业学校生均教育经费支出 Expenditure on Educational Funds of Vocational Secondary Schools				普通高中生均教育经费支出 Expenditure on Educational Funds of Regular Senior Secondary Schools			
		2010	2016	2017	2017排名 Ranking	2010	2016	2017	2017排名 Ranking
全　国	**National Total**	**8962**	**16969**	**18362**		**8101**	**16727**	**18520**	
北　京	Beijing	24502	63025	69264	1	34626	82046	85413	1
天　津	Tianjin	17895	31134	30507	5	17990	36085	40103	4
河　北	Hebei	7109	16813	17804	19	6525	13823	15614	20
山　西	Shanxi	7875	16764	19536	12	7733	13709	15170	24
内蒙古	Inner Mongolia	12357	23230	23790	7	10080	19744	19549	12
辽　宁	Liaoning	10014	17833	18457	16	8721	15142	16066	19
吉　林	Jilin	9609	29684	32389	4	7350	15020	15289	23
黑龙江	Heilongjiang	9244	19638	21516	10	6724	14266	15297	22
上　海	Shanghai	17154	61157	66001	2	33116	65282	66234	2
江　苏	Jiangsu	9545	18939	21749	9	11252	27688	30573	6
浙　江	Zhejiang	12567	25849	28314	6	14036	29864	33574	5
安　徽	Anhui	7398	14925	15674	23	6227	13908	15587	21
福　建	Fujian	8354	20415	22862	8	8998	17060	19148	13
江　西	Jiangxi	5766	11127	14066	25	5695	13788	14931	26
山　东	Shandong	9203	17979	18572	15	8306	15462	17142	16
河　南	Henan	7639	10628	11416	30	4646	9765	11719	31
湖　北	Hubei	5471	18032	19523	13	5947	18325	20455	10
湖　南	Hunan	7465	13079	13494	28	7441	14591	16228	17
广　东	Guangdong	10402	16692	19714	11	9616	18667	22152	8
广　西	Guangxi	9197	13313	13019	29	5701	12649	13327	30
海　南	Hainan	8073	17307	17453	21	9502	20973	23198	7
重　庆	Chongqing	6836	16011	17120	22	7551	17442	20229	11
四　川	Sichuan	9286	12411	13995	26	6271	13168	14754	27
贵　州	Guizhou	5366	9780	10399	31	5242	12992	14157	29
云　南	Yunnan	9567	15416	15012	24	7109	14863	16124	18
西　藏	Tibet	8718	34290	63174	3	11069	32246	51961	3
陕　西	Shaanxi	8779	13264	13516	27	6487	14288	15088	25
甘　肃	Gansu	7327	15898	17924	18	6106	12530	14264	28
青　海	Qinghai	12321	17692	17461	20	12032	19457	22024	9
宁　夏	Ningxia	8386	14094	19354	14	9566	15910	17987	14
新　疆	Xinjiang	13205	19647	17951	17	10100	17952	17626	15

18-32 普通初中和普通小学生均教育经费支出
Expenditure on Educational Funds of Regular Junior Secondary Schools, and Expenditure on Educational Funds of Regular Primary Schools

单位：元 (yuan)

地区	Region	普通初中生均教育经费支出 Expenditure on Educational Funds of Regular Junior Secondary Schools				普通小学生均教育经费支出 Expenditure on Educational Funds of Regular Primary Schools			
		2010	2016	2017	2017排名 Ranking	2010	2016	2017	2017排名 Ranking
全　国	**National Total**	**6527**	**16007**	**17543**		**4932**	**11397**	**12176**	
北　京	Beijing	30791	67770	72502	1	19762	38120	37521	1
天　津	Tianjin	18256	33646	36489	3	12689	20252	21059	4
河　北	Hebei	6428	11713	12856	27	4627	8164	8770	30
山　西	Shanxi	5625	13930	15741	23	4648	10849	11832	20
内蒙古	Inner Mongolia	10161	21672	21629	9	8954	18730	19051	5
辽　宁	Liaoning	8843	16739	18014	17	6533	12033	12989	17
吉　林	Jilin	7460	19433	20878	10	6653	15006	16318	9
黑龙江	Heilongjiang	6277	17629	18773	15	5882	15954	16559	8
上　海	Shanghai	22497	44418	48326	2	18983	31756	32325	2
江　苏	Jiangsu	10362	24705	25915	5	8611	14330	14908	11
浙　江	Zhejiang	11690	22814	25734	6	8974	15585	17427	6
安　徽	Anhui	5041	15200	16011	22	4047	10445	10844	25
福　建	Fujian	7460	17342	18584	16	6240	10938	11446	23
江　西	Jiangxi	4198	11689	12575	29	3049	8793	9396	28
山　东	Shandong	7026	16160	17167	19	4383	9664	10249	26
河　南	Henan	4048	10472	11497	31	2553	6492	7166	31
湖　北	Hubei	5398	18252	19951	13	3757	10630	11799	21
湖　南	Hunan	6519	13571	14456	26	3942	8926	9460	27
广　东	Guangdong	5335	16835	20242	12	4717	12365	14405	13
广　西	Guangxi	5001	10946	11615	30	3858	8796	9066	29
海　南	Hainan	7033	18911	20463	11	6392	13955	15124	10
重　庆	Chongqing	6319	17096	19633	14	5369	13457	14440	12
四　川	Sichuan	5610	14497	16081	21	4725	10711	11525	22
贵　州	Guizhou	3499	11348	12828	28	2962	10557	11039	24
云　南	Yunnan	5449	13294	15488	24	4318	11828	13168	16
西　藏	Tibet	7902	27636	33872	4	9303	27399	31383	3
陕　西	Shaanxi	6212	15406	16771	20	5295	12125	12016	19
甘　肃	Gansu	5187	13199	14604	25	4074	12524	13274	15
青　海	Qinghai	9927	20489	21876	8	6821	16197	16917	7
宁　夏	Ningxia	7434	15074	17177	18	4490	11529	12417	18
新　疆	Xinjiang	9224	20800	22146	7	6570	14301	13476	14

19

卫　生

Public Health

19-1 卫生总费用和政府卫生支出
Total Expenditure on Healthcare and Government Expenditure on Health

单位：亿元 (100 million yuan)

地区	Region	卫生总费用 Total Expenditure on Healthcare				其中：政府卫生支出 Government Expenditure on Health			
		2010	2016	2017	2017排名 Ranking	2010	2016	2017	2017排名 Ranking
全 国	**National Total**	**19980.39**	**46344.88**	**52598.28**		**5732.49**	**13910.31**	**15205.87**	
北 京	Beijing	813.64	2048.99	2193.80	8	223.98	467.99	507.43	13
天 津	Tianjin	355.65	827.02	864.74	26	82.68	211.76	201.14	27
河 北	Hebei	901.96	2024.82	2197.10	7	266.83	567.79	615.69	6
山 西	Shanxi	463.72	975.76	1087.84	22	132.28	309.73	326.24	22
内蒙古	Inner Mongolia	436.95	907.16	1010.41	24	139.47	303.94	333.11	21
辽 宁	Liaoning	772.50	1484.46	1605.71	13	176.35	316.59	343.79	20
吉 林	Jilin	454.26	956.89	1007.53	25	122.91	280.02	284.56	26
黑龙江	Heilongjiang	605.77	1190.45	1342.25	18	151.96	287.45	304.33	24
上 海	Shanghai		1838.00	2087.09	11		430.73	449.64	15
江 苏	Jiangsu	1232.30	3359.58	3691.21	2	293.87	753.25	808.57	5
浙 江	Zhejiang	1143.30	2573.55	2826.04	5	265.40	557.81	598.55	8
安 徽	Anhui	721.12	1643.29	1812.24	12	214.21	550.55	604.65	7
福 建	Fujian	472.74	1250.07	1407.52	16	140.62	388.46	426.09	17
江 西	Jiangxi	442.67	1090.56	1256.22	19	180.17	468.18	497.86	14
山 东	Shandong	1345.30	3354.70	3570.82	3	327.40	813.19	842.49	3
河 南	Henan	1066.57	2472.63	2747.67	6	321.19	794.42	844.81	2
湖 北	Hubei	681.77	1924.72	2174.45	9	207.13	611.23	586.78	10
湖 南	Hunan	738.76	1924.47	2147.28	10	213.19	560.26	594.26	9
广 东	Guangdong	1509.62	4193.33	4619.23	1	359.33	1158.66	1321.38	1
广 西	Guangxi	514.88	1237.09	1392.98	17	191.40	475.69	519.16	12
海 南	Hainan		303.28	369.49	28		116.54	129.42	28
重 庆	Chongqing	432.97	1064.57	1179.67	20	120.45	339.75	366.31	19
四 川	Sichuan		2675.77	3055.64	4		784.42	841.88	4
贵 州	Guizhou	329.33	878.93	1044.07	23	153.54	403.29	440.82	16
云 南	Yunnan	509.47	1313.85	1511.85	15	199.38	473.34	553.80	11
西 藏	Tibet		124.98	139.28	31		85.54	95.48	31
陕 西	Shaanxi		1348.15	1538.05	14		391.70	424.72	18
甘 肃	Gansu	295.38	754.06	812.70	27	116.54	283.95	291.84	25
青 海	Qinghai		239.75	270.08	30		111.83	127.35	29
宁 夏	Ningxia		251.77	298.86	29		85.59	100.18	30
新 疆	Xinjiang	322.62	962.32	1088.83	21	120.97	299.05	317.85	23

19-2 社会卫生支出和个人卫生支出
Social Health Expenditure and Personal Health Spending

单位：亿元 (100 million yuan)

地区	Region	其中：社会卫生支出 Social Health Expenditure				其中：个人卫生支出 Personal Health Spending			
		2010	2016	2017	2017排名 Ranking	2010	2016	2017	2017排名 Ranking
全　国	**National Total**	**7196.61**	**19096.68**	**22258.81**		**7051.29**	**13337.90**	**15133.60**	
北　京	Beijing	386.86	1247.23	1327.38	6	202.80	333.76	358.99	17
天　津	Tianjin	145.88	361.64	397.56	23	127.10	253.62	266.04	25
河　北	Hebei	247.58	720.65	833.15	11	387.56	736.38	748.25	7
山　西	Shanxi	152.26	363.03	412.47	22	179.18	303.00	349.13	18
内蒙古	Inner Mongolia	105.91	299.70	358.27	25	191.58	303.52	319.04	23
辽　宁	Liaoning	291.58	626.64	696.98	12	304.57	541.24	564.94	10
吉　林	Jilin	123.77	352.48	392.91	24	207.58	324.39	330.07	22
黑龙江	Heilongjiang	198.04	486.94	596.89	16	255.76	416.06	441.03	13
上　海	Shanghai		1061.73	1209.54	7		345.53	427.92	14
江　苏	Jiangsu	533.25	1754.96	1979.83	2	405.18	851.37	902.81	3
浙　江	Zhejiang	440.63	1295.37	1464.61	4	437.27	720.36	762.87	6
安　徽	Anhui	257.39	597.92	675.50	13	249.52	494.82	532.09	11
福　建	Fujian	186.64	547.97	636.30	15	145.49	313.64	345.13	20
江　西	Jiangxi	112.41	325.37	419.88	21	150.36	297.02	338.48	21
山　东	Shandong	497.02	1536.92	1679.35	3	520.88	1004.59	1048.99	2
河　南	Henan	272.98	859.06	1015.67	8	472.40	819.15	887.19	4
湖　北	Hubei	206.42	669.42	855.31	10	268.22	644.07	732.35	8
湖　南	Hunan	202.03	743.41	860.53	9	323.54	620.80	692.49	9
广　东	Guangdong	539.10	2009.16	2087.19	1	611.20	1025.50	1210.65	1
广　西	Guangxi	159.53	437.50	495.86	19	163.95	323.90	377.96	16
海　南	Hainan		118.75	154.35	28		67.99	85.72	28
重　庆	Chongqing	137.22	411.82	467.34	20	175.31	312.99	346.02	19
四　川	Sichuan		1111.62	1361.09	5		779.72	852.67	5
贵　州	Guizhou	73.86	270.34	351.22	26	101.92	205.30	252.03	26
云　南	Yunnan	147.30	463.17	535.28	17	162.79	377.35	422.78	15
西　藏	Tibet		32.60	36.62	31		6.83	7.18	31
陕　西	Shaanxi		527.58	638.79	14		428.87	474.53	12
甘　肃	Gansu	74.22	250.60	290.81	27	104.62	219.51	230.05	27
青　海	Qinghai		61.95	72.50	30		65.98	70.23	30
宁　夏	Ningxia		93.10	115.13	29		73.09	83.55	29
新　疆	Xinjiang	115.51	415.58	501.04	18	86.14	247.70	269.94	24

19-3 卫生总费用占GDP比重和人均卫生总费用
Ration of Health Expenditure on GDP and Expenditure on Healthcare Per Capita

地区	Region	卫生总费用占GDP比重(%) Ration of Health Expenditure on GDP (%)				人均卫生总费用(元) Expenditure on Healthcare Per Capita (yuan)			
		2010	2016	2017	2017排名 Ranking	2010	2016	2017	2017排名 Ranking
全　国	**National Total**	**4.98**	**6.23**	**6.36**		**1490.06**	**3351.74**	**3783.83**	
北　京	Beijing	5.76	7.98	7.83	10	4147.20	9429.73	10106.42	1
天　津	Tianjin	3.90	4.62	4.66	29	2737.28	5294.21	5554.36	3
河　北	Hebei	4.42	6.31	6.11	22	1253.77	2710.58	2921.86	26
山　西	Shanxi	5.04	7.48	7.01	13	1297.45	2650.33	2938.24	25
内蒙古	Inner Mongolia	3.74	5.00	6.27	19	1767.46	3599.67	3995.95	12
辽　宁	Liaoning	4.19	6.67	6.86	14	1765.88	3390.89	3675.32	18
吉　林	Jilin	5.24	6.47	6.59	18	1653.88	3501.19	3707.67	15
黑龙江	Heilongjiang	5.84	7.74	8.29	7	1580.23	3133.43	3542.76	21
上　海	Shanghai		6.52	6.81	16		7595.98	8630.30	2
江　苏	Jiangsu	2.97	4.34	4.30	31	1565.95	4200.21	4597.18	5
浙　江	Zhejiang	4.12	5.45	5.46	26	2098.99	4603.84	4995.65	4
安　徽	Anhui	5.83	6.73	6.71	17	1210.54	2652.17	2897.37	28
福　建	Fujian	3.21	4.34	4.36	30	1280.11	3226.83	3598.89	19
江　西	Jiangxi	4.68	5.90	6.03	25	992.04	2374.79	2717.89	31
山　东	Shandong	3.43	4.93	4.92	28	1403.13	3372.70	3568.74	20
河　南	Henan	4.62	6.11	6.11	22	1134.04	2594.03	2874.43	29
湖　北	Hubei	4.27	5.89	6.13	21	1191.11	3270.56	3684.25	16
湖　南	Hunan	4.61	6.10	6.21	20	1042.05	2820.97	3130.08	23
广　东	Guangdong	3.28	5.19	5.15	27	1445.87	3812.46	4135.76	9
广　西	Guangxi	5.38	6.75	6.83	15	1116.88	2557.03	2851.55	30
海　南	Hainan		7.48	8.28	8		3306.78	3991.16	13
重　庆	Chongqing	5.46	6.00	6.05	24	1500.98	3492.19	3836.11	14
四　川	Sichuan		8.12	8.26	9		3238.64	3680.60	17
贵　州	Guizhou	7.16	7.46	7.71	11	946.61	2472.37	2916.38	27
云　南	Yunnan	7.05	8.88	9.15	5	1107.15	2754.12	3149.36	22
西　藏	Tibet		10.85	10.63	1		3780.94	4131.04	10
陕　西	Shaanxi		6.95	7.02	12		3535.66	4010.09	11
甘　肃	Gansu	7.17	10.47	10.59	2	1153.86	2889.18	3095.17	24
青　海	Qinghai		9.32	10.29	3		4043.05	4513.49	6
宁　夏	Ningxia		7.95	8.65	6		3730.50	4383.50	8
新　疆	Xinjiang	6.91	9.97	10.01	4	1676.79	4012.89	4453.89	7

19-4 城乡居民医疗保健支出

Health Care and Medical Services for Urban and Rural Residents

单位：元 (yuan)

地区	Region	城镇居民人均医疗保健支出 Urban Residents per Capita Health Care Spending				农村居民人均医疗保健支出 Rural Residents per Capita Health Care Spending			
		2010	2016	2017	2017排名 Ranking	2010	2016	2017	2017排名 Ranking
全　国	**National Total**	**871.8**	**1630.8**	**1777.4**		**326.0**	**929.2**	**1058.7**	
北　京	Beijing	1327.2	2369.5	2629.8	2	840.6	1336.0	1347.0	2
天　津	Tianjin	1275.6	1888.1	2172.2	4	360.5	1159.9	1334.5	3
河　北	Hebei	923.8	1500.6	1549.9	19	344.3	920.5	928.2	18
山　西	Shanxi	774.9	1394.1	1651.6	15	328.9	794.3	769.6	26
内蒙古	Inner Mongolia	1126.0	1575.7	1840.2	10	468.0	1117.7	1187.7	8
辽　宁	Liaoning	1079.8	1761.9	2313.6	3	413.8	1064.5	1139.2	11
吉　林	Jilin	1171.3	1924.2	2059.2	5	462.4	1058.1	1230.5	6
黑龙江	Heilongjiang	948.4	1924.3	2007.5	7	443.2	1112.8	1269.9	5
上　海	Shanghai	1005.5	2361.7	2839.9	1	584.5	1464.3	1707.1	1
江　苏	Jiangsu	805.7	1594.3	1624.5	16	362.3	1088.2	1148.0	10
浙　江	Zhejiang	1033.7	1539.0	1691.9	14	709.3	1246.3	1173.2	9
安　徽	Anhui	737.1	1073.3	1269.3	26	264.4	808.2	931.9	17
福　建	Fujian	617.4	1165.3	1178.5	27	251.4	826.9	866.9	19
江　西	Jiangxi	524.2	841.4	887.4	30	243.8	569.7	650.0	27
山　东	Shandong	885.8	1416.1	1610.0	17	383.9	919.2	1027.3	14
河　南	Henan	941.3	1365.5	1524.5	21	287.8	769.0	797.8	24
湖　北	Hubei	709.6	1482.0	1792.0	11	295.2	985.1	1213.5	7
湖　南	Hunan	776.9	1174.6	1362.6	24	293.6	844.1	986.5	15
广　东	Guangdong	929.5	1096.4	1304.5	25	307.4	723.1	803.9	23
广　西	Guangxi	625.5	866.2	1065.9	28	229.0	709.7	781.8	25
海　南	Hainan	579.9	1307.1	1399.8	23	138.4	634.5	593.0	29
重　庆	Chongqing	1021.5	1394.1	1700.0	13	270.3	745.9	852.3	20
四　川	Sichuan	661.0	1369.3	1423.4	22	276.1	839.8	972.5	16
贵　州	Guizhou	546.8	872.2	1050.1	29	178.1	449.5	527.8	30
云　南	Yunnan	637.9	1351.9	1526.7	20	239.9	577.6	620.1	28
西　藏	Tibet	385.6	534.4	585.3	31	71.2	136.4	152.6	31
陕　西	Shaanxi	935.4	1783.6	2016.7	6	376.2	958.2	1044.1	12
甘　肃	Gansu	828.6	1390.8	1583.4	18	203.1	669.8	821.3	22
青　海	Qinghai	718.8	1459.3	1750.4	12	307.9	1190.9	1278.8	4
宁　夏	Ningxia	890.1	2016.0	1874.0	9	417.9	926.0	1040.6	13
新　疆	Xinjiang	708.2	1517.1	1934.8	8	314.7	731.8	846.8	21

19-5 医疗卫生机构总收入和财政补助收入

Gross Income of Medical Institutions and Financial Aid

单位：亿元 (100 million yuan)

地区	Region	医疗卫生机构总收入 Gross Income of Medical Institutions				其中:财政补助收入 Financial Aid			
		2010	2016	2017	2017排名 Ranking	2010	2016	2017	2017排名 Ranking
全　国	**National Total**	**13726.3**	**33166.1**	**36975.3**		**1667.9**	**4848.6**	**5432.3**	
北　京	Beijing	800.3	1883.5	2124.1	5	121.4	266.9	334.6	2
天　津	Tianjin	289.1	633.0	658.8	23	38.8	87.7	93.9	27
河　北	Hebei	525.1	1278.9	1451.2	11	46.9	135.9	156.6	14
山　西	Shanxi	259.1	614.8	675.8	22	40.2	125.3	135.6	21
内蒙古	Inner Mongolia	223.0	516.8	573.2	26	51.6	122.8	145.2	17
辽　宁	Liaoning	473.3	989.5	1062.9	13	50.5	92.3	96.3	26
吉　林	Jilin	262.7	596.6	651.9	25	52.0	122.2	136.1	20
黑龙江	Heilongjiang	344.8	769.2	823.0	20	51.6	129.8	137.9	19
上　海	Shanghai	743.1	1590.5	1797.7	8	76.0	222.4	249.6	7
江　苏	Jiangsu	1038.4	2463.0	2706.9	2	80.8	302.0	326.0	3
浙　江	Zhejiang	999.0	2172.4	2453.0	4	102.9	282.4	320.8	4
安　徽	Anhui	405.0	1019.3	1155.4	12	46.1	143.6	164.8	13
福　建	Fujian	384.8	839.9	921.4	16	51.6	138.4	165.7	12
江　西	Jiangxi	281.8	769.6	839.6	19	38.6	131.3	131.8	22
山　东	Shandong	913.7	2260.1	2497.2	3	87.3	257.6	278.4	5
河　南	Henan	605.4	1615.7	1853.3	7	52.4	162.3	175.7	10
湖　北	Hubei	523.9	1358.0	1496.3	9	50.9	170.3	185.0	9
湖　南	Hunan	519.3	1310.0	1472.1	10	49.1	152.1	174.1	11
广　东	Guangdong	1385.2	3157.2	3534.6	1	128.0	477.9	564.8	1
广　西	Guangxi	352.8	901.9	1011.3	15	46.0	144.5	155.7	15
海　南	Hainan	81.1	200.4	226.0	28	15.4	45.0	53.0	28
重　庆	Chongqing	260.1	735.8	841.0	18	33.2	105.3	127.5	24
四　川	Sichuan	654.8	1788.0	2007.0	6	83.8	256.7	276.8	6
贵　州	Guizhou	201.2	624.3	711.5	21	31.2	119.6	130.7	23
云　南	Yunnan	340.3	891.2	1014.6	14	57.6	173.2	197.5	8
西　藏	Tibet	16.2	56.9	65.5	31	7.0	20.3	24.3	31
陕　西	Shaanxi	302.2	790.2	872.5	17	48.3	135.9	138.3	18
甘　肃	Gansu	161.6	427.1	478.6	27	39.8	106.8	119.3	25
青　海	Qinghai	50.4	136.6	156.9	30	13.3	36.0	44.8	29
宁　夏	Ningxia	65.1	167.8	185.1	29	15.6	37.3	43.7	30
新　疆	Xinjiang	263.3	608.0	656.8	24	60.0	144.6	147.8	16

19-6 医疗收入/事业收入和医疗收入/事业收入占总收入比重

Medical Income / Business Income and Medical / Business Revenue Accounts for the Proportion of Total Revenue

地区	Region	其中:医疗收入/事业收入（亿元） Medical Income / Business Income (100 million yuan)				医疗收入/事业收入占总收入比重（%） Medical / Business Revenue Accounts for the Proportion of Total Revenue (%)			
		2010	2016	2017	2017排名 Ranking	2010	2016	2017	2017排名 Ranking
全　国	**National Total**	**11847.2**	**27099.9**	**30153.2**		**86.31**	**81.71**	**81.55**	
北　京	Beijing	663.1	1524.3	1691.6	5	82.85	80.93	79.64	18
天　津	Tianjin	247.9	524.8	541.8	22	85.74	82.90	82.24	10
河　北	Hebei	469.5	1111.6	1255.7	10	89.41	86.92	86.53	3
山　西	Shanxi	209.0	467.7	514.5	23	80.68	76.08	76.13	23
内蒙古	Inner Mongolia	168.5	381.3	412.7	26	75.57	73.79	72.00	28
辽　宁	Liaoning	418.2	873.3	938.9	12	88.35	88.25	88.33	1
吉　林	Jilin	206.9	458.7	499.9	24	78.74	76.88	76.68	22
黑龙江	Heilongjiang	283.3	615.7	662.1	20	82.17	80.04	80.45	16
上　海	Shanghai	658.0	1294.7	1457.4	8	88.55	81.40	81.07	13
江　苏	Jiangsu	941.7	2051.9	2265.3	2	90.68	83.31	83.69	7
浙　江	Zhejiang	886.9	1801.1	2028.9	4	88.78	82.91	82.71	9
安　徽	Anhui	350.5	812.2	917.0	13	86.53	79.69	79.37	19
福　建	Fujian	329.9	676.8	729.9	16	85.71	80.58	79.22	20
江　西	Jiangxi	240.4	619.5	684.9	18	85.30	80.49	81.57	11
山　东	Shandong	813.5	1939.2	2140.7	3	89.03	85.80	85.72	4
河　南	Henan	542.9	1404.8	1621.6	7	89.67	86.95	87.50	2
湖　北	Hubei	467.3	1143.4	1267.5	9	89.20	84.19	84.71	6
湖　南	Hunan	463.8	1111.7	1248.5	11	89.32	84.86	84.81	5
广　东	Guangdong	1237.5	2550.4	2837.1	1	89.34	80.78	80.27	17
广　西	Guangxi	301.2	727.4	821.6	14	85.38	80.65	81.24	12
海　南	Hainan	64.1	150.5	167.5	28	78.99	75.07	74.12	25
重　庆	Chongqing	224.5	607.4	679.8	19	86.29	82.55	80.83	15
四　川	Sichuan	564.1	1472.4	1664.9	6	86.14	82.35	82.95	8
贵　州	Guizhou	161.8	479.0	547.5	21	80.45	76.72	76.95	21
云　南	Yunnan	278.9	684.8	759.8	15	81.94	76.83	74.89	24
西　藏	Tibet	8.9	30.1	34.6	31	55.00	52.86	52.82	31
陕　西	Shaanxi	246.4	628.1	707.1	17	81.56	79.49	81.04	14
甘　肃	Gansu	118.0	297.3	334.9	27	73.02	69.63	69.97	29
青　海	Qinghai	36.1	93.1	102.0	30	71.71	68.14	65.01	30
宁　夏	Ningxia	48.4	125.0	134.9	29	74.39	74.50	72.88	27
新　疆	Xinjiang	196.0	442.0	482.1	25	74.44	72.70	73.40	26

19-7 医疗卫生机构总支出和业务、事业支出
Total Spending on Medical and Health Institutions and Business Expenditure

单位：亿元 (100 million yuan)

地区	Region	医疗卫生机构总支出 Total Spending on Medical and Health Institutions				其中：业务支出和事业支出 Business Expenditure			
		2010	2016	2017	2017排名 Ranking	2010	2016	2017	2017排名 Ranking
全　国	**National Total**	**13108.8**	**31924.2**	**35789.0**		**12311.6**	**25252.7**	**2832.3**	
北　京	Beijing	787.5	1844.9	2100.9	5	710.6	1486.4	1676.5	5
天　津	Tianjin	275.7	593.8	633.2	23	263.7	478.5	503.9	22
河　北	Hebei	506.3	1213.5	1390.0	11	477.1	977.0	1113.5	11
山　西	Shanxi	251.8	586.3	655.4	22	234.8	440.5	492.9	23
内蒙古	Inner Mongolia	205.9	509.2	567.2	26	189.8	386.7	427.5	26
辽　宁	Liaoning	462.1	963.6	1041.5	13	436.5	787.6	849.8	13
吉　林	Jilin	252.1	568.0	625.7	25	239.4	432.5	480.4	24
黑龙江	Heilongjiang	341.6	762.2	812.5	18	323.1	585.5	625.6	19
上　海	Shanghai	728.5	1559.5	1760.2	8	704.0	1273.6	1434.2	8
江　苏	Jiangsu	999.0	2423.1	2680.3	2	949.9	1948.5	2169.5	2
浙　江	Zhejiang	953.2	2120.4	2406.9	4	902.5	1718.8	1939.8	3
安　徽	Anhui	380.7	948.4	1074.2	12	359.2	755.9	861.7	12
福　建	Fujian	355.4	792.4	871.9	16	332.7	627.9	688.0	16
江　西	Jiangxi	268.9	724.4	802.6	19	250.6	575.0	636.9	18
山　东	Shandong	872.5	2179.1	2414.3	3	828.6	1762.4	1938.8	4
河　南	Henan	573.4	1535.5	1780.8	7	544.2	1247.2	1459.9	7
湖　北	Hubei	502.1	1300.9	1456.8	9	475.4	1025.4	1164.2	9
湖　南	Hunan	491.0	1269.5	1427.1	10	463.8	1015.0	1140.6	10
广　东	Guangdong	1330.2	3052.7	3426.1	1	1264.1	2357.7	2650.5	1
广　西	Guangxi	328.7	868.4	971.7	14	305.5	674.4	762.7	14
海　南	Hainan	76.6	196.6	221.6	28	70.4	146.4	168.6	28
重　庆	Chongqing	244.0	704.2	802.4	20	224.9	543.5	617.0	20
四　川	Sichuan	605.5	1699.6	1928.4	6	559.0	1356.8	1534.0	6
贵　州	Guizhou	178.8	595.1	684.8	21	167.4	450.4	522.6	21
云　南	Yunnan	316.7	842.6	955.4	15	290.7	637.3	731.2	15
西　藏	Tibet	13.5	44.6	50.8	31	11.2	29.1	30.2	31
陕　西	Shaanxi	302.2	748.0	842.1	17	270.4	575.3	653.5	17
甘　肃	Gansu	153.2	399.4	453.6	27	136.1	289.5	328.5	27
青　海	Qinghai	45.8	130.7	148.0	30	42.9	96.6	109.0	30
宁　夏	Ningxia	61.5	163.1	174.4	29	54.5	126.4	133.3	29
新　疆	Xinjiang	244.4	584.5	628.1	24	228.5	444.7	478.1	25

19-8 财政专项支出和人员经费支出
Special Financial Expenditure and Staff Spending

单位：亿元 (100 million yuan)

地区	Region	其中：财政专项支出 Special Financial Expenditure				其中:人员经费支出 Staff Spending			
		2010	2016	2017	2017排名 Ranking	2010	2016	2017	2017排名 Ranking
全　国	**National Total**	**545.4**	**1773.6**	**2048.1**		**3416.6**	**10569.0**	**12384.6**	
北　京	Beijing	65.7	95.5	125.7	3	155.1	566.5	673.4	6
天　津	Tianjin	10.0	35.2	43.3	22	66.1	180.5	207.5	24
河　北	Hebei	17.8	46.5	55.6	14	124.8	349.4	416.2	11
山　西	Shanxi	10.7	44.3	46.9	19	65.1	180.3	210.5	23
内蒙古	Inner Mongolia	10.7	39.7	49.8	17	62.1	179.6	205.2	25
辽　宁	Liaoning	17.5	39.4	43.9	21	125.5	302.0	334.3	15
吉　林	Jilin	9.1	34.8	37.0	27	67.0	179.5	203.4	26
黑龙江	Heilongjiang	13.2	41.7	45.6	20	89.0	221.6	253.9	21
上　海	Shanghai	20.9	96.3	103.5	6	205.1	498.5	575.5	7
江　苏	Jiangsu	32.5	131.8	131.2	2	250.5	767.3	900.6	2
浙　江	Zhejiang	39.3	110.8	123.4	4	247.6	743.6	883.0	3
安　徽	Anhui	12.6	43.4	51.5	16	91.5	319.9	378.6	12
福　建	Fujian	15.3	64.6	76.3	8	91.7	276.7	322.5	16
江　西	Jiangxi	10.0	39.6	39.5	26	67.6	236.3	278.8	18
山　东	Shandong	24.4	84.8	99.6	7	219.2	724.5	841.1	4
河　南	Henan	16.3	61.2	68.1	11	139.3	448.7	547.7	8
湖　北	Hubei	17.7	53.5	61.4	12	140.9	437.7	518.4	9
湖　南	Hunan	16.7	46.9	57.4	13	131.5	435.0	510.4	10
广　东	Guangdong	46.8	220.3	248.5	1	379.8	1078.5	1278.1	1
广　西	Guangxi	16.6	65.6	75.6	9	88.5	314.0	361.8	13
海　南	Hainan	5.2	23.5	23.1	28	19.5	63.2	75.2	28
重　庆	Chongqing	14.6	42.9	55.4	15	62.8	236.0	276.3	19
四　川	Sichuan	32.4	80.8	105.9	5	176.4	596.9	699.7	5
贵　州	Guizhou	6.4	30.8	40.0	24	49.2	218.3	261.6	20
云　南	Yunnan	18.4	57.5	72.5	10	77.9	291.3	349.9	14
西　藏	Tibet	1.7	4.4	8.0	31	5.1	15.4	21.4	31
陕　西	Shaanxi	11.7	37.8	40.2	23	80.7	248.4	287.5	17
甘　肃	Gansu	12.2	31.8	39.8	25	41.9	143.3	157.3	27
青　海	Qinghai	1.8	11.7	11.7	30	12.3	44.0	58.7	29
宁　夏	Ningxia	4.8	14.6	18.6	29	15.1	51.4	56.3	30
新　疆	Xinjiang	12.4	41.9	49.3	18	67.7	221.1	239.8	22

19-9 医疗卫生机构数和医院数
Number of Medical Institutions and Hospitals

单位：个 (unit)

地区	Region	医疗卫生机构数 Number of Medical Institutions				其中：医院数 Hospitals			
		2010	2016	2017	2017排名 Ranking	2010	2016	2017	2017排名 Ranking
全　国	**National Total**	**936927**	**983394**	**986649**		**20918**	**29140**	**31056**	
北　京	Beijing	9411	9773	9976	25	544	638	656	21
天　津	Tianjin	4542	5443	5539	28	277	421	426	26
河　北	Hebei	81403	78795	80912	1	1226	1618	1846	3
山　西	Shanxi	41098	42204	42490	7	1198	1393	1388	7
内蒙古	Inner Mongolia	22565	24002	24218	20	467	720	775	18
辽　宁	Liaoning	34805	36131	35767	11	821	1190	1268	10
吉　林	Jilin	19385	20829	20828	21	568	662	654	22
黑龙江	Heilongjiang	22073	20375	20283	22	917	1031	1089	15
上　海	Shanghai	4708	5016	5144	30	306	349	363	27
江　苏	Jiangsu	30956	32117	32037	13	1155	1678	1727	4
浙　江	Zhejiang	29939	31546	31979	14	687	1130	1207	12
安　徽	Anhui	22997	24385	24491	19	728	1039	1095	14
福　建	Fujian	27017	27656	27217	17	455	587	606	23
江　西	Jiangxi	34068	38272	37791	8	504	592	669	20
山　东	Shandong	66967	76997	79050	3	1377	2018	2451	1
河　南	Henan	75741	71271	71089	4	1198	1596	1632	5
湖　北	Hubei	34269	36354	36357	9	602	927	979	16
湖　南	Hunan	59359	61055	58624	5	752	1260	1313	8
广　东	Guangdong	44880	49079	49874	6	1088	1381	1464	6
广　西	Guangxi	32741	34253	34008	12	450	543	589	24
海　南	Hainan	4678	5144	5180	29	188	211	208	30
重　庆	Chongqing	17495	19933	19682	23	417	699	749	19
四　川	Sichuan	74283	79513	80481	2	1261	2066	2219	2
贵　州	Guizhou	25420	28017	28034	16	554	1220	1270	9
云　南	Yunnan	22888	24234	24684	18	780	1187	1252	11
西　藏	Tibet	4960	6835	6826	26	101	145	148	31
陕　西	Shaanxi	35696	36598	35861	10	828	1085	1150	13
甘　肃	Gansu	26673	28197	28857	15	381	446	526	25
青　海	Qinghai	5781	6291	6375	27	129	199	212	28
宁　夏	Ningxia	4129	4254	4271	31	157	190	209	29
新　疆	Xinjiang	16000	18825	18724	24	802	919	919	17

19-10 医院数中三级医院和二级医院
Number of Tertiary and Secondary Hospitals

单位：个 (unit)

地区	Region	三级医院 Tertiary Hospitals 2010	2016	2017	2017排名 Ranking	二级医院 Secondary Hospitals 2010	2016	2017	2017排名 Ranking
全　国	**National Total**	**1284**	**2232**	**2340**		**6472**	**7944**	**8422**	
北　京	Beijing	51	93	99	8	91	126	137	25
天　津	Tianjin	34	42	42	24	49	58	73	28
河　北	Hebei	44	69	69	15	419	482	510	3
山　西	Shanxi	46	58	58	19	225	341	349	7
内蒙古	Inner Mongolia	34	67	72	12	208	272	287	15
辽　宁	Liaoning	86	124	128	6	271	287	300	14
吉　林	Jilin	25	46	46	23	206	216	219	21
黑龙江	Heilongjiang	69	92	95	9	325	345	339	12
上　海	Shanghai	35	47	47	22	112	105	105	26
江　苏	Jiangsu	66	149	154	3	272	373	359	6
浙　江	Zhejiang	76	132	133	5	227	222	228	19
安　徽	Anhui	33	66	68	17	237	317	346	9
福　建	Fujian	40	64	70	14	146	192	195	22
江　西	Jiangxi	43	59	66	18	177	213	228	19
山　东	Shandong	77	150	166	2	381	495	594	1
河　南	Henan	44	86	87	10	431	456	469	4
湖　北	Hubei	62	121	123	7	241	301	311	13
湖　南	Hunan	48	68	73	11	287	332	346	9
广　东	Guangdong	79	162	170	1	293	390	453	5
广　西	Guangxi	46	63	72	12	173	218	244	17
海　南	Hainan	6	19	17	29	24	35	39	30
重　庆	Chongqing	16	34	41	25	106	127	142	24
四　川	Sichuan	56	144	152	4	378	534	583	2
贵　州	Guizhou	23	49	50	21	158	246	283	16
云　南	Yunnan	37	67	69	15	232	337	340	11
西　藏	Tibet	2	7	11	31	13	11	13	31
陕　西	Shaanxi	46	54	57	20	275	333	347	8
甘　肃	Gansu	28	36	36	27	163	184	184	23
青　海	Qinghai	10	16	18	28	82	92	94	27
宁　夏	Ningxia	4	13	13	30	59	71	71	29
新　疆	Xinjiang	18	35	38	26	211	233	234	18

19-11 医院数中一级医院和未定级医院
Level 1 Hospitals and Undetermined Level Hospitals

单位：个 (unit)

地区	Region	一级医院 Level 1 Hospitals				未定级医院 Undetermined Level Hospitals			
		2010	2016	2017	2017排名 Ranking	2010	2016	2017	2017排名 Ranking
全　国	**National Total**	**5271**	**9282**	**10050**		**7891**	**9682**	**10244**	
北　京	Beijing	334	394	386	10	68	25	34	31
天　津	Tianjin	117	197	188	20	77	124	123	23
河　北	Hebei	395	825	978	1	368	242	289	15
山　西	Shanxi	172	331	327	13	755	663	654	4
内蒙古	Inner Mongolia	128	263	282	17	97	118	134	22
辽　宁	Liaoning	250	438	443	7	214	341	397	11
吉　林	Jilin	84	108	98	24	253	292	291	14
黑龙江	Heilongjiang	297	372	306	15	226	222	349	13
上　海	Shanghai	11	11	12	30	148	186	199	21
江　苏	Jiangsu	509	689	709	4	308	467	505	7
浙　江	Zhejiang	16	43	47	28	368	733	796	2
安　徽	Anhui	249	411	427	8	209	245	254	19
福　建	Fujian	58	313	297	16	211	18	44	29
江　西	Jiangxi	41	90	119	23	243	230	256	18
山　东	Shandong	384	712	945	2	535	661	746	3
河　南	Henan	417	822	842	3	306	232	234	20
湖　北	Hubei	123	251	261	18	176	254	284	16
湖　南	Hunan	186	349	385	11	231	511	509	6
广　东	Guangdong	211	325	392	9	505	504	449	8
广　西	Guangxi	66	142	168	21	165	120	105	25
海　南	Hainan	24	70	74	26	134	87	78	27
重　庆	Chongqing	68	147	155	22	227	391	411	10
四　川	Sichuan	129	266	344	12	698	1122	1140	1
贵　州	Guizhou	159	512	566	5	214	413	371	12
云　南	Yunnan	84	211	251	19	427	572	592	5
西　藏	Tibet	42	87	84	25	44	40	40	30
陕　西	Shaanxi	173	290	309	14	334	408	437	9
甘　肃	Gansu	16	42	47	28	174	184	259	17
青　海	Qinghai	2		10	31	35	91	90	26
宁　夏	Ningxia	46	44	72	27	48	62	53	28
新　疆	Xinjiang	480	527	526	6	93	124	121	24

19-12 基层医疗卫生机构和专业公共卫生机构数

Number of Primary and Professional Medical Institutions

单位：个 (unit)

地区	Region	基层医疗卫生机构数 Primary Medical Institutions				专业公共卫生机构数 Professional Medical Institutions			
		2010	2016	2017	2017排名 Ranking	2010	2016	2017	2017排名 Ranking
全　国	**National Total**	**901709**	**926518**	**933024**		**11835**	**24866**	**19896**	
北　京	Beijing	8651	8908	9090	25	114	112	110	29
天　津	Tianjin	4115	4844	4960	28	93	126	97	30
河　北	Hebei	79493	76003	78207	1	592	1089	801	8
山　西	Shanxi	39351	40288	40581	7	470	455	455	20
内蒙古	Inner Mongolia	21571	22606	22868	18	450	600	508	18
辽　宁	Liaoning	33300	33931	33540	11	487	854	775	10
吉　林	Jilin	18475	19589	19647	21	259	428	404	21
黑龙江	Heilongjiang	20461	18256	18398	23	642	1037	746	11
上　海	Shanghai	4261	4470	4574	30	101	117	112	28
江　苏	Jiangsu	29095	29099	29118	14	449	1059	911	7
浙　江	Zhejiang	28642	29811	30189	13	378	420	394	22
安　徽	Anhui	21751	22271	22635	20	440	983	666	15
福　建	Fujian	26193	26190	26078	17	297	809	470	19
江　西	Jiangxi	33019	36784	36310	8	471	794	744	12
山　东	Shandong	64797	72904	75106	3	676	1891	1302	4
河　南	Henan	73865	67174	67307	4	547	2223	1897	1
湖　北	Hubei	33164	34703	34756	9	427	557	534	16
湖　南	Hunan	57972	58245	56302	5	523	1493	961	6
广　东	Guangdong	43018	46033	47071	6	674	1544	1215	5
广　西	Guangxi	31856	32020	32034	12	389	1650	1353	3
海　南	Hainan	4379	4805	4846	29	99	119	117	27
重　庆	Chongqing	16900	19044	18748	22	158	156	152	25
四　川	Sichuan	72244	76619	77487	2	705	744	708	14
贵　州	Guizhou	24498	26172	26378	16	333	597	356	23
云　南	Yunnan	21505	22395	22868	18	518	593	524	17
西　藏	Tibet	4718	6546	6533	26	139	142	143	26
陕　西	Shaanxi	34389	34017	33808	10	375	1390	800	9
甘　肃	Gansu	25930	25791	26579	15	328	1844	1639	2
青　海	Qinghai	5503	5908	5980	27	143	180	179	24
宁　夏	Ningxia	3878	3968	3966	31	84	85	86	31
新　疆	Xinjiang	14715	17124	17059	24	474	775	737	13

19-13 卫生人员和卫生技术人员数
Number of Health Personnel and Health Technical Personnel

单位：万人 (10 000 persons)

地区	Region	卫生人员数 Health Personnel				其中：卫生技术人员数 Health Technical Personnel			
		2010	2016	2017	2017排名 Ranking	2010	2016	2017	2017排名 Ranking
全　国	**National Total**	**8207502**	**11172945**	**11748972**		**5876158**	**8454403**	**8988230**	
北　京	Beijing	223586	299460	315238	17	171326	233953	245984	15
天　津	Tianjin	96732	122558	129554	27	70460	94952	100966	27
河　北	Hebei	437415	555115	590569	6	292157	393059	425229	7
山　西	Shanxi	275955	311250	318990	15	193891	225880	233287	17
内蒙古	Inner Mongolia	168884	221090	233062	22	125831	170406	180386	23
辽　宁	Liaoning	316828	365729	380915	13	232079	277494	291191	13
吉　林	Jilin	187106	223250	224342	25	138393	166605	168031	25
黑龙江	Heilongjiang	262600	292297	300301	20	192048	221362	229403	19
上　海	Shanghai	171935	217061	227750	23	137131	178196	186917	22
江　苏	Jiangsu	459025	654117	692473	5	328243	516986	547676	4
浙　江	Zhejiang	352871	523598	555716	7	288481	432641	459661	6
安　徽	Anhui	309318	388224	407457	10	211539	293732	313478	10
福　建	Fujian	199519	288205	300571	19	142916	219557	231388	18
江　西	Jiangxi	230945	301651	317798	16	158007	220972	235741	16
山　东	Shandong	645889	874110	917895	1	448861	641701	688565	2
河　南	Henan	591059	796480	827645	3	372818	547001	581004	3
湖　北	Hubei	349495	494077	510044	9	255793	384532	399685	9
湖　南	Hunan	370261	515472	536677	8	269219	392547	415563	8
广　东	Guangdong	592800	819106	864114	2	454799	665257	707491	1
广　西	Guangxi	266138	390601	404763	11	189554	289872	305279	12
海　南	Hainan	51985	74585	77417	28	39520	57522	60398	28
重　庆	Chongqing	160055	242826	255854	21	111079	179354	191572	21
四　川	Sichuan	467126	670444	709899	4	325608	495750	530306	5
贵　州	Guizhou	154246	277380	301876	18	103954	204621	225914	20
云　南	Yunnan	207663	329760	369151	14	143139	249677	283894	14
西　藏	Tibet	16694	29187	33413	31	10083	14829	16526	31
陕　西	Shaanxi	260056	372646	393846	12	181438	288607	310228	11
甘　肃	Gansu	137501	186756	199155	26	98865	134641	146880	26
青　海	Qinghai	35224	49653	56098	30	24909	37010	41729	30
宁　夏	Ningxia	39674	56218	62022	29	29962	44700	49715	29
新　疆	Xinjiang	158917	220039	224368	24	124055	170987	174143	24

19-14 城市卫生人员和城市卫生技术人员数
Number of Urban Health Personnel and Health Technical Personnel

单位：人 (person)

地区	Region	城市卫生人员数 Urban Health Personnel 2010	2016	2017	2017排名 Ranking	其中：城市卫生技术人员数 Urban Health Technical Personnel 2010	2016	2017	2017排名 Ranking
全　国	**National Total**	**3647861**	**5487317**	**5892116**		**2954913**	**4527708**	**4871918**	
北　京	Beijing	213652	295770	311651	5	166064	233627	245644	7
天　津	Tianjin	81143	109152	118649	21	60796	87682	95769	22
河　北	Hebei	145772	217819	235619	10	119034	181354	195626	10
山　西	Shanxi	119386	151566	156002	17	98179	125427	129478	17
内蒙古	Inner Mongolia	70764	104620	110318	23	58571	86863	91790	23
辽　宁	Liaoning	193637	239128	252618	8	155139	197368	208689	8
吉　林	Jilin	78015	101652	103063	24	62468	82569	83626	24
黑龙江	Heilongjiang	135960	155814	164775	16	107948	126899	134544	16
上　海	Shanghai	164485	201301	220976	11	131843	173076	181781	11
江　苏	Jiangsu	206509	346369	373334	3	167494	286054	306540	3
浙　江	Zhejiang	160501	272166	300342	7	132646	224095	247355	6
安　徽	Anhui	126152	172052	183649	14	103172	144949	155509	14
福　建	Fujian	84844	135775	147819	19	70172	113533	123398	19
江　西	Jiangxi	74230	108622	120175	20	61328	91987	101685	20
山　东	Shandong	215151	373230	416399	2	180744	314660	351685	2
河　南	Henan	182813	281866	303231	6	147082	231944	250796	5
湖　北	Hubei	155150	227812	236380	9	126326	189786	197241	9
湖　南	Hunan	127153	188406	198484	13	104605	157667	166306	13
广　东	Guangdong	377891	578021	614283	1	306290	481604	514021	1
广　西	Guangxi	101050	163596	178634	15	82269	134482	147815	15
海　南	Hainan	20980	38568	40921	28	16917	30917	33096	29
重　庆	Chongqing	75821	143321	153707	18	61225	114805	123687	18
四　川	Sichuan	172206	288468	314813	4	139034	233624	256036	4
贵　州	Guizhou	46618	87132	94515	25	38418	72786	79156	25
云　南	Yunnan	57810	104385	115280	22	47313	87644	97498	21
西　藏	Tibet	3359	9481	11647	31	2483	7250	8860	31
陕　西	Shaanxi	114563	183402	200728	12	92098	152096	167567	12
甘　肃	Gansu	55724	79488	87790	26	45496	64857	72637	26
青　海	Qinghai	14097	22862	25865	30	11495	19218	21654	30
宁　夏	Ningxia	24578	36127	39498	29	20307	30308	33111	28
新　疆	Xinjiang	47847	60346	60951	27	37957	48577	49228	27

19-15 农村卫生人员和农村卫生技术人员数

Number of Rural Health Personnel and Health Technical Personnel

单位：人 (person)

地区	Region	农村卫生人员数 Rural Health Personnel				其中：农村卫生技术人员数 Rural Health Technical Personnel			
		2010	2016	2017	2017排名 Ranking	2010	2016	2017	2017排名 Ranking
全 国	**National Total**	**4549641**	**5675628**	**5846856**		**2911245**	**3916695**	**4106312**	
北 京	Beijing	9934	3690	3587	31	5262	326	340	31
天 津	Tianjin	15589	13406	10905	29	9664	7270	5197	29
河 北	Hebei	291643	337296	354950	4	173123	211705	229603	6
山 西	Shanxi	156569	159684	162988	17	95712	100453	103809	18
内蒙古	Inner Mongolia	98120	116470	122744	21	67260	83543	88596	20
辽 宁	Liaoning	123191	126601	128297	20	76940	80126	82502	22
吉 林	Jilin	109091	121598	121279	22	75925	84036	84405	21
黑龙江	Heilongjiang	126640	136483	135526	19	84100	94463	94859	19
上 海	Shanghai	7450	6760	6774	30	5288	5120	5136	30
江 苏	Jiangsu	252516	307748	319139	6	160749	230932	241136	5
浙 江	Zhejiang	192370	251432	255374	8	155835	208546	212306	7
安 徽	Anhui	183166	216172	223808	12	108367	148783	157969	11
福 建	Fujian	114675	152430	152752	18	72744	106024	107990	17
江 西	Jiangxi	156715	193029	197623	14	96679	128985	134056	15
山 东	Shandong	430738	500880	501495	2	268117	327041	336880	1
河 南	Henan	408246	514614	524414	1	225736	315057	330208	2
湖 北	Hubei	194345	266265	273664	7	129467	194746	202444	8
湖 南	Hunan	243108	327066	338193	5	164614	234880	249257	4
广 东	Guangdong	214909	241085	249831	10	148509	183653	193470	9
广 西	Guangxi	165088	227005	226129	11	107285	155390	157464	12
海 南	Hainan	31005	36017	36496	25	22603	26605	27302	25
重 庆	Chongqing	84234	99505	102147	24	49854	64549	67885	24
四 川	Sichuan	294920	381976	395086	3	186574	262126	274270	3
贵 州	Guizhou	107628	190248	207361	13	65536	131835	146758	13
云 南	Yunnan	149853	225375	253871	9	95826	162033	186396	10
西 藏	Tibet	13335	19706	21766	28	7600	7579	7666	28
陕 西	Shaanxi	145493	189244	193118	15	89340	136511	142571	14
甘 肃	Gansu	81777	107268	111365	23	53369	69784	74243	23
青 海	Qinghai	21127	26791	30233	26	13414	17792	20075	26
宁 夏	Ningxia	15096	20091	22524	27	9655	14392	16604	27
新 疆	Xinjiang	111070	159693	163417	16	86098	122410	124915	16

19-16 执业（助理）医师和注册护士数

Number of Occupational Certified (Assistant) Medical Practioners and Registered Nurses

单位：人 (person)

地区	Region	执业（助理）医师数 (Assistant) Practicing Doctors				注册护士数 Registered Nurses			
		2010	2016	2017	2017排名 Ranking	2010	2016	2017	2017排名 Ranking
全　国	**National Total**	**2413259**	**3191005**	**3390034**		**2048071**	**3507166**	**3804021**	
北　京	Beijing	66163	89411	94417	13	67332	98082	103459	16
天　津	Tianjin	28892	37804	41127	27	24199	36088	38205	27
河　北	Hebei	133994	177140	191941	6	87351	143432	158383	9
山　西	Shanxi	88007	91699	94281	14	62628	92112	96849	19
内蒙古	Inner Mongolia	56245	66391	70301	22	38251	66445	71866	23
辽　宁	Liaoning	96862	109800	115715	11	88882	119147	127445	13
吉　林	Jilin	62050	69666	70552	21	45776	65749	67149	25
黑龙江	Heilongjiang	80282	84422	88477	17	62759	85418	90446	20
上　海	Shanghai	53009	65386	67907	24	55866	79373	83939	22
江　苏	Jiangsu	128943	204647	217146	4	122509	221168	236906	4
浙　江	Zhejiang	120440	168178	178704	7	99610	174523	187717	6
安　徽	Anhui	86511	112741	120839	10	77317	126350	138139	10
福　建	Fujian	58630	79685	83966	18	53511	95641	101209	17
江　西	Jiangxi	61887	79187	83648	19	58405	95519	104109	15
山　东	Shandong	185164	244900	264570	1	156692	268379	293647	2
河　南	Henan	154801	206747	220314	3	121384	222123	241571	3
湖　北	Hubei	99542	141741	147340	9	93844	174918	184283	7
湖　南	Hunan	110444	160627	173037	8	92346	161531	172580	8
广　东	Guangdong	174536	243224	257974	2	167882	283793	307664	1
广　西	Guangxi	70816	96673	101141	12	70243	122602	131639	11
海　南	Hainan	14456	19874	20764	28	16319	26495	28382	28
重　庆	Chongqing	47969	64709	68549	23	37611	77463	84853	21
四　川	Sichuan	145194	185414	194909	5	104886	207633	228548	5
贵　州	Guizhou	43389	69007	75533	20	36165	85993	97970	18
云　南	Yunnan	63306	85876	93925	15	49408	105966	128513	12
西　藏	Tibet	4469	6542	7603	31	1988	3833	4460	31
陕　西	Shaanxi	66040	85681	93209	16	61816	116803	126983	14
甘　肃	Gansu	39331	52791	56147	26	29868	50530	58444	26
青　海	Qinghai	10564	13670	15508	30	8339	14364	16475	30
宁　夏	Ningxia	12267	17070	18187	29	10341	18069	21568	29
新　疆	Xinjiang	49056	60302	62303	25	44543	67624	70566	24

19-17 城市执业（助理）医师和城市注册护士数

Number of Occupational Certified (Assistant) Practicing Doctors and Registered Nurses in Urban Areas

单位：人 (person)

地区	Region	城市执业（助理）医师数 (Assistant) Practicing Doctors				城市注册护士数 Registered Nurses			
		2010	2016	2017	2017排名 Ranking	2010	2016	2017	2017排名 Ranking
全　国	**National Total**	**1152103**	**1647676**	**1778114**		**1200343**	**2063019**	**2244366**	
北　京	Beijing	63847	89129	94131	4	65735	98038	103405	7
天　津	Tianjin	24120	34158	38270	20	22229	34179	37082	24
河　北	Hebei	50241	73134	79641	9	47458	79954	86229	10
山　西	Shanxi	40880	47562	48744	17	38873	57848	60817	16
内蒙古	Inner Mongolia	24116	31737	33548	24	21991	38666	41170	22
辽　宁	Liaoning	61373	75594	80216	8	66310	90271	96956	9
吉　林	Jilin	27270	34295	34869	21	23716	35879	36084	25
黑龙江	Heilongjiang	42621	46311	49483	16	42142	56522	60581	17
上　海	Shanghai	49823	62735	65325	11	54571	77729	82252	11
江　苏	Jiangsu	63013	104107	112683	3	68710	132383	142974	3
浙　江	Zhejiang	51993	83538	92708	5	52298	96236	106730	6
安　徽	Anhui	39277	50999	54746	13	45467	70375	76878	13
福　建	Fujian	28042	41539	45422	18	28615	52049	56549	19
江　西	Jiangxi	23165	31050	34173	23	26396	44604	50030	20
山　东	Shandong	73737	117967	133502	2	73239	143337	161394	2
河　南	Henan	57017	79779	87412	7	60372	111477	121267	5
湖　北	Hubei	47929	65779	68527	10	53059	94382	98928	8
湖　南	Hunan	38752	56934	60766	12	46543	77181	81773	12
广　东	Guangdong	112046	171107	183794	1	122216	214189	231418	1
广　西	Guangxi	30490	46150	50422	15	34564	62217	69509	15
海　南	Hainan	6008	10583	11232	29	7547	15085	16442	28
重　庆	Chongqing	24477	39928	42834	19	24237	53493	58836	18
四　川	Sichuan	55631	83251	91307	6	56475	109792	121866	4
贵　州	Guizhou	15000	26570	28205	25	16757	33664	37769	23
云　南	Yunnan	20625	31351	34267	22	17830	40708	47023	21
西　藏	Tibet	1093	3265	4079	31	869	2495	2983	31
陕　西	Shaanxi	33641	47916	53471	14	37292	68837	76553	14
甘　肃	Gansu	18657	25229	26726	26	17457	28221	33524	26
青　海	Qinghai	4280	6601	7368	30	4733	8857	10239	30
宁　夏	Ningxia	7706	11276	12020	28	7638	13282	15411	29
新　疆	Xinjiang	15233	18102	18223	27	15004	21069	21694	27

19-18　农村执业（助理）医师和农村注册护士数

Number of Occupational Certified (Assistant) Practicing Doctors and Registered Nurses in Rural Areas

单位：人　　(person)

地区	Region	农村执业（助理）医师数 Rural (Assistant) Practicing Doctors				农村注册护士数 Registered Nurses			
		2010	2016	2017	2017排名 Ranking	2010	2016	2017	2017排名 Ranking
全　国	**National Total**	**1261156**	**1543329**	**1611920**		**847728**	**1444147**	**1559655**	
北　京	Beijing	2316	282	286	31	1597	44	54	31
天　津	Tianjin	4772	3646	2857	29	1970	1909	1123	30
河　北	Hebei	83753	104006	112300	3	39893	63478	72154	10
山　西	Shanxi	47127	44137	45537	15	23755	34264	36032	18
内蒙古	Inner Mongolia	32129	34654	36753	20	16260	27779	30696	20
辽　宁	Liaoning	35489	34206	35499	22	22572	28876	30489	21
吉　林	Jilin	34780	35371	35683	21	22060	29870	31065	19
黑龙江	Heilongjiang	37661	38111	38994	18	20617	28896	29865	22
上　海	Shanghai	3186	2651	2582	30	1295	1644	1687	28
江　苏	Jiangsu	65930	100540	104463	5	53799	88785	93932	4
浙　江	Zhejiang	68447	84640	85996	7	47312	78287	80987	8
安　徽	Anhui	47234	61742	66093	10	31850	55975	61261	12
福　建	Fujian	30588	38146	38544	19	24896	43592	44660	17
江　西	Jiangxi	38722	48137	49475	13	32009	50915	54079	14
山　东	Shandong	111427	126933	131068	2	83453	125042	132253	1
河　南	Henan	97784	126968	132902	1	61012	110646	120304	2
湖　北	Hubei	51613	75962	78813	8	40785	80536	85355	6
湖　南	Hunan	71692	103693	112271	4	45803	84350	90807	5
广　东	Guangdong	62490	72117	74180	9	45666	69604	76246	9
广　西	Guangxi	40326	50523	50719	12	35679	60385	62184	11
海　南	Hainan	8448	9291	9532	25	8772	11410	11940	25
重　庆	Chongqing	23492	24781	25715	24	13374	23970	26017	23
四　川	Sichuan	89563	102163	103602	6	48411	97841	106682	3
贵　州	Guizhou	28389	42437	47328	14	19408	52329	60201	13
云　南	Yunnan	42681	54525	59658	11	31578	65258	81490	7
西　藏	Tibet	3376	3277	3524	28	1119	1338	1477	29
陕　西	Shaanxi	32399	37765	39738	17	24524	47966	50430	15
甘　肃	Gansu	20674	27562	29421	23	12411	22309	24920	24
青　海	Qinghai	6284	7069	8140	26	3606	5507	6236	26
宁　夏	Ningxia	4561	5794	6167	27	2703	4787	6157	27
新　疆	Xinjiang	33823	42200	44080	16	29539	46555	48872	16

19-19 农村药师（士）和乡村医生卫生员数
Number of Pharmacists and Medics in Rural Areas

单位：人 (person)

地区	Region	农村药师（士）数 Rural Pharmacists				乡村医生和卫生员数 Rural Medics			
		2010	2016	2017	2017排名 Ranking	2010	2016	2017	2017排名 Ranking
全　国	**National Total**	**184726**	**211085**	**214758**		**1091863**	**1000324**	**968611**	
北　京	Beijing	427				3697	3364	3247	28
天　津	Tianjin	461	407	314	29	4266	5140	4973	27
河　北	Hebei	8458	9081	9801	9	84566	82281	79741	3
山　西	Shanxi	5200	4929	4915	20	45145	38593	37935	9
内蒙古	Inner Mongolia	4602	5315	5567	18	19580	17944	18128	21
辽　宁	Liaoning	5057	4244	4189	22	26787	25095	23995	17
吉　林	Jilin	4727	4365	4324	21	15238	17248	16097	22
黑龙江	Heilongjiang	5573	5729	5455	19	25283	23464	21688	18
上　海	Shanghai	210	266	266	30	1274	806	829	31
江　苏	Jiangsu	11526	12798	13175	6	57443	32520	30934	14
浙　江	Zhejiang	10974	13608	13591	3	10995	8000	7792	25
安　徽	Anhui	5955	7543	7809	13	55733	43290	40869	7
福　建	Fujian	5436	7384	7345	14	28954	26502	25256	15
江　西	Jiangxi	8370	9147	9063	11	43541	45079	43421	6
山　东	Shandong	17297	17957	18056	1	129113	118280	109657	1
河　南	Henan	12822	15535	16025	2	128780	113804	109457	2
湖　北	Hubei	9899	9881	9932	8	41512	40396	39530	8
湖　南	Hunan	14233	13654	13509	4	48324	47058	44460	5
广　东	Guangdong	10984	11452	11833	7	34188	24996	24051	16
广　西	Guangxi	6131	9383	9530	10	36386	34981	34147	12
海　南	Hainan	1150	1399	1415	25	2663	3312	3012	30
重　庆	Chongqing	2594	3007	3065	24	24610	21644	20076	20
四　川	Sichuan	10873	13186	13477	5	73963	65450	64771	4
贵　州	Guizhou	2898	5324	5712	17	31517	34690	35105	11
云　南	Yunnan	4220	6467	6861	15	36194	36038	37308	10
西　藏	Tibet	326	362	398	28	4325	10905	12685	24
陕　西	Shaanxi	5732	7702	7908	12	38847	32706	31853	13
甘　肃	Gansu	2544	3228	3389	23	20351	21121	21358	19
青　海	Qinghai	835	940	968	27	5937	6528	7121	26
宁　夏	Ningxia	761	992	1148	26	3998	3559	3244	29
新　疆	Xinjiang	4451	5800	5718	16	8653	15530	15871	23

19-20 医疗卫生机构床位数和医院床位数
Number of Beds in Medical Institutions and Hospitals

单位：张 (piece)

地区	Region	医疗卫生机构床位数 Beds in Medical and Health Institutions				其中：医院床位数 Hospital Beds			
		2010	2016	2017	2017排名 Ranking	2010	2016	2017	2017排名 Ranking
全　国	**National Total**	**4786831**	**7410453**	**7940252**		**3387437**	**5688875**	**6120484**	
北　京	Beijing	92764	117041	120645	26	85775	110073	113664	25
天　津	Tianjin	48828	65832	68409	27	40387	57561	60158	27
河　北	Hebei	249725	360485	395036	7	172956	270831	299523	7
山　西	Shanxi	155885	189689	197525	19	108260	147011	154184	18
内蒙古	Inner Mongolia	93350	139236	150325	23	67016	109676	118697	23
辽　宁	Liaoning	204208	284384	298609	11	160894	239350	252969	10
吉　林	Jilin	115057	151195	153657	22	89341	124837	126595	22
黑龙江	Heilongjiang	159914	220054	241732	13	123928	181514	200838	13
上　海	Shanghai	105083	129166	134607	25	84825	110148	115916	24
江　苏	Jiangsu	269548	443060	469182	5	195340	356188	369784	5
浙　江	Zhejiang	184097	289870	313520	9	150986	254793	277076	8
安　徽	Anhui	188010	281720	305746	10	123427	216281	233219	11
福　建	Fujian	113043	174767	182375	20	80896	131892	139362	20
江　西	Jiangxi	124640	209097	234047	16	77805	143049	160095	17
山　东	Shandong	382254	540994	584812	1	255764	399427	441032	1
河　南	Henan	327569	521546	558998	3	220974	387054	413827	2
湖　北	Hubei	200394	360558	376185	8	135006	256909	270862	9
湖　南	Hunan	233510	425757	452335	6	150141	299251	319455	6
广　东	Guangdong	300083	465142	492064	4	224114	371685	393449	4
广　西	Guangxi	143695	224471	241140	15	88913	148480	161506	16
海　南	Hainan	25981	40324	41954	28	18807	31667	32514	29
重　庆	Chongqing	103624	190850	206376	18	64827	136245	150545	19
四　川	Sichuan	301227	519205	563475	2	184828	375378	411911	3
贵　州	Guizhou	105277	210279	232990	17	69343	159098	178296	15
云　南	Yunnan	157143	253555	274809	12	112493	194727	210840	12
西　藏	Tibet	8838	14456	16103	31	5444	10397	11749	31
陕　西	Shaanxi	142334	225400	241265	14	104819	180316	193150	14
甘　肃	Gansu	90410	134346	146613	24	63773	100638	111206	26
青　海	Qinghai	20451	34749	38321	30	16226	29156	32028	30
宁　夏	Ningxia	23659	36313	39820	29	20258	32027	34822	28
新　疆	Xinjiang	116230	156912	167577	21	89871	123216	131212	21

19-21 基层医疗卫生机构和专业公共卫生机构床位数

Number of Beds in Primary Medical Institutions and Professional Medical Institutions

单位：张 (piece)

地区	Region	基层医疗卫生机构床位数 Beds in Primary Basic Medical and Health Institutions				专业公共卫生机构床位数 Beds in Professional Public Health Institution			
		2010	2016	2017	2017排名 Ranking	2010	2016	2017	2017排名 Ranking
全　国	**National Total**	**1192242**	**1441940**	**1528528**		**164515**	**247228**	**262570**	
北　京	Beijing	4291	4443	4410	29	2190	2525	2571	25
天　津	Tianjin	6970	7101	7313	26	1070	874	708	29
河　北	Hebei	66505	76853	81551	7	8526	11796	12947	7
山　西	Shanxi	40848	37042	38538	16	4525	3786	3833	21
内蒙古	Inner Mongolia	22728	24802	26763	22	2966	4242	4313	19
辽　宁	Liaoning	32288	36720	37918	17	2752	3334	3572	22
吉　林	Jilin	20245	20896	21725	24	2748	3164	3065	23
黑龙江	Heilongjiang	27381	30039	32216	20	5956	7551	7728	14
上　海	Shanghai	18630	16690	16350	25	1363	1465	1478	27
江　苏	Jiangsu	68614	77546	89444	5	3420	6495	7357	16
浙　江	Zhejiang	25053	24605	25775	23	6225	8500	9000	10
安　徽	Anhui	57665	58613	65020	10	5334	6156	6837	17
福　建	Fujian	26210	32833	33457	18	4167	7502	7795	13
江　西	Jiangxi	36336	52240	59242	11	8689	11998	12800	8
山　东	Shandong	107329	115017	116629	3	15301	23404	24091	2
河　南	Henan	91503	111968	121016	2	14187	22379	23990	3
湖　北	Hubei	56850	87662	88850	6	8436	15987	16473	5
湖　南	Hunan	72002	107788	113958	4	11179	18618	18762	4
广　东	Guangdong	58667	65634	68548	8	15535	26787	29281	1
广　西	Guangxi	45701	62207	65031	9	8070	12883	13816	6
海　南	Hainan	5782	6493	7302	27	1042	1477	1509	26
重　庆	Chongqing	35378	50288	51039	13	2499	3612	4087	20
四　川	Sichuan	106996	132023	139395	1	8946	11452	12169	9
贵　州	Guizhou	32488	43758	46200	14	3248	7323	8300	12
云　南	Yunnan	38247	51206	55566	12	5186	6734	7515	15
西　藏	Tibet	3012	3345	3659	31	342	674	655	30
陕　西	Shaanxi	30323	36346	38821	15	5444	7970	8526	11
甘　肃	Gansu	23661	28631	30213	21	2286	4427	4626	18
青　海	Qinghai	4009	5193	5789	28	216	400	504	31
宁　夏	Ningxia	2457	3218	3686	30	844	968	1212	28
新　疆	Xinjiang	24073	30740	33104	19	1823	2745	3050	24

19-22 其他医疗卫生机构床位数和医院病床使用率
Number of Beds in Other Medical Institutions and Utilization of Hospital Beds

地区	Region	其他医疗卫生机构床位数（张） Beds in Other Medical Institutions (piece)				医院病床使用率（%） Hospital Bed Utilization Rate (%)			
		2010	2016	2017	2017排名 Ranking	2010	2016	2017	2017排名 Ranking
全　国	**National Total**	**42637**	**32410**	**28670**		**86.7**	**85.3**	**85.0**	
北　京	Beijing	508				84.5	82.2	82.4	19
天　津	Tianjin	401	296	230	21	86.3	82.1	78.1	26
河　北	Hebei	1738	1005	1015	8	82.9	86.3	83.7	14
山　西	Shanxi	2252	1850	970	9	73.1	75.9	77.6	27
内蒙古	Inner Mongolia	640	516	552	20	78.0	74.7	74.7	29
辽　宁	Liaoning	8274	4980	4150	1	83.2	83.8	82.0	20
吉　林	Jilin	2723	2298	2272	4	70.8	78.3	77.6	27
黑龙江	Heilongjiang	2649	950	950	10	76.7	82.7	78.9	25
上　海	Shanghai	265	863	863	12	98.0	95.8	95.4	1
江　苏	Jiangsu	2174	2831	2597	3	94.3	87.3	87.5	7
浙　江	Zhejiang	1833	1972	1669	7	94.4	89.4	89.4	4
安　徽	Anhui	1584	670	670	17	87.3	84.8	86.2	8
福　建	Fujian	1770	2540	1761	6	89.6	81.9	83.1	18
江　西	Jiangxi	1810	1810	1910	5	87.6	89.4	85.8	9
山　东	Shandong	3860	3146	3060	2	81.6	85.0	83.4	16
河　南	Henan	905	145	165	24	85.4	87.9	88.4	5
湖　北	Hubei	102				96.1	92.0	92.7	2
湖　南	Hunan	188	100	160	25	93.3	86.0	85.2	10
广　东	Guangdong	1767	1036	786	14	87.2	84.0	84.0	13
广　西	Guangxi	1011	901	787	13	89.9	88.0	87.7	6
海　南	Hainan	350	687	629	18	88.0	78.2	81.1	22
重　庆	Chongqing	920	705	705	16	90.1	84.4	84.1	12
四　川	Sichuan	457	352			95.1	90.2	91.3	3
贵　州	Guizhou	198	100	194	23	86.4	78.2	79.9	24
云　南	Yunnan	1217	888	888	11	88.1	83.0	83.2	17
西　藏	Tibet	40	40	40	27	65.3	74.5	72.1	30
陕　西	Shaanxi	1748	768	768	15	82.2	82.2	83.7	14
甘　肃	Gansu	690	650	568	19	78.6	82.6	81.6	21
青　海	Qinghai					79.6	74.4	70.6	31
宁　夏	Ningxia	100	100	100	26	89.8	84.4	80.8	23
新　疆	Xinjiang	463	211	211	22	89.2	86.5	85.0	11

19-23 医疗卫生机构门诊量和入院人次数

Number of Outpatients and Inpatients of Medical and Health Institutions

单位：万人次 (10 000 person-times)

地区	Region	医疗卫生机构门诊诊疗人次数 Outpatients				医疗卫生机构入院人次数 Inpatients			
		2010	2016	2017	2017排名 Ranking	2010	2016	2017	2017排名 Ranking
全　国	**National Total**	**583761.6**	**793170.0**	**818311.0**		**14173.5**	**22727.8**	**24435.9**	
北　京	Beijing	14637.1	23205.0	22468.7	15	183.2	311.9	328.6	26
天　津	Tianjin	7497.2	12003.5	12144.7	23	109.3	162.1	158.1	27
河　北	Hebei	31317.7	43494.3	43213.8	7	735.9	1117.7	1175.2	8
山　西	Shanxi	10903.2	12942.4	13485.3	21	290.1	430.1	455.5	21
内蒙古	Inner Mongolia	8395.3	10340.4	10442.1	27	216.4	329.5	363.6	25
辽　宁	Liaoning	14709.0	19294.2	20042.3	17	447.1	692.6	735.1	15
吉　林	Jilin	8613.7	10760.8	10843.3	26	247.3	368.8	383.3	24
黑龙江	Heilongjiang	10509.9	11890.8	11790.7	24	373.2	564.1	604.7	18
上　海	Shanghai	20039.9	25931.9	26579.4	11	232.5	366.6	391.2	23
江　苏	Jiangsu	38465.6	55194.9	58433.7	5	742.8	1309.0	1418.0	6
浙　江	Zhejiang	36099.8	55521.3	59514.1	3	499.4	871.3	949.3	10
安　徽	Anhui	19854.2	26300.2	28012.2	9	551.1	897.3	996.1	9
福　建	Fujian	16407.5	21926.7	22635.6	14	402.3	535.0	551.1	19
江　西	Jiangxi	15637.8	21341.2	21605.2	16	500.1	745.5	827.8	13
山　东	Shandong	48024.4	62163.0	64436.3	2	1106.7	1691.8	1825.3	1
河　南	Henan	41877.6	57777.0	58520.1	4	1027.8	1601.8	1745.3	3
湖　北	Hubei	23920.4	35479.1	35601.8	8	649.6	1197.6	1279.9	7
湖　南	Hunan	20769.2	26430.8	27058.4	10	797.8	1400.9	1473.5	5
广　东	Guangdong	60210.7	81200.7	83620.2	1	1026.3	1546.9	1634.6	4
广　西	Guangxi	19583.8	25423.4	26103.1	12	590.2	860.4	901.0	11
海　南	Hainan	3356.7	4865.7	4961.6	28	70.0	110.0	116.5	29
重　庆	Chongqing	11623.9	14905.7	15552.7	19	336.6	631.4	687.1	17
四　川	Sichuan	36173.0	46424.6	48530.9	6	1058.3	1656.0	1824.7	2
贵　州	Guizhou	10280.9	13844.5	15241.8	20	420.0	661.9	732.8	16
云　南	Yunnan	17613.2	24460.1	25464.0	13	483.6	819.4	892.3	12
西　藏	Tibet	959.2	1394.2	1599.6	31	16.7	34.4	33.2	31
陕　西	Shaanxi	14331.7	18499.8	19155.4	18	369.8	680.7	751.4	14
甘　肃	Gansu	10044.8	13042.1	13458.0	22	215.4	400.2	437.5	22
青　海	Qinghai	1876.1	2356.6	2545.5	30	54.8	91.2	97.3	30
宁　夏	Ningxia	2591.0	3832.2	4008.6	29	66.2	106.7	117.6	28
新　疆	Xinjiang	7437.3	10923.0	11242.0	25	353.0	535.1	548.2	20

19-24 医院病床工作日和出院者平均住院日
Working Days of Hospital Beds and Average Length of Stay

地区	Region	医院病床工作日（天） Hospital Beds Working Days (day)				出院者平均住院日（日/人） Average Length of Stay (day/person)			
		2010	2016	2017	2017排名 Ranking	2010	2016	2017	2017排名 Ranking
全 国	**National Total**	**316.5**	**311.3**	**310.1**		**10.5**	**9.4**	**9.3**	
北 京	Beijing	308.5	300.1	300.9	19	16.2	10.5	10.1	5
天 津	Tianjin	314.9	299.6	285.1	26	12.6	10.3	10.1	5
河 北	Hebei	302.4	315.0	305.6	14	9.4	8.8	8.8	21
山 西	Shanxi	266.9	277.1	283.2	27	11.6	10.5	10.4	4
内蒙古	Inner Mongolia	284.6	272.7	272.7	29	11.0	9.9	9.8	8
辽 宁	Liaoning	303.6	305.9	299.2	20	12.2	10.8	10.5	1
吉 林	Jilin	258.6	285.9	283.2	27	10.5	9.6	9.4	13
黑龙江	Heilongjiang	279.9	301.9	288.1	25	11.8	10.7	10.5	1
上 海	Shanghai	357.9	349.6	348.3	1	13.0	10.1	10.1	5
江 苏	Jiangsu	344.4	318.7	319.2	7	11.3	9.6	9.5	11
浙 江	Zhejiang	344.7	326.3	326.2	4	11.3	9.9	9.8	8
安 徽	Anhui	318.8	309.7	314.6	8	9.7	8.8	8.7	23
福 建	Fujian	327.2	299.1	303.3	18	9.4	8.7	8.6	26
江 西	Jiangxi	319.8	326.3	313.1	9	9.2	9.1	8.9	18
山 东	Shandong	298.0	310.4	304.4	16	9.4	8.9	8.6	26
河 南	Henan	311.5	320.7	322.6	5	10.3	9.7	9.6	10
湖 北	Hubei	350.7	335.7	338.4	2	10.5	9.7	9.5	11
湖 南	Hunan	340.7	313.9	311.1	10	9.9	9.5	9.1	15
广 东	Guangdong	318.4	306.5	306.7	13	9.4	8.8	8.7	23
广 西	Guangxi	328.2	321.1	320.0	6	9.6	8.6	8.6	26
海 南	Hainan	321.3	285.4	296.0	22	10.3	9.0	8.9	18
									#N/A
重 庆	Chongqing	328.7	308.0	307.1	12	11.0	9.2	9.3	14
四 川	Sichuan	347.0	329.1	333.4	3	10.7	10.1	10.5	1
贵 州	Guizhou	315.4	285.4	291.8	24	9.7	8.5	8.2	31
云 南	Yunnan	321.7	303.0	303.6	17	10.0	8.6	8.5	29
西 藏	Tibet	238.5	271.8	263.1	30	11.3	9.2	8.7	23
陕 西	Shaanxi	300.1	300.1	305.4	15	10.5	9.2	9.1	15
甘 肃	Gansu	286.9	301.6	297.6	21	10.5	9.1	8.8	21
青 海	Qinghai	290.5	271.5	257.8	31	10.3	9.3	9.0	17
宁 夏	Ningxia	327.7	308.1	295.0	23	10.8	9.3	8.9	18
新 疆	Xinjiang	325.5	315.8	310.3	11	10.3	8.7	8.5	29

19-25 医院门诊病人次均医药费用和医院门诊病人次均药费

Average Medical Expenses of Outpatient and Average Medical Expenses of Outpatient

单位：元 (yuan)

地区	Region	医院门诊病人次均医药费用 Average Medical Expenses of Outpatient				医院门诊病人次均药费 Average Medical Expenses of Outpatient			
		2010	2016	2017	2017排名 Ranking	2010	2016	2017	2017排名 Ranking
全　国	**National Total**	**173.8**	**245.5**	**257.0**		**88.1**	**111.7**	**109.7**	
北　京	Beijing	337.4	460.2	516.8	1	220.9	267.3	264.4	1
天　津	Tianjin	235.0	299.3	316.8	3	146.2	176.7	165.7	3
河　北	Hebei	168.5	214.9	222.8	24	73.2	92.5	91.1	19
山　西	Shanxi	158.0	237.7	240.8	14	64.9	102.0	97.7	17
内蒙古	Inner Mongolia	148.9	223.4	231.6	19	56.8	87.7	85.5	24
辽　宁	Liaoning	199.8	272.8	281.7	5	92.1	119.7	116.0	5
吉　林	Jilin	164.9	253.5	267.1	7	64.0	99.0	99.8	16
黑龙江	Heilongjiang	178.1	244.5	257.0	9	65.8	90.2	88.4	22
上　海	Shanghai	243.7	340.4	361.0	2	137.0	172.6	168.2	2
江　苏	Jiangsu	183.6	249.9	260.8	8	92.4	110.0	113.1	6
浙　江	Zhejiang	189.6	238.0	245.0	12	108.9	111.3	110.9	7
安　徽	Anhui	157.2	216.2	226.3	21	71.8	92.5	94.3	18
福　建	Fujian	143.1	220.6	233.1	17	75.7	90.9	90.5	20
江　西	Jiangxi	144.6	227.6	238.7	15	73.5	109.7	108.5	9
山　东	Shandong	176.3	241.0	244.2	13	86.5	106.3	101.6	15
河　南	Henan	127.5	172.2	183.2	30	54.7	73.3	76.7	27
湖　北	Hubei	162.1	221.4	229.1	20	82.0	104.5	102.1	13
湖　南	Hunan	191.9	266.7	279.4	6	90.4	112.5	110.0	8
广　东	Guangdong	150.9	231.8	253.0	10	75.7	100.7	103.4	12
广　西	Guangxi	125.5	181.0	191.2	28	59.3	76.3	75.1	29
海　南	Hainan	172.0	231.9	246.9	11	90.7	104.2	106.1	10
重　庆	Chongqing	188.7	279.4	296.7	4	93.5	123.7	126.0	4
四　川	Sichuan	143.4	229.4	238.0	16	63.5	92.7	89.9	21
贵　州	Guizhou	178.7	229.6	232.3	18	74.9	80.0	76.7	27
云　南	Yunnan	125.3	193.0	199.3	26	57.1	80.5	78.2	26
西　藏	Tibet	76.0	154.4	168.5	31	35.2	73.0	67.6	31
陕　西	Shaanxi	156.0	218.5	225.2	23	73.2	89.9	88.3	23
甘　肃	Gansu	100.6	177.4	190.9	29	44.9	82.0	83.1	25
青　海	Qinghai	98.8	192.0	199.1	27	43.0	77.8	71.3	30
宁　夏	Ningxia	153.5	215.0	225.5	22	78.6	108.6	105.7	11
新　疆	Xinjiang	155.3	212.6	221.9	25	72.2	102.5	102.0	14

19-26 医院门诊病人次均检查治疗费和医院住院病人次均医药费用
Expense of Check Treatment of Outpatients and Average Medical Expenses of Inpatients

单位：元 (yuan)

地区	Region	医院门诊病人次均检查治疗费 Expense of Check Treatment of Outpatients				医院住院病人次均医药费用 Average Medical Expenses of Inpatients			
		2010	2016	2017	2017排名 Ranking	2010	2016	2017	2017排名 Ranking
全　国	**National Total**	**53.7**	**45.2**	**47.6**		**6525.6**	**8604.7**	**8890.7**	
北　京	Beijing	67.1	49.2	52.2	9	14740.5	20648.2	21737.2	1
天　津	Tianjin	40.3	22.5	25.5	31	11177.0	15684.9	16526.7	3
河　北	Hebei	65.8	50.5	51.7	11	5534.1	7793.8	8417.8	15
山　西	Shanxi	62.4	52.2	53.5	7	5688.9	8065.7	8437.7	14
内蒙古	Inner Mongolia	61.4	53.3	55.5	5	5483.7	8460.2	8324.4	16
辽　宁	Liaoning	72.7	58.7	62.9	2	7486.4	8866.9	8958.1	10
吉　林	Jilin	73.0	55.6	58.6	4	6839.7	8730.2	9270.3	8
黑龙江	Heilongjiang	74.7	65.7	69.3	1	6480.4	8617.1	8689.3	11
上　海	Shanghai	49.1	39.3	45.3	20	12225.0	17111.7	18185.2	2
江　苏	Jiangsu	56.0	40.7	43.0	24	9073.3	10364.1	10597.9	6
浙　江	Zhejiang	39.6	30.3	31.4	29	9300.5	10952.6	11310.4	4
安　徽	Anhui	58.5	48.3	50.1	13	5664.7	6935.2	6993.3	28
福　建	Fujian	42.3	46.2	48.9	17	6222.5	8413.7	8544.6	12
江　西	Jiangxi	49.2	48.2	49.3	15	5096.0	7417.0	7537.6	23
山　东	Shandong	61.4	54.2	54.8	6	5951.9	8943.5	9057.1	9
河　南	Henan	51.0	42.0	44.7	22	4789.9	7085.4	7739.9	21
湖　北	Hubei	58.1	41.6	44.2	23	6171.8	8207.3	8512.7	13
湖　南	Hunan	67.2	60.0	61.2	3	5789.2	7303.2	7748.3	20
广　东	Guangdong	46.8	42.7	46.9	19	7843.2	10537.5	10922.4	5
广　西	Guangxi	43.3	39.4	41.1	26	5088.5	7544.2	8028.1	18
海　南	Hainan	55.6	46.9	49.0	16	6709.7	9472.8	9701.4	7
重　庆	Chongqing	61.0	46.0	48.9	17	6488.4	7714.4	7885.1	19
四　川	Sichuan	53.1	50.1	52.2	9	5677.7	7380.8	7592.5	22
贵　州	Guizhou	69.6	53.6	53.5	7	4641.3	5704.3	5727.9	31
云　南	Yunnan	46.6	40.0	41.1	26	5007.7	6072.5	6235.0	29
西　藏	Tibet	20.1	22.2	27.8	30	3899.0	7311.4	7206.0	25
陕　西	Shaanxi	57.7	49.4	50.5	12	5361.5	6803.5	7003.1	27
甘　肃	Gansu	34.4	41.8	45.2	21	3792.6	5587.5	5769.8	30
青　海	Qinghai	35.7	37.3	40.8	28	6139.0	8151.6	8185.5	17
宁　夏	Ningxia	46.8	39.4	42.4	25	5537.8	7708.9	7410.1	24
新　疆	Xinjiang	53.7	46.0	49.6	14	4894.1	6775.2	7046.8	26

19-27 医院住院病人次均药费和医院住院病人次均检查治疗费
Average Medical Expenses of Inpatients and Expense of Check Treatment of Inpatients

单位：元 (yuan)

地区	Region	医院住院病人次均药费 Average Medical Expenses of Inpatients				医院住院病人次均检查治疗费 Expense of Check Treatment of Inpatients			
		2010	2016	2017	2017排名 Ranking	2010	2016	2017	2017排名 Ranking
全　国	**National Total**	**2834.4**	**2977.5**	**2764.9**		**1691.5**	**740.7**	**791.3**	
北　京	Beijing	5547.7	6455.2	5711.2	1	5551.5	1378.3	1325.0	1
天　津	Tianjin	4835.9	5297.6	4242.9	3	2720.2	800.6	907.9	5
河　北	Hebei	2581.4	3134.3	3132.5	9	1524.9	722.1	810.0	12
山　西	Shanxi	2453.4	2972.8	2654.1	15	1430.4	764.4	826.9	10
内蒙古	Inner Mongolia	2542.3	3222.9	2760.9	12	1605.4	755.9	847.3	9
辽　宁	Liaoning	3276.8	3321.8	2999.3	10	1853.9	884.0	896.0	6
吉　林	Jilin	3126.4	3449.6	3367.9	7	2041.4	723.0	776.1	18
黑龙江	Heilongjiang	3293.3	3939.8	3554.5	5	1350.9	685.7	686.2	23
上　海	Shanghai	4816.9	5520.7	5119.6	2	1489.8	1035.3	1189.3	2
江　苏	Jiangsu	4190.8	3828.4	3692.6	4	2419.0	737.2	804.9	13
浙　江	Zhejiang	4443.8	3545.2	3528.7	6	1209.5	649.0	688.7	22
安　徽	Anhui	2539.9	2236.7	2042.4	28	1510.0	561.6	634.5	27
福　建	Fujian	2939.9	2423.5	2090.1	26	1465.0	866.8	922.3	4
江　西	Jiangxi	2366.6	2852.6	2566.7	18	1333.3	561.8	592.8	31
山　东	Shandong	2797.2	3075.4	2703.7	14	1613.8	729.2	778.9	17
河　南	Henan	2192.9	2644.0	2722.9	13	1400.2	653.9	743.1	19
湖　北	Hubei	2458.8	2803.1	2602.5	16	1888.2	736.0	788.1	15
湖　南	Hunan	2572.6	2437.5	2328.6	22	1353.5	606.3	655.5	25
广　东	Guangdong	2922.3	3210.4	2940.5	11	2397.5	1010.5	1055.3	3
广　西	Guangxi	1947.6	2425.8	2275.7	23	1592.0	747.7	820.5	11
海　南	Hainan	2967.9	3506.1	3133.9	8	1783.5	717.3	737.2	20
重　庆	Chongqing	2853.7	2684.6	2551.2	19	1946.0	750.4	782.9	16
四　川	Sichuan	2181.5	2285.7	2095.6	25	1783.9	744.9	793.7	14
贵　州	Guizhou	1802.0	1767.2	1650.3	31	1385.6	612.5	611.4	29
云　南	Yunnan	2133.3	2079.0	1951.0	29	1361.2	634.5	670.3	24
西　藏	Tibet	1709.3	2672.5	2231.2	24	608.9	597.9	646.3	26
陕　西	Shaanxi	2270.5	2498.9	2331.8	21	1156.0	663.1	705.6	21
甘　肃	Gansu	1615.1	2060.5	1884.1	30	891.4	552.2	610.0	30
青　海	Qinghai	3073.3	3036.7	2597.0	17	1187.7	788.8	854.2	8
宁　夏	Ningxia	2511.8	2799.6	2350.6	20	1221.4	594.8	625.0	28
新　疆	Xinjiang	2081.0	2259.5	2070.4	27	1094.9	831.7	860.6	7

20

文化和体育

Culture and Sports

20-1 公共财政预算支出中文化体育与传媒支出额和比例

Expenditure for Culture, Sport and Media and Percentage of Public Budgetary Expenditure

地区	Region	文化体育与传媒支出额（亿元） Expenditure for Culture, Sport and Media (100 million yuan)				文化体育与传媒支出占公共财政支出比例（%） Percentage (%)			
		2010	2016	2017	2017排名 Ranking	2010	2016	2017	2017排名 Ranking
全　国	**National Total**	**1392.57**	**2915.13**	**3121.01**		**1.88**	**1.82**	**1.80**	
北　京	Beijing	79.36	198.35	208.96	2	2.92	3.10	3.06	1
天　津	Tianjin	24.28	57.16	57.94	25	1.76	1.55	1.76	17
河　北	Hebei	37.09	87.54	103.19	11	1.32	1.45	1.55	21
山　西	Shanxi	31.24	72.64	71.92	19	1.62	2.12	1.91	11
内蒙古	Inner Mongolia	52.96	89.25	116.79	10	2.33	1.98	2.58	3
辽　宁	Liaoning	56.76	84.70	86.44	15	1.78	1.85	1.77	16
吉　林	Jilin	32.93	72.03	70.69	21	1.84	2.01	1.90	13
黑龙江	Heilongjiang	39.50	53.21	53.56	26	1.75	1.26	1.15	30
上　海	Shanghai	54.95	113.34	191.32	4	1.66	1.64	2.53	4
江　苏	Jiangsu	88.67	193.28	194.37	3	1.80	1.94	1.83	15
浙　江	Zhejiang	77.15	158.72	159.66	5	2.40	2.28	2.12	8
安　徽	Anhui	51.68	84.23	80.94	16	2.00	1.53	1.30	27
福　建	Fujian	27.10	81.26	87.34	14	1.60	1.90	1.86	14
江　西	Jiangxi	28.38	70.49	74.65	18	1.48	1.53	1.46	23
山　东	Shandong	74.03	137.47	141.90	8	1.79	1.57	1.53	22
河　南	Henan	54.99	97.33	97.52	12	1.61	1.31	1.19	29
湖　北	Hubei	36.67	96.61	95.26	13	1.47	1.50	1.40	25
湖　南	Hunan	39.66	140.68	148.83	6	1.47	2.22	2.17	7
广　东	Guangdong	166.16	229.71	285.87	1	3.06	1.71	1.90	12
广　西	Guangxi	32.77	71.08	64.36	24	1.63	1.60	1.31	26
海　南	Hainan	11.61	26.90	29.86	30	2.00	1.95	2.07	9
重　庆	Chongqing	24.04	47.98	48.89	27	1.41	1.20	1.13	31
四　川	Sichuan	59.37	145.20	142.46	7	1.39	1.81	1.64	20
贵　州	Guizhou	23.98	67.34	64.73	22	1.47	1.58	1.40	24
云　南	Yunnan	35.53	77.93	71.30	20	1.55	1.55	1.25	28
西　藏	Tibet	12.48	34.85	44.93	28	2.26	2.19	2.67	2
陕　西	Shaanxi	47.86	125.85	121.95	9	2.16	2.87	2.52	5
甘　肃	Gansu	29.78	63.84	64.59	23	2.03	2.03	1.95	10
青　海	Qinghai	11.57	33.32	37.58	29	1.56	2.19	2.46	6
宁　夏	Ningxia	16.09	25.23	22.82	31	2.89	2.01	1.66	19
新　疆	Xinjiang	33.92	77.61	80.40	17	2.00	1.88	1.73	18

20-2 艺术表演团体和表演场馆

Art Performance Troupes and Art Performance Places

单位：个 (unit)

地区	Region	艺术表演团体数 Number of Art Performance Troupes				艺术表演场馆数 Number of Art Performance Places			
		2010	2016	2017	2017排名 Ranking	2010	2016	2017	2017排名 Ranking
全　国	**National Total**	**6864**	**12301**	**15742**		**2112**	**2285**	**2455**	
北　京	Beijing	18	485	451	13	73	69	66	13
天　津	Tianjin	36	84	103	25	37	51	57	17
河　北	Hebei	284	712	735	6	113	112	96	9
山　西	Shanxi	342	546	665	8	103	127	121	4
内蒙古	Inner Mongolia	123	186	206	19	26	31	44	23
辽　宁	Liaoning	239	246	187	21	58	123	121	4
吉　林	Jilin	68	54	68	29	32	50	56	18
黑龙江	Heilongjiang	89	57	71	28	44	48	51	19
上　海	Shanghai	89	205	199	20	96	47	49	20
江　苏	Jiangsu	408	444	628	9	201	223	254	2
浙　江	Zhejiang	471	1245	1410	3	242	326	365	1
安　徽	Anhui	1255	1879	2639	1	60	88	91	11
福　建	Fujian	449	429	426	14	57	58	59	16
江　西	Jiangxi	99	304	425	15	57	57	61	15
山　东	Shandong	119	567	772	5	91	100	100	8
河　南	Henan	371	1006	1671	2	150	150	157	3
湖　北	Hubei	204	308	473	11	68	58	65	14
湖　南	Hunan	201	452	534	10	63	86	92	10
广　东	Guangdong	397	357	390	16	124	75	83	12
广　西	Guangxi	141	100	108	24	24	34	38	24
海　南	Hainan	67	74	77	27	10	16	17	28
重　庆	Chongqing	381	770	1283	4	46	22	24	25
四　川	Sichuan	348	621	697	7	94	88	101	7
贵　州	Guizhou	52	113	137	22	7	12	9	30
云　南	Yunnan	142	221	316	17	36	30	45	21
西　藏	Tibet	37	87	87	26	21	14	15	29
陕　西	Shaanxi	127	281	462	12	97	92	120	6
甘　肃	Gansu	82	227	286	18	27	48	45	21
青　海	Qinghai	32	60	48	30	20	20	19	27
宁　夏	Ningxia	45	34	45	31	15	6	3	31
新　疆	Xinjiang	132	131	127	23	15	17	24	25

20-3 艺术表演团体国内演出场次和观众人次
Number of Domestic Performances and Domestic Audience

地区	Region	艺术表演团体国内演出场次（万场次） Number of Domestic Performances (10 000 shows)				艺术表演团体国内演出观众人次（万人次） Number of Domestic Audience (10 000 person-times)			
		2010	2016	2017	2017排名 Ranking	2010	2016	2017	2017排名 Ranking
全　国	**National Total**	**127.78**	**229.03**	**292.15**		**88456**	**118138**	**124739**	
北　京	Beijing	0.68	2.62	6.02	13	430	877	1101	20
天　津	Tianjin	0.38	0.78	0.90	27	318	398	465	26
河　北	Hebei	4.70	9.01	9.49	8	4948	5419	5501	5
山　西	Shanxi	5.23	9.21	10.16	7	5755	4642	5693	4
内蒙古	Inner Mongolia	1.83	2.44	2.86	19	1623	1241	1602	19
辽　宁	Liaoning	1.61	1.74	1.18	25	811	565	518	25
吉　林	Jilin	0.81	0.55	0.65	29	886	358	426	28
黑龙江	Heilongjiang	0.89	0.59	0.71	28	818	332	333	30
上　海	Shanghai	1.98	2.29	2.61	20	1037	1034	969	23
江　苏	Jiangsu	7.49	8.72	10.36	6	3941	4051	3724	9
浙　江	Zhejiang	10.23	28.84	37.02	3	10573	18040	20973	2
安　徽	Anhui	38.94	45.83	58.17	2	10786	32968	25331	1
福　建	Fujian	9.47	8.56	7.67	10	4100	2286	2661	15
江　西	Jiangxi	1.86	4.70	6.63	11	1585	1625	3134	12
山　东	Shandong	2.00	8.33	10.82	5	2538	4093	4838	6
河　南	Henan	7.60	46.25	64.66	1	8406	11994	15048	3
湖　北	Hubei	3.57	3.78	6.43	12	3892	3052	4151	8
湖　南	Hunan	3.19	5.48	5.98	14	2174	2443	2488	17
广　东	Guangdong	4.15	3.84	4.12	17	5609	2427	2350	18
广　西	Guangxi	1.49	1.15	1.43	24	1508	848	973	22
海　南	Hainan	0.84	0.89	1.07	26	683	811	941	24
重　庆	Chongqing	5.28	8.99	15.15	4	2097	3081	3371	11
四　川	Sichuan	5.06	8.39	7.70	9	3304	2304	2541	16
贵　州	Guizhou	0.47	1.05	1.46	23	568	817	2713	14
云　南	Yunnan	1.54	4.40	5.57	16	1741	3883	2855	13
西　藏	Tibet	0.22	0.55	0.56	30	380	391	428	27
陕　西	Shaanxi	2.05	3.84	5.91	15	3093	3241	4252	7
甘　肃	Gansu	1.60	3.12	2.91	18	2299	2775	3378	10
青　海	Qinghai	0.32	0.66	0.35	31	226	284	245	31
宁　夏	Ningxia	0.47	0.53	1.74	21	598	360	389	29
新　疆	Xinjiang	1.52	1.64	1.61	22	1052	1190	1094	21

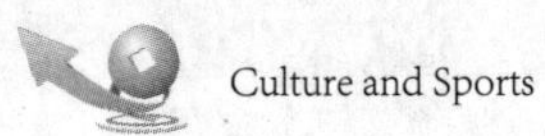

20-4 博物馆和文物藏品
Number of Museums and Collections

地区	Region	博物馆数（个） Number of Museums (unit)				博物馆文物藏品（件/套） Number of Collections (piece/set)			
		2010	2016	2017	2017排名 Ranking	2010	2016	2017	2017排名 Ranking
全 国	**National Total**	**2435**	**4109**	**4721**		**17552482**	**33293561**	**36623080**	
北 京	Beijing	41	41	71	25	1138476	1235102	1940011	5
天 津	Tianjin	18	22	62	27	579740	635938	707276	15
河 北	Hebei	65	111	122	17	232455	427332	369705	24
山 西	Shanxi	89	105	138	13	453355	984459	1206352	10
内蒙古	Inner Mongolia	54	87	93	22	408471	645516	656358	16
辽 宁	Liaoning	61	65	65	26	351402	534003	529269	21
吉 林	Jilin	57	77	107	19	237522	437300	628707	17
黑龙江	Heilongjiang	76	176	183	11	192158	991479	998973	12
上 海	Shanghai	27	99	98	20	327455	2253481	2103805	4
江 苏	Jiangsu	213	317	322	3	1527507	1767257	1830926	6
浙 江	Zhejiang	100	275	308	4	676477	1315047	1403205	8
安 徽	Anhui	120	171	196	9	503247	743837	755266	14
福 建	Fujian	94	98	123	16	382327	496026	606176	18
江 西	Jiangxi	108	138	139	12	425788	402972	418234	23
山 东	Shandong	114	393	485	1	692829	3301398	3567077	3
河 南	Henan	111	270	334	2	725093	935827	966764	13
湖 北	Hubei	120	183	199	8	1211525	1570685	1686427	7
湖 南	Hunan	81	115	120	18	443174	576151	591210	19
广 东	Guangdong	169	177	184	10	844627	953330	1004848	11
广 西	Guangxi	64	125	132	14	279452	265803	254298	26
海 南	Hainan	16	18	19	30	57299	73945	77738	30
重 庆	Chongqing	37	82	94	21	488955	508431	560457	20
四 川	Sichuan	108	239	255	6	885543	4199935	4058627	1
贵 州	Guizhou	59	73	84	24	74826	105956	148955	28
云 南	Yunnan	120	90	125	15	358457	1227996	1296332	9
西 藏	Tibet	2	7	7	31	32605	67961	66050	31
陕 西	Shaanxi	106	274	282	5	767086	2409927	3792154	2
甘 肃	Gansu	102	152	204	7	439654	522853	490705	22
青 海	Qinghai	18	23	23	29	118984	163393	78590	29
宁 夏	Ningxia	6	13	54	28	66209	47855	358000	25
新 疆	Xinjiang	71	90	90	23	119370	192562	210930	27

20-5 博物馆基本陈列展览和参观人次
Dsiplay Exhibition and Spectators of Museums

地区	Region	基本陈列展览（个）Dsiplay Exhibition (unit)			参观人次（万人次）Spectators (10 000 person-times)			
		2016	2017	2017排名 Ranking	2010	2016	2017	2017排名 Ranking
全 国	**National Total**	**23109**	**24611**		**406793**	**85061**	**97172**	
北 京	Beijing	249	415	24	4995	649	1833	21
天 津	Tianjin	180	438	23	4007	1013	1279	24
河 北	Hebei	664	743	13	12460	2724	2991	13
山 西	Shanxi	337	414	25	10815	1460	2468	16
内蒙古	Inner Mongolia	446	463	19	5839	1124	1240	25
辽 宁	Liaoning	426	455	20	10336	1389	1538	23
吉 林	Jilin	352	451	21	5078	943	1128	26
黑龙江	Heilongjiang	889	866	12	7163	2201	2332	18
上 海	Shanghai	1094	617	15	6246	2218	2270	19
江 苏	Jiangsu	1986	1980	3	45568	8512	9108	1
浙 江	Zhejiang	1968	2149	2	19572	5957	6485	4
安 徽	Anhui	867	940	10	12054	2798	3183	11
福 建	Fujian	909	1020	9	16002	2545	2933	14
江 西	Jiangxi	517	560	17	20730	3391	3233	10
山 东	Shandong	2474	2707	1	13844	5836	6764	2
河 南	Henan	1133	1277	5	17942	4964	5543	6
湖 北	Hubei	988	1069	8	19051	2671	3471	9
湖 南	Hunan	424	442	22	21999	4784	5513	7
广 东	Guangdong	1733	1496	4	25825	4727	5112	8
广 西	Guangxi	517	570	16	7441	1773	1828	22
海 南	Hainan	112	91	29	985	104	146	30
重 庆	Chongqing	437	467	18	15509	2528	3096	12
四 川	Sichuan	1161	1165	7	33571	5976	6752	3
贵 州	Guizhou	254	249	27	11771	1654	1851	20
云 南	Yunnan	507	684	14	15291	1912	2342	17
西 藏	Tibet	29	8	31	149	55	10	31
陕 西	Shaanxi	1183	1187	6	14981	5338	5791	5
甘 肃	Gansu	702	935	11	6467	2317	2837	15
青 海	Qinghai	65	73	30	832	247	150	29
宁 夏	Ningxia	97	231	28	740	188	743	27
新 疆	Xinjiang	300	293	26	3664	686	701	28

20-6 公共图书馆和总藏量
Number of Public Libraries and Total Collections

地区	Region	公共图书馆数（个） Number of Public Libraries (unit) 2010	2016	2017	2017排名 Ranking	总藏量（万册件） Total Collections (10 000 copies) 2010	2016	2017	2017排名 Ranking
全　国	**National Total**	**2884**	**3153**	**3166**		**61726**	**90163**	**96953**	
北　京	Beijing	24	24	23	30	1715	2594	2759	13
天　津	Tianjin	31	31	32	27	1258	1806	1662	24
河　北	Hebei	165	172	173	2	1611	2340	2547	14
山　西	Shanxi	126	127	128	9	1208	1727	1751	21
内蒙古	Inner Mongolia	113	117	117	11	940	1704	1787	20
辽　宁	Liaoning	128	130	130	8	2953	3929	3964	6
吉　林	Jilin	65	66	66	24	1380	1862	1973	19
黑龙江	Heilongjiang	107	108	109	17	1644	1926	2158	17
上　海	Shanghai	28	24	24	29	6809	7676	7773	4
江　苏	Jiangsu	111	114	115	13	4370	7602	8598	2
浙　江	Zhejiang	97	102	101	20	3761	6969	7813	3
安　徽	Anhui	88	123	124	10	1236	2162	2537	15
福　建	Fujian	86	90	90	22	1682	3051	3322	9
江　西	Jiangxi	108	113	113	15	1520	2178	2429	16
山　东	Shandong	149	154	154	4	3636	5065	5539	5
河　南	Henan	142	158	158	3	1837	2646	2874	11
湖　北	Hubei	107	112	116	12	2361	3318	3597	8
湖　南	Hunan	124	137	139	7	1961	2833	3050	10
广　东	Guangdong	132	142	143	6	4615	7900	8708	1
广　西	Guangxi	108	114	115	13	1881	2720	2786	12
海　南	Hainan	20	23	23	30	285	458	490	29
重　庆	Chongqing	43	43	43	26	1031	1442	1672	23
四　川	Sichuan	161	203	204	1	2599	3518	3793	7
贵　州	Guizhou	93	98	98	21	812	1258	1386	27
云　南	Yunnan	150	151	151	5	1566	2091	2111	18
西　藏	Tibet	4	81	81	23	53	177	195	31
陕　西	Shaanxi	112	110	110	16	1127	1626	1733	22
甘　肃	Gansu	94	103	103	19	1042	1394	1496	26
青　海	Qinghai	44	49	49	25	358	451	459	30
宁　夏	Ningxia	20	26	26	28	462	687	721	28
新　疆	Xinjiang	103	107	107	18	1113	1418	1502	25

20-7 人均公共图书馆藏量和累计发放借书证数

Collections of Public Libraries Owned Per Person and Accumlative Number of Library Cards Distributed

地区	Region	人均拥有公共图书馆藏量（册） Collections of Public Libraries Owned Per Person (copy)				有效借书证数（万个） Accumlative Number of Library Cards Distributed (10 000 units)			
		2010	2016	2017	2017排名 Ranking	2010	2016	2017	2017排名 Ranking
全　国	**National Total**	**0.46**	**0.65**	**0.70**		**2019.52**	**5592.81**	**6736.00**	
北　京	Beijing	0.87	1.19	1.27	3	92.32	105.28	139.00	16
天　津	Tianjin	0.97	1.16	1.07	4	36.43	80.66	77.00	21
河　北	Hebei	0.22	0.31	0.34	30	56.49	104.73	144.00	13
山　西	Shanxi	0.34	0.47	0.47	23	23.35	109.22	121.00	17
内蒙古	Inner Mongolia	0.38	0.68	0.71	12	14.73	43.04	64.00	22
辽　宁	Liaoning	0.68	0.90	0.91	7	86.24	137.73	140.00	15
吉　林	Jilin	0.50	0.68	0.73	11	17.98	102.93	112.00	18
黑龙江	Heilongjiang	0.43	0.51	0.57	16	76.40	69.61	82.00	20
上　海	Shanghai	2.96	3.17	3.21	1	107.99	204.50	280.00	5
江　苏	Jiangsu	0.56	0.95	1.07	4	206.73	1100.11	1301.00	1
浙　江	Zhejiang	0.69	1.25	1.38	2	177.43	844.74	1041.00	2
安　徽	Anhui	0.21	0.35	0.41	28	24.62	119.59	179.00	9
福　建	Fujian	0.46	0.79	0.85	8	47.18	205.05	235.00	6
江　西	Jiangxi	0.34	0.47	0.53	21	50.62	105.08	156.00	12
山　东	Shandong	0.38	0.51	0.55	19	128.42	359.24	322.00	4
河　南	Henan	0.20	0.28	0.30	31	68.03	117.58	144.00	13
湖　北	Hubei	0.41	0.56	0.61	13	104.16	166.69	187.00	7
湖　南	Hunan	0.30	0.42	0.44	26	81.44	145.91	171.00	10
广　东	Guangdong	0.44	0.72	0.78	9	258.40	620.24	680.00	3
广　西	Guangxi	0.41	0.56	0.57	16	26.24	76.45	104.00	19
海　南	Hainan	0.33	0.50	0.53	21	11.28	16.65	21.00	28
重　庆	Chongqing	0.36	0.47	0.54	20	15.99	72.90	157.00	11
四　川	Sichuan	0.32	0.43	0.46	24	48.24	133.56	181.00	8
贵　州	Guizhou	0.23	0.35	0.39	29	18.95	44.19	63.00	23
云　南	Yunnan	0.34	0.44	0.44	26	31.84	50.40	51.00	24
西　藏	Tibet	0.18	0.53	0.58	15	0.55	3.08	2.00	31
陕　西	Shaanxi	0.30	0.43	0.45	25	30.41	39.44	48.00	25
甘　肃	Gansu	0.41	0.53	0.57	16	20.26	35.98	42.00	26
青　海	Qinghai	0.63	0.76	0.77	10	7.73	14.00	17.00	30
宁　夏	Ningxia	0.73	1.02	1.06	6	12.52	18.36	21.00	28
新　疆	Xinjiang	0.51	0.59	0.61	13	22.99	26.59	38.00	27

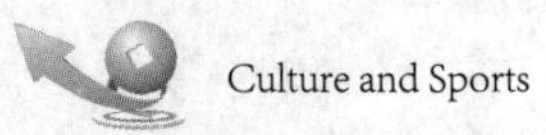

20-8 公共图书馆总流通人次
Total Number of Circulation of Public Libraries

单位：万人次 (10 000 person-times)

地区	Region	总流通人次 Total Number of Circulation				其中：书刊文献外借人次 Borrowing from Libraries			
		2010	2016	2017	2017排名 Ranking	2010	2016	2017	2017排名 Ranking
全 国	**National Total**	**32823**	**66037**	**74450**		**13934**	**24892**	**25503**	
北 京	Beijing	775	1402	1555	16	360	511	391	21
天 津	Tianjin	606	851	1403	18	254	311	421	20
河 北	Hebei	736	1622	2308	13	360	585	740	13
山 西	Shanxi	374	981	1190	21	190	361	382	22
内蒙古	Inner Mongolia	312	743	1003	23	196	296	381	23
辽 宁	Liaoning	1457	2313	2580	9	601	718	879	11
吉 林	Jilin	503	806	867	24	213	357	434	19
黑龙江	Heilongjiang	622	986	1072	22	242	310	379	25
上 海	Shanghai	1853	4170	2993	5	579	1982	671	14
江 苏	Jiangsu	3006	6489	7975	3	1596	2888	2970	1
浙 江	Zhejiang	3454	9788	10847	1	1376	2706	2862	2
安 徽	Anhui	760	1994	2376	11	383	938	1070	9
福 建	Fujian	1193	2604	2970	6	583	1220	1166	7
江 西	Jiangxi	639	1375	1722	15	360	739	873	12
山 东	Shandong	1717	3644	3972	4	915	1713	1758	4
河 南	Henan	1026	2539	2951	7	519	1228	1400	5
湖 北	Hubei	1516	2082	2388	10	938	1028	1182	6
湖 南	Hunan	1028	1955	2177	14	506	833	899	10
广 东	Guangdong	4540	8335	9147	2	1166	1954	2111	3
广 西	Guangxi	1343	2067	2344	12	356	527	587	15
海 南	Hainan	172	377	524	28	69	78	82	29
重 庆	Chongqing	621	1309	1524	17	340	471	546	16
四 川	Sichuan	1168	2358	2601	8	544	995	1088	8
贵 州	Guizhou	369	604	784	25	143	314	357	26
云 南	Yunnan	907	1381	1261	20	403	534	520	17
西 藏	Tibet	3	25	25	31	1	5	4	31
陕 西	Shaanxi	519	1156	1357	19	196	411	454	18
甘 肃	Gansu	468	724	775	26	220	353	380	24
青 海	Qinghai	89	111	159	30	20	68	70	30
宁 夏	Ningxia	163	319	465	29	53	160	196	28
新 疆	Xinjiang	350	529	552	27	171	260	211	27

20-9 公共图书馆书刊文献外借册次和阅览室坐席数

Number of Books and Periodicals Lent to Readers and Seats of Reading Rooms in Public Libraries

地区	Region	书刊文献外借册次（万册次）Number of Books and Periodicals Lent to Readers (10 000 copies-times)				阅览室坐席数（个）Seats of Reading Rooms (unit)			
		2010	2016	2017	2017排名 Ranking	2010	2016	2017	2017排名 Ranking
全　国	**National Total**	**26392**	**54725**	**55091**		**630683**	**985968**	**1064163**	
北　京	Beijing	804	1026	1047	18	12852	17316	17637	26
天　津	Tianjin	572	876	1058	17	9072	14805	17242	27
河　北	Hebei	493	1054	1416	14	21858	38424	40683	8
山　西	Shanxi	282	650	810	20	15983	31719	33917	14
内蒙古	Inner Mongolia	312	705	780	23	16537	28315	31973	16
辽　宁	Liaoning	1456	1795	1900	9	30220	37772	38011	11
吉　林	Jilin	412	737	766	24	13820	20836	21430	25
黑龙江	Heilongjiang	479	647	794	22	18013	23447	28168	18
上　海	Shanghai	1461	8624	2792	6	19427	22217	22684	23
江　苏	Jiangsu	2542	5088	5586	3	38912	54037	65425	3
浙　江	Zhejiang	2924	6520	6982	1	35068	64909	68536	2
安　徽	Anhui	683	1682	1899	10	15778	35580	39852	9
福　建	Fujian	1097	2659	3351	4	25136	32602	37364	12
江　西	Jiangxi	562	1302	1561	13	22042	34806	36248	13
山　东	Shandong	1514	2810	3031	5	37061	61482	62878	4
河　南	Henan	915	1862	2097	8	23595	49112	50101	6
湖　北	Hubei	1846	1882	2136	7	26814	43357	44751	7
湖　南	Hunan	1059	1701	1849	11	30031	35727	38091	10
广　东	Guangdong	2267	5219	6851	2	59148	93915	95355	1
广　西	Guangxi	733	1142	1183	16	24665	29414	32677	15
海　南	Hainan	86	247	243	29	4173	5570	6039	29
重　庆	Chongqing	706	1026	1223	15	13568	24575	27622	19
四　川	Sichuan	924	1751	1845	12	26281	49983	55179	5
贵　州	Guizhou	222	493	551	26	12220	21266	24559	21
云　南	Yunnan	702	973	958	19	21034	27489	30971	17
西　藏	Tibet	4	8	8	31	295	3011	2939	31
陕　西	Shaanxi	305	707	795	21	14355	21703	23741	22
甘　肃	Gansu	345	619	662	25	13352	20158	21726	24
青　海	Qinghai	42	81	103	30	3108	4171	4352	30
宁　夏	Ningxia	182	295	363	28	5201	8707	11963	28
新　疆	Xinjiang	317	486	381	27	14187	24240	26622	20

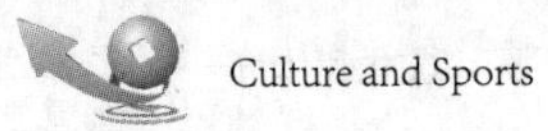

20-10 公共广播节目套数和播出时间

Number of Public Radio Programs and Length of Public Radio Programs Broadcasted

地区	Region	公共广播节目套数（套） Number of Public Radio Programs (set)				公共广播节目播出时间（小时） Length of Public Radio Programs Broadcasted (hour)			
		2010	2016	2017	2017排名 Ranking	2010	2016	2017	2017排名 Ranking
全　国	**National Total**	**2549**	**2741**	**2825**		**12660314**	**14565058**	**14918863**	
北　京	Beijing	18	26	26	26	118558	180641	181162	24
天　津	Tianjin	22	22	22	30	133283	139069	135211	28
河　北	Hebei	125	134	153	4	584136	659308	761107	6
山　西	Shanxi	104	111	119	9	371296	415773	474972	16
内蒙古	Inner Mongolia	126	126	126	7	635987	665279	662209	10
辽　宁	Liaoning	118	110	111	11	715680	687995	707673	8
吉　林	Jilin	65	73	80	20	407529	500719	547713	12
黑龙江	Heilongjiang	94	111	107	15	419096	536502	573841	11
上　海	Shanghai	21	22	22	30	131433	145165	148700	27
江　苏	Jiangsu	126	123	122	8	775021	786199	785857	3
浙　江	Zhejiang	107	113	112	10	709854	778581	770768	5
安　徽	Anhui	106	104	104	16	503775	525688	521135	13
福　建	Fujian	88	91	91	18	505775	523401	520658	14
江　西	Jiangxi	103	108	108	14	345482	410494	387150	20
山　东	Shandong	155	161	162	2	839382	957117	944681	1
河　南	Henan	150	154	157	3	626072	679019	682542	9
湖　北	Hubei	85	88	90	19	447360	481302	499005	15
湖　南	Hunan	97	106	111	11	334883	425097	448120	18
广　东	Guangdong	127	132	131	6	764902	815619	783086	4
广　西	Guangxi	62	74	75	21	276734	401239	421299	19
海　南	Hainan	24	25	25	29	107875	131169	131169	29
重　庆	Chongqing	26	34	35	24	108812	179331	177197	25
四　川	Sichuan	119	141	146	5	527030	689517	724041	7
贵　州	Guizhou	27	46	46	23	157799	248677	248173	23
云　南	Yunnan	48	54	64	22	271724	331167	369123	22
西　藏	Tibet	7	11	28	25	38743	63403	149652	26
陕　西	Shaanxi	101	109	111	11	405855	471541	462547	17
甘　肃	Gansu	86	96	97	17	271809	357488	379240	21
青　海	Qinghai	9	15	26	26	56103	95021	124107	30
宁　夏	Ningxia	24	25	26	26	101625	116429	114477	31
新　疆	Xinjiang	155	173	169	1	730236	896529	891663	2

20-11 制作广播节目时间和电视节目时间
Length of Radio Programs Produced and Length of TV Programs Produced

单位：小时 (hour)

地区	Region	全年制作广播节目时间 Length of Radio Programs Produced				全年制作电视节目时间 Length of TV Programs Produced			
		2010	2016	2017	2017排名 Ranking	2010	2016	2017	2017排名 Ranking
全　国	**National Total**	**6814226**	**7820296**	**7888254**		**2742949**	**3507217**	**3651775**	
北　京	Beijing	143678	222588	178834	20	84255	151490	180498	6
天　津	Tianjin	76124	78416	87251	25	21818	33430	25360	28
河　北	Hebei	310045	357847	387834	6	131228	187711	200025	3
山　西	Shanxi	153874	194532	210425	18	94932	85337	105139	15
内蒙古	Inner Mongolia	227323	250845	277843	11	64697	81357	75640	22
辽　宁	Liaoning	457602	387654	402316	5	188895	180180	169720	7
吉　林	Jilin	227369	260333	291894	10	76906	105993	119328	14
黑龙江	Heilongjiang	170420	239479	255972	13	81482	115121	90490	18
上　海	Shanghai	85262	76685	82366	27	49507	63521	54741	25
江　苏	Jiangsu	569636	608780	577971	2	226743	195036	195865	4
浙　江	Zhejiang	445425	530481	532968	4	143104	155000	187636	5
安　徽	Anhui	228141	162808	177955	21	82427	72526	76538	21
福　建	Fujian	250854	258355	263745	12	55424	68977	78354	20
江　西	Jiangxi	179194	181708	170606	22	67067	93470	101137	16
山　东	Shandong	476527	560249	560148	3	157852	233075	257817	1
河　南	Henan	289526	319152	314472	7	140552	139133	135880	10
湖　北	Hubei	235413	267089	239915	14	94909	109885	99971	17
湖　南	Hunan	158755	208344	222326	17	127606	132719	126221	13
广　东	Guangdong	539670	620864	595865	1	126595	317897	252813	2
广　西	Guangxi	176577	232672	237853	15	80594	82565	83848	19
海　南	Hainan	51869	56554	75476	28	9723	26758	21651	29
重　庆	Chongqing	58279	81990	83094	26	54125	64337	62184	24
四　川	Sichuan	180246	266830	301092	8	109491	143343	163676	8
贵　州	Guizhou	65312	142667	145679	23	43501	38070	38689	26
云　南	Yunnan	164695	165526	178876	19	95029	87003	140473	9
西　藏	Tibet	28060	36601	42017	31	5623	15694	18015	30
陕　西	Shaanxi	197299	241550	233482	16	83275	127760	127554	12
甘　肃	Gansu	107782	142746	139033	24	58860	75297	74490	23
青　海	Qinghai	38636	46387	45067	30	19093	18206	13238	31
宁　夏	Ningxia	41011	61430	57449	29	28362	26604	28961	27
新　疆	Xinjiang	260510	318242	297993	9	76467	96554	134269	11

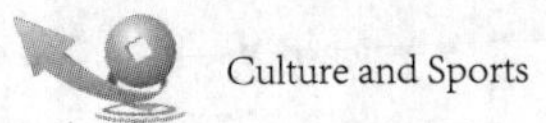

20-12 公共电视节目套数和节目播出时间

Number of Public TV Programs and Length of TV Programs Broadcasted

地区	Region	公共电视节目套数（套） Number of Public TV Programs (set)				公共电视节目播出时间（万小时） Length of Public TV Programs Broadcasted (10 000 hours)			
		2010	2016	2017	2017排名 Ranking	2010	2016	2017	2017排名 Ranking
全　国	**National Total**	**3272**	**3360**	**3493**		**1635.5**	**1792.4**	**1881.0**	
北　京	Beijing	25	26	26	28	10.8	13.2	13.2	29
天　津	Tianjin	28	24	23	30	15.2	18.0	17.3	27
河　北	Hebei	177	178	180	4	74.2	81.1	84.9	6
山　西	Shanxi	113	117	149	8	46.9	48.9	59.1	18
内蒙古	Inner Mongolia	125	119	118	14	63.2	63.4	62.4	15
辽　宁	Liaoning	118	118	122	11	70.4	74.4	78.1	8
吉　林	Jilin	75	76	74	23	48.8	53.0	51.6	20
黑龙江	Heilongjiang	124	121	105	20	66.1	63.4	58.7	19
上　海	Shanghai	25	25	25	29	17.5	17.9	17.8	26
江　苏	Jiangsu	130	122	124	10	81.1	77.5	76.2	9
浙　江	Zhejiang	113	115	112	17	71.2	75.6	74.1	11
安　徽	Anhui	118	107	109	19	64.1	59.6	63.3	14
福　建	Fujian	101	103	101	22	33.4	36.9	39.5	22
江　西	Jiangxi	113	117	121	13	65.1	67.1	66.1	13
山　东	Shandong	169	224	251	1	95.3	115.5	133.8	1
河　南	Henan	166	167	174	6	86.9	91.1	95.9	4
湖　北	Hubei	114	112	117	15	65.6	67.4	71.6	12
湖　南	Hunan	139	137	137	9	71.4	76.1	75.7	10
广　东	Guangdong	159	142	154	7	66.3	74.0	80.4	7
广　西	Guangxi	116	116	116	16	48.1	59.6	59.6	17
海　南	Hainan	14	16	16	31	8.0	9.5	10.0	30
重　庆	Chongqing	45	46	46	24	25.1	29.7	30.4	23
四　川	Sichuan	205	211	213	3	99.3	114.0	115.8	2
贵　州	Guizhou	101	103	103	21	24.7			
云　南	Yunnan	158	173	175	5	74.4	83.4	88.3	5
西　藏	Tibet	10	14	44	26	4.7	8.3	21.9	25
陕　西	Shaanxi	123	123	122	11	57.8	60.5	61.9	16
甘　肃	Gansu	104	111	111	18	41.5	50.0	51.4	21
青　海	Qinghai	13	17	46	24	7.0	10.1	22.3	24
宁　夏	Ningxia	28	28	29	27	15.3	16.6	16.6	28
新　疆	Xinjiang	196	221	220	2	93.7	111.1	115.4	3

20-13 电视剧播出部数和播出集数
Number of TV Plays Broadcasted

地区	Region	电视剧播出数（部） Number of TV Plays Broadcasted (set)				电视剧播出集数（集） Number of Plays Broadcasted (serie)			
		2010	2016	2017	2017排名 Ranking	2010	2016	2017	2017排名 Ranking
全　国	**National Total**	**249164**	**227183**	**231379**		**6358559**	**6886441**	**6987376**	
北　京	Beijing	812	447	407	30	24076	17810	17603	31
天　津	Tianjin	2200	2612	3307	23	45231	52440	63514	25
河　北	Hebei	13834	13289	12238	7	397004	406529	384686	5
山　西	Shanxi	5458	6192	8372	13	146971	176533	191321	20
内蒙古	Inner Mongolia	13024	10144	9171	9	302297	278661	266624	11
辽　宁	Liaoning	9811	8760	8911	11	267134	268115	289754	9
吉　林	Jilin	7611	6264	6103	20	216969	202364	196048	19
黑龙江	Heilongjiang	4303	3872	4963	22	112131	121301	176304	21
上　海	Shanghai	1420	953	864	29	44811	38034	41228	28
江　苏	Jiangsu	11228	8860	7110	16	296686	251989	236404	14
浙　江	Zhejiang	9614	8796	8481	12	268657	289241	271043	10
安　徽	Anhui	10872	8061	7697	14	285537	251007	256122	13
福　建	Fujian	3600	3025	3044	25	105903	106744	108329	24
江　西	Jiangxi	9318	8933	9266	8	247239	267667	265626	12
山　东	Shandong	12536	13383	14140	3	361233	448089	479191	3
河　南	Henan	13670	14322	12956	5	342965	435523	404422	4
湖　北	Hubei	14147	12393	13149	4	356410	351322	365849	6
湖　南	Hunan	10136	11065	12615	6	264516	300278	302109	7
广　东	Guangdong	7413	5257	6827	18	204161	215309	231526	15
广　西	Guangxi	6367	6096	6166	19	168408	205183	220377	17
海　南	Hainan	647	679	916	28	20852	28580	34035	29
重　庆	Chongqing	3792	3739	3106	24	96239	112525	108870	23
四　川	Sichuan	19094	17671	18189	2	496762	458717	485623	2
贵　州	Guizhou	3003	2658	5196	21	72443	71399	141530	22
云　南	Yunnan	9812	10885	9138	10	251246	302079	299369	8
西　藏	Tibet	495	602	385	31	11245	25436	24818	30
陕　西	Shaanxi	7550	8686	7599	15	176025	251260	228295	16
甘　肃	Gansu	6293	7257	7068	17	172196	227070	215932	18
青　海	Qinghai	1033	1102	1739	27	33297	37599	57688	27
宁　夏	Ningxia	1773	2120	2206	26	43103	61951	63506	26
新　疆	Xinjiang	26705	17964	19277	1	483959	561425	508760	1

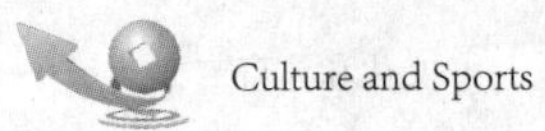

20-14 动画电视播出时间和有线广播电视传输干线网络总长

Number of Cartoons Broadcasted and Total Length of Transportantion Trunk for Cable Radios

地区	Region	动画电视播出时间（小时） Number of Cartoons Broadcasted (hour)				有线广播电视传输干线网络总长（万公里） Total Length of Transportantion Trunk for Cable Radios (10 000 km)			
		2011	2016	2017	2017排名 Ranking	2010	2016	2017	2017排名 Ranking
全　国	**National Total**	**280254.62**	**328864.32**	**362825.00**		**356.34**	**477.61**	**214.50**	
北　京	Beijing	3105.00	7320.00	7319.00	20	14.89	23.80	20.10	2
天　津	Tianjin	3803.73	3588.90	5223.00	26	0.65	0.68	0.40	30
河　北	Hebei	7761.83	5510.33	6234.00	23	13.44	20.43	11.00	6
山　西	Shanxi	6156.42	9235.70	10707.00	14	9.33	10.79	6.00	10
内蒙古	Inner Mongolia	7664.93	7405.17	7480.00	19	4.54	3.56	3.50	20
辽　宁	Liaoning	6657.33	5782.17	8209.00	17	11.47	13.54	5.90	11
吉　林	Jilin	1239.67	672.17	1715.00	31	8.51	9.85	1.00	27
黑龙江	Heilongjiang	3018.88	4820.95	4844.00	28	16.15	6.44	4.60	16
上　海	Shanghai	12849.83	15321.40	16613.00	7	3.62	4.71	4.80	15
江　苏	Jiangsu	14080.15	13763.43	13313.00	11	45.76	40.28	4.40	18
浙　江	Zhejiang	20203.08	19390.83	20055.00	5	21.45	29.59	7.30	9
安　徽	Anhui	9334.70	6470.13	5678.00	24	4.29	6.21	3.30	21
福　建	Fujian	7399.33	10628.83	11645.00	13	14.41	14.69	5.20	13
江　西	Jiangxi	14956.75	16846.50	15963.00	9	7.61	15.85	9.00	8
山　东	Shandong	11471.70	15633.88	20800.00	4	29.63	39.14	41.20	1
河　南	Henan	6753.33	8736.03	7801.00	18	13.98	21.73	5.20	13
湖　北	Hubei	7381.28	9735.47	13880.00	10	20.91	27.74	11.90	5
湖　南	Hunan	21434.67	26406.65	25436.00	2	10.05	13.81	10.90	7
广　东	Guangdong	21279.32	32525.40	29743.00	1	21.31	26.70	17.20	3
广　西	Guangxi	7863.43	11361.33	10477.00	15	4.03	16.68	1.10	26
海　南	Hainan	2575.22	3514.18	5291.00	25	0.75	1.31	1.30	25
重　庆	Chongqing	7874.72	7742.75	9945.00	16	14.38	17.56	5.30	12
四　川	Sichuan	17890.93	17392.98	19716.00	6	33.16	58.57	2.80	22
贵　州	Guizhou	2733.25	2826.67	6394.00	22	3.29	21.27	12.50	4
云　南	Yunnan	10162.33	11024.17	16161.00	8	7.52	12.51	2.70	23
西　藏	Tibet	514.00	1265.70	4246.00	29	0.32	0.45	0.50	29
陕　西	Shaanxi	7503.73	6052.58	6598.00	21	6.32	3.88	4.50	17
甘　肃	Gansu	9121.13	9893.78	12685.00	12	4.35	8.12	1.70	24
青　海	Qinghai	1334.33	2100.37	3199.00	30	0.35	0.66	0.70	28
宁　夏	Ningxia	4857.00	5268.25	5124.00	27	1.29	1.31	0.40	30
新　疆	Xinjiang	16899.22	23688.45	23455.00	3	2.85	5.80	4.20	19

20-15 有线广播电视用户数和电视入户率

Users of Cable Radios and TVs, Popularization Rate of Cable TV Programs

地区	Region	有线广播电视用户数（万户） Users of Cable Radios and TVs (10 000 households)				有线广播电视入户率（%） Popularization Rate of Cable TV Programs (%)			
		2010	2016	2017	2017排名 Ranking	2010	2016	2017	2017排名 Ranking
全　国	**National Total**	**18872.18**	**22829.53**	**21445.60**		**46.40**	**52.75**	**48.32**	
北　京	Beijing	448.12	580.42	586.80	17	91.68	109.66	109.04	1
天　津	Tianjin	262.19	358.45	358.40	23	77.98	96.73	96.70	2
河　北	Hebei	670.38	857.22	851.00	9	31.13	36.23	35.68	20
山　西	Shanxi	424.03	455.96	443.10	21	37.86	35.14	33.92	21
内蒙古	Inner Mongolia	313.93	339.15	273.00	25	41.23	40.59	32.58	22
辽　宁	Liaoning	752.58	842.14	800.10	11	51.08	55.69	52.43	11
吉　林	Jilin	452.41	526.41	466.50	20	48.77	52.13	45.82	15
黑龙江	Heilongjiang	521.30	651.39	606.10	16	42.89	48.42	41.63	18
上　海	Shanghai	573.02	522.97	519.30	19	112.36	97.43	95.95	3
江　苏	Jiangsu	1885.88	2068.64	1605.80	3	78.48	84.80	65.44	7
浙　江	Zhejiang	1183.65	1526.08	1419.60	4	74.13	92.92	85.88	4
安　徽	Anhui	461.10	878.09	837.40	10	22.60	41.19	39.09	19
福　建	Fujian	613.16	738.89	727.00	12	61.39	69.25	67.18	6
江　西	Jiangxi	439.47	662.66	638.20	15	34.00	52.31	49.82	14
山　东	Shandong	1650.88	1848.07	1765.70	2	57.28	61.49	55.86	9
河　南	Henan	725.14	1056.49	1011.60	8	24.28	32.61	30.74	24
湖　北	Hubei	894.07	1060.75	1082.90	7	45.29	51.45	52.26	12
湖　南	Hunan	641.46	1267.29	1181.90	5	30.17	61.59	56.91	8
广　东	Guangdong	1701.53	2017.08	1798.10	1	71.18	89.44	72.68	5
广　西	Guangxi	467.91	690.42	678.70	14	31.22	43.82	42.80	17
海　南	Hainan	79.75	115.15	131.70	28	34.16	43.71	50.14	13
重　庆	Chongqing	492.12	415.33	351.50	24	44.31	33.11	27.88	28
四　川	Sichuan	1299.70	1132.53	1088.40	6	45.19	35.48	30.31	26
贵　州	Guizhou	335.23	457.00	576.40	18	29.97	35.01	43.26	16
云　南	Yunnan	495.99	405.36	408.00	22	40.18	27.23	27.92	27
西　藏	Tibet	17.54	24.71	23.60	31	25.85	32.64	30.54	25
陕　西	Shaanxi	507.43	720.36	693.60	13	43.23	56.81	54.12	10
甘　肃	Gansu	206.89	206.14	201.00	27	27.37	24.70	23.83	31
青　海	Qinghai	39.76	54.73	44.90	30	27.16	30.67	25.09	30
宁　夏	Ningxia	70.57	104.71	68.00	29	37.23	49.75	32.11	23
新　疆	Xinjiang	192.45	244.90	207.40	26	32.76	29.99	26.92	29

20-16 农村和数字电视有线广播电视用户数
Rural and Digital TV Users of Cable Radios and TVs

单位：万户 (10 000 households)

地区	Region	农村 Rural			数字电视 Digital TV		
		2016	2017	2017排名 Ranking	2016	2017	2017排名 Ranking
全　国	**National Total**	**8093**	**7504**		**20157**	**19404**	
北　京	Beijing	85	88	22	529	547	17
天　津	Tianjin	33	58	23	335	342	23
河　北	Hebei	272	161	16	756	628	12
山　西	Shanxi	133	107	20	359	347	22
内蒙古	Inner Mongolia	38	44	24	301	238	25
				31			
辽　宁	Liaoning	222	207	13	748	725	10
吉　林	Jilin	190	150	17	493	449	20
黑龙江	Heilongjiang	153	112	19	643	555	15
上　海	Shanghai	40	42	26	492	485	19
江　苏	Jiangsu	958	832	2	1754	1479	3
浙　江	Zhejiang	974	919	1	1507	1402	4
安　徽	Anhui	411	353	10	585	551	16
福　建	Fujian	429	440	6	715	727	9
江　西	Jiangxi	491	457	4	586	582	13
山　东	Shandong	771	686	3	1763	1695	1
河　南	Henan	400	333	11	777	804	8
湖　北	Hubei	507	444	5	1003	1061	5
湖　南	Hunan	413	373	8	1090	1038	6
广　东	Guangdong	185	391	7	1756	1692	2
广　西	Guangxi	314	183	14	510	533	18
海　南	Hainan	32	43	25	106	124	28
重　庆	Chongqing	86	100	21	357	316	24
四　川	Sichuan	395	363	9	1005	1006	7
贵　州	Guizhou	136	248	12	453	576	14
云　南	Yunnan	121	140	18	393	361	21
西　藏	Tibet	3	0	31	18	20	31
陕　西	Shaanxi	210	168	15	598	690	11
甘　肃	Gansu	37	28	28	171	159	27
青　海	Qinghai	1	3	29	54	44	30
宁　夏	Ningxia		1	30	105	62	29
新　疆	Xinjiang	54	30	27	193	167	26

20-17 全年电视节目制作投资额和国内销售额
Investment on Production and Domestic Sales of TV Programs

单位：万元 (10 000 yuan)

地区	Region	全年电视节目制作投资额 Investment on Production of TV Programs			全年电视节目国内销售额 Domestic Sales of TV Programs		
		2016	2017	2017排名 Ranking	2016	2017	2017排名 Ranking
全　国	**National Total**	**3169421**	**4264588**		**2431501**	**3603686**	
北　京	Beijing	864901	790679	1	710168	602333	3
天　津	Tianjin	12055	14486	20	1271	2826	20
河　北	Hebei	25387	23297	15	9322	2220	21
山　西	Shanxi	1361	2155	27	3913	8567	13
内蒙古	Inner Mongolia		1000	29			
辽　宁	Liaoning	1765	5847	23	2121	487	23
吉　林	Jilin	6840	9741	22	400	487	23
黑龙江	Heilongjiang	1693	1010	28	8		
上　海	Shanghai	236428	180692	5	295954	254982	4
江　苏	Jiangsu	120495	219857	4	117932	179030	6
浙　江	Zhejiang	481238	657010	3	664815	891283	2
安　徽	Anhui	27426	25359	13	30936	7592	14
福　建	Fujian	19176	24979	14	20830	47127	8
江　西	Jiangxi	2885	3536	25	5120	3330	19
山　东	Shandong	62518	82932	8	34934	27386	9
河　南	Henan	23539	20301	16	20	21	26
湖　北	Hubei	42766	25656	12	22200	20745	11
湖　南	Hunan	64484	46045	10	63484	26335	10
广　东	Guangdong	125961	125435	6	102508	247306	5
广　西	Guangxi	12151	14926	18	1598	1223	22
海　南	Hainan	11700	4230	24		4421	17
重　庆	Chongqing	12041	52105	9	13859	7413	15
四　川	Sichuan	25414	43811	11	13336	10953	12
贵　州	Guizhou	1000	11087	21		124	25
云　南	Yunnan	10618	17778	17	4985	5318	16
西　藏	Tibet	755	2636	26			
陕　西	Shaanxi	89774	97434	7	117576	85486	7
甘　肃	Gansu	5999	14530	19	4411	3742	18
青　海	Qinghai	61	8	31			
宁　夏	Ningxia	564	94	30	541	11	27
新　疆	Xinjiang	93	771333	2		917967	1

20-18 电视剧制作投资额和国内销售额

Investment on Production and Domestic Sales of TV Plays

单位：万元 (10 000 yuan)

地区	Region	电视剧制作投资额 Investment on Production of TV Plays			电视剧国内销售额 Domestic Sales of TV Plays		
		2016	2017	2017排名 Ranking	2016	2017	2017排名 Ranking
全　国	**National Total**	**1285293**	**2422570**		**1479586**	**2654072**	
北　京	Beijing	490016	565043	3	395071	419774	3
天　津	Tianjin	5383	1804	20	1130		
河　北	Hebei	15284	18537	9	3819	856	17
山　西	Shanxi		226	24		7346	10
内蒙古	Inner Mongolia		1000	22			
辽　宁	Liaoning	500	4491	17	624	467	20
吉　林	Jilin		1533	21	400	300	21
黑龙江	Heilongjiang						
上　海	Shanghai	182861	159467	5	237082	226316	4
江　苏	Jiangsu	118121	187392	4	116927	144988	5
浙　江	Zhejiang	290022	604674	2	501015	823095	1
安　徽	Anhui	4036	4306	18	7247	962	16
福　建	Fujian	7405	14429	12	2598	21929	8
江　西	Jiangxi	356	976	23	222	280	22
山　东	Shandong	20139	14523	11	33162	24221	7
河　南	Henan						
湖　北	Hubei	9609	8500	15	14640	2657	14
湖　南	Hunan	136	100	25	2007		
广　东	Guangdong	43700	45760	7	30706	21350	9
广　西	Guangxi	8585	13556	13	258	543	19
海　南	Hainan		4000	19		4421	13
重　庆	Chongqing	2440	11917	14	2845	1997	15
四　川	Sichuan	18240	34551	8	9623	5512	11
贵　州	Guizhou	700				124	23
云　南	Yunnan	240	15999	10		5221	12
西　藏	Tibet						
陕　西	Shaanxi	50940	68265	6	62519	74233	6
甘　肃	Gansu	283	8258	16	298	836	18
青　海	Qinghai						
宁　夏	Ningxia		8	26	54	11	24
新　疆	Xinjiang	93	632313	1		811263	2

20-19 动画电视制作投资额和国内销售额
Investment on Production and Domestic Sales of Animations

单位：万元 (10 000 yuan)

地区	Region	动画电视制作投资额 Investment on Production of Animations			动画电视国内销售额 Domestic Sales of Animations		
		2016	2017	2017排名 Ranking	2016	2017	2017排名 Ranking
全 国	**National Total**	**119386**	**144343**		**116950**	**137677**	
北 京	Beijing	28483	23542	2	8674	10002	4
天 津	Tianjin						
河 北	Hebei	3282	3049	10	608	408	16
山 西	Shanxi		743	17	16	661	14
内蒙古	Inner Mongolia						
辽 宁	Liaoning	1075	663	19	82	20	20
吉 林	Jilin						
黑龙江	Heilongjiang						
上 海	Shanghai	3705	8611	5	2618	7108	6
江 苏	Jiangsu	1654	14884	4	723	8337	5
浙 江	Zhejiang	21347	20548	3	14965	5880	7
安 徽	Anhui	3010	3594	9	7218	1067	13
福 建	Fujian	3886	4615	7	4618	10234	2
江 西	Jiangxi	2528	2000	12	4894	3050	9
山 东	Shandong	147	53	22	748	310	17
河 南	Henan						
湖 北	Hubei	3930	4327	8	5391	10013	3
湖 南	Hunan	10094	5770	6	2668	5469	8
广 东	Guangdong	14449	28069	1	38779	49895	1
广 西	Guangxi	2295	516	20	798	493	15
海 南	Hainan		230	21			
重 庆	Chongqing	7215	1624	14	6475	1484	10
四 川	Sichuan	967	2708	11	882	1110	12
贵 州	Guizhou						
云 南	Yunnan						
西 藏	Tibet	600	715	18			
陕 西	Shaanxi		1920	13		1463	11
甘 肃	Gansu	418	1047	16	367	106	18
青 海	Qinghai	8					
宁 夏	Ningxia	384			123		
新 疆	Xinjiang		1194	15		68	19

20-20 全国广播电视从业人员和收入情况
Persons Engaged and Revenue of Radio and TV Industry

地区	Region	从业人员(人) Number of Engaged Persons (person) 2016	2017	2017排名 Ranking	总收入(万元) Total Revenue (10 000 yuan) 2016	2017	2017排名 Ranking
全　国	**National Total**	**919283**	**976856**		**43224005**	**48417556**	
北　京	Beijing	67953	82869	1	6914415	9957794	1
天　津	Tianjin	8026	9229	27	259935	369064	23
河　北	Hebei	42959	43592	9	626895	603170	15
山　西	Shanxi	20992	24914	16	330005	343063	25
内蒙古	Inner Mongolia	18982	17760	23	208178	242589	26
辽　宁	Liaoning	27725	27643	14	559571	490232	20
吉　林	Jilin	19490	20900	18	341959	353609	24
黑龙江	Heilongjiang	20935	29160	12	529941	492992	19
上　海	Shanghai	29657	26212	15	5368738	4495475	3
江　苏	Jiangsu	53531	59119	4	2733847	3147120	4
浙　江	Zhejiang	52014	60932	3	4352314	4735122	2
安　徽	Anhui	22998	29277	11	750193	745586	13
福　建	Fujian	26966	28452	13	743296	937235	10
江　西	Jiangxi	19647	18546	21	567896	536617	16
山　东	Shandong	59390	54945	5	1429060	1365033	8
河　南	Henan	50544	50589	6	532354	524697	17
湖　北	Hubei	39999	35522	10	912594	821216	12
湖　南	Hunan	45219	44625	8	2658132	2359203	7
广　东	Guangdong	52320	62930	2	2465378	2614218	6
广　西	Guangxi	17690	17043	24	444196	451466	21
海　南	Hainan	5049	6474	28	112021	134615	28
重　庆	Chongqing	12408	14344	26	472815	498237	18
四　川	Sichuan	48584	48488	7	1367903	1230710	9
贵　州	Guizhou	17524	18416	22	820961	871610	11
云　南	Yunnan	19165	19700	20	337379	447489	22
西　藏	Tibet	4604	4592	30	14732	11983	31
陕　西	Shaanxi	20049	20779	19	648452	634979	14
甘　肃	Gansu	16049	15715	25	164874	153642	27
青　海	Qinghai	4148	4214	31	40329	39084	30
宁　夏	Ningxia	5241	4976	29	90530	77577	29
新　疆	Xinjiang	15779	22456	17	172041	2861846	5

20-21 分地区广告收入和广播电视收入情况
Revenue of Advertising and Radio Advertising Revenue by Region

单位：万元 (10 000 yuan)

地区	Region	广告收入 Revenue of Advertising 2016	2017	2017排名 Ranking	广播广告收入 Radio Advertising Revenue 2016	2017	2017排名 Ranking
全　国	**National Total**	**15472245**	**16512368**		**1458277**	**1555599**	
北　京	Beijing	2549258	3839946	1	82910	112598	5
天　津	Tianjin	82312	64590	25	31199	34644	16
河　北	Hebei	184396	199425	13	52495	54334	9
山　西	Shanxi	75655	82081	24	21438	29190	20
内蒙古	Inner Mongolia	38261	41996	27	13205	11684	26
辽　宁	Liaoning	210433	181535	15	69888	45793	12
吉　林	Jilin	117621	103781	22	26954	30015	19
黑龙江	Heilongjiang	195872	183665	14	60527	39697	14
上　海	Shanghai	1866406	1661486	2	70954	118675	3
江　苏	Jiangsu	999958	929883	5	124176	116841	4
浙　江	Zhejiang	1527040	1415453	3	120813	124559	2
安　徽	Anhui	346997	326640	8	32823	33130	17
福　建	Fujian	173971	171782	17	37407	39401	15
江　西	Jiangxi	197116	180549	16	60766	61851	8
山　东	Shandong	482582	524149	7	94678	86966	6
河　南	Henan	239503	202524	12	79525	46267	11
湖　北	Hubei	249487	213111	11	49603	44088	13
湖　南	Hunan	1339770	1135330	4	52957	72954	7
广　东	Guangdong	620078	843989	6	119732	232932	1
广　西	Guangxi	80796	85026	23	14328	14953	25
海　南	Hainan	36386	45542	26	4423	3181	28
重　庆	Chongqing	101522	118752	21	17716	19494	24
四　川	Sichuan	262181	228728	9	44356	49962	10
贵　州	Guizhou	217550	224381	10	18190	20638	22
云　南	Yunnan	91583	129402	20	10018	27175	21
西　藏	Tibet	6561	4376	31	247	160	31
陕　西	Shaanxi	118021	150274	19	28663	30106	18
甘　肃	Gansu	37863	38916	28	9623	11102	27
青　海	Qinghai	10371	8454	30	2617	2336	30
宁　夏	Ningxia	23158	27211	29	2846	2712	29
新　疆	Xinjiang	62385	168938	18	21556	19879	23

20-22 分地区电视广告收入和三网融合业务收入情况

TV Advertising Revenue and Revenue of Three-network Convergence by Region

单位：万元 (10 000 yuan)

地区	Region	电视广告收入 TV Advertising Revenue 2016	2017	2017排名 Ranking	三网融合业务收入 Revenue of Three-network Convergence 2016	2017	2017排名 Ranking
全　国	**National Total**	**10048691**	**9683447**		**1223967**	**1028187**	
北　京	Beijing	662397	708282	3	91305	58835	6
天　津	Tianjin	49074	27974	26	37221	27375	15
河　北	Hebei	124142	128674	14	33600	34218	12
山　西	Shanxi	51943	49818	23	1739	1690	26
内蒙古	Inner Mongolia	25047	30231	25			
辽　宁	Liaoning	138844	129010	13	11460	22701	16
吉　林	Jilin	89750	73240	21	3876		
黑龙江	Heilongjiang	129980	139207	11	10462	16019	20
上　海	Shanghai	712126	545401	5	65680	77005	4
江　苏	Jiangsu	793420	609830	4	89851	79382	3
浙　江	Zhejiang	1019512	1170692	1	167851	171313	1
安　徽	Anhui	291137	259025	8	7940	21325	18
福　建	Fujian	107695	107407	17	13792	43328	9
江　西	Jiangxi	131678	111765	16	3598	9821	22
山　东	Shandong	357905	394302	7	35171	29792	14
河　南	Henan	153319	123892	15	5936	11607	21
湖　北	Hubei	161538	151225	10	49749	66437	5
湖　南	Hunan	1073454	898875	2	83945	35449	10
广　东	Guangdong	470133	399705	6	40577	52042	8
广　西	Guangxi	62327	65968	22	27743	31261	13
海　南	Hainan	31963	31509	24			
重　庆	Chongqing	80080	89024	20	60642	57939	7
四　川	Sichuan	158163	136504	12	98457	87445	2
贵　州	Guizhou	152227	155163	9	19932	22456	17
云　南	Yunnan	75762	99329	18	17417	16529	19
西　藏	Tibet	6154	4015	31			
陕　西	Shaanxi	88863	89360	19	44488	34312	11
甘　肃	Gansu	26233	25728	27	11039	8229	23
青　海	Qinghai	7559	5864	30	248		
宁　夏	Ningxia	13510	21703	29	1715	4412	24
新　疆	Xinjiang	40629	23960	28	2005	3418	25

20-23　分地区网络收入和广播电视节目销售收入情况
Revenue of Network Services and Revenue of Sales of Radio and TV Programs

单位：万元　　(10 000 yuan)

地区	Region	网络收入 Revenue of Network Services 2016	2017	2017排名 Ranking	广播电视节目销售收入 Revenue of Sales of Radio and TV Programs 2016	2017	2017排名 Ranking
全　国	**National Total**	**9102646**	**8344311**		**3650453**	**5235436**	
北　京	Beijing	346539	279196	9	1020516	886839	3
天　津	Tianjin	126165	116325	24	1271	1347	25
河　北	Hebei	300545	224731	16	38907	3514	21
山　西	Shanxi	105947	96039	25	52017	1484	23
内蒙古	Inner Mongolia	161733	191738	18			
辽　宁	Liaoning	265324	238449	13	2698	2538	22
吉　林	Jilin	215657	205201	17	400	550	27
黑龙江	Heilongjiang	238142	235154	15	2233	3792	20
上　海	Shanghai	399009	368047	7	320243	338321	4
江　苏	Jiangsu	841073	814454	1	175269	249819	6
浙　江	Zhejiang	746987	782583	3	841514	913146	2
安　徽	Anhui	163092	150662	23	34216	12642	13
福　建	Fujian	288659	303921	8	37297	52448	9
江　西	Jiangxi	192568	180836	19	7937	7348	15
山　东	Shandong	615903	539919	4	43967	46241	10
河　南	Henan	185920	169288	21	20	33	28
湖　北	Hubei	391574	398647	6	26735	21615	11
湖　南	Hunan	408217	270785	11	263109	258418	5
广　东	Guangdong	755638	795897	2	315314	170248	8
广　西	Guangxi	277735	270825	10	1735	1000	26
海　南	Hainan	39321	40140	28		4461	18
重　庆	Chongqing	269755	254274	12	16310	9513	14
四　川	Sichuan	520796	466265	5	40420	20703	12
贵　州	Guizhou	199568	237350	14	2205	6892	16
云　南	Yunnan	180668	164810	22	4985	6736	17
西　藏	Tibet	5380	4672	31			
陕　西	Shaanxi	226365	172320	20	199269	182889	7
甘　肃	Gansu	95910	72405	27	4474	4014	19
青　海	Qinghai	24799	25121	30			
宁　夏	Ningxia	33742	29463	29	357	1403	24
新　疆	Xinjiang	98931	81068	26		1763441	1

20-24 分地区有线广播电视收视费收入和付费数字电视收入情况
Revenue of Subscription of Cable Radio and TV and Revenue of Pay Digital TV

单位：万元 (10 000 yuan)

地区	Region	有线广播电视收视费收入 Revenue of Subscription of Cable Radio and TV 2016	2017	2017排名 Ranking	付费数字电视收入 Revenue of Pay Digital TV 2016	2017	2017排名 Ranking
全　国	**National Total**	**4579214**	**4140032**		**764358**	**655596**	
北　京	Beijing	109497	110486	14	24982	18488	12
天　津	Tianjin	45407	48381	25	10306	12332	19
河　北	Hebei	167659	136056	11	10153	6243	25
山　西	Shanxi	79408	74259	24	9189	1370	30
内蒙古	Inner Mongolia	108840	83951	22	6003	16812	14
辽　宁	Liaoning	211939	178059	8	7078	5456	26
吉　林	Jilin	123212	117221	12	30463	40987	5
黑龙江	Heilongjiang	189104	180539	7	25495	16694	15
上　海	Shanghai	153782	146151	10	56047	46838	3
江　苏	Jiangsu	393342	363762	2	56368	51113	2
浙　江	Zhejiang	318084	303077	3	50743	61016	1
安　徽	Anhui	95078	81842	23	14624	10356	22
福　建	Fujian	112651	106683	15	51947	28681	8
江　西	Jiangxi	120148	102451	17	8723	9497	23
山　东	Shandong	346219	285637	4	50818	40199	6
河　南	Henan	128945	114194	13	11521	10612	21
湖　北	Hubei	231765	215115	5	31126	28345	9
湖　南	Hunan	190806	161529	9	33193	17704	13
广　东	Guangdong	426188	450169	1	51935	38654	7
广　西	Guangxi	100544	96716	18	13080	10839	20
海　南	Hainan	26299	23333	28	2312	2094	29
重　庆	Chongqing	118966	102894	16	23271	21750	11
四　川	Sichuan	229855	194455	6	45577	45312	4
贵　州	Guizhou	88251	85523	21	31544	27525	10
云　南	Yunnan	98746	91579	20	21810	15841	16
西　藏	Tibet	4966	4181	31	82	90	31
陕　西	Shaanxi	113925	96472	19	18593	13444	18
甘　肃	Gansu	52152	42012	26	5859	4915	27
青　海	Qinghai	15315	11886	30	2839	4589	28
宁　夏	Ningxia	20791	13411	29	7542	6971	24
新　疆	Xinjiang	54142	37916	27	14110	14813	17

20-25 图书出版情况
Number of Books Published

地区	Region	图书出版种数（种） Number of Publication (kind)				图书总印数（亿册、亿张） Printed Copies of Books Published (100 million copies)			
		2010	2016	2017	2017排名 Ranking	2010	2016	2017	2017排名 Ranking
全　国	**National Total**	**328387**	**499884**	**512487**		**71.7**	**90.4**	**92.4**	
北　京	Beijing	5670	13712	14411	6	0.9	2.8	2.7	12
天　津	Tianjin	4550	6789	7803	19	0.4	0.6	0.8	25
河　北	Hebei	2264	9263	9857	13	1.7	2.7	2.9	8
山　西	Shanxi	2683	3513	3517	26	1.3	1.0	1.1	21
内蒙古	Inner Mongolia	2885	3249	3411	28	0.6	1	1	27
辽　宁	Liaoning	9060	10385	10940	11	1.5	1.5	1.7	18
吉　林	Jilin	15553	26919	28397	2	2.0	2.4	2.8	11
黑龙江	Heilongjiang	3515	7336	7549	20	0.7	0.8	0.9	23
上　海	Shanghai	19256	27481	27772	3	2.8	4.2	4.2	4
江　苏	Jiangsu	14400	27569	28864	1	5.5	6	6	1
浙　江	Zhejiang	8084	14165	14462	5	2.8	4.0	4.0	5
安　徽	Anhui	5646	9441	9745	14	2.4	2.5	3.1	6
福　建	Fujian	3415	3954	4289	23	0.8	1.0	1.1	21
江　西	Jiangxi	3870	7491	7982	17	1.6	2.1	2.3	14
山　东	Shandong	6987	15925	17109	4	3.4	5.3	5.6	2
河　南	Henan	4876	8588	9497	15	2.0	2.5	2.7	12
湖　北	Hubei	10464	15105	13590	7	2.8	2.7	2.3	14
湖　南	Hunan	7395	12618	12219	9	3.1	5.2	4.6	3
广　东	Guangdong	6354	10841	9868	12	2.3	3.1	3.0	7
广　西	Guangxi	7344	7406	7319	21	2.5	2.9	2.9	8
海　南	Hainan	2629	3797	4098	24	0.7	0.6	0.6	27
重　庆	Chongqing	4690	5685	5320	22	1.6	1.3	1.4	20
四　川	Sichuan	6645	10878	13329	8	1.9	2.4	2.9	8
贵　州	Guizhou	823	1013	1062	29	0.8	0.9	0.9	23
云　南	Yunnan	4598	8563	7972	18	1.5	1.5	1.6	19
西　藏	Tibet	570	588	622	30	0.1	0.1	0.1	30
陕　西	Shaanxi	6378	10284	11220	10	2.0	1.9	1.9	16
甘　肃	Gansu	1930	3484	3480	27	0.7	0.8	0.8	25
青　海	Qinghai	429	613	599	31	0.1	0.1	0.1	30
宁　夏	Ningxia	905	3098	3570	25	0.2	0.5	0.6	27
新　疆	Xinjiang	4980	10430	9260	16	0.5	2.1	1.8	17

20-26 期刊出版情况
Number of Magazines Published

地区	Region	期刊出版种数（种）Number of Publication (kind) 2010	2016	2017	2017排名 Ranking	期刊总印数（亿册）Total Printed Copies (100 million copies) 2010	2016	2017	2017排名 Ranking
全　国	**National Total**	**9884**	**10084**	**10130**		**32.2**	**27.0**	**24.9**	
北　京	Beijing	173	174	175	21	0.4	0.3	0.3	19
天　津	Tianjin	257	254	255	11	0.4	0.3	0.3	19
河　北	Hebei	230	227	227	15	0.5	0.5	0.4	15
山　西	Shanxi	201	202	202	17	0.4	0.2	0.2	24
内蒙古	Inner Mongolia	149	147	152	23	0.1	0.2	0.1	27
辽　宁	Liaoning	326	321	321	6	1.0	0.9	0.8	9
吉　林	Jilin	236	240	241	13	1.0	0.8	0.7	11
黑龙江	Heilongjiang	314	314	315	7	0.5	0.4	0.4	15
上　海	Shanghai	633	637	639	1	1.8	1.1	0.9	6
江　苏	Jiangsu	464	470	471	2	1.0	1.2	1.2	2
浙　江	Zhejiang	221	226	229	14	0.7	0.8	0.8	9
安　徽	Anhui	184	186	186	18	0.6	0.5	0.4	15
福　建	Fujian	179	176	176	20	0.3	0.4	0.3	19
江　西	Jiangxi	160	165	166	22	0.7	0.7	0.7	11
山　东	Shandong	271	270	272	9	1.1	1.0	1.0	5
河　南	Henan	250	248	248	12	0.9	0.8	0.9	6
湖　北	Hubei	423	429	430	3	3.0	1.9	1.4	1
湖　南	Hunan	252	256	259	10	1.3	1.4	1.2	2
广　东	Guangdong	387	388	388	4	2.1	1.2	1.1	4
广　西	Guangxi	185	184	184	19	0.4	0.4	0.4	15
海　南	Hainan	42	44	44	29	0.1	0.1	0.1	27
重　庆	Chongqing	139	138	138	24	0.5	0.5	0.5	13
四　川	Sichuan	349	359	357	5	1.1	0.5	0.5	13
贵　州	Guizhou	89	90	93	27	0.1	0.2	0.2	24
云　南	Yunnan	127	127	128	26	0.4	0.3	0.3	19
西　藏	Tibet	36	37	39	30		0.0		
陕　西	Shaanxi	286	287	287	8	0.8	0.3	0.3	19
甘　肃	Gansu	138	134	134	25	1.1	1.0	0.9	6
青　海	Qinghai	48	54	54	28		0.0		
宁　夏	Ningxia	36	37	37	31	0.1	0.1	0.1	27
新　疆	Xinjiang	209	216	216	16	0.1	0.2	0.2	24

20-27 报纸出版情况
Number of Newspapers Published

地区	Region	报纸出版种数（种） Number of Publication (kind)				报纸总印数（亿份） Total Printed Copies (100 million copies)			
		2010	2016	2017	2017排名 Ranking	2010	2016	2017	2017排名 Ranking
全 国	**National Total**	**1939**	**1894**	**1884**		**452.1**	**390.1**	**362.5**	
北 京	Beijing	35	35	34	24	8.0	7.2	5.8	17
天 津	Tianjin	28	24	24	29	9.4	4.9	3.8	24
河 北	Hebei	66	64	64	12	14.7	12.8	11.6	8
山 西	Shanxi	60	60	60	13	20.6	20.2	20.1	5
内蒙古	Inner Mongolia	61	58	58	14	2.7	3.0	2.8	26
辽 宁	Liaoning	75	68	66	10	15.7	10.4	8.6	13
吉 林	Jilin	52	51	51	16	8.7	7.9	7.6	15
黑龙江	Heilongjiang	70	68	68	9	7.8	6.2	5.6	19
上 海	Shanghai	72	70	70	8	15.8	10.0	9.1	11
江 苏	Jiangsu	80	81	81	5	27.0	23.2	22.9	4
浙 江	Zhejiang	70	67	66	10	32.5	26.1	23.1	3
安 徽	Anhui	51	51	51	16	11.7	7.9	7.2	16
福 建	Fujian	43	42	42	21	10.0	9.1	8.4	14
江 西	Jiangxi	40	41	40	23	7.0	10.7	9.1	11
山 东	Shandong	88	87	87	3	33.4	26.2	23.4	2
河 南	Henan	79	77	77	6	21.2	19.2	17.8	6
湖 北	Hubei	74	73	73	7	18.2	12.2	10.6	9
湖 南	Hunan	50	48	48	19	12.9	9.8	9.3	10
广 东	Guangdong	100	99	99	2	45.6	29.9	27.4	1
广 西	Guangxi	55	53	53	15	7.0	6.4	5.8	17
海 南	Hainan	14	14	14	30	2.1	2.2	2.1	28
重 庆	Chongqing	26	27	27	25	5.9	4.4	3.9	23
四 川	Sichuan	87	85	85	4	17.0	15.3	14.2	7
贵 州	Guizhou	31	30	27	25	3.7	3.0	2.8	26
云 南	Yunnan	43	42	42	21	6.4	4.0	3.6	25
西 藏	Tibet	23	25	27	25	0.7	0.8	1.2	29
陕 西	Shaanxi	44	43	43	20	6.2	5.7	5.3	20
甘 肃	Gansu	56	50	50	18	4.1	5.0	4.7	22
青 海	Qinghai	25	26	26	28	1.0	1.0	0.9	31
宁 夏	Ningxia	15	14	14	30	1.1	1.0	1.0	30
新 疆	Xinjiang	99	104	102	1	4.6	5.3	4.9	21

20-28 录像制品出版情况
Number of Video Products Published

地区 Region		录像制品出版品种(种) Nunber of Publication of Video Producets (kind)			录像制品出版数量（万盒、万张） Volume of Publication of Video Producets (10 000 cassettes, 10 000 discs)		
		2016	2017	2017排名 Ranking	2016	2017	2017排名 Ranking
全 国	**National Total**	**5671**	**5293**		**6226.2**	**6915.2**	
北 京	Beijing	65	128	6	21.2	28.2	13
天 津	Tianjin	3	12	26	1.1	5.9	22
河 北	Hebei	17	13	25	8.7	2.4	27
山 西	Shanxi	36	68	14	6.6	5.2	23
内蒙古	Inner Mongolia	27	32	21	2.2	5.0	24
辽 宁	Liaoning	127	58	17	48.4	4.5	26
吉 林	Jilin	110	127	7	58.3	45.0	10
黑龙江	Heilongjiang	3	2	29	0.1	0.1	29
上 海	Shanghai	751	750	1	1931.7	1882.3	1
江 苏	Jiangsu	92	95	11	151.7	149.3	3
浙 江	Zhejiang	95	173	3	40.1	38.0	12
安 徽	Anhui	43	54	18	19.2	11.5	18
福 建	Fujian	43	50	20	7.5	18.5	16
江 西	Jiangxi	80	104	10	43.9	97.3	6
山 东	Shandong	206	82	12	98.5	23.1	15
河 南	Henan	51	63	15	21.5	6.6	21
湖 北	Hubei	83	82	12	23.9	27.4	14
湖 南	Hunan	223	141	5	111.2	121.5	4
广 东	Guangdong	342	334	2	127.4	115.9	5
广 西	Guangxi	26	29	22	13.7	14.6	17
海 南	Hainan	4	12	26	0.6	1.8	28
重 庆	Chongqing	38	21	23	10.7	8.2	19
四 川	Sichuan	73	53	19	54.5	61.3	9
贵 州	Guizhou	1			0.5		
云 南	Yunnan	149	154	4	81.2	91.1	7
西 藏	Tibet	62	115	8	69.3	42.5	11
陕 西	Shaanxi	111	59	16	16.6	70.1	8
甘 肃	Gansu	37	17	24	7.8	4.9	25
青 海	Qinghai	21	10	28	32.9	7.0	20
宁 夏	Ningxia	6	1	30	0.6	0.1	29
新 疆	Xinjiang	121	106	9	91.1	896.5	2

20-29 电子出版物出版情况
Number of Electronic Products Published

地区	Region	电子出版物出版品种(种) Electronic Publications (kind)			电子出版物出版数量(万张) Number of Electronic Publications (10000 discs)		
		2016	2017	2017排名 Ranking	2016	2017	2017排名 Ranking
全　国	**National Total**	**9836**	**9240**		**29064.7**	**28132.9**	
北　京	Beijing	51	79	14	46.8	30.0	16
天　津	Tianjin	51	97	12	15.7	37.3	14
河　北	Hebei	129	102	11	138.5	116.3	10
山　西	Shanxi	49	59	17	18.2	11.8	19
内蒙古	Inner Mongolia	22	35	19	8.0	14.4	18
辽　宁	Liaoning	202	257	6	292.7	238.7	7
吉　林	Jilin	93	57	18	31.7	29.9	17
黑龙江	Heilongjiang		3	25		1.5	23
上　海	Shanghai	808	748	1	1545.7	1456.5	2
江　苏	Jiangsu	498	304	5	3066.2	2717.8	1
浙　江	Zhejiang	308	326	3	711.7	802.2	4
安　徽	Anhui	15	12	22	3.1	2.2	22
福　建	Fujian	52	22	21	22.5	10.1	20
江　西	Jiangxi	69	72	15	37.6	9.0	21
山　东	Shandong	543	345	2	242.0	357.6	5
河　南	Henan	149	133	10	203.7	210.1	8
湖　北	Hubei	262	145	9	52.0	256.5	6
湖　南	Hunan	117	97	12	203.7	172.0	9
广　东	Guangdong	304	312	4	1178.5	1337.9	3
广　西	Guangxi	25	11	23	1.2	1.3	24
海　南	Hainan	6	1	26	5.6	0.1	27
重　庆	Chongqing	145	146	8	96.4	70.6	12
四　川	Sichuan	218	163	7	85.3	84.6	11
贵　州	Guizhou						
云　南	Yunnan	45	28	20	115.2	65.4	13
西　藏	Tibet	13			5.3		
陕　西	Shaanxi	92	66	16	44.0	32.3	15
甘　肃	Gansu	1			0.1		
青　海	Qinghai		5	24		1.3	24
宁　夏	Ningxia						
新　疆	Xinjiang		1	26		0.2	26

20-30 技术等级运动员总数和女运动员数
Number of Skill Level Athletes and Female Athletes

单位：人 (person)

地区	Region	技术等级运动员总数 Total				其中：女运动员数 Female			
		2010	2014	2015	2015排名 Ranking	2010	2014	2015	2015排名 Ranking
全　国	**National Total**	**46341**	**45141**	**42264**		**17543**	**16667**	**15023**	
北　京	Beijing	1644	1826	1449	14	682	793	588	10
天　津	Tianjin	1062	1540	740	23	496	592	278	22
河　北	Hebei	2877	2460	2246	5	1107	925	766	8
山　西	Shanxi	1050	1567	1399	15	406	627	549	13
内蒙古	Inner Mongolia	1037	1214	1132	18	435	360	374	20
辽　宁	Liaoning	2193	2099	1669	10	1016	797	625	9
吉　林	Jilin	1464	776	904	22	389	267	254	23
黑龙江	Heilongjiang	1548	1152	1483	12	656	371	390	17
上　海	Shanghai	2265	2157	1913	8	1005	898	790	6
江　苏	Jiangsu	2205	2452	1963	7	880	1067	798	5
浙　江	Zhejiang	1952	2407	2420	2	841	894	1003	3
安　徽	Anhui	1014	1436	1271	17	446	598	409	16
福　建	Fujian	1443	1282	1468	13	497	541	564	12
江　西	Jiangxi	815	1078	1123	19	278	376	379	19
山　东	Shandong	4847	3582	4006	1	1687	1241	1135	1
河　南	Henan	2640	2302	2386	4	812	674	773	7
湖　北	Hubei	1654	3646	2054	6	334	938	535	14
湖　南	Hunan	1269	1415	1524	11	475	585	573	11
广　东	Guangdong	3001	1382	2419	3	1228	619	1035	2
广　西	Guangxi	1711	705	607	24	597	303	251	24
海　南	Hainan	177	323	324	28	64	136	113	28
重　庆	Chongqing	1030	1470	1356	16	414	526	508	15
四　川	Sichuan	2363	2175	1903	9	902	927	841	4
贵　州	Guizhou	437	279	403	27	182	82	141	27
云　南	Yunnan	950	1098	1115	20	268	324	386	18
西　藏	Tibet	1	4	52	31	1	2	22	31
陕　西	Shaanxi	739	753	563	25	282	312	207	25
甘　肃	Gansu	612	590	516	26	191	203	161	26
青　海	Qinghai	42	155	297	29	23	56	76	30
宁　夏	Ningxia	75	440	281	30	24	152	102	29
新　疆	Xinjiang	622	1122	1103	21	231	399	338	21

20-31 国际级运动健将数和女运动员数
Number of International Level Athletes and Female Athletes

单位：人 (person)

地区	Region	国际级运动健将数 International Master of Sports				其中：女运动员数 Female			
		2010	2014	2015	2015排名 Ranking	2010	2014	2015	2015排名 Ranking
全　国	**National Total**	**306**	**127**	**209**		**153**	**62**	**128**	
北　京	Beijing		12	15	7		3	9	6
天　津	Tianjin	7				5			
河　北	Hebei								
山　西	Shanxi	2	4	3	16		3	1	18
内蒙古	Inner Mongolia		1	3	16			3	14
辽　宁	Liaoning		15	23	1		10	17	1
吉　林	Jilin		9	2	18		6	2	15
黑龙江	Heilongjiang		17	11	8		7	5	9
上　海	Shanghai	19	4	17	4	5	1	10	4
江　苏	Jiangsu		17	16	5		9	11	3
浙　江	Zhejiang		3	16	5		2	9	6
安　徽	Anhui		2				1		
福　建	Fujian		15	7	10		5	5	9
江　西	Jiangxi		1	2	18		1		
山　东	Shandong	3		21	2	3		16	2
河　南	Henan			11	8			8	8
湖　北	Hubei	2		4	14	1		2	15
湖　南	Hunan	3	6	6	12		3	4	12
广　东	Guangdong	27		18	3	14		10	4
广　西	Guangxi	7		7	10	5		5	9
海　南	Hainan								
重　庆	Chongqing			1	23			1	18
四　川	Sichuan	2	9	6	12		3	4	12
贵　州	Guizhou		1	4	14		1		
云　南	Yunnan	7		2	18	1			
西　藏	Tibet								
陕　西	Shaanxi	3	5	2	18	3	2	2	15
甘　肃	Gansu								
青　海	Qinghai		1				1		
宁　夏	Ningxia		2				2		
新　疆	Xinjiang			2	18				

20-32 运动健将数和女运动员数
Number of Athletes and Female Athletes

单位：人 (person)

地区	Region	运动健将数 Master of Sports				其中：女运动员数 Female			
		2010	2014	2015	2015排名 Ranking	2010	2014	2015	2015排名 Ranking
全 国	**National Total**	**1712**	**910**	**1663**		**719**	**395**	**744**	
北 京	Beijing		93	118	5		38	62	4
天 津	Tianjin	70				34			
河 北	Hebei	22				3			
山 西	Shanxi	42	15	25	20	18	8	8	21
内蒙古	Inner Mongolia		60	49	13		22	17	14
辽 宁	Liaoning		144	94	7		59	39	7
吉 林	Jilin	4	18	34	15	2	7	16	15
黑龙江	Heilongjiang	21	88	70	8	12	50	36	9
上 海	Shanghai	69	46	61	12	35	28	28	11
江 苏	Jiangsu		113	136	2		45	74	1
浙 江	Zhejiang		5	125	4		2	64	3
安 徽	Anhui	1	37			1	16		
福 建	Fujian	1	62	65	11		27	31	10
江 西	Jiangxi	21	29	30	18	8	9	12	17
山 东	Shandong	4		134	3			49	6
河 南	Henan			70	8			39	7
湖 北	Hubei	21		68	10	10		28	11
湖 南	Hunan	17	28	45	14	5	16	16	15
广 东	Guangdong	183	8	178	1	38	2	66	2
广 西	Guangxi	45		31	17	18		11	18
海 南	Hainan	6		9	25	1		4	24
重 庆	Chongqing		27	21	22		5	11	18
四 川	Sichuan	49	33	100	6	26	16	58	5
贵 州	Guizhou		9	15	24		3		
云 南	Yunnan	24	18	23	21	5	8	8	21
西 藏	Tibet		4				2		
陕 西	Shaanxi	14	30	33	16	5	12	19	13
甘 肃	Gansu		18	17	23		10	7	23
青 海	Qinghai	7	10			3	5		
宁 夏	Ningxia		4	4	26		1	2	25
新 疆	Xinjiang	18		27	19	5		11	18

20-33 一级运动员数和女运动员数
Number of Level One Athletes and Female Athletes

单位：人 (person)

地区	Region	一级运动员数 First Grade				其中：女运动员数 Female			
		2010	2014	2015	2015排名 Ranking	2010	2014	2015	2015排名 Ranking
全　国	**National Total**	**8953**	**11410**	**11277**		**3977**	**5030**	**4355**	
北　京	Beijing	450	528	374	11	193	274	155	12
天　津	Tianjin	148	421	231	22	75	175	99	19
河　北	Hebei	528	592	596	5	259	274	274	3
山　西	Shanxi	150	329	356	13	78	141	164	9
内蒙古	Inner Mongolia	35	306	276	20	18	128	125	16
辽　宁	Liaoning	444	525	437	9	222	216	202	8
吉　林	Jilin	201	239	247	21	69	89	86	21
黑龙江	Heilongjiang	445	299	333	16	194	133	126	15
上　海	Shanghai	679	788	629	3	327	346	287	2
江　苏	Jiangsu	632	754	581	6	347	386	268	4
浙　江	Zhejiang	472	619	922	1	225	256	397	1
安　徽	Anhui	2	354	361	12	1	154	134	14
福　建	Fujian	278	320	405	10	124	171	163	10
江　西	Jiangxi	210	277	322	17	90	118	120	18
山　东	Shandong	1215	1019	907	2	475	479	73	24
河　南	Henan	626	598	613	4	265	229	232	6
湖　北	Hubei	194	388	335	15	66	164	93	20
湖　南	Hunan	277	391	353	14	116	176	161	11
广　东	Guangdong	625	83	568	7	293	31	215	7
广　西	Guangxi	184	214	199	23	84	108	79	23
海　南	Hainan	10	140	117	30		58	48	28
重　庆	Chongqing	145	353	322	17	61	160	144	13
四　川	Sichuan	371	669	523	8	179	312	243	5
贵　州	Guizhou	47	85	155	26	19	34	63	26
云　南	Yunnan	83	177	305	19		46	125	16
西　藏	Tibet	1		22	31	1		11	31
陕　西	Shaanxi	184	382	195	24	78	175	84	22
甘　肃	Gansu	97	122	151	27	26	41	50	27
青　海	Qinghai	26	65	135	28	15	25	30	30
宁　夏	Ningxia	9	107	128	29	1	39	36	29
新　疆	Xinjiang	167	254	177	25	70	89	68	25

20-34 二级运动员数和女运动员数

Number of Level Two Athletes and Female Athletes

单位：人 (person)

地区	Region	二级运动员数 Second Grade 2010	2014	2015	2015排名 Ranking	其中：女运动员数 Female 2010	2014	2015	2015排名 Ranking
全　国	**National Total**	**35370**	**32694**	**28834**		**12694**	**11180**	**9683**	
北　京	Beijing	1194	1193	942	16	489	478	362	14
天　津	Tianjin	837	1119	509	23	382	417	179	21
河　北	Hebei	2327	1868	1650	4	845	651	492	6
山　西	Shanxi	856	1219	1015	13	310	475	376	11
内蒙古	Inner Mongolia	1002	847	804	18	417	210	229	19
辽　宁	Liaoning	1749	1415	1115	11	794	512	367	12
吉　林	Jilin	1259	510	621	21	318	165	150	23
黑龙江	Heilongjiang	1082	748	1069	12	450	181	223	20
上　海	Shanghai	1498	1319	1206	9	638	523	465	7
江　苏	Jiangsu	1573	1568	1230	8	533	627	445	8
浙　江	Zhejiang	1480	1780	1357	6	616	634	533	4
安　徽	Anhui	1011	1043	910	17	444	427	275	16
福　建	Fujian	1164	885	991	15	373	338	365	13
江　西	Jiangxi	584	771	769	20	180	248	247	18
山　东	Shandong	3625	2563	2944	1	1209	762	997	1
河　南	Henan	2014	1704	1692	2	547	445	494	5
湖　北	Hubei	1437	3258	1647	5	257	774	412	9
湖　南	Hunan	972	990	1120	10	354	390	392	10
广　东	Guangdong	2166	1291	1655	3	883	586	744	2
广　西	Guangxi	1475	491	370	24	490	195	156	22
海　南	Hainan	161	183	198	28	63	78	61	29
重　庆	Chongqing	885	1090	1012	14	353	361	352	15
四　川	Sichuan	1941	1464	1274	7	697	596	536	3
贵　州	Guizhou	390	184	229	27	163	44	78	27
云　南	Yunnan	836	903	797	19	262	270	253	17
西　藏	Tibet			30	31			11	31
陕　西	Shaanxi	538	336	333	26	196	123	102	26
甘　肃	Gansu	515	450	348	25	165	152	104	25
青　海	Qinghai	9	79	162	29	5	25	46	30
宁　夏	Ningxia	66	327	149	30	23	110	64	28
新　疆	Xinjiang	437	868	604	22	156	310	146	24

20-35 等级教练员总数和女教练员数
Number of Level Coach and Female Coach

单位：人 (person)

地区	Region	等级教练员总数 Total 2010	2014	2015	2015排名 Ranking	其中：女教练员数 Female 2010	2014	2015	2015排名 Ranking
全　国	**National Total**	**1451**	**1648**	**1610**		**388**	**475**	**460**	
北　京	Beijing	99	26	27	24	31	7	7	22
天　津	Tianjin	6	40	43	16		9	12	19
河　北	Hebei	8	36	37	21	2	10	13	17
山　西	Shanxi		47	60	9		14	20	6
内蒙古	Inner Mongolia	1	43	29	23		15	10	20
辽　宁	Liaoning	220	112	115	3	56	33	35	3
吉　林	Jilin	11	47	53	12	3	11	8	21
黑龙江	Heilongjiang	215	61	59	10	57	17	15	13
上　海	Shanghai	76	42	40	20	25	16	16	11
江　苏	Jiangsu	178	111	104	5	57	27	27	4
浙　江	Zhejiang	28	65	71	7	12	23	20	6
安　徽	Anhui	29	14	17	26	6	4	6	23
福　建	Fujian	23	131	121	2	8	52	49	1
江　西	Jiangxi	3	45	41	19		14	14	15
山　东	Shandong	22	149	157	1	6	49	42	2
河　南	Henan	74	48	55	11	19	14	15	13
湖　北	Hubei	3	42	42	18	1	6	6	23
湖　南	Hunan	65	50	45	15	17	17	17	9
广　东	Guangdong	46	112	111	4	15	27	26	5
广　西	Guangxi	46	76	47	14	15	27	18	8
海　南	Hainan	1	9	8	29	1	2	3	28
重　庆	Chongqing	15	30	21	25	3	8	6	23
四　川	Sichuan	120	68	61	8	32	17	16	11
贵　州	Guizhou	30	14	9	27	7	4	4	27
云　南	Yunnan	9	85	74	6	4	18	17	9
西　藏	Tibet		6	5	31			1	30
陕　西	Shaanxi	6	39	52	13		11	14	15
甘　肃	Gansu	64	45	43	16	5	13	13	17
青　海	Qinghai	13	15	8	29	1	2	2	29
宁　夏	Ningxia	1	8	9	27		2	1	30
新　疆	Xinjiang	35	32	35	22	5	6	5	26

20-36 国家级教练员数和女教练员数
Number of National Level Coach and Female Coach

单位：人 (person)

地区	Region	国家级教练员数 National Level				其中：女教练员数 Female			
		2010	2014	2015	2015排名 Ranking	2010	2014	2015	2015排名 Ranking
全　国	**National Total**	**74**	**35**	**46**		**24**	**10**	**9**	
北　京	Beijing	1							
天　津	Tianjin	4	2	2	6				
河　北	Hebei	5	1	1	14	1	1	1	2
山　西	Shanxi								
内蒙古	Inner Mongolia	1							
辽　宁	Liaoning	12		4	2	5			
吉　林	Jilin	1	1	1	14	1			
黑龙江	Heilongjiang	9	4	2	6	4	2	1	2
上　海	Shanghai	1	1	1	14		1	1	2
江　苏	Jiangsu	5	3	3	3		2	2	1
浙　江	Zhejiang	7		3	3	3			
安　徽	Anhui	1				1			
福　建	Fujian	3		1	14	1			
江　西	Jiangxi	1	1	1	14				
山　东	Shandong	5	1	2	6	2			
河　南	Henan	1	2	2	6				
湖　北	Hubei			2	6				
湖　南	Hunan	1	2	2	6	1	1	1	2
广　东	Guangdong	10	8	7	1	3	1	1	2
广　西	Guangxi	3	2	3	3	1	1	1	2
海　南	Hainan	1				1			
重　庆	Chongqing								
四　川	Sichuan		1	1	14				
贵　州	Guizhou		1	1	14		1	1	2
云　南	Yunnan		2	2	6				
西　藏	Tibet								
陕　西	Shaanxi		2	2	6				
甘　肃	Gansu								
青　海	Qinghai			1	14				
宁　夏	Ningxia								
新　疆	Xinjiang		1						

20-37 高级教练员数和女教练员数

Number of Senior Coach and Female Coach

单位：人 (person)

地区	Region	高级教练员数 Senior Grade				其中：女教练员数 Female			
		2010	2014	2015	2015排名 Ranking	2010	2014	2015	2015排名 Ranking
全 国	**National Total**	**292**	**293**	**297**		**72**	**81**	**80**	
北 京	Beijing	17	8	12	10	1	1	4	5
天 津	Tianjin		11	12	10		3	4	5
河 北	Hebei		3	2	26				
山 西	Shanxi		9	11	13		2	2	14
内蒙古	Inner Mongolia		7	3	23		3	1	21
辽 宁	Liaoning	68	14	16	5	19	3	3	10
吉 林	Jilin	3	20	21	3	1	5	3	10
黑龙江	Heilongjiang	57	17	16	5	16	5	4	5
上 海	Shanghai	1	10	9	16		2	2	14
江 苏	Jiangsu	57	12	14	8	15	1	2	14
浙 江	Zhejiang	3	19	19	4	1	7	5	3
安 徽	Anhui	4	4	6	19		1	2	14
福 建	Fujian	2	22	22	2	1	12	12	1
江 西	Jiangxi		9	11	13		3	4	5
山 东	Shandong	2	25	25	1	1	6	6	2
河 南	Henan	14	11	14	8	5	3	5	3
湖 北	Hubei	1	3	4	21		2	2	14
湖 南	Hunan	8	5	5	20	1	1	1	21
广 东	Guangdong	6	25	16	5	4	6	2	14
广 西	Guangxi	3	11	3	23	1	5	2	14
海 南	Hainan		1						
重 庆	Chongqing	1	2	2	26		1	1	21
四 川	Sichuan	20	13	11	13	5	4	4	5
贵 州	Guizhou	9	3	2	26				
云 南	Yunnan	1	6	9	16		1	3	10
西 藏	Tibet								
陕 西	Shaanxi	1	4	8	18				
甘 肃	Gansu	9	9	12	10		1	3	10
青 海	Qinghai	2	5	2	26		1		
宁 夏	Ningxia		3	3	23		1	1	21
新 疆	Xinjiang	3	2	4	21	1	1	1	21

21

社会服务和社会保障

Social Services and Social Security

21-1　社会服务经费总支出
Total Expenditure on Social Services

单位：亿元　　(100 million Yuan)

地区	Region	2010	2011	2012	2013	2015	2016	2017	2017排名 Ranking
全　国	**National Total**	**2697.51**	**3229.14**	**3683.74**	**4276.54**	**4926.44**	**5440.15**	**5932.68**	
北　京	Beijing	98.21	103.15	126.05	155.57	222.06	255.89	283.04	5
天　津	Tianjin	31.38	37.50	44.43	55.21	76.91	89.51	97.61	27
河　北	Hebei	96.93	124.42	143.87	167.25	180.52	211.53	249.10	9
山　西	Shanxi	63.40	87.61	93.65	113.04	120.14	129.15	142.80	23
内蒙古	Inner Mongolia	76.85	96.81	112.74	123.66	141.01	140.05	153.01	21
辽　宁	Liaoning	106.65	134.74	156.78	167.29	184.45	184.55	200.04	14
吉　林	Jilin	75.06	80.17	76.53	98.62	105.74	104.13	122.94	25
黑龙江	Heilongjiang	85.44	105.05	115.24	158.96	150.46	152.68	162.17	19
上　海	Shanghai	57.25	66.29	72.79	83.22	96.65	153.23	177.40	17
江　苏	Jiangsu	126.53	171.15	197.10	233.53	260.56	287.23	325.23	4
浙　江	Zhejiang	88.49	106.16	125.39	142.88	167.47	189.94	210.02	12
安　徽	Anhui	97.16	126.31	142.18	160.11	181.22	197.05	220.58	11
福　建	Fujian	42.22	50.32	61.45	72.98	90.32	104.17	103.86	26
江　西	Jiangxi	84.77	98.66	107.51	122.44	157.19	171.73	186.88	15
山　东	Shandong	143.74	169.18	218.36	250.23	287.14	304.88	339.46	3
河　南	Henan	123.08	158.69	174.08	209.75	229.26	246.96	260.69	7
湖　北	Hubei	108.28	140.85	153.13	184.94	226.98	242.33	256.41	8
湖　南	Hunan	116.53	154.56	200.33	199.63	230.55	271.64	275.91	6
广　东	Guangdong	115.43	148.07	166.90	198.17	259.52	305.67	372.35	1
广　西	Guangxi	73.12	97.14	117.40	129.25	149.29	157.80	178.54	16
海　南	Hainan	19.03	22.38	24.03	25.44	29.66	30.07	29.96	30
重　庆	Chongqing	67.49	78.31	90.76	99.94	114.65	129.97	156.33	20
四　川	Sichuan	240.87	216.88	237.57	288.06	315.25	348.64	366.36	2
贵　州	Guizhou	72.82	111.64	124.87	134.15	147.23	160.27	173.40	18
云　南	Yunnan	122.40	143.21	173.05	184.57	231.09	234.88	240.44	10
西　藏	Tibet	8.50	13.03	15.51	15.61	17.50	23.58	27.33	31
陕　西	Shaanxi	113.94	135.64	142.42	183.84	184.79	202.07	209.91	13
甘　肃	Gansu	74.06	100.09	105.18	129.93	136.76	163.13	149.01	22
青　海	Qinghai	33.07	35.98	34.15	37.76	46.26	49.23	57.76	28
宁　夏	Ningxia	16.13	19.52	22.01	26.63	40.98	42.09	42.64	29
新　疆	Xinjiang	69.88	86.28	98.31	110.12	129.24	139.53	134.57	24

21-2 社会服务经费占公共财政预算支出比重和每千人口社会服务床位数

Fiscal Expenditure Proportion of Social Services and Per Thousand Population Beds of Social Services

地区	Region	社会服务经费占公共财政预算支出比重（%） Fiscal Expenditure Proportion of Social Services (%)				每千人口社会服务床位数（张/千人） Per Thousand Population Beds of Social Services (piece/1000 peoples)			
		2010	2016	2017	2017排名 Ranking	2010	2016	2017	2017排名 Ranking
全　国	**National Total**	**2.74**	**33.90**	**29.20**		**2.61**	**5.54**	**5.45**	
北　京	Beijing	2.77	39.90	41.50	5	5.00	7.18	7.62	4
天　津	Tianjin	4.39	24.20	29.70	24	2.23	4.32	4.2	21
河　北	Hebei	2.91	35.00	37.50	12	2.18	6.18	6.04	8
山　西	Shanxi	3.05	37.70	38.00	8	1.68	3.32	3.46	28
内蒙古	Inner Mongolia	2.96	31.00	33.80	19	1.90	9.26	9.08	2
辽　宁	Liaoning	3.00	40.30	41.00	6	3.02	5.22	5.15	14
吉　林	Jilin	2.38	29.00	33.00	20	2.84	5.12	4.99	16
黑龙江	Heilongjiang	2.64	36.10	34.90	18	2.03	5.49	5.65	11
上　海	Shanghai	1.77	22.10	23.50	28	4.65	6.05	6.32	7
江　苏	Jiangsu	2.88	28.80	30.60	23	3.38	8.34	8.43	3
浙　江	Zhejiang	3.63	27.20	27.60	26	3.71	10.17	10.67	1
安　徽	Anhui	2.66	35.70	35.60	17	3.74	6.13	6.00	10
福　建	Fujian	4.02	24.40	22.20	29	0.84	3.79	4.03	23
江　西	Jiangxi	2.27	37.20	36.60	14	3.38	4.64	4.29	20
山　东	Shandong	2.88	34.80	36.70	13	3.48	7.18	6.61	6
河　南	Henan	2.78	33.10	31.70	21	2.92	3.91	3.84	25
湖　北	Hubei	2.31	37.70	37.70	9	4.14	6.15	6.03	9
湖　南	Hunan	2.32	42.90	40.20	7	2.22	4.14	4.36	19
广　东	Guangdong	2.70	22.70	24.80	27	1.34	3.55	4.01	24
广　西	Guangxi	2.75	35.50	36.40	15	1.24	3.88	3.64	26
海　南	Hainan	3.06	21.80	20.80	30	0.58	2.26	2.18	31
重　庆	Chongqing	2.53	32.50	36.10	16	3.29	6.47	5.48	12
四　川	Sichuan	1.77	43.50	42.10	3	3.74	6.89	6.71	5
贵　州	Guizhou	2.24	37.60	37.60	11	0.86	5.71	5.22	13
云　南	Yunnan	1.87	46.80	42.10	3	1.11	2.99	2.36	30
西　藏	Tibet	1.48	14.90	16.30	31	2.00	3.88	4.78	17
陕　西	Shaanxi	1.95	46.00	43.40	2	1.85	4.45	4.47	18
甘　肃	Gansu	1.98	51.80	45.10	1	1.05	5.60	5.06	15
青　海	Qinghai	2.25	32.30	37.70	9	1.06	4.71	4.09	22
宁　夏	Ningxia	2.46	33.50	31.10	22	0.95	5.27	3.50	27
新　疆	Xinjiang	2.43	33.70	29.00	25	2.11	3.34	3.04	29

21-3 每千老年人口养老床位和社区服务设施覆盖率

Per Thousand Elderly Endowment Beds and Community Service Facilities Coverage

地区	Region	每千老年人口养老床位（张/千人） Per Thousand Elderly Endowment Beds (piece/1000 peoples)				社区服务设施覆盖率（%） Community Service Facilities Coverage (%)			
		2011	2016	2017	2017排名 Ranking	2010	2016	2017	2017排名 Ranking
全 国	**National Total**	**19.09**	**31.60**	**30.90**		**22.40**	**24.40**	**25.50**	
北 京	Beijing	30.13	38.20	39.60	4	64.60	95.00	94.50	2
天 津	Tianjin	19.32	23.10	22.40	26	24.20	40.80	39.70	9
河 北	Hebei	16.80	35.00	32.60	8	10.50	4.90	4.90	29
山 西	Shanxi	13.79	22.20	23.00	24	6.90	8.20	8.10	27
内蒙古	Inner Mongolia	17.18	58.30	52.20	2	19.80	13.90	15.50	19
辽 宁	Liaoning	16.36	22.90	21.40	28	22.20	29.70	31.00	10
吉 林	Jilin	19.45	25.60	22.90	25	4.30	15.20	15.40	20
黑龙江	Heilongjiang	17.21	27.30	27.40	17	20.70	15.50	15.80	18
上 海	Shanghai	29.41	28.90	27.80	16	54.00	52.30	49.40	8
江 苏	Jiangsu	22.82	40.30	40.20	3	78.10	85.50	84.70	4
浙 江	Zhejiang	28.06	56.30	57.10	1	60.80	47.30	50.20	7
安 徽	Anhui	24.79	35.20	32.00	11	22.20	24.60	23.30	12
福 建	Fujian	9.71	23.20	26.70	18	10.70	19.20	22.50	13
江 西	Jiangxi	28.41	30.20	29.20	14	15.40	7.20	7.20	28
山 东	Shandong	23.75	38.50	33.80	6	24.50	13.80	13.10	24
河 南	Henan	21.47	23.50	22.40	26	7.40	3.10	4.70	30
湖 北	Hubei	26.85	33.00	31.80	12	33.50	17.10	17.10	16
湖 南	Hunan	14.45	21.80	23.60	23	20.90	14.80	15.30	21
广 东	Guangdong	12.16	28.20	33.60	7	62.00	83.10	90.20	3
广 西	Guangxi	8.04	25.60	25.10	21	7.50	10.40	14.20	23
海 南	Hainan	3.92	18.00	18.30	30	3.60	76.90	78.50	5
重 庆	Chongqing	19.84	29.30	25.50	19	29.30	24.20	27.90	11
四 川	Sichuan	21.88	31.40	31.50	13	4.70	20.20	21.70	14
贵 州	Guizhou	8.57	36.80	36.70	5	32.00	107.10	108.10	1
云 南	Yunnan	9.21	21.60	19.10	29	4.00	10.80	11.70	25
西 藏	Tibet	23.79	14.20	17.30	31	0.50		0.30	31
陕 西	Shaanxi	14.02	25.50	25.50	19	11.60	13.00	14.90	22
甘 肃	Gansu	9.21	34.40	32.40	10	18.20	15.60	16.10	17
青 海	Qinghai	12.58	38.40	32.60	8	3.60	10.30	10.20	26
宁 夏	Ningxia	13.07	40.70	29.00	15	16.70	29.80	74.40	6
新 疆	Xinjiang	17.02	26.60	23.70	22	16.10	17.90	17.50	15

21-4 城乡低保平均标准

Average Standard of Basic Insurance System for the Rural and Urban Living

单位：元/人，月 (yuan/person,month)

地区	Region	城市低保平均标准 Urban Low Average Standard				农村低保平均标准 The average Standard of Rural Minimal Needs			
		2010	2016	2017	2017排名 Ranking	2010	2016	2017	2017排名 Ranking
全　国	**National Total**	**183.0**	**495.0**	**541.0**		**72.9**	**312.0**	**358.0**	
北　京	Beijing	365.4	800.0	945.0	2	168.2	800.0	925.0	2
天　津	Tianjin	226.0	780.0	860.0	3	141.4	755.0	860.0	3
河　北	Hebei	164.5	501.0	544.0	14	70.3	280.0	319.0	16
山　西	Shanxi	135.4	441.0	467.0	26	68.7	271.0	304.0	24
内蒙古	Inner Mongolia	256.6	540.0	592.0	8	106.8	351.0	410.0	8
辽　宁	Liaoning	180.5	523.0	562.0	11	73.4	326.0	363.0	11
吉　林	Jilin	199.8	447.0	483.0	24	79.6	287.0	311.0	20
黑龙江	Heilongjiang	230.2	536.0	551.0	13	101.9	316.0	321.0	15
上　海	Shanghai	310.6	880.0	1028.0	1	128.5	870.0	970.0	1
江　苏	Jiangsu	192.7	611.0	646.0	7	116.4	540.0	596.0	5
浙　江	Zhejiang	258.3	674.0	706.0	5	140.5	608.0	670.0	4
安　徽	Anhui	178.1	497.0	531.0	17	68.8	320.0	369.0	10
福　建	Fujian	132.4	515.0	590.0	9	66.1	320.0	421.0	7
江　西	Jiangxi	171.3	481.0	532.0	15	74.4	276.0	312.0	19
山　东	Shandong	236.7	495.0	513.0	20	95.5	315.0	347.0	14
河　南	Henan	139.0	425.0	460.0	27	62.4	257.0	280.0	27
湖　北	Hubei	164.7	488.0	564.0	10	61.8	319.0	392.0	9
湖　南	Hunan	162.6	431.0	444.0	30	55.2	257.0	307.0	22
广　东	Guangdong	147.2	576.0	675.0	6	74.4	445.0	528.0	6
广　西	Guangxi	162.3	458.0	518.0	18	51.3	249.0	278.0	30
海　南	Hainan	145.5	467.0	484.0	23	79.1	347.0	358.0	12
重　庆	Chongqing	189.6	460.0	500.0	21	73.4	308.0	357.0	13
四　川	Sichuan	181.7	420.0	485.0	22	75.0	263.0	314.0	17
贵　州	Guizhou	172.1	507.0	557.0	12	66.6	267.0	305.0	23
云　南	Yunnan	158.2	442.0	516.0	19	69.9	226.0	279.0	29
西　藏	Tibet	197.3	694.0	752.0	4	47.6	218.0	280.0	27
陕　西	Shaanxi	260.3	479.0	532.0	15	90.4	267.0	311.0	20
甘　肃	Gansu	127.7	411.0	459.0	28	58.3	244.0	314.0	17
青　海	Qinghai	168.5	401.0	451.0	29	71.8	248.0	278.0	30
宁　夏	Ningxia	105.1	416.0	473.0	25	49.9	282.0	289.0	26
新　疆	Xinjiang	171.8	384.0	409.0	31	73.6	250.0	296.0	25

21-5 养老床位数和养老机构建筑面积

Number of Beds for Elderly Pension and Construction Area of Pension Institutions

地区	Region	养老床位数（张） Endowment of Beds (piece)			养老机构建筑面积（平方米） Construction Area (sq.m)		
		2016	2017	2017排名 Ranking	2016	2017	2017排名 Ranking
全　国	**National Total**	**3787751**	**3834502**		**78057803**	**86807537**	
北　京	Beijing	135692	148765	10	1881333	3016162	12
天　津	Tianjin	51425	50776	21	1106322	1145787	25
河　北	Hebei	162189	169193	8	4296640	4332310	7
山　西	Shanxi	51114	50243	22	1469865	1489693	21
内蒙古	Inner Mongolia	86253	87987	18	1776355	2153146	18
辽　宁	Liaoning	168727	160811	9	2509127	2878880	14
吉　林	Jilin	120214	117885	15	2427823	2400578	15
黑龙江	Heilongjiang	121104	133458	12	1570937	2297992	16
上　海	Shanghai	119009	127539	14	3328176	3521643	10
江　苏	Jiangsu	410441	415143	1	8638849	9732712	1
浙　江	Zhejiang	247782	271328	4	3642805	4850068	5
安　徽	Anhui	149767	183752	7	2723943	3758604	8
福　建	Fujian	47875	48759	24	1373110	1520698	20
江　西	Jiangxi	154230	145661	11	2863799	3549560	9
山　东	Shandong	320724	290868	3	9205448	7996655	2
河　南	Henan	118089	116123	16	2671297	2924920	13
湖　北	Hubei	239052	235671	5	5037055	5494945	3
湖　南	Hunan	140573	133110	13	3396760	3340063	11
广　东	Guangdong	189637	202205	6	4270571	4552145	6
广　西	Guangxi	41779	44292	25	1013433	1092168	26
海　南	Hainan	9954	8879	29	166601	157103	30
重　庆	Chongqing	85511	82005	19	1708932	2012964	19
四　川	Sichuan	319286	309524	2	4711588	5202610	4
贵　州	Guizhou	73966	69097	20	1262172	1300400	22
云　南	Yunnan	51504	50067	23	938205	1222354	23
西　藏	Tibet	1124	2776	31	21678	56333	31
陕　西	Shaanxi	84430	90212	17	1815452	2194463	17
甘　肃	Gansu	26462	23506	27	517465	723062	27
青　海	Qinghai	5112	6223	30	120561	185787	29
宁　夏	Ningxia	14035	14905	28	469984	510716	28
新　疆	Xinjiang	40691	43739	26	1121516	1193016	24

21-6 年末参加城镇职工基本养老保险人数和城镇职工人数

Urban Employee Basic Pension Insurance Contributors at Year-end and Number of Workers

单位：万人 (10 000 persons)

地区	Region	年末参加城镇职工基本养老保险人数 Urban Employee Basic Pension Insurance Contributors at Year-end				其中：城镇职工人数 Number of Workers			
		2010	2016	2017	2017排名 Ranking	2010	2016	2017	2017排名 Ranking
全　国	**National Total**	**25707.3**	**37929.7**	**40293.3**		**19402.3**	**27826.3**	**29267.6**	
北　京	Beijing	981.3	1546.6	1604.5	8	785.9	1271.2	1321.4	7
天　津	Tianjin	431.5	639.0	655.0	23	287.9	430.4	441.2	24
河　北	Hebei	988.4	1403.1	1535.8	11	728.9	1011.8	1102.0	9
山　西	Shanxi	591.0	760.2	798.7	20	443.7	543.6	555.7	19
内蒙古	Inner Mongolia	430.7	655.0	694.3	22	311.5	418.6	437.2	25
辽　宁	Liaoning	1496.9	1800.3	1949.8	6	1024.2	1120.5	1195.5	8
吉　林	Jilin	599.5	706.8	814.5	19	392.9	420.1	482.3	21
黑龙江	Heilongjiang	952.2	1144.1	1206.1	13	589.2	655.6	682.2	17
上　海	Shanghai	1049.5	1527.1	1548.2	9	657.3	1050.9	1059.0	10
江　苏	Jiangsu	2033.0	2861.5	3034.5	2	1583.9	2137.3	2238.5	2
浙　江	Zhejiang	1702.2	2506.9	2712.4	3	1478.6	1843.0	1964.9	4
安　徽	Anhui	669.5	892.2	1077.0	14	492.0	634.3	754.1	14
福　建	Fujian	635.5	979.8	1022.1	15	522.0	805.7	840.1	13
江　西	Jiangxi	607.6	957.3	1005.2	16	462.1	672.7	697.6	16
山　东	Shandong	1773.0	2576.4	2660.9	4	1427.9	1969.0	2022.2	3
河　南	Henan	1079.3	1848.4	1897.6	7	809.0	1398.1	1437.6	6
湖　北	Hubei	1039.8	1355.0	1546.6	10	738.2	897.1	1020.5	11
湖　南	Hunan	938.9	1186.7	1279.3	12	673.5	823.8	856.6	12
广　东	Guangdong	3215.2	5392.4	5287.1	1	2875.6	4867.9	4718.0	1
广　西	Guangxi	449.3	751.9	777.8	21	311.2	511.2	525.9	20
海　南	Hainan	180.8	224.9	240.9	28	135.4	158.5	172.0	28
重　庆	Chongqing	584.4	952.2	989.2	17	391.9	605.9	628.3	18
四　川	Sichuan	1300.9	2157.6	2335.1	5	861.9	1379.8	1519.0	5
贵　州	Guizhou	257.3	423.6	588.2	26	190.3	323.9	446.9	22
云　南	Yunnan	317.4	581.8	591.5	25	225.1	413.8	420.1	26
西　藏	Tibet	9.9	21.1	42.9	31	6.8	15.1	33.7	31
陕　西	Shaanxi	550.4	790.8	953.3	18	400.1	577.3	706.9	15
甘　肃	Gansu	242.5	315.0	429.8	27	171.1	200.9	288.2	27
青　海	Qinghai	74.4	132.3	138.3	30	54.4	90.9	95.6	30
宁　夏	Ningxia	107.8	189.3	205.2	29	77.3	131.5	145.0	29
新　疆	Xinjiang	393.8	625.0	646.4	24	274.5	428.5	442.1	23

21-7 城镇职工离退休人员人数和城镇职工基本养老保险基金累计结余

Number of Retiress and Balance of Basic Pension Insurance for Urban Employees

地区	Region	城镇职工离退休人员人数（万人） Number of Retiress (10 000 persons)				城镇职工基本养老保险基金累计结余（亿元） Balance at Year-end (100 million yuan)			
		2010	2016	2017	2017排名 Ranking	2010	2016	2017	2017排名 Ranking
全 国	**National Total**	**6305.0**	**10103.4**	**11025.7**		**15365.3**	**38580.0**	**43884.6**	
北 京	Beijing	195.5	275.4	283.1	17	617.9	3566.2	4394.9	2
天 津	Tianjin	143.6	208.6	213.8	22	203.0	397.7	463.2	24
河 北	Hebei	259.5	391.3	433.8	11	562.9	707.6	735.2	17
山 西	Shanxi	147.3	216.6	243.0	21	637.4	1305.6	1457.7	8
内蒙古	Inner Mongolia	119.2	236.5	257.1	18	257.9	458.9	605.2	20
辽 宁	Liaoning	472.7	679.7	754.4	3	739.3	916.6	572.8	21
吉 林	Jilin	206.6	286.7	332.2	14	351.8	342.8	340.0	26
黑龙江	Heilongjiang	363.0	488.5	523.9	8	479.0	-196.1	-486.2	31
上 海	Shanghai	392.2	476.3	489.2	9	462.0	1872.5	2068.8	7
江 苏	Jiangsu	449.1	724.2	796.1	2	1271.8	3402.7	3730.8	3
浙 江	Zhejiang	223.6	663.9	747.5	4	1162.1	3293.5	3709.8	4
安 徽	Anhui	177.5	257.9	322.9	15	353.0	1185.2	1393.9	9
福 建	Fujian	113.5	174.0	182.0	24	141.2	701.1	820.0	15
江 西	Jiangxi	145.5	284.6	307.7	16	203.6	526.7	638.1	18
山 东	Shandong	345.1	607.4	638.8	5	1077.6	2385.7	2315.7	6
河 南	Henan	270.3	450.3	460.0	10	499.0	1050.5	1104.0	11
湖 北	Hubei	301.6	458.0	526.1	7	427.6	822.3	751.6	16
湖 南	Hunan	265.4	362.9	422.7	12	455.9	1007.0	1104.1	10
广 东	Guangdong	339.6	524.6	569.0	6	2471.5	7652.6	9245.1	1
广 西	Guangxi	138.1	240.7	251.9	19	379.0	460.4	556.7	23
海 南	Hainan	45.4	66.5	68.9	28	64.9	134.3	173.5	28
重 庆	Chongqing	192.5	346.3	360.8	13	255.6	834.8	897.1	14
四 川	Sichuan	439.0	777.8	816.0	1	928.4	2226.3	3245.8	5
贵 州	Guizhou	67.0	99.6	141.3	27	177.9	527.8	619.2	19
云 南	Yunnan	92.3	168.0	171.3	25	229.3	813.7	950.8	13
西 藏	Tibet	3.2	6.0	9.2	31	9.7	77.5	123.6	29
陕 西	Shaanxi	150.3	213.6	246.4	20	215.8	474.5	566.1	22
甘 肃	Gansu	71.3	114.1	141.6	26	178.2	376.0	403.7	25
青 海	Qinghai	20.0	41.4	42.8	30	50.6	63.0	55.8	30
宁 夏	Ningxia	30.5	57.8	60.2	29	108.7	196.1	217.7	27
新 疆	Xinjiang	119.2	196.5	204.3	23	385.7	979.5	1074.0	12

21-8 城镇职工基本养老保险基金收入和城镇职工基本养老保险基金支出
Revenue and Expenses for Basic Pension Insurance for Urban Employees

单位：亿元

（100 million yuan）

地区	Region	城镇职工基本养老保险基金收入 Revenue				城镇职工基本养老保险基金支出 Expenses			
		2010	2016	2017	2017排名 Ranking	2010	2016	2017	2017排名 Ranking
全　国	**National Total**	**13419.5**	**35057.5**	**43309.6**		**10554.9**	**31853.8**	**38051.5**	
北　京	Beijing	658.9	2249.0	2223.0	7	482.4	1479.4	1394.3	12
天　津	Tianjin	278.9	751.4	894.3	22	271.8	750.1	836.1	21
河　北	Hebei	584.6	1221.3	1439.2	12	451.8	1269.4	1411.6	11
山　西	Shanxi	404.4	788.0	1234.6	15	269.4	746.9	1082.3	15
内蒙古	Inner Mongolia	266.9	612.5	853.5	23	212.6	627.8	707.2	24
辽　宁	Liaoning	834.1	1676.1	1863.2	8	755.8	1930.3	2207.0	6
吉　林	Jilin	289.8	636.0	764.1	25	252.8	676.3	767.0	23
黑龙江	Heilongjiang	524.1	1005.7	1240.5	14	500.1	1332.7	1534.2	9
上　海	Shanghai	889.9	2579.7	2767.4	5	847.5	2158.2	2571.1	2
江　苏	Jiangsu	1018.7	2324.5	2885.6	4	753.3	2085.6	2555.3	3
浙　江	Zhejiang	605.1	2358.4	3052.6	3	429.1	2157.4	2636.7	1
安　徽	Anhui	341.6	815.9	993.3	19	269.2	673.1	784.6	22
福　建	Fujian	204.1	689.7	785.3	24	187.7	586.0	666.5	25
江　西	Jiangxi	231.6	695.9	974.1	21	193.0	668.2	862.6	20
山　东	Shandong	942.4	2242.5	2289.3	6	748.2	2090.3	2358.7	4
河　南	Henan	519.8	1145.2	1521.5	10	420.3	1092.2	1471.8	10
湖　北	Hubei	501.9	1196.9	1793.6	9	419.8	1225.1	1864.2	8
湖　南	Hunan	452.3	1086.7	1448.1	11	355.1	1019.0	1349.1	14
广　东	Guangdong	1139.1	2818.7	3457.0	1	627.7	1678.7	1898.0	7
广　西	Guangxi	287.9	852.8	977.0	20	193.5	849.0	881.9	19
海　南	Hainan	80.2	198.0	271.1	28	74.1	177.8	232.0	28
重　庆	Chongqing	310.8	819.9	1434.7	13	273.6	740.5	1372.4	13
四　川	Sichuan	804.0	2739.9	3295.9	2	608.7	2679.9	2276.4	5
贵　州	Guizhou	144.6	331.3	667.1	26	107.4	283.9	575.7	26
云　南	Yunnan	194.0	664.3	1096.0	16	144.2	501.1	958.9	17
西　藏	Tibet	14.1	79.5	130.8	31	7.6	51.8	84.7	31
陕　西	Shaanxi	302.8	691.1	1049.2	17	265.0	678.3	961.8	16
甘　肃	Gansu	166.1	341.8	391.3	27	127.2	331.7	363.5	27
青　海	Qinghai	51.8	174.5	197.6	30	43.4	187.8	205.5	30
宁　夏	Ningxia	84.7	205.8	243.0	29	48.8	181.9	221.4	29
新　疆	Xinjiang	287.5	1052.4	1006.1	18	211.8	934.4	906.0	18

21-9 年末参加失业保险人数和年末领取失业保险金人数

Unemployment Insurance Contributors at Year-end and Beneficiaries of Unemployment Insurance Fund

单位：万人 （10 000 persons）

地区	Region	年末参加失业保险人数 Unemployment Insurance Contributors at Year-end				年末领取失业保险金人数 Beneficiaries of Unemployment Insurance Fund			
		2010	2016	2017	2017排名 Ranking	2010	2016	2017	2017排名 Ranking
全　国	**National Total**	**13375.6**	**18088.8**	**18784.2**		**209.1**	**230.4**	**220.2**	
北　京	Beijing	774.2	1115.0	1170.9	5	1.6	3.7	3.9	19
天　津	Tianjin	246.1	302.5	311.3	19	3.5	7.4	8.4	8
河　北	Hebei	493.4	515.9	529.7	13	9.0	7.9	7.2	11
山　西	Shanxi	305.7	415.2	420.6	16	4.6	3.0	3.0	21
内蒙古	Inner Mongolia	230.9	241.1	247.1	25	2.1	3.0	2.5	24
辽　宁	Liaoning	626.9	665.4	679.9	9	11.4	10.7	10.5	6
吉　林	Jilin	245.1	262.0	263.7	23	7.8	2.7	2.8	23
黑龙江	Heilongjiang	472.9	313.2	315.1	18	8.8	3.9	4.1	17
上　海	Shanghai	556.2	947.3	961.8	6	11.6	10.5	11.1	5
江　苏	Jiangsu	1153.8	1538.1	1583.0	2	19.7	34.0	32.1	1
浙　江	Zhejiang	875.0	1317.0	1380.9	3	5.8	9.0	8.9	7
安　徽	Anhui	384.0	448.5	472.4	14	7.8	8.8	8.1	9
福　建	Fujian	374.2	575.5	612.3	10	3.2	5.2	4.9	16
江　西	Jiangxi	265.3	282.6	286.3	22	8.2	1.6	1.7	27
山　东	Shandong	931.2	1222.9	1268.3	4	20.7	22.0	20.1	3
河　南	Henan	696.7	788.1	805.6	7	14.7	7.6	7.5	10
湖　北	Hubei	469.7	541.9	561.3	12	6.4	6.9	6.4	13
湖　南	Hunan	399.5	537.5	563.7	11	6.9	7.0	6.8	12
广　东	Guangdong	1627.3	3020.1	3163.7	1	10.6	15.4	14.6	4
广　西	Guangxi	238.4	283.7	302.1	21	6.2	5.9	5.4	14
海　南	Hainan	112.5	170.2	168.1	27	1.6	2.2	2.2	25
重　庆	Chongqing	237.4	447.1	466.3	15	3.7	4.2	3.9	19
四　川	Sichuan	464.7	702.0	776.7	8	9.1	29.8	27.4	2
贵　州	Guizhou	152.5	218.1	235.7	26	1.2	2.4	2.2	25
云　南	Yunnan	209.6	251.2	259.8	24	3.2	5.6	5.1	15
西　藏	Tibet	9.3	15.2	15.2	31		0.003	0.002	31
陕　西	Shaanxi	331.6	352.2	356.5	17	7.5	2.8	2.9	22
甘　肃	Gansu	164.2	164.3	165.4	28	2.4	1.1	0.9	29
青　海	Qinghai	36.6	40.8	41.5	30	0.4	0.4	0.3	30
宁　夏	Ningxia	47.6	95.6	88.5	29	1.0	1.3	1.2	28
新　疆	Xinjiang	242.9	298.7	310.8	20	8.3	4.5	4.0	18

21-10 失业保险基金收入和失业保险基金支出
Revenue and Expenses of Unemployment Insurance

单位：亿元 （100 million yuan）

地区	Region	失业保险基金收入 Revenue				失业保险基金支出 Expenses			
		2010	2016	2017	2017排名 Ranking	2010	2016	2017	2017排名 Ranking
全　国	**National Total**	**649.8**	**1228.9**	**1112.6**		**423.3**	**976.1**	**893.8**	
北　京	Beijing	30.0	80.7	82.2	5	25.1	61.7	65.9	4
天　津	Tianjin	21.1	28.8	37.9	9	13.5	27.8	50.7	8
河　北	Hebei	27.6	38.4	27.7	11	23.5	49.6	27.1	10
山　西	Shanxi	13.8	27.5	25.2	14	6.7	11.9	12.3	21
内蒙古	Inner Mongolia	11.6	24.1	17.0	23	4.7	13.8	7.3	25
辽　宁	Liaoning	39.3	46.8	38.9	8	16.3	35.0	26.6	11
吉　林	Jilin	12.0	22.5	21.4	17	5.8	11.7	12.1	22
黑龙江	Heilongjiang	13.8	24.7	19.7	20	16.4	18.3	17.2	15
上　海	Shanghai	71.7	104.5	87.2	4	60.7	93.4	98.5	2
江　苏	Jiangsu	68.5	112.4	88.0	3	37.4	109.8	100.0	1
浙　江	Zhejiang	51.8	89.8	74.2	6	23.4	68.7	63.3	6
安　徽	Anhui	16.4	36.0	26.1	13	9.6	26.7	25.2	12
福　建	Fujian	11.6	29.2	24.3	15	5.6	16.8	16.6	16
江　西	Jiangxi	8.1	10.7	9.6	27	4.7	3.7	3.8	28
山　东	Shandong	43.0	92.4	67.6	7	31.3	70.0	65.2	5
河　南	Henan	18.8	38.6	32.5	10	14.8	22.6	19.8	14
湖　北	Hubei	15.9	31.0	26.2	12	8.4	23.9	21.0	13
湖　南	Hunan	14.5	27.6	23.2	16	7.5	16.8	16.5	17
广　东	Guangdong	32.3	102.0	113.5	2	31.0	95.3	71.5	3
广　西	Guangxi	11.1	22.4	19.4	21	6.3	19.2	15.2	19
海　南	Hainan	3.7	6.5	5.9	28	1.8	4.5	5.2	27
重　庆	Chongqing	9.2	20.0	17.2	22	4.9	15.8	15.5	18
四　川	Sichuan	40.8	95.3	136.0	1	17.0	75.6	62.2	7
贵　州	Guizhou	7.6	17.0	13.8	25	5.3	13.9	11.3	24
云　南	Yunnan	8.2	22.2	17.0	23	6.5	13.1	11.4	23
西　藏	Tibet	1.4	2.7	2.0	31	0.8	0.1	0.3	31
陕　西	Shaanxi	16.6	23.2	20.4	18	11.8	11.8	14.3	20
甘　肃	Gansu	8.7	14.6	10.5	26	7.5	8.2	5.9	26
青　海	Qinghai	2.7	3.6	3.3	30	1.0	3.3	1.6	30
宁　夏	Ningxia	2.9	6.8	4.8	29	1.1	3.6	3.2	29
新　疆	Xinjiang	15.4	26.9	19.9	19	13.0	29.7	27.2	9

21-11 失业保险基金累计结余和城镇登记失业人员

Unemployment Insurance Balance at Year-end and Registered Unemployed Person in Urban Areas

地区	Region	失业保险基金累计结余（亿元） Balance at Year-end （100 million yuan）				城镇登记失业人员（万人） Registered Unemployed Person in Urban Areas （10 000 persons）			
		2010	2016	2017	2017排名 Ranking	2010	2016	2017	2017排名 Ranking
全　国	**National Total**	**1749.8**	**5333.3**	**5552.4**		**908.0**			
北　京	Beijing	86.6	221.5	237.9	7	7.7	8.0	8.1	27
天　津	Tianjin	48.7	104.2	91.4	23	16.1	25.8	26.0	17
河　北	Hebei	54.8	157.9	158.5	15	35.1	39.7	39.9	6
山　西	Shanxi	45.2	165.6	178.5	9	20.4	26.1	26.5	15
内蒙古	Inner Mongolia	28.7	118.8	128.9	19	20.8	26.7	27.1	14
辽　宁	Liaoning	62.0	270.3	282.5	6	38.9	47.3	42.7	4
吉　林	Jilin	33.2	116.4	125.7	20	22.7	25.7	26.3	16
黑龙江	Heilongjiang	54.5	165.2	167.8	13	36.2	39.6	39.7	7
上　海	Shanghai	87.4	181.2	169.9	12	27.7	24.3	22.1	19
江　苏	Jiangsu	172.3	440.0	428.0	2	40.6	35.2	34.7	10
浙　江	Zhejiang	156.2	401.0	411.9	4	31.1	33.9	33.8	11
安　徽	Anhui	28.3	115.6	116.4	21	26.9	30.4	29.0	13
福　建	Fujian	52.3	163.9	171.6	11	14.5	16.3	17.1	21
江　西	Jiangxi	25.8	71.4	77.2	27	26.3	31.3	32.3	12
山　东	Shandong	143.2	297.8	300.1	5	59.5	45.8	45.7	2
河　南	Henan	42.9	175.0	188.4	8	38.2	43.6	40.7	5
湖　北	Hubei	47.0	173.3	178.5	9	55.7	32.9	37.1	8
湖　南	Hunan	37.3	126.1	132.9	18	43.2	44.9	44.5	3
广　东	Guangdong	187.5	641.2	683.3	1	39.3	38.0	37.1	8
广　西	Guangxi	43.7	129.6	133.9	16	19.1	18.1	14.7	23
海　南	Hainan	14.3	34.5	35.1	29	4.8	5.1	5.5	28
重　庆	Chongqing	27.7	112.2	113.8	22	13.0	15.7	14.3	24
四　川	Sichuan	71.3	341.6	415.3	3	34.6	56.3	55.8	1
贵　州	Guizhou	32.8	77.7	80.2	26	12.2	14.8	14.9	22
云　南	Yunnan	36.4	127.7	133.4	17	15.7	20.1	19.8	20
西　藏	Tibet	4.7	16.4	18.2	31	2.1	1.8	1.9	31
陕　西	Shaanxi	42.6	154.4	159.6	14	21.4	22.7	23.4	18
甘　肃	Gansu	16.6	78.5	83.1	25	10.7	9.8	9.6	26
青　海	Qinghai	9.4	27.5	29.2	30	4.2	4.6	4.7	30
宁　夏	Ningxia	8.9	34.8	36.3	28	4.8	5.1	5.1	29
新　疆	Xinjiang	47.8	92.1	84.8	24	11.0	9.7	10.0	25

21-12 城镇基本医疗保险年末参保人数和城镇职工参保人数
Number of Medical Care Insurance of Urban staff and Workers and Retires at Year-end

单位：万人 (10 000 persons)

地区	Region	城镇基本医疗保险年末参保人数 Persons Covered at Year-end 2010	2016	2017	2017排名 Ranking	其中：城镇职工参保人数 Urban Workers 2010	2016	2017	2017排名 Ranking
全　国	**National Total**	**43262.9**	**74391.6**	**117681.4**		**23734.7**	**29531.5**	**30322.7**	
北　京	Beijing	1207.3	1708.8	1771.4	22	1063.7	1517.6	1569.2	6
天　津	Tianjin	960.9	1066.8	1088.5	25	470.0	535.7	554.1	22
河　北	Hebei	1518.1	6672.1	6883.1	7	848.0	973.7	986.9	11
山　西	Shanxi	923.5	1121.2	3215.3	15	562.0	660.2	664.1	16
内蒙古	Inner Mongolia	886.4	1019.8	2161.5	19	433.5	488.8	495.1	24
辽　宁	Liaoning	2056.2	2376.0	2277.5	18	1408.7	1635.6	1575.9	5
吉　林	Jilin	1333.8	1380.9	1380.9	23	550.1	576.0	576.0	19
黑龙江	Heilongjiang	1560.8	1599.9	2892.6	16	873.7	879.5	843.8	13
上　海	Shanghai	1665.2	1806.7	1839.8	21	1405.9	1468.6	1495.1	8
江　苏	Jiangsu	3249.4	3984.4	7619.1	5	1848.3	2490.5	2601.1	2
浙　江	Zhejiang	1963.8	4993.3	5251.6	9	1344.4	2017.5	2117.4	3
安　徽	Anhui	1529.3	1621.5	2108.1	20	598.5	782.0	809.2	15
福　建	Fujian	1200.6	1297.9	3768.6	13	546.6	792.1	819.3	14
江　西	Jiangxi	1326.4	1807.0	4762.4	11	532.1	591.6	558.7	20
山　东	Shandong	2770.6	9188.8	9295.7	3	1541.3	1960.0	2013.1	4
河　南	Henan	2043.7	2360.7	10410.7	1	957.4	1227.3	1228.2	9
湖　北	Hubei	1860.0	1981.8	5622.2	8	847.8	961.0	1018.9	10
湖　南	Hunan	1894.5	2646.1	6906.3	6	777.4	829.6	867.1	12
广　东	Guangdong	5043.2	10150.2	10365.1	2	3000.0	3814.1	3962.6	1
广　西	Guangxi	935.2	1096.4	5173.3	10	413.5	530.7	556.7	21
海　南	Hainan	323.3	387.2	419.5	30	166.9	201.0	209.6	28
重　庆	Chongqing	830.8	3259.3	3248.5	14	406.2	604.8	640.3	17
四　川	Sichuan	2063.1	5056.8	7714.8	4	1051.9	1440.6	1526.4	7
贵　州	Guizhou	602.5	973.6	1001.3	27	293.5	389.8	410.4	26
云　南	Yunnan	820.5	1163.6	4463.8	12	414.8	479.1	491.3	25
西　藏	Tibet	38.6	65.4	69.9	31	23.5	36.8	40.0	31
陕　西	Shaanxi	947.2	1248.0	1251.0	24	474.2	599.6	619.8	18
甘　肃	Gansu	588.8	643.3	2512.2	17	290.2	314.4	320.2	27
青　海	Qinghai	140.3	196.7	549.0	29	78.7	97.9	94.0	30
宁　夏	Ningxia	188.3	594.0	618.2	28	94.1	117.5	123.5	29
新　疆	Xinjiang	790.5	923.2	1039.6	26	417.7	517.7	534.6	23

21-13 城镇职工在岗人员参保人数和城镇职工退休人员参保人数
Number of Medical Care Insurance of Urban staff and Workers and Retires

单位：万人 (10 000 persons)

地区	Region	城镇职工在岗人员参保人数 Staff and Workers				城镇职工退休人员参保人数 Retirees			
		2010	2016	2017	2017排名 Ranking	2010	2016	2017	2017排名 Ranking
全　国	**National Total**	**17791.2**	**21720.0**	**22288.4**		**5943.5**	**7811.6**	**8034.3**	
北　京	Beijing	848.5	1239.9	1282.9	5	215.1	277.8	286.2	12
天　津	Tianjin	312.5	340.3	353.1	23	157.5	195.4	201.0	16
河　北	Hebei	610.0	667.5	674.5	11	238.0	306.2	312.4	11
山　西	Shanxi	422.0	474.8	474.9	16	140.0	185.4	189.2	19
内蒙古	Inner Mongolia	308.9	342.7	346.6	24	124.7	146.1	148.4	24
辽　宁	Liaoning	944.6	1022.7	967.5	8	464.1	612.9	608.4	2
吉　林	Jilin	370.3	371.1	368.3	21	179.9	204.8	207.6	15
黑龙江	Heilongjiang	595.3	525.5	493.2	15	278.4	354.0	350.6	8
上　海	Shanghai	1017.1	991.6	1005.4	7	388.8	477.0	489.7	3
江　苏	Jiangsu	1405.1	1849.4	1921.4	2	443.2	641.2	679.8	1
浙　江	Zhejiang	1117.6	1634.3	1702.9	3	226.8	383.2	414.5	7
安　徽	Anhui	429.2	550.9	571.5	14	169.3	231.1	237.7	14
福　建	Fujian	425.9	641.9	664.3	12	120.7	150.2	155.1	22
江　西	Jiangxi	365.6	388.8	366.9	22	166.5	202.8	191.8	17
山　东	Shandong	1224.6	1494.4	1526.8	4	316.7	465.6	486.3	4
河　南	Henan	698.7	882.7	883.9	9	258.7	344.6	344.4	9
湖　北	Hubei	608.0	660.5	702.7	10	239.8	300.5	316.2	10
湖　南	Hunan	540.5	557.1	581.8	13	236.9	272.5	285.4	13
广　东	Guangdong	2685.6	3353.5	3483.5	1	314.5	460.6	479.1	5
广　西	Guangxi	290.5	375.7	396.6	19	123.0	155.0	160.2	21
海　南	Hainan	123.7	143.9	149.1	28	43.2	57.1	60.4	28
重　庆	Chongqing	280.6	425.3	455.3	17	125.6	179.5	184.9	20
四　川	Sichuan	703.6	1001.3	1068.0	6	348.3	439.4	458.4	6
贵　州	Guizhou	205.3	281.5	298.9	26	88.2	108.3	111.5	26
云　南	Yunnan	293.3	334.7	344.0	25	121.4	144.5	147.3	25
西　藏	Tibet	16.9	28.3	30.9	31	6.6	8.6	9.1	31
陕　西	Shaanxi	322.9	411.1	429.2	18	151.2	188.5	190.5	18
甘　肃	Gansu	204.4	208.5	212.2	27	85.9	106.0	108.0	27
青　海	Qinghai	53.5	66.0	61.2	30	25.2	31.8	32.8	30
宁　夏	Ningxia	67.7	84.5	88.9	29	26.4	33.0	34.6	29
新　疆	Xinjiang	298.8	369.7	381.8	20	119.0	148.0	152.7	23

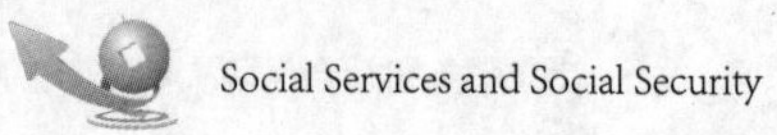

21-14 城镇居民参加基本医疗保险人数和基金累计结余
Urban Contributors and Balance at the Year-end of Medical Care Insurance

地区	Region	城镇居民参加基本医疗保险人数（万人） Contributors (10 000 persons)				城镇基本医疗保险基金累计结余（亿元） Balance at the Year-end (100 million yuan)			
		2010	2016	2017	2017排名 Ranking	2010	2016	2017	2017排名 Ranking
全　国	**National Total**	**19528.3**	**44860.0**	**87358.7**		**5047.1**	**14964.3**	**19385.6**	
北　京	Beijing	143.7	191.2	202.2	30	195.9	463.8	609.5	10
天　津	Tianjin	490.9	531.1	534.3	24	50.5	199.2	282.5	25
河　北	Hebei	670.0	5698.4	5896.2	6	189.9	645.8	790.5	8
山　西	Shanxi	361.5	461.0	2551.3	15	115.1	289.0	421.4	18
内蒙古	Inner Mongolia	452.8	531.0	1666.4	18	87.6	231.1	301.9	23
辽　宁	Liaoning	647.5	740.4	701.6	21	251.8	425.6	459.2	14
吉　林	Jilin	783.7	804.9	804.9	20	100.9	261.7	282.7	24
黑龙江	Heilongjiang	687.1	720.3	2048.9	17	189.5	354.6	427.2	17
上　海	Shanghai	259.2	338.0	344.6	28	204.6	1410.8	2085.7	2
江　苏	Jiangsu	1401.2	1493.9	5018.0	7	459.8	1187.2	1463.6	4
浙　江	Zhejiang	619.4	2975.8	3134.2	12	372.9	1319.9	1568.6	3
安　徽	Anhui	930.9	839.6	1298.9	19	126.4	326.5	403.3	19
福　建	Fujian	654.0	505.8	2949.3	13	174.9	498.0	631.0	9
江　西	Jiangxi	794.3	1215.4	4203.7	10	84.6	276.1	444.5	15
山　东	Shandong	1229.3	7228.8	7282.6	2	262.5	877.6	979.2	6
河　南	Henan	1086.4	1133.4	9182.5	1	166.4	472.8	809.6	7
湖　北	Hubei	1012.3	1020.8	4603.3	9	159.0	351.0	569.5	12
湖　南	Hunan	1117.2	1816.6	6039.1	5	148.7	390.0	583.5	11
广　东	Guangdong	2043.2	6336.1	6402.4	3	699.7	2145.3	2474.8	1
广　西	Guangxi	521.7	565.7	4616.5	8	117.7	287.1	477.3	13
海　南	Hainan	156.4	186.2	209.9	29	29.8	91.0	113.7	28
重　庆	Chongqing	424.6	2654.5	2608.2	14	92.4	291.1	311.6	22
四　川	Sichuan	1011.2	3616.2	6188.4	4	284.7	824.2	1126.1	5
贵　州	Guizhou	309.0	583.8	590.9	23	55.4	145.4	188.5	26
云　南	Yunnan	405.7	684.5	3972.5	11	107.6	263.1	431.5	16
西　藏	Tibet	15.1	28.5	29.9	31	12.7	43.7	61.4	31
陕　西	Shaanxi	473.1	648.4	631.2	22	105.1	300.0	343.1	21
甘　肃	Gansu	298.6	328.9	2192.0	16	52.8	115.3	178.5	27
青　海	Qinghai	61.6	98.8	455.0	27	33.6	69.9	87.3	29
宁　夏	Ningxia	94.2	476.6	494.8	26	22.9	74.1	81.4	30
新　疆	Xinjiang	372.7	405.5	505.0	25	91.5	333.7	397.0	20

21-15 城镇基本医疗保险基金总收入和总支出

Total Revenue and Expenses of Medical Care Insurance in Cities

单位：亿元 (100 million yuan)

地区	Region	城镇基本医疗保险基金总收入 Revenue				城镇基本医疗保险基金总支出 Expenses			
		2010	2016	2017	2017排名 Ranking	2010	2016	2017	2017排名 Ranking
全 国	**National Total**	**4308.9**	**13084.3**	**17931.6**		**3538.1**	**10767.1**	**14421.7**	
北 京	Beijing	298.4	937.9	1065.8	6	290.4	793.6	920.1	5
天 津	Tianjin	115.2	310.8	357.5	20	103.5	255.2	274.2	19
河 北	Hebei	159.1	678.1	749.6	9	117.4	587.6	616.5	9
山 西	Shanxi	87.1	211.2	371.7	19	69.6	190.4	322.9	18
内蒙古	Inner Mongolia	78.5	205.5	311.9	22	64.2	170.0	268.0	21
辽 宁	Liaoning	215.7	440.5	496.9	13	181.7	410.8	464.0	12
吉 林	Jilin	63.7	194.1	195.6	26	52.7	150.8	174.5	26
黑龙江	Heilongjiang	127.3	312.9	433.6	16	103.7	287.1	387.5	15
上 海	Shanghai	329.7	903.5	1404.4	2	300.2	609.5	729.4	8
江 苏	Jiangsu	362.8	990.5	1368.7	3	287.7	843.6	1149.4	2
浙 江	Zhejiang	301.2	1031.8	1234.1	4	242.7	832.6	989.5	4
安 徽	Anhui	99.2	265.8	339.8	21	82.3	214.4	269.4	20
福 建	Fujian	108.9	330.6	478.6	14	91.1	273.5	382.4	16
江 西	Jiangxi	64.5	210.2	474.9	15	49.6	161.9	341.6	17
山 东	Shandong	264.2	1081.3	1194.8	5	222.2	956.5	1094.2	3
河 南	Henan	132.0	353.7	894.2	8	108.0	285.0	753.9	7
湖 北	Hubei	128.0	355.1	697.4	10	104.4	301.9	578.6	10
湖 南	Hunan	113.0	368.0	676.4	11	105.8	296.3	561.1	11
广 东	Guangdong	419.2	1375.8	1565.0	1	310.8	1060.0	1245.0	1
广 西	Guangxi	77.9	202.4	374.7	18	56.6	153.9	264.6	22
海 南	Hainan	26.9	67.9	83.3	29	20.6	51.9	60.5	29
重 庆	Chongqing	76.0	367.9	410.6	17	61.2	338.4	392.2	14
四 川	Sichuan	226.9	707.3	1023.2	7	165.0	567.2	762.7	6
贵 州	Guizhou	47.8	157.8	186.4	27	38.0	129.7	143.3	27
云 南	Yunnan	97.9	243.6	503.2	12	85.9	201.1	406.8	13
西 藏	Tibet	9.9	28.0	39.5	31	6.4	18.7	21.9	31
陕 西	Shaanxi	89.1	226.3	287.7	24	63.6	190.6	246.0	23
甘 肃	Gansu	49.2	119.1	248.4	25	37.9	100.6	224.6	25
青 海	Qinghai	25.9	57.3	69.1	30	18.3	49.5	51.6	30
宁 夏	Ningxia	19.2	83.4	93.1	28	15.5	76.2	85.8	28
新 疆	Xinjiang	94.4	266.0	301.4	23	80.9	208.7	239.3	24

21-16 城镇职工基本医疗保险基金收入和基金支出

Revenue and Expenses for Urban Workers of Work Injury Insurance and Maternity Insurance

单位：亿元 (100 million yuan)

地区	Region	城镇职工基本医疗保险基金收入 Revenue for Workers				城镇职工基本医疗保险基金支出 Expenses for Workers			
		2010	2016	2017	2017排名 Ranking	2010	2016	2017	2017排名 Ranking
全　国	**National Total**	**3955.4**	**10273.7**	**12278.3**		**3271.6**	**8286.7**	**9466.9**	
北　京	Beijing	296.8	912.1	1040.1	3	285.7	776.6	898.0	1
天　津	Tianjin	105.5	263.5	303.5	13	94.4	225.8	240.1	15
河　北	Hebei	145.8	351.6	387.7	9	109.9	272.4	305.4	10
山　西	Shanxi	80.8	187.0	213.7	21	66.4	170.1	186.5	21
内蒙古	Inner Mongolia	71.4	179.9	198.9	22	58.7	148.0	162.6	22
辽　宁	Liaoning	205.7	405.0	456.5	8	175.6	383.4	430.3	8
吉　林	Jilin	52.9	163.7	161.7	25	45.4	123.1	143.4	24
黑龙江	Heilongjiang	113.3	258.2	285.5	15	95.4	237.7	259.7	12
上　海	Shanghai	316.7	849.7	1340.4	1	287.0	554.0	663.7	4
江　苏	Jiangsu	339.8	868.0	978.6	4	270.1	733.9	810.0	3
浙　江	Zhejiang	280.3	755.0	895.0	5	223.9	565.3	663.2	5
安　徽	Anhui	81.4	218.4	259.6	17	69.6	177.3	203.0	19
福　建	Fujian	101.4	258.8	290.7	14	84.1	206.6	220.1	16
江　西	Jiangxi	52.5	149.2	178.0	24	42.6	120.4	131.5	25
山　东	Shandong	248.0	658.5	739.6	6	209.9	569.1	631.6	6
河　南	Henan	119.0	296.1	360.8	11	97.7	239.6	265.2	11
湖　北	Hubei	111.5	299.1	371.9	10	95.1	259.6	318.5	9
湖　南	Hunan	97.2	275.8	313.6	12	94.8	213.8	243.3	13
广　东	Guangdong	377.9	975.8	1152.5	2	275.9	717.4	867.2	2
广　西	Guangxi	70.0	174.0	194.4	23	53.0	137.6	147.4	23
海　南	Hainan	24.0	57.4	69.8	28	18.8	42.9	49.5	28
重　庆	Chongqing	69.1	222.0	250.3	18	55.2	203.1	241.1	14
四　川	Sichuan	195.2	493.1	649.7	7	142.6	386.6	449.5	7
贵　州	Guizhou	44.2	131.3	153.9	26	35.2	111.0	120.5	26
云　南	Yunnan	89.7	204.3	250.3	18	79.4	167.6	192.2	20
西　藏	Tibet	9.1	26.7	34.8	31	5.9	15.9	18.3	31
陕　西	Shaanxi	81.6	190.7	246.5	20	58.7	159.9	204.1	18
甘　肃	Gansu	44.8	103.3	114.2	27	34.2	88.0	94.6	27
青　海	Qinghai	24.4	50.9	62.4	29	17.3	42.4	44.6	30
宁　夏	Ningxia	17.3	53.6	58.1	30	13.7	48.1	49.3	29
新　疆	Xinjiang	88.2	241.1	265.7	16	75.6	189.4	212.3	17

21-17 城镇居民基本医疗保险基金收入和基金支出

Revenue for Urban Residents and Expenses for Urban Residents of Work Injury Insurance and Maternity Insurance

单位：亿元 (100 million yuan)

地区	Region	城镇居民基本医疗保险基金收入 Revenue for Urban Residents				城镇居民基本医疗保险基金支出 Expenses for Urban Residents			
		2010	2016	2017	2017排名 Ranking	2010	2016	2017	2017排名 Ranking
全　国	**National Total**	**353.5**	**2810.5**	**5653.3**		**266.5**	**2480.4**	**4954.8**	
北　京	Beijing	1.6	25.8	25.6	28	4.7	17.0	22.1	28
天　津	Tianjin	9.8	47.4	54.0	21	9.1	29.4	34.1	23
河　北	Hebei	13.2	326.6	361.9	7	7.4	315.2	311.1	8
山　西	Shanxi	6.2	24.2	157.9	15	3.3	20.3	136.3	14
内蒙古	Inner Mongolia	7.1	25.6	113.1	18	5.5	22.0	105.5	18
辽　宁	Liaoning	10.0	35.5	40.4	23	6.2	27.4	33.7	24
吉　林	Jilin	10.8	30.4	33.9	26	7.4	27.7	31.1	25
黑龙江	Heilongjiang	14.0	54.6	148.1	16	8.3	49.4	127.7	16
上　海	Shanghai	13.0	53.8	64.0	20	13.2	55.5	65.7	20
江　苏	Jiangsu	23.0	122.4	390.1	4	17.6	109.7	339.3	4
浙　江	Zhejiang	21.0	276.8	339.0	8	18.8	267.3	326.3	5
安　徽	Anhui	17.8	47.3	80.2	19	12.7	37.1	66.4	19
福　建	Fujian	7.5	71.8	188.0	12	7.0	66.9	162.3	12
江　西	Jiangxi	12.0	61.0	296.9	10	7.0	41.5	210.1	11
山　东	Shandong	16.2	422.8	455.2	2	12.4	387.3	462.6	2
河　南	Henan	13.1	57.6	533.5	1	10.3	45.4	488.7	1
湖　北	Hubei	16.5	56.0	325.5	9	9.3	42.3	260.1	9
湖　南	Hunan	15.8	92.3	362.8	6	11.0	82.5	317.8	6
广　东	Guangdong	41.3	400.0	412.4	3	35.0	342.6	377.8	3
广　西	Guangxi	7.9	28.5	180.4	13	3.6	16.2	117.2	17
海　南	Hainan	2.9	10.5	13.5	29	1.9	9.0	11.0	29
重　庆	Chongqing	6.9	145.9	160.3	14	6.0	135.4	151.1	13
四　川	Sichuan	31.7	214.3	373.5	5	22.4	180.6	313.2	7
贵　州	Guizhou	3.6	26.5	32.5	27	2.8	18.7	22.8	27
云　南	Yunnan	8.2	39.3	252.9	11	6.5	33.4	214.6	10
西　藏	Tibet	0.9	1.3	4.7	31	0.5	2.8	3.5	31
陕　西	Shaanxi	7.5	35.6	41.2	22	4.9	30.8	42.0	21
甘　肃	Gansu	4.4	15.8	134.2	17	3.7	12.6	130.1	15
青　海	Qinghai	1.5	6.3	6.7	30	1.0	7.1	7.1	30
宁　夏	Ningxia	1.9	29.7	35.0	25	1.9	28.2	36.5	22
新　疆	Xinjiang	6.2	24.9	35.8	24	5.4	19.3	26.9	26

21-18 城镇职工基本医疗保险基金累计结余和城镇居民基本医疗保险基金累计结余 Balance at the Year-end for Workers, and Balance at the Year-end for Urban Residents

单位：亿元 (100 million yuan)

地区	Region	城镇职工基本医疗保险基金累计结余 Balance at the Year-end for Workers				城镇居民基本医疗保险基金累计结余 Balance at the Year-end for Urban Residents			
		2010	2016	2017	2017排名 Ranking	2010	2016	2017	2017排名 Ranking
全　国	**National Total**	**4741.2**	**12971.7**	**15851.0**		**306.0**	**1992.6**	**3534.6**	
北　京	Beijing	191.6	429.5	571.6	8	4.4	34.3	37.9	25
天　津	Tianjin	48.8	149.3	212.7	25	1.7	49.9	69.8	18
河　北	Hebei	177.4	512.7	605.5	7	12.6	133.1	185.0	9
山　西	Shanxi	106.4	260.4	288.8	19	8.7	28.5	132.6	11
内蒙古	Inner Mongolia	80.2	201.2	240.6	21	7.4	29.9	61.3	20
辽　宁	Liaoning	242.1	379.8	406.7	11	9.8	45.8	52.5	21
吉　林	Jilin	90.3	219.7	238.0	22	10.6	41.9	44.7	23
黑龙江	Heilongjiang	174.9	294.8	320.6	16	14.6	59.8	106.6	13
上　海	Shanghai	203.4	1403.0	2079.6	2	1.1	7.8	6.1	29
江　苏	Jiangsu	439.6	1111.8	1282.9	4	20.2	75.4	180.7	10
浙　江	Zhejiang	361.6	1249.3	1481.1	3	11.2	70.6	87.4	16
安　徽	Anhui	105.7	267.3	323.9	15	20.7	59.2	79.5	17
福　建	Fujian	170.0	464.1	534.7	9	4.9	33.8	96.3	14
江　西	Jiangxi	70.4	184.0	230.4	23	14.1	92.1	214.1	5
山　东	Shandong	248.8	671.4	780.4	6	13.8	206.2	198.8	6
河　南	Henan	153.0	397.9	494.7	10	13.4	75.0	314.9	2
湖　北	Hubei	137.8	262.2	338.5	14	21.2	88.8	231.0	4
湖　南	Hunan	133.2	317.5	389.3	12	15.5	72.5	194.2	8
广　东	Guangdong	677.8	1801.3	2107.4	1	22.0	344.0	367.4	1
广　西	Guangxi	108.8	231.5	278.5	20	8.9	55.6	198.8	6
海　南	Hainan	26.2	77.8	98.1	28	3.6	13.2	15.6	28
重　庆	Chongqing	89.6	206.3	217.5	24	2.8	84.8	94.1	15
四　川	Sichuan	257.7	689.8	890.0	5	27.0	134.4	236.1	3
贵　州	Guizhou	51.5	108.2	141.6	26	3.9	37.1	46.9	22
云　南	Yunnan	100.1	240.9	299.1	18	7.6	22.1	132.4	12
西　藏	Tibet	12.0	46.8	63.3	31	0.7	-3.1	-1.9	31
陕　西	Shaanxi	96.7	262.1	305.0	17	8.4	37.9	38.0	24
甘　肃	Gansu	46.8	97.4	117.0	27	6.1	17.9	61.5	19
青　海	Qinghai	32.1	70.1	87.9	29	1.5	-0.2	-0.5	30
宁　夏	Ningxia	21.3	56.1	64.9	30	1.6	18.0	16.5	27
新　疆	Xinjiang	85.5	307.5	360.7	13	6.0	26.2	36.3	26

21-19 年末参加工伤保险人数和享受工伤待遇人数
Work Injury Insurance Contributors at Year-end, and Beneficiaries at Year-end

地区	Region	年末参加工伤保险人数（万人） Work Injury Insurance Contributors at Year-end （10 000 persons）				享受工伤待遇人数（万人次） Beneficiaries at Year-end (10 000 person-times)			
		2010	2016	2017	2017排名 Ranking	2010	2016	2017	2017排名 Ranking
全　国	**National Total**	**16160.7**	**21889.3**	**22723.7**		**147.5**	**196.0**	**192.8**	
北　京	Beijing	823.8	1060.2	1117.9	5	4.4	4.6	4.4	18
天　津	Tianjin	304.5	388.1	395.3	21	4.1	3.4	3.6	21
河　北	Hebei	594.4	840.0	860.7	10	7.5	9.8	10.0	8
山　西	Shanxi	292.4	576.0	582.6	14	4.9	11.4	6.3	13
内蒙古	Inner Mongolia	207.5	303.2	307.8	26	1.8	2.7	2.4	24
辽　宁	Liaoning	730.0	886.6	862.1	9	10.0	13.8	13.8	4
吉　林	Jilin	300.5	440.7	441.4	20	3.7	4.9	5.1	16
黑龙江	Heilongjiang	415.1	522.2	519.1	16	6.2	6.5	6.2	14
上　海	Shanghai	961.0	943.5	958.1	6	1.7	6.5	6.4	12
江　苏	Jiangsu	1205.5	1633.9	1690.2	3	9.8	15.1	14.3	3
浙　江	Zhejiang	1475.1	1880.7	1977.2	2	20.2	18.7	19.4	1
安　徽	Anhui	351.1	544.6	565.5	15	4.4	8.7	10.5	7
福　建	Fujian	417.7	733.8	798.7	11	2.4	4.2	4.3	20
江　西	Jiangxi	371.7	502.1	517.1	17	2.7	4.5	5.1	16
山　东	Shandong	1211.2	1510.9	1569.1	4	10.2	11.1	11.1	6
河　南	Henan	551.7	877.0	900.9	7	3.0	4.8	5.4	15
湖　北	Hubei	444.0	651.1	656.6	13	3.1	7.9	6.5	11
湖　南	Hunan	516.0	773.3	782.8	12	7.4	11.1	11.9	5
广　东	Guangdong	2657.8	3246.2	3402.0	1	14.7	14.5	14.5	2
广　西	Guangxi	235.7	374.1	388.8	22	1.4	1.8	1.6	27
海　南	Hainan	95.8	137.4	141.4	28	0.3	0.3	0.4	30
重　庆	Chongqing	266.0	454.9	504.6	18	5.6	7.0	6.7	10
四　川	Sichuan	583.8	799.1	876.0	8	6.0	7.6	7.6	9
贵　州	Guizhou	162.2	305.0	332.5	25	1.9	2.5	2.4	24
云　南	Yunnan	227.4	372.8	383.7	23	4.6	3.7	4.4	18
西　藏	Tibet	8.8	26.9	33.4	31		0.1	0.1	31
陕　西	Shaanxi	278.6	441.6	459.3	19	1.6	3.0	2.8	22
甘　肃	Gansu	130.1	188.4	198.6	27	1.1	2.5	1.9	26
青　海	Qinghai	43.2	59.8	64.9	30	0.5	0.5	0.5	28
宁　夏	Ningxia	48.9	83.5	90.3	29	0.3	0.5	0.5	28
新　疆	Xinjiang	249.3	331.9	345.1	24	2.0	2.4	2.5	23

21-20 工伤保险基金收入和基金支出

Revenue and Expenses of Work Injury Insurance and Maternity Insurance

单位：亿元 (100 million yuan)

地区	Region	工伤保险基金收入 Revenue				工伤保险基金支出 Expenses			
		2010	2016	2017	2017排名 Ranking	2010	2016	2017	2017排名 Ranking
全 国	**National Total**	**284.9**	**736.9**	**853.8**		**192.4**	**610.3**	**662.3**	
北 京	Beijing	13.0	30.5	37.9	8	10.7	29.3	33.0	6
天 津	Tianjin	5.9	9.9	11.0	26	4.7	11.3	11.3	23
河 北	Hebei	16.1	40.6	46.4	5	13.3	36.0	39.6	5
山 西	Shanxi	12.9	30.8	35.1	10	8.0	28.4	32.5	7
内蒙古	Inner Mongolia	5.4	12.9	14.1	24	2.9	10.2	10.9	25
辽 宁	Liaoning	15.4	33.0	37.4	9	10.4	30.7	31.6	8
吉 林	Jilin	4.6	18.2	15.8	21	3.9	11.9	11.1	24
黑龙江	Heilongjiang	11.6	23.2	23.7	14	9.2	23.4	24.0	12
上 海	Shanghai	12.9	32.8	38.8	7	5.2	29.8	30.7	10
江 苏	Jiangsu	18.7	78.1	85.3	1	13.9	55.2	58.9	1
浙 江	Zhejiang	22.0	52.8	58.2	4	14.1	45.1	51.0	3
安 徽	Anhui	6.0	20.7	24.5	13	3.6	16.4	17.6	15
福 建	Fujian	5.9	17.6	20.0	17	2.9	13.5	15.9	16
江 西	Jiangxi	4.6	16.3	19.8	18	2.4	12.2	13.9	19
山 东	Shandong	20.5	50.2	58.9	3	15.1	39.4	42.2	4
河 南	Henan	10.2	26.6	31.1	12	5.8	19.6	22.2	13
湖 北	Hubei	5.1	16.8	23.1	15	2.8	12.5	15.2	17
湖 南	Hunan	10.7	36.5	42.0	6	8.4	27.7	31.2	9
广 东	Guangdong	30.4	58.9	73.9	2	19.8	47.7	51.2	2
广 西	Guangxi	3.4	10.2	12.6	25	1.6	5.2	5.5	27
海 南	Hainan	0.9	3.8	5.1	29	0.5	1.4	1.6	30
重 庆	Chongqing	7.1	17.9	22.7	16	6.2	19.2	18.7	14
四 川	Sichuan	12.4	29.3	32.7	11	8.5	23.8	26.2	11
贵 州	Guizhou	6.4	12.5	15.1	22	5.0	11.9	12.6	21
云 南	Yunnan	5.8	12.7	16.6	20	4.4	11.8	12.7	20
西 藏	Tibet	0.3	1.3	1.5	31	0.1	0.5	0.6	31
陕 西	Shaanxi	5.8	13.3	17.3	19	2.6	11.9	14.2	18
甘 肃	Gansu	2.9	8.2	9.2	27	1.7	6.8	7.1	26
青 海	Qinghai	1.6	3.3	4.0	30	0.9	2.6	2.8	29
宁 夏	Ningxia	1.4	4.1	5.4	28	0.8	3.9	4.4	28
新 疆	Xinjiang	4.8	13.6	14.4	23	3.3	10.9	11.8	22

21-21 工伤保险基金和生育保险基金累计结余

Cumulative Balance at Year-end of Work Injury Insurance and Maternity Insurance

单位：亿元 (100 million yuan)

地区	Region	工伤保险基金累计结余 Work Injury Insurance 2010	2016	2017	2017排名 Ranking	生育保险基金累计结余 Maternity Insurance 2010	2016	2017	2017排名 Ranking
全　国	**National Total**	**561.4**	**1410.9**	**1606.9**		**261.4**	**675.9**	**564.5**	
北　京	Beijing	17.3	43.4	48.3	12	19.7	36.8	29.1	4
天　津	Tianjin	11.2	15.0	14.7	27	10.7	17.7	10.6	22
河　北	Hebei	18.8	28.5	35.3	19	6.8	22.0	16.2	14
山　西	Shanxi	18.4	58.3	61.0	10	4.0	21.6	19.6	11
内蒙古	Inner Mongolia	8.0	39.0	42.4	15	4.0	17.1	18.3	12
辽　宁	Liaoning	23.9	34.4	40.1	17	8.5	14.6	14.5	16
吉　林	Jilin	5.3	33.4	38.2	18	4.3	13.9	12.8	20
黑龙江	Heilongjiang	13.1	32.3	32.0	21	6.4	15.0	15.3	15
上　海	Shanghai	37.8	60.2	68.2	6	0.7	31.6	42.1	2
江　苏	Jiangsu	35.3	110.5	136.9	2	40.0	45.6	27.4	5
浙　江	Zhejiang	37.6	86.4	93.6	4	14.3	41.4	36.7	3
安　徽	Anhui	11.0	41.8	48.7	11	5.0	14.0	12.6	21
福　建	Fujian	22.4	58.1	62.3	9	8.2	23.1	17.1	13
江　西	Jiangxi	9.1	37.1	43.0	14	2.8	10.5	7.6	24
山　东	Shandong	26.9	83.9	100.6	3	19.0	33.8	23.2	9
河　南	Henan	20.9	56.9	65.9	8	8.1	30.5	27.3	6
湖　北	Hubei	10.6	36.0	47.1	13	8.1	24.8	23.5	8
湖　南	Hunan	14.1	58.6	69.4	5	8.5	26.9	24.4	7
广　东	Guangdong	127.1	252.6	275.3	1	30.7	117.8	93.1	1
广　西	Guangxi	12.0	34.4	41.5	16	5.8	18.0	13.6	17
海　南	Hainan	4.3	12.9	16.4	25	2.2	5.4	4.9	26
重　庆	Chongqing	3.4	2.8	6.7	30	4.1	2.1		
四　川	Sichuan	21.9	60.9	67.4	7	10.9	19.0	13.4	18
贵　州	Guizhou	7.3	20.0	22.5	24	2.9	9.1	7.8	23
云　南	Yunnan	11.6	23.9	27.8	22	8.1	9.3	4.4	27
西　藏	Tibet	0.7	3.8	4.7	31	0.6	2.0	2.6	29
陕　西	Shaanxi	11.5	31.1	35.1	20	4.3	15.0	13.0	19
甘　肃	Gansu	5.8	13.5	15.6	26	1.9	8.7	6.4	25
青　海	Qinghai	3.0	7.1	8.3	29	0.5	4.0	3.3	28
宁　夏	Ningxia	1.5	9.6	10.6	28	0.7	2.4	1.9	30
新　疆	Xinjiang	9.8	24.5	27.1	23	9.9	22.3	21.5	10

注：工伤保险累计结合中含储备金。

Note: Balance of work injury insurance includes reserves.

21-22 年末参加生育保险人数和享受待遇人数
Maternity Insurance Contributors at Year-end, and Beneficiaries at Year-end

地区	Region	年末参加生育保险人数（万人） Maternity Insurance Contributors at Year-end (10 000 persons)				享受待遇人数（万人次） Beneficiaries at Year-end (10 000 person-times)			
		2010	2016	2017	2017排名 Ranking	2010	2016	2017	2017排名 Ranking
全　国	**National Total**	**12335.9**	**18451.0**	**19300.2**		**210.7**	**913.7**	**1112.8**	
北　京	Beijing	372.2	981.0	1035.2	5	12.6	51.9	68.6	5
天　津	Tianjin	212.0	285.0	296.9	25	5.6	28.1	27.4	14
河　北	Hebei	561.5	710.3	737.8	9	5.2	33.8	36.3	8
山　西	Shanxi	211.6	458.5	464.2	15	1.7	8.9	14.2	22
内蒙古	Inner Mongolia	233.9	305.3	307.6	23	2.2	8.5	11.5	25
辽　宁	Liaoning	593.0	790.1	782.4	7	13.5	31.7	44.2	6
吉　林	Jilin	310.5	367.8	370.1	17	5.6	17.1	17.1	20
黑龙江	Heilongjiang	290.1	358.0	355.1	18	3.4	9.4	8.9	26
上　海	Shanghai	657.3	956.1	972.0	6	7.7	28.2	36.4	7
江　苏	Jiangsu	1086.4	1510.3	1582.0	2	24.4	170.3	167.1	2
浙　江	Zhejiang	863.7	1294.4	1393.0	3	12.4	62.1	77.2	4
安　徽	Anhui	346.9	517.6	554.1	13	5.0	21.8	23.5	16
福　建	Fujian	374.4	625.8	634.5	11	4.9	20.9	27.5	13
江　西	Jiangxi	170.0	258.9	279.3	26	1.0	7.8	13.5	23
山　东	Shandong	774.1	1139.1	1186.6	4	18.0	73.4	90.9	3
河　南	Henan	412.9	646.8	692.7	10	5.3	24.5	30.5	12
湖　北	Hubei	381.8	511.9	522.1	14	11.0	30.2	35.2	9
湖　南	Hunan	527.1	542.9	561.9	12	12.1	27.4	34.0	11
广　东	Guangdong	2038.5	3161.9	3300.9	1	24.3	117.8	169.6	1
广　西	Guangxi	218.5	319.6	338.6	19	3.6	13.0	20.4	19
海　南	Hainan	92.6	136.5	140.3	28	1.5	6.0	8.8	27
重　庆	Chongqing	175.7	365.7	411.3	16	4.9	24.3	26.6	15
四　川	Sichuan	484.2	713.1	776.3	8	5.9	31.8	34.3	10
贵　州	Guizhou	164.3	286.3	304.0	24	2.3	10.8	20.5	18
云　南	Yunnan	210.2	295.9	307.9	22	4.0	16.2	22.2	17
西　藏	Tibet	14.8	24.9	29.1	31	0.3	0.9	1.4	31
陕　西	Shaanxi	180.1	283.4	328.7	20	2.4	9.1	12.6	24
甘　肃	Gansu	82.0	162.7	175.3	27	1.0	6.8	7.7	28
青　海	Qinghai	6.4	49.7	50.0	30	0.1	3.7	3.8	30
宁　夏	Ningxia	39.8	76.5	81.7	29	0.6	4.4	6.2	29
新　疆	Xinjiang	249.4	315.0	328.4	21	8.4	13.0	14.6	21

21-23 生育保险基金收入和基金支出
Childcare Revenue and Expenses

单位：亿元 (100 million yuan)

地区	Region	基金收入 Revenue				基金支出 Expenses			
		2010	2016	2017	2017排名 Ranking	2010	2016	2017	2017排名 Ranking
全　国	**National Total**	**159.6**	**521.9**	**642.5**		**109.9**	**530.6**	**743.5**	
北　京	Beijing	12.2	56.7	80.7	2	7.7	52.7	88.3	2
天　津	Tianjin	5.6	9.1	12.7	14	4.6	11.4	19.7	10
河　北	Hebei	4.7	12.8	15.0	10	2.5	14.2	18.7	11
山　西	Shanxi	2.2	7.6	8.3	20	1.2	5.6	9.4	19
内蒙古	Inner Mongolia	2.7	8.4	9.3	18	1.5	5.4	8.1	23
辽　宁	Liaoning	7.4	20.3	17.6	9	5.7	20.0	17.0	14
吉　林	Jilin	2.2	7.4	7.6	22	1.1	5.8	8.7	22
黑龙江	Heilongjiang	3.0	6.3	6.8	23	1.9	6.9	6.4	26
上　海	Shanghai	12.0	65.1	78.6	3	13.3	50.6	68.1	4
江　苏	Jiangsu	19.4	38.9	56.7	4	12.3	60.1	72.3	3
浙　江	Zhejiang	12.5	37.8	45.4	6	9.8	36.7	50.1	6
安　徽	Anhui	3.6	12.0	11.6	16	2.3	12.9	13.1	17
福　建	Fujian	4.3	13.1	14.2	12	2.9	15.4	20.1	9
江　西	Jiangxi	0.8	4.7	6.0	25	0.4	4.4	9.0	21
山　东	Shandong	11.7	35.8	52.7	5	9.1	45.9	62.2	5
河　南	Henan	4.5	14.8	19.8	8	2.4	14.6	23.1	8
湖　北	Hubei	3.8	11.6	14.4	11	2.0	10.6	17.1	13
湖　南	Hunan	4.2	12.6	14.1	13	2.6	9.5	15.2	15
广　东	Guangdong	19.2	73.3	87.1	1	12.2	60.8	110.6	1
广　西	Guangxi	2.5	8.6	9.2	19	1.6	8.1	13.6	16
海　南	Hainan	0.6	2.6	3.5	28	0.3	2.4	4.0	28
重　庆	Chongqing	2.1	8.3			1.6	13.6		
四　川	Sichuan	5.0	16.2	20.9	7	3.9	22.7	26.4	7
贵　州	Guizhou	1.3	5.5	7.9	21	0.5	4.9	9.2	20
云　南	Yunnan	3.0	8.6	12.6	15	1.7	12.3	17.5	12
西　藏	Tibet	0.3	1.7	1.9	30	0.2	1.0	1.2	30
陕　西	Shaanxi	2.4	4.4	6.1	24	0.9	4.6	8.1	23
甘　肃	Gansu	1.0	4.0	4.8	26	0.5	3.6	7.1	25
青　海	Qinghai	0.2	1.6	2.0	29	0.1	2.0	2.7	29
宁　夏	Ningxia	0.6	2.4	4.4	27	0.3	2.8	4.8	27
新　疆	Xinjiang	4.6	9.7	11.0	17	2.8	9.0	11.8	18

21-24 城乡居民社会养老保险参保人数和达到领取待遇年龄参保人数

Per Capita Contributors at Year-end, and Number of Participants Who Have Reached the Prescribed Age of Benefit Entilement

单位：万人 (10 000 persons)

地区	Region	参保人数 Contributors at Year-end				其中：达到领取待遇年龄参保人数 Number of Participants Who Have Reached the Prescribed Age of Benefit Entilement			
		2010	2016	2017	2017排名 Ranking	2010	2016	2017	2017排名 Ranking
全　国	**National Total**	**10276.8**	**50847.1**	**51255.0**		**2862.6**	**15270.3**	**15597.9**	
北　京	Beijing	168.5	215.7	213.1	27	17.7	85.4	86.6	25
天　津	Tianjin	79.4	134.5	156.5	30	65.6	77.5	79.5	26
河　北	Hebei	840.3	3446.0	3474.1	3	179.5	969.4	996.5	5
山　西	Shanxi	249.8	1549.6	1554.2	15	68.8	387.8	403.1	17
内蒙古	Inner Mongolia	168.8	736.1	743.4	22	41.8	211.7	213.7	23
辽　宁	Liaoning	146.8	1039.6	1036.2	20	33.6	385.2	393.5	18
吉　林	Jilin	86.7	667.2	668.4	23	32.2	244.7	245.7	22
黑龙江	Heilongjiang	131.2	837.6	839.3	21	27.7	270.3	266.7	21
上　海	Shanghai	28.9	79.5	78.8	31	14.1	49.3	50.3	28
江　苏	Jiangsu	333.5	2335.3	2338.2	8	132.4	1045.8	1069.8	4
浙　江	Zhejiang	290.8	1233.1	1200.7	18	134.2	536.4	533.1	11
安　徽	Anhui	349.3	3431.9	3429.5	4	93.0	912.8	915.0	7
福　建	Fujian	273.9	1489.1	1493.7	16	57.7	426.9	446.3	16
江　西	Jiangxi	272.3	1844.1	1870.0	11	75.2	457.2	467.5	14
山　东	Shandong	919.2	4538.6	4530.6	2	318.0	1430.9	1476.6	1
河　南	Henan	1211.8	4893.7	5010.2	1	251.1	1343.8	1364.0	2
湖　北	Hubei	380.0	2219.7	2214.6	10	115.0	674.3	697.4	9
湖　南	Hunan	581.8	3320.5	3322.0	5	217.8	915.5	945.1	6
广　东	Guangdong	157.6	2543.2	2586.8	7	51.8	816.7	847.6	8
广　西	Guangxi	220.4	1770.9	1805.9	12	59.6	555.3	570.2	10
海　南	Hainan	62.4	284.0	285.9	25	17.7	70.9	72.8	27
重　庆	Chongqing	807.4	1115.8	1109.0	19	265.0	369.3	362.6	19
四　川	Sichuan	669.6	3052.4	3074.9	6	199.6	1114.4	1126.2	3
贵　州	Guizhou	223.9	1702.2	1748.5	13	63.5	442.3	448.9	15
云　南	Yunnan	469.4	2257.5	2258.9	9	91.7	500.3	516.6	12
西　藏	Tibet	80.5	158.5	183.1	29	23.5	23.2	25.1	31
陕　西	Shaanxi	439.7	1720.5	1733.8	14	97.0	460.1	479.2	13
甘　肃	Gansu	185.5	1253.7	1262.4	17	38.0	304.5	308.7	20
青　海	Qinghai	65.1	235.2	239.1	26	16.8	44.7	45.3	29
宁　夏	Ningxia	24.7	186.2	185.5	28	4.7	38.4	39.6	30
新　疆	Xinjiang	357.9	554.9	607.4	24	58.0	105.6	104.7	24

注：2012年8月起，新型农村社会养老保险和城镇居民社会养老保险制度全覆盖工作全面启动，合并为城乡居民社会养老保险。

Note: Since August, 2012, system of new rural old-age insurance and urban basic pension insurance have started completely, and called basic pension insurance for urban and rural residents as total.

21-25 城乡居民社会养老保险基金收入和基金支出

Per Capita Revenue and Expenses

单位：亿元 (100 million yuan)

地区	Region	基金收入 Revenue 2010	2016	2017	2017排名 Ranking	基金支出 Expenses 2010	2016	2017	2017排名 Ranking
全　国	**National Total**	**453.4**	**2933.3**	**3304.2**		**200.4**	**2150.5**	**2372.2**	
北　京	Beijing	21.2	41.7	45.9	25	7.1	30.2	37.6	22
天　津	Tianjin	28.5	72.5	78.5	16	9.7	30.7	36.2	24
河　北	Hebei	24.8	141.6	162.7	6	9.9	103.6	120.7	7
山　西	Shanxi	5.7	66.9	75.2	17	3.4	43.2	45.9	19
内蒙古	Inner Mongolia	5.6	45.6	56.9	23	2.9	37.7	43.8	21
辽　宁	Liaoning	5.5	59.0	61.2	22	2.4	53.5	54.2	15
吉　林	Jilin	2.4	29.7	38.3	26	1.2	26.4	26.8	26
黑龙江	Heilongjiang	7.2	24.4	48.0	24	2.1	26.2	30.4	25
上　海	Shanghai	6.9	57.5	62.5	20	6.8	54.2	63.3	14
江　苏	Jiangsu	27.9	288.1	312.6	2	15.7	224.8	252.0	1
浙　江	Zhejiang	16.5	149.9	158.6	8	7.3	143.4	157.5	5
安　徽	Anhui	13.9	140.6	150.2	9	7.3	93.2	96.5	9
福　建	Fujian	9.4	79.0	85.8	15	3.7	57.9	65.8	12
江　西	Jiangxi	7.0	73.8	86.3	14	3.2	46.2	48.8	18
山　东	Shandong	43.7	324.4	369.8	1	18.2	204.8	230.9	2
河　南	Henan	46.6	200.1	208.2	4	16.2	144.6	155.7	6
湖　北	Hubei	12.4	112.5	137.2	10	6.4	76.2	90.7	10
湖　南	Hunan	17.2	134.9	159.8	7	10.1	97.2	110.3	8
广　东	Guangdong	6.5	184.8	188.2	5	3.5	157.1	170.6	3
广　西	Guangxi	8.5	85.1	93.9	11	3.9	63.4	65.6	13
海　南	Hainan	2.5	29.0	27.9	28	1.1	13.0	13.7	28
重　庆	Chongqing	33.5	57.0	66.8	18	23.6	50.0	50.9	17
四　川	Sichuan	29.6	190.4	250.2	3	14.2	141.6	159.8	4
贵　州	Guizhou	7.1	58.6	63.3	19	3.7	43.0	44.4	20
云　南	Yunnan	11.1	83.6	92.0	12	3.5	49.2	51.7	16
西　藏	Tibet	2.2	7.7	12.3	30	1.7	4.7	4.6	31
陕　西	Shaanxi	23.8	87.7	92.0	12	4.4	65.1	69.9	11
甘　肃	Gansu	15.7	54.8	61.9	21	3.5	36.6	37.4	23
青　海	Qinghai	1.9	13.7	17.0	29	0.5	8.5	10.7	29
宁　夏	Ningxia	0.8	11.3	12.2	31	0.3	7.2	8.3	30
新　疆	Xinjiang	8.0	27.3	29.2	27	2.7	17.1	17.3	27

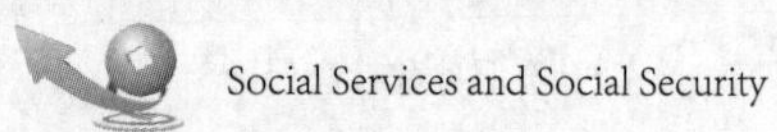

21-26 城乡居民社会养老保险基金累计结余和开展新型农村合作医疗县（市、区）数 Per Capita Balance at Year-end, and Number of Counties

地区	Region	基金累计结余（亿元） Balance at Year-end (100 million yuan)				开展新型农村合作医疗县（市、区）数（个） Number of Counties (unit)	
		2010	2016	2017	2017排名 Ranking	2012	2012排名 Ranking
全　国	**National Total**	**422.5**	**5385.2**	**6317.6**		**2566**	
北　京	Beijing	57.2	139.0	147.3	16	13	28
天　津	Tianjin	36.4	202.0	244.3	10		
河　北	Hebei	20.9	249.2	291.1	7	164	2
山　西	Shanxi	8.0	146.3	175.6	13	115	7
内蒙古	Inner Mongolia	7.7	75.3	88.4	22	92	15
辽　宁	Liaoning	3.1	62.8	69.6	26	94	12
吉　林	Jilin	1.4	43.4	54.8	28	60	23
黑龙江	Heilongjiang	3.9	52.5	70.0	25	122	6
上　海	Shanghai	25.0	77.3	76.5	23	9	30
江　苏	Jiangsu	53.9	504.4	565.5	2	81	19
浙　江	Zhejiang	16.7	150.9	151.9	15	81	19
安　徽	Anhui	10.1	268.0	321.7	6	94	12
福　建	Fujian	4.6	123.9	143.9	17	74	21
江　西	Jiangxi	4.3	137.3	174.8	14	96	11
山　东	Shandong	52.7	683.6	822.5	1	135	4
河　南	Henan	23.2	350.7	403.3	4	157	3
湖　北	Hubei	7.8	202.0	248.5	9	93	14
湖　南	Hunan	8.6	221.8	271.3	8	111	8
广　东	Guangdong	5.0	385.2	402.7	5	10	29
广　西	Guangxi	4.6	110.5	138.8	18	106	9
海　南	Hainan	1.0	51.0	65.2	27	20	27
重　庆	Chongqing	9.9	101.1	116.9	20	37	25
四　川	Sichuan	21.6	351.8	442.2	3	175	1
贵　州	Guizhou	5.2	91.4	110.3	21	88	17
云　南	Yunnan	7.3	191.6	231.8	11	127	5
西　藏	Tibet	0.2	14.5	22.2	31	73	22
陕　西	Shaanxi	13.4	171.1	193.2	12	104	10
甘　肃	Gansu	0.8	114.2	138.6	19	86	18
青　海	Qinghai	1.4	26.8	33.1	29	39	24
宁　夏	Ningxia	0.7	23.4	27.3	30	21	26
新　疆	Xinjiang	5.8	62.4	74.3	24	89	16

21-27　参加新农合人数和人均筹资
Number of Enrollees, and Per Capita Premiums

地区	Region	参加新农合人数（万人）Number of Enrollees (10 000 persons)				人均筹资（元）Per Capita Premiums (yuan)			
		2010	2013	2014	2014排名 Ranking	2010	2013	2014	2014排名 Ranking
全　国	**National Total**	**83560.0**	**80209.0**	**73627.3**		**156.6**	**370.6**	**410.9**	
北　京	Beijing	278.5	254.4	242.6	27	555.4	893.9	1090.9	2
天　津	Tianjin								
河　北	Hebei	4998.1	5146.4	5235.0	3	140.0	346.2	396.7	18
山　西	Shanxi	2164.6	2193.7	2191.2	14	150.6	346.6	395.1	19
内蒙古	Inner Mongolia	1214.6	1261.5	1289.3	21	157.6	374.3	420.1	10
辽　宁	Liaoning	1953.6	1977.1	1972.6	16	158.4	354.0	407.9	14
吉　林	Jilin	1252.5	1344.3	1321.3	20	150.4	362.8	414.6	12
黑龙江	Heilongjiang	1400.8	1521.1	1530.6	18	151.2	354.3	392.9	21
上　海	Shanghai	149.0	104.7	98.7	28	757.7	1593.7	1710.0	1
江　苏	Jiangsu	4370.6	4055.1	4076.1	7	192.0	394.6	457.5	7
浙　江	Zhejiang	2972.1	2228.3	1374.6	19	251.8	665.9	523.9	3
安　徽	Anhui	4750.2	5149.6	5190.8	4	151.8	368.1	410.3	13
福　建	Fujian	2404.2	2492.1	2531.4	13	152.0	350.2	400.5	16
江　西	Jiangxi	3145.0	3358.0	3407.8	9	150.8	342.3	390.4	23
山　东	Shandong	6548.7	6378.8			135.2	361.5		
河　南	Henan	7651.5	8119.5	8262.0	1	150.6	352.9	380.9	27
湖　北	Hubei	3833.0	3925.3	3951.3	8	150.3	365.1	401.1	15
湖　南	Hunan	4911.5	4729.7	4795.8	5	141.2	350.6	384.6	26
广　东	Guangdong	3891.5				160.7			
广　西	Guangxi	3811.3	4078.9	4159.2	6	150.4	344.2	392.8	22
海　南	Hainan	474.9	490.4	501.6	23	144.2	348.3	386.3	25
重　庆	Chongqing	2200.4	2146.2	2123.4	15	141.5	437.8	499.7	5
四　川	Sichuan	6285.1	6243.8	6227.3	2	149.0	347.3	397.9	17
贵　州	Guizhou	3029.2	3214.0	3247.4	11	146.4	334.0	393.6	20
云　南	Yunnan	3412.2	3250.5	3304.5	10	140.9	346.0	387.1	24
西　藏	Tibet	233.6	242.9	253.0	26	192.6	366.7	418.2	11
陕　西	Shaanxi	2581.4	2550.3	2569.9	12	154.4	374.7	439.0	9
甘　肃	Gansu	1910.3	1930.3	369.0	24	146.3	343.7	514.6	4
青　海	Qinghai	340.8	362.7	1922.9	17	165.5	471.4	378.0	28
宁　夏	Ningxia	372.0	356.9	360.0	25	145.7	434.8	499.3	6
新　疆	Xinjiang	1019.0	1102.7	1118.1	22	158.3	371.7	440.7	8

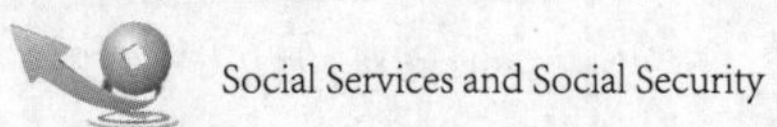

21-28 新型农村合作医疗本年度筹资总额和新农合补偿受益人次
Premiums This Year, and Number of Beneficiaries from Reimbursement

地区	Region	本年度筹资总额（亿元） Premiums This Year (100 million yuan)				新农合补偿受益人次（万人次） Number of Beneficiaries from Reimbursement (10 000 person-times)			
		2010	2013	2014	2014排名 Ranking	2010	2013	2014	2014排名 Ranking
全　国	**National Total**	**1308.33**	**2972.48**	**3025.28**		**108666.0**	**194218.8**	**165220.6**	
北　京	Beijing	15.47	22.74	26.46	23	694.5	562.9	582.3	26
天　津	Tianjin								
河　北	Hebei	69.95	178.19	207.66	4	6592.9	13350.1	13606.8	5
山　西	Shanxi	32.60	76.02	86.57	15	2570.6	4105.6	4062.0	14
内蒙古	Inner Mongolia	19.14	47.22	54.17	21	894.3	958.7	849.0	23
辽　宁	Liaoning	30.94	69.99	80.46	16	1399.9	2453.3	2734.9	17
吉　林	Jilin	18.83	48.77	54.78	20	627.9	665.0	674.2	25
黑龙江	Heilongjiang	21.18	53.89	60.13	19	1181.6	2457.2	2720.9	18
上　海	Shanghai	11.29	16.69	16.88	27	2035.2	1683.4	1707.3	21
江　苏	Jiangsu	83.90	160.00	186.49	5	8956.7	14449.2	15747.6	2
浙　江	Zhejiang	74.83	148.38	72.02	18	7758.4	12714.2	5263.5	12
安　徽	Anhui	72.11	189.58	212.97	3	4260.2	10382.2	10226.7	6
福　建	Fujian	36.54	87.27	101.37	14	278.5	1441.8	1752.6	20
江　西	Jiangxi	47.42	114.96	133.03	9	1968.4	5114.6	5621.0	10
山　东	Shandong	88.55	230.57			14605.7	24655.5		
河　南	Henan	115.19	286.54	314.67	1	11544.6	27128.6	26640.0	1
湖　北	Hubei	57.62	143.32	158.48	8	8659.9	14256.3	13619.3	4
湖　南	Hunan	69.34	165.84	184.46	6	2685.5	6222.9	5318.9	11
广　东	Guangdong	62.53				2909.0			
广　西	Guangxi	57.31	140.39	163.37	7	2448.3	5564.9	6059.8	8
海　南	Hainan	6.85	17.08	19.37	24	633.3	1095.7	1158.0	22
重　庆	Chongqing	31.13	93.97	106.10	13	2461.0	2243.1	2787.3	16
四　川	Sichuan	93.67	216.86	247.77	2	4905.8	14698.6	15722.8	3
贵　州	Guizhou	44.35	107.34	127.82	11	3949.9	5520.5	5755.3	9
云　南	Yunnan	48.09	112.47	127.91	10	8043.5	10041.2	10040.2	7
西　藏	Tibet	4.50	8.91	10.58	28	393.4	698.8	551.0	27
陕　西	Shaanxi	39.87	95.56	112.83	12	2433.0	4942.6	5229.5	13
甘　肃	Gansu	27.94	66.34	18.99	25	2132.4	3884.3	261.0	28
青　海	Qinghai	5.64	17.10	72.68	17	275.1	300.9	3634.2	15
宁　夏	Ningxia	5.42	15.52	17.97	26	535.8	831.9	830.3	24
新　疆	Xinjiang	16.13	40.99	49.27	22	830.9	1795.1	2064.3	19

主要统计指标解释

行政区域土地面积 是指在该行政区划内的全部土地面积（包括水面面积）。计算土地面积以行政区划为准。

常住人口 包括：（1）住本户，户口在本乡、镇、街道的人（含户口在本户，外出不满半年的人）；（2）住本户半年以上，户口在外乡、镇、街道的人；（3）住本户不满半年，户口在外乡、镇、街道，离开户口登记地半年以上的人；（4）住本户，户口待定的人。

地区生产总值（GRP） 指按市场价格计算的一个地区所有常住单位在一定时期内生产活动的最终成果。

地方财政一般预算收入 包括：（1）税收收入；（2）社会保险基金收入；（3）非税收入；（4）贷款转回收本金收入（5） 转移性收入。

地方财政一般预算内支出 包括：（1）一般公共服务；（2）外交；（3）国防；（4）公共安全；（5）教育；（6）科学技术；（7）文化体育与传媒；（8）社会保障和就业；（9）社会保险基金支出；（10）医疗卫生；（11）环境保护；（12）城乡社区事务；（13）农林水事务；（14）交通运输；（15）工业商业金融等事务；（16）其它支出；（17）转移性支出。

住宅 指专供居住的房屋，包括别墅、公寓、职工家属宿舍和集体宿舍（包括职工单身宿舍和学生宿舍）等，但不包括住宅楼中作为人防用、不住人的地下室等。住宅按照性质可以划分为普通住房、经济使用住房和别墅、高档公寓。

专利申请受理量 指经专利部门初步审查后符合受理条件的专利申请量。

专利申请授权量 指经专利部门审查合格后，一句专利法授予申请人对申请项目专有权的专利申请数量。

中等职业学校 是指按国家规定的设置标准和审批程序批准建立的，招收初中（或部分高中）毕业生或同等学历者，实施中等职业技术教育，培养中等职业技术人才的学校。招收初中毕业生的，修业年限一般为三至四年；招收高中毕业生的，修业年限一般为二年至三年。包括中等专业学校、技工学校、职业中学（高中）等。统计中等职业学校时应注意，已承担培养学生任务的中等职业技术学校和独立设置的高等学校中专部或中专学校计算校数。正在筹建、尚未招生的中等职业学校和高等学校附设的中专班不计校数。

专任教师 指主要从事教学工作的人员。包括临时（一年以内）调去帮助做其它工作的教学人员。高等学校函授部、夜大学的专任教师和承担科研任务，未担任教学工作仍属教师编制的人员，应计入专任教师中。不包括调离教学岗位，担任行政领导工作或其他工作的原教学人员。

医院、卫生院床位数 指各级各类医院本年10月底的固定实有床位（非编制床位）。包括正规床、简易床、监护床和正在消毒、修理的床位及因扩建或大修理而停用的床位（按扩建或大修理前的床位计算），但不包括产科的新生儿床、库存床、临时增设的床位、病人家属的陪床、接产室的待产床等。

公共图书馆图书总藏量 指图书馆已编目的古籍、图书、期刊和报纸的合订本、小册子、手稿以及缩微制品、录像带、录音带、光盘等听视文献资料数量总和。